Arquitectura del

Hospital Real y General
de Nuestra Señora de Gracia

de Zaragoza

1425-1808

Primera edición, 2024

Publicación número 3961
de la Institución «Fernando el Católico»,
Organismo autónomo de la Excma. Diputación de Zaragoza,
plaza de España, 3, 50071 Zaragoza (España)
Tels. [34] 976 288 878 - 976 288 879
Fax [34] 976 288 869
ifc@dpz.es
http://ifc.dpz.es

Textos
© Ricardo Usón García

Fotografías
© de los autores

Diseño gráfico
Pilar Navarro Echeverría

Impresión
Estudio Estugraf S.L.

ISBN 978-84-9911-709-6

D.L. Z 897-2024

Arquitectura del
Hospital Real y General
de Nuestra Señora de Gracia
de Zaragoza
1425-1808

Ricardo Usón García

Institución Fernando el Católico
Excma. Diputación de Zaragoza
Zaragoza 2024

Índice

Sed prima ratio aegrotorum habetur qui in publicis hospitiis curantur.
Nam quatuor habent in ambitu civitatis hospitia,
paulo extra murostam capacia ut totidem oppidulis aequari possint,
tum ut neque aegrotorum numerus quamlibet magnus anguste collocaretur,
et per hoc incommode,
tum quo hii qui tali morbo tenerentur,
cuius contagio solet ab alio ad alium serpere,
longius ab aliorum coetu semoveri possint.
Haec hospitia ita sunt instructa atque omnibus rebus quae ad salutem conferant referta,
tum tam tenera ac sedula cura adhibetur,
tam assidua medicorum peritissimorum praesentia,
ut quum illuc nemo mittatur invitus,
nemo tamen fere in tota urbe sit qui adversa valetudine laborans,
non ibi decumbere qum domi suae praeferat.

UTOPIA. De optimo reipublicae statu (1515, pp.318-319)
Thomas Morus

¿Qué queda de aquel suntuoso edificio de fama universal?
¿qué de aquella vasta institución protegida por todos
y de la cual se sentían orgullosos nuestros antepasados?
Nada.
La piqueta se encargó de allanar las ruinas,
los alientos de una sociedad nueva levantaron en aquel solar santo nuevos edificios
y el fisco entregó al Hospital en cambio de lo que se perdió en aquellos días,
y de los cuantiosos bienes desvinculados de la casa,
unos papeles que se llaman láminas intransferibles
que producen la mezquina renta de sesenta mil pesetas al año.

Algunos apuntes acerca del Hospital de Nuestra Señora de Gracia en 1808 (1907, pág.326)
Cerrada y Martín

Nota introductoria

En la antesala del sexto centenario de la fundación del Hospital Real y General de Nuestra Señora de Gracia de Zaragoza, cuyo emblemático conjunto arquitectónico quedó arrasado tras los Sitios, la Institución Fernando el Católico está encantada de contribuir a la celebración de la efeméride con la publicación de este estudio sobre aquella obra monumental de la asistencia social y sanitaria, pionera en muchos aspectos de la gestión médica como dejó demostrado durante las epidemias de peste o en el tratamiento de las enfermedades mentales.

El actual Hospital Provincial, edificado en 1683 como Hospital de Convalecientes, se convirtió tras la Guerra de la Independencia en heredero del Hospital de Gracia, bajo la misma invocación, y constituyó una de las obras sociales más importantes de la Diputación Provincial de Zaragoza hasta el año 2000, cuando su gestión fue asumida por el Servicio Aragonés de Salud del Gobierno de Aragón.

Pues bien, tantos siglos de actividad del antiguo Hospital de Gracia han sido objeto de un número importante de publicaciones auspiciadas por nuestras instituciones provinciales. Cómo no mencionar el primer estudio sistemático del establecimiento, el *Bosquejo histórico del Hospital Real y General de Nuestra Señora de Gracia* de Zaragoza, de Aurelio Baquero (1952), el texto de Zubiri Vidal donde se examinaban las *Ordinaciones del Hospital Real de Ntra. Sra. de Gracia de Zaragoza* (1966) o el magnífico trabajo de Fernández Doctor, *El Hospital Real y General de Ntra. Sra. de Gracia de Zaragoza en el siglo XVIII* (1987). Pero además se trata

de un tema que sigue ofreciendo análisis contextuales muy importantes, como los publicados más recientemente sobre los hospitales medievales de Zaragoza o la red hospitalaria aragonesa, entre otros.

Aquella gigantesca obra del humanismo, fundación real del Magnánimo a petición de los hombres del concejo y la archidiócesis, impulsada por la reina María de Castilla en el cuatrocientos y culminada en el mejor momento de la ciudad renacentista con el patrocinio de los arzobispos Hernando de Aragón y Andrés Santos, apenas es recordada sino por las emotivas imágenes grabadas al aguafuerte por Gálvez y Brambila sobre las *Ruinas de Zaragoza*. Por eso resulta tan gratificante contar con esta obra de investigación que no solo aporta nuevos datos y noticias, sino que también ofrece un inédito análisis cartográfico, iconográfico y documental que permite la exploración de sus hipotéticas formas constructivas. En *Arquitectura del Hospital Real y General de Nuestra Señora de Gracia de Zaragoza. 1425-1808*, el arquitecto Ricardo Usón ha explorado el nutrido conjunto de edificios que integraron aquella pequeña ciudad sanitaria y asistencial, recreando sus elementos principales como la iglesia, las enfermerías, el mesón, la casa de comedias, los manicomios, los huertos, etc. De este análisis emanan algunas noticias sorprendentes, como las fórmulas y tipología utilizadas por los constructores, destacando entre otras la configuración del teatro del hospital, seguramente el primer espacio cubierto entre las casas de comedias españolas y, por consiguiente, una construcción pionera en su género.

O la pequeña casa de anatomía, donde se realizaron disecciones merced a un privilegio otorgado por Fernando el Católico, que contó con edificio propio desde el siglo XVI. Sin duda, aquel enorme recinto será una caja de sorpresas para el lector y un verdadero documento de estudio para quienes deseen conocer tanto la organización espacial de la actividad médica y asistencial como la estructura arquitectónica de uno de los inmuebles desaparecidos más importantes de Zaragoza.

CARLOS FORCADELL ÁLVAREZ,
Director de la Institución Fernando el Católico

Prólogo

Desde hace muchos años sigo con atención e interés la labor de investigación del Dr. Arquitecto Ricardo Usón García, compañero de la Real Academia de Nobles y Bellas Artes de San Luis de Zaragoza, correspondiente desde 2010 y en la actualidad, y desde hace poco tiempo (2023), académico numerario de la Sección de Arquitectura.

Muchas son sus publicaciones de las que nos hemos «aprovechado» en nuestras investigaciones sobre el patrimonio artístico de nuestra Inmortal Ciudad de Zaragoza, entre las que queremos mencionar sus monografías sobre la intervención de Ventura Rodríguez en El Pilar, en el que aborda el estudio de la Santa Capilla como «generatriz» de un sueño arquitectónico (1990); sobre el Convento de Santo Domingo de Zaragoza (2003); sobre Francisco de Goya, el Pilar y su concepción del espacio (2022) o su impresionante obra *La arquitectura medieval cristiana de Zaragoza. Orígenes y particularidades de la arquitectura gótica regional*, de la que vio la luz, en 2023, el primero de los tres volúmenes, de gran tamaño, que la integran, y que se completa con la publicación de los dos restantes que culminan este estudio sobre la primera arquitectura religiosa zaragozana, en gran parte desaparecida pero que Usón, con su trabajo y su exquisita intuición –partiendo siempre de un ímprobo trabajo basado en bibliografía, documentación y análisis formal, lo que solamente puede llevar a cabo un profesional de la arquitectura humanista como él– sabe llevar a sus últimas consecuencias. Y la mayor parte de sus publicaciones han sido auspiciadas por la Institución «Fernando el Católico» de nuestra Diputación Provincial de Zaragoza. No tienen mal ojo los responsables de esta Institución al confiar en la importancia y garantía que tienen los originales del Dr. Usón.

Ahora lector, tienes en tus manos una «nueva entrega» del acreditado trabajo como investigador de Ricardo Usón García que, con su buen hacer y concienzuda labor, ha llevado a cabo este estudio que coherentemente titula *Arquitectura del Hospital Real y General de Nuestra Señora de Gracia de Zaragoza (1425-1808)*, debido a la munificencia del rey aragonés Alfonso V el Magnánimo en 1425, y del que celebraremos el próximo año 2025, el VI Centenario de su fundación.

Se trata de un voluminoso trabajo, en el que como es habitual en sus obras científicas antes de entrar en lo que anuncia el título de la obra –el estudio de nuestro Hospital Real y General de Nuestra Señora de Gracia, lo que hace en el capítulo IV–, se emplea haciendo un profundo examen del nacimiento de los hospitales medievales, con una detallada revisión de la tipología del hospital medieval que centra en los primeros establecimientos toscanos del cuatrocientos, pasando luego a analizar el nuevo concepto de los primeros hospitales generales del Renacimiento, particularmente en Italia y Aragón, como el de la Santa Cruz de Barcelona cuyo modelo se extiende por la corona de Aragón, con estudios de los ejemplares de Alcañiz, Huesca, Lérida, Montblanc, Tarragona y Palma de Mallorca. Prosigue indicando la aparición del nuevo modelo que surge en Italia en la segunda mitad del cuatrocientos y que concreta en el hospital de Valencia, o los levantados por los Reyes Católicos.

Por lo que respecta a Zaragoza, en primer lugar se ocupa de los pequeños hospitales vinculados a parroquias (Santa María, Santa Engracia, Santa María Magdalena, Santa Cruz, San Felipe, San Miguel de los Navarros o Nuestra Señora del Portillo por citar algunos de ellos) o que tuvieran relación con alguna orden hospitalaria (San Antonio Abad y San Juan de los Panetes) o religiosa (leprosería de San Lázaro de la orden de la Merced).

Es en el capítulo IV cuando expone lo que denomina «Bases para la reconstrucción del hospital de Gracia», analizando las escasas referencias que hacen posible su estudio, tanto bibliográficas como documentales y gráficas, encontrando en distintas *Vistas* y *Planos* de la ciudad el punto de partida para iniciar sus estudios, destacando por su importancia la *Visita de 1600*, que analiza con posterioridad en el capítulo VI, tras ocuparse en el anterior de la fundación del hospital en el siglo XV por el monarca «magnánimo» y su evolución a lo largo del siglo siguiente.

Como hemos mencionado la descripción del hospital partiendo de la *Visita de 1600*, ocupa un nutrido apartado, analizando en él cada una de sus dependencias tanto públicas, como la iglesia de Nuestra Señora de Gracia, como sanitarias y de servicios, sin olvidarse del mesón y de la casa de comedias, tan importante para el mantenimiento de la institución.

Un nuevo capítulo, el VII, lo dedica a la historia del hospital a lo largo de los siglos XVII y XVIII, con el análisis de los datos que proporciona una nueva *Visita* en 1728 o la reconstrucción y ruina de la casa de comedias que fue pasto de las llamas en 1778 causando setenta y siete muertes y medio centenar de heridos.

En el capítulo VIII se ocupa de la destrucción del hospital durante los sitios de Zaragoza por las tropas napoleónicas en 1808 y 1809, con el posterior derribo de sus imponentes ruinas y la reurbanización del espacio urbano que antes ocupaba y, aunque hubo algún proyecto para la construcción de un nuevo hospital, nunca fueron iniciadas las obras. Habilitado provisionalmente el hospital de Convalecientes para albergar enfermos del hospital de Gracia, del que tomó el nombre, esa provisionalidad se ha alargado a lo largo de más de dos siglos.

Culmina Usón este singular, oportuno y necesario estudio con una utilísima cronología desde 27 de febrero de 1425, cuando se da noticia de la voluntad del monarca Alfonso V de crear un «hospital general» en Zaragoza, hasta el 24 de junio de 1839 cuando se borran los últimos de sus restos en el trazado urbano zaragozano, no quedando ninguna «memoria» del mismo.

Además de incorporar una amplia y completísima bibliografía, en la que nada sobra, varios apéndices –del que destacamos la transcripción del *Libro de la Visita del Hospital de 1600 en adelante*, conservado en el Archivo Diocesano de Zaragoza, que tanta información le ha proporcionado al autor en su estudio–, debemos hacer una consideración especial hacia el excelente aparato gráfico que contiene este volumen, algo a lo que nos tiene acostumbrados su autor, tanto en lo referente a fotografías como a planos históricos y la nueva planimetría realizada por él partiendo de la interpretación de toda la documentación encontrada.

Por todo ello consideramos que es tan importante esta monografía del arquitecto e historiador Ricardo Usón García que tenemos el honor de prologar. Ante la celebración del VI Centenario de la fundación del Hospital Real y General de Nuestra Señora de Gracia, no hay mejor manera de conmemorar esta efeméride que la publicación de este libro que corre a cargo de la ya mencionada Institución «Fernando el Católico» de la Diputación Provincial de Zaragoza a la que queremos felicitar por su iniciativa al igual que a su autor por el riguroso trabajo de investigación que ha llevado a cabo y por los magníficos resultados conseguidos.

Wifredo Rincón García
Instituto de Historia, CSIC y
Real Academia de Nobles y Bellas Artes de San Luis de Zaragoza

Exordio y agradecimientos

Uno de los enigmas de la historia de la arquitectura de Zaragoza es el edificio del antiguo Hospital Real y General de Nuestra Señora de Gracia, fundado por el monarca aragonés Alfonso V el Magnánimo en 1425 y destruido durante el primer Sitio, en 1808. Sin duda, se trata de uno de los más destacados conjuntos de la arquitectura civil en el ámbito no sólo de nuestra ciudad sino en el de la Corona Aragonesa.

Desde siempre, al observar las imágenes de sus ruinas dibujadas por Fernando Brambila, sentí una gran curiosidad por conocer algo más de aquel desaparecido edificio. En los últimos años, al estudiar la arquitectura medieval zaragozana surgida tras la reconquista de la ciudad en 1118, tuve que analizar una serie de construcciones en su discurrir histórico y con mucha frecuencia en aquellas investigaciones surgieron noticias relacionadas con el Hospital, por lo que cuando tuve un cierto conjunto de datos, casi sin darme cuenta me encontré explorando sobre aquel inmueble, fundamentalmente porque, si exceptuamos las citadas imágenes, no había encontrado prácticamente nada concreto sobre su arquitectura, un enorme conjunto cuya génesis sigue con pocos años de diferencia al homólogo de Santa Cruz de Barcelona -en buena parte conservado, por fortuna-, y concluido, en lo fundamental, por los arzobispos Hernando de Aragón y Andrés Santos, auténticos mecenas de las artes durante la segunda mitad del quinientos. Semejante obra de nuestro mejor Renacimiento no podía resultar sino un significativo broche al maravilloso elenco del concurso civil de los innumerables palacios y otros edificios como la Diputación del Reino o la Lonja.

Revisada la bibliografía esencial y abriéndose un panorama muy amplio, al menos desde el ámbito documental, concluí que sobre tan gigantesco conjunto tal vez fuera posible un estudio de reconstrucción. Finalmente, el sistemático trabajo compositivo derivado del análisis del *Libro de la Visita de 1600* proporcionó la información suficiente para lograr tal objetivo. Basado en un completo análisis tipológico y analógico, apoyado en el repertorio iconográfico y cartográfico disponible, el trabajo comprende, especialmente, como núcleo central, la hipótesis de la arquitectura del Hospital de Gracia en 1600, pero además se extiende a sus cuatrocientos años de existencia mediante estudios complementarios.

El texto presenta, en primer lugar, sendos capítulos que son precisos para ubicar el objeto: el análisis del hospital medieval como formato arquitectónico del que surge el caso zaragozano y su evolución tipológica, y el estudio de los diversos hospitales existentes en nuestra ciudad en aquel intervalo temporal y en el momento de la fundación del Hospital de Gracia. Una vez enmarcado dicho ámbito arquitectónico, histórico y geográfico, se está en condiciones de abordar el análisis de éste, al cual se da inicio mediante una rápida lectura del estado de la cuestión y de los recursos, en el que se define el método de trabajo y análisis.

La parte principal del trabajo comprende tres partes en correspondencia con los tres períodos de la historia del Hospital: la construcción durante los siglos XV y XVI, la descripción de su arquitectura en 1600, y la evolución posterior durante los siglos XVII y XVIII hasta su destrucción en 1808. El estudio se cierra con los proyectos de reconstrucción decimonónicos y la urbanización del solar donde estuvo el complejo hospitalario, interesante colofón histórico que alumbró la reforma urbana de la que surgió la plaza de la Constitución –hoy de España–, el paseo de Santa Engracia –hoy de la Independencia- y la primera parcelación urbanística de Zaragoza.

Además de numerosas imágenes que ilustran el discurso con referencias tipológicas, artísticas y gráficas de todo orden, como material esencial de la investigación realizada el texto se acompaña de un conjunto de láminas con las plantas de distribución espacial hipotética de los diversos elementos que comprendían el complejo hospitalario: la iglesia –ciertamente singular entre los casos zaragozanos–, el patio o claustro principal, el «palacio de las enfermerías» con sus oficinas y residencias, el mesón, la casa de las comedias –el teatro renacentista español más adelantado para su tiempo–, los manicomios, los huertos, las casas de oficios, el anatómico, los graneros, caballerizas, etc., hasta el cementerio.

Dada la complejidad y extensión de la descripción espacial de las innumerables dependencias que componían el Hospital, efectuada a partir del *Libro de la Visita de 1600* –recogida en el capítulo VI–, a los títulos de las mismas se han añadido entre corchetes las matrículas o coordenadas que permiten identificar cada uno de los espacios tanto en los planos de detalle que acompañan al texto como en la planimetría general incluida en el Apéndice I, el cual además comprende la relación completa de las entidades funcionales, información esencial para el entendimiento del programa del establecimiento.

En el dilatado recorrido por donde me fue llevando la investigación hasta completar el trabajo me proporcionaron pistas o me ayudaron, facilitándome la información que necesitaba, aconsejándome sobre determinados aspectos, dándome recomendaciones de interés o haciendo observaciones sobre los resultados, muchas personas. No puedo citar aquí el nombre de todas, pero sí quisiera poner de manifiesto mi agradecimiento mencionando las principales instituciones y particularmente a algunas de aquéllas. En primer lugar al Archivo Diocesano de Zaragoza, donde pude estudiar el *Libro*

de la Visita de 1600, y en especial a D. Juan Ramón Royo y a D. Juan José Pina; al Archivo de la Diputación Provincial de Zaragoza, y en especial a Dª Alicia Sánchez y a Dª Nieves Sanagustín; al Archivo Municipal de Zaragoza, y en especial a Dª Elena Rivas; al Archivo Notarial de Zaragoza; a la Fototeca de la Diputación Provincial de Huesca; al Archivo General de Simancas; al Archivo Nacional de España; a la profesora y experta en el Hospital de Gracia Dª Asunción Fernández, por haberme dado las primeras orientaciones sobre los contenidos en los archivos; a D. Carlos Queralt, amigo desde la infancia y excelente cirujano del Hospital de Gracia; a Sor Carmen Gloria, hermana de la Caridad de Santa Ana; a D. Carlos Melús, presidente de honor de la Asociación de los Sitios; a D. Ignacio Andrés y Dª Carmen Palos, farmacéuticos especialistas en el Hospital de Gracia; a D. Luis Alfonso Arcarazo, médico militar experto en historia; al conde de Bureta, D. Mariano López Fernández de Heredia, y al arquitecto D. Alejandro Rincón por facilitarme el acceso a sus colecciones; a D. Francisco Escudero y a D. José Juan Domingo, arqueólogos municipales; a D. Domingo Buesa, presidente de la Real Academia de Bellas Artes de San Luis; a D. Juan Antonio Vivar, de la Real Academia de Heráldica de Madrid; y a D. Wifredo Rincón, erudito investigador del CSIC y experto en la Zaragoza desaparecida y amable prologuista de la presente obra y a Dª Pilar Navarro, por el magnífico diseño de la publicación. De forma muy especial quisiera finalmente agradecer el interés de la Institución Fernando el Católico, y en particular de Dª Virginia Tabuenca, supervisora de la edición, D. Álvaro Capalvo, su secretario académico, y D. Carlos Forcadell, su director.

I. Los hospitales medievales

Es verdad que nunca faltarán pobres en tu país.
Por eso yo te ordeno:
abre generosamente tu mano al pobre,
al hermano indigente que vive en tu tierra.

Deuteronomio 15:11

1.1. Tipología del hospital medieval

El hospital es la instalación primaria de la atención social, de la protección al pobre, al peregrino, al enfermo. Por ello debe vincularse a la civilización y cultura de la sociedad a lo largo de los siglos. Con el cristianismo, el hospital pasa a ser la materialización de los centros de caridad, y aparecen en las parroquias, fundaciones de ayuda social, instituciones civiles o religiosas, etc. Son lugares de acogida, de hospitalidad. Conforme evolucionó aquélla con principios de carácter social-asistencial, las categorías de los centros de hospitalidad se especializaron. En Bizancio, en la época de esplendor de Justiniano, ya se caracterizaban según su funcionalidad concreta, clasificándose en Xenodoquia –albergues para peregrinos–, Ptocotropia –asilos para pobres y desahuciados–, Gerontocomia –residencias para ancianos–, Orphanotropia y Brephotropia –centros de atención para los niños huérfanos o expósitos– y Nosocomia –hospitales de tipo genérico–, que llegaron a contar con capacidad para decenas de enfermos[1]. En toda acción hospitalaria existía un vector de acción espiritual tan importante como el de la atención primaria de vestido y comida al necesitado o el tratamiento de la enfermedad. Con el progreso del conocimiento las instalaciones fueron adquiriendo un carácter más científico, de forma que, si durante la alta Edad Media los centros cristianos eran los únicos lugares de atención social, en los albores del Renacimiento los hospitales se abrieron a las instancias civiles de los concejos de las ciudades o a fundaciones de condados o monarquías, apoyadas siempre por la Iglesia[2].

A la hora de abordar una aproximación al origen de la tipología hospitalaria en Europa, Leistikov[3] la vincula a las arquitecturas de los antiguos monasterios. En relación a éstos, fue en la configuración de los pioneros cenobios orientales donde probablemente se formularon por primera vez algunas de las constantes de los establecimientos más elementales. En efecto, también desde los primeros siglos del cristianismo, los centros religiosos dieron lugar a la creación de hospederías donde atender a los peregrinos, instalaciones que con frecuencia fueron incorporadas a los monasterios, los lugares donde se formalizaron arquitecturas específicas. Los más antiguos conocidos con este tipo de estructuras pueden hallarse en la Siria de los siglos IV y V, donde, como mostró Braunfelds, pudieron desarrollar su propia tradición arquitectónica sin solución de continuidad, contrariamente a lo que sucedió en las penínsulas europas del Mediterráneo donde las invasiones bárbaras afectaron a la evolución regional.

---

1 Vg.: Rosario Messina (2003) pág. 81.

2 Vg.: Padrós (1965).

3 Leistikow (1967).

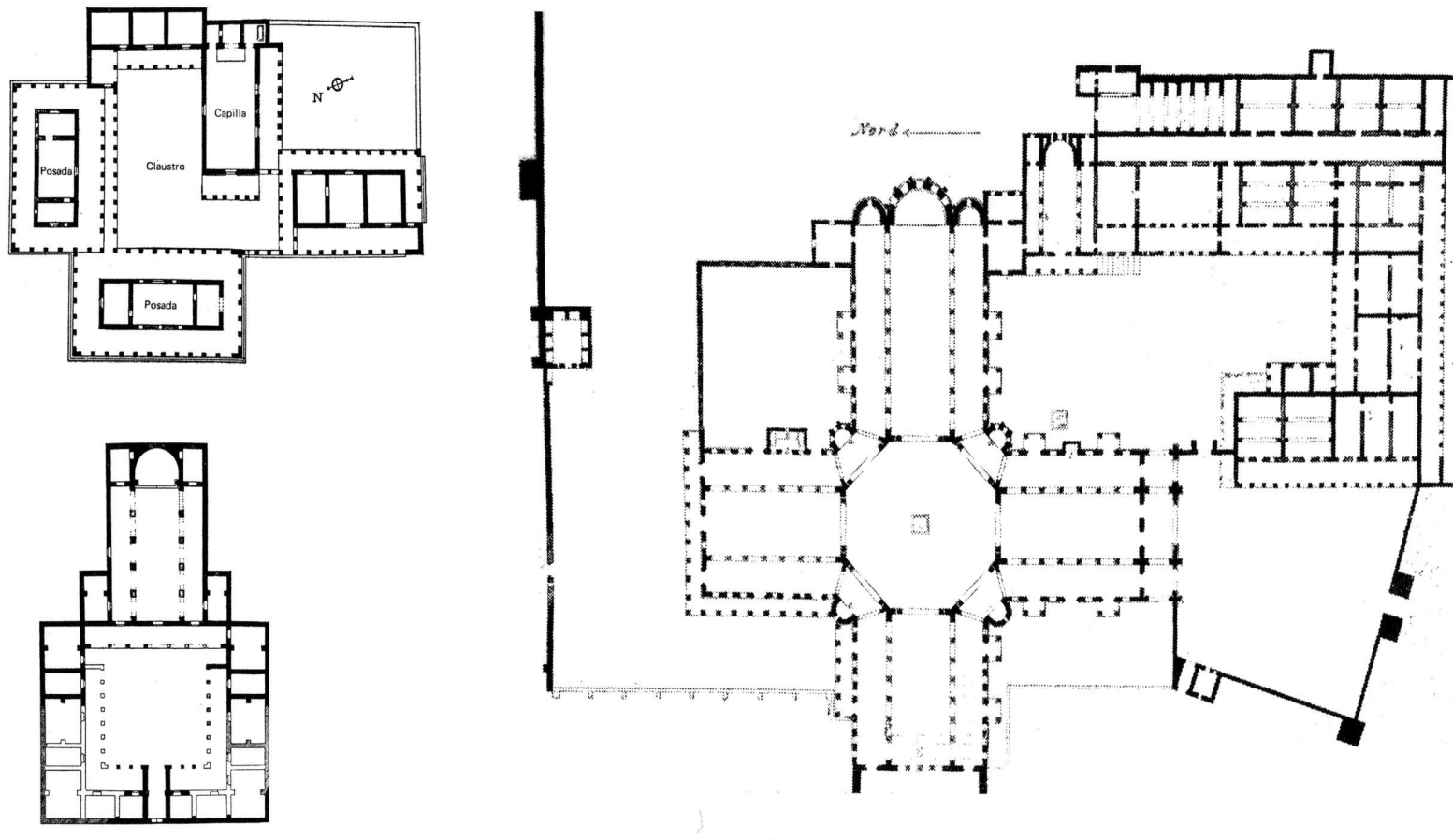

Plantas de monasterios sirios, según H.C.Butler / a-I: Der Sim'ân monasterio meridional / ab-I: Monasterio de Id-Dêr / a-D: Iglesia y monasterio de San Simeón Estilita, Kal'at Sim'ân.

Uno de los más importantes santuarios fue el monasterio de *Kal'at Sim'ân*, situado en el lugar donde san Simeón Estilita estuvo durante sus últimos años sobre una columna de diecinueve metros de altura y donde fue edificado, en los años centrales del siglo V, el impresionante templo de planta de cruz griega en cuyo centro octogonal se encontraba la columna y cuyas naves se formaban por cuatro basílicas convergentes –configuración que, mil años después, será reformulada precisamente en el arquetipo de las enfermerías renacentistas–. Aquel complejo no sólo fue objeto de la edificación de un monasterio e instalaciones hospitalarias anexas, sino de la promoción de una serie de hospederías monacales a lo largo de las principles rutas que a él se dirigían. En aquellos monasterios sirios –refiere Braunfelds– las

hospederías determinaban, junto con el templo, la composición arquitectónica principal de los establecimientos. En el ejemplo de *Der Sim'ân* la iglesia es relativamente pequeña en comparación con los bloques complementarios, dos de los cuales, flanqueando el patio general que ordena el conjunto, se corresponden con edificios de uso monástico, mientras las grandes casonas ubicadas en los lados septentrional y occidental, constituían «hospederías para peregrinos, enormes caravansares en los cuales se podía pernoctar tanto en las salas como bajo las arcadas del pórtico»[4]. Sin duda, en las organizaciones claustrales de los bloques y en

4   Braunfelds (1975) pág. 29.

la articulación de las crujías funcionales con el templo, se asientan los formatos que dieron lugar a algunos de los modelos más antiguos de la región mediterránea oriental, por tanto de raíz romana.

Cercenada la evolución en aquel ámbito con la expansión del islam en el siglo VII, el desarrollo se centró en las instalaciones de los benedictinos occidentales, en cuya regla se prestaba atención expresa al cuidado de los enfermos. El primer ejemplo de un establecimiento perfectamente definido en sus aspectos arquitectónicos se descubre en el famoso plano del monasterio suizo de Saint-Gall, conocido por un pergamino del siglo IX, el Codex Sangallensis[5], en el que se dibujan todas las piezas de la abadía –real, proyectada o utópica–, que formaban una pequeña ciudad, figurando más de cuarenta edificaciones con toda clase de detalles, informándose del uso, dimensiones, etc. Se añaden además otros datos como las advocaciones de los altares del templo o los nombres de las especies de las plantaciones del huerto[6]. Las recreaciones que se han realizado a partir del mismo demuestran la extraordinaria organización funcional y arquitectónica de esta clase de instalaciones medievales[7]. No obstante no debe perderse de vista la idea programática que subyace en el plano, especialmente en determinados sectores, cual si se tratara de un «organigrama»[8]. De su análisis se infiere la complejidad en todos los órdenes de un centro de aquellas dimensiones, en el que las zonas de carácter hospitalario están perfectamente diferenciadas.

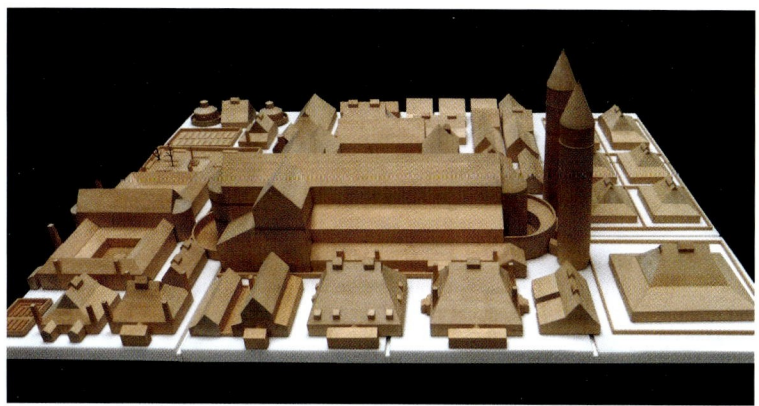

Saint-Gall, según Sauber, 2016.

Siguiendo las interpretaciones de los especialistas, desde la clásica de Walter Horn[9] hasta las más recientes como la de Willis-Heitz[10], en primer lugar se observan dos estructuras de tipo hospedería a ambos lados del acceso al complejo, la primera, situada junto a la torre de Saint-Gabriel, dedicada a los viajeros y peregrinos, la segunda, destinada a los visitantes ilustres, junto a la de Saint-Michel. Pero principalmente interesa destacar el conjunto situado al este del ábside de la gran iglesia benedictina compuesto por un bloque doble, destinado en una parte al hospicio de monjes enfermos y en otra al noviciado, al que se añaden diversos elementos complementarios: la enfermería, la casa del médico y el jardín de plantas medicinales.

El bloque está dispuesto según un diseño doblemente simétrico que comprende sendas capillas contrapuestas en el eje central y sendos claustros, situados a ambos lados de aquéllas, rodeados de las distintas piezas a disposición de enfermos o novicios, respectivamente, es decir, la sala de estancia, el refectorio, los dormitorios, el calefactorio, la habitación del maestro y la enfermería, que en el primero se denomina de «enfermos peligrosos». En el plano se indican además los lugares exentos donde se ubican las cocinas, los baños o las letrinas. La casa del médico –mansio medici ipsius– se sitúa al norte del hospicio, entre el jardín de plan-

5 Codex Sangallensis 1092, Stiftsbibliothek Sankt Gallen.

6 Según Braunfelds (1975, pág. 58) el promotor del plano fue, probablemente, Haito (763-836), hombre influyente en la corte de Carlomagno y abad de Reichenau entre 806 y 823. Se trataba de un planteamiento ideal, tal como se infiere de la dedicatoria manuscrita: «Te he enviado, estimado hijo Gozbert, este modesto ejemplo de la distribución de los edificios monásticos, para que puedas ejercitar tu espíritu con ella...».

7 Véase, por ejemplo, Lasius: Rahn Kloster Sanct Gallen, 1876; Wolfgang Sauber: Modell of a monastery after the plan of St. Gall, Mittelzell, Reichenau (Baden-Württemberg), 2016.

8 Según Capitel (2005, pág. 29) «la disposición no llega a ser demasiado concreta, y tiene mucho de esquema, de organigrama –como se decía antes en arquitectura para hablar de la organización de un programa–, de despliegue de cartas sobre la mesa, de juego, en gran medida abstracto en relación con la forma».

9 Horn y Born (1979).

10 Plan de Saint-Gall, Robert Willis y Carol Heitz, Creative Commons, 2017.

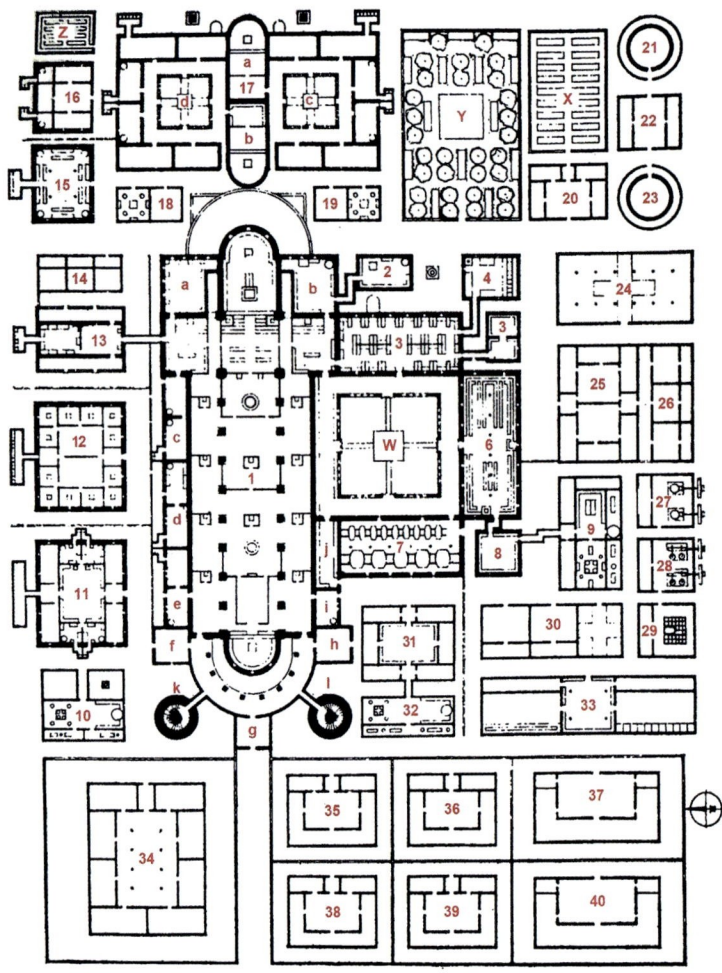

Saint-Gall, según Braundfels: 1-Iglesia (a: Sala de escritura Pl. Baja, Biblioteca Pl. Noble; b: Sacristía PB; Cámara vestimenta litúrgica PN; c: Celda monjes en tránsito; d: Celda director escuela exterior; e: Celda portero; f: sala acceso a casa de huéspedes distinguidos y escuela externa; g: Sala recepción visitas; h: Sala acceso casa peregrinos y pobres y dependencias de servicios; J: Locutorio monjes; k: Torre San Miguel; l: Torre San Gabriel) 2-Sala preparación hostias y santos óleos 3-Dormitorios monjes PN; Calefactorio PB 4-Letrinas monjes 5-Baños monjes 6-Refectorio monjes PB; Ropería PN 7-Bodegas PB; Cilla PN 8-Cocina monjes 9-Tahona y cervecería monjes 10- Cocina, tahona y cervecería huéspedes nobles 11-Casa huéspedes nobles 12-Escuela exterior 13-Casa abacial 14-Cocina, cilla y baño abad 15-Sala flebotomía 16-Casa médicos 17-Noviciado y hospital 19-Cocina y baño noviciado 20-Vivienda jardinero 21-Gallinero 22-Vivienda guarda gallinas y gansos 23-Ansarería 24-Granero 25-Casa principal artesanos 26-Dependencia artesanos 27-Molino 28-Prensa 29-Caldera cerveza 30-Tonelería y granero cerveceros 31-Casa peregrinos y pobres 32-Cocina, tahona y cervecería peregrinos 33-Caballerizas, bueyes y viviendas cuidadores 34-Casa séquito emperador 35-Corral ovejas y alojamiento pastores 36-Corral cabras y vivienda pastores 37-Vaqueriza y estancia vaqueros 38-Casa siervos de campos lejanos y siervos séquito 39-Porqueriza y casa porqueros 40-Establo yeguas preñadas y cuidadores x-Huerto y camposanto z-Herbario plantas medicinales.

tas medicinales y la enfermería. Aquélla, a su vez, está distribuida en tres aposentos que rodean la sala de atención al paciente: la cámara o habitación del médico, la farmacia y la sala de los pacientes graves –*cubiculum valde infirmorum*–. En cuanto a la enfermería, se trata de un gran espacio con los anaqueles dispuestos perimetralmente y dos sectores de trabajo, uno llamado sala de sangrías y otro destinado a la administración de medicamentos.

En Saint-Gall deben destacarse dos aspectos complementarios. En primer lugar la composición general del recinto, diversificada en múltiples funcionalidades que dan lugar a una compleja disposición de los elementos que permite el uso individual de los mismos al mismo tiempo que queda supeditada a una organización global. El conjunto se configura mediante bloques exentos y maclados, corredores, claustros y patios. En él impera una jerarquía entre los elementos y al mismo tiempo todos y cada uno de ellos dispone de su espacio propio. El diseño se conforma como una matriz en la que se sintetiza el orden urbano –cual se tratase de una pequeña ciudad– y el orden de los bloques funcionales. En segundo lugar debe significarse el formato claustral de las entidades primarias y secundarias, verdadero modelo de ordenación, de modo que a la condición de espacios libres de sus áreas centrales debe añadirse la misión articuladora de sus funcionalidades y la generadora de las circulaciones. Más en concreto y por lo que respecta a la enfermería –una de las entidades secundarias más importantes–, la disposición claustral parece seguir una ley de composición general que se extiende a todas la unidades del conjunto. En cierta medida no deja de seguirse el esquema de la urbanística romana, nacida de las ordenaciones reticulares, jerarquizada en los elementos, diversificada en lo funcional y diseñada en sus módulos a partir de unidades complejas que se articulan en torno a un patio o claustro[11].

11 Lawers (2014, pág. 64) ha puesto de manifiesto la incongruencia de las reconstrucciones volumétricas realizadas a partir de la planta de Saint-Gall, dado que ésta no tiene un sentido «cartográfico». Según este autor, la disposición arquitectónica obedece a «criterios abstractos de rigor geométrico y simetría del diseño, estando condicionado por el formato y las dimensiones de la hoja de pergamino». Tal representación ortonormal presenta ciertas reminiscencias de la *Forma urbis Romae*, plano grabado en la pared del Foro de la Paz en época

Pero cuando las salas de las enfermerías en su evolución dan el salto desde la escala doméstica a un ámbito superior con capacidad para decenas de personas hospitalizadas a las que se pretende albergar en un espacio unificado, comienzan a formalizarse entidades arquitectónicas basadas en los modelos de los espacios basilicales. Existe un cambio de paradigma entre el concepto de entidad integradora y autónoma, y la unidad pertenececiente a un conjunto de rango superior. La enfermería como nueva unidad basilical se constituye como un bloque más del conjunto hospitalario o monacal. Esta dualidad tipológica pervive durante los siglos centrales medievales y se mantendrá hasta la aparición de las grandes estructuras de los hospitales generales del cuatrocientos.

En 1153 se fundaría el Hôtel-Dieu de Saint-Jean l'Évangeliste d'Angers por impulso de Étienne de Marsay, senescal de Anjou, edificado en los años siguientes y extraordinario ejemplo de los hospitales más antiguos de Francia, que mantuvo su actividad hasta el siglo XIX. Se trata de un complejo de edificios que comprende la gran sala de la enfermería, de tres naves, a la que se accedía desde un claustro, al que daba una capilla, edificada en 1184. Junto a estas piezas, pero en forma exenta, se encontraba el bloque del granero o nave de provisiones. La gran sala hipóstila dispone de dos filas de siete columnas sobre las que apoyan las bóvedas de crucería, todas de la misma altura y geometría –del llamado gótico angevino–, configurando un enorme salón de gran diafanidad.

Este mismo concepto arquitectónico se observa en la enfermería de la abadía cisterciense de Ourscamp, cerca de Noyon, de principios del doscientos, construcción separada e independiente del complejo monacal, también de planta rectangular y tres naves, con dos filas de ocho columnas, algo más esbeltas que las de Angers, y decorada con bellas policromías[12], a la que se anexaba un pequeño bloque auxi-

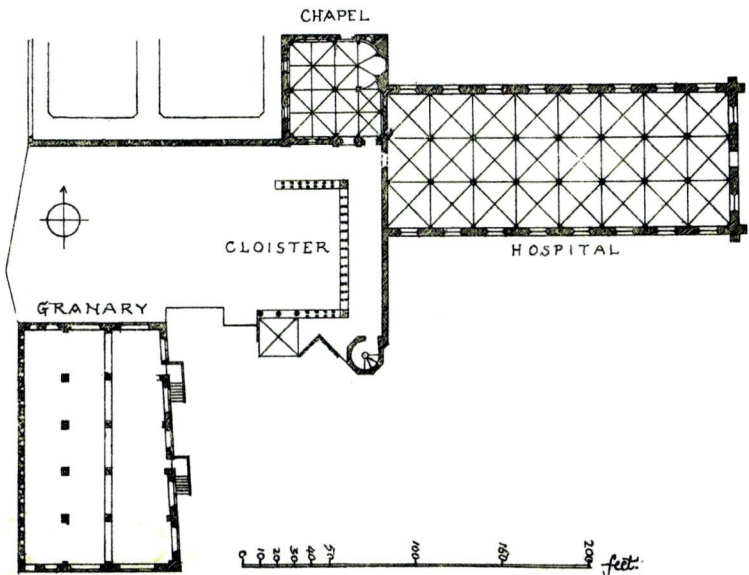

Hôtel-Dieu Saint-Jean, Angers: Planta.

Tavernier de Junquieres: *Abbaye Notre-Dame d'Ourscamp, Salle des morts*, 1787.

liar. Este gran edificio disponía de sendos pisos de ventanas. Los enormes ventanales superiores, rematados por una roseta, tenían la misión de iluminar la estancia y se cerraban con vidrieras, mientras la hilera inferior, ubicada sobre los lechos y destinada a la ventilación del espacio, se componía

de Septimio Severus (205-208), lo que certificaría la antigua cultura de los monjes carolingios, si no derivada directamente de ésta, al menos de su formación en las obras del mundo antiguo conservadas y copiadas en sus scriptoria.

12 Victoir (2013).

de huecos menores que se cerraban con postigos de madera. Otro ejemplo en el que el sector hospitalario conforma un pequeño monasterio independiente es la enfermería de Eberbach, cuyo claustrillo la articulaba con las demás piezas complementarias: la capilla, la cocina, las letrinas y la sala de los moribundos.

El modelo de sala de planta basilical alcanza su cénit en la enfermería mayor del hospital de Tonnerre, fundado en 1293. En esa fecha, Margarita de Borgoña –cuñada de san Luis y reina de Sicilia–, en su afán de dotar a la ciudad de un gran hospital, adquirió un vasto recinto cerca de un manantial llamado Fontenille, a lo largo del Armenón y las murallas de la ciudad. Señala Viollet-le-Duc que en el acto fundacional se decía que «los pobres serán alojados en el establecimiento, los convalecientes alimentados siete días y enviados de vuelta con camisa, abrigo y zapatos; que se construirá una capilla con cuatro altares; que los veinte hermanos y hermanas, a cargo del cuidado interno, tendrán la tarea de alimentar y dar de beber a los hambrientos y sedientos, recibir y dar albergue a extranjeros y peregrinos, vestir a los pobres, visitar a los enfermos, consolar a los prisioneros y enterrar a los muertos...»[13]

La gran nave de la enfermería de Tonnerre era un alargado espacio de planta rectangular de más de 18 metros de ancho y 88 de largo, que se cubría por una bóveda de cañón realizada mediante estructura de madera que se integraba en la armadura que conformaba la cubierta a dos aguas, dejando visible los tirantes y pendolones. Todo ello se apoyaba en los muros laterales provistos de contrafuertes exteriores. En un extremo de la nave se encontraba, formando un ábside, el altar mayor, precedido de un presbiterio flanqueado por dos altares laterales. Al otro extremo se encontraba el acceso, formado por una crujía que comprendía un vestíbulo previo y una escalera por la que se subía a una pasarela que, rodeando el perímetro de la sala, servía para supervisar la actividad. La nave disponía a ambos lados de cuarenta celdas o alcobas de madera que servían de residencia para los enfermos

Viollet-le-Duc: Tonnerre, Salle de l'infirmerie, 1868. Interior.

y les daban privacidad. Próximo a la nave y comunicado con ésta mediante pasarelas, otro edificio albergaba el bloque destinado a la residencia de la reina y el de los espacios de servicio y las cocinas.

En Tonnerre el modelo se perfecciona como salón diáfano, con enfermos situados a ambos lados de la nave y con altar en el extremo, de forma que todos puedan asistir a los oficios desde sus lechos. Éstos, a su vez, han alcanzado una cualificación residencial, en forma de módulos o celdas que

13 Viollet-le-Duc (1854).

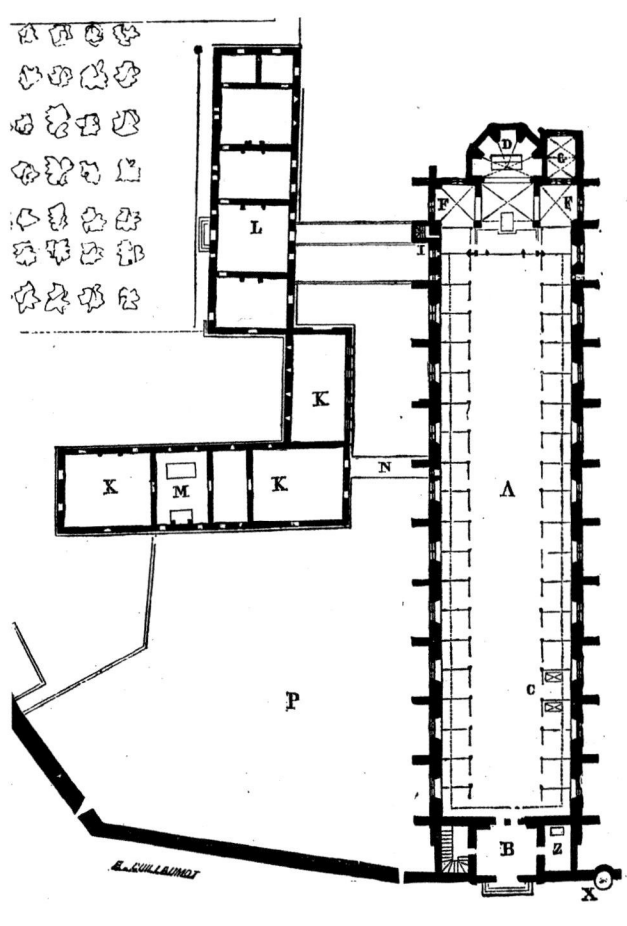

Viollet-le-Duc: Tonnerre, Salle de l'infirmerie, 1868. Planta.

separan a unos pacientes de otros, apta para la supervisión de los mismos desde la pasarela superior por parte de los hermanos cuidadores.

Vinculados a los establecimientos donde albergar a los peregrinos pueden constatarse ejemplares del tipo basilical, como el del Hospital del Rey, en Burgos, que formaba parte de las instalaciones que jalonaban el camino de Santiago. Con analogías al caso de Angers, presentaba una planta de tres naves separadas por pilares octogonales. Lampérez –señala Fernández Mérida– lo consideró paradigmático dado que su formato de naves abovedadas sugería una iglesia, hecho éste que llevó a error a Amador de los Ríos, quién «confundió esta instalación con un templo, ya que en el frente de la nave central se instalaba un altar con pequeña hornacina

para una imagen, en las laterales se colocaban las camas y la central serviría para aireación»[14].

Será en las grandes ciudades, cuyo número de asistidos en los hospitales sobrepasará la capacidad del modelo, donde se desarrollen los establecimientos compuestos por adición de enfermerías, sistema que posteriormente se integrará en el formato renacentista de los hospitales generales. El caso más importante y más antiguo es el del Hôtel-Dieu de Paris[15]. La asistencia social, obra episcopal como la mayoría, tuvo su origen en el llamado Hospital de San Cristóbal, fundado por San Landerico en la segunda mitad del siglo VII y gestionado por la comunidad religiosa de las Hijas de San Cristóbal, que terminaría rigiéndose por la regla de San Agustín –a partir de 1217, cuando fueron aprobados los primeros estatutos–. Con el crecimiento de la diócesis, el obispo Mauricio de Sully pondría en marcha, a partir de 1165, un conjunto de empresas para modernizar las instalaciones de su sede, y entre ellas, además de la propia catedral y la casa episcopal, se encontraba el hospital, el cual se edificaría junto a ellas, en l'Île de la Citè, en la misma ribera del río.

Al parecer, la sala más antigua era la llamada de Saint-Denis, edificada bajo el mecenazgo de Philippe-Auguste hacia 1180, ubicada en paralelo al Sena. Haciendo ángulo recto con la anterior estaba la de Saint-Thomas, realizada con el patrocinio de Blanca de Castilla –esposa de Luis VIII– en 1210. Siguiendo con la misma alineación que la de Saint-Denis, se edificó hacia el oeste, entre 1225 y 1250, la Infirmerie, compuesta por dos naves alargadas que tuvieron continuidad con la llamada Salle Neuve, ambas promovidas por Luis IX. En conjunto, estas enfermerías tenían una longitud de 122 metros y un ancho de 24. Puede considerarse que hacia 1260 el hospital estaba completado, constando que en esas fechas terminaron de trasladarse las instalaciones del antiguo de San Cristóbal. Además de las salas mencionadas, el Hôtel-Dieu contaba con una Salle des Couches o de parturientas. La entrada, junto a la cual se encontraba la capilla

14 Fernández Mérida (2006) pág. 38.
15 Ver: Cheymol y Cesar (1977) pp. 263-28; Teresa Morales y García Berrocal (2013).

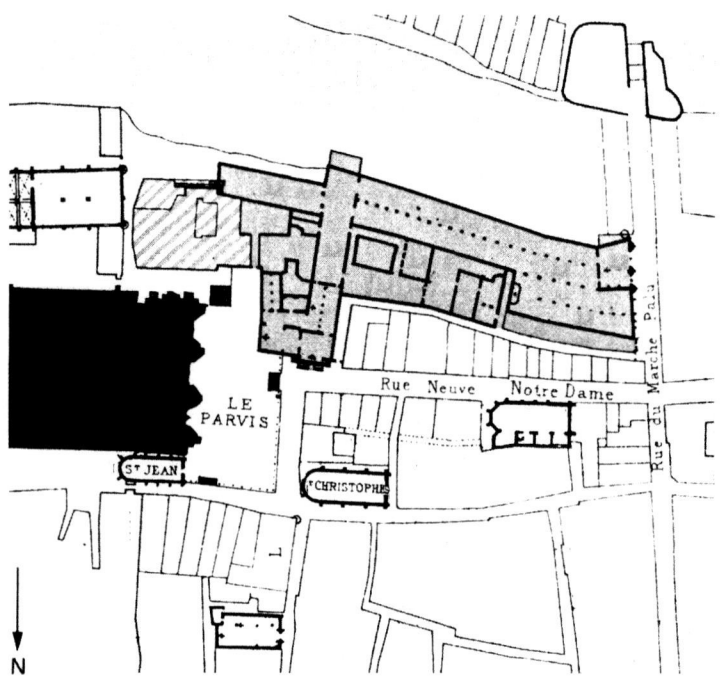

L'Hôtel-Dieu de Paris, plan de 1550. Fedor Hoffbauer: *Notre-Dame et les environs*, 1875.

principal, estaba situada en el extremo norte, accediéndose desde Le Parvis de Notre-Dame. En el extremo occidental de las enfermerías se construyó la capilla de Sainte-Agnès, cuya fachada gótica daba a la rue du Marché-Palu, que se dirigía hacia el Petit-Pont.

El Hôtel-Dieu, hasta el incendio de 1772, en el que quedó gravemente afectado con grandes zonas destruidas, fue objeto de grandes ampliaciones. Interesa destacar la Salle du Légat –denominada así en honor a Antoine Duprat, legado de Clemente VII–, construida en 1531 en paralelo a las anteriores, cuya fachada se adosaba a la de Sainte-Agnès y en la que fue utilizado de forma pionera el diseño compositivo del arco de triunfo[16], signo del clasicismo. Con capacidad para cien camas, esta enfermería fue destinada inicialmente a los infecciosos. Entre esta sala, las meridionales y la de Saint-Thomas, se encontraban los edificios conventuales y de servicios. Esta era la situación del conjunto en el qui-

nientos, el resultado del sumatorio de varias grandes salas cuyos orígenes no obedecían a un proyecto arquitectónico unitario o de gran alcance, sino a proyectos individuales[17]. De este modo, la articulación de las entidades era directa y los espacios poco aptos para la diversificación de los enfermos, por lo que todos los autores coinciden en señalar su alto índice de mortalidad. Las posteriores ampliaciones tendrían lugar sobre el mismo río y en su margen izquierda. En 1634 la Salle du Rosaire sobre el llamado puente del Hôtel-Dieu, que hacía ángulo con la de Saint-Denis; en 1651 la de Saint-Charles, un alargado bloque al otro lado del río que se prolongaría después, en 1717, hasta el Petit-Chatelette, la fortificación del Petit-Pont. Entre los bloques de ambas riberas fue edificado un puentecillo propio del hospital, el puente de Saint-Charles, que facilitaba las circulaciones internas de aquel enorme establecimiento.

La construcción de grandes espacios hospitalarios mediante adición de salas tiene un caso paradigmático en el Sint-Jans-hospitaal de Brujas. Los orígenes de este establecimiento se remontan al siglo XII. El bloque primitivo debía formar una sala de planta rectangular con la fachada hacia la Mariastraat. A lo largo de los siglos XIII y XIV se edificarían tres grandes naves ortogonales a la primitiva, que terminaría por integrarse espacialmente en el conjunto final. La primera de las naves fue la central, que formaba en planta una «T» con el bloque original. Se trata de una entidad que en la planta baja dispone de doble crujía: de una parte la estructura vertical en los planos laterales se corresponde con una sucesión de arcos apuntados apoyados en cortas columnas de piedra que forman una arquería sobre la que se elevan los muros de ladrillo, mientras el pórtico central, mucho más ligero, consiste en una columnata que soporta directamente los puentes sobre los que se apoyan las vigas de madera que conforman el forjado. Seguidamente se realizaría la ampliación septentrional, de una única crujía, en la que ubica la capilla sin solución de continuidad con la nave, la cual cuenta con un ábside poligonal saliente hacia la calle. La última de las ampliaciones, realizada ya en el trescientos, se corresponde con la doble

16   Bardati (2006).

17   Cheminade (1993).

Jan Beerblock: *Vista de las antiguas salas del hospital de Brujas*, 1778.

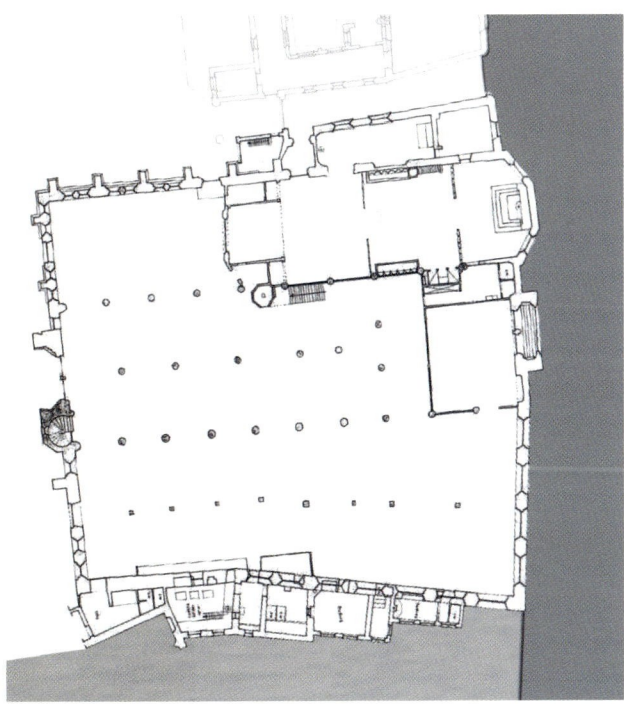

Sint-Janshospitaal, Brujas. Planta. Sint-Janshospitaal, Brujas. Planta.

nave meridional, compuesta por sendas crujías cuyo pórtico central se forma por pies y puentes de madera, uniéndose al plano del bloque primitivo, de foma que la crujía sur, flanqueada por la fachada del edificio hacia el Reie, extiende su fondo hasta la Mariastraat. Salvo la nave de la capilla, las cuatro crujías restantes disponen de sendas naves en la planta superior cuya estructura se corresponde con las armaduras de madera que forman el espacio bajo la cubierta. Posteriormente, en el siglo XVI, se construiría un bloque conventual anexo, hacia el suroeste, siguiendo el curso del Reie.

El compacto sistema del antiguo Sint-Janshospitaal, compuesto por las tres enormes naves subdivididas en cinco crujías, es verdaderamente único, recordando en su espacialidad a la sucesión de estructuras porticadas de las basílicas de cinco naves. En la *Vista de las antiguas salas del hospital –Gezicht in de oude ziekenzalen–* realizada por Jan Beerblock en 1775 y su versión al óleo de 1778 –de mayor amplitud en la perspectiva– se refleja la vida hospitalaria en este singular espacio. Se han dispuesto pequeñas alcobas de madera para albergar las camas de los enfermos. Situadas a ambos lados de los ejes de los pórticos, conforman conjuntos longitudinales de celdas, disponiendo cada crujía de un espacio o calle central. En las imágenes, no obstante, sin duda por estar ocupadas todas las celdas, aparecen filas de camas supletorias dispuestas en estos pasos. Las vistas describen diversas escenas en las que las hermanas y demás personal sanitario atienden a los pacientes. El sistema, en definitiva, pretendía que el espacio general coexistiera con la capilla, idea fundamental en el concepto de la atención social medieval –salud espiritual y corporal–. Con la especialización y evolución científica, aquél tendería a diversificarse, compartimentándose. En la actualidad, restaurado y rehabilitado como museo[18], se ha vuelto a recuperar la espacialidad histórica.

Independientemente de la evolución de los espacios de enfermería mediante grandes naves, en los establecimientos de menor tamaño se mantuvo la tipología claustral hasta el Renacimiento, tiempo en el que, a la vez que tuvo lugar la reconversión funcional y gerencial de los centros hospitalarios, los formatos se transformaron hacia las arquitecturas clasicistas en las que los patios juegan un nuevo papel en la ordenación de los conjuntos. Pero antes de la llegada de estos modelos, nacidos de la génesis y evolución de los hospitales generales, siguieron construyéndose durante el siglo XV importantes establecimientos que participaron en aquella transformación que abandonaría definitivamente el modelo monacal.

Tal vez los últimos ejemplos de los formatos tradicionales derivados de la tipología monástica sean los desarrollados en el siglo XV. Paradigmático resulta el caso del Hospital de St. Nikolaus en Bernkastel-Kues. Fundado junto al Mosela por el cardenal y obispo de Brixen Nikolaus von Kues en 1458, el hospital estaba destinado a albergar 33 personas –seis nobles, seis sacerdotes y veintiún plebeyos–. En la actualidad funciona como residencia de ancianos. La planta del recinto responde a la organización clásica de los monasterios, con el claustro central como articulador de recorridos y acceso

18   Lobelle-Caluwé (2001).

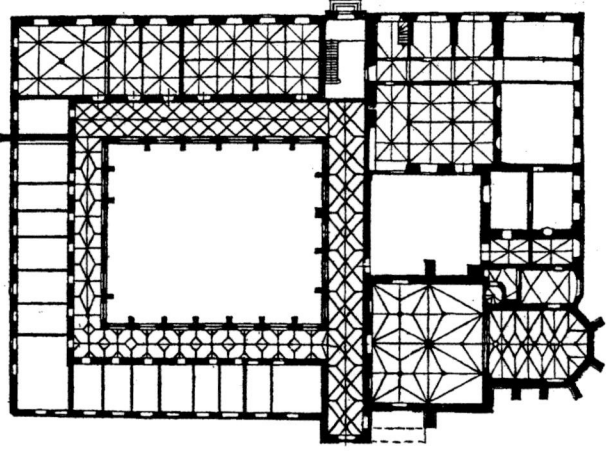

Hospital de St. Nikolaus en Bernkastel-Kues, Alemania, 1451. Planta.

a las entidades funcionales. La capilla, ubicada en la zona oriental, fue consagrada en 1465 y es un bello ejemplar de la tipología de espacios-nave resueltos con una única columna central de la que nacen los nervios de las crucerías. Adosado hacia oriente se anexa el coro-presbiterio, con ábside poligonal. En la planta baja, el sector septentrional alberga dos salas: la enfermería y el refectorio. En el ángulo nororiental, entre éstos y la capilla se disponen los espacios de servicio, la cocina, cilleros, etc. El resto de los bloques que rodean el claustro en ambas plantas corresponden a las celdas.

Un caso algo más evolucionado lo plantea el singular Hôtel-Dieu de Beaune, fundado en 1443 por Nicolas Rolin, canciller del duque de Borgoña, «pro recepcione, usu et habitacione ac sustencione pauperum et infirmorum». Se trata de un conjunto de piezas o bloques que, formando en planta una «U», rodean un patio rectangular. En el ala norte se encuentra el acceso al establecimiento, un vestíbulo que desemboca en el gran patio, dividiéndola en dos grandes entidades a las que da entrada: la gran sala de enfermería y la casa de servicio que contiene la portería, el refectorio de las hermanas y los cilleros. La gran sala, llamada Salle des Pauvres, es un espléndido espacio de 13 metros de luz, más de 43 de longitud y 16 de altura, en cuyo testero oriental dispone un altar y a ambos lados, adosadas a los muros laterales, las celdas-cama de madera para los enfermos. Se cubre con una bóveda de cañón de madera que deja ver los

Hôtel-Dieu de Beaune. Salle des povres, 1452.

Hôtel-Dieu de Beaune. Planta y secciones.
Composición realizada a partir del grabado de Aymar
Verdier: Cour de l'Hôpital de Beaune, S.XIX.

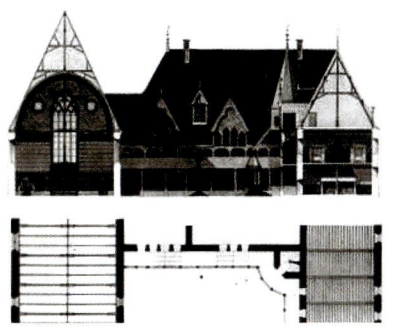

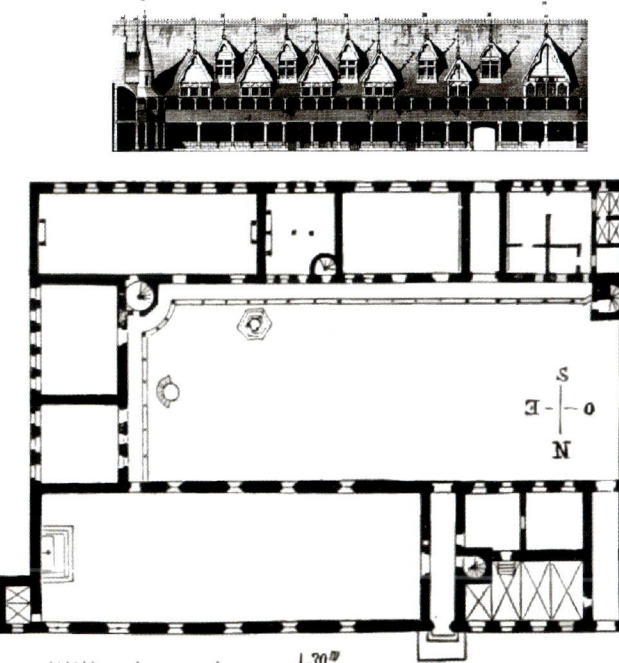

enfermería está la sala del noviciado seguida de sendas salas para enfermos, que forman el ángulo suroriental. A continuación, ya en el bloque meridional, sigue la cocina-farmacia y otra enfermería. Tras un paso que comunica el patio con los jardines del costado del mediodía se encuentran los servicios de lavandería.

Como puede verse, Beaune, a pesar de articular las piezas entorno a un patio abierto, ya no responde a un concepto claustral-monástico propiamente dicho. Los recorridos establecen un sistema funcional independiente para los accesos y para el servicio interno. En distintos puntos están ubicadas escaleras de caracol que comunican los corredores superior e inferior, conectando el piso destinado a habitaciones y otras oficinas con las enfermerías. Es una composición plenamente basada en elementos en la que el patio solo dispone de pandas claustrales en dos de sus lados, aquellos donde se articulan los recorridos de la función asistencial, los cuales, además, muestran su particularidad en su exuberante formalización, con sus tejados de tejas vidriadas y la prodigiosa ejecución de la carpintería de sus fachadas. La asimetría se produce porque la diferenciación de los usos determina arquitecturas distintas.

tirantes y pendolones de las cerchas. Los otros dos bloques en «L» disponen de sendas plantas y su fachada al patio se corresponde en ambas con porches o corredores cubiertos por los que se accede a los distintos locales. Junto a la gran

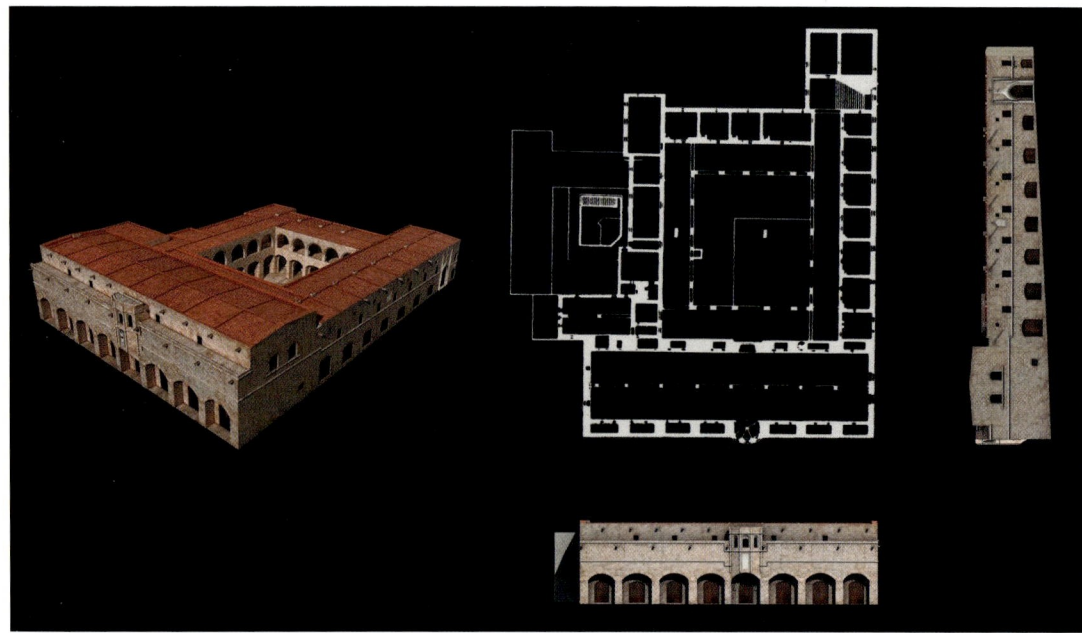

Hospital de la Orden de San Juan en Rodas. Planimetría realizada a partir de imágenes de Tassos Katsikas y García Granados.

Sin perder la organización claustral pero con un planteamiento diferente resulta el caso del hospital de la Orden de San Juan en Rodas. Siguiendo la tónica que los hospitalarios implantaron desde sus primeras fundaciones en Tierra Santa –Jerusalén, 1099; Acre, después de 1187 y Chipre, después de 1291– en Rodas, lugar de paso de miles de peregrinos, se cuidó la atención espiritual y material de los necesitados. Entre las acciones de la caridad en sus instalaciones, los hospitalarios siempre consideraron la atención médica. Existe constancia de la presencia del hospital de Rodas en el trescientos, pero vinculada a emplazamientos anteriores. Fue en 1437, fecha de la muerte del maestre Antoni Fluviá, cuando se pone en marcha la construcción de una nueva edificación, gracias a su generoso legado de 10.000 florines, comenzándose en 1440, aunque no sería hasta 1489 cuando fueron concluidas las obras, merced a las donaciones del maestre Aubusson[19].

La construcción responde a un modelo clásico de la tipología de edificios articulados en torno a un patio porticado central derivada de los formatos tradicionales romanos y bizantinos que se extendieron por toda la región mediterránea. Al

mismo tiempo su emplazamiento y su posición geográfica en la línea del frente que combatía la expansión del poder turco hacen que, como otras formulaciones tipológicas, el edificio se plantee con un carácter defensivo y cuartelario. El hospital disponía de dos plantas. Interesa destacar cómo en la planta baja, en los dos lados por donde tenía su acceso desde la vía pública, las crujías se destinaban a albergar tiendas, almacenes y oficinas abiertas hacia ésta. La puerta oriental se abre a un pasaje que desemboca directamente en el claustro, mientras, ganando altura por la topografía, la septentrional conduce a una amplia escalera que desembarca directamente en el claustro superior, lugar donde se encuentran las celdas y la gran sala de la enfermería.

Respecto a las típicas enfermerías medievales, resulta novedosa la disposición de la capilla. Frente a la ordinaria ubicación en uno de los fondos del espacio, en Rodas se ubica en el centro del mismo, frente a la puerta de acceso a la sala. Ésta consiste en sendas naves alargadas cuyo pórtico axial está construido como una cadena de arcos apoyados en ocho columnas octogonales de piedra. En el vano intermedio, en el muro que forma la fachada del mediodía se produce un ensanche de planta poligonal donde se ubica la capilla –formando una especie de ábside que se destaca

19   Zoitou (2021) Cap.1.

Hospital de la Orden de San Juan en Rodas. Gran sala. Interior.

en el alzado sobre la puerta principal–, elemento focal del espacio y nodo funcional de la enfermería en su vertiente religiosa. En ese mismo lateral y entre los contrafuertes, se forman pequeñas capillas con bóveda de cañón anexas a la enfermería. Las celdas individuales están instaladas en las crujías septentrional y occidental, y el refectorio en la meridional. Todos los espacios funcionales se articulan por el claustro, existiendo en la parte sur otro pequeño patio donde se ubican los espacios auxiliares.

El establecimiento pasó a manos de los otomanos en 1522, destinándolo a usos militares. A pesar de ello el edificio ha conservado su forma original y, restaurado por los italianos en 1913, en la actualidad contiene el Museo Arqueológico. Sin duda, el modelo de Rodas mantiene el formato del arquetipo claustral prefuncionalista, en el sentido que la propia forma es capaz de generar usos diferenciados en tanto en cuanto las crujías admitan las características correspondientes[20]. Sin embargo la disposición de los locales abiertos en la planta baja del bloque oriental y de espaldas al patio está ofreciendo un nivel distinto de diferenciación funcional. Como señaló Zoitou, «el tipo arquitectónico de un edificio de dos pisos de planificación centralizada con un atrio se asoció con la tradición de construcción de los Hos-

pitalarios, así como con los caravasares orientales, tal como evolucionó del *xenodocheion* bizantino, adecuado para un gran número de personas; este carácter arquitectónico fue también el resultado de los requisitos funcionales particulares del hospital, así como del largo proceso de su construcción»[21].

En este punto cabe anotar cómo la influencia, primero de los hospitales de Bizancio y después del Hospital de San Juan de Dios de Jerusalén, fue determinante en la formación de los establecimientos islámicos. Se ha vertido mucha tinta en relación a la singularidad de los *bimaristans*, llegándose incluso a proponer su influencia en los formatos occidentales medievales y modernos. Nada más lejos de la realidad. Recientes trabajos como el de Ahmed Ragab[22] están centrando la evolución histórica en su verdadero ámbito y contexto. Sin menoscabar el importante papel evolutivo de la ciencia médica y farmacéutica medieval en el Oriente Medio, no es menos cierto que las instituciones islámicas no se adelantaron a la secularización del ejercicio de la medicina, sino que, al igual que la tradición bizantina, la atención social y sanitaria se basó en el régimen hospitalario y caritativo característico medieval[23]. Las fundaciones en gran medida se sujetaron a promociones de los grandes potentados o caudillos, como fue habitual en su tiempo. En cuanto la tradición de la enseñanza de los conocimientos de la salud tienen un hito en la famosa escuela de Gondēshāpūr y el desarrollo posterior en la región de Siria y la zona oriental del norte de África. Respecto a los modelos de la arquitectura y la organización de las instituciones, muchos de los casos referenciales fueron reconstruidos sobre las propias instalaciones bizantinas. Otros se basaron en los tipos evolucionados de los establecimientos cristianos ya citados, y, sin duda, con los construidos en Damasco por Nur al-Din y Saladino tras la conquista de Jerusalén, fueron la base para los ejemplares más interesantes, como el hospital egipcio al-Manṣūrī.

20   Sobre este tema ver: Capitel (2005) pág. 107.

21   Zoitou (2021) pág. 130.

22   Ragab (2015).

23   Savage-Smith (2013).

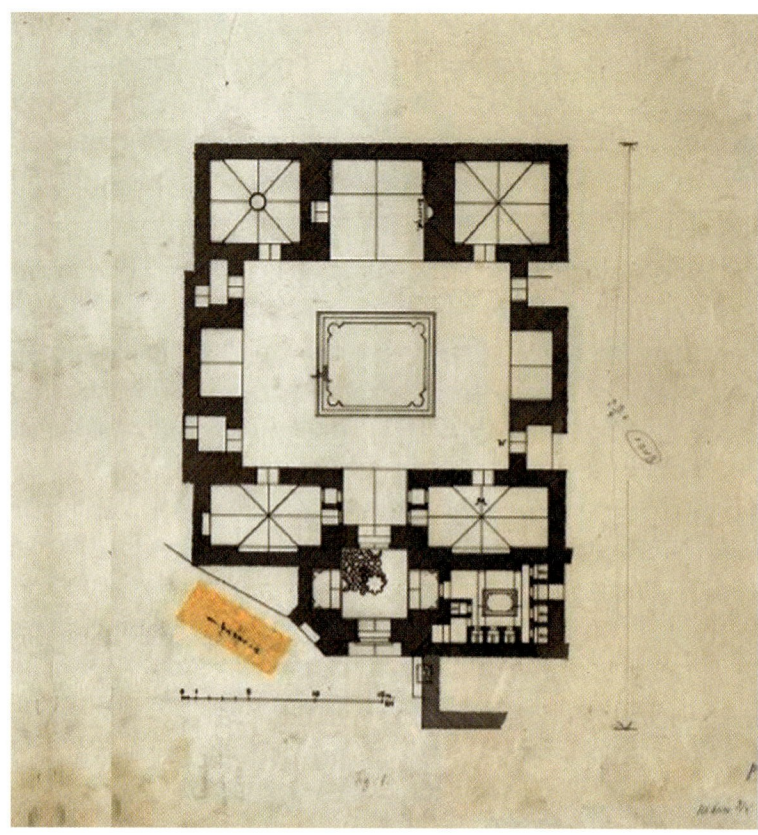

Nur al-Din Bimaristan, Damasco (Siria). Planta según Ernst Herzfeld.

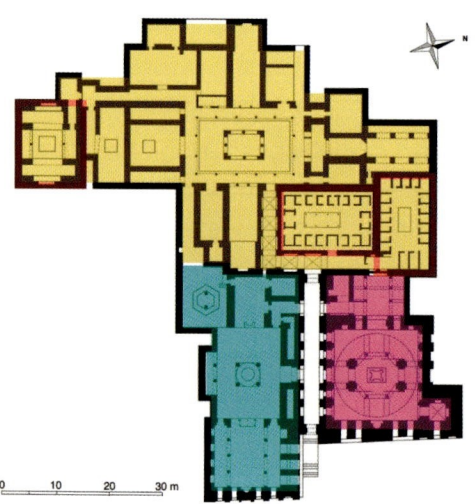

Al-Mansur Qalawun, Complejo hospitalario, El Cairo. Planta.

Desde el punto de vista de la tipología del hospital, entre los siglos XII y XIV se mantienen los formatos de carácter compacto con patio centralizado, siguiendo el modelo clásico mediterráneo derivado de Roma y Bizancio. El citado caso del bimaristán de Nur al-Din de Damasco, también denominado Hospital Al-Nuri, fundado en 1156, establece una distribución de salas en torno a un patio central donde se sitúa un estanque. La disposición de los iwanes se ubica en los puntos axiales y las salas en los angulares. Otros espacios menores y de servicios completan el pequeño establecimiento. Fue en dicho hospital donde fue atendido Al-Mansur Qalawun, gobernante de Egipto que impulsó la construcción del complejo hospitalario que lleva su nombre en El Cairo, concluido en 1284. Se trata de una de las primeras edificaciones complejas y de gran capacidad con diversificación funcional, donde se atendían toda clase de pacientes y ne-

cesitados, con recepción de carácter universal dentro del régimen religioso del islam[24].

Desde la puerta se accede a un corredor que se adentra en el complejo dejando en primera línea de fachada, a ambos lados, las principales edificaciones o entidades: el mausoleo del sultán, con su minarete, a la derecha, y la madrasa, a la izquierda. Una vez sobrepasadas éstas, se alcanza el sector hospitalario. La planta del bimaristán se estructura en una adición de entidades o bloques conformados cada uno de ellos como unidades con patio central, todas ellas articuladas mediante pasajes o corredores, que forman las distintas áreas de cuidados diferenciados. A estas entidades se suman espacios complemetarios de estancias, locales de farmacia, accesos, etc. El conjunto responde a un sistema que se asemeja a las complejas estructuras palaciegas islámicas, emulando una pequeña ciudad, cuya apariencia

24 En este sentido, Mustafa Al Ansari (2013, pág. 88) ha constatado que desde comienzos del siglo XII, hubo «un aumento paulatino de la discriminación contra las minorías religiosas». Según su tesis, «mientras los hospitales de Bagdad en el siglo X estaban abiertos a todas las personas, independientemente de su sexo, etnia, religión o afiliación política; el hospital de Nūrī, en 1154, estaba restringido a pacientes musulmanes. En 1283, Bīmāristān al-Manṣūrī se dedicó por completo solo a los musulmanes; prohibiendo la entrada, empleo y trato a los no musulmanes. Factores políticos, sociales y personales puedieron haber influido en esta tendencia. Las cruzadas y las invasiones mongolas coincidieron con la disminución del acceso a la atención médica y el empleo para los no musulmanes en el mundo musulmán».

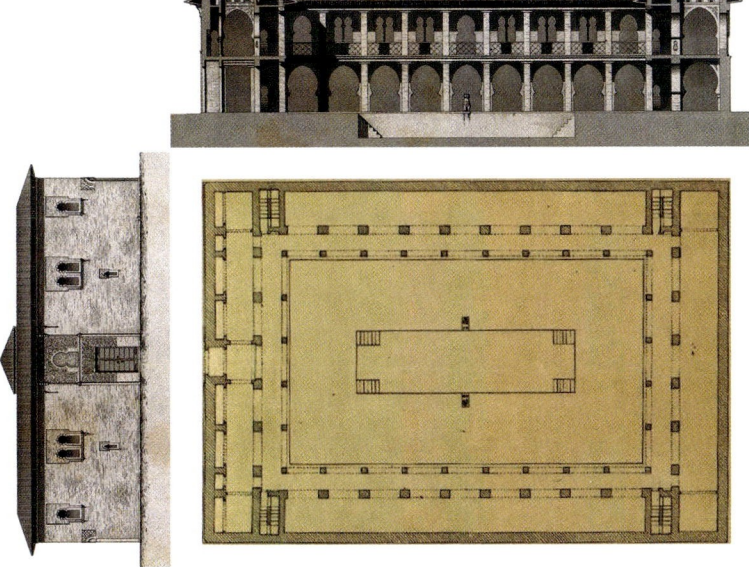

Maristán de Granada. Composición: Planta (según Torres Balbás), alzado y sección.

laberíntica es inevitable y, por consiguiente, lejana a los modelos occidentales.

En este sentido resulta muy interesante la comparación con el Maristán de Granada, edificado en el siglo XIV, cuya tipología corresponde a una construcción compacta de dos plantas, con crujías funcionales y corredores claustrales que rodean un amplio patio en cuyo centro se ubica una piscina provista de cuatro escaleras con gradas de acceso para tomar los baños, y cuya composición resulta verdaderamente modélica. La simplicidad de la planta, en la que prima el modelo de modo absoluto, y la dimensión de la crujía, determinan que las instalaciones no correspondan a salas de enfermería de amplia capacidad sino a pequeñas habitaciones. Así, posiblemente la distribución las ubicaría en la planta superior, mientras en la inferior se dispondrían los locales de atención médica, famacéutica y de servicios. La entrada se situaba en el eje de uno de los lados cortos y accedía directamente al patio. En en centro de ambos lados estaban ubicadas las escaleras que subían a las habitaciones. La recreación de 1811 –*The Arab Hospital, Granada, Spain. Steel engraving by Ribault and J. Sulpis after F. En-*

ríquez y Ferrer–, a pesar de su ambientación romántica de exagerado formalismo, evidencia la simplicidad compositiva. Más realistas, las propuestas realizadas por Almagro[25] plantean una depurada arquitectura, signo de la evolución inscrita en la composición y tipología de la España medieval y prerrenacentista.

La evolución de la tipología del hospital en la baja Edad Media tiene un punto de inflexión en la formación de los establecimientos complejos, nacidos de la diferenciación y especialización de las enfermerías y su fórmula de articulación. Conforme se fueron produciendo los cambios sociales y fue aumentando la población de las ciudades, a lo largo del trescientos, los centros asistenciales, además de modificar la gestión y ampliar el patronazgo entrando los concejos a formar parte de la dirección de los mismos, al tener que ampliar sus instalaciones para atender a un mayor número de pobres y enfermos, fueron incorporando nuevas salas de enfermería y otras dependencias auxiliares que dieron lugar a complejas edificaciones, unas nacidas a partir de elementos preexistentes, otras con planteamientos nuevos en la organización espacial de los recintos.

La clave de los formatos modernos radica en la fórmula de articulación de las enfermerías o salas de los pacientes, ya que el aumento del número de éstas conlleva la incorporación de espacios auxiliares, de servicios, accesos, etc. Ya hemos visto cómo la ampliación de las instalaciones en casos como el Hôtel-Dieu de París o el Sint-Janshospitaal de Brujas, en un primer momento se efectúa mediante la adición de la nueva nave formando ángulo recto con la precedente, articulándose ambas formando una «L», y posteriormente mediante adiciones en paralelo o longitudinales. En estos ejemplos se descubre que, a pesar de construirse las ampliaciones buscando una organización funcional, es determinante la aptitud del área de crecimiento del complejo hospitalario, en París perfectamente delimitado por su relación con la plaza de la catedral y el linde del Sena y en Brujas por la Mariastraat y el Reie.

25   Almagro Gorbea (2011).

1.2. Los hospitales toscanos del cuatrocientos

Todo parece indicar que el modelo comenzó a evolucionar en los hospitales italianos, en la Toscana y en la Lombardía. Pero antes de analizar los ejemplos donde afloran las nuevas composiciones, interesa detenerse previamente en uno de los casos más singulares de la arquitectuta medieval hospitalaria, el Ospedale de Santa Maria della Scala de Siena, en el que el particular emplazamiento y su extrema topografía condicionan una de las organizaciones espaciales más complejas que han existido. Nacido frente a la catedral como hospicio para atender a los peregrinos que viajaban a Roma, y cuyas primeras noticias lo remontan al siglo XI, a principios del trescientos pasaría a ser gestionado por el municipio, dotándose de ordenanzas en 1305 y 1318. La peculiaridad de su fábrica es que obedece a un sistema de construcciones realizadas en innumerables ampliaciones que fueron ocupando hasta en ocho niveles la enorme pendiente que se establece entre la plaza del Duomo y la vaguada posterior que rodea la ciudad, desde la cual la vista del hospital participa del perfil de la Siena histórica, presentando hacia la vía de Sant'Ansano su impresionante mole, en la que destacan las grandes naves superiores.

Siguiendo la *Ipotesi di ricostruzione delle fasi di crescita dello Spedale* realizada por Gianfranco di Pietro y Paolo Do-

nati[26], puede decirse, sucintamente, que las primeras edificaciones surgidas a partir del siglo XIII tienen como base dos referencias simultáneas: las crujías que forman el alzado hacia la plaza y las construcciones que se van adosando a la muralla y lindan con el camino que recorre la base de ésta. En las primeras tomará forma el volumen de la iglesia, cuyo flanco del evangelio constituye parte esencial de la fachada del conjunto hacia el Duomo. En el primer cuarto del trescientos se realiza la primera sala de peregrinos, con puerta desde la plaza y directriz perpendicular al eje del templo, es decir, transversal a la pendiente. Esta nave se apoya sobre construcciones en la ladera que se enclavan donde estuvo uno de los cubos de la muralla. En ese nivel se forma hacia 1337 la primera nave longitudinal junto al camino inferior, y sobre ella se levanta otra superior, hacia 1379. Seguirían en los años siguientes la mayor parte de las naves transversales del piso superior, cuyas crujías se extienden entre la nave de la iglesia y el valle –levantándose sobre naves menores inferiores–, destacándose entre ellas la nave del Pellegrinaio, que sería decorada en la siguiente centuria con los famosos frescos en los que se relatan escenas del hospital, entre ellos los dos pintados por Domenico di Bartolo, uno de los cuales expone –según Conejo da Pena[27]– la actividad del cuidado de los enfermos en una escenografía que tiene lugar en el cruce de dos enfermerías que forman ángulo recto, lugar «que se ha querido identificar con la confluencia de las actuales salas del Passeggio y de San Pio del mismo ospedale sienés». Esta sucesión de naves adosadas trasversal o longitudinalmente se colmataría hasta completar toda la capacidad de la superficie de la planta, alcanzándose un inusitado y complejo sistema de disposición de las salas. En Santa Maria della Scala se agota el modelo aditivo de naves de enfermería, de manera que prácticamente resulta ininteligible el sistema de articulación funcional, fruto de la combinación de niveles, corredores y escaleras que conforman sus comunicaciones internas. La planta principal, en la rasante de la plaza del Duomo, que

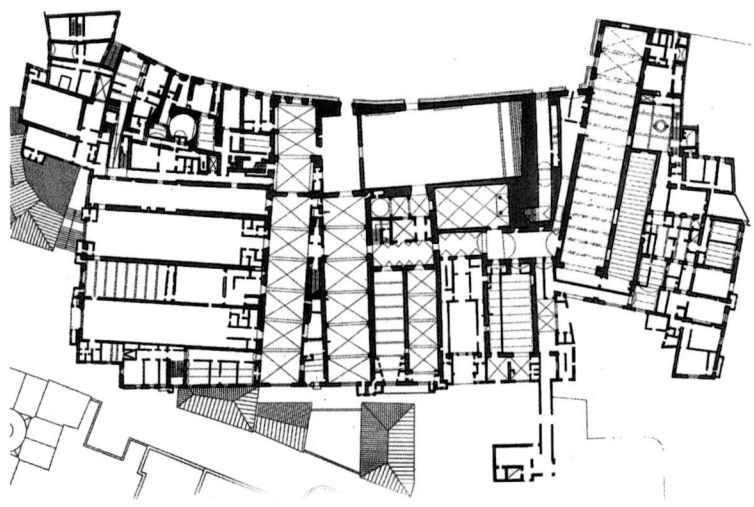

Ospedale de Santa Maria della Scala, Siena. Planta nivel plaza del Duomo.

26   Ministero per i Beni Culturale e Ambientali (1986) pp. 75 y ss.

27   Conejo da Pena (2017) Ap. «El Pellegrinaio de l'hospital de Santa Maria della Scala de Siena», pág. 104.

Domenico di Bartolo, *Governo degli infermi*, 1440-41, Pellegrinaio, Santa Maria della Scala, Siena.

proporciona la mayoría de las salas, establece varios conjuntos de entidades adosadas por grupos que se disponen en las dos direcciones ortogonales. Se trata, por tanto, del caso límite de una tipología que el Renacimiento, con sus sistemas de orden y significación, se encargará de reformar y superar por completo.

Entre las ciudades en las que tendrá lugar la formación de los nuevos elementos de composición, sin duda destaca Florencia, que cuenta con un extenso número de establecimientos, los cuales se desarrollaron o transformaron en aquel tiempo. Resulta conveniente comenzar por el caso más estudiado y probablemente el más interesante, el Os-

pedale di Santa Maria Nuova, todavía activo, cuyos orígenes se remontan a 1285, cuando fue fundado por Folco Portinari, quien iniciaría su construcción en una porción de terreno de la parroquia de San Michele dei Visdomini[28]. Poco después, en 1300, se integraron las instalaciones de monasterio de San Egidio, colindante al hospital, subdividiéndose la atención en dos sectores, este último asignado a los hombres y el anterior a las mujeres. El establecimiento iría ampliando[29] sus edificaciones con donaciones particulares, de modo que

28   Horner (1873) T.1, pág. 347.
29   Ver: Velluzzi (2016) y Diana (2010).

Fabio Borbottoni: *Antica facciata dell' Ospedale di Santa Maria Nuova*, S.XIX.

en la segunda mitad del trescientos contaba con más de 200 camas, siendo el lugar donde se atendieron los casos de la peste negra y disponiendo de ordenanzas desde 1374.

La edificación primaria en el sector de San Egidio no consistió sino en una enfermería de planta rectangular, terminada a principios del siglo XIV, entre 1313 y 1315. A mediados de la centuria, hacia 1345, fue construida una segunda sala que se anexó a la anterior formando en planta una «L», de modo que compartieran en el espacio de unión la disposición del altar donde se celebraban los oficios en presencia de los pacientes y asilados. Por su parte, la nave de la enfermería de mujeres, junto a la Via delle Pappe, se iría ampliando según su misma directriz a lo largo del trescientos.

En el siglo XV el hospital fue objeto de ampliaciones y obras de enriquecimiento artístico, decorándose sus espacios con frescos y esculturas en las que participaron renombrados artistas. En el mismo centro asistencial se encuentra el fresco de la *Consagración de la nueva iglesia de San Egidio por el papa Martín V en septiembre de 1420*, obra de Bicci di Lorenzo coetánea de aquel acontecimiento, en la que se descubre el aspecto que tenía el edificio principal frente a la plaza de acceso. Observando la recreación efectuada por

Borbottoni, en la que se han suprimido los personajes, aparece una fachada donde se disponen en un único plano las tres entidades existentes con sus correspondientes puertas. A la izquierda la iglesia, cuya portada de acceso se presenta con arco apuntado y frescos en el tímpano, y se protege con un tejaroz apoyado en cuatro grandes ménsulas. A la derecha la enfermería de hombres, con portada adintelada de transición, asimismo cubierta por un tejaroz, similar al anterior aunque de menor entidad, sobre el que aparece un gran ventanal gótico. En el centro la zona correspondiente al claustro intermedio, cuya puerta, en forma de arco de medio punto, deja ver la arquería de una de las pandas. A la vista de esta pintura puede inferirse que en el primer cuarto del cuatrocientos estaba conformado el hospital –sector principal– por este núcleo con sus tres entidades, el cual se complementaría con otras salas menores y los espacios de servicio y auxiliares.

En esa fecha se había realizado la tercera ampliación de las enfermerías de hombres con un nuevo brazo, construido en 1408-1410, que seguía la directriz del segundo para formar una «T». No sería hasta finales del quinientos, hacia 1574, cuando tendría lugar la cuarta ampliación que completaría la enfermería múltiple con planta en forma de cruz. Lo más probable es que esta forma final fuera el resultado de una evolución funcional que surgió conforme a las necesidades asistenciales, pero pudo haber habido un plan preconcebido desde el principio que buscara la unificación de las enfermerías en torno a un altar central. Si este hecho se ha considerado esencial para el estudio tipológico es porque tal formato se extenderá durante el Renacimiento con enorme éxito y permanecerá como modelo hasta la Ilustración.

En sí, el concepto de esta espacialidad cruciforme no deriva sino de los cruceros de las iglesias basilicales medievales, las cuales, a su vez, provienen de los modelos romanos y bizantinos. Un caso paradigmático puede encontrarse en el citado Martyrium de San Simeón Estilita, edificado en el siglo V cerca de Alepo[30]. Como se vio más arriba, su núcleo consiste en

30   También llamada basílica de Kalat-Seman (Siria).

Martyrium de San Simeón Estilita, Qalaat Seman, Siria. Axonometría.

una construcción de planta octogonal en cuyo centro se ubicaba la venerada columna donde, según la tradición, Simeón vivió los últimos años de su vida. Convertido en un gran centro de peregrinación, al núcleo se añadirían cuatro bloques de tipo basilical en cada una de las direcciones axiales, configurándose una gran arquitectura de planta centralizada formada por brazos de tres naves que se articulan en el espacio del Martyrium. Si bien, a la postre, y al igual que en todo templo canónico, está singularizado el presbiterio –en este caso mediante un triple ábside en equivalencia a la planta del brazo basilical orientado hacia el este–, no es menos cierto que la fuerza del modelo está inmersa en su propia tipología, por lo que resultaría completamente natural que tal geometría hiciera aparición en los ejercicios del Renacimiento.

El propio hospital de Santa Maria Nuova fue objeto de dicha implantación cuando, hacia 1660, fue construida una segunda estructura gemela de la precedente y destinada a las enfermerías de mujeres, hasta entonces reducidas a las naves de Via delle Pappe. Situándose con brazos tangentes, estas estructuras, acopladas entre sí, componen los elementos primarios de la ordenación del complejo hospitalario. Para entonces ya se había realizado parte de la transformación del alzado hacia la plaza, de forma que la iglesia quedaba ahora ocupando un lugar centrado entre las naves de las enfermerías, alzado en el que se había construido la logia proyectada por Buontalenti y realizada en el tramo básico por Parigi, en 1611.

Santa María Nuova es un ejemplo de las constantes reformas que la evolución de las necesidades y de la actividad asistencial requirió de los edificios hospitalarios. En los casos nacidos antes de los modelos renacentistas, las unidades de las enfermerías resueltas como salas-con-altar se van articulando mediante patios o claustros, intercalándose entre unas y otras los espacios de servicio, e incorporándose al complejo otras entidades como la farmacia, las oficinas, los servicios (cocinas, repostes, almacenes, etc.), las zonas residenciales del personal sanitario, los huertos de plantas, los talleres, etc. Posteriormente, en los siglos XVII y XVIII, aquellos establecimientos llegarían a desarrollar programas muy complejos, como si se tratara de pequeñas ciudades.

En la misma Florencia puede observarse una evolución del mismo tipo, aunque de menor entidad, en el antiguo hospital de San Giovanni Battista, llamado popularmente Bonifazio en honor a su fundador, Bonifazio Lupi, quien promovió su construcción en 1377. A las dos salas de enfermería con que inicialmente contó el centro asistencial se irían añadiendo otras, maclándose en ángulo recto, configurando una malla de salas articuladas entre sí y rodeadas por espacios de servicio, patios y claustros de diverso orden. Siguiendo el modelo florentino, en el frente urbano se construiría un pórtico de fachada que unifica el alzado y desde el que se accede a las salas y oficinas principales. La planta del setecientos presenta la típica complejidad de esta clase de establecimientos.

En aquella misma época, entre 1388 y 1410, sería fundado el Ospedale di San Matteo con el patrocinio del banquero Lemmo Balducci, instalándose junto al convento de monjas de San Niccolò in Cafaggio. En la planta se observa que el núcleo hospitalario responde a una disposición compuesta por tres entidades que hacen frente a la vía principal: dos naves de enfermería a ambos lados y una zona claustral central. Todas ellas se articulan en el plano de fachada mediante un pórtico o logia. Entre este núcleo y el monasterio se ubican

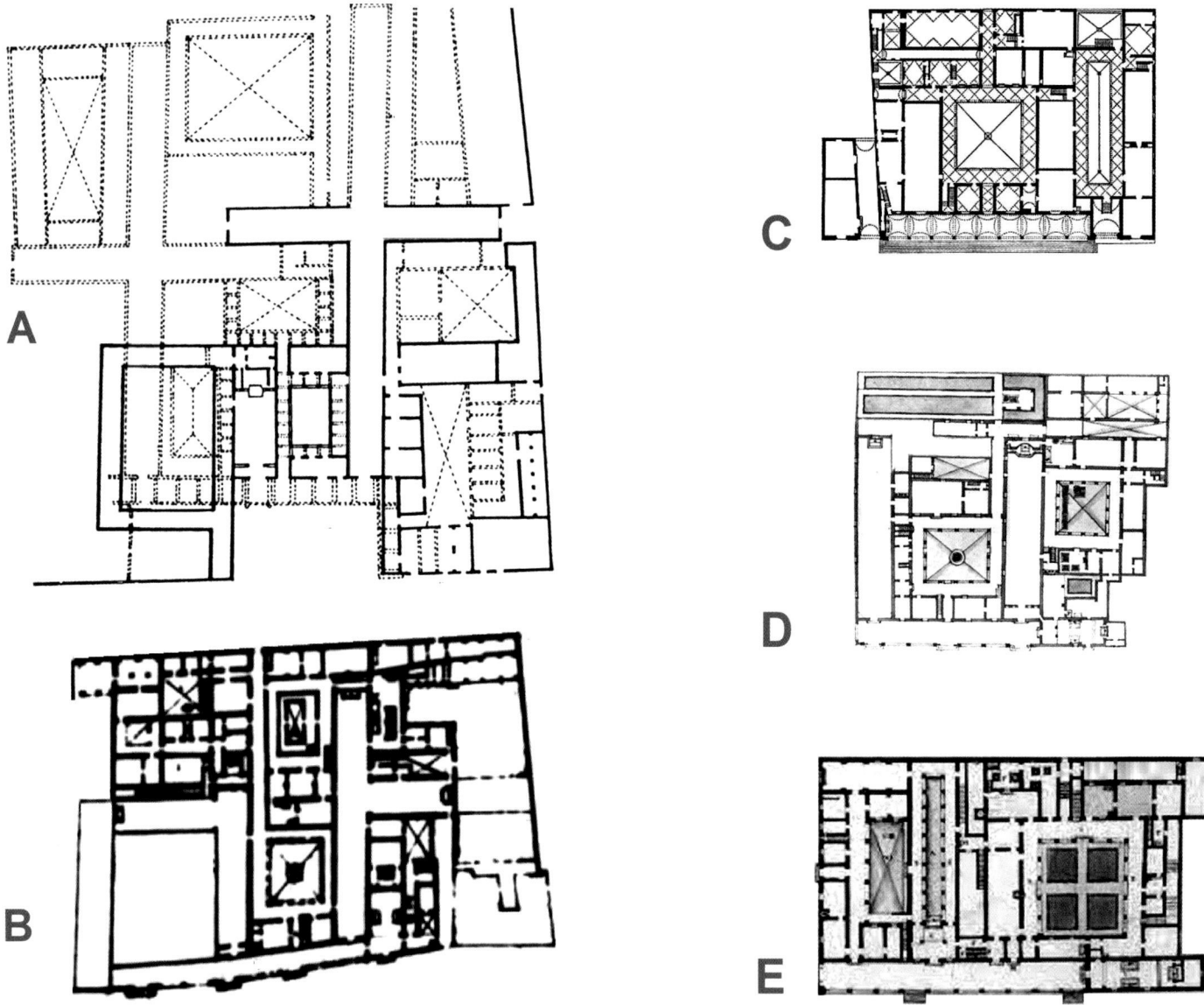

Tipología de los hospitales florentinos: A Santa Maria Nuova; B Bonifazio; C Innocenti; D San Matteo; E San Paolo.

un conjunto de espacios y salas de servicio, articuladas en torno a un claustro secundario, mientras la capilla lo cierra en el frente, en continuidad con el eje del pórtico.

Estos pórticos articuladores en el alzado, que en cierto modo no devienen sino de las logias medievales, vinculadas a una funcionalidad mercantil –en los edificios civiles– o preambular –en los templos–, pasarían a reinterpretarse como una evocación de la Antigüedad clásica que recupera la arqui-

tectura del Renacimiento. Este fue el siguiente paso en la evolución tipológica dado por Bruneslleschi. En efecto, en 1419 le fue encargado el proyecto del orfanato de Florencia, el denominado Ospedale degli Innocenti, promovido por el poderoso gremio de la Seda, que debía construirse haciendo fachada a la gran explanada que forma la plaza de la Santissima Annunziata. Brunelleschi, sobrepasando los formatos de su tiempo, realiza un ejercicio plenamente moderno, con una composición perfectamente simétrica y de lenguaje clasicista[31]. En su proyecto, al menos en la etapa en que dirigió la obra, entre 1419 y 1427, no sólo ya no queda nada de la sintaxis medieval, sino que realiza una abstracción de los modelos funcionales coetáneos, de modo que la planta se destila del análisis tipológico de la disposición funcional que regía en los establecimientos como el hospital de San Matteo o, incluso, el de Santa María Nuova, que contaban en aquel momento con el núcleo completamente desarrollado. Así, la distribución brunelleschiana del orfanato plantea dos entidades principales a ambos lados del eje axial de la planta y un bloque central que corresponde al claustro principal que articula el conjunto precedido de una crujía don diversas salas. Los tres accesos se conectan por un gran pórtico de orden clásico, de modo que por la puerta central, a través de la crujía, se entra al claustro; por la derecha se accede a la sala de los huérfanos y por la izquierda a la iglesia. Naves y crujías se articulan en el claustro, pero el nuevo elemento de relación es el pórtico, el cual ofrece su magnífico diseño hacia la plaza, levantándose sobre una gran escalinata que recorre toda la arquería y otorga al alzado un carácter monumental.

Francesco della Luna edificaría la siguiente fase del hospital, entre 1427 y 1439, en la que se ampliaría el núcleo con espacios complementarios que, en planta, lo rodean[32]. En el sector de las enfermerías (1427-1436) se dispone un segundo claustro alargado que las articula con todos los demás espacios de este sector, entre los que se encuentra el lavatorio, la despensa, la cocina y el refectorio de mujeres. En el opuesto (1437) se ubicaron la sacristía, la sala del prior y el refectorio de hombres. En los años siguientes, hasta 1470, se ampliarían las instalaciones con la edificación de un piso superior y otros elementos. Posteriormente, en el quinientos, se realizaría otra ampliación extendiendo la planta en el sector de las enfermerías tras adquirir las casas colindantes de la vía dei Fibbiai.

El depurado ejercicio de Bruneslleschi y della Luna, realizado en la primera mitad del cuatrocientos, desarrollado con un nuevo lenguaje arquitectónico y un nuevo sistema compositivo, consagraría la tendencia en el planteamiento del porche como elemento de composición de fachada y sistema articulador de las entidades frontales. Este diseño, como tipología, sería implantado en Santa María y Bonifazio, y haría de modelo para el pórtico del hospital de San Paolo, institución que había nacido como hospedería en el siglo XIII y se había transformado en hospital a mediados del trescientos. Después, a partir de 1451, con el patronazgo del gremio de jueces y notarios, se reorganizaría y ampliaría, construyéndose la logia por Michelozzo. Con una planta que tiene grandes similitudes con la del hospital de San Matteo, salas, patios y claustros se articulan en un régimen que avanza hacia una disposición cada vez más libre, buscando preferentemente la funcionalidad. En este juego compositivo, el pórtico ya está participando como elemento de configuración.

Puede afirmarse, en síntesis, que en la ciudad de Florencia, entre las fechas centrales de los siglos XIV y XV, la tipología hospitalaria conformó un sistema de organización funcional propio, no precisamente el modelo de planta cruciforme, sino el de elementos articulados por funciones, en los que las salas de enfermería, los claustros, la iglesia, el pórtico de acceso y los bloques de servicios participaron de un nuevo concepto de composición que dio una respuesta ordenada a los grandes complejos hospitalarios.

---

31   Con Bruneslleschi se rompe por primera vez de forma definitiva con el lenguaje gótico. Cfr.: Frankl, Paul (1981) pp.32 y ss.

32   Istituto degli Innocenti (2001) Ap.: «Relazione Storica».

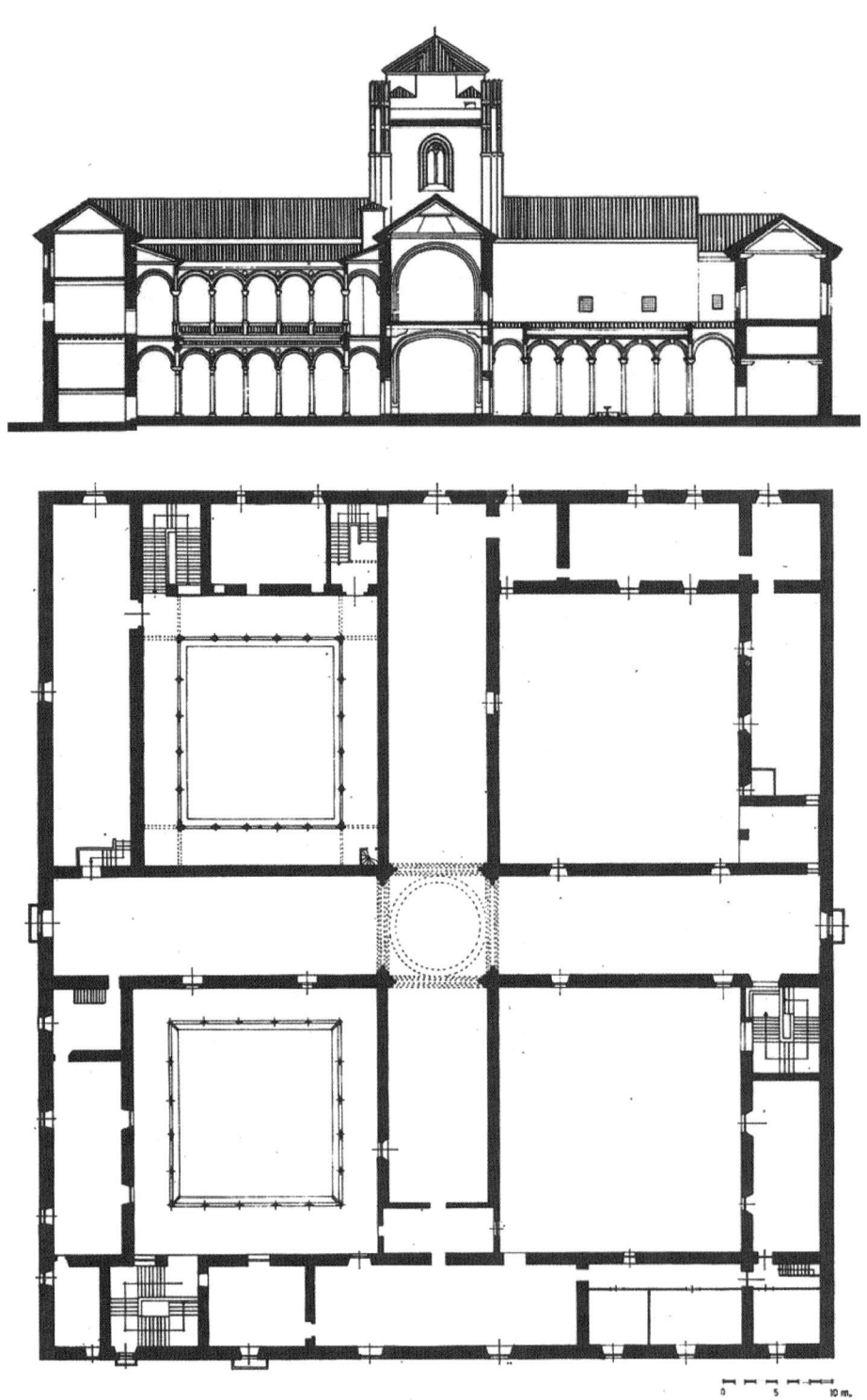

Hospital Real de Granada. Alzado y planta según Félez Lubelza.

II. Los primeros hospitales generales

2.1. El nuevo concepto del hospital general y el Renacimiento: Italia y Aragón

La evolución tipológica de la arquitectura hospitalaria comienza a presentar los principales cambios a partir de la creación de los llamados hospitales generales. En las grandes ciudades el crecimiento de la población había conllevado el aumento del número de parroquias y con ellas el de los pequeños hospitales anexos. Si a tales establecimientos sumamos los hospicios de peregrinos y otras instalaciones dependientes de ciertas órdenes religiosas como los antonianos o los sanjuanistas, la cifra se elevaba considerablemente. Cada pequeño hospital, por otra parte, tenía su propio sistema de gestión, de financiación, etc. A lo largo del trescientos, cuando las ciudades adquieren un nuevo estatus en el plano social y económico, los obispados y los concejos con el apoyo de los monarcas comienzan a desarrollar planes para la reorganización de dichos establecimientos, buscando su unificación bajo un nuevo modelo, el hospital general, en el cual se puede optimizar los recursos y dar un servicio de carácter universal. La captación de fondos de las entidades públicas –concejos, diputaciones, corona– y de las donaciones particulares –testamentos, limosnas–, siempre fomentadas por la Iglesia –bulas, indulgencias– configuran una nueva perspectiva de la acción social que desemboca en un cambio de escala, en el cual se crea un nuevo sistema de gestión colegiada, con la participación del poder eclesiástico y el civil, en el que la evolución de la atención sanitaria y la medicina juega un nuevo papel.

La unificación de los establecimientos menores en el hospital general, además de la creación de un programa funcional que plantea una nueva escala en el tamaño de los centros, hasta entonces inéditos, exige casi siempre la construcción de edificios de nueva planta, salvo algunos casos en los que fue posible la ampliación de instalaciones anteriores por disponiblidad de espacio en su mismo emplazamiento. Aparece, por tanto, un nuevo ejercicio de proyecto arquitectónico, el de grandes establecimientos de nueva planta, que deberán ser emplazados normalmente fuera del casco urbano histórico, del sector consolidado intramuros, en ubicaciones próximas a la ciudad y junto a las vías principales. Si hasta entonces los grandes hospitales habían surgido del crecimiento de instalaciones anteriores, vinculadas por lo general a obras episcopales, mediante el sistema de adición de espacios de enfermerías y de servicios, y por consiguiente sin una planificación predeterminada, el nuevo hospital general conlleva un programa mucho mayor, el cual comprende la diversificación funcional como nueva característica en el problema del diseño o composición de la edificación, y con ésta un complejo sistema de articulación de los espacios funcionales, de distribución de unidades, de disposición de corredores y elementos de organización de las circulaciones y accesos.

Participando de un tiempo de esplendor y expansión de sus territorios, donde el florecimiento de la cultura y la acción social fueron de la mano, la Corona de Aragón inicia el cuatrocientos con un decidido impulso en materia de nuevos espacios dotacionales en las principales ciudades, del que derivarán nuevos tipos arquitectónicos como las lonjas de mercaderes, las casas consistoriales, las audiencias y diputaciones, o los hospitales generales. Este programa, desarrollado a lo largo del siglo XV y que se culminaría en el quinientos, participó de un intercambio cultural y de conocimientos principalmente de los estados y ciudades italianas, en los que tanto interés mostró la Corona de Aragón y de la que entrarían a formar parte los reinos de Nápoles y Sicilia. En la arquitectura, a los modelos propios de los territorios históricos de la Corona, devenidos de la evolución de los formatos góticos durante el siglo XIV y que dieron lugar a las fórmulas del gótico flamígero, se fueron incorporando los elementos del nuevo lenguaje del clasicismo, al principio tímidamente, como participación de las formas o del estilo, después de modo global, en la concepción de los nuevos sistemas de composición. Simplificadamente, puede decirse que en la mayor parte del siglo XV el patrón del sistema de composición todavía es heredero de la construcción gótica, mientras que a partir del XVI el sistema que trae consigo la arquitectura renacentista está plenamente asentado. En este cambio o trasformación el caso de la edificación hospitalaria es verdaderamente ejemplar, puesto que la formación de aquella nueva concepción arquitectónica coincidió con el desarrollo de una nueva tipología, dando lugar a los llamados hospitales del Renacimiento, monolíticos y modélicos ejemplares cuyo esplendor se alcanzó con el programa impulsado por los Reyes Católicos, que no fue sino la consecuencia y devenir del de sus antecesores aragoneses. La belleza, categoría y magnificencia que alcanzaron los insignes ejemplos de los hospitales españoles del quinientos no tienen parangón en Occidente como no lo tuvo el Escorial entre los monasterios. Pero para llegar hasta aquellos modelos hubo que dar un salto cualitativo muy importante, el paso desde los tipos medievales basados en las fórmulas de adición hasta el nuevo formato de composición integrada.

Hemos visto cómo en Florencia se evolucionó en las dos direcciones. Por una parte, en el desarrollo de edificios *ex novo*, mediante una fórmula de integración a partir de nuevos elementos de composición como el patio o el pórtico, pero cuyo alcance nunca sobrepasó el de un establecimiento ordinario, como el Hospital de los Inocentes de Bruneslleschi, en el que las entidades funcionales se organizan distribuidas en una planta de espacios articulados. Por otra, en el proceso de ampliación de instalaciones medievales, mediante la configuración de grandes naves articuladas como espacios primarios, las cuales se rodean de las entidades de servicios, generando las primeras plantas en «T» o en cruz. Estas líneas de desarrollo dieron un salto cualitativo en el proyecto del Ospedale Maggiore de Milán, primer caso de la nueva tipología, iniciado a mediados del cuatrocientos y construido en varias etapas que no finalizarían hasta el siglo XIX, hospital que analizaremos más adelante.

Sin embargo, en la Corona de Aragón, el comienzo del programa de los hospitales generales arranca con la centuria y, dada su tradición constructiva anclada en el sistema gótico, sigue utilizando como elementos de composición las estructuras de las grandes naves cistercienses, pero para un fin distinto de un sistema adicional de espacios funcionales. Se trata de alcanzar un proyecto de integración inscrito en una nueva tipología, una nueva arquitectura que supera la disposición en planta de las áreas funcionales para construir un edificio compacto capaz de ordenar la diversidad funcional en diferentes niveles, articulando las salas según una forma que da respuesta de modo unitario. Derivado de los grandes edificios civiles, los palacios o las casas episcopales, que se articulan formando crujías de planta rectangular con patio central, surgen en diversos lugares de la Corona de Aragón pequeños establecimientos que, cuando se trata de dar este salto de escala, configuran la tipología precedente a la milanesa y cuyo primer caso lo constituye el Hospital de Santa Cruz de Barcelona, antecedente inmediato del Hospital de Nuestra Señora Gracia de Zaragoza.

2.2. El Hospital de Santa Cruz de Barcelona

Surgido de la unificación de seis hospitales menores existentes en la ciudad, el Hospital de Santa Cruz[33] fue fundado en abril de 1401, participando el Consejo de Ciento y la Iglesia –el obispo Armengol y el capítulo de la catedral– con el apoyo de la monarquía. Por parte del municipio se integraron los hospitales de l'Almoina y d'en Marcús, mientras los eclesiásticos fueron los de Sant Macià y d'en Colom, de esta forma todas sus propiedades y rentas institucionales pasarían a depender del nuevo hospital general[34]. En los meses siguientes se adhirieron los de Sant Llàtzer y Santa Eulàlia del Camp. Ubicado en el Raval y junto a las principales vías de acceso, su emplazamiento corresponde al mencionado antiguo hospital del Canonge Colom[35], que sirvió de centro temporal en tanto se construía la nueva fábrica hospitalaria, y cuya nave o sala principal, con acceso directo desde la calle, quedaría a la postre reconvertida en la iglesia definitiva de Santa Cruz.

La composición del nuevo edificio respondía a una arquitectura compacta de planta rectangular y patio central. Los bloques del proyecto matriz miden aproximadamente 72 y 62 m. de lado y disponen todos ellos dos pisos o niveles, con una crujía de algo más de ocho metros de luz, cuya estructura sigue el formato de las naves cistercienses con muros y arcos diafragmáticos en el superior y bóvedas de crucería muy rebajadas en el inferior, con alturas de diez y de seis metros respectivamente. El diseño contaba con un elemento complementario como era la existencia de una crujía claustral en la planta baja que rodeaba el patio siguiendo el modelo monástico, con tramos cubiertos con bóvedas de crucería y terraza superior. Los espacios de las naves, por otra parte, se establecían sin solución de continuidad en los ángulos, mediante un diafragma de medio punto en inglete, hecho que implica una configuración abierta y de flexible disposición funcional, cuyas posibles divisiones estarían a mer-

Hospital de Santa Cruz, Barcelona. Biblioteca de Cataluña. Nave alta. Interior.

ced de los requisitos concretos en cuanto a las necesidades de las enfermerías. Por tanto existió un concepto tipológico predeterminado, el correspondiente a un modelo inédito de manzana cerrada con patio central. Esta traza general, según algunos autores, pudo deberse a Arnau Bargués[36], aunque no es seguro. En todo caso, la ejecución definitiva sólo se desarrollaría hasta alcanzar la forma de «U» –sin llegar a construirse el bloque meridional–, extendiéndose y ampliándose las instalaciones con naves y entidades suplementarias que fueron incorporadas a lo largo de los siglos.

Siguiendo el estudio de Castejón Doménech[37], la obra realizada en el cuatrocientos fue desarrollada en tres períodos constructivos, dando comienzo el 17 de abril de 1401, estando presentes en el acto el rey Martín el Humano, la reina María, Jaime de Prades –en nombre del príncipe Martín I el Joven, rey de Sicilia–, el obispo Joan Armengol y los consejeros de la ciudad. Por diversas fechas contractuales se conoce que en 1403 se encontraba en ejecución el bloque oriental, en el que participaban los maestros Joan Sobrevila, Pere Ferrer y Joan Galí, y en 1405 se estaban ejecutando los trabajos de fusta de las cubiertas por el carpintero Antonio

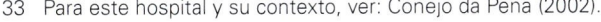

33 Para este hospital y su contexto, ver: Conejo da Pena (2002).

34 Martínez Bedmar (2018).

35 El canónigo Joan Colom, tesorero de Jaime I, había fundado aquel establecimiento para atender a los peregrinos y pobres enfermos, según testamento de 1229.

36 Conejo da Pena (2014) *Lum...* pág. 441.

37 Castejón Domenech (2007) pp. 50 y ss.

Hospital de Santa Cruz, Barcelona. Claustro.

Fàbregues. Ese mismo año el rey autorizaba las ordenanzas de la cofradía de la Santa Cruz, asentada en la nueva iglesia del hospital, la cual se habilitaba aprovechando una sala o nave de enfermería de las instalaciones del Colom. Los documentos permiten conocer las capillas que debían edificarse. Además de la mayor, dedicada a la Santa Cruz, en el lado del evangelio se dispondrían la de la Virgen María, la de los Santos Ángeles y la de Todos los Santos, mientras en el lado de la epístola lo harían la de la Santa Trinidad, la del Espíritu Santo y la de los Santos Apóstoles.

En 1406 se firmaron capitulaciones con el maestro Guillem Abiell para la construcción del claustro, constando, entre otros detalles, la colocación de diez claves de bóveda, de donde se infiere que el trabajo alcanzaba la panda oriental completa más un módulo de la septentrional, dato que, a su vez, indica el alcance del primer estadio de la estructura que se estaba levantando, límite lógico considerando que los dos tramos del bloque norte eran necesarios para arriostrar el crucero angular[38]. Las obras debían encontrarse muy avanzadas en 1412, cuando los reyes Fernando de Antequera y Leonor de Alburquerque visitaron la ciudad y el hospital, instalándose los primeros enfermos al año siguiente y comenzándose la farmacia. Otras instalaciones como los

almacenes o la bodega, documentados antes de esa fecha, indican que se habían ubicado en el sector prexistente. En todo caso, la nueva fábrica tardaría en completarse y posiblemente no fueron finalizadas las cubiertas hasta 1417, año en el que fueron aprobadas las primeras Ordinaciones.

Una siguiente etapa de obras se relaciona con la terminación de la habilitación de la iglesia en 1440, momento en el que se acometieron trabajos de decoración interior y se iniciaron las obras de la sacristía, de la cual constan gastos en los años siguientes. Según Danon, en 1457, concluida la primera parte del bloque principal, estaban en funcionamiento las salas de enfermería denominadas «Santa María, San Miguel, San Pedro, San Jaime y la «cambra» o habitación primera de mujeres. Estas salas –añade– no tenían cada una de ellas la amplitud de una sola nave, sino que éstas estarían divididas por tabiques separando las diversas quadras...»[39] A finales de la centuria, en 1488, consta inaugurada la sala llamada «obra nueva», correspondiente al área restante del ala norte, perteneciente a la tercera fase, en la que figuran otras obras realizadas entre 1493 y 1499, seguramente de la continuación del bloque septentrional y los primeros tramos noroccidentales.

En 1511 –según Vázquez Álvarez– se firmaron capitulaciones con el maestro Francisco Güalves en aras a completar el

38   El cambio de fase constructiva se observa en la distinta solución estructural, realizada inicialmente mediante muros con contrafuertes y prescindiendo de éstos después, aumentando la sección de aquéllos.

39   Danon Bretos (1967) pág. 23.

bloque de poniente[40], una obra que se prolongaría durante casi dos décadas. En cuanto a las salas de enfermería en el quinientos, siguiendo de nuevo a Danon, conocemos que en 1539 estaban en funcionamiento las llamadas de «San Roque, Santa Eulalia, de las Fiebres y de la Crucifixión, resultantes éstas últimas del acondicionamiento y mejoras de las antiguas «cambras» primera y segunda de mujeres». El mismo autor refiere las dependencias que existían en el hospital en 1564, proporcionando una interesante información sobre las salas y los espacios de servicio. Eran los siguientes: casa del prior, con una habitación, aposento para el sirviente y cocina; casa del enfermero, con una pequeña entrada y una habitación; vivienda del rector de la sala de Santa María, con una habitación; vivienda del rector de la sala de San Pedro; habitaciones del comprador, del procurador de óbitos, del guardarropas, del sobrestante, del pasionero y de su sirviente, del segundo sobrestante, del panadero; casita llamada de la panadería; bodega; habitación del harinero; iglesia y sacristía; farmacia y vivienda del farmacéutico; tienda y vivienda del barbero cirujano; horno, con su cocina y habitación; depósitos de harina y trigo; casa del portalero y casa del carretero. Además estaban las salas de enfermería con los nombres de San Pedro, Santa María, San Roque y San Jaime; el departamento de hombres dementes, con su cocina; la sala de las Fiebres; la de Santa Eulalia y la de San José. Añadíanse la cocina llamada de la gallinera, la habitación del médico y la cocina «de las fiebres». Por último deben mencionarse la sala de nodrizas, el departamento de mujeres dementes, la habitación de la sobrestanta, la del escribiente y la del «bassiner» o captador de casa[41].

Dada la variación de denominaciones para las quadras según fueron creciendo las instalaciones y en función de los usos cambiantes a lo largo de los siglos XV y XVI, es difícil, diacrónicamente, deducir la distribución espacial de Santa Cruz en aquel período. Conejo da Pena ha interpretado que en el cuatrocientos las quadras de hombres estaban situadas en la planta superior, correspondiendo a las no-

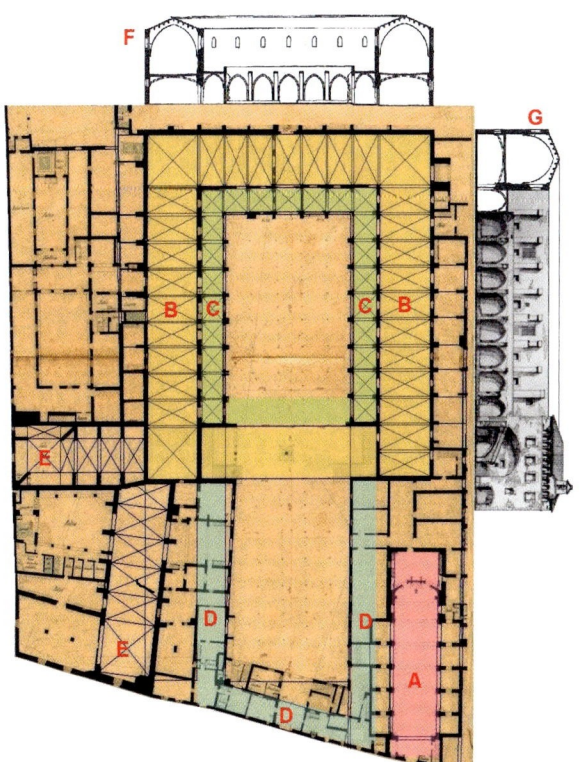

Hospital de Santa Cruz, Barcelona. Composición del proyecto, según Ricardo Usón (a partir de la planta de Garriga): A Iglesia-Nave de Colom; B Bloque de las enfermerías con patio central; C Claustro; D Entidades de enlace de ampliación; E Entidades de ensanche; F Sección según Torres Balbás; G Alzado Este según Tarrago-Castejón.

minadas Santa María –ala norte– y San Pedro –ala este–, ésta después llamada de San Pedro y San Miguel. Por el contrario en la planta baja se ubicaban las salas Primera y Segunda de mujeres, que posteriormente se llamarían del Crucifijo, de las Fiebres, de Santa Eulalia y San José. En el quinientos, en la sala superior occidental se ubicaba la quadra de San Roque y Santiago, mientras en la inferior, entre otros espacios, se instalaron las dependencias de los niños expósitos. Según este autor, la compartimentación de las salas estaba realizada con tabiques o mamparas de madera o yeso, existiendo también cabinas pequeñas como las existentes en las enfermerías francesas de Tonnerre[42]. La construcción de estas «habitaciones» o «estancias» se

40 Vázquez Álvarez (2010) pág. 22.
41 Danon Bretos (1967) pp. 25-26.

42 Conejo da Pena (2002) pág. 400.

Hospital de Santa Cruz, Barcelona. Portada s. XVI. Postal antigua.

Hospital de Santa Cruz, Barcelona. Escalera occidental s. XVI.

constata en diversos legados ejecutados a lo largo de la centuria. Finalmente, se desconoce el emplazamiento específico en el que se dispusieron espacios o salas adicionales para atender a los dementes de ambos sexos, así como de otros locales de servicio, algunos ubicados en los bloques mayores, otros en edificios anexos y complementarios, otros incluso fueron ocupando las pandas claustrales. Entre ellos figuran la farmacia, los guardarropas, las bodegas, los almacenes de la leña y las diversas cocinas, pues además de la principal existían otras más pequeñas en ciertas quadras.

La construcción de los bloques del edificio matriz concluyó con la ejecución de las dos magníficas escaleras abiertas por las que se accede al nivel superior, ubicadas en cada uno de los extremos de la «U», las cuales, aunque fueron iniciadas en 1568, no se concluirían hasta 1585. Dispuestas mediante

dos tramos que forman ángulo recto, en el arranque de sus antepechos se sitúan sendas esculturas: en la derecha la Virgen María, pues ascendía a la quadra así denominada, y por la misma razón San Roque se corresponde con la de la izquierda[43].

Se desconoce por completo la teórica localización de la nueva iglesia en el modelo original. No parece que fuera a formar parte de un hipotético bloque meridional –nunca edificado–, dado que lo razonable apunta a su necesaria proximidad con la vía pública donde tiene su acceso principal. Fuera como fuera, rápidamente tomó forma la solución de reutilización de la nave del precedente hospital d'en Colom, lo que no deja de ser sino la primera de las innumerables piezas que fueron añadiéndose al compacto inmueble levantado durante el cuatrocientos y primer cuarto del XVI, que a causa de las carencias crónicas de mayor número de salas y espacios especializados, incrementaron las instalaciones de Santa Cruz hasta sus últimos días como recinto sanitario. De hecho, no estaba concluida la fábrica matriz cuando ya se edificaron las crujías que conformaron el patio meridional que constituía la antesala del claustral y que

43   Danon Bretos (1967) pág. 18.

presentaba el portal de entrada general al recinto, obra renacentista de 1518.

Es evidente que en el curso del quinientos, con las escaleras monumentales al menos proyectadas, la visión futura del centro se ofrecía como de insuficiencia en sus instalaciones. Es un momento controvertido que arroja dudas respecto a la forma en que se pensó la ampliación del hospital[44]. Se ha llegado a plantear que la traza originaria se redujera a la «U» finalmente concluida, pero resulta anormal para un planteamiento tipológico tan avanzado como el de Santa Cruz. Sin embargo, llama la atención que no se desarrollara en forma de doble patio, ganándose el suprimido bloque meridional. Por ello, la explicación lógica parece residir en que las ampliaciones colaterales –realizadas como edificios anexos de segundo orden– habíanse iniciado antes de la conclusión del edificio matriz. Además de las construcciones de la línea de la calle del Hospital, donde se situaba la citada entrada plateresca, el hospital fue adquiriendo las propiedades colindantes en ambos flancos del recinto, tanto el caserío de la calle Cervelló como la parcela donde se construiría la nave de San Juan Bautista[45], la cual, levantada a finales del siglo XVI, prolongaba el crucero sur del bloque occidental hacia poniente y lindaba con el anhelado convento de las Egipcíacas[46], que no se conseguiría incorporarlo a Santa Cruz hasta la centuria siguiente.

Con posterioridad vendrían otras entidades anexas, ampliando y extendiendo salas y espacios de servicios hasta agotar la superficie disponible, destacándose al noroeste la Casa de Convalecencia –edificada entre 1629 y 1680– y al noreste el llamado «corralet» o cementerio, que contaba con una sala de anatomía, cuyas obras se realizaron entre 1644

Hospital de Santa Cruz, Barcelona. Maqueta.

y 1673. A lo largo del siglo XVIII, Santa Cruz, como otros muchos hospitales públicos, tuvo que atender soldados heridos y enfermos en algunos períodos. Esta circunstancia, unida al aumento de la población y con ella el número de pacientes y personas sin recursos, hizo que las necesidades de espacio fueran dramáticas, abordándose primero la reforma del sector de las «egipcíacas» y la edificación de la quadra de Sant Josep Oriol –realizada entre 1730 y 1749– en el ángulo suroccidental, y después ampliándose las crujías colaterales al bloque matriz, durante la segunda mitad del setecientos. En el área del «corralet» se levantaría por entonces el Colegio de Cirugía, proyectado por Ventura Rodríguez y construido entre 1760 y 1764. A finales de dicha centuria las instalaciones de Santa Cruz estaban desbordadas por completo.

La importancia del Hospital de Santa Cruz de Barcelona es enorme. En primer lugar es el pionero de un programa de creación de hospitales generales de gestión mixta, en la que participan la diócesis y el concejo, fomentado por la monarquía. Tras Barcelona seguirían las principales capitales y ciu-

44   Según Conejo da Pena (2011, pág. 112) la exigencia de ulteriores ampliaciones obligó a alterar el plan inicial y, ya en el primer cuarto del siglo XVI, se descartó la erección de uno de los brazos cortos, de manera que la estructura final pasó a dibujar una planta en forma de U.

45   Destinada a enfermos convalecientes, fue fundada en 1596 por el prior de la orden de San Juan de Jerusalén en Cataluña, Adrià Maimó, y edificada en continuidad con la misma fórmula tipológica y constructiva que el bloque matriz. Cfr: Conejo da Pena (2002) pág. 395.

46   El llamado «convento de las egipcíacas», perteneciente al Concejo, era el lugar donde se atendían a las mujeres públicas.

dades de la Corona de Aragón. Por otra parte, en la mayoría de las poblaciones importantes la creación de estos establecimientos se apoya en la fusión de entidades menores, unificando sus recursos y propiedades y asegurando un potente sistema de financiación de la empresa. Pero ante todo la edificación de estos inmuebles supone un verdadero reto arquitectónico. Los antecedentes tipológicos no se ajustan a modelos compactos de nueva planta de sus mismas características. Grandes establecimientos, equiparables por su tamaño al barcelonés, existentes en otras ciudades, habíanse formado, por lo general, a partir de adición de naves, como los casos analizados de París, Brujas o Siena. Pero los modelos de nueva planta sólo se habían experimentado en establecimientos ordinarios de tamaño medio, como en Beaune o Rodas. La formación de una nueva tipología se estaba fraguando en Florencia inmersa en una forma de proyectar la arquitectura totalmente diferente que vendría de manos del genial Bruneslleschi, pero sus consecuencias contarían a partir de mediados del cuatrocientos. Por ello, es especialmente importante destacar que los ejercicios pioneros de estos nuevos hospitales generales fueron los casos de la Corona de Aragón con Barcelona a la cabeza y con Zaragoza venticuatro años después.

En Barcelona se da el paso para un proyecto de forma compacta, de modo que en su resultado constructivo las funcionalidades queden integradas en un único bloque. Es un concepto pre-renacentista, que supera los sistemas de proyecto de elementos articulados en planta, propios de la arquitectura medieval, para buscar una unificación basada tanto en el modelo constructivo como en la tipología. El proyecto originario barcelonés se dirige hacia la forma compacta de planta rectangular con patio central en doble altura. El modelo constructivo deviene de las composiciones cistercienses para las naves donde se ubican los dormitorios. Por las características de la regla, estos recintos eran comunitarios y se resolvían mediante grandes y alargados espacios que se ubicaban en la planta superior de una de las crujías del claustro, desde el cual se podía acceder mediante una escalera central, al mismo tiempo que en el extremo existía una segunda escalera que bajaba directamente al crucero de

la iglesia y que era la utilizada cuando se asistía a los oficios. Estas crujías disponían en la planta inferior dependencias como la sala capitular, el refectorio o la sala de los monjes, normalmente resueltas con estructura de pilares centrales y dos navadas, mientras en la superior el gran espacio del dormitorio se cubría con bóvedas de cañón o crucería, o estructuras de madera, bien apoyadas en arcos diafragma, bien constituidas por armaduras.

En Barcelona la aplicación del modelo consistió en rodear el patio mediante crujías del mismo tipo, extendiendo el concepto claustral a los cuatro lados, de foma que ambas naves, superior e inferior, no se subdividen estructuralmente y sus espacios disponen de la misma luz entre muros, cubriéndose con bóvedas de crucería muy rebajadas en la planta inferior y con arcos diafragma en la superior. La realización de las primeras fue posibilitada por la solución constructiva de la bóveda tabicada, una fórmula que daba gran armazón al conjunto y al mismo tiempo respondía a un formato de edificación de gran ligereza. La solución de la planta superior derivaba directamente de la fórmula común utilizada en las naves de los monasterios catalanes. El caso de Poblet puede ejemplificar el modelo.

En cuanto a la tipología, es evidente que el bloque rectangular y patio central es recurrente en el área mediterránea desde la villa romana hasta los edificios civiles medievales. Los formatos más próximos se corresponderían con los destinados a los palacios comunales o casas consistoriales en los que el patio forma parte del sistema de articulación de accesos y recorridos, como elemento de distribución. Sin embargo, en Santa Cruz el patio adquiere las proporciones de los grandes claustros monacales[47], superando la escala de los patios de las casas nobiliarias. Este hecho, unido a la polivalencia de las naves configuradas, convierte al edificio en un objeto arquitectónico cuya forma tiene sentido funcional por sí misma, de modo que aquéllas serán

---

47 Carbonell y Cirici (1977, pág. 204) han planteado que «el edificio fue pensado a imitación de los caravansares islámicos que la gente de mar y de comercio de Barcelona había de conocer de sobras». Pero dicha interpretación sólo es posible en tanto que el formato, como señaló Braunfelds, ya formaba parte de los modelos monásticos orientales de los primeros siglos del cristianismo.

subdivididas y utilizadas según disponga la necesidad de cada momento.

El gran tamaño de la obra proyectada y la dilación en las sucesivas fases constructivas hará que la evolución del hospital vaya modificando el proyecto original para acomodarlo a una sucesión de ampliaciones que desbordan el planteamiento del edificio compacto para conformar una suerte de sistema complejo de bloques anexados, patios, etc. El orden y la valencia que tenía el proyecto pionero jamás llegarían a verse culminados[48], de manera que a lo largo del siglo XVI, cuando las obras se han desarrollado plenamente en su concepción general, el hospital se estructuraba en torno a un patio doble: el formado por la unión del claustro regular desarrollado en forma de «U» y el espacio anterior que configuraban la iglesia y las crujías de ampliación que lindaban con la calle del Hospital donde se encontraba la puerta de entrada principal.

Sin duda el hospital barcelonés fue un hito en la evolución tipológica de los establecimientos del cuatrocientos, integrando en él diferentes conquistas en el ámbito funcional y estructural. Posiblemente uno de los casos que puede considerarse como antecedente es el Hospital de la Santa Creu de Vic, fundado en 1348 por el mercader Ramón de Terrades, quien en su testamento destinaba seiscientas libras para la adquisición del terreno donde debía edificarse con destino a los enfermos pobres de la ciudad, manifestando su deseo de que «en este hospital y en sus edificios se acojan, se cuiden y se atiendan a las necesidades de cualquier persona miserable de los dos sexos que elija de vivir y ser hospitalizado en este sitio»[49]. Gobernado por el concejo, el edificio matriz debió ser construido en el trescientos y ampliado en el siglo XVI cuando pasó a ser regido conjuntamente con el capítulo de canónigos de la catedral,

Fachada de la iglesia y el hospital de la Santa Creu, Vic. Salvany Blanch, 1916.

mejorándose las instalaciones y edificándose la iglesia del Santo Cristo.

Según Conejo da Pena, las primeras edificaciones siguieron las consignas determinadas por el fundador: «Ordenaba construir dos casas, es decir, dos salas o enfermerías separadas entre sí, y aunque no se especifica, lo más lógico es que una fuera para los hombres y la otra para las mujeres. Además, los dos ambientes deberían tener una longitud de tres arcos de piedra, o lo que es lo mismo, de cuatro tramos. En cuanto a la cubierta se utilizarían vigas de madera de la máxima calidad. Finalmente, por si quedaba alguna duda, Terrades concluía que el hospital se haría siguiendo el mismo modelo de otras casas similares». Para este autor, el modelo no es sino la estructura de arcos diafragma y cubierta de madera, con la cual, efectivamente, se ejecutaron las naves primitivas de Vic. Se trata —señala Conejo— de un esquema de gran éxito en las instalaciones llevadas a cabo en Cataluña, ya que «una crujía longitudinal era la mejor opción para garantizar la unidad espacial exigida en los hospitales... un único ambiente servía tanto para acoger las camas destinadas a enfermos y pobres, como para situar en un extremo un altar o capilla que facilitaba la plegaria y la participación, activa o pasiva, de los usuarios durante los oficios litúrgicos sin necesidad de levantarse

48 Sólo Carbonell y Cirici (1977, pp. 205-206) defienden la hipótesis de que el ala meridional llegara a ser edificada cerrando el cuadrilátero: «Esta ampliación [meridional] desfigura el esquema primitivo porque, entre otras cosas, va a demandar la demolición de toda el ala sudeste del edificio de tal manera que el antiguo claustro gótico va a quedar formando una U. Simétricamente, los nuevos edificios van a formar una U complementaria para dejar el patio central del Hospital en la forma alargadísima que ha llegado hasta ahora».

49 Roca Casas e Ylla-Catalá (2016) pág. 43.

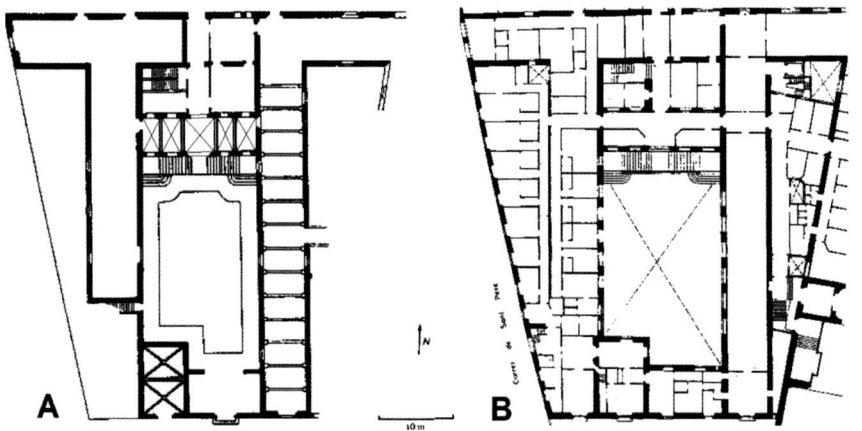
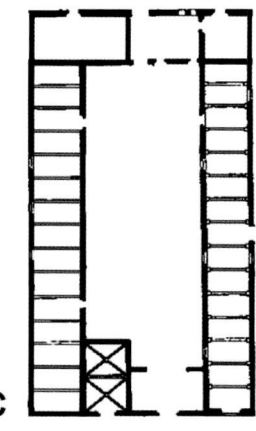

Hospital de la Santa Creu, Vic. A-B
Plantas según César Martinell;
C Hipótesis tipológica según
Ricardo Usón.

del lecho. Desde un punto de vista meramente económico –añade–, el sistema también consentía la construcción de grandes espacios diáfanos, altos y anchos en un tiempo y coste razonables»[50]. En el inmueble que ha llegado hasta nuestros días se ha mantenido una de ellas, de longitud mucho mayor, pues desarrolla quince tramos, fruto de las ampliaciones del hospital.

En la planta del edificio contemporáneo es observable la huella de las dos crujías del trescientos, dispuestas no de forma adosada sino separadas mediante un patio que sirve de recepción y distribución. Sin duda, en esta formalización de las naves de enfermería y las crujías anexas destinadas a los servicios se encuentran los primeros indicios de una organización próxima al proyecto barcelonés, si bien en Vic seguía desarrollándose el sistema de composición por elementos característico de los hospitales medievales.

2.3. Extensión del modelo de los hospitales generales en la Corona de Aragón

El cambio de modelo en el sistema hospitalario se fue extendiendo en todos los territorios de la Corona de Aragón a lo largo del cuatrocientos. La unificación de los pequeños hospitales medievales existentes en las ciudades o la creación de nuevos hospitales generales que terminarían por producir la extinción de aquéllos fue un paso evolutivo que antes o des-

pués se fue adoptando por las capitales y principales ciudades de la Corona. Las dificultades que ofrecía el mantenimiento del sistema anterior por carecer de suficientes recursos, la necesidad de ampliar la capacidad de los establecimientos con el aumento de población de las ciudades y la especialización de la atención social y la medicina, hicieron que el nuevo modelo tuviera un enorme éxito. El referente de Barcelona fue determinante, no sólo en cuanto a la fórmula mixta de gestión sino también en la forma de concebir la arquitectura de los nuevos hospitales. A lo largo del siglo XV se fue implantando el formato de bloque compacto con patio central para edificios de doble nivel, aunque también se mantuvo el de adición de bloques en ciertos casos. En los establecimientos de pequeño tamaño se tendió a construir edificios unívocos, en los que los patios se rodearon de galerías de arquillos a las que accedían las escaleras centrales, una solución similar a la utilizada en la arquitectura de las residencias nobiliarias. En los grandes hospitales se tendió a componer patios mayores configurados por largos pabellones en los que se disponían enfermerías de gran capacidad.

Al hospital general de Santa Cruz de Barcelona seguirían los de Zaragoza, Nuestra Señora de Gracia, fundado en 1425; Alcañiz, San Nicolás de Bari, en 1418; Huesca, Nuestra Señora de la Esperanza, en el primer tercio de la centuria; Daroca, Santa María de la Piedad, 1427; Lérida, Santa María, en 1453; Palma de Mallorca, en 1456; Tarragona, Santa Tecla, en 1464; Montblanc, Santa María Magdalena, en 1470; Calatayud, Hospital de la Misericordia, 1481; y Valencia,

---

50   Conejo da Pena (2018) pp. 85-86 y 88 respectivamente.

cuyo proceso se inicia a finales del cuatrocientos, aunque no se culminaría hasta 1512. El modelo, como señalo Villagrasa[51], prosiguió durante el quinientos, dejando en Aragón los ejemplos de Teruel, Nuestra Señora de la Asunción, en 1549; Jaca, Hospital del Espíritu Santo y San Juan Bautista, en 1540; Barbastro, San Juan y Santa Lucía, después de 1525; o Monzón, Santo Tomás, antes de 1585.

Sin duda, el Hospital de Nuestra Señora de Gracia de Zaragoza resultaría un caso paradigmático de la tipología cuatrocentista, con un proyecto, como se tendrá ocasión de ver en este trabajo, de gran importancia en todos los órdenes. Básicamente –siguiendo el trazado del barcelonés, comenzado a construir pocos años antes– consiste en un conjunto de edificaciones –conjunto matriz– compuesto por un bloque principal de enfermerías en dos niveles con patios centrales y otro anexo de carácter claustral que articula el anterior con la iglesia del hospital y las instalaciones embrionarias o pioneras con las que inició su actividad en tanto se edificaba el conjunto –tal como sucedió en Santa Cruz de Barcelona respecto del Colom–. La existencia de otros pabellones y construcciones anexas que siguen el formato de ordenación de los bloques señalados podría deberse, tal vez, a un proyecto de mayores proporciones, pero, considerando el contexto social, geográfico y temporal en que fue planeado, entendemos que el diseño original se ajustó, aproximadamente, a dicho conjunto matriz, y sería durante el quinientos cuando el proyecto no sólo fue completado sino ampliado con entidades complementarias que superaron sensiblemente su alcance.

La enorme dimensión y la gran complejidad de las instalaciones que el Hospital desarrolló en el Renacimiento lo convierten en un gigante de la sanidad, beneficencia y asistencia social sobresaliente en el ámbito de la Corona de Aragón y del mundo occidental en general, sólo comparable a los mayores establecimientos de algunas capitales europeas. Veamos, previa y sucintamente, los casos del territorio de la Corona de Aragón en el siglo XV.

2.3.1. Alcañiz: Hospital de San Nicolás de Bari

Entre los hospitales generales pioneros debe citarse el establecimiento fundado en Alcañiz en 1417 bajo la advocación de San Nicolás de Bari. En aquella ciudad, según Blasco Gil, existían cuatro pequeños hospitalillos en correspondencia con cada una de sus parroquias: Santa María, San Lázaro –ambos dependientes del Concejo–, San Pedro –gestionado por el prior de la colegial– y San Juan –a cargo de una entidad privada o cofradía–. Cedido el de San Lázaro por la villa a los predicadores para que en él instalaran su monasterio en 1397, éstos donarían a su vez un terreno ubicado junto a la iglesia colegial y su cementerio «para que en él se edificase el nuevo hospital»[52], el cual sería comandado por los fundadores de aquéllos, decretándose la refundación por Alonso de Argüello, arzobispo de Zaragoza, e iniciando su actividad en 1423.

Siguiendo la crónica de Zapater[53], el edificio se ubicaba «en sitio muy saludable, donde le dan bien los aires», colindante con el cementerio de la iglesia mayor, sobre un «apacible montecillo en medio de la ciudad». Se trataba de una casa grande y espaciosa, «obra antigua de famosos sillares y piedra labrada, con la techumbre toda ella de gruesos puentes o maderos; entablado todo a lo plático de aquel tiempo y con los escudos de las armas de la ciudad esculpidas o pintadas en casi todos aquellos». Las puertas principales de sus diferentes piezas daban a un pórtico –de 22 pies en cuadro– que servía de vestíbulo y distribuidor, al que se accedía desde la plaza que rodeaba la iglesia. Hacia dicho pórtico se alzaba el frontispicio de la capilla de San Nicolás, espacio planta rectangular, de 22 pies de ancho y 36 de largo, con su altar y retablo pintado sobre tabla, y una pequeña sacristía. Desde el mismo pórtico se accedía, mediante sendas puertas situadas a ambos lados, a las dos quadras del hospital, cuyas naves, de 24 pies de ancho y 60 de largo, flanqueaban la capilla central, y se comunicaban entre sí por detrás de ésta,

51 Villagrasa (2016) *Política*, pág. 165.

52 Blasco Gil (2000) pág. 145.
53 Zapater y Sancho, P.: «La Tesorera, descubierta y vengada de las injurias del tiempo. Antigüedades y excelencias de Alcañiz, recogidas y adoptadas», Inédita, 1704. Cfr.: Blasco Gil (2000) pág. 148.

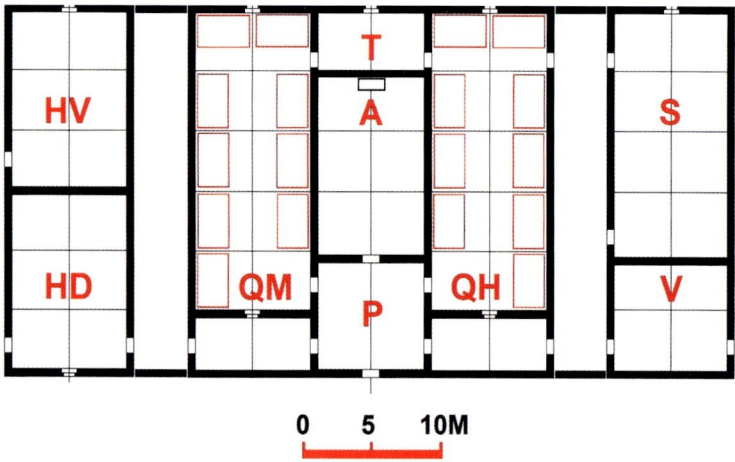

0   5   10M

Hospital de San Nicolás de Bari, Alcañiz. Planta hipotética según Ricardo Usón: P Pórtico; A Capilla y altar de San Nicolás; QH Quadra de Hombres; QM Quadra de Mujeres; T Cuarto de la Tramontana; HD Hospedería de Distinguidos; HV Hospedería de Vagabundos; V Casa del Vicario; S Casa de los Sirvientes.

mediante una una pieza en cuadro en la que había un balcón que salía «a la Tramontana, donde se descubre un grande pedazo de la vega y por donde, como también por otras dos ventanas que están enfrente de las quadras con sus correspondientes por la parte de mediodía, entran los aires que las purifican maravillosamente». Cada quadra disponía de siete alcobas «con sus camas, ropas y demás requisitos para los enfermos», más otras dos cerradas con barrotes destinadas a «los enfermos frenéticos a quienes la enfermedad a hecho rapto de la cabeza, para seguridad suya y de los otros, y para quietud y descanso de los sirvientes».

Anexos a las piezas principales, el hospital se complementaba con una hospedería, la cual disponía de dos quartos con entrada independiente, uno para «los pobres pasajeros de menos porte o vagabundos» –que contaba con su cocina espaciosa y chimenea– y otro para los «de algún porte o confianza, y en particular los sacerdotes». Por su parte, los sirvientes del hospital disponían de casa independiente, con los correspondientes aposentos, cocinas y estancias. El vicario, por último, tenía su propio quarto, con una puerta que comunicaba con el hospital. Como la mayoría de esta clase de establecimientos, el de Alcañiz sería objeto de reformas y ampliaciones a lo largo de los siglos, quedando arruinado en 1840, durante la guerra carlista.

2.3.2. Huesca: Hospital de Nuestra Señora de la Esperanza

Coetáneo del hospital de Zaragoza, el de Nuestra Señora de la Esperanza en Huesca corresponde a una fundación realizada en el primer tercio del cuatrocientos, la cual conduciría a la desaparición paulatina de los establecimientos anteriores de la ciudad medieval. Además de la leprosería de San Lázaro, Huesca contaba con casi una decena de ellos, al menos seis con origen en el siglo XII y otros que mantuvieron su actividad hasta finales del XV.

Sus características se conocen a través de la crónica de Aynsa, de 1619, en cuyo relato refiere que tras la reconquista trataron los cristianos de hacer un hospital. «Parece, por escrituras antiguas, lo había cabe la parroquial iglesia de San Pedro y cabe la iglesia de los Santos Mártires Nunilo y Alodia, y en la de Sancti Spiritus, y finalmente en la plaza de San Miguel, y podría ser fuese este último el principal y primero que se fundó, de donde lo hubiesen trasladado adentro de la ciudad, como hoy está. Pero no pudiendo tomar tan de lejos el agua... habremos de allegarnos más a nuestros tiempos y contarla desde que fue obispo de Huesca don Hugo de Urriés los años de 1427, poco más o menos, hasta el de 1443 que murió»[54].

Urriés ayudó con gran liberalidad y caridad –prosigue Aynsa– para la reedificación de este hospital bajo la invocación de Nuestra Señora de la Esperanza. Ordenose entonces, para el buen gobierno, que cinco personas fuesen los patrones: el vicario general, un canónigo nombrado por el capítulo, el jurado segundo y su antecesor, y un ciudadano de la bolsa de regidores. Para administrar los sacramentos a los pobres se instituyó una vicaría en 1434. Las primeras instalaciones fueron pronto ampliadas y así, el obispo don Juan de Aragón y Navarra, prelado entre 1484 y 1526, adquirió, conjuntamente con la ciudad, unas casas que estaban a par de dicho hospital «para hazer y crecer las quadras de los enfermos y para que la habitación de ellos fuese más espaciosa, como parece por sus armas puestas en la puerta de dicho hospital juntas con las de la ciudad».

54   Aynsa e Iriarte (1619) pág. 553.

Fachada del Hospital de N. Sra. de la Esperanza, Huesca. Ricardo Compairé, 1940.

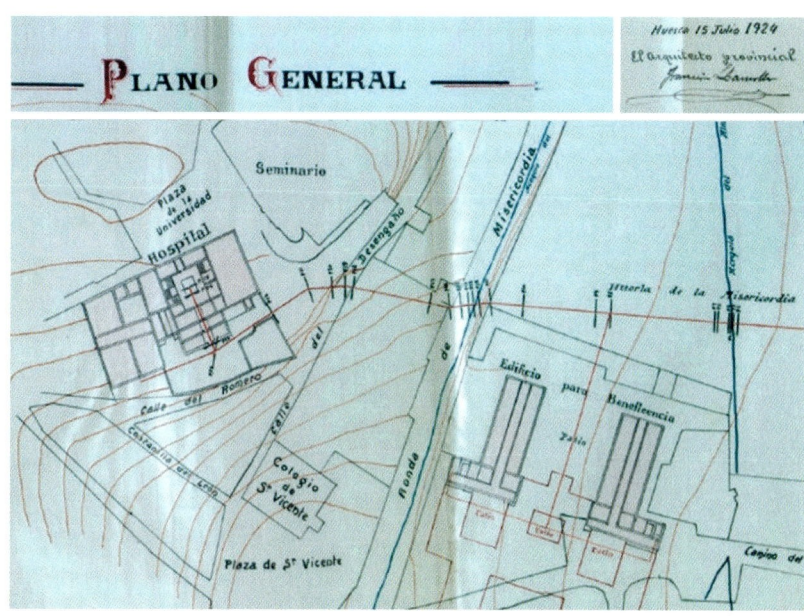

Hospital de N. Sra. de la Esperanza, Huesca. Proyecto de conducción de aguas, 1924.

Existe un documento, redactado en 1513 por el notario Felipe de Lizana, en el cual, según Pérez Galán, figuran en el hospital diez estancias: «la sala mayor; la cocina; la sala pequeña; la habitación del regidor; el dormitorio de los peregrinos; el cillero; la iglesia; el altar mayor; el altar de San Roque; el altar de San Lorenzo»[55]. Como puede observarse, se trata de un programa similar al de Alcañiz: iglesia, dos salas o enfermerías, zona de peregrinos, zona de servicios (cocina, cilleros) y casa del regidor.

En 1600 –informa Aynsa– el prelado Diego de Monreal acometería nuevas ampliaciones, comprando unos patios contiguos y construyendo «un quarto o quadras para enfermos convalecientes... Debajo de estas dos quadras hizo el mismo obispo otras para que en ellas fuesen albergados y recogidos los peregrinos, y en ellas reposasen por tres días, como es costumbre». Como vemos se trata de crujías provistas de dos pisos, una disposición que debía tener todo el conjunto, como parece deducirse de la ubicación que el relato asigna a las enfermerías: «La quadra de los enfermos está sobre la iglesia, y por consiguiente es muy anchurosa, bella y espaciosa, con dos ventanas, una al Oriente, y otra al Occidente, por las cuales el viento limpia el mal olor de los enfermos. A una parte de ella está un devoto Cristo de bulto sobre un altar, cercado de un rejado a modo de capilla. Tiene esta quadra trece camas, cada cual con su cielo de madera muy bien labrada a modo de paramento; están retiradas a los lados, de manera que no les puede ofender a los enfermos el frío del invierno ni el calor del verano. La primera de estas, a mano derecha entrando, es de la ciudad, y la segunda de los canónigos, porque en ellas se ven sus armas; las demás son de otras piadosas personas...»[56].

De estas descripciones se infiere que el recinto original fue ampliado en planta al menos en dos ocasiones, hacia 1500

55   Pérez Galán (2013) pág. 297.

56   Aynsa e Iriarte (1619) pp. 554-555.

–por Juan de Aragón– y en 1600 –por Diego de Monreal–. Estaba organizado en dos niveles, en el inferior se disponía la iglesia y las dos salas para los peregrinos mientras en el superior estaban las enfermerías y las salas de convalecientes. De las antiguas fotografías del viejo hospital –demolido en 1974– y de las plantas decimonónicas, podría poponerse como construcción cuatrocentista el bloque angular del conjunto, cuyo espacio en planta baja se correspondía con la antigua iglesia y estaba edificado con piedra de sillar. Disponía una puerta de acceso de arco apuntado y dintel de madera tallada sobre el que había un tímpano esculpido que actualmente se encuentra en el museo de Huesca, la cual se protegía con un tejaroz apoyado en cuatro ménsulas también de madella tallada. Sobre la misma debía encontrarse la enfermería mayor, posiblemente compuesta por tres naves separadas por pilares. En el costado meridional aparece una entidad complementaria, tal vez la edificada en la ampliación de 1600, compuesta por crujías que rodean un patio rectangular central, en cuya planta baja se rodea por una estructura claustral con columnas octogonales de orden toscano.

2.3.3. Lérida: Hospital de Santa María

La reunificación de los pequeños hospitales medievales de Lérida en un establecimiento general surge en 1435, cuando fue concedido el privilegio real por María de Castilla, en ausencia del rey Alfonso, y se materializa en la petición del concejo y el obispo al Consejo General diez años después[57]. El hospital de Santa María es un modelo de tipo compacto de pequeño tamaño, que al albergar todo el programa en una edificación unificada lo asemeja a los tipos de la arquitectura civil de las casas-palacio[58]. Iniciado en 1454, responde a un proyecto claramente renacentista, con planta cuadrada y patio central, y una única crujía que lo rodea resuelta estructuralmente con crucerías en planta baja y con puentes y entrevigados de madera en las dos alzadas. El elemento singular está en el patio, con una galería en la planta noble formada por arquillos seriados que nace en el desembarco

57 Ver: Roca Cabau (2018).
58 Ver: Conejo da Pena (2002) pp. 471-472 y (2017).

Hospital de Santa María, Lérida. Patio claustral y escalera.

de la escalera y se extiende en el perímetro de aquél, apoyándose en ménsulas voladas. Edificio de gran perfección arquitectónica y de gran belleza, presenta la fórmula compacta derivada por completo de su forma y estructura. Sin diferencias elementales provenientes de ningún condicionamiento funcional, los espacios son absolutamente originados desde la geometría del proyecto.

En Lérida no se perciben entidades particulares del programa: no existe una capilla general ni recuerdo de las naves de enfermería del trescientos, de hecho, el inmueble podría albergar usos civiles diversos. La composición, según Car-

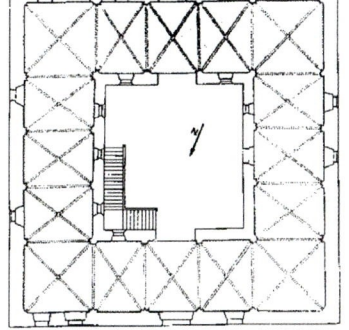

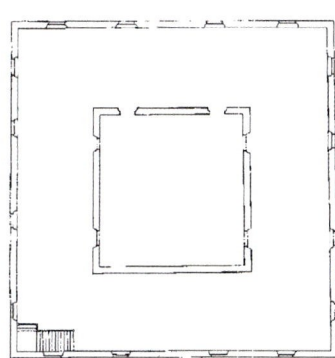

Hospital de Santa María, Lérida. Plantas, alzado y sección, a partir de planos de César Martinell e Ignasi Villalonga.

bonell Buades, se debe probablemente al maestro Andreu Pi, primer autor conocido del edificio, si bien «sólo pudo dirigir el ala septentrional y parte de la oriental, antes de que la obra se paralizase debido a la guerra civil y no se volviera a reemprender hasta 1506»[59].

2.3.4. Montblanc: Hospital de Santa María Magdalena

Un caso de convivencia de modelos se halla en el Hospital de Santa María Magdalena de Montblanc. Aunque los orígenes de este establecimiento se remontan al menos hasta 1266, fecha en la que consta una donación testamentaria, los restos más antiguos deben relacionarse con la nave gótica existente, un espacio de planta irregular –sin duda para adecuarse a la topografía– de más de diez metros de luz cubierto con arcos diafragma formando cuatro tramos, que debe datar de mediados del trescientos, pues se conoce la realización hacia 1342 de una escultura que iba a ser destinada al retablo que la presidía[60]. Será ya entrado el siglo XV cuando, tras la unificación del hospital con el de San Bartolomé, se procederá a edificar anexo a la nave medieval

un nuevo bloque de tipología compacta destinado al recinto hospitalario, de modo que la nave se utilizará desde entonces como capilla del establecimiento.

El nuevo bloque responde a un planta en forma de trapecio con un patio central rectangular. Una única crujía funcional ro-

Hospital de Santa María Magdalena, Montblanc. Vista del claustro desde la entrada.

---

59   Carbonell Buades (2008).

60   Se trata de una obra del escultor Guillem Segrer. Cfr.: Conejo da Pena (2003) pág. 132.

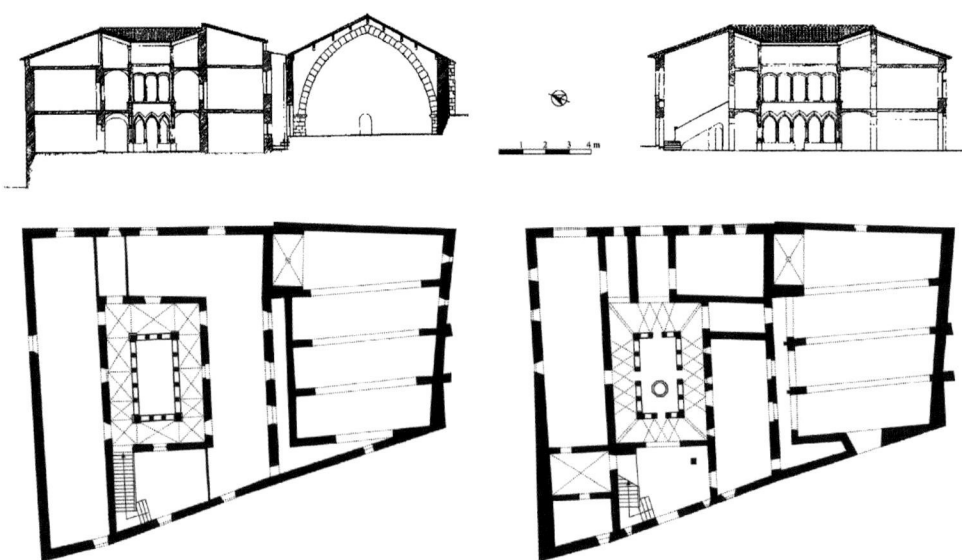

Hospital de Santa María Magdalena, Montblanc. Plantas y secciones, según Adell y Conejo.

dea el claustrillo en ambas plantas, baja y superior, existiendo, además, falsas bajo la cubierta. La escalera de acceso al piso alto arranca del vestíbulo de entrada, ubicado entre la vía pública y el claustro, y desemboca directamente en la galería superior. El claustro bajo está formado por pandas de cinco y tres arquillos apuntados, respectivamente, con cuatro pasos abiertos en sus antepechos en los ejes que acceden al jardín central, donde existe un pozo. La galería superior repite el mismo esquema, aunque con arcos escarzanos.

Del cambio de estilo de los elementos arquitectónicos se infiere, según Conejo da Pena[61], que el edificio fue construido en dos etapas. En la primera de ellas, durante el cuatrocientos, se levantaría la planta baja, con su vestíbulo, claustro de arquillos apuntados y sendas enfermerías ubicadas en las alas norte y sur de las crujías funcionales. Posteriormente, en el primer tercio del quinientos –antes de 1535, año en que el hospital de San Bartolomé fuera clausurado definitivamente– se ampliaría con la planta superior, realizándose las bóvedas con lunetos que cubren el claustro bajo y sobreelevando éste con una solución arquitectónica propiamente renacentista. En todo caso, el hospital de Montblanc vuelve a mostrar un proyecto evolucionado en el que la tipología determina la forma compacta de su arquitectura, por consiguiente nada tiene que ver con el planteamiento medieval de las salas de los enfermos, planteando los espacios integrados en un bloque *ex novo*.

2.3.5. Tarragona: Hospital de Santa Tecla

Desconocemos la forma concreta del Hospital de Santa Tecla de Tarragona del que únicamente se ha conservado la fachada. Se trata de otro de los hospitales generados en el cuatrocientos mediante la integración de establecimientos anteriores[62]. En este caso el concejo y el colegio de canónigos, considerando el mal estado de éstos, instó al arzobispo Pedro de Urrea a que autorizase su integración, aprobándose en 1464: «En la ciudad de Tarragona existen dos hospitales, uno es el Hospital de la Seo, el otro el Hospital Nuevo, que no son suficientes para las necesidades de los pobres que concurren, por falta de asistencia hospitalaria, de forma que los dos están mal atendidos. Nos Pedro [de Urrea]... he decidido... unir los dos hospitales en uno»[63]. Para ello se unificarían las rentas, se suprimiría el Hospital Nuevo y se reformarían las instalaciones del primero. A aquel primitivo

61   Conejo da Pena (2003) pág. 141.

62   Un siglo antes Urbano V ya había firmado una bula autorizando al arzobispo la reorganización hospitalaria. Cfr.: Contreras Mas (2008) pág. 19.

63   Barceló Prats (2015) pág. 7.

Hospital de Santa Tecla, Tarragona. Fachada.

Patio de la iglesia de la Anunciación Hospital General, Palma de Mallorca.

edificio corresponde la logia de la planta baja y su arquería medieval, posiblemente realizada en el siglo XIII. Los dos pisos superiores de la fachada responden a la obra realizada a partir de la reunificación bajo la advocación de Santa Tecla, de finales del siglo XV o principios del XVI. De su formato y condiciones del emplazamiento puede deducirse que se realizó un ejercicio de transformación en el que se aprovecharían parte de los elementos estructurales de las antiguas salas para reordenarse funcionalmente y ampliarse en altura.

2.3.6. Palma de Mallorca: Hospital General

Desde la reconquista de Mallorca en 1229 por las tropas cristianas del rey de Aragón y al igual que sucedió en el resto de los territorios, se irían formando diferentes centros hospitalarios que desarrollaron su actividad de modo independiente hasta la creación del Hospital General en 1456. Los establecimientos anteriores a esa fecha, según Contreras Mas, tuvieron diferentes orígenes en función de los patronazgos de sus fundadores: eclesiásticos, reales o laicos. En el siglo XIII nacieron el Hospital de Sant Andreu (1232), el de San Antonio Abad (1230), el Hospital de Santa Magdalena de

Porto Pi (1231) y el Hospital del Sant Esperit o dels Rossos (1289). En el trescientos lo hicieron el de Nostra Senyora de Montserrat (1302), el de Santa Catalina (1343) y el Hospital de la Orden de Sant Joan (1311), además del hospital judío de Sayt Mili (1377). Finalmente en el siglo XV, el de Nostra Senyora de Gracia (1430) y la leprosería de San Llàtzer (1449)[64].

Tradicionalmente se ha entendido que la unificación hospitalaria se debió a la iniciativa del franciscano fray Bartomeu Catany –fundador del convento de Santa María de los Ángeles en 1441–, quien convenció al obispado y al concejo de la conveniencia de la empresa, siguiendo el ejemplo de las principales ciudades de la Corona. En 1455 los jurados de la ciudad solicitaron al rey Alfonso V la autorización, que fue resuelta favorablemente al año siguiente. La fundación fue confirmada por bula de Calixto III de 1458, bajo la advocación de la Anunciación de la Virgen[65]. Ocho años después ya debía estar en funcionamiento, constatándose registros de los enfermos[66] al menos desde 1482.

64 Contreras Mas (2008).

65 Cassanyes Roig (2018) pág. 136.

66 Sobre este tema ver: Contreras Mas (2012).

Plano de la plaza de Palma, 1760, Juan Ballester. Detalle.

En relación a las instalaciones, y siguiendo a Cassanyes Roig, se decidió como ubicación la zona nororiental de Palma, en unos terrenos elevados del Puig d'en Sitjar, aprovechando

Iglesia de la Sangre, Palma de Mallorca. Interior, 1915, J. Salvany Blanch.

provisionalmente unas casas existentes y edificando, a la postre, un conjunto de nueva planta cuyo proyecto se atribuye al maestro de obras Mateu Forcimanya. Aunque se desconoce la forma original del edificio hospitalario, es probable que siguiera la tónica de los establecimientos de las capitales de la Corona, con ajustadas edificaciones iniciales y ampliaciones subsiguientes, seguramente completadas en el quinientos –los registros de finales del siglo XV informan de una media que apenas supera el medio centenar de enfermos anuales–. En el caso de Palma consta la reconstrucción a expensas de Baltasar Thomas en dicha centuria, tiempo del que han llegado algunos inventarios que proporcionan una idea de los espacios que comprendía el hospital.

En ellos –señala Cassanyes– se mencionan «los dormitorios de los enfermos –había un dormitorio para las mujeres y dos para los hombres (quizá uno reservado a los caballeros, como se desprende de inventarios más tardíos)–, integrados por varias habitaciones; las enfermerías, también separadas según sexo; la casa del mayordomo, que poseía varias estancias; las dependencias destinadas a los niños –con distinción entre los sanos y los enfermos–; la farmacia; una cocina con su despensa; un comedor; un estudio «dels miyons»; y varias habitaciones que parecen ser privadas –por ejemplo, «la cambra de mosén Armengual»–, seguramente para uso de los presbíteros residentes»[67]. El Hospital General, además, contaba con la iglesia de la Anunciación, cuya construcción no fue completada hasta el mismo siglo XVI, si bien su traza responde a una tipología gótica[68] de nave única, capillas entre contrafuertes y ábside poligonal, prácticamente el único resto del antiguo conjunto hospitalario que ha llegado hasta nuestros días.

Del análisis de la cartografía histórica y de los bloques edificados en el recinto diacrónicamente se infiere que el hospital del quinientos se configuraba como un conjunto de crujías que rodeaban un amplio patio central y que se formaba al menos por dos niveles. En la meridional se encontraba la puerta de entrada desde la plaza del Hospital, a través de la cual se accedía al patio en cuyo frente está la iglesia. Este bloque se flanquearía por otros dos que completaban el cierre del patio, en los que posiblemente estuvieron los espacios funcionales. Además de este conjunto central debieron existir otros edificios anexos, tal como se observa en el grabado de la Ciutat de Mallorca de 1644. Sin embargo en la cartografía de Juan Ballester de 1760 aparece el recinto descrito con una extensión sensiblemente mayor, signo de haber sido objeto de ampliación hacia ambos lados. A pesar de los grandes cambios y reconstrucciones posteriores, las edificaciones actuales todavía mantienen una estructura urbana que deviene del modelo de patio central con el que fue proyectado el hospital del siglo XV.

2.4. Aparición de una nueva tipología: los hospitales generales italianos de la segunda mitad del cuatrocientos

Como se indicó más arriba, la composición de las ampliaciones de las naves de enfermería en ángulo recto hasta formar un espacio unitario con planta de cruz griega tuvo una primera evolución en el Hospital de Santa María Nuova de Florencia. Realizada la primera sala hacia 1315, se construiría la siguiente hacia 1345, formando entre ellas una «L». El tercer brazo, que seguía la directriz del anterior, se edificaría entre

Hospital Mayor de Milán. Ca' Granda-Università Statale. Chiostro dei bagni.

1408 y 1410, formándose una «T». La última fase se realizaría hacia 1574, completando la enfermería múltiple con planta en forma de cruz. Se trata de un caso de ampliación en el que no está demostrado que hubiese un proyecto originario que planteara la solución global, si bien no puede descartarse. No obstante, el ejemplo florentino, que en los primeros años del cuatrocientos ya disponía de la macla de tres naves con un espacio central en la intersección, sirvió de modelo en la expansión de la creación de los hospitales generales en la Toscana, la Lombardía y otras regiones italianas. En los sucesivos proyectos que se pusieron en marcha a lo largo de la segunda mitad del siglo XV, no sólo se tomaba nota del sistema de funcionamiento y régimen de gestión de los centros existentes, sino también del planteamiento arquitectónico, en el que la forma de cruz fue el habitual, entre otras razones porque permitía el desarrollo de los edificios en varias fases.

El paradigma del hospital renacentista corresponde al Hospital Mayor de Milán, ideado por Antonio Averlino, llamado Il Filarete, cuya importancia es doble, pues además de haber supuesto un modelo concreto constructivo con un planteamiento completamente nuevo, Filarete lo recogió en un tratado de arquitectura que escribió posteriormente, el cual, aunque no llegaría a publicarse hasta el siglo XIX, no dejó de

67 Cassanyes Roig (2018) pág. 143.
68 Domenge Mesquida (2008) pp. 190-193.

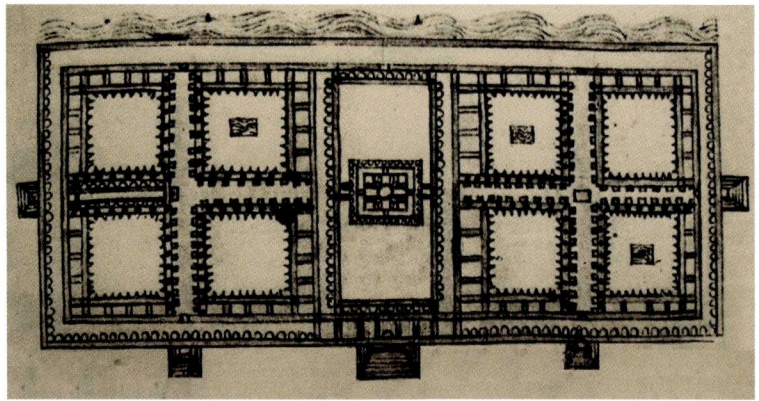

Hospital Mayor de Milán. Proyecto. Tratado de Filarete. Planta.

ser difundido mediante copias en los ambientes artísticos y del poder[69], influyendo sin duda en la conformación de los conceptos de su tiempo[70].

Formado como orfebre en el taller florentino de Ghiberti y tras su estancia en Roma entre 1433 y 1445, donde realizó la puerta de bronce de San Pedro del Vaticano, Filarete fue llamado a trabajar para el duque de Milán, Francesco Sforza, quien entonces desarrollaba varios proyectos para la ciudad y, entre ellos, principalmente, el nuevo Ospedale Maggiore, para el que había cedido una gran superficie en el extrarradio, cerca de San Nazaro in Brolo, donde edificarlo. La decisión de construir un hospital general había sido adoptada en 1451, aunque por diferentes circunstancias las obras no empezaron hasta 1456, cuando se puso la primera piedra y se iniciaron los trabajos de derribos y preparación de los terrenos. Dos años después el papa Pío II firmaba la bula fundacional donde autorizaba la unificación de diversos hospitales y dictaba las normas de gestión. Consta la presencia de Filarete en el proyecto hasta 1465, año en que se pierse su pista, continuándose la obra por los maestros Guinifonte

Solari, primero, y Giovanni Antonio Amadeo[71], después, de modo que la primera fase, compuesta por el primer cuadro con su cruz central, estuvo terminada hacia 1497.

El proyecto de Filarete consiste en un conjunto de planta rectangular, compuesto por diez grandes módulos –cinco módulos de longitud y dos de anchura–, subdividido en tres sectores, los dos extremos iguales entre sí, de cuatro módulos (2x2), y el central de dos módulos (1+1). En ambos sectores laterales se disponen enfermerías centrales con planta de cruz griega que dan lugar a cuatro claustros o patios angulares en correspondencia con los cuatro módulos. En un caso los cuatro brazos están unificados con un altar central, mientras en el otro solo lo hacen tres de ellos, en forma de T, disponiendo el otro brazo para una especialidad distinta. El sector central se conforma como un único patio claustral en el que la iglesia ocupa el centro geométrico. Todos los patios se rodean por crujías funcionales destinadas a los espacios de servicio. Existen cinco entradas formadas por otras tantas escalinatas: la principal, en el eje axial, por la que se accede al patio de la iglesia, y cuatro secundarias que acceden a los extremos delanteros y laterales de las naves de las enfermerías. Las proporciones del conjunto son enormes, correspondiendo a módulos de unos 47 m. de lado, lo que resulta un rectángulo de 94 x 235 m.

El alzado del edificio descubre que las construcciones de las crujías tienen tres niveles, con galerías en los dos superiores, de arcos en el intermedio y adintelada el superior. Las cinco escalinatas acceden al nivel intermedio. Todos los bloques tienen torreones en los ángulos de los módulos y figuran sendos cimborrios octogonales en los puntos centrales de las cruces de las enfermerías. La iglesia también repite este esquema compositivo con cuatro torres angulares y cúpula octogonal central. Es un ejercicio plenamente renacentista. «La voluntad de Filarete –señala Arnau Amo– en la adopción de figuras simples como contenedores de la totalidad de la obra y su proceso de división modulada para el establecimiento derivado de las partes –de lo general a lo

---

69   Tuvieron copia a su disposición Leonardo da Vinci, Bramante, Vasari o Scamozzi, entre otros.

70   La influencia de los hospitales italianos del siglo XV, especialmente el caso milanés, se extendería a toda Europa en la época moderna, contando para ello con significativos viajeros como Martín Lutero, Thomas Hoby y Fynes Morrison. Cfr.: Piccini (2016) pág. 18.

71   Gómez-Ferrer (1995) pág. 63.

Hospital Mayor de Milán. Proyecto. Tratado de Filarete. Alzado y detalles.

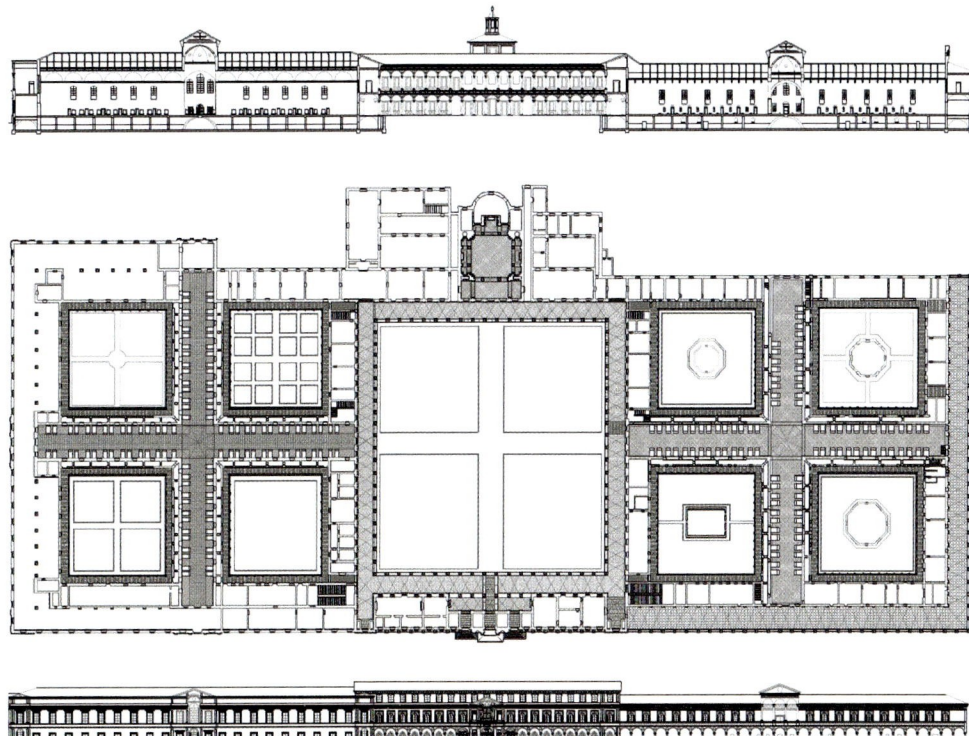

Hospital Mayor de Milán. Planta, alzado y sección, según Adam Caruso.

particular– coincide plenamente con la idea clásica y renaciente del corpus arquitectónico y se opone frontalmente a los métodos aditivos de la construcción medieval –de lo particular a lo general–»[72]. En el libro undécimo de su tratado, tal como haría en el diseño de la iglesia de la ciudad ideal de Sforzinda, Filarete se apoya en la figura del cuadrado, que encierra la cruz griega, para el proyecto de su hospital, nacido de su propia obra construida.

La obra del Hospital Mayor se prolongaría durante siglos, no concluyéndose su desarrollo hasta el XIX. El edificio realmente construido, denominado la Ca' Granda, mantuvo las reglas compositivas y geométricas del proyecto de Filarete, aunque se modificaron algunos aspectos, y principalmente el sector central, que fue ampliado en planta hasta alcanzar

72   Arnau Amo (1988) pág. 14.

cuatro módulos resultando un gigantesco patio rodeado de pórticos y desplazando la posición de la iglesia fuera del cuadro, en el eje axial principal.

La construcción primaria del hospital milanés, es decir, la edificación realizada en el siglo XV, se corresponde con sus primeros cuatro módulos: el cuadrado y las naves formando la cruz griega central. Este arquetipo constituye un formato que ha superado las circunstancias funcionales, ya demostradas por la fórmula de las grandes enfermerías, y ha pasado a ser una referencia arquitectónica en sí misma, una característica que se percibe cuando se constata que fue la base de un conjunto de proyectos en aquel mismo período.

En primer lugar, siguiendo a Gómez-Ferrer[73], puede citarse al hospital de San Mateo de Pavía como uno de los mejores ejemplares correspondientes a la tipología. Comenzada su construcción en 1449, en 1456 entraba en servicio la enfermería de hombres, completándose los pisos superiores en 1471. La siguiente fase –el brazo que albergaba la sala de las mujeres enfermas– fue terminada en 1488, finalizándose el conjunto en 1513. Las salas se cubrían con estructura de madera y disponían un altar central. La forma del conjunto, compuesta por las enfermerías con planta de cruz griega y los cuatro claustros, se comprueba en una planta de 1654.

También sigue fielmente el modelo el Hospital de San Leonardo de Mantua. Autorizado por bula en 1449, darían comienzo las obras en 1450 y entraría en funcionamiento en 1472. El proyecto corresponde a una planta de enfermerías en forma de cruz griega con cuatro claustros y crujías formando un cuadrado, si bien, según la cartografía histórica, en lugar de uno de ellos existían edificaciones destinadas a servicios.

Otros casos que siguieron la tipología y edificaron enfermerías con planta de cruz griega completa fueron el Hospital de Bérgamo, construido a partir de su autorización en la bula de unificación de los establecimientos de la ciudad en 1459; el de Hospital de Santa Ana de Como, así mismo iniciado tras el acuerdo de unión de hospitales menores en 1464; el de

Hospital de Santa Ana, Como. Vista desde el patio.

Piacenza, donde la unificación se acordaría en 1471; el de Lodi, cuya primera piedra se dispuso en 1459, terminándose la fábrica en 1504; el Hospital de la Misericordia de Parma, cuya unificación había sido adoptada en 1471 y cuyas obras dieron comienzo en 1476, constatándose la planta de cruz en una vista de 1570; o el de Génova, comenzado en 1474 tras el acuerdo de unificación tomado tres años antes, y completado con planta de cruz latina a finales del cuatrocientos. También se observa la tipología en otros hospitales como los de Cremona y Arezzo. En este punto debe anotarse que la variedad de los casos es muy extensa, pues muchos de ellos fueron objeto de modificaciones y ampliaciones posteriores, sobre todo en el setecientos.

En los tiempos iniciales, en el siglo XV, el objetivo funcional hacía que se tuvieran en cuenta principalmente las soluciones realizadas con éxito en otras ciudades, que se tomaban como modelo, figurando incluso en los documentos fundacionales. Fue el caso, por ejemplo, de Pavía, en cuya bula de autorización, otorgada por Nicolás V en 1449, figura que debe realizarse «ad instar florentinensis et senensis hospitalium», o el de Cremona, que en 1451 se le adscribe como «ad Fiorenza et ad Sena»[74]. La tipología, en todo caso,

73   Gómez-Ferrer (1995) pp. 65-66.

74   Cfr.: Piccini (2016) pág. 24.

Hospital de la Misericordia, Parma. Nave de enfermerías.

Hospital del Santo Spirito in Sassia, Roma. Litografía, 1665. Giovanni Battista Falda.

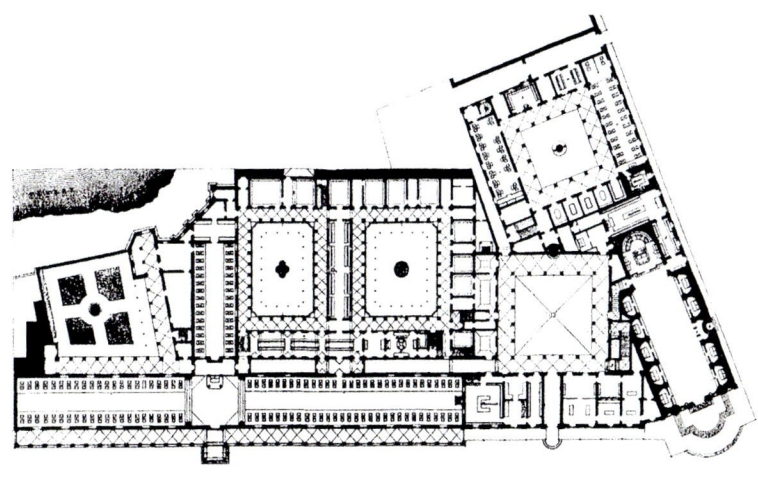

Hospital del Santo Spirito in Sassia, Roma. Planta.

funcionó como un recurso de las necesidades funcionales, por lo que en ciertos casos no fue desarrollada al completo, edificándose sólo dos o tres brazos y quedando sin terminar el proyecto del arquetipo. Pero también existieron variantes en las que el objetivo se centró en un formato limitado, proyectándose una disposición de naves articuladas entre sí, en forma lineal –caso de dos salas– o en forma de «T» –cuando se trataba de tres salas–.

Para esta última variante, la obra de referencia para la formación de la tipología es la reconstrucción del Hospital del Santo Spirito in Sassia de Roma tras su incendio de 1471. Este establecimiento, que había sido fundado por Inocencio III en 1198 y era sede de la orden hospitalaria que lo regentaba, tuvo todo el impulso de Sixto IV, comenzándose los trabajos en 1473 y terminándose cinco años después. Sus artífices fueron Baccio Pontelli y Giovanni de Gherarducci. El espacio principal del conjunto es la llamada Corsia Sistina, una gran sala de 340 pies de longitud y 40 de anchura cubierta

con artesonado de madera y dividida en dos brazos en cuya unión dispone de un cimborrio octogonal, todo él decorado con pinturas: más de cincuenta escenas realizadas por los mejores artífices renacentistas. En el centro del alzado del edificio, un pórtico con cinco arcos conduce al acceso, extendiéndose a ambos lados de la fachada en todo el frente. Sixto IV amplió seguidamente las instalaciones edificando los claustros de los cofrades, sendos edificios articulados por un claustro rectangular rodeado por un doble porticado. Tiempo después sería construida una nueva nave perpendicular a la Corsia con la que formaría la planta en «T» caracte-

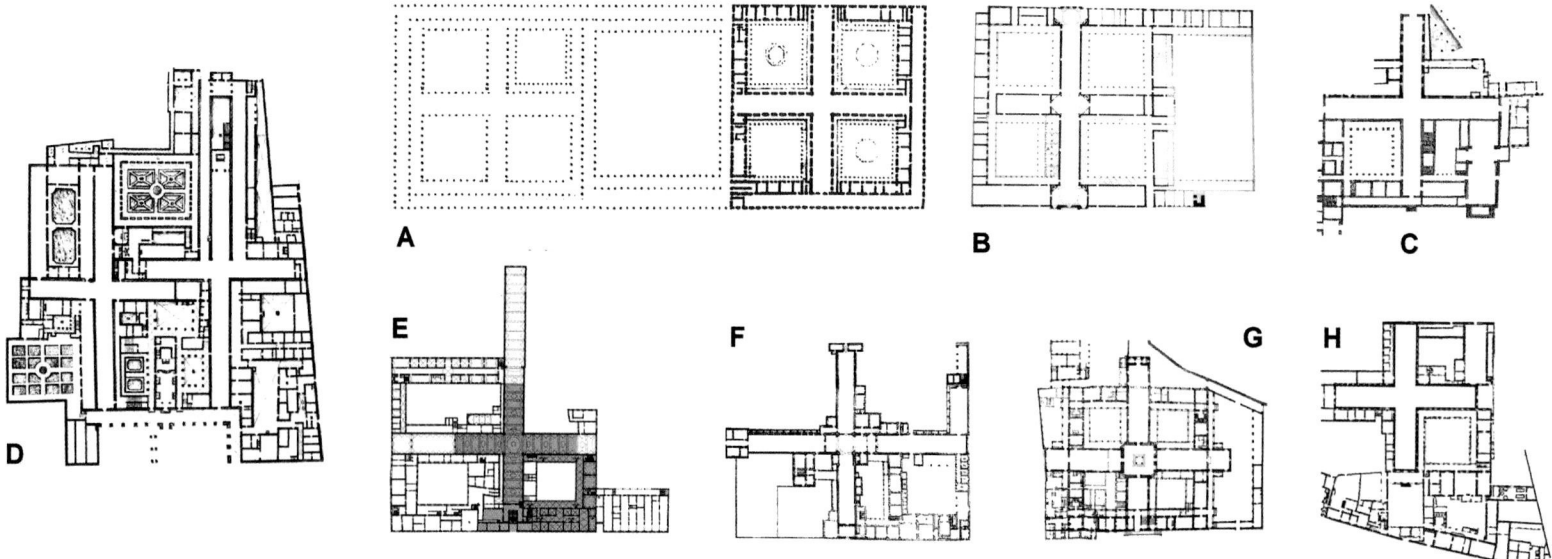

Tipología hospitales Italia septentrional: A Milán; B Pavía; C Bérgamo; D Santa María Nuova Florencia; E Parma; F Como; G Mantua; Piacenza.

rística de Sassia, forma arquitectónica que aparece reflejada por primera vez en un plano de 1577.

La de este hospital romano es una compleja composición que se apoya en la línea de la vía urbana y articula diferentes elementos claustrales y volúmenes complementarios para ajustarse a la superficie ocupada por el recinto con su límite fluvial. «Hacia la orilla irregular que el río Tiber ofrece –señala Capitel–, se apoyó un claustro sin apenas crujías y con sólo dos de las galerías claustrales, que no son además ortogonales entre sí por efectos de la geometría externa. Tanto este claustro como el propio hospital nos hablan de nuevo de la posibilidad de que los edificios –los individuos arquitectónicos– sean irregulares e incompletos, aunque tipológicamente puedan considerarse enteros»[75]. Con posterioridad el conjunto se ampliaría con el palacio del Comendador –edificado por Pío V–, la iglesia del Santo Spirito y el edificio de la Inclusa.

La composición mixta de elementos claustrales, pórticos y la presencia del gran bloque de la Corsia Sistina demuestran que la evolución tipológica de los hospitales italianos estaba consolidada. A lo largo de la segunda mitad del cuatrocientos, cuando se extiende la fórmula de unificación de los pequeños establecimientos medievales en los nuevos hospitales generales, puede constatarse la difusión simultánea del nuevo planteamiento arquitectónico de las naves articuladas por un espacio central fruto de la intersección, generalmente cubierto por cimborrio, como arquetipo de los bloques hospitalarios del Renacimiento.

Algunos de los casos en que fue desarrollada una solución con planta en forma de «T» es el desaparecido Hospital del Santo Spirito y de San Luca de la Misericordia de Brescia, iniciado en 1447 y cuyos primeros enfermos fueron atendidos en 1452, cuya volumetría se descubre en una vista de la ciudad de finales del seiscientos, o el Hospital de Santa Maria de la Pietà, de Cremona, fundado en 1451, cuya disposición en forma de tres brazos se comprueba en una planta urbana de 1583.

2.5. El Hospital de Valencia

El hospital general valenciano nace de la unificación proyectada en el último cuarto del cuatrocientos y materializada en 1512, por consiguiente, mucho tiempo después de las otras capitales de la Corona de Aragón –Barcelona, Zaragoza, Pal-

75   Capitel (2005) pág. 85.

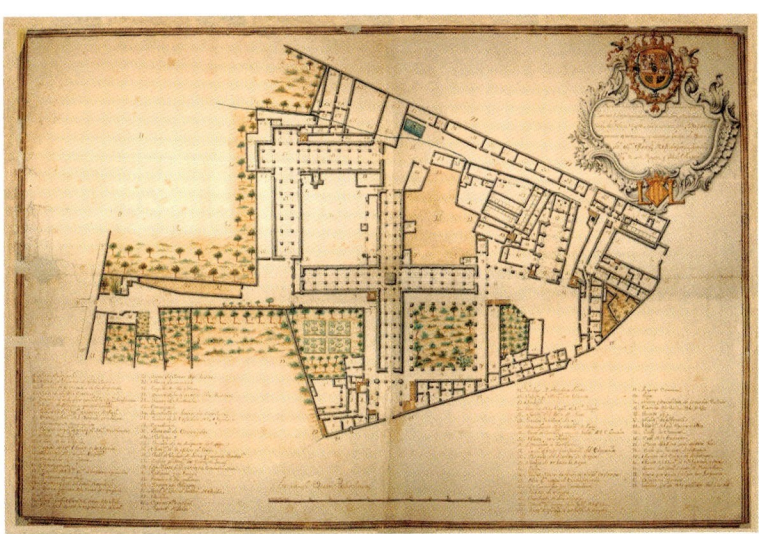

Hospital General, Valencia. Planta, 1749.

ma de Mallorca–. Aunque sus instalaciones parten de las existentes en el Hospital de los Inocentes –edificado en el primer cuarto del siglo XV–, la necesaria ampliación se realiza según los modelos avanzados que se están ejecutando en Italia, es decir, utilizando la fórmula de las naves con planta en forma de cruz griega. Por ello, el hospital valenciano tiene un doble interés, pues en el curso de cien años desarrolla, primero una arquitectura según los modelos nacidos de los establecimientos medievales, y después la implementación pionera del arquetipo de planta de cruz, que seguidamente se extenderá por toda España a lo largo del quinientos en una familia de construcciones que será conocida como los hospitales de los Reyes Católicos.

Al llamado Hospital d'Innocents, Follcs i Orats de Valencia, fundado en 1410, le corresponde, como señaló López-Ibor, el privilegio de ser el primer hospital psiquiátrico del mundo[76]. La institución nace del entusiasmo del mercedario fray Joan Gilabert Jofré, consiguiendo el impulso de un grupo de ciudadanos –artesanos y comerciantes– para la «protección y cuidados para los locos e inocentes» y recibiendo el apoyo de la monarquía. Así Martín I aprobaría el inicio de las obras en diciembre de 1409 y sus Constituciones en 1410, en las cuales ya figura que, además de la asistencia social debían prestarse servicios médicos. En esa misma fecha Benedicto XIII otorgaba una bula adscribiendo el establecimiento a la advocación de los Santos Inocentes. Cuatro años después se constituía la Confraria de la Verge Maria dels Innocents, esencial para la captación de recursos y servicios.

El recinto se ubicaba en la zona occidental de la ciudad junto a la muralla y próximo a la puerta de Torrent. Las construcciones iniciales debieron realizarse de forma rápida y consistían en instalaciones muy sencillas, desarrollándose en sucesivas fases los espacios de habitación, diferenciados por sexos, o la capilla del hospital, único edificio de esta etapa en el que –según Gómez-Ferrer– se utilizó la piedra, trabajando en él los maestros más importantes de la ciudad. Las obras incluían un porche, cubierto con techumbre de madera, y la portada.

Los datos del curso de la fábrica del hospital informan que en 1411 ya estaban terminados los espacios de servicios destinados a comedor, la cocina y la despensa. En 1417 y posteriormente, en 1435, se abordaron, dentro del mismo recinto hospitalario, las casas independientes que disponían los enfermos distinguidos. En 1427 se edificaría la sacristía de la iglesia, la cual tuvo cubierta de madera hasta 1440, tiempo en que Francesc Baldomar realizaría la bóveda, además de una capilla. Entonces el conjunto de los Inocentes había alcanzado su principal desarrollo, basado en «numerosas construcciones independientes unas de otras y articuladas en torno a patios, que acabarían por situarse en torno a las casas de locos, de hombres y de mujeres y en torno a la iglesia»[77].

A finales del cuatrocientos, antes de la gran ampliación de los pabellones como hospital general, el de los Inocentes

76   Según López-Ibor (2008), el tratamiento de los enfermos mentales en los Inocentes se ha pretendido explicar por la influencia del islam, pero en ello hay mucho de leyenda. Ni existen testimonios en Al-Andalus, ni en los maristanes Bagdad, Granada o Fez se alcanzó el grado de especialización del Hospital de Valencia. Por el contrario, la obra del padre Jofré se imbrica en una larga tradición típicamente española de consideración humanitaria hacia la locura y la enfermedad mental, cuyos hitos más destacables son la devoción a los santos Cosme y Damián, los escritos de san Isidoro de Sevilla o la protección jurídica del loco en las Siete Partidas de Alfonso X.

77   Gómez-Ferrer (1995) pág. 24.

Portada. Hospital General, Valencia. Escorzo.

comprendía un gran terreno libre con sus huertos, cercado por un muro en el que estaba el portal mayor, a través de que se accedía a un gran patio al que daban los bloques principales: la iglesia y la capilla del «capitulet» –donde fue venerada por primera vez la Virgen de los Desamparados–, las casas de los dementes y las casas de distinguidos. El primero, sin duda el edificio más destacable, con su porche abierto al patio, consistía en una nave con capillas entre contrafuertes cuyas dimensiones, según figuraban en la citada bula, eran de cien palmos de largo y cincuenta de ancho.

Junto a la iglesia, las casas de los dementes consistían en sendos bloques, uno para los hombres y otro para las muje-

res, separados por un pequeño patio. Eran bloques de dos alturas y de planta cuadrada, con crujías rodeando un patio porticado central al que daban las habitaciones, cada una de ellas con su ventana rejada. Varios inventarios realizados en 1499 y años siguientes, dados a conocer por Gallent Marco, ayudan a conocer mejor las dependencias existentes. El cuarto de los pobres dementes, en su planta baja, tenía cinco habitaciones, cuatro de ellas con sus camas. La vacía se usaba como estancia. Detrás de dichas habitaciones estaban las gavias[78]. En la planta superior contaba con ocho habitaciones en diferentes condiciones. El bloque de mujeres disponía de siete u ocho habitaciones en la planta de arriba –según el inventario– y cuatro en la baja. En esta planta además había un aposento de estancia, la cocina de mujeres y otras dos o tres habitaciones con camas, cuyas características varían según la visita notarial que se trate. En un caso la primera de las habitaciones se situada frente a los apartamentos de las mujeres, en una «cambra amagada», mientras la otra se ubicaba «al costat del caragol per hon se puja al cor». En el otro inventario emplaza la primera «en front de la porta qui puja al arxiu», la segunda, «hon dorm l'Escolà... enfront de les [rexes] de la iglesia» y última, junto a la anterior, era «na cambra que sol esser guarda roba»[79]. De estos detalles se infiere que este pabellón se adosaba a la iglesia.

Por el número de camas y la relación de enseres puede estimarse que en el hospital había entre 24 y 30 enfermos[80]. El tratamiento que recibían los considerados pacíficos –señala López-Ibor– se basaba en «la terapia ocupacional: los varones en la huerta, las mujeres tejiendo. Pronto aparecieron criterios de clasificación, en especial la distinción de los curables, que eran objeto de esfuerzos terapéuticos, de los incurables, a los que se les proporcionaba el alojamiento y la custodia»[81]. Sólo los enfermos violentos eran recluidos

---

78   Las gavias se llamaban a las jaulas o celdas rejadas donde se instalaban a los enfermos furiosos.
79   Gallent Marco (2011) pp. 96 y ss.
80   Según Gallent Marco (2011) pág. 98. Por su parte, Gómez-Ferrer (1995, pág. 27) también estima en unas 30 celdas por cada pabellón, ya que el número de dementes oscilaba entre 20 y 30, según los años.
81   López-Ibor (2008) pág. 7.

Pórtico de entrada con la estatua de fray Gilabert Jofré. Hospital General, Valencia. Vicente Barberá, 1927.

Enfermería. Hospital General, Valencia. Vicente Barberá, 1927.

en las gavias, separadas unas de otras por tabiques y con puertas rejadas con candado.

En cuanto a los edificios de servicios, éstos se disponían junto a la cerca. Allí se encontraban la botica, la cocina, la panadería o «pastador», la bodega o cillero, el baño, establos, el guardarropa y las dependencias del el sacerdote, el mayordomo –con su comedor y estudio–, el «spitaler» y demás personal del hospital. Tambía en este sector estaba la inclusa. La casa de los diputados se encontraba en la zona de la huerta.

El Concejo de Valencia, siguiendo el modelo adoptado en las principales ciudades de la Corona y en Italia, comenzó a trabajar en el proyecto de la unificación hospitalaria y la creación de un hospital general desde 1482. Aunque el proyecto no sería aprobado hasta 1512, en 1494 dio comienzo la construcción de las llamadas nuevas enfermerías de febres, en el recinto de los Inocentes, siguiendo el arquetipo de planta de cruz griega, empresa que se alargaría en el tiempo, recibiendo un primer impulso con la citada aprobación, ejecutándose los dos primeros bazos en la segunda década del quinientos y completándose la cruz hacia 1540[82].

La adopción de esta fórmula de composición arquitectónica se ha querido vincular con el conocimiento del tratado de Filarete en Valencia, pero no se ha podido demostrar que en aquella fecha alguna de las copias llegadas en aquel período ya estuviese disponible en la ciudad. Por el contrario, lo lógico es pensar que, dado que el esplendor económico y social la convertía en el principal puerto abierto a Italia, la influencia viniera a través del intercambio comercial y de todo orden, que evidentemente descubriría las novedades que esta materia se desarrollaban en la Toscana y la Lombardía en la segunda mitad del cuatrocientos.

Los brazos del edificio, que constituían las salas de enfermería, tenían dos niveles, unificándose los espacios en el crucero, resuelto en doble altura y cubierto por un cimborrio. Cada brazo, a su vez, se componía de un espacio subdividido en tres naves separadas por columnas entorchadas de piedra –siguiendo el formato de la Lonja valenciana– que soportaban las estructuras de madera, con puentes y entrevigado en el primer piso y armaduras de par y nudillo bajo la cubierta. Según Gómez-Ferrer, todas estas estructuras debajan ver su decoración de lazo a lo morisco, que también se extendía al cimborrio. La portada principal del hospital, realizada en aquellos años, mantuvo su formato gótico, sin embargo en otros elementos del edificio, como la portada de la escalera, hizo también aparición la decoración «al romano».

82 Gómez-Ferrer (2012) *Las arquitecturas...* pág. 243.

En 1545 tuvo lugar un incendio, en el que perecieron treinta internos, que arruinó toda aquella edificación recién construida, quemándose las estructuras y haciendo imprescindible su reconstrucción, la cual, conservada hasta hoy en buena parte, fue realizada con un proyecto plenamente clásico[83]. Las enfermerías mantendrían su planta de tipo basilical, con columnas de orden toscano y jónico, cubiertas por bóvedas tabicadas vaídas, y se articularían en un crucero central de planta octogonal rematado con cúpula sobre tambor. Los hombres enfermos estaban instalados en la planta baja, donde había 132 camas, mientras las mujeres, en la superior, disponían de 150. Estos espacios son los que en la actualidad sirven de sede a una biblioteca pública.

El Hospital General contaba con varios departamentos, de acuerdo a los conocimientos de la medicina en el Renacimiento, entre ellos las enfermerías de calenturas o febres, las de cirugía o heridos, y las de morbo gálico o mal de simiente. Según López y Lanuza, siguieron independientes los correspondientes a ciertas especialidades que provenían de los hospitales unificados como las salas de dementes –ya existentes en el recinto de Inocentes–, o la inclusa, también llamada de niños expósitos, proveniente del Hospital de la Reina. Sin embargo, la atención a los enfermos de lepra, que eran atendidos en el Lazareto, se mantuvo en sus mismas instalaciones en las afueras de la ciudad, si bien dependientes del nuevo Hospital General, desapareciendo como tal el antiguo de San Lázaro. En 1589 se incorporaría una nueva sala de convalecientes. En aquellas fechas el establecimiento disponía de unas 280 camas[84].

Posteriormente, a lo largo del seiscientos, serían reedificadas algunas de las instalaciones más importantes, como las casas de los locos –afectadas por un incendio en 1610– o la iglesia, realizada en formato barroco. También fueron objeto de renovación o ampliación otros bloques del hospital como la inclusa o los servicios. Las reformas seguirían en el siglo XVIII, construyéndose nuevas enfermerías y otros espacios auxiliares. En el siglo XIX, entre la maraña de dependencias, todavía podía verse alguna de las jaulas de hierro destinadas a los locos furiosos, conservada como recuerdo histórico[85].

2.6. Los hospitales de los Reyes Católicos

La constatación de la expansión del modelo de planta de cruz griega se verifica en un conjunto de hospitales realizados en España durante la primera mitad del quinientos[86]. Además del referido Hospital General de Valencia, deben reseñarse los casos del Hospital Real de Santiago de Compostela –construido entre 1501 y 1511–, el Hospital de la Santa Cruz de Toledo –entre 1504 y 1514–, el Hospital Real de Granada –a partir de 1504– y el Hospital General de Sevilla –comenzado en 1546–, todos ellos verdaderos modelos de la construcción renacentista[87]. Sin embargo, debe precisarse una diferenciación inicial en la concepción de los edificios, puesto que en el caso valenciano la entidad cruciforme se anexa a unas instalaciones preexistentes, incorporándose libremente dentro de un amplio recinto cercado, mientras en los otros casos, al menos en el nivel conceptual de los proyectos, se inscribe en un cuadrado con el que forma un todo, manifestándose el arquetipo de un modo más o menos puro según el caso. En este sentido no puede hablarse de un proyecto español pionero que fuera seguido por el resto, sino del surgimiento de varios casos coetáneos. Téngase en cuenta que en el Hospital de Valencia, aun cuando el proyecto pueda datarse en 1494, la edificación de los dos primeros brazos no se desarrolla definitivamente hasta 1512 y finaliza hacia 1517, y los otros brazos hacia 1540, pero para entonces ya estaban edificados los de Santiago o Toledo.

El Hospital Real de Santiago de Compostela, como ha señalado Grande Nieto, surge en 1499 a partir de un memorial dictado por los Reyes Católicos[88] y su proyecto se debe a los hermanos Enrique y Antón Egas, si bien es el primero quien

---

83   Según Bérchez (1994, pág. 92) las trazas se deben a Gaspar Gregori, de quien constan, en 1546, «dos modelos de fusta fets per aquell per a designar dita obra».

84   López Terrada y Lanuza Navarro (2007) pág. 27.

85   Reig Ferrer, Chilet Llácer y Cerdá Ballester (2011) pág. 219.

86   Pevsner (1979).

87   Perria (2013).

88   Grande Nieto (2016) pág. 290.

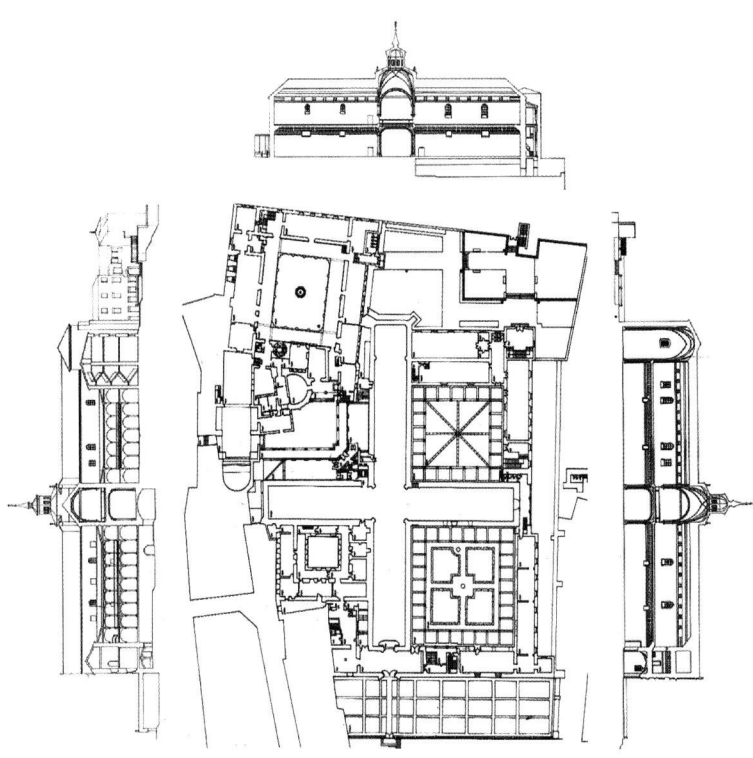

Hospital de Santa Cruz, Toledo. Planta y secciones según Díez del Corral.

figura documentalmente, autores que también lo fueron de los hospitales de la Santa Cruz de Toledo y del Real de Granada, de modo que su concepto arquitectónico, plenamente inscrito en el primer cuarto del quinientos, mantiene una univocidad funcional y de lenguaje que conforma un verdadero paradigma en la historia de esta tipología.

En la funcionalidad que se perseguía en la iniciativa se encontraba, ante todo, la acogida a los peregrinos. De hecho, ésta se debe al deán Diego de Muros, quien consigue el apoyo de la monarquía para levantar una gran hospedería[89]. Seguía siendo, por tanto, muy débil la frontera que separaba los programas asistenciales que atendían al pobre, al peregrino, al enfermo.

El proyecto primario responde a un bloque compacto de dos alturas, de planta rectangular y dos patios claustrales que proporcionan enfermerías en el nivel superior unidas en forma de «T» cuyo crucero se comunica con el altar inferior de la capilla central ubicada en el eje axial de la planta baja. Este bloque fue iniciado en 1501 y terminado en 1511. En una segunda fase se ampliaría el edificio para conformar un bloque mayor con cuatro claustros y enfermerías en cruz griega, entrando en funcionamiento en 1527[90].

El Hospital de Santa Cruz de Toledo nace a partir de la iniciativa del cardenal Mendoza[91], quien, en 1495, poco antes de morir, obtenía una bula de Alejandro VI autorizando la fundación de un establecimiento para acogida de los niños expósitos. De aquí provendría el encargo del proyecto a Enrique de Egas, quien desarrolla un edificio de doble altura cuyos espacios principales se disponen formando en planta una cruz, uniéndose los espacios superior e inferior en el área central, donde se interseccionan los brazos. Sin embargo, la implantación del edificio hace que no se disponga de toda la superficie necesaria para construir las crujías que enmarcarían la cruz por un cuadrado perimetral, pudiéndose llevar a cabo solo parcialmente. Así, los patios claustrales que, según el arquetipo, nacerían entre las crujías perimetrales y las naves centrales, se disponen en uno de los lados, mientras en el otro lo hacen edificaciones complementarias, ejecutándose los claustros con resultados dispares. Las trazas debieron ser realizadas a principios del quinientos, comenzándose las obras en 1504. Egas debió participar en la empresa hasta 1529.

La ausencia de un hospital general en la ciudad haría que algunos años después, en 1541, se fundara por el cardenal Juan Pardo de Tavera otro hospital bajo la advocación de San Juan Bautista, encargando el proyecto a Alonso de Covarrubias. Según las trazas originales, éste había previsto una organización espacial basada en los modelos claustrales, pero sin recurrir a la planta de cruz para las enfermerías. El bloque principal del edificio, de dos alturas, consiste en crujías que rodean sendos patios claustrales simétricos, de forma que la central, en la que se ubica la doble escalera, conduce a la

---

89   Sánchez-Robles Beltrán (2013).

90   Según Grande Nieto (2016, pág. 322), es probable que la ampliación respondiese simétricamente a lo planteado en el proyecto de Egas, e incluso la podría haber trazado él mismo puesto que visitó la fábrica hasta 1517.

91   Sobre la relación con el tipo, ver: Suárez Quevedo (2012).

Escalera del Hospital de Santa Cruz, Toledo.
Genaro Pérez de Villaamil, 1842.

Crucero del Hospital de Santa Cruz, Toledo. Fotografía, Luis R. Alonso.

iglesia, integrada en la crujía contraria al acceso. Las salas de enfermería se instalan en las alas restantes, formando tres brazos en «U» que disponen los altares en los ángulos. Sin embargo la construcción definitiva, debida a Bustamante, modificaría sustancialmente esta organización, ampliando el bloque principal mediante la prolongación de las crujías laterales y engrandeciendo la iglesia, retrasada en su misma directriz respecto del proyecto. Las obras, iniciadas en 1541, no terminarían hasta la segunda década del seiscientos.

El Hospital Real de Granada nace en los años siguientes a la conquista de la ciudad por los Reyes Católicos, quienes en 1504 ordenaban buscar un emplazamiento adecuado en el que levantar un edificio en las debidas condiciones para sustituir al provisional, instalado en la Alhambra. Ubicado en las afueras de la ciudad, frente a la puerta de Elvira, las obras comienzan en 1511, probablemente con proyecto de la escuela de Egas, aunque éste no figura en la documentación conservada. Pero será Carlos I quien, a partir de 1519, impulse definitivamente las obras, que finalizaban en 1526. Se

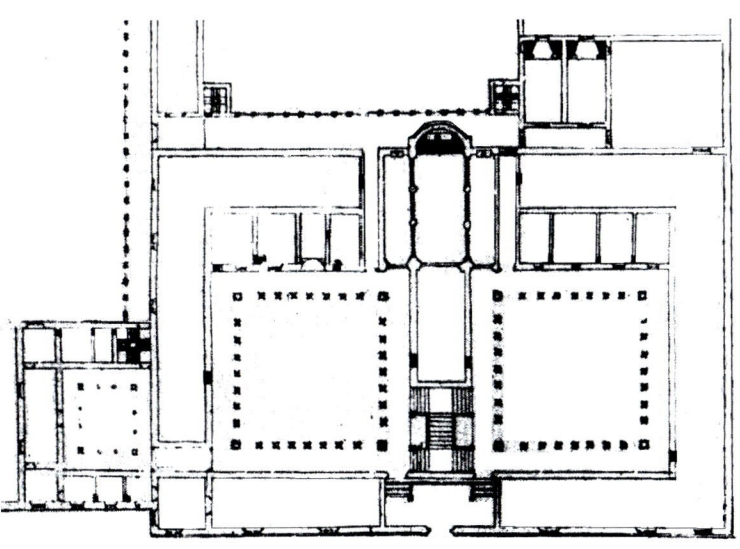

Hospital de San Juan Bautista o de Tavera. Planta de Covarrubias, 1540.

Hospital Real, Granada. Patio de la Capilla.

Hospital Real, Granada. Puerta.

trata de un edificio plenamente renacentista que responde escrupulosamente al arquetipo de planta de enfermerías en forma de cruz griega inscrita en crujías que forman un cuadrado creando cuatro patios claustrales, si bien no existen arquerías sino en los dos situados a ambos lados del acceso. Dispone de dos alturas, de modo que en el cruce de las enfermerías superiores se levanta un cimborrio que sobresale sobre las cubiertas de las crujías, enfatizando la centralidad del diseño y la potencia de la imagen arquitectónica.

Finalmente, el Hospital de las Cinco Llagas de Sevilla responde a un proyecto que, si bien sigue en cierto modo los modelos de la planta de cruz griega, no deja de ser un establecimiento de mayor complejidad, y, de forma similar al caso de Zaragoza, se desarrolla a partir de la articulación de patios rodeados de crujías funcionales, en este caso aprovechando simultáneamente la tipología evolucionada de los cruciformes. El hospital tiene su origen en el testamento del marqués de Tarifa de 1539, quien legaba para poder edificar un centro al que trasladar el provisional hospicio de mujeres enfermas que había sido aprobado en el inicio del quinientos por bula de Alejandro VI. Tras recorrer y estudiar los edificios de Santiago, Toledo y Lisboa, Francisco Rodríguez Cumplido

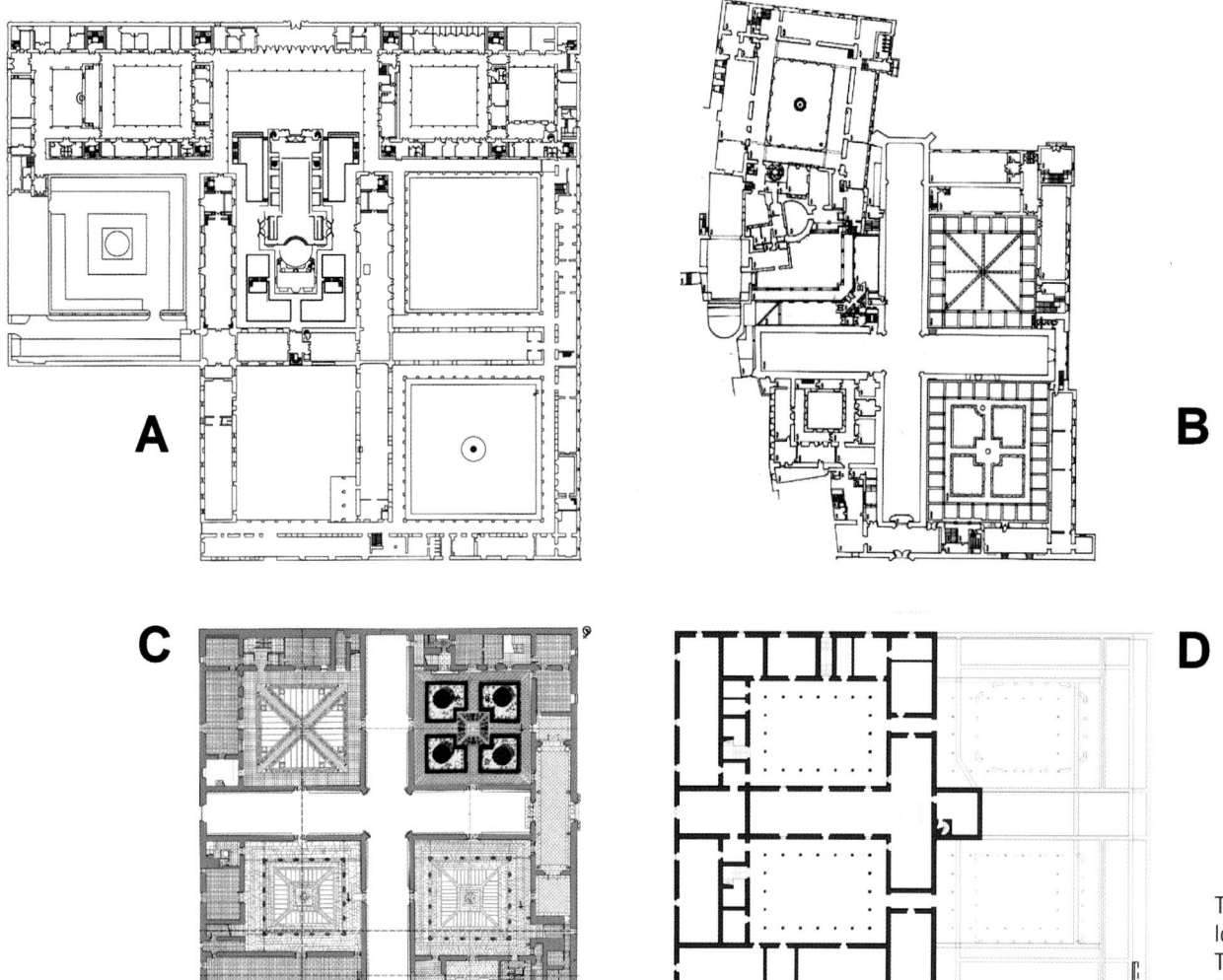

Tipología de los hospitales de los Reyes Católicos: A Sevilla; B Toledo; C Granada; D Santiago de Compostela.

elaboraría las trazas del hospital, realizándose en 1546[92]. El diseño se estructura con un sistema de patios de módulo mixto, utilizando una dimensión mayor en los que corresponden a las enfermerías (3+3 módulos, que configuran una doble cruz con un brazo común) y otra menor para las demás funciones. A la línea del frente del acceso principal dan las crujías correspondientes a los cuatro patios menores, equivalentes en dimensión a las tres de las enfermerías. En el patio central se encuentra el edificio de la iglesia. No fueron desarrolladas todas las crujías y patios, por lo que el resultado es asimétrico en uno de los lados.

92   Perria (2013) pág. 343.

2.7. Pervivencia de los modelos

De los ejemplos de los grandes hospitales edificados en España en la primera mitad del siglo XVI debe concluirse que la aplicación derivada de los modelos fue ciertamente diversa. Existió una tendencia común en la disposición de naves en cruz y en el sistema de articulación mediante patios, pero primó la disposición de los grandes bloques arquitectónicos con sentido propio, bien en edificios en cruz prácticamente exentos como en Valencia, bien en compactos biaxiales como el de Granada, verdadera plasmación del arquetipo renacentista. En este desarrollo sobrevivió el sistema precedente de la disposición de las enfermerías rodeando los patios, conformando salas en «L» o en «U», una fórmula que había sido planteada en el seno de arquitecturas compactas en el Hospital de Barcelona. Por último debe señalarse la utilización de fórmulas mixtas en los grandes complejos, desde las realizadas en el Hospital de Gracia de Zaragoza con el modelo de patios y crujías articuladas, hasta el de las Cinco Llagas de Sevilla donde se inscriben elementos cruciformes.

La existencia de distintos modelos en el curso del quinientos no deviene sino de la propia constatación de la diversidad y carácter de los diferentes centros, y en especial el tamaño o envergadura de sus instalaciones, siendo muy dispares los formatos de los grandes complejos sanitarios y los de los pequeños hospitales municipales de la poblaciones de menor entidad. En el concepto de la tipología, como señaló Martí, antes que referirse a la funcionalidad es preferible relacionar la actividad a la forma arquitectónica y considerar la fórmula constructiva como elemento determinante de la definición formal[93]. De aquí que en los proyectos de los hospitales generales los bloques constructivos comiencen a ser ordenados según composiciones constatadas en formas que adquieren una autonomía propia. A la postre, muchos de aquellos edificios han conservado su inmutable forma arquitectónica hasta nuestros días reconvertidos en espacios con aptitudes abiertas a usos completamente diferentes. En definitiva, la experiencia formal, anclada en el sistema constructivo, llegó a originar formatos con cierta transversalidad respecto a las actividades concretas, de manera que la misma arquitectura llegó a adquirir un carácter contingente.

Un caso cercano influenciado por el modelo zaragozano se encuentra en la ciudad navarra de Tudela, donde está documentada la participación del maestro Martín de Gaztelu en la elaboración del proyecto a partir de su experiencia constructiva en la capital del Ebro, constando, por ejemplo, su presencia en la visita al Hospital de la Seo acompañando al arzobispo Hernando de Aragón en 1548 y al maestro de la catedral Joan Charles. Según un estudio de Tarifa Castilla[94], en 1555, los regidores tudelanos, con motivo de poner en

marcha un nuevo hospital promovido por el caballero Miguel de Eza, consultaron con el maestro sobre el emplazamiento para dicha fundación «ya que a Gaztelu lo tenían por famoso artífice de edificios semejantes». Consta en el libro de cuentas del hospital que «pagamos el mismo día [1 de mayo] a maestre Martín de Tudela, por mandado del mismo arcediano Verio, ocho ducados porque vino de Çaragoça por su mandato sobre lo del hospital». Pocos meses después debió entregar el proyecto, figurando así mismo que el «primero de octubre pagamos, por mandado de los señores patronos generales, a maestre Martín de Tudela, quinze ducados, por la traça que hizo para hazer el hospital». La construcción del Hospital de Nuestra Señora de Gracia de Tudela daría comienzo dos años después. El citado estudio refiere que los maestros que ejecutaron la obra siguieron la traza de Martín de Gaztelu, de la cual resulta difícil averiguar su tipología, dadas las profundas modificaciones sufridas por el inmueble y los escasos datos que proporciona la documentación, en la que se cita la existencia de cuatro quadras.

Para Tarifa, no obstante, parece claro que el de Tudela no respondía al modelo de los Reyes Católicos, ya que «el hospital de Nuestra Señora de Gracia de Zaragoza, que sin duda fue un punto de referencia para el tudelano, tampoco adoptó el plan cruciforme». Posiblemente se trataba de un formato de patio central. «Al atravesar la entrada del hospital tudelano –señala el estudio– se penetraba en un zaguán que daba paso a las distintas dependencias del edificio por medio de una serie de puertas. El acceso central comunicaba con la iglesia, mientras que la puerta de la derecha llevaba a la enfermería adosada a la nave del templo. No sabemos si este patio tenía comunicación con el resto de las estancias hospitalarias, aunque por la luz que arroja la documentación manejada pensamos que los cuartos se disponían en torno a un patio cuadrado o rectangular».

La supervivencia de las fórmulas del cuatrocientos llegará a verse en activo incluso en el siglo XVII, como fue el caso del Hospital de Santa Caterina de Gerona, que sigue el formato de disposición de las crujías alrededor de un patio central de gran tamaño. Arruinado el edificio medieval durante la guerra y derribado en 1654, el nuevo establecimiento se or-

93   Martí Aris (2014) Ap.2.3: La forma y su utilidad.
94   Tarifa Castilla (2005) pág. 263.

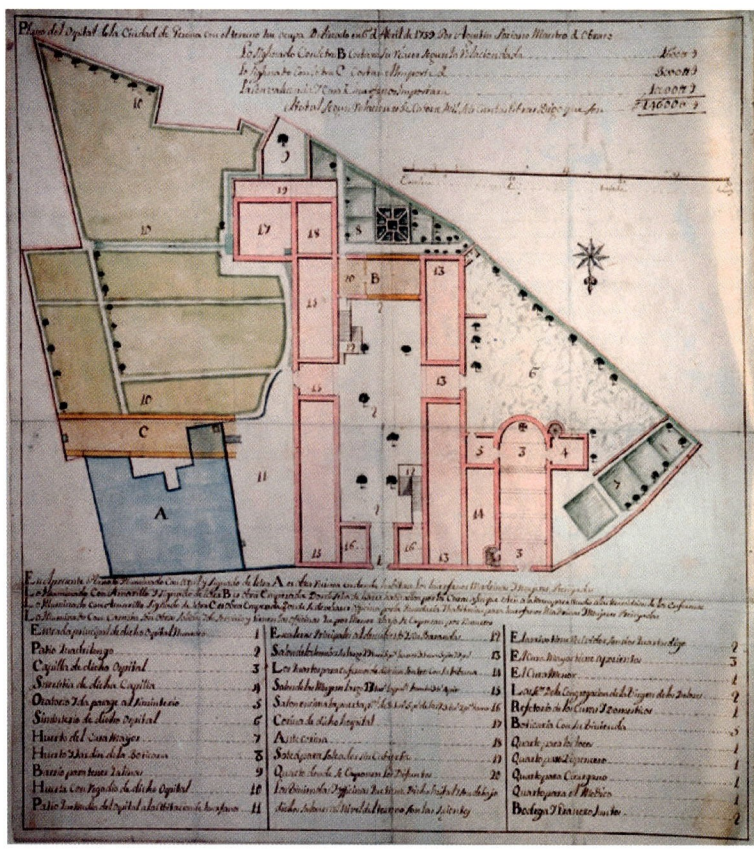

Hospital de Gerona. Planta, Agustín Soriano, 1739. Archivo General Simancas.

ganizaba mediante bloques de única crujía y dos pisos que rodeaban el patio central. Dos escaleras palaciegas situadas en ángulos opuestos de éste servían para ascender a las enfermerías del piso superior. En el frontispicio del eje longitudinal mayor del patio se hallaba el portal de entrada en el que se había conservado el escudo de Felipe II con una inscripción que recordaba su protección: «Del Señor Rey en salvaguarda del Hospital General de Gerona, 1571»[95]. En el plano del hospital de 1739 figura la distribución de los espacios funcionales, distinguiéndose el «salón de mujeres», de 27 toesas de largo, y el «salón de hombres», de 29, espacios que siguen formando parte de la tipología de las enfermerías longitudinales, con altar y camas laterales, dispuestas en torno a patio central. También disponía de zonas

especiales para enfermos distinguidos o un «cuarto para los locos» independiente. Al conjunto rectangular se anexaban dos entidades complementarias: la iglesia, con acceso directo desde la vía pública, y la zona de servicios, adosada al ángulo suroriental, donde se encontraba la cocina y un solarium. Las habitaciones, tanto para los religiosos como el resto del personal –boticario, despensero y médicos– y el cementerio completaban el recinto[96].

El último de los tratadistas del siglo XVI, Giorgio Vasari el Joven, autor de *La Città Ideale*, de 1598, desarrolla ya fórmulas combinadas de carácter mixto, presentando un hospital cuyo elemento principal es una única enfermería con planta de cruz latina a la que se incorporan sendos claustros laterales y un pórtico de acceso, sintetizando en un ejercicio los paradigmas de los modelos primarios. Pero incluso en el setecientos, antes de que las nuevas fórmulas tipológicas de la Ilustración aparecieran en el panorama histórico de la arquitectura hospitalaria, siguen observándose planteamientos derivados de los modelos anteriores. Los casos de los hospitales militares de esta centuria son buena prueba de ello. Del estudio de Riera[97] sobre los planos existentes en Simancas nos interesa destacar dos ejemplos. En primer lugar el proyecto realizado para la misma plaza de Gerona, en el que se observa la pervivencia del modelo de patio central, donde la tipología de Santa Caterina es reutilizada. Con el mismo sistema dispositivo de acceso central en el lado corto de la planta general, las grandes naves o crujías de las enfermerías principales ocupan las alas mayores. La novedad consiste en la ubicación de una crujía central que, uniendo éstas, conforma sendos patios interiores. En el nivel superior las salas de los enfermos se combinan con los espacios auxiliares ordenándose alrededor de los patios. No deja de ser el mismo planteamiento dispositivo de establecimientos como el de Zaragoza. El otro ejemplo es el proyecto de Juan Fermín para un Hospital Real para enfermos militares, fechado en Barcelona en 1766, en el que se presenta nuevamente el

95   Juan Casademont (2016) pp. 92 y ss.

96   *Plano del Ospital de la Ciudad de Gerona con el terreno que ocupa, delineado en 6 de abril de 1739 por Agustín Soriano, Maestro de Obras.* Cfr: Gil Tort (2018).

97   Riera (1975).

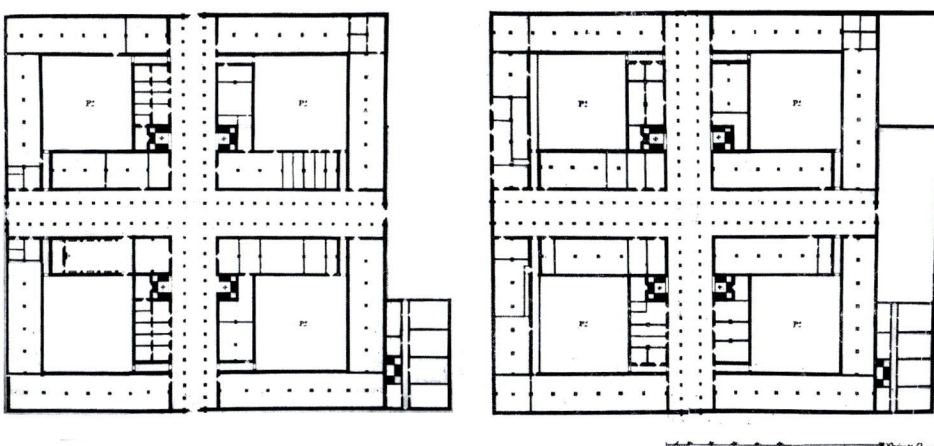

Hospital Real para enfermos militares, Barcelona. Plantas. Juan Fermín, 1766.

arquetipo renacentista de enfermerías en forma de planta de cruz griega. Aquí reaparecen los brazos basilicales centrales formados por tres naves que se interseccionan en un crucero de doble altura cubierto por cúpula. La novedad reside en que a dichos brazos se adosan crujías donde se ubican las cuatro escaleras principales, la capilla y los espacios de servicio. Estas crujías son las que forman los cuatro patios de la planta con las respectivas de las alas del cuadrilátero general.

Efectivamente la continuidad de la fórmula basada en el arquetipo puede constatarse en multitud de ejemplos que se extienden por toda la geografía europea. Además de las experiencias concretas en los edificios construidos, comenzando por el proyectado por Filarete, la difusión del arquetipo en *De Architectura libri decem* de Vitrubio (1521) fue enorme, con efectos duraderos durante toda la edad clásica. Allí la planta es acompañada de una representación en perspectiva en la que la construcción de los volúmenes se organiza según un sistema centralizador que culmina en la cúpula central. El ideal de edificio compacto perfectamente articulado tiene la fuerza de un verdadero icono formal. Así se refleja tanto en los establecimientos que hemos denominado hospitales de los Reyes Católicos como en las publicaciones derivadas, cuyo ejemplo paradigmático lo constituye la estampa que el doctor Pérez de Herrera adjudica a su propuesta para un *Hospitium pauperum*, de 1598. De este

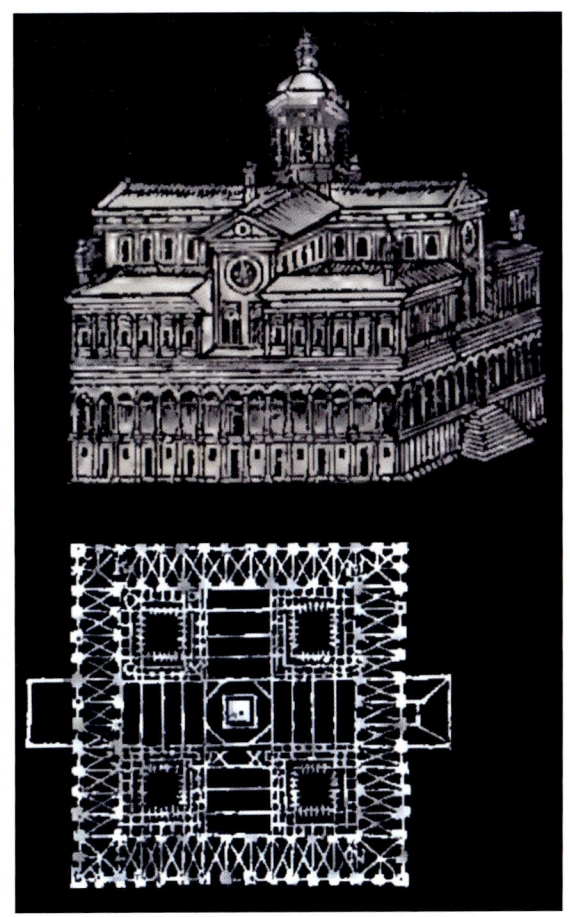

Vitrubio, *De Architectura libri decem*, 1521.

modo, el formato se generaliza, extendiéndose desde mediados del cuatrocientos hasta la llegada de la Arquitectura de la Revolución, en el último tercio del siglo XVIII, cuando aparecerán los modelos contemporáneos.

Como se indicó más arriba, el caso de Milán mantuvo el signo de la pervivencia en su mismo desarrollo, extendiendo la construcción de las edificaciones levantadas a mediados del siglo XV hasta el ochocientos, realizándose la plaza central rodeada de crujías, la iglesia axial a partir de ésta, y el segundo cuadrilátero con las naves en cruz griega. A pesar de ello, el formato de doble cruz griega también tuvo réplicas, como se percibe en uno de los ejemplos que mejor siguieron el modelo, el denominado Hospice des Incurables de París, nacido del impulso del cardenal de La Rochefoucauld en 1634 y desarrollado a lo largo del seiscientos. A partir de un sistema de patios articulados por bloques, la plaza

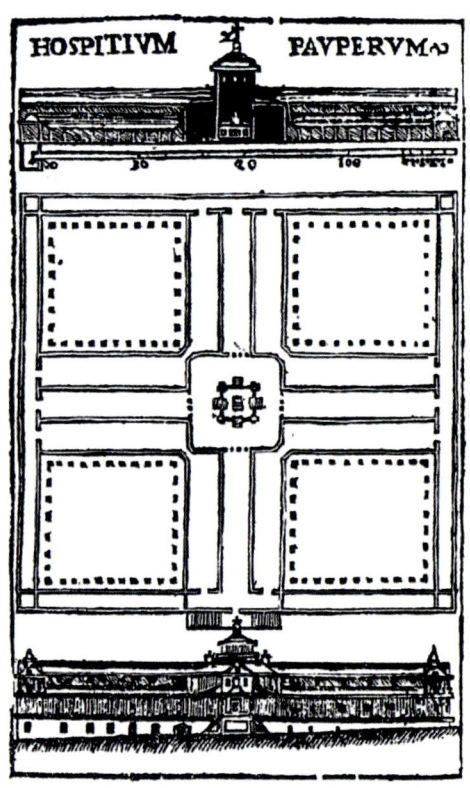

Cristóbal Pérez de Herrera, Hospitium pauperum, 1598.

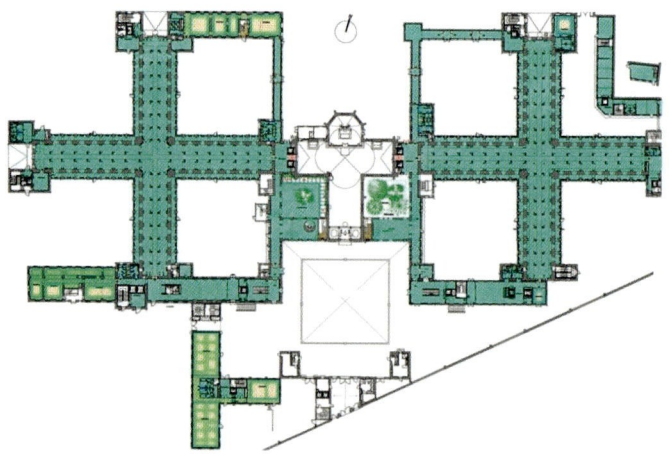

Hospice des Incurables, Paris. Proyecto de rehabilitación del Hospital de Laennec para oficinas, Frederic.

interior principal da acceso a la iglesia central, de planta de cruz latina, en cuyos extremos del transepto dispone de sendas puertas que comunican el templo con los brazos de las naves de enfermería que conforman las dos cruces griegas situadas a ambos lados de aquélla. Renombrado Hospital de Laennec en el siglo XIX, en tiempos recientes ha sido objeto de rehabilitación para diversos usos privados.

La verdadera superación tipológica vino de la mano de los pabellones de enfermería especializados y su sistema de articulación funcional. En los modelos de la Ilustración la sala de enfermería se convierte en una unidad funcional que puede organizarse de una forma absolutamente racional. Fue entonces cuando aparecieron las plantas de los complejos con un forma compositivo plenamente independiente, cuyo diseño pertenecía más al ejercicio de la arquitectura que al de los servicios, por ello los hospitales fueron ciertamente algunos de los casos mejor tratados por los proyectos aca-

démicos del setecientos. Con la idealización de los formatos aparecieron los primeros ejemplos de las «ciudades sanitarias», enormes conjuntos donde la articulación de los pabellones de especialidades se ajustarían a las necesidades de cada proyecto concreto. En el *Recueil et parallèle* de Durand descubrimos un nuevo sistema, el del «peine de enfermerías», si bien todavía se ajusta a un planteamiento clásico donde los patios siguen organizando las colosales piezas en las que se insertan aquéllos. En el ejercicio diseñado por Poyet para La Roquette de Paris es perfectamente legible la referencia del modelo histórico de los patios como estructura donde se insertan los «peines». Se trata de un ejercicio que podría resolverse con otras referencias geométricas diferentes, como la planta circular recogida en propuestas como la de Bails, donde los pabellones se conforman cual radios de una enorme rueda y donde el patio contextual se ha determinado por una crujía que forma una circunferencia.

Pero más allá de la evolución de los formatos configurados a partir de las naves o salas de enfermería, es decir, de elementos unitarios constituídos como pabellones independientes, todavía es posible descubrir en 1962 el mítico hospital moderno, ejercicio del genio de Le Corbusier que, contextualizado en la Venecia histórica y, por consiguiente, unido a una fórmula inscrita en una arquitectura de desarrollo horizontal, ofrece una feliz propuesta que soslaya las ciudades sanitarias

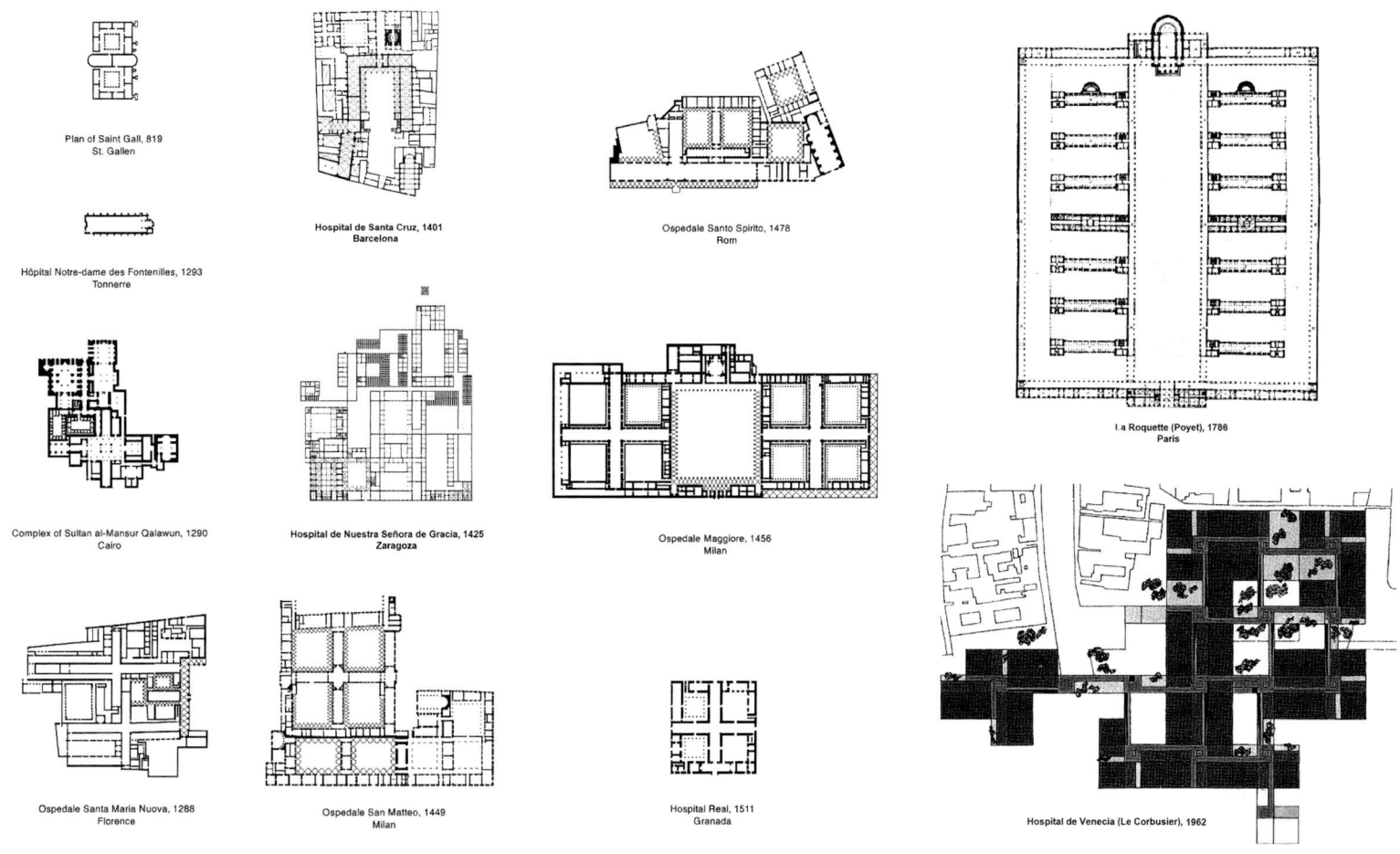

Tipología general de los hospitales: A Saint-Gall, 819; B Notre-Dame des Fontenilles, Tonnerre, 1293; C Complejo al-Mansur Qalawun, El Cairo, 1290; D Santa Maria Nuova, Florencia, 1288 E Santa Cruz, Barcelona, 1401; F Nuestra Señora de Gracia, Zaragoza, 1425; G San Matteo, Milan, 1449; H Ospedale Maggiore, Milan, 1456; I Hospital Real, Granada, 1511; J Proyecto de Poyet, La Roquette, Paris, 1786; K Proyecto de Le Corbusier, Venecia, 1962 (A, B, C, D, G, H, I según Adam Caruso).

edificadas en altura –los enormes bloques que proliferaron a partir de mediados del siglo XX– para proponer un sistema modular en el que el diseño vuelve de nuevo al problema de la composición a partir de las enfermerías. Le Corbusier confecciona un sistema de construcción racional utilizando una escala de «unités» funcionales: el espacio de la cama individual –cuya agrupación formaliza líneas de «lits» formando cuadros–, el espacio de los elementos auxiliares y la composición de las salas mediante cuatro grupos de líneas-peines en cuadros, adosándose unos a otros y dejando un espacio central, de modo que los corredores que separan los cuadros y nacen de éste se distribuyen en esvástica, comunicando unos módulos con otros y haciendo posible que el crecimiento del sistema se ajuste al programa de necesidades y al emplazamiento. Puede decirse que este proyecto aplica el racionalismo funcional contemporáneo a un programa que no deja de ser similar al ilustrado, pero con un planteamiento arquitectónico totalmente nuevo. El sistema modular ideado por Le Corbusier –como en su día lo hizo el compacto biaxial vitrubiano– resuelve, tal vez, el trazado perfecto.

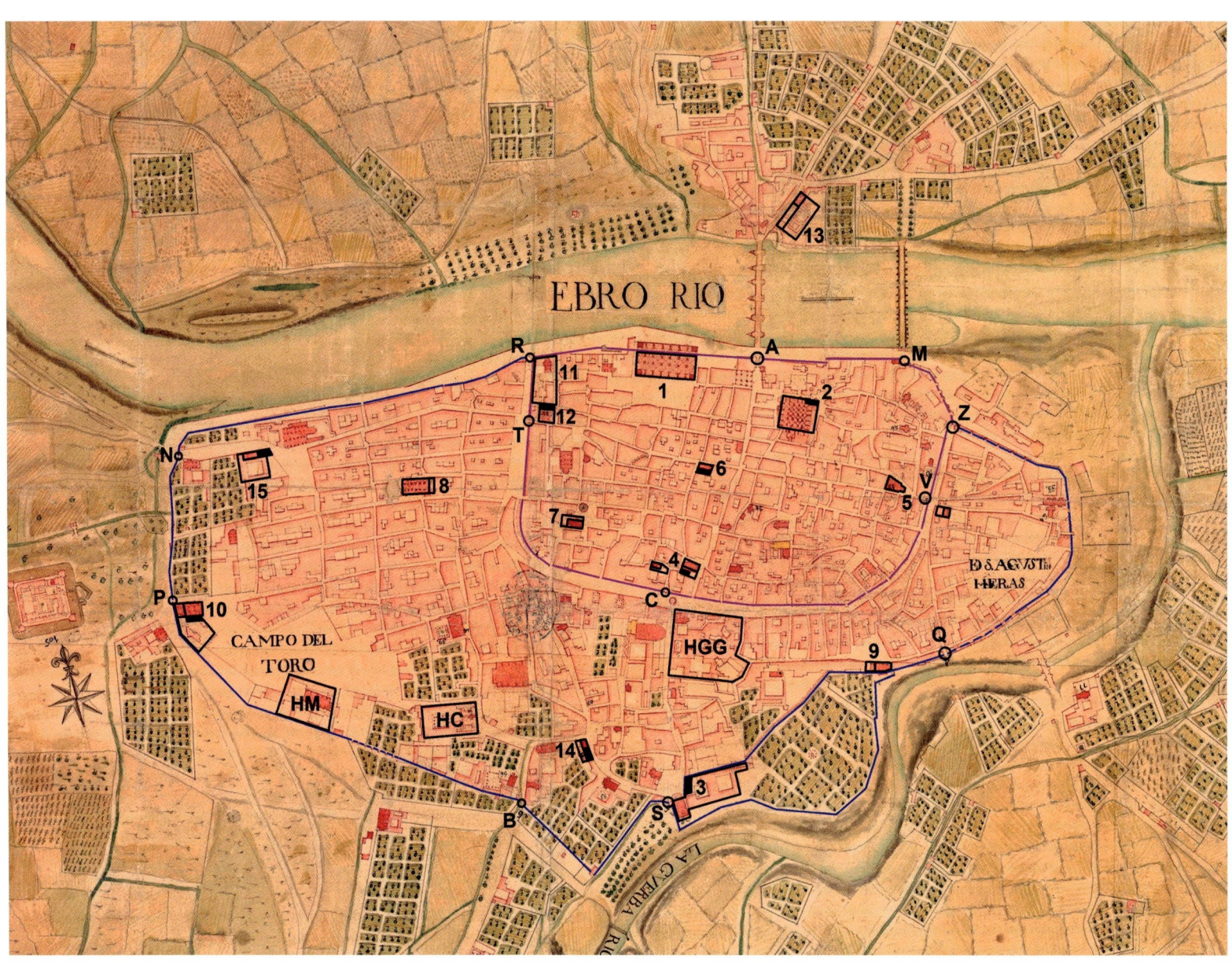

Plano de la Çiudad de Zaragoza, hacia 1723. Localización de los hospitales, según R. Usón / Puertas: A Puente / Ángel; B Baltax / Carmen; C Cinegia; T Toledo; V Valencia; P Portillo; M Monserrate; Z Portaza; Q Quemada; R Tripería; N Sancho; S Santa Engracia / Hospitales medievales: 1 Santa María; 2 Salvador / Santa Marta; 3 Santas Masas; 4 Santa Fe; 5 Santa María Magdalena; 6 Santa Cruz; 7 San Felipe; 8 San Blas; 9 San Miguel de los Navarros; 10 Nuestra Señora del Portillo; 11 San Juan de los Panetes; 12 San Antonio Abad; 13 San Lázaro; 14 Santa Elena; 15 San Julián / Hospitales centrales: HGG General Nuestra Señora de Gracia; HC Convalecientes; HM Misericordia.

III. Hospitales medievales zaragozanos anteriores al general

*Practicad de buen grado
unos con otros
la hospitalidad.*

1 Pedro 4:9

Asociados desde los orígenes del cristianismo a la acción evangélica, fue natural que parroquias y fundaciones conventuales y religiosas dispusieran hospitales anexos. Cuando tras la reconquista de Zaragoza se desarrolló la oportuna organización diocesana, florecieron numerosos de ellos, unos enfocados a los peregrinos, otros a los necesitados de todo orden. Surgieron, además, recintos más especializados, con carácter también sanitario, como la leprosería de San Lázaro o la casa de San Antón. Los autores que han analizado la actividad en aquella época cifran en hasta una veintena el número de estas instalaciones, repartidas por toda la ciudad, sin perjuicio de que pudieron funcionar en todo o en parte del período que transcurrió entre finales de 1118 y 1425, año en que tuvo lugar la fundación del Hospital Real y General de Nuestra Señora de Gracia, con el que irán desapareciendo poco a poco los pequeños establecimientos parroquiales, aunque ciertamente las particulares características de algunos hicieron que se mantuvieran mucho más tiempo.

3.1. Hospital de Santa María

En la antesala de la reconquista de Zaragoza, el 10 de diciembre de 1118, el papa Gelasio II firmaba una bula en Alec (Languedoc) concediendo indulgencia plenaria tanto a los participantes en la cruzada como a los que contribuyeran con sus limosnas a la reparación de su arruinada iglesia, que no era sino el templo de Santa María la Mayor, incluyendo la Casa de la Columna o Capilla del Pilar –verdadera referencia de antigüedad, santidad y dignidad como santuario cristiano–, noticia de la que se infiere que, tras cuatro siglos de dominación islámica, aquel notable edificio hispano-visigodo mantenía algo de vida.

Inmediatamente después, Pedro de Librana, obispo nombrado por el pontífice, centró sus esfuerzos en su rehabilitación, de modo que en un corto período de tiempo, tal vez incluso antes de su muerte en 1128, y en todo caso antes de dieciséis años, cuando Alfonso de León visita la ciudad como rey, estuvo listo para ser centro religioso de la tradición diocesana de Zaragoza. De tipología basilical, la iglesia constaba de tres naves separadas por muros paralelos de sillería formando arcadas, transepto ajustado al ancho de la caja y ábside de planta semicircular y bóveda de horno, cubriéndose aquellas con estructura de madera[98].

Librana y su sucesor Esteban, primeros obispos de la reconquista, al restaurar la «iglesia-madre de todos los templos cesaraugustanos» la convirtieron en un centro de peregrinación con interés propio y también entre las líneas geográficas del Camino de Santiago, escala obligada en el llamado

---

98   Usón García (2020, 2022 y 2023).

Camino del Ebro. Desde el principio el santuario contó con un hospital de peregrinos, que debía estar situado en una parcela próxima al recinto basilical, puesto que un registro de 1163 lo cita en la banda que se formaba entre la calle y la muralla: «Pardina en el barrio de Santa María la Mayor, que enfrenta con las casas de Sancho Sanz de Alcayde, con pardina de Sancho Anés, con vía pública, con casas arrimadas al muro viejo y con Hospital de Santa María»[99].

Efectivamente, el Pilar fue lugar de peregrinación jacobea desde el mismo momento de la reconquista. Según Boloqui, el primer peregrino jacobeo documentado en la Zaragoza reconquistada fue el cardenal Bosón, legado del papa Calixto II, que en compañía del prelado bearnés Guido de Lescar visitó en 1121 la iglesia de Santa María[100]. Hubo distinguidos peregrinos como el rey Luis VII de Francia (1155), Alfonso II de Aragón (1196) o San Francisco de Asís (1214-1216). Aquel gran centro de peregrinaje obtuvo un gran apoyo tanto de la Iglesia y el Papado como de los reyes de Aragón, y no sorprende que fuera objeto de numerosas donaciones, entre las que no faltaban las destinadas al hospital. Por ejemplo, consta que Pelagio Cuoca y su mujer Entregoto hacen donación en 1143 a la obra del templo de Santa María en vida y tras su fallecimiento, mediante testamento, que recoge también donaciones para el hospital; Columba y María donan en 1177 para iglesia y hospital; Edmundo y María hacen donación ese mismo año para el hospital de peregrinos; en 1192 Guillén dona dos campos en Alfindén para el hospital; etc.

En 1140, siendo obispo Bernardo, Santa María se constituye en colegiata, lo que representa un factor muy importante para la organización de la vida conventual y administrativa del santuario, así como para la reforma de sus oficinas. Al heredar un conjunto basilical restaurado, éste concentraría sus esfuerzos constructivos en los espacios funcionales como el claustro –lugar principal por integrar en él la Santa Capilla, espacio nuclear de peregrinación y devoción–, el refectorio, el dormitorio, la casa prioral, las cocinas, el hospital,

etc. Pedro de Tarroja, su sucesor en la sede, aplicaría a las obras románicas importantes fondos en 1181, confirmados por Raimundo de Castillazuelo en 1190, completándose el conjunto arquitectónico. Así, consta la existencia, en 1222, de «mensa, vestuario, dos sacristías (mayor y menor), obrería, hospital y enfermería»[101].

Con excepción de las reparaciones que, a causa de las riadas, tuvo que ordenar el prelado Hugo de Mataplana en marzo de 1294[102], no hubo grandes reformas hasta las impulsadas por Pedro López de Luna. Alentado por haber alcanzado Zaragoza la categoría de sede arzobispal en 1318, promovió un antiguo contencioso sobre importantes rentas para aplicarlas en su modernización, buscando, en paralelo al proyecto de la catedral del Salvador, la transformación de Santa María la Mayor en un espacio de inspiración gótica, con un ambiente de mayor elevación y luminosidad.

Aquellas reformas también cambiaron la funcionalidad y aspecto del claustro, abriéndose el edículo de la Columna hacia el patio y cubriéndose todo el conjunto: la nueva Santa Capilla conformaba el espacio central, rodeada por las pandas claustrales. También, sin duda, el siglo XIV fue un tiempo de mejoras en el resto de las instalaciones, constando la donación, en 1328, de rentas perpetuas al Hospital de Santa María por el conde Lope de Luna. El mismo rey Pedro IV hace entrega, en 1356, de varios patios contiguos a la casa prioral, torre de la iglesia, quiñón entregado a censo de Pedro de Limoges, vecino de Zaragoza, y ribera del Ebro[103], donación que permitiría con el tiempo construir un nuevo conjunto de edificaciones auxiliares. Otro mandato real de 1367, pone de manifiesto que las instalaciones tenían una categoría notable, pues son utilizadas para hospedarse por la nobleza y la propia familia real.

El siglo XV se inicia con la gran riada de 1405. El 20 de agosto de aquel año los vicarios generales aprobaron la concesión de indulgencias a quienes ayudaran con sus limosnas a

---

99   Gutiérrez Lasanta (1971, I) pág. 402.

100 Boloqui Larraya (2005) pág. 90.

101 Canellas López (1976) pp. 249-250.

102 Gutiérrez Lasanta (1971, I) pág. 179.

103 Doc. 1-04-1356, Arch. Corona de Aragón, Reg.898, f.220. Cfr.: Gutiérrez Lasanta (1971) pág. 204.

la iglesia y hospital de Santa María del Pilar de Zaragoza[104]. Fue cuando debieron acometerse importantes obras de recalce en el linde del santuario por el prior Pedro Terroz, citado como regidor del Hospital de San Braulio en 1413. Comienza entonces un período de esplendor, el renacentista, en el que tuvieron lugar grandes obras de enriquecimiento en el conjunto de Santa María del Pilar, siendo paradigmática su progresiva metamorfosis entre 1435 –año del incendio en la Santa Capilla– y 1547 –fecha de terminación de la sillería del coro–. Durante algo más de cien años fueron reconvirtiéndose los espacios y completándose sus estructuras, de manera que el santuario medieval fue adquiriendo el carácter de un moderno y completísimo complejo arquitectónico que reunió las obras de los mejores artistas de la época.

Las reformas del templo se desarrollaron durante el reinado de Fernando el Católico y se extendieron, en lo referente a la arquitectura del edificio, hasta 1525. Fue reconstruida la cabecera para reconvertirla en un elemento de centralidad, con un gran retablo, y proyectado un gran cimborrio que lo iluminase –emulando la fórmula utilizada en la Seo–, aunque no llegara a realizarse. Por su parte, el claustro y Santa Capilla se fueron reconvirtiendo en un recinto devocional y sepulcral, cerrándose por sus cuatro lados con capillas y retablos. La Santa Capilla, principal foco de atracción pública de fieles y peregrinos, al tener desbordada la capacidad litúrgica de sus espacios, dio lugar a una reordenación del área conventual, edificándose un nuevo claustro en la zona occidental –donde se situaba la casa prioral– y un nuevo dormitorio. Entre las obras realizadas en los primeros años del quinientos figuran también las de la torre campanario, donde interviene Juan de Sariñena, quien había actuado en el cercano Hospital de Santa María en 1507.

Dado que la existencia del hospital se recoge en la relación de Murillo en 1616, es muy probable que mantuviera su actividad hasta la desaparición del antiguo conjunto con motivo de la edificación del templo barroco iniciada en el último cuarto del siglo XVII.

3.2. Santa Marta y otros hospitales satélites en el Salvador

Siguiendo la tendencia adoptada en Huesca o Toledo, Alfonso de Aragón[105], tras la reconquista de Zaragoza, decidió ampliar la sede a una nueva catedral que, bajo la advocación del Salvador, se instalaría en la misma ubicación de la mezquita aljama de *Saraqusta*. De este modo, los constructores se enfrentaron desde el principio con dos problemas: la ejecución del edificio por fases –manteniendo el culto– y la irregularidad geométrica de la planta, ya que al desarrollarse la fábrica sobre aquélla en elementos sucesivos era necesario partir de un proyecto que lejos de seguir la orientación canónica debía apoyarse sobre los polígonos preexistentes.

De la gran potencia de la sede episcopal se derivaron, sin duda, una diversidad de servicios complementarios, entre los que los usos hospitalarios fueron, siguiendo la tónica general del mundo medieval cristiano, muy importantes. Probablemente la fórmula de desarrollo de las construcciones dio lugar a una compleja implantación de espacios en el entorno de la nueva catedral, de modo que, con independencia de las instalaciones integradas en su misma área funcional, se conoce la existencia de un hospital u hospicio de peregrinos de San Salvador, vinculado a la sede como parroquia mayor, constando en 1152 la venta para este fin de una pardina ubicada en un patio delante de la iglesia, por parte de doña Hodierna, viuda de Pedro Lafuente. Veinte años después el pabostre de San Salvador vende unas casas para que pueda construirse el hospital para pobres. Por otra parte aparece el denominado Hospital de San Bartolomé, en este caso vinculado a ciertas donaciones del cabildo de la Seo, del que constan noticias en 1185 y 1191 y que Asso lo ubica en el lugar donde mucho después se fundaría el convento de Altabás. Según Cía y Blasco en sus primeros tiempos estuvo gestionado por freires santiaguistas y en 1228 aparece con el nombre de «Casa del Hospital de la Merced»[106]. Tal vez tuviera relación con la próxima instalación de San Lázaro.

104 Villagrasa Elías (2014) pág. 347 y doc.5.

105 Al parecer Alfonso I hizo un voto de convertir la mezquita mayor en catedral cristiana siguiendo el ejemplo de su hermano en Huesca o su suegro en Toledo.

106 Sobre estas noticias, ver: Cía Blasco y Blasco Solana (2001) pp. 198-200; Asso (1798) pág. 323.

La fórmula cisterciense, inspiradora del primer proyecto catedralicio de Zaragoza, dio lugar a que el templo de la Seo se proyectara siguiendo la tipología de la escuela hispano-languedociana, muy similar al que se ejecutaría en Tudela. Consistía en un espacio de tres naves y cinco ábsides en línea: el central, de superior tamaño, cuya anchura se ajustaba a la de la nave mayor, flanqueado a ambos lados por ábsides menores, en correspondencia con las naves laterales, todo ellos de planta semicircular, a los que se anexaban en los extremos dos ábsides de planta cuadrada, ensanchando la cabecera hasta corresponderse con toda la longitud del transepto. Éste, seguramente, fue proyectado de la misma anchura que la nave central y con una linterna o cimborrio levantada sobre trompas para mejorar la iluminación del presbiterio. Las naves tenían tres tramos desde el crucero a los pies, donde se había proyectado la entrada principal: un ingreso con arquivoltas flanqueado por dos pequeñas torres. Sin duda, el proyecto planificaba también las dependencias complementarias: claustro, sala capitular, refectorio, dormitorio, cilleros, enfermería y demás espacios para la comunidad de canónigos.

El bloque arquitectónico románico abarcó la cabecera de cinco ábsides, no llegándose a completar el transepto en aquella primera etapa. En cuanto al resto de los elementos, parece claro que desde el principio el *haram* de la mezquita fue subdividido en dos zonas parejas, sirviendo la occidental como iglesia provisional mientras en la oriental se instalaron las oficinas catedralicias y el claustro nuevo, el cual debió desarrollarse en varias fases, no constando una arquitectura de arquerías y tracerías hasta muy avanzado el siglo XIII. Durante el siglo precedente solo debieron construirse las dependencias que rodeaban la luna del claustro con sus corredores, es decir, el dormitorio, la sala capitular y demás espacios auxiliares se corresponderían con los pabellones que rodearían aquélla, ajustándose a la retícula romboidal de la caja islámica.

El pabellón meridional se destinaba a dormitorio. En la banda oriental debía de estar la capilla de la Virgen, sobre el antiguo *mirhab*. En esta panda, además, se encontraba el refectorio y las cocinas. El trasdós de estas crujías debía dar a la vía pública y a los corrales y almacenes. En la zona septentrional debía estar el hospital o enfermería, citándose en 1214 un altar de Santa Marta, el cual probablemente presidiría el pabellón de enfermos. En este ángulo, además, debía estar junto a los muros del transepto la puerta de la iglesia, después llamada de San Nicolás, que era lindante al huerto oriental del recinto donde se cita un cementerio en 1329. Posiblemente la nave de Santa Marta se corresponde con el sector al que puede adscribirse la «enfermería y limosna de la Seo». Según Villagrasa, la primera se vinculaba al cuidado y recuperación de los canónigos enfermos, al menos desde 1231, mientras la segunda se ocupaba de proporcionar alimento a los más necesitados, conociéndose que «en 1251 alimentaba diariamente a doce personas. La dieta variaba y se componía de pan, carnero, pescado, huevos y vino»[107].

Tras la construcción del claustro nuevo en los últimos años del siglo XIII, el templo gótico de la Seo tuvo su verdadero impulso en el momento en que la catedral pasó a ser metropolitana, en 1318. El edificio ejecutado en el siglo XIV se ciñó a lo realizado en aquél, manteniendo la panda colateral y aprovechando los muros de cierre como linde de la fábrica, decisión que soslayaba el derribo y reconstrucción tanto del claustro como de las edificaciones auxiliares que lo rodeaban.

Desde el principio se proyectó un templo de mayor longitud y altura que el románico si bien sería ya en la última década del siglo XV cuando se abordaría la ampliación real de la catedral, aunque cambiando el espacio unidireccional gótico por una iglesia-salón renacentista, comenzando por ensanchar la sección transversal, pasándose de un templo de tres a cinco naves. Seguramente la preparación constructiva del templo gótico conllevó, bien el traslado del hospital de Santa Marta, bien la constitución de una entidad filial en un emplazamiento próximo, constando tal fundación por el médico Guillermo Fuerte en 1315, en una casa de su propiedad «a las espaldas de la pabostría de la Seo para hospedar pobres peregrinos de Santiago, si se hallasen y, si no, otros pobres de Jesucristo», quien lo dotaría con doce camas para

---

107 Villagrasa Elías (2014).

peregrinos[108]. En 1400 su hospitalero tuvo que solicitar socorro al arzobispo García de Heredia ante la falta de liquidez para mantener el establecimiento. La ausencia de fondos, según anota Villagrasa, «no era consecuencia de su mala administración o de su derroche, sino de la pasividad. Ya en 1390 los administradores de Santa Marta, el arzobispo y los vicarios generales, habían establecido una serie de réditos y de depósitos beneficiosos para el hospital. Parece ser que diez años después el cobro de esas cuentas era indebido. García de Heredia exhortaba a sus oficiales para que pusieran solución a aquel problema y para que revisaran la documentación conservada al respecto»[109].

El área hospitalaria de la Seo se cita en la Visita Pastoral del arzobispo Hernando de Aragón al conjunto catedralicio que tuvo lugar en 1548, tiempo en el que estaban en curso de ejecución las obras de ampliación del templo. Acompañaban al prelado «Joan Charles, maestro de la dicha yglesia, y Martín de Tudela, maestro de Çaragoça». Según consta en el acta, «assi mesmo, a veynte y ocho días del dicho mes de febrero y anyo sobredicho de mil quinientos quarente y ocho, a la hora asignada, su senyoria Illustrisima del dicho senyor arçobispo acompanyado de los sobredichos, juntamente con los dichos canónigos electos, visitó el hospital de dicha yglesia y las cámaras de los canónigos, en las quales todas ninguna cosa mando reformar más de quanto le pareció que algunos tenían harta estrechura»[110]. A principios del seiscientos Murillo registra la existencia tanto del hospital de Santa Marta como del de la Seo. De este último refiere que fue instituido fue para hospedar peregrinos hasta el número de doce, que tiene tanta antigüedad como la misma iglesia y que de ordinario son tres las personas que dan servicio a dichos peregrinos[111].

108 Cía, Blasco, Rodrigo y Monzón (2001) pág. 29.

109 El 8 de marzo de 1400, el arzobispo García de Heredia ordenaba a los administradores del hospital de Santa Marta y a los otros cargos de la curia arzobispal que ejecuten los réditos del establecimiento para que el hospitalero Juan Burreti pudiera usarlos en su reparación y mantenimiento. Cfr.: Villagrasa Elías (2014) pág. 336 y doc.

110 *Testes qui supra prosime nominati*, fol.189v. Cfr.: Ibáñez Fernández (2005) pág. 65.

111 Murillo (1616) pág. 22.

3.3. Hospital de las Santas Masas o de Santa Engracia

La iglesia de Santa Engracia, denominada hasta el siglo XIII de las Santas Masas, fue uno de los monumentos de la ciudad visigoda. Situada al sur de la Zaragoza antigua, fuera de la muralla romana, donde se encontraba una necrópolis ya localizada en época imperial, su importancia histórica para la diócesis cesaraugustana consiste en que allí se depositaron los restos de los mártires que por centenares debieron alcanzar la gloria y la palma durante las diversas persecuciones que tuvieron lugar en los siglos III y IV, convirtiéndose en lugar de peregrinación y referencia, cuya dimensión excepcional sólo puede estar justificada en la construcción de una basílica martirial que debió edificarse ya en el siglo IV y que fue creciendo para alcanzar un esplendor en época de San Braulio de dimensión episcopal, según prueban sus restos arqueológicos, descubriendo un conjunto dotado de baptisterio y *Martyrium*. Únicamente un complejo de tal rango e importancia pudo sobrevivir a los cuatrocientos años del islam y resurgir tras la reconquista de Zaragoza hasta alcanzar, en el Renacimiento, con el patronazgo de los Reyes Católicos, la grandeza de uno de los más desarrollados y bellos conjuntos monacales de la Orden de San Jerónimo.

En efecto, a partir de la reconquista de la ciudad y tras una primera etapa de restauración de las principales edificaciones basilicales, el recinto se amplió con nuevas construcciones, centradas en torno a un claustro de planta trapezoidal, adaptado a la topografía de ladera, formando un compacto conjunto monástico. Según Canellas, aquella restauración o reconstrucción tuvo lugar en época de Pedro II, hacia 1200, cuando «se hizo la primitiva iglesia de las Santas Masas por un tal Gil de Rubidis»[112]. Entre las noticias del siglo XIII ya figura la presencia del hospital[113], que debía estar activo en 1217. Otras se refieren a la presencia de algunas cofradías, como la de María Santísima del Transfixo para alivio y socorro de las almas del Purgatorio, que se cuida de sepultar

112 Canellas (1976, pág. 221), siguiendo el relato de Martón (1737, pág. 415), la vincula con los espacios subterráneos.

113 Villagrasa Elías (2014).

a los difuntos, erigida en 1210, o la de Santa Engracia en 1270.

En el inicio del siglo XIV se decretó la secularización del santuario, pasando el priorato de las Santas Masas a ser arcedianato de Santa Engracia, dignidad de la catedral de Huesca, diócesis de la que dependía desde antes de la reconquista por decisión del Batallador. Sería ya a finales del trescientos cuando se acometió la principal transformación arquitectónica del conjunto, configurándose la llamada iglesia subterránea a partir de las preexistencias, sobre la que se edificó el templo gótico, ortogonal a los ejes de aquélla y orientado hacia el mediodía, finalizado en 1450 cuando fueron colocadas las armas del prelado Dalmau de Mur en la clave del crucero central. Su portada, flanqueada por sendas torres, vendría a constituirse en el frontis de la plaza de Santa Engracia, haciendo ángulo con los bloques destinados a ingreso y hospedería.

3.4. Hospital de Santa Fe

El nacimiento de la parroquia de San Gil tuvo lugar inmediatamente después de la reconquista de Zaragoza, confirmándose su antigüedad en la noticia de que en 1118 fue cedida al obispo Esteban de Huesca por el rey Alfonso el Batallador, acto del que se derivarían litigios hasta la normalización aprobada por el prelado Pedro de Palencia en 1145. Como en otros casos zaragozanos, tan inmediata creación parroquial en un emplazamiento intramuros implicaba, sin duda, el aprovechamiento de edificaciones preexistentes, probablemente una mezquita segundaria, un hecho verificable por la arquitectura del templo gótico, la cual evoca un emplazamiento preliminar de planta rectangular y ajustado a la regulación de Caesaraugusta, con el ábside orientado hacia el este sin modificar la trama, ya que la alineación de los ejes romanos se aproxima a la canónica.

Dentro del recinto amurallado y cerca del templo parroquial se fueron ubicando las demás instalaciones parroquiales: el fosal o cementerio de San Gil, el hospital, las casas del capítulo y la cofradía de Santa Fe, potente hermandad cuya fundación se data en 1218 y de la que existe constancia fehaciente de su funcionamiento desde 1300. Precisamente

dicha cofradía era la responsable del hospital, el cual contaba con ocho camas a principios del siglo XIV[114].

Será en esas fechas cuando –como en la mayoría de los casos de la ciudad, con el impulso de la Seo a la cabeza– se producirá la reconstrucción del templo. Así parece confirmarse por diversas noticias, por ejemplo el testamento de Guiralda de Magallón, esposa de Johan de Capiella y parroquiana de San Gil, del 3 de noviembre de 1326, en el que, entre otras donaciones se legaban «a la obra de la eglesia de Sant Gil cinquo sólidos», dejándose idéntica cantidad al vicario Rodrigo de Assín y a la cofradía de Santa Fe[115] –obsérvese cómo esta cofradía aparece, desde el principio, como un estamento ligado a la parroquia–, dotándose de instalaciones y propiedades complementarias.

En San Gil es perfectamente constatable la construcción de un edificio medieval de extraordinaria singularidad y belleza, en el que el modelo ordinario de templos de nave única cubierta con crucerías, capillas laterales inscritas entre los contrafuertes y ábside poligonal, no se sigue. Por el contrario, se construye un nuevo modelo que no tiene antecedentes: cabecero recto y nave construida básicamente a partir de dos grandes crucerías, generando un amplio salón cuya fórmula de iluminación perimetral homogénea determina un verdadero espacio social más acorde con su «espíritu de los tiempos», considerando el papel de las parroquias en la sociedad bajomedieval[116].

En la segunda mitad del siglo XIV se multiplicaron las capellanías y con ellas las dotaciones, entre ellas el beneficio otorgado en 1389 por Guillén Raymundo Luc en la capilla de Santa Fe. Pero el que resultaría determinante fue el legado de Miguel de Capilla, en 1392, con la fundación de dos capellanías, bajo las advocaciones de San Gil y Santa María, beneficiando además al hospital y a la cofradía. Su testamento prescribe el sustento diario de trece pobres del hospital de Santa Fe y dota con 1.000 sueldos anuales las ayudas para

---

114 Pérez Galán (2013) pág. 295.

115 Cfr.: Faci, Serrano y Sierra (1991) doc. 7.

116 Ver Usón García (2005 y 2023).

Planta histórica del entorno de San Gil, según R. Usón / Templo medieval de San Gil: ISG Nave de la iglesia; P Puerta principal; A Altar Mayor; T Torre / Casas de la Cofradía de Santa Fe: 1 Sala del alfarje mayor; 2 Sala del alfarje menor; 3 Patio; 4 Posibles salas del hospital medieval de Santa Fe / Hospitalico de Niñas (Edad Moderna): H Manzana central y ubicación del Hospitalico; Y Iglesia de Nuestra Señora de los Desamparados / Viario: A Mártires; B Cuatro de Agosto; C Cinegia; D Callejón del Horno.

casar huérfanas pobres u otras necesitadas, amén de instituir doce aniversarios perpetuos en San Gil[117]. Aquel legado generaría un extraordinario impulso en la parroquia de San Gil y cofradía de Santa Fe, depositaria de su gestión, en especial durante el cuatrocientos, tiempo en que fueron ampliadas las casas capitulares y hospitalarias y se multiplicaron propiedades y treudos, tanto en el ámbito parroquial como en otros distritos de Zaragoza.

En 1480 se reconstruirían las casas de la cofradía. Comprendían varios bloques distribuidos en torno a un patio interior y formaban un conjunto adosado en el flanco meridional del templo parroquial, lugar donde, entre éste y el fosal, debió situarse el primitivo hospital[118]. Todavía hoy pueden contemplarse, en las crujías meridionales colindantes a la actual sacristía, unos importantes restos arquitectónicos pertenecientes a una finca particular, que podrían fecharse

en los años de la citada reconstrucción, en el último cuarto del siglo XV. Se trata de un espacio cubierto por un alfarje decorado y abierto a un patio posterior mediante un arco ojival de ladrillo apoyado en sendas columnitas de piedra de traza gótica, de sección octogonal, provistas de capitelitos moldurados que disponen de una placa rómbica donde pudieron haber estado talladas las armas. Junto al anterior, en una sala colindante, existe otro pequeño alfarje de menor entidad. Pues bien, la alineación de sus crujías hacen muy probable que se correspondan a las antiguas estructuras del complejo parroquial: casa de la cofradía, casa del capítulo y hospital primitivo de San Gil[119].

Tras la creación del Hospital Real y General de Nuestra Señora de Gracia en 1425, la vocación de las instalaciones de Santa Fe se fue especializando: el hospital parroquial genérico de sus inicios dio paso a una casa para pobres y huérfanas, el llamado «hospitalico de niñas». Esta especialidad, conformada a partir de 1475 cuando había surgido el Padre de Huérfanos –institución de ayuda a los niños abandona-

117　Gay Molins (1983) pág. 14.

118　Es aquí, en el ramal oriental de Cinegio, concretamente donde se entrevé la entrada al callizo del Horno que conducía al fosal, donde Ximénez de Embún (1901, pág. 82) ubica el hospital de San Gil.

119　Usón García (2019).

Casas de la Cofradía de Santa Fe. Alfarje mayor.

dos– sería asumida en principio por el propio Hospital de Gracia hasta 1543, momento de la fundación de los hospitalicos de niños y niñas huérfanos, cuando la ciudad –refiere San Vicente– establece una hospitalidad específica, provista de «oficiales propios para recoger o firmar con amo a los niños desamparados». En aquella ocasión las cofradías de Santa Fe y Santa María Magdalena, que habían contado anteriormente con instalaciones de carácter parroquial, se ofrecieron para hacerse cargo de los desamparados en sendas casas separadas[120].

Aquel cambio de rumbo trajo consigo unas nuevas instalaciones hospitalarias, constatándose que la sede se ubicó en el área central entre la calle de Puerta Cineja y la calle del Peso, rodeándose por las callejuelas como si fuera una isla: un caserón que, como pieza más relevante, albergaba la pequeña iglesia de Nuestra Señora de los Desamparados o capilla del hospitalico de niñas. Refiere Murillo que en aquellos hospitalillos de niños y niñas eran recibidos, desde tierna edad,

los huérfanos «que se criaron en el hospital mayor y pueblos circunvecinos a costa suya». Que en su tiempo, aquellas instalaciones, fundadas originalmente por «ciudadanos graves y celosos del bien de la República», forzosamente debían ser atendidas por la ciudad, «para suplir con su amparo lo que la renta que tienen, y las limosnas no bastan»[121]. Allí se mantendría hasta principios del setecientos, cuando el Vecindario de 1723 constata que los hospitalicos de niños y niñas se habían unificado en la sede de la Magdalena[122].

3.5. Hospital de Santa María Magdalena

Situado frente al desaparecido arco de Valencia –la puerta oriental de la muralla romana–, el templo parroquial de Santa María Magdalena tiene su raíz en los tiempos inmediatamente siguientes a la reconquista. Una vez traspasado en dirección al centro urbano, existió desde las primeras épocas un espacio o plaza donde pudieron estar algunas edificaciones de servicios, tanto en la Antigüedad como en la Edad Media. Desde él arrancaban varios ejes que comunicaban la puerta y plaza tanto con el sector de la catedral, hacia el norte, como con la Judería, hacia el sur.

En la Zaragoza de 1118 el enclave mantenía su condición nodal. Según ha descubierto la arqueología, en el solar donde después se construiría el templo gótico debía existir una mezquita secundaria. La orientación, la tipología y algunos restos reutilizados en la fábrica cristiana, parecen indicar que nos encontramos ante uno de los edificios reutilizados como iglesias parroquiales durante buena parte de los siglos XII y XIII. Santa María Magdalena ya figura en un diploma de 1126, constando otras noticias en 1172 o 1190. Su potencial también refleja las aptitudes del emplazamiento, figurando la existencia de un recinto hospitalario a principios del siglo XIII, ya que se cita en el testamento[123] de doña Oria en 1217.

Los antecedentes señalados se confirman en la geometría del ábside, de planta poligonal de siete lados, que parece

---

120 Los antecedentes se encuentran en los estatutos de la figura del Padre de Huérfanos de 1487. Fue en 1543 cuando la ciudad estableció una hospitalidad para huerfanitos, con oficiales propios. En el estudio de esta figura por San Vicente Pino (1965, pp. 185 y ss.) se cita una escritura notarial de 1545 de la familia Sora, como regidor del «Spital de Ninyos Desamparados». Así mismo, en relación a los huérfanos, se cita un informe de 1768 en el que consta que la ciudad «con maduro acuerdo dispuso su recolección en dos casas separadas que las cofradías de Santa Fe y de la Magdalena ofrecieron gustosas en el año de 1543». Ver también: Villagrasa Elías (2016) pág. 66.

121 Murillo (1616): Hospitalillos, pág. 219.

122 Ballestín y Capalvo (2017).

123 Villagrasa (2016) pp. 112 y ss.

ajustarse al modelo de cabecera añadida a las cajas estructurales rectangulares de las preexistencias musulmanas. En todo caso, el nuevo templo, se levanta según el tipo de una sola nave provista de sencillas crucerías de arcos diagonales que siguen el estilo ojival zaragozano del trescientos, período al que también responde su elegante campanario que tanto recuerda las gallardas torres turolenses del Salvador y, especialmente, San Martín, verdaderas hermanas en el modelo seguido en la Magdalena.

Otras noticias confirman cómo la importancia del conjunto parroquial fue creciendo a lo largo de la centuria, constando numerosos documentos relativos a capillas y cofradías. Entre ellos debe destacarse una referencia de 1392 por la que la hermandad de la Magdalena disponía de capítulos ordenados para elección de cargos y «tenía también su hospital, de cuyos enseres queda un inventario de 1393»[124].

 El templo sería objeto de enriquecimiento durante los tiempos del esplendor renacentista, actividad que se extendería hasta mediados del siglo XVII. En los inicios del quinientos la tendencia general en las parroquias zaragozanas fue embarcarse en la empresa de construir grandes retablos mayores y remozar los paramentos de la iglesia con el «empedrado» unificador mientras se dotaba a las capillas de nuevas portadas, ampliándose en muchos casos los edificios con espacios para el coro o la sacristía mayor, acciones que también se siguieron, en mayor o menor medida, en la Magdalena.

Como sucedió con el de niñas de Santa Fe, el antiguo hospital de la Magdalena sería reconvertido en hospicio de niños huérfanos en 1543, proporcionando, por consiguiente, un servicio complementario en la misión de la caridad encomendada al Hospital General de Gracia. Es muy posible que esta nueva especialización en la funcionalidad del establecimiento conllevara la construcción de nuevas instalaciones. Así fue en el caso de Santa Fe y así pudo suceder con la Magdalena, que a partir del siglo XVI parece quedar emplazado en la calle actualmente denominada Doctor Palomar. En efecto, la sede no debía ser pequeña a tenor de los datos ofrecidos por Mu-

rillo, según el cual en aquel «año de 1615, por haber sido tan grande la esterilidad universalmente en todo el Reyno, han sido tantos los que han acudido de diversas partes... [que] se han recogido todos en los dichos hospitalilllos, donde el Reyno y la Ciudad con mucha largueza les da de comer y vestir, y los provee de camas y de todo lo necesario.... Son 520 los que hoy se hallan juntos en el hospitalillo de los niños, y en el de las niñas son poco menos de 330»[125].

Como se expuso más arriba ambos «hospitalicos» se unificaron en estas instalaciones en el primer cuarto del setecientos. Posteriormente, el arquitecto Pedro de Zeballos levantaría en aquella sede de la calle Palomar un nuevo templo, dedicado a la Virgen de los Desamparados, cuyas obras finalizaron en 1786. Pero aquel flamante recinto sufrió gravísimos daños durante el segundo Sitio, destinándose para su reparación las rentas del Hospital de Convalecientes, en 1817. Sin embargo, once años después no se había restaurado ni la tercera parte. Afectado por el proceso de la desamortización, en 1836 el edificio fue alquilado una vez que los huérfanos se hubieran acogido en la Misericordia. Tras varios usos, en 1869 las instalaciones se utilizaban como Escuela Normal, reedificándose posteriormente, tal y como aparece en la cartografía de Casañal, permaneciendo visibles algunos restos de los muros de la iglesia neoclásica hasta hace unos cien años, cuando se pierde su rastro completamente.

3.6. Hospital de Santa Cruz

Las referencias más tardías de la iglesia de Santa Cruz se remontan al siglo XII. En efecto, aparece una mención al barrio del mismo nombre en 1156 y consta la noticia de que en 1165, en Santa Cruz ardía una lámpara dotada por Juan de Lignac, referencias que parecen señalar un origen muy cercano al tiempo de la reconquista de Zaragoza, lo que vendría a incorporar este templo al grupo de los que hipotéticamente fueron habilitados en edificaciones preexistentes, con toda probabilidad una vez purificadas las antiguas mezquitas secundarias. En cuanto al único testimonio arqueológico, el

124 Canellas López (1976) pp. 344 y 373, respectivamente.

125 Murillo (1616) pág. 219

crismón o lábaro situado en el chaflancito del templo neo-clásico actual, informa que la iglesia no pudo ser posterior al primer tercio del siglo XIII, fecha que algunos autores, como Sala Valdés, hacen vincular su fundación hacia 1212, cuando comienza a celebrarse en España el «Triunfo de la Cruz», consecuencia de la victoria cristiana en las Navas de Tolosa.

Resulta determinante, en todo caso, que Santa Cruz figu-re entre las parroquias de Zaragoza en la relación de 1271, existiendo documentos en el trescientos sobre el templo parroquial que recogen visitas y capellanías, las cuales infor-man sobre sus altares y capillas. En el siglo XV, sin embargo, constan algunos datos sobre la posible evolución construc-tiva, como obras de «reedificación de la iglesia» en 1430 o su «restauración» en 1499 gracias al donativo de Leonor de Gurrea, viuda de Gaspar de Ariño, que vivía en la casa colindante –antigua morada de los señores de la baronía de Osera–. Otras noticias del cuatrocientos apuntan que en 1459 existía la cofradía de San Victorián y la Magdalena. En aquella centuria aparece citado el Hospital de la Santa Cruz, figurando en el testamento[126] de Duranda Sánchez de Tauste (1404-1406).

La vista de Wyngaerde presenta un lejano apunte de la edifi-cación a mediados del quinientos, en la que la pieza estelar la constituía la torre campanario, que sin duda respondía a la reforma de 1430. Nada ofrece más pistas sobre el hos-pital y demás elementos complementarios parroquiales. El pequeño templo –que sobreviviría hasta 1768, cuando fue derribado por ruina y reedificado por Julián Yarza Ceballos y Agustín Sanz– presentaba fachadas hacia las calles de Santa Cruz y Mayor, rodeándose de caserío en los otros flancos: en el oriental por el citado palacio de los señores de Osera –verdaderos mecenas de las mejoras del templo–, quienes podían participar de los oficios a través de una ventana si-tuada sobre la sacristía, y en el meridional por la llamada casa de la Rectoría, sector en donde, posiblemente, estuvo la instación hospitalaria, que debió desaparecer a la sombra del desarrollo del Hospital General de Gracia.

3.7. Hospital de San Felipe

El antiguo barrio de San Felipe se corresponde con el cua-drante suroccidental del recinto urbano intramuros romano. El templo medieval, ubicado en el centro del sector, se co-municaba con los trenques o postigos ubicados en el cua-drante, de modo que existieron sendos ejes que, formando entre sí un ángulo recto, ordenaban el área: la calle Nueva y la calle de los Gigantes. El hecho de que la primitiva retí-cula de ordenación definiera el solar rectangular y que se formara la sede parroquial en los tiempos inmediatos a la reconquista, conducen a la hipótesis de que tal sede, en sus inicios, no fuera sino un edificio anterior reaprovechado, muy probablemente –como en los casos de San Gil, Santa Cruz o San Pedro– una mezquita secundaria que tras el rito de pu-rificación sería objeto de pequeñas adaptaciones, situación que se mantendría hasta finales del siglo XIII o principios del XIV, cuando las circunstancias históricas hicieron posible la construcción de nuevos templos sobre los solares anterio-res, edificándose el elenco de templos parroquiales de Zara-goza, según los modelos de la arquitectura gótica regional.

Son muy escasas las noticias de los primeros siglos del con-junto parroquial, con citas desde el siglo XIII: una cofradía en el testamento del feligrés Juan de Montalbán de 1202, el abad Juan de Épila en 1208, el vicario parroquial Ferrando, quien en 1266 recibía ciertas primicias de los judíos de Zaragoza. La «eglesia de Sant Phelip» se nombra, por fin, en 1272, como beneficiada en el testamento de un tal Domingo Ferrer. La ac-tividad parroquial era una realidad en el primer tercio del siglo XIII, pues Asso informa de la existencia de un hospital propio que en 1228 era objeto de la donación de dos casas para su fábrica, provenientes del legado de Sancho de San Felipe[127].

En el siglo XIV la parroquia figura como una de las más im-portantes, según se desprende de una Real Cédula expedi-da por Jaime II en 1311, relativa al modo de proceder de la juntas parroquiales en la elección de Jurados, en la que San Felipe aparece entre las ocho principales. El edificio construi-do en ladrillo a finales del siglo XIII o muy a principios del XIV

126 Villagrasa (2016) pp. 112 y ss.

127 Martínez y Rivas (1985) pág. 95.

posiblemente respondía al modelo de templo de una nave de tres tramos iguales cubiertos por bóvedas de crucería y ábside recto orientado canónicamente. Disponía de tres capillas laterales entre contrafuertes a cada lado. Adosada al costado meridional y en el plano que la fachada occidental se ubicaba la torre campanario.

Siguiendo la tónica de los templos de Zaragoza, el período renacentista fue una época de gran esplendor para su arquitectura. En 1501, según Espés, «se reedifica la iglesia de San Felipe»[128], expresión que debe interpretarse como referida a la reforma decorativa del templo, a su enriquecimiento artístico. En cuanto al hospital parroquial, de la ausencia de noticias puede deducirse que dejó de tener actividad a partir de la creación del Hospital General, desapareciendo posiblemente en el siglo XVI.

3.8. Hospital de San Blas

El área de San Pablo abarcaba desde la rambla que ceñía a occidente la muralla romana hasta la que anticipaba el altozano donde se encontraba el castillo de la Aljafería –es decir, desde el lienzo de poniente de la cerca de piedra en el que se enclavaba la puerta de Toledo hasta el muro de tapial y ladrillo que formaría la defensa medieval o muralla exterior de la ciudad, donde estaban las puertas de Sancho y del Portillo–. Al norte se extendía hasta la ribera del Ebro y hacia el mediodía hasta la explanada del campo del Toro y el barrio de la morería de Azoque. Se trata de un área cuya enorme extensión es poco inferior al recinto intramuros o casco romano. En su mayor parte, antes de la reconquista albergaba usos agrícolas y tejerías, situándose también una necrópolis junto al camino que partiendo de la puerta de Toledo se dirigía hacia la Aljafería. Poco después de reconquistada la ciudad, debieron edificarse algunas ermitas en su extrarradio, una de ellas, según narra la tradición, la dedicada a San Blas, advocación que los cruzados y los benedictinos habían extendido por Europa algunas décadas antes y que muchos de los nuevos pobladores, originarios del *Midi* y venidos para

aquella campaña, debieron construir entonces.

La urbanización de San Pablo responde a un trazado o plan bien definido. En 1210, Pedro II, a instancia de los jurados de la ciudad, concedía a los pobladores permiso para levantar edificios en aquel sector, ordenando que estuviesen en él tanto el mercado general como los almudís reales de granos y sal, medida que confirmaría Jaime I en 1218. Del ensanche diría Escuder que «parece distinta ciudad, la qual se diferencia de la antigua con el nombre de Población; y en escritura de 1274 he hallado que aún se llamaba la Población del Señor Rey»[129].

Como señalamos en otro lugar, aproximadamente en el centro geométrico del sector se edificó la citada ermita dedicada a San Blas[130], que pronto fue el corazón espiritual de la Población y consiguiente embrión del ulterior templo parroquial de San Pablo. Tal como sucede en los otros casos coetáneos, es presumible que aquélla no fuera sino una construcción elemental, de sencilla estructura muraria, de mampostería o tapial. Próxima a la ermita debió construirse una edificación hospitalaria, pues, según refiere Asso, figuraba en el cartulario catedralicio la mención a un testamento de 1217 por el que doña Oria dejaba varios legados de camas y dinero a aquélla. Señala además que «en un cabreo de la religión de San Juan del siglo XVI se menciona un treudo sobre las casas que don Estevan Gil Tarín dio en 1280 para el hospital de la calle de San Blas», informando que en su tiempo, es decir a finales del setecientos, permanecían «vestigios del edificio en una casa de dicha calle que tiene una estatua de San Pablo sobre la puerta»[131]. Estas noticias parecen indicar que desde las mismas fechas en que se inician los asentamientos en la Población comienza a formarse un pequeño complejo alrededor de San Blas, donde además de la ermita funcionaría un hospital[132] y donde también se ubicaría un cementerio, instalaciones todas ellas que debían

128 Espés (1575) fol. 750v.

129 Escuder (1724) pág. 210.

130 Usón García (2023).

131 Cartulario Mayor de la Seo, fol. 118. Cfr.: Asso (1798) pp. 322-323.

132 Según Villagrasa (2016, pp. 112 y ss.) la fundación del hospital de San Pablo data de 1149, siendo unos de los hospitales zaragozanos más antiguos.

encontrarse sobre la línea constituida como la citada calle de San Blas, tal vez un camino o itinerario ya existente con anterioridad, ya que resultaba ser el eje central e intermedio entre los que comunicaban las puertas de la segunda cerca con la ciudad intramuros.

En 1241, es decir, muy pocos años después de otorgada la carta de Población, San Blas es erigida en parroquia, cambiando su denominación a San Pablo. Pero será el éxito urbanístico de aquélla el que acreciente la demanda de un nuevo templo de mayores dimensiones que sustituya la primitiva ermita, edificación que se iniciaría hacia 1284. Su proyecto gótico responde al de un edificio construido con ladrillo de una sola nave compuesta por cuatro tramos iguales cubiertos por bóvedas de crucería y ábside de planta poligonal de cinco lados. La nave dispone de capillas laterales ubicadas entre los contrafuertes. En los ángulos del hastial éstos se han sustituido por torreones-contrafuerte, levantándose entre ellos la torre campanario, de planta octogonal. En los siglos posteriores San Pablo acometió empresas para la ampliación del templo parroquial con sendos ensanches, septentrional y meridional, girola y un conjunto claustral en los pies, rodeando la nave original.

El auge parroquial adquirido en el trescientos se acredita también por la presencia de otras instalaciones hospitalarias complementarias de título privado. Concretamente, Villagrasa, recogiendo los datos de una visita pastoral de 1388, cita el de Esteban Aguilar y también el denominado de la Catalana o de Sancho de Tormos, tal vez el mismo establecimiento con diferente denominación. Por su parte, el de San Blas se menciona al año siguiente, cuando los vicarios «exhortaban a los fieles que con sus limosnas ayudaran a la iglesia de San Pablo y al hospital de San Blas de Zaragoza»[133]. Sin duda, como en la mayor parte de los parroquiales, iría perdiendo actividad por la influencia de las instituciones hospitalarias generales y, si bien es citado en la relación de Murillo, lo más probable es que desapareciera hacia finales del siglo XVII o principios del XVIII.

133 Villagrasa (2014) pág. 330.

3.9. Hospital de San Miguel de los Navarros

Situado en el área suroriental, justo donde el curso del Huerva se acerca a la ciudad, San Miguel se localiza fuera de la muralla de piedra y responde a las necesidades originadas por el crecimiento urbano en la época cristiana, compartiendo así origen evolutivo únicamente con la parroquial de San Pablo, posición que dará lugar, con el paso del tiempo, a que la importancia parroquial de San Miguel vaya creciendo conforme lo haga la población asentada en los sectores extramuros que lo flanquean, llegando a ser considerada una de las más relevantes de la ciudad. Pero esto sucederá ya en el siglo XIV, cuando la Zaragoza cristiana haya adquirido su pleno desarrollo medieval.

San Miguel tiene un origen legendario. En palabras de Murillo, «quando el Rey Don Alonso tenía cercada Zaragoza para dar el assalto, y librarla del poder de los moros que la posseyan, encomendó a los navarros aquella parte de la ciudad... Y estando apretado el cerco, les apareció allí el Arcángel San Miguel en medio de una gran claridad... En agradecimiento... edificaron dicha iglesia... y hasta hoy día se llama San Miguel de los Navarros». Pues bien, en tal emplazamiento debió edificarse una ermita votiva, hipótesis que se inscribe en la constatación de la presencia de diversas ermitas en el perímetro de Zaragoza: San Blas, Santa Catalina, Santa Elena, Nuestra Señora del Olivar, Nuestra Señora del Portillo...

Nada se conoce de la edificación ermitaña, sin duda una simple construcción de estructura muraria, de mampostería o tapial, y que, como en la mayor parte de los casos semejantes, en cuanto fue posible se reedificó como iglesia definitiva de ladrillo. No obstante, el templo gótico original fue una construcción de reducido desarrollo: nave única con sólo dos tramos cubiertos con bóvedas de crucería simple y contrafuertes exteriores, entre los que se formaban capillas laterales, correspondiendo el oriental al ábside –que tomaba la forma poligonal– definiendo una crucería con gajos radiales. La torre era en origen una pieza de planta cuadrada, adosada al plano de los pies de la iglesia, aunque de estructura independiente, rara disposición debida a la posible existencia de un campanario anterior, a la postre reedificado. Los datos históricos parecen apuntar a que las obras de templo y torre se realizaron en períodos próximos, en la segunda mitad del trescientos el primero, culminándose la construcción de la segunda en los últimos años de la centuria.

El edificio no tendría intervenciones durante el siglo XV, un período en el que se tiene constancia de la existencia de un hospital parroquial. Según Villagrasa, en 1400, Gracia de Santa Cruz legaba en su testamento varios lechos para el hospital, establecimiento que seguía figurando en el censo de población de 1495. Como en la mayor parte de los casos parroquiales, debe suponerse que aquél se extinguiría a los largo del quinientos bajo la sombra del esplendor del de Nuestra Señora de Gracia, vinculado a San Miguel en su primera época.

3.10. Hospital de Nuestra Señora del Portillo

En el extremo occidental de la ciudad y junto a la puerta de su mismo nombre se emplazó el santuario medieval de Nuestra Señora del Portillo. Su origen extraordinario se debe a un hecho milagroso referido por los autores antiguos que dio lugar a una devoción mariana de gran importancia histórica. Poco después de la reconquista de la ciudad, una noche, tal vez de 1119 aunque más probablemente de 1137, un grupo de sarracenos pertenecientes a alguno de los destacamentos próximos atacaron por sorpresa, abriendo una brecha en el grueso muro de tapial. Los centinelas situados en la muralla de piedra divisaron a lo lejos una fuente luminosa y cuando allí acudieron vieron derrotados a los invasores y la Imagen de la Virgen Aparecida en el mismo portillo de la cerca. El relato se cierra señalando que poco después regresaría a su ciudad victorioso el gran rey don Alfonso, edificando a la Imagen en el propio puesto un oratorio.

Este emplazamiento forma parte del conjunto de ermitas que acompañaban la cerca de Zaragoza. Según refiere un impreso de 1628 que transcribe del relato de la tabla grande del *Libro Lucero de las cosas memorables del Santuario de Nuestra Señora del Portillo*, en lugar de los baluartes que había a lo largo de la muralla de tierra se fueron edificando otras santas capillas dedicadas a su santo nombre, «que ahora son sumptuosos monasterios, como son en el Car-

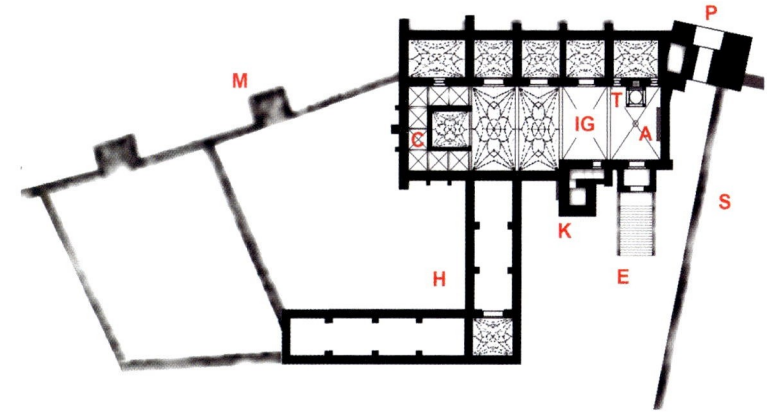

Planta hipotética de Nuestra Señora del Portillo, ss. XVI-XVII, según R. Usón / P Puerta del Portillo; S Huerta de Santa Inés; M Muralla; E Escalera de acceso al templo; IG Iglesia; A Altar Mayor; T Tabernáculo de la Imagen de la Virgen; C Claustro del coro; K Torre campanario; H Hospital de Peregrinos.

men Nuestra Señora de la Consolación, en Santa Engracia Nuestra Señora de los Mártires, en San Agustín Nuestra Señora de la Piedad y en Predicadores Nuestra Señora del Rosario, que rodean toda la ciudad...»[134]

Posiblemente el oratorio primitivo tuvo su origen en una «capillita» u hornacina formada en el muro con una pequeña construcción anexa, constatándose la existencia, en la centuria de 1200, de la cofradía de caballeros nobles de Nuestra Señora del Portillo. En 1260 el papa Alejandro IV mediante una bula favorecería con indulgencias el santuario, el cual, con el ejercicio activo de la cofradía, lograría un fuerte crecimiento religioso. En 1344 Pedro IV lo declara «sub nostra protectione» y le concede privilegios, inaugurando una época favorable en la que el santuario se amplió para formar un pequeño conjunto arquitectónico en el que estaba comprendido un hospital. En efecto, así figura en una escritura de 1350 suscrita entre la cofradía del Portillo y el arcediano de Zaragoza Juan Barrachina[135] –quien ejercía su autoridad

---

134 *Relación del Milagro de esta Santa Casa de Nuestra Señora del Portillo de la ciudad de Zaragoza; sacada fielmente de las tablas de dicha iglesia, y de otras memorias muy antiguas:* Se trata de un pliego de 56 x 41 centímetros, que proviene de la imprenta zaragozana de Juan de Lanaja, cuyo texto recoge la tabla grande del *Libro Lucero de las cosas memorables del Santuario de Nuestra Señora del Portillo*, que se conserva en el archivo diocesano de Zaragoza.

135 Sala Valdés (1933) pág. 309.

sobre la misma–, en la que, entre los bienes a supervisar, se recoge la existencia de un pabellón hospitalario o de peregrinos, que debía estar funcionando junto al santuario. Entre los detalles se indica que el arcediano visitaría la iglesia y el hospital dos veces al año, recibiendo de la cofradía en cada ocasión veinte sueldos[136]. También cedía las limosnas recibidas para el culto de Nuestra Señora del Portillo y daba permiso para erigir el oratorio en un suntuoso templo o iglesia, deduciéndose que a mediados del trescientos ya se había reconstruido o se estaba reconstruyendo.

El templo gótico del Portillo se realizaría donde la primitiva ermita, manteniendo el mismo nicho de la Santa Imagen y elevando la rasante, lo que requirió edificar potentes muros con estribos y resolver el desnivel mediante veintiuna gradas. Sobre el altar de la Virgen fue construido el tramo de cabecera del templo, al que se incorporó un segundo tramo, también adosado a la muralla, hacia el mediodía, en el que se instaló un coro alto.

La escasa capacidad de aquella iglesia hacía imposible el acceso multitudinario de los devotos, de modo que éstos se reunían en la plaza formada delante de los edificios, y cuando tenían lugar fiestas y procesiones la predicación se realizaba desde un púlpito exterior. El pabellón hospitalario –sin duda una edificación de una sola planta sin relevancia arquitectónica– debía situarse haciendo ángulo con la explanada. Según Gracia, de las memorias antiguas se colige que desde la misma formación del santuario se fundó una casa moderada contigua al templo para decente, aunque pobre, albergue de devotos forasteros y reconocida su estrechez se fabricó más dilatada habitación por la piedad de mosén Juan Roldán, ciudadano de Zaragoza, concluyéndola sus ejecutores testamentarios el año 1459, como resulta de diferentes escrituras de aquel tiempo y de una inscripción de caracteres góticos que en piedra labrada se halló en la frente de dicho hospital y se conservó en la misma pared hasta el año de 1703 que la retiró el derribo para la fábrica del templo nuevo.

El santuario de la Virgen del Portillo vivió años de esplendor durante el Renacimiento, ampliando sus espacios y decorando sus altares y capillas con obras realizadas por los mejores artistas. En 1506 y 1511 fueron edificados sendos tramos nuevos cubiertos con crucerías, contratándose en 1516 una ampliación para un coro bajo, a los pies de la nave, rodeado por su espalda y laterales por un claustro. Sus capitulaciones definen la topografía de las edificaciones auxiliares. Una de las cláusulas refiere que para «las paredes foranas del claustro», debían abrirse «sus fundamentos..., y esta ancheza de fundamentos ha de puyar a la cara de la tierra en sola parte donde viene el hospital y así mismo a de puyar el fundamento a la parte del corral todo a su nivel». De aquellos detalles se concluye que el edificio se levantaba sobre la rasante en sus tres lados, no existiendo ningún condicionante por la muralla, si bien en uno de ellos –sin duda el oriental– era tangente a la edificación del hospital de peregrinos. Sólo tres años después de las obras adicionales efectuadas en 1521, ante el aumento de la afluencia de éstos, la cofradía del Portillo acordaría la ampliación del hospital con nuevas «habitaciones y oficinas para más cómoda hospitalidad»[137]. Todo ello parece indicar, en fin, que en el quinientos quedó formado un importante complejo religioso, ensamblándose los bloques de la iglesia –nave y coro– con los pabellones del hospital de peregrinos. Así se comprueba en la Vista de Zaragoza dibujada por Wyngaerde en 1563, en la cual, a pesar de la escasa definición, se distingue la nave, la torre, la escalinata con el atrio de entrada y las casas del hospital.

La plaza era la antesala del santuario. Dominada por el hito urbano que constituía el alto campanario, era el lugar donde llegaban los fieles el día de la procesión, verdadero acontecimiento en la Zaragoza del quinientos: «Acredita también irrefragablemente la continua verdadera tradición –señala Gracia–, la procesión general que hace todos los años la Iglesia Metropolitana con la Ciudad, todo el clero y religiones, el día de la Encarnación del Verbo Eterno al santo templo del Portillo... igualándola en esta circunstancia a las procesiones del Corpus... habiendo sido en lo antiguo tan grande el con-

---

136 Serrano y Arnal (2002) pp. 79 y ss.

137 Gracia (1706) pp. 51-52.

curso del pueblo que a un mismo tiempo –para satisfacer a la devoción de todos– se predicaba en la iglesia y también fuera en el descubierto de la plaza, que al lado del templo formaban las casas del antiquísimo hospital del Portillo, en cuya frente se labró un púlpito de ladrillo y yeso que se ha conservado hasta el año de 1703 en que para la extensión de dicho templo se arruinó la pared en que estaba».

En 1698 el capítulo y la cofradía del Portillo decidieron la reconstrucción del santuario derribando las viejas edificaciones para levantar un moderno templo mayor tamaño para el que se ocuparía el área de la plaza situada entre la escalinata y el hospital. Las últimas huellas de éste las encontramos en el plano de la Aljafería de Miguel Martín de 1757, en el que figura la nueva iglesia, distinguiéndose en el desvío de la planta la impronta del edificio precedente, el estribo norte de la puerta del Portillo y las edificaciones auxiliares conservadas, las pertenecientes al hospital de peregrinos y las que tenía la cofradía en sus pardinas anejas.

3.11. El recinto hospitalario de San Juan de los Panetes

En el ángulo noroccidental de la ciudad intramuros o medina, los gobernantes musulmanes de *Saraqusta* habían instalado el llamado palacio de la Zuda, recinto que debía encontrarse perfectamente restaurado y reforzado cuando Alfonso I el Batallador tomó Zaragoza en 1118. Era un conjunto cuartelario y al mismo tiempo residencia y sede administrativa de gobierno, por lo que fue el lugar donde el rey otorgó las capitulaciones y donde tuvo su estancia en aquellas fechas.

La operación de reconquista de Zaragoza no puede separarse del espíritu de cruzada de los ejércitos cristianos, en los que acompañando al rey Alfonso se encontraban numerosos nobles que habían participado y destacado en las campañas en Tierra Santa. Es natural que en ese contexto tengan presencia las primeras órdenes militares, las cuales tuvieron un papel expansivo en el ámbito de la evangelización, la asistencia hospitalaria y el desarrollo económico y social de los emplazamientos, además de la cooperación militar activa y defensiva, gestionando y construyendo castillos, haciendas y parroquias.

Si bien parece claro que en Zaragoza hubo presencia de los hospitalarios desde el principio, la instalación fundacional de un recinto con construcciones específicas vino con la entrega de una parte del conjunto de la Zuda por parte del rey Alfonso II en 1180, cesión que no sólo contenía la Zuda sino otros terrenos situados en la zona que después se llamaría la Población del Rey o barrio de San Pablo. En todo caso, consta que los hospitalarios, en aquellas mismas fechas, fueron adquiriendo algunas parcelas colindantes, necesarias para desarrollar su casa y convento, considerando que sus recintos respondían a un amplio programa que sumaba a la funcionalidad monacal –no debe olvidarse que los freires se regían por la regla de San Agustín– la hospitalaria o de acogida, además de almacenes, hornos y espacios de servicios.

Sería ya en el trescientos, tras el incremento de los bienes templarios y la segregación del priorato de Cataluña, cuando la sede de la Castellanía se traslada a Zaragoza, obteniéndose el resto del conjunto fortificado, con excepción de la puerta de Toledo y su bloque anejo. En aquel tiempo los antonianos ya se habían instalado junto a ella, al sur del cuadro de la Zuda. Así, en la primera mitad del siglo XIV debió conformarse el palacio de San Juan de Jerusalén, sede de la encomienda y de la Castellanía de Amposta, conjunto que llegaría, a pesar de las innumerables transformaciones, hasta principios del siglo XX. En sus amplias instalaciones se hallaban, además de la casa conventual original, la sede palaciega del castellán, los almacenes, cuadras, hornos, casas de servicio y mayordomía, oficinas centrales de la orden, archivo y la gran sala del Capítulo o de las Asambleas donde tenían lugar las sesiones de los capitulares provinciales.

Además de la iglesia y la torre, en la zona septentrional –el sector conventual– estarían las casas de los freires, el refectorio, los hornos del pan –de ahí el nombre de «panetes», ya que se ofrecían a los necesitados– y los espacios de servicios. En la meridional, en torno a un alargado patio, se encontraban las salas y espacios del palacio de la encomienda, comprendiendo las cocheras y cuadras, los almacenes, las oficinas y el archivo, la mayordomía, y las habitaciones del Castellán de Amposta. Entre ambas se disponía la nave transversal de las oficinas del Consejo y la Sala de Asambleas.

Aunque no perdió su carácter hospitalario, el recinto san-juanista era, fundamentalmente, la sede central de la organización y como tal fue reformándose a lo largo del tiempo, entrando en un período de decadencia con la Ilustración que empeoraría durante los Sitios y años de ocupación francesa. Los religiosos de San Juan de Jerusalén, que habían regresado en 1813, abandonarían definitivamente los edificios en 1836. Entre 1857 y 1909 se cedería buena parte del conjunto a las Religiosas Adoratrices. Temiéndose por su estado de conservación, Mariano de Pano defendería en 1931 su valor histórico y artístico, lo que daría lugar a un proyecto de gran alcance urbanístico, restaurándose la muralla romana y el torreón de la Zuda, tal y como hoy los conocemos.

3.12. San Antonio Abad

Como se ha indicado, al sur del palacio de San Juan de Jerusalén, junto a la puerta de Toledo y edificio adyacente –donde estuvo desde antiguo la casa de la Cárcel–, fue concedido, desde el siglo XIII, un solar rectangular al hospital de San Antón, lugar en el que se mantendría hasta su desaparición a finales del setecientos.

Considerando que los hospitales medievales no eran propiamente instituciones sanitarias sino que se dedicaban básicamente a la atención de peregrinos y necesitados, y que los recintos que atendían a los enfermos contagiosos, si los había, se instalaban en las afueras de las ciudades, debe destacarse el gran avance dado por la Orden de San Antonio Abad, que nace y se expande en razón a la implantación de casas de atención a los enfermos. Con origen remoto en el Egipto cristiano del siglo IV, su renacimiento occidental y medieval está vinculado con la sanación, en Saint-Didier-de-la-Mothe, de un laico llamado Guerin tras la veneración de las reliquias de San Antonio, dando lugar a la erección de un hospital en 1095, donde se atendería en especial a los que padecían el llamado «fuego sacro» o de San Antón. Aquella agrupación caritativa y sanitaria sería aceptada por el papa Urbano II, aprobándose la congregación de los Hospitalarios de San Antonio en el concilio de Clermont de aquel mismo año.

Circunstancias posteriores, como las determinaciones del concilio de Letrán de 1179 sobre los enfermos de lepra en

aras a su aceptación social por la caridad, impulsaría las peregrinaciones, proliferando, debido a su particular carisma, las casas de los antonianos, favorecidas por las ciudades y los reinos cristianos de Occidente, de modo que en Europa, a finales del siglo XV, llegarían a disponer de 370 hospitales. La estructura organizativa de la Orden quedaría plenamente configurada al obtener de Bonifacio VIII, en 1298, la condición de canónigos regulares bajo la obediencia a su Gran Maestre, con sede en la casa central de Saint-Didier. En España fundarían más de veinte casas, las primeras de ellas vinculadas a los itinerarios de los peregrinos, particularmente en el Camino de Santiago. La sede zaragozana lo hizo en el siglo XIII, aunque se desconoce el período exacto.

Nada se conoce del recinto primitivo. Lo habitual era que su emplazamiento se localizara próximo a una de las entradas a la ciudad, por lo que la situación urbana de la casa hospital de San Antonio inmediata a la puerta de Toledo en plena calle Mayor era óptima, correspondiendo, probablemente, a una cesión del rey. Una primera mención del hospital aparece, según Canellas, en 1202. Otras noticias informan de la concesión de privilegios por Alfonso IV en 1328 y 1352, posteriormente refrendados[138].

Como en la mayoría de las casas-hospitales españolas, parece que la comunidad de Zaragoza contaba con escasos miembros. En 1478, por ejemplo, sólo contaba con tres religiosos. A este respecto refiere Ollaquindia «la peculiar organización antoniana de la asistencia hospitalaria y del personal de trabajo. Las casas-hospitales podían atender a muchos peregrinos y pobres de paso, pero tenían pocas camas para enfermos que necesitasen largos cuidados. Por término medio, unas diez. Los religiosos se dedicaban a la dirección administrativa y médica, disponiendo de personas a sueldo o voluntarias para los trabajos auxiliares de la casa, la huerta o el ganado»[139]. Esta característica se confirma a comienzos del siglo XVII, señalando Murillo: «Hay en ella un prior, que comúnmente llaman abad de San Antón... Ade-

---

138 Canellas López (1976) pp. 223, 303 y 346. También: Palacín Zueras (2002) pág. 277.

139 Ollaquindia Aguirre (1999).

más del prior hay por obligación de estatuto tres religiosos, que están sujetos a su obediencia, y cuatro sacerdotes que sirven cuatro capellanías instituidas por Hernando Alonso, comendador que fue de esta casa, y todos juntos celebran los oficios divinos».

Siguiendo el modelo de otras casas del mismo rango, podría proponerse que la sede estaba compuesta por dos bloques: el templo –el edificio principal– y el pabellón hospitalario, compuesto al menos por dos habitaciones de alojamiento de enfermos y peregrinos, la botica y los espacios de servicios de la comunidad: refectorio, cocina, dormitorio y tal vez librería. En algún patio próximo a la iglesia debía haber una zona de cementerio. Las instalaciones se completaban, por último, con alguna clase de espacio auxiliar para el corral y las cuadras. El recinto era sensiblemente rectangular, encontrándose el acceso a la iglesia en el frente de la calle Mayor. Lateralmente lo flanqueaban la calle de subida a la Cárcel –por la que se accedía al palacio de San Juan– y la llamada subida de San Antón. La frontera con el palacio la formaba un callejón.

El templo original –de pequeñas dimensiones, aunque de elevada proporción– debió ser construido en la primera mitad del siglo XIV y pudo consistir en un edificio de ladrillo de una nave, cabecera poligonal y capillas laterales entre contrafuertes, cuatro en cada lado contando las incorporadas al presbiterio. Aquel templo sería objeto de enriquecimiento con altares y retablos en el quinientos, transformándose, para su adecuación a un programa y repertorio formal de estilo barroco, en última década del siglo XVII, ensanchando las capillas en planta y formando tribunas superiores, operación que requirió la ocupación completa del área meridional y la reubicación de la casa hospitalaria y conventual que pasó a estar adosada a la cabecera de la iglesia.

Desde mediados del setecientos la Orden de San Antonio Abad entró en un importante proceso de decadencia. En España fue suprimida por bula dictada en 1787. El 10 de abril de 1793 una Real Cédula adjudicaba todos los bienes ocupados por los religiosos antonianos al Hospital de Nuestra Señora de Gracia, lugar a donde se trasladarían sus enseres y ren-

tas el 11 de julio de 1799, cuando fue clausurada su iglesia. Entre tanto los regidores habían propuesto al Ayuntamiento la demolición de las edificaciones para formar una plaza pública. Así, poco tiempo después, derribados el templo y las casas antonianas, se formó una plaza rectangular bajo el nombre de San Antón, en la cual, como atestiguaba Madoz[140], fue colocada una «columna que en su final ostenta la cruz de Tau, que era la divisa que llevaban los individuos de esta Orden sobre el hábito, único recuerdo que queda ya de ella».

3.13. Leprosería y convento de San Lázaro

Según relatan antiguas crónicas[141], la existencia de la leprosería de San Lázaro se remonta hasta el año 1197, cuando el obispo Raimundo de Castrocol, con motivo de la presencia de tres peregrinos enfermos en la ciudad, decidió impulsar su fundación, edificándose fuera del recinto amurallado –como era habitual en esta clase de instalaciones–, concretamente en la margen izquierda del río Ebro, en unos terrenos próximos al puente de Piedras y colindantes con el camino de Barcelona.

Aunque apenas existen datos referidos a aquellos primeros tiempos, todo parece indicar que el embrión del que después sería el convento de mercedarios no fue sino una instalación hospitalaria para leprosos dependiente del obispado de Zaragoza y puesta bajo la advocación de San Lázaro. Noticias como una donación en 1199 de varias casas en el barrio de Santiago por un tal Guillermo Cintruénigo[142], el testamento de Oria, de 1217, dejando al hospital de *malantos* de San Lázaro seis sueldos y tres camas, o el legado de Bernardo Almenara dejando, dos años después, a los enfermos de lepra cinco sueldos y muchas telas blancas, confirman que las instalaciones ya funcionaban[143].

140 Madoz Ibáñez (1845) pág. 328.

141 Nos hacemos eco, entre otros, de Blasco y Val (1890) Cap. *El hospital de leprosos*, pp. 149-166

142 Canellas López (1976) pág. 221

143 Asso (1798) pág. 322. Por su parte, Gómez de Valenzuela (1976, pág. 24) refiere que en 1200 el zaragozano Bernardo de Tripol legó cinco sueldos al «hospital de malantos de San Lázaro».

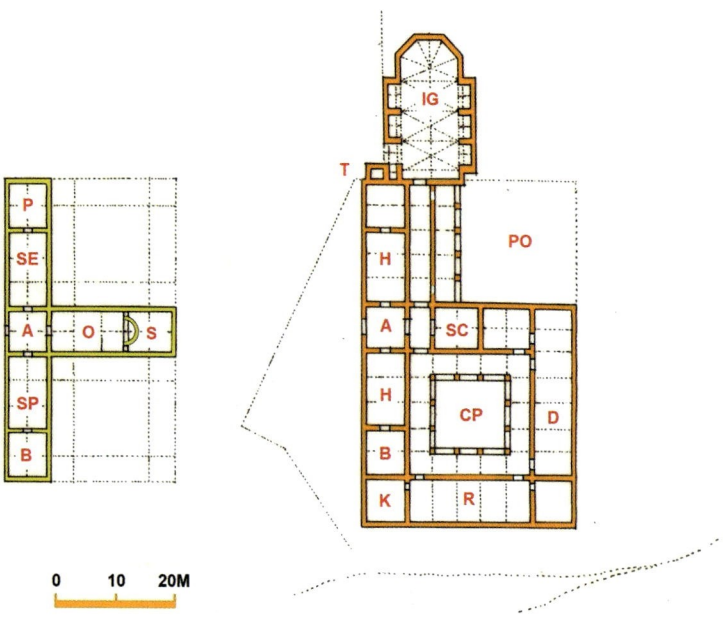

Plantas hipotéticas de San Lázaro, según R. Usón / Leprosería, s. XIII: A Atrio; SP Sala de la Paciencia; B Habitación enfermero y botica; SE Sala de la Esperanza; P Habitación del portero y cocina; O Oratorio; S Sacristía y habitación del sacerdote / Convento de la Merced, s. XIV: A Atrio; H Sala hospitalaria, B Botica; K Cocina y bodegas; R Refectorios; D Dormitorio; SC Sala capitular; CP Claustro antiguo o del Pozo; IG Iglesia medieval; T Torre; PO Patio oriental.

Gracias al apoyo de Jaime I a la Orden de la Merced, instituida con su participación en Barcelona en 1218, se abriría su primera casa de Zaragoza sólo seis años después, cuando tuvo lugar la visita de San Pedro Nolasco a la ciudad, en unas casas cercanas a la calle de la Cuchillería, próximas a la zona de la catedral. Ya en la segunda mitad del siglo XIII, los mercedarios obtienen la llamada iglesia y hospital de San Miguel del Monte, junto a Villanueva de Gállego, cerca de Zaragoza. En nuestra opinión, debió ser en aquel período de expansión de la Orden[144] cuando ésta pudo hacerse cargo de la leprosería de San Lázaro. Contribuiría a esta hipótesis el legado de Matheo Dezmero, de 1250, por el que deja cinco sueldos a San Lázaro y otros tantos a los frailes de la Merced de Santa Eulalia[145]. Sin embargo también podría proponerse el momento en que la administración de la leprose-

ría pasó al arzobispado por orden de Alfonso IV[146], en 1330. En todo caso, la constatación del convento de la Merced en San Lázaro sólo figura documentalmente desde 1380 y para entonces el monasterio ya debía estar casi completamente construido.

Las edificaciones del siglo XIII debieron resultar de escasa entidad. En caso de haber seguido bajo la diócesis la ausencia de financiación era manifiesta, pues no alcanzaba ni para desarrollar la catedral de piedra. Pero tampoco disponían recursos, de haber asumido la gestión, los mercedarios. Así pues, las primitivas instalaciones de San Lázaro debieron ser muy elementales. Según el relato de Blasco y Val[147], el hospital de leprosos se componía de tres departamentos, bastante amplios. El primero se correspondía con una sala provista con camas de madera, situadas a derecha e izquierda. El testero de la sala estaba presidido por una pintura del pacientísimo Job, por lo cual, sin duda, titulábase Sala de la Paciencia, según decía un rótulo que en la puerta había, sobre la cual se leía también este versículo de Job: *Ipse Dominus vulnerat et medetur; percutit, et manus eius sanabunt* –El Señor mismo hace la llaga y da la medicina; hiere y sus manos curan–. En el lado izquierdo había otra sala, la cual tenía una imagen de la Virgen. Se denominaba Sala de la Esperanza, haciendo referencia a un texto que en grandes caracteres se situaba sobre la entrada, que no era sino un versículo del segundo capítulo del mismo libro: *Si bona suscepimus de manu Dei, ¿mala quare non suscipiamus?* –Si de la mano de Dios recibimos los bienes ¿porqué no recibiremos los males?–. Dice Blasco que dicha imagen de Nuestra Señora de la Esperanza estaba representada en un cuadro. Por último existía un tercer departamento sobre cuya puerta leíase en grandes letras: *Sit nomen Domine benedictum*. Se trataba «de un pequeño y bonito oratorio, en cuyo testero había un Crucifijo de bulto y de talla, encima un cuadro de San Lázaro, y varias pinturas y adornos en las paredes, costeados por el prelado Castrocol». En la fachada, sobre el portón del edificio, había una gran estatua de San Lázaro, y

144 La orden de la Merced pasó de tener 18 casas en España en 1245, año de la muerte de su fundador San Pedro Nolasco, a 51 en 1317 o 72 en 1467.
145 Asso (1798).

146 Canellas López (1976) pág. 303.
147 Blasco y Val (1890).

debajo de ella un letrero rezaba: «Hospital de Leprosos de San Lázaro». Sobresalía en la vertical una especie de espadaña o «torrecilla con una pequeña campana que así servía para llamar a los fieles a oir misa y rezar el rosario como para hacer saber con acompasados sones la muerte de algún enfermo víctima de la lepra». El hospital estaba atendido por un sacerdote, cuatro enfermeros y un portero, que vivían en aquel local, «estando todos bajo la inspección de una especie de junta sanitaria y del prelado de la diócesis».

Por consiguiente, la arquitectura inicial del hospital medieval no estaría constituída sino por sencillos pabellones que, de seguir la descripción anterior, formarían un bloque con planta en forma de T, hipótesis razonable por cuanto admite que los mercedarios, a partir de ellos, fueron desarrollando y ampliando los espacios conventuales según el programa monástico, ajustado a la regla de San Agustín: el claustro y las unidades que lo rodeaban –dormitorio, refectorio, sala capitular, etc.–.

La siguiente ampliación correspondió a la iglesia medieval, quedando el primitivo oratorio inscrito en los espacios conventuales. Es la razón por la que aquélla no pudo construirse sobre el emplazamiento de éste, ubicándose junto al pabellón hospitalario y a partir de él, con una entrada pública y directa desde el camino y otra privada para los frailes desde el interior, lo que favorecería la construcción ulterior, en el quinientos, de un segundo claustro entre el antiguo y la iglesia. En el siglo XIV el recinto medieval hipotéticamente estaría formado por el pabellón del hospital, el claustro del pozo, los bloques funcionales (dormitorio, refectorio, sala capitular, celda prioral, cocinas, corrales, etc.) y la iglesia. Ésta era de medianas dimensiones, de nave única con capillas entre contrafuertes y ábside poligonal.

Durante el mandato de fray Pedro Robre, entre 1409 y 1430, se «adelantó la fábrica del convento», edificándose el refectorio llamado antiguo o viejo, por diferenciarlo de que los que se construirían en el siglo XVII. De la información conocida de las reformas del seiscientos, se infiere que trataba de un espacio reconstruido en el bloque o pabellón del primitivo hospital, concretamente el adosado a la panda noroccidental

del claustro, dato que indica que para entonces –finales del siglo XIV o inicios del XV– ya se había edificado un nuevo pabellón externo, que debió tener desde el principio una botica, junto al camino del puente. También parece que fue en esta época cuando dejó de existir la leprosería propiamente dicha[148]. Sin embargo, la presencia de una gran botica de acceso público y un pabellón externo, los cuales pervivieron hasta la desaparición del monasterio, no se explicaría fuera de la conservación de un cierto servicio hospitalario o sanitario. El dato de que en 1330 siguiera existiendo la leprosería[149] parece corroborar la hipótesis de que hubo un período en que convivieron los usos hospitalarios vinculados al mismo recinto conventual. Por tanto, la construcción del citado pabellón externo a finales del siglo XIV seguramente fue debida a un cambio funcional, evitándose de esta forma que los visitantes entraran en el área interna conventual.

El siglo XVI fue una época de florecimiento arquitectónico y artístico de San Lázaro, constatándose en la imagen más antigua del recinto, la vista de Wyngaerde, el gran desarrollo de su fábrica. El conjunto comprendía dos grandes pabellones lineales articulados por sendos claustros, el antiguo o del pozo y el nuevo con su sobreclaustro, el pabellón externo u hospitalario –entre los anteriores y el camino del puente–, y la iglesia gótica con su campanario mudéjar y sus ensanches modernos, la capilla de la Virgen de los Dolores y la sacristía; al noreste, una hilera de casas cerraba las instalaciones en la línea del camino. No obstante, su esplendor le llegaría el siglo XVII, cuando gracias al apoyo de importantes patrones pudo mantenerse una constante operación de reconstrucción de las fábricas, la cual dio como resultado una arquitectura prácticamente renovada por completo, disolviéndose en sucesivas reformas la imagen medieval para edificarse el impresionante conjunto barroco de San Lázaro, provisto de grandes fachadas y numerosas cúpulas, una silueta de referencia para la margen izquierda de la ciudad que se mantendría hasta el final de sus días, bien entrado el siglo XIX.

148 Sobre el tema de los hospitales en aquel tiempo, ver Falcón Pérez (1980) pp. 183-226.
149 Ximénez de Embún (1901) T.2, pág. 153.

3.14. Hospital de peregrinos de Santa Elena

El primer paso para la fundación carmelitana de Zaragoza tuvo lugar en 1289, con la remisión por Nicolás IV de una misiva al obispo Hugo de Mataplana solicitanto su acogida, lo que tendría lugar antes de un año, otorgándose, el 17 de junio de 1290, el permiso para la construcción de un oratorio fuera de la muralla de piedra, en el sector suroccidental de la ciudad, en un punto donde existía un hospital de peregrinos junto a una ermita emplazada al final de la calle Azoque –eje central de la Morería–, donde se producía una bifurcación entre el llamado camino del Juego de la Pelota, que conducía a la puerta de Santa Engracia, y el llamado camino del Carmen, hacia la de Baltax. Existía en este mismo lugar –en las afueras del arrabal de Azoque– un cementerio musulmán, campa que se extendía desde la bifurcación hasta la cerca de tapial, ciñendo al llamado hospital de Santa Elena.

Según Murillo, la fundación se hizo en «una ermita de la invocación de Santa Elena que estaba entre unos pinares», señalando que el «lugar era de mucha reverencia, porque toda aquella parte de la ciudad está regada con sangre de mártires, porque como fueron tantos los muertos en tiempos de Diocleciano en todos aquellos campos fue grande el concurso de los cristianos que padecieron martirio. A espaldas de dicha ermita de Santa Elena solía haber muchos pilares semejantes a los que están en el santuario de Santa Engracia, a donde hasta en nuestros tiempos acudían con gran frecuencia los fieles a hacer oración y a visitar a aquel lugar como cosa sagrada, porque era tradición inmemorial desde los tiempos antiguos que en los dichos pilares habían sido atados muchos mártires para ser azotados y atormentados por Cristo»[150]. Este lugar de la memoria, sin duda, justificaría la construcción, tras la reconquista, de un pequeño hospital de peregrinos, en un punto de atención para los que entraban a la ciudad por las referidas puertas meridionales.

Aquel primitivo hospital ya funcionaba en 1219, al figurar una donación en el testamento de doña Oria al Hospital de Santa Elena de peregrinos[151]. Por tanto, los carmelitas establecieron su primer oratorio en aquellas casillas, junto a la pequeña ermita que entonces estaba dedicada a advocación de Nuestra Señora de Muñatón y que posteriormente se llamaría de la Candelaria. Como señalaría tiempo despues el cronista Alegre Casanate, aquella «ermita estuvo situada, donde hoy está el coro, y entrada de nuestra iglesia, y donde estuvo el altar mayor de la iglesia vieja»[152]. Una ubicación que la localiza a poco más de 50 metros de la bifurcación, emplazamiento que mantendría la casa y la capilla del hospicio a lo largo de los siglos.

Si las primeras edificaciones del Carmen no fueron sino aquellas primitivas preexistencias dedicadas a Santa Elena y a la Virgen de Muñatón, la «casa o convento en Zaragoza», puede vincularse a una orden de Pedro IV de 1337 por la que debía trasladarse el cementerio de los moros fuera de la muralla de tierra y sucesiva concesión en propiedad a los carmelitas, al año siguiente, de los terrenos de dicho cementerio, lindantes con el convento. Posiblemente se reedificaría la iglesia sobre el solar de la primitiva ermita, y, una vez se contó con el terreno para la ampliación, se construyeron el resto de las piezas conventuales. Hacia el último cuarto del siglo XIV ya debía estar construido el conjunto conventual. Lo componía un templo de una nave, con cuatro capillas entre contrafuertes a cada lado, y una cabecera recta o poligonal. Por el flanco de la epístola se adosaba el claustro, rodeado por las crujías funcionales –refectorio, sala capitular y dormitorio– y, al menos, una panda con algunas capillas.

El hospital de peregrinos de Santa Elena sería refundado y reedificado en 1499, adoptando el título de la Iluminación del Cuerpo de Cristo y de las Santas Justa y Rufina[153], com-

150 Murillo (1616) pág. 324.

151 Ansón Navarro (2007) pág. 56.

152 Casanate escribió una crónica del convento, en manuscrito no conservado, de la que se sirve el padre Faci (1739, pág. 273) para narrar las circunstancias que rodean la imagen de la Candelaria.

153 Después, en el siglo XVII, se le llamaría de la Inmaculada Concepción y de las Santas Justa y Rufina. Cfr.: Ansón Navarro (2007) pág. 56. Ver también: Murillo (1616) pág. 220.

prendiendo entre sus construcciones un templo propio. En la vista de Zaragoza de 1563 dibujada por Anton van der Wyngaerde se reflejan sus edificaciones como dos entidades diferenciadas. La pequeña iglesia se emplazaba en el ángulo que formaban la calle del Carmen y la del Juego de la Pelota, con su eje paralelo a la primera. Por el contrario, el bloque de la hospedería se situaba haciendo frente a la segunda y tenía varias plantas. La inferior, seguramente dedicada a recepción y refectorio, la superior a celdas o dormitorio, y la bajo cubierta o ático de almacenes.

El convento del Carmen fue un punto referencial de peregrinación, siempre vinculado al hospital. El 27 de octubre de 1577 tuvo lugar la primera procesión del hábito en orden a la devoción de la Virgen del Carmen. Aquellas circunstancias y el tiempo esplendoroso del Renacimiento hicieron que los edificios se fueran ampliando y enriqueciendo. Cuando Murillo escribe su crónica en 1616 refiere la calidad y belleza del conjunto: «Se fue aumentando el convento hasta llegar a la perfección que hoy está, que sin duda es uno de los mejores conventos y más bien acabados que hay en la ciudad, porque tiene un claustro muy hermoso, y otras muchas piezas muy espaciosas y bien obradas, y en especial una librería... Tienen una galería de muy apacibles vistas, y otros muchos cumplimientos, con que la vivienda en él es muy acomodada y religiosa». En relación al hospital donde se recogían los pobres, señala que, si cuando tuvo lugar su fundación, en 1466, se pusieron sólo tres o cuatro camas, con el tiempo fue aumentando su capacidad, de modo que en su tiempo contaba con 23 o 24, y así aquel año fueron recogidos 125 pobres «y a todos se les dio lo necesario»[154].

En la capilla e iglesia del hospital, según Casamayor, se ganaban las mismas indulgencias que en San Juan de Letrán[155]. Por su parte, Ansón refiere que en 1723, además del capellán que atendía el hospicio y su iglesia, había varios criados. Para entonces, además de los peregrinos eran atendidos

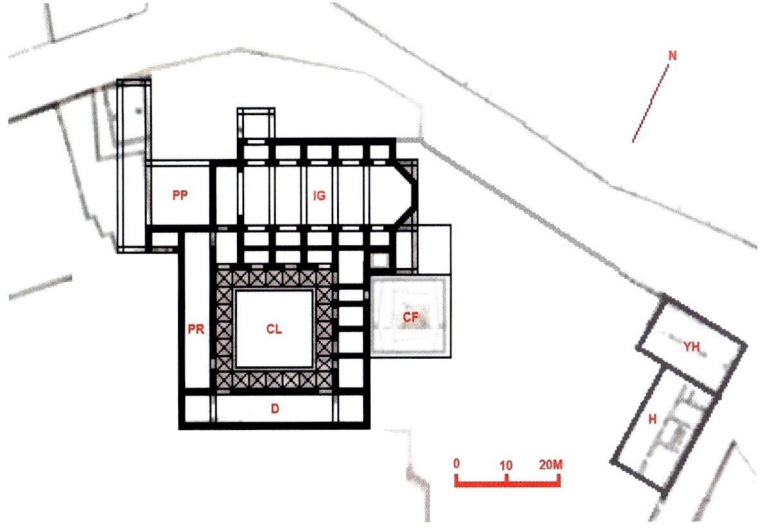

Planta del conjunto de Nuestra Señora del Carmen, s. XVI, según R. Usón / PP Patio de la portería; IG Iglesia de Nuestra Señora del Carmen; CL Claustro; R Refectorios; D Celdas y dormitorio; CF Patio del fosar; YH Iglesia del Hospital de Santa Elena; H Hospital de Peregrinos.

muchos mendigos. Así siguió prestando su servicio hasta la época de los Sitios, «hospedando en él a todos los pobres peregrinos a quienes se les daba de comer y hospedaje por tres días».

En el verano de 1808 las instalaciones conventuales fueron objeto de los bombardeos, tomándose toda esta zona de la ciudad. Después de la retirada definitiva de los franceses, en 1814, los carmelitas se instalaron provisionalmente en la llamada casa de Sardaña o del Obispo, situada en la plaza del Carmen, inmediata al recinto conventual, utilizando para el culto la pequeña iglesia del hospital de peregrinos mientras iniciaban la reparación de su templo, constando cómo el 26 de octubre de 1815 fue celebrado el llamado Jubileo de las Cuarenta Horas en «la iglesia del hospitalico de peregrinos, donde jamás había habido expuesto, que ahora ocupan los padres carmelitas». Después trasladarían el culto al templo de la Encarnación, que había sido arreglado por los frailes. En julio de 1835 tuvo lugar la exclaustración del convento debiendo abandonar las instalaciones construidas y reconstruidas durante más de cinco siglos, las cuales se convirtieron, tras la desamortización, en Parque de Artillería.

154 Murillo (1616) pp. 324 y 220 respectivamente.
155 San Vicente (1991) *Años*, pág. 24.

3.15. Hospital de San Julián o de Santa Inés

La Orden de Predicadores tiene presencia en Zaragoza desde 1219, año en que tuvo lugar la fundación del convento de Santo Domingo en el sector noroccidental de la ciudad, junto al río Ebro. Con el tiempo desarrollaría allí numerosas edificaciones hasta configurar un extraordinario conjunto arquitectónico de gran transcendencia para la vida espiritual y cultural de la ciudad[156]. Aquel recinto lindaba en su extremo de poniente con la puerta de Sancho, junto a la cual debió existir, al menos desde 1251, un hospital de peregrinos bajo la advocación de San Julián[157], instalación de la que posteriormente se harían cargo las religiosas dominicas de la misma Orden, cuyas construcciones conventuales y huertas se emplazaron al sur de las anteriores, ocupando una amplia superficie cuadrangular que limitaba al oeste con la cerca de tierra –frente a la Aljafería– y hacia el mediodía con el camino de entrada a la ciudad desde la puerta del Portillo. Este convento, llamado de Santa Inés, fue fundado por la reina doña Blanca, mujer de Jaime II, en 1299.

Ulteriormente las lindes septentrionales harían frontera con los campos y huertas de sendas áreas conventuales de fundación posterior, los monasterios de Santa Lucía y el llamado de las Fecetas. Dentro del vasto recinto, el área de las edificaciones se situaba en el sector oriental, junto a la entrada, donde existió desde el principio un gran patio entre la tapia y la iglesia. Junto a ella se ubicaron las demás construcciones conventuales, extendiéndose las huertas entre éstas y las tapias.

Es de suponer que el monasterio iniciaría su andadura mediante algunas construcciones temporales mientras se edificaba su fábrica. De ser ciertas las noticias facilitadas por Diago y Murillo[158], la misma reina doña Blanca asistió al comienzo de dichas obras conventuales, por lo que éste tuvo lugar antes de 1310. El apoyo de la Corona fue transmitido a su hijo el infante don Alonso, después rey, quien debió seguir de cerca la evolución de Santa Inés, favoreciéndolo también, tal como apunta la crónica al referir su recomendación ante el arzobispo de Zaragoza don Pedro López de Luna, según consta en una carta fechada el 5 de septiembre de 1320. Pocos años después se acredita la existencia de la actividad constructora en el documento fechado el 24 de febrero de 1325 por el que el capítulo daba licencia al procurador del convento, fray Marcos de Utebo –prior de Santo Domingo–, para el cobro de mil sueldos que habían sido concedidos por el arzobispo de Toledo para la construcción de un edificio en el recinto. Lo más probable es que para entonces las obras del templo estuvieran en curso.

Parece ser que desde principios de aquella centuria las religiosas tomaron bajo su custodia el hospital de San Julián, situado próximo a la puerta de Sancho, que estaba activo al menos desde mediados del doscientos, y que desde entonces pasaría a denominarse de Santa Inés. A fines del quinientos[159] se transformaría en el convento de bernardas de Santa Lucía, cuya amplia huerta lindaba con el de las dominicas en su zona ororiental. A este respecto Ibáñez Fernández señala que la fábrica de la nueva iglesia de Santa Lucía, autorizada el 11 de abril de 1561, tenía su origen en la capilla del antiguo hospital, el cual, ya en la segunda mitad del siglo XIV, estaba tutelado por una cofradía advocada a la Santísima Trinidad que terminaría adoptando como patrona a la santa titular del recinto que regentaba, pasándose a conocer como la cofradía de Santa Lucía desde al menos los primeros años del siglo XVI[160].

3.16. Otras instalaciones hospitalarias medievales de Zaragoza

Además de los casos señalados, también parece constar la existencia puntual de noticias sobre otros recintos hospitala-

---

156 Usón García (2003).

157 Asso (1778) pág. 322. Sin embargo, en el referido año de 1259 estaba ya fundado el Hospital de San Julián en un sitio contiguo al convento de Santa Lucía, como consta del testamento de Martín Ximénez otorgado en 1251, en que destina alguna ropa blanca para los pobres de San Julián, junto a la puerta de Sancho.

158 Diago (1599) pp. 274-275. Este texto es recogido casi literalmente y ampliado por Murillo (1616, pág. 373).

159 Falcón Pérez (1980).

160 La cofradía de la Trinidad tenía su sede en la iglesia del Hospital de Santa Lucía. Cfr.: Ibáñez Fernández (2005) nn.626 y 627.

rios. Es el caso, por ejemplo, del hospital de Nuestra Señora de Monserrate, próximo a la iglesia de San Nicolás[161]. En efecto, frente al puente de Tablas, junto al postigo y la calle de Monserrate, se localizaba el hospicio de religiosos del mismo nombre, un antiguo y pequeño hospicio medieval reconvertido en capilla para celebraciones votivas, y derribado a finales del siglo XVII[162].

No obstante, el término hospital en su concepto medieval hace que, en efecto, sean muy probables ciertas instalaciones vinculadas a fundaciones privadas de bienhechores, como algunas referencias ubicadas en el entorno de las grandes entidades parroquiales –el Salvador, Santa María o San Pablo, en el cual se mencionan los de Esteban Aguilar, citado en una visita pastoral de 1388, el de la Catalana o el de Sancho de Tormos[163]–. Así mismo existe constancia de otros pequeños establecimientos vinculados a cofradías, como el hospital de Pelliceros, documentado en 1327 y vinculado a la gremial hermandad de San Pedro y de San Miguel del Monte, de pelliceros de Zaragoza[164]. Finalmente pude añadirse la referencia a la existencia de hasta cuatro hospitales judíos[165].

161 Mencionado por Falcón (1980) y Villagrasa (2016).

162 Ballestín y Capalvo (2017) pág. 84.

163 Villagrasa (2016).

164 Falcón (1998) doc.54, pp. 67-68.

165 Villagrasa (2016), citando a Asunción Blasco, apunta la presencia de al menos cuatro cofradías y hospitales públicos y privados: el de don Mayr (1356), el de Açach Vitales (1385), el de la cofradía de la Merced o de Rotfecédech (1425) y el de la judería (1492).

Anton van der Wyngaerde: *Vista de Zaragoza*, 1563. Detalle del boceto preparatorio.

IV. Bases para la reconstruccion ideal del Hospital de Nuestra Señora de Gracia

...compartirás tu pan con el hambriento
y albergarás a los pobres sin techo;
cubrirás al que veas desnudo
y no volverás la espalda a tu hermano...

Isaías 58:7

4.1. Referencias históricas y dificultades expuestas por los analistas

La forma y evolución de la arquitectura del Hospital de Nuestra Señora de Gracia es un enigma. Hasta la fecha sólo se dispone de un reducido conjunto de datos, a todas luces insuficiente en primera instancia, para constatar de modo fehaciente aquella arquitectura desaparecida.

La cartografía proporciona una definición muy limitada. Los planos elaborados en el setecientos apenas definen la silueta del conjunto entre el viario urbano, de forma que en el mejor de los casos se ofrecen pobres esquemas sobre la iglesia y algunos apuntes sobre los patios. Las publicaciones sobre los Sitios vuelven a ofrecer simplificadas siluetas del conjunto. De las diferentes vistas de la ciudad, únicamente la elaborada por Wyngaerde recoge la presencia del Hospital de Gracia, pero lamentablemente la perspectiva de 1563 sólo describe un apunte de escaso detalle. En cuanto a la planimetría arquitectónica, sólo disponemos de la *Planta del Coliseo de Comedias*, por suerte un documento de primer nivel para el conocimiento de la forma del teatro antes de su incendio de 1778.

Con la excepción de los dibujos y grabados de Gálvez y Brambila para el álbum de las *Ruinas de Zaragoza*, la icono-grafía es igualmente parca en sus escasas muestras, apenas un número muy reducido de casos, en los que la información no constituye nada determinante para nuestro objetivo. Sin embargo aquéllos suponen un recurso excepcional para conocer la arquitectura de la iglesia y el patio principal del Hospital de Gracia, si bien para llegar a una interpretación espacial es preciso conocer otros elementos de información complementarios. En ausencia de éstos el ejercicio se convierte en un camino lleno de contradicciones. Así lo puso de manifiesto Moneva: «No es fácil sobre estas láminas reconstruir el edificio aun idealmente. En primer lugar, trátase de una arquitectura gótica interpretada por artistas que no la entienden. En segundo lugar, se ven bóvedas y arcadas en dos pisos, que lo mismo pueden corresponder al claustro que a dependencias de enfermos o de otro destino conventual. Por fin, la dificultad mayor consiste en la desaparición absoluta de todo»[166]. Tampoco la arqueología ha podido avanzar nada relevante en las escasas excavaciones efectuadas en el área ocupada por el recinto[167].

Gracias a la documentación escrita, compuesta por numerosas piezas disponibles en diferentes archivos, es posible, por fortuna, alcanzar un nivel suficiente para poder desarrollar un ejercicio positivo de hipótesis con la necesaria solvencia académica. Tal documentación ha sido objeto de impor-

166 Moneva (1949) pág. 478.

167 Como se verá en el epígrafe final, sólo existen puntuales constataciones del límite occidental. En cuanto al área interior, los restos exhumados únicamente han informado de la ciudad romana e islámica, anteriores al Hospital. Cfr.: Aurrecoechea-Fernández y Casabona (2017).

tantes estudios que han dado lugar en el pasado a una serie de publicaciones, las cuales han formado hasta la fecha, la base del análisis aproximativo a la definición diacrónica del Hospital de Gracia. Prácticamente la totalidad de los principales estudios –el resto se limita a reproducir las hipótesis y descripciones recogidas en ellos– han tenido alcance a la información existente, sin embargo sus objetivos concretos –los aspectos de la historia de la medicina y la farmacia– y, principalmente, la dificultad que entraña el ejercicio positivo en materia de proyectación arquitectónica, ha conducido a que se haya considerado casi imposible tal reto.

La principal dificultad reside en que no se dispone de una descripción literaria suficientemente precisa como para definir, ni siquiera en sus aspectos más generales, la disposición, forma y características de aquel enorme establecimiento. No se trataba de un gran inmueble, sino de una agrupación de diversos edificios de diferente tipología articulados por patios y corredores, a los que se añadían construcciones funcionales diversas, corrales, huertos y un cementerio. Tan numerosas eran sus funcionalidades que el Hospital de Gracia podría considerarse como una pequeña ciudad. Al mismo tiempo su organización constructiva podría asimilarse a la complejidad y variedad de los monasterios más grandes de Occidente, superándola incluso.

Las descripciones realizadas por los viajeros que visitaron la Zaragoza del Renacimiento dejaron constancia de la importancia del Hospital de Gracia, pero apenas reflejan sino apreciaciones muy someras. Así, Gaspar Barreiros, en 1542, refiere que es uno «de los mejores que creo que haya en España» o que «tiene muchos edificios grandes y buenos, con botica de médicos, y una honrada iglesia con muchos beneficiados...» Por su parte, Enrique Cock, en 1585, señala que merece «que se cuente entre los mejores hospitales de toda España». Finalmente, la memoria escrita por Bartolomé Joly refiere la organización espacial en bloques, llamándole la atención el área del manicomio. «El hospital de la ciudad es grande y hermoso, dispuesto en cuatro cuerpos de edificios separados para cada enfermedad. El cuarto de los orates son los locos, estando bien provisto de esas pobres gentes, siendo la causa de que haya gentes el calor

y la sequedad de sus cerebros y la dominante melancolía. Las viruelas y chancros y manchas de enfermedades venéreas –añade– no son allí recetadas como en el hospital de Beaune»[168].

La descripción básica más antigua es la de fray Diego Murillo, recogida en su obra *Fundación Milagrosa de la Capilla Angélica y Apostólica de la Madre de Dios del Pilar y excelencias de la imperial ciudad de Zaragoza...*, publicada en Barcelona en 1616. Dentro de los aspectos generales del conjunto arquitectónico del Hospital de Gracia, señala: «Ha ido el edificio aumentándose hasta ponerse en la forma en que hoy está... y aunque su fábrica no es de tanta apariencia como la de algunos hospitales que he visto en España y en Italia, pero es Casa muy suntuosa, y muy grande; y para el efecto de la hospitalidad que se ejercita en ella, de las más capaces y acomodadas y más bien repartidas para todo género de ministerios que se ha podido trazar»[169].

Murillo nos indica que el conjunto no se correspondía con una edificación unívoca, sino que fue construido en varias etapas en las que se fueron ampliando las instalaciones, y que su «apariencia», es decir, su forma arquitectónica, no alcanzaba el nivel de composición de otros hospitales españoles o italianos, refiriéndose sin duda a las grandes fábricas de los hospitales del pleno Renacimiento, como los proyectados por Egas en tiempo de los Reyes Católicos. Sin embargo alaba su funcionalidad, capacidad, organización de los espacios, enfatizando su gran tamaño y su suntuoso aspecto, de donde se infiere que su forma, si bien no presentaba el formato clasicista de los perfectos conjuntos del quinientos, no dejaba de ofrecer una rica arquitectura, posiblemente austera aunque no exenta de belleza, en la que destacaban los aspectos funcionales y su grandeza.

Una condición que se explicita al hablar de la magnificiencia de su fábrica: «Pero entremos ya dentro del hospital –dice

168 El francés Bartolomé Joly, limosnero de Enrique IV de Borbón, acompañaba a Baucherat, abad general del Cister, en su visita a los monasterios españoles en 1603 y 1604. La memoria se conserva en la Biblioteca Nacional de París. Cfr.: Álvaro Zamora *et al.* (2010) pp. 42, 46 y 74, respectivamente.

169 Murillo (1616) pág. 209.

más adelante– y veamos dónde pueden estar acomodados tanta diferencia de enfermos: para que aquí se eche de ver la magnificencia del edificio y el buen orden con que están dispuestas todas las cosas, y finalmente el buen concierto con que se acude a todo». Aquí descubrimos otra cualidad esencial, al referirse a la disposición de los espacios funcionales y su articulación, es decir, sus eficaces circulaciones internas. Por último, el extraordinario conjunto hospitalario de Nuestra Señora de Gracia es evaluado por su elevado nivel de gasto, refiriendo que «...todo esto junto hace una machina tan grande que para solamente andar sustentando la fábrica del edificio son necesarios cada año más de 1.000 ducados. Y con ser el edificio más grande y tan anchuroso, se ofrecen ocasiones muchas veces de tantos enfermos que todo es estrecho para acomodarlos».

Si consideramos que en el tiempo de Murillo el Hospital había alcanzado su mayor desarrollo como entidad unitaria y su máximo esplendor en el enriquecimiento de sus piezas arquitectónicas, debe comprenderse que las escasas descripciones generales de los documentos históricos posteriores, herederas de aquel conjunto al se fueron añadiendo piezas complementarias, sólo mantuvieron aquella idea de complejidad compositiva, exenta de una formulación unívoca. Los últimos descriptores conocidos, fechados en el entorno precedente o posterior a la destrucción del Hospital durante la guerra de la Independencia, narran conceptos muy semejantes.

Un interesante caso es el del informe *Estado del Hospital en 1768 [Noticia de la fundación del Hospital en preguntas y respuestas; y de todos los demás hospitales de Zaragoza]*[170], que se inicia con los datos de la fundación: «El Señor Rey Don Alonso el Quinto de Aragón en el año de 1425 fundó el Hospital Real y General de Nuestra Señora de Gracia de Zaragoza, y en 1431, por comisión especial y directa de la Santidad de Eugenio IV, el abad de Santa Fe hizo su erección apostólica, y dicho Señor Rey Don Alonso le hizo la merced de que quedase bajo su protección y real patronato con el

cual han continuado todos sus ínclitos sucesores hasta el presente».

En cuanto a las consideraciones generales refiere que «la casa es de bastante capacidad, pero como desde su fundación se ha ido aumentando con fondos que se le han agregado para disponer no solo las salas para enfermos, sino es la mucha variedad de oficinas que son precisas para los respectivos ministerios, se puede decir que no hay nada sobrante en su buque, y se hace preciso cuando concurren muchos enfermos, poner crujías en las salas, y aunque éstas son espaciosas y de la correspondiente comodidad, como no se formó de planta el hospital hay unas bajas y otras altas, con alguna desigualdad y falta de simetría, según que la necesidad ha obligado a construirlas, y pudiera enmendarse mucho si el hospital tuviera caudales para aplicarlos a esta prolijidad que suele ser la más reparable en los que vienen a visitar el hospital, porque como es lo primero que se presenta a la vista causa alguna deformidad, bien que los pobres enfermos se hallan con la comodidad y abrigo conveniente».

Efectivamente, al ponerse de manifiesto la «desigualdad y falta de simetría» de la composición existente, debida a la deformación causada por las ampliaciones y añadidos a la arquitectura prístina, se señala la necesidad de enmendar tales defectos si se contara con los fondos correspondientes. Desde esa percepción, que cualquier visitante podía observar entonces, debe entenderse el señalamiento de la causa de tal ausencia de composición unitaria cuando la adscribe a que el edificio «no se formó de planta», queriéndose decir que el hospital no obedecía a un único proyecto de conjunto.

Magnificencia y grandeza vuelven a ser los calificativos utilizados en un memorial de 1815 dirigido a Fernando VII y relacionado con el restablecimiento del Hospital de Zaragoza. Allí se decía que «era uno de los monumentos más magníficos de piedad y grandeza de Vuestros Predecesores. La Guerra acabó con él, y con todo cuanto contenía. El Hospital General de Zaragoza, que era tan célebre en toda España y fuera de ella, es ahora aquel cúmulo de escombros y ruinas que caen delante de la habitación que ocupaba en esta ciudad el Sermo. Sr. Infante Don Carlos; aquellas ruinas que arrancaron a V. M. copiosas lágrimas... Este era un Hospital en que se admitían enfermos de todas clases, enfermedades y dolencias, sin exclusión de provincia, ni de nación alguna. Había un departamento para tiñosos, otro para expósitos, otro para mujeres embarazadas de ilegítimo concepto, y sobre todo el departamento de los dementes mereció los elogios de los sabios extranjeros, dándole preferencia sobre todos los de Europa en su clase. Este asilo de la humanidad doliente es de Vuestro Real Patronato, está bajo Vuestra inmediata protección, se gobierna por una Junta llamada Sitiada, compuesta de dignidades y canónigos de esta metropolitana, y de personas de la primera jerarquía de la ciudad. Hay una especie de capítulo eclesiástico, una congregación de mujeres y otra de hombres para el servicio de los enfermos, médicos, cirujanos, boticarios, en fin, cuanto mereciera un establecimiento tan grande...»[171]

Desaparecido el antiguo Hospital de Nuesta Señora de Gracia, los estudios sobre sus características sólo aflorarán a partir del centenario de dicho acontecimiento, en 1908. La primera obra de importancia es la de Joaquín Gimeno Riera, médico del Manicomio Provincial, titulada *La casa de locos de Zaragoza y el Hospital de Nuestra Señora de Gracia: apuntes históricos 1425-1808*. En el prólogo, Gimeno Rodrigo refiere cómo el autor tuvo la fortuna de ser el primero en acertar a ordenar y publicar los antecedentes de cinco siglos, cómo en 1425 Zaragoza habilita su primera casa acomodada y capaz para hospicio común de los pobres desgraciados y necesitados, y cuántos fueron «los cuidados puestos desde los primeros tiempos para asegurar, sin daño, la contingente ampliación del edificio»[172]. Esta es prácticamente la única consideración de carácter general, ya que, soslayando toda descripción del recinto, Gimeno se centra en la situación de las enfermerías a partir de Murillo, deteniéndose particularmente en el manicomio.

En 1952 fue publicado el *Bosquejo histórico del Hospital Real y General de Nuestra Señora de Gracia de Zaragoza*, principal referencia para la descripción del Hospital en términos

espaciales y obra póstuma de Aurelio Baquero, quien fue durante algunos años vicario eclesiástico de la Beneficencia Provincial y, por tanto, persona muy ligada a la caritativa misión de tan antigua fundación. Citando indirectamente la fuente, sin duda Baquero trazó su descripción a partir del manuscrito del *Libro de la Visita de 1600*[173], precisamente en el capítulo cuarto, subtitulado «Descripción y localización del hospital en el año 1600».

En primer lugar y como reserva general frente a la inexistencia de una ideación formal, se hizo eco de la citada referencia de Murillo. En este sentido señalaba que, «efectivamente, sus edificios, faltos de uniformidad, es cierto por haber sido construidos en épocas diferentes y sin sujección a un plan determinado, ofrecían, sin embargo, un conjunto grandioso... le daban apariencia de una pequeña ciudad, la Ciudad doliente».

Si bien su narración descriptiva traslucía los datos de la Visita sintetizados, era en el apartado que denominaba «localización» donde dibujaba a grandes trazos la disposición general de los elementos. Así indicaba que «en la calle del Hospital se hallaban los edificios que convenía mantener alejados del público, a saber: entre otros, los pabellones de locos y locas, las cárceles y los calabozos. Por el contrario daban al Coso... la iglesia, el teatro, el mesón y el horno. La puerta de carros, por la que entraban las provisiones al establecimiento, separaba... al teatro del mesón. Huertas y corrales se extendían por la parte posterior lindante con los conventos de Santa Catalina y Jerusalén».

Sin duda era una conclusión –con desajustes, en todo caso– derivada del examen de las innumerables piezas descritas en el manuscrito, del que podía deducirse siguiendo la definición de los lindes de aquéllas. En cuanto a los elementos situados tras los anteriores, es decir, tras los que hacían frente a las dos calles que formando ángulo recto acotaban en sus fronteras septentrional y occidental el recinto, sólo podía concretar las grandes áreas interiores, cuyo límite

---

171 Memorial de 11 de agosto de 1815, Expte. Real Orden Fernando VII para restablecimiento del Hospital, Archivo DPZ (1815).
172 Gimeno Riera (1908) Prólogo, pág. V.

173 *Libro de la Visita del Hospital. Año de 1600 en adelante.* Archivo Diocesano de Zaragoza, sig. 46.

se establecía en las fronteras oriental y meridional. Así, en correspondencia con las mismas, indicaba que «dentro del perímetro se podían distinguir tres sectores: el de Santa Catalina, en el que se hallaban las dependencias agrícolas, los talleres y el cementerio; el de Jerusalén, destinado en gran parte a los servicios de limpieza, lavaderos, coladores, secadores, aljibes y algunos corrales; y el central, comprendido entre los aljibes, el teatro y el patio principal, ocupado por las enfermerías».

Una vez localizadas las diferentes áreas o elementos principales y a partir de ciertas indicaciones contenidas en la narración notarial de la Visita, apuntaba algunas referencias espaciales complementarias. «La portería principal de la casa –añadía Baquero– daba frente al monasterio de San Francisco. Tenía a un lado el Spitalet y al otro las habitaciones para los porteros. Seguía a ella el patio principal, rodeado de columnas, con un pozo, grande, ancho y bueno, en el centro; en el lado izquierdo de dicho patio se abría la puerta interior de la iglesia y a continuación las de las camarillas o tribunas. De él salían dos pasadizos: el de los graneros, que le ponía en comunicación con el sector de Santa Catalina, y el de los locos, que iba en dirección al convento de Jerusalén. Del primero de estos pasadizos arrancaba por la derecha uno que conducía al cementerio, y por la izquierda otro, que enlazaba con el de las cuadras. Del segundo partía por la izquierda el del agua, que terminaba en el patio de los aljibes. A este patio, llamado así por hallerse en él los dos aljibes de la casa, daban los refectorios de tiñosos, de locos, de oficiales y de clérigos, los aposentos del Vicario y de algunos sacerdotes, la cuadra de amas y una de cirugía»[174].

Aunque estas referencias servían para ubicar a grandes rasgos –no exentos de errores– algunos de los principales elementos y ciertas áreas funcionales, el autor no pudo ir más allá, pues la maraña descriptiva de la fuente es de enorme complejidad. No obstante, como ahora se verá, la localización elemental de Baquero sirvió como orientación primaria para los posteriores estudios sobre el Hospital de Gracia.

En cuanto al detalle de las piezas, el «bosquejo» describía todas las características que se consideraron interesantes teniendo la fuente como punto de apoyo.

En los años 80 se abordaron dos trabajos muy importantes, el de Maiso González, que trataba del Hospital de Gracia bajo los Austrias, y el de Fernández Doctor, que lo analizaba en el siglo XVIII. El primero, en la introducción al texto publicado con el título *Aspectos del Hospital de Gracia y Aragón bajo los Austrias*, señalaba la insuficiencia de las fuentes para el análisis del edificio, citando explícitamente el trabajo de Baquero. «En el actual Hospital Provincial –escribe Maiso–, ha quedado de esta época un voluminoso códice de la Visita de 1600, pero otras fuentes que debió utilizar Aurelio Baquero no hemos podido hallarlas; en el Archivo Municipal se encontraron manuscritos un estatuto de 1495 y unas ordinaciones de 1496; y por fin, en el Archivo Histórico Nacional, unos legajos que han sido la base principal de este trabajo. De la enorme riqueza documental que se describe en la visita al archivo de 1600 no queda más que estas fuentes...»[175]

Seguidamente se ocupaba del problema de la descripción de los edificios, planteando nuevamente la idea de que no existió un proyecto inicial de conjunto. Según refiere, «la fábrica resulta especialmente compleja debido no solo a la multiplicidad de sus funciones y gran número de enfermos, lo cual conlleva unas grandes dimensiones, sino también, al hecho de no hacerse de una vez y con un plan de conjunto. En efecto, las reformas, modificaciones y ampliaciones, se llevan a cabo en funcion de las nuevas necesidades surgidas con el paso del tiempo. Por eso, no parece que la estructura general del hospital tuviera un programa u orden arquitectónico predeterminado en el momento de su iniciación».

Para Maiso, Baquero había trazado a grandes rasgos la disposición de los edificios hospitalarios en el inicio del siglo XVII, cuando éstos habían llegado a su máximo desarrollo, basándose, sustancialmente, en el *Libro de la Visita de 1600*, descripción notarial del Hospital efectuada en aquellas fechas por los visitadores Gabriel de Sora, canónigo de la

174 Baquero, A. (1952) pp. 53 y 57-58, respectivamente.

175 Maiso González (1978) pp. 267-268.

Seo y canciller de las competencias de Aragón, y Francisco Santacruz y Morales, abogado fiscal y patrimonial del reino de Aragón.

Sobre este documento indicaba Maiso que «se trata de una descipción minuciosa de los muebles y de diverso material como ropas, medicinas, papeles, etc., etc., de que constaba el hospital sala por sala para lo cual precisaba diferenciar éstas», concluyendo sobre la inviabilidad de definir su arquitectura: «A pesar del indudable esfuerzo para distinguir y encuadrar en lo posible las diferentes dependencias, resulta imposible trazar un plano ni siquiera aproximado con esa descripción. Esta fuente adolece sobre todo de una descripción arquitectónica del edificio porque no alude para nada a materiales, estructura, ni estilo de sus diversas partes, por lo que resulta especialmente pobre qué componían su enorme conjunto (abarcaba el espacio comprendido entre el Coso, la calle de la Independencia y los conventos de Jerusalén, Santa Catalina y Santa Engracia)».

Entre todas las construcciones, Maiso destacaba el teatro y la iglesia, los elementos cuya definición era más detallada. Del primero, no obstante, señalaba que su prolijidad «hace difícil describir su estructura y su disposición», mientras que la segunda «es suficiente, junto con los grabados de Gálvez y Brambila, para hacernos una idea de su factura arquitectónica». En efecto, los datos del documento unidos a dichos dibujos proporcionan una información muy notable, circunstancia que aprovechó este autor para ofrecer una interpretación. Sin embargo, como se verá mas adelante, sus deducciones, a causa de una visión errónea de los grabados, distan de ser semejantes a las obtenidas en nuestro estudio, coincidiendo únicamente en algunos de los aspectos básicos.

Para Maiso, la iglesia «era de planta rectangular, doble de larga que de ancha, de cabecera recta, con puerta principal a los pies y separada del coro por un patio. No tuvo torre, pero sí un pequeño campanario. Era de ladrillo estucado por yeso blanco. Tenía ocho capillas entre los contrafuertes y coro a los pies de madera. Seguramente se cubría en bóveda de crucería simple, apoyando directamente en el muro y de poca altura. Las entradas a las capillas eran apuntaladas. Sólo el

presbiterio venía adornado por una galería de azulejos, seguramente de Muel, de técnica de aristas como era costumbre en el siglo XVI, separado por una reja de madera de color verde y rojo y formas de barrotes abalaustrados. En el frontis el altar mayor que parece ser obra de la primera mitad del siglo XVI por tener la imagen principal de escultura y el resto pintado al óleo. En el siglo XVI tuvo una reforma importante que se concretó en la capilla de San Gregorio (la del evangelio junto a los pies) que se agrandó en profundidad y se coronó con una cúpula con ventanales a tres de sus lados. A finales del XVII o principios del XVIII se le hizo una torre de ladrillo, teniendo presente el modelo de la Seo y de San Juan de los Panetes (según parece idealizada en el grabado de Gálvez y Brambila). Igualmente, se remodeló su interior haciéndole unas pilastras al plomo del arranque de los nervios, lo cual se hizo también en casi todas las iglesias zaragozanas. Tuvo claustro contemporáneo a la fábrica de la iglesia, o sea de mediados del siglo XV. Era de arquerías apuntadas de ladrillo sobre planos, de planta cuadrada y esquina aclaflanadas, revocadas de yeso... En resumen, era una iglesia del XV modesta, aunque se preocupó en abrir capillas entre los contrafuertes para devoción de sus benefactores. Se puede comparar a la del convento de dominicas de Daroca por ser la más próxima, o a las inmediatamente posteriores de tipo levantino de Zaragoza como la vecina de San Gil»[176].

Por su parte, Fernández Doctor, en *El Hospital Real y General de Ntra. Sra. de Gracia de Zaragoza en el siglo XVIII*, haciéndose eco de las fuentes citadas, reiteraba la visión de la disposición extraordinariamente compleja de los edificios, concluyendo que «en realidad, todo el recinto era un conjunto anárquico de casas que se habían ido agregando en el curso de los años...» Si bien seguía las orientaciones básicas definidas por Baquero, en diversos apartados del texto referirá la dificultad de establecer la organización espacial, señalando, por ejemplo al abordar la ubicación de las diferentes salas de enfermería, que «nos ha sido imposible

---

176 Maiso (1978, pp. 270-271) la imagina a partir de su análisis de los grabados de Brambila y del *Libro de la Visita de 1600*, ff. 713-748. Según refiere el propio autor, debió contar con algunas sugerencias de Juan Francisco Esteban.

reconstruir exactamente la situación de las dependencias en su relación de las unas con las otras. No obstante, podemos señalar que a la calle del Hospital y en el piso alto, daban las ventanas de la Sala de Primeras de mujeres, de la de Cirugía Alta de hombres, y de la de San Miguel. Por el interior se abrían ventanas de las dos primeras salas sobre el patio o luna principal de la casa. La sala de San Miguel daba también ventanas al Coso en un balcón, y lo mismo sucedía con la de Tiermas. A los espacios abiertos interiores del conjunto se abrían otras salas, al patio de los aljibes, la Quadra de Cirugía de mujeres y la del Arzobispo, que a través de los tejados permitía verlo. Esta sala del Arzobispo también se abría sobre la segunda luna del hospital, como lo hacía también la Quadra del Rey, que a su vez ofrecía dos ventanas también al corral de la leña. A la luna o patio del mesón daban sus ventanas la Quadra de Santas Cruces y la de Tiermas. La primera se abría incluso sobre los tejados hacia la Casa de Comedias…»

Centrándose principalmente en el setecientos, Fernández Doctor concluía que «la complicación es grande a la hora de intentar realizar, ni siquiera un esquema aproximado del reparto de las diferentes dependencias del Hospital, sobre todo a raíz de las nuevas obras realizadas en la segunda mitad del siglo… Dejémoslo así pues y que todo continúe en el profundo misterio de su dramática desaparición, ya que sólo nos quedaría dar rienda suelta a nuestra imaginación, situando aquí o allí las piezas de este colosal rompecabezas que es el Hospital. Su crecimiento y adaptaciones espaciales fueron anárquicas en su ejecución, saltando sobre casas, tejados y corrales de aquella manzana de edificaciones, pero probablemente esa aparente anarquía arquitectónica conservaba en sus entrañas el flujo vivo de las necesidades humanas que en su recinto se dieron»[177].

Otros importantes estudios que siguieron a los anteriores, en los que se fueron abordando objetivos más especializados, mantuvieron la misma visión al no poder avanzar sobre lo ya analizado. Debe destacarse la tesis doctoral de Andrés

Arribas: *La Botica del Hospital Real y General de Nuestra Señora de Gracia (1425-1808)*. En este trabajo las referencias generales vuelven a apoyarse en la organización elemental ofrecida por Baquero y «su esquema del edificio hospitalario», mientras que para el detalle, el autor señalaba que «la descripción más completa de la Botica es la que se hace en la visita efectuada al Hospital en el año 1601»[178].

También debe mencionarse, para finalizar, la tesis doctoral de Navarro Bometón: *De hospitales para el alma a dispositivos de poder: arquitectura en las instituciones psiquiátricas aragonesas (1809-1939)*. En este trabajo nuevamente se asumen las dificultades puestas de relieve con anterioridad. En primer lugar se hace eco de las conclusiones expuestas por Fernández Doctor, por las que se infiere «la imposibilidad de trazar un plano del antiguo hospital puesto que todo él era una intrincada mezcla de casas conformadas en torno a patios interiores –o corrales– y a la calle de la Soledad que lo atravesaba. De manera que las numerosas y espaciosas salas o quadras, algunas más altas que otras, estaban dispuestas con alguna desigualdad y falta de simetría según la necesidad ha obligado a construirlas. El conjunto se alzaba en dos niveles y se traducía al exterior en una anárquica disposición de los huecos de las ventanas»[179].

El estudio, sin embargo, se adentra en el análisis de la arquitectura del Hospital. Así, se indica que «tomando en cuenta la fecha fundacional, Nuestra Señora de Gracia derivaría de la tipología de los hospitales renacentistas, en los que confluyen elementos de la arquitectura conventual –con uno o más patios originarios de los que el principal estaría comunicado con la iglesia– y de la palaciega. Si nos atenemos a las características que Leistikow refiere para los hospitales de la Edad Moderna –afirma Navarro–, la existencia de la logia, junto con los patios en cuyas crujías se distribuyen las salas de los enfermos, no queda lugar a dudas de esta filiación». Para proponer esta tipología se basa en ciertos detalles del dibujo de Wyngaerde de 1563, observando en él

---

177 Fernández Doctor (1987) pp. 32, 40 y 44-45, respectivamente.

178 Andrés Arribas (1991) pp. 24-26.
179 Navarro Bometón (2015) pág. 39.

«una gran galería cubierta de siete arcos de claras reminiscencias italianas, aunque la estructura de los patios no parece muy ordenada en la época en que la reflejó el artista». Tal reserva, inevitable corolario de la imprecisión de dicho dibujo, le obliga a añadir: «Así que poco podemos saber sobre la estructura inicial de su planta dada la compleja amalgama de construcciones que lo formaban ya a principios del siglo XVIII, si bien es cierto que pudo tener en su origen un núcleo bastante regular –con una distribución organizada a partir de uno o dos patios centrales con sus crujías correspondientes– a la que se fueron añadiendo, según las necesidades, edificaciones anejas».

En este tema, para el establecimiento zaragozano pueden encontrarse hipótesis tipológicas contrapuestas, desde la estructura medieval de raíz monacal hasta los espacios centralizados del Renacimiento. Del primer modelo puede señalarse la propuesta de Español, para quien el caso «al igual que otros hospitales de época gótica, aparece ordenado según los preceptos del modelo de enfermería monacal, una réplica a tamaño reducido del propio monasterio, consolidada desde época románica en Occidente. En Santa María de Gracia existían salas de enfermos, botica, un claustro que podía servir como lugar de enterramiento y alrededor del cual se disponían estos y otros espacios de carácter doméstico. También contaba con la preceptiva capilla. En los hospitales se curaban o aliviaban las enfermedades, pero también se salvaguardaban las almas, y el espacio cultual fue uno de sus ejes. Esta vida reglada fue igualmente deudora de los modelos de vida común que regían el ámbito eclesiástico»[180].

Otros autores, en sus referencias a la tipología, reconocen la dificultad de determinar un modelo original concreto, pero poniendo de manifiesto la confusa adscripción del Hospital de Gracia al tipo renacentista de planta de cruz griega, precipitadamente señalada por Wilkinson[181] y recogida en estudios como los de Fernández Mérida, Díaz del Corral o Bayón[182]. Grande Nieto, sin embargo, hablando de cómo han venido siendo adjudicado a los casos de Valencia y Zaragoza su ascendencia a los proyectados por Egas, señala que se trata de una hipótesis sin justificación ni argumentación convincente. El «hospital –indica– no presenta una estructura coordinada, sistemática y armónica, sino todo lo contrario, y aunque esto se deba en parte a todos los anexos posteriores, según las descripciones de los estudios monográficos: la iglesia se sitúa en una esquina, existe un gran patio, se dan corredores pegados a la fachada y existen grandes problemas de ventilación, por lo tanto descartamos su vinculación como modelo predecesor del [caso] compostelano»[183]. Idéntico planteamiento manifiesta Gómez-Ferrer, refiriendo cómo, tras el caso valenciano, la bibliografía venía considerando el de Gracia «como otro de los hospitales que más tempranamente reforman sus instalaciones y adoptan la forma en cruz... sin embargo no hay ninguna noticia específica que pueda confirmar una reforma con planta cruciforme»[184]. Tal afirmación la respalda con el hecho de que en el *Bosquejo histórico...*, primera monografía sobre el Hospital, la planta en cruz no es mencionada.

De este modo se concluye que los principales estudios han venido siguiendo el esquema básico planteado por Baquero, único autor que debió realmente analizar con profundidad el *Libro de la Visita de 1600*, del que obtuvo descripciones precisas para ciertas piezas, pero solo un bosquejo –como rezaba su título– del gran conjunto hospitalario histórico.

4.2. Cartografía del Hospital

Las bases de nuestro estudio se corresponden con los distintos bloques de información citados a partir de los cuales se ha podido desarrollar un ejercicio positivo de reconstrucción. El primero de ellos es la cartografía, pues en definitiva es el soporte científico que determina la espacialidad de la arquitectura histórica. Veamos sucintamente cuáles son los elementos de análisis.

---

180 Español (2014) pp. 366-367.
181 Wilkinson (1977).

182 Fernández Mérida (2006); Díez del Corral (1987); Bayón (1991).
183 Grande Nieto (2016).
184 Gómez-Ferrer (1995) pág. 51.

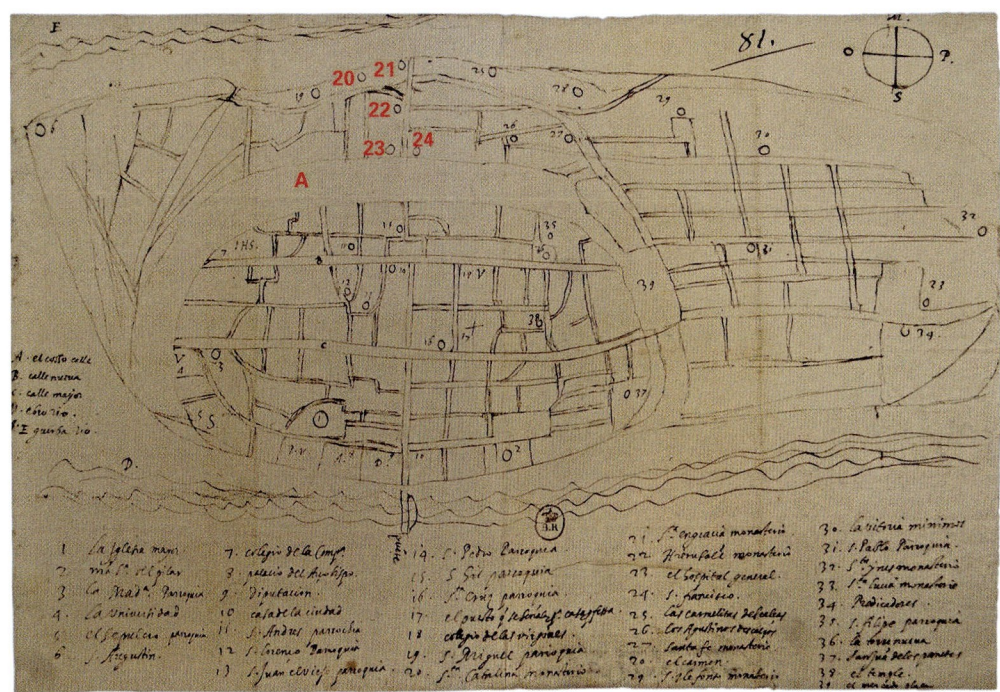

Sitio de Çarag^a... donde se puede edificar la casa professa 1605-1615h. Compañía de Jesús: A Coso; 20 Monasterio de Santa Catalina; 21 Monasterio de Santa Engracia; 22 Convento de Jerusalén; 23 Hospital General; 24 Convento de San Francisco.

4.2.1. Sitio de Çarag^a... donde se puede edificar la casa professa

1605-1615h / Compañía de Jesús[185].

Objetivamente, la referencia más antigua en el tiempo es este croquis, coetáneo del *Libro de la Visita de 1600*, el cual únicamente sirve para confirmar el emplazamiento en un contexto básico de viarios y entidades significativas, numeradas y nominadas en su leyenda. El linde septentrional del Hospital General (23) correspondía al Coso (A). El de poniente era la calle llamada del Hospital, donde tenía la puerta principal, denominada a veces calle de Santa Engracia, ya que comunicaba el monasterio (21) y puerta del mismo nombre, con el Coso. En esta misma vía, hacia el oeste, frente al Hospital, se ubicaba el convento de San Francisco (24). El linde meridional, sin línea en el plano, era el convento de Jerusalén (22). El oriental, la calle de Zurradores, posteriormente denominada Porcell, que comunicaba el Coso con el monasterio de clarisas de Santa Catalina (20).

4.2.2. Plano de la ciudad, castillo y contornos de Zaragoza capital del Reyno de Aragón, 1712.

Conocido por la edición facsímil de 1980, este plano se presenta como la primera de las referencias cartográficas en cuanto a la delineación del área objeto de nuestro estudio. Señalado como Hospital Real, presenta una definición muy proporcionada, delimitando su contorno con precisión en su práctica totalidad, de forma cuadrangular en sus lados exceptuando el irregular lindero oriental. Destaca la marca de la iglesia, con ábside orientado hacia el este y formando el ángulo noroccidental del conjunto hospitalario, con la fachada de los pies hacia la calle del Hospital y la del lado del evangelio hacia el Coso. En paralelo a la iglesia, hacia el mediodía, aparece el patio, al que se accede desde la citada calle atravesando el edificio, según se marca en línea de trazos, y comunicado por una vía oblicua que se bifurca antes de llegar al Coso, dando lugar a un bloque aislado en este frente. En el sector meridional aparecen sendos espacios abiertos. Siguiendo la ortogonalidad general que predomina en la planta se dibuja el primero: un huerto rodeado por otros espacios cuya frontera es la extensa tapia que separa

185 Ver Álvaro Zamora *et al.* (2010).

Plano de la ciudad, castillo y contornos de Zaragoza capital del Reyno de Aragón, 1712: HR Hospital Real; 53 Iglesia del Hospital.

el recinto del convento de Jerusalén. El segundo se corresponde con el ángulo del recinto: una área irregular que linda al sur con el citado convento, mientras su oblicuo flanco suroriental dibuja un callizo que lo separa del monasterio de Santa Catalina.

Plano de Zaragoza, Ar. F-T.4-C.3-110, 1712.

4.2.3. Plano de Zaragoza (1712)

Perteneciente al Centro Geográfico del Ejército con la signatura Ar.F-T.4-C.3-110, este plano[186], que presenta grandes coincidencias con el anterior, por desgracia, ha perdido la mayor parte del área que ocupa el Hospital. No obstante se conserva la banda occidental del recinto, en la que se confirma la información definida en el precedente, concretamente la presencia del patio en la zona septentrional y un espacio abierto en la meridional, confirmando la coincidencia entre ambos ejercicios.

4.2.4. Plano de la Çiudad de Zaragoza (hacia 1723)

Perteneciente al Servicio Histórico Militar con la signatura Z-04-11, este plano contiene una información de enorme interés, habiendo resultado uno de los elementos matrices de nuestro estudio. La «explicación» informa de la existencia de un grupo de hospitales en Zaragoza: el de Nuestra Señora de Gracia –del que refiere que «tiene enfermos 450; locos 94; locas 95; niños expósitos 640»–, el de Convalecientes –actual Hospital Provincial–, el de Peregrinos –antiguo Hospi-

186 Sobre este plano, ver: Ballestín y Capalvo (2017).

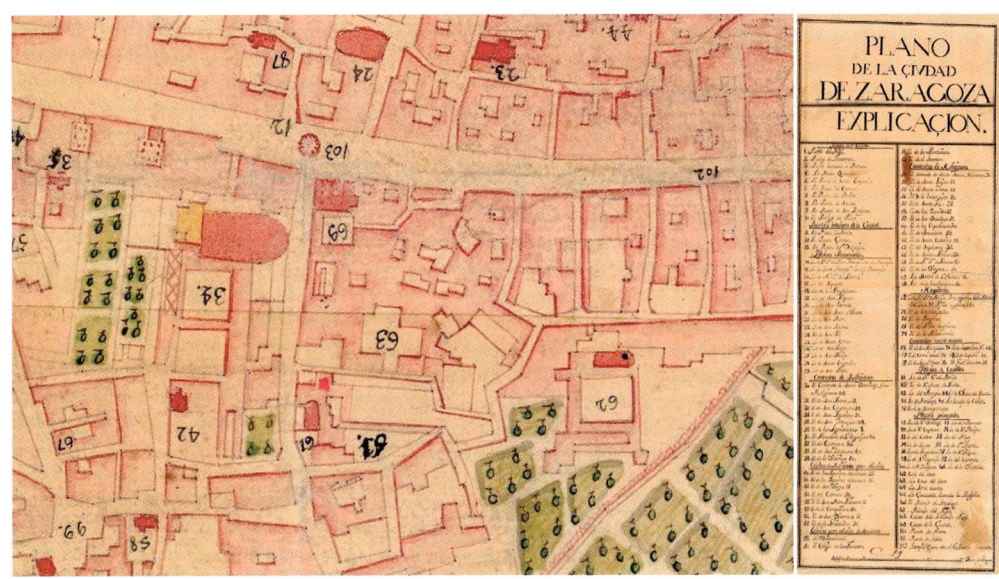

Plano de la Çiudad de Zaragoza, Z-04-11, hacia 1723.

tal del Carmen–, el de Niños Huérfanos –antiguo Hospitalico de la Magdalena– y el de la Misericordia –junto al Campo del Toro–. En cuanto a la información gráfica, en primer lugar se confirma la disposición regular de los espacios en la mitad occidental del recinto, evidenciando una composición articulada, frente a la irregular ordenación de la oriental, un detalle determinante para su configuración arquitectónica.

La planta de la iglesia resulta, así mismo, clarificadora. Figura su disposición en tres naves longitudinales, con seis pilares de apoyo que separan la central de las laterales, extendiéndose la cabecera respecto de la cuadrícula. Sólo se dibujan capillas laterales en el lado del evangelio, mientras en el de la epístola, hacia mediodía, aparece la crujía septentrional del patio o claustro principal, de planta cuadrada.

Adosado a la iglesia hacia el este se dibuja un gran bloque que presenta fachada hacia el Coso aunque con mayor saliente que la alineación de aquélla. Comprende dos patios que corresponden –como se verá después–, el más cercano y pequeño, al Mesón y el mayor a la Casa de las Comedias. Ésta, con acceso desde el Coso, disponía su fachada lateral a un callejón perpendicular a dicha vía, el cual penetraba en el área del Hospital y, mediante un ángulo achaflanado, comunicaba con un espacio o paso que desembocaba en el claustro. Al sur de éste se dibuja un segundo patio (el patio

occidental), de planta rectangular, paralelo a la fachada a la calle del Hospital, en el que figura un elemento interior, tal vez un aljibe. Junto a dicho patio, en dirección este, aparece otro, también regular, de menor tamaño (el patio central). En el área meridional del recinto, junto al paso o callizo que lo separa del convento de Jerusalén, figuran dos grandes patios cuyas plantas, aun formando polígonos irregulares, responden, sin duda, a la misma retícula que parece ordenar todo el área occidental.

El sector suroriental, como sucedía en el plano de 1712, define con alineaciones oblicuas distintos espacios, regulares o no, que se ajustan al callizo que separaba el Hospital del monasterio de Santa Catalina. Entre él y el Coso se dibuja una extensa área salpicada de numerosos patios cuyas plantas, en su mayoría, si bien parecen obedecer a la retícula general, no dejan de ofrecer una orientación variable, debida seguramente a responder a espacios complejos. Este área limita con la calle Zurradores y con el Coso, dejando un pequeño bloque rodeado por la bifurcación indicada más arriba.

4.2.5. Vista de la Ciudad de Zaragoza por el Septentrión

1734 / Carlos Casanova

Este plano de Zaragoza, que se publicaría en forma de grabado en 1769, comprende una leyenda con interesante infor-

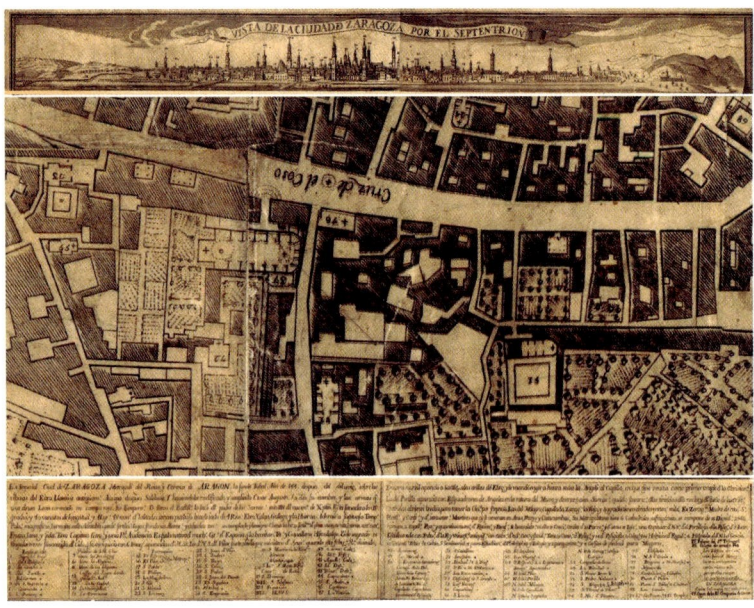

Carlos Casanova: *Vista de la Ciudad de Zaragoza por el Septentrión*, 1734.

Rafael Firmat: *Plano de Zaragoza*, 13 de septiembre de 1773. Biblioteca Real, map. 86-17.

mación sobre la ciudad, en la que se citan «6 Hospitales, el de N. S. de Gracia es General Urbis & Orbis», nominándose en la relación: N. S. de Gracia, Peregrinos, Huérfanos, Misericordia, Convalecientes y Soldados. Sin embargo, su definición gráfica, de factura mucho más simplificada y menor precisión que el precedente, no presenta ninguna novedad en el ámbito del Hospital.

4.2.6. Plano de Zaragoza, 13 de septiembre de 1773

Rafael Firmat / Biblioteca Real, Palacio Real de Madrid, map. 86-17.

Incluye en su leyenda cinco hospitales: Nuestra Señora de Gracia, Convalecientes, Peregrinos, Misericordia y de Niños Huérfanos. Así mismo ubica la Casa de Comedias. Si bien los datos gráficos apenas establecen diferencias con la cartografía anterior, en todo caso sirven para confirmar que los espacios corresponden a un complejo establecimiento cuya planta obedecía a algún tipo de ordenación reticular, cuestión perfectamente constatable en los detalles: si exceptuamos el sector del ángulo suroriental, las superficies constituyentes de los patios o espacios abiertos, se formaban mediante

adición de áreas rectangulares. Poco más puede deducirse de su geometría, pues evidencia poca precisión en las proporciones de las piezas, una característica que puede comprobarse comparando el tamaño del vecino templo de San Francisco con la iglesia del Hospital.

4.2.7. Cartografía de los Sitios

Son numerosos los planos descriptivos de los Sitios de Zaragoza, en buena parte pertenecientes a publicaciones contextualizadas en la guerra de la Independencia. En general se apoyan en datos topográficos extraídos indirectamente, centrando su atención en los aspectos explicativos de carácter militar y soslayando el detalle urbanístico, de modo que las formas y elementos de la ciudad suelen aparecer simplificados. A pesar de ello, al haber sido el Hospital objeto de una de las más importantes operaciones destructivas, se presenta generalmente en un ámbito destacado.

En el *Plano del Segundo Sitio en 1808 y 1809* del *Atlas de la Guerra de la Independencia, Lámina 10ª*, aparecen indicados con trama clara los recintos destruidos, entre ellos el Hospital de Gracia. Comparativamente con la cartografía del setecientos, de este plano debe destacarse la definición complementaria de una calle interior hasta ahora solo

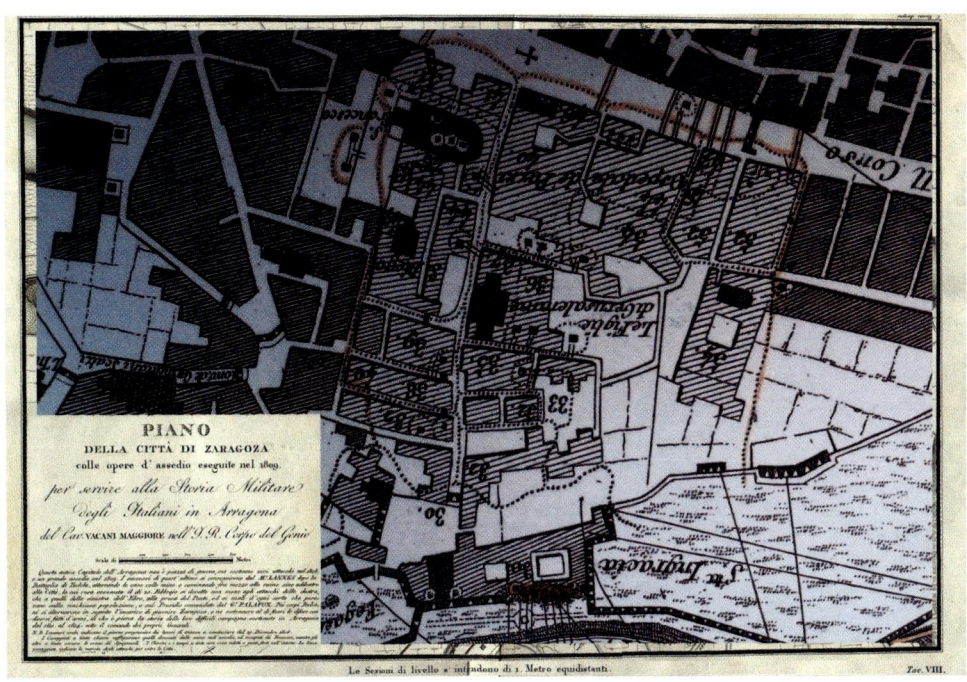

Vacani Maggiore: *Piano della Città di Zaragoza cole opere d'assedio eseguite nel 1809.*

representada parcialmente. Se trata de la que partiendo desde el Coso y flanqueando el bloque donde estuvo la Casa de Comedias, penetraba en el interior del recinto hospitalario. Como se ha visto con anterioridad, este paso, una vez sobrepasado aquélla, girando 90° se dirigía hacia el claustro principal. La novedad es que en esta lámina –al igual que en otros casos de la cartografía de los Sitios– esta vía interior se prolonga hacia el sur terminando en un pequeño ensanche: se trata de la meridiana calle interior Coso-Jerusalén. Parece claro que si se significa este paso abierto es porque fue uno de los puntos de acceso del ejército francés en sus recorridos desde las huertas de Santa Engracia, Santa Catalina y Jerusalén, hacia el Coso central, un detalle que pone de evidencia que la complejidad del recinto hospitalario hacía que no se hubieran descubierto a través de la planimetría los numerosos e intrincados pasos interiores, cubiertos y descubiertos, que conectaban los elementos de aquél.

Esta hipótesis se confirma, por ejemplo, en el *Piano della Città di Zaragoza cole opere d'assedio eseguite nel 1809*, de Vacani, plano en el que se dibujan los itinerarios seguidos y los puntos en los que fueron colocadas y activadas las minas con que fueron voladas enormes áreas de los citados conventos

y sus entornos. Concretamente figuran tres pasos desde las tapias de Jesusalén –le Figlie di Gerusalemme– con instalación de minas en el sector meridional del Hospital –Ospedale de Pazzi–. El mismo número de minas se representan para alcanzar la casa aislada que tenía el Hospital en el Coso (Casa del Coso), alcanzada desde el sur atravesando la vía que paralela a aquél la circunvalaba. Finalmente se señala el paso a través de la calle del Hospital mediante el cual, partiendo de aquél, se alcanzó el convento de los menores junto al ábside del templo, donde se encontraba su gran campanario.

Finalmente interesa anotar cierta información adicional incluida en el *Plan du Siége de Saragosse par L'Armée Française d'Aragon en 1808-1809*, grabado en el Dépòt Général des Fortifications por Ambroise Tardieu y publicado en el *Atlas Belmas*, París, 1836. Se trata de las áreas correspondientes a las diferentes jornadas de la acción militar, en las que, por consiguiente, se definen los sectores de ocupación, los cuales, sin duda debían corresponderse con espacios o edificaciones con linderos bien definidos. Si bien esta división no ofrece nada determinante en la mitad occidental del recinto, sí resulta significativa para la oriental, la más irregular. La primera zona se corresponde con el cuarto suroriental, cuya alineación oeste sigue la prolongación del paso que desde el Coso llega al ensanche o placeta antes mencionado –que queda incorporado en la zona–, y al norte una paralela a aquél que rebasa levemente el quiebro de la calle Zurradores. La segunda zona es la establecida entre la anterior y el Coso, que fue ocupada en toda su extensión exceptuando tres parcelas situadas junto a la vía que circunvalaba la casa exenta del Hospital (Casa del Coso). Dichas parcelas, desde las que se establecieron los pasos de minas antes señalados, debieron ser objeto de duros combates, correspondiendo sin duda a espacios con entidad defensiva.

4.2.8. Plano de Zaragoza

Hacia 1810 / Ayuntamiento de Zaragoza

Este plano de trabajo define, entre otras actuaciones, las nuevas alineaciones de la reordenación del sector ocupado por el antiguo Hospital de Gracia. Principalmente se configura la nueva plaza de España –según su actual denominación– ocupando la mayor parte del solar de la antigua iglesia de San Francisco y la porción noroccidental del recinto del Hospital de Gracia, plaza que se extiende hacia el sur mediante un amplio paseo que desembocará en la línea de la puerta de Santa Engracia, disponiendo una glorieta circular intermedia a la altura del colegio de San Diego. Por otra parte se plantea la prolongación y rectificación de la calle de San Miguel, atravesando de este a oeste el recinto de Gracia. Finalmente, entre la calle de Zurradores y la nueva plaza se dibujan dos nuevas calles paralelas al paseo, cuya embocadura en el Coso coincide con las prexistentes, es decir, las que flanqueaban la casa exenta del Hospital (Casa del Coso). El plano, configurado a partir del Casanova, deja traslucir las trazas de éste, poniendo en evidencia que en el área hospitalaria la precisión del grabado está muy alejada de la realidad topográfica.

4.2.9. Plano formado por disposición del Excmo. Ayuntamiento en unión de la Ilma. Sitiada del Hospital de Gracia, que manifiesta la extensión del terreno o ruinas del Antiguo Hospital de esta Ciudad, con las direcciones de las calles inmediatas y Paseo Nuevo de Santa Engracia,

como también señaladas con líneas negras las calles de la porción de la Ciudad Proyectada en dichas ruinas

José de Yarza y Joaquín Gironza, 1836

Este interesante plano, además de exponer el parcelario y las casas nuevas del Coso –denominadas Casas Amarillas y Casas Blancas–, permite definir con precisión la alineación del antiguo recinto en la calle del Hospital, la embocadura de las tapias que separaban éste del convento de Jerusalén –«por donde pasaba una acequia de riego»–, y el polígono suroriental del mismo, con sus linderos hacia la calle de Zurradores y las tapias de Santa Catalina, lugar donde se había formado una zona arbolada que contenía la «Casita del Huerto, la que era Anfiteatro de Anatomía del Hospital».

4.2.10. Croquis de la parcelación de los terrenos del antiguo Hospital de Gracia

1840 / Archivo Municipal.

Plano de detalle de la parcelación en el sector oriental del antiguo Hospital que permite detallar las alineaciones inmediatamente anteriores a la apertura de los nuevos viarios.

4.2.11. Los planos de Zaragoza de Casañal

El conjunto cartográfico realizado por el topógrafo Dionisio Casañal a lo largo de los años permite concretar una base definitiva de análisis. En sus parcelarios todavía perviven las huellas de las alineaciones que han posibilitado definir el área histórica del Hospital de Gracia a partir de los ajustes de la información derivada de la cartografía anterior. Por otra parte, su *Plano de Zaragoza* de 1879 por hojas contiene los datos de altimetría más antiguos, lo que ha permitido determinar el diferencial de cotas de rasante en el perímetro del recinto. A pesar de los cambios importantes que debieron tener lugar como consecuencia de los derribos del Hospital y otras edificaciones del entorno inmediato, tanto durante la guerra –ya que los escombros de aquél fueron utilizados en la preparación de las defensas del Segundo Sitio– como en la formación del paseo de Santa Engracia durante la gobernación francesa, la equivalencia relativa de los registros de Casañal deben considerarse una referencia fundamental. Como puede observarse en la siguiente tabla, el resultado en la diagonal de pendiente entre el ángulo de Jerusalén y el que forma el encuentro entre el Coso y la calle de Santa Catalina es de 2,40 m., un dato que obliga a considerar este factor en el ejercicio de la interpretación histórica de su arquitectura.

ALTIMETRIA SEGUN EL PLANO DE CASAÑAL DE 1879 (POR HOJAS)			
N.º REGISTRO	EMPLAZAMIENTO	HOJA	ALTITUD
358	Independencia - San Miguel	12-I	207,28m
360	Zurita - Convento Jerusalén	13-I	207,22m
357	Independencia - Plaza de España	12-I	206,51m
350	Porcell - San Miguel	13-I	206,30m
355	Coso - Banco de España	12-I	205,73m
354	Coso - Amar y Borbon	12-I	205,35m
348	Coso - Porcell	12-J	205,32m
352	Coso - Blancas	12-I	205,28m
347	Coso - Santa Catalina	12-J	204,88m
	Diferencia diagonal de cotas		2,40m

4.2.12. Planimetría urbana definitiva

Para configurar una base cartográfica en la que pueda plantearse el análisis formal de la arquitectura hospitalaria de Gracia deben estudiarse, en primer lugar, los marcos de la cartografía histórica. En los diferentes ensayos realizados se descubre que entre la representación del Z-04-11 (1723) y la de Casanova (1734) existen dos importantes diferencias: la alineación de la calle del Hospital –que en el primero es ligeramente cóncava mientas en el segundo es convexa– y la forma del sector suroriental. Dado que este segundo dilema lo resuelve la planimetría de Casañal, sólo cabe concluir que, en términos generales, el Z-04-11 presenta la planta matriz globalmente más correcta, con sus linderos más reales, si bien debe ser rectificada en la línea occidental, de modo que los espacios reticulares internos deben tender a la ortogonalidad con dicha alineación rectificada.

Una vez comprobada y ajustada la planta del parcelario de Casañal de 1911 –el ejemplar más preciso que conserva las huellas de las anteriores superficies urbanas– con la referencia de la planimetría actual –para lo cual se ha utilizado la del PGOU-2007–, estamos en condiciones de ensayar la inscripción de la planimetría histórica en la real. En primer lugar se han ajustado los planos de las alineaciones de la parcelación de los terrenos del Hospital de 1834 y 1840, consiguiéndose la definición del perímetro en la práctica totalidad del recinto. En segundo lugar se han ensayado las posiciones de los espacios internos del Z-04-11, observándose que existen importantes desplazamientos tanto en la línea del Coso como en la línea de la calle del Hospital.

Para encontrar la ordenación más ajustada a la proporción del plano histórico se han efectuados sendos ensayos com-

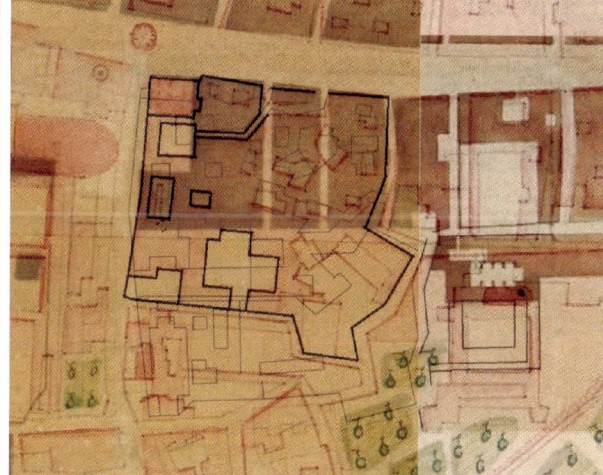

Ensayo 1. Superposición de la cartografía de 1723, 1734 y 1810. R. Usón.

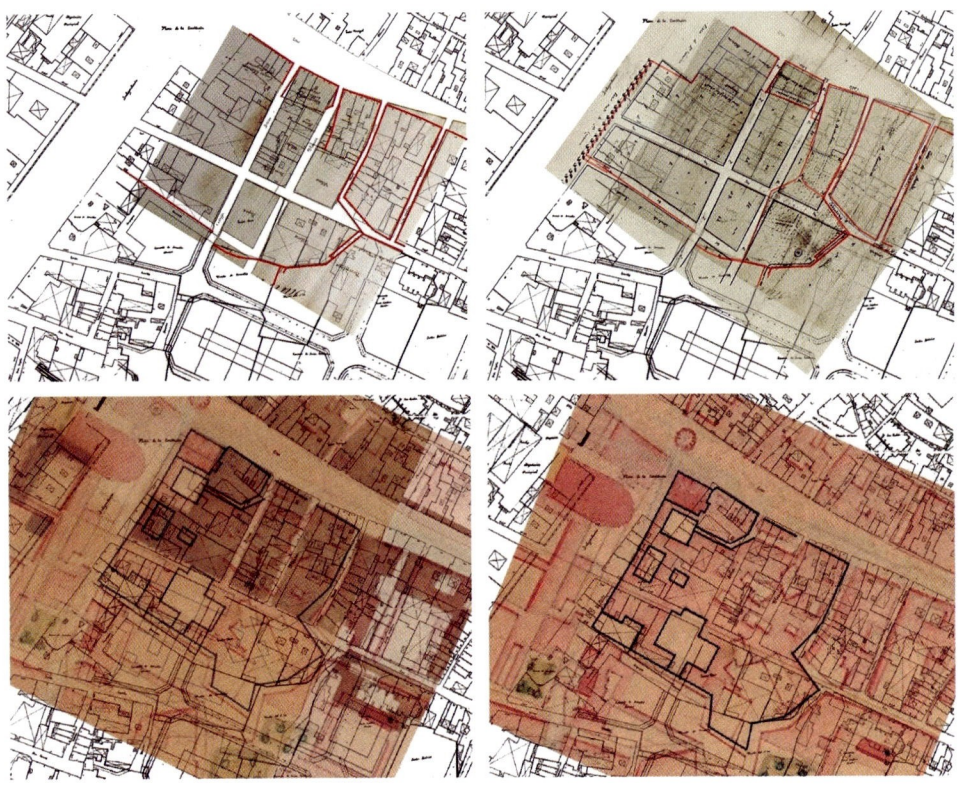

Ensayo 2. Superposición de la cartografía de 1723, 1836 y 1911. Alineaciones.

Ensayo 3. Cartografía de 1911, 1723 y macla básica.

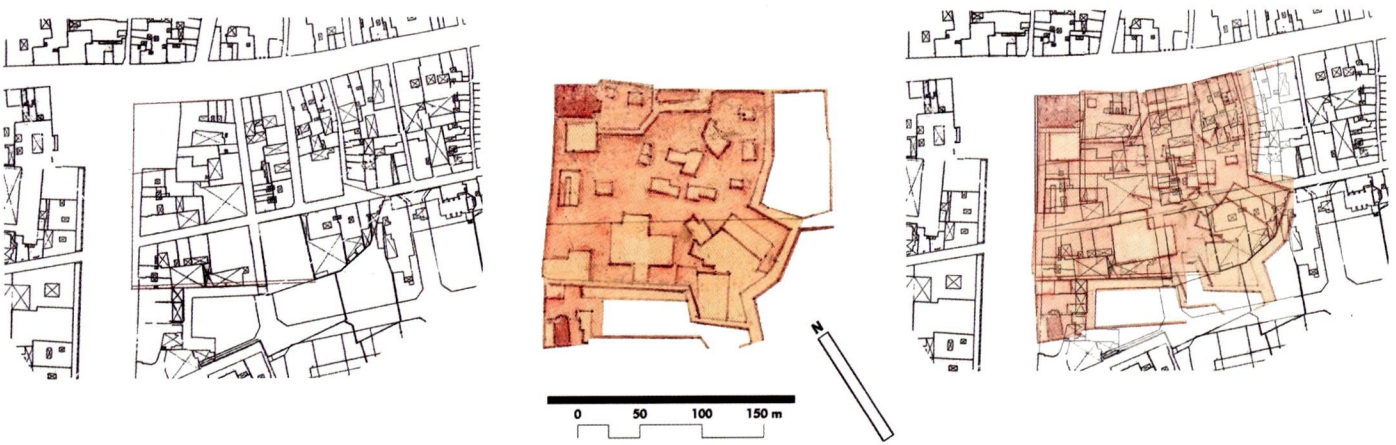

plementarios, descubriéndose que, por separado, tanto la línea occidental como la septentrional se aproximan a los linderos reales, por lo que se hace necesaria una interpretación de la organización interna que combine ambas circunstancias, conservando en todo caso la ortogonalidad general de la alineación de la calle del Hospital. Realizado este ensayo con éxito, se comprueba, además, que es compatible con

la inscripción de la planta de la Casa de Comedias de Craso y Brieva elaborada hacia 1770.

El estudio realizado ha concluido con la propuesta de una macla de la planta de Casañal con las especificaciones del plano Z-40-11 una vez reiterpretadas según se ha expuesto, de forma que este modelo permite asegurar las alineaciones reales del recinto histórico y avanzar en el esquema reticular de los espacios y piezas interiores. En este sentido puede tenerse la certeza de que las construciones de la línea occidental prácticamente respondían a una composición de alineación recta, es decir, la iglesia, el claustro principal, la nave del eje mayor W-E, el segundo patio o patio occidental y las edificaciones que seguían en esta fachada hasta el callizo que separaba el Hospital con Jerusalén, obedecían a una misma directriz de ortogonalidad común. También parece definitivo que el giro de la alineación de los bloques que hacían frente al Coso aumentaba su ángulo conforme éstos se alejaban de la iglesia, único bloque regular perfecto de la línea. Todos los bloques interiores pudieron estar organizados según directrices distintas, sin embargo parece lógico suponer que la mayor parte de los bloques articulados a partir de la línea occidental se edificaran según la ortogonalidad general y sólo los elementos aislados de las bandas septentrional u oriental dispusieran las plantas con el giro adaptado a su alineación.

4.3. Iconografía del Hospital

El segundo de los bloques de información es la iconografía, la cual, si bien sólo ofrece aspectos parciales o de detalle, no deja de ser un elemento fundamental de descripción de primera mano. Veamos sucintamente cuáles son las referencias disponibles.

4.3.1. Vista de Zaragoza

Anton van der Wyngaerde / 1563

La imagen más antigua del Hospital de Gracia la encontramos en la conocida Vista de Zaragoza dibujada por Anton van der Wyngaerde en 1563, dentro de sus trabajos como topógrafo de Felipe II. El edificio no aparece en el croquis preparatorio, reducido a la toma de datos de la fachada y silueta de la ciudad hacia el Ebro. Sin embargo el dibujo en acuarela que conforma la vista general, al optar por una vista aérea idealizada, recoge la mayoría de los edificios importantes y, entre ellos, el Hospital de Gracia. El problema de este dibujo es que, a pesar del detalle contenido en una representación tan grande, habitual en el ejercicio de Wyngaerde, la posición alejada del edificio dentro de la perspectiva hace que su visión sea muy parcial y, en definitiva, poco clara.

El volumen presentado en la vista es, principalmente, el correspondiente a la iglesia, haciendo frente –por su alzado lateral– hacia el Coso y esquina con la calle del Hospital que conduce al monasterio de Santa Engracia. En el ángulo se refleja un volumen más alto, tratándose sin duda del campanario, mientras en el lateral aparecen seis huecos formando una arquería bajo el gran rafe que recorre todo el alzado. Esta arquería, al corresponder con un hueco similar existente en el torreón, se ha venido interpretando por varios

Anton van der Wyngaerde: *Vista de Zaragoza*, 1563. Detalle del dibujo definitivo.

autores como una logia o pórtico abierto. Así, Fatás y Borrás quisieron «notar la monumental serie de arquerías en su fachada, a modo de logia, con claros precedentes italianos, como es de suponer dada la personalidad de su fundador Alfonso V. Estos aires latinos y mediterráneos todavía pueden barruntarse en la actualidad en la Lonja de la plaza Mayor de Alcañiz»[187]. Para Alvaro Zamora *et al.*, «la imagen que nos lega van den Wyngaerde de este hospital, con su logia abierta hacia esta plaza, le aporta una apariencia moderna, a la manera de otros establecimientos hospitalarios del Quattrocento italiano –como la famosa Loggia degli Innocenti de Florencia, o el Ospedale del Ceppo de Pistoia– muy bien elegida para esta institución tan ensalzada por los visitantes extranjeros que la ponían como modelo de los mejores hospitales»[188].

Pero en los casos italianos citados las logias se corresponden con el pórtico principal del edificio y dan acceso a los espacios principales. En el caso del florentino Hospital de los Inocentes proyectado por Bruneslleschi, como se vio más arriba, la extensa logia articula las tres grandes entradas al edificio: la central, que conduce hacia el claustro principal, y las laterales que lo hacen a la gran sala y a la iglesia, respectivamente. En el de Pistoia, de menor tamaño, también se accede al espacio de recepción principal y a la gran sala. Se trata de ejemplos de una tipología muy concreta, en la que las logias forman porches en planta baja sobre cuyas arquerías se disponen largos entablamentos –el del Ospedale del Ceppo contiene una decoración única– y la planta superior con sus ordenados huecos. En cuanto a la logia de Alcañiz pertenece a la tipología de los espacios cubiertos o lonjas de las casas consistoriales.

La arquería de Wyngaerde debe ponerse en el contexto de la propia Zaragoza dibujada por él mismo. Es poco probable que reflejara las –teóricamente posibles– arcadas ciegas de las capillas laterales de la iglesia, cuyos ventanales reales podrán observarse más adelante en los dibujos de Gálvez y

Brambila, puesto que en tal caso el número de arcos hubiese sido cinco. Por el contrario, lo más seguro es que se trate de la galería de arquillos de la falsa existente sobre la crujía de dichas capillas. En efecto, en primer lugar, si se observa la serie de edificaciones con fachada hacia el Coso se descubrirá que no existe línea de rasante -por la altura del observador que presenta la perspectiva– de modo que inmuebles como los palacios del Protonotario o el Conde de Morata, a ambos extremos del Hospital, ofrecen arquerías del mismo tipo. De hecho, en toda la ciudad aparecen innumerables casos similares. Llaman la atención, en ese mismo sentido, los ejemplos mejor dibujados, los palacios de la primera línea o frente hacia el Ebro: el palacio de Ezmir, el arzobispal, el de Aytona, etc., todos ellos ofrecen estas galerías bien representadas. Pero, más aún, existen sendos casos de «logias altas» tanto en la «Casa del Obispo» como en la Diputación del Reino. En definitiva, el Hospital no aparece como pieza relevante, viéndose empequeñecido por sus vecinos verdaderamente destacados: el monasterio de Santa Engracia, que a pesar de estar más alejado es dibujado en toda su extensión –destacando la fachada de la iglesia y el torreón de la enfermería–, y la enorme fábrica de San Francisco, en la que sobresale la gran nave, el ábside con sus torrecillas y, en especial, la torre campanario, mostrada como una de las más importantes de la ciudad, en el mismo que rango que la Magdalena, San Pablo y la Torre Nueva.

4.3.2. Estampas del Hospital

El resto de las imágenes existentes relacionadas con el Hospital de Gracia sólo corresponden a referencias sobre elementos particulares. En todo caso, las más genéricas son dos grabados realizados a principios del siglo XIX en los que se muestran diversas imágenes para conformar una visión global de su actividad.

El primero de ellos es una estampa realizada al aguafuerte por Mateo González, fechada hacia 1800 y compuesta por varias imágenes[189]. La mitad superior dibuja la Anunciación,

187 Borrás y Fatás (1974) pág. 29.
188 Álvaro Zamora *et al.* (2010) pág. 110.
189 Royo García, J. R. (2016).

Mateo González: *Virgo de Gracia, Regiae i parade per Hospitalis Domus Caesaraugustanae tutelaris*, hacia 1800.

mientras la inferior se subdivide en dos escenas sobre las cuales aparecen sendas imágenes menores con personajes, separándose unas de otras con decoración en forma de rocalla. La escena de María de Gracia ante el Ángel e iluminada por el Espíritu Santo presenta a los pies del atril el jarrón con las azucenas –emblema del Hospital– y se corona por una esquela que reza: «Virgo de Gracia, Regiae i parade per Hospitalis Domus Caesaraugustanae tutelaris».

La escena inferior izquierda representa la «Entrada del Hospital», dibujándose una portada formada por un paso en arco

rebajado, flanqueado por dos pares de pilastras de orden toscano con sus entablamentos, etc. A través de la puerta se observa un vestíbulo con una puerta al fondo y dos laterales, una a cada lado. En el exterior aparecen, llegando al Hospital, dos hombres porteando una silla cerrada y un arriero tirando de una mula que arrastra un carro con dos personas. En el vestíbulo dos hombres sujetan a un herido, mientras otro camina apoyado en muletas.

La escena derecha presenta un pórtico con tres arcadas apoyadas en pilares cuadrados de orden toscano que dan paso a tres naves o salas. La central, la «Inclusa de Niños Expósitos», contiene en su lado derecho seis cunas y una ventana al fondo. Un ama lleva de la mano a una niña mientras otra está amamantando sentada. En la derecha, «Quadras de calenturas», aparecen cinco mujeres enfermas en sus camas. Simétricamente, en la izquierda, «Quadras de Cirugía», lo hacen cinco hombres. Bajo ambas escenas, en el marco, se rotula «Fac cum Ynfirmo quod velles fieri tecum» y «Tu infirmaveris sicut ceteri homines», respectivamente. Sobre ellas, en el centro de la estampa, enmarcadas por rocallas se dibujan sendos cuadritos en los que aparecen cinco hombres de la «Quadra de Locos» y cuatro mujeres de la «Quadra de Locas». A su derecha, sobre las arcadas, se dibujan sendas ventanas con varias personas de la «Quadra de Tiñosos». La estampa se completa con una leyenda escrita bajo el marco que dice: «Este Hospital General consta por lo regular de 500 enfermos, parturientas normales y otras enfermas, 250 dementes, 700 expósitos y 60 tiñosos».

El segundo, sin duda inspirado en el anterior y posterior a él, es otro aguafuerte en el que se representa una especie de frontispicio compuesto a modo de retablo de imágenes, entre las cuales aparece como figura principal la advocación de Nuestra Señora de Gracia. El rótulo de la base reza lo siguiente: «Nª Sª de Gracia, titular del Santo Hospital Real y General en la Ciudad de Zaragoza. Este Santo Hospital sostiene por lo regular 500 enfermos, 300 dementes, 700 expósitos y 70 tiñosos. Fac cum Ynfirmo quod velles fieri tecum. Tu infirmaveris sicut ceteri homines».

En el cuadro inferior de la calle central se representa la «Entrada del Hospital», compuesta por una portada de cuatro

Nª Sª DE GRACIA Titular del Sto Hospital RI y General en la Ciudad de Zaragoza (Anónimo, hacia 1804-08).

pilastras de orden jónico en cuyo eje se dispone la puerta de acceso, con forma de arco rebajado. A ambos lados figuran sendas cartelas con los títulos «Urbis et Orbis» y «Domus Infirmorum». Entre las pilastras de la izquierda se dibuja un hueco con cartela ilegible que pudiera corresponder a la ventana del torno. Delante de la portada aparecen, como accediendo al Hospital, dos hombres portando una camilla, un carro tirado por una mula y dos enfermeros sujetando a un lisiado. En el espacio interior se vislumbra un vestíbulo –donde se percibe un hombre con muletas– y a la

derecha una gran puerta que da a otra sala donde esperan varias personas.

Entre la imagen anterior y la escena de la Anunciación que culmina la calle central está el cuadro «Inclusa o Departamento de Niños Expósitos» que expone el interior de una sala rectangular con seis cunas a ambos lados, una puerta en el fondo y sendas ventanas altas, una en cada pared de los lados. La escena recoge a un ama llevando de la mano a una niña y otras dos amamantando sentadas, a una de las cuales se dirige una hermana de la Caridad.

Las calles laterales contienen cuatro cuadros cada una, con imágenes semejantes y dispuestas simétricamente, de foma que los de la derecha se refieren a espacios para las mujeres y los de la izquierda para los hombres, según la organización del Hospital. Así, sobre el escudo de Aragón y en orden ascendente se encuentran los siguientes. En el «Distrito de las Locas, al cargo de una Hermana de la Caridad», se representa el interior de una sala con dos ventanas con rejas, donde se encuentran, además de la religiosa, una encargada y cuatro mujeres. En la «Sala de Tiñosas» aparecen seis mujeres, observándose que dispone una puerta a la derecha, unas gradas a la izquierda y una ventana con reja en el fondo. En las «Cuadras de Cirugía de Mujeres y Distrito de Parturientas secretas» aparece una primera sala en cuyo fondo existe un paso por el que se ve una segunda enfermería. En la primera están dispuestas cuatro camas en el lado derecho, en el que se observa una ventana alta. En cada una se encuentra una enferma. Las atienden dos hermanas. Instrumentos, vasijas y enseres están en el suelo. En la segunda sala otras cuatro enfermas en sus correspondientes camas se disponen ordenadamente en el lado izquierdo. Finalmente, en las «Cuadras de Calenturas de Mujeres» se repite la disposición para la primera sala, en la que figuran así mismo cuatro enfermas en sus lechos, mientras el espacio posterior parece constituir una cocinilla o habitación. Las enfermas son atendidas por dos hermanas.

En la otra calle y sobre el escudo de Zaragoza, aparece el «Distrito de los Locos», espacio semejante al de las mujeres, donde se encuentran cuatro dementes con tres enfermeros, facultativos o cuidadores. La «Sala de Tiñosos» ofre-

Francisco Oliván: *Nuestra Señora del Río en la iglesia del Santo Hospital de Nuestra Señora de Gracia*, 1807.

ce una composición simétrica respecto del referido de las tiñosas. De modo similar aparecen las «Cuadras de Cirugía de Hombres», si bien aquí la segunda sala aparece como un cuarto con ventana alta en el que se dispone una mesa con lo que parecen las varas de una camilla, tal vez la mesa de operaciones. Idéntico formato siguen las «Cuadras de Calenturas de Hombres», aunque en este caso la cocinilla se ha sustituido por un pasillo con una puerta.

Este retablo de imágenes, rematado por las armas de la Corona, del Papado e Imperiales, de autor desconocido, trata de presentar, más que una definición arquitectónica, un sim-

plificado relato de las enfermerías que contenía el Hospital de Gracia. La presencia de las hermanas de la Caridad ha determinado que Wifredo Rincón[190] date este aguafuerte entre 1804 y 1808. De esta popular estampa se realizaron otras versiones –con escasas diferencias–, como la impresa en la litografía Peiró de Zaragoza, dibujada por L. Cuevas.

Una cierta continuidad iconográfica se descubre en otro aguafuerte de Mateo González, de 1801, titulado *Copia del retablo e imágenes que se veneran en el oratorio de la Hermandad de Humildes Siervas de las Pobres Enfermas del Hospital General de Nuestra Señora de Gracia*, en el que aparece el altar con su retablo, rodeado de cuatro escenas en las que aquéllas prestan sus cuidados en las salas del Hospital, atendiendo a las personas enfermas en sus camas.

Existen otros grabados, donde aparecen retablos o imágenes, pero sin mayor información sobre el Hospital. Es el caso de la figura paradigmática de la advocación del establecimiento, reproducida en muy diversas ocasiones, en la que se representa la Anunciación del Ángel a la Virgen María bajo los rayos del Espíritu Santo en forma de paloma, con el jarrón de las azucenas en el centro y rodeada de las armas pontificias, imperiales, reales y concejiles. Aparece rotulada: *Nuestra Señora de Gracia, titular del Real y General Hospital de Zaragoza*. Un ejemplo puede ser la estampa de concesión de indulgencias por el arzobispo cesaraugustano Manuel Vicente Martínez y Ximénez, que rigió los destinos de la iglesia local entre 1816 y 1823. Otro de los altares con que contó el Hospital figura en otra estampa provista de una cartela que reza: «Altar del Oratorio de la V. Congreg. de Siervos Seglar. de los Pobres Enfermos dl S. Hospital de N. S. de Gracia de Zaragoza. Año 1780», obra anónima registrada en la Academia de San Fernando (Calcografía Nacional AC -01583). El mismo propósito se corresponde con el aguafuerte *Nuestra Señora del Río en la iglesia del Santo Hospital de Nuestra Señora de Gracia*, de 1807, obra de Francisco Oliván, que conocemos por una copia de tosca factura.

190 Rincón García (2008) Catálogo pieza n.º 276.

Francisco de Goya: *Hospital de apestados*, 1808-1810.

4.3.3. Dibujos y pinturas de Goya

En este punto debe hacerse un paréntesis para mencionar el peculiar conjunto de dibujos y pinturas realizadas por Francisco de Goya y que están de algún modo relacionados con el Hospital de Gracia, los cuales, si por desgracia no dan información sobre el tema de nuestro estudio, no es menos cierto que describen ambientes cuyo interés es indudable.

En el cuadrito sobre hojalata *Corral de locos*, de 1794, los personajes se encuentran en un espacio abierto rodeado de altos muros para que los dementes no puedan salir. Junto al ángulo que forma el fondo escénico, Goya dibuja un paso en forma de arco tras el que se encuentra la reja que lo cierra. Sin duda se trata de uno de los patios en los que los locos podían explayarse y tomar el sol. Se trata de un lugar conocido por el pintor, pues lo cita en una carta que escribe a Bernardo de Yriarte en aquella fecha, mencionando precisamente «un corral de locos, y dos que están luchando desnudos con el que los cuida cascándoles, y otros con los sacos (es asunto que he presenciado en Zarago-

za)»[191]. Otro detalle que apunta al Hospital de Gracia es la vestimenta del personaje de la derecha, en penumbra, que viste la librea verde y marrón que llevaban los locos menos furiosos.

Del período de los Sitios es otro cuadrito, *Hospital de apestados*[192], óleo sobre lienzo fechado entre 1808 y 1810. El lúgubre ambiente del espacio interior que sirve de escenografía a la obra recuerda las trágicas escenas de los moribundos durante los Sitios, extrapolable a cualquier lugar de esta clase en el contexto de la guerra de la Independencia. Aparece un espacio compositivamente dominado por un arco diafragma que establece dos ambientes. La zona del fondo, en cuya pared destaca la presencia de una ventana por la que se difunde una potente luz al recinto y donde parece haber unos lechos, y la zona del primer plano, donde los persona-

191 Obra de 43x32 cm. Meadows Museum, Dallas (USA). Cfr.: Fundación Goya en Aragón F536. Sobre el tema, ver Fernández Doctor, A. y Seva Díaz, A. (1997 y 2000).

192 Obra de 32x57 cm. Colección Marqués de la Romana, Madrid. Cfr.: Fundación Goya en Aragón F567.

Francisco de Goya: *Heridos en el hospital*,
1808-1814.

jes aparecen a contraluz, creando un efecto dramático. Los contagiados, algunos echados en el suelo, ofrecen la escena de la enfermedad y la muerte. Algunas personas parecen cuidar de ellos. Las túnicas o sudarios blancos con los que se cubren ciertas figuras parecen evidenciar una situación letal, como la vivida en la Zaragoza durante los últimos días de la resistencia.

Poco mayor que las anteriores, *Casa de locos*[193] es una pintura al óleo sobre lienzo, fechada entre 1814 y 1816, en la que afloran detalles y ambientes del mismo tipo. Aquí son los numerosos personajes los que predominan en la composición, ambientada en un espacio donde aparecen arcos y lisos muros, con una única ventana alta enrejada. La desnudez de los dementes y sus extravagantes adornos y muecas exponen el delirio de su razón.

Atribuido a Goya por Zuloaga existe otro cuadrito, *Heridos en el hospital*[194], fechada entre 1808 y 1814, que tiene el ca-

rácter de un apunte preparatorio. Este pequeño óleo representa el interior de una sala donde aparecen varios lechos en los que los enfermos son atendidos. Posiblemente formó parte de los temas preparatorios para la serie de *Los desastres de la Guerra*.

El patetismo aflora en el dibujo a la sanguina titulado *Transporte de heridos al hospital*[195] realizado entre 1810 y 1814, sin duda perteneciente a los trabajos preparatorios para la citada serie. En él se representa en primer plano la dramática escena del traslado de sendos personajes abatidos que son llevados en brazos por otros cuatro que les sujetan, destacándose las blancas figuras de los primeros, cuyo movimiento crea un efecto de tensión a la escena. Junto al doble conjunto, aparecen otros personajes secundarios, que se llevan las manos a la cabeza en señal de horror. Toda la escena tiene lugar en un espacio de penumbra ubicado bajo un porche delimitado por una arquería apenas definida en la que se vislumbran sencillos y robustos pilares cuadrados terminados por simples capiteles cúbicos sobre los que apo-

193 Obra de 45x72 cm. Academia BB.AA. San Fernando, Madrid. Cfr.: Fundación Goya en Aragón F463.

194 Obra de 21x30 cm. Colección Zuloaga, Eibar (Guipózcoa) Cat. Gassier y Wilson n.º 940.

195 Dibujo de 19x25 cm. Museo nacional del Prado, Madrid. Cfr.: Fundación Goya en Aragón F1302.

Francisco de Goya: *Transporte de heridos al hospital*, 1810-1814.

yan los arcos seriados. Es evidente que se trata de un lugar indeterminado, que podría recordar a cualquiera de los soportales de las plazas españolas, pero que también recuerda el formato de las pandas claustrales del patio principal del Hospital de Gracia.

Perteneciente a la serie de *Los Sueños*, preparatoria de *Los Caprichos*, existe otra sanguina, fechada hacia 1797, titulada *La enfermedad de la razón*[196] en la que Goya vuelve a mostrar su aguda crítica social utilizando en este caso el patetismo de los dementes. La escena presenta a sendos desequilibrados envueltos por tapices con las armas nobiliarias que son alimentados con cucharas por personajes populares. El fondo, como en el caso precedente, son arcadas que nuevamente remiten a soportales universales, pero que evocan también el patio de Gracia.

Por último debe significarse el interesante *Incendio de un hospital*[197], pintura de tamaño intermedio también realizada al óleo sobre lienzo y fechada en los años de la guerra, entre 1808 y 1812. De concepción más abstracta, resulta impresionante la imagen dantesca descrita con la libre pincelada de un artista entonces ya plenamente contemporáneo. Los abocetados personajes del primer plano se presentan en la huida del siniestro, destacándose el transporte de un herido en camilla. Pero lo realmente impactante es el fondo de la obra, donde se adivina la masa del edificio en llamas y el fulgor que expande la violencia del incendio.

Esta pintura trae a colación el recuerdo de las catástrofes de la guerra en la mayoría de las ciudades españolas, pero especialmente el caso de Zaragoza, donde el Hospital de Gracia fue bombardeado e incendiado. Posiblemente Goya

196 Dibujo de 16x23 cm. Museo nacional del Prado, Madrid. En el Capricho definitivo, «Los chinchillas», se altera sustancialmente la composición, muy simplificada.

197 Obra de 72x99 cm. Museo Nacional BB.AA., Buenos Aires (Argentina). Cfr.: Fundación Goya en Aragón F540.

Juan Gálvez y Fernando Brambila: *Vista de la calle del Coso*. Estampa n.º 2, 1814.

tuviera presente, además, el tema del incendio de la Casa de Comedias del mismo Hospital, acontecido en 1778, y del que existe un cuadrito sobre tabla que representa aquella trágica escena nocturna, atribuido por algunos autores a Goya[198]. Al parecer, a través de una nota de Cardedera publicada por el conde de la Viñaza, el P. Tomás López -monje de Aula Dei- habría dado noticia de esta pintura, entonces en posesión de Gregorio Alvira, de Zaragoza[199]. En nuestra opinión, si bien es cierto que este boceto contiene algunos detalles en las figuras con cierta semejanza a otros realizados por Goya, su factura también parece indicar que, aun perteneciendo a su entorno, no es fruto directo de sus pinceles. En todo caso, *Incendio del Teatro de Zaragoza* ofrece una escena que aporta una información muy interesante sobre el edificio, presentando prácticamente un alzado del mismo y aportando también datos complementarios sobre

los volúmenes adyacentes, como se tendrá ocasión de detallar más adelante.

4.3.4. Estampas de Gálvez y Brambila

Sin duda, una de las fuentes de información más importantes son los dibujos y grabados de Gálvez y Brambila, gracias a los cuales se ha podido reconstruir una imagen arquitectónica de la iglesia y el patio principal del Hospital de Gracia. Venidos a Zaragoza antes del Segundo Sitio, realizaron aquí sus apuntes y dibujos preparatorios para desarrollar posteriormente las planchas definitivas, grabadas al aguafuerte con toque buril ligero y pintoresco –en palabras de Mario de la Sala Valdés– y entonadas con aguadas de resina por el procedimiento de la acuatinta, publicadas en Cádiz en 1814. Como presumió este autor al prologar el Álbum de los Sitios de Zaragoza[200], a Juan Gálvez, pintor de historia y excelente

198 Viamonte Lucientes (2013).
199 Beltrán (1971) pág. 156.

200 Sala Valdés: Prólogo: Gálvez y Brambila (1905).

Juan Gálvez y Fernando Brambila: *Ruinas del interior de la Yglesia del Hospital General de Nuestra Señora de Gracia.* Estampa n.º 18, 1814.

retratista, se debe la composición de las estampas en que se representan combates u otros asuntos donde la figura humana tiene el papel principal, mientras que a Fernando Brambila, pintor italiano que enseñó perspectiva en la Academia de San Fernando, debemos las hermosas perspectivas de la ciudad y de sus arruinados monumentos.

La estampa n.º 2, *Vista de la calle del Coso*, es una de las imágenes más interesantes de la Zaragoza histórica –correspondiendo aproximadamente a la zona actual de esta vía a su paso por la plaza de España–, donde aparece la iglesia del Hospital con su torreón de las campanas en el que se encontraba el acceso al templo, la embocadura a la calle del Hospital que se dirigía hacia el monasterio y puerta de Santa Engracia, y la gran portada de entrada al convento de San Francisco, dejando en segundo plano la mole de su iglesia y su esbelto campanario. También aparecen, en primer plano de la vista, las ruinas del monumento de la «Cruz del Coso».

Las estampas numeradas del 18 al 21 dibujan, de forma algo contradictoria, el estado de la iglesia y patio del Hospital. La primera de ellas lleva por título *Ruinas del interior de la Yglesia del Hospital General de Nuestra Señora de Gracia* y corresponde a una vista realizada combinadamente bajo la nave de la epístola y observando –girada– la nave del evangelio, cuyas bóvedas se han hundido completamente, apreciándose los arcos que abrían las capillas laterales. La siguiente reza: *Ruina segunda del interior de la Yglesia del Hospital... vista por la puerta principal*, un rótulo que lleva al equívoco, ya que la perspectiva no corresponde con dicho punto visual. Esta estampa acumula contradicciones. El primer plano del grabado parece corresponder al primer arco del lado de la epístola visto desde la nave lateral, de modo que tras él, en un segundo plano, aparece el pórtico que forman los tres arcos del lado del evangelio que soportan el elevado muro de fábrica que formaba la caja de la nave mayor, cuyas bóvedas, como las de las laterales, han colapsado. Tras los restos del

Juan Gálvez y Fernando Brambila: *Vista del costado de la Yglesia del Hospital General de Nuestra Señora de Gracia.* Estampa n.º 20, 1814.

coro, a los pies de la iglesia, aparece el imponente ábside y torre de San Francisco. La primera contradicción es que tras los arcos de la nave central de la iglesia no se visualiza el torreón de las campanas, perfectamente visible en las otras estampas, sino que se ha dibujado una composición de restos diversos fuera de escala. La segunda contradicción es que la visual no puede estar realizada «desde la puerta principal», ni considerando la puerta del Coso ni la puerta del claustro.

Sigue la *Vista del costado de la Yglesia del Hospital...*, realizada desde donde estuvo el vestíbulo de entrada al recinto hospitalario, observándose a la derecha, en primer plano, la arcada y muro que constituía la fachada hacia el claustro o patio principal, mientras en el frente se observan, en sucesivos planos, las arcadas de las naves y, sobresaliendo, el remate del torreón de las campanas visto desde el mediodía. La última de las estampas lleva por título *Ruinas del patio del Hospital...* y está dibujada mirando desde éste hacia poniente, con fondo visual similar a la ruina segunda, es decir, el

campanario de los menores que se erguía desde el extremo del ábside de su templo. De este modo, el primer plano se corresponde con la arcada de la estampa precedente vista desde el otro lado. A la derecha, por tanto, se observa uno de los arcos de la crujía de las camarillas, junto a la nave de la epístola, y al fondo las capillas meridionales de la línea de los pies de la iglesia. Finalmente, entre la arcada del claustro y las tapias de San Francisco se dibujan los restos de los muros de la crujía que hacía fachada hacia la calle del Hospital.

Los dibujos y composiciones preparatorias que se han conservado completan algunos detalles sobre estas imágenes que, de modo conjunto, forman un documento de primer orden para el ejercicio de reconstrucción de la iglesia y el claustro principal del Hospital de Gracia[201].

201 Contento Márquez (2010).

4.3.5. Estampas de los Sitios

Otras estampas sobre los Sitios apenas señalan sino la presencia del edificio del Hospital en la silueta de la ciudad atacada. Es el caso del *Bombardeo de Zaragoza durante el Primer Sitio*, aguafuerte atribuido a Mariano Latasa, fechable hacia 1808. En él se representa el movimiento de las tropas francesas en primer plano, con el fondo perspectivo de una especie de alzado lineal de la ciudad en el que los principales edificios aparecen como piezas sueltas y fácilmente identificables, a suerte de una vista general simplificada. Entre ellos aparece el Hospital General, dibujado como dos bloques, uno sobre otro, a modo de casa y torreón, entre dos edificios en llamas y junto a la torre de San Francisco.

4.4. Planimetría arquitectónica del Hospital

4.4.1. *Planta de dos cuadras que seidan azer en el Hospital de Nuestra Señora de Grazia.* Dibujo sobre papel. Hacia 1752

Existe en el Archivo General de Simancas con la signatura MPD-65-116 un plano de proyecto, de 36 x 51 cm, anónimo, sin duda derivado de la necesidad de ampliar las enfermerías a mediados del siglo XVIII. En él figura una planta de una construcción en forma de L destinada a sendas salas y una sección transversal que ofrece dos plantas alzadas y un ático bajo la cubierta. La traza viene provista de escala gráfica en palmos de Aragón y contiene una leyenda de la que se deduce que el nuevo bloque se adosaría a otro existente. Si bien no tiene fecha, puede datarse hacia 1752 considerando su pertenencia a la misma carpeta del «Expediente de los Hospitales de Gracia, y Misericordia de la ciudad de Zaragoza, sobre extensión, para el alojamiento de Jitanos, y su curación y la de los Jitanos»[202], de dicha anualidad. No se dispone de otros documentos que informen que el proyecto fuera realizado.

4.4.2. Planta del Coliseo de Comedias de Zaragoza

Manuel Craso (dibujo) y Simón Brieva (grabado)[203]

Cuestión aparte es la Planta del Coliseo que refleja la reforma o reconstrucción del teatro realizada en 1769. En este caso se trata de un documento técnico de primer orden que no sólo permite conocer la disposición de los espacios en el propio edificio sino que informa adicionalmente de los usos de las salas colindantes que hacían medianería con aquél. Por los datos conocidos de la obra de transformación del viejo inmueble en un teatro a la italiana, este plano ofrece también las bases para contextualizar, en su ámbito preciso de ocupación y aprovechamiento estructural, los elementos constructivos de las arquitecturas predecesoras. De este modo se ha podido reconstruir con gran fiabilidad la disposición original de la Casa de Comedias y su evolución en el tiempo hasta el incendio de 1778.

4.5. Libro de la Visita de 1600

En el Archivo Diocesano de Zaragoza se custodia el *Libro de la Visita del Hospital. Año de 1600 en adelante*. Se trata de una gigantesca acta notarial compuesta por casi mil folios manuscritos que describe, a lo largo de decenas de jornadas, la revista del visitador a los diferentes lugares del Hospital, haciendo constar el contenido de las salas o aposentos y los objetos allí depositados, y en ocasiones los recorridos, algunas referencias básicas del espacio como puertas y ventanas, o las personas responsables de aquéllos. También se recogen determinadas encuestas y una relación del personal con sus sueldos.

El *Libro de la Visita*, que proviene de la iglesia del Hospital de Convalecientes, heredera del antiguo Hospital de Gracia, aunque es de los escasos documentos supervivientes a la destrucción del archivo durante los Sitios, por desgracia no está completo, faltando numerosas páginas. Una buena parte de las mismas se corresponde con la visita a las en-

202 AGS. Secretaría de Guerra, Leg.05063: «Desde 1752 hasta 1764: Fechos sobre aprehensión y destino de Gitanos».

203 Planta del Coliseo de Comedias de Zaragoza. Manuel Craso lo delineó, Simón Brieva lo grabó. Zaragoza. Impreso a una tinta; 34,5 x 47,5 cm. Escala: 1:80, palmos de Aragón [1769] Sig. ES/AHPZ - C/MPGD/000004.

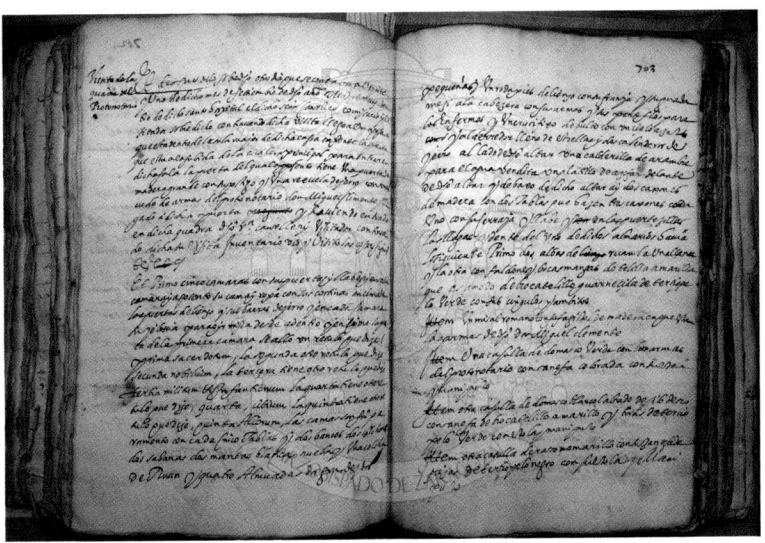

Libro de la Visita, fols. 702v-703r: Visita de la Quadra del Protonotario.

fermerías, los espacios más importantes del Hospital. Esta fatal ausencia, no obstante, se ha visto aminorada en su impacto sobre nuestro análisis, por disponer de otras fuentes de información sobre los mismos. Además de la relación de Murillo, existen diversos documentos en el Archivo Histórico Nacional con datos referidos al siglo XVIII que permiten determinadas extrapolaciones al momento de la Visita, haciendo en definitiva viable la configuración de una propuesta integral sobre el recinto. Por fortuna, sí se cuenta con la mayor parte del contenido referido a otras de las piezas más importantes, como la iglesia o la casa de comedias. Pero, por encima de todo, lo realmente interesante es disponer información –aun limitada– del innumerable conjunto de piezas pequeñas que componían aquel enorme recinto. A pesar de las carencias existentes, el sumatorio de los datos disponibles permite llegar a conclusiones definitivas.

El *Libro de la Visita* no resulta de una secuencia lineal y continua en el tiempo. Se inicia en 1600, pero tras un primer período se da un salto de varios años hasta una segunda etapa de revista, la cual, de modo más sistemático, trata de anotar los cambios habidos respecto de la primera, o complementa el registro. Los primeros folios conservados se inician con los documentos de privilegios que obraban en el primer ca-

laje del archivo, figurando, por ejemplo, un privilegio del rey don Alonso al Hospital, de 17 de noviembre de 1425 (fol.13) al que siguen otros como el de 21 de junio de 1429 (fol.14) o el de 12 de marzo de 1459 (fol.16), el del rey don Hernando de 23 de marzo de 1504 (fol.23), etc.

Las jornadas se van registrando sucesivamente. Por ejemplo, dentro de la revista documental que se realizaba al segundo calaje, se deja constancia en forma de acta: «A los dos días del mes de marzo del año mil y seiscientos, en el dicho Hospital de Zaragoza, los dichos Sres. Visitadores [Miguel Palacios y Francisco Ximénez] con mí el notario y secretario de esta causa, continuando la dicha visita en el segundo cajón...», registro que continúa con los privilegios y letras (fol.30).

La segunda etapa aparece en el folio 450, hacia la mitad de las hojas que componían el ejemplar completo: «A seis de septiembre de año de mil seiscientos ocho, de Zaragoza, los dichos Sres. Doctor Gabriel Sora, canónigo de la Seo de Çaragoça y canciller de las competencias del Reyno de Aragón, y doctor Francisco de Santa Cruz y Morales, abogado fiscal y patrimonial de S. Mag. en dicho Reyno de Aragón, visitadores del Santo Hospital...» dejando seguidamente constancia del período de suspensión de la visita.

Este método sistemático va dando paso a las diferentes descripciones que, en ocasiones, afortunadamente suelen referenciarse respecto de los espacios del recinto. Es el caso, por ejemplo, de cuando se detalla dónde se encontraba el aposento del albañil: «Die decimo octavo de dicho mes de septiembre de dicho año de mil seyscientos y nueve, en dicha ciudad de Zaragoza y dentro del dicho Santo Hospital, el dicho Sr. canciller visitador y comisario sobredicho, continuando la dicha su visita, presentes el notario y secretario de esta causa (pasa al fol.653v) y testigos abajo nombrados, vio y visitó, en el paso que va del patio mayor de dicho Santo Hospital hacia los graneros y cementerio, en un aposento que es el primero a mano izquierda, en el cual está Pedro Calaf, maestro de hacer casas de dicho Hospital, el cual aposento tiene su puerta con su cerraja y llave, y encima una ventana con su reja de hierro, y dentro de él...»

Las relaciones de objetos y enseres son muy prolijas. La visita a la Botica, por ejemplo, ocupa decenas de folios donde figuran las listas de productos, frascos, redomas, materias, etc. En determinados momentos, por el contrario, se percibe un cambio en el espacio a visitar, señalándose el comienzo de un nuevo lugar. Un ejemplo lo tenemos cuando se inicia la revista del mesón: «A veinte y tres días del mes de septiembre de MDCVIIII, el señor don Gabriel Sora, canónigo y canciller de las competencias, visitador del Santo Hospital de Ntra. Señora de Gracia de la ciudad de Zaragoza, continuando su visita, vio y visitó una casa que es del dicho Hospital, que ahora sirve de mesón...»

Igualmente suele figurar el registro del cierre notarial de una jornada, normalmente referida a un lugar completo, salvo que se trate de grandes o complejos establecimientos o entidades. Un ejemplo es la iglesia, y dentro de ella la sacristía. En el folio 733v figura la intención de seguir con una descripción, sin embargo, viéndose demasiado extensa, se decidió posponerla, tachándose la última parte del texto y finalizándose el registro con la fórmula habitual: «De las cuales cosas // [comienza el tachado] y dentro de los sobredichos y arriba puestos, calajes, armarios y las demás cosas en ellas, uno en parte de otro, se halló la plata, jocalías, ornamentos, aderezos, bienes y cosas para servicio de la iglesia, adorno de ella y culto divino infrascriptas, siguientes: el primo [fina el tachado] // Miguel Palacios y Pedro Bardají, escribiente, habitantes en dicha ciudad de Zaragoza». Sin solución de continuidad se agrega el texto registral en la siguiente jornada: «A veinte y uno día del mes de septiembre de dicho año de MDCVIIII y en dicha ciudad de Zaragoza, y dentro de dicho Santo Hospital y en la iglesia de aquél, dicho señor canciller, comisario y visitador... continuando visitó e inventarió la dicha sacristía mayor de dicha iglesia...»

Completado el itinerario general de la revista se comprueban algunos cambios con referencia a lo visitado en la primera etapa, como es el caso del archivo, en el que lógicamente existen nuevos documentos: «A veinte y ocho dias de los dichos mes de septiembre y año MDCVIIII, en Zaragoza y en el dicho Santo Hospital, el dicho señor doctor Gabriel Sora, canciller y visitador sobredicho, continuando la dicha su visi-

ta y para efecto de ver y reconocer si en el archivo del dicho Santo Hospital (en el cual fue ya visitado por el dicho Sr. visitador juntamente con el Sr. abogado fiscal de su Mag., su convisitador, como consta de parte de arriba desde la tercera hasta esta hoja 263) faltan algunas escrituras, o se han aumentado, vio, pero no escribió, y de nuevo...»

En la última parte se recogen las encuestas a los regidores: «A seis días de los dichos mes de octubre y año MDCVIIII, en Zaragoza y en el dicho Santo Hospital, el dicho Sr. Doctor Gabriel Sora, canónigo, canciller y visitador sobredicho, para efecto de continuar su visita sin intermisión, debía alguno y preguntar (pasa al fol.817v) e interrogar a los Regidores de este Santo Hospital, y a cada uno de ellos mandó inferir y poner en este proceso una cédula de interrogatorio y preguntas hechas por artículos cuyo tenor es el que se sigue...»

El Libro se cierra con la relación completa del personal del Hospital, figurando en el folio 896 «Los que sirven, sin salario y con él, en el Santo Hospital Real y General de Ntra. Señora de Gracia» y concluye –folio 902v– con el «Levantamiento...» donde se verifica que todas las sumas alcanzan 1.398.789 sueldos.

La pregunta que surge a la vista de la documentación es si el conjunto de los datos disponibles alcanza un nivel suficiente como para que, inscritos en los entornos geográficos, tipológicos y constructivos, pueda ensayarse y proponerse una «anaparástasis» o reconstrucción ideal, una cuestión que en clave de hipótesis arquitectónica determina si puede definirse una forma para el edificio histórico[204].

La primera impresión que se obtiene de la lectura y estudio del documento de la Visita, en aras a la obtención de los datos suficientes para alcanzar dicha definición general del Hospital de Gracia, no resulta muy optimista. En efecto, no existen descripciones sobre su organización espacial o funcional, y el relato no parece responder a un esquema del que pudiera extraerse alguna clase de orden. Además está el problema de las partes que faltan y no existe índice de ninguna clase. Por todo ello, nuestras primeras aproximaciones fue-

204 Zaragoza Catalán (2016) pág. 5.

ron realizadas a las entidades con mayor número de datos y referencias, como la iglesia y el teatro. De la primera, por otra parte, ya habíamos podido avanzar esquemas de distribución al disponer del estudio realizado por Baquero, en el cual se describen las capillas, además de contar con los dibujos de Brambila y Gálvez. Del segundo existen diversos trabajos en los que se plantean aproximaciones, como luego se tendrá ocasión de conocer, así como la planta de Craso y Brieva, aunque ésta responde a una reforma muy posterior.

Al analizar la Visita de modo sistemático en dichas entidades los resultados no pudieron ser mejores. Una vez averiguado el itinerario, no exento de variaciones, y a partir de la espacialidad posible que resulta de la realidad cartográfica, no fue difícil encontrar un hilo conductor en el relato que nos hiciera de guía para interpretar la Visita como un descriptor lleno de detalles. En ambos casos conocemos la época de las construcciones, la tipología arquitectónica y una cierta planimetría básica, de forma que pudimos ensayar, mediante croquis, un modelo que funcionara tanto para las hipótesis de 1600 como para las constataciones derivadas de las imágenes que nos han llegado, todas ellas poco anteriores a la desaparición del inmueble durante los Sitios. Pero la iglesia y el teatro solo eran una pequeña parte del recinto. El verdadero reto lo planteaba el enorme conjunto restante.

El *Libro de la Visita* dispone en el margen de los textos unas anotaciones indicativas de los aposentos que se registran. Es un modo visual de localizar, en cierto modo, los contenidos. Así pues, ante la ausencia de una relación o índice de entidades espaciales o funcionales del Hospital, estas anotaciones, debidamente clasificadas, nos sirvieron para descubrir que la mayor parte de los elementos estaba contenida en el Libro. Esta lista de elementos descritos podía cruzarse con la relación del personal perteneciente al Hospital, descubriéndose que la amplitud de la parte registrada era mayor de lo que podría parecer a simple vista, y que el principal vacío de información debido a la pérdida de los folios del manuscrito se concentraba en las enfermerías. Por ello, si de los datos complementarios pudiera avanzarse en las áreas de información más débiles, la proposición general sobre una arquitectura del Hospital podría ser una realidad.

En este sentido debíamos avanzar en el conocimiento considerando simultáneamente varios factores. En primer lugar estaban las condiciones tipológicas. La fecha de la fundación del Hospital y su patronazgo real ponen el establecimiento de Zaragoza en el seno de un programa social avanzado que se extendería en todo el ámbito de la Corona de Aragón. Pero más allá del grado de avance de una sociedad que ya se encontraba en los albores del Renacimiento, se constata un florecimiento excepcional en el campo de las artes, dentro del cual la arquitectura juega un papel extraordinario como fórmula de expresión de una cultura que traduce su esplendor político, social y religioso. Poco después de iniciado el Hospital de Santa Cruz de Barcelona seguiría el de Zaragoza entre las grandes capitales de la Corona, sucediéndole Mallorca, Valencia, etc. Equiparables a los establecimientos tardomedievales o quattrocentistas de las principales ciudades de la Italia septentrional, los primeros hospitales generales de Aragón surgen de los modelos de integración de las enfermerías en torno a patios o claustros para formar entidades complejas en grandes edificios unitarios. Poco después se desarrollarán las fórmulas de centralidad basadas en la intersección de las naves para configurar gigantescas enfermerías con plantas de cruz griega, las que darán lugar a los modelos proyectados por Egas para los Reyes Católicos. Pero en 1425 estamos todavía en un estadio evolutivo anterior, y el Hospital de Gracia se construye según un modelo más cercano al barcelonés de Santa Cruz, cuyo proyecto originario obedece a la fórmula de bloques homogéneos en torno a un gran patio rectangular. Así pues, el establecimiento zaragozano no podía ser muy diferente.

En segundo lugar deben tenerse absolutamente presentes las condiciones constructivas. La arquitectura del Hospital de Zaragoza no pudo construirse con sillería de piedra, sino mediante estructuras de fábrica de ladrillo. Es preciso analizar los formatos contructivos de las obras de la arquitectura religiosa de las grandes naves de los conventos de los mendicantes, o las de los palacios o grandes edificios civiles, para deducir los prototipos en los que basar las formas constructivas que fueron de aplicación en la dilatada construcción de los edificios hospitalarios de Gracia durante los siglos XV y XVI. El gran tamaño de sus estructuras y la complejidad de su programa hace impensable que el de Gracia no hubiera nacido de un gran proyecto arquitectónico y que hubiera surgido de un aleatorio proceso en el que se sucedieran las piezas o los bloques arquitectónicos conforme resultaran necesarios. Con independencia de que, efectivamente, a lo largo de los siglos fuera objeto de ampliaciones y reformas, la articulación deducible de la relación entre sus numerosas entidades –el Hospital era una pequeña ciudad sanitaria y asistencial– hace de todo punto evidente que existió un trazado que presidió la construcción de los bloques originales principales. Aquí, por consiguiente, pueden avanzarse los formatos de las entidades constructivas: los muros, los arcos, los huecos, los forjados, las cubiertas, las falsas, las escaleras, las tapias, las puertas, etc. Fueron sin duda la limpieza y la austeridad de las grandes composiciones de la arquitectura muraria de ladrillo de la arquitectura zaragozana las pautas que guiaron la enorme fábrica hospitalaria, reduciéndose el papel de la piedra a elementos específicos: pilares del templo y los claustros, arcos y nervios, portadas, jambas y dinteles, algunas columnas en ciertas salas, etc.

En último lugar, fueron absolutamente determinantes las circunstancias funcionales. Se trataba de un gran conjunto en el que la diversidad de las actividades daba origen a un sistema de articulaciones por sectores y de circulaciones y recorridos muy complejo. El sistema requería, además, un elevado número de elementos y espacios de servicio. Si los modelos son perceptibles en los bloques de función especializada, como las enfermerías, cuando el objeto es un hospital general es preciso estudiar refencias más amplias, como los grandes conjuntos conventuales. No obstante, Nuestra Señora de Gracia superaba las instalaciones de los enormes recintos zaragozanos de Santo Domingo o San Francisco. Si bien el primero había comenzado a construirse en la primera mitad del siglo XIII y se disponía en una banda paralela a la ribera del Ebro, es en el monasterio de los menores, precedente del inmueble de Gracia al mediodía del Coso, a la altura de la puerta Cinegia, donde pueden encontarse algunas similitudes como entidades de organización compleja. Asentado en dicho emplazamiento a finales del dos-

cientos, su desarrollo corresponde a la plena arquitectura gótica mendicante del siglo XIV, con su iglesia de nave única inspirada en les Cordeliers de Toulouse, y bloques conventuales ordenados en torno a dos claustros, que daban lugar a extensos edificios lineales que, flanqueando aquéllos, albergaban los refectorios, dormitorios y demás oficinas.

En el Hospital, por otra parte, la diversidad requiere un elevadísimo nivel de articulación. Las enfermerías son distintas según se destinan a enfermos, heridos o pobres, según se trate de hombres o mujeres, y contando con los casos especiales de personas distinguidas, niños expósitos, parturientas, dementes o tiñosos. En las salas se encuentran actividades relacionadas con la caridad y la medicina. Todos los recursos y logística precisos para atender tal ciudad sanitaria y asistencial deben funcionar adecuadamente y con seguridad. Hablamos de locales de preparación de productos farmacéuticos, locales de reconocimiento médico, cocinas y habitáculos de servicio, etc. Pero, además, el Hospital disponía de grandes recursos propios para el suministro de toda clase de productos y el mantenimiento de su inmensa fábrica. Hablamos de huertos especializados, de instalaciones hidráulicas como conducciones y aljibes, de talleres de fabricación y almacenamiento de vestuario y mobiliario, mantas, colchones, etc., de graneros, hornos, bodegas, corrales para los animales, como gallineros, cabrería, etc., caballerizas y carros, cerería, carbonería, reciclado de vestuario, vajillería, etc. Además de estos espacios de servicio, el Hospital contaba con entidades anexas bien definidas, la mayor parte en su propia sede, como la iglesia, el teatro, el mesón y el cementerio, y otras externas, como campos de labor o la Torre de Movera.

En el Hospital solían vivir la mayor parte de sus empleados y responsables. No lo hacían los regidores, los profesionales externos como notarios o médicos colegiados, u otros colaboradores como las amas o los cogedores-limosneros parroquiales, grupos –estos últimos– que se extendían por toda la geografía del entorno. Los cargos y empleados internos eran más de ciento cincuenta personas, las cuales tenían sus espacios de residencia en las mismas instalaciones hospitalarias. Ello daba lugar a diferentes sectores residenciales y de servicios adicionales. En función del cargo o

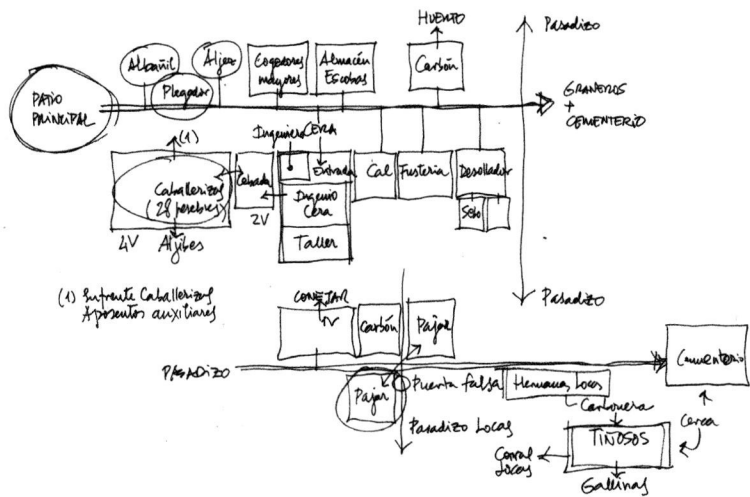

Formación de organigramas derivados de la descripción de la Visita de 1600. Esquema del corredor de los oficios.

especialidad del servicio, el personal disponía de permisos para la circulación interna y el acceso a los diferentes sectores del establecimiento. Tales roles se definen en las diferentes «ordinaciones» que fueron aprobándose con el curso de los años para regular las actividades del Hospital, a modo de reglamento funcional y de responsabilidades. Era imprescindible un régimen de orden y disciplina para la buena marcha de aquella ciudad sanitaria y asistencial, e inevitable una organización de niveles de responsabilidad y cometidos. En el *Libro de la Visita*, conforme se registran los innumerables aposentos de los diferentes sectores, simultáneamente se detallan las puertas con cerradura y llave, signo inequívoco del régimen de seguridad y privacidad correspondiente. Era esencial el sistema de puertas generales y porteros responsables. Existía un calabozo para recluir a los que delinquían. Tal complejidad funcional solo era posible desde una concepción espacial y de circulaciones muy bien diseñada y permanentemente ajustada a las circunstancias.

A pesar de no contar con una referencia descriptiva de carácter general, el análisis de los espacios pormenorizados manifiesta la existencia de una disposición lógica de los mismos y el carácter austero de las instalaciones, orientado a minimizar los enormes gastos que suponía la actividad de un establecimiento tan grande. La lectura y estudio de los registros descubre, por otra parte, que la intención de la Visita era la comprobación de que los recursos se gestionaban adecuadamente, de acuerdo a la finalidad caritativa de la institución. El ejercicio de la Visita misma manifiesta, de modo indirecto, una cierta mecánica utilizada en el proceso, analizando los espacios según las funciones, saltando a veces de unos sitios a otros cuando están vinculados. Este proceder minucioso en extremo es el que, a la postre, ha permitido explorar la organización espacial en base al relato. En efecto, existe una «unidad» descriptiva en la narración que no es sino el «aposento», equivalente a lo que hoy llamaríamos habitación o cuarto: un espacio independiente entre cuatro paredes. Pues bien, la articulación de estas unidades espaciales mediante datos complementarios, como la disposición de las puertas y las ventanas, y el lugar hacia donde se orientan, el orden de continuidad de la Visita, las referencias de carácter general como los corredores de acceso, la posición de los locales, la secuencia de los mismos, etc., van tejiendo un conjunto de enlaces que hacen posible el ensayo de plantas de distribución básica.

De este modo, como se haría al componer un enorme «puzzle», se pudieron ir articulando grupos de aposentos en entidades superiores –llamadas habitaciones o quartos en algunos casos–, y éstas entre sí, vinculándose unas a otras mediante estructuras de paso –corredores o pasillos– o espacios o entidades distintas –huertos, patios, corrales, etc. –. Era el primer paso del juego en el que pueden ser unidas las primeras piezas entre sí para formar los primeros grupos ensamblados. Siguiendo con el símil, componer el Hospital de Gracia consistía en completar un «puzzle» sin disponer la imagen final de conjunto, conociendo únicamente los límites del contorno y algunas zonas puntuales, y faltando parte de sus piezas, por lo que desde el principio tuvimos claro que hasta muy avanzada la exploración no iba a ser posible apreciar si el ejercicio iba a ser viable o sólo íbamos a poder plantear la forma arquitectónica de determinados sectores.

Una vez definidos un buen número de grupos, algunos de modo definitivo, otros con carácter abierto, cuya formulación final iba a depender de las entidades generales como los huertos, patios y grandes corredores o vías interiores,

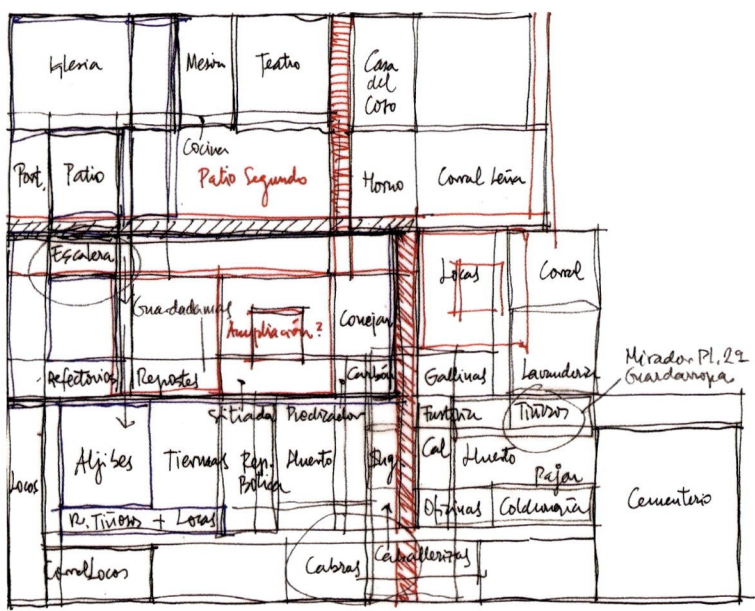

Articulación de entidades derivadas de la descripción de la Visita de 1600.
Esquema general de entidades.

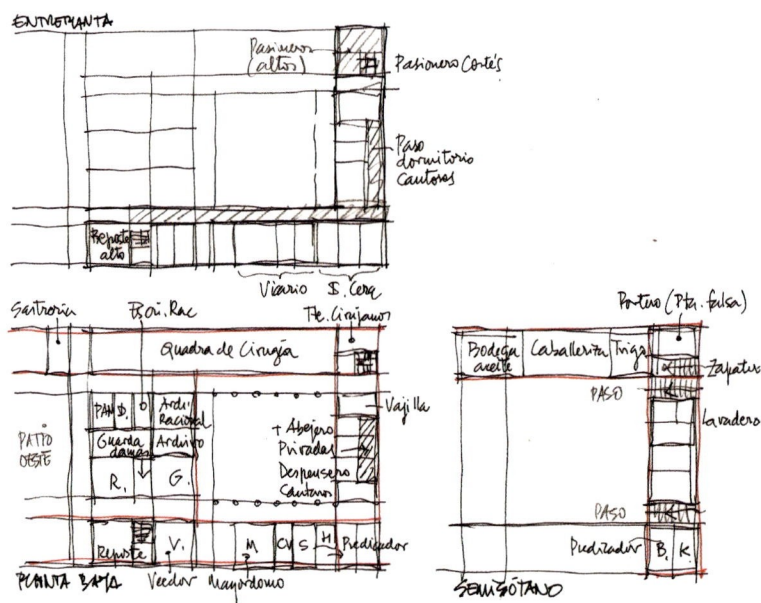

Composición de unidades derivadas de la descripción de la Visita de 1600.
Esquema del patio o claustro del conejar.

era preciso dar el siguiente paso: la articulación superior de los grupos, es decir, la aproximación a la disposición de las grandes entidades. Para poder acometer los ejercicios o ensayos era imprescindible dar soporte a una retícula de ordenación que hiciera viable un proyecto constructivo histórico. Conocidos los datos de suministro de los elementos de las estructuras de madera con que fueron realizadas las enfermerías del cuatrocientos y las dimensiones habituales de aquel tiempo, se estableció un módulo de cuatro metros en retícula que permitía su asimilación tanto a las luces de los espacios pequeños y crujías ordinarias de los bloques, como al doble módulo de las naves de las enfermerías, dimensión, por otra parte, también asimilable a las características descritas en uno de los pocos contratos de obra disponibles para la ampliación en altura de una de las entidades en el primer cuarto del siglo XVII, poco después de los años de la Visita. Es evidente que tal retícula, necesaria para el ejercicio positivo de reconstrucción arquitectónica, se plantea únicamente con carácter instrumental, pudiéndose introducir subsiguientemente ciertos factores correctores que reajustarían el modelo. En este punto se ha simplificado la dispo-

sición de algunas de las entidades respecto de sus alineaciones reales, afectadas por la curvatura de la calle del Coso y con incidencia en las áreas orientales. Aunque no influye en la disposición interna de las edificaciones, sí afecta a algunos de los espacios abiertos, que se ven deformados ligeramente, cual si se tratara de una representación al modo del Mercator[205]. No obstante, debe considerarse que nuestro objetivo es alcanzar una propuesta viable que se ajuste, científicamente, al conjunto de los requisitos caracterizados, ya que nunca podrá ser constatada, salvo que surjan nuevos descubrimientos en el futuro de tipo gráfico o documental que aporten características complementarias o dispares.

Conocidos los emplazamientos de las entidades diferenciadas –iglesia, mesón y teatro– los primeros grupos con po-

205 Aunque fuera probable que la curvatura del Coso diera lugar a una retícula de orden radial en la banda de entidades septentrionales, todo parece indicar que tanto la estructura de la iglesia como la del teatro e incluso las naves primarias de las Santas Cruces obedecían a una ordenación ortogonal, de modo que la deformación angular debió absorberse en los corredores, patios o corrales intermedios. Por ello, en aras a la simplificación interpretativa de las plantas de ordenación, la representación utilizada registra las entidades como si todo el conjunto respondiera a la retícula general.

Elementos de composición derivados de la cartografía sintetizada y de las descripciones. Esquema área occidental.

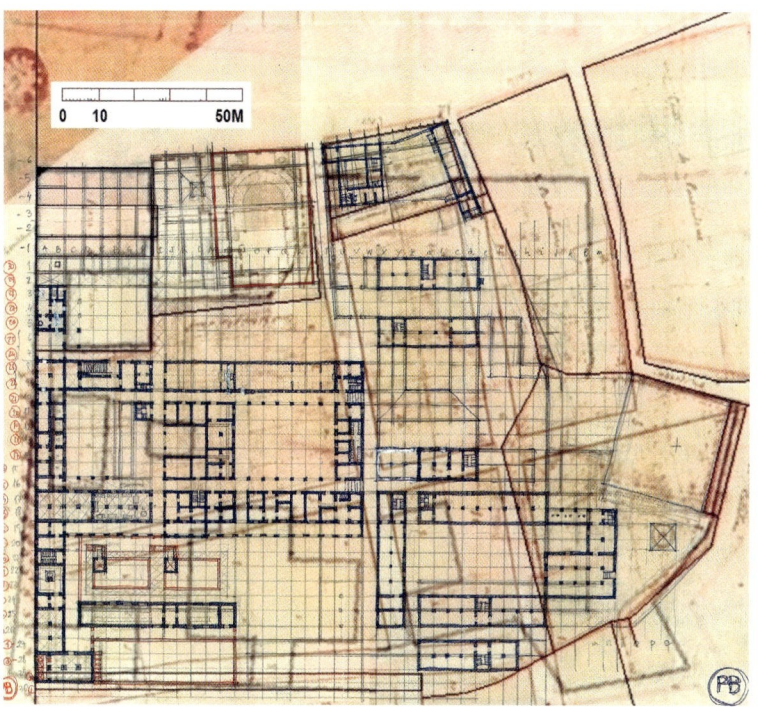

Composición modular derivada de las descripciones. Esquema nivel rasante calle del Hospital (PB).

sibilidad de articulación eran los correspondientes a la línea que formaba fachada a la calle del Hospital, en cuyas unidades se habían descrito las características compositivas suficientes para el establecimiento de la ordenación modular. La relación de las entidades pertenecientes a esta banda, tanto con el claustro o patio principal –situado en el costado de la iglesia– como con el patio al sur del anterior o patio occidental, definían la posición de los bloques perpendiculares a dicha banda. El bloque longitudinal central es el que conforma el eje funcional principal del Hospital, pues en él se contiene la escalera principal, a la que se accede desde el vestíbulo de entrada y el claustro mayor, y que conduce a la Botica, en su primer rellano, y al Salón distribuidor de la planta principal, desde el que se accede a las grandes enfermerías de hombres y al área de las enfermerías de mujeres

A partir de este sistema de ejes pudo estructurarse el área del claustro mayor y seguir explorando los encajes de las demás entidades. El ejercicio no resultó sencillo por varias razones. Por una parte desconocemos el tamaño de muchas de las entidades, por otra la denominación de éstas no siempre es la misma, y finalmente existen datos aparentemente

contradictorios que terminan por clarificarse, como el número de aljibes –elementos que dan lugar a diversos espacios, cuando aparentemente, al citarse en singular, parece que se trate de lugares unitarios–. Para completar las referencias relativas al tamaño y características de las entidades hemos recurrido, en el caso de las enfermerías, al análisis diacrónico, analizando los diferentes registros de las quadras en diferentes momentos históricos, considerando el número de camas y el formato de distribución de las mismas en las naves. En las caballerizas se ha recurrido directamente al número de cabezas facilitado en los registros. En otras ocasiones se ha recurrido a la composición arquitectónica para establecer áreas coherentes entre los datos de las descripciones y los formatos constructivos.

Especialmente complejo resultó el encaje de los niveles de las plantas en los ensayos de distribución de las entidades. A partir de las dificultades aparecidas en el difícil ejercicio de recomposición del mesón y sus espacios complementarios, se vio la necesidad de tener en cuenta la diferencia de altimetría entre los lindes extremos del recinto hospitalario para poder dar una respuesta espacial adecuada al relato. Una vez ensayados los niveles diferenciados, que establecen que la rasante de la planta baja general no es la misma en todo el recinto, se fueron articulando entidades que de otra forma eran incompatibles. De este modo pudo construirse un modelo estructurado por plantas completas, que incorporan desde el nivel de los sótanos hasta la planta principal, estableciéndose entreplantas tanto sobre planta de rasante de acceso desde la puerta principal en la calle del Hospital, como sobre la de rasante en las entidades que acceden en el extremo diagonal: mesón, teatro y casa del Coso.

Conforme fueron encajando las entidades pudo determinarse la ubicación de los patios y huertos que estaban rodeados de edificaciones, concretándose la existencia de un gran edificio de enfermerías y de varios bloques de construcciones complementarias. Fue el momento en que tomó forma la superposición en las plantas de las entidades según se describen en el relato, dando una respuesta definitiva a todos los requisitos conocidos para los innumerables elementos del Hospital de Gracia.

V. Fundación y construcción del hospital renacentista

Perseverad en el amor fraterno.
No olvidéis la hospitalidad;
por ella algunos, sin saberlo, hospedaron a ángeles.

Hebreos 13, 1-2

5.1. Fundación y desarrollo del Hospital General en el siglo XV

«Fue la virtud de la hospitalidad de tanta estimación entre los antiguos, que pocas hallaremos así en las divinas como en las profanas historias tan celebradas... Cuando hubieres partido tu pan con el pobre y recogido en tu casa a los viandantes y peregrinos, cuando habiendo visto al desnudo le vistieres teniendo por propia carne la tuya que ves desnuda, entonces repentinamente, como cuando el sol sale por la mañana, alumbrará el sol de justicia tu entendimiento y apresurará la salud de tu voluntad, deshaciendo las tinieblas de tu ignorancia y perdonando tus culpas. Y el derecho de la justicia, que procede de la misericordia y hospitalidad, que es haber de alcanzar misericordia los misericordiosos, irá delante de tí, pidiendo por justicia misericordia. Y la gloria del Señor, que la tiene puesta en perdonar pecadores, te recogerá como tú recogiste al pobre...» Así comienza Murillo el capítulo XXV de la segunda parte de su *Fundación milagrosa de la capilla del Pilar...*, que trata «De las excelencias de la Insigne y nobilisima Ciudad de Zaragoza», en el que aborda el tema «Del Hospital Real de la insigne Ciudad de Zaragoza, que la ilustra en grande manera por la virtud de la hospitalidad que en él se ejercita con particular excelencia».

En el frontispicio de la narración se yergue el espíritu de la caridad porque sólo él fue capaz de impulsar la ingente obra de edificar una verdadera ciudad hospitalaria al servicio de los más necesitados. En comparación con los tiempos antiguos o profanos, la sociedad que estaba dejando la Edad Media, en la que el servicio era de carácter individual en su mayoría, camina hacia el mundo del humanismo renaciente construyendo un servicio más organizado y cualificado, donde se verifica una nueva hospitalidad social en el seno de la forma de vida que ilumina la palabra evangélica y que precisa las obras de caridad con los necesitados. «La hospitalidad ahora se hace por amor de Dios –señala Murillo– y hay casas ciertas dedicadas para recibir pobres y particularmente enfermos, que son las que llamamos hospitales. Esta benignidad que hubo siempre en la nación española en materia de hospitalidad, particularmente ha resplandecido en los aragoneses y en especial en la Insigne Ciudad de Zaragoza».

Como se ha descrito más arriba, la Zaragoza que inicia el cuatrocientos contaba con cerca de una veintena de pequeños hospitales u hospicios. Algunos tenían su origen en la labor del servicio de la caridad prestado por las organizaciones parroquiales, siendo significativos los establecimientos anexos a las que disponían de mayores recursos, como San Blas –parroquia de San Pablo–, Santa Fe –parroquia de San Gil–, Santa María Magdalena, San Felipe, San Miguel de los Navarros, Santa Cruz, y la propia catedral del Salvador. Otros provenían de los establecimientos vinculados propiamente a la atención de peregrinos, como los anexos a los primitivos centros de Santa María y las Santas Masas –con origen anterior a la Reconquista– o los vinculados a las ermitas situadas junto a las entradas a la ciudad como Santa Elena –junto a la puerta y convento del Carmen–, Nuestra Señora del Portillo –junto a la puerta de su nombre–, o San Julián –junto a la puerta de Sancho y ermita de Nuestra Señora del Olivar (Predicadores)–. Finalmente otros tenían un carisma directamente vinculado a la atención sanitaria, como San Lázaro –leprosería y posterior convento de la Merced–, San Antón –junto a la puerta de Toledo–, o el conjunto de la encomienda de San Juan del Hospital. A los anteriores se unían otros adyacentes nacidos de la extensión de la actividad hospitalaria como los de San Bartolomé y Santa Marta –ambos dependientes de la Seo–, Nuestra Señora de Monserrate –junto al postigo de su nombre frente al puente de Tablas–, y los provenientes de legados o fundaciones particulares.

Todos ellos en conjunto asumían el servicio, con sentido individualizado, pero con el crecimiento de la población y la actividad económica durante el trescientos –que trajo con ella una mayor movilidad y número de transeúntes–, la red de instalaciones dio muestras de su insuficiencia organizativa como se hizo patente en las epidemias de peste habidas en aquella centuria. La solución estaba en la creación de un establecimiento general en el que se concentraran los recursos y donde pudiera darse el servicio en los espacios necesarios. Fue entonces cuando por parte de los estamentos religiosos y laicos, participando el concejo, la archidiócesis –regentada por el franciscano fray Alonso de Argüello– y numerosos particulares, se promovió el proyecto de un Hospital General para Zaragoza, fundación que tuvo lugar en 1425.

Murillo la describe de este modo: «Como los de esta ciudad tenían entrañas tan compasivas y tiernas, y tan inclinadas al socorro y remedio de los pobres enfermos, y necesitados que a ella llegaban, y que por otra parte no había casa determinada para hospicio común de los dichos pobres, a lo menos que fuese acomodada y capaz para dicho efecto, algunas personas pías, así eclesiásticas como seglares, trataron de hacer un hospital para hospedar a las personas necesitadas y ejercitar en ellas los oficios de la caridad. Comenzaron

la obra y en esta ocasión llegó a Zaragoza el serenísimo rey Don Alonso el V, al cual suplicaron dichas personas, interviniendo también en dicha súplica la Ciudad, se sirviese su majestad de que aquella obra pasase adelante debajo de su amparo y protección, dignándose del nombre de fundador de dicho hospital y de patrón de él; lo cual aceptó el rey con gran gusto, a imitación (según dice él mismo en su privilegio –este privilegio está en el archivo del Hospital–) de los reyes sus predecesores, los cuales en edificar, fabricar y aumentar semejantes obras de piedad se emplearon con particular inclinación...»[206]

El padre fray Felipe de Berbegal, confesor y persona de confianza de Alonso V, compareció el 27 de febrero de aquel año en «la casa de la Puent» donde se encontraban reunidos los jurados de Zaragoza, manifestando «que el rey, querient proveir a los pobres enfermos, había feito comprar unas casas de Simón de Güeso, situadas cerca del monasterio de San Francisco, que costaban 500 florines»[207]. Se trataba, probablemente, de unas edificaciones que podrían servir como instalaciones provisionales y que debían contar con amplios huertos donde poder construir el Hospital General.

A finales de mayo nombraba «regidores, ministradores e obreros del dicho Spital por la Ciudat a D. Ramón de Casaldáguila –zaragozano– e a D. Nicolao de Biota –señor de Albalatillo, a la sazón escribano de ración de Fernando I–, e por la Iglesia a los religiosos maestre Juan Civet –o Cavero, canónigo de la Seo y capellán mayor– y Lope Sixón –o Jijón, sacristán–»[208]. Finalmente, el 17 de noviembre, el Magnánimo, en calidad de protector de la institución, dotaba al Hospital de Zaragoza con mil florines de oro y le concedía licencia para pedir limosna en cualquier iglesia del reino.

En 1427 se aprobarían las «ordinaciones» o reglamento en el que se definía el régimen de funcionamiento y gobierno[209]. En ellas el rey delegaba en los regidores para que, en

206 Murillo (1616) pág. 208.

207 Fundación y confirmación de los Estatutos del Hospital de Nuestra Señora de Gracia. Archivo del Ayuntamiento de Zaragoza. Cfr. Gimeno Riera (1908).

208 Cfr.: Canellas (1976) pp. 382-383.

209 Es la fecha que señala Espes (1575, pág. 542) y recoge Canellas (1976, pp.

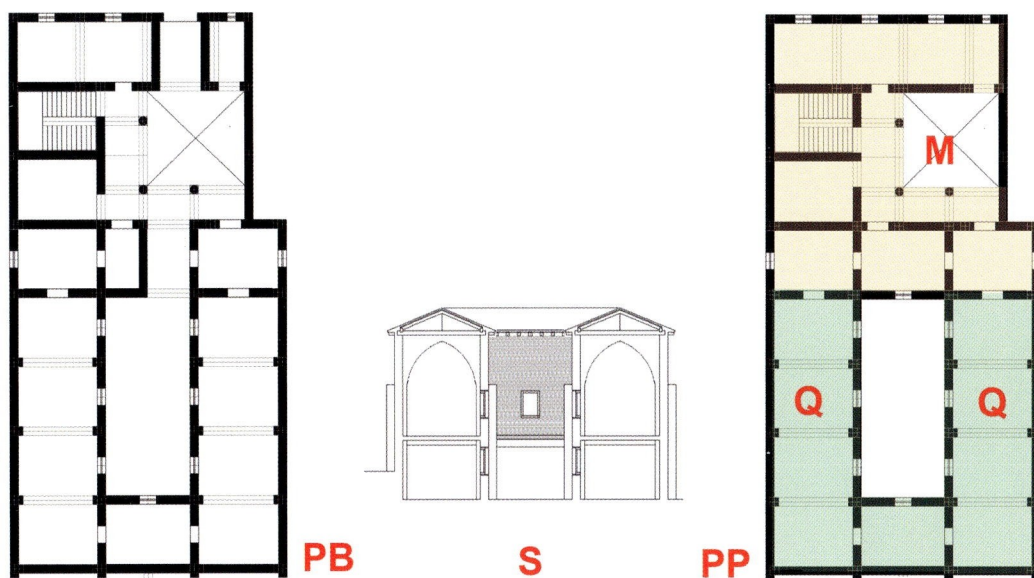

Hipotética instalación primaria del Hospital de Gracia, según R. Usón. Plantas y sección del sector Mesón-Santas Cruces, hacia 1430: PB Planta baja; PP Planta principal; S Sección transversal; M Edificio adaptado que daría lugar al mesón; Q Naves primarias edificadas que darían lugar a las quadras de Santas Cruces.

PB   **S**   **PP**

su nombre, ejecutasen las obras, recogiesen limosnas y administrasen los bienes con facultad de vender y enajenar... Se reservaba para sí, dando autoridad para el mismo efecto al arzobispo de Zaragoza, al cabildo de la Seo y a los regidores de la ciudad, «el visitar el dicho Hospital para ver la fidelidad, diligencia y cuidado con que los regidores ejecutan su oficio»[210], restringiendo la visita de altares y objetos de culto al arzobispo y a su vicario general[211]. Después de fundado el establecimiento, Alonso V –señala Baquero– permitió que éste pudiera quedarse con los bienes de los que hubieran fallecido en el mismo siempre y cuando no fuera agravio para sus hijos. Así mismo, en señal de afecto, le dio como distintivo el color verde –propio de la Casa Real de Aragón– y «como escudo la jarra de azucenas, muy estimada de aquel monarca, símbolo de pureza, y, por ende, estrechamente

relacionada con la titular y patrona Virgen de la Gracia, bajo cuyo amparo y protección lo había fundado»[212].

Para el inicio de la empresa, a los donativos de la Corona se unirían los del Concejo y los legados de algunos particulares, uno de los cuales fue el del citado Nicolás de Biota, que entregaría las rentas de su señorío. Constaría ulteriormente su generosidad con la presencia de sus armas en la iglesia del Hospital, a la entrada, en la capilla de San Sebastián, acompañadas por la siguiente inscripción: «Aquestas armas son del honorable don Beltrán de Biota, regidor y administrador que fue de aquel Hospital de Santa María de Gracia, el cual dejó el lugar suyo de Albalatillo, ribera de Alcanadre, a dicho Hospital y murió a once de octubre, anno a nativitate domini de mil cuatrocientos y veinte y ocho, y hago rogar a Dios por su alma»[213].

En los primeros meses de andadura, además de la preparación del proyecto general, debieron realizarse las primeras

382-383). En otros estudios se cita la del 5 de mayo de 1425, fecha en la Alfonso V dispuso, a través del secretario Francisco de Ariño, que los regidores guardasen e hiciesen guardar las ordinaciones, según figura en las aprobadas por Alonso de Aragón. Cfr.: Monterde (2008). Conocemos que de las primeras ordenanzas del Hospital una copia, incompleta y escrita en latín, fue remitida –conjuntamente con las posteriores ordinaciones de Fernando el Católico– a Valencia, a solicitud de sus jurados, en 1512, para que sirvieran de referencia a su nuevo establecimiento. Cfr.: Gallent (2014) pp. 55 y ss.

210 Murillo (1616) pág. 209.

211 Copia de la Fundación del Hospital de Nuestra Señora de Gracia existente en el archivo de la iglesia del Hospital Provincial. Cfr.: Baquero (1952) pág. 20.

212 Baquero (1952) pág. 22. A su vez, Martínez Calvo (1991, pp. 141-142) refiere que la «insignia de la jarra de las azucenas, símbolo de la Encarnación del Verbo, se la concedió Alfonso V de la Orden de Caballería de la Jarra (primera orden militar de Nájera que fundó García de Navarra en el convento de Santa María La Real); caída en desuso, la restauró en 1403 Fernando de Antequera y Alfonso V».

213 *Libro de la Visita*, fol. 713v.

Hospital de la Santa Creu, Vic. Enfermería. Interior.

obras de adaptación y ampliación de las casas existentes, las cuales formaron las primarias instalaciones del Hospital, de modo que en poco tiempo pudieron entrar en funcionamiento. Así parece deducirse del dato por el que –según Baquero– en 1429 el vicario general de la diócesis, García Maluendo, autorizaba al sacerdote del establecimiento para que, con asentimiento del rector de San Miguel, administrase los sacramentos a los enfermos. Simultáneamente se daba «licencia para preparar en él tres altares decentemente adornados con sacras, corporales, etc., uno en la parte superior de la casa, otro en la inferior y el tercero en la plaza que había ante dicho Hospital. Este último sólo cuando alguna

solemnidad lo requiriese»[214].

Vistas desde la perspectiva temporal que proporcionarán las descripciones posteriores –especialmente la de 1600-1609, una época en la que la forma y disposición de los edificios hospitalarios definitivos se percibe completamente nítida–, las informaciones precedentes parecen indicar que en tres o cuatro años estuvieron en funcionamiento aquellas instalaciones primarias, las cuales pudieron corresponderse con la casa que después sería el mesón del Hospital, a la que fueron añadidas sendas naves destinadas a las primeras enfermerías –una para los hombres y otra para las mujeres–, edificadas en dos plantas, con sus respectivos altares, que ulteriormente constituirían las llamadas quadras de Santas Cuces. Se trata del sector primario del Hospital definitivo, un área diferenciada del resto, como se verá después, cuya disposición solo tiene sentido desde la idea de formar en un breve plazo una entidad funcional que sirviera para dar comienzo a la actividad de aquel establecimiento con vocación general «urbis et orbis». Tales naves gemelas, sin duda, debieron estar dispuestas en paralelo, según el modelo gótico hospitalario, de forma similar al esquema básico seguido en la Santa Creu de Vic –desarrollado en la segunda mitad del trescientos–, separándose por un patio.

En cuanto a las construcciones del Hospital propiamente dicho, todo parece indicar que debieron comenzarse entre 1430 y 1440, y partiendo de un proyecto de un nivel muy superior, siguiendo probablemente el modelo de Barcelona. En relación al inicio del templo, conocemos que el papa Eugenio IV firmaba en Roma *decimo calendas januarii anno MCDXXXI ab incarnatione Domini* una bula por la que comisionaba al abad de Santa Fe para hacer en el hospital «iglesia, altares y cementerio», concediendo permiso para celebrar en aquélla la misa y el oficio divino y conservar los santos óleos y ordenando que para su servicio hubiera un sacerdote suficientemente dotado. Ventidós años después lo más probable es que la construcción estuviera en sus fases de terminación, o al menos la cabecera, ya que, en aquellas

214 Archivo de la iglesia del Hospital Provincial. Cfr.: Baquero (1952) pág. 21.

fechas, posiblemente como consecuencia de estar en vísperas de su puesta en servicio, se produjo cierto litigio. Los regidores habían debido pactar con el rector de San Miguel, parroquia de la que dependía el Hospital, que el Santísimo Sacramento se sirviera desde ésta, sin disponerse reserva eucarística en aquél. Ello debido, tal vez, a que en la autorización de Eugenio IV –como señaló Baquero– este detalle había sido omitido, a pesar de constar en la petición del rey, si bien tal circunstancia quedaría resuelta en una bula dictada por Nicolás V firmada en Roma *nono calendas martii MCDLIII*[215]. Entonces aquella situación anómala llegaría a su fin. Según el relato de Espés, «pareciendo esto muy indecente por la distancia que hay hasta la iglesia del Señor San Miguel y por las calles ruínes y aun despobladas y llenas de inmundicias y [donde] habitan hacia aquellas partes mucha parte de los judíos, que llevándolo allí tan frecuentemente el Santísimo Viático traerían burla y mofa… y porque se quite la ocasión de escándalo [el arzobispo] ordenó que en la capilla de Nuestra Señora de Gracia perpetuamente esté reservado el Santísimo Sacramento para enfermos y ministros de aquella casa y que por sacerdotes de dicho hospital pueda ser administrado…»[216] Tal documento de concordia fue firmado por Dalmau de Mur el 28 de mayo de 1454.

Por lo que se refiere a la fábrica principal del Hospital y especialmente las naves que conformaron las enfermerías y demás dependencias centrales, debe ponerse de manifiesto el papel esencial que jugó en la empresa el apoyo de la reina María de Castilla, esposa del Magnánimo, la cual ejerció un mecenazgo[217] absolutamente determinante en numerosas obras relacionadas con instalaciones religiosas y sociales, y entre ellas, como cofundadora y tutelando su progreso, el Hospital de Nuestra Señora de Gracia. Así, según Rosario Torrejón, «en una carta que la soberana escribió a Pere Queralt, fraile predicador de Lleida, expresaba su intención de hacer un estatuto u ordenamiento para que ningún enfermo se encontrase desatendido». Cita, además, otro escrito cursado al propio Dalmau de Mur en el que «pedía que estos enfermos fueran tratados solamente por médicos del propio hospital. Partiendo de estas solicitudes –añade–, podemos suponer que la reina fue quien realmente tuvo constancia y cuidado de lo que en este hospital sucedía y, por consiguiente, se encargó de las reformas pertinentes y de las necesidades de los enfermos»[218].

En este punto interesa destacar la existencia de otra carta, fechada en 1440, en la que instaba al concejo de Albarracín y su comunidad de aldeas a colaborar con aquella empresa: «Como el spital por el Senyor Rey e por nos fundado en esta Ciudat dius inuocacion de Sancta Maria de Gracia haya menester reparacion, la qual non puede fazer sin fusta, muy affectuosament vos rogamos que pora la dita reparacion e obra querades fazer servicio a Nuestro Senyor Dios e assu Madre bendita Sancta Maria de Gracia, e plazer a nos de XXX en XXXX fuestes de XXXV[I] palmos de luengo»[219]. Sin duda se trata del primer dato de importancia en la historia de la fábrica del establecimiento. La dimensión de las piezas de madera señaladas es la equivalente, con toda probabilidad, con los llamados *treintaiseisenes*, piezas de una longitud que podría resultar de unos siete o siete y medio, incluso ocho metros[220]. No siendo este segmento afín a la anchura de las naves de la iglesia, pues no alcanza la de la mayor y excede con mucho la de las laterales, esta dimensión se corresponde claramente con el destino a estructuras de forjados, formando los puentes en los que se apoyarán los *dozenes*, de 24 palmos de longitud. La petición de la reina de hasta cuarenta unidades equivaldría a un desarrollo de

215 Baquero (1956) pp. 23, 117.

216 Espés (1575) pág. 564.

217 Como ha señalado Aliaga (2020, pp.199-200) «la reina María de Castilla, que llegó al trono por un matrimonio de conveniencia para su linaje y que terminó ejerciendo el poder de facto durante sus largas lugartenencias, se ha revelado en los diversos estudios sobre su persona como una mujer pía, devota, de frágil salud pero de fuerte determinación, capaz y preocupada por la moralidad y el mantenimiento de la paz. La importante agencia política de la que la reina María disfrutó durante su reinado y la solvencia con la que la ejerció, le granjearon entre la sociedad de su tiempo un gran respeto y admiración que, junto a su privilegiada posición, la reina supo utilizar para ejercer un mecenazgo activo, preferiblemente en el entorno religioso».

218 Rosario Torrejón (2020) pág. 243.

219 García Herrero (2012) pág. 1372.

220 Según se considere el origen: el palmo del Ebro era equivalente a 0,193 metros, pero el valenciano equivalía a 20,873 cm. En algunos lugares era incluso algo mayor.

crujías en formación de naves de unos 176 metros lineales, o la mitad (unos 88 ml.) si las dos plantas se forjaran con estas estructuras. No constando la presencia de cubiertas de bóveda en las mismas y considerando las ampliaciones ulteriores realizadas en el quinientos, todo conduce a la conclusión de que la finalidad constructiva no era otra que las naves mayores del edificio y que posiblemente el destino concreto era el desarrollo del primer bloque mayor –donde estará la quadra del Rey–, cuya cuantificación modular, como se verá después, responde a 23 tramos, que –descontando el correspondiente a las crujías de fachada y los tres de la escalera– bien pudieran equivaler a los cuarenta puentes requeridos por la reina.

En todo caso, las obras del nuevo edificio y los costes de funcionamiento del Hospital obligaron a buscar fórmulas complementarias de financiación, una de las cuales fue la fundación de la cofradía de Santa María de Gracia, aprobada por bula de Eugenio IV firmada en Roma *pridie calendas mayi anno MCDXLIV ab incarnatione Domini*, una de cuyas exigencias era la entrega de siete florines de oro de Aragón, elevada suma que a la postre sería reducida a dos florines –uno de los cuales podría destinarse a otras obras pías–, y que a pesar de todo[221] terminaría por disolverse en tiempos de Fernando el Católico.

Sin duda los primeros bloques de enfermerías del nuevo edificio ya debían estar en funcionamiento en 1455, año en que fue fundada la cofradía de San Cosme, San Damián y San Valentín de barberos y cirujanos[222], vinculada al Hospital de Gracia. Se trata, como señalaron Solano y Armillas, de un hito en la historia de la medicina zaragozana. Por una parte se consolida la cristianización del ejercicio de esta disciplina, que hasta el siglo XV era aplicado casi exclusivamente por los judíos, entre otras razones por las conversiones que tuvieron lugar durante aquella centuria[223]. Pero además, en la entrada en funcionamiento del Hospital de Gracia juegan un papel esencial los cuadros médicos, que producen un enorme salto cualitativo en la atención social y sanitaria, que ve multiplicada su efectividad y sus resultados. Las ordenazas de los cirujanos que fueron aprobadas en Zaragoza el 7 de marzo de aquel año por el rey de Navarra, don Juan, lugarteniente general de Aragón, recogían la obligación de atender con dos colegiados a los heridos del hospital. Los médicos redactarían en 1466 unos estatutos con similares servicios[224].

Es difícil determinar, siquiera aproximadamente, cuál fue el alcance de la edificación construida en aquella primera etapa. Lo más probable es que comprendiera la iglesia, el pabellón de ingreso –alineado con la anterior en la calle del Hospital–, el bloque principal de enfermerías –la gran pieza lineal, perpendicular a esta vía, que se adentraba hacia el interior del recinto–, el bloque que albergaba las enfermerías de mujeres y la cámara de las nodrizas, y el bloque que cerraba por el este el claustro o patio principal y conectaba las nuevas construcciones con las pioneras, hecho que debió producirse, según apuntan todos los indicios –como se comprobará después– en la década de los 60. A todo lo anterior debieron añadirse, sin duda, otros pequeños edificios anexos destinados a servicios.

Todos los nuevos bloques formaban parte de un proyecto unitario que preveía la construcción de un edificio mayor que se iría desarrollando conforme se dispusiera de recursos suficientes, por ello más adelante, a finales del cuatrocientos y a lo largo del quinientos se sucedieron una serie de construcciones que seguían bastante fielmente el diseño original general y que completaron el magno Hospital proyectado por Alonso V. No obstante, antes de finalizar el siglo XVI, ya se había sobrepasado este programa incorpo-

---

221 Según Canellas (1976, pág. 405), Juan II ordenó en 1459 que la cofradía de Nuestra Señora de Gracia tuviera un colector de limosnas en cada lugar de Aragón, conforme a lo dispuesto en los estatutos.

222 Según las Ordinaciones de la Cofradía de San Cosme y San Damián y San Valentín, de Barberos y Cirujanos de la Ciudad de Zaragoza, aprobadas el 7 de marzo de 1455, «la dita confraria es fundada a efecto piadoso hoc encare que la dita confraria ha tenido a devocion e tiene el spital de los enfermos de la dita ciudat clamado de Santa Maria de Gracia... comunment concorre gran multitud de pobres nafrados por consiguient es necesario e razonable alli provedir de numero e suficiencia de cirujanos...» Cfr.: Fernández Doctor (1997) *Documentos...* pág. 38.

223 Solano y Armillas (1976) pp. 45-46.

224 Falcón Pérez (1980) pág. 202.

rando bloques especializados complementarios, como se verá más adelante.

El Hospital de Gracia, tal como estaba su evolución a fines del siglo XV, no puede considerarse perteneciente al vetusto modelo medieval de carácter monástico[225] sino a un formato prerrenacentista, o más bien renacentista, cuyo proyecto posiblemente partía del barcelonés e iba más allá de lo que preveía éste. Maclado con el pabellón de ingreso, el bloque principal de enfermerías respondía a un edificio lineal dispuesto en tres niveles o pisos. En la parte lindante con aquél se encontraba la escalera principal, desde la que se accedía tanto a las salas superiores como a las bodegas. En el resto del bloque, el nivel inferior –equivalente al semisótano– se destinaba a espacios de servicio, mientras los otros comprendían diferentes salas de enfermos. Entre las entidades surgidas en la primera etapa figurarían las principales, denominadas sala de Rey –en la que figuraban las armas del fundador sobre su puerta– y sala del Arzobispo. Posteriormente otros espacios de enfermería recibirían los nombres de sus promotores o benefactores, como la sala de los Caballerías, en virtud de los donativos realizados por don Felipe, señor de Calanda y sacerdote, cuya familia favoreció la empresa hospitalaria[226].

La realidad del nuevo edificio hospitalario comenzó también a tener efectos sobre el entorno. Desde que el establecimiento dio comienzo a su andadura instaló su fosal en un solar anexo a la muralla, frente a sus casas y huertos. Gracias a las descripciones contenidas en la *Carta publica de la visita de las torres, patios, caxnicerias e otros bienes pertenecientes al común de la ciudat de* Çaragoça[227] de 1460, puede

conocerse la ubicación y características de aquel primer fosal. La primera torre de la muralla de piedra que seguía a la puerta de Cinegia –en dirección hacia la de Valencia– la disfrutaba Johan d'Araguas, «la cual torre linda con la dicha puerta y con el fossar del Hospital de Santa María de Gracia». Se sigue que «el Hospital de Santa María de Gracia tiene los dichos primero y segundo compás siguientes a la puerta, que lindan con la dicha primera torre de Johan d'Araguas y con el corral de los Pelliceros, donde han hecho su fossar, del cual hace de treudo al dicho común doce dineros jaqueses, pagaderos anualmente». La duración del contrato era a perpetuidad. Se añade que «Johan Riera, pellicero, tiene la dicha tercera torre siguiente a la dicha puerta, que linda con el fossar del Hospital y con el muro de piedra». Por último consta que «al otro lado del muro, detrás del fosar del Hospital, de la torre tercera y de dos patios altos», se encontraba el fossar de San Gil. Queda así perfectamente definido cómo el Hospital se había reservado para enterramiento las dos parcelas delanteras de los compases situados al este de Cinegia[228].

Relata Blasco Ijazo[229] que la existencia del fosal se constató

---

225 Algunos autores, como Español (2014, pp.366-367), adscriben al de Gracia la tipología arquitectónica de los hospitales de época gótica, «ordenado según los preceptos del modelo de enfermería monacal, una réplica a tamaño reducido del propio monasterio... En Santa María de Gracia existían salas de enfermos, botica, un claustro que podía servir como lugar de enterramiento y alrededor del cual se disponían estos y otros espacios de carácter doméstico. También contaba con la preceptiva capilla».

226 Baquero (1956) pág. 24.

227 Cabreo de los bienes pertenecientes al común de la ciudad de Zaragoza, 19 de agosto de 1460. AMZ Sig. antigua: arm. 19, leg. 17, n. °1. El texto original es el siguiente: Torres e Patios apres la Puerta Cineja enta la Valentia: *Item trobo el dito procurador como Johan d'Araguas tiene la primera torre apres la Puerta*

Cinega indo enta la Puerta Valentía por el Coso ayuso, una casa de yuso de la dita Puerta e hun patio alto en el muro que sta sobre la dita Puerta, la qual torre afruenta con la dita Puerta e con fossar del Spital de Santa María de Gracia, e la casa afruenta con la dita Puerta Cinega, e el patio sta sobre la dita Puerta, por los quales torre, casa et patio faze de trehudo al común de la dita ciudat VINT sueldos, dineros jaqueses, pagaderos en cada hun anyo al mayordomo de aquella ut supra. Ay carta feyta en Qaragoza a quatorze de noviembre, anno MCCCCXXXXVII, por Anthon de Cuerla, notario. Tienelas agora uno del Rey, no sabemos como se clama. Primero et segundo compas: *Item trobo el dito procurador como el Espital de Santa María de Gratia tiene los ditos primero e segundo compás apres la Puerta, que afruentan con la dita primera torre de Johan d'Araguas e con corral de los Pelliceros, do han feyto fossar, del qual faze de trehudo al dito común DOTZE dineros jaqueses, pagaderos en cada hun anyo ut supra.* Tercera Torre: *Item trobo el dito procurador como Johan Riera, pellicero, tiene la dita tercera torre apres la dita Puerta, que afruenta con el fossar de Spital e con el muro de piedra, por el qual faze de trehudo al común de la dita ciudat DOTZE dineros jaqueses, pagaderos en cadahun anyo al dito mayordomo ut supra. Ay carta feyta en Caragoça, la qual el dito procurador no a podido haver.* Cfr.: Falcón Pérez (1981) pp. 227, 256, 332.

228 En los compases anexos a la Judería apenas se habían construido edificaciones adosadas hasta aquella fecha, según confirma Falcón (1981, pág. 82): «Entre 1460 y 1472 he podido comprobar que se edificaron a buen ritmo casas adosadas al muro en todo el tramo perteneciente a la ciudad. En la parte confrontante con la Judería la urbanización fue menor y continuó habiendo numerosos corrales».

229 Blasco Ijazo (1950) pág. 288.

en las excavaciones realizadas en 1926 durante las obras de reforma de la plaza de España, cuando «aparecieron unas espuelas de gran tamaño, con rodeta de afiladas puntas, una hermosa daga con ancho resguardo para la mano, con su correspondiente vaina de cuero y varias piezas y hebillas de cinturón. Dijeron –prosigue Blasco– que el cadáver aparecido llevaba al pecho un cordón. La caja era de madera fuerte con forro de terciopelo negro y ornamentado con cintas cruzadas de rombos y cuadrados, tal vez azules. Todo ello denotaba a los testigos que se hallaban ante un caballero del siglo XV de bastante estatura y de elevada alcurnia. Calzaba espuelas en señal de caballero y ceñía daga seguramente como señor de vasallos. No era el único cadáver de la tumba».

Pues bien, en 1468, por razones de salubridad y ornato, y sin duda en consideración a la nueva presencia de los edificios del Hospital –la iglesia, que hacía ángulo con el Coso y la calle del Hospital, y el pabellón de entrada, en esta vía, donde se encontraba el acceso principal–, los jurados de la ciudad «derrocaron el fosal del espital, que es contiguo al muro de piedra, cerca de la puerta Cineja, et el corral de los pelliceros que es contiguo»[230]. Sin duda fue entonces cuando se determinó situar el definitivo fosal de Gracia en el otro extremo del recinto hospitalario, en el ángulo diagonal opuesto a la posición del templo –ya rodeado por los nuevos bloques–, junto a las tapias del convento de Santa Catalina.

Desarrollada la primera gran fase del establecimiento, se comprueba que los costes de funcionamiento eran muy elevados y los recursos escasos, por lo que el estado del Hospital pasó por épocas de gran penuria. Esta situación se constata en 1471, cuando, tras una visita de los jurados y del prior de la Seo, se verifica la extrema pobreza reinante en sus instalaciones, de modo que los pobres enfermos pasaban frío y carecían de ropa de abrigo y mantas con que cubrir sus lechos, acordándose ayudas extraordinarias, contribuyendo la ciudad con 4.000 sueldos y el capítulo eclesiástico con otros 3.000, ayudas que se repetirían por parte del concejo en 1489[231]. Signo de aquellos tiempos, Abella Samitier ha dado a conocer un caso documentado en el que no se pagaron ciertos suministros de productos sanitarios. Así, el 4 de noviembre de 1483, el oficial eclesiástico de Zaragoza, a instancia del procurador del boticario mudéjar Yusuf Xama, sentenciaba ordenando a mosén Domingo Comín, regidor del Hospital, el pago de 165 sueldos y 4 dineros, «los quales son de resta de mayor quantía que el dicho convenido, como de casa del dicho agent de cierta tela et mercaderías de su botiga...», lo que no acabaría cumpliéndose del todo, pues diez años después aquél volvía a interponer pleito, condenándose de nuevo al regidor al abono de 80 sueldos y 10 dineros adicionales[232]. Ante las dificultades económicas de aquellos difíciles tiempos, la Diputación del Reino de Aragón, en lugar de dar ayudas de vez en cuando, decidió conceder al Hospital, a partir de 1501, una limosna anual fija de 5.000 sueldos, la cual, once años después, sería incrementada hasta la cifra de 1.000 florines.

También se constata para aquella época la existencia de sendas procesiones anuales al Hospital entre cuyos fines estaba la cuestación benéfica. Así aparece la correspondiente al martes de Pascua de Resurrección, documentada al menos en los pregones de 1465 y 1486, la cual –según Melón Juncosa– podría estar relacionada «con la elección de cargos mayores y menores del Hospital que tenía lugar el primer miércoles después del domingo de Resurrección, es decir, al día siguiente»[233]. La otra estaba vinculada a la conmemoración de los Santos Inocentes –cuya evocación se anclaba en la caridad hacia los enfermos y en particular hacia los niños expósitos y los hermanos simples–. Consta, en efecto, cómo el 7 de enero de 1486 el concejo de la ciudad ordenaba pregonar el siguiente mensaje: «Oyt que vos fazen a saber de part de los senyores jurados de la ciudat de Çaragoça: como sea deliberado manyana domingo fazer procession general al spital de Senyora Sancta Maria de Gracia de la dita ciudat la qual cada un anyo se acostumbra

230 Actas, 1468. Cfr.: Ximénez de Embún (1901) T. 3 pp. 75-76-77.

231 Falcón Pérez (1980) pág. 201.

232 Abella Samitier (2005) pp. 202-203.

233 Melón Juncosa (2017) pág. 97.

fazer al dicho spital por la festividat de los Innocentes»[234]. La procesión, en la que participaban obligatoriamente –según refiere Villagrasa– una persona de cada casa, partía de la plaza de la Seo y de las Casas de la Ciudad y seguía un circuito circular, deteniéndose a mitad del recorrido en la iglesia del Hospital, donde se oficiaba una misa. En aquella ocasión el sermón estuvo a cargo del «reverent maestre Benet, frayre del Monesterio de Santa Maria de Jhesus»[235].

Aquel mismo año otorgaba testamento el infanzón Juan de Coscón en el que refería su legado al establecimiento. Por una parte ordenaba «que las cámaras que tengo comenzadas de obrar y hacer en el Hospital de Santa María de Gracia de dicha ciudad, sean acabadas de hacer... con las devociones que a mi heredero infrascripto serán vistas». Además debían proveerse con el siguiente ajuar: «Para una cámara, una cama de ropa buena de la de mi casa, a saber, cuatro colchones, una colcha de plumas, cuatro cojines buenos, dos pares de lincuelos, una banoba, una licherra cardada y el papallón blanco que yo tengo hoy en la cama donde yago enfermo. Item, para la segunda cama, un colchón de paja, dos colchones de lana, una litera cardada y un cobertor que hay en mi casa, azul, de tela, dos cojines y dos pares de lincuelos. En la cocina de las cámaras que sean dadas y puestas las azinas necesarias para el servicio de las dichas cámaras, y así mismo en la saleta, su mesa de comedor, cadieras y bancos, y las demás cosas que sean menester para el servicio de comidas de los enfermos que estén en ellas...» Seguidamente indicaba el destino de las cámaras: «Y encargo a la conciencia de los actuales señores regidores del Hospital, y por el tiempo que sean, que dichas cámaras sean y sirvan para las personas de mi parentela y casa, si tales hubiera que fueran o quisieran ir al Hospital por necesidad, o para personas de honor que se vieran en necesidad y por necesidad fueran al Hospital, y no para otras personas...» Finalizaba precisando que los doscientos sueldos jaqueses de renta legados por su esposa se aplicaran «para la conservación y mantenimiento de las cámaras

Anónimo: *Nuestra Señora de Gracia titular del Real y General Hospital de Zaragoza*, h. 1816.

y camillas...»[236].

Por esta información se descubre que Coscón estaba promoviendo las obras de, al menos, dos cámaras para personas de honor, las cuales comprendían, como dependencias adicionales, un comedor y una cocina. El infanzón pretendía entregar de los bienes de su propiedad el amueblamiento y

---

234 Vilagrasa (2016) *La red...* pp. 55-56.
235 Melón Juncosa (2017) pp. 101-102.

236 Testamento de Juan de Coscón, infanzón, de 7 de septiembre de 1486. Cfr.: Falcón Pérez y García Herrero (2007) pp. 366 y ss.

ajuar necesario para el equipamiento completo de aquéllas. Posiblemente se trataría de una obra de acondicionamiento que se estaba efectuando en alguna de las crujías de enfermerías de la primera etapa del Hospital. El dato resulta de gran interés, pues descubre que en aquella fecha se estaban desarrollando espacios especializados.

Buena muestra de ello fue la habilitación de una sala de anatomía, consecuencia del privilegio otorgado en 1488 por Fernando el Católico a la cofradía de San Cosme y San Damián, constando «que toda vegada que por los Meges y Cirujanos de la dicha cofraria o por los Meges y Cirujanos que visitaran en el Spital de Sancta Maria de Gracia sera deliberado obrir o anatomizar algun cuerpo muerto en el dicho Spital lo puedan obrir o anatomizar todo o en parte, agora sea de hombre, agora de muger, tantas cuantas vezes en cada un año a ellos sera visto, sin se incorrer en pena alguna», actividad que –como señaló Fernández Doctor– posibilitaría, a la postre, que el médico Juan Tomás Porcell llevara a cabo «las primeras autopsias sistemáticas conocidas durante la epidemia de peste ocurrida en 1564»[237].

Para descubrir más información sobre las dependencias del edificio es imprescindible acudir a las ordinaciones del Hospital aprobadas por Fernando el Católico en 1496 y que fueron nuevamente redactadas por su hijo, el arzobispo de Zaragoza don Alonso de Aragón, en 1508. En ellas se regulan algunas actividades que, directa o indirectamente, aluden a ciertos espacios de aquél. Uno de ellos es el lugar de recepción de los pacientes. Estaba prescrito que cuando alguna persona se encontraba enferma, debía acudir al establecimiento algún familiar o persona de su casa y hablar con el regidor o su sustituto, el cual ordenaría a un visitador que lo reconociera y le informara posteriormente, y en vista de ello enviaría a un «mulet» para que lo transportara desde su casa hasta el Hospital.

Cuando llegaba un paciente no se le trasladaba directamente a las salas de enfermería. Primeramente se le confesaba, consolaba y reconocía en el «spitalet», un espacio que se encontraba a la entrada y en el que había dos camillas, una para los hombres y otra para las mujeres. La tarea le correspondía al vicario o al coadjutor. Si tenían disposición se les llevaba a la iglesia «a recibir el Corpus y comulgar, de forma que hayan recibidos los sacramentos antes de subir a las enfermerías»[238]

En dicho «spitalet» el vicario apuntaba todo lo que llevaba el paciente consigo, registrando en un libro los nombres, las ropas y los bienes que traía, ajuar que pasaba a ser custodiado por los enfermeros. Después, y antes de «subirlo alto» a la enfermería –indicación de que las salas en su mayor parte estaban en el piso alto–, al paciente «lo squilan e limpian por tenerlos limpios en los lechos». Seguidamente los enfermeros lo llevaban a su cama «et luego vienen los meges y visítalo y segunt la enfermedat así le ordenan»[239]. Los pacientes eran atendidos por ocho enfermeros, organizados de dos en dos, que realizaban guardia día y noche, bajo la supervisión del enfermero mayor, quien además custodiaba la ropa de las camas, etc. Este enfermero mayor estaba al mando de todos los enfermeros y servidores de las salas del Hospital y era responsable de los bienes de los pacientes, que enviaba para su custodia y conservación con sus albaranes y etiqueta al guardarropa[240]. Este era otro recinto diferente, un espacio de almacenamiento cuyo contenido figuraba en un inventario y cuya gestión estaba encomendada al oficial «guardarropa». En las enfermerías de mujeres se seguía el mismo orden, existiendo mujeres enfermeras. También estaba prescrito que «de contínuo se dizen dos misas a los dichos enfermos y enfermas, por a los quales hay dedicados dos clérigos».

Por su parte, los «meges y barberos», es decir, los médicos y cirujanos, tenían la obligación de visitar a los enfermos por la mañana y después de comer, prescribiendo las medicinas necesarias. Aquí aparece el oficio del «speciero», quien de-

---

237 Privilegios concedidos por Fernando el Católico a la cofradía de San Cosme y San Damián el 28 de enero de 1488. Cfr.: Fernández Doctor (1997) doc. 4. Ver también (1999) pág. 27.

238 Monterde Albiac (2008) pág. 514.

239 Copia de las constituciones y ordinaciones del Hospital de Santa María de Gracia de Zaragoza. ADPV, IV-4.2, caj. 1, leg. 2, s.f. Cfr.: Gallent (2014) pp. 55 y ss.

240 Monterde (2008) pp. 516 y ss.

bía dar cuenta de las drogas que disponía. Éste, por sí mismo o a través de sus ministros, debía facilitar las medicinas a cada enfermo, sin equivocarse, escribiendo el nombre del doliente en las ampolletas o vasos. Las recetas figuraban en unas tablillas que se colocaban junto a las camas por el enfermero, donde se informaba de las medicinas y el régimen del tratamiento. La «specería», llamada después botica, sería un espacio de trabajo donde se preparaban las recetas, la cual dispondría de una «cámara de las drogas».

Los niños expósitos que se «echaban a la puerta del hospital de noche» se enviaban a la «cámara de las criaturas», un espacio en el que había de continuo cuatro nodrizas para amamantar a los pequeños, supervisadas por una «madre». Desde allí los expósitos eran enviados para ser criados por nodrizas externas asalariadas, quedando registrados en el «libro de nodrizas» a cargo del regidor, donde se daba cuenta y razón de aquellas criaturas.

El Hospital tenía su portal mayor y junto a éste la portería o cámara del portero, quien debía «de tener la guarda y custodia de las puertas de la Yglesia y del dicho Hospital», ocupándose de abrirlas y cerrarlas «en las horas que por el mayordomo o enfermero general sean ordenadas». El portero debía «fazer residencia personal en su cambra e habitación, que está junta con el portal mayor de dicho Hospital»[241]. Podían existir otros porteros si fuera necesario, tanto para la puerta de la escalera del comedor como para otras, lo que quedaba al arbitrio y decisión de los regidores.

En el Hospital existían una serie de cámaras o apartamentos donde residían los diferentes responsables. Los clérigos eran el prior, el vicario y siete presbíteros, uno de los cuales debía ser el coadjutor. Su misión principal era ocuparse de la cura de las almas y la administración de los sacramentos a los pacientes. El primero era elegido por el arzobispo, y debía hacerse cargo de la iglesia, ordenando y haciendo celebrar en ella el oficio divino y la misa cantada principal, además de las otras en las capillas de aquélla, a diferentes horas. También debía visitar y reconocer cada día –por la

mañana, antes de comer, por la tarde y en la noche, antes de dormir– a todos los pobres y enfermos, cuidando que fueran ayudados en sus necesidades, consolados espiritual y corporalmente, etc. Así mismo debía supervisar que el escribano de ración hiciera semanalmente una revista de los niños internos y externos que estaban bajo el cuidado de las nodrizas. Los dos presbíteros capellanes debían leer «las pasiones» de Jesucristo a los enfermos para reconfortarlos y «ayudarles a bien morir» –de aquí viene la posterior denominación de «pasioneros»–. Los otros cuatro clérigos eran los responsables de decir las misas y rezar las vísperas cada día.

Otro de los apartamentos correspondía al mayordomo, un cargo al que competía inspeccionar «e visitar todos los oficios y officinas de la casa de dicho Hospital» y que mandaba sobre todos los oficiales de la casa. Entre sus cometidos estaba el oficio de obrero: «Item statuymos e ordenamos –rezan las ordinaciones– que el dicho mayordomo sea obrero e tenga special cargo y comision de fazer todas las obras que en el dicho Hospital, en qualquiere manera, se habran de fazer, las quales obras el dicho obrero sea tenido fazer de mandamiento e ordinacion de los regidores e administradores generales».

Los servicios a realizar por los distintos responsables nos hablan de los lugares o dependencias existentes en el edificio. Una de ellas era el archivo, donde se custodiaban todos los documentos. Así figura cuando se describen las funciones del receptor y procurador general, a quien correspondía hacerse cargo de «todas las rentas, pecunias, bienes, derechos y emolumentos y cosas que de cualquier manera y por cualquier título al dicho Hospital perteneciesen». Los inventarios, por ejemplo, debían ponerse «en el archiu y faga sean allí guardados y conservados». Por su parte, el racional y oidor de cuentas llevaba el libro de anotamientos. Otro despacho correspondía al «escribano de razion», quien debía disponer todos sus libros perfectamente ordenados. Finalmente debía existir un aposento, posteriormente llamado «sala de la Sitiada», donde los regidores se reunían cada cierto tiempo, figurando en una de las capitulaciones que «fagan sitiada en el Hospital los primeros viernes de

241 Ordinaciones de don Alfonso de Aragón. Cfr.: Monterde (2008) pág. 524.

cada un mes»[242]. Los regidores estaban a cargo del gobierno y administración. Eran cuatro personas notables, dos ciudadanos designados por el rey o su lugarteniente y dos canónigos de la Seo. Los cargos se cubrían por un sistema rotatorio de modo que nunca coincidían todos recién nombrados[243].

Un espacio importante era el reposte o la despensa. Existían puestos de comprador y despensero. El primero se ocupaba de la adquisición de toda clase de provisiones y vituallas, y entregaba al repostero la mercancía, el cual se ocupaba de su conservación y entrega en las cantidades requeridas –«dar salida por menudo de las cosas»–. Otros oficios relacionados eran el de repostero, panicero y bodeguero de vino y aceite, y también se cita al cocinero y sus ayudantes, deduciéndose la existencia de diversos obradores y bodegas. Así, el mayordomo, conjuntamente con estos oficiales, estaban obligados a facilitar y dar comer y cenar a los enfermos y a las otras personas de la casa, en la cual tenían su residencia personal, «en las tablas donde el prior, vicario y capellanes, los pobres, servidores y los otros domésticos de la dicha Casa e Hospital comieran». En este sentido, para los familiares y domésticos de los oficiales del establecimiento que residían y comían dentro del mismo, estaba prescrito que lo hicieran en el comedor común, y prohibido que lo hicieran –salvo excepciones– en sus cámaras[244]. Las propias ordinaciones de 1508 señalan que en los comedores del Hospital el promedio de las personas que recibían servicio eran unas doscientas «entre enfermos, inocentes, criaturas e servidores»[245].

En conclusión, puede inferirse que el Hospital estaba plenamente desarrollado para el tiempo de Fernando el Católico, habiéndose alcanzando una funcionalidad muy evolucionada. Tras su portal de entrada se accedía a un vestíbulo de recepción junto al que estaban la portería y el «spitalet», donde se reconocía a los enfermos antes de su ingreso. Cercana

estaba la iglesia, que contaba con varias capillas. Próxima al vestíbulo debía estar la escalera que subía a las enfermerías altas. Existían salas diferenciadas para hombres y mujeres a cargo de los diferentes enfermeros. Es muy posible que hubiera salas diferenciadas por la situación de los pacientes, como salas de calenturas o de cirugía, salas de contagiosos o cámaras de personas de honor[246]. Había lugares especiales para los inocentes –el manicomio–, los expósitos disponían de la cámara de las nodrizas y también debía existir una sala de anatomía.

El Hospital disponía de locales especializados como la «specieria», el reposte, la panadería, la cocina, los comedores, las bodegas de vino y aceite, etc. Así mismo consta la existencia de espacios de las oficinas de los oficiales como la receptaduría, el despacho del racional, el del escribano de raciones, el archivo, etc. También debía existir una sala para la Sitiada. Finalmente estaban los locales de habitaciones y residencia de los clérigos, los responsables laicos y sus familiares y domésticos, los escuderos y sirvientes, etc.

La importancia y prestigio que había alcanzado el establecimiento zaragozano era enorme. También, en concordancia, lo eran sus gastos. Una prueba de ello fue la autorización de Isabel la Católica para que aquél pudiera pedir limosna en todos los reinos, según documento firmado en Alcalá de Henares el 19 de mayo de 1503. Un detalle personal muestra, además, la caridad de la reina, pues conjuntamente hace «donación al Hospital de Santa María de Gracia de Zaragoza de un horno, un bacín de alambre y otros utensilios que pertenecieron a la cocina de la reina y princesa mi hija que gloria haya»[247], enviando una de las cédulas a Juan de Ibia, su cocinero.

---

242 Monterde (2008) pp. 513, 514, 512, 511 y 525, respectivamente.

243 Perez Galán (2013) pág. 300.

244 Monterde (2008) pp. 519, 520-521, 528.

245 Copia de las constituciones... Op.Cit. Cfr.: Gallent (2014) pp. 55 y ss.

246 Se desconoce el número de enfermerías existente a finales del siglo XV. No obstante, algunos autores como Dolset y Fernández Doctor, siguiendo a Baquero, estiman que eran doce, de las cuales nueve estaban destinadas a hombres y tres a mujeres. Cfr.: Baquero (1956) pág. 27, Dolset (1956) pp. 13-15, Fernández Doctor (1987) pág. 29.

247 Donación de utensilios al Hospital de Santa María de Gracia de Zaragoza. Archivo de Simancas. Sign.: CCA, CED, 6, 99, 4.

5.2. Evolución del Hospital General en el siglo XVI

Las noticias informan que el Hospital, a lo largo del quinientos, embellece y amplía sus instalaciones culminando su proyecto fundacional. Como fue habitual en esta centuria en todas las iglesias zaragozanas, altares y recintos son decorados con obras artísticas de los mejores artífices gracias a los recursos obtenidos por fundaciones y capellanías, que además de surtir al establecimiento con ayudas para su funcionamiento, orlan el recuerdo de los legatarios en capillas rubricadas por sus armas. Un buen ejemplo lo tenemos en la capellanía instituída en el Hospital por Sancho de Paternoy[248], vecino de Zaragoza, de la que constan ingresos por valor de 375 sueldos jaqueses en 1500, 1503, 1506, 1507 y 1510.

La primera de las obras que abre las noticias de esta centuria es un bella tabla pintada para el Hospital por Martín Bernat en 1504. Dedidaca a Nuestra Señora de Gracia y realizada en su depurado estilo hispano-flamenco, representa una imagen de la Virgen con el Niño rodeada de ángeles músicos. Se trata de una obra de tamaño medio, de casi un metro por 1,50 de alto, que actualmente se encuentra en el museo del castillo de Perelada (Gerona). Bernat era un cualificado artista que había realizado importantes obras en Zaragoza con anterioridad como los retablos de San Gil, en 1477 –obra desaparecida–, o el del convento de San Agustín, ejecutado diez años después. Según Ortiz Valero, la tabla de Gracia probablemente sea una de sus últimas obras, pues Bernat hizo testamento el 5 de abril de 1505[249] –año de su fallecimiento–, legando cien sueldos para a los pobres del Hospital, una suma que debía ser descontada del precio de los regidores le debían por la ejecución de aquella pintura.

El 19 de noviembre de 1507 se firmaban capitulaciones entre Ferrer de Lanuza, mayordomo y procurador, y el maestro Jaime Ferrer sobre un rejoj que éste debía de fabricar y

Martín Bernat: *Virgen de Gracia*, tabla para el Hospital de Zaragoza, hacia 1504.

asentar en el Hospital de Santa María de Gracia[250]. La pieza debía ser de forma cuadrada y medir cuatro palmos de alto y dos y medio de ancho, además de fuerte, recia y bien acabada, e instalarse «donde mejor parezca y a voluntad de los señores regidores o mayordomos». Comprendía dos campanas, una grande y otra más pequeña, las cuales debían tañer y sonar respectivamente al señalar sus saetas las horas y los cuartos. La mayor debía situarse «encima de la tablada, sobre la campana de los cuartos, de la cual partirá y subirá un alambre hasta la campana de las horas, para que sea oída

248 Albaranes de 9 de abril de 1500, 12 de julio de 1503, 7 de mayo de 1506, 15 de octubre de 1507 y 1 de enero de 1510, de los patronos de la capellanía instituida por Sancho de Paternoy, vecino zaragozano, en el Hospital de Santa María de Gracia de Zaragoza, de 375 sueldos jaqueses por el pago anual de un censal. AHN: Diversos-comunidades, Car. 102, N.5; Car. 123, N.27; Car. 123, N.43; Car. 117, N.15; y Car. 91, N.19, respectivamente.

249 Ortiz Valero (2013).

250 Abizanda (1915) T.1, pp. 382-383.

dentro y fuera de la casa». La tabla debía ser de madera y pintada como la de Santa Engracia. Además, el relojero debía fabricar un despertador que avisara a los enfermos a la hora que se quisiera, tocando los cuartos un personaje de madera que la Casa daría al maestro, de modo que éste lo hiciera «tocar y hacer sus movimientos de manos y cabeza». Las campanas y la tabla serían costeadas por aquélla, corriendo a cargo del maestro «todo lo que corresponda al reloj, de hierro y acero», al que se pagaría por sus trabajos 500 sueldos en dos tandas.

En los años 1511 y 1512, mosén Antonio Ferriol, caballero e infante del rey, que tenía una de las capillas de la iglesia del Hospital, promovía la realización de un retablo para ella bajo la advocación de la Quinta Angustia. Para ello suscribiría primeramente, el 10 de febrero de 1511, un contrato[251] con el escultor zaragozano Juan de Salas, en el que consta que debía hacerse de madera, de 18 palmos de ancho y 22 de alto. En los detalles de las capitulaciones se descubre que debía realizarse al estilo «romano», según la manera renacentista. Consistía en seis piezas encoladas y machihembradas a sus basas de medios «quairones», y dos piezas en el banco, bajo el que debía haber un «quayron» de asiento. En este banco debía haber «cinquo tubas del romano con sus pilares» y «sus basas en torno muy bien obradas y bocelladas». El retablo tendría «sus polseras en torno obradas con sus suelas del romano a los cabos». En el sector principal dispondría de «quatro puyadas de pilares trasflorios» y «tres tabernáculos obrados del romano», de modo que en la pieza central hubiera «una bacía con la Piedat de bulto, con su cruzero y sus rosas». Ferriol pagaría por el retablo de madera 440 sueldos en tres tandas y debía estar acabado a finales de junio.

Para completar la obra, el 31 de julio del año siguiente firmaba capitulaciones con el pintor Enrique Durchens, habitante de Zaragoza. Según la escritura[252] el retablo tenía tres compartimentos, uno central con «una bassía con una Quynta Angustia, entallada de bolto» y dos laterales que debían pintarse a pincel, y sobre ellos «un tabernáculo con sus

251 Abizanda (1915) T. 1, pp. 70-71.
252 Abizanda (1915) T. 1, pp. 30-32.

Juan de Moreto: *Retablo de San Lucas*, iglesia de Ntra. Sra. de los Ángeles, Bardallur (Zaragoza).

tubas e lanternas». La mazonería del retablo tenía, además, «sus quatro pilares entallados». En el banco inferior había cinco compartimentos en los que debía pintar otras tantas historias de pincel, sobre la Pasión del Señor o de Nuestra Señora, sobre las cuales habría «su tuba o archete entallada, e mas sus seis pilares, e mas sus listones». Tras preparar las superficies, el retablo se debía «pintar e dorar de fino oro e fynos colores...», con la mazonería dorada y bruñida y los campos de los tabernáculos de color azul, sembrados de estrellas. Se pagarían 1.500 sueldos por la obra, constando que fue terminada el 22 de octubre.

Algunos años después, la capilla colindante sería entregada al colegio de médicos y cirujanos, institución que firmó un acuerdo de prestación de servicios con el Hospital el 23 de septiembre de 1531. Según aquellas capitulaciones[253] «los señores regidores del dicho Hospital... se obligan dar e asignar al dicho colegio de físicos e cirujanos, siquiere confrades de aquel... en el dicho Hospital, una capilla con su retablo so la invocacion e ymagines de los gloriosos sanctos sant Cosme, sanct Damian, sanct Luch y sanct Pantaleon, y altar con todos los bestimentos y arreos al culto divino necesarios, e que para el servicio de la capella convienen que en adelante el dicho retablo los dichos señores regidores hayan de mantener a costa del dicho Hospital, asi de dia como de noche, mantener una lampeda encendida». Además, «cualquier collegiante... pueda libremente, sin pagar cosa alguna a dicho Hospital, mandar enterrar sus cuerpos en dicha capilla, e para dicho enterratorio pueda el dicho collegio hacer su propia cisterna o cualquier otra sepultura dentro de la capilla....»

Para ello, «se obligan a tener perpetuamente la dicha confraria e collegio en el dicho Hospital, celebrando la fiesta... dentro de dicho Hospital y en la dicha capilla y no en otra yglesia...» Finalmente se comprometían a reunirse en sus asambleas en el local que les sería proporcionado, obligándose a «hacer ayuntamiento alguno suyo en dicho Hospital en la cambra y lugar que por los señores regidores les sera asignada... la cual cambra los dichos mayordomos tendran su llave e aquella solamente este diputada e dedicada para el dicho efecto e servicio». A cambio, «por razon del salario infrascripto, el dicho collegio... por tiempo de diez años... se obligan a visitar personalmente todos los dolientes del dicho Hospital, asi de calenturas como de cirugia como aun de cualquier otra dolencia, excepto de mal de simiente e peste, la cual visita hayan de hacer dos cofraires... fisicos e dos cofraires... cirujanos... e mas si ordenara la dicha cofradia si el numero de los dolientes sera tanto que sera menester mas fisicos o cirujanos...» A partir de aquella fecha será constante la citación de los espacios de la cofradía, la sala de reuniones y la capilla que, provista de la correspondiente cisterna, era el lugar de enterramiento de los cofrades, se-gún va figurando en las sucesivas ordinaciones en los siglos siguientes, hasta finales del setecientos.

Para la realización del retablo comprometido en el acuerdo, fueron firmadas las correspondientes capitulaciones el 10 de abril de 1536. En la misma comparecieron por una parte los magníficos maestre Pedro Serena, maestre Joan Isert y maestre Francisco Carenas, todos ellos doctores en medicina domiciliados en la ciudad, y por la otra el maestre Joan de Moreto, mazonero florentino afincado en Zaragoza. Este encargo estaba entre los trabajos previsibles para aquella temporada, pues sólo dos meses antes dicho escultor había concertado mutua colaboración con sus colegas, imagineros y mazoneros, Miguel de Peñaranda y Pedro de Lastanosa, obligándose entre ellos bajo la indemnización de 100 ducados. Entre las obras a la vista se encontraban asuntos importantes como el retablo de la capilla de Sallent (Huesca) de Juan de Lanuza, virrey de Aragón, varias obras –retablos, coro, llaves, etc.– en la iglesia de Alquézar (Huesca); los retablos que habían de hacerse en el monasterio de San Francisco de la Orden de Jesús de Alcañiz (Teruel), el retablo principal de la iglesia mayor de Belchite (Zaragoza) y otro en la iglesia de San Juan de la misma localidad, el del templo de Colungo, cerca de Alquézar, varias obras –retablo y sillas del coro– en la villa de Mora, el facistol del zaragozano monasterio de Santa Engracia y, finalmente, el que pretendían hacer «los médicos del Espital de Zaragoza»[254].

El contrato trataba acerca del retablo que debía hacerse para la capilla de San Cosme y San Damián existente en el Hospital de Nuestra Señora de Gracia. En las cláusulas se decía que, en primer lugar, la obra había de «ser hecha de fusta muy buena y conforme a la muestra» que había realizado el maestro. Las dimensiones del retablo eran de 22 palmos de alto y 15 de ancho, y debía estar acabado y asentado para la fiesta de los citados santos del «primo venidor del presente año de 1536». Entre las condiciones figuran los detalles siguientes: en el banco debía haber tres historias, en la central la Quinta Angustia y a los lados sendos milagros de Cristo,

253 Fernández Doctor (1997) *Documentos...* doc. 7, pp. 73-76.

254 Abizanda y Broto (1915) T. 2, pág. 290.

la curaciones del paralítico y del ciego. El maestro habría de poner sus pilamidones entallados y sus molduras, friso y arquitrabe, todo entallado.

El cuerpo del retablo comprendía, en la pieza central la figura de San Lucas y a ambos costados las de San Cosme y San Damián, respectivamente. Entre «los repartimientos de las cajas» debían colocarse columnas revestidas «de muy rico romano, con sus membretes entallados. Sobre los cajones laterales debían estar otras dos cajas cuadradas, una destinada a la figura de San Valentín y la otra a San Pantaleón. Sobre las columnas correría un arquitrabe, friso y molduras, todo entallado. Encima de la caja central debía haber «un redondo entero con el Crucifijo, María y San Juan», todo él rodeado de sus ricas molduras entalladas, rematado con sus coronas, y sobre las piezas de los costados sus frontispicios. El precio se establecía en 1.400 sueldos, de los cuales se pagarían a cuenta 550 en aquella misma fecha y el resto cuando estuviera terminado. Consta documentalmente[255] que se liquidó el 30 de noviembre de aquel mismo año.

Dice Abizanda que esta obra desapareció en la guerra de la Independencia, sin embargo, por fortuna, se ha conservado en su mayor parte y está ubicada en la actualidad en la iglesia parroquial de Bardallur (Zaragoza). A partir de la adscripción por Abbad Ríos[256] de tal obra al taller de Joly y Moreto, por sus semejanzas con el retablo del santuario de la Virgen del Moncayo, en la que las advocaciones contienen errores, un primer análisis fue realizado en 1973 por Rábanos Faci[257], aunque sin relacionarse con el Hospital de Gracia. Entonces la imagen central del retablo no era la original de San Lucas, sino una Virgen del Rosario, posterior. Tampoco existía el característico Calvario en el remate. En la descripción se indica que el formato de la obra responde al tipo arquitectóncio de retablo-fachada, y que la decoración y la traza parecen señalar al taller de Moreto. El banco se compone de tres cajas separadas por pilastras, mientras las calles del cuerpo del retablo se separan por columnas abalaustradas sobre plintos. La central dispone una única hornacina, mientras las laterales tienen dos pisos, los inferiores con hornacinas y los superiores con casetones.

Más recientemente se ha vinculado con el retablo de San Lucas del Hospital de Nuestra Señora de Gracia. Así se refiere por Morte García en la biografía de Moreto[258] o por Nogueras Langa en un estudio en el que se apunta la causa por la que la obra fue trasladada, relacionándose con la venta de algunas obras del arruinado edificio como consecuencia de la crisis económica del establecimiento. Concretamente se informa de una carta de 1822 (sic) en la que el párroco de Bardallur, conociendo de las jocalías y vasos sagrados de los conventos suprimidos que se iban a repartir, pedía para su localidad varios objetos litúrgicos y «un retablo o dos de madera»[259].

Otro de los artistas de aquel tiempo de esplendor renacentista que vivió la ciudad y del que consta que existió una obra suya en el Hospital de Gracia fue el escultor de origen francés Gabriel Joli. Tal vez una de sus obras tempranas en Zaragoza fue una pieza cuyos detalles desconocemos, pero que realizó para el establecimiento antes de 1519, fecha que, según Abizanda, se cita en una cláusula del contrato que suscribió aquél con la comunidad del monasterio de Roda para hacer un retablo bajo la invocación de San Vicente, en el que figura: «Item porque en la muestra el capitol y procurador, no puede conocer si los gestos de los dichos personajes son perfectos; el dicho Gabriel Joli sea obligado hacerlos muy buenos y perfectos, según los tiene hechos en San Miguel de los Navarros, y en el Espital y en Nuestra Señora del Portillo»[260].

---

255 Abizanda y Broto (1915) T. 2, pág. 271.

256 Abbad Ríos (1957) pág. 187.

257 Rábanos Faci (1973).

258 Morte García: Real Academia de la Historia, dbe.rah.es/biografias/13326/giovanni-de-moreto.

259 Nogueras Langa (2018) pág.270. La fecha de 1822 no concuerda con la supresión ordenada en el decreto de 25 de julio de 1835, pudiéndose tratar de un contexto distinto.

260 Abizanda y Broto (1915) T. 2, pág. 109. No obstante, el régimen de colaboración existente entre diversos artistas en aquellos años hace que tal fecha sólo pueda ser considerada como orientativa.

Al decir de Faci[261], otra de las capillas de la iglesia era la que albergaba la imagen de Nuestra Señora de Gracia, de la cual relata un acontecimiento extraordinario. El vecino convento de clarisas de Santa María de Jerusalén, fundado en 1484, instaló en su iglesia una imagen de la Virgen y fue «voz común observada entre las religiosas de dicha casa que la imagen se trasladó milagrosamente a la iglesia del Hospital por tres veces, y la que se veneraba allí con el título de Gracia al dicho convento», una mutua traslación que unió ambas casas. La imagen de Nuestra Señora de Gracia se veneraba, según el relato, en una capilla de la iglesia del santo Hospital en la que estaba reservado el Santísimo Sacramento, para cuyo culto y el de la Virgen estaba destinado un capellán que cuidaba de su decencia y adorno. La santa imagen –refiere Faci– se encontraba dentro de un nicho ochavado en medio del altar, en pie, colocada en un hermoso trono de madera rodeado de serafines. La figura, de dos palmos de alto, estaba tallada en marfil y su vestido era blanco con varias flores de oro estofado. Era de color moreno y sobre su brazo izquierdo sustentaba al Niño Jesús, quien tenía en su diestra un pajarillo. Esta santa imagen fue visitada en año de 1521 «por nuestro serenísimo rey Carlos V, emperador de Alemania, y a sus instancias se erigió una cofradía». En efecto, el emperador, además de conceder grandes privilegios al Hospital, autorizó la fundación de la hermandad de Nuestra Señora de Gracia, inscribiéndose como primer cofrade en el libro de registros, haciéndolo con letras de oro: «Dominus Noster Carolus, Hispaniarum Rex, ac Romanorum Imperator, primus ac principalis confrater»[262].

Por orden de los regidores del Hospital y del ciudadano zaragozano Jerónimo Valentín, el 10 de octubre de 1538 fueron contratados sendos artistas de la ciudad para realizar un retablo destinado a una capilla bajo la advocación de la Magdalena, la cual, al no constar entre las de la iglesia en el *Libro de la Visita de 1600*, tal vez se corresponda con una de las enfermerías de mujeres, de donde pudo tomar el nombre de «sala de las magdalenas». En todo caso, dado que el destino real no está claro, el asunto debe tomarse con reservas. Joan de Paternoy –en representación de los primeros– y Valentín firmaron capitulaciones[263] con Miguel de Peñaranda, mazonero e imaginero, y Anthon de Plazencia, pintor, para realizar el retablo de madera y pintarlo, además de «dorar y hazer las llabes y rosones que fuesen menester para la dicha capilla», espacio al que la pieza debía ajustarse para que quedara bien proporcionado.

El banco del retablo debía labrarse «al romano» y tener tres casas: en la central una Piedad y en las laterales dos profetas. También las tres cajas del cuerpo principal debían labrarse «al romano con sus pilares y membretes y conchas». La caja central debía llevar la «Bocacion de la Madalena» y en las de los costados las dos figuras que a los dichos señores pareciere, de forma que sobre ellas hubiera «dos redondos» labrados al romano con las medallas de San Pedro y San Pablo. En la cima debía hacerse una «O» que tenía que corresponderse con la «lumbrera» existente en la capilla, la cual se cerraría con una pieza de alabastro en la que se pintaría un Crucifijo con María y San Juan. El dorado posterior debía lustrarse de forma que «frisos, molduras, alquitrabes, cornisas, candeleros, capiteles, repisas, membretes, conchas, todo sea dorado de oro fino». Todo el trabajo, que debía ser reconocido por Valentín y el maestro Juan de Sariñena, debía terminarse para el día del Corpus de 1539 y por él cobrarían 2.000 sueldos.

Otras noticias informan de ciertos detalles sobre algunas capillas de la iglesia, como la que tenía el mercader Martín de Embún. Éste había encargado la renovación de su frente al mazonero Santa Cruz, trabajo que debió estar terminado en abril de 1545, cuando seguidamente fue contratado el rejado de hierro para cerrar la capilla a Martín de Azpeitia[264]. Indirectamente también se alude a otra de aquéllas en unas capitulaciones firmadas el 30 de julio de 1560 con el imaginero Jacques Rigalt para la iglesia de Santiago de Zaragoza,

261 Faci (1739) Nuestra Señora de Gracia en su Real Hospital General de la ciudad de Zaragoza, 2ª parte, pp. 69-70.

262 Gimeno Riera (1908) pág. 8.

263 Abizanda (1915) T. 2, pp. 89-90.

264 Criado Mainar e Ibáñez Fernández (2002) pág. 241. También: Criado Mainar (1992) pp. 62-63, doc. 8.

donde debía realizar bajo el coro una capilla que incluyera la imagen de Cristo en la Cruz. En el contrato[265] se prescribía que debía de «hacer debajo de la arcada del coro, al medio de ella, una capilla tal alta como pueda estar debajo del arco y que salga tanto como el arco, con una cubierta redonda conforme a la del Hospital de Nuestra Señora de Gracia en la cual está el Crucifijo». Detrás del Crucifijo debía «forrar la trasera de la capilla y los lados debajo de la cubierta redonda todo de fusta y pintarlo conforme a lo del Hospital».

Además de lo concerniente a las capillas, otra actuación destacable llevada a cabo en la primera mitad del quinientos fue la renovación del órgano de la iglesia. Para ello, el 18 de abril de 1539 se firmarían capitulaciones entre los regidores del Hospital –los canónigos de la Seo Diego Diest y Agustín Pérez de Oliván y Joan Paternoy y Ferrando de la Caballería– y el maestro organero Martín de Córdoba, quien se haría cargo de fabricar el nuevo instrumento por el precio de 3.700 sueldos y el órgano viejo. En las cláusulas[266] figuraba que debía resultar de «muy buena entonación, así las voces del órgano vengan y digan muy bien con las voces del coro». El cañón mayor debía tener quince palmos de longitud total, «trece palmos medidos de la boca arriba y dos palmos de pie». Había de entrar «el primer punto que se contará desde el cañón mayor con seis caños irá multiplicando por sus géneros hasta quince caños que tendrá el tiple», prescribiéndose que dichos caños debían ser «de estaño fino de Inglaterra».

Otras características indicaban, además, que debía «de tener el secreto y salmeros de noguera con sus quatro registros que jueguen al lado del juego del órgano», el cual se compondría de cuarenta y cinco teclas y bemoles. Las mangas debían ser «de muy buenos cordobanes, que den cumplimiento de ayre al órgano». La bastida debía tener «siete castillos» y labrarse «con sus molduras del arte», siguiendo el modelo del órgano realizado para San Lázaro. El instrumento se cerraría «con sus puertas de lienzo enforradas de dentro y de fuera». En todo caso, la tribuna donde se asentaría sería «a costas de la

yglesia, que no tiene que ver el maestro en esto». Esta configuración hacía de él una verdadera obra maestra, como se reflejaría al servir de modelo en 1574, cuando fue encargado uno nuevo en San Gil, para el que se prescribía «que la bastida y encajamiento del dicho órgano [sea] como está hecho el órgano del Hospital General de Nuestra Señora de Gracia de la dicha ciudad, con sus chambranas de talla, porque hermosee la obra y parezca bien»[267].

El plazo establecido para realizar el trabajo era «dentro del tiempo de un año del día de la Pascua de Pentecostés primero veniente del año presente de 1539 en adelante. Entonces se debía entregar «acabado y afinado a reconocimiento de personas que se entiendan en ello». El Hospital se comprometía a entregar a cambio «tres mil y setecientos sueldos y el órgano viejo». Cuatro días después, Martín de Córdoba cobraría 700 sueldos a cuenta de manos del receptor Joan Cantabilla[268].

Pero, además del enriquecimiento del templo, las principales obras del Hospital en el quinientos abordaron su siguiente etapa constructiva a partir de la entrada en la sede arzobispal de don Hernando de Aragón, en 1539. Según Latassa, edificó dos enfermerías nuevas, conservándose en su tiempo –la segunda mitad del siglo XVIII– las armas en la pared que daba a la calle del Hospital[269]. Tal vez puedan relacionarse con aquellas obras ciertas noticias que informan de la actividad constructiva en los años inmediatamente siguientes. Así, el 19 de febrero de 1541 el infanzón Tomás Cornel contrataba[270] el suministro de 200 almudís de aljez. En efecto, Joan Baren de la Fiera, Miguel Baren, Joan Moreno niño y el mayoral Pedro Cahadon, vecinos de Quart, se comprometían a hacer entrega de 100 almudís en marzo y otros 100 en abril, descargando el material en el Hospital. El precio pactado era de 8 sueldos jaqueses por almudí, abonándose a buena cuenta un anticipo de 400 sueldos. Nueve

265 San Vicente (1991) Ep. 83, pp. 99-100.

266 Ibáñez Fernández (2006) doc. 13.

267 Calahorra (2006) pág. 73.

268 Ibáñez Fernández (2006) doc. 14.

269 Según Gimeno Riera (1908, pág. 89), que cita a Porcell, estas salas fueron destinadas a los convalecientes de calenturas.

270 Gómez Urdáñez (1987) ep. 94 pág. 353.

días después el mismo Cornel firmaba capitulaciones[271] con el rejolero Miguel Martínez, quien debía suministar 30.000 rejolas «para la obra de la cozina y enfermeria que en el Hospital de Nuestra Señora de Gracia de la dicha ciudad está empezada y entiende de acabarse...» El material, como en el caso anterior, debía descargarse en el mismo Hospital, en este caso en la fecha del día de Pascua de Resurrección. El precio pactado era de 34 sueldos cada millar de rejolas, anticipándose la suma de 600 sueldos jaqueses.

Se trata de unos suministros que muy probablemente correspondían con una de las fases impulsadas por Hernando de Aragón. Una obra tan considerable como la que dan a entender estos datos era imposible de asumir por los medios directos con que contaba el establecimiento, por lo que sin duda fue contratada con un constructor. En este sentido, aunque no existen noticias fehacientes, es posible relacionar aquellas obras con la comanda por valor de 3.000 sueldos que el 22 de junio de 1545 cobrarían del Hospital la viuda y el nieto de Juan Lucas Botero el Viejo, fallecido poco después de firmar su testamento en septiembre del año anterior[272]. Como señaló Criado Mainar, Botero fue uno de los maestros de obras más destacados en el panorama de la arquitectura zaragozana de la primera mitad del quinientos, entre otras razones porque su ejercicio profesional tuvo mucho que ver con la fábrica de la catedral del Salvador y más concretamente con la obra de la reconstrucción del cimborrio[273].

Tal vez relacionado con las obras que el arzobispo estaba impulsando en aquel año de 1542 estuvo el legado de Salvador de San Juan, rico mercader zaragozano que otorgaba testamento dejando la elevada cifra de 20.000 sueldos con la finalidad de que «se habilitase en Nuestra Señora de Gracia una sala para recoger a niños y niñas huérfanos en sus primeros años de vida»[274]. Como se vio más arriba, se trata de una fecha que no casualmente coincide con la creación de los hospitalicos de niños y niñas en San Gil y Santa María Magdalena respectivamente, instalaciones que se harían cargo de los huérfanos hasta que cumplieran los quince años. De este modo, posiblemente, de aquella donación se obtuvo una doble consecuencia: la construcción de nuevas salas para la inclusa dentro de Gracia y la puesta en funcionamiento de los hospitalicos.

La presencia de las armas de Hernando de Aragón en la fachada de la nave de enfermerías hacia la calle del Hospital y la reforma de la inclusa hacen suponer que la primera parte del bloque lineal de enfermerías meridional y el bloque que formaba el crucero y cerraba el segundo claustro o patio, estaban terminados en aquellos años, hacia mediados del quinientos. Indudablemente la obra edificada bajo el patrocinio del arzobispo debía de tener una gran calidad arquitectónica, considerando que fue el principal mecenas del renacimiento zaragozano. Así, la presencia del Hospital en el paisaje urbano formaba parte de un conjunto de nuevas arquitecturas compactas que estaban transformando su morfología, como la Lonja de mercaderes o el monasterio de Santa Engracia. Esta percepción hace de él un hito, de forma que, por ejemplo, cuando Hernando de Aragón promueve una procesión por la paz de los cristianos el 19 de diciembre de 1560, su itinerario atraviesa el interior del Hospital: «Salió de la Seo la procesión general –relata Espés– con todo su clero y religiosos a las nueve horas y fueron a Nuestra Señora de Gracia; entraron por la puerta del Hospital, que está en la calle de Santa Engracia, y pasaron por la iglesia sin detenerse más que a hacer una conmemoración, y salían por la puerta principal de la iglesia y por la puerta Ceneja. Y quando llegaron al cabo de la calle, cosa de gran admiración que habiendo ido la procesión por la calle Mayor y al mercado y por el Coso al Hospital, hubo que volver por la calle Mayor hacia los Señales, porque venía llena la calle de la Cuchillería como si entonces comenzara a salir la procesión...»[275]

Pero además el Hospital era la obra que el espíritu del humanismo cristiano estaba construyendo para la sociedad en

271 Gómez Urdáñez (1987) ep. 95 pp. 353-354.
272 Ibañez Fernández (2005) pág. 311 nota 48.
273 Criado Mainar (1997).
274 Montanel Marcuello (2018) pág. 449.
275 Espes (1575) pág. 836.

sus personas más necesitadas. Esta percepción se descubre –como se apuntó más arriba– en los relatos de los viajeros que visitaron la ciudad en aquel siglo. Es el caso del sacerdote portugués Gaspar Barreiros, que durante su viaje a Roma en 1542 hizo escala en Zaragoza, anotando sus observaciones que años después, en 1559, publicaría en Coimbra con el título de *Corografía de algunos lugares que están en el camino* (Viaje entre Badajoz y Milán). Barreiros refiere que el Hospital de Nuestra Señora de Gracia es uno «de los mejores que creo que haya en España, en el que conté mas de quinientos enfermos con los hombres y menores abandonados». El gran tamaño de la casa no era suficiente para la atención a un sinnúmero de niños huérfanos que eran atendidos fuera de ella: «me dijeron que continuamente se criaban quinientas y setecientas criaturas, por no haber en él (aunque grande sea) alojamientos para tantas almas, y por criarse con menos gasto». Otro indicador de la enorme obra desarrollada por el establecimiento lo recoge en las cifras presupuestarias: «Dijéronme que tenía de renta más de tres mil ducados, pero son tantas las limosnas que se dan a esta casa, que gasta cada año treinta mil». Finalmente apunta la impresión favorable de la arquitectura del Hospital y sus instalaciones: «La cama y los lechos de los enfermos son muy buenos, en los que vi algunos dorados con cortinas de grana, que algunas personas regalaron por su devoción. Tiene muchos edificios grandes y buenos, con botica de médicos, y una honrada iglesia con muchos beneficiados que celebran los oficios divinos»[276].

Similares consideraciones manifestará unos años después el holandés Enrique Cock, quien en su *Relación del viaje hecho por Felipe II en 1585 a Zaragoza, Barcelona y Valencia* –que permanecería manuscrito– escribe: «En el Hospital General, también contando con las parroquias, se tiene cuidado de todos los enfermos que de todas partes allí acuden. En él se sientan los mentecatos; dase de comer allí a todos los pobres que vienen de todo el reino, y los curan si de ello tienen necesidad. Merece éste que se cuente entre los mejores hospitales de toda España». Cock añade la existencia de los hospitalicos: «Hay otros dos, en el uno se sustentan los niños y en el otro las niñas huérfanas»[277].

Otro de los visitantes de la segunda mitad del quinientos fue Anton van der Wyngaerde, topógrafo de Felipe II, quien, como ya se dijo, dibujó en 1563 la conocida «Vista de Zaragoza», recogiendo la imagen más antigua del Hospital de Gracia, si bien, a causa de su posición en la perspectiva urbana, ofrece una información muy limitada. No obstante, pueden distinguirse con claridad los volúmenes de la iglesia, con la torre de las campanas en el ángulo del recinto, formando la esquina entre el Coso y la calle del Hospital, y el de la crujía de las capillas laterales, rematado por una gran galería de arcos. Apenas puede inferirse nada del resto de los detalles. Se apuntan otras edificaciones anexas en las líneas de ambas calles, y se refleja la amplia zona de patios y huertos –indicada por algunas masas arboladas que se extienden hacia el este hasta Santa Catalina y hacia el sur hasta Jerusalén–.

Precisamente aquella zona libre de edificaciones, en el ángulo suroriental del recinto hospitalario, fue uno de los lugares barajados en 1540 para ubicar la casa de la Compañía de Jesús a su llegada a Zaragoza, pero, como indicó Espés[278], «las monjas vieron inconvenientes y los jesuítas rechazaron el lugar». Téngase en cuenta que en dicho sector, además del cementerio, se encontraban una serie de espacios destinados a huertos y corrales, cuyo carácter era meramente auxiliar en la empresa de aprovisionamiento de la actividad. De hecho, el Hospital contaba con otras fincas donde obtenía un rendimiento agrícola importante, como la llamada Torre del Gállego. Según Baquero, disponía de «97 cahíces, una arroba y tres cuartales de extensión, la cual, por estar poblada de arbolado y viñedo, del que obtenía unos 500 nietros al año». La importancia de sus instalaciones era considerable, siendo buena prueba de ello la noticia de que el 20 de febrero de 1533 el vicario capitular Gaspar de la Figuera concedía permiso para que pudiera celebrarse la Santa Misa

---

276 Cfr.: Álvaro Zamora *et al.* (2010) pp. 36-42; Solano y Armillas (1976) pp. 174-175.

277 Cfr.: Álvaro Zamora *et al.* (2010) pp. 42, 46.

278 Espés (1575) pág. 923. Ver también Álvaro Zamora *et al.* (2010) pp. 128-129.

CÆSAR AUGUSTA

Anton van der Wyngaerde: *Vista de Zaragoza*, 1563. Boceto preparatorio.

en la capilla de la torre, cuyo retablo, «harto pulido y bueno», representaba las Angustias de la Madre de Dios.[279]

Aquella obra de la asistencia social y sanitaria pasaría su primera gran prueba con la peste de 1564. Gracias al tratado de medicina escrito por el doctor Juan Tomás Porcell, natural de Cerdeña y afincado en Zaragoza, conocemos su experiencia directa en la lucha contra aquella enfermedad entre los espacios del Hospital de Gracia. Efectivamente, en su famosa *Información y curación de la peste en Zaragoza, y preservación de la peste en general* [280], publicada aquel mismo año en la imprenta de la viuda de Bartolomé de Nájera de la misma ciudad, y más concretamente en los primeros capítulos, en los que describe la organización de la actividad para combatir la epidemia, antes de entrar en la materia médica propiamente dicha –a partir de las anatomías practicadas–, se descubren, a través de un apasionante relato, algunos

detalles de la disposición funcional del edificio.

Porcell había sido llamado por los jurados «por haberse muerto los cirujanos que curaban los pobres heridos de peste en el Hospital General de la ciudad de Zaragoza y el físico que los visitaba haberse herido y adolecido de dicho mal desde los primeros de mayo hasta los últimos de julio, y entonces no hallarse médico ni cirujano alguno». Así, aceptaría el encargo y ruego de visitar los enfermos «por que el galardón de semejante servicio había de proceder del Rey de los Cielos, guardando y dándome siempre salud, y nunca dolerme la cabeza ni faltar un día de visitar dichos pobres dolientes dos veces al día, tres y cuatro horas a la mañana y otras tantas a la tarde en dicho Hospital, y después a los convalecientes en una torre fuera de la ciudad, y ello por espacio de siete meses».

En la dedicatoria de su obra a Felipe II, Porcell explica que la peste se extendió en Zaragoza desde los primeros de marzo hasta diciembre de aquel año de 1564, muriendo más perso-

279 Baquero (1956) pág. 42.
280 Porcell (1564).

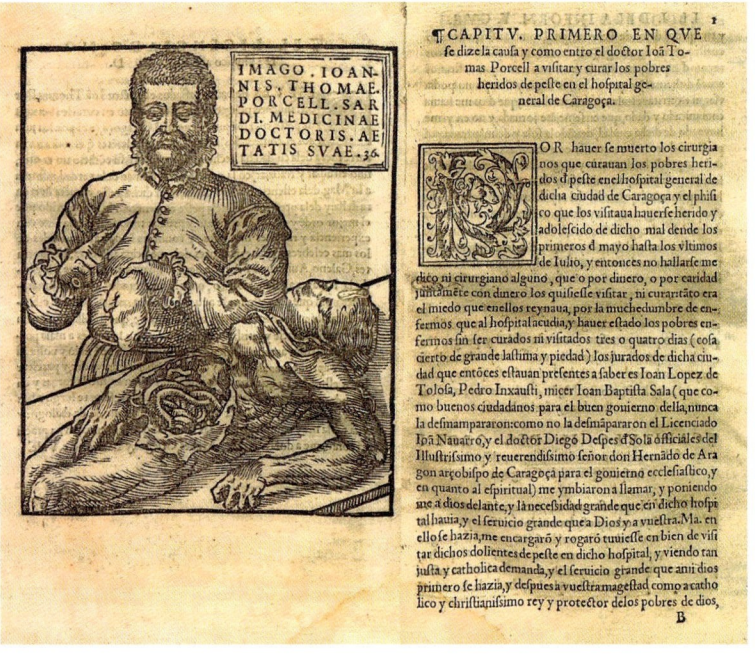

Imago Ioannis Thomae Porcell Sardi Medicinae Doctoris Aetatis Suae. *Tratado sobre la curación de la peste*, Zaragoza, 1564.

nas de lo esperado[281] por falta de médicos y cirujanos. Tanto por su experiencia en el tratamiento de los enfermos desde mayo como por haber podido realizar anatomías, pudo avanzar «según la realidad de la verdad y poner el modo de cómo se ha de curar la enfermedad», empresa que le animó a «informar a Vuestra Majestad» publicando su trabajo. Aquel reto supuso un enorme esfuerzo dado el elevado número de pacientes que ordinariamente debía atender y que algunos días llegaba a ochocientos, contando con los convalecientes instalados en la torre de las afueras.

Pues bien, como él mismo reconoce, nadie hubiera creído que un solo médico, ayudado por cuatro cirujanos, pudiera haber resuelto satisfactoriamente tal empresa. Sin embargo así había sido, pues, gracias al «favor divino» y a una excelente organización en la gestión médica –sin dejar de visitar y curar dos veces al día a todos los enfermos– «no

sólo ochocientos, más aún, dos mil, puede visitar y curar un doctor sólo con quatro cirujanos». Pero además, Porcell reconoce las favorables características del Hospital General: «Allende de muchas otras quadras que hay para los enfermos de calenturas, bubas y de cirugía, así de hombres como de mujeres, y otras para las amas y niños de teta, locos y locas; y allende de otros muchos aposentos, estancias y palacios para los clérigos, oficiales y ministros de la casa; y allende de la quadra de don Miguel Climente, protonotario de Vuestra Majestad, tan bien ordenada, servida y adornada de todo lo necesario, quanto en toda la cristiandad otra se pueda hallar, [la cual] hízose sólo para los clérigos y sacerdotes, caballeros, hidalgos, ciudadanos y vecinos pobres vergonzantes de dicha ciudad de Zaragoza; hay otras cinco quadras, tan grandes que en cada una de ellas se pueden armar 45 y 50 camas, cada una con su corredor grande; a las tres llaman quadras viejas, en respecto de las dos nuevas que el ilustrísimo y reverendísimo señor don Hernando de Aragón, arzobispo de Zaragoza, con otros muchos palacios y quartos grandes, mandó hacer para los convalecientes de calenturas, muy remotas y apartadas de todo trato y conversación, de todas las otras».

Pero el éxito de Porcell residió, sin duda, en el «orden y modo que se tuvo en visitar y curar los heridos de peste», pues dejando aparte el cuidado que había en todas las quadras por sus enfermeros y ayudantes, los recursos principales los concentró en atender a aquéllos, a pesar de lo cual consideraba milagroso que pudiera abordarse teniendo en cuenta el elevado número de enfermos hospitalizados, pues los pacientes ricos mayormente permanecieron en sus casas. La primera acción consistió en «apartar los hombres de las mujeres» y después nuevamente a los hombres entre sí: «los abiertos a una quadra y los sin abrir en otra». Idénticamente hizo con las mujeres: «las que tenían el tumor o apostema abierto en una quadra, y las sin abrir en otra». Ordenó que dos cirujanos curasen a los hombres y otros dos a las mujeres, que los abiertos fueran curados por la mañana y los sin abrir por la tarde. Para ser curados era necesario que los enfermos fueran sacados a los corredores, «los cuales estaban bien rociados y regados de vinagre», de modo que

---

281 Según Solano y Armillas (1976, pág. 216) esta catástrofe costó, al parecer, cerca de 10.000 defunciones, lo que representa más de un tercio de la población total de Zaragoza.

los enfermeros sacaran en brazos y en unas sillas a los enfermos que no podían hacerlo por sí mismos. Cuando esta operación era inviable por el estado del paciente, Porcell había dispuesto que el «teniente de peste» entrara a la quadra a curarlo.

En los corredores, a las puertas de la quadras, habían dispuesto dos «vajillos grandes llenos de vinagre» donde se hacía una primera limpieza y donde se arrojaban los apósitos, cambiándose con frecuencia, disponiendo seguidamente a los enfermos en unos bancos grandes que habían sido instalados a cada parte del corredor, y allí los cirujanos les mundificaban las úlceras lo mejor que se podía «y los curaban poniéndoles el ungüento y apósitos necesarios». Esta operación se hacía de diez en diez pacientes, de forma que los cirujanos, uno tras otro, completaban la tanda. Y así, «mientras que se curaban estos diez, salían otros diez y hacían lo mismo». Relata Porcell que él «estaba allí sentado, con mi cartapacio, registrando los enfermos, los que habían muerto, el tratamiento recibido, etc. Para seguir acogiendo a nuevos heridos, a los que sus úlceras habían sido mundificadas pero estaban todavía débiles los enviaba a la «torre de convalecientes», una casa grande situada en las afueras de la ciudad que había sido asignada a estos enfermos por los jurados. Todo este procedimiento lo supervisaba de modo alterno según el sexo de los pacientes, «de suerte que en una mañana veía curar a los hombres, escribiendo y anotando lo necesario para ellos, y otra mañana a las mujeres». Por las tardes «se curaban los sin abrir, de esta suerte que primero salían al corredor los recién venidos y después los otros».

Como se ha visto, en este relato tenemos el primer informe sobre el número y características de las enfermerías existentes en Nuestra Señora de Gracia a mediados del quinientos. Al menos había en total catorce quadras, de las cuales, en aquel año de la peste, cinco fueron las destinadas a albergar a los pacientes de la epidemia. Las restantes se mantuvieron con sus especialidades ordinarias. Entre éstas, un grupo eran las que se dedicaban a calenturas, bubas y cirugía, y eran distintas las de hombres que las de mujeres. Ello significa que en total eral seis, como mínimo. Otra quadra era

la que conformaba la inclusa, la cual comprendía la sala de las amas o nodrizas y el espacio donde se encontraban las cunas de los lactantes. Los enfermos mentales también disponían de sus quadras respectivas, una para cada sexo. Finalmente se cita al famosa quadra llamada del Protonotario por haber sido fundada por el homónimo Miguel Clemente, posiblemente hacia 1522, año en que se confirmaría su cargo en las Cortes de Aragón, y en todo caso antes de 1562, fecha de su fallecimiento.

Las cinco enfermerías dedicadas a los enfermos de la peste eran todas muy grandes, pues se dice que en ellas podían armarse entre 45 y 50 camas. Ello significa que, instalando sendas filas centrales adicionales para ampliar la capacidad ordinaria, las salas debían medir una longitud de entre 20 y 24 metros. Tres de ellas eran llamadas quadras viejas, lo que sin duda indica que se trataba de las primeras enfermerías construidas hacia mediados del cuatrocientos. Debían ser las quadras de hombres, ubicadas en el bloque lineal, las denominadas del Rey, del Arzobispo y de los Caballerías. Dos eran nuevas por haberse construido recientemente por el arzobispo Hernando de Aragón. Debían ser las de la zona de mujeres, ubicadas en el segundo bloque lineal y en la crujía que hacía fachada a la calle del Hospital. Por tratarse de salas que disponían corredores exteriores y por la forma de organizar el trabajo, se deduce que probablemente los pacientes de la epidemia de concentraron en las salas mayores del piso principal, donde estaban estas cinco quadras.

Finalmente el hecho de que don Hernando también mandara hacer «otros muchos palacios y quartos grandes» nos informa que los espacios construidos eran muy notables, y que no sólo se hicieron las enfermerías. Entre otras razones lógicas porque los edificios tenían más de una planta y, si bien las salas mayores se destinaban a aquéllas, en tales bloques se encontraban otras dependencias de considerable proporción y belleza como tuvieron que ser, por ejemplo, los refectorios, un asunto que confirmaremos después.

Una de las huellas de la estancia de Porcell en Gracia sería la importancia creciente que se concedería al estudio patológico experimental, lo que derivó, entre otras cuestiones, como las relativas a la enseñanza de la medicina, a la construcción de un aula específica para realizar las anatomías, la cual fue edificada junto al cementerio en 1586. Los datos de aquella pequeña construcción se conocen a través de las capitulaciones[282] suscritas el 27 de marzo de aquel año entre el Concejo de Zaragoza y el maestro de obras Andrés de Capraneda para «hacer la casa de Anathomía». Se trataba de un aposento de planta en forma cuadrada, de 30 palmos, o algo más, de lado. Las paredes que cerraban el espacio tendrían 24 palmos de altura, y se reforzarían con cuatro pilares angulares de «ladrillo y medio en cuadro» más otros de las mismas dimensiones en el centro de los lienzos, «realizándose lo demás de tapia valenciana». Los cimientos se ejecutarían de argamasa, de cinco o seis palmos de profundidad y de dos ladrillos de ancho.

En cada una de las paredes habría sendos huecos con sus ventanas de madera y sus picaportes de hierro, cada una de las cuales debía tener cuatro palmos de ancho y cinco o más de caída, de forma que en ellas pudieran colocarse encerados con sus aros. Interiormente los paramentos se lavarían de aljez. En el centro del espacio, «más hondo que el suelo», debía instalarse una mesa de madera, recia y lisa, de nueve o diez palmos de longitud, cuatro de ancho y de alto hasta la cintura, «afirmada sobre un pie, con su tornillo, de forma que se pueda andar alrededor». El pavimento de este cuadro central se enladrillaría y dispondría de un sumidero. Mediante unos peldaños se bajaría al mismo desde la puerta de entrada. A la misma altura que la mesa y rodeándola, debía levantarse un antepecho y tres filas de gradas: «con una separación una gran tercia, ha de haber, a la misma altura o poco más bajo, una grada en redondo... de medio ladrillo, y más arriba otra más alta, como tres palmos al menos, apartada una tercia de vara, y así en redondo de la misma manera... y más arriba otra tercera...» La cubierta interior debía realizarse siguiendo el modelo de la «Torre del Arzobispo o las galerías del conde de Aranda», lavado de aljez, con sus maderos y cañizos, «y en medio una rosa del mismo aljez». El tejado, que saldría con su rafe, se ejecutaría «con sus

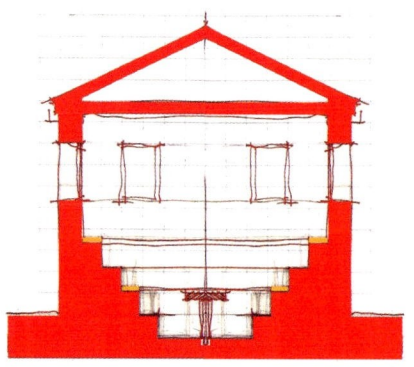

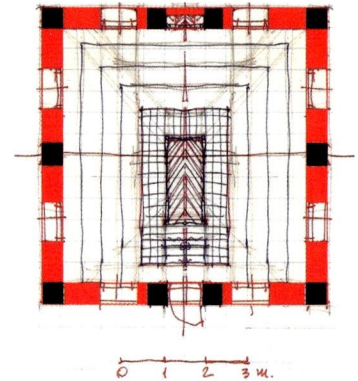

Interpretación del Cuarto de Anatomía del contrato de Capraneda, según R. Usón. Croquis de planta y sección.

tablas y sus maderos... y sobre ellos, dándole la pendiente conforme al arte, [debían] pornerse las tejas con barro. Item el suelo de entre las gradas y dentro del antepecho donde estará la mesa, ha de hacerse enladrillado y pulido. El coste pactado era de 172 libras.

En cuanto a la magna obra de los bloques de enfermerías parece que no fue completada hasta la intervención del arzobispo don Andrés Santos, inquisidor general, que había sido obispo de Teruel y que rigió la sede cesaraugustana entre 1575 y 1585, constando que este gran protector de las artes fue promotor de una de las salas de mujeres del Hospital de Nuestra Señora de Gracia[283], actuación que debió cerrar el gran conjunto de las ampliaciones realizadas en el siglo XVI. Es posible que aquella actuación estuviese relacionada con el impulso otorgado al ejercicio de la enfermería

282 San Vicente (1981) doc. 28 pp. 167-168.

283 Gascón de Gotor (1890) T. 2, pág. 53.

femenina por los regidores del Hospital mediante la creación de una «cofradía de mujeres honestas» que sería aprobada por el vicario en 1575, y cuyas funciones, según Cía Blasco, consistían en «visitar cada día por turno a los enfermos y necesitados, colaborar en el reparto de las comidas y cenas, o asistir a los enfermos para su alivio y consuelo»[284]. Esta cofradía sería favorecida por Gregorio XIII mediante bula otorgada en Roma el 25 de noviembre de 1576[285].

En la visita realizada al Hospital por Felipe II en 1587, el monarca contemplaría aquel enorme conjunto arquitectónico desarrollado al completo, un logro de proporciones extraordinarias que su acompañante Cock consideró merecedor de contarse entre los mejores de toda España. Sin embargo, aquel establecimiento todavía fue objeto de una importantísima mejora como fue la edificación, dentro de su recinto, de la Casa de las Comedias, una obra que puede considerarse el broche del hospital renacentista.

Dados los elevados costes de funcionamiento del Hospital y con el fin de obtener una fuente de ingresos adicional a sus siempre escasos recursos, los regidores, en una instancia fechada el 19 de octubre de 1588, solicitaban a los jurados «que se les arrendare la Ciudad la casa que tiene donde se representan las farsas o que la Ciudad les diese licencia para hacer un teatro con prohibición de que se pudiesen representar en otra parte»[286], pero «por los inconvenientes que se podrían subseguir» fue denegada. Un año después, el 21 de noviembre, los regidores del Hospital insistían en su petición de «darles facultad para que las farsas que se hubiesen de hacer aquí se representen en el teatro que harían en el mismo Hospital, hacia el Coso, cabe el mesón, que está a su lado, pues lo harían de manera que pudiese coger en él toda la gente que quisiese ir a oírlas con la comodidad y seguridad que conviniese, haciendo los apartamientos necesarios, donde estén las mujeres con el recogimiento y modestia que se requiere y que asímismo

entrasen por diferentes puertas ellas y los hombres». Se trataba de una solicitud[287] que, como señaló Giménez Soler, había sido obtenida por algunos hospitales, citando el caso de Valencia, de la Corte y en otras partes.

Los jurados resolverían la cuestión favorablemente en el plazo de ocho días, considerando «que debía de hacer la Ciudad la dicha limosna y gracia al Hospital, haciendo los regidores de aquél un teatro y casa cómoda y conveniente, donde las dichas farsas se puedan representar con la decencia y recato que fuere necesario». No obstante, incluyeron ciertas condiciones adicionales, comenzando por la solución del problema del arrendatario, a quien debía resarcirse convenientemente. Así, «a Melchor de Pasamar, que tiene ahora alquilada la casa donde se representan dichas farsas... se le haga alguna refacción y se le dé otra casa a su contento donde pueda vivir sin pagar por ella cosa alguna... por el tiempo que le falta por cumplir, por el cual tiene alquilada la casa en que vive, y se le pague lo que ha gastado en reparos del teatro, después que se le arrendó aquél, dando él al Hospital el despojo».

En cuanto a la nueva casa de comedias, se prescribían algunos aspectos de su funcionalidad, accesos y otras características: «que el Hospital haga un teatro con sus corredores, donde puedan estar hombres y mujeres apartados con el recogimiento y honestidad que conviene, entrando los hombres por una puerta y las mujeres por otra, y que las puertas estén en el Coso y no por dentro del Hospital... que el patio de dicho teatro ha de estar rodeado de gradas y el suelo lleno de bancos»[288]. El resto se referían a la reserva de las cuestiones de gobierno y económicas. Así, «que el precio de las entradas hubiese de ser el que se señalase por los Sres. Jurados; que los representantes hayan de contribuir al Santo Hospital por cada día que se represente en pago del theatro con la cantidad que pareciere a los Sres. Jurados; que los Regidores del dicho Hospital en ninguna manera puedan directa ni indirectamente arrendar los emolumen-

284 Cia y Blasco (2005) pág. 209; Torres Aured (2009) pág. 261.
285 Baquero (1956) pág. 40.
286 AMZ (1937). Ver también: Giménez Soler (1927) pp. 3-5; González Hernández (1986) pág. 255; Ximénez de Embún (1901) T. 3, pp. 75-76-77.
287 Cfr.: Giménez Soler (1927) pp. 3-5.
288 Giménez Soler (1927) pp. 3-5.

tos que podrán sacar de dicho theatro; que ninguna compañía de comediantes pueda representar en el dicho theatro sin particular y expresa licencia de los Sres. Jurados, la qual puedan revocar siempre que les pareciese a su libre voluntad, sin que por esto se quite la facultad que cada vecino de la ciudad tiene de poder hacer representar en su casa cualesquiera comedias para su regocijo; y con condicón que la dicha facultad y gracia haya de durar y dure durante la mera y libre voluntad de los Sres. Jurados, Capítulo y Concejo, que son y por tiempo serán»[289].

Una vez dispuesta la licencia, el Hospital debió acometer seguidamente la empresa de edificación del nuevo teatro, estando documentados gastos al respecto desde 1590. En efecto, según consta en un certificado del contador del Hospital, fechado en 1734 y dado a conocer por Giménez Soler, «para la formación, renovación, mejoras y reparos de la Casa de Comedias propia de dicho Hospital, se habían gastado noventa y dos mil doscientos setenta y cuatro reales y diez y seis dineros de plata antigua, desde el año 1590 hasta el presente»[290]. Sin embargo, la construcción del teatro no se concluiría hasta unos años después. De hecho, en vista de la dilación de las obras, el 7 de febrero de 1591 se firmaba el «arrendamiento, hecho por la Ciudad, de las casas donde se representaban las farsas a Pedro de Heredia»[291].

La edificación no debió terminarse hasta finales de 1598, pues la primera representación en el nuevo teatro fue autorizada el 21 de enero siguiente. Así, consta que en esa fecha, «a instancia del Sr. Virrey dieron licencia los Sres. Jurados para representar comedias, haciendo primero la muestra de ellas en las casas de la Ciudad, como era costumbre de tiempo inmemorial. Y esta es la primera licencia que se halla en los registros dada por los Jurados después de haberse construido el theatro por el Santo Hospital»[292]. En efecto, a partir de ella figuran actuaciones como la del actor Nicolás de los Ríos de 1601 o, siete años después, la compañía de Melchor León o la de Antonio Riquelme[293]. En cuanto a las mencionadas representaciones previas debe considerarse que eran una prerrogativa del concejo para evaluar la aptitud de las comedias, una característica que se descubre en los permisos de aquella época, como el concedido al autor teatral Olmedo el 19 de diciembre de 1625, a quien los jurados se lo otorgaron «siguiendo la costumbre inmemorial de dar semejantes licencias o quitarlas, como les pareciese convenir, para que él con su compañía pueda representar comedias en el theatro que está edificado en el Hospital, con la condición de que siempre que los Sres. Jurados le mandaren que vaya a las casas de la Ciudad a representarlas lo deba hacer, o pagar al Colegio de las Hermanas Recogidas la limosna que se le mandare, como siempre la Ciudad ha hecho; lo cual fue aceptado por el dicho Olmedo y se obligó a cumplirlo»[294].

289 AMZ Ibídem.

290 Giménez Soler (1927) pág. 6. Este dato, que únicamente informa del inicio de los gastos, fue interpretado por este autor en el sentido de que el edificio concluyó su construcción en dicha fecha: «La casa de comedias que en 1589 explotaba Melchor de Pasamar –refiere– fue agregada a los graneros; las representaciones se dieron al año siguiente en el teatro de planta construido en terrenos del Hospital, en el Coso, frente a la actual calle de San Gil, junto a lo que es hoy peluquería de Plácido (esquina del Coso con la plaza de la Constitución) y desde dicho establecimiento hasta un callejón o callizo, que coincide con la calle que hoy se llama de los Sitios y entonces de la Soledad, el cual daba a una plaza llamada el Cuadro de la Soledad, sin duda por algún altar en el que figuraba uno de ese asunto». Siguen esta interpretación otros autores como Martínez Herranz (1996), quien señala que la construcción de la nueva casa de comedias del Hospital en la pudieron utilizarse los materiales aprovechables de la vieja casa de farsas del concejo, demolida simultáneamente, respondía a un proyecto de sencillo y novedoso diseño. Realizada en poco tiempo –afirma– no debió ser muy costosa, pues parece que en febrero de 1590 ya estaba en funcionamiento.

291 AMZ (1937). Esta noticia, siguiendo la interpretación Giménez Soler, fue explicada por González Hernández (1986, pp. 16 y 256) en el sentido de que «hubo durante breve tiempo coexistencia de ambas casas de comedias, pues el día 7 de febrero de 1591, edificada ya la del Santo Hospital y con representaciones

desde el año anterior, se arrendaba a Pedro de Heredia el teatro del concejo, aún abierto. Éste sería cerrado pronto, dadas las malas condiciones materiales y para evitar la competencia entre ambos teatros con merma de beneficios para el Santo Hospital».

292 AMZ Ibídem.

293 Solano y Armillas (1976) pág. 283.

294 AMZ Ibídem.

VI. Descripción del Hospital de Gracia a partir del *Libro de la Visita de 1600*

...tuve hambre, y me disteis de comer; tuve sed, y me disteis de beber; era forastero, y me alojasteis; estaba desnudo, y me vestisteis; enfermo, y me visitasteis...

Mateo 25, 34-36

6.1. La panorámica general de Murillo

Como se indicó con anterioridad, el franciscano fray Diego Murillo recogió una descripción general del Hospital de Nuestra Señora de Gracia dentro de su *Fundación Milagrosa de la Capilla Angélica y Apostólica de la Madre de Dios del Pilar y excelencias de la Imperial Ciudad de Zaragoza...*[295] publicada en 1616. Su narración permite visualizar globalmente las principales partes del establecimiento, ofreciendo una panorámica general del conjunto que avanza un primer esquema de su disposición arquitectónica. Su coincidencia cronológica con el *Libro de la Visita de 1600* proporciona, además, una base de la que carece el documento notarial, haciendo el efecto de ser un tablero sobre el que reconstruir idealmente las edificaciones desarrolladas durante el Renacimiento.

Disposición general

Inicia Murillo el relato señalando que la arquitectura del Hospital responde a una edificación desarrollada en varias fases, las cuales corresponden a elementos primarios a los que se fueron añadiendo otros, dando lugar a un resultado no tan compacto y unificado como en otros ejemplos, aludiendo indirectamente a los referentes de la tipología renacentista avanzada, circunstancia que no menoscaba su condición suntuosa –es decir, capaz, de gran belleza y buenas proporciones– y de máxima funcionalidad, situándolo de este modo en perfecta lid con las categorías vitrubianas que entonces servían para el enjuiciamiento. Así, relata que *ha ido el edificio aumentándose hasta ponerse en la forma en que hoy está... y aunque su fábrica no es de tanta apariencia como la de algunos hospitales que he visto en España y en Italia, pero es casa muy suntuosa, y muy grande; y para el efecto de la hospitalidad que se ejercita en ella, de las más capaces y acomodadas y más bien repartidas para todo género de ministerios que se ha podido trazar.*

Iglesia

Dentro de los hospitales, tanto de los tardomedievales como renacentistas, el espacio de la iglesia era una de las piezas principales del conjunto. Sin embargo no debe perderse de vista que al contar las enfermerías con altares propios para que los enfermos pudieran oir misa sin moverse de sus lechos, las funciones de aquélla se orientaban hacia actividades litúrgicas más concretas o especializadas. En el caso de Zaragoza, Murillo nos proporciona dos necesidades funcionales específicas: el oficio divino y los sermones de la Cuaresma. El primero es natural y lógico por ser, en definitiva, el Hospital de Gracia un establecimiento que dispone de un «capítulo» de clérigos a su servicio bajo la dirección de un vicario o prior. En este sentido esta liturgia precisaba para sus actos ordinarios y solemnes un espacio adecuado que debía contar con capacidad coral e instrumental. El segundo es una característica muy peculiar del hospital zaragozano, la cual está directamente relacionada con su carisma y condiciona particularmente la arquitectura del templo, como se tendrá ocasión de ver más adelante. En efecto, allí tenían lugar una serie de catequesis durante la Cuaresma cuyos sermones eran impartidos por cualificados doctores que residían temporalmente en un aposento especialmente habilitado dentro del recinto. Para la escucha de éstos, los principales estamentos y algunas nobles y potentadas familias de la ciudad disponían de unas camarillas dentro de aquélla, quedando el espacio general de las naves para los fieles en general. *Tiene primeramente* –relata Murillo– *su iglesia en forma quadrada, y dispuesta de tal manera para oir los sermones en la Quaresma que por los muchos aposentos que hay en el contorno de ella con celosías a la propia iglesia (con que al parecer no es muy grande) tiene capacidad para recogerse en ella grande copia de gente, estando acomodada toda la principal. Tiene sus capellanes que celebran cada día el oficio divino con mucha devoción y solemnidad, porque hay en ella capilla de canto de órgano. La invocación de esta iglesia es de Nuestra Señora de Gracia, y la misma invocación tiene el Hospital, desde que el rey don Alonso le fundó...*

Más adelante detalla la actividad catequética: *Todos los domingos y fiestas del año tiene sermón en su iglesia... Todos los viernes primeros de mes hay sermón de las Llagas de Cristo... Es costumbre también traer para predicar la Quaresma en la dicha iglesia uno de los mejores predicadores de España... Se le trae a su costa* [del Hospital] *y envía por él para que le venga sirviendo un capellán; y llegado aquí le hospeda en un quarto particular que tiene para este propósito y se sustenta con grande abundancia y regalo. Predica todos los días de Quaresma y concurre a su sermón todo lo más granado y lucido de Zaragoza, y especialmente los regidores de la ciudad, que llaman jurados, todos los consejos reales, y gente de plaza, y muchas damas y caballeros, porque para esto hay grande comodidad de aposentos con sus*

Nª Sª DE GRACIA Titular del Sto Hospital RI y General en la Ciudad de Zaragoza (Anónimo, hacia 1804-08)

tribunas en el contorno de la iglesia, sin salir al cuerpo de ella, donde está la gente ordinaria. Es la hora en que se predica, acomodada para que los jueces puedan oir el sermón sin faltar a sus audiencias y obligaciones, porque se predica a las ocho hasta las nueve.

Aquella campaña culminaba el Viernes Santo, día singular para el Hospital pues tenía lugar una cuestación especial mientras se desarrollaba una procesión interior en la que, partiendo de la iglesia, se recorrían y visitaban las quadras de enfermerías. *El viernes de la semana de Pasión* –narra Murillo– *se predica solamente en la iglesia del Hospital porque aquel día está dedicado para la limosna de aquella santa casa... Hácese la limosna en acabado el sermón, subiendo todos en procesión desde la iglesia a las quadras de los enfermos, las cuales están muy bien aderezadas con sus altares, cuadros y colgaduras, y sus perfumes de olores para que no ofenda el de los enfermos. Suben a lo alto del Hospital por una escalera espaciosa en la cual están puestos a una parte y a otra, con fuentes de plata en las manos para recibir la limosna, los predicadores ordinarios que predican en las cuatro parroquias principales de la ciudad, que aquel día acuden para hacer este ministerio... En esta procesión va la clerecía delante, precediendo la Cruz y cantando a canto de órgano el himno de aquel tiempo que comienza* Vexilla reis prodeunt; *y luego van siguiendo por su orden gente seglar, comenzando por los más principales, sin que quede persona en la iglesia. Y hasta que ha vuelto la procesión a ella no se apartan de sus puestos los que piden limosna, porque nunca cesa de subir y bajar gente...*

Recepción

En el Hospital eran aceptados todos los enfermos, fuera cual fuera su condición y enfermedad, su procedencia o su estado. En la entrada existía un ámbito de recepción de las personas, a las cuales se les daba previamente a su ingreso una atención religiosa primaria. Cuando los enfermos no podían valerse por sí mismos, el Hospital se hacía cargo del traslado hasta sus instalaciones. Una vez registrados eran enviados a las correspondientes enfermerías según sus necesidades, las cuales estaban perfectamente organizadas y distribuidas en armonía, formando un complejo extraordinario. Así lo refiere Murillo: *Esto se hace en nuestro Hospital: que para muestra que son fieles, hacen primero confesar al enfermo que viene, y a ninguno se admite (dando lugar a enfermedad) sin que primero se confiese: porque esto aprovecha no sólo para manifestación que es cristiano el enfermo, sino también para remedio de la misma enfermedad...*

El primer principio que regía en aquel establecimiento no era sino la caridad expresada en la hospitalidad, un concepto reiterado en el relato. *También es condición de la hospitalidad* –escribe Murillo– *prevenir al huésped y traerle de casa, especialmente cuando él no puede venir.* Y más adelante precisa: *De suerte que el convidar con el remedio y buscar al que padece la necesidad para remediársela es argumento de perfecta hospitalidad; y esto se hace en el Hospital de Zaragoza innumerables veces, que no sólo está abierta la puerta para todos los enfermos que vienen a él de cualquier parte del mundo y con cualquier género de enfermedad sino que teniendo noticia de que hay algún enfermo o necesitado que está impedido para venir por su pie, envían por él del mismo Hospital...*

A partir de aquí Murillo nos invita a acompañarle en su viaje o recorrido por el interior de aquella casa de acogida, compasión y sanación, recogiendo en sus palabras una alabanza por la funcionalidad y dignidad de aquel enorme recinto: *Pero entremos ya dentro del Hospital y veamos dónde pueden estar acomodados tanta diferencia de enfermos, para que aquí se eche de ver la magnificencia del edificio y el buen orden con que están dispuestas todas las cosas, y finalmente el buen concierto con que se acude a todo.*

Quadra de parturientas

La primera de las quadras descritas por Murillo es la dedicada a las mujeres que iban a dar a luz, la cual debía estar en un lugar próximo a la entrada o recepción: *Primeramente hay una cuadra en que las mujeres cercanas al parto que vienen por su mucha pobreza al Hospital son recibidas; y en ella, llegada la hora, hay partera y criadas para recibirlas y servirlas...* Se trataba de una sala en la que, además de atender a la paciente durante el parto, se la cuidaba durante el tiempo necesario para su recuperación, auxiliándola con el niño recién nacido: *Acá con la madre y con la criatura se usa de misericordia; porque a la madre la ayudan en aquel duro y peligroso trance, y la sirven después de él hasta que tiene salud y fuerzas; y a la criatura le administran el sacramento del bautismo en la iglesia del mismo Hospital.*

Inclusa o quadra de niños expósitos

El Hospital recepcionaba a los niños expósitos que eran entregados. En aquel momento de su llegada eran remitidos en primera instancia a una quadra donde un grupo de nodrizas los atendían durante el tiempo necesario para fortalecerles y buscarles una nodriza externa, la cual se haría cargo de la criatura con cargo al Hospital por un plazo de varios años, hasta que los chiquillos pudieran ser adoptados definitivamente. Estas son las características descritas por Murillo: *Hay otra quadra en la cual hay de ordinario 16 o 18 amas, las cuales sirven dar sustento a los niños expósitos, huérfanos de padre y madre, que son traídos al Hospital de diversas partes para que cuando llegan a él tengan luego quién les dé el pecho. Y de allí les buscan amas que los crían, así de la propia ciudad como de lugares circunvecinos. Y esta caridad se extiende tanto que ha muchos años que se crían continuamente pasados de 400 niños a costa de dicho hospital: si son varones, hasta la edad de siete años, y si hembras hasta que tienen nueve.* La también llamada quadra de amas disponía de espacios complementarios de estancia y servicio, pudiéndose considerar uno de los lugares más autónomos del establecimiento: *Esta es una obra de singular caridad; y se tiene mucho cuidado de las amas que están en esta quadra, en la cual tienen su cocina y refitorio y dormitorio donde se recogen con sus criaturas, harto capaz.*

Quadra de quebrados

El Hospital, según relata Murillo, disponía de una quadra donde se atendían a los quebrados o heridos, tal vez una especie de sala de urgencias, donde se atendían igualmente a los niños y a los mayores y se les cuidaba hasta que se curaban. Concretamente refiere que *no sólo para los niños que están quebrados, sino también para las personas grandes que tienen la misma enfermedad, hay otra quadra donde son abiertos, curados y sustentados con grande cuidado hasta estar sanos y perfectamente convalecidos.*

Quadras de calenturas

Las quadras más numerosas del Hospital eran las dedicadas a los llamados enfermos de calenturas, denominación que en otros establecimientos es sustituida por enfermos de fiebres. Murillo informa que hay *nueve quadras donde se curan los hombres que vienen al Hospital enfermos de calenturas y otras cuatro para las mujeres que tienen la misma enfermedad, y en todas ellas hay grande número de enfermos. Los cuales, aunque no tienen tan poderoso Médico como la suegra de San Pedro, cuando estuvo enferma de calenturas, pero tienen cuatro muy buenos, que el Hospital tiene asalariados del colegio de la ciudad. Y para que después de curados puedan mejor convalecer hay dos cuadras que llaman de convalecientes de calenturas, una para los hombres y otra para las mujeres, a las cuales pasan después de curados en las otras y están en ellas hasta poder salir del Hospital. De manera que para sola la enfermedad de calenturas, y convalecientes de ellas, hombres y mujeres, hay quince cuadras, que para solas estas es menester un grande hospital.*

Quadras de bubas o mal francés

Los enfermos de sífilis eran tratados en salas independientes del resto denominadas quadras de bubas. Se correspondían con *una quadra muy grande para curar en ella a los hombres enfermos de bubas o mal francés, y otra no menor para curar las mujeres enfermas del mismo mal. Y para esto [se dispone de un] particular cirujano del colegio de Zaragoza asalariado por el Hospital.*

Quadras de cirugía

Además de las salas especiales ya señaladas, existían sendas enfermerías de gran tamaño dedicadas a los casos de cirugía general. Así lo indica Murillo: *Y para los demás casos de cirugía hay otras dos grandes quadras, una para curar los hombres y otra para las mujeres; y tienen un médico y dos cirujanos asalariados del colegio de la dicha ciudad. De suerte que a todo se acude con mucha puntualidad, porque la caridad de los ministros y la diligencia de los enfermeros es grande, y la superintendencia y cuidado de los regidores hace que vaya todo por su punto...*

Quadras de vergonzantes

Dado que el concepto de honra también entraba en la caridad, las personas distinguidas, o de cierto nivel económico o social, venidas a menos eran atendidas en unas quadras independientes. Así lo refiere Murillo: *Y porque no falte cosa de las necesarias en esta materia hay también dos quadras para curar las personas que se han visto en honra, y la variedad de los tiempos las ha derribado de su prosperidad, donde sin padecer la vergüenza que causa la publicidad, son curados con particular cuidado.*

Manicomios

Los enfermos mentales eran atendidos en quartos o edificios independientes, los cuales comprendían diferentes dependencias. Al decir de Murillo estos enfermos eran numerosos y en su mayor parte la rehabilitación pasaba por desarrollar trabajos funcionales en el propio establecimiento. Si bien había correspondido al hospital de Valencia la condición de ser mundialmente el pionero en el tratamiento de esta clase de enfermos, tras su incendio en 1545 y la entrada en una cierta decadencia por parte de la capital levantina, según López-Ibor el liderazgo pasó al de Zaragoza[296].

Los manicomios se correspodían con *dos quartos grandes en que se reciben los locos y locas de todas las naciones; uno para los hombres y otro para las mujeres, cada cual con su refitorio y dormitorio muy capaces; y en ellos, para gobernarlos y tenerlos sujetos, hay personas muy prudentes y cuerdas; que es menester mucha prudencia y cordura para gobernar locos, especialmente siendo tantos, que los hombres de ordinario llegan a 120 y las mujeres pasan de 150. Y no parezca sobrado el número; porque siendo verdad, que (como dice el Espíritu Santo) el número de locos es infinito, es cierto que no están todos en el Hospital. Son estos locos y locas de mucho provecho, porque las locas lavan los paños y hacen las coladas y otras cosas en las quadras de las mujeres, y los locos sirven en algunos ministerios tan asquerosos que si tuvieran juicio con dificultad se aplicaran a hacerlos si no tuvieran muy grande caridad.*

Quarto de tiñosos

Los enfermos de tiña también disponían de un edificio o quarto independiente del resto que contaba con distintas dependencias: *para curar la enfermedad de la tiña hay un quarto particular donde son curados y sustentados los enfermos de esta enfermedad, que de ordinario pasan de cien; y hay dos aposentos grandes apartados, uno para los niños y otro para las niñas. Y así los unos y los otros tienen refitorios y dormitorios muy bastantes para estar con comodidad.*

Concluye Murillo *informando que solas las quadras que hay para enfermos y convalecientes, que todas ellas son muy espaciosas y grandes, llegan a número de 24; sin los tres quartos grandes donde están los locos y locas, y donde se cura la tiña, que todos ellos es forzoso haber de ser muy capaces, porque tienen sus refitorios y dormitorios, y algunos otros aposentos particulares.*

Otros aposentos y oficinas

Por último, Murillo informa sucintamente de la existencia de otras dependencias. Indica, en primer lugar, que *dentro del mismo Hospital están los aposentos donde habitan 14 o 16 clérigos, los cuales no sólo sirven de celebrar el oficio divino en la iglesia sino también de ayudar a morir, y de otros ministerios muy necesarios.* Seguidamente señala la existencia de los espacios de servicio: *Ocupan también un gran espacio las oficinas, como son los graneros, horno, bodegas, repostes, carnicería, refitorios para los clérigos y ministros que sirven, guardarropas y otras muchas para diversas necesidades.* Finalmente informa de la farmacia, refiriendo que *hay una botica muy abundante de todas drogas y medicinas, gobernada por un boticario del colegio de la ciudad muy hábil, donde asiste siempre un regente suyo con los criados necesarios para poder cumplir con la obligación de su ministerio. Y juntamente con la botica tienen también dentro del mismo hospital casa muy cumplida y acomodada, donde residen.*

296 López-Ibor (2008).

ENFERMERÍAS DEL HOSPITAL DE NUESTRA SEÑORA DE GRACIA EN 1615, SEGÚN MURILLO	
Quadra de Parturientas	1
Quadra de Amas - Inclusa	1
Quadra de Quebrados	1
Quadras de Calenturas de hombres	9
Quadras de Calenturas de mujeres	4
Quadra de Convalecientes de Calenturas de hombres	1
Quadra de Convalecientes de Calenturas de mujeres	1
Quadra de Bubas de hombres	1
Quadra de Bubas de mujeres	1
Quadra de Cirugía de hombres	1
Quadra de Cirugía de mujeres	1
Quadras de Vergonzantes	2
Quarto del Manicomio de hombres	1
Quarto del Manicomio de mujeres	1
Quarto de Tiñosos	1
Total	27

Datos generales del Hospital

Murillo concluye facilitando algunos datos sobre el establecimiento, indicando el número de enfermos atendidos y los enormes costes anuales, poniendo de relieve la magnitud de la atención prestada. Comienza con los de conservación y funcionamiento: *Todo esto junto hace una máchina tan grande que para solamente andar sustentando la fábrica del edificio son necesarios cada año más de 1.000 ducados. Y con ser el edificio más grande y tan anchuroso, se ofrecen ocasiones muchas veces de tantos enfermos que todo es estrecho para acomodarlos.*

Prosigue informando sobre el número de personas atendidas: *El número de los enfermos que hay de ordinario en este Hospital es imposible decirlo puntualmente, porque crece y mengua según los años y según la diferencia de los tiempos. El año pasado de 1614 se recibieron en todo el discurso del año 7.777 enfermos; que como van curándose unos y convaleciendo otros, y muriendo algunos, se van dando lugar para poder haber tantos. Y este presente año de 1615, hoy, a 9 de febrero, se han recibido dentro del término de cinco semanas 1.330 enfermos; y llegan a 800, o poco menos, los que actualmente están en la cama. De suerte que haciedo la cuenta un año con otro, contando los enfermos que hay, y más de 140 personas que los sirven, vienen a ser los que de ordinario hay en el Hospital y se sustentan en él cada día, cerca de 1.000 personas, no comprendiendo en éstos los 400 niños que hace criar en Zaragoza y en otros lugares circunvecinos; y este año me aseguran que pasan de 500, porque por razón de la esterilidad grande que ha habido no tienen los pobres con qué criarlos, y todo carga sobre el pobre Hospital...*

Cierra el relato con los costes globales: *Basta decir, en suma, que todos los años para sustentar esta máchina, gasta a lo menos 40.000 ducados, y algunos hay que pasan de 45.000 por ser mayor el número de enfermos.*

6.2. Sectores, entidades y calles interiores del Hospital

El Hospital de Nuestra Señora de Gracia ocupaba una gran extensión, constituyendo lo que hoy se denominaría en términos urbanísticos una «supermanzana». El lindero occidental lo conformaba la calle del Hospital que naciendo de la Puerta Cinegia y la Cruz del Coso desembocaba en la plaza de Santa Engracia, donde se encontraban el monasterio y la puerta del mismo nombre, por ello, en algunas ocasiones aquélla también era denominada calle de Santa Engracia. Hacia esta calle, el Hospital presentaba la rectilínea fachada de sus construcciones en toda la línea, sin solución de continuidad. En su extremo septentrional, haciendo esquina con el Coso, estaba la iglesia, ofreciendo a poniente la fachada de las capillas de los pies y el coro alto. Seguía el área del claustro mayor o patio principal, donde se encontraba el portal mayor o puerta principal del establecimiento. A continuación venía la correspondiente al gran bloque central, edificio de planta rectangular que contenía varios patios interiores, que en adelante llamaremos palacio de las enfermerías. Finalmente estaban las instalaciones del manicomio de hombres.

El lindero septentrional era la calle del Coso, al que presentaban fachada diferentes entidades constructivas del con-

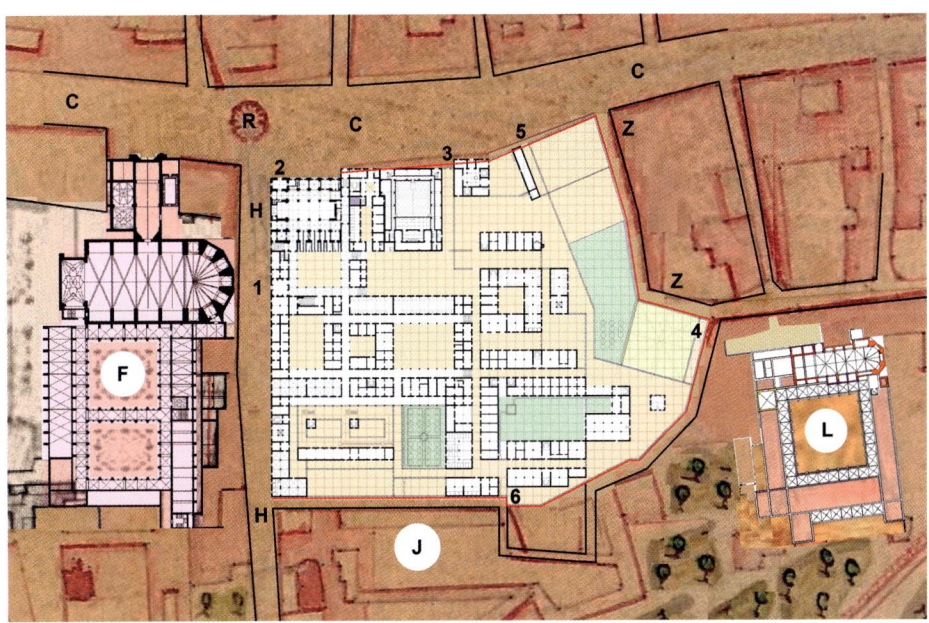

Entorno y puertas del recinto hospitalario de N. Sra. de Gracia sobre la planta de rasantes, según R. Usón: / Viario: C Calle del Coso; R Cruz del Coso; H Calle del Hospital o de Santa Engracia; Z Calle de Zurradores / Conventos: F San Francisco; J Jerusalén; L Santa Catalina / Puertas: 1 Principal; 2 Iglesia; 3 Puerta Falsa; 4 Cementerio; 5 Postigo de entrada a los Graneros (después calle de la Soledad); 6 Postigo de Jerusalén.

junto hospitalario de Gracia. Lo hacían de forma poligonal, siguiendo la alineación ligeramente curvada que formaba esta vía. Comenzando por el extremo de occidente se encontraba la iglesia, presentando su fachada norte las capillas del lado del evangelio y el torreón del campanario en los pies, donde estaba la puerta principal del templo. Seguía el mesón del Hospital y la casa de las comedias. En este punto daba comienzo la calle interior que naciendo del Coso se dirigía hacia el sur atravesanto todo el recinto hasta las tapias del linde meridional, dividiéndolo en dos grandes sectores, occidental y oriental. Es la que denominamos calle interior Coso-Jerusalén o calle meridiana, que comenzaba en la llamada puerta falsa. La casa de comedias, por tanto, constituía la esquina entre esta vía interior y el Coso. Siguiendo la línea de éste, venía la llamada casa del Coso y las tapias de los corrales y huertos nororientales hasta la calle de Zurradores, entre las cuales había una entrada hacia una segunda vía interior –ulteriormente denominada calle de la Soledad– que, flanqueada por las tapias interiores del huerto oriental, conducía a los graneros del Hospital.

El lindero meridional lo conformaban las tapias que hacían frontera con los conventos de Jerusalén –al oeste– y Santa Catalina –al este–. El tramo más extenso era rectilíneo y lindaba con el primero de los monasterios. Entre las tapias discurría un callizo y una acequia, de la cual se servía el Hospital para alimentar los huertos y los grandes aljibes meridionales. En este callizo posiblemente habría uno o dos postigos. En el tramo oriental las tapias formaban una poligonal que girando hacia el norte llegaban hasta el encuentro de la calle Zurradores con Santa Catalina. En este punto existía otro callizo que, flanqueado por las tapias del Hospital y el monasterio, daba acceso al llamado patio de los carros, desde el que se entraba al cementerio. También próximos a las tapias de esta parte se encontraban los graneros, mientras a la de Jerusalén lo hacían los corrales de las cabras y del manicomio de hombres.

El lindero oriental en el resto de la poligonal se correspondía con la quebrada alineación de la calle Zurradores a la que daban las tapias del Hospital. Desde el ángulo del Coso hasta el quiebro lo hacían las del huerto oriental, donde estaban los naranjos, mientras al siguiente tramo, hasta el callizo de Santa Catalina, daban las del cementerio.

La enorme parcela podría dividirse, como se ha indicado, en dos grandes sectores, occidental y oriental, según la atravesaba la calle meridiana. El occidental, donde se encontraban las piezas principales del recinto, podría a su vez subdividir-

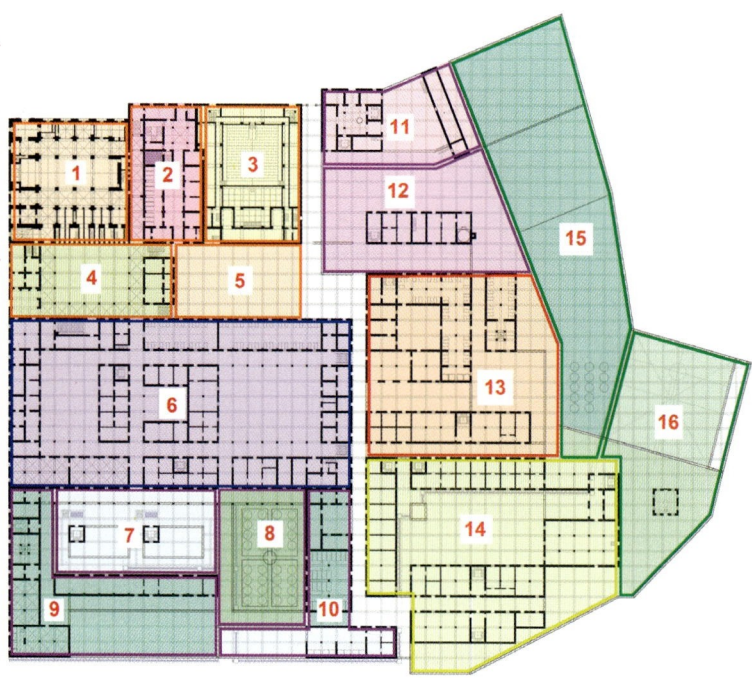

Áreas y sectores del recinto hospitalario de N. Sra. de Gracia sobre la planta de rasantes, según R. Usón: / Sector noroccidental: 1 Iglesia; 2 Mesón; 3 Teatro; 4 Claustro; 5 Patio Puerta Falsa / Sector occidental central: 6 Palacio de las Enfermerías / Sector suroccidental: 7 Patio de los Aljibes; 8 Huerto de Tiermas; 9 Área Hombres Dementes; 10 Caballerizas y cabrería / Sector central norte: 11 Casa del Coso; 12 Horno / Sector central centro: 13 Área Mujeres Dementes y Tiñosos / Sector central sur: 14 Área del Huerto del Boticario / Sector nororiental: 15 Huertos orientales / Sector suroriental: 16 Cementerio y Patio de los Carros.

se en tres subsectores. El noroccidental lo formaban cinco áreas. En la línea del Coso: la iglesia, el mesón y la casa de las comedias. En el interior: el claustro mayor y el patio de la puerta falsa. El subsector central lo ocupaba íntegramente el palacio de las enfermerías. El suroccidental lo formaban también varias áreas. En la zona interior oeste estaba el llamado patio de los aljibes, flanqueado por el sur y poniente por las construcciones y corrales del manicomio de hombres. En la zona interior central estaba el llamado huerto de Tiermas, flanqueado a oriente por el pabellón de las caballerizas. En la parte meridional de ambos estaban los corrales de las cabras.

El sector oriental podría, así mismo, subdividirse en dos partes. Una era la banda exterior, que seguía la forma y constituía el linde de la calle Zurradores, la cual, a su vez, com-

prendía dos áreas: los huertos orientales y el cementerio. La otra era la banda interior, a su vez formada por tres subsectores. El septentrional, que comprendía dos áreas: la casa del Coso –en la línea de esta calle– y el horno y el corral de la leña –en el interior–. El central, que se correspondía con el manicomio de mujeres y el pabellón de tiñosos. Y, por último, el meridional, formado por un conjunto de pabellones que rodeaban el huerto del boticario.

El supercuadrante noroccidental del recinto, que comprendía los dos primeros subsectores, era la sede funcional primaria del hospital, donde se encontraban la iglesia y las enfermerías. Los otros tres cuadrantes albergaban las quadras independientes de los locos y los tiñosos, los huertos, el cementerio y todos los pabellones de servicios. El supercuadrante estaba organizado en torno al claustro mayor, cuyas pandas meridional y oriental se prolongaban en sendos ejes –WE y NS– que formaban los corredores principales del establecimiento en el nivel de rasante.

El eje WE o corredor axial WE –que en su tramo oriental se denomina en ocasiones el corredor de las hermanas– comenzaba en la puerta principal del Hospital en la calle de su nombre. El espacio que formaba el vestíbulo de recepción daba paso al claustro en su ángulo suroccidental. Desde ese punto la panda de poniente conducía a la puerta sur de la iglesia –puerta interior o puerta del claustro–, mientras la panda del mediodía daba acceso al resto de las dependencias. En el centro de ésta se hallaba la entrada a la escalera mayor o escalera principal del Hospital, desde la cual se bajaba a las bodegas y se subía a la botica y al gran salón distribuidor desde donde se entraba a las enfermerías. Esta panda meridional se prolongaba más allá del claustro en un corredor descubierto (el corredor de las hermanas) que flanqueaba en toda su extensión el palacio de las enfermerías, dejando en su lado septentrional el patio de la puerta falsa. Este corredor terminaba en la calle interior Coso-Jerusalén, topándose de frente con el pabellón-manicomio de mujeres, donde éste tenía su entrada. De este modo, recorriendo el corredor axial WE, girando después hacia el sur –al llegar a la calle meridiana–, y finalmente hacia el este –desde su extremo meridional–, se alcanzaba el lugar más alejado de la

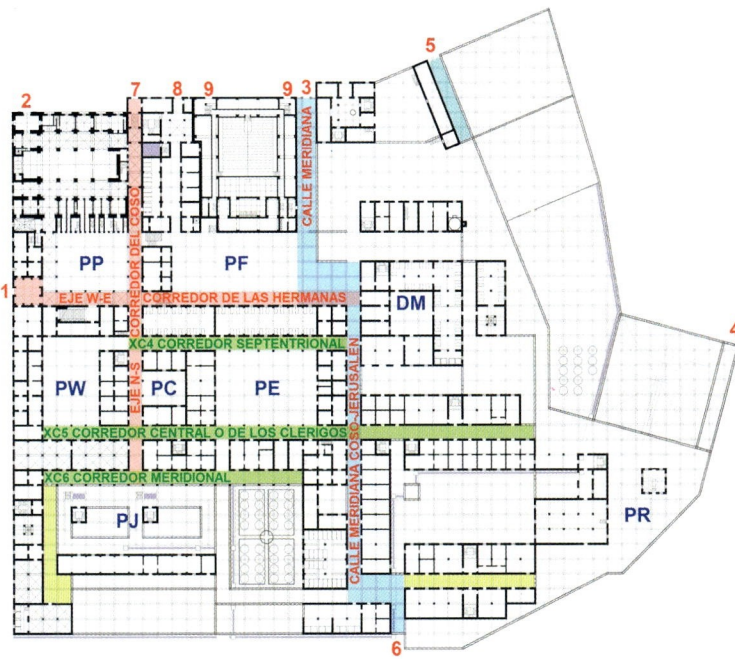

Patios y corredores interiores del recinto hospitalario de N. Sra. de Gracia sobre la planta de rasantes, según R. Usón. / Patios: PP Patio o claustro principal; PF Patio de la puerta falsa; PW Patio occidental; PC Patio central; PE Patio oriental; PJ Patio de los aljibes; PR Patio de los carros / Puertas: 1 Principal; 2 Iglesia; 3 Puerta Falsa; 4 Cementerio; 5 Postigo de entrada a los Graneros (después calle de la Soledad); 6 Postigo de Jerusalén; 7 Puerta del mesón; 8 Puerta de carros del mesón; 9 Puertas del teatro al Coso / Corredores: 3-6 Calle meridiana Coso-Jerusalén; 1-DM Eje WE Corredor de las hermanas; 7-PJ Eje NS Corredor del Coso; XC4 Corredor septentrional; XC5 Corredor central o de los clérigos; XC6 Corredor meridiano.

entrada: la plaza de los carros, antesala del cementerio y patio al que podía accederse desde el callizo de Santa Catalina.

Por su parte, la panda oriental formaba parte del eje o corredor axial NS, llamado con frecuencia corredor del Coso, pues, efectivamente, su tramo de prolongación llegaba hasta esta vía en el punto donde se encontraba la puerta del mesón. Este corredor axial, traspasado un vestíbulo que únicamente era utilizado por dicha dependencia anexa, lo flanqueaban a una parte la pared de la cabecera de la iglesia y a otra las enfermerías de las Santas Cruces, salas que ocupaban las crujías situadas entre el claustro y el mesón. Sin embargo a la panda oriental propiamente dicha daban las dependencias de la carnicería. En el sentido opuesto, este corredor axial NS, tras cruzar el WE, se prolongaba en un tramo cubierto

que atravesaba la planta baja del palacio de las enfermerías hasta alcanzar el corredor meridional o de los aljibes, perpendicular a él y paralelo al WE, que ceñía el palacio por su linde del mediodía. Girando hacia poniente por este último corredor se llegaba al manicomio de hombres.

En el nivel de la planta principal, donde se encontraban las llamadas enfermerías mayores, las circulaciones se apoyaban en ejes homólogos, si bien la organización era diferente. El corazón de la planta lo conformaba el salón distribuidor, al que se subía por la escalera principal. Este espacio estaba rodeado de las puertas que accedían a los corredores. Coincidiendo con el eje NS había dos puertas. La septentrional daba acceso a la planta superior del claustro, en torno al cual se distribuían diversas enfermerías de hombres, prolongándose el corredor de la panda oriental, exactamente igual a lo que sucedía en la planta inferior. La puerta meridional

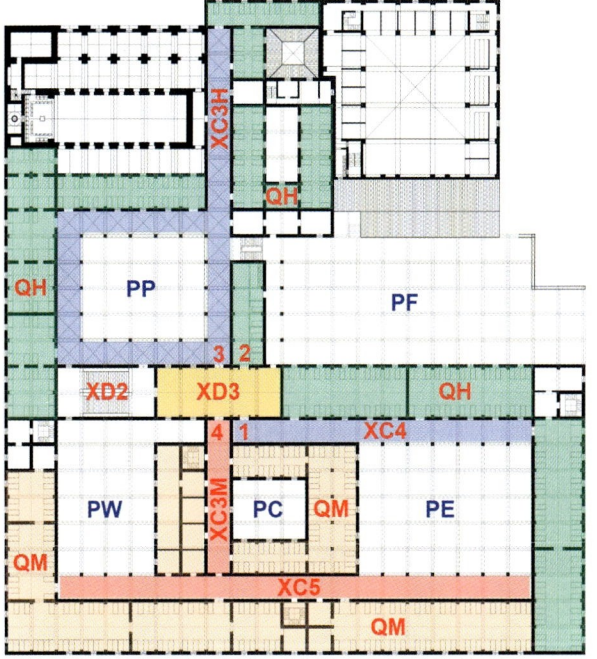

Distribución y corredores de las enfermerías de la planta principal del Hospital de N. Sra. de Gracia, según R. Usón. / Enfermerías: QH Quadras de hombres; QM Quadras de mujeres / Distribuidores: XD2 Escalera principal; XD3 Salón distribuidor; 1 Puerta de las quadras mayores; XC4 Corredor de las quadras mayores; 2 Puerta de la quadra del Protonotario; 3 Puerta de las quadras de hombres (claustro); XC3H Corredor NS (hombres); 4 Puerta de entrada a las quadras de mujeres; XC3N Corredor NS (mujeres); XC5 Corredor central (mujeres).

era la entrada única a las enfermerías de mujeres, de forma que el eje o corredor axial NS atravesaba el palacio de las enfermerías hasta encontrarse con el corredor central, perpendicular al anterior, de manera que desde ambos se accedía a las salas de las enfermas. Junto a la puerta de la zona hospitalaria de mujeres estaba la puerta principal de las grandes enfermerías de hombres, que daba acceso al llamado corredor de las quadras, también perpendicular al anterior, desde el que se accedía a las salas de enfermos. Frente a la puerta de las enfermerías grandes de hombres y junto a la entrada al claustro superior se hallaba la puerta de la quadra del Protonotario, destinada a personas de honor. Por último existía una puerta menor junto a esta última que comunicaba directamente el salón con la cocina mayor mediante un pasillo a través del cual se trasladaban las raciones de comida que eran organizadas en aquél antes de su distribución por las enfermerías. Así pues, las quadras de hombres, además del sector del claustro, ocupaban las alas septentrional y oriental del palacio de las enfermerías, mientras las de mujeres estaban ubicadas en las alas occidental y meridional, además del bloque central de éste.

6.3. Iglesia de Nuestra Señora de Gracia

6.3.1. Descripción del edificio

El edificio de la iglesia de Nuestra Señora de Gracia era de planta sensiblemente cuadrada y de orientación canónica. Respondía a una tipología de templo de tres naves con ábsides rectos, todas ellas de cuatro tramos libres a los que se añadían los correspondientes a las tres capillas de cabecera, así como las homólogas de los pies. La nave mayor, con una luz de unos ocho metros, casi duplicaba el ancho de las laterales, a las cuales se anexaban sendas crujías destinadas a albergar capillas o espacios complementarios. Se trataba, por tanto, de un espacio sin transepto rodeado de capillas en todo su perímetro. La mayor altura de la nave central se aprovechaba en la cabecera para disponer del retablo mayor, mientras en los pies existía un coro alto sobre la capilla inferior. En el ángulo noroccidental de la planta, en el ámbito de intersección de las crujías perimetrales, se encontraba el

vestíbulo de acceso al templo, con su puerta principal abierta hacia el Coso, sobre el que se elevaba un volumen prismático que albergaba el campanario.

La construcción de la iglesia respondía a una sencilla estructura. Los pórticos formeros de la nave mayor se apoyaban en los seis pilares centrales de piedra y en los muros extremos, elementos sobre los que cargaban los ocho arcos apuntados que comunicaban la nave central con las laterales, cuatro en cada pórtico, sobre los que se elevaban los dos muros de ladrillo que formaban las paredes longitudinales de la caja estructural central. La altura de estos muros, es decir, de la nave mayor, era ciertamente superior respecto de las laterales, pues necesitaba dicha elevación para disponer los ventanales con los que iluminar el espacio interior. La presencia de las naves laterales y las dimensiones de las secciones estructurales impedían la formación de estribos o contrafuertes con los que reforzar la caja central, por lo que la cubierta de la nave mayor, situada en el nivel de los rafes, se solucionaba con estructura de madera, siguiendo en cierto modo la tipología de Santa María de Mediavilla de Teruel, heredera de la tipología basilical que extendió el mundo romano.

Por el contrario, las naves laterales se cubrían con bóvedas de crucería con nervios y plementería realizados con ladrillo, una estructura de gran estabilidad que se desarrollaba en todos sus tramos y quedaba arriostrada mediante contrafuertes embebidos en las paredes que separaban las capillas laterales, auténticos respaldos que rodeaban toda la planta. Todas las características descritas son visibles en los dibujos y grabados de Gálvez y Brambila, si bien debe tenerse en cuenta la distinta situación del edificio entre el tiempo de su construcción, en el siglo XV, y el de la guerra napoleónica, casi cuatrocientos años después, un extenso período durante el que tuvieron lugar importantes modificaciones.

Una particularidad de la iglesia del Hospital era la formación de un conjunto de camarillas privadas en la crujía anexa a la nave de la epístola. Sin duda debido a la importancia que en el ritual de este templo adquirieron los sermones de Cuaresma, vinculados a la obtención de recursos adicionales por parte de cargos públicos y familias potentadas, y que provie-

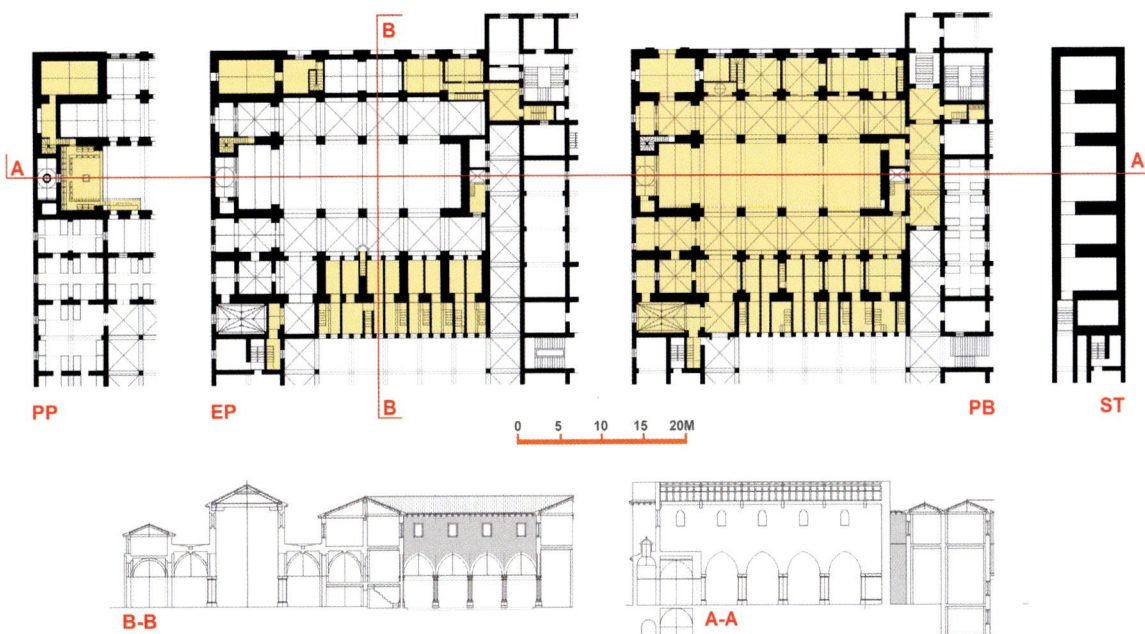

Iglesia de Nuestra Señora de Gracia hacia 1600. Plantas y secciones, según R. Usón / PB Planta baja; EP Entreplanta; PP Planta principal; ST Planta sótano / A-A Sección longitudinal; B-B Sección transversal.

nen del cuatrocientos, posiblemente en un momento determinado se dio licencia para la ocupación de los espacios de esta crujía durante los actos, unos permisos que fueron consolidándose y multiplicándose con los años hasta derivar en una verdadera serie de tribunas distribuida en doble altura y que se extendía en toda la longitud de la nave. La cuestión es que, además, para acceder de forma privada a cada una de ellas fue preciso configurar unos vestíbulos de acceso, la mitad de los cuales estaban provistos de escaleras o gradas para subir a las tribunas superiores, los cuales ocuparon la panda septentrional del claustro mayor, cuyo frente hacia el patio lo formaban las numerosas puertas por las que cada familia o estamento entraba a su camarilla.

Puertas y primer patio de entrada [YE1-2]

[A veintidós días del mes de septiembre del año MDCVIII...] (fol.712v) *Visita de la Iglesia y cosas de ella / Y luego in continenti el dicho Sr. visitador y canciller, continuando la dicha su visita, procedió a visitar y ver, vio y visitó dicha Iglesia de dicho Hospital, la cual tiene una puerta grande que se divide en dos partes, de madera, con sus balaustes labrados, con su cerraja y llave, que está frontero a la Cruz del Coso, y entrando por dicha puerta al primer patio antes de entrar a* la Yglesia, a mano derecha, hay otra puerta grande de madera, con su cerraja y llave, y por la parte de afuera con sus balaustes, la cual corresponde a las espaldas de la casa que era de Marco de Espinal, cirujano, que ahora es de Juan de Aranón, que está junta y contigua con el monasterio de San Francisco. Y en pasando dicho primer patio hay otra puerta de madera grande, con su postigo, cerraja y llave, por la parte de adentro con muy buenos hierros y clavos muy grandes a modo de medias parejas.[297]

Fustería de la iglesia [YE4]

Y a su lado del dicho patio, que es a mano izquierda entrando por el Coso, hay otra puerta de madera muy grande (fol.713-) con cinco alguaras? grandes, con su cerraja y llave, que es y llaman la fustería, dentro de la cual vio que había y estaban todas las cosas de madera, lienzo y otras

297 Se ha utilizado la letra cursiva para la transcripción literal del texto del *Libro de la Visita*, indicándose entre paréntesis el inicio de un nuevo folio. La letra normal se ha utilizado para la aclaración descriptiva, figurando entre corchetes cuando está inserta en el texto original. Para facilitar la localización de las entidades en los planos, en sus títulos figuran entre corchetes sus coordenadas, con excepción de los espacios de la iglesia, el los que figuran sus matrículas. Puede consultarse la organización completa de las entidades, el personal relacionado con las mismas y los planos de conjunto en el Apéndice I.

Fernando Brambila: *La calle del Coso*. Apunte a lápiz, 1808.

necesarias y que son menester para [pre]parar y adornar el dicho Santo Hospital el Monumento para el Jueves Santo, que, aunque no se sabe su valor, de los asistentes que allí se hallaron juzgaron que valdría trescientos ducados poco más o menos. Item estaba una peana para llevar en las procesiones la cabeza del Sr. San Cosme, que es de madera toda labrada, de mazonería, con muchas y diversas figuras de pobres enfermos, toda dorada y matizada de diversos colores, con sus brazos de madera y palos para sustentarse y con su caparazón de madera y sus campanillas de cobre para hacer armonía.

Frente a la Cruz del Coso se encontraba la portada y acceso a la iglesia, enclavada en el cuerpo del torreón del campanario. Este alzado aparece bien definido en la citada lámina de Gálvez y Brambila *Vista de la calle del Coso*, en cuyo primer plano aparecen las ruinas del monumento y cuya perspectiva está dominada, a la izquierda, por la iglesia del Hospital, y a la derecha por el templo del convento de San Francisco, sobresaliendo la esbelta torre de este último. Entre ambos edificios se distingue la embocadura de la calle del Hospital

que se dirigía hacia el monasterio y puerta de Santa Engracia. Haciendo esquina entre ésta y el Coso se elevaba el prismático volumen del campanario donde estaba, como decimos, el imafronte de entrada.

La portada era de formato clasicista. El arco de medio punto que conformaba el vano de acceso se enmarcaba por una composición de dos pisos. En el inferior sendas pilastras de orden toscano lo flanqueaban. En realidad se trataba de una pilastra central y dos medias a los lados, de forma que la media central enmarcaba el arco uniéndose a su simétrica. Sobre las dos pilastras apoyaba el entablamento, en el que debía estar –en palabras de Casamayor– «aquel epígrafe tan lacónico como expresivo de Vrbis et Orbis Domus Infirmorum», rematado por un frontón curvo partido, de cuyo hueco central arrancaba la hornacina del piso superior, en la que se encontraban «las figuras de piedra de la Anunciación de Nuestra Señora con dos hermanos de frentes echados»[298]. Esta hornacina repetía en menor tamaño la composición del piso infe-

298 Casamayor (2008) pp. 88-89.

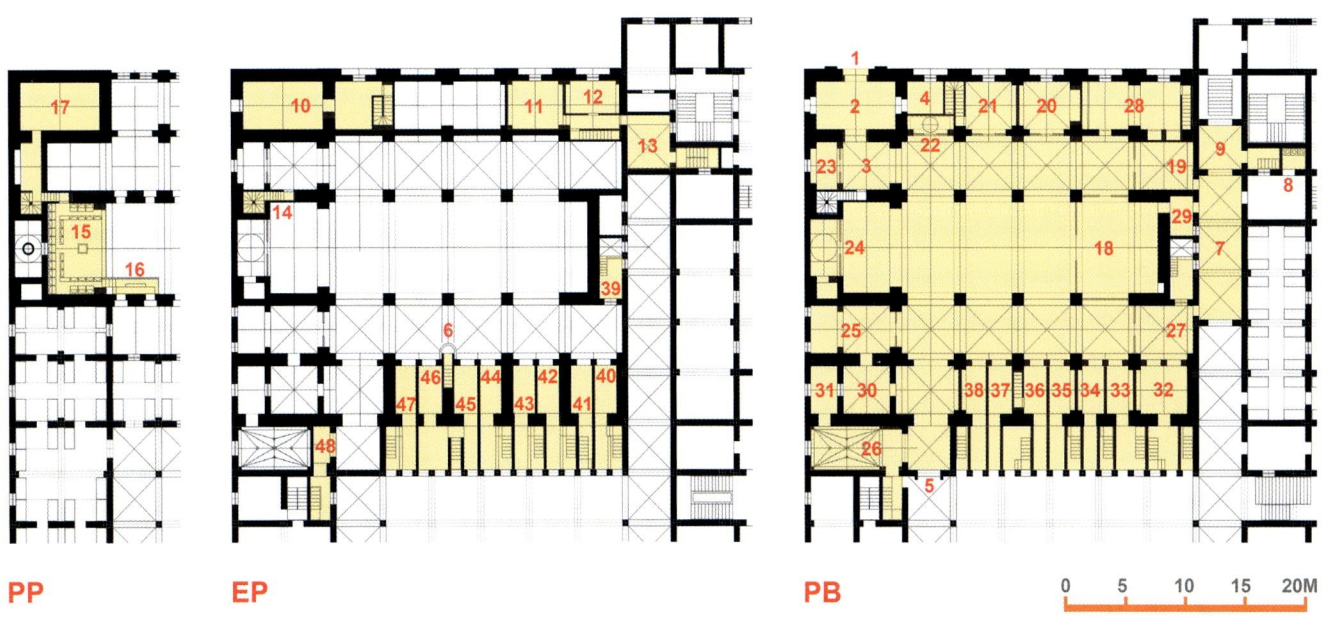

Iglesia de Nuestra Señora de Gracia. Espacios y capillas, según R. Usón / Elementos: 1 Puerta principal; 2 Patio; 3 Cortavientos; 4 Fustería; 5 Puerta del claustro; 6 Púlpito; 7 Claustro trasaltar; 8 Secretas; 9, 11 Enseres; 10 Colegio de médicos; 12 Sacristán; 13 Monaguillos; 14 Escalera; 15 Coro; 16 Órgano; 17 Campanario / Capillas: 18 N. Sra de la Esperanza; 19 Sta Ana; 20 Quinta Angustia; 21 S Lucas; 22 Bautismo; 23 S Sebastián; 24 S Gregorio; 25 N. Sra de Gracia; 26 Contaminas; 27 Crucifijo / Sacristías: 28 Mayor; 29 Menor; 30 N. Sra de Gracia; 31 Contaminas / Camarillas: 32-41 Protonotario; 33-42 Bayle; 34 Sástago; 35 Coloma; 36 Púlpito; 37 Zaporta; 38 Villalpando; 39 Gilberte; 40 Catellar; 43 Lanuza; 44 Híjar; 45 Reyno; 46 Hospital; 47 Audiencia; 48 Contaminas.

rior, rematándose igualmente por un frontón partido en cuyo hueco central se apoyaba el escudo con las armas del Hospital. Esta portada ocupaba la mayor parte del cuerpo inferior del torreón, que debía alcanzar la altura de la nave mayor.

Sobre este primer cuerpo se alzaba en forma de espadaña el remate, compuesto a su vez de dos pisos. El inferior estaba formado por un doble arco que correspondía a los huecos de las campanas, apoyado en un basamento corrido. Los vanos se enmarcaban por pilastras y entablamento superior, siguiendo el modelo de la portada, y flanqueándose por dos grandes volutas que absorbían la diferencia de base entre los cuerpos, estrechando el remate. El superior lo formaba una hornacina que repetía el esquema de composición de la portada, flanqueándose también por volutas que reducían el ancho hasta ajustarlo a la misma, culminándose con el frontón alto, sobre el que estaba colocada una cruz. Esta espadaña, sin embargo, no era tal, pues en su trasdós existía un volumen cuya sección se ajustaba a la silueta de aquélla, de

modo que permanecía oculto desde la visual frontal desde el Coso. Formábase así un habitáculo cubierto desde el que se accedía a las campanas.

Cuando se traspasaba la portada se entraba al primer patio de la iglesia. Era el espacio que correspondía en planta al prisma del torreón y servía como antesala o vestíbulo del templo. En cada una de sus paredes había una puerta. La que hacía frente a la del portal daba acceso al interior del templo, y más concretamente a lo que conformaba un segundo patio o vestíbulo, como se verá después. La de la derecha era una puerta secundaria que salía hacia la calle del Hospital, frente a las casas de la manzana de San Francisco que hacían ángulo con el Coso. La de la izquierda era la puerta de la fustería, un local ubicado en la mitad septentrional de la planta de la última capilla del lado del evangelio y que hacía fachada hacia el Coso. Dicho local se utilizaba para almacenar objetos como las piezas del monumento de Semana Santa o las peanas de las procesiones.

Capilla de San Sebastián [YC23]

Y en habiendo entrado en dicha Iglesia por la puerta del Coso, a mano derecha luego entrando había y vio una capilla grande muy buena, de madera muy bien labrada, toda ella de mazonería, con figuras de bulto doradas, de la invocación del Sr. San Sebastián, y tiene su altar lápida muy buena y un candelero de hierro fijo labrado para tener en él una vela, y a la otra parte otro pedazo de candelero y una cortina de tela azul y en medio un Ecce Homo. (fol.713v-) Y hay una lámpara de azófar redonda con una lámpara de vidrio que ardía, y allí junto, pegada a la pared, encima de una piedra, una pila de agua bendita de cobre.

Y luego, consecutivamente, hay una puerta de madera, con su cerraja y llave, por la cual con sus escaleras [YE14] se sube al coro, encima de la cual hay una tabla de alabastro con unas armas encima, que son tres campos negros: en el primero, tres hierros; en el segundo y en el tercero, uno; y abajo un letrero que dice: "Aquestas armas son del honorable don Beltrán de Biota, regidor y administrador que fue de aquel Hospital de Santa María de Gracia, el cual dejó el lugar suyo de Albalatillo, ribera de Alcanadre, a dicho Hospital y murió a once de octubre, anno a nativitate domini de mil cuatrocientos y veinte y ocho, y hago rogar a Dios por su alma". Y hay una figura de San Sebastián pequeña de madera donde dice "Estación al Sr. Sebastián".

Y, consecutivamente, hay una puerta de madera labrada en dos partes para detener el viento [YE3] cuando dicen las misas en las capillas siguientes [y luego consecutivamente (tachado)] // Todas las cuales cosas // [firman] Mosén Miguel Villuendas, sacristán mayor de dicho Santo Hospital, y Pedro Bardají, escribiente, habitantes en Zaragoza.

El espacio del segundo vestíbulo de la iglesia se correspondía con el tramo de las capillas de los pies de la nave del evangelio. Las capillas de los pies comprendían dos crujías. La interior era aproximadamente igual a las que flanqueaban las naves laterales, mientras que la exterior equivalía a una ampliación que se ajustaba a la alineación occidental del conjunto del Hospital. Se desconoce el porqué de esta característica concreta, pero sin duda se corrobora por cuanto esta última se cubría por un tejadillo que permitía la ubicación de linternas.

En cada uno de los planos verticales que envolvían este segundo patio se ubicaban elementos diferentes. Entrando a la derecha y coincidiendo con la crujía externa, se encontraba la capilla de San Sebastián con su altar y su retablo de madera labrada y figuras de bulto. De frente había una puerta por la que se accedía al coro alto y al campanario, y sobre la misma estaban las armas de Beltrán de Biota. A la izquierda estaba la puerta que formaba parte del cortavientos que separaba este vestíbulo del resto del espacio del templo, de forma que al atravesarla se accedía frontalmente a la nave del evangelio, desde los pies, en cuyo extremo oriental se encontraba la capilla de Santa Ana, y si se giraba hacia la derecha, en dirección mediodía, se cruzaban las naves de aquél por su último tramo, dejando a poniente las capillas de los pies, hasta alcanzar la puerta que comunicaba la iglesia con el claustro mayor, llamada puerta del claustro.

Capilla de San Gregorio [YC24]

(fol.720-) [En el margen:] Continuase la visita de la Iglesia y capillas de ella, jocalías y ornamentos / Dicho día veinte y tres del dicho mes de septiembre del año de MDCIIII, el dicho señor canciller y visitador sobredicho, continuando la dicha visita, vio y visitó una capilla grande de San Gregorio con su cimborrio muy bueno, el cual tiene tres ventanas con sus vidrieras guarnecidas y por la parte de afuera con su rete de hilo de hierro, y en medio de dicho cimborrio una rosa de mazonería dorada con un escudo de armas de los Serras, con un campo azul y en él un casal con una cruz blanca, y al pie de la cruz un pelícano con sus polluelos, con un rótulo que dice "Pietad", y un retablo del Sr. San Gregorio de pincel y en todo él pintado al huevo, con dos columnas a los lados de mazonería doradas y al cabo de ellas dos figuras de bulto pequeñas encarnas con sendos escudos de las armas de los Serras, con un altar de pino a modo de cajón, con dos medias puertas, con su cerraja y llave, y en las medias puertas los mismos escudos de armas de los Serras, y encima de dicho altar unos manteles de juar muy buenos, labrados con hilo pajizo, con su guarnición de lo mismo y blanco, con su guardapolvo de guadamacil.

Y a los lados de dicha capilla hay dos altares pequeños muy buenos. Entrando a dicha capilla, a mano derecha, un altar de San Martín y San Sebastián, amarrado a un tronco de un árbol y saeteado, con dos figuras de infieles, y el San Martín con su caballo blanco muy bien hecho, con el pobre con quien partió la capa, y delante el altar un rejadillo verde de madera con sus balaustrillos, y debajo de él un armario con dos medias puertas que sirve de altar, jaspeado de verde y carmesí, con su llave y cerraja, con dos escudos en campo azul, en el uno una saeta y en el otro una espada, con una pilica de alabastro para agua bendita.

Y a mano izquierda un altar con el Abajamiento (fol.720v-) de la Cruz, con tres figuras o imágenes de alabastro al pie de la Cruz. La de en medio, la Madre de Dios con su Sacratísimo Hijo en los brazos, y a la mano derecha San Juan y a la izquierda la Magdalena. Son muy buenas, matizadas y sobredoradas, con un rejado y armario semejante al de enfrente [sien]do los escudos que son las Llagas de San Francisco. Y en dichas capillas pequeñas hay sus cortinillas de tela verde con sus barras de hierro. Y en la capilla mayor un rejado de hierro muy bueno, con su cerraja y llave.

La capilla de los pies correspondiente a la nave mayor era la de San Gregorio. Al ceñirse la anchura de las capillas laterales a la dimensión entre los contrafuertes o paredes que formaban los respaldos de las naves, la de San Gregorio era la de mayor tamaño. En la parte perteneciente a la crujía interna esta capilla formaba el sotocoro, mientras en la parte de la externa su techo estaba directamente cubierto por el tejado, lo que posibilitaba la existencia del cimborrio. Tales características hacían de San Gregorio una triple capilla. Hacia poniente estaba el altar y retablo dedicado a la advocación principal, con su cimborrio y linterna, decorado con las armas de los Serras y cerrado con su reja de hierro. En el sotocoro había dos altares adicionales cerrados con balaustres de madera. En el paño septentrional estaba el altar de San Martín y San Sebastián, mientras en el meridional estaba el del Abajamiento de la Cruz.

Capilla de Nuestra Señora de Gracia [YC25]

Y saliendo de dicha capilla, luego consecutivamente, hay al lado de aquella otra, so la invocación de Ntra. Sra. de Gracia,

que es un retablo mediano labrado de mazonería, con diversas figuras grandes y pequeñas, todo dorado, en medio de él "La Anunciación", y más abajo la figura de la Madre de Dios de Gracia. El cual tiene su altar grande, muy bueno, con su lápida asentada en él muy buena, que está aforrado en lienzo, tiene sus manteles, sus sacras, en una tabla de madera. Y Ntra. Sra. tiene un rosario de cristal, otro de coral con una estampa de metal sobredorado, otro rosario de vidrio mediano, y otro de lo propio más grande, y otro de ébano con una cadena de plata y cuatro "agnus dei" de piel de búfalo con sus partes dentro, grandes y pequeños, y un mantico de terciopelo carmesí con sus fajas de guarnición de oro alrededor, y una pierna y una muleta de cera. Item una tabla donde están escritos los aniversarios que se celebran en dicha capilla por los meses del año.

La cual (fol.721-) tiene su rejado de madera con sus balaustres y una campanilla de azófar encajada en la pared y un aro de madera labrada para hacer señal cuando sale la misa, y una barra de hierro encima de ella con una cortina de tela para delante del retablo. Y tiene a los lados dos lumbreras con sus cortinillas de tela azul que salen a la portería de San Francisco. En la cual capilla se dice continuamente misa todos los sacerdotes, así de dicho Hospital como de otras partes, y se les paga la caridad acostumbrada de las misas que hay fundadas en dicho Hospital.

Sacristía de la capilla de Nuestra Señora de Gracia [YS30]

Y por dicha capilla, por una puerta de madera labrada, la cual tiene su cerraja y llave y picaporte, y se entra a la sacristía de dicha capilla, la cual tiene una ventana con su reja con encerado, con su picaporte. Y también había un retablo pequeño al óleo de la Santísima Trinidad en tabla, con su guarnición dorada, y otra estampa allí al lado, guarnecida de guadamacil alrededor, de "La Muerte del Justo". Item una ropa de paño azul y un roquete viejo del que ayuda a decir las misas de dicha capilla, y un papel de un mandato del Sr. arzobispo acerca de la disposición de las misas y celebración de ellas. Item una tablilla donde escriben los sacerdotes de los que dicen las misas. (fol.721v-) Item un papel puesto en una tablilla donde están las preparaciones para los que han de decir misa. Item un banco de madera con sus pies labrados. Item una tablilla encajada en la pared y en ella una cestilla con dos vinajeras y un hostiero de madera. Item dos candeleros de pie alto de azófar y encima de cada uno de ellos dos cubetas de estamarello? y en medio un facistol de madera son su misal romano impreso en Venecia, año 1576. Item un platillo pequeño de estaño para pedir por las ánimas. Item un cajón de madera mediano con dos calajes que sirven de vestuario, cada uno de ellos con su cerraja y llave, con dos aldabillos de hierro... [casullas, etc.] Y en el suelo hay una ventana con su reja de hierro, y cae sobre una bodega. El rejado de la cual capilla tiene su cerraja y llave, y tiene su lámpara encendida (fol.722-) que arde continuamente.

La capilla de Nuestra Señora de Gracia correspondía a los pies de la nave de la epístola y posiblemente era la más popular, donde se rezaban muchas de las misas ordinarias y aniversarios y estaba llena de exvotos. Tenía su altar y retablo hacia poniente, flanqueado por dos ventanas que salían a la calle del Hospital justo a la altura de la portería de San Francisco. Se cerraba hacia la nave con rejado de madera. Lindante con ella, en la crujía siguiente hacia el mediodía –la equivalente a las capillas laterales del lado de la epístola, es decir, la crujía donde se encontraban las camarillas–, estaba la sacristía de dicha capilla, desde la que se salía para celebrar la misa por una puerta ubicada en la pared medianera. Como se verá seguidamente, a esta sacristía se podía acceder directamente desde la iglesia, pues disponía de una puerta en el paso de salida hacia el claustro mayor. La sacristía debía ceñirse en planta a la crujía interna y, por tanto, tenía la misma altura que las demás capillas laterales, algo mayor que el tejado que cubría la crujía externa, lo que posibilitaba que dispusiera una ventana alta, que se situaría sobre el retablito que la presidía. Otro detalle interesante de esta sacristía es que disponía de un rejado practicable en el suelo bajo el que se encontraban las llamadas bodegas de la iglesia.

Al ocuparse la panda septentrional del claustro con los vestíbulos de acceso a las camarillas, también se prolongó el espacio del tramo del templo anterior a las capillas de los pies, el que constituía el paso hacia aquél, de modo que la puerta secundaria de la iglesia o puerta del claustro se adelantó a la línea de ocupación de la citada panda, ganándose una crucería para el interior, que de este modo ampliaba en una nueva crujía aquella nave transversal. Tal ampliación permitió incorporar una capilla adicional al conjunto de las capillas de los pies, la llamada capilla de los Contaminas. La estructura de esta capilla, por consiguiente, ya no pertenecía al conjunto estructural de la iglesia, saliéndose en planta de las crujías que rodeaban las naves. Por el contrario, su estructura quedaba inscrita en la prolongación de las primitivas crucerías que formaban la panda septentrional del claustro, como si se tratara de una capilla de éste, un detalle que unido a la forma de cubrimiento de la misma mediante bóveda de crucería con terceletes y claves de madera, informa que pudiera tratarse de una de las más antiguas. Esta rara condición hizo que su espacio quedara inscrito en el bloque o crujía occidental del patio principal, el que formaba la fachada del Hospital hacia la calle de su nombre.

Capilla del Abajamiento de la Cruz, o de los Contaminas [YC26]

Y de dicha sacristía [de la capilla de Nuestra Señora de Gracia], por otra puerta de madera labrada que tiene dos cerrajas que se abren con una llave y tiene su aldabilla, se sale a dicha iglesia, y en ella luego consecutivamente, y al lado de ella, hay otra capilla, que dicen es de los Contaminas, del "Abajamiento de la Cruz", y a los lados dos imágenes pequeñas, el cual retablo es de yeso pintado al óleo y abajo un Cristo portátil mediano de madera, en una cruz de madera, con su pie de lo mismo. Tiene su altar grande con su lápida muy buena encajada en medio y sus manteles de lienzo labrados de raz con puntas y encima cubierta de guadamacil y su delante altar dorado, y en medio su figura de San Ildefonso, la cual está azulejada, y encima de los azulejos un rótulo de letras doradas que dice "Dixit Dominus etc." Y a los lados, pintados con figuras grandes y pequeñas, un lienzo al óleo.

Y la bóveda de dicha capilla está muy bien adornada y labrada, esculturada de yeso y dorada, con diversas figuras y muchas rosas de mazonería doradas, y los extremos los cuatro evangelistas de yeso dorados, y un rejado balaustrado de hierro con su pedestal de piedra negra, con su cerraja y llave, y su rótulo que comienza, etc. Item dentro de dicha capilla una lámpara, con su plato de azófar, encendida, y a un lado hay un hueco con una pilita mediana para agua bendita. Item una campanilla de misas para hacer señal cuando sale la misa, puesta en un aro de madera dorado.

Vestíbulo del patio y escalera de la camarilla de los Contaminas

(fol.722v-) *Item hay un cancel de madera, con su cerraja y llave, y por él se sale a un rellano que hay dos puertas de madera labradas, con sus cerrajas y llaves, que por la una se sale al patio de dicho Hospital y por la otra a unas escaleras por las cuales se sube a la camarilla de dichos Contaminas, que ya arriba están mencionadas y puestas, y en dicho rellano hay una estera delgada de esparto.*

Cisterna y ventana de la capilla de los Contaminas

Y en dicha capilla, junto a dicho altar, hay su cisterna con su piedra que la cubre. Y hay una ventana con dos medias labradas, con sus encerados, que sale a la calle del Hospital que va a Santa Engracia.

Sacristía de la capilla de los Contaminas [YS31]

*Item dentro de dicha capilla, a mano derecha, hay una puerta de madera muy labrada, con su cerraja y llave, por la cual se entra en la sacristía de dicha capilla, y en ella se halló lo siguiente: Et primo dos ventanillas pequeñas con sus rejillas de hierro, por las cuales recibe luz dicha sacristía, y salen a la calle del Hospital que va a Santa Engracia. Y había un armario pequeño encajado en la pared, con su cerraja y llave, y dentro de él un cáliz grande y muy bueno ---, de plata sobredorado, con su patena, dentro de una caja forrada en badana colorada por dentro y por fuera con badana negra, con sus correas. Item un platillo pequeño de estaño con sus vinajeras de vidrio. Item un hostiero redondo pequeño de madera pintado de verde. Item un facistol de nogal torneado y labrado con sus cuatro bolillos de lo mismo. (fol.723-) Item un misal romano impreso en Venecia en el año 1594, con sus cubiertas de madera y badana. Item dos candeleros de azófar con sus velas de cera amarillas. Item, fuera de dicho armario, un cuadro de pincel, dorado, en madera, con la he-*chura del Ecce Homo y a los lados la Madre de Dios y San Juan, con sus puertecillas.

Item un cajón grande de madera, encajado en la pared, que sirve de vestuario, en el cual hay cinco calajes labrados, cada uno de ellos con su cerraja y llave, y cada dos aldabillos, y había en el lo siguiente: Et primo, en el primer calaje, una alba llana... Item una bolsa de corporales de tafetán blanco... Item un delante altar de tafetán blanco... Item una casulla de tafetán blanco... Item, en el segundo cajón, se halló un delante altar de tafetán colorado con atoques de tafetán verde, con dos escudos de armas de los Contaminas, y en medio una cruz sobre raso amarillo con cordoncillo... (fol.723v-) Item una bolsa de corporales... Item un sobrecáliz de tafetán... Item otra casulla de tafetán colorado con las armas de los Contaminas... Item otra casulla... Item había en el tercer calaje un delante altar de tafetán verde con atoques de tafetán colorado con las armas de los Contaminas a los lados... Item una casulla... (fol.724-) Item otra casulla... con las armas de los Contaminas... Item, en el cuarto calaje, había lo siguiente: Et primo una bolsa de tafetán morado... Item un delante altar de tafetán... Item una casulla... con las armas de los Contaminas... Item otra casulla... (fol.724v-) Item, en el quinto calaje, no había nada, que por ser muy barrido no se ponía en él ornamentos.

Item otro cajón a la otra parte, enfrente del sobredicho, de madera labrada, encajado en la pared, el cual tiene un calaje y dos armarios pequeños, que tienen sus cerrajas y llaves todos y sus aldabillas de hierro, y dentro del primer calaje se inventarió lo siguiente: Et primo una bolsa de tafetán negro de tener corporales... Item una alba... Item una toallica llana, de grano de vidrio, con unos corporales... Item un delante altar de tafetán negro... con las armas de los Contaminas... (fol.725-) Item una casulla de tafetán negro... Item otra casulla... [etc.] Item los dichos cajones tienen por guardapolvos sus cueros de badana. Item un banco de madera guarnecido con sus pies. // Christobal Gil, cantor de dicho Santo Hospital, y Pedro Bardají, escribiente, habitantes en Zaragoza.

La capilla de los Contaminas ocupaba todo el fondo de la doble crujía, pues disponía de una ventana en la fachada que debía estar sobre el retablo. En la pared septentrional había una puerta que daba acceso a su sacristía. Considerando que tal pared era medianera con la sacristía de Nuestra Señora de Gracia, se infiere que la sacristía de los Contaminas se ubicaba en la zona de la crujía externa situada detrás de ésta, haciendo también fachada, en la cual disponía de sendas ventanitas. Sin duda la altura de esta pieza era sensiblemente menor que la de Gracia y permitía, como se ha indicado antes, que ésta tuviese su ventana alta.

Un detalle importante de la capilla de los Contaminas es que disponía de una cisterna de enterramientos cubierta por una losa, que debía situarse delante del altar. Ello indica que las bodegas de la iglesia no ocupaban su subsuelo, circunstancia que, como se verá después, se explica por la existencia de un pasadizo que soslayaba el fosal privado. Otro detalle importante es la presencia de una escalera provista de un vestíbulo al que se accedía tanto desde la panda occidental del claustro como desde la capilla, por la cual se subía a la tribuna familiar, que por la ubicación forana a la iglesia constituía una camarilla separada de las demás.

Puerta de la iglesia al patio principal del Hospital o puerta del claustro [YP5]

[En el margen] Continúase la visita de la Yglesia /A veinte y cuatro días del mes de septiembre del anno MDCVIIII en la ciudad de Çaragoça (fol.725v-) y en el dicho Santo Hospital, el dicho Sr. canciller, visitador y comisario sobredicho, continuando dicha su visita, vio y visitó e inventarió lo siguiente: Luego, al lado de dicha capilla [de los Contaminas], en dicha iglesia, hay una puerta grande con sus medias de pino labradas de mazonería con sus medias puertas y las armas del Protonotario, y en cada una de ellas un rótulo que dice "Vince in bono malum", con sus llaves y cerrajas, la cual puerta sale de dicha iglesia al patio de dicho Santo Hospital, y tiene sus dos cerrojos por la parte de dentro, y tiene una aldaba de hierro grande para seguridad de dicha puerta. Y a la mano derecha, saliendo de dicha capilla, hay una pila de piedra con su pie para tener agua bendita, que está con un cerrillo de hierro arrimada a un pilar, y sobre ella hay una imagen de alabastro de Ntra. Señora. Y, en pasando dicha puerta, hay, a la otra mano, otra pila para tener agua bendita de alabastro.

Y en medio de dicha puerta hay otra de madera con dos postigos y sus cerrajas, la cual sale a la iglesia, y sirve de dividir el paso en la Cuaresma.

Efectivamente, como ha quedado dicho, haciendo ángulo recto con la portada de la capilla de los Contaminas estaba la puerta del claustro, por la cual se salía de la iglesia a la panda occidental. Por el interior del templo, a ambos lados de la puerta había unas pilas de agua bendita. Dada la gran luz del vano, las dos hojas de la puerta eran también de considerable tamaño, por lo que estaban provistas de postigos para el paso ordinario. Ambas hojas de madera estaban talladas con las armas del Protonotario, lo que indica que todos estos elementos se habían realizado a mediados del quinientos.

Cuando se entraba a la iglesia por la puerta del claustro y antes de llegar a la nave de la epístola, se dejaba a mano izquierda tanto la capilla de los Contaminas como la puerta de la sacristía de Nuestra Señora de Gracia. Una vez llegado a dicho punto si se giraba hacia la derecha podía contemplarse aquélla en toda su longitud, flanqueada por las camarillas –que ocupaban el espacio que de natural hubiese sido destinado a las capillas laterales meridionales del templo– y con la llamada capilla del Cristo en el extremo oriental de la nave. Las camarillas estaban dispuestas en dos niveles y había dos de ellas en cada tramo o módulo entre contrafuertes. En el frente de uno de éstos se hallaba el púlpito desde donde se pronunciaban los sermones.

Púlpito y rejados de las camarillas hacia la iglesia [YE6]

Y luego, consecutivamente, hay diversas rejas y ventanas con sus celosías que salen y corresponden a dicha iglesia, las cuales cosas de las camarillas y aposentos que de parte de arriba (fol.726-) están puestas, asentadas, especificadas y continuadas en dicha visita e inventario que se hizo en el patio principal y luna de dicho Santo Hospital [que se verá después], en medio de las cuales está el púlpito al cual se entra por el patio. Item en el suelo, pasado dicho púlpito hasta la capilla del Cristo, hay un banco de madera encajado en la pared con sus pies. Item cuatro bancos largos portátiles de madera, en cada ocho pies. Item un banco escaño con su respaldo y seis pies de madera.

Capilla del Santísimo Crucifijo o de los Clementes [YC27]

Item más adelante está la capilla del Santísimo Crucifijo, que es de los Clementes y cofrades del Protonotario de Aragón, la cual es capilla privilegiada perpetua para las ánimas del Purgatorio. La cual tiene un Cristo grande de bulto de muy devoto, encarnado, clavado en una cruz, y todo estrellado el retablo con estrellas doradas. Tiene su altar al pie con su buena lápida, sus manteles, y encima un guardapolvo de badanas. Y tiene su rejado bajo y alto de madera, con sus barrotes, y encima de ellos la camarilla con sus aposentos y divisiones que todas salen a la iglesia de donde oyen el sermón. Y tiene una tabla (fol.726v-) *de madera y puesta a su lado de dicho altar y escrito en ella "Altar privilegiado perpetuo", y a los dos lados de dicha [ca]pilla dos escudos de armas de la casa de dicho Protonotario, con tres rótulos que atraviesan de una parte a otra la capilla, el uno de ellos es "Crucifixus et iam pro nobis", el otro "Vince in bono malum", y el tercero "Misere mei Deus", y debajo del cual hay una puerta cerrada, con su cerraja y llave, por la cual se entra a dicha capilla, y tiene su lámpara de azófar [latón] encendida y es perpetua.*

La capilla del Cristo, cabecera de la nave de la epístola, se encontraba entre la capilla mayor y la primera crujía de las camarillas. Precisamente las que hacían frente en ese tramo eran las llamadas del Protonotario, en ambos niveles. Tenían rejado inferior y superior, de forma que el primero disponía una puerta que comunicaba la capilla con la camarilla baja. El retablo se orientaba hacia el este y tenía una forma peculiar, pues fue modelo del que se realizaría en la iglesia de Santiago. En el contrato suscrito con el mazonero Juan de Rigalte en 1560 éste debía hacer «debajo la arcada del coro, al medio della, una capilla que sea tan alta como pueda estar debajo del arco y que salga tanto como el arco, con una cubierta redonda conforme a la del Hospital de Nuestra Señora de Gracia en la cual está el Crucifijo, la cual cubierta ha de ser de fusta. Item detrás del Crucifijo ha de forrar la trasera de la capilla y los lados... de fusta y pintarlo... etc.»[299]

De estas capitulaciones parece desprenderse que el retablo que daba soporte a la figura se enmarcaba mediante alguna estructura que se cubría con media naranja de madera, tal vez una especie de baldaquino. A ambos lados de la capilla estaban talladas las armas del protonotario, posiblemente bajo los arcos. La capilla se decoraba, además, con tres rótulos, ubicados dos de ellos en dichos arcos laterales y el último en del testero, bajo el cual había una puerta por la que se entraba a la capilla desde fuera de la iglesia.

Arca de las limosnas de la capilla

Item al lado de dicha capilla hay un cepo de madera, puesto en tierra, labrado, y encima una caja de hierro con dos llaves, en donde echan la limosma los que visitan dicha capilla, que está asida a un pilar de piedra, sobre la cual hay una tabla con un rótulo que dice "Los que visitasen esta capilla del Crucifijo que es subrogada en lugar de la capilla de San Salvador de Roma en cualquiere tiempo que fuera de ella ganan indulgencia plenaria y remisión de todos los pecados", concedida por la sede apostólica dando alguna limosna para los pobres del Santo Hospital.

En efecto, mediante bula dada en Roma en 1584, Gregorio XIII había concedido indulgencia plenaria –según Baquero– a cuantos, confesados y comulgados, visitasen aquella capilla desde las vísperas hasta el sol puesto del primero de diciembre de cada año[300].

Camarilla de los Gilbertes [YT39]

Item luego, siguientemente, se sigue la camarilla de los Gilbertes, con su puerta, cerraja y llave, y sus celosías, y encima de ella una ventana con su reja de hierro por donde entra la luz al claustro detrás del altar mayor.

La puerta de la capilla del Cristo situada bajo el rótulo *"Misere mei Deus"* salía hacia el corredor que conformaba el eje NS, llamado en ocasiones corredor del Coso [XC3], y prolongaba la panda oriental del claustro mayor pasando tangente al lindero oriental de la fábrica de la iglesia. Posiblemente su estructura arquitectónica daba continuidad a la de los tramos

299 San Vicente (1991) *Lucidario...* pp. 99-100.

300 Baquero (1952) pág. 40.

del claustro mayor lo que explica que este corredor fuera denominado «claustro» en el relato de la visita al templo. La pared septentrional de la capilla, como se ha indicado, era medianera con la capilla mayor; sin embargo, la profundidad de ésta no llegaba hasta el corredor, disponiéndose de un espacio intermedio donde se ubicaba la sacristía menor –que luego se verá– y un pequeño patio donde estaba la camarilla de los Gilbertes, en cuyo nivel inferior estaba la puerta de acceso y en el superior el rejado tras el que se oían los sermones. Este patio disponía de una ventana alta que daba al corredor o «claustro».

Claustro tras el altar mayor [YE7]

Item luego después hay, encajada en la pared, en madera, de pincel, un cuadro del mismo Jesús. (fol.727-) *Item una tablica con "La --dad del pre-- de Ntra. Sra. del Clavo y de la Cruz de Ntro. Señor". Item enfrente de dicho retablo hay una imagen de bulto de Ntra. Señora, muy devota, sobre la cual hay un dosel de tafetán amarillo y azul. La Madre detrás tiene un manto de tafetán blanco, labrado con cenefas de cortadura de terciopelo blanco, con tres rosarios de cuentas de azabache y otros dijes, y debajo de ella una piedra en donde están estampadas "Las cinco llagas" y una cruz en medio, y debajo un cajón de madera, a modo de altar, y pintadas las paredes alrededor de los profetas.*

Sin duda esta imagen se corresponde con la llamada «Virgen de los Escolanos, en la iglesia del Hospital Real y General de Nuestra Señora de Gracia, situada detras del altar mayor y por medio de dos ángeles», para cuya iluminación, en 1632, legó 1.000 sueldos jaqueses Petronila Lacaldes, mujer del bordador zaragozano Juan de Bal, y tía de Manuel Francés de Urritigoiti[301]. En este mismo lugar, mucho tiempo después, debió instituirse una capilla bajo la advocación de San Francisco de Asís, pues consta que el 30 de agosto de 1773 la Sitiada hacía donación de la misma a favor del conde de Sástago, regidor del Hospital[302], y de sus suceso-

res, ubicándola «en la iglesia del mismo Hospital detrás del altar mayor».

Item un facistol de madera y dos bancos para tener las hachas en los difuntos. Item una tumba de madera para las defunciones, cubierta con un paño de luto viejo. Item, a la otra mano, un retablo de pincel sobredorado, con la invocación de Sr. San Cristóbal, al lado de San Antón y al otro lado Santo Domingo, sin lápida y con su lámpara de azófar, y no ardía, que dicen solo arde los días festivos. Item luego hay una puerta de madera, con su cerraja y llave, por donde se entra a las secretas de la sacristía mayor [YE8]. *Item luego, consecutivamente, hay una escalera de madera portátil.*

La enumeración de estos elementos parece indicar que existía un ámbito, el llamado «claustro» –perteneciente al corredor y ubicado entre la iglesia y las enfermerías bajas– en el que se almacenaban y guardaban diversos elementos relacionados con el culto. Cerrado por su extremo septentrional por la puerta que daba al vestíbulo de la casa del mesón, tal vez fuera un espacio también cerrado hacia el sur y utilizado en exclusiva por los clérigos de la iglesia. Allí se encontraban sendos retablos, como el de Nuestra Señora del Clavo y de la Cruz y el de San Cristóbal, así como otras obras religiosas. Pero también era paso, como se verá seguidamente, entre las sacristías, las capillas de cabecera y otros ámbitos, como las letrinas o la subida a los aposentos del sacristán. De este modo, saliendo desde la capilla del Cristo y rodeando la capilla mayor por este «claustro», se podía acceder a la homóloga de Santa Ana.

Capilla de Santa Ana, o de los Ferrizes [YC19]

Item un retablo de la invocación de la gloriosa Santa (fol.727v-) *Ana, que es de madera, todo labrado de mazonería y dorado y blanco, con diversas figuras de bulto grandes y pequeñas, que es de los Ferrizes, con su altar de madera, y está su lápida, y a los pies tiene un pedestal de madera que sirve de gradas. Y tiene su lámpara perpetua con su plato de azófar encendida, y tiene su delante altar de guadamezil. Y allí al lado hay un banco encajado en la pared, de madera, con sus pies.*

301 Zaragoza, 3 mayo 1632. Not.: Lucas Jacinto Villanueva, ff. 1127v/1132r Cfr.: Bruñén *et al.* (2005) 7-9510(10334).

302 Archivo de la Corona de Aragón, Diversos, Sástago, 090 (LIG 008/026). El nombramiento del conde de Sástago como Regidor tuvo lugar 10 de enero de 1768 tras el fallecimiento del marqués de Lazán. Ib, Sástago,107 (LIG 021/035).

Puerta de la Sacristía mayor [YS28]

Y luego después está la puerta principal de la sacristía mayor, la cual se dejó para inventariar inventariando lo de dicha iglesia.

Desde la cabecera de la nave del evangelio, donde estaba la capilla de Santa Ana –ocupando el primer tramo– y siguiendo hacia los pies, en el segundo tramo, estaba la puerta de la sacristía mayor, que en planta abarcaba la superficie donde de natural hubiesen estado las dos primeras capillas laterales. La puerta de la sacristía, por tanto, hacía frente al primer arco de la nave central, el que flanqueaba por el septentrión la capilla mayor, enlazando directamente sacristía y presbiterio cruzando la nave lateral por delante del retablo de Santa Ana.

Capilla de la Quinta Angustia, coro de verano [YC20]

Y luego consecutivamente, hay un rejado de madera pintado de verde, grande, con su puerta, por la cual se entra a una capilla, que es de madera y está pintada "La Quinta Angustia" con otras figuras de pincel, doradas, y en los cuatro tableros de abajo está pintada "La Pasión de Ntro. Señor Jesucristo" al óleo, con su altar, sin lápida, hay una cubierta de badana vieja. Y a un lado tiene un cajón grande de madera, a modo de arca, sobre dos pies de madera, que sirve para tener los libros del coro, en el verano. Item un banco de madera portátil, largo, con sus pies, y otro banco alrededor de la capilla, de madera, encajado en la pared. Item un sepulcro de alabastro grande con dos escudos de armas a los lados, que son tres guías? y una flor de lis, y encima de él (fol.728-) hay una figura de bulto de alabastro, y en medio de dicho sepulcro un rótulo que dice "Aquí yace la magnífica señora doña Aldonza Ybarra que fue mujer del magnífico señor mosén Antón Ferriol trinchante del rey don Fernando de Castilla la cual finó a cinco de abril de 1513". Item un facistol grande de madera en medio la capilla donde se canta en verano. Y tiene dicha capilla una ventana grande, con reja y encerado, y ventana de madera de madera labrada que sale al Coso. Item un armario pequeño de madera, con su cerraja y llave.

La capilla de la Quinta Angustia constituía la primera capilla lateral de la nave del evangelio, aunque realmente ocupaba el tercer tramo de la crujía anexa. Como se describe en la visita, contaba con un ventanal alto hacia el Coso, el cual pertenecía a la serie de huecos con forma de arcos de medio punto que aparecen en la fachada dibujada por Gálvez y Brambila. Al estar situada en la banda norte y en el centro del templo, era utilizada como coro de verano, estando rodeada de bancos y contando con un facistol central donde se instalaban los cantorales.

Su retablo, como se indicó más arriba, había sido realizado en madera por el escultor Juan de Salas en 1511 por encargo de Ferriol. El banco contaba con cuatro cuadros separados por pilares en los que Enrique Durchens pintó al año siguiente otras tantas historias de la Pasión, a pincel. El cuerpo principal comprendía tres tabernáculos obrados al romano entre sus cuatro pilares, con la Piedad de bulto en el centro, con su crucero y sus rosas. Además de la escultura, el pintor realizaría las obras laterales, también a pincel. Los tres tabernáculos se cubrían con sus tubas y linternas, pintándose sus campos de azul y estrellas y dorándose todo el conjunto.

En ocasiones es denominada capilla de la Virgen de los Dolores, constando donada con dicha advocación en la fecha del 10 de marzo de 1670 por Martín de Pomar y Cerdán, personaje que había sido en la década anterior el titular del abasto de las panaderías de Zaragoza, y ubicada entre la sacristía mayor y la capilla de San Cosme y San Damián[303].

Capilla de San Lucas, San Cosme y San Damián [YC21]

Item luego más adelante, consecutivamente, hay allí al lado un rejado de madera con sus balaustres, pintado y jaspeado, con sus medias puertas, cerraja y llave, y con un rótulo dorado que dice "Altissim creavit de terram decinam etc." Y dentro de él hay una capilla de madera, toda de mazonería dorada, so la invocación de San Lucas y a los dos lados San Cosme y San Damián, con otras diferentes figuras, con su altar y su buena lápida sacra para decir misa, sus manteles y guardapolvo de badana, nuevo, con su delante altar de

---

303 Así consta en una sentencia arbitral otorgada el 29 de mayo de 1660 por la que los regidores del Hospital entregaron al Colegio de Médicos la capilla dedicada a San Cosme y San Damián. Cfr.: Bruñén, Calvo y Senac (1987) pág. 65.

Retablo de San Lucas, San Cosme y San Damián del Hospital de Nuestra Señora de Gracia, de Juan de Moreto. Reconstrucción con el remate del Calvario de la Concepción de la catedral de Tarazona, según R. Usón.

guadamezil y su cubierta para Cuaresma de tela azul. Item, a la derecha de dicha capilla, un banco grande de madera, guarnecido y encajado en la pared. Item tiene su lámpara de azófar y dentro otra de vidrio encendida, y dos vidrieras por donde recibe la luz hacia el Coso, con diversas ofertas de enfermos [que] dejan muletas y otras cosas.

Como se indicó más arriba, el retablo de la capilla fue contratado por los médicos del Hospital con el mazonero Juan de Moreto en 1536 y realizado en ese mismo año. Además de las figuras principales ya referidas, instaladas todas ellas en hornacinas, disponía de otros dos casetones más dedicados a San Valentín y San Pantaleón y se remataba con un Calvario. En el banco, entre dos escenas de Cristo curando al paralítico y al ciego, estaba una Piedad. Por suerte, en su mayor parte se conserva en la actualidad en la parroquial de Bardallur (Zaragoza).

Aposento del Colegio de Médicos [YE10]

(fol.728v-) *Item hay luego después un banco grande encajado en la pared, con su respaldo de madera, y luego después una puerta de madera, con su cerraja y llave, por donde se sube a un aposento donde el Colegio de los Médicos y Cirujanos tienen sus ajuntamientos.*

El colegio de médicos tenía su sede en la capilla de San Lucas de la iglesia del Hospital. Entrando a la misma, a la izquierda, existía una puerta por la que se entraba a la escalera que subía a la entreplanta desde donde se accedía a la sala donde tenían lugar las sesiones colegiales. Efectivamente, sobre la crujía de las capillas laterales del lado del evangelio, como se visualiza en el dibujo de Wyngaerde, existía una galería o bajocubierta que se abría al Coso mediante una serie de arquillos. Las capillas de la Quinta Angustia y San Lucas debían ocupar toda la altura de su correspondiente tramo, pero tanto sobre la sacristía mayor –donde, como luego se verá, había varios aposentos– como sobre la fustería, existía una entreplanta. La sala de sesiones del colegio de médicos ocupaba el piso superior sobre el vestíbulo de la iglesia, formando parte del volumen del campanario, por ello se accedía a la misma desde la entreplanta existente sobre la fustería. Posteriormente, cuando fue ampliado el campanario dotándolo del remate en forma de espadaña, el colegio ganó otra sala adicional superior, tal como se acredita en los documentos de la visita de 1767.

Efectivamente, en una de las respuestas dadas por uno de los cirujanos, con carácter confidencial, a Mateo Gómez de Liébana, a la sazón comisionado visitador del Hospital, consta que «viendo el rey don Fernando el Católico tanta piedad y caridad, a consulta del reyno y la ciudad les concedio [a los colegiados] un privilegio perpetuo para que ellos, y no otros, pudiesen disfrutar el producto de la barbería y cirugía en Zaragoza... Les concedió, así mismo, que nadie les impidiese hacer anatomía... Sólo nos dijo que hubiera dos meges en nuestros exámenes, los que se hacían en el Hospital, en la sala del colegio que estaba entonces en donde es ahora portal de Yglesia y capilla de Dolores, y había sala alta y baja»[304]. Este detalle constata que los espacios del colegio debían corresponder a las salas ubicadas en los pisos intermedios del volumen angular del templo, sobre el vestíbulo de acceso y bajo el cuerpo de las campanas. Y esta es la razón por la que a éstas se accedía mediante una angosta escalera que arrancaba desde el segundo patio –o capilla de San Gregorio– pasando por el coro, mientras a aquéllas se entraba desde la entreplanta existente en la crujía de las capillas del lado del evangelio.

El emplazamiento de la capilla adscrita al colegio se descubre en muchos otros documentos. Un ejemplo lo proporciona una instancia del colegio de Zaragoza contra un médico acusado de haber descerrajado la puerta del aposento colegial para sustraer varios objetos. En un expediente de 1617 del Tribunal del Santo Oficio de la Inquisición consta que *en la ciudad de Zaragoza y en la Yglesia del Hospital de Nuestra Señora de Gracia hay instituido un colegio, capítulo y cofradía de médicos, cirujanos y barberos de dicha ciudad, so la invocación de San Cosme y San Damián, y que aquella se ha regido y rige por dos mayordomos, uno médico y otro cirujano, que dicho colegio nombra y que mediante dichos mayordomos y otros oficiales se juntan en dicho hospital y en la parte que para ello tienen asignada... y que dicho capítulo de médicos demás de diez años acá han sido y son... poseedores de un aposento que hay dentro la iglesia de dicho Hospital, luego en entrando por la puerta principal a la mano izquierda, al lado de la pila de baptizar, con una reja y ventana que sale a la calle del Cosso, el cual dicho aposento le han tenido y tienen cerrado con su puerta ce-*

rraja y llave para que no entre en él sino las personas que los mayordomos...[305]

La entidad colegial se había establecido y declarado de utilidad por abrobación de la Real Audiencia el 26 de junio de 1531, según privilegio firmado por el gobernador Francisco de Gurrea. Poco después recibió el llamado privilegio imperial, término que utiliza Faustino Casamayor para distinguirlo de otros, concedido por Carlos V el 13 de noviembre de 1536 por el que se establece la exclusividad del ejercicio de la medicina a los colegiados.

En las «ordinaciones» aprobadas por el capítulo colegial el 30 de mayo de 1617 figuran una serie de detalles que muestran la vinculación institucional con su sede en el Hospital. Se inician con el señalamiento fundacional en el establecimiento. Reza su *Frontispicio: In dei Nomine. Sea a todos manifiesto, que en el año contado del nacimiento de Nuestro Señor de mil seiscientos diez y siete. Día: es a saber que se contaba a treinta días del mes de Mayo, en la Ciudad de Çaragoça, que llamado, convocado, congregado, y ajuntado a Capitol, el Capitol de los Mayordomos Colegiales del Collegio de Médicos y Cirujanos de la presente Ciudad de Çaragoça. Instituído y fundado en la Iglesia, y Santo Hospital de Nuestra Señora de Gracia de la dicha Ciudad, so la invocación de los gloriosos Santos San Lucas, San Cosme y San Damián, San Valentín y San Pantaleón.*

Seguidamente figura la costumbre de reunirse en la sala que el colegio disponía al efecto en la iglesia: *Por mandamiento del Mayordomo abaxo nombrado, y a llamamiento de Juan de Peyru, Cirujano y llamador de dicho Collegio: el cual hizo relación a mí, Pablo Villanueva, Notario infrascripto, presentes los testigos abaxo nombrados, de mandamiento de dicho mayordomo, haber llamado a capítulo a todos los Colegiales del dicho Collegio, para la hora y lugar presentes, y ajuntado el dicho capítulo en la Sala, o Quadra que*

---

304 Información reservada que uno de los cirujanos del Hospital de Nuestra Señora de Gracia entregó confidencialmente a Mateo Gómez de Liévana, uno de los comisionados vistadores del Hospital, de 6 de noviembre de 1767. Cfr.: Fernández Doctor (1997) *Documentos*... doc. 55.

305 Archivo Histórico Provincial de Zaragoza, Tribunal del Santo Oficio de la Inquisición: Proceso a instancia del Colegio de Médicos y Cirujanos de Zaragoza contra Isidoro Domingo Cortés, médico, familiar del Santo Oficio, y otros, por haber descerrajado la puerta de un aposento que dicho Colegio tiene dentro de la iglesia del Hospital de Nª Sª de Gracia, sacando de él diversos bienes. Cfr.: DARA PLEYTO 1617 ES/AHPZ - J/00093/00 4.

para este efecto tiene el dicho Collegio en la Iglesia de dicho Santo Hospital de Nuestra Señora de Gracia, en donde otras vezes, para tratar y otorgar tales y semejantes actos, como el presente; el dicho Capitol se ha acostumbrado y acostumbra congregar y ajuntar...[306]

La II Ordinación contemplaba los capítulos y misas que debían celebrarse anualmente. Los mayordomos debían convocar *cinco vezes en el año a Capitol general... El primero en el mes de Deziembre. El segundo en el mes de Março. El tercero en el mes de Iunio. El quarto en el mes de Setiembre. Al otro día de la fiesta de los gloriosos santos San Cosme y San Damián, el qual se tenga dicha primero la Missa de los Difuntos. Y en ese mismo Capítulo se nombren los oficiales nuevos y los mayordomos de viudas... El quinto Capítulo general ha de ser dentro de un mes de la sobredicha nominación... Las Missas que se han de dezir cada año son: una rezada el día de San Valentín, que es a catorze de hebrero; otra el día de San Panthaleón, que es a veynte y siete de Iulio; otra con vísperas solemnes el día de San Cosme y San Damián, cantada con sermón, que es a veynte y siete de Setiembre; y otra de Difuntos el siguiente día, que es a veynte y ocho del dicho mes; otra el día de San Lucas , con vísperas solemnes cantada y con sermón, que es a diez y ocho de Octubre...*

Finalmente en la XLII Ordinación se recogía el régimen de las cisternas con que contaban en la iglesia, prescribiendo que *en las cisternas que están en su capilla de los señores San Cosme y San Damián, en el Hospital de Nuestra Señora de Gracia, no se pueda enterrar sino solos los Cofrades Collegiales y sus mugeres y sus hijos e hijas...* Se sabe que una de las dichas cisternas, seguramente la principal por disponer su acceso centrado en el espacio, invadía –tal vez por haberse ampliado a posteriori– el subsuelo de la capilla colindante, pues cuando se tomó la decisión de no enterrar en los templos se argumentó precisamente el hecho de ser ésta lugar de celebración eucarística ordinaria. En efecto, en contra de la opinión del colegio, que pretendía seguir inhumando a sus cofrades en sus cisternas, la Sitiada prohibiría las inhumaciones en 1791, constando «que la una de [las cisternas], cerrada con una piedra circular de color negro, se introduce debajo de la grada del altar que hay en otra capilla en el cual se celebra el Santo Sacrificio de la Misa todos los demás días del año. Y conociendo que esta inmediación de la dicha cisterna al altar y sus gradas es contraria a la disciplina constante de la Iglesia y en especial en lo mandado en el Canon 15, causa 13... mandamos al actual vicario de este nuestro Santo Hospital que no permita que en adelante se levante la losa de dicha cisterna que está en medio de la capilla»[307].

Capilla de la pila de bautizar [YC22]

Y luego después está la pila de bautizar, que es de piedra grande, azulejadas las paredes a la redonda, y cubierta encima con una badana por guardapolvo, y dentro hay los aparejos necesarios para bautizar y encima tiene un dosel de madera, labrado muy bien de mazonería, donde se bautizan todas las criaturas que nacen en dicho Santo Hospital y traen a él si no están bautizados.

La siguiente capilla del lado de evangelio ocupaba en planta únicamente una parte de la crujía, teniendo en su trasdós la fustería. Allí estaba ubicada la pila de bautizar. Esta capilla tenía su portada en el extremo septentrional de la nave transversal anterior a los pies de la iglesia, y por tanto era la que se veía de frente al entrar por la puerta del claustro. Al llegar a este punto se había cerrado el recorrido circular alrededor de la nave central regresando junto a la puerta del cortavientos por la que accedía a la iglesia entrando por el Coso. En los ángulos y en el pilar inmediato estaban dispuestos varios cepillos, arcas y tableros.

Cepillos de limosnas de la entrada a la iglesia desde el Coso

Item más adelante hay otro banco largo de madera encajado en la pared, guarnecido, con sus cajones, y allí enfrente y junto a una mesica de madera con sus pies asentados en tierra y tapete de paño verde y encima una cajuela de ma-

---

306 *Ordinaciones del Collegio* (1619).

307 Archivo DPZ, Leg.32-1. Cfr.: Betrán (2015) pág. 120.

dera, con su cerraja y llave enrasada, con su candado dentro de dicha mesa, de donde nadie puede quitarla, para echar la limosna los que quieren darla. Item hay un cepillo de madera encajado en la pared donde se echa la limosna de los votos y conmutaciones.

Item, a la otra mano, está la pila del agua bendita y sobre ella hay un tablero grande a donde está una figura (fol.729-) *de bulto de Cristo Crucificado, con unas estrellas doradas a los lados, y en dicho pilar hay tres tablas, la una que señala la indulgencia dicha del cepo, la otra para señalar los días que se saca ánima de Purgatorio y la otra para las restituciones no sabiendo a quién, y debajo de dicha tabla hay dos arcas, la una de madera forrada en hojalata, encima de un escalón grande de piedra, asida a una cadena a un pilar, con su cerraja y dos llaves, que tienen los regidores, y la otra de madera, con su cerraja y dos llaves, con sus agujeros encima para echar la limosna. Y en dicho pilar hay un tablero que es pincel de la imagen de Ntra. Señora del Rosario.*

Item dos bancos escaños largos de madera, con cada uno sus pies y sus respaldos. Item un banco largo con sus pies de madera portátil. Item otro banco como el sobredicho.

Capilla mayor o de Nuestra Señora de la Esperanza [YC18]

Item en la nave mayor de dicha iglesia, un rejado grande de madera que es el de la capilla mayor, y está todo balaustreado y pintado de verde y colorado, con dos puertas grandes en medio del rejado, con su cerraja y llave, y otra pequeña, también con cerraja y llave, que está enfrente la sacristía mayor.

La capilla mayor ocupaba en planta el área oriental de la nave central, equivalente al tramo entre los primeros arcos formeros más la parte del tramo de cabecera que constituía el ábside recto, dejando en su trasdós un pequeño espacio donde se ubicaba la sacristía menor. Para que el presbiterio pudiera quedar cerrado, la capilla disponía un rejado principal frente a la zona de los fieles de la nave mayor, donde estaban las dos puertas centrales, más otros dos rejados en los flancos que se ajustaban a los citados arcos, uno de los

cuales, el septentrional, incluía una segunda puerta frente a la de la sacristía mayor.

Y hay en dicha capilla cinco bancos (fol.729v-) *de madera escaños, con sus pies y respaldos, y dos de ellos forrados de paño verde. Item otro banco de respaldo de nogal, al lado del altar, donde se asientan los ministros que dicen las misas, y tiene en el asiento un paño de brotes y un banquilico de madera debajo. Item otro banco de madera largo portátil. Item una mesilla con sus manteles y delante altar donde se pone lo necesario para decir la misa.*

Item un retablo muy grande con la imagen de bulto muy devota de Ntra. Sª de Esperanza en medio con su Hijo ---, y debajo de ella el sagrario donde está el Santísimo Sacramento, con dos medias puertas, con su cerraja y llave, y sus tableros de pincel dorados, dentro del cual está el arca del Santísimo Sacramento, y tiene su cerraja y llave, y una figura encima de la Resurrección, y dentro de ella está una venera de plata sobredorada con su doselico de raso carmesí con guarniciones de oro donde están las formas del Santísimo Sacramento, y debajo de ella una lápida muy buena, aunque pequeña, con sus corporales y las demás cosas necesarias para el adorno de semejante lugar. Y encima de dicha imagen un dosel de madera de mazonería dorada y a los lados de dicha imagen las armas reales con dos figuras de bulto de (fol.730-) *San Cosme y San Damián. Y tiene dicha imagen por ornato una corona o diadema grande de metal sobredorada con sus rayos y estrellas a la redonda doradas, y un manto de raso carmesí con tres franjas de oro y plata falsa a la redonda. Y el manto del niño Jesús es de lo mismo con su ramo que tiene en la mano de flores de mano y un agnus de plata, y con unos rosarios de cristal y otras cosas. Y sobre el dicho dosel de madera hay una figura de bulto de un Cristo Crucificado con otras dos figuras de bulto a los lados de San Juan y la Magdalena doradas. Y está compuesto en diez y ocho cuadros todos al óleo de muy buena mano y figuras grandes y pequeñas en las cuales está toda la Vida y Pasión de Ntro. Señor y de su bendita Madre.*

Y tiene debajo de dicho sagrario su altar con su lápida muy buena forrada en lienzo con sus dos manteles y guarnición a los extremos con un cantillo de guarnición de oro con sus lagrimillas. Item un delante altar de chamelote verde con atoques y caídas de chamelote colorado con franja de esfoladiz azul y naranjado. Y tiene tres gradas grandes azulejadas con sus barrotes de madera para subir a dicho altar que pasan hasta el mismo vestuario. Item una campanilla de cobre para hacer señal a las misas, asida en un yugo de madera encajado en la pared. (fol.730v-) Item dos medias cortinas grandes para cubrir dicho altar la Cuaresma, con su barra de hierro, de tela azul. Item tres platos de azófar con sus lamparas de vidrio ardiendo.

Sacristía menor [YS29]

Item de dicha capilla mayor se entra por una puerta de madera guarnecida, que tiene su cerraja y llave y su picaporte con su aldabilla de hierro, a la sacristía menor, dentro de la cual hay dos ventanas con sus hierros que salen al claustro tras el altar mayor. Item una escoba en una caña para limpiar los altares. Item una calderilla de arambre para llevar agua bendita, y es mediana. Item una puerta de madera, con su cerraja y llave y picaporte, que sale al dicho claustro para el tiempo de Cuaresma poder ir a decir misa a la capilla del Cristo.

Dada la posición de la camarilla de los Gilbertes, junto a la capilla del Cristo, la puerta de entrada a la sacristía menor desde el presbiterio se situaba en el lado del evangelio del testero, junto al retablo mayor. El habitáculo que servía de sacristía menor disponía de dos ventanas rejadas hacia el «claustro» o corredor posterior, así como otra puerta que salía a éste y permitía a través del mismo acceder a la citada capilla.

Item unos hierros que sirven de facistol, en el altar mayor, para los días festivos, al diácono y subdiácono. Item un hisopo de madera y una linterna grande de hojalata. Item cuatro ropas de paño morado servidas para los escolanos. Item una cruz de latón para los entierros comunes. Item dos facistoles de madera con sus cuatro bolas por pies en cada uno. (fol.731-) Item un banco de madera portátil con sus pies. Item un armario de madera encajado en la pared con seis tablas dentro que sirven de apartamentos, a donde se ponen los cálices, misales y otras cosas necesarias para dicha sa-

cristía, todos los cuales están ahora en la sacristía mayor, y tiene dos cerrajas y dos llaves dicho armario. Item un cuadro largo de lienzo viejo al óleo del Abajamiento de la Cruz. Item una tabla donde hay un papel de imprenta con las preparaciones para decir misa. Item seis candeleros de azófar con sus pies altos para tener velas.

Item un armario grande de madera que sirve de vestuario con cinco cajones, y todos con una cerraja y llave y un hierro que atraviesa dichos cajones, dentro de los cuales había lo siguiente: Es, a saber, en el primero, cinco albas de lienzo sobrestriado para decir misa con su ámbitos y cordones de esfiladiz blanco. Item dos casullas de chamelote negro con cenefas de chamelote colorado con franja alrededor de esfiladiz blanco y colorado, forradas en tela morada con su estola y manípulos. Item otra casulla de chamelote negro con cenefa... (fol.731v-) Item dos casullas... Item, en el segundo calaje, un terno de chamelote negro con faldones de raso... Item una ropa de raso prensado negro con cenefa de raso culebrino prensado, forrada en tela negra, la cual sirve para los muertos. Item un gremal de chamelote negro... Item un delante altar de chamelote... Item, en el tercer cajón, un delante altar de chamelote... Item otro delante altar... (fol.732-) Item, en el cuarto calaje, un delante altar... Item otro delante altar... Item otro delante altar... Item, en el quinto calaje, un paño de terciopelo... Item un librico intitulado "Oficio de difuntos". Item dos bordones de madera para llevar la Cruz...

Sacristía mayor [YS28]

Item dicho señor canciller, visitador y comisario sobredicho, continuando la dicha visita, fue a la sacristía mayor de dicha iglesia que está en aquélla, entre las capillas de la gloriosa Santa Anna y la Quinta Angustia, de la cual es sacristán mosén Miguel Villuendas, capellán y beneficiado de dicha iglesia, la cual tiene antes de entrar en ella su puerta de madera grande, labrada toda de mazonería de diferentes labores, muy bien guarnecida por afuera con su buena cerraja y llave, y picaporte y cerrojo (fol.732v-) para seguridad de dicha sacristía, el patio de la cual y frente de ella está todo azulejado con azulejos de blanco y verde y está en cuadro en muy buena proporción, y toda alrededor las paredes de ella donde no hay cajones es toda azulejada hasta llegar a los cuadros que después aquéllos llegan hasta las tiguillas de azulejos contrahechos a los de Talavera.

Y más y tiene diversos armarios y cajones de madera, todos con sus puertas, cerrajas y llaves, y aldabillas de hierro para sacarles, con sus alguazas muy buenas, y todos labrados muy bien guarnecidos con guarnición espesa y tan curiosa y pulida, bien puesta y adornada, que sin ninguna duda es la de más adorno y compostura que hay en Zaragoza. Y tiene un armario grande, largo del suelo al techo, para con más comodidad y policía tener como tiene custodiados y guardados todos los bordones de las cruces y palas, cetros, bordones y ornamentos, y otras cosas necesarias para el culto divino. Y tiene sus vueltas de aljez blanco con sus maderos labrados y pintados de colorado oscuro.

Escalera a los aposentos del sacristán y monaguillos

Y luego en entrando, a mano derecha, hay una escalera por donde se sube al aposento donde está dicho sacristán para custodia de dicha iglesia y sacristía con los demás monaguillos.

Aposentillos interiores para el lavatorio y el calaje

Y allí al lado hay una puerta de madera guarnecida, con sus balaustres de la parte de arriba, muy bien labrada, con un picaporte ,y dentro de ella hay un retrete donde hay una fuente de arambre con su cadena pendiente para lavarse las manos y un paño de mano para enjugárselas, y el suelo azulejado como lo demás de dicha sacristía.

Y allí al lado, (fol.733-) consecutivamente al propio suelo, una puerta partida por medio, guarnecida con sus balaustres de la parte de arriba, con su cerraja y llave, manilla y fallebas, dentro de la cual hay un aposentillo donde hay un calaje sobre dos pies de madera.

Lienzos que decoran la sacristía mayor

Y alrededor de dicha sacristía, junto al techo de ella, once cuadros de lienzo al óleo, guarnecidos de madera dorada, que dicen los hizo hacer mosén Miguel Villuendas, sacristán que es de dicha sacristía, a su costa, que contienen las figuras siguientes: el primero es la Institución del Santísimo Sacramento, el segundo cuando David fue a pedir sustento al sacerdote Melquisedech, el tercero cuando el Ángel trajo sustento al famoso Elías en el monte; el cuarto cuando Abraham ofreció sacrificio al sacerdote de pan y vino por la virtud que sabe de vencer los cuatro reyes cuando iban contra [el]los; el quinto los panes de la proposición con los sumos sacerdotes; el sexto el maná; el séptimo quando el profeta Eliseo echó harina en la olla dando de comer a mucha gente; el octavo cuando ofrecían a la iglesia en espigas décimas y primicicias; el nono cuando Jacob quitó la bendición a su hermano Esaú; el décimo la cena del Cordero; (fol.733v-) el undécimo la Quinta Angustia. // De las cuales cosas // [comienza el tachado] y dentro de los sobredichos y arriba puestos, calajes, armarios y las demás cosas en ellas, uno en parte de otro, se halló la plata, jocalías, ornamentos, aderezos, bienes y cosas para servicio de la iglesia, adorno de ella y culto divino infrascriptas, siguientes: el primo [fina el tachado] // Miguel Palacios y Pedro Bardají, escribiente, habitantes en dicha ciudad de Zaragoza.

Como se indicó más arriba, la sacristía mayor ocupaba en planta dos módulos de la crujía lateral, por lo que disponía de dos ventanales en la fachada del Coso. Tenía azulejado tanto el pavimento como el zócalo de las paredes, el cual llegaba hasta la altura en que estaban dispuestos los once cuadros de temas bíblicos que rodeaban la estancia, con la excepción del lienzo donde había un gran armario de suelo a techo, seguramente el ubicado en el paramento occidental. Cubría la sala un alfarje de madera tallada y revoltones de yeso. En el paramento oriental debía estar la puerta que daba acceso a la escalera que subía a los aposentos existentes sobre la sacristía. En el rellano intermedio, dicha escalera disponía de una ventanita desde la que se visualizaba la nave lateral a la altura de la capilla de Santa Ana. En el muro lindante con esta nave, sin duda aprovechando el hueco disponible bajo el segundo tramo de aquélla, existían sendos cuartitos provistos de puertas dobles hacia la sacristía, en uno de los cuales estaba instalado un lavatorio y en el otro un armario de seguridad.

Inventario de los objetos custodiados en la sacristía mayor

Sacristía mayor [continuación] [en el margen] / A veinte y uno día del mes de septiembre de dicho año de MDCVIIII y en dicha ciudad de Zaragoza, y dentro de dicho Santo Hospital y en la iglesia de aquél, dicho señor canciller, comisario y visitador... continuando visitó e inventarió la dicha sacristía mayor de dicha iglesia arriba especificada, y dentro de los sobredichos y arriba puestos y especificados armarios y calajes, y las cosas sobredichas en ellas, uno en parte de otro, halló, visitó e inventariar mandó, y por el secretario de esta causa anterior los tengo infrascriptos, se inventarió la plata, jocalías, ornamentos, aderezos, bienes y cosas para servicio de la iglesia, adorno de ella y culto divino, infrascriptas siguientes:

(fol.734-) *Et primo un terno de terciopelo carmesí garchofado con faldones y bocas mangas y collares de terciopelo carchofado verde con sus estolas manípulos y cordones ... Y otro con tres camisas y sus faldones, diéronle los Contaminas con dos escudos de sus armas, y son dos dalmáticas y una casulla, sus capas y frontal. Item otro terno de mano blanco con faldones, bocamangas y collares de terciopelo carmesí, y bordados detalles de oro, y cordoncillos con sus estolas y manípulos y cordones de seda blanca, colorada y azul, y la redecilla con tela de hilo de oro, con delante altar y toalla del facistol y capa de lo mismo, diolo Santa Cruz con dos escudos de sus armas y tienen tres camisas con faldones. Item otro terno de damasco blanco... está escrito el nombre de San Luis, con cuatro querubines, hízolos Juan de Tiermas. Los cuerpos de las dalmáticas y delante altar nuevos por estar hecho pedazos el dicho terno. Item otro terno de terciopelo pardo...*

(fol.745v-) *Item por no haber en dicha sacristía comodidad para esas, la plata infrascripta se sacó de ella y se llevó a pesar al reposte de dicho Santo Hospital en el cual se pesó la plata infrascripta: Primo la cabeza de el señor San Cosme que tiene el cuerpo de plata blanca labrada... y pesa toda ella doscientas sesenta y seis onzas. Item dos cetros de plata... pesan ciento y cincuenta y seis onzas con la madera que hay dentro de ellas. Item seis candeleras de plata blanca labrada... pesan ciento y ochenta y una onzas. (fol.746-) Toda la cual dicha plata fue pesada por Joan Bocal, platero, vecino de Zaragoza... Miguel de Mirando, notario real, y Pedro Bardají, escribiente, habitantes en dicha ciudad de Zaragoza.*

Continuase la visita de la Sacristía Mayor [en el margen] / A veinte y seis días del mes de septiembre del año de MDCVIIII y en dicha ciudad de Zaragoza, y dentro de dicho Santo Hospital, el dicho Sr. canciller, comisario y visitador sobredicho, continuando la dicha visita en dicha sacristía mayor, a más de lo visitado de la parte de arriba, visitó e inventarió dentro de dicha sacristía mayor las cosas abajo escriptas y después de leer lo que abajo se especifica en las partes abajo declaradas: Et primo un pie de latón sobredorado del Lignum Crucis... Item un cofrecillo pintado de verde. Item un cajón...

Cuarto del sacristán

Y continuando la dicha su visita, el dicho Sr. canciller y visitador sobredicho, subiendo por la dicha escalera que está a mano izquierda [sic] (fol.746v-) entrando por dicha sacristía mayor, subiendo por ella a un cuarto el cual tiene tres aposentos que sirven para el sacristán de dicha sacristía, y antes de entrar en ellos, hay en dicha escalera una ventanilla con su celosía que sale a la iglesia, y acabado de subir la escalera, al cabo de ella, había en un rellano, a mano izquierda, un par de brandanes de madera labrados y plateados para poner dos hachas las festividades.

Aposento de los enseres de la sacristía [YE11] Y luego, entrando por dicho cuarto, se halló en el primer aposento y en él se visitó y se inventarió lo siguiente: Et primo un algiño con ocho paños... Item otros ocho purificadores. Item tres buquetes. Item tres sobrepellices. Item nueve albas de decir misa. Item seis manteles. Item dos enjugamanos... Item, en el mismo aposento, un colchón. Item dos mantas blancas. Item una cortina... [etc] (fol.747-) Item un cuadro de lienzo... El cual aposento es el primero y tiene una puerta, con su cerraja y llave, y una ventana que sale al Coso y tiene su reja.

Aposento del sacristán [YE12] Y más adentro, en un aposento, se halló lo siguiente: Et primo una cama con cinco tablas, dos bancos. Item tres colchones, dos mantas, cuatro almohadas. Item un tapete verde viejo. Item un cuadro de lienzo de un Cristo crucificado. El cual aposento tiene su puerta, llave y cerraja, con una ventana que sale al Coso, con su reja y su encerado. Item un altarcico de madera con un delante altar bajo con unos manteles encima.

Aposento de los monaguillos [YE13] *Aposentos del sacristán [en el margen] / Y luego in continenti vio y visitó el dicho Sr. visitador el tercer aposento de dicho cuarto, el cual tiene su puerta, llave y cerraja, y una ventana que sale al mesón, con su reja, y en él se halló lo siguiente: Et primo una cama de tablas con dos bancos y cinco tablas, dos colchones, dos sábanas y una manta, dos almohadas viejas. Item otra cama con dos bancos y cinco tablas, dos* (fol.747v-) *colchones, dos sábanas, dos mantas, dos almohadas viejas. Item otra cama con dos bancos, cinco tablas, con un colchón, dos sábanas y dos mantas, un paño de raz viejo. Item tres mantas viejas blancas. Item tres sábanas sucias. Item un arcón viejo, con su cerraja y llave. Item otra arca de nogal, con su cerraja y llave, y dentro de ella dos "belum templi..." Item seis cortinas de red. Item seis sudarios. Item ocho cubiertas de cálices de lienzo.*

El cuarto del sacristán y monaguillos comprendía tres aposentos. Dos de ellos se situaban sobre la sacristía mayor y tenían cada uno su ventana en la fachada al Coso, mientras el tercero se ubicaba sobre el «claustro» o corredor del Coso, y disponía una ventana que daba al mesón, posiblemente al patio de la escalera noble. A todos ellos se subía desde la sacristía mayor mediante una escalera que terminaba en un rellano y pasillo que comunicaba los citados aposentos entre sí. Por el contenido descrito en la visita, el primero se destinaba a almacén de la sacristía, el segundo era la habitación del sacristán y el tercero la de los monaguillos, que comprendía tres camas. Como seguidamente se verá, desde este último podía bajarse por otra escalera a un espacio que se utilizaba como almacén de la iglesia. Posiblemente no era sino un tramo del «claustro» o corredor situado tras la cabecera donde existían diversos retablos y cuadros. Desde este aposento de los enseres se podía acceder a un patio donde estaban las secretas.

Aposento de enseres de la iglesia [YE9]

Item, más adentro de dicho tercer aposento hay una escalera por la cual se baja a un aposento, el cual tiene una puerta que sale a la iglesia, y tiene su llave y cerraja, y en él se halló, encima de una arca, un paño de raz viejo, y una escalera de madera portátil. Item un arca grande, con su cerraja y llave,

y dentro de ella se halló un paño... [etc] Item otra arca... (fol.748-) *y todas las cortinas de lienzo del monumento con sus "oes" de pergamino, que todos son aderezos del monumento. Item otra arca muy grande, con su cerraja y llave... Item otra arca... Item cuarenta albas... Item un banco de pino labrado. Item una silla y un plato de azófar grande.*

Patio de las secretas [YE8]

Y más adentro de dicho aposento, saliendo por una puerta, la cual tiene cerraja y llave, con una ventanilla en la misma puerta, que sale a un patio en el cual hay y están las secretas, y en el suelo dos bancos y una --- de sillas viejas, una cesta, una escalera portátil. Item una copa de alambre.

Ventanas de la sacristía mayor

La cual dicha sacristía mayor de dicha iglesia de (fol.748v-) *de dicho Santo Hospital tiene dos ventanas que salen al Coso, cada una de ellas con dos rejas de hierro, la una delante la otra, con sus aros y ventanas de madera labradas, con sus encerados picaportes y fallebas.*

Reposteros en la iglesia

[Capilla mayor] *Item en la iglesia y dentro del rejado de la capilla mayor, hallaron colgados diez reposteros de paño colorado todos ellos y bordados de paño de colores, y en cada uno de ellos, en medio, dentro de una guirnalda de flores, un escudo de armas, a la mano derecha todo el medio escudo, abajo las armas de Navarra y encima las barras de Aragón, y a la otra media atravesadas bandas de colorado y blanco y una águila encima que lo abraza. Item, en tierra, en las gradas del altar, sus alfombras viejas.*

[Nave principal] *Item en el cuerpo de dicha iglesia, en los dos pilares primeros saliendo de dicha capilla mayor, hay otros dos reposteros de la misma manera y de las mismas armas que los dichos.* (fol.749-) *Item, en el otro pilar a mano derecha, hay otro paño de raz de cuatro alnas, de caída razonable, de diferentes figuras y buena estofa. Item en otro pilar frontero aquél, otro paño de raz mediano que rodea dicho pilar de cuatro caras, de caída de brotes y figuras grandes y de buena estofa.*

[Capilla de San Gregorio] *Item otros dos paños de raz puestos a los lados de la capilla de San Gregorio, de cuatro alnas de caída cada uno de ellos, buenos y de buena estofa, de brotes y figuras. // De las cuales cosas // Miguel de Miranda, notario, y Pedro Bardají, escribiente.*

La descripción de los reposteros comporta una información interesante ya que verifica la disposición estructural del edificio. Como se ha indicado más arriba, los cuatro arcos formeros de ambos lados de la nave mayor apoyaban en pilares de sillería de piedra, seis en total, tres a cada lado, siendo también de piedra e idéntico diseño las pilastras donde nacían los contrafuertes formeros de la cabecera y los pies. Dentro de la capilla mayor los diez reposteros de paño colorado debían estar colocados cinco a cada lado, dos en los primeros pilares, cuatro o seis en los rejados laterales y dos o cuatro en los contrafuertes. Los segundos pilares o pilares centrales de la nave mayor tenían otros iguales. Los terceros o pilares finales tenían reposteros de paño de raz, al igual que los que formaban las pilastras donde nacían los contrafuertes a ambos lados de la capilla central de los pies.

Campanario y su subida [YE17]

A veintidós días del mes de septiembre del año MDCVIII, en Zaragoza, y dentro las casas del dicho Santo Hospital, el dicho Sr. canciller visitador y comisario sobredicho, continuando dicha su visita, subió por una escalera que está en la iglesia en medio de los altares de San Sebastián y San Gregorio, antes de entrar en la cual hay su puerta, cerraja y llave, y subiendo por dichas escaleras, que son muchas, se sube a un campanal de dicha iglesia, en el cual se halló que había sus ventanas miraderas al Coso y a la calle que va a Santa Engracia, y había en dicho campanario dos campanas de metal de buena mano con sus badajos de hierro, que tienen sus títulos, en la una parte de él dice María y la otra dice (fol.710v-) Ntra. Sra. de Gratia. Y más arriba, encima del tejado, hay otra campanilla pequeña para hacer señal para decir misa. Item había unas esteras de esparto para el coro y sacristía en tiempo de invierno. Item un banco y un facistol viejo de madera. Item una chimenea con dos pedazos de maderos con otra leña en ella. Item un cántaro y dos escaleras de madera portátiles.

Como se vio más arriba, en el segundo patio de entrada a la iglesia, en el ámbito de la capilla de San Sebastián, estaba la puerta por la que se accedía a la escalera que subía al coro y al campanario. El relato de la visita señala que las escaleras «eran muchas», lo que equivale a decir que existían varios tramos o sectores. Por la disposición de la planta del torreón y las capillas de los pies, posiblemente existía, además del tramo recto inicial, un tramo de caracol que ascendería hasta la altura del coro. A partir de este nivel las escalas debían ubicarse dentro del mismo torreón. En la descripción sólo se menciona la existencia de un espacio o habitáculo superior donde estaban las dos grandes campanas, cada una en su hueco y arco de medio punto. Este lugar disponía de ventanas laterales, unas dando a la calle del Hospital, desde las otras se veía el Coso. Como se indicó más arriba, en el seno del torreón, entre el primer patio y el campanal, existió inicialmente una sala intermedia y posteriormente dos, utilizadas por el colegio de médicos para la celebración de sus sesiones.

El coro de la iglesia y sus libros [YE15]

Y bajando de dicho campanario por dichas escaleras, se bajó al coro de dicha iglesia donde el dicho Sr. canciller y visitador sobredicho halló y vio y se inventariaron las cosas siguientes: Et primo al entrar una puerta de madera nueva, con su cerraja y llave. Item un facistol grande de madera con su armario donde están los libros del coro. Item dos cuerpos de libros que son el "Salterio de David" en pergamino. Item el "Salterio dominical" del arzobispado, en pergamino... Item un "Propium millarum de santis", en pergamino. Item un "Antifonario" grande, en pergamino, de letra mediana... Item otro libro grande que es "Santoral... Item tres libros grandes que se intitulan "Dominical... (fol.711-) Item otro libro de pergamino, muy viejo... [siguen los libros] (fol.711v-) Item otro facistol pequeño. Item encima del facistol grande, un hierro con un cepo. Item una campanilla pequeña para hacer señal a las horas del coro...

Item alrededor de dicho coro hay sus bancos de madera labrados con sus pies encajados en la pared y una silla de madera de nogal muy buena labrada donde se sienta el vicario. Item hay un armario, con su llave y cerraja, dos medias puertas, encajado en la pared y dentro de él... libros... cuadernos... (fol.712-) Item otro juego de libros de diversas cosas de mano. El cual dicho coro tiene dos ventanas grandes con sus puertas caidicas, que están frontero la portería de San Francisco, que salen a la calle que va a Santa Engracia.

Órgano [YE16]

Del cual coro, por una puertecilla que hay con su cerraja y llave, y por una escalera, se baja adonde está el órgano. El cual tiene sus dos puertas, que por la parte de fuera hay, en la una, que está a mano derecha, pintada "La salutación de Ntra. Señora", y con la otra, de mano izquierda, que es la que está más cercana al altar mayor, está pintado "El ángel cuando vino a dar la embajada a Ntra. Señora". Y por la parte de adentro y más cercana al coro, está pintada "La coronación de Ntro. Señor", y en la otras Ntra. Señora con sus títulos "Civitas die" y otros. Y otras dos puertas pequeñas en las dulzainas, con su cerraja y llave, que por la parte de afuera no están pintadas y por (fol.712v-) la parte de adentro están pintados San Pedro y San Pablo. El cual órgano es harto grande, muy bueno y labrado, que es de pino y tiene siete órdenes de flautas de hoja de lata, la del medio grande, las de los lados medianas y las otras cuatro pequeñas, que allí por lo que se parece como las que hay dentro son muchas y diversas flautas y con sus misturas y contrafuelles para tañer dicho órgano.

La escalera que subía al campanal al llegar al nivel del coro alto, situado en los pies de la nave mayor sobre la capilla de San Gregorio, tenía una puerta por la que se accedía a aquél. Según parece desprenderse del relato, tenía dispuestos unos bancos tallados a modo de escaños que rodeaban el espacio central donde estaba instalado el facistol, cuya parte inferior formaba un armario donde se guardaban algunos cantorales. El coro lo presidía una silla tallada donde se sentaba el vicario. En la pared que formaba la fachada occidental había dos ventanales que iluminaban la estancia. En el extremo del coro hacia la nave había un antepecho con balaustres de madera en cuyo límite meridional existía una puertecilla por la que se bajaba al órgano. Este instrumento debía estar instalado anclado al muro formero sobre el último de los arcos de la nave mayor. Inaccesible, por su altura,

Ntra. Sra. de la Merced, Tarazona: Órgano con instalación similar a la de la iglesia del Hospital de Gracia.

desde las falsas existentes sobre las bóvedas de las naves laterales, sólo era factible llegar a él desde el propio espacio del coro alto. El mueble debía contener una balconada sobre la que estaba el aparato, con una primera fila de tubos con sus correspondientes puertas decoradas más la de las dulzainas. Desde la balconada, en su extremo tangente al coro, subían unos peldaños hasta éste, donde se abría una portezuela con su cerraja.

Camarillas de sermones

El *Libro de la Visita* describe las camarillas en dos lugares, remitiéndose entre ellos mutuamente, de modo que la información debe ser elaborada e interpretada desde ambas relaciones. La primera consta en el fol.645, figurando en el

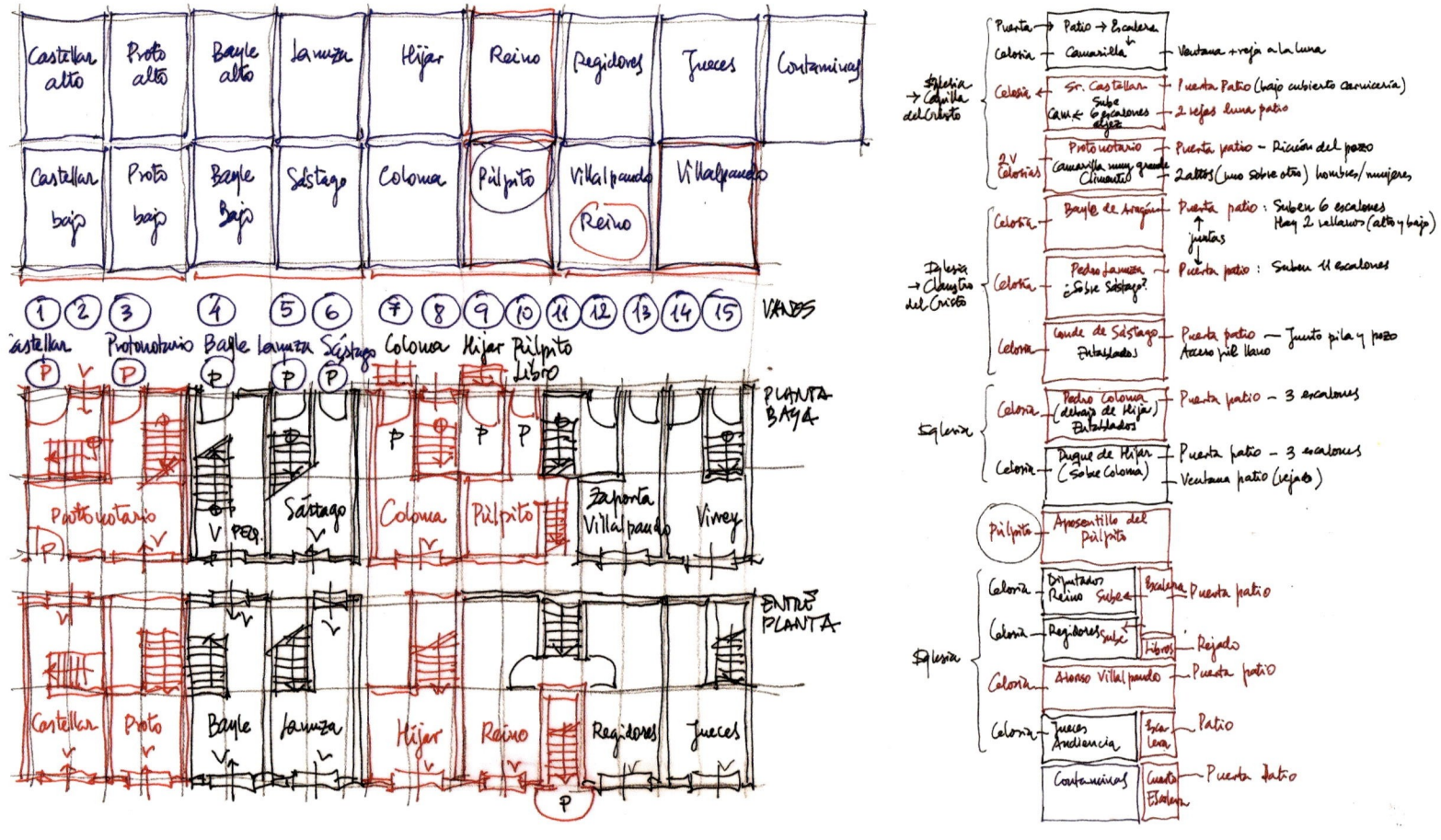

Camarillas de la iglesia de Nuestra Señora de Gracia. Ejercicios preliminares.

margen: *Camarillas de sermones que tienen sus puertas al patio y abajo fol.816.* La segunda consta en este fol.816, figurando en su margen: *Continuase la visita de las camarillas de los sermones - arriba fol.645.* Aquí se especifica la condición complementaria de la información: *Dicho día arriba propiamente calendado en dicho Santo Hospital, el dicho Sr. canciller y visitador sobredicho, continuando la dicha su visita en las camarillas de los sermones de parte de arriba principiada, y acabando y concluyendo aquélla, la hizo de las camarillas de los sermones de dicha iglesia que faltaban por visitar que son las infraescriptas siguientes...* Dada la distancia temporal entre ambos descriptores, la consideración parcial respecto de la información facilitada por cada uno y los sentidos opuestos de los recorridos utilizados, existen algunas pequeñas contradicciones entre ellos. Por esta razón,

para desarrollar una interpretación correcta y compatible con el mayor número de los detalles de los descriptores, es imprescindible comprender la distribución espacial de estas dependencias.

Como se dijo más arriba, las tribunas o camarillas eran pequeños aposentos obtenidos a través de la división en planta y en altura de los espacios entre contrafuertes donde hubiesen estado las capillas laterales de la nave de la epístola. Al existir cuatro tramos resultaban 16 módulos, ocho en cada piso o nivel. El acceso se realizaba a través de una serie de vestíbulos y escaleras coordinadas con aquéllas, que se repartían y ocupaban íntegramente el espacio de la crujía correspondiente a la panda septentrional del claustro o patio principal del Hospital, adosado a la iglesia, desde el que tenían el acceso. Sin embargo, debido a la dimensión modular, era inviable la presencia de cuatro puertecillas en cada uno de los cinco tramos o arcos claustrales, por lo que sólo pudieron existir tres huecos por arco. El ejercicio positivo de la solución geométrica de los accesos no sólo ha permitido corroborar esta circunstancia, sino que, además, ha permitido una lectura coherente de su compleja organización. Para seguir un criterio lógico en la descripción de los aposentos lo haremos a partir del orden que seguían las puertas respecto del claustro o patio principal, comenzando por el extremo correspondiente a la cabecera de la iglesia y concluyendo por los pies. En la descripción deberá tenerse presente que cada tramo de la arcada claustral disponía de tres módulos –uno por hueco– mientras que los tramos de la crujía anexa a la nave de la epístola se dividían en dos mitades.

Camarilla alta de Castellar [YT40]

La primera puerta del primer arco era el acceso a la camarilla del señor del Castellar. A través de una escalera se subía a la antesala superior, que ocupaba dos módulos del tramo claustral donde tenía una ventana hacia el patio. Desde la antesala se accedía a la camarilla, que ocupaba la mitad oriental superior del primer tramo de la iglesia, y se abría hacia a la capilla del Cristo, sobre la entrada a la camarilla baja del Protonotario:

(fol.645-) *Item una camarilla para oir los sermones del señor del Castellar, con puerta al patio con su cerraja y llave, una ventana con su celosía a la iglesia, con dos rejas que salen a la luna del patio para recibir luz.*

(fol.817-) *Item otra camarilla que tiene su puerta al patio bajo el cubierto de la carnicería, y en entrando por ella hay un aposento harto grande con una ventana al patio, luego se sube por seis escalones de aljez y hay una camarilla grande y espaciosa con su ventana muy grande y su celosía clara que cae cabe la capilla del lado del Cristo al lado sobre la entrada de la camarilla del Protonotario por el patio y tiene mas su ventana y reja al patio por donde recibe luz. Dicen es de don Baltasar de Luarca, señor del Castellar.*

Camarillas alta y baja del Protonotario [YT41-32]

La segunda puerta del primer arco era el acceso a las camarillas del Protonotario, cuya antesala inferior ocupaba dos

módulos del arco. Desde dicha antesala se pasaba a la camarilla baja, situada al mismo nivel que la nave de la iglesia, que ocupaba las dos mitades del tramo, comprendía dos celosías y era el lugar desde donde las mujeres oían los sermones. La reja más oriental tenía una puerta por la que se salía directamente a la capilla del Cristo. Desde la misma antesala de la planta baja, a través de una escalera se subía a la camarilla alta, que ocupaba la mitad occidental superior del primer tramo de la iglesia, dando también a la capilla del Cristo, y era la tribuna donde se colocaban los hombres:

(fol.645-) *Item otra camarilla para lo dicho que es del Protonotario, con su puerta, cerraja y llave al patio, con dos ventanas y celosía que salen al Cristo de dicha iglesia.*

(fol.816v-) *Item otra camarilla muy grande y espaciosa con dos puertas, la una al patio del Hospital al rincón o esquina de cabo el pozo y la otra a la iglesia al lado de la capilla del Cristo. Está toda entablada por los lados y tiene dos altos, uno sobre otro, con sus celosías y ventanas a la iglesia, que el uno sirve para hombres y una para mujeres, en los cuales puede coger mucha gente y es del protonotario don Miguel Climente.*

Camarillas alta y baja del Bayle [YT42-33]

La tercera puerta del patio, ya inscrita en el segundo arco, era el acceso a las camarillas del Bayle. La antesala inferior ocupaba dos módulos del arco y desde ella se pasaba a la camarilla baja, que ocupaba la mitad oriental del segundo tramo de la iglesia y comprendía una celosía. Desde la misma antesala de la planta baja, a través de una escalera se subía a un rellano superior desde el que se accedía a la camarilla alta, ubicada sobre la inferior:

(fol.645-) *Item otra camarilla que posee el Baile de Aragón, que también tiene su puerta, cerraja y llave al patio, y su ventana y celosía a la iglesia.*

(fol.816v-) [Camarilla junto a la de Lanuza] *Item otra camarilla que tiene su puerta al patio al lado de la dicha, por la cual se sube con seis escalones que hacen dos rellanos. Y en el primero hay una ventana pequeña con su celosía que cae a la iglesia y su banquillo portátil. En el otro rellano está la camarilla con su ventana muy grande y su celosía que cae a la iglesia al claustro del Cristo y tiene un banco encajado y sus cortinas de verde y azul en la celosía, y una ventanilla al patio que recibe luz la dicha camarilla.*

Camarilla alta de Lanuza [YT43]

La cuarta puerta del patio y segunda del segundo arco era el acceso a la camarilla alta de Lanuza. A través de una escalera se subía a la antesala superior, que ocupaba dos módulos del tramo claustral donde tenía una ventana hacia el patio. Desde la antesala se accedía a la camarilla, que ocupaba la mitad occidental superior del segundo tramo de la iglesia:

(fol.645-) *Item otra camarilla que es de [...] y tiene su puerta, cerraja y llave al patio, y su ventana y celosía a la iglesia.*

(fol.816v-) *Item otra camarilla que tiene su puerta en el patio y se sube por ella con once escalones, y subiendo a mano izquierda tiene una ventana al patio con piedra de alabastro. En la propia camarilla hay su ventana grande y celosía que cae al claustro del Cristo y un banco portátil. Dicen es de don Pedro Lanuza.*

Camarilla baja de Sástago [YT34]

La quinta puerta del patio y primera del tercer arco era el acceso a la camarilla baja de Sástago. La puerta estaba próxima al pozo que había en el patio principal. Desde ella se entraba directamente a un estrecho vestíbulo que daba paso a la camarilla baja, la cual ocupaba la mitad occidental inferior del segundo tramo de la iglesia:

(fol.645-) *Item otra camarilla del conde de Sástago que tiene su puerta, cerraja y llave; y su ventana y celosía a la iglesia.*

(fol.816v-) *Item otra camarilla que tiene su puerta al patio al lado de la pila del pozo y está a pie llano del patio; tiene ventana grande con celosía a la iglesia al claustro del Cristo. Está entablada toda por los lados y el suelo, y un banco portátil. Y dicen es del conde de Sástago.*

Esta camarilla figura en un documento del Archivo de la Corona de Aragón fechado el 21 de octubre de 1614: «Papeles en que consta, que un aposentillo que existe en el patio del Hospital de Nuestra Señora de Gracia para oir los sermones, pertenece a la casa de Sástago». Comprende la iurisfirma de Francisca Martínez de Luna, viuda de Lorenzo Artal de Alagón, conde de Sástago, de modo que el último de los ítems de bienes a que se refiere la firma es el mencionado aposento. Así mismo consta un testimonio de 1743 de la Sitiada de 21 de mayo de 1574 del Hospital de Nuestra Señora de Gracia, en la que se alude a dicha camarilla[308].

Camarilla alta de Híjar [YT44]

La sexta puerta del patio y segunda del tercer arco era el acceso a la camarilla alta de Híjar. A través de una escalera se subía a la antesala superior, que ocupaba dos módulos del tramo claustral donde tenía una ventana hacia el patio. Desde la antesala se accedía a la camarilla, que ocupaba la mitad oriental superior del tercer tramo de la iglesia:

(fol.645v-) *Item otra camarilla encima de la anterior [Coloma], que es del duque de Híjar, con su puerta, cerraja y llave, con su ventana al patio y con otra ventana celosía a la iglesia.*

(fol.816-) *Item otra camarilla que dicen es del duque de Híjar, a la cual se sube con tres escalones desde el patio por una puerta al lado del rejado donde se escribe la entrada de los pobres, tiene ventana grande con su celosía al lado del púlpito, toda rodeada de bancos encajados y ventanica con celosía al patio de casa y su cubierta de maderado labrado.*

Camarilla baja de Coloma [YT35]

La séptima puerta del patio y tercera del tercer arco era el acceso a la camarilla baja de Coloma. Desde ella se entraba directamente a un estrecho vestíbulo que daba paso a la camarilla baja, la cual ocupaba la mitad oriental inferior del tercer tramo de la iglesia:

(fol.645v-) *Item otra camarilla en dicho patio con su puerta, cerraja y llave, que es de Pedro Coloma, con su ventana y celosía a la iglesia.*

(fol.816-) *Item otra camarilla bajo de la dicha del duque de Híjar, a la cual se entra desde el patio por una puerta con tres escalones y tiene su ventana grande con su celosía que*

---

308 Archivo de la Corona de Aragón, Diversos, Sástago, 099 (LIG 015/043). Aposentillo que existe en el Patio del Hospital de Nuestra Señora de Gracia.

cae a la iglesia y sus bancos encajados a las dos bandas y el suelo entablado. Dicen es de los herederos de don Pedro de Aragón, que es de doña María Buen? de Aragón, mujer de don Pedro Coloma.

Púlpito y su camarilla baja [YT36]

La octava puerta del patio y primera del cuarto arco era el acceso al púlpito y su aposento anexo. Desde ella se entraba directamente a un pasillo que daba paso a la camarilla baja, la cual ocupaba la mitad occidental inferior del tercer tramo de la iglesia. Desde éste se subía por una estrecha escalera construida en el interior del contrafuerte al púlpito desde el que se pronunciaban los sermones. La camarilla debía tener su propia puerta, de modo que la octava del patio era rejada y el pasillo el lugar donde se escribía la entrada de los pobres:

(fol.645v-) *Item otro aposentillo, con su cerraja y llave, que dentro de él está el púlpito, y antes de llegar a él un aposento con bancos alrededor para sentarse, que cogerán ocho personas, que tiene su cerraja y llave.*

(fol.646-) *Item en dicho patio un rejado de madera, y dentro de él un cajón grande de madera y unas tablas a las espaldas encajadas en la pared, con dos libros grandes con sus rúbricas en él, uno de los cuales están inscritos los enfermos que vinieron al dicho Santo Hospital el año pasado de 1608, y el otro donde se apuntan los de delante en él.*

Camarillas altas del Reyno y del Hospital [YT45-46]

La novena puerta del patio y segunda del cuarto arco era el acceso a las camarillas altas del Reyno y del Hospital. La puerta daba a un vestíbulo bajo que tenía su ventana al patio y desde el que a través de una escalera se subía a dos antesalas superiores. La oriental ocupaba un módulo del tramo claustral donde tenía una ventana hacia el patio y desde ella se accedía a la camarilla del Reyno, que ocupaba la mitad occidental superior del tercer tramo de la iglesia. La antesala occidental ocupaba dos módulos de sendos tramos claustrales donde tenía dos ventanas hacia el patio y desde ella se accedía a la camarilla de los regidores del Hospital, que ocupaba la mitad oriental superior del cuarto tramo de la iglesia. Estas camarillas eran las preferentes y sus ubicaciones eran las que flanqueaban el púlpito:

(fol.645v-) *Item otra puerta con su cerraja y llave, que suben por unas escaleras a dos aposentillos, que el uno es de los diputados del Reyno y el otro de los regidores del Hospital, y cada uno de ellos tiene su celosía y ventana a la iglesia.*

Camarilla baja de Zaporta [YT37]

La décima puerta del patio y primera del quinto arco era el acceso a la camarilla baja de Zaporta. Desde ella se entraba directamente a un estrecho vestíbulo que daba paso a la camarilla baja, la cual ocupaba la mitad oriental inferior del cuarto tramo de la iglesia:

(fol.816-) *Una camarilla que tiene su puerta al patio de dicho Hospital entre el púlpito y la camarilla del Virrey y Consejo Real, que se baja con tres escaloncillos y tiene su reja grande con su celosía que sale a la iglesia, rodeada de bancos encajados y sus vueltas de aljez y maderos, que dicen es de los herederos de Zaporta.*

Camarilla baja de Villalpando [YT38]

La undécima puerta del patio y segunda del quinto arco era el acceso a la camarilla baja de Villalpando. Desde ella se entraba directamente a un vestíbulo que daba paso a la camarilla baja, la cual ocupaba la mitad occidental inferior del cuarto tramo de la iglesia:

(fol.646-) *Item otra camarilla para oir los sermones que es de don Alonso Villalpando, que tiene su puerta, cerraja y llave, y su ventana, reja y celosía a la iglesia, con otra pequeña.*

Camarilla alta de la Audiencia [YT47]

La duodécima puerta del patio y tercera del quinto arco era el acceso a la camarilla alta de los jueces. A través de una escalera se subía a la antesala superior, que ocupaba dos módulos del tramo claustral donde tenía una ventana hacia el patio. Desde dicha antesala se accedía a la camarilla, que ocupaba la mitad occidental superior del cuarto tramo de la iglesia:

(fol.646-) *Item otra camarilla que es de los jueces de la Audiencia Real, que se sube a él por una escalera y tiene su puerta, cerraja y llave, y una ventana con su celosía.*

Camarilla alta de los Contaminas, fuera de la crujía [YT48]

En la panda occidental del claustro, junto a la entrada de la iglesia, estaba la puerta de un vestíbulo desde el cual se accedía tanto a la capilla de los Contaminas como a su camarilla. Como se vió más arriba, este vestíbulo, además de comunicar directamente con la capilla, contenía una escalera que subía a un pequeño pasillo –el cual disponía de una ventana que daba a la panda claustral– por el que se llegaba a la tribuna. Ésta estaba ubicada sobre la bóveda del primer tramo de la capilla y tenía una celosía abierta al atrio de entrada a la iglesia:

(fol.646-) *Item en dicho patio una puerta de madera labrada con su cerraja y llave, y por ella se entra a la capilla de los Contaminas, y por una escalera se sube a un corredorcillo que tiene una ventana grande con su celosía al patio y otra de madera al lado y sus balaustres en dicho pasadizo, y tiene su puerta, cerraja y llave, y dentro su aposento del todo de mirar con su celosía a la iglesia.*

Camarilla alta de Gilberte, fuera de la crujía [YT39]

En la trasera de la capilla mayor y con puerta de acceso desde la capilla del Cristo, existía sobre un vestíbulo anexo a una pequeña luna la camarilla de los Gilbertes. Sin duda, esta luna servía de patinillo de aguas pluviales de las cubiertas de la iglesia, la cuales serían recogidas en un aljibe que debía existir junto al inmediato patinillo homólogo de la casa del mesón. En este reducto se había habilitado una estecha escalerilla que subía a la camarilla de los Gilbertes, la cual disponía de su celosía hacia la capilla del Cristo y otro ventanal hacia el patinillo:

(fol.816v-) *Item una otra camarilla que está al lado de la capilla del Cristo, tiene la puerta por la iglesia con unos balaustres al lado de ella y allí hay un patio de poco ámbito y se sale por una escalera de aljez harto angosta y al cabo de ella hay una camarilla con su ventana muy grande con su celosía que cae a la iglesia al lado de la capilla del Cristo y su ventanilla y reja a una luna por donde recibe luz. Dicen era esta camarilla de Gilberte, ciudadano de Zaragoza, y que ahora es de Juan Bautista López, ciudadano de dicha ciudad. // Miguel Palacios y Sebastián Díez, habitantes en la ciudad de Zaragoza //*

6.3.2. Hipótesis sobre la arquitectura y su evolución

Como se indicó más arriba, la estructura del edificio de la iglesia se corresponde con una tipología de raíz basilical directamente relacionada con los materiales utilizados en su construcción y heredera de algunos modelos regionales. Dicha estructura debe ser contextualizada en el proyecto general del Hospital como conjunto arquitectónico de grandes dimensiones, en el que su disposición parte de la evolución de los amplios espacios de los principales conventos de los mendicantes zaragozanos. Sin embargo, es notable la destacada influencia simultánea de la arquitectura civil de finales del trescientos y principios del cuatrocientos, un hecho que parece razonable de todo punto por cuanto la funcionalidad perseguida en aquel proyecto exigía probada solvencia en sus fórmulas y la mayor economía de recursos.

Por razones desconocidas todo parece indicar que pudieron ser maestros con experiencia en el ámbito turolense los que asumieron el proyecto inicial. No sólo fueron suministrados los elementos constructivos de madera para las enfermerías del Hospital provenientes de la comunidad de Albarracín a petición de la reina María de Castilla sino que existen rasgos de evidente relación constructiva y formal en las dos piezas determinantes del edificio: el claustro y la iglesia. En ninguna de ellas aparece una vinculación con las fórmulas de la comarca de Zaragoza. En efecto, lo normal es que el claustro hubiese respondido a un planteamiento típico de las estructuras de ladrillo, con su geometría simple y sus pequeños contrafuertes, siguiendo, por ejemplo, el modelo del cercano monasterio de Santa Catalina. La iglesia, a su vez, que hubiese respondido, bien al modelo de nave única con capillas laterales entre contrafuertes y cubierta con crucerías –tipología habitual de los templos parroquiales zaragozanos–, bien al de tres naves de similar altura rodeadas de capillas laterales entre contrafuertes –tipología utilizada, por ejemplo, en el bilbilitano templo de San Pedro de los Francos–. Pero, como decimos, la formalización de los elementos presentes en Nuestra Señora de Gracia es bien diferente. La sencilla composición de su claustro recuerda las arcadas del patio turolense del castillo de Mora de Rubielos

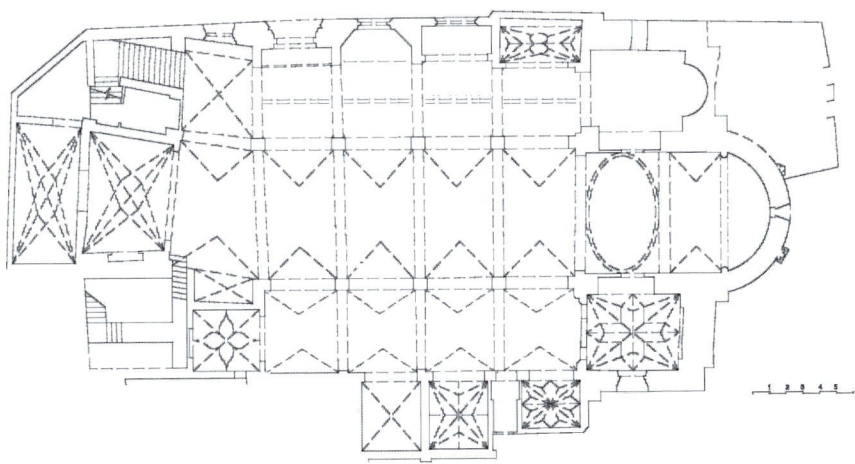 

Santa María Magdalena, Tarazona. Izda. Planta. Dcha. Interior de la nave central.

o las lonjas de sus casas consistoriales. En cuanto a la iglesia, como ya se ha adelantado, se utiliza una tipología mixta cuyo antecedente más cercano es la nave mayor de Santa María de Mediavilla. En ambos casos las estructuras de los muros forman arcadas apuntadas apoyadas en pilares de piedra y cubiertas y forjados se solucionan con elementos de madera, un sistema que puede aplicarse al desarrollo de extensas estructuras de muros de fábrica de ladrillo como precisaba aquella enorme edificación.

Esta tipología a la que debe adscribirse la construcción de la iglesia no había sido objeto de atención en la comarca zaragozana durante el trescientos, tiempo en que se desarrollaron una buena parte de los templos parroquiales y conventuales. En ellos el modelo de mayor éxito siguió el espacio unificado de una nave con capillas laterales entre contrafuertes que consigue el efecto de elevación y luminosidad que persigue la espacialidad gótica y que expandieron los mendicantes para sus lugares de predicación. Con excepción de los templos catedralicios o canonicales, fueron raras las iglesias de tres naves, una fórmula que había solucionado bien los espacios románicos, en los que las luces de aquéllas eran muy cortas, pero que planteaba problemas irresolubles en el gótico de ladrillo. Precisamente en Aragón los escasos ejemplares responden a templos de origen románico, con tres ábsides, muros formeros levantados sobre arcadas lineales y cubiertas de estructuras de madera.

Uno de los casos más destacados es el de la iglesia de Santa María Magdalena de Tarazona en el que la cabecera de piedra, con sus tres capillas románicas –la central de ábside planta semicircular y las laterales rectas–, se desarrolla en tres naves construidas ya con fábrica de ladrillo según el modelo descrito. Lo interesante de este templo es la solución adoptada en la estructura de las naves laterales, provistas de arcos diafragma de ladrillo que articulan los pilares centrales, consistentes en prismas de fábrica de sillería, con los contrafuertes exteriores, entre los cuales se disponen las capillas laterales. Sobre los diafragmas se apoyan los puentes y elementos de madera que forman los forjados de cubierta. Se trata de un sistema que soslaya los inasumibles empujes de las bóvedas ordinarias de crucería utilizando para la cobertura unas estructuras de madera que cargan directamente sobre los muros formeros y los arcos diafragma. Este proceder, que pudiera parecer primitivo, se ejecuta en el primer cuarto del cuatrocientos[309]. En la actualidad se mantienen –restauradas– las cubiertas de las naves laterales, en parte visibles y en parte ocultas sobre las bóvedas de arista

309 Según Criado Mainar (2002, pp. 119 y ss.) el proyecto, por sus acciones preparatorias, data de 1407, y se pone en práctica según documentos contractuales de 1409, los cuales establecían un plazo de construcción de veinte años.

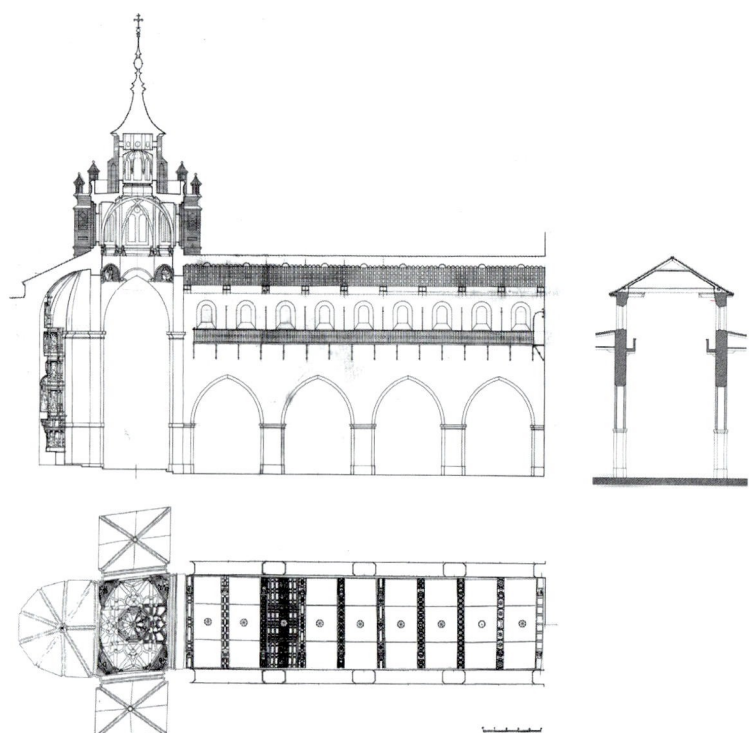

Santa María de Mediavilla, Teruel. Izda. Secciones y planta de techos, a partir de Lorente Junquera y Almagro Gorbea. Dcha. Vista de la nave central y el artesonado.

con las que se cubrieron en los últimos años del seiscientos, cuando fue realizada una profunda reforma que alteró la espacialidad interior del templo para adaptarlo a un formato clasicista, pero cuyo principal impacto fue la implantación en la nave mayor de una bóveda de cañón con lunetos que obligó a recomponer la cubierta superior, desapareciendo la estructura de madera original, probablemente resuelta mediante tirantes, pares y nudillos, para no transmitir empujes a los muros de la caja[310]. Fue una operación habitual en su tiempo como se tendrá ocasión de comprobar en la propia iglesia del Hospital, de modo que la espacialidad del templo turiasonense ofrece ciertas semejanzas con el que llegó a tener el de Nuestra Señora de Gracia.

La formalización más próxima en cuanto a los modelos arqui-

tectónicos la proporciona el citado templo de Santa María de Mediavilla de Teruel, parroquial originariamente dependiente del obispado de Zaragoza, con rango de colegiata desde 1423 y convertido en sede catedralicia en 1577. Se trata de un edificio que, en paralelo a dichas condiciones cambiantes, fue transformándose a lo largo de su dilatada historia, de modo que la actual fábrica apenas conserva nada de sus primitivos elementos, con excepción de la huella en sus trazados. En efecto, la construcción primaria de la iglesia pudo realizarse hacia 1200 según una tipología románica muy simplificada, al modo de las llamadas iglesias-reconquista. Según Almagro, que parte de las teorías de Torres Balbás y los datos de las restauraciones de postguerra de Novella[311], se trataba de un templo de tres naves separadas por arcadas de medio punto sobre las que se levantaban los muros formeros y cuyas cubiertas se resolvían mediante estructuras

310 Se ha planteado la hipótesis de que la estructura de cubierta repitiera la fórmula utilizada en las naves laterales de arcos diafragma, pero es imposible dado que la nave mayor hubiera requerido contrafuertes. Ver: Borrás Gualis (1985) T.II, pp. 351-352; Criado Mainar (2002, pág. 122).

311 Ver: Almagro Gorbea (1991, pág. 189) y Torres Balbás (1953, pág. 145).

de madera, seguramente las laterales con pares simples y la central con cerchas latinas tradicionales de correas y pares. A esta iglesia le correspondería una hipotética cabecera con sus correspondientes tres ábsides.

Esta construcción básica, sin embargo, sería muy pronto transformada para dar lugar a un espacio de mayor elevación, luninosidad y diafanidad, desconociéndose si hubo otras razones que las propiamente funcionales. La cuestión es que está documentado el inicio de la torre de la iglesia en 1257, un elemento que se alinea con el muro de cierre de los pies del templo y alberga un arco en su base que sirve de paso a la calle medieval que la ciñe a occidente. Esta pieza, sin embargo, no se ordena respecto de los ejes de las naves, y se eleva en su particular arquitectura exenta de ladrillo, según la tipología cristiana ordinaria que alberga espacios en altura y escalas libres, al igual que la de San Pedro, las más antiguas de las turolenses, contrariamente a las de San Martín y el Salvador, más evolucionadas, que contienen contra-torres interiores y sus escaleras discurren entre ambas estructuras circunvalándolas y ascendiendo hasta el cuerpo del campanario.

En Santa María de Mediavilla seguidamente se abordaría la reforma de las naves, unificando por parejas los arcos de medio punto para configurar otros nuevos apuntados de mayor luz y ensanchando los pilares de apoyo, lo que permitía sobreelevar los muros formeros para que albergaran los ventanales de iluminación de la nave mayor, los cuales a su vez también debían disponerse a una altura superior a la de los precedentes al ser necesario elevar las cubiertas de las naves laterales. Las pequeñas luces de éstas –de 4,50 y 4,75 m. respectivamente– dieron lugar a una estructura de pares de madera, mientras la nave central, con 7,75 m., debía resolverse con otra de mayor solvencia, utilizándose la fórmula de una armadura de par y nudillo cuya decoración sobresale entre las cubiertas medievales más singulares de España. Sus faldones están formados por pares muy próximos en cuyas entrecalles se disponen casetones de distintas clases. La composición la establecen diez dobles tirantes reforzados en sus apoyos por grandes modillones con cabezas humanas y de animales, que conforman nueve tramos con una longitud

total de 32 metros. Todo un universo de temas está inscrito en la iconografía que reviste los casetones y las piezas estructurales. Precisamente la factura de su decoración pictórica, el análisis de los materiales y el detalle de que aparezcan las armas de los prelados zaragozanos Arnaldo y Sancho de Peralta, le adjudican una cronología en torno a 1270.

Sobre la singularidad de esta inigualable techumbre se han vertido ríos de tinta, buscando aquí y allá analogías y fórmulas que expliquen su complejo programa iconográfico y el origen de su formato arquitectónico. En este tema debe considerarse, con Almagro, que quizás se trate de una obra única en cuanto a su decoración y riqueza, pero que no lo fue en cuanto a su sistema estructural, el cual debió ser corriente en las iglesias medievales de la región[312]. El sistema, por otra parte, no deja de ser un resultado ciertamente pionero en el desarrollo de la carpintería de bóvedas, cuyo origen deriva, como señaló Nuere, de la tradición hispánica devenida de las influencias del norte de Europa que trajo la cultura visigoda y que desarrollaron con enorme eficacia y éxito los constructores desde el siglo VIII. No resulta extraño que los «carpinteros musulmanes aprendieran de los visigodos a construir armaduras de cubierta, del mismo modo que los castellanos asimilaron los trazados geométricos islámicos»[313]. Si la armadura turolense fue pionera se demuestra en que no desarrolla la decoración de lazo geométrico, sino que pertenece a un estadio anterior en el que lo que prima es la concepción estructural para realizar con elementos, en su mayoría prefabricados en taller, una cubierta que busca la elevación y la envolvente cenital ciñéndose a los muros de carga.

La operación siguiente consistiría en la reconstrucción del transepto y los ábsides de cabecera, realizados con trazado de planta poligonal y bóvedas de crucería según el formato regional habitual de las iglesias edificadas con estructura de ladrillo, constando que los revestimientos y decoración de aquéllos se realizaron en 1339. Esta pieza de cabece-

312 Almagro Gorbea (1991, pág. 192).
313 Nuere Matauco (2010) pág. 19.

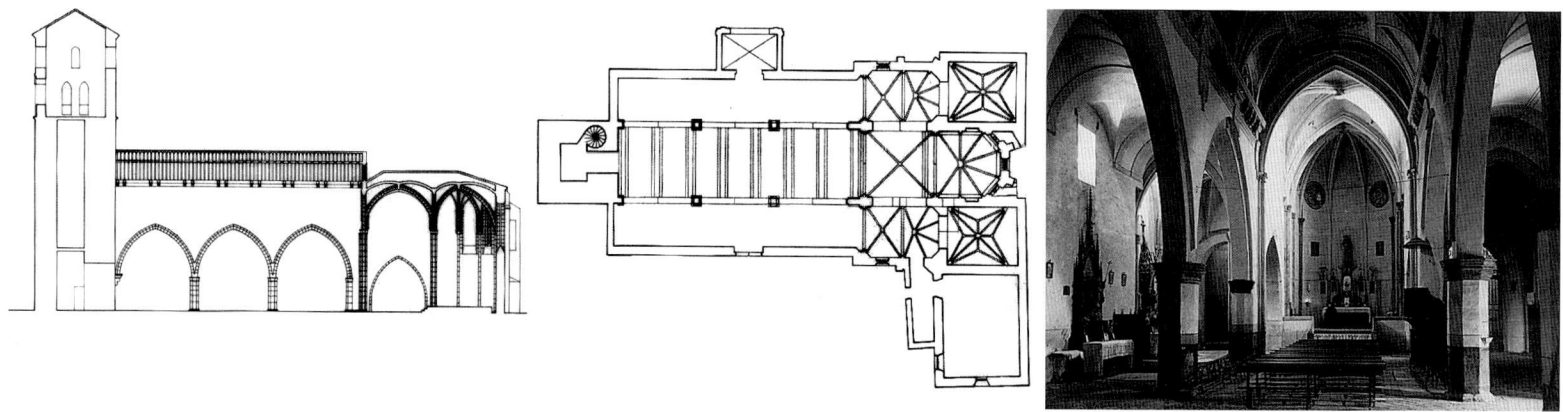

Santiago Apóstol, Ciudad Real: Izda. y ctro. Planta y sección. Dcha. Interior cubierto con bóvedas, antes de la repristinación.

ra-transepto no sólo rompe con la fórmula utilizada en las naves sino que presenta un importante desajuste de articulación en planta, sin duda debido a los condicionantes de las preexistencias. El hito siguiente, inscrito en una operación propia del tiempo del Renacimiento, es la construcción del cimborrio en 1538, el cual sigue el formato del realizado en la catedral de la Seo de Zaragoza, una estructura que sirve para articular en el espacio las diferentes cajas estructurales –la nave central, los brazos del transepto y el ábside mayor–.

Las transformaciones de la iglesia en el seiscientos fueron muy profundas. Según Torres Balbás durante el obispado de Martín Ferrer, entre 1596 y 1614, se voltearon cruceros en las naves laterales, desaparecidos en la guerra civil[314]. En 1658 se ampliaría el templo configurando una especie de girola de planta cuadrada rodeando la capilla mayor y en prolongación de las naves laterales, lo que supuso la desaparición de los ábsides menores. Finalmente sería el prelado Zolivera el promotor de la reforma compositiva del espacio central, redecorándolo con pilastras corintias y cornisas al modo clasicista y construyendo la bóveda de cañón bajo la armadura medieval –que quedaría oculta hasta las restauraciones del siglo XX–.

La tipología de Santa María de Mediavilla ofrece un sistema estructural con grandes analogías al turiasonense de Santa María Magdalena. En ambos casos se trata de resolver la edificación del bloque de las naves del templo mediante un formato de cajas estructurales basadas en muros de cierre y muros formeros con arcadas que dan lugar a la formación de pilares entre las naves. El origen románico de las estructuras precedentes da lugar a la reconstrucción turolense para la elevación del espacio hacia 1272, una fecha propia para esta clase de sistema estructural. En el caso de Santa María Magdalena la reconstrucción opera con similar proceder, a pesar de realizarse en la primera década del cuatrocientos.

Como ya pusimos de manifiesto en otro lugar[315], la tipología de pórticos formeros de formato de raíz basilical es un sistema simple muy seguido en otros territorios, como en algunas regiones castellanas o andaluzas, que pudo tener cierta continuidad con el sistema porticado continuo de las mezquitas o sinagogas. Sin embargo en la región zaragozana no fue habitual, aunque se constatan algunos casos aislados que pudieron tener origen en este modelo, como San Andrés de Calatayud, buena muestra de presencia de pórticos originales a los que posteriormente les fueron añadidas bóvedas de crucería. Precisamente fueron las comarcas más cercanas al ámbito castellano las que desarrollaron esta clase de formatos. En este punto debe observarse que uno de los focos de expansión del modelo de iglesia desa-

314 Torres Balbás (1953, pág. 152).

315 Usón García (2023).

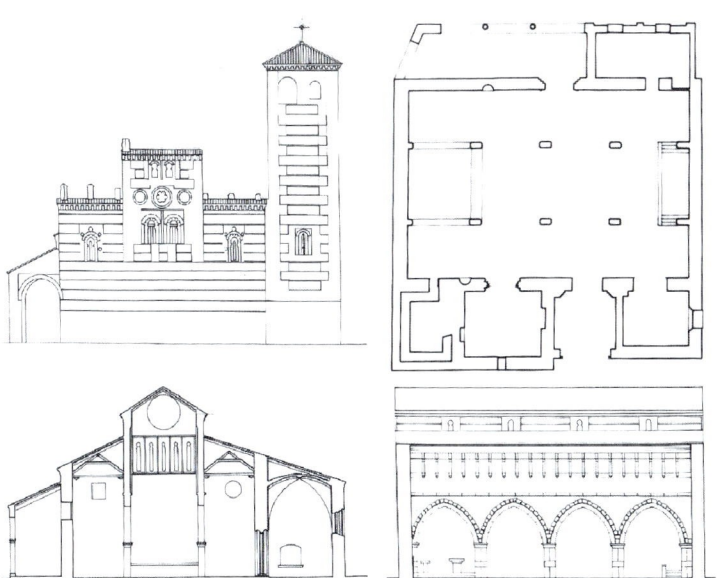

Santiago el Nuevo, Talavera de la Reina: Izda. Planta, secciones y alzado. Dcha. Interior hacia la cabecera.

rrollado tras la reconquista de la región central fue Toledo, región en la que pueden contemplarse algunos de los casos más afines al sistema asimilado en los escasos ejemplares aragoneses.

Anclado a un proyecto de trazado románico es perfecto el del templo mudéjar toledano de Santiago del Arrabal, construido en la segunda mitad del doscientos, el cual dispone de un bloque de tres ábsides de planta semicircular y transepto de fábrica de ladrillo al que se incorpora una segunda entidad como es el bloque de naves, realizado con ladrillo y muros de mampostería encintada, con tres arcos ojivales en cada pórtico, cubiertas con armaduras de madera, la central de par y nudillo. Muy semejante es el de la iglesia de Santiago de Ciudad Real, si bien edificada con sillería y mampostería de piedra, lo que pone de manifiesto la independencia del sistema estructural de raíz basilical respecto de los materiales. Su construcción algo más tardía se manifiesta en la ligereza de los pórticos ojivales, los pilares octogonales con capiteles florales y las crucerías de los ábsides. La armadura central de este templo, también de par y nudillo, ofrece una factura más tardía al participar la carpintería de lazo en la decoración de los planos, situándola en el siglo XIV o principios del XV. Existe en la misma región castellana un interesante caso de iglesia de esta misma familia tipológica pero que carece de bloque de cabecera, es decir, cuya entidad única se corresponde con el bloque de las naves. Se trata de la iglesia de Santiago de Talavera de la Reina, construida en el trescientos, resuelta con sendos pórticos apuntados de cuatro arcos de piedra apoyados en un total de seis pilares lisos de planta rectangular. Las tres naves se cubren con armaduras de par y nudillo.

Como puede colegirse, el tipo seguido en el proyecto de Nuestra Señora de Gracia pertenece a una fórmula poco habitual en Aragón aunque corriente en el área castellana en el período del ejercicio gótico, tratándose, por consiguiente de un caso bastante ajeno a las familias de modelos que surtían la arquitectura zaragozana de la primera mitad del cuatrocientos. La diferencia básica con aquéllos, que pone de manifiesto la tardía aplicación de los mismos, consiste en que las naves laterales se resuelven con bóvedas de crucería mientras la central se cubre con armadura. Esta solución es posible por partir de un diseño de pilares centrales de planta cuadrada que duplica la superficie de carga, ampliando la correspondiente a los apoyos de los arcos formeros con la de los perpiaños y diagonales de las crucerías, un detalle obser-

Detalle de los pilares centrales de N. Sra de Gracia en las estampas de Gálvez y Brambila: Izda. *Ruinas del interior de la Yglesia* (n.º 18). Dcha. *Ruina segunda del interior de la Yglesia* (n.º 19).

vable en los dibujos de Brambila. De este modo los pilares centrales funcionan como estribos de las bóvedas laterales y la estructura de dichas naves sirve de arriostramiento de los muros formeros de la caja de la nave mayor. De haberse seguido el proceder ordinario regional autóctono, ésta se hubiese cubierto con bóveda de crucería, pero dicha solución era inviable al no poder disponer de los contrafuertes correspondientes.

En otras regiones esta carencia fue resuelta levantando respaldos sobre los perpiaños formando una especie de cartabones que permitían soportar los empujes de las bóvedas de la nave mayor. Es el caso de algunos templos conventuales de ladrillo de la Lombardía o la Toscana. Pero esta solución requiere unas secciones muy considerables. En otros templos las estructuras que conforman los arcos perpiaños se refuerzan hasta convertirse en muros-contrafuerte horadados, de modo que las naves laterales se conforman como una crujía de capillas laterales intercomunicadas. Un ejemplo aragonés lo tenemos en la iglesia de Boltaña, edificada en piedra, cuya planta pone de manifiesto esta modalidad de tres naves ficticias en las que las robustas estructuras

transversales de los ejes perpiaños tienen continuidad en los contrafuertes superiores, visibles por sobresalir sobre los tejados de las naves laterales. Tales soluciones estaban lejos de la idea de simplicidad y economía que debió regir el proyecto originario de las edificaciones del Hospital de Gracia, por lo que se adoptó la fórmula mixta de crucerías laterales y armadura central –la cual requería secciones muy razonables–, pues todavía no había evolucionado el sistema de bóvedas ligeras rebajadas.

Efectivamente, en la transición entre ambas centurias hubo un gran florecimiento de dicho sistema que se mantuvo hasta la expansión de la clasicista bóveda de cañón con lunetos. Uno de los casos de templos de tres naves en que fue aplicado fue el de San Miguel de Fuentes de Ebro, donde las naves laterales todavía desarrollan crucerías mientras la central se cubre con estrelladas ligeras. Aquí, para soslayar la ausencia de contrafuertes superiores, tales bóvedas centrales arrancan en una cota inferior a la de las claves de las ojivas formeras, una fórmula que impide trazar la tradicional cornisa unificadora de los arranques tan habitual en las naves únicas, resolviéndose en este raro ejemplar con una moldura corrida

Fernando Brambila: *Vista de la calle del Coso* (n.º 2), dibujo preparatorio.

de directiz quebrada. En Fuentes las cubiertas de las naves laterales impiden la apertura real de los huecos de iluminación de la nave mayor, reducida a la mínima expresión. Transformado su interior por Vedel a mediados del quinientos[316] según el lenguaje «al romano», este caso pone de manifiesto las enormes dificultades y limitaciones de la arquitectura de ladrillo para asumir las nuevas formalizaciones.

316 Según Ibáñez Fernández 2005, pp. 386-406) dicha reforma tuvo lugar entre 1546 y 1550. Fue entonces cuando se realizó las metamorfosis clasicista que condujo, entre otros efectos, a la reconversión de los pilares en agrupaciones de cuatro columnas de orden toscano.

Una vez clarificado el modelo, no obstante, es preciso preguntarse por el desarrollo de la arquitectura del templo de Nuestra Señora de Gracia, considerando que numerosos detalles contenidos en los dibujos de Brambila facilitan algunas pistas sobre su posible evolución. Un primer aspecto lo encontramos en la *Vista de la calle del Coso*, donde aparece la fachada norte del edificio, cuya composición a todas luces obedece a un momento posterior al ecuador del cuatrocientos. Tanto la formalización de la portada de la iglesia como el alzado de la crujía de las capillas laterales septentrionales, donde se muestra la serie de arcos de medio punto que formaban los huecos de iluminación de tales espacios, ya no se corresponden con el formato perteneciente al gótico tardío que parece regir la composición general de la iglesia y el claustro, donde los arcos ojivales son explícitos. El ejercicio positivo de reconstrucción de la crujía basado en arcos de medio punto nos conduce a una fase inscrita en el quinientos, sin duda organizada sobre la modulación prevista en el proyecto original, pero que fue objeto de una ampliación que tuvo lugar en la centuria siguiente –ya formalizada en el nuevo lenguaje «al romano»–, en la cual encaja no sólo la disposición de los huecos citados para la iluminación de las capillas sino la solución de una galería o mirador en la cubierta, según aparece en la Vista de Wyngaerde.

En este punto es preciso detenerse para conjeturar sobre la distinta evolución de las crujías adyacentes a las naves laterales de la iglesia, por cuanto la meridional, al estar vinculada a la estructura claustral y con ésta al programa de las crujías destinadas a enfermerías que rodeaban el patio principal, debió ser objeto de construcción en el mismo período que lo fue dicho conjunto. Es decir, la iglesia quedó articulada con el claustro y sus crujías en un proceso constructivo contemporáneo. Por el contrario, la crujía septentrional era independiente de aquel programa, lo que posibilitó que fuera edificada en un fase posterior tal como muestran sus referencias arquitectónicas. No obstante, como luego se verá, será mucho después, ya en el setecientos, una época en que la necesidad de nuevas enfermerías hizo que se ampliaran tales espacios aprovechando hasta los últimos resquicios, cuando el programa invadiría la crujía norte.

Iglesia de Nuestra Señora de Gracia: Interpretación de la portada renacentista a partir de Brambila, según R Usón.

De todo lo expuesto cabe inferir que la crujía de las capillas laterales del lado del evangelio fue construida en el siglo XVI y con ella la torre del campanario y la portada renacentista de la iglesia. Si de la primitiva portada no había restos sin duda se debe a que ésta debió estar situada en el eje transversal del último tramo de las naves, donde después se instaló la capilla bautismal, circunstancia que explica la enrevesada solución que se adoptó para el acceso definitivo al templo, disponiéndose un vestíbulo previo –el llamado primer patio– al que seguía el cortavientos formado en la antesala de la capilla de San Sebastián.

Precisamente la portada renacentista es uno de los escasos elementos de los que contamos con una representación gráfica relativamente precisa, la cual puede servir para corroborar la cronología de esta crujía. Se trata de una composición plenamente inscrita en los nuevos modelos del quinientos que los tratados de arquitectura se encargarían de extender por toda la geografía española. La citada *Vista*, contando el aguafuerte y los dibujos preparatorios, nos ofrece hasta tres variantes sobre la portada del templo, cada una con diferentes matices. El apunte directo refleja la definición básica: una pieza compuesta por dos cuerpos, el inferior enmarcando el acceso y el superior enmarcando la intuida imagen de Nuestra Señora de Gracia. El acceso comprende el arco de entrada, de medio punto, moldurado, apoyado en las jambas con sus bandas-capiteles. Forma el marco una pilastra

en cada flanco, con su capitel –el dibujo oculta la zona del basamento–, y sobre ellas el entablamento con arquitrabe y friso lisos y sencilla cornisa, sobre el que arranca el frontón curvo partido. El superior se ajusta a la zona central de éste, consistiendo en un nicho donde se ubica la estatua, flanqueado por sendas pilastras con su entablamento y frontón curvo partido sobre el que destacan las intuidas armas del Hospital. En el dibujo preparatorio de la lámina se han delineado con regla las formas arquitectónicas de la portada, ampliando sensiblemente su definición. Se observa cómo las pilastras del cuerpo inferior son dobles, de modo que con las jambas de la puerta forman un basamento consistente en un triple plinto con sus basas y cornisas. Las dobles pilastras parecen de orden toscano y tanto el arquitrabe como la cornisa del entablamento son moldurados. El frontón partido del cuerpo inferior apenas manifiesta arqueo. El cuerpo superior repite a menor escala la composición de dobles pilastras y arco central, el cual conforma el nicho donde se ubica la imagen. Sobre el entablamento nace un frontón curvo partido que deja el hueco para el oval escudo coronado que remata la composición. Por último, el grabado final completa la ornamentación de la portada, presentando medallones en ambas enjutas del arco, indefinidas figuras orlando el friso principal y ambos frontones partidos curvos y moldurados.

La portada pertenece a la tipología del primer despliegue de formas al romano que se expande con la difusión de los

Inspiración de portada renacentista, según J. Criado: 1 Catedral de la Seo, Zaragoza, puerta de la Pabostría, Francisco Santa Cruz, 1557; 2 Tratado de Serlio, Arco Triunfal de Castelvecchio de Verona (fol. LXVIII, libro III).

Santa María, Guareña (Badajoz). Portada del lado de la epístola, Gil de Hontañón, 1559.

tratados de Vitrubio –ediciones de Cesariano o Barbaro–, Alberti –*De re aedificatoria*– y Serlio –edición de Villalpando de los libros III y IV, 1552–, asumiéndose con el nuevo lenguaje unos formatos compositivos muy concretos, los cuales a su vez se difunden por obras publicadas, como la de Sagredo –*Medidas del romano*, 1526–, o construidas, desde las realizadas por Egas, hasta las de Gil de Hontañón, Covarrubias o Vandelvira. Criado Mainar ha estudiado la influencia de las primeras en el ámbito de Aragón[317], reseñando algunos ejemplos realizados como la capilla de San Miguel de la catedral de Jaca –Giovanni Moreto, 1523–, la portada de la catedral de Tarazona –Bernal del Fuego, 1577– o la puerta de la Pabostría de la Seo de Zaragoza –Francisco Santa Cruz, 1557–. El modelo utilizado en Nuestra Señora de Gracia puede considerarse un arquetipo, existiendo numerosos casos de aplicación sobre todo en el ámbito castellano y extremeño. Es destacable la impronta ejercida por Gil de Hontañón, con influencia en los casos pacenses de las portadas de la parroquial de Santa María de Guareña –portada del lado de la Epístola, Gil, 1559–, parroquial de Santiago de Don Benito –Gil, realizada posteriormente, hacia 1600– y Nuestra Señora

de la Asunción de Villanueva de la Serena[318]. En todos ellos se repite el esquema de dos cuerpos, el inferior con sendas columnas sobre plintos en cada flanco enmarcando el arco de medio punto, entablamento sencillo y frontón curvo partido, el superior siguiendo el mismo esquema con frontón recto completo enmarcando la hornacina de la imagen titular. Se trata de un arquetipo que sirve para la arquitectura civil, como se comprueba en la Casa de los Guzmanes de León, del mismo Gil, y formará la famosa portada de la segunda impresión del *Arte y uso de architectura* de fray Laurencio de San Nicolás publicado en 1667. También contamos con otros ejemplos próximos como la navarra portada de San Pedro de Aibar, realizada entre 1542 y 1545, provista de un carácter inscrito en el ejercicio plateresco, muy ornamentado. En este caso el esquema del cuerpo inferior presenta grandes semejanzas con Nuestra Señora de Gracia, con columnas exentas y pilastras corintias en los flancos y entablamento y enjutas decoradas con relieves, sin frontón. El superior presenta la

317 Criado Mainar (2004).

318 Ver: Hernández Nieves (2019).

hornacina enmarcada por pilastras, entablamento y frontón recto, composición que se flanquea con volutas y las figuras de sendos angelotes que sostienen escudos.

Revisada de nuevo la Vista de Wyngaerde de 1563 debe corroborarse, a pesar de su escasa definición, que la crujía septentrional se corresponde con la imagen representada en el dibujo, exceptuando el remate del campanario. Como se avanzó más arriba, lo visible de esta fachada no es sino la banda superior de la misma, no el nivel de la rasante urbana, una impresión que se comprueba observando el vecino monasterio de San Francisco, del que se vislumbran los remates y pináculos absidales, no la portada conventual. De este modo, del Hospital se dibuja la cubierta y el gran rafe que recorre toda la crujía sobre los grandes huecos de la galería, así como el vertical volumen prismático del torreón campanario con su tejado de un solo plano, cuyo hueco principal, situado en el nivel de la galería, pudiera corresponderse, tal vez, con el del segundo cuerpo de la portada. En todo caso, lo que pone de manifiesto la perspectiva es que el remate de la torre –de tipo espadaña– tuvo que edificarse posteriormente.

Las vistas de las *ruinas de la iglesia del Hospital* además de servir de base al análisis tipológico, dejan entrever una o tal vez varias reformas cuya formalización apunta a que debieron ser realizadas muy a finales del siglo XVI o, más probablemente, en el seiscientos. En la imagen de las *ruinas del interior* –a pesar de las contradicciones contenidas en el encuadre– se descubren los arcos de medio punto que abren las capillas laterales inscritos en los ojivales de la nave del evangelio, donde nacen las robustas estructuras de las crucerías, apareciendo una cierta decoración con cierto regusto plateresco que parece confirmar la cronología del ensanche de esta crujía. Efectivamente parecen discurrir tres portadas semejantes en las que, si bien en la primera no se distinguen formas, en la central, posiblemente la capilla de la Quinta Angustia, se dibuja un escudo oval flanqueado por volutas, mientras la tercera –la perteneciente al colegio de médicos– presenta decoración con roleos. La vista define en el mismo plano la última de las portadas, la correspondiente a la capilla bautismal –dibujada sólo parcialmente–, que parece responder a distinta factura,

Fernando Brambila: *Ruinas del interior de la Yglesia*. Detalle de la estampa n.º 18. Véanse los arcos de medio punto que abren las capillas inscritos en los ojivales de la nave del evangelio.

tal vez por derivar de la transformación formal de la primitiva portada de la iglesia.

La *ruina segunda del interior* es el principal documento gráfico para el análisis estructural y tipológico del edificio. En el dibujo se descubre bastante completo el muro formero del lado del evangelio de la nave mayor, mientras el primer plano informa que el de la epístola en buena parte había quedado destruido. Entre ambos aparece el elemento clave de la reforma del edificio, posiblemente originada en la tendencia a la modernización de los espacios interiores de las iglesias, aunque también resulta razonable pensar que fueran motivos funcionales relacionados con la ampliación de las enfermerías colindantes al templo las que condujeran a unas actuaciones que conllevaran simultáneamente aquella transformación. La intervención de mayor impacto, como decimos, tuvo lugar en el ámbito de la nave mayor, modificándose sensiblemente su espacialidad, de forma que ésta fue cubierta mediante una bóveda de cañón con lunetos, sin duda ejecutada con sistemas ligeros –encamonada, tal vez–, pero que exigió la sobreelevación de la caja estructural.

Ruinas de Zaragoza.

RUINA SEGUNDA DEL INTERIOR DE LA YGLESIA DEL HOSPITAL GENERAL
de Nuestra Sra de Gracia Vista por la puerta principal.

Juan Gálvez y Fernando Brambila: *Ruina segunda del interior de la Yglesia del Hospital... vista por la puerta principal.* Estampa n.º 19, 1814.

En todo caso, el dibujo deja algunos detalles complementarios sobre las características del templo original. Así, se define la serie de puntos de empotramiento de los tirantes, que por su dimensión debieron estar provistos de modillones. Este nivel pone de manifiesto el importante recrecimiento de la caja cuando fue realizada la bóveda de cañón. También es interesante observar las filas de puntos que marcan el apoyo de los pares: el superior, de la cubierta reformada; el central, de la primitiva; y el inferior debido, probablemente, al registro de los camones, elementos sobre los que también pudo existir un tablero que, sobre los cascarones, servía para aprovechar el espacio. Pero, además, Brambila deja huella de los restos de sendos huecos originales situados en los muros formeros bajo la armadura y que servían para iluminar la nave mayor. Uno de ellos se descubre en el muro del lado del evangelio, sobre la línea de uno de los lunetos, y sólo enseña su remate en forma de arco de medio punto de ladrillo. El otro es visible en el primer plano, en el muro de

la epístola, descubriendo únicamente su alféizar. De ambos se deduce el sistema de huecos simples que formaban los ventanales laterales de la nave central.

Resta, por último, el importante detalle del remate del campanario que se ofrece en la *vista de la calle del Coso*, interesante elemento arquitectónico para el que podrían plantearse varias hipótesis. La primera es que formara parte de la actuación de decoración de la fachada conjuntamente con la portada, realizándose ambos a finales del quinientos, o seguidamente a ésta, en ese mismo período o a principios del siglo XVII. Apoyaría esta opción la forma anómala con que aparece representado el remate del torreón del campanario en el dibujo de Wyngaerde, tal vez una situación transitoria hasta que fue completado. La otra posibilidad haría coincidir su ejecución con el ensanche de las enfermerías sobre la nave del evangelio –cuestión que llevaría aparejada la modificación de la cubierta septentrional– y la citada reforma de la nave mayor –con la correspondiente sobreelevación

Fernando Brambila: Detalle del dibujo de la *Vista de la calle del Coso*. Véase el remate del campanario.

de la caja estructural y la cubierta central–, transformación en la que pudo tener lugar el recrecimiento del volumen del torreón-campanario y la construcción de su particular remate arquitectónico, que sigue una rara tipología asociada a la antigua fórmula de la espadaña.

En esta segunda hipótesis, la operación pudo estar relacionada con los otros cambios habidos en las estructuras de

la iglesia, los cuales tuvieron su origen en la necesidad de nuevas ampliaciones de las enfermerías. Más arriba señalamos cómo todo parece indicar que ya en el siglo XVI –tal vez desde el origen– sobre la crujía de las camarillas existía una nave de enfermería de hombres, a la que se accedía desde el claustro superior. Desconocemos en qué momento tuvo lugar la ocupación con enfermerías adicionales del espacio bajo cubierta situado encima de la nave lateral del evangelio, pero debió suceder con posterioridad al tiempo de la *Visita* y antes de 1750, fecha en la que llega a ocuparse el propio mirador del Coso, el espacio de la fachada septentrional correspondiente a la galería dibujada por Wyngaerde. En este caso, el formato del elemento de remate del campanario haría adelantar tales actuaciones al primer cuarto del seiscientos.

Se trata de un cuerpo mixto, compuesto por una espadaña o muro-campanario que culmina el plano del imafronte, al que se le ha añadido en su trasdós un sencillo volumen cubierto a dos aguas. La bella composición de la primera se corresponde con dos cuerpos. En el inferior se disponen los dos huecos del campanario propiamente dicho, rematados por arcos de medio punto, con sus jambas y molduras. Ambos se enmarcan por pilastras, tres en total, apoyadas en un zócalo con sus plintos, que soportan el entablamento con su arquitrabe, friso y cornisa. A ambos lados del conjunto, a modo de alones, dos grandes volutas componen el estrechamiento del alzado. El volumen del trasdós se ajusta a los huecos de las campanas, de forma que los alones son visibles desde el mediodía, tal como aparecen en la *vista del costado de la iglesia* dibujada por Brambila. En el cuerpo superior la composición es semejante, ajustándose a un único hueco axial destinado a albergar una figura escultórica. Aquí el zócalo se ensancha lateralmente a partir de las volutas para disponer de sendas esferas de piedra, mientras sobre el entablamento, y como remate final, se dispone un frontón curvo partido sobre el que se vislumbra el anagrama de la cruz.

El conjunto del imafronte, tal como se aprecia en la *vista de la calle del Coso*, es un caso ciertamente singular entre las fórmulas regionales, no existiendo conocidos antecedentes ni otros ejemplares semejantes. Las espadañas tradiciona-

Santa María Magdalena, Torremocha del Campo (Guadalajara). Espadaña.

Ensayo de composición sobre la portada de Santa Engracia, Zaragoza, según R. Usón.

les, cuyos ejemplos en la arquitectura medieval de ladrillo del Midi son muy numerosos, sólo tuvieron éxito en Aragón en el ámbito de soluciones elementales, normalmente reducidas a los casos de ermitas y algunos templos de escada entidad. No sucedió lo mismo en Castilla, donde fue una fórmula bastante utilizada, extendiéndose hasta la Edad Moderna –véase la espadaña de Torremocha, en Guadalajara, o la de Mieza, en Salamanca–. Los casos más próximos para el campanario de Nuestra Señora de Gracia tal vez sean algunos ejemplos de las Vascongadas, siempre realizados en sillería. Así, en San Vicente de Abando, en Bilbao, el imafronte responde a una composición que cuenta con grandes semejanzas. La principal diferencia radica en que el cuerpo principal del vizcaíno se conforma como un prisma que alberga un gran nicho que cierra un arco de medio punto, en el que se inserta la portada de la iglesia. Sobre él se dispone el remate a modo de espadaña clasicista, con dos huecos en su parte inferior y otro en la superior, que albergan las tres campanas, todo ello compuesto con órdenes, frontones y pináculos, según una formalización más tardía. El caso de Santa María de Tolosa, en Guipúzcoa, recoge algunos invariantes de esta fórmula, si bien resueltos con un lenguaje plenamente barroco.

Sin embargo, el campanario de Nuestra Señora de Gracia ni se corresponde propiamente con una espadaña exenta ni se inscribe en los remates tradicionales, pareciendo más bien una pieza que extiende el plano de fachada en su misma forma, al modo de los remates de las casas y palacios del Renacimiento francés. Su composición, por otra parte, sin duda se ajusta a un formato del pleno clasicismo, lo que hace muy probable que su proyecto –a pesar de su notoriedad– pudiera ser coetáneo al de la portada, aunque su ejecución fuese algo posterior. Dicha composición tampoco se aleja de los elementos arquitectónicos generados en los tratados clásicos, y puede descubrirse en ejercicios frecuentes en la construcción civil y religiosa de su tiempo. Así, nuevamente, es posible descubrir semejanzas en diseños provistos del vocabulario renacentista de Gil de Hontañón como en la portada y los remates del palacio de los Guzmanes de León. Pero, si ir tan lejos, pueden descubrirse los mismos elementos del vocabulario clasicista en la portada de Santa Engracia, de la cual pueden extraerse para ensayar las formas cuya composición dio lugar a la singular arquitectura de la iglesia del Hospital.

6.4. Sector del patio principal: portería, claustro, escalera, bodegas

Como se indicó más arriba, el claustro y patio principal se situaba en el centro del cuadrante noroccidental del complejo hospitalario. La luna [PB/D-H/25-28] tenía una planta rectangular con una disposición probable de cinco módulos en el eje WE y cuatro en el NS, rodeándose por sus cuatro galerías claustrales. Adosada a su lado septentrional se encontraba la iglesia, de forma que toda la panda norte fue ocupada durante el quinientos para instalar los accesos y vestíbulos a las camarillas que en doble altura ocupaban la crujía de las capillas laterales de la nave de la epístola. De este modo, la fachada de la panda fue cerrada con una pared que disponía en los correspondientes niveles las puertas de entrada y las ventanas rejadas para la iluminación de aquéllos. Las puertas, por consiguiente, daban directamente a la luna del patio. En él, cerca de la puerta de la camarilla de Sástago, había un gran pozo de agua junto al que se dejaban algunos enseres, como se describe en la Visita:

Pozo del patio (fol.645-) *Lo que hay en el patio de la casa: Item en el patio de la casa un cubico de madera para remojar ladrillos para las obras con sus anillas de hierro. Item una pila grande de piedra arrimada al pozo para echar agua de él en ella, guarnecido el suelo y los cantos de hierro.* (fol.645v-) *Item es un pozo grande, ancho y bueno, que tiene 14 brazadas, muy caudaloso y de muy buena agua, que se saca el agua cada día para todas las cosas necesarias para el servicio de la casa de dicho Hospital. Item dos pozales... [junto a la camarilla de Sástago, que tiene su puerta al patio al lado de la pila del pozo]* (fol.644v-) *Item en el patio de dicha casa cinco docenas de tablas... para camas. Item 17 quayrones... de madera para bancos...*

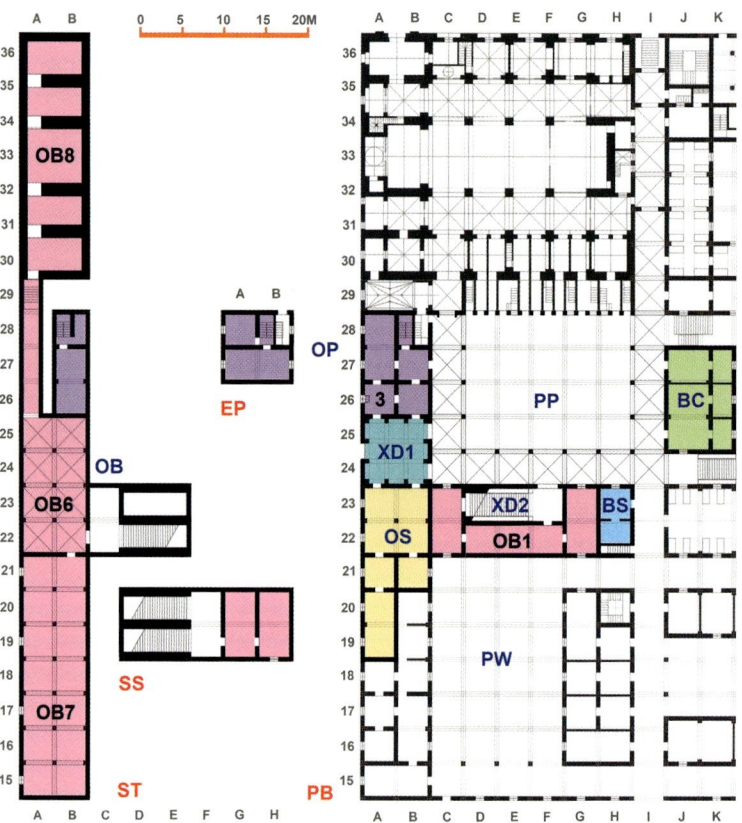

Plantas del sector del patio principal, según R. Usón: PB Planta baja; EP Entreplanta; SS Semisótano; ST Sótano / Elementos: PP Patio principal; PW Patio occidental; XD1 Vestíbulo principal; XD2 Escalera principal; OS Spitalet; OP Portería principal; 3 Torno; OB Bodegas; 1 Cantina; 6 Bodega 1ª; 7 Bodega 2ª; 8 Bodega de la Iglesia; BS Sastrería; BC Carnicería.

Del alzado al patio de la panda norte, las vistas de Gálvez y Brambila sólo contemplan su ángulo noroccidental, punto en el que se descubre que en la fecha de 1808 se había construido una mocheta en el extremo septentrional del arco de la panda occidental, junto a la puerta de entrada a la iglesia, la cual servía de cierre lateral a una pequeña construcción adosada a aquélla, sin duda realizada para servir de vestíbulo a la escalera de subida a la camarilla de la Audiencia, a costa de reformar la entrada a los pasillos que conducían a las de Zaporta y Villalpando.

En el lado occidental del patio se situaba el bloque que formaba la línea de la calle del Hospital y que en su ámbito comprendía el vestíbulo general de entrada al establecimien-

RUINAS DEL PATIO DEL HOSPITAL GENERAL DE N.S. DE GRACIA.

Juan Gálvez y Fernando Brambila: *Ruinas del patio del Hospital...* Estampa n.º 21, 1814.

to y la portería. De los seis tramos originales del trazado del claustro en la galería de aquella parte, el crucero norte se había incorporado al espacio de la iglesia y a él hacía frente la capilla de los Contaminas. De los cinco restantes, los tres más septentrionales correspondían a las crujías de la portería y los otros dos al vestíbulo de entrada.

Vestíbulo general [PB/A-B/24-25]

El vestíbulo de entrada era una de las piezas clave del establecimiento. Una vez cruzado el umbral o puerta principal del Hospital y entrado en él, de frente se encontraban las puertas que daban paso al claustro principal en el punto donde nacía el eje WE coincidiendo con la panda meridional de éste. En ese mismo punto la panda occidental conducía a la puerta de entrada a la iglesia. A la izquierda del vestíbulo estaban las puertas de la portería, mientras a la derecha debía encontrarse el «spitalet» o zona de recepción de los enfermos, una de las piezas cuya descripción se cuenta entre las desaparecidas en el *Libro de la Visita*.

Spitalet [OS]

Esta depedencia, denominada comisaría de entradas en el programa de 1815, y según éste, debía comprender «asientos y camas para los enfermos que se han de recibir». Disponía de una sala principal [PB/A-B/22-23] en la que existían dos armarios, uno para la extremaunción y otro que contenía un lavatorio y enjugamanos. La limpieza, custodia y reposición de suministros para los mismos estaba confiada a los porteros, quienes tenían a su cargo las llaves. Además de esta sala debía «haber dos quartos retirados, con buenas luces para reconocer ciertos enfermos y enfermas y poder saber con certeza si deben ser recibidos» [PB/A+B/21]. En cada uno de ellos debía haber un armario con «aparadores para guardar en ellos las compresas, vendajes y las medicinas que sean necesarias para curar algunos enfermos de males ligeros que no deben recibirse», así como «un fogón alto en donde pueda ponerse un poco de fuego para calentar dichas medicinas». Junto a los mismos, además, debía «haber un quarto [PB/A/19-20] capaz de guardar la silla, ca-

Izda. Portada del Hospital de N. Sra. de la Esperanza, Huesca. Ricardo Compairé, 1940. Dcha. Portada. Hospital General, Valencia. Vista frontal.

milla y demás que se necesite para conducir al Hospital los enfermos y enfermas que no puedan venir por su pie, cuya operación la hacían antiguamente dos dementes, los más esforzados, dirigidos por uno de los padres, vestidos con un sayo de espalda y manga verde, y apoyando la citada camilla y silla con dos correones, y llevando el padre en la mano un bastón alto, y en su parte superior una crucecica de bronce, por un lado Nuestra Señora de Gracia, y por el otro las armas de la Casa»[319]. El Spitalet era, por consiguiente, la zona de entrada previa de los enfermos, donde se les reconocía y donde recibían atención sanitaria los casos leves que no precisaban su ingreso en las enfermerías del Hospital.

319 Para estas citas y en las que en adelante se refieran al Programa de 1815, ver Apéndice VI: *Instrucción para la formación de un plan para la construcción de un nuevo hospital (1815)*.

Portada del Hospital

Regresando al vestíbulo principal, las dos estampas de los últimos tiempos del Hospital referidas más arriba parecen adjudicar al mismo una composición compatible con la hipótesis planteada. Cuestión distinta es la formalización de la portada que figura en ambos grabados, sin duda también posible aunque no existan otras fuentes de información. De ser la puerta principal como figura en ellos debió responder a una intervención clasicista posterior a la primitiva edificación de los bloques del cuatrocientos, cuya arquitectura original debió ajustarse, sin duda, a los tradicionales portalones tardogóticos, según la fórmula de arco de medio punto –con sus amplias dovelas de piedra o desarrollado en ladrillo, como en la mayoría de las edificaciones palaciegas– o de arco apuntado –como sucedió en el ejemplo valenciano, pieza que se fue conservando a lo largo de los siglos–. Sin embargo, aquélla obedece a un formato distinto, adscribible

Portada del Hospital de Gracia: *Virgo de Gracia*, Mateo González, h. 1800, detalle.

Armas de Hernando de Aragón. Monasterio de Veruela (Zaragoza).

a las ricas portadas construidas en el quinientos, cuando los arzobispos completaron las grandes enfermerías. Fue el tiempo en que se colocaron en la fachada las armas de Hernando de Aragón, señaladas por Casamayor. El ejercicio de composición hipotética de este elemento, basado en las referidas estampas, remite a los habituales formatos triunfales de edificios contemporáneos como el pamplonés hospital de Nuestra Señora de la Misericordia, cuya portada realizada por Juan Villarreal en 1556 sigue el esquema de arco triunfal[320], en la estela de las imágenes difundidas del tratado de Serlio, si bien el diseño que se observa en el zaragozano es de factura mucho más sencilla.

Según refleja el aguafuerte de Mateo González, la portada estaba formada por un hueco flanqueado por dos pares de pilastras de orden toscano sobre las que apoyada su correspondiente entablamento, partido sobre el hueco, el cual se cubría por un arco muy rebajado cuya moldura seguía el mismo trazado que la de aquél. Esta composición se inscribía en una fachada que daba continuidad al mismo entablamento a ambos lados, y sobre la cual parece existir una

320 Tarifa Castilla, M. J. (2012) pp. 497-498.

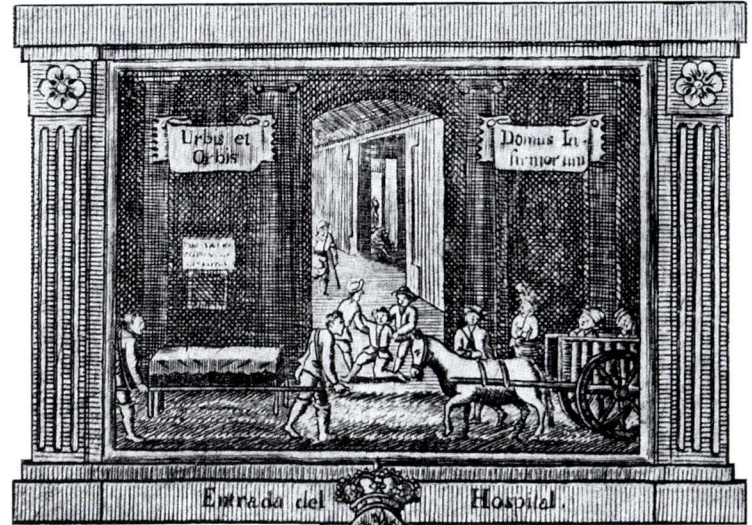

Portada del Hospital de Gracia: *Nª Sª de Gracia*, 1804-1808, detalle.

imposta superior en la que nace una tarjeta axial sobre la puerta. El segundo grabado, inspirado en el anterior, la portada se reduce a cuatro pilastras de orden jónico en cuyo eje se dispone la puerta de acceso, con forma de arco rebajado. Se añaden otros elementos que sólo indirectamente podían tener relación con la composición propiamente arquitectónica, como son los carteles con los títulos «Urbis et Orbis» y «Domus Infirmorum» y la presencia, entre las pilastras de la izquierda, de un hueco con rótulo ilegible que seguramente se corresponde con el torno. Al estar contextualizadas estas

Izda. Hipótesis de la portada del Hospital de Gracia, según R. Usón. Tipología de la portada del Hospital de Gracia. Ctro. Hospital de Nuestra Señora de la Misericordia, Pamplona, Juan Villarreal, 1556. Dcha. Palacio del Corregidor, Baeza.

características en unas estampas divulgativas de principios del siglo XIX, desconocemos en qué medida revelan una realidad concreta. En todo caso, parece que la portada pudo corresponder a un ejercicio de cierta austeridad, aunque bien compuesto, adscribible a los trazados clasicistas de la arquitectura civil renacentista española[321]. El arco escarzano, tan corriente en la arquitectura levantina o balear, aparece flanqueado por pilastras y coronado por una tarjeta, un formato que, en esquemas similares, puede llegar a verse en edificios como el palacio del Corregidor de Baeza (Jaén) –singular ejemplar de la construcción del quinientos– o la parroquial de San Lorenzo de Fuentenebro (Burgos).

Puertas del Hospital

En este punto debe hacerse un breve paréntesis para referir la organización y el número de puertas que disponía el establecimiento. Debe tenerse presente, como ya se indicó antes, que la seguridad de las personas y los bienes que albergaba aquel gigantesco recinto dependía de que sus distintos departamentos dispusieran de la custodia adecuada y de los cerramientos necesarios, y entre todos, evidentemente, las puertas eran los puntos más importantes. Sólo había dos porterías propiamente dichas: la principal, en la calle del Hospital [XP1], y la que se ocupaba de la llamada puerta falsa [XP3] –llamada algunas veces de las comedias por estar ubicada junto a la casa del teatro y ocasionalmente puerta de los carros–, la cual daba entrada a la calle meridiana Coso-Jerusalén, y de la que se ocupaba un segundo portero cuyo aposento, como se verá después, se encontraba en sus proximidades, en el segundo patio. El régimen de tutela y disponibilidad de las llaves de estas dos puertas generales, así como de las otras que tenía el Hospital en los accesos a la iglesia, al cementerio o a los graneros, son descritos en la Visita durante un cuestionario realizado al efecto al «portero principal»:

(fol.352-) *Visita de la puerta principal e interrogación del portero: ... A 3 de abril 1601... continuando... visita... mandaron llamar a Miguel Martínez, portero que es de la puerta principal del dicho Santo Hospital que sale a la calle que va hacia*

321 Ver: Villagrasa Elías (2020).

Santa Engracia, enfrente de San Francisco... [El portero] ha nueve años sirve al Hospital, a saber, es: en demandar limosna en la cajeta en la puerta principal de la escalera, dos años; y después sirvió por tiempo de un año en la Segunda Quadra de Santa Cruz; y después sirvió de ayudante de enfermero de la Quadra de Convalecientes, un año; y después todo el restante tiempo ha servido en dicho oficio de portero de dicha puerta [Informa que suele haber dos porteros...]

(fol.352v-) [Las llaves]... de la otra puerta que sale hacia el teatro de comedias... no las tiene a su cargo porque hay para ella otro portero... [El respondiente (el portero principal) suele tener las llaves también del granero... y de una puerta que hay en el horno por donde entran los molineros con las bestias cargadas de harina para subir los sacos a los algorines que hay en el horno] Y también tiene la llave de la puerta que se entra en el fosal y las de la puerta principal de la iglesia que salen al Coso las cuales le entrega el sacristán cada noche...

[Informa que] al amanecer sube al aposento del mayordomo y cobra las llaves y abre las puertas, que son: de la puerta de que van a las comedias, las entrega al portero que hay para ella; y así mismo al sacristán las de las puertas principales de la iglesia; y la del fosal la entrega a los enfermeros siempre que se ofrece entrar para hacer alguna sepultura; y las de los graneros y de la puerta que hay para entrar a descargar la harina las guarda entre día... Las llaves de las puertas de la iglesia que salen al patio del hospital principal no las tiene el respondiente a su cargo, sino el sacristán de la iglesia que es el que las abre y cierra.

[Informa que] los días de ayuno acude al refitorio y el despensero le da... pescado... escudilla... El respondiente no come en el refitorio sino que se baja con lo que le dan de comer a su aposento y a servir en la portería, y entretanto como suele encomendar a otro le guarde las puertas. (fol.354-) Preguntado dónde duerme, [el portero] respondió que acostumbra dormir y tiene su cama en uno de dos aposentos que hay uno sobre otro que están entrando por dicha puerta principal a mano izquierda.

En las Ordinaciones de 1651 se perfilan y amplían algunas de las pautas relacionadas con la custodia de las puertas del Hospital y el régimen de los porteros del establecimiento, datos que ayudan a comprender la relación funcional con la disposición espacial del mismo. Así, se indica que las puertas se cerraban en invierno a las ocho de la tarde y en verano a las nueve. En ese momento las llaves eran entregadas al mayordomo, también las de las puertas de los carros y cementerio, para que las guardara en su poder. Al levantarse, éste las devolvía a los porteros para que abrieran las puertas. La puerta de la iglesia que salía al Coso estaba bajo la custodia del sacristán mayor, quien asímismo tenía la obligación de cerrarla a la misma hora que las demás –al anochecer– y de entregar las llaves al mayordomo.

En la puerta principal del Hospital había dos porteros, los cuales dormían en el aposento que estaba situado sobre la puerta principal de la casa. Tenían además a su cargo «el recibir a los enfermos cuando lleguen a la puerta, a los que recogerán con caridad y harán que los vean los médicos y cirujanos... Así mismo dispondrán se les dé cédula para el enfermero mayor del sacerdote a cuyo cargo esta el libro de la entrada de los enfermos. Los harán subir hasta entregarlos al enfermero mayor y si estuviesen impedidos de modo que no puedan subir por sus pies, llamarán a dos hermanos para que les ayuden»[322]. En todo caso, los enfermos, una vez recibidos y antes de subir a las cuadras, eran visitados por el vicario y, tras haber sido visitados y administrados los sacramentos, sólo después, los porteros los subían a las enfermerías, donde el enfermero mayor los aposentaba y acomodaba en sus camas.

La puerta falsa o de los carros –la que salía a la casa de las comedias– debía estar cerrada siempre que no hubiese necesidad de tenerla abierta. En la puerta de las quadras de las mujeres había «otros dos porteros, hombres ancianos y abonados, a cuyo cargo estaba la custodia de ellas...» Tenían, además, a su cargo poner la mesa que estaba en la sala para distribuir la comida a los enfermos, y guardar los cuchillos y manteles en ella, así como componer y adornar los altares de las enfermerías donde se había de decir la san-

---

322 Visita del obispo de Lérida comisionado por Felipe IV, 10 de febrero de 1655. Cfr.: Zubiri Vidal (1966) pp. 108 y ss.

ta misa, que al menos eran todos los días de fiesta. Tiempo después, en las Constituciones de 1683, se ordenaba «que a la entrada del quarto de aquéllas haya una portera... que cuide de que ninguna mujer salga fuera de la quadra, y que ningún pobre de este Hospital ni otra persona alguna entre a hablarlas, sino con asistencia del mayordomo».

Estas mismas constituciones disponían que los porteros debían guardar las puertas «de manera que a ningún pobre dejen salir; y a las horas de comer y cenar cerrarán la puerta de las verjas de palo...»[323] Regresando a las de 1651 y para finalizar, debe señalarse que también estaba a cargo de los porteros de la entrada recoger a los niños expósitos que se trajesen al Hospital o se echasen por el torno durante la noche, a los que debían subir seguidamente con sus ropas y vestidos y entregar a las amas.

El área de la portería, donde se encontraba el torno, disponía de una entreplanta en buena parte de la superficie que ocupaba en las dos crujías del bloque, donde se encontraban diversos aposentos para dos porteros, cuyos quartos disponían «ventana a la calle para ver y oir quien es el que llama»[324]. A este área se accedía directamente también desde el claustro y disponía en su interior una escalera tanto para bajar a la bodega de la portería como para subir a los aposentos de vivienda:

Aposento de la Portería [OP]

(fol.646v-) *Item en un aposento que hay en dicho patio que llaman de la portería tenía su puerta, cerraja y llave, de la cual son porteros Juan Barrera y Domingo Cabueñas.*

Bodega de la portería [ST/B/26-28] *Y luego en entrando a mano derecha en dicho aposento hay una puerta, cerraja y llave, que se baja por unas escaleras a una bodega decente, en la cual había lo siguiente: Primero catorce tinajas grandes, que cada una de ellas será de cabida de veinte arrobas de aceite, las tres llenas de aceite y las once vacías, todas con tapadores. Item tres tinajas pequeñas vacías. Item una*

arroba de arambre. Item una cantarica de tierra y un sacador de arambre... etc.

Aposento de la portería [PB/B/26-27] *Item entrando a dicho aposento una mesa de pino con su pie, encima un bancal de raz viejo... Item colgadas en clavos diversas llaves de diversas puertas del Hospital.* (fol.647-) *Item una cadena de hierro gruesa de la puerta. Item tres balaustres de madera.*

Aposento segundo [PB/A/27-28] *Item más adentro entrando por otra puerta sin nada abierta a dicho aposento se halló dentro dos cántaros para agua, uno grande y otro pequeño, un librillo grande y otro pequeño de tierra. Item un armario de madera con sus puertas portátil sin nada, y encima de él una redoma de vidrio redonda, dos jarros y una cantarica. Item una mesa de tijera con su pie. Item dos sillas de respaldo de cuero, viejas. Item tres bancos de pino portátiles. Item una cama con dos bancos y cinco tablas de pino, dos colchones, dos sábanas, dos mantas blancas y un travesero...* (fol.647v-) *un arca de pino con su cerraja y llave, vacía.*

Aposento tercero o del torno [PB/A/26] *Item en otro aposento más adentro del dicho, que tiene su puerta cerraja y llave, se halló una tabla con unas --- pequeñas y escudillas... Item una esquila? y una campanilla de azófar, tres capazos con carbón. Item un torno con su ventanilla que sale a la calle del Hospital que es de madera, donde ponen los bordes y criaturas que traen a dicho Santo Hospital. Item diversas llaves de las puertas de la comedia. Item un armario pequeño fijo en la pared y dentro de él las tablillas de las camarillas de los hombres y mujeres de la comedia con unas llaves.*

Aposento alto [EP/A-B/27] *Item se sube de dicho aposento por unas escaleras a otro aposento* (fol.648-) *más arriba que tiene su puerta, cerraja y llave, y una ventana con su reja a la calle y otra ventana al patio de dicho Santo Hospital, y en él había una copa de arambre para sacar lumbre a los pobres. Item una mesa redonda de nogal. Item dos arcas de pino, la una [grande] y la otra pequeña, que la grande tiene cerraja y llave y la otra no tiene llave, que dentro la grande hay cinco tablas de manteles y tres enjugamanos. Item una cama con dos pies y cinco tablas, dos colchones, dos sábanas, dos mantas blancas, un travesero, un rodapié llano. Item ropa forrada de pelejos, vieja...*

---

323 Constituciones XXIII y XXII, respectivamente. Cfr.: AMZ (1683).

324 *Instrucción para... un nuevo hospital (1815)*. Apéndice VI.

Fernando Brambila: *Ruinas del patio del Hospital...* Dibujo preparatorio de la estampa n.º 21.

Patio principal [PB/D-H/25-28]

Del alzado de poniente del claustro o patio principal y de las características constructivas del área de la portería nos informan dos láminas de Gálvez y Brambila, en las que, entre los escombros, pueden adivinarse algunas de las formas arquitectónicas de aquellos espacios. En la vista *Ruinas del patio del Hospital General* [325] se dibuja el paño correspondiente a los tres arcos septentrionales de la fachada de la panda occidental vistos desde la luna del claustro. Tanto la lámina definitiva como el conjunto de dibujos preparatorios y apuntes, ofrecen algunos detalles de gran interés. En primer lugar describe la arcada claustral, su geometría y sus materiales. Se trata de pilares de sillería de planta cuadrada con las aristas achaflanadas, que en algunos bocetos parecen casi octogonales, rematados con capiteles de tipo toscano de factura muy elemental. En ausencia de imágenes de las

basas, todas ellas ocultas entre los escombros, pueden suponerse las formas basadas en su mismo orden. Sobre los pilares, conformando el muro de fachada, se erigen los arcos apuntados de fábrica de ladrillo, apoyados en ábacos de planta cuadrada con sus vértices tallados formando pechinillas al llegar a los chaflanes. Se observa que en el primer piso las galerías eran cerradas y disponían ventanales rectangulares, uno en el centro de cada tramo. Junto a uno de los ventanales se aprecia la existencia de una carrucha.

Tras este muro y arcada, el dibujo describe una serie de restos arquitectónicos cuya interpretación debe analizarse simultáneamente al estudio de la *Vista del costado de la iglesia del Hospital*, realizada en su trasdós, desde el enclave de la propia panda occidental, mirando hacia los restos del templo. Aquí se descubre que la crujía claustral no disponía de bóvedas sino que se cubría por el forjado del piso. Una de las contradicciones existentes entre ambas visuales es que el lienzo aparece distinto en uno y otro dibujo. Así como en el anterior la arcada apenas tiene continuación en el muro

325 Ver: Rincón González de Agüero, A. (2021).

Fernando Brambila: *Vista del costado de la Yglesia del Hospital...* Dibujo preparatorio de la estampa n.º 20.

superior, en la *Vista del costado* se percibe una parte conservada mucho mayor, la cual completa la información relativa al nivel superior claustral. En efecto, se confirma la existencia de los ventanales rectangulares, aquí con apariencia de mayor tamaño. El grueso de la pared es menor que el del muro de las arcadas de planta baja, y dispone de pilastras de refuerzo en continuidad a los pilares inferiores. Existe un nivel superior de ventanas de menor tamaño, aparentemente dentro del mismo piso alto del claustro, y un tercer orden de huecos ya perteneciente a una planta ático o bajo cubierta.

La *Vista del costado* descubre que el muro de cierre del claustro ha sido destruido, observándose en pie el central de este bloque, en el que parecen existir arcos en la división de las crujías. El fondo de la vista lo ofrece el muro formero del lado de la epístola[326] y los arranques de los arcos y nervios de las bóvedas de crucería de la nave lateral. Delante del tramo de los pies de la iglesia se aprecia el muro de

cierre de la capilla de Nuestra Señora de Gracia, con un arco de paso frontal que servía de acceso desde su sacristía y un óculo superior que servía para su iluminación desde la calle del Hospital. La escueta decoración de las pilastras parece responder a un mismo diseño unificador existente entre los pilares del templo y los del claustro.

Como se señaló más arriba, la tipología arquitectónica del patio principal del Hospital difiere de los modelos de los claustros conventuales zaragozanos, algunos tan próximos al establecimiento como los de Santa Catalina o San Francisco, en los que los soportes se forman por contrafuertes de ladrillo para contrarrestar los empujes de las bóvedas de crucería de las pandas. En Nuestra Señora de Gracia la fórmula proviene de la arquitectura civil, cuyas simples estructuras se corresponden con crujías cubiertas por forjados o alfarjes apoyados sobre las arcadas que forman las fachadas de los patios. En la ciudad, antes de que se desarrollaran los característicos modelos renacentistas de columnas anilladas, hubo numerosos edificios con formatos más primitivos, inscritos en el cuatrocientos, muchos de los cuales utilizaron

326 En esta «Vista» el muro formero está conservado en buena parte, un hecho contradictorio con la «Vista segunda».

Columnas octogonales en Zaragoza: 1 Patio de San Martín de la Aljafería; 2 Casa matriz del convento de descalzas de San José; 3 Casa Cinegio 8; 4 Casa Mártires 9.

columnas de piedra con fustes o capiteles octogonales y arcos de ladrillo apuntados o de medio punto. Quedan restos en el sector de Cinegia-San Gil en diversos patios, además de la imagen de la llamada casa de Pilatos dibujada por Valentín Carderera. Pero también se han conservado en otros lugares como el pórtico de entrada al área del palacio en el patio de San Martín de la Aljafería o la serie de columnas que debieron pertenecer a la casa matriz del convento de San José[327] en la calle del Juego de Pelota –cuyos capiteles se rematan también con ábacos provistos de pechinillas–. Se trata de sencillas estructuras de arcos-muros que forman parte de los espacios de los patios. Un tosco ejemplo de tales elementos y sistemas se encuentra en la casa de los marqueses de Ariño, también dibujada por Carderera.

Este formato es muy común en la arquitectura civil aragonesa del siglo XV y se extiende y evoluciona en la centuria siguiente. La tipología de las casas consistoriales es el mejor ejemplo de ello. Como ya puso de manifiesto Ricardo del Arco, el impulso de los Reyes Católicos contribuiría a la construcción de numerosos edificios con este fin[328]. Pero ya con anterioridad, no obstante, era un invariante de los espacios porticados de los mercados, plazas y casas de los concejos la presencia de las simples estructuras de las arcadas como lugares protegidos y abiertos, unos espacios

Valentín Carderera: *Casa de Pilatos*, dibujo, 1855.

que en determinados casos llegarán a formar verdaderas entidades claustrales cuando los edificios adquieren grandes proporciones. Paradigmático resulta el caso de los desaparecidos pórticos abiertos del patio de San Martín del palacio de la Aljafería de Zaragoza, visibles en las trazas de 1627 y cuyas estructuras quedaron temporalmente al descubierto durante los derribos de mediados del siglo XX, antes de ser finalmente demolidas. En toda la Corona de Aragón pueden encontrarse ejemplos de todo orden y también, con grandes semejanzas, en los palacios comunales de Italia.

327 Usón García (2022) *La arquitectura....*
328 Arco (1920).

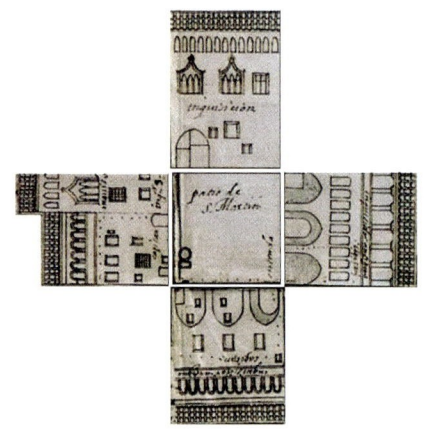
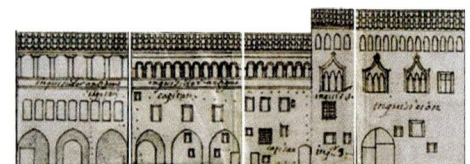

Izda. Planta del palacio de la Aljafería, 1627. Detalle del patio de San Martín con los alzados abatidos de las fachadas que lo conformaban y recreación del alzado del conjunto. Dcha. Fachada norte del patio de San Martín de la Aljafería durante los derribos de mediados del siglo XX. Arcada del porche situado delante de la capilla de San Martín.

Se trata de fórmulas constructivas con ejemplos ya desarrollados en el trescientos que afectan a diversos tipos funcionales. Un buen ejemplo es el de la lonja gótica de Tortosa, fechada entre 1368 y 1373, trasladada de lugar posteriormente. Responde a una estructura exenta de dos naves[329], abierta en todos los frentes, que ya contiene de forma incipiente la funcionalidad que se haría extensa en las grandes piezas renacentistas de las capitales de la Corona. Pero tal vez el formato más corriente es el de las lonjas-porche inscritas en las casas consistoriales, cuyos elementos geométricos, basados en los arcos apuntados que forman un todo con los muros de fachada se repiten en toda la geografía de la región más próxima al área levantina, fundamentalmente en construcciones que utilizan la piedra, como el paradigmático caso de Iglesuela del Cid, compuesto por tres arcos abiertos en la planta baja sobre los que alzado del piso principal presenta los característicos ventanales ajimezados, que corresponden al salón de sesiones del concejo, en los que sus parteluces se resuelven con finas columnillas con capiteles corintios. En la planta baja de la casa consistorial de Catí, población del Levante castellonense, nos encontramos con un tipo mixto respecto de los anteriores, de modo que la mayor parte de la superficie de la planta baja extien-

de la arcada de fachada hacia el interior en tres crujías que conforman una lonja. Constructivamente hallamos pilares achaflanados y arcos apuntados con dovelas de piedra, una fórmula de gran semejanza formal con las arcadas de Nuestra Señora de Gracia.

Pero más allá de los edificios municipales el formato se utiliza, en general, en la arquitectura civil de las casas nobiliarias. En el palacio del Almirall de Valencia, por ejemplo, el lado más antiguo del patio comprende arcos apuntados de piedra. Se trata de un espacio que después se desarrollaría con las fórmulas del Renacimiento pleno, con sus bellas escaleras talladas y sus galerías de arquillos de finísimos fustes en el piso principal, fórmula tan característica de las regiones mediterráneas. Esas mismas constantes pueden observarse en la arquitectura siciliana[330] de mediados del cuatrocientos, por ejemplo en el palazzo Bellomo de Siracusa, en cuyo patio, junto a la escalera exterior de dos tramos en ángulo recto, hallamos el pilar octogonal sobre el que apoyan los arcos rebajados de la fachada, en cuyo piso superior aparece la galería de arquillos. Otro caso puede observarse en el palazzo Bonet de Palermo, cuyo patio comprende arcadas apuntadas apoyadas en pilares octogonales de piedra. Pero también en las tierras interiores aragonesas encontramos

329 Navascues Palacio (1997) pp. 49-50.

330 Cfr.: Agustín *et al.* (2014).

Palazzo Bonet, Palermo (Sicilia).

Castillo-Palacio de Mora de Rubielos (Teruel): 1 Planta; 2 y 3 Patio.

Palacio de los arzobispos (Petit Palais), Aviñón (Francia). Patio.

elementos semejantes. Un buen ejemplo de ello es la arquería visible en la estructura primitiva de la casa palacio de los Luna[331] de Daroca, que forma el pórtico central de la zona del zaguán.

Por extensión los espacios porticados llegan a formar parte de conjuntos de mayor escala como en las plazas mayores de algunas poblaciones. Uno de los más destacados ejemplos es el turolense de Cantavieja, con sus extensas arcadas ojivales que se mutan en geometría de medio punto en su casa consistorial, otro caso más que ofrece los ventanales del lenguaje gótico-renacentista levantino. En todas estas fórmulas existirá un vector evolutivo que se irá transformando en las formas derivadas del clasicismo y así, en el siglo XVI, lo corriente será hallar ejemplos con composiciones arquitectónicas estructuradas mediante la adición de las galerías de arquillos bajo los potentes rafes de madera, y donde las lonjas se edifican con columnas cilíndricas «al romano», como pueden verse en Rubielos o Torrijo de la Cañada.

No es extraño en ningún modo, por consiguiente, que el patio claustral principal del Hospital se proyectase con es-

tas misma fórmulas regionales de la arquitectura civil, soslayando el trecentista y costoso sistema de los conventos zaragozanos. La imagen más próxima al espacio de Nuestra Señora de Gracia la encontramos en el patio del castillo-palacio de Mora de Rubielos, una nueva referencia turolense para nuestro establecimiento. Cristóbal Guitart, citando a Almagro, refiere que la construcción del imponente edificio, vinculado con los grandes castillos-palacio góticos levantados en el área mediterránea –Bellver, Perpiñán, Castelnovo, Aviñón–, debió comenzarse en el siglo XIV, aunque sólo en

331 Cfr.: Ibargüen Soler (2016).

el testamento de Fernández de Heredia VI queda asegurada la existencia del castillo actual, en 1446, si bien pudiera ser que entonces todavía se encontrara en obras[332]. Su patio descubierto es de características claustrales, de 22 y 28 metros de lado, rodeado por cuatro galerías que forman arcadas apuntadas apoyadas en columnas octogonales, todo ello construido con piedra. Sobre dos de las alas existen galerías superiores, en este caso realizadas de ladrillo, con arcos análogos aunque de menor tamaño. Se trata de una espacialidad y formalización geométrica que, soslayando las diferencias en el diseño concreto de los pilares y en los materiales, presenta importantes similitudes con el patio del Hospital de Zaragoza. Así, la simplicidad compositiva de las arcadas, tanto del espacio de la iglesia como del patio principal de Nuestra Señora de Gracia, no deja de evocar el formato elemental de los claustros aviñoneses del trescientos, tanto el antiguo del palacio de los Papas –también de planta trapezoidal– como el de los arzobispos –le Petit Palais–.

Escalera principal [PB-PP/C-F/22-23]

La forma y características de este elemento básico de la arquitectura del Hospital sólo podemos hallarlas mediante referencias indirectas. Las principales informan que en su rellano intermedio se encontraba el acceso a la botica y que desembarcaba frente al salón distribuidor de las grandes enfermerías. Formaba parte esencial de los recorridos procesionales en fechas singulares, lo que evidencia sus importantes dimensiones: a sus lados se colocaban los clérigos responsables de los sermones de las principales parroquias de la ciudad provistos de bandejas donde recogían las limosnas, y por ella discurría la numerosa feligresía que, desde la iglesia, subía a visitar las quadras de los enfermos. Pero ante todo era un punto central en las circulaciones del establecimiento y el sitio por donde se subía a los enfermos en las camillas tras su recepción y primeras atenciones prestadas en el «spitalet».

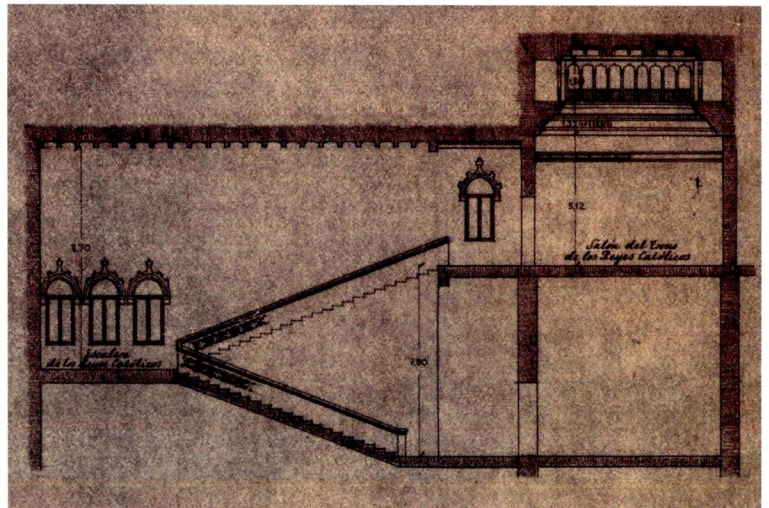
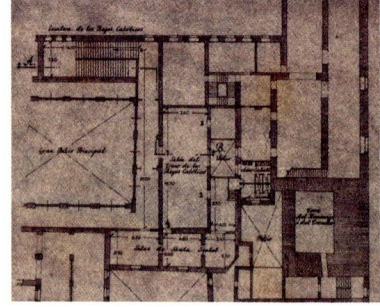
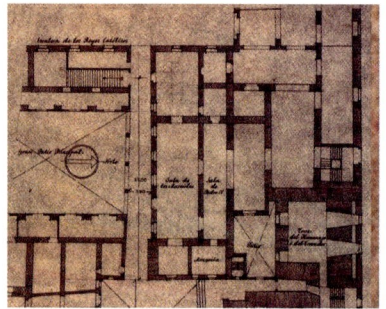

Palacio de la Aljafería, Zaragoza. Escalera de los Reyes Católicos: Planimetría en 1954, según Lorente Junquera.

Por el contrario, los folios conservados del *Libro de la Visita* informan con detalle sobre los espacios ubicados bajo sus tramos, los cuales conducían hacia las grandes bodegas, construidas en los sótanos de las crujías del bloque que hacía frente a la calle del Hospital. Sabemos, además, que este elemento tuvo que ser construido en el primer estadio de las edificaciones, hacia mediados del siglo XV, una cronología que reduce sensiblemente su tipología arquitectónica. Todas estas circunstancias y las necesarias comprobaciones funcionales del modelo teórico planteado en nuestro ejercicio positivo han permitido elaborar una hipótesis ciertamente definida para el mismo, considerando que su enclave se situaba entre la botica –que estaba instalada en el bloque de la fachada hacia la calle del Hospital, como luego se verá– y el salón distribuidor de las grandes enfermerías, en el centro del cuadrante noroccidental.

332 Guitart Aparicio (1988) pp. 29 y ss.

Izda. Palacio de la Aljafería, Zaragoza. Escalera de los Reyes Católicos. Ctro. Casa de los Condes de Villalonso, Toro (Zamora). Dcha. Casa-palacio de los condes de Grajal de Campos (León).

De este modo la hipótesis más razonable plantearía que se trataba de una gran construcción de dos tramos rectos inscritos en la crujía del pabellón principal del palacio de las enfermerías, adosado a la panda meridional del claustro y que se prolongaba hacia oriente junto al eje WE. Salvando las diferencias decorativas, una imagen semejante la podría proporcionar la escalera real de la Aljafería, edificada durante la reforma del palacio por los Reyes Católicos. Una vez atravesado el vestíbulo principal de entrada al Hospital y llegados a la citada galería sur del claustro, se accedía al espacio de la escalera mediante una puerta situada hacia la mitad de la panda. Este espacio era de gran tamaño. El primer tramo de la escalera ascendía en dirección oeste hasta el rellano intermedio.

Por el programa de 1815 conocemos que era «cómoda y ancha» y «en la barandilla de la primera escala [tramo] de junto al patio había en el antiguo Hospital sobre un pedestal y sobre éste una Ymagen de bulto de piedra de Nuestra Señora de Gracia con la acción de recibir á los pobres enfermos. Así mismo, en el primer rellano de la misma escala y junto al tabanque de la botica había una capilla con su pabellón en la que estaba colocado un Santo Cristo de bulto de bastan-

te magnitud y bien construida y formada su efigie con una lámpara». El segundo tramo ascendía hasta el nivel del piso principal, frente a la puerta del salón distribuidor. Desconocemos si existía también un acceso directo a la panda del claustro superior.

La tipología de este singular elemento encaja perfectamente con su cronología. En las fórmulas de la arquitectura civil de la última época del gótico –como ha señalado Martínez Montero[333]– las escaleras se inscribían en espacios propios, sin mayor relevancia en el conjunto del edificio, reduciéndose su significado a un ámbito funcional. El formato ordinario era el denominado escalera de ida y vuelta, que correspondía a dos tramos paralelos con sentidos opuestos y rellano intermedio. Son los casos señalados del Hospital de Nuestra Señora de Gracia o del palacio de la Aljafería de Zaragoza, ambos compuestos por estructuras que se ciñen a la caja muraria que conforma el espacio. Durante el primer Renacimiento estas cajas comienzan a abrirse a los patios o claustros, primeramente manteniendo esta disposición

333 Martínez Montero (2013).

primaria de dos tramos, aunque adquiriendo una presencia más importante que se traduce en una mayor cualificación decorativa. Es el caso, por ejemplo, de la escalera de la casa de los condes de Villalonso en Toro, de 1489, con tramos perpendiculares al patio principal, donde existe un antepecho calado de yeserías, o el más evolucionado de la casa-palacio de Grajal de Campos en León[334], realizada hacia 1515-1530, donde los tramos se entregan abiertamente a los pórticos claustrales y la decoración se expande desde las yeserías de los antepechos hasta los elementos de las galerías.

Seguidamente, el formato evoluciona ensanchando la planta para configurar las llamadas escaleras claustrales, es decir, con huecos centrales –fórmula habitual en los claustros de conventos y monasterios–, cuyo resultado inmediato serán las de tres tramos. El ejemplo pionero –refiere Martínez Moreno– lo encontramos en la escalera del claustro de la catedral de Toledo, construida hacia 1495-1499, «conocida como escalera de don Pedro Tenorio y trazada por el maestro Juan Guas, mientras que la segunda escalera claustral se atribuye a Enrique Egas en el monasterio de San Juan de los Reyes, hacia 1504»[335]. Durante el siglo XVI la escalera cobra un significado nuevo en el conjunto del edificio civil y religioso. Articuladas en general en las crujías anexas a los claustros, las escaleras asumen un protagonismo inédito, abriéndose a los espacios, decorándose con elementos arquitectónicos y escultóricos, cubriéndose con cúpulas, etc. Es el tiempo en el que surge la denominada escalera imperial, llamada a ser pieza esencial en la arquitectura palaciega moderna y contemporánea. Pero la forma más común en la arquitectura civil del quinientos es la escalera claustral de tres tramos abierta al patio. Algunos ejemplares, como la zaragozana casa de Don Lope –palacio de la Real Maestranza–, son paradigmáticos.

La evolución en la región levantina, y mediterránea en general, es diferente. La presencia de la escalera principal renacentista tiene su origen, no en espacios cerrados inscritos en las crujías, sino en las escaleras externas, normalmente resueltas con tramos únicos adosados a las edificaciones. En el cuatrocientos estos elementos adquieren un significado nuevo en el contexto de los patios palaciegos, realizándose con sillería de piedra tallada que se decora formando parte de una unidad claustral. La escalera nace generalmente con una primera meseta maciza desde la que salta en forma de bóveda el tramo principal hasta alcanzar el piso noble. En ocasiones la solución contempla dos tramos en ángulo recto. Su evolución en el siglo XVI convierte estos elementos en verdaderas obras de talla, uniéndose a las arquerías de los patios, incluso cubriéndose también con tejados apoyados en arcadas de finas columnas. En Valencia[336] el arte de la montea llegó a producir extraordinarias escaleras en sus formidables palacios.

En el ámbito zaragozano este formato levantino no tuvo implantación alguna. Buena prueba de ello la hallamos en el que fue, sin duda, uno de los mejores edificios del Renacimiento edificados en la ciudad: el monasterio jerónimo de Santa Engracia, promovido directamente por Fernando el Católico. Realizado a lo largo de la primera mitad del quinientos para desarrollar un amplio programa constructivo del mayor nivel artístico, el bloque principal se levantaba rodeando un gran claustro. En él había dispuestas diversas escaleras, todas ellas de gran belleza e inscritas en espacios cerrados y unitarios de planta cuadrada. Tanto la escalera principal como la de la ropería –construidas por los maestros toledanos Santa Cruz hacia 1514– tenían dos grandes puertas, una en la planta baja y la otra en el piso superior, las cuales hacia el claustro estaban labradas de mazonería «de obra rica de morisco o de romano» y boceladas en su parte interior. Eran de cuatro tramos, con sus peldaños de madera y los pasamanos; «las represas y claraboyas de dos haces», es decir, los calados o tracerías estaban ejecutados con talla a ambas caras; y sus bóvedas bajas estaban labradas de lazo[337]. Pero la más espectacular era la escalera de la regia librería, ubicada en el ala norte –la primera de las construidas, hacia 1502, la cual albergaba el refectorio y sobre él, la biblioteca–, en

---

334 Ver Campos Sánchez-Bordona (1992).
335 Martínez Montero (2013) pp. 632-633.
336 Ver Zaragoza Catalán *et al.* (2019).
337 Usón Garcia (2023) pág. 269.

un espacio también unitario, la cual causaba una gran impresión nada más acceder al mismo y descubrir en la pilastra del primer escalón un epígrafe alusivo a su abundancia: *Non omnium est adire Chrorintum*. Pues bien, se decía que a la misma escalera adornaba su barandilla de arquitectura oblicua y los cuatro doctores en los pedestales, volada sobre una concha, la que mantenía una grandísima águila, vuelta la cara al cielo, y que tendidas las alas, la asía con sus uñas, rara invención que admiraba a los más peritos.

En el extenso conjunto del Hospital de Nuestra Señora de Gracia todas las escaleras se realizaron según el formato de cajas estructurales. Las correspondientes a las edificaciones de la primera época, mediados del cuatrocientos, se dispusieron en tramos únicos o de ida y vuelta. Las realizadas en el siglo XVI, las inscritas en los bloques promovidos por los arzobispos en el palacio de las enfermerías o en las edificaciones complementarias, o en las centurias siguientes, debieron ajustarse a los formatos ordinarios de escaleras claustrales de tres tramos. Hubo, además innumerables escaleras menores de carácter auxiliar que serían realizadas según las fórmulas corrientes. Sólo la escalera principal debió responder a una construcción cualificada, posiblemente con antepechos de yeserías que serían sustituidos por obra de carpintería en el setecientos. Sin duda, su techo debió corresponderse con una estructura de tipo artesonado, tal vez un forjado de madera con modillones y revoltones de yeso, tal vez una cubierta similar a la utilizada en las primeras naves de enfermería. En ninguna de las referencias aparece indicación alguna que informe de la posible decoración del espacio, por lo que parece fue realizado con fórmulas muy simples y económicas, como el resto de la edificación hospitalaria.

En la Visita figuran los aposentos situados bajo la escalera prical en diversas ocasiones. Aunque parte de los registros se encuentra entre el material desaparecido, las referencias restantes son suficientes para conocer la disposición de los espacios de forma bastante aproximada. Una primera mención –en el contexto del recorrido por la zona del reposte, muy cercana a la escalera, que se verá después– cita aisladamente el llamado aposento de la escalera, en el que se guardaban enseres varios:

Aposento de la escalera

(fol.560v-) *Siguió inspección ocular de los aposentos pequeños que están debajo de la escalera principal de dicho Santo Hospital, de la cual se hace mención en parte de arriba en* [fol.] *268... En los cuales se hallaron... alpargatas... en el primer aposento en una mesa de pino...y en el segundo tres capazos...*

Sin embargo, la descripción más completa es la relatada en el curso de la Visita al patio principal y la portería, dando continuidad al recorrido. Se trata de los espacios existentes debajo de los tramos de la escalera principal, un detalle que indica que la estructura de las rampas apoyaba en muros laterales. Bajo el tramo alto y los rellanos se disponían diferentes habitáculos relacionados con la preparación del vino, y bajo la rampa inferior se iniciaba la escalera que bajaba a las bodegas, también compuesta de dos tramos, dado que éstas se disponían en los sótanos de las crujías de fachada. En el rellano intermedio de la escalera del sótano se anexaba otro aposento auxiliar, aprovechando la caja de la estructura que formaba la entidad constructiva de la escalera principal.

Cantina [PB/D-F/22]

Item junto a la escalera principal de dicho Santo Hospital del patio [había] *un cubo mediano de madera con cinco cercillos de hierro de cabida de 50 cántaros, que en él se amera el vino para los enfermos, con su canilla y llave y dos bancos que lo sustentan. Item una bacía para poner debajo de dicho cubo. Item un cubico mediano con tres cercillos de hierro* (fol.648v-) *donde se recibe el vino que traen para el Hospital.*

Item un armario allí junto y contiguo que está fijo en la pared debajo de la dicha escalera con su ventana de madera, cerraja y llave, y dentro de él nueve cántaros grandes y medianos llenos de aceite, que de allí es de donde cada día se da aceite para las lumbres de todo el dicho Hospital. Item un jarrico vacío, con su embudo y sus medidas de libra y media libra y dinerales de aceite. Item otro armario en la pared del lado del dicho, con su puerta, cerraja y llave, y dentro de él dos tablas encajadas en la pared y dentro de él doce cántaros grandes pata traer agua para amerar el vino en dicho cubo para los pobres.

Aposento de la bodega del vino [PB/C/22-23]

Item allí junto y al lado del dicho armario otro aposento que llaman la bodega del vino, que antes de entrar había su puerta con su cerraja y llave, unos balaustres en ella y luego en entrando un medidor de vino con sus embudos de arambre, dos cántaros, una mesura para recibir dicho vino. Item tres varales y en ellos ocho cántaros para vino, dos redomas de vidrio y otras tres mayores que son cinco.

(fol.649-) Item dos cántaros y dos cantarillas de tierra para aceite y una cantarilla de arambre con su embudo de lo mismo. Item una bacía de de madera para servicio de dicho aposento. Item 16 cueros de aceite y seis cántaros de cabida, llenos de vino. Item un armario encajado en la pared con dos tablas de vidrio. Item una romana grande de hierro con una pesa grande para recibir el carbón.

Aposento del bodeguero primero [PB/G/22-23]

Item bajando por dos escaleras de dicho aposento para bajar a otro, había una barra de madera en la pared con siete candiles. Item en un aposento más adentro a mano derecha había lo siguiente: Primero un banco de pino grande, una banqueta, un cajón de pino sin cerraja ni llave. Item un arca con cerraja sin llave de pino y dentro de ella cuatro sábanas y cuatro tablas de manteles por delante las más. (fol.649v-) Item una cama de cuerdas con unas esteras, dos colchones, dos mantas blancas, dos sábanas, un travesero. Unas imágenes, un orinal con su caja y un servicio. Item un embudo de arambre. Item otra manta blanca. El cual dicho aposento tiene dos ventanas, la una con reja que sale al patio de los aljibes y la otra al patio principal de dicho Santo Hospital.

Aposentos bajando a la bodega

Escalera de la bodega [ST-SS/C-F/22-23] *Item bajan por las escaleras a la bodega, a un apartado de ellas, a mano su izquierda, dos cestas con una poca vajilla, dos librillos grandes, un cántaro dos de ellos grandes, una mediana y tres*

pequeñas, una cazuelica, dos man[g]os de mortero de madera, un tajador, una escalera portátil de madera arrimada a la pared.

Aposento de enseres de la bodega [SS/G/22-23] *Y a mano derecha allí enfrente en otro aposento que está sin puerta y a él se baja con tres escaleras se halló lo siguiente: primeramente doce orejeras de hierro de pozal, dos grandes de pozal de hierro, un cercillo de hierro viejo de pozal y otro cercillo de lo mismo. (fol.650-) Item unas cuerdas para el cobertor. Item dos carruchas de madera con sus ancas y guarnición de hierro para los aljibes. Item una cántara, un orinal con su caja, un cajón grande viejo de pino con ocho redomas de vidrio nuevas, seis sacos para los bodegueros, una cesta. Item unos sacos viejos y una cesta mediana con canillas y otros aderezos para las cubas. Item dos tinajas para vinagre que, aunque lo tienen, es poco. Item dos cántaros... un banco y dos ollas sin nada.*

Aposento del bodeguero segundo [SS/H/22-23] *Item saliendo de dicho aposento y entrando en otro allí al lado tiene una puerta sin cerraja y en ella una manta blanca y dentro una cama con cinco tablas, dos pies, unos esportones, dos colchones, dos sábanas, tres mantas blancas y un travesero, y 18 canillas para las cubas. Item allí de frente a la otra mano hay una ventana con su reja que sale al dicho patio de los aljibes, y debajo había su cajón (fol.650v-) viejo de madera y un arca vieja, vacía. Item una manta blanca vieja. Item dos capazos de palma con carbón para el servicio de la bodega. Item una pala de hierro, un fogaril en el suelo.*

Seguidamente la Visita describe las bodegas de vino a las que se accede a través de los tramos subterráneos de la misma escalera principal. Se trata de tres entidades o espacios diferentes. La llamada bodega primera se corresponde con el sótano existente bajo el vestíbulo de entrada y parte de la zona de la portería, construida simultáneamente a la escalera y patio principal, con estructura de bóvedas de ladrillo. La bodega segunda se situaba al sur de la anterior y daba continuidad a la planta de las crujías de fachada, pero su estructura era de forjados horizontales apoyados en arcos-muro, sin duda para poder elevar ligeramente el nivel del techo y disponer de ventanas hacia la calle del Hospital, circunstancia que apunta a que tal vez fueran realizadas en el quinientos, en la fase segunda del palacio de las enfermerías. Finalmente estaban las bodegas situadas bajo la iglesia, ubicadas en la zona de las capillas de los pies. Se accedía a ellas desde la bodega primera atravesando un pasadizo cubierto con bóveda de ladrillo que terminaba en unas escaleras, las cuales conducían a la bodega de la iglesia, construida toda ella de bóveda de ladrillo, y que debió responder al aprovechamiento de los espacios entre los muros de cimentación y los contrafuertes.

Bodegas del vino

Bodega primera [ST/A-B/22-25] *Item continuando la dicha visita dicho señor canciller y visitador, bajando por dicha escalera a la bodega del vino de dicho Santo Hospital, se llegó al suelo de ella, la cual es muy buena, grande, muy alta, toda de bóvedas de ladrillo con sus muy buenos arcos y pilares, en la cual hallaron, vieron y visitaron las cosas siguientes: Primero una cuba buena y bien cercillada, de cabida de 16 nietros, llena de vinagre blanco. Item otra cuba muy buena y bien cercillada, de 20 nietros de cabida, que está llena de vinagre tinto, con su canilla y su bacía debajo. Item otra cuba pequeña vieja sin nada. Item otra cuba grande y muy buena, muy bien cercillada, de cabida de 60 nietros, de vino, vacía.* (fol.651-) *Item otra cuba de cabida de siete nietros de vino, llena de vinagre tinto. Item un tonelico mediano lleno de vinagre tinto. Item doce portaderas de cubas con cercillos de hierro. Item dos docenas y media de pozales para sacar agua de los aljibes y pozos de dicho Santo Hospital. Item un banco y una canal y hasta dos docenas de cercillos viejos de pozales. Item una canasta con hierros viejos, un pedazo de madera. Item una tablas encajadas en la pared donde están dos pozales.*

Bodega segunda [ST/A-B/15-21] *Item se entró en dicha bodega por un paso que está a mano su izquierda a otra bodega, la cual tiene cuatro ventanas con sus rejas a la calle y es también una bodega alta y muy buena con sus arcos de ladrillo, y el techo de arriba cobertado con maderos, ladrillo y yeso, en la cual se hallaron las cubas siguientes: Pri-*

meramente una cuba muy grande, buena, (fol.651v-) *muy bien cercillada con tres travesaños y hierros de la una y otra parte, de cabida de 65 nietros, llena de vino tinto. Item otra cuba también muy grande, buena, muy bien cercillada con diez cercillos, y en una y otra parte tres traveseros, de 60 nietros de cabida, llena de vino tinto. Item otra cuba muy grande, bella y buena, famosamente cercillada, con sus travesaños de madera y hierro en la una y otra parte, de 70 nietros de cabida, llena de vino tinto. Item otra cuba de la propia cabida y la misma manera que la anterior, vacía. Item un arca, si quiere cofre, con su cerraja y llave, y dentro de ella algunos ungüentos de la botica porque estén frescos. Item dos bacías grandes para poner debajo las cubas y dos tablicas de madera y una escalera de madera portátil. Item un trujal muy grande de ladrillo para echar uvas, que cogerá según los bodegueros hicieron relación, más de 300 cargas de uvas, aunque ha mostrado que no se sirven de él en el Hospital.*

Bodega de la iglesia [ST/A-B/30-36] *Otra bodega* (fol.652-) *Item se salió de dicha bodega a la primera bodega y de ella pasando por un pasadizo que es una bóveda hecha de ladrillo y aljez con sus muy buenas y fuertes paredes se llegó a unas escaleras y bajando por ellas a otra bodega que está debajo de la iglesia de dicho Santo Hospital que es muy alta y buena de bóveda de ladrillo y yeso y en ella se hallaron las cubas aparejos y cosas siguientes: Primero una cuba buena y bien cercillada con ocho cercillos con su puerta y sus travesaños de una y otra parte, de 25 nietros de cabida, vacía. Item otra cuba muy buena y bien cercillada con diez cercillos y sus maderos a las dos partes de arriba abajo con su puerta, de cabida de 20 nietros, vacía. Item otra cuba buena con ocho cercillos buenos y nuevos con su puerta y travesaños de arriba abajo a los lados, de cabida de diez nietros, vacía. Item otra cuba muy buena con ocho cercillos bien cercillada con su puerta y travesaños, de cabida de 20 nietros, vacía.* (fol.652v-) *Item otra cuba de cabida de 35 nietros, vacía, con diez cercillos su puerta y travesaños como las otras. Item otra cuba muy buena y bien cercillada con ocho cercillos y sus travesaños y puerta, de cabida de 20 nietros, vacía. Item otra cuba bien cercillada, con diez cercillos y sus travesaños y puerta, de cabida de 20 nietros, vacía. Item otra cuba vieja sin vino con seis cercillos su puerta abierta, de cabida de diez nietros. Item otra cuba buena y bien cercillada con siete cercillos y su puerta, llena de vinagre blanco, de cabida de hasta diez nietros. Item una bacía para debajo las cubas.*

(fol.653-) Item dicha bodega tiene una ventana a la sacristía de la capilla de Ntra. Sra. de Gracia, que está al lado de la capilla de los Contaminas. Todas las cuales dichas cubas y cada una de ellas tiene sus asientos abajo muy buenos y de maderos muy gruesos y grandes para tenerlas y sustentarlas con sus puertas. Las cuales dichas bodegas tienen a su cargo Jusepe Hernández, bodeguero mayor, y Miguel Francés y Domingo Palomar, sus ayudantes. // Escribanos los dichos Pedro Bardají y Juan Martín de Herrera...//

Aposento de la sastrería [PB/H/22-23]

El último espacio frontal a la panda meridional del claustro y que seguía a los aposentos de la escalera principal era la sastrería. Como pieza funcional del conjunto hospitalario, formaba parte de la crujía adosada al eje WE, lo que explica que en la Visita se describa en el itinerario de los aposentos ubicados en la planta baja de dicha crujía, realizado según su sentido inverso, apareciendo la sastrería como el último del grupo formado por el aposento del trigo, la bodeguica del vinagre blanco, el aposento de la vajilla y la bodeguica del aceite (fols. 641-642).

Item más arriba en la misma acera y lado donde están los sobredichos aposentos [trigo, bodeguica del vinagre, etc.] hay otro que llaman la sastrería, donde se hacen las cosas necesarias para dicho Hospital en materia de de ropa ordinaria, el cual tiene a su cargo Lupercio Ladrón, sastre, y tiene su puerta, cerraja y llave, y una ventana de madera con sus cerrajas por dentro, que sale al patio de dicho Santo Hospital, dentro del cual aposento se halló lo siguiente: Primero un tablero grande de madera con sus pies, un banco... arcas...

Aposento auxiliar de la sastrería (fol.643-) *Item otro aposento dentro del sobredicho, con su puerta, cerraja y llave, y dentro de él se halló tres pares de tijeras... (fol.643v-) // Pedro Bardají y Juan Martín de Herrera... //*

Es importante indicar, no obstante, que espacialmente la sastrería tenía cierta independencia del grupo señalado, tanto porque su rasante era distinta –ya que se correspondía con la del claustro o patio principal, mientras los otros se ubicaban en la cota del patio secundario, que en la práctica estaba un piso por debajo de aquél–, como porque quedaba separada del resto por el cruce del eje NS, coincidente con la panda oriental. Esta diferencia de nivel se resolvía en la crujía oriental del claustro, en la que se encontraba la última de las dependencias que daban al mismo: la carnicería.

Carnicería [PB/J-K/25-26]

Se trataba de una pieza flanqueada por los pasos que comunicaban el patio principal con el secundario mediante rampas o escaleras. El paso del eje WE (denominado en ocasiones paso de las hermanas por dirigirse al pabellón de las mujeres dementes), después de atravesar la crujía, bajaba al nivel inferior mediante una rampa –tal vez formada por una sucesión de gradas– desembocando en la parte occidental del patio secundario o de la puerta falsa, donde estaba el llamado aljibe de la cocina. En el flanco septentrional, sin embargo, además de una segunda rampa, debía haber una escalera de ida y vuelta que comunicaba las plantas en la zona junto al ángulo nororiental del claustro, como se verá después, permitiendo el acceso desde las caballerizas y la carnicería hasta la cocina mayor y algunas enfermerías.

En el Hospital de Gracia, la carnicería estaba completamente separada del matadero o aposento del *desollador*, que se verá después, de modo que era en éste donde se disponía el «rastro largo ventilado y con agua corriente». El desolladero comprendía «un quarto grande y ventilado para colgar la carne después de degollada hasta pasarla a la carnicería», de modo que ésta respondía al «quarto para deshacerla y distribuir las raciones»[338]. Asímismo comprendía las habitaciones para un matrimonio y los mozos.

---

[338] *Instrucción para... un nuevo hospital (1815)*. Apéndice VI.

A 17 de septiembre MDCVIIII en Zaragoza... dicho canciller... (fol.644-) *visitó en el patio de dicha casa el aposento que llaman la carnicería, el cual tenía su puerta, cerraja y llave, y hacia arriba unos balaustres de madera con una red de hierro puesta en ellos, y dentro había dos ventanas, la una sin puerta con su red de dicho hierro espeso y la otra con tres barras de hierro y red espesa, y con su puerta de madera, las cuales salen al corralico que está delante el aljibe de la cocina. Item tiene una ventana grande que se cierra con su cerraja y llave, y sale al paso de las hermanas. Item un banco pequeño...* (fol.644v-) *Item 34 cuartos de carne...*

Aposento del carnicero [PB/J-K/27]

Item en el aposento del carnicero que está junto a la dicha carnicería, se halló su puerta, cerraja y llave, y dentro de él una ventana portátil, y había dentro del aposento una cama con cinco tablas y dos bancos...

6.5. Quadras o enfermerías

Las llamadas quadras o enfermerías eran los espacios donde estaban instalados los enfermos, en función de la dolencia o enfermedad. La mayor parte de dichas salas se encontraban en la planta principal del edificio, aunque también existían algunas en la planta baja o en las entreplantas de la zona de mujeres. Como se indicó más arriba, las quadras de hombres se distribuían en torno al patio principal y en las alas norte y este del palacio de las enfermerías. Las de mujeres ocupaban el bloque central del palacio y las alas sur y oeste. El espacio distribuidor desde el que se accedía a las puertas de los corredores era el llamado salón o sala grande, lugar al que se llegaba ascendiendo por la escalera principal.

Plantas de las quadras o enfermerías, según R. Usón / Plantas: PB Planta baja; EP Entreplanta; PP Planta principal; PA Planta alta / Elementos: PP Patio principal; PW Patio occidental; PC Patio central; PE Patio oriental; XD3 Salón distribuidor / Hombres: R Rey; Z Arzobispo; C Caballerías; S San Sebastián; M Santa María; B Bubas; C Cirugía alta; V Convalecientes; P Protonotario; T Tiermas; G San Miguel; Q Santas Cruces; AP Aposentos de los pasioneros / Mujeres: P Primeras; S Segundas; D Distinguidas; B Bubas; I Inclusa o Amas; V Convalecientes; C Cirugía.

Entrando al salón desde la escalera, a la derecha había dos puertas: la de entrada a las quadras de mujeres y la de entrada a las quadras mayores. La primera era el único punto de acceso a todas las quadras de mujeres y estaba siempre vigilada por los cuidadores. La segunda es la más destacada en los relatos, debiendo ser una pieza arquitectónica singular, de gran tamaño, rematada en arco de medio punto y decorada con las armas del rey, y daba acceso al corredor desde el que entraba a las quadras de hombres ubicadas en el palacio de las enfermerías. En el lado izquierdo del salón había al menos dos puertas. La primera de ellas daba acceso a las galerías del claustro alto, desde las que se accedía a las quadras de hombres que rodeaban éste. Después venía la puerta que daba entrada a la quadra del Protonotario. No obstante es posible que esta segunda no abriera directamente al salón sino que lo hiciera también al claustro alto, de modo que existiera en este lado una única puerta de acceso a las enfermerías, la llamada puerta de las quadras del Protonotario, aunque es una hipótesis menos probable. Adicionalmente había una puerta de menor tamaño que, a través de un corredor, conducía directamente a la cocina mayor.

El que hemos denominado palacio de las enfermerías disponía de dos patios separados por el bloque central donde estaban algunas de las quadras de mujeres. El patio oriental [PE] es llamado en ocasiones patio del conejar, sin duda por haber tenido en algún momento de su historia alguna clase de corral con dicha finalidad, ubicado junto a los pajares existentes en la planta inferior del ala este. El patio occidental [PW] es llamado en ocasiones patio del aljibe de la bodega, denominación que no debe confundirse con la del patio del aljibe de la cocina –el cual, formando parte del patio secundario o de la puerta falsa [PF], se ubicaba al este del claustro principal– ni con el patio de los aljibes [PJ], amplio espacio al mediodía del palacio de las enfermerías donde se encontraban los grandes depósitos de agua del Hospital. Ambos patios, oriental y occidental, disponían de corredores, abiertos o cerrados, siguiendo una tipología claustral. Desde ellos se accedía a las quadras o a los aposentos ubicados en los bloques que conformaban el palacio de las enfermerías. En cierto modo, esta disposición recuerda la planta del hospital

Nª Sª DE GRACIA. Titular del Sto. Hospital Rl. y General en la ciudad de Zaragoza / Estampa. / Dib. L. Cuevas / Litografía Peiró.

barcelonés de Santa Cruz, si bien tales estructuras claustrales no debieron construirse en todos los lados de los patios.

La Visita recorre las enfermerías al menos en dos ocasiones. En la primera, en 1601, se describen los detalles de los contenidos, mientras en la segunda, en 1609, generalmente solo se atienden los elementos que han sufrido cambios. Para reconstruir hipotéticamente la disposición de las salas es imprescindible ir alternando la información dual y además, debido al gran número de folios desaparecidos en el *Libro*, ir recreando los espacios sin información en la Visita utilizando datos de otras fuentes de cronología posterior. En este tema hay que tener en cuenta que en algunos casos la denominación de las quadras fue cambiando con el paso del tiempo. También existen variaciones según la fuente que se trate. Además hubo modificaciones y ampliaciones en los dos últimos siglos del Hospital que dieron lugar a alteraciones de las características de las quadras. Por todo ello, para conocer la forma que tenían estos espacios en los años de la Visita, es preciso cotejar todas las fuentes y tratar de inferir una hipótesis que sea razonable diacrónicamente.

Dada la proximidad cronológica, se ha considerado que los datos de la Visita y los de Murillo deben ser coincidentes, por lo que las ausencias del *Libro* pueden ser cubiertas por la relación general de éste. Por su parte, los cambios del siglo XVIII dieron lugar a una relación de quadras de la cual existen varias listas conocidas, las cuales ofrecen una información bastante uniforme. Aquí debe tenerse en cuenta que, salvo los ámbitos de las edificaciones destinadas a los dementes, el resto de las intervenciones consistieron, en general, en ampliaciones realizadas en los bloques de enfermerías ya existentes, de foma que las entidades básicas de la arquitectura del Hospital se mantuvieron. De ahí que sea posible extrapolar algunos de los datos, como el número de camas que había en las distintas quadras, lo que permite compatibilizar los resultados de unas fuentes y otras. De este modo se han elaborado sendos cuadros, en correspondencia con las quadras de hombres y con las de mujeres, que sirven de guía para la descripción de las enfermerías.

QUADRAS DE HOMBRES: NÚMERO DE CAMAS			
NOMBRE DE LA QUADRA	VISITA 1600-1609	MURILLO 1615	SIGLO XVIII
REY	> 14	CALENTURAS 1	2 X 20 + 15 (55)
CABALLERIAS		CALENTURAS 2	
ARZOBISPO	> 19	CALENTURAS 3	2 X 21 + 17 (59)
SAN SEBASTIÁN	15	CALENTURAS 4	
SANTA CRUZ 1ª	16	CALENTURAS 5	2 X 18 + 12 (48)
SANTA CRUZ 2ª	15	CALENTURAS 6	
N. S. GRACIA / TIERMAS	15	CALENTURAS 7	2 X 5 + 0 (10)
SAN MIGUEL 1ª	17	CALENTURAS 8	2 X 14 + 8 (36)
SAN MIGUEL 2ª	8		
SAN MIGUEL 3ª	3		
CIRUGÍA (ALTA)		CIRUGÍA	2 X 15 + 10 (40)
SANTA MARÍA	11	CALENTURAS 9	
BUBAS 1 INFIERNO	10	BUBAS	
BUBAS 2 PURGATORIO	22		
BUBAS 3 PARAISO	23		
CONVALECIENTES		CONVALECIENTES	2 X 12 + 8 (32)
PROTONOTARIO	7	VERGONZANTES	
SAN DIEGO			2 X 21 + 18 (60)

QUADRAS DE MUJERES: NÚMERO DE CAMAS				
NOMBRE DE LA QUADRA	VISITA 1600-1609	MURILLO 1615		SIGLO XVIII
PRIMERA QUADRA		CALENTURAS 1	AFUERA	2 X 25 + 20 (70)
		CALENTURAS 2	ADENTRO	
SEGUNDA QUADRA		CALENTURAS 3	AFUERA	2 X 28 + 22 (78)
		CALENTURAS 4	ADENTRO	
BUBAS 1 PARAISO	18	BUBAS		
BUBAS 2 PURGATORIO	12			
BUBAS 3 INFIERNO	6			
CONVALECIENTES S1	9	CONVALECIENTES		2 X 11 + 9 (31)
CONVALECIENTES S2	5			
CIRUGÍA P1	18	CIRUGÍA		2 X 22 + 12 (56)
CIRUGÍA P2	15			
CIRUGÍA P3	6+4			
AMAS (13)	6+11	EXPÓSITOS		
PARTURIENTAS		PARTURIENTAS		
DISTINGUIDAS		DISTINGUIDAS		
SANTA TERESA				2 X 22 + 19 (63)

Naves de enfermerías del Hospital General de Milán (Ca' Granda), rehabilitado para biblioteca.

Sala grande

(fol.566v-) *A 11 de septiembre MDCVIIII en la ciudad de Çaragoça... continúa la visita... a la sala que está luego subiendo por la escalera principal; y entró en las enfermerías de las quadras mayores, que la puerta a prin[cipio] de ellas sale a la dicha sala y está junto a la puerta que va a las quadras de las mujeres, y al otro lado está la puerta de las quadras del Protonotario // Quadra del Protonotario [al margen] //*

Como se ha indicado, ascendiendo por la escalera principal se llegaba al llamado salón o sala grande. Además de ser el espacio nuclear de las enfermerías y sus corredores de acceso —es decir, el distribuidor donde se encontraban todos los recorridos y el lugar donde estaban las principales puertas de entrada a los sectores de las quadras–, era una sala con funciones propias muy importantes. A pesar de no existir en el *Libro de la Visita* más información, el programa de 1815 descubre algunas de sus posibles características y espacios auxiliares. Algunas de estas funciones es muy probable que existieran en el tiempo de aquélla, entre 1600 y 1609, sin embargo otras pudieron añadirse en el dilatado período de los siglos XVII y XVIII, y particularmente en esta última centuria cuando el Hospital albergó soldados enfermos.

Cuarto de la guardia de vela [PP/G/21]

En primer lugar, junto al salón pudo haber «dos cuartos con puerta». El primero de ellos era «una alcobilla de lumbre muy cómoda, capaz de sentarse en ella seis a ocho personas», donde se ubicaba el personal que hacía la «guardia de vela» y podía calentarse en el invierno. Allí los pasioneros podían «descansar algún rato, rezar y comer a donde les llevara el muchacho de su refectorio el desayuno, la comida y cena, para que de esta manera no tengan necesidad de ir a parte ninguna, sino a su obligación que es la de asistir a los enfermos espiritualmente por todas las salas de los mismos».

Cuarto del regidor de semana [PP/H/21]

El otro cuarto era el del «Sr. Regidor de Semana, por llamar a él secretamente algún individuo del Hospital».

Salón distribuidor [PP/G-K/22-23]

En una parte del salón existían «unos armarios donde los porteros guardan llaves, ropa de mesas, y cuanto esté a su cargo, y también el carbón señalado por ración para la citada alcobilla de lumbre, quienes tienen obliigación de encenderlo a hora proporcionada». Pero una de las principales funciones de la sala era como espacio de organización para el reparto de la comida. Por ello, en dicho lugar debía «haber bancos cómodos en toda su circunferencia, y una mesa capaz para la distribución de la comida y cena de los enfermos». En la cabecera de la misma presidía «una silla cerrada de la principal clase para sentarse el Sr. Regidor de Semana» mientras tenía lugar la distribución. Esta funcionalidad del salón, donde «se hace la distribución diariamente de comida y cena», daba lugar a que «inmediatos a él» estuviesen ubicadas «las oficinas de cocina, reposte, y dos quartos, uno para el contador de raciones (sin perjuicio del que éste debe tener en la Contaduría, por ser segundo oficial de ella) y otro para el contador de enfermos, por que entre ambos llevan la cuenta de los enfermos y del gasto diario, y son los que principalmente deben acudir, con el repostero y el cocinero a dicha distribución».

6.5.1. Quadras mayores

Quadras de hombres del palacio de las enfermerías

(fol.314) *Visita quadras mayores. Bajados de dicho aposento* [de la paja de los colchones, ubicado en otro sector] *fueron los visitadores y volvieron a la sala que está luego en subiendo por la escalera principal y entraron en las enfermerías de las quadras mayores, que la puerta principal de ellas sale a la dicha sala que está junto a la puerta que va a las quadras de las mujeres y al otro lado está la puerta de las quadras del Protonotario, la cual puerta de las dichas enfermerías grandes es redonda, muy grande, sobre ella tiene un escudo de armas del Rey Ntro. Sr. Tiene su puerta y su postigo.*

Como se señaló más arriba, las llamadas quadras mayores ocupaban las alas septentrional y oriental del palacio de las enfermerías. Espacialmente debían corresponder a sendas naves de gran altura, dispuestas en ángulo recto, en cuya intersección se ubicaba un bloque que contenía una escalera, que comunicaba todas las plantas y entreplantas, además de distintos aposentos destinados al enfermero mayor y a varios pasioneros, todos ellos dispuestos en varios niveles. Este bloque de unión de las naves respondía, por tanto, a un enclave de servicios a las enfermerías, pues, posiblemente la escalera accedía a las falsas donde se encontraban los almacenes de ropa y colchones correspondientes a las mismas.

Tanto en la Visita como en la descripción de Murillo se relacionan cuatro quadras: la quadra del Rey, la del Arzobispo, la de los Caballerías y la de San Sebastián, debiéndose inferir que las naves se habían dividido internamente en dos espacios independientes. Ello se debía a una cuestión relacionada con la funcionalidad, clasificando los enfermos por su patología, y con la organización de los cuidados, pues cada quadra disponía de su propio personal de atención a los enfermos. El hecho de que en el setecientos sólo se mencionan dos de ellas –las que daban nombre a las naves– y que su capacidad coincida con la de las naves renacentistas

viene a confirmar que se trata de los mismos espacios arquitectónicos.

Quadra del Rey [PP/L-P/22-23]

(fol.566v-) *La cual puerta de las dichas enfermerías grandes es redonda, muy grande, sobre ella tiene un escudo de armas del Rey Ntro. Sr., y tiene su puerta, cerraja y llave, y su postigo, y así dicho canciller visitador... visitó y ocularmente vio dicha quadra y todo lo que en ella había y se halló y vio ...* [remite a visita anterior, proceso fols.314 y ss., describiendo las diferencias, citando las camas n.º 2, 5, 7, 7, 12 (en la que hay dos enfermos), 14...]

(fol.314) *Visita de la Quadra del Rey: Los dichos Sres. visitaron y preguntaron quienes eran los enfermeros de la Quadra llamada del Rey, que está luego en entrando y respondieron que se llamaban Guillén de Yrurita [Zurita] y Joannes de Obanos, los cuales fueron llamados los dichos enfermeros... los dos tienen a su cargo las camas y ropa de la dicha enfermería del Rey. Dentro de la cual se halló lo siguiente: una campanilla, una cama grande con su entablado de madera labrada con n.º1 y en ella las armas del obispo Cunchillos y un rótulo que dice Reverendísimo Sr. Don Jayme Cunchillos Obispo de Lérida, la cual cama tiene cinco tablas de pino... dos colchones... en la cual dicen duerme uno de los dichos enfermeros. / (fol.314v-) Item otra cama a su lado con su entablado de madera con n.º2, un título que dice que estas dos camas, con renta perpetua para ellas, dio el Ilmo. Don Jayme Cunchillos... en la cual dijeron dormía M. de Arán, sacristán de las quadras. Item un armario grande... Item una ventana con reja que sale al conejar. Item un arca grande... en la cual tienen los enfermos sus ropas y una tabla para la orden de los médicos. Item una mesica pequeña con una mantica colorada para tener las... y escudillas de sangrar. Item una cama n.º3 y unas armas que tienen tres barras coloradas con blancas, dos alas en dos partes, cinco conchas en dos partes y un rótulo ... sábanas, etc... y en ella no había enfermo alguno. Item cama n.º4 con las armas sobredichas y en ella...*

En el siglo XVI la quadra del Rey era la correspondiente a la primera sala de la nave septentrional y conocemos que tenía más de catorce camas. En 1609 sus enfermeros eran Juan

Hotel-Dieu, Beaune. Cabinas individuales de la enfermería mayor.

de Ávila y Juan Pérez y contaban con la ayuda de dos mozos sin salario. Los datos del setecientos informan que ocupaba toda la nave –diez tramos o módulos estructurales–, con veinte camas en cada lado y quince supletorias en el centro y era atendida por dos enfermeros y cinco mancebos.

Quadra del Arzobispo [PP/Q-U/22-23]

(fol.567-) *Continuando la visita... visitó la quadra que llaman del Arzobispo, que está junta y contigua a la sobredicha, dentro de la cual...* [Remite a visita anterior proceso fols.317 hasta 321. Describe las diferencias, citando las camas n.° 1, 3, 4, 6, 7, 8,...11, 12, 13, 14, 15, 16, 17, 18, 19...]

En el tiempo de la Visita la quadra del Arzobispo era la correspondiente a la segunda sala de la nave septentrional y conocemos que tenía más de diecinueve camas. En 1609 sus enfermeros eran Sebastián de Nuevevillas y Pedro Marco y contaban con la ayuda de dos mozos sin salario. Como sucedía en la quadra del Rey, los datos del setecientos se refieren un espacio mayor, sin duda al correspondiente a la nave oriental al completo –once tramos o módulos estructurales–, con 21 camas en cada lado y 17 centrales y era atendida por dos enfermeros, seis mancebos, un padre de unciones y un chico.

Quadra de los Caballerías [PP/V-WW/17-21]

Su denominación sin duda tendría que ver con el mecenazgo de la familia de los Caballerías, importantes personajes de la Zaragoza del Renacimiento. En ausencia de los folios correspondientes en el libro de la Visita, sólo conocemos que era la tercera de la lista, que se situaba junto a la de San Sebastián y que, como seguidamente se verá, desde su interior se accedía al bloque de pasioneros. De todo ello se infiere que debía tratarse de la primera mitad de la nave oriental. En 1609 sus enfermeros eran Miguel Mondragón y Joan Miguel y contaban con la ayuda de dos mozos sin salario.

Quadra de San Sebastián [PP/V-WW/13-16]

(fol.569-) *In continenti... fue a la quadra que vulgarmente llaman de San Sebastián, la cual quadra está al lado de la quadra de los Caballerías, y vio y visitó dicha quadra, camas, ropa...* [Remite a visita anterior proceso fols.327. Describe las diferencias, citando las camas n.° 2, 3, 4, 7 hasta 15...]

Posiblemente el nombre de esta quadra tuviera relación con la advocación del altar que presidía el espacio, el cual debía corresponder a la segunda mitad de la nave oriental. El hecho de que tanto esta quadra como la anterior no aparezcan descritas en el siglo XVIII y las características de posición y dimensiones de las dos primeras confirman la hipótesis de equivalencia entre las cuatro descritas en la Visita y las dos documentadas en el setecientos.

Aposentos de los clérigos pasioneros

(fol.569v-) *In continenti... de dicha Quadra de los Caballerías fue a ver y visitar unos aposentos que están en medio de dicha Quadra de los Caballerías que sirven para los clérigos que son pasioneros y el enfermero mayor, y en el primer suelo hay cuatro aposentos, los cuales dichos cuatro aposentos visitó en la manera siguiente:*

Aposento del enfermero mayor [PA/W/21] (fol.570-) *Primero entrando a mano izquierda hay un aposento con el rótulo encima que dice "para el enfermero mayor", y dentro de él se vio... una mesa, un banquillo...*

Aposento segundo [PA/V/21] *Visitó otro aposento que está al lado de aquél, que está mosén Joan Benasque, pasione-*

ro, y en él se halló una cama... arca, mesa, candil... también había una ventana con sus dos medias puertas que sale al corral de los conejos.

Aposentos de mosén Martín Lucas y mosén Bartolomé Gayán [PA/V-W/23] (fol.570v-) *Y asímismo continuando vio y visitó dos aposentos de pasioneros enfrente de los sobredichos, que en el uno de ellos estaba mosén Martín Lucas y en otro dijeron estaba mosén Bartolomé Gayán, que era uno de los de abajo de dichos aposentos, y en cada uno de dichos aposentos se halló que había para servicio de cada uno de dichos pasioneros todo lo que está puesto arriba antes...*

Aposento [en el piso inferior] de mosén Domingo Botaya, pasionero [EP/W/21+EP/V-W/20] (Después de la visita a la casa de las Comedias: fols.709v-710) *Y luego in continenti, el dicho Sr. visitador fue, vio y visitó el aposento de mosén Domingo Botaya, pasionero de dicho Santo Hospital, el cual aposento está en la Quadra de Caballerías, donde los demás aposentos de los demás pasioneros están, al cual se baja por una escalera de tablas, y luego en él halló lo siguiente: Et primo dos bancos de cama, cinco tablas, tres colchones, cuatro sábanas, las dos para mudar en dicha cama, tres mantas blancas nuevas, ocho almohadas grandes y pequeñas, dos rodapiés, dos toallones y un tapete verde: El cual aposento tiene su puerta, cerraja y llave, con una ventana grande que sale al conejar, y el dicho aposento está a cargo de dicho mosén Domingo López de Botaya, pasionero // De las cuales cosas, etc. // Miguel Palacios ministro del Santo Hospital y Pedro Bardají, escribiente, habitantes en dicha ciudad de Zaragoza //*

[Aposentos] de mosén Cortés, pasionero [EP/U/21-23+EP/V/23] (fol.292v-) *Salidos [aproximadamente en marzo de 1601] de dichos aposentos [de los músicos, en el sector del huerto del boticario] volvieron a salir por dicho callejón al tercero passo del claustro del conejar y luego a mano izquierda en frente una ventana había una puerta la cual tiene mosén Cortés pasionero, y dentro había cuatro aposentos. En los dos primeros vestidos viejos. El tercero vacío y en el cuarto una mesa...*

Por la descripción de la Visita, parece que los aposentos de los pasioneros se distribuían en tres niveles. El acceso ordinario correspondía la planta principal, dentro de la quadra de los Caballerías. Había un piso superior en una entreplanta formada en el espacio de doble altura de las naves de enfermería, así como otro inferior en la entreplanta situada sobre la planta baja.

6.5.2. Quadras de hombres del claustro alto

Una de las puertas existentes en el salón distribuidor daba acceso a los corredores o galerías del claustro alto. Dicha puerta se situaba frente a la entrada a las quadras de mujeres y en el eje de la panda oriental, de forma que este corredor, en sentido norte, se prolongaba hasta el bloque lindante con el Coso y, en sentido sur, penetraba en el área de las enfermerías de mujeres. Era, por tanto, equivalente al eje NS señalado para la planta baja. El claustro alto se rodeaba de enfermerías excepto por su panda meridional, con la cual lindaban la escalera principal y el salón distribuidor. Adosada a la panda oriental se encontraba la quadra del Protonotario, la cual, a tenor de las descripciones, como se verá después, probablemente disponía de puerta independiente desde el salón.

Así pues, el llamado corredor del Coso no era sino la prolongación de la galería oriental. Este corredor, en su linde occidental, era tangente a la cabecera de la iglesia, mientras al este se situaban algunas enfermerías macladas en el edificio del mesón del Hospital. Esta rara disposición funcional indica que, muy posiblemente, aquí estuvo el embrión del conjunto renacentista de Nuestra Señora de Gracia, pues hubo una fase preliminar de este establecimiento antes de que fueran edificadas las grandes naves del palacio de las enfermerías a partir de mediados del cuatrocientos.

Una vez sobrepasada la crujía donde se encontraba la cocina, la cual seguía el eje de la galería septentrional, se encontraban dos quadras gemelas, ubicadas exactamente sobre otras existentes en la planta baja –las llamadas quadras de las Santa Cruces–, terminando el corredor en la crujía que formaba fachada con la calle del Coso, donde existía una tercera quadra, aunque de menor tamaño. Adosadas a las pandas septentrional y occidental del claustro alto existían otras dos quadras grandes. La ausencia de información en la Visita y la constatación de modificaciones en este área en el setecientos, incluyendo algunos cambios en las denominaciones de las enfermerías, hace muy difícil la asignación precisa de los espacios a las quadras verificadas en las relaciones del primer cuarto del seiscientos. No obstante, en función de las características diacrónicas y de la capacidad de las mismas –según figura en los cuadros vistos más arriba–, se ha propuesto la ordenación que sigue.

Quadra de Santa María [PP/I-M/37+PP/J/35-36]

(fol.604) *Acabada la visita a la cocina mayor... pasó el Sr. canciller... visitar la quadra llamada de Santa María, la cual fue antes visitada como de parte de arriba fols. 349-350... Se halló que las camas no son más que once y cada una tiene cinco tablas y dos bancos y para todas ellas hay 30 colchones, 54 sábanas, 36 mantas blancas, 80 camisas para los enfermos, 32 manteles, una lámpara colgada, 20 delante camas, 20 almohadas...*

De la descripción parece desprenderse que la capacidad de esta quadra tal vez era algo mayor que las once plazas existentes en 1609, posiblemente entre 15 y 18. En esa fecha sus enfermeros eran Martín de Ariñenca (Sariñena) y Juan de Lanuza y contaban con la ayuda de dos mozos sin salario. Su ubicación en el relato la sitúa no lejos de la cocina, por lo que debía emplazarse en el corredor del Coso. Posiblemente se trata de la ubicada en la crujía que hacía fachada con esta vía, maclándose con la casa del mesón y denominada Nuestra Señora de Gracia en la descripción de éste.

Enfermería de Bubas de Hombres

(fol.604v-) *Acabada la visita de la Quadra de Santa María, el canciller visitó la quadra llamada de Simientes de Hombres, de la cual antes... fol. 350... en la cual hay tres aposentos o piezas divididas, que la una la llaman Infierno, la otra Purgatorio, la otra Paraíso.*

Sala del Infierno [PP/A-B/30-31] *y en la que llaman Infierno hay siete camas y tres cunas, las camas tienen cada una dos bancos y cinco tablas... [etc.], y las cunas con su colchón, dos sábanas...*

Sala del Purgatorio [PP/A-B/26-29] En la que llaman Purgatorio hay 22 camas

Sala del Paraíso [PP/A-B/22-25] *y en la que llaman Paraíso hay 23 camas, y cada una de dichas camas tiene /* (fol.605-) *cinco tablas, dos bancos, dos colchones, etc... y en cada una de dichas camas hay dos enfermos...*

En conjunto, las salas de la quadra de bubas albergaban 55 camas, en algunas de las cuales se instalaban dos enfermos, lo que indica que era una de las mayores enfermerías del Hospital en 1609. Estas dimensiones le adjudican como posible ubicación la del bloque de la fachada de la calle del Hospital, aunque no puede desecharse que se dispusiera en varios espacios haciendo ángulo en el entorno del claustro. En esa fecha sus enfermeros eran Pedro de Rozas y Miguel García y contaban con la ayuda de tres mozos sin salario.

Quadra alta de cirugía [PP/J/30-33+PP/M/30-33+PP/K-L/30]

Sin datos en el *Libro de la Visita*, conocemos que en el siglo XVIII esta quadra disponía de 31 camas laterales. Por las referencias de las ampliaciones y cambios ulteriores de las enfermerías en el setecientos, debía estar ubicada junto al corredor del Coso, por lo que puede proponerse como ubicación idónea el ala norte del claustro, si bien no puede desecharse que estuviera en las salas gemelas. En 1609 sus enfermeros eran Vicente García y Juan Gutiérrez y contaban con la ayuda de tres mozos sin salario.

Quadra de convalecientes [PP/C-H/30]

Como en el caso anterior, tampoco figura dato alguno en el *Libro de la Visita*. Podría estar ubicada en el bloque de fachada, en el ala norte del claustro o, más probablemente, en las salas gemelas. En 1609 se hacía cargo de la misma Martín López, enfermero, que contaba con la ayuda de dos mozos sin salario. En el siglo XVIII, instalada seguramente en la planta baja, disponía de 25 camas laterales y era atendida por un padre, un cataplasmero y un mozo.

6.5.3. Quadra del Protonotario o de los vergonzantes
[PP/J/24-27]

Puerta de la quadra

(fol.702v-) *Et después de lo sobredicho, otro día que se contaba a veintiuno de dicho mes de septiembre de dicho año de MDCVIIII, dentro de dicho Santo Hospital el dicho Sr. canciller, comisario y visitador sobredicho, continuando dicha visita, llegó a un aposento que está dentro de la sala mayor de dicha casa, enfrente la puerta que está a la subida de la escalera principal para entrar en dicha sala, la puerta del cual aposento tiene una puerta de madera grande con su postigo y una recuela de hierro con un escudo de armas del Protonotario don Miguel Climente, y llegado a dicha puerta y habiendo entrado en dicha quadra dicho Sr. canciller visitador, continuando dicha su visita, inventarió, vio y visitó las cosas siguientes:*

Cámaras

Et primo cinco cámaras, con sus puertas y llaves, y en cada cámara y aposento su cama y ropa con sus cortinas encima de las puertas de lienzo y sus barras de hierro, y en cada cámara su celosía para oir misa desde dentro, y encima la puerta de la primera cámara se halló un rótulo que dice "prisma sacerdotum," la segunda otro rótulo que dice "secunda nobilium," la tercera tiene otro rótulo que dice "tertia militum ut infantionum," la cuarta tiene otro rótulo que dice "quarta civium," la quinta tiene otro rótulo que dice "quinta aliorum." Las camas son sin paramento con cada cinco tablas y dos bancos, dos colchones, dos sábanas, dos mantas blancas nuevas y una colcha de ajuar y cuatro almohadas, dos grandes y dos (fol.703-) pequeñas, y un rodapiés de lienzo con su franja y su guadamanil a la cabecera con sus armas y sus pantuflas para los enfermos,

Altar

y un Crucifijo de bulto con un cielo azul y alrededor lleno de estrellas, y dos candeleros de hierro al lado de dicho altar, una calderilla de alambre para el agua bendita, un platillo de azófar delante de dicho altar, y debajo de dicho altar hay dos cajones de madera con dos tablas que hacen tres cajones cada uno, con su cerraja y llave, y en las puertecillas las llagas. Y dentro del uno de dichos armarios había lo siguiente: Primero dos al-

Armas de los Clementes que figuraban en la puerta de la Quadra del Protonotario.

bas de ruan, la una llana y la otra con faldones y bocamangas de telilla amarilla, que es a modo de brocatelillo guarnecida de terciopelo verde con sus cíngulos y ámbitos. Item un misal romano con su facistol de madera en que están las armas de dicho don Miguel Clemente. Item una casulla de damasco verde con las armas del protonotario con cenefa colorada con su estola y manípulo. Item otra casulla... Item otra casulla... (fol.703v-) Item otra casulla... Item otra casulla de terciopelo negro... Item un delante altar de pelfa colorada con sus tiras de raso amarillo y por medio de ella una tira negra y franja de seda colorada y amarilla. Item otro delante altar de damasco negro labrado con listas amarillas con una cruz en medio. Item otro delante altar... Item otro delante altar de raso... Item un cáliz de plata blanca con su patena que pesa 16 onzas y tiene las armas de dicho protonotario. Item en una cazuela de madera hay tres pares de corporales, el uno de ruan labrado... Item tres purificadores del mismo lienzo. Item dos toallas de lienzo... (fol.704-) Item tres tablas de manteles de Ruan, los unos labrados... Item dos almohadillas para el misal... dos candeleros de azófar para poner las velas. Item una tabla con sus sacras. Item en el otro armario no se halló nada de dicho Santo Hospital. Item una lámpara de azófar con su lámpara de vidrio. Item una campanilla para tañer a misa.

Orden que ha de guardar el que tiene a cargo dicha quadra

Item junto al mismo altar una tabla de madera en la cual está escrito el orden que ha de tener el sacerdote que tiene a cargo dicha enfermería que es del tenor siguiente. El orden que ha de tener el sacerdote que tiene cargo de esta enfermería de los vergonzantes: Primero es obligado a decir, o hacer decir dando él la caridad, todos los días de fiesta mandados guardar por la Iglesia para número de cien misas cada año en este altar de la dicha enfermería a la hora que pareciere más conveniente para los enfermos o enfermos convalecientes o convalecientes que en ella hubiere. Y han de ser del tenor siguiente: Que diga la misa un poco en tono que se oiga bien de lo que aquel día de fiesta rezare la Iglesia, y después de la oración de la misa diga la oración "Omnipotens sempiterne Deus salus eterna credentium etc." y mientras se quita los ornamentos diga el salmo "Miserere mei Deus secundum magnam (fol.704v-) etc." y después se arrodille delante del Crucifijo de dicho altar y diga la oración "Respice quesumus domine super ave familiam eam pro qua etc." todo al mismo tono que la misa y en los aposentos. Que [si] en la dicha enfermería de los vergonzantes no hubiere algunos enfermos o enfermos convalecientes o convalecientes, en tal caso es obligado el dicho sacerdote a decir o hacer decir todo lo sobredicho en la enfermería mayor del presente hospital de Ntra. Señora de Gracia.

Otros elementos comunes

Item un banco grande escaño de pino... Item en dicho paso y enfrente de la quinta quadra arrimado a la pared hay un armario para servicio de dicha enfermería el cual es de madera con su cerraja y llave, con cinco estantes, cuatro puertas, y dentro de él tres cántaros para el agua, una botella y una cantarilla, y una redoma y una cesta para ir por pan, y junto a la quinta cámara hay una lamparilla con una cuerda que llega a la puerta principal, y de dicha cuerda cuelgan cinco cuerdas que cada una sale a la cama de dichos aposentos para poder llamar los enfermos. Item un cuadro grande del retrato del fundador de dicha quadra, que fue don Miguel Clemente, protonotario que fue de Aragón. Item otro cuadro pequeño del retrato del propio.

Aposentos del capellán y del criado

Item pasados dichos aposentos junto al último se hallaron otras dos cámaras que son dos aposentos, uno dentro de otro, (fol.705-) con sendas camas, en la primera dijeron que

dormía un criado de dicha quadra llamado Pedro Miguel Torralba y en la otra mosén Antonio Barrau, capellán de dicha quadra, las cuales dichas camas tienen la del criado dos bancos y cinco tablas, dos colchones, dos sábanas, dos mantas blancas y cuatro almohadas, y la otra cama de dicho capellán tiene dos bancos, cinco tablas, tres colchones, dos sábanas, dos mantas blancas y cuatro almohadas, dos grandes y dos pequeñas, y un rodapiés.

Cocina, aposentos y corredor de dicha quadra [PA/J/27+PA/J/27]

Item dicho Sr. canciller y visitador, subiendo por una escalera que está dentro del primer aposento, en medio de dicha escalera halló y vio una cocina y más arriba un solanar en el cual había dos aposentos, el uno de los cuales dijeron servía para guarda ropa y el otro para estudio al capellán, y en dicha cocina y miradores había: una bacía de alambre grande de cabida de dos cántaros, un calderico de alambre pequeño, una copa para brasa de lambre, tres sartenes, las dos medianas y la otra pequeña, un cacico para hacer huevos, dos rallos, tres candiles, un calentador de alambre de calentar la cama... cuatro ollas de tierra quebradas, un librillo, un banco de pino, dos cazuelas y un estante de libros en un aposento más adentro del corredor y otros donde están las eriebas?

Corredor de los aljibes de la cocina [PP/K/24-28]

(fol.705v-) Item vio que dicha quadra tiene cuatro ventanas por donde recibe lumbre dicha quadra, las cuales salen al corredor de los aljibes de la cocina. Item otra ventana patente que sale al rellano de la escalera que recibe luz del corredor. Item hay otra puerta que sale al dicho corredor de los aljibes de la cocina, con su postigo, cerraja y llave, para pasar las procesiones. Item hay tres escudos de armas en la pared de dicha enfermería que son de los Climentes, fundador de dicha quadra.

Aposento del guardarropa

Item en el último aposento más adentro del aposento donde están las letrinas que le llaman guarda ropa se vio que había dos tinajas de aceite, la una vacía y la otra tenía hasta arroba y media de aceite. Item una mesa larga de pino don dos *pies grandes. Item cuatro mesicas de cama para comer los enfermos. Item seis tablas de cama. Item cinco orinales con sus cajas. Item un candil. Item cinco servicios. Item se halló en la cocina un almirez de roble con su mango de lo mismo, y un candelero de azófar de aceite.*

Enseres encontrados en la quadra

Item en dicha quadra un hossantor viejo y un libro blanco donde se asientan la entrada y salida y nombre de (fol.706-) los enfermos, que se intitula «Libro de la enfermería de los vergonzantes en el Hospital de Ntra. Señora de Gracia, año 1606».

Item en la quadra «Prima sacerdotum» había también un arca larga de pino con dos cajones, cada uno de ellos con su cerraja y llave, y dentro de ellos se vio y halló doce mantelicos de grano de ordio? común, servidos. Item 17 servilletas de grano... siete babadores... seis manteles medianos... doce toallas ...dos pares de almohadas de ruan nuevas... cuatro pares de almohadas pequeñas y grandes de lienzo... diez cortinas...

Item en el aposento cuarto que se intitula «Civium» se halló un arca de nogal con su cerraja y llave, y dentro de ella se halló lo siguiente: Es a saber 20 sábanas de anjeo? nuevas. Item cinco sábanas usadas del mismo lienzo. Item cuatro camisas nuevas de lienzo casero. Item un rodapiés de lienzo.

Item en cada cama media mantilla para debajo de los colchones. (fol.706v-) Item un facistol de pie, una escalera de madera portátil. Item cinco sillas muy viejas de respaldo a lo antiguo y otro de lo propio a lo moderno. Item de las mantas que arriba se hace mención hay nueve nuevas que nunca han servido y cinco servidas. Item en cada uno de dichos aposentos su banco grande que están en el corredor y los demás aposentos. Item una copia de la sustitución de dicha enfermería sin principio.

Como se describe perfectamente en la Visita, la quadra del Protonotario tenía características especiales. Se correspondía con una navecita de cuatro tramos en cada uno de los cuales había una ventana alta que daban al llamado corredor de los aljibes de la cocina, un paso que comunicaba direc-

tamente el salón con la cocina y flanqueaba la quadra por su lado oriental. A la nave se accedía desde el salón por una puerta destacada por su decoración con las armas de los Climentes. Existía la costumbre en el Hospital de instalar delante de esta puerta un escaño cubierto con un paño negro con una cruz roja donde colocaban la mortaja de los enfermos que fallecían habiendo costeado su funeral hasta que lo bajaban al día siguiente a la iglesia.

Dentro de la nave había cinco cámaras o espacios separados por mamparas en los que se habían preparado una especie de pequeñas habitaciones para los pacientes distinguidos que hacían uso de la quadra. Desde los lechos tenían acceso a un cordel del que tiraban para hacer sonar una campanilla para los avisos. En el fondo de la nave había otro tabique donde estaba instalado el altar en el que se celebraba la misa los días de fiesta y que podían oirla los enfermos desde sus cámaras. En el trasdós del tabique se habían dispuesto dos pequeños aposentos para el capellán y un criado, sobre los cuales existía un entreplanta –a la que se subía por una estrecha escalera– donde se encontraba la cocinilla de la quadra, y desde la cual, a su vez, podía subirse a la planta de altillos o bajo cubierta donde se había habilitado un estudio para el capellán. El altar lo presidía un Crucifijo y en otro de los paramentos estaba colocado un retrato del protonotario Miguel Climente.

6.5.4. Quadras de hombres en la planta baja

Algunas de las quadras de la descrita planta principal tenían sus homólogas en la planta baja del hospital, concretamente las del Rey y Arzobispo y las gemelas, en las que se ubicaban, respectivamente, las de Nuestra Señora de Gracia –también llamada quadra de Tiermas–, San Miguel –o quadra baja de cirugía– y las de las Santas Cruces –primera y segunda–. Las dos primeras, por tanto, estaban situadas en el bloque septentrional del palacio de las enfermerías, bajo las quadras mayores señaladas, junto al eje WE. Partiendo del vestíbulo general del Hospital y llegados al claustro principal, dejando la escalera mayor y la sastrería a la derecha, se alcanzaba el corredor del Coso o eje NS –prolongación de la galería oriental–, punto desde donde se accedía a ambas enfermerías, ubicadas en la misma nave, una seguida de la otra. Dicha nave disponía un corredor adosado al mediodía, homólogo del existente en la planta superior, llamado en ocasiones paso de las quadras, que daba al patio oriental del palacio de las enfermerías, llamado también patio del conejar.

Enfermería de Juan de Tiermas [Quadra Ntra. Sra. de Gracia] [PB/J-N/22-23]

(fol.351-) *Et hecha la dicha visita de dichas quadras de bubas... se volvieron a bajar dichos Sres. visitadores continuando la dicha visita y al cabo bajo de dicha escalera entraron a una quadra nueva que está con dos puertas grandes, la una que sale al corredor grande del Coso y la otra al dicho paso de las quadras, la cual dicha quadra la ha hecho Joan de Tiermas, racional del dicho Santo Hospital, la cual quadra tiene una puerta muy grande con las dos medias puertas, cerraja y llave, y un picapuerta, y dentro de ella se halló lo siguiente: quince camas de tablas, catorce terlices... treinta colchones... sábanas... un altar... / (fol.351v-) ...la cual dicha quadra de Ntra. Sra. de Gracia la tiene a su cargo Esteban Martel, enfermero...*

Quadra de Hombres de Juan de Tiermas (fol.612v-) En acabada de visitar la Quadra de Santas Cruces se pasó a la Quadra de los Hombres Convalecientes que ha hecho Juan de Tiermas, regidor.... la cual es nueva y tiene sus dos puertas grandes, que la una sale al corredor grande del Coso y la otra al paso de las quadras. Dicha quadra tiene una puerta muy grande con sus dos medias puertas, cerraja y llave y picaporte. Et dentro de dicha quadra se halló lo siguiente... quince camas... cortinas para las quince camas... etc. (fol.613-) Item un altar con un retablo nuevo de pincel de la Anunciación de Ntra. Sra... cortina, manteles, delante altar, lámpara... Item una imagen de la Madre de Dios sobre la puerta que sale al corredor del Coso... Item tres lienzos bien guarnecidos, el uno del Juicio Final, otro del Ecce Homo y el otro de San Juan. Item cáliz, atril, candeleros, casullas varias,... (fol.613v-) albas, manteles, misal, portapaz... Item un aposentillo que se está labrando para sacristía de dicha capilla.

La quadra de Nuestra Señora de Gracia se había acondicionado recientemente por Juan de Tiermas, enriqueciéndola con una gran puerta decorada y un altar interior, actuación que debía haberse realizado poco antes de 1601. Todavía en 1609 estaban obrando para habilitar un pequeño espacio para sacristía. La portada principal contaba con una imagen de la Virgen sobre ella y se situaba en el eje de la nave. La quadra se destinaba a enfermos convalecientes y sus lechos estaban separados entre sí por cortinas. En la última fecha el enfermero a cargo de la misma era Juan Catalán, quien contaba con la ayuda de dos mozos sin salario.

Juan de Tiermas, primero racional y después regidor del Hospital, tuvo un destacado papel en las intervenciones de mejora del establecimiento en aquellos años. Como luego se verá, además de la quadra ya citada, de él toma su denominación el huerto ajardinado de la casa, ubicado junto a las principales residencias. Así mismo, existía un aposento donde se guardaban las herramientas y materiales destinados a las obras por él fomentadas. Tiermas debió fallecer en 1620, pues el 28 de marzo de aquel año fueron inventariados los bienes muebles que le pertenecían y que se hallaban en una sala del Hospital[339].

Quadra Baja de Cirugía [o de San Miguel] [PB/O-U/22-23]

Y salido el dicho canciller... de la dicha quadra de Juan de Tiermas dentró en la quadra que llaman de San Miguel que es de cirugía de hombres y de sarnosos, y la llaman quadra baja de Cirugía, que está al lado del corredor del Coso (fol.614-) de la cual son enfermeros Miguel de Urdán? y Mateo Pallaranco?, y habiéndola visitado... se halló:

Sala 1ª: Primero, en la primera sala o aposento 17 camas todas con cada una cinco tablas, dos bancos, etc...

Sala 2ª: Item en la segunda pieza o aposento se hallaron ocho camas...

Sala 3ª: (fol.614v-) Item en otro aposento más adentro de dichas dos quadras se halló: Primero tres camas... un arca, más arcas, camisas, ropa... etc. Item un altar que tiene un

---

339 1620, marzo, 28. Zaragoza / 3-3748(4318) Not.: P. Jerónimo Martínez de Aztarbe, ff. 485v/487v.

retablo viejo de pincel con la figura de Santo Tomás y una imagen de bulto de Ntra. Sra. con tres manticos, etc.

La quadra baja de Cirugía estaba dividida en tres áreas, seguramente mediante mamparas, en las cuales estaban instalados y agrupados los diferentes enfermos, seguramente de condición distinta. En 1609 los enfermeros eran Mateo Pallaranco y Miguel de Yacurre, quienes contaban con la ayuda de dos mozos sin salario. En el siglo XVIII el espacio de la enfermería se había unificado, teniendo dispuestas 27 camas en los laterales. Entonces contaba con dos enfermeros, un tablajero, un cataplasmero y cuatro mozos.

La quadra de Cirugía o de San Miguel fue citada en diversos de los testimonios recogidos en el proceso eclesiástico llevado a efecto cuando se analizó el llamado milagro de Calanda, dado que en dicha enfermería, según el acta notarial, tuvo lugar la amputación de la pierna gangrenada de Miguel Pellicer en 1637, restituída milagrosamente en 1640. El relato señala que el joven accidentado «fue al dicho Hospital General de la presente Ciudad, y fue puesto en la cuadra de Calenturas, porque la tenía, y de allí lo pasaron a la de San Miguel, que es de Cirugía, lo cual pasó los primeros días del mes de octubre del año mil seiscientos treinta y siete, y luego comenzaron a tratar de su cura los cirujanos».

Más adelante, se declara por «el licenciado Juan de Estanga, catedrático de Cirugía en la Universidad de la Ciudad de Zaragoza, y en ella domiciliado, cirujano del Hospital General... [que] yendo el deposante a visitar dicha cuadra de Cirugía, halló en ella un mozo, que es el que le ha sido mostrado como tiene dicho, y entonces no sabía cómo se llamaba, el cual tenía una llaga en una pierna, y el deposante trató de su cura, y aunque le aplicaron muchos y diferentes remedios, no aprovecharon, por estar dicha pierna muy flemorizada y dañada; con lo cual el deposante resolvió de que le cortase aquélla, porque si no le pareció moriría».

Diego Millaruelo, maestro en cirugía de Zaragoza, confirma que «yendo al Hospital con el licenciado Juan de Estanga, que era con quien platicaba, a visitar los enfermos de la quadra de Cirugía, por cuya cuenta corre la cura de los enfermos que en ella hay, vio en una cama al dicho Miguel Juan Pelli-

La Virgen del Pilar con el Milagro de Miguel Pellicer, natural de Calanda. Detalle de la amputación de la pierna.

cero con una pierna gangrenada, que dicho licenciado Juan de Estanga le aplicó los diversos medicamentos, y viendo no aprovechaban, sabe, y vio este deposante, que dicho licenciado Juan de Estanga resolvió de cortar dicha pierna, porque no hallaba otro remedio para que el dicho Juan Pellicero viviese; sábelo el deposante, porque como dicho es, platicaba con el dicho licenciado Juan de Estanga, y se halló en dicha deliberación... Hecha la deliberación de arriba, cortaron la pierna, sábelo porque se halló presente a cortarla, y ayudó a la ejecución, y la vió cortada».

Efectivamente, consta cómo «un día de los últimos de los dichos mes de octubre y año mil seiscientos treinta y siete, los dichos cirujanos se juntaron y aparejaron lo necesario, y dieron una bebida al dicho Miguel Juan Pellicero, y luego trataron de cortar como cortaron la dicha pierna derecha de aquél, cuatro dedos más abajo de la rodilla, y se la cauterizaron; encomendándose siempre el paciente a Ntra. Sra. del Pilar, implorando su auxilio en tan grande trabajo».

Seguidamente se relata que «uno de los platicantes a cirugía en la dicha cuadra, tomó en sus manos la dicha pierna cortada, y la mostró a diversas personas, y la llevó a la capilla en donde se depositan los cadáveres para enterrarlos en el cementerio del dicho Hospital, en el cual fue enterrada la dicha pierna». En efecto, testifica Juan Lorenzo García, mancebo platicante de cirujano, natural de Torralba de los Frailes y habitante de Zaragoza «que el deposante es el que tomó dicha pierna después de cortada y la llevó con otro compañero suyo, y habiendo estado con ella en la capilla, la llevaron a enterrar al cimenterio de dicho Santo Hospital, como de hecho la enterraron, haciendo un hoyo como un palmo de hondo».

El licenciado Pascual del Cacho, presbítero veedor del Santo Hospital de Nuestra Señora de Gracia, confirma que «yendo este deposante por las quadras de dicho Santo Hospital cuidando del sustento de los enfermos, por ser ese su oficio, vio en una cama de la quadra de Cirugía a un mozo al cual le habían cortado una pierna, según lo oyó decir al licenciado Juan de Estanga y a otros mancebos que con él estaban, el cual se la había cortado a dicho enfermo, y el deposante vió en el suelo la dicha pierna cortada».

Como es conocido, tras el regreso de Pellicer a Zaragoza con ambas piernas, los jurados, Capítulo y Concejo de Zaragoza solicitaron al arzobispo Pedro Apaolaza que se «declare, apruebe y califique en la debida forma *ac servatis sermudis* por Milagro la restitución milagrosa de la pierna derecha al dicho Miguel Juan Pellicero, la noche del día jueves a veinte y nueve del mes de marzo del presente año mil seiscientos y cuarenta en la dicha villa de Calanda por la Madre de Dios del Pilar de la presente Ciudad de Zaragoza, que le había sido cortada en el Hospital Real y General de Ntra. Sra. de Gracia de la dicha Ciudad»[340].

Quadras gemelas de Santas Cruces [PB/J/30-33+PP/M/30-33+PP/K-L/30]

Quadra [Primera] de Santas Cruces (fol.611v-) *A 14 de septiembre MDCVIIII... continuando... fue a la quadra primera que llaman de Santas Cruces, la cual tiene su puerta principal que sale al corredor del Coso, sobre la puerta de la cual hay un escudo de armas que tiene cuatro castillos, cuatro flores de lises, cuatro cruces y cuatro pájaros, de la cual guardan sus enfermeros Nicolás de Orio y Martín de Goycoechea, y*

en ella hallaron... Et primo 16 camas encajadas de madera, cada una tiene cinco tablas, dos bancos, dos colchones... Item un retablo que tiene un Cristo Crucificado con la María, San Juan y la Magdalena, manteles, delante altar, dos cruces, atril, etc. Item un arca, etc... sábanas...

Quadra Segunda de Santas Cruces (fol.612-) *Y luego... continuando... pasó a la otra quadra que llaman de Santas Cruces, a la cual se entra desde la dicha primera quadra de las Santas Cruces, y en ella se hallaron quince camas... etc. Item un altar que tiene un retablo de Cristo Crucificado con San Juan, Ntra. Sra. y la Magdalena, manteles... armario...*

Como se indicó más arriba, estas quadras gemelas se maclan en la edificación que constituía el mesón del Hospital, ubicándose al mediodía de su patio de columnas y sobre las dependencias auxiliares de sus pajares y almacenes. Posiblemente se trata de las edificaciones pioneras del establecimiento, destinadas a sendas naves de enfermerías. Cuando, posteriormente, se desarrollaron las construcciones principales del Hospital, es decir, la iglesia, el claustro o patio principal y las grandes quadras del palacio de las enfermerías, las de Santas Cruces quedaron integradas en el conjunto, independizándose de la casa del mesón y modificándose su acceso, que pasó a estar ubicado en el eje NS o corredor del Coso, donde fue construida su nueva puerta, la cual se decoraba con las armas nobiliarias de sus mecenas.

Podría presuponerse que aquel blasón se correspondería con alguno de los primeros regidores o patrocinadores, sin embargo, gracias al análisis heráldico proporcionado por José Antonio Vivar[341], todo parece indicar que las armas no son sino las del linaje zaragozano de los Espital. Concretamente, la hipótesis más plausible respondería al mecenazgo de Jaime del Espital, canónigo de la Seo, arcediano de Belchite y hombre muy cercano al arzobispo Dalmau de Mur[342]. Se

---

340 *Copia... sobre el milagro... de Calanda... de 1640* (1829) pp.13-51

341 José Antonio Vivar del Riego, académico numerario de la Real Academia Matritense de Heráldica y Genealogía, sin cuyas expertas orientaciones no hubiésemos podido avanzar en este apartado.

342 La familia Espital estaba asentada en Zaragoza. Según los Linajes de Nobles e Infanzones del Reino de Aragón de Juan Mathías Estevan, en los siglos XIV

Armas de los Espital que figuraban en la puerta de las Quadras de Santas Cruces

trata, sin duda, de un personaje de gran importancia, como lo demuestra su promoción en la catedral de su capilla funeraria, conjunta con Bernardo Villalba, arcediano de la Seo, a la que pertenece la bellísima tabla de San Vicente, realizada en los 60 por Tomás Giner y depositada en el Museo Nacional del Prado[343]. Así mismo contaba con la confianza del monarca, pues, según narra Zurita en los Anales, para «proveer en las cosas de la guerra como se requería con mayor celeridad y resolución, se nombraron cuarenta personas que representasen la corte general con el mismo poder, diez de cada estado, que tuvieron absoluto poder en ellas, cuyo gobierno en las cosas que sucedieron en las guerras de Castilla y Navarra duró mucho tiempo»[344]. Entre ellas estaba Jaime del Espital.

Las armas de los Espital eran las siguientes: En campo de gules, una cruz llana, de plata, cantonada de cuatro pájaros

y XV, además del arcediano Jaime del Espital, destacan las figuras: Jaime de Espital, doctor en leyes y designado en 1357 por Pedro IV para el consejo que señaló al justicia de Aragón para la defensa de Zaragoza cuando la guerra contra Castilla; Lope del Espital, caballero, participante en 1392 en el armada del infante Martín contra los rebeldes de la isla de Sicilia; Miguel de Espital, camarero de Alfonso V, perteneciente al grupo de los cuarenta y asistente, entre los hijosdalgo, en las Cortes de 1446. Cfr.: Nicolás-Minué Sánchez (2018) pág. 252.

343 Datada entre 1462 y 1466, responde al número de inventario P01334.

344 Zurita (1562) Libro XVI.

del mismo metal; bordura de ocho piezas, cuatro de oro, con una flor de lis de sinople, y cuatro de gules, con un castillo de oro. Las otras cruces debían responder a una incorporación indicativa de la quadra del mismo nombre. Esta hipótesis fecharía la integración de dichas enfermerías con el conjunto arquitectónico principal en la década de los 60 o 70, cronología que podría extenderse a la construcción del claustro o patio principal. Desde aquel momento, ambas enfermerías gemelas dispondrían únicamente de aquella entrada, por lo que a la segunda quadra de Santas Cruces se accedía desde la primera. En 1609 estaban a cargo de los enfermeros Juan de Pedraza y Juan Ramón, quienes contaban con la ayuda de dos mozos sin salario. Después, en el siglo XVIII contaban con 37 camas laterales y eran atendidas por dos enfermeros y cinco mozos.

6.5.5. Quadras de mujeres

La mayor parte de las salas destinadas a las mujeres se encontraban en la planta principal y ocupaban las alas meridional y occidental del palacio de las enfermerías así como el bloque central interior. Se accedía a las mismas desde el salón distribuidor por una puerta única, la cual, al ser atravesada, daba frente al pasillo central al que daban las puertas de las dependencias así como el corredor transversal interior WE desde el que se accedía a las naves que formaban las alas del palacio de las enfermerías. Dicho pasillo central no era sino la prolongación hacia el sur del corredor del Coso o eje NS en esta planta.

El pasillo dividía el bloque central en dos áreas. Dadas las dimesiones de las salas de enfermería, éstas debían situarse en la parte oriental, seguramente formando en planta una «U» en torno a un patio interior de ventilación e iluminación. Más hacia el este estaba el patio oriental o patio del conejar. En la parte de poniente se adosaban sendas crujías destinadas a otras dependencias específicas, al oeste de las cuales se encontraba el patio occidental o de los aljibes de la bodega. Este bloque central tenía una entreplanta, bajo la planta principal, de similar distribución, en la que una parte se destinaba a mujeres enfermas y la otra a la llamada quadra de amas o inclusa.

Imagen de las quadras del Hospital de Gracia a partir de la estampa de Mateo González *Virgo de Gracia*: *Quadras de Cirugía*, *Quadras de Niños expósitos*; *Quadras de calenturas*.

Quadra de Primeras [PP/J-N/16-20]

La también llamada primera quadra de mujeres ocupaba el área oriental del bloque central, formando sus espacios una «U», que en el siglo XVIII darían lugar a la denominación de quadras de afuera y de adentro, las cuales contarían entonces con 50 camas laterales. En todo caso, al no disponer de información en el *Libro de la Visita*, sus características no dejan de ser más que una hipótesis de trabajo. En 1609 la quadra era atendida por una madre, Gracia Esteban, y dos mozas enfermeras, Juana del Puy y Ana de Alfambra.

Quadra de Segundas [EP/J-N/16-20]

La segunda quadra de mujeres, de características idénticas a la anterior, debió ocupar los mismos espacios situados en el piso inferior o entreplanta. Así mismo, en el siglo XVIII se citan las quadras de afuera y de adentro, contando con 56 camas laterales. En 1609 la quadra era atendida por una madre, Catalina Lizaga, y dos mozas enfermeras, Pascuala y Lucía Arquer.

Quadra de distinguidas [PP/G/17-20]

Sin datos en el Libro de la Visita, de esta quadra solo contamos con referencias indirectas. Por ello, parece razonable

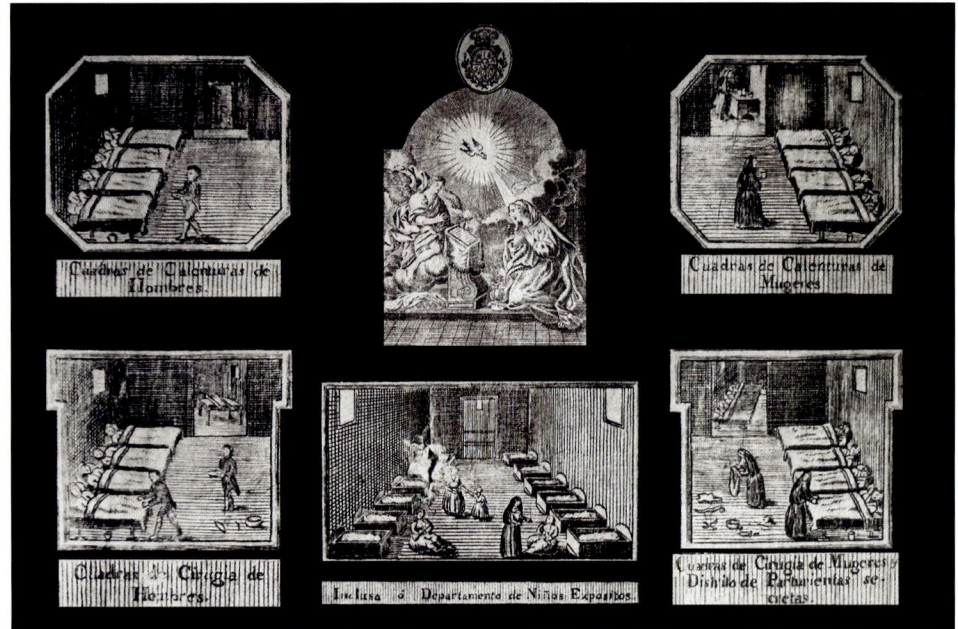

Imagen de las quadras del Hospital de Gracia a partir de la estampa *Nª Sª DE GRACIA. Titular del Sto. Hospital de Zaragoza*: *Quadras de Calenturas de hombres*; *Quadras de Calenturas de mujeres*; *Quadras de Cirugía de hombres*; *Inclusa o departamento de Niños expósitos*; *Quadras de Cirugía de mujeres y distrito de parturientas secretas*.

suponer que tendría unas características similares a su homóloga de hombres, es decir, se ubicaría próxima a la entrada general de las quadras de mujeres, en el piso principal, y sería de pequeño tamaño, donde pudieran instalarse unas cinco personas. En este sentido, lo más lógico es que se situara en la crujía occidental del bloque central y que contara con algún aposento auxiliar.

Quadra de Mujeres de Bubas [PP/M-U/13-14]

(fol.621-) *A quince días... septiembre MDCVIII... el dicho Sr. Gabriel Sora canónigo canciller... continuando... se confirmó personalmente a la quadra del dicho Hospital que llaman de mujeres del Mal de Simiente en la cual están las mujeres enfermas de bubas, y se entra a ella por el recibidor de dicho Hospital por la puerta de las quadras de mujeres, y dicha quadra tiene su puerta grande de pino con su llave y cerraja, y sobre la dicha puerta un escudo de armas del arzobispo D. Andrés Santos, el cual hizo dicha quadra, y es harto grande y espaciosa, y en ella se hallaron:*

Pieza 1ª Paraíso: *Primero un altar con un cuadro de una imagen de Ntra. Sra. en una tabla de pincel harto bueno y unos manteles... dos lámparas colgadas... Item 18 camas con cinco tablas, dos bancos... arcas... (fol.621v-) armario encajado en la pared... Item un escudo de armas fijado en la pared (es del arzobispo Santos). Esta primera Quadra de Bubas, que todas son tres, la llaman el Paraíso, la segunda el Purgatorio y la tercera el Infierno, y todas las tres quadras o aposentos los tiene a su cargo María de Velasco... y tiene dos mozas o criadas...*

Pieza 2ª Purgatorio: *Y luego se entró a la otra pieza o quadra que llaman Purgatorio, en la cual hallaron doce camas...*

Pieza 3ª Infierno: *Y hecho esto se entró en la tercera pieza o aposento que llaman Infierno, y en ella había seis camas, cada una con sus cinco tablas, dos bancos, etc...*

Aposento de guardarropa [PP/M/13] *En la guarda ropa de dichas quadras de bubas que está dentrando en la primera a mano izquierda, y también de las enfermas de calenturas, se hallaron 80 líos de ropas colgados con sus rótulos...*

Cocinica de Bubas [PP/M/14] (fol.622-) *Item en una cocinica de dichas quadras de bubas se hallaron...*

Catedral de la Seo de Zaragoza. Trascoro. Armas del arzobispo Andrés Santos. Figuraban en la puerta de las Quadras de Bubas de mujeres.

Guardarropa del desván: *En la guarda ropa de dichas quadras de bubas que está en los desvanes o miradores de ellas, se hallaron 16 cántaros... tablas, camisas, mantas... etc.*

La quadra de bubas, al haberse edificado o acondicionado bajo el mecenazgo del arzobispo Andrés Santos (1578-1585), debió ser la última de las realizadas en el quinientos, completando las promovidas por Hernando de Aragón algunos años antes. Posiblemente con esta actuación se cerraban las grandes quadras dispuestas en las naves que conformaban el que hemos denominado palacio de las enfermerías, hallándose en la mitad oriental del ala meridional. Este ala disponía de un desván o mirador que contenía los almacenes y guardarropas de las enfermerías, por lo que debió existir una escalera central para subir a aquél. La quadra estaba dividida en tres áreas, probablemente mediante mamparas, y disponía de aposentos auxiliares. En 1609 la madre de la quadra era María Velasco y contaba con la ayuda de Francisca, lavandera, y dos mozas.

Quadra de Amas [EP/GH/16-20]

(fol.622v-) *Y hecha dicha visita de las dichas quadras y guarda ropa de las quadras de mujeres de bubas, el dicho Sr. visitador... continuando... bajó a las quadras de las amas de los niños expósitos, que son cuatro aposentos y su cocinica,* y esta cae a un corredor que cae a los aljibes. Y la madre que tiene a su cargo dichas quadras de las amas se llama María Burgos.

Pieza 1ª: *En la primera pieza o aposento se halló un armario grande... tres arcas de pino... para pañales de los niños... (fol.623-) Item seis cunas grandes para los niños...*

Pieza 2ª: *En otra pieza más adentro en la cual hay una figura de Ntra. Sra. de los Desamparados pintada en la pared. Item once camas, cada una con sus cinco tablas, etc... sábanas, un brasero grande...*

Aposentos 3º y 4º: No se describen

La inclusa, llamada cuadra de amas, debía encontrarse en la entreplanta inferior y formaba un departamento independiente. En 1609 había trece amas y seguía siendo madre María de Burgos, la cual contaba con la ayuda de Juana, lavandera. A los niños expósitos que se dejaban en el torno –ubicado en una de las dependencias de la portería– se les debía conducir directamente a esta quadra a través de una escalera que comunicaba los niveles del bloque central.

Quadra de Mujeres Convalecientes [PP/A-B/15-19]

(fol.623v-) Y habiendo acabado de visitar las dichas quadras de las amas, pasó el dicho visitador por el dicho corredor de las amas a la quadra que llaman de mujeres convalecientes, que la hizo el arzobispo don Hernando de Aragón, y en dentrando en dicha quadra hay en una pared a mano izquierda un escudo de armas muy grande del dicho arzobispo don Fernando y otro en otra pared frontero del primer escudo, de la cual dicha quadra es madre y la tiene a su cargo Gracia de Alfaro...

Pieza 1ª: *y en dicha quadra hallaron nueve camas... un arca... Item un altar con su retablo de cómo enclavaban a Cristo en la cruz, manteles... y una imagen de Ntra. Sra. del Pilar de bulto en un tabernáculo.*

Pieza 2ª: *Item cinco camas... siete cabezales... once cortinas... un armario... una imagen de bulto de Santa Ana.*

Cocina de mujeres convalecientes [PP/B/20] *(fol.624-) Item en la cocina o refitorio de dicha quadra... una mesa larga con sus dos bancos... sartén, ollas...*

Guararropa de mujeres convalecientes: *Item en el guarda ropa de dicha quadra once mantas... etc.*

La quadra de mujeres convalecientes ocupaba el ala occidental del palacio de las enfermerías y por consiguiente formaba fachada con la calle del Hospital. En la misma figuraban las armas del arzobispo Hernando de Aragón, y allí se mantuvieron hasta después de la guerra de la Independencia, cuando sus muros fueron derruidos para formar el nuevo paseo de Santa Engracia[345]. En 1609 la madre era Lucía Hernández y contaba con la ayuda de una moza.

Quadra de Cirugía de Mujeres [PP/A-K/13-14]

Et luego el dicho canciller... acabada de visitar la dicha quadra de Mujeres Convalecientes, continuando pasó a la quadra de Cirugía de Mujeres por una puerta que está en la quadra de Convalecientes, y entró a la de cirugía, la cual dicha quadra de Cirugía de Mujeres tiene tres piezas, que las dos son grandes, espaciosas y muy buenas, y la otra no tan grande como las otras. Y la hizo dicha quadra el arzobispo de Zaragoza don Fernando de Aragón. Sobre las puertas de la cual hay dos escudos grandes de armas de dicho arzobispo, y la tiene a su cargo María de Ainzón... y tiene dos criadas...

Pieza 1ª: *Y en la primera pieza de dicha quadra hallaron 18 camas, diez de las cuales están encajadas de madera con sus cortinas por delante y por los lados, y todas las dichas camas tienen cada una cinco tablas, dos bancos, un jergón... (fol.624v-) un colchón, dos sábanas, dos mantas, etc. Item un altar con su retablo de San Jorge, tres manteles... delante altar y su rejado de balaustres. Item mesa, armario...*

Pieza 2ª: *En la otra pieza mayor de la dicha quadra de mujeres convalecientes (sic) se hallaron quince camas, cada una con sus cinco tablas... etc. Item un altar con su retablo de Ntra. Sra. de la Concepción, manteles... rejado de balaustres...*

Pieza 3ª o cocineta: *En la pieza menor de dicha quadra de mujeres de Cirugía que llaman la cocineta, se hallaron seis*

---

345 Relata Casamayor que *Fernando de Aragón... levantó de nuevo una espaciosa sala en el Hospital General que caía a la calle de Santa Engracia, en la que se han conservado sus armas hasta el año de 1811 que se arruinaron de resulta de la guerra.* Cfr.: San Vicente Pino (1991) Años... ep. 392, pág. 263.

camas... etc... Item cuatro cunas... con sus colchoncillos... tres arcas... (fol.625-) *que todas sirven para tener paños, ungüentos y otras medicinas... Item un fogaril.*

Cocina de cirugía de mujeres [PP/L/13] *En la cocina de dicha cuadra se hallaron ocho cántaros... bancos, ollas, arcas con ropa... etc.*

Guararropa de cirugía de mujeres (fol.625v-) *Item en la guarda ropa de dicha quadra de Cirugía de mujeres... 94 mantas... etc... ropa de mujeres enfermas con sus rótulos... Adviértase que es una guarda ropa muy vasta y espaciosa y conviene darle luz y levantarla porque está muy ahogada.*

La quadra de cirugía de mujeres ocupaba la mitad occidental del ala meridional del palacio de las enfermerías y hacía ángulo recto con la de convalecientes. Edificada también por mecenazgo de Hernando de Aragón, posiblemente fueron ejecutadas al mismo tiempo o seguidamente, pues las características eran las mismas. Consta que sus desvanes tenían muy poca altura y resultaban incómodos, de ahí que cuando fue realizada posteriormente la quadra de Bubas por Andrés Santos este problema se tuviera en cuenta, haciéndose con mayor altura. La quadra estaba compuesta por varias estancias, una de las cuales disponía de camas individualizadas con estructuras y cortinajes. En 1609 la madre seguía siendo María de Ainzón y contaba con la ayuda de dos mozas y una tablajera.

Aposento de la madre de los clérigos [PP/G/16]

Item pasó el dicho visitador de la segunda pieza de la dicha quadra de Cirugía de Mujeres, al aposento que llaman de la madre de los clérigos, que al presente lo es la dicha madre de la quadra de Cirugía de Mujeres, en la cual se halló... tres mantas, seis sábanas, una cama con cinco tablas y dos bancos... / (fol.626-) ... // Pedro Bardají y Felipe Segura... //

Aposento de la madre de los fatigados [PP/H/16]

Et hecho lo sobredicho... visitó el aposento que llaman de la madre de los fatigados, llamada María de Estíbaliz, el cual está en el corredor que llaman de cirugía de mujeres, en el cual se halló... Primero dos camas con cinco tablas, etc... // qui supra proxime nominati//

6.6. Oficinas centrales

Llamamos oficinas centrales al conjunto de dependencias funcionales y residenciales que, además de la escalera principal, el salón distribuidor y las quadras, se ubicaban en el palacio de las enfermerías y tenían acceso desde sus corredores propios. Quedan exceptuadas, por tanto, las que –situadas en el nivel del semisótano respecto de la calle del Hospital– tenían acceso desde la calle interior meridiana o desde el patio de la puerta falsa, todas ellas ubicadas en el nivel inferior de las alas oriental y septentrional de aquél. En función de su uso, las oficinas centrales pueden dividirse en cuatro partes: el grupo archivo-reposte, que comprendía oficinas administrativas y almacenes de diversos productos; el grupo de los refectorios centrales; la botica; y las áreas residenciales.

6.6.1. Dependencias del grupo archivo-reposte

Se trata de un conjunto de espacios destinado a albergar las oficinas administrativas y los almacenes de productos de carácter general, ubicado por tanto en un lugar céntrico y cercano al acceso principal del Hospital. Concretamente las dependencias se encontraban en la planta baja del bloque central y zona colindante del ala meridional del palacio de las enfermerías. A las mismas se accedía desde el ángulo suroriental del patio o claustro principal, por el eje NS que era la prolongación de la panda oriental, también llamado corredor del Coso. Este eje atravesaba todo el edificio del palacio de las enfermerías en dirección sur, desembocando en el gran patio de los aljibes [PJ]. En esa travesía cruzaba los dos corredores interiores que rodeaban los patios internos del mismo. Al primero, llamado en ocasiones corredor del archiu, daban las puertas del archivo del racional, del aposento del escribano de raciones y del aposento de las drogas. En la esquina entre el corredor y el eje estaba el aposento del pan. El segundo de los corredores era el denominado corredor de los clérigos, pues a lo largo del mismo se encontraban las principales residencias de éstos. En el principio de dicho corredor, hacia el este, se hallaban las dependencias de la receptoría y del resposte.

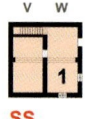

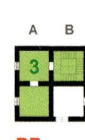

Plantas de las oficinas centrales, según R. Usón / Plantas: PB Planta baja; EP Entreplanta; PP Planta principal; SS Nivel semisótano / Elementos: PP Patio principal; PF Patio de la puerta falsa; PW Patio occidental; PC Patio central; PE Patio oriental; PJ Patio de los aljibes; HT Huerto de Tiermas; XC4 Corredor del archiu; XC5 Corredor de los clérigos; XC6 Corredor de los aljibes / OA Archivo-reposte: 1 Archivo escrituras; 2 Archivo racional; 3 Escribano de raciones; 4 Drogas; 5 Receptor; 6 Reposte; 7 Repostero; 9 Reposte alto; 10 Reposte de afuera; 11 Pan; 12 Limosnas; 13 Cofradías / OR Refectorios: 1 Clérigos; 2 Oficiales; 3 Fregadera; 4 Cocina; 5 Cogedores; 6 Refitolero / OF Farmacia: 1 Botica; 2 Rebotica; 3 Regente botica; 4 Mozos; 5 Laboratorio / AC Aposentos clérigos: 1 Predicador; 2 capilla vieja; 3 Veedor; 4 Guardarropero; 5 Mayordomo / AB Aposentos conejar: 6 Vajilla; 7 Privadas; 10 Aposento de los cántaros / AS y AE Aposentos altos: 1 Cuarto del conejar; 2 Licenciado Sarriá; 4 Vicario / OS2 Sala de la Sitiada.

Archivo de escrituras [PB/M-N/18-19]

El archivo era «una pieza con armarios alrededor para custodiar las concesiones reales y pontificias y todos los documentos relativos a las propiedades del Hospital, tanto en lo temporal como en lo espiritual». Junto al mismo se encontraba la «contaduría por hallarse el archivo a cargo del contador según las ordenanzas reales»[346]. El oficial de la contaduría era el contador o escribano de raciones.

Visita del Archiu de Scrituras del Santo Hospital (fol. 749h) *A veinte y ocho dias de los dichos mes de septiembre y año MDCVIII en Zaragoza y en el dicho Santo Hospital, el dicho señor doctor Gabriel Sora, canciller y visitador sobredicho,*

346 Ver Apéndice VI: *Instrucción para la formación... de un nuevo hospital (1815).*

continuando la dicha su visita y para efecto de ver y reconocer si en el archivo del dicho Santo Hospital (en el cual fue ya visitado por el dicho Sr. visitador juntamente con el Sr. abogado fiscal de su Mag., su convisitador, como consta de parte de arriba desde la tercera hasta esta hoja 263) faltan algunas escrituras, o se han aumentado, vio, pero no escribió, y de nuevo...

En la visita de 1608 se hace referencia a la realizada en marzo de 1600, en la cual se describen los documentos principales custodiados en el archivo del Hospital. A pesar se faltar numerosos folios en el libro de la Visita, es interesante observar algunas referencias que figuran en el relato:

Privilegios (fol.13-) Privilegio del rey don Alonso al Hospital: 17 nov 1425 / (fol.14-) Privilegio Real: 21 jun 1429 / (fol.16-) Privilegio Real: 12 mar 1459 / (fol.23-) Privilegio rey don Hernando: 23 mar 1504

Calaje 2º (fol.30-) *A los dos días del mes de marzo del año mil y seiscientos, en el dicho Hospital de Zaragoza los dichos Sres. Visitadores [Miguel Palacios y Francisco Ximénez] con mí el notario y secretario de esta causa continuando la dicha visita en el segundo cajón...* [continúan los privilegios... y letras...] //

Calaje 3º (fol.51-) Visura... calaje tercero... Privilegio rey don Felipe II: 14 nov 1547 / Siguen privilegios... Grabadito en frontispicio de Ntra. Sra. de Gracia (Anunciación): confirmación de privilegios; en cuarto; con las armas de Felipe II en el envés.

Cajón de privilegios apostólicos [Nota] (fol.67v-): Bula concedida por Eugenio IV por la cual dio comisión al abad de Santa Fe para que haga iglesia y altares en el Hospital, dada en Roma, *Décimo Calendas Januarii 1431* / (fol.68-) Breve del papa Nicolao para que el Hospital pueda tener Sagrario, dado en Roma, *Uno Calendas martii 1453* / (fol.68-) Concordia entre el Hospital y San Miguel de los Navarros, 22... 1433, en Zaragoza, arzobispo Dalmau / (fol.69-) Visura calaje tercero...

Calaje 5º (fol.72-) *A 4 días de marzo 1600 en Zaragoza... los dichos comisarios fueron al Hospital y habiendo entrado en dicho Archivo continuando la visita hicieron visura del quinto cajón...* / Arzobispos y vicarios generales... escrituras... /

Licencia... para erigir Cofradía de las Sras. que sirvan a los pobres y hacer estatutos, 27 janero 1575 / Licencia para erigir dos altares en la iglesia del Hospital, el uno en la parte de arriba y el otro en la parte de abajo, para que puedan oir misa los enfermos y servidores, dada por García de Maluendo, vicario general del arzobispo don Alonso, en Zaragoza, a 15 de marzo de 1429 / (fol.74v-) Quinto cajón: escrituras... / (fol.75-) Entran al Archivo... armarios... escrituras...

Calaje 6º (fol.85-) Sexto calaje: escrituras... / Censales (fol.124-) A seis de abril 1600. Siguen visita... censales... // Armario 2º (fol.167-) A 3 de enero 1601. Siguen Visita: Segundo armario del Archivo... / (fol.182-) Abril... armario... escrituras...

Cajón de los treudos del Archivo (fol.190-) A 20 de enero 1601... Cajón de los treudos del Archivo... // Armario 4º (fol.202-) Finalizan los calajes del tercer armario del Archivo y siguen con otros doce calajes: treudos y heredades... / (fol.259v-) A 3 de febrero 1601. Cuarto armario... escrituras... (se cita aposento del Archivo o Archiu) // (fol.262v-) Armario del Unicornio (hay un cuerno del Unicornio)

Como se desprende de la relación documental, el archivo era una dependencia amplia y bien dotada con numerosos armarios cerrados provistos de estanterías y muebles de cajones donde los documentos se encontraban perfectamente clasificados y custodiados. Era de las dependencias más valoradas y su seguridad era indispensable, por lo que no tenía acceso directo, sino a través de una dependencia preliminar, la llamada el archivo del racional.

Archivo del Racional [PB/M-N/20]

(fol.263-) *Item en otro aposento más afuera del aposento del Archivo que le llaman Archivo del Racional, hallan* otras cosas: libros, cajas... / (fol.263v-) *...* en el estante alto de madera encajado en la pared de la mano izquierda entrando en dicho aposento hallan varios libros... (fol.558v-) Visita de 1608 al archivo del racional (lo que se ha añadido desde la visita del período anterior)

Aposento del escribano de raciones [PB/L/20]

(fol.559-) *Continuando la dicha visita fue al aposento que llaman del escribano de raciones, que está entre el aposento de las drogas y el dicho aposento del archivo del racional...* (Tiene libros de entradas de enfermos... se remite al fol.265).

(fols.265-265v-) [Marzo de 1601. Continúan la visita...] *aposento del Escribano de Raciones, donde hay libros... El cual aposento es para el oficio del escribano de raciones del Hospital,* [que] *de presente lo es Francisco Sornoza a cuyo cargo está la llave y la custodia de los papeles del dicho aposento.*

Aposento de las Drogas [PB/K/20]

(fol. 265v) [Marzo de 1601] Salen del aposento [del escribano de raciones] y *entran en el aposento de al lado llamado aposento de las Drogas, a cargo del Racional del Hospital, que de presente lo es Juan de Tiermas.*

(fol.561-) Cita fol.267... *[El aposento] lo tiene a su cargo el racional del Santo Hospital...* (Se hallan jarabes, etc.) / (fols.561v-563-) *En dicho aposento más adentro...* (Siguen los productos y objetos)

Aposento del Receptor [PB/J-K/16]

La llamada también receptoría era una pieza que albergaba un despacho destinado a «custodiar con toda seguridad los caudales»[347], por lo que se trataba de los aposentos con mayores medidas de protección, como se comprueba en la descripción de la Visita.

(fol.559v-) *A 10 de septiembre de 1609... visitan... el aposento que llaman de la receptoría, el cual tiene su puerta con dos cerrajas y dos llaves; tiene una ventana con su reja que sale al corredor de los aposentos de los clérigos... que está en el presente proceso asentado debajo del dicho fol. 268... en el cual se halló...* libros, cajones, etc. / (fol.560-) (Algunas cosas no estaban, etc.)

Entre otras competencias, el receptor suscribía muchos de los contratos relativos a determinadas fuentes de financiación del establecimiento, como la gestión de la casa de las comedias. Un ejemplo entre tantos lo constituye el documento de capitulación y concordia, suscrito el 30 de marzo de 1634 entre el receptor del Hospital y el autor de comedias José de Salazar y Mahoma[348], por el que éste se obligaba a realizar «quarenta representaciones en las cassas del Hospital Real y General de Ntra. Sra. de Gracia» pactándose un precio de 4.000 sueldos jaqueses.

Reposte [PB/J/13-14]

Esta oficina la comprendían varios aposentos, unos ubicados en la planta baja y otros en la entreplanta. El espacio principal o reposte era la sala primera de la planta baja, lugar donde se almacenaban diversos productos y enseres. A ella daban los aposentos del repostero y de los mozos de abajo. Lindante al reposte, en el corredor de los aljibes, había una zona ocupada para almacén suplementario llamada reposte de afuera. Finalmente, por una escalera se subía al reposte alto, donde había otro aposento para mozos.

Aposento del repostero [PB/K-L/13]

(fol.564-) [Cita fol.280...Se hallan 400 docenas de huevos, etc.]

Aposento de los mozos del reposte [PB/K/14]

Después entró en otro aposento que está al lado de aquél, que es de los criados del reposte... y halló dos camas para dichos criados con sus bancos, tablas, colchones, etc.

Aposento de los repostes altos [EP/J-K/13-14]

(fol.564v-) *Salidos de dicho aposento de los mozos se subió a los repostes altos, los cuales están encima del viejo, grandes aposentos dichos, por una escalera, en la cual se hallaron una docena de abrascales de cáñamo para las mulas... cuerdas... para aderezar los carros, y subido a dicho reposte alto, que está más adentro que el primer aposento de dicho reposte, entrando a mano izquierda, halló que la puerta estaba rota, sin cerraja ni llave, y había...* [objetos varios]

Corredor o repostes de afuera [PB/J-L/12]

(fol.565-) *En saliendo de dicho aposento donde está el vidrio, al corredor o resposte de afuera, se visitó... se halló que tenía su puerta con su cerraja y llave, lleno de ventanas hacia*

---

347 Ver Apéndice VI: *Instrucción para la formación... de un nuevo hospital (1815).*

348 González Hernández (1979) Doc. 3.

el patio de los aljibes, en el cual corredor se halló 36 resmas de papel... cuencos, pesas asederas para los enfermos...

Aposento del Pan [PB/J/20]

(fol.565v-) *Aposento que está saliendo del reposte a mano derecha, el cual se llama aposento del pan, el cual tiene puerta, cerraja y llave, una ventana que sale hacia el paso del archiu y está a cargo de dicho Félix de Argueta... Se halló... en dos rincones hasta dos cahíces de pan cocido en panecillos... /* (fol.566-) [Cambia a visita de botica, peritos...]

Almacén de las limosnas [PB/G/19-20+H/19]

Según el programa de 1815, próximo al patio principal, y por consiguiente en este sector, había «un almacén capaz para recoger todo lo que traigan de limosna, sea en muebles, camas, lienzo y ropas de toda clase, granos, legumbres y todo cuanto trajesen a la Casa. La llave de este almacén deberá tenerla en su poder el confesor de entradas con el título de limosnero mayor, de modo que nadie podrá recibir la limosma sino el dicho limosnero. El expresado limosnero tendrá obligación de dar cuenta a las diez y a las seis de la tarde al Sr. regidor de semana para que dicho Sr. determine la pronta ordenación especialmente en cosas que puedan perderse y sin ninguna utilidad».

Cuartos de las cofradías [EP/G-H/22-23]

Así mismo, el programa refería la existencia de unos cuartos donde las hermandades afincadas en el establecimiento almacenaban sus pertenencias: «En el expresado patio o en el entresuelo, las cofradías de Nuestra Señora del Río, del Ángel, etc., tenían en el antiguo Hospital unos quartos donde guardaban los enseres de las mismas». Posiblemente se trataba de varios aposentos situados en aquel sector que fueron cambiando con el paso de los años hasta el tiempo de los Sitios, cuando existían los referidos.

6.6.2. Refectorios centrales

En el tiempo de la Visita, con independencia de numerosos pequeños aposentos destinados a cocinillas y refectorios anexos a las quadras, viviendas y otras dependencias varias, y considerando que la alimentación de los enfermos se ha-

Refectorio de Santo Domingo, Zaragoza. Biblioteca municipal.

cía en los propios lechos y se servía desde la cocina principal de las enfermerías, repartiéndose en el salón distribuidor, el resto del personal interno de la casa utilizaba los refectorios centrales, que con sus espacios auxiliares se ubicaban en la planta baja del establecimiento, en el ángulo que formaban las alas meridional y occidental del palacio de las enfermerías. Existían dos salas destinadas respectivamente a refectorio de clérigos y refectorio de oficiales, ambas orientadas hacia el mediodía, las cuales daban al gran patio de los aljibes. Las cocinas y demás dependencias del servicio, lindantes con el último, se encontraban en el ala occidental, y hacían fachada con la calle del Hospital. El acceso a las dependencias se realizaba por el corredor interno, el cual no era sino la prolongación hacia poniente del corredor de los clérigos.

Refitorio de los clérigos [PB/E-H/13-14]

Primera visita, marzo de 1601: (fol.295-) *Acabado que estuvieron de visitar el reposte y el aposento del pan, los visitadores salieron de él y luego fueron a ver y visitar el refitorio de los clérigos, el cual está saliendo del dicho reposte a la mano izquierda hacia el rincón que hay una ventana que sale* al patio de los algibes, el cual dicho refitorio tiene dos puertas, una de madera labrada con su puerta y cerraja y llave, y la otra con sus aros de madera y lienzo grueso, con su picaporte y su contrapeso detrás, y entrando en dicho refitorio hallaron las cosas siguientes: Primero una tabla que está colgada en un pilar de dicho refitorio... [se refiere a las ordinaciones relativas al refitorio] (fol.297-) *Item una fuente de arambre con su pila de piedra para lavarse las manos los sacerdotes. Item dos encerados grandes para dos ventanas. Item un fogaril grande. Item una campanilla...*

Segunda visita, septiembre de 1609: *Refitorio de clérigos, mayordomo y oficiales y otros* [al margen] / *Item dicho Sr. canciller... visitó los refitorios de mayordomo, clérigos y los demás oficiales mayores y menores y serviciales de dicha casa, al cual se entra por una puerta que está enfrente del reposte, y tiene su cerraja y llave, y luego hay otra correspondiente a ella otra con un encerado y consecutivamente un cancel por donde se entra al refitorio donde comen dichos mayordomo, clérigos y otros oficiales preeminentes de dicha casa, en el cual hay tres ventanas, las dos grandes y una pequeña, con dos medias ventanas cada una, que todas ellas salen a donde están los aljibes, y otras seis ventanas para recibir luz por ellas al paso que pasan al refitorio donde comen los serviciales, en el cual dicho refitorio había siete mesas grandes* (fol.693-) *con 25 cajones para tener cada uno en él las cosas necesarias para el servivio de la comida, aunque en cada uno de ellos no había de dicho Santo Hospital sino una servilleta, y dichas mesas son muy gruesas, anchurosas y buenas, con sus pies labrados de madera fijos en tierra, y todas ellas tienen los manteles puestos y en cada una de dichas mesas había sus escudillas con sus cantarillas de alambre... Item un púlpito de madera... una campanilla, un fogaril. Item tres ventanos grandes con sus pedazos de guadamacil abajo con sus mangos de madera puestos en los tejillos para hacer aire.* (fol.693v-) *Item dos enjugamanos. Item una imagen de Ntra. Sra. del Bierzo con enjugamanos alrededor. Item una fuente de alambre, con su cobertor y cadena donde está pendiente, para lavarse cuando entran a comer con una pila de piedra donde cae el agua y allí discurre al patio de los aljibes. Item cuatro*

encerados grandes para las ventanas y siete candeleros de azófar para alumbrar... El cual refitorio está todo enfustado alrededor para respaldos y tiene sus bancos para sentarse encajados en la pared y debajo unos entablados para poner los pies.*

Refitorio de los oficiales o serviciales [PB/A-D/13-14]

Primera visita, 1601: (fol.297-) *Sigue visita en refitorio de los clérigos y oficiales de dicha casa. Salen del refitorio de clérigos y entran por dentro de él al de oficiales y serviciales ordinarios, que tiene puerta y al lado una ventana con su puerta por la cual se da la comida al refitorio de clérigos. Tiene cinco mesas: mesa de boticarios y horneros, mesa de labradores y carreteros, otra enfermeros, otra pequeña para el refitolero y bodeguero... Tiene un fogaril grande para tener la olla de cobre donde bajan la comida a los del refitorio.*

Segunda visita, 1609: *Item de dicho refitorio se entra al otro donde los serviciales y demás gente de casa come, que lo divide una antosta con una ventana grande de madera y una puerta de madera con su cerraja y llave, y dentro de dicho refitorio había cuatro mesas grandes, las cuales tenían cinco cajones en los cuales había sus servilletas, y dichas mesas* (fol.694-) *tenían sus pies grandes portátiles y sus manteles puestos con sus escudillas de sal. Item una tabla grande para cortar la carne. Item nueve docenas y media de platillos. Item otra mesica pequeña... otra mesa con sus bancos de madera portátil para poner los cántaros... El cual refitorio tenía seis candiles y dos ventanas cada una con dos medias que salen al dicho patio de los aljibes y otras dos con sus barras de hierro que salen a la calle del Hospital que va a Santa Engracia y dos enjugamanos para toda la gente.*

Aposento de la fregadera [PB/A-B/15]

Primera visita, 1601: (fol.297v-) *Salidos del refitorio entraron en el aposento que está en medio de dicho refitorio que llaman el aposento de la fregadera, con su puerta y ventana por donde se dan los platos, y ventana con encerado que sale a la calle de dicho Hospital.*

Segunda visita, 1609: *Aposentos dentro de los refitorios* (fol.694v-) *Item otro aposento dentro de dicho refitorio que sirve para lavar la vajilla. Tiene una puerta muy vieja y rota, sin cerradura, y dentro una mesa de madera con sus pies. Item un mortero de madera... cántaros, tinajas...*

Cocina de dichos refitorios [PB/B/16-17]

Primera visita, 1601: (fol.298-) *Salidos del dicho aposento de la fregadera entraron en una cocina que está detrás de la puerta de la fregadera a mano izquierda, con armario, tiene dos ventanas que salen a los aljibes* [debe entenderse patio de los aljibes de las bodegas]

Segunda visita, 1609: *Item de dicho aposento se entra por una puerta a otro que no tiene cerradura y dentro de él había dos bancos grandes de madera portátiles, una chimenea... un armario encajado en la pared...* (fol.695-) *un banco pequeño... El cual dicho aposento tiene dos ventanas con cada dos medias que salen a los aljibes.*

Aposento de los cogedores [PB/B/18-20]

Primera visita, 1601: *Más adentro de la dicha fregadera hay tres aposentos, uno más adentro que otro, que sirven para los plegadores que andan con las cajitas por la ciudad, y cada uno tiene sus puertas, y la primera con su cerraja y llave, y cada uno tiene su ventana que cae a los patios de los aljibes. En el primero de los cuales había una cama... Item en el segundo aposento de los segundos cogedores halló una cama...* (fol.298v-) *Tercero aposento de cojedores: una cama... armarios...*

Segunda visita, 1609: Aposento de Diego Martín, plegador (fol.696-) *Item al otro lado hay otro aposento con su puerta, cerraja y llave, con una ventana pequeña que sale a los aljibes, en el cual duerme Diego de Martín de la Roseda, plegador, y en él hay un velador, una tabla...*

Aposento de Pedro Garau, cogedor: *Item otro aposento dentro del sobredicho que tenía su puerta sin cerradura y una ventana a los dichos aljibes, y dentro una tabla encajada en la pared, dos jarros... Item una cama...* (fol.696v-) *En el cual aposento duerme y está Pedro Garau, cogedor, y había en dicho aposento también dos candiles...*

Aposento de Joannes Iribarren, cogedor: *Item otro aposento dentro del sobredicho que tiene puerta sin cerradura y una ventana que sale hacia los aljibes, y en él duerme Joannes de Iribarren, cogedor de Ntra. Sra. del Pilar, y dentro había un banco... una cama, etc. // Pedro Bardají, etc //*

Aposento del refitolero [PB/A/16-17]

Primera visita, 1601: (fol.299-) *Salidos del dicho aposento* [cogedores] *entraron en otro que llaman del refitolero, el cual tiene... con puerta y una ventana corrediza que sale a la calle de Santa Engracia. En él, a la mano izquierda entrando una mesa de pino, canastos... cama... arca...*

Segunda visita, 1609: *Item otro aposento dentro del sobredicho a mano derecha, en el cual está Juan, maestro refitolero. Tiene su puerta con su cerraja y llave, y una ventana caediza que sale a la calle del Hospital y un armario viejo con una mesa de cuerdas con su tabla y tijera encima. Item una cama con dos bancos, cinco tablas, etc., un banco, 14 manteles sucios, un arca...* (fol.695v-) *Item un arca... otra arca con 119 servilletas...*

Aposentos de los mozos del refitorio [PB/A/18]

Primera visita, 1601: (fol.299v-) *Salieron de dicho aposento* [refitolero] *entraron en otro que está más adentro con su puerta y sirve para dormir en él los mozos del refitorio.*

Segunda visita, 1609: (fol.695v-) *Item otro aposento dentro del sobredicho que tiene su puerta de madera sin cerradura, una ventana caediza que sale a la calle de Santa Engracia y dentro de él había dos camas con cada dos bancos, cinco tablas, etc. Item una mesa grande de madera.*

6.6.3. Botica

La botica era el lugar donde se preparaban las medicinas y donde se guardaban los productos necesarios para su elaboración. Dada la dimensión del Hospital se componía de varios aposentos y contaba, además, con diversas habitaciones para residencia del regente de la misma y sus ayudantes. La botica tenía relación constante con las quadras de los enfermos, por lo que sus instalaciones debían encontrarse próximas a ellas y bien comunicadas. Es por ello que se ubicaba en el ala occidental del palacio de las enfermerías, accediéndose a la misma por el rellano de la escalera princi-

Botica del Hospital de Santa Caterina, Gerona.

pal, detalle que informa que sus dependencias se encontraban en la entreplanta. Complementariamente, en un lugar apartado, en el sector oriental del establecimiento, la botica contaba con un huerto propio donde cultivaban las plantas medicinales, y junto a él disponía, en uno de los bloques que lo rodeaban, de un mirador: espacio de almacén donde se secaban, clasificaban y se guardaban aquéllas.

Algunos productos de la botica eran muy costosos y difíciles de obtener, por lo que la custodia de los mismos y su utilización era en extremo controlada y dosificada. Pero, ante todo, la elaboración personalizada de los fármacos y su fórmula de servicio era vital para la evolución sanitaria de los enfermos. Por todo ello, el régimen de la botica era muy exigente y en *Libro de la Visita* se pone de manifiesto de forma expresa. En éste, por desgracia, faltan numerosas páginas que crean un vacío de información en relación a los espacios de la botica. Por el contrario, se han conservado la mayoría de las relaciones de los innumerables frascos y recipientes que contenían los correspondientes productos farmacéuticos. Así, en los folios 372 y ss. figura una lista de redomas y productos que no es posible revisar en una jornada, continuándose en la siguiente, el 23 de abril de 1601, a partir del folio 377, con una nueva relación de jarras de más productos. Posteriormente seguirían las relaciones de los barrales y otros recipientes que se hallaban en la rebotica, a partir del folio 381, etc. Tiempo después, durante la segunda etapa de la Visita, se renueva el inventario de la botica, a partir del folio 571, y la rebotica, desde el folio 592v.

La valoración de los contenidos ha sido descrita por Andrés Arribas. «En el *Libro de la Visita* –señala– se comienza describiendo cajas, la mayoría de las cuales contienen gomas (goma laca, opoponato, goma arábiga, galbano...) Continuaron con la especificación de botes azules con ungüentos (blanco, de plomo, de litarge...) y redomas de aceites (de adormideras blancas, de almendras dulces, de lirio azul...) redomas de aguas, jambes y zumos, y terminan la relación con los barrales que están en el estante más alto. El día 23 de abril prosiguieron los visitadores con la inspección de la estancia principal, revisando los productos guardados en distintas jarras vidriadas con dos asas, algunas con rótulos con el nombre del contenido. Procedieron a continuación con botes grandes vidriados decorados en azul y otros de color blanco, los primeros contienen confecciones y jarabes (oximiel, diacatolicon), los segundos con flores (camomila) y polvos (verdete, litarge). Termina la descripción que nos ha llegado de los productos almacenados en la estancia principal de la Botica con los emplastos (de ranas, de lombrices, de centaura, de Nicolao, emplasto magistral de un cirujano de la casa). Seguidamente comienza la descripción de la rebotica, donde, en seis entablados o estantes pegados a la pared, encontraron jarras con dos asas y barrales (de hasta cuarenta libras de contenido) con jarabes, aguas y zumos. En el aposento para dormir el regente describen un armario pequeño con puerta, cerraja y llave que contenía redomas y barrales con aguardiente, vinagre rosado, vinagre fino, agua de azahar, agua de rosas y vino blanco entre otros productos y preparaciones»[349].

Dada la especialización de la materia, el visitador se hace acompañar siempre de diversos peritos, quienes se ocupan de comprobar las características y los detalles de las relaciones. En los folios 394 y ss. se efectúan diversas preguntas a los boticarios sobre el funcionamiento y organización en la preparación de las medicinas para los enfermos. En ocasio-

349 Andrés Arribas (1991) pág. 107.

nes también son interrogados los peritos (fol.397). Así mismo se tratan las instrucciones sobre la botica (fol.404) y se nombran contadores, revisándose las cuentas (fol.405). Al respecto debe tenerse en cuenta que no en todos los aspectos revisados había unanimidad entre los consultores, como se puso de manifiesto en determinados detalles, constando, por ejemplo, divergencia de opiniones sobre la elaboración de ciertos fármacos, tal como se descubre en el Libro de Actas del Consejo de Zaragoza de 1614. Así, en la sesión del 12 de mayo, a instancia del jurado Martín Español, se registra que en «los años pasados, mandó su Magd. visitar el Hospital de Ntra. Sra. de Gracia de esta ciudad y nombró para ello a los doctores Gabriel Sora, canónigo del Asseo de ella, y Francisco Santa Cruz y Morales, su abogado fiscal en el presente Reyno, y comenzando a hacer la dicha visita por la Botica de medicinas del dicho Hospital como parte principal y necesaria para buena curación de los enfermos, habiendo nombrado los dichos visitadores algunos médicos y boticarios para ver y reconocer las drogas y medicinas de la dicha Botica, hallaron entre otras algunas composiciones hechas con escamonea y otras con coloquintida y por haber diversidad de opiniones y pareceres entre los dichos médicos y boticarios, diciendo los unos que la coloquintida había de estar preparada y triturada con aceite rosado y otros que no... determinaron los dichos visitadores que [se] consultase con su Magd. para que deliberase... y que en la ciudad se ejecute y haga lo que su Magd. ha mandado se efectúe en el dicho Hospital, puesto que ha hecho con tan maduro consejo y acuerdo de tantos y tan famosos médicos y boticarios de su Real Cámara y de las dichas universidades...»[350] El extremo cuidado otorgado a la elaboración de las medicinas se comprueba en que fue aprobado un «Estatuto del modo de preparar y rossar de la coloquintida... de los boticaros de la ciudad de Zaragoza».

Botica [EP/A-B/22-23]

(fol.377-) *... y después, a XXIII días del mes de abril y año MDCI... continuando la visita en la dicha botica de medicinas del rellano de la escalera, en presencia de los dichos físicos y boticarios arriba nombrados, hicieron ocular inspección ante notario...*

El programa de 1815 dice que la «botica era magnífica», describiéndola como «la segunda oficina que en el antiguo Hospital había», pues a la misma se subía por el primer tramo de la escalera principal, situándola «frente a la puerta del Salón». También refiere que «recibía por una ventana que había reja crecidas luces de la calle.

Rebotica [EP/A-B/19-20]

(fol.381-) *Visita e inventario de la Rebotica: Et después, a XXVI días de abril y año 1601... continuando... entraron en la rebotica de la dicha botica, que es un aposento al mismo suelo de la botica, con su puerta, cerraja y llave, y es un aposento y tiene su chimenea grande, y dos medias ventanas con su reja alta que sale a la calle del Hospital que sale a calle que va a Santa Engracia / (fol.382v-) dentro de la cual se halló lo siguiente: en seis entablados dos estantes encajados en la pared...* [barrales numerosos...]

Aposento del Regente de la Botica [PP/A/20-21]

(fol.385-) *Item en un aposento que está encima de la sobredicha rebotica, que para él se sube por una escalera que está luego en entrando por detrás de la puerta principal que se entra a la botica; tiene su puerta, cerraja y llave, y sirve el aposento para dormir en él el regente de la botica. En dicho aposento se halló lo que sigue* [un armario, redomas, ollas...]

Aposentos de los criados de la botica [EP/B/17-18]

(fol.395v-) [El boticario] *tiene en la botica cuatro criados... Comen siempre en el refitorio donde comen los criados, otros de casa, y duermen dentro de los aposentos que hay en dicha botica...*

Aposento guarda hierbas y laboratorio [EP/A-B/15-16]

La botica, según el programa de 1815, comprendía, adicionalmente al espacio de la rebotica, la cual también hacía las veces de droguería o barralería, un lugar que después se denominaría laboratorio químico, que disponía de «cocina y hornillos» y donde había «prensas y otros instrumentos». Lo que parece seguro es que en el tiempo de la Visita, además

---

350 Libro de Actas, Consejo de Zaragoza, 12 de mayo de 1614. Pp.155-169.

de los aposentos señalados, existía un espacio donde se guardaban algunas «hierbas, simientes, rayces, flores, etc.», así como una pequeña «carbonera para guardar carbón del fuerte, con el que se hace fuego lento para las raciones químicas y poder fabricar con arte todas las medicinas».

Aljibes de la botica

El meritado programa informa también de la existencia de sendos aljibes de agua «junto a la misma botica, y en su luna». Sin duda debían corresponderse con los que se ubicaban en el patio occidental [PW] del palacio de las enfermerías, «de los que se deberá sacar agua con grifo por la parte mas baja de ellos», uno de los cuales daba servicio a los bodegueros y el otro se destinaba al «consumo de la expresada botica», el cual debía «tener agua reposada y clara para la elaboración de medicinas».

6.6.4. Residencias centrales

Grupo I. Corredor de los Clérigos o de la Sitiada (bajo)

Las principales viviendas o residencias del Hospital estaban ubicadas en la planta baja del ala meridional del palacio de las enfermerías. A ellas se accedía por el corredor de los clérigos, al cual daban las habitaciones orientadas al norte, mientras las orientadas al sur lo hacían al huerto de Tiermas, un agradable lugar cuyo espacio al aire libre no era sino la extensión del gran patio de los aljibes. También había habitaciones de residencia en la entreplanta superior, así como en ambas plantas respectivas del ala oriental del palacio de las enfermerías.

Dado el sistema notarial del *Libro de la Visita*, es difícil seguir los recorridos recogidos en su relato, pues los visitadores van pasando por diferentes aposentos, yendo y viniendo por los corredores, sin distinguir la planta ni la orientación. No obstante, gracias a la definición de sus lindes y al hecho de contar con sendas visitas en ciertos espacios, se ha podido reconstruir la compleja distribución de este conjunto residencial. Para descubrir los distintos aposentos se seguirá, en la medida de lo posible, el propio relato notarial, iniciándolo según el guión de la segunda visita, la cual comienza en

el aposento del predicador, que se encontraba en el extremo oriental del corredor de los clérigos, junto al aposento de las Sitiadas, recintos ambos a los se accedía desde un vestíbulo común. El primero era el lugar donde se instalaba a los clérigos invitados que por su cualificación se les solicitaba residir en el Hospital de Gracia durante la Cuaresma para pronunciar los sermones. Posiblemente estos aposentos serían utilizados en otras ocasiones a lo largo del año por otros visitantes destacados. El segundo era el salón donde se reunía la Sitiada del Hospital, es decir, la comisión de dirección formada por los regidores. Ambas instalaciones estaban bajo la custodia del guardarropero mayor.

Aposentos del Predicador [PB/U-W/13-14+ SS/V-W/13-14]

Segunda visita, septiembre de 1609: *Y luego más adelante fue el dicho Sr. canciller y visitador al aposento que llaman de Sitiadas, en el cual hay su puerta, llave y cerraja, y luego de entrado se divide a dos partes con un cancel que a la una parte se va al* [aposento, tachado] *Quarto del Predicador y tiene cuatro aposentos con una capilla*

Capilla del Predicador: *en la cual hay* (fol.679v-) *un altar que sirve de cajón y altar, con sus llaves y cerrajas, y unos guardamaciles* [cueros decorados] *colgados en la pared muy buenos. Item dos reposteros con una lápida y unas esteras.*

Estudio y dormitorio: *Item en otro aposento al lado de dicha capilla, un estante y seis sillas de respaldo muy buenas. Item una mesa grande para tener libros. Item una cama de campo de nogal con sus pilares grandes. Item tres esteras y un banquillo. Item una mesa de pino.*

Aposento de la chimenea: *Item en otro aposento con sus ventanas y puertas, cerrajas y llaves, el cual está frontero de la capilla, con su chimenea en él, una coteras viejas.*

Guardarropa: *Item al lado otro aposento con su puerta, cerraja y llave, en el cual se halló un arca de pino muy buena, con su cerraja y llave, dentro de ella doce sábanas de lino usadas. Item dos colchas. Item otro arca de pino, con su cerraja y llave, con un cajón, dentro de ella 19 tablas de manteles de grano de ordio. Item 38 paños de mesa usados alemanicos. Item seis toallas de manos. Item otras diez*

Casa del Greco, Toledo. Fotografías de A. Byne (1921). Izda. Sala de la chimenea. Dcha. Cocina. Espacios con similitudes con los aposentos del Predicador en el Hospital de Gracia.

toallas con sus randas[351] (fol.680-) *Item 42 almohadas con sus enfundias, 20 pequeñas y 20 grandes. Item otro arca de pino, con su cerraja y llave, y dentro de ella ocho sábanas usadas. Item cuatro tablas de manteles de grano de ordio. Item cinco cortinas de paño verde guarnecidas con sus franjas verdes, que son del paramento de la cama del predicador, con su sobrecielo forrado en lienzo. Item un rodapiés de paño verde con su franja. Item dos carpetas de paño verde. Item dos morillos del fuego, de azófar, con su aderezo para el fuego. Item una plancha de hierro para el fuego. Item cinco tablas, dos bancos. Item dos mesas, la una de nogal, con sus pies. Item otro arca, con su cerraja y llave, y dentro de ella nueve sábanas buenas.*

Corredor: *Item en un corredor con sus balagostres y ventanas que salen hacia la huerta que dicen de Juan de Tiermas, y en él se halló un almario en la pared, con su llave y cerraja, y dentro de él dos cuchilleras, con tres cuchillos en la una y en la otra tres, y los demás aparejos.* (fol.680v-) *Item dos platos con sus vinajeras. Item un librillo.*

351 Guarnición de encaje con que se adornan los vestidos, la ropa blaca y otras cosas.

Escalera a la cocina y bodega: *Y luego bajando por una escalera que tiene ocho escalones y al cabo de ella su puerta, con su llave y cerraja, por la cual se baja a la cocina y bodega de dicho cuarto, con su puerta que sale a la fustería, en el cual hay se halló lo siguiente:*

Bodega: *Et primo seis tinajas de agua con sus tapadores. Item un colgador de carne con su carrucha. Item un estante. Item un arca vieja sin cerraja.*

Cocina: *Item en la dicha cocina, la cual tiene su puerta, llave y cerraja, y dentro de ella un banco. Item un arca vieja sin cerraja. Item una mesa. Item una pala del fuego. Item un escalfador. Item una cuchara y una brumadera. Item tres asadores, dos grandes y uno pequeño. Item un rallo y una taza de alambre. Item un mortero de piedra con su mango. Item un banco con dos tablas para cortar carne. Item un aparador y en él ocho escudillas y ocho platos, dos redomas. Item dos candiles, dos librillos y tres candeleros, uno de arrite [hierro] y dos de azófar, debe las dos raseras y una sartén.* (fol.681-) *Item un almirez de cobre con su mango. Item unas grayllas de hierro. Item cinco cántaros con un banco de tener agua. Item cuatro ollas de tierra. Item un brasero grande de tierra. Item tres capazos de palma gran-*

des. Item una fregadera de aljez y ladrillo. El cual dicho cuarto es del padre predicador y está a cargo de mosén Juan Escolano, guardarropero de la guardarropa de los pobres enfermos del dicho Santo Hospital.

En la primera visita (1601) los aposentos destinados a estudio y dormitorio se describen de forma independiente, por lo que el segundo pudiera estar configurado como una alcoba del primero.

Dormitorio: (fol.289-) *Item se entró en otro aposento que está dentro del sobredicho, que tiene su puerta con cerraja y llave, en el cual duerme el padre predicador y en él había otra puerta... que sale al corredor de los aposentos de los clérigos, y en él hay lo siguiente*: cama, arca, mesa, etc.

Estudio: *De allí se volvió a salir a otro aposento que está al lado de la capilla, el cual sirve para tener el padre predicador su estudio en el cual se entró y hubieron relativo a que los libros que hay no son del Hospital sino del padre predicador... / (fol.287v-) Item cinco esteras para dicho aposento de estudio. Y en dicho aposento hay dos ventanas, la una sale al Ingenio de la Cera, que tiene su encerado, y la otra a la fustería. Et los dichos aposentos y ropa de ellos tiene a su cargo ahora María Martínez, mujer que sirve al padre predicador de esta Cuaresma, y en lo demás del año lo tiene a su cargo mosén Juan García, guardarropero mayor.*

Aposento de las Sitiadas [PB/T/13-14]

Y luego dicho Sr. visitador fue al aposento llamado de las Sitiadas, el cual tiene su puerta con su cerraja y llave, con un cancel muy grande de pino, el cual aposento tiene una ventana con una reja muy grande la cual sale a la huerta de Juan de Tiermas, en el cual se halló lo siguiente: Et primo una mesa grande de pino, con sus pies de lo mismo, con un tapete de paño verde traído, y en dicha mesa un cajón con cuatro líos o atados de cartas misivas, el cual tiene su llave y cerraja, muy buena. Item un banco escaño de nogal con sus pies de lo mismo. (fol.681v-) Item en otro cajón que en dicho aposento había se halló muchos papeles y cartas viejas. Item otro banco de pino con sus pies, viejo. Item seis guadamaciles colgados en las paredes del dicho aposento, los cuales son buenos, pintados de oro y carmesí. Item una

chimenea encajada en la pared y tiene dos medias puertas con su cerraja y llave. Item dos morillos en dicha chimenea, los cuales son de azófar. Item una plancha de hierro para la dicha chimenea. Item una silla vieja. Item un badil, unas tenazas, un atizador y unas horquillas. Item dos encerados para la dicha ventana. Todo lo sobredicho está a cargo del dicho mosén Juan Escolano, guardarropero sobredicho. // De las cuales cosas // Juan Martín Herrera y Pedro Bardají, escribientes habitantes en Zaragoza //

Por los datos que proporciona el programa de 1815, parece que las dependencias de la Sitiada fueron ampliadas posteriormente, desconociéndose si fue en el mismo emplazamiento o en otro lugar próximo a los aposentos de los contadores. La Sitiada debía disponer «una sala magnífica en donde los regidores tengan sus juntas, el manejo y el gobierno del Hospital, con su antesala cancel para que el portero no oyga los asuntos que se ventilan». El programa señala que, además de la antesala, existía «un quarto contiguo para el portero y para depósito de esteras». En otra parte también informa de la utilización de dos espacios distintos, «las dos salas de la Sitiada, de verano e invierno, y en ésta con alcobilla de lumbre». Finalmente, en términos de futuro, indica que en «ambas salas debería haber dos gabinetes, por si ocurriese el retirarse a ellos los señores regidores, para tratar algunos casos de mucho secreto». De todo ello debe deducirse, como hipótesis más probable, que al menos en la última centuria de existencia, la Sitiada debía disponer de sendas salas, utilizando la descrita en la Visita para el tiempo de invierno y habiendo dispuesto para el verano otro recinto próximo a la contaduría. Para entonces la Sitiada era atendida por un portero que tenía «dentro del recinto del Hospital una habitación con tres quartos, cocina, recocina y reposte», sin duda ubicados en la entreplanta de la portería principal.

Aposento de la capilla vieja [PB/S/13-14]

(fol.697-) *Y luego dicho día 20, continuando la dicha visita el dicho canciller... visitó un aposento llamado aposento de la capilla vieja del predicador, el cual está en dicho corredor, y tiene su puerta, cerraja y llave, con un cancel de pino, el cual tiene una ventana grande que sale a la dicha huerta de Tiermas, y dentro de él no se halló nada.*

Callejón de los aposentos de los clérigos [PB/J-W/15]

La primera visita continúa el recorrido regresando por el corredor de los clérigos hasta un punto central del pasillo donde existía una reja desde la que podía salirse al corredor que daba al huerto de Tiermas.

(fol.289) *Y salidos de dichos aposentos del padre predicador continuaron y volvieron por el mismo callejón de los aposentos de los clérigos, y luego a la misma mano a una rinconada hallaron una reja grande con sus medias ventanas, que sale al huerto de Joan de Tiermas, y luego al lado hay otra ventana con reja que sale al mismo huerto, y entre las dos ventanas una lámpara con su cuerda para dar luz a la entrada de dichos aposentos.*

Cuarto del agua y aposento del vehedor [PB/M-N/13-14]

Y luego al lado de dicho aposento, vio y visitó un cuarto con cuatro aposentos, los cuales tienen sus puertas, llaves y cerrajas, y todos se mandan unos con otros, y en el uno de ellos hay dos ventanas grandes con sus rejas que salen a la dicha huerta de Tiermas, y en ellos se halló lo siguiente:

Aposento 1º: *Primero, en el primer aposento un armario...*

Aposento 2º: *Item en el segundo aposento a mano derecha un banco de pino, un armario... una chimenea, un banco, dos encerados...*

Aposento 3º: *Item en el tercer aposento se halló una mesa con su pie... ocho almohadas, tres colchones...* (fol.697v-) *Item dos mantas, una mesa...*

Aposento 4º: *Item en el cuarto aposento entrando a mano izquierda, con su puerta, cerraja y llave, y dos ventanas pequeñas con sus cerrojos y picaporte, se halló... dos mesas, dos capazos... Al cual dicho cuarto llaman del vehedor y está a cargo del mayordomo de dicho Santo Hospital.*

Cuarto de mosén Juan Escolano, guardarropero [PB/M-N/16-17]

En el otro frente del corredor de los clérigos y haciendo esquina con el patio del conejar, llamado en ocasiones huerto de la casa, se encontraba el cuarto del guardarropero mayor, que contaba con cuatro habitaciones.

Y luego, continuando el dicho Sr. canciller, saliendo del corredor y patio de la Sitiada, y volviendo al corredor del conejar, luego al lado, o a las espaldas del dicho cuarto del vehedor, fue, vio y visitó un cuarto con cuatro aposentos, en el cual vive y está a cargo de mosén Juan Escolano, guardarropero de dicho Hospital, y en él se halló lo siguiente:

Aposento 1º: *En el primer aposento su puerta, cerraja y llave, con un cancel de pino y una entosta de aljez. Item una cama [completa], un armario...* (fol.698-) *Item un banquillo y una escalera de madera.*

Aposento 2º: *Item luego enfrente, en el tercer (sic) aposento, se halló: una mesa... un cajón... para tener dineros del pósito, en el cual se halló 25 escudos... libros... dos cuadros de pino, un Cristo y una Verónica... una arca, una cortina, un enjugamanos...*

Aposento 3º: *Item en el tercer aposento un cuadro de madera, pintado en él el vehedor de la casa, antiguo. Item tres lienzos de historia, una mesa, dos sillas viejas,* (fol.698v-) *el cual aposento tiene dos ventanas con sus rejas que salen a la huerta de la casa.*

Aposento 4º: *Item en el cuarto aposento, el cual tiene su puerta, cerraja y llave, y una ventana que sale al aposento de enfrente, y en él se halló una cama [etc.], dos arcas, una mesa, una chimenea, un cuadro de la Madre de Dios de los Dolores.*

Cuarto de mosén Miguel Cortés, mayordomo [PB/P-R/13-14]

El cuarto del mayordomo era el más amplio de la casa. Se encontraba entre el cuarto del veedor y la capilla vieja, y lindaba con el paso de salida del corredor de los clérigos al huerto de Tiermas. Como el resto de los cuartos de planta baja situados en esta línea, a las dependencias propiamente dichas del edificio, por parte de cada cuarto, se ocupaban adicionalmente los tramos correspondientes del corredor meridional que daba a este huerto. Posiblemente en origen el corredor era común y formaba un porche cubierto que se extendía desde los refectorios hasta el cuarto del predicador, pero en el tiempo de la Visita consta al menos la ocupación de los tramos por el reposte de afuera, el cuarto del predicador y el del mayordomo.

Y luego más adelante en dicho corredor, al lado de dicho cuarto, fue el dicho visitador al cuarto de mosén Miguel Cortés, mayordomo del dicho Santo Hospital, el cual cuarto tiene cuatro aposentos, un corredor con sus balaustres que salen a la huerta de dicha casa, y en él hay un armario fijado a la pared con sus dos medias puertas, con una rete de hierro, lleno de vidrios y platos de Talavera, todo muy bueno, y luego dicho Sr. canciller (fol.699-) y visitador sobredicho, vio y visitó dicho quarto, siquiere aposentos, los cuales tienen sus llaves y cerrajas.

Bufete y enseres: *Y el primer aposento tiene su cancel de madera y en él se halló lo siguiente: Et primo un bufete de nogal con su tapete verde y encima de él cinco libros en pliego grande, los tres de las despensas de la casa y los dos de los pagamentos de obras. Item una silla vieja. Item sobre el cancel cuatro mantas blancas, tres cortinas coloradas para entoldar el aposento. Item un arca con su cerraja y llave, y dentro de ella seis sábanas limpias, seis almohadas grandes y pequeñas, dos enjugamanos. Item una tabla de manteles. Item cuatro servilletas. Item dos rodapiés. Item una mesica se pino redonda.*

Alcoba: *Item en el mismo aposento una alcoba la cual se cierra con una cortina de cordellate colorado con su barra de hierro y en dicha alcoba una ventana que sale al corredor del conejar con su reja y dentro de ella una cama con dos pies, cinco tablas, tres colchones. Item una manta blanca, una colcha. Item un rodapiés de red. Item dos sábanas y cuatro almohadas grandes y pequeñas. (fol.699v-) Item un destrado de madera al pie de la cama.*

Habitación del criado: *Item en el segundo aposento, que es el del criado del dicho mayordomo, se halló lo siguiente: Et primo una cama con dos bancos, cinco tablas. Item tres colchones. Item tres mantas, dos sábanas y dos almohadas. Item un banquillo. Item una mesica de madera con su pie con un guadamacil, dos candiles.*

Estudio: *Item en el tercer aposento, que sirve de estudio, el cual tiene una ventana grande que sale al huerto de la casa, y en él se halló lo siguiente: Et primo una mesa larga de pino con un estante para los libros. Item un cajón, encima de él*

un tapete verde, el cual tiene su llave y cerraja. Item dos banquillos, dos cortinas de colorado y pajicas.*

Cocina y bufete: *Item en el cuarto aposento que sirve de cocina, la cual tiene una ventana grande con su reja de hierro que sale a la huerta, y en él se halló lo siguiente: Et primo una chimenea para el fuego de invierno. Item unos morillos con sus hierros paa el fuego. Item un bufete con un tapete verde, encima de él cuatro libros: el primero es para la cuenta de la carne que cada día se gasta, el segundo es de las aves que se gastan y traen, (fol.700-) y el tercer libro es de los gastos del carbón y leña que se gasta, y el cuarto es de la cuenta del gasto y provecho que se saca de los cabritos y cabras. Item otro libro de los jornales de los obreros. Item un banco escaño. Item otro banco largo de pino. Item dos armarios grandes con sus llaves y cerrajas. Item una mesa y su cajón. Item un escalfador de cama. Item un enjugador. Item tres sillas y un banquillo.*

En la primera visita la descripción de los espacios es muy similar, definiéndose el tramo del corredor de forma particularizada.

Dormitorio: (fol.290) *...delantecamas, cortinas, orinal, arca, fundas de almohada y detrás de la cama hay otra ventanica pequeña que sale al claustro y otra ventana que sale al corredor.*

Dormitorio del criado: *Item en el segundo aposento que sirve para dormir en él... de dicho mayordomo, se halló...* (muebles)

Bufete: *Item otro aposento que es el tercero con su puerta y dentro de él había una mesa, bufete, cajones, ... tres cuadros, dos cortinas... y hay una ventana con sus encerados que sale al huerto que tiene Juan de Tiermas.*

Alcoba: *Item en el cuarto aposento que sirve de alcoba había su puerta y una ventana con encerado que sale al huerto sobredicho, en el cual hay una chimenea... horquillas, canalillo para asar...*

Corredor: (fol.290v) *Item en el quinto aposento que sirve de corredor hay su puerta... que sale al huerto de Joan de Tiermas. Item tres mesas, con pie las dos y la otra muy vieja y sin pie, dos bancos de madera encajados en la pared, un armario encajado en la pared con su puerta rejada de hilo de hierro y el vidrio que en él había era de dicho mayordomo; tres cántaros, una cama de cinco tablas, dos bancos, una puerta con reja que sale al mismo claustro de los conejos.*

Grupo II. Corredor alto de la Sitiada

El segundo grupo de apartamentos adosados en línea debía encontrarse en la entreplanta superior, accediéndose a ellos desde el corredor situado sobre el de los clérigos, en ocasiones llamado corredor de la Sitiada. Al norte daban las habitaciones que se abrían al patio del conejar y al mediodía las que daban a los aljibes y huerto de Tiermas y al ingenio de la cera –en el extremo oriental–. Los primeros cuartos eran los de médico Sarriá y el llamado del conejar, este último a cargo de la madre de fatigados, datos que tienen sentido por su ubicación muy cercana a las quadras de mujeres.

Cuarto del Conejar [EP/N-O/13+EP/O/14]

Cuarto del Conejar y aposentos de él [En el margen] *A veinte días del dicho mes de septiembre del dicho año de mil seyscientos y nueve el dicho* [salta al fol. 672-] *señor don Gabriel Sora, canónigo de dicha Santa Iglesia de la Seo de dicha ciudad de Zaragoza y canciller, juez y comisario, y visitador sobredicho, continuando la dicha su visita de dicho Santo Hospital de Ntra. Señora de Gracia, vio y visitó en aquél un quarto el cual se llama el Quarto del Conejar y en él halló lo siguiente:*

Aposento 1º: Et primo en primer aposento todo lo que en él había era de María Estíbaliz el cual cuarto está a su cargo.

Aposento 2º: En otro aposento más adentro, el cual tiene su puerta cerraja y llave, y halló dos bancos de pino y dos fogariles medianos donde hacen los bizcochos. Item una mesa con sus pies encima de ella tres lebrillos. Item una bacía de masar los bizcochos y su cernedor con dos batidores. Item tres capacicos de palma. Item una mesa redonda de pino con un pie y un cedazo. Item otro cedazo grande y un cántaro.

Cuarto del médico licenciado Miguel Sarriá [EP/M-N/14+EP/M/13]

Otro quarto al lado del conejar [En el margen] (fol.672v-) *Y luego al lado de dicho quarto, otro cuarto con otros dos apo-*

sentos, con sus puertas llaves y cerrajas, con una ventana que sale al aljibe y en él se halló lo siguiente:

Dormitorio: Et primo en el primer aposento una cama de cuerdas con tres colchones, tres mantas, dos sábanas, dos almohadas grandes y dos pequeñas, una colcha vieja. Item una mesa con su pie y en ella dos redomas y una taza. Item un arca con su cerraja y llave, dentro de ella no se halló nada. Item dos sábanas limpias para mudar en la cama. Item dos enjugamanos, un velador y un candil. Item una silla vieja.

Escritorio: En el segundo aposento de dicho quarto se halló lo siguiente: Et primo una mesa con su pie y un tapete verde de paño. Item una silla y un banco viejo. Item dos cántaros y un encerado. El cual quarto y aposentos los tiene el licenciado Miguel Sarriá, médico ordinario de la casa, natural de la villa de Luna.

Cuarto del coadjutor Pedro Salvo [EP/S-T/14]

Otro quarto allí mismo [En el margen] (fol.673-) *Y luego más adelante en dicho corredor en otro quarto con dos aposentos con sus puertas, llaves y cerrajas, con una reja que sale al paso de los mismos aposentos que llaman paso de la Sitiada y en él se halló lo siguiente.*

Dormitorio: Et primo una cama con cinco tablas, dos bancos, con tres colchones, dos mantas, dos sábanas, quatro almohadas, dos grandes y dos pequeñas, con su rodapiés todo nuevo. Item otro rodapiés. Item otras dos sábanas para mudar en dicha cama. Item una mesa con su pie y un tapete verde. Item una sila de madera vieja.

Aposento de enseres: En el segundo aposento de dicho quarto se halló lo siguiente: Et primo un arca grande con su cerraja y llave, y dentro de ella nada. Item dos paños de manos y un candil. Item un banco viejo con un orinal. El cual quarto o dos aposentos están a cargo, y habita en ellos, mosén Pedro Salvo, natural de la Hoz de la Vieja, coadjutor del dicho Santo Hospital.

Aposentos del vicario [EP/R/14+EP/R-T/13]

(fol.673v-) *Y luego más adelante en el circuito de dicho corredor o paso al lado de dicho patio el dicho Sr. canciller y visitador vio y visitó el quarto, siquiere aposentos, del vica-*

rio, que son cuatro aposentos cada uno de por si con sus puertas y llaves, en los cuales y cada uno de ellos se halló lo siguiente:

Aposento vacío: *Et primo en el primer aposento que tiene una ventana con su reja al aljibe y no había nada.*

Aposento 2º: *En el segundo aposento halló una mesa redonda de pino. Item un armario con una reja de alambre y en él dos redomas de vidrio. Item dos encerados. Item un aparador fijado en la pared en el cual hay tres cántaros de agua, ocho platos, cuatro ollas.*

Dormitorio: *Item en el tercer aposento el cual tiene su ventana al aljibe y halló una cama con cinco tablas, dos bancos. Item tres colchones, tres mantas, dos sábanas y otras dos para mudar en dicha cama. Item ocho enfundias [fundas] con cuatro almohadas. Item dos rodapiés. Item cuatro cortinas y una gotera. Item una banaba. Item un arca grande vacía, con su llave y cerraja. (fol.674-) Item una mesa con su pie y un tapete verde de paño. Item dos bancos de pino. Item dos sillas. Item dos enjugamanos. Item un lienzo y en él pintado un escudo de armas. Item un velador con un candil. Item una cortina de lienzo pintada en ella "La Cena". Item dos cántaros y un librillo.*

Aposento 4º: *Item en el cuarto aposento dos tablas en la pared y un arca vieja.*

Aposento de mosén Antonio Lacambra [EP/Q/13-14]

Y luego continuando dicho Sr. canciller y visitador sobredicho, vio y visitó otro quarto al lado del dicho en el cual vive y está a cargo de mosén Antonio Lacambra, el cual tiene su puerta, llave y cerraja, y una ventana que sale al aljibe en el cual se halló lo siguiente: Et primo una cama con dos bancos y cinco tablas, tres colchones, tres mantas, dos sábanas, una banoba, cuatro almohadas grandes y pequeñas, y otras cuatro para mudar, dos rodapies, dos toallas para las manos, todo nuevo. Item un arca con su cerraja y llave, vacía. (fol.674v-) Item una cortina para delante, un armario. Item dos mesas con un tapete verde en la una. Item una silla vieja y un banquillo. Item un cajón a modo de estante. Item un candil con su bilador. Item un libro manual y el quinqz? libro donde se escriben los bautizados. Iten dos cántaros y un librillo.

Aposento de mosén Cristóbal Gil [EP/P/13-14]

De mosén Cristóbal Gil [En el margen] Y luego fue vio y visitó el dicho Sr. canciller y visitador un aposento al lado del sobredicho, el cual es de Cristóbal Gil, cantor de la Iglesia del dicho Santo Hospital, el cual tiene su puerta, llave y cerraja, y una ventana que sale al aljibe, que todos los dichos aposentos rodean el aljibe, y en él halló lo siguiente: Et primo una cama con cinco tablas, dos bancos. Item tres colchones y dos sábanas y tres mantas, dos almohadas grandes y dos pequeñas. Item un rodapies de lienzo todo nuevo. Item tres enjugamanos. Item dos sábanas para mudar en la cama. Item cuatro enfundias. Item una silla vieja, un banquillo. [Faltan páginas] (fol.678-) Item una mesa con su pie con un tapete de paño verde. Item un candil y un estante para libros. Item un armario fijado en la pared y en él cuatro cántaros, un librillo. Item dos cortinas.

Aposento de Miguel Carrasco, devoto [EP/U/13-14]

Y luego volviendo por dicho corredor o paso de la Sitiada a mano derecha vio y visitó el dicho Sr. canciller y visitador sobredicho un aposento, el cual tiene su puerta, llave y cerraja, y una ventana con su reja que sale al ingenio de la cera, en el cual halló lo siguiente: Et primo una cama con dos bancos, cinco tablas, tres colchones, tres mantas, cuatro sábanas, las dos para mudar en dicha cama, dos almohadas, la una grande y la otra pequeña. Item un delante cama. Item una mesa redonda. Item un candil, un enjugamanos y un orinal. El cual aposento está a cargo y vive en él Miguel Carrasco, devoto de dicho Santo Hospital.

Aposento de Cristóbal Gálvez, llamador [EP/V/13-14]

De Cristóbal Gálvez [En el margen] Y luego al lado de dicho aposento vio y visitó dicho Sr. canciller y visitador sobredicho el aposento de (fol.678v-) que está al lado del sobredicho, en el cual vive y está a cargo de Cristóbal Gálvez, llamador de los Sres. regidores, el cual tiene su puerta con cerraja y llave, y una ventana que sale con su reja al sicho ingenio de la cera, y se halló lo siguiente: Et primo una cama con dos bancos, cinco tablas, tres colchones, tres mantas, dos sábanas, dos almohadas grandes y dos pequeñas, y un rodapies. Item otras dos sábanas con otras dos almohadas para mudar en dicha cama. Item otro delante cama. Item dos enjugamanos. Item una silla vieja. Item una mesa con su tapete de paño verde. Item un candil. Item un banquillo. Item un arca mediana con su cerraja y llave, vacía. Item un banco grande. Item un cántaro y una cantarica. Item un librillo. Item una manta colorada colgada en la pared.

Aposento de Andrés Palacios, cantor [EP/W/13-14]

De Andrés Palacios [En el margen] *Y luego en otro aposento al lado del dicho vio y visitó el dicho Sr. canciller y visitador sobredicho el aposento de Andrés Palacios, cantor de dicho Santo Hospital, (fol.679-) el cual aposento tiene su puerta, llave y cerraja, y una ventana con su reja que sale al dicho ingenio de la cera, y en él se halló lo siguiente: Et primo una cama con dos bancos. Item cinco tablas. Item tres colchones. Item tres mantas y cuatro sábanas. Item cuatro almohadas, dos grandes y dos pequeñas, con ocho enfundias. Item una mesa grande con un cajón con su cerraja y llave, y un tapete de paño verde. Item dos enjugamanos. Item dos rodapiés llanos. Item un banquillo pequeño. Item un cántaro y una cantarica.*

Grupo III. Corredor de los cantores

En la misma entreplanta, girando hacia el norte dentro del ala oriental del palacio de las enfermerías, se encontraban varios apartamentos a los que se accedía por el llamado corredor del dormitorio de los cantores. En este punto debe anotarse cómo el Hospital había creado desde los primeros tiempos su capilla de música, la cual se componía en su mayoría por los sacerdotes. Señala Baquero, al respecto, que en el establecimiento había de ordinario de 14 a 16 clérigos, los cuales, «además de las funciones propias de sus cargos respectivos, levantaban las cargas de las muchas fundaciones hechas en aquella iglesia...»[352]

Quarto de mosén Juan Castro [EP/V-W/18+EP/V/19]

Y luego pasando el dicho Sr. canciller y visitador sobredicho por un patio muy grande al dormitorio de los cantores, fue, vio y visitó el quarto de mosén Juan Castro, regente de los

libros de las entradas de los enfermos, el cual tiene dos aposentos y una alcoba, con sus puertas, llaves y cerrajas, y dos ventanas con sus rejas de hierro que salen a la huerta de la casa, y en ellos se halló lo siguiente:

Dormitorio: *Et primo una cama con dos bancos, cinco tablas, tres colchones, dos sábanas, tres mantas, una colcha. Item cuatro almohadas. Item dos sábanas para mudar. Item dos rodapiés, una silla y un banco. Item una cortina de azul con una barra de hierro. (fol.700v-) Item dos enjugamanos. Item tres cántaros y dos lebrillos. Item dos tablas en la pared con dos cortinas que las cubren.*

Escritorio: *Item en el segundo aposento una mesa con su pie y un tapete verde. Item un arca nueva de pino con su cerraja y llave.*

Aposento de mosén Onofre Ferragut, maestro de capilla [EP/V-W/17]

Y luego fue y visitó el dicho señor canciller y visitador el quarto, siquiere dos aposentos, el uno dentro del otro, los cuales tienen sus puertas, llave y cerraja, una ventana que sale a la huerta de dicho Santo Hospital, y el cual es de mosén Onofre Ferragut, maestro de capilla, y en él se halló lo siguiente:

Dormitorio: *Et primo en el primer aposento una cama con dos bancos, cinco tablas, tres colchones. Item tres mantas, dos sábanas, cuatro almohadas grandes y pequeñas, un rodapies. Item otras dos sábanas. Item un banco y una silla vieja.*

Escritorio: *Item en el segundo aposento una mesa con su pie. Item un tapete verde. Item una silla buena. Item un banquillo, una tabla con un cántaro, dos cantarillas, un candil, dos tablas en la pared con una manta blanca con un libro de canto y un juego de moletas.*[353]

Aposento de mosén Francisco Sánchez [EP/V-W/16]

(fol.701-) Y luego el dicho Sr. visitador vio y visitó el quarto, si quiere dos aposentos, de mosén Francisco Sánchez, contrabajo de la capilla, los cuales tienen sus puertas, llaves y

352 Baquero (1952) pág.49.

353 Instrumento para moler la tinta en el tintero.

cerrajas, y una ventana que sale a la huerta de dicho Santo Hospital, y en él halló lo siguiente:

Dormitorio: *Et primo una cama con dos bancos, cinco tablas. Item tres colchones, tres mantas, dos sábanas. Item otras dos sábanas para mudar. Item un travesero. Item un delante cama en la cama y otro para mudar. Item dos enjugamanos.*

Escritorio: *Item en el segundo aposento se halló lo siguiente: Et primo una mesa con un tapete de paño verde. Item un aparador encajado en la pared con un cántaro, una cantarina, un librillo, un banco, una silla vieja y un arca sin llave.*

Aposento del corredor de cantores [EP/W/19]

Item al lado del corredor o paso del dormitorio, vio y visitó el dicho Sr. visitador un aposento y en él se halló una cama con dos bancos, cinco tablas, un cajón con dos tirantes, y en el dicho aposento hay una ventana grande con unas barras de madera que sale a las hermanas locas.

Grupo IV. Corredor del conejar

Regresando a la planta baja, los aposentos situados en el ala oriental bajo los del grupo III tenían acceso desde el mismo patio por el llamado corredor del conejar, término que en ocasiones servía para denominar a cualquiera de los corredores que hacían el cuadrado del mismo.

Aposentos de la vajilla [PB/V-W/20]

Y luego saliendo del dormitorio de los cantores y volviendo al corredor del conejar, a mano izquierda, vio y visitó dicho Sr. visitador un quarto con dos aposentos que se llaman aposentos de la vajilla, tienen sus puertas, llaves y cerrajas, una ventana que sale a las locas con su reja de hierro (fol.701v-) y en él se halló cántaros, cantarillas, librillo, ollas, servicios, que había hasta ocho carretadas. Item 40 servicios grandes. Item 40 bacinillas de cama. Item 100 parras para tener miel. Item 60 ollas grandes de cabida de cántaro y cántaro y medio. Item librillos grandes 80. Item pequeños 30. Item 200 jarros. Item 400 encuilos? de un asa. Item 100 cazuelicas pequeñas.

Aposento de Pedro López, cojedor [PB/V/19]

Item en otro aposento al lado de los dichos fue y visitó dicho señor el aposento de Pedro López, cojedor, y en el halló una cama con dos bancos, cuatro tablas, dos colchones, cuatro sábanas y dos mantas, un travesero y un enjugamanos, dos tablas de manteles.

Privadas [PB/W/17-19]

Y luego en otro aposento al lado del dicho que es del despensero Juan Guarena, que lo divide el paso de las privadas, las cuales fueron visitadas y se hallaron muy bien aseadas, y en ellas 29 asientos,

Aposento del Despensero [PB/V/18]

y luego se visitó dicho aposento y en él se halló lo siguiente: una cama de cuerdas con dos colchones, cuatro sábanas, dos para mudar, dos mantas, dos almohadas, un candil, una mesa redonda, un enjugamanos y un cántaro.

Aposento de los Cántaros [PB/V-W/16]

(fol.702-) Y luego al lado del dicho aposento fue y visitó el dicho Sr. canciller y visitador sobredicho el aposento de los cántaros, en el cual se halló 200 cántaros, 150 ollas grandes. Item 20 cazuelas grandes y una tinaja vacía y un capazo de palma viejo.

Aposento del abejero [PB/V/17]

Del abejero [En el margen] Y luego dicho señor canciller y visitador sobredicho vio y visitó el aposento de Jerónimo Hernando, abejero, y en él halló una cama con dos bancos, cinco tablas, dos colchones, dos sábanas, las dos para mudar , dos mantas, dos almohadas, y dos cantaricos y una cantarica.

Aposento del guarda damas [PB/L/16]

Del guarda damas [En el margen] Y luego, en fin y remate del dicho corredor del conejar, vio y visitó el aposento de guarda damas, que en él está Juan de Auzate que está en dicho corredor al lado del aposento de la receptoría, el cual tiene su puerta, cerraja y llave, y todos los dichos, y en él se halló lo siguiente: Una cama con dos bancos, cinco tablas, tres colchones, dos mantas, cuatro sábanas y las dos para mudar, un travesero, un arca con cerraja y llave, y una silla vieja y un banquillo, un cántaro y una cantarica pequeña // Exquites ut ... qui supra proxime nominatur

6.7. Mesón del hospital

El mesón era un edificio inscrito en el sector noroccidental del conjunto hospitalario. Tenía su fachada y su acceso desde la calle del Coso y se adentraba hacia el sur hasta el patio secundario, también llamado de la puerta falsa o patio del aljibe de la cocina. No se trataba de una construcción exenta, sino integrada entre los bloques de la iglesia y la casa de las comedias. Si bien con esta última la división formaba una cierta medianería, el edificio que albergaba el mesón estaba maclado con espacios destinados a enfermerías, de modo que según los niveles existían aposentos y otras dependencias del mesón, o determinadas quadras. Como se vio más arriba, tanto las de las Santas Cruces como las altas de cirugía o la de Santa María eran naves o crujías integradas en esta edificación intermedia.

Constructivamente la edificación tenía dos partes diferenciadas. Una primera la conformaba el bloque del Coso con su patio central de cuatro columnas y las crujías que lo rodeaban, estructura que seguía una tipología de casa-palacio. Una segunda era el bloque interior, sin solución de continuidad con el antecedente, compuesto por dos naves laterales y un patio alargado entre las mismas, que terminaba con una crujía de cierre que formaba la fachada hacia el patio secundario. Al estar las dependencias del mesón dispersas en diferentes zonas de la edificación y desarrollarse la Visita sin describir los recorridos, es de muy difícil interpretación la forma en que estaban dispuestos los aposentos. Como en los casos anteriores, ciertos detalles de los linderos y vistas permiten avanzar una propuesta de ejercicio positivo en el que encajan todas las piezas, resultando, a la postre, imprescindible visualizar las plantas de distribución para la comprensión arquitectónica.

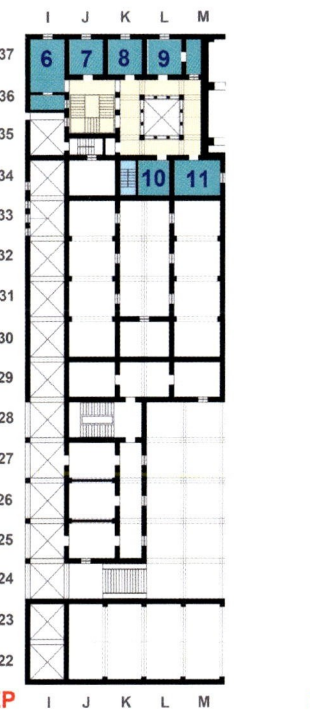

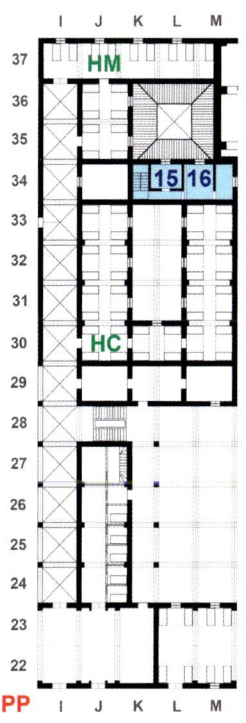

Plantas del mesón, según R. Usón / Plantas: ST Sótano; SS Nivel semisótano; PB Planta baja; EP Entreplanta; PP Planta principal / Mesón: 1 Entrada Coso; 2 Sala del mesón; 3 Patio de columnas; 4 Escalera principal; 5 Bodega; 6-11 Aposentos patio de columnas; 12 Escalera segunda; 13-16 Aposentos interiores; 17-19 Aposentos comunes; 20 Cocina; 21 Sala alta; 22 Cebada; 23 Aposento bajo la cocina principal; 26 Caballerizas; 27 Subida a las quadras de Santas Cruces / Quadras: Q Santas Cruces; C Cirugía alta; M Santa María.

Como se apuntó más arriba, el peculiar formato de este bloque es dispar con el planteamiento general de las grandes entidades del Hospital construidas según un proyecto renacentista, por lo que tuvo que responder a las instalaciones pioneras, que no debieron ser sino las casas existentes a las que se adosaron las primeras naves con las que debió ponerse en marcha el establecimiento hasta que a mediados del cuatrocientos se desarrolló el programa constructivo propiamente dicho con la iglesia, el claustro y el palacio de las enfermerías. Sería tiempo después, con el programa avanzado suficientemente, cuando las primitivas casas se reformaron o reedificaron para albergar el mesón descrito en la Visita, un elemento arquitectónico propio del quinientos.

Puerta principal del mesón

Mesón del Santo Hospital [En el margen] (fol.716v-) *A veinte y tres días del mes de septiembre de MDCVIIII, el señor don Gabriel Sora, canónigo y canciller de las competencias, visitador del Santo Hospital de Ntra. Señora de Gracia de la ciudad de Zaragoza, continuando su visita, vio y visitó una casa que es del dicho Hospital que ahora sirve de mesón, que en ella vive uno llamado Juan Fernando Martín y paga de dicho mesón de arrendamiento, para todo este año [de] mil seiscientos y nueve, doscientos escudos, y de los seis años primero vinientes a doscientos y diez en cada un año; el cual está situado en el Coso y delante dicho Santo Hospital, y sale la puerta principal al lado de las ventanas de donde recibe luz la sacristía de dicho Santo Hospital. Y en la esquina de dicho mesón hay una insignia donde cuelga una tablilla donde está pintada una jarra, que son las armas de dicho Santo Hospital; la cual puerta es de dos medias puertas grandes, con sus cerrajas y llave.*

Aposentos de la entrada y del patio

Y luego entrando, a mano izquierda, tiene un aposento pequeño [SS/M/37], *con su cerraja y llave, y tiene una ventana donde recibe luz; y luego, volviendo a mano derecha, hay una puerta de postigo, con sus cerrajas y llaves.* [Desde aquí también se entraba a la sala del mesón]

Aposento mesón [SS/J-K/37]: *Y luego entran[do] en el patio frontero hay un aposento, con su puerta, cerraja y llave,*

Valentín Carderera: Patio de una casa en la plaza de San Pedro Nolasco, Zaragoza, 1855.

Escalera principal [SS/J/36]: *y al lado de dicho aposento hay una escalera por donde se sube a un aposento, con su puerta, cerraja y llave, el cual tiene una ventana que sale a la luna de dicho mesón.* [SS/J/35]

Bodega [ST/J/35-36]: *Y debajo de dicha escalera hay otra puerta de barrotes de madera por donde se baja a la bodega, la cual bodega es espaciosa y está debajo de dicho patio y tiene una ventana por donde recibe luz y sale al corral de dicho mesón.*

Caballerizas y aposentos de servicio

Aposento de la cebada [SS/M/34]: *Y pasado más adelante, a la mano derecha, hay una puerta, con su cerraja* (fol.717-)

y llave, que es un aposento muy espacioso, que sirve para tener cebada para dicho mesón.

Puerta y paso a las caballerizas y pajares [SS/L/34]: *Y luego al lado hay dos medias puertas, con sus cerrajas y llaves, las cuales salen a una luna donde están las caballerizas y pajares.*

Aposentos bajo la cocina del Hospital: *Y luego hay un aposento que no sirve de nada; y luego hay otra puerta, sin llave, por la cual entran a un aposento que cae debajo de la cocina de dicho Santo Hospital* [SS/K/29], *el cual tiene una ventana con una reja de hierro, que sale a los algibes de dicho Hospital:*

Aposento de la paja [SS/K/29]: *Y más adentro hay un aposento, sin cerraja y llave, que sirve de tener paja.*

Necesarias [SS/K/28]: *Y luego hay otro aposento donde hay unas necesarias.*

Caballeriza de los pilares [SS/J-K/24-27]: *Y luego debajo de dicha escalera se entra a una caballeriza muy grande y tiene tres ventanas que sirven de dar luz que caen a los algibes de dicho Hospital y tiene tres pilares muy grandes en medio de ladrillo y algez, y tiene veinte y nueve pesebres.* [Es este número estaban incluídos los ubicados al otro lado de la escalera: SS/J/30-33]

En este punto se hace referencia a los espacios abiertos que lindan con los aposentos descritos y a algunos de sus elementos. También se cita la caballeriza general del Hospital que se ubicaba en otro sector y que verá después.

Luna grande o patio del aljibe de la cocina [SS/L-U/24-28]: *Y luego hay una luna grande que sirve de dar luz a los unos y a los otros;*

Pasadizo-escaleras de las Santas Cruces [SS/J-K/28]: *y luego hay un pasadizo que sirve de escalera para las Quadras de Santas Cruces; y hay un pozo con una pila de piedra; y pasando más adelante hay una puerta donde se sale a una lunica y tiene su puerta, sin cerraja y llave.*

Pajar y caballerizas generales en otro sector: *Y luego hay un aposento que sirve de pajar, el cual es muy grande, y coge más de [tres]cientas cargas de paja; y luego, debajo de dicho pajar, hay una caballeriza muy grande y tiene treinta pesebres.*

Aposentos interiores de los huéspedes

Escalera segunda [SS/K/34]: *Y luego entrando al mismo patio, a mano derecha, hay una ventana de madera y hay una reja donde recibe luz, y de frente hay una escalera donde se sube a unos aposentos:*

Aposento 1° [PB/L/34]: *El primer aposento tiene su cerraja y llave, el cual tiene una ventana que recibe luz, y hay una chimenea, y dentro de dicho aposento hay otro aposento, (fol.717v-) que tiene su puerta, cerraja y llave, y dentro de él hay una ventana pequeña.*

Aposento 2° [PB/M/34]: *Item al lado hay otro aposento, con su puerta, cerraja y llave, el cual tiene una ventana con su reja que sale a los corredores de la Comedia.*

Aposento 3° [PP/L/34]: *Y luego subiendo hay otro aposento, con su puerta, cerraja y llave, el cual es muy espacioso y tiene una ventana grande que sale al patio de dicha casa.*

Sala-aposento 4° [PP/M/34]: *Y en medio de dicho recibidor hay una sala grande, y tiene su puerta, cerraja y llave, y dentro de ella hay una ventana grande por donde recibe luz, con su buena cerradura, y dentro de dicha sala hay un aposento con su puerta, cerraja y llave, y dentro de ella hay una chimenea y tiene una ventana con su reja de hierro, la cual sale a una lunica de la Comedia.*

Aposentos comunes de huéspedes

Y luego debajo de dicha escalera hay un armario sirve para tener paja para dichos huéspedes,

Aposento 1° [SS/M/33]: *y pasando más adelante hay una puerta, con su cerraja y llave, y dentro de él hay una ventana donde recibe luz.*

Aposento 2° [SS/M/32]: *Y luego más dentro hay otra puerta con su cerraja y llave, y tiene ventana que sale al corralico de la misma casa;*

Aposento chimenea-fregadera [SS/M/31]: *y luego más adelante hay otra puerta, cerraja y llave, y hay dentro de él hay su chimenea muy espaciosa la cual sirve de dejar en él se-*

cando para los huéspedes, y tiene una fregadera, y hay dos medias ventanas con sus rejas de hierro.

Sala baja y cocina [SS/M/29-30]: *Y dentro de dicha luna hay otro aposento, con su puerta, cerraja y llave con una sala. Y dentro de dicho aposento hay otro aposento con su puerta y tiene una ventanica pequeña y dentro de dicha cocina hay una puerta por donde se sube por un caracol y tiene puerta,* (fol.718-) *cerraja y llave.*

Sala alta [PB/M/29]: *Y arriba de dicha escalera hay aposento muy grande y espacioso, con una ventana que sale a la luna. Item saliendo de dicha cocina hay una puerta con su cerrojo y encima de ella tiene una ventana, por la cual puerta se sale a una luna muy grande que está delante de dicha casa.*

Aposentos de huéspedes del patio de columnas

Escalera del patio [SS/J/36] *Y luego se sube una escalera donde se sube a unos aposentos; y tiene dicha escalera su puerta, cerraja y llave; y al cabo de dicha escalera tiene un corredorcillo que cerca toda la luna,*

Aposento al Coso 1° [EP/I/36-37]: *y luego hay una puerta a mano izquierda, con su cerraja y llave, que tiene una ventana con sus medias ventanas que salen al Coso. Y dentro de dicho aposento hay otro aposento, con su puerta, cerraja y llave, y dentro de él hay una ventana que sale a la luna.*

Aposento al Coso 2° [EP/J/37]: *Item luego hay otro aposento, a la dicha mano, con su puerta, cerraja y llave, y dentro de él hay una ventana al Coso.*

Aposento al Coso 3° [EP/K/37]: *Y luego de frente hay otra puerta, con su cerraja y llave, y tiene su ventana que sale también al Coso.*

Aposento al Coso 4° [EP/L/37]: *Item hay otro más adelante con su puerta, cerraja y llave, y tiene su ventana al Coso.*

Aposento al Patio 5° [EP/M/34]: *Item hay otro aposento muy espacioso con su puerta, cerraja y llave, y tiene una ventana que sale a la luna.*

Aposento al Patio 6° [EP/L/34]: *Item hay otro aposento grande y espacioso con su ventana, puerta, cerraja y llave, y este*

está al fin del corredorcillo que cerca dicha luna, con sus balaustres de madera muy buenos labrados.

Puerta de los carros del mesón y patio de columnas [SS/K-L/35-36]

(fol.718v-) *Y entrando a dicho mesón hay una puerta grande por donde entran los carros a dicha luna, y está cerca de dicha luna, con cuatro pilares de piedra muy grandes donde sustentan todos los aposentos sobredichos y la Quadra de Ntra. Sra. de Gracia, y luego entrando en dicha luna hay un armario que sirve de tener la paja para dichos huéspedes.*

6.8. Casa de comedias

El teatro del Hospital o casa de comedias era una edificación construida hacía muy poco tiempo, en los años anteriores al inicio de la Visita. Se trataba de un bloque funcionalmente independiente, levantado en la parcela colindante a la del mesón de forma que tuviera su acceso principal del público desde la calle del Coso. De planta sensiblemente rectangular, albergaba cierta irregularidad precisamente en la medianería que formaba con aquél, donde existía un quiebro que hacía que el límite occidental no fuera rectilíneo, un detalle bien visible en la planta del teatro reconstruido en el setecientos dibujada por Craso y Brieva, dibujo que pone de manifiesto un achaflanamiento en el ángulo suroriental en aquella ulterior fecha. Sin embargo, las descripciones que se recogen en la Visita parecen señalar que en 1600 las otras tres fachadas restantes debían ser ortogonales. La oriental daba a la calle meridiana del Hospital que nacía en el Coso y terminaba en las tapias medianeras con el convento de Jerusalén, calle que dividía los dos grandes sectores del establecimiento. Esta calle era el acceso para la mayor parte de los suministros y disponía de una puerta, con frecuencia denominada la «puerta falsa», que contaba con un portero propio. Una vez recorrido el tramo de esta fachada lateral del teatro y antes de proseguir hacia el sur, esta calle desembocaba en el que hemos denominado patio de la puerta falsa, donde estaban los aljibes de la cocina, desde el cual se accedía a los locales bajos del ala septentrional del palacio de las enfermerías y –en la parte este– al corral de la leña y al cuarto de las

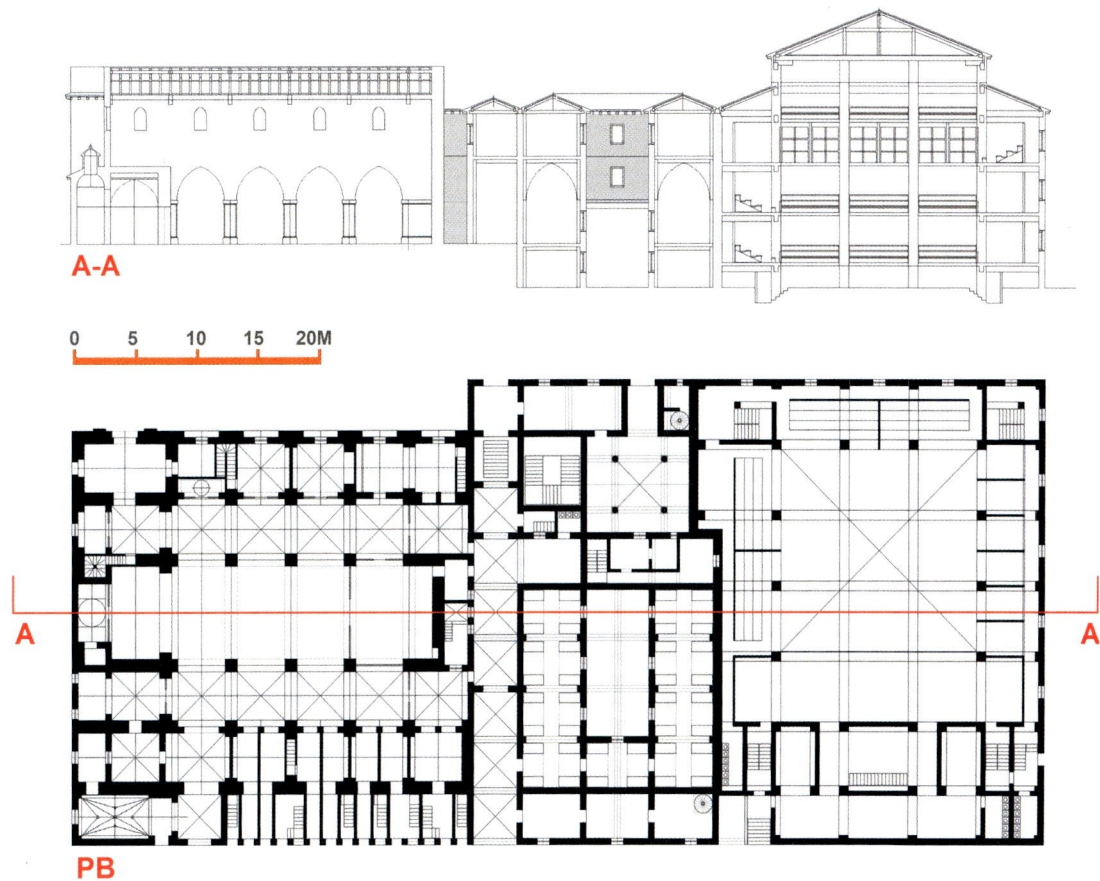

A-A

0   5   10   15   20M

A   A

PB

Bloque Iglesia-Mesón-Teatro. Planta y
sección, según R. Usón.

hermanas locas. A este mismo gran patio daba la fachada meridional del teatro, lugar por donde accedían los actores.

El edificio de las comedias se correspondía con una tipología de espacio central –ocupado por la platea– rodeado en tres de sus lados por las crujías donde estaban instaladas en altura los palcos y gradas del público, mientras en el cuarto lado se disponía el escenario y los espacios auxiliares de éste. Todo él estaba pensado para albergar el mayor número de espectadores con las mínimas dimensiones, buscando el máximo aprovechamiento, y sus elementos constructivos eran simples y económicos. La estructura partía de los muros laterales de fachadas y medianeras y se apoyaba en los diez grandes pilares que formaban el cuadrado central, cuatro angulares y dos intermedios en cada uno de los lados de las gradas. En estas tres crujías destinadas al público existían palcos o gradas corridas, situándose las escaleras

en los ángulos de la planta. Existían espacios diferenciados para hombres y mujeres. También existían palcos reservados para autoridades.

Las dos entradas generales de público estaban en la fachada del Coso, en ambos extremos de la misma. La puerta de la derecha, la más cercana al mesón, era la de los hombres, mientras la más cercana a la calle lateral era la de mujeres. En esta misma vía, casi al final de su fachada, había una tercera puerta de acceso reservado a los palcos de autoridades llamada puerta de los caballeros. Una vez atravesada la puerta de hombres, junto al puesto de control, estaba la escalera de distribución. Bien se podía bajar al corredor que rodeaba la platea, bien subir a los pisos altos donde estaban los palcos y las gradas. De modo similar estaba dispuesta la entrada de mujeres, si bien éstas únicamente podían subir a las zonas correspondientes. Desde la puerta de los caballe-

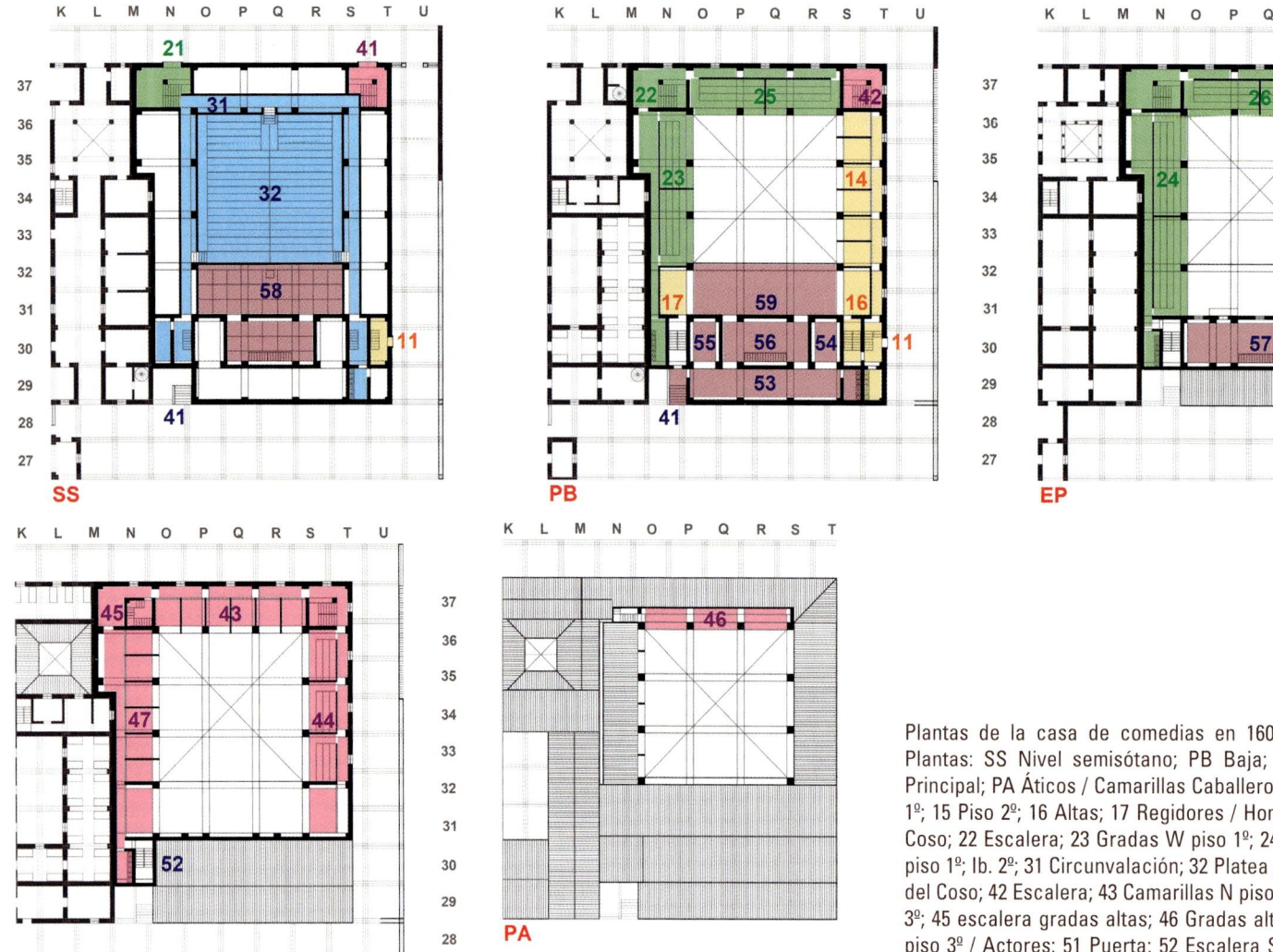

Plantas de la casa de comedias en 1600, según R. Usón / Plantas: SS Nivel semisótano; PB Baja; EP Entreplanta; PP Principal; PA Áticos / Camarillas Caballeros: 11 Puerta; 14 Piso 1º; 15 Piso 2º; 16 Altas; 17 Regidores / Hombres: 21 Puerta del Coso; 22 Escalera; 23 Gradas W piso 1º; 24 Ib. 2º; 25 Gradas N piso 1º; Ib. 2º; 31 Circunvalación; 32 Platea / Mujeres: 41 Puerta del Coso; 42 Escalera; 43 Camarillas N piso 3º; 44 Gradas E piso 3º; 45 escalera gradas altas; 46 Gradas altas; 47 Camarillas W piso 3º / Actores: 51 Puerta; 52 Escalera SW; 53 Vestuario; 54 Retrete mujeres; 55 Ropero; 56 Trasera escena; 57 Trasera alta; 58 Foso; 59 Proscenio.

ros se accedía también a una escalera por la que se subía a los palcos reservados. Existía únicamente la excepción del llamado palco del Hospital, de uso exclusivo de los regidores, ubicado en un lugar especial al que podía accederse desde el interior del establecimiento.

El escenario estaba algo elevado respecto del nivel de la platea y al mismo nivel que los primeros palcos laterales, por ello para acceder a aquélla había que circunvalarla bajo éstos por un corredor situado en una cota inferior a la de la calle. Tras el proscenio existía una pared de fondo con varias puertas y balcones altos por las cuales salían los actores, tras

la cual existía una sala post-escena donde se preparaban. En los lados existían retretes para vestuarios y almacenes y bajo el escenario se accedía al sitio del apuntador. En distintos puntos del edificio, en las zonas donde terminaban los corredores de los espectadores y empezaba el sector de los actores, había algunas necesarias.

El *Libro de la Visita* recorre todos los aposentos de la casa de comedias, pero lo hace para comprobar lo que había en los distintos lugares, siguiendo un itinerario que salta de unos pisos a otros y de unos pasillos a otros, resultando de difícil comprensión si no se conoce previamente la organización funcional del edificio. Una vez resuelta la «ecuación» arquitectónica mediante el ejercicio positivo de reconstrucción a través del dibujo, resulta más inteligible. En este sentido hemos considerado más interesante mantener el hilo del relato original, realizando los comentarios necesarios, que elaborar un discurso *ex novo*, todo ello con el fin de no perder la frescura de la descripción histórica.

Camarillas de reserva

Puerta de los caballeros: *Teatro de las Comedias y Camarillas* [En el margen] *Item dicho Sr. Canciller y visitador sobredicho, continuando la dicha visita, vino por dentro de dicho Santo Hospital al teatro de las comedias, al cual entró por una puerta que está dentro de dicho Hospital y la llaman de los caballeros, la cual puerta tiene su cerraja y llave,*

Escalera de los caballeros [PB/T/30]: *y se entra a unas escaleras donde luego entrando a mano izquierda hay una puertecilla pequeña*

Secreta de caballeros [PB/T/29]: *y dentro un aposento pequeño donde hay una secreta,*

Camarillas de los caballeros del piso 1º [PB/T/33-36]: *y subiendo por dichas escaleras se entra a un pasadizo el cual tiene cuatro ventanas con sus barrotes de madera que salen a la calle, y hay seis camarillas, cada una de ellas con su puerta, cerraja y llave, y dentro una ventana con sus barrotes que sale a dicho paso, y cada una de ellas tiene tres bancos de madera* (fol.707-) *y las tres tienen dos medias celosías cada una y la otra media celosía,*

Camarillas de los caballeros del piso 2º [EP/T/31-36]: *y al cabo de dicho pasadizo hay una escalera por la cual se sube a otro pasadizo que tiene otras cuatro ventanas que salen a la calle con cuatro camarillas o aposentos, cada uno de ellos con su puerta cerraja y llave, y sendas ventanas a dicho pasadizo, con cada tres bancos y seis medias celosías.*

Camarilla alta de los caballeros [PB/T/31-32]: *Y saliendo de dicho pasadizo a mano derecha hay una puerta y luego en pasando aquella, hay una escalera* [PB/S/30] *por donde se sube a un aposentillo que tiene su puerta, cerraja y llave, y su ventana a dicho pasadizo, con tres bancos de madera y dos medias celosías.*

Camarilla de los regidores del Hospital [PB/N/31-32]: *Y hay otra camarilla que se manda y entra a ella por el Hospital, con su pasadizo aparte, la cual es de los regidores del dicho Hospital, la cual tiene cuatro sillas viejas de respaldo y dos bancos y sendas celosías.*

Reserva de las camarillas de caballeros: *Todas las cuales dichas camarillas son de hombres, y en el pasadizo primero de las seis camarillas, la una de ellas es para el Justicia de Aragón y sus lugartenientes y la otra de para los consejos de la Real Audiencia. Y las cuatro de arriba hay otras dos camarillas: (fol.707v-) son la una de los diputados del Reyno y la otra para los Jurados de Zaragoza, y las demás las alquila dicho Hospital para su utilidad.*

Gradas occidentales de hombres

Entrada y escalera de hombres [SS/N/37]: *Continuase la visita del teatro* [En el margen] *Item en subiendo dichas escaleras por donde se entra al teatro por la puerta dicha,*

Gradas occidentales de hombres del piso 1º [PB/N/33-36]: *en subiendo aquellas a mano izquierda se entra por una puerta a otro pasadizo que tiene cuatro ventanas altas con sus barrotes de madera y tiene sus antostas de aljez y maderos que dividen a un corredor y por medio está partido, y se entra a dicho corredor que se divide en dos partes, y en cada una de ellas hay encajados en la pared y en tierra hay cuatro bancos a modo de gradas, que el último tiene su respaldo, y cada uno de ellos tiene abajo su tablón para poner los pies. Y al lado de dicho corredor con un pilar grande y ancho de ladrillo que lo divide hay otro corredorcillo con una tabla con sus pies, que sirve de banco para sentarse, con sus antepechos y ventanas que salen al teatro para oir las comedias.*

Desde la escalera se entraba en la crujía donde estaban las gradas, accediéndose a éstas desde un estrecho corredor que había en su trasdós. Las gradas de piso estaban divididas en dos zonas separadas por un tabique, por lo que el corredor trasero tenía dos pasos a las gradas. En cada zona había un banco con antepecho en la primera fila tras el cual estaba el pasillo desde donde nacían los bancos en forma de gradas que albergaban las siguientes filas.

Gradas occidentales de hombres del piso 2º [EP/N/31-36]: *Lo mismo: Item de dicho corredorcillo se sube por una escalera [EP/N/37] a otro encima de aquel y tiene las mismas ventanas y antostas y corredores que el de abajo, y en dos partes partido, cambiado que los bancos donde se asientan no son sino tres.*

Zona de escenario y actores

Escaleras del ángulo suroccidental (fol.708-): *Y bajando por dichas escaleras [EP/N/30] se baja al primer pasadizo y de allí por otras escaleras [PB/N/30] a la puerta de frente del vestuario y en llegando al rellano se baja a mano derecha a otro pasadizo donde se entra a un corralillo a mano derecha tiene una puerta sin cerradura y se entra a un corral descubierto [SS/N/29] donde hay un pozo seco con sus barrotes con sortijas para atar los botijos y a otra parte hay otro aposento donde están las letrinas [PB/N/30] y en saliendo de allí se baja por otras escaleras que salen a pasadizo que redondea [circunvala] el teatro [SS/N/31-36] donde hay una escalera [SS/N/30] encajada en tierra de tablas grande con sus escalones de barrotes*

Vestuario de actores [PB/O-R/29]: *donde se sube a dicho vestuario y tiene su puerta de madera sin cerradura y dentro un banco nuevo de pino grande con sus pies.*

Retrete para vestirse las mujeres [PB/R/30]: *Y en otro aposento dentro de aquél a mano derecha hay un retrete para vestirse las mujeres.*

Ropero de los actores [PB/O/30]: *Y hay otro aposento a la otra mano con su puerta, cerraja y llave, que sirve de tener la ropa los actores de comedias.*

Vestuario-trasera del escenario [PB/P-Q/30]: *Y de dicho primer aposento se sale por dos puertas grandes*

Proscenio [PB/O-R/30]: *al teatro donde se representa, en medio de las cuales hay una ventanilla para apuntarles, y por entre dichas dos puertas hay una escalerilla por la cual se baja*

Foso [SS/O-R/31]: *al hueco del tablado para hacer invenciones, y en él hay dos ventanillas y otras tres mayores para las invenciones que suelen hacer.*

Trasera alta [EP/O-R/30]: *Y luego otra escalerilla por donde se sube a otro aposento encima de dicho vestuario donde hay dos balcones de madera con sus ventanas (fol.708v-) al teatro y tres ventanas en medio de dichos balcones que salen a dicho teatro. Y una escalera de madera portátil con la cual se sube a otro aposento encima de aquél para hacer invenciones.*

Pasadizo de circunvalación de la platea y escalera de hombres del Coso: *Y luego bajando por la dicha escalera [SS/N/30] del dicho vestuario a dicho pasadizo [SS/N/31-36] que se divide con unos balaustres de madera muy espinos? encajados en el suelo y al cabo de dicho pasadizo hay una escalera a donde se sube a los corredores de los hombres que caen al Coso, en la cual escalera hay una ventana grande con su reja por donde se tiene lumbre, que sale al Coso.*

Gradas septentrionales de hombres

Gradas septentrionales de hombres del piso 1º [PB/O-R/37]: *Y subiendo por dicha escalera dentro del primer corredor de hombres que tiene su pasadizo de aljez, ladrillos y balaustres con tres ventanas que salen al Coso, el cual se divide en dos partes, y hay en cada parte cuatro bancos largos encajados en tierra y el último de ellos con respaldo, y sus tablones para tener los pies, y otro corredorcillo al lado de dicho corredor con un banco y su antepecho, que lo divide un pilar grande de ladrillo,*

Gradas septentrionales de hombres del piso 2º [EP/O-R/37]: *y al lado de dicho teatro, y subiendo por otra escalera que hay una ventana con su reja que da luz al vestuario [se refiere a la EP/N/30], se entra por otro corredor el cual está sobre el primero, el cual recibe luz de las mismas tres ventanas que salen a Coso, el cual se divide en dos partes y está como el sobredicho aceptado que no tiene sino tres bancos y el último con su respaldo, y al lado de dicho corredor otro corredorcillo como en el de arriba se dice, con sus balaustres*

Puerta de hombres del Coso [SS/N/37]: *y bajando por dichas escaleras de dichos corredores se sale por una puerta de balaustres con su cerraja y llave, que es por donde se dividen los pasadizos de los corredores y el patio [vestíbulo] y se sale a la puerta principal del Coso por donde entran los hombres a la comedia, la cual tiene dos cerrajas y llaves y su postigo, y halló en el patio* [vestíbulo] *dos bancos para sentarse los que cobran*

Platea

Pasadizo occidental de circunvalación [SS/N/31-36]: *y luego volviendo a mano derecha se entra al pasadizo por donde se va al patio, el cual* (fol.709-) *está dividido con los balaustres y de la manera que arriba se dice,*

Entrada occidental a la platea [SS/O/32]: *y al medio del pasadizo a mano izquierda hay una puerta con su escalera de ladrillos y aljez que es por donde se sube al patio a ver dicha comedia,*

Platea o patio del teatro [SS/O-R/32-36]: *en el cual dicho patio hay catorce bancos que cogen todo el patio y cada uno de los dichos bancos tiene de largo cincuenta y ocho pies y a los dos lados de dicho teatro hay cada cinco bancos de cada once pies de largo cada uno,*

Entradas a la platea: *en el cual patio hay tres puertas con sus escaleras por donde suben y bajan a la comedia*

Salida oriental de la platea [SS/Q/36]: *y bajando a mano izquierda por otra puerta de las dichas tres que están en dicho patio*

Pasadizo oriental de circunvalación [SS/S/31-36]: *se baja a dicho pasadizo se adentra a otro pasadizo frontero del dicho, el cual rodea dicho teatro y patio y tiene cuatro ventanas que salen al patio por los cuales recibe luz, y de allí sube a un corralillo donde hay un aposento de las letrinas* [SS/S/29], *y saliendo de dichos pasadizos y patio se sale por la dicha puerta principal al Coso*

Camarillas y gradas de mujeres

Puerta de mujeres del Coso [SS/T/37]: *y luego salido al Coso a mano derecha a diez pasos hay otra puerta principal por donde entran las mujeres a ver las comedias, la cual dicha puerta sale al Coso y tiene su postigo con cerraja y llave, bien clavada y ferrada, y luego entrando un patio* [vestíbulo] *con dos bancos, el uno portátil y el otro fijado en la pared, que tienen para los que cobran, y un pilar de piedra en medio el patio,*

Escalera de mujeres [SS/T/37]: *y luego una escalera grande por donde se sube a las camarillas y corredores de las mujeres, y en medio de dicha escalera hay dos ventanas con sus barrotes, que la una sale a la puerta falsa del dicho Santo Hospital* [SS/U/37] *y la otra al Coso, por las cuales recibe lumbre la escalera.*

Camarillas septentrionales de mujeres del piso 3° [PP/O-R/37]: *Y luego subiendo por dicha escalera hay un pasadizo el cual tiene cinco ventanas con sus barrotes que salen al Coso, en el cual pasadizo hay seis camarillas, las cuales están por su abecedario, y en cada una de ellas su puerta, cerraja y llave, y una ventana con sus barrotes que sale al dicho pasadizo, y en cada una de ellas hay cuatro banquillos y sus celosías muy espesas todas cerradas*

Camarillas surorientales aparte sitas en el piso 3° [PP/T/31]: *y luego al lado del otro pasadizo se entra en otro donde hay dos camarillas grandes y las divide de aposentos del vestuario y teatro* (fol.709v-)

Gradas altas septentrionales de mujeres del piso 4° [PA/O-R/37]: *y en medio de dicho pasadizo hay una escalera* [PP/N/37] *por donde se sube a un corredor que está encima de dichas seis camarillas, que tiene dos ventanas grandes que salen al Coso, y tiene dos bancos grandes fijos, el uno en la pared y el otro en tierra, a modo de gradas, con sus celosías,*

Corredor de las camarillas occidentales de mujeres del piso 3° [PP/N/32-36]: *y bajando de dicho corredor al dicho pasadizo más adelante hay una ventana que sale sobre la escalera del vestuario o al patio de aquella* [PP/N/31],

Letrinas de mujeres [PP/N/31]: *y más adelante hay un aposentillo con dos ventanas y su puerta en el cual están las letrinas para las mujeres,*

Camarillas occidentales de mujeres del piso 3° [PP/N/32-36]: *y luego saliendo de aquel hay otro pasadizo que tiene cuatro ventanas que salen a los tejados y patios del mesón de dicho Santo Hospital, y hay seis camarillas prosiguiendo el abecedario con sus puertas, cerrajas, llaves y ventanas con sus barrotes, banquillos y celosías, y de la forma y manera que las otras seis dichas, las cuales están frontero las unas de las otras, y están sobre los corredores de los hombres,*

Gradas orientales de mujeres del piso 3º [PP/T/32-36]: *y luego hay otro pasadizo que está dividido con tablas en el cual hay seis ventanas con sus barrotes que salen a la puerta falsa del dicho Santo Hospital, y está dividido en tres partes, que cada una de ellas tiene seis bancos largos a modo de gradas, con sus tablones para los pies, y el último de ellos con su respaldo, que es el corredor común de las mujeres, y tiene todo él sus celosías bien cerradas.*

Cubiertas del teatro

El cual dicho teatro de las comedias es muy grande, bueno, anchuroso, muy bien hecho en cuadro y por arriba todo muy bien cubierto y enmaderado y encima sus tejados con diversas ventanas por donde entra la luz y pasan los aires, y tan cubierto, guardado y bueno que aunque en tiempos de invierno y tempestuoso llueva no por ello se deja de representar por que de ninguna manera se mojan ni reciben daño los que están oyendo (fol.710-) *dicha comedia en cualquier parte de dicho teatro que estén oyéndola.*

En este último apartado del relato se descubre la principal característica del edificio: se trata de un teatro cubierto totalmente, lo que lo convierte en una arquitectura muy avanzada para su tiempo. Su disposición de planta cuadrada señala un modelo en el que su espacio central es la platea, la cual se rodea por tres de sus lados por las crujías de palcos y gradas, mientras en el restante se ubica el escenario y la zona de actores. La cubierta del patio, si bien se incardina en un desarrollo de un esquema de planta de espectadores en «U» como los corrales de comedias coetáneos, hace que la casa de comedias del Hospital se erija como un volumen compacto y centralizado. Sin duda los espacios teatrales zaragozanos precedentes[354] seguían la tipología de patios descubiertos con disposición de público en la platea y en las balconadas que en uno o varios pisos la rodeaban, como puede verse en los modelos madrileños de los corrales de la Cruz

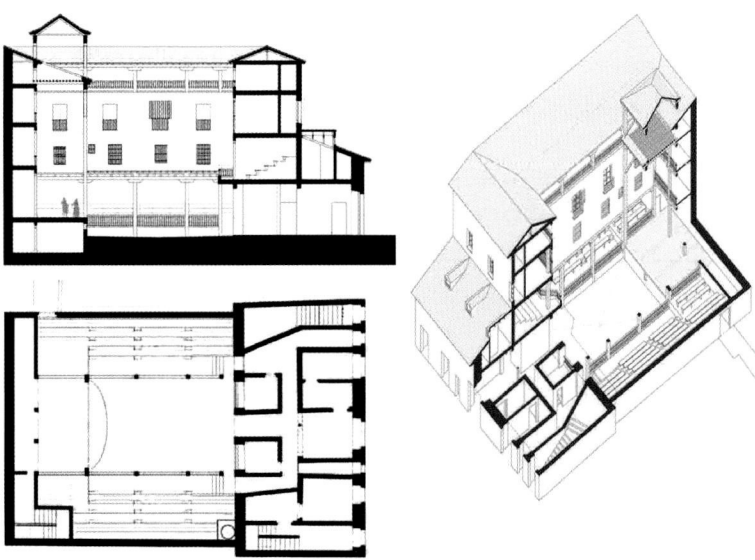

Corral del Príncipe, Madrid. Reconstrucción (a partir de Pedro de Ribera, 1735) según J. Benito.

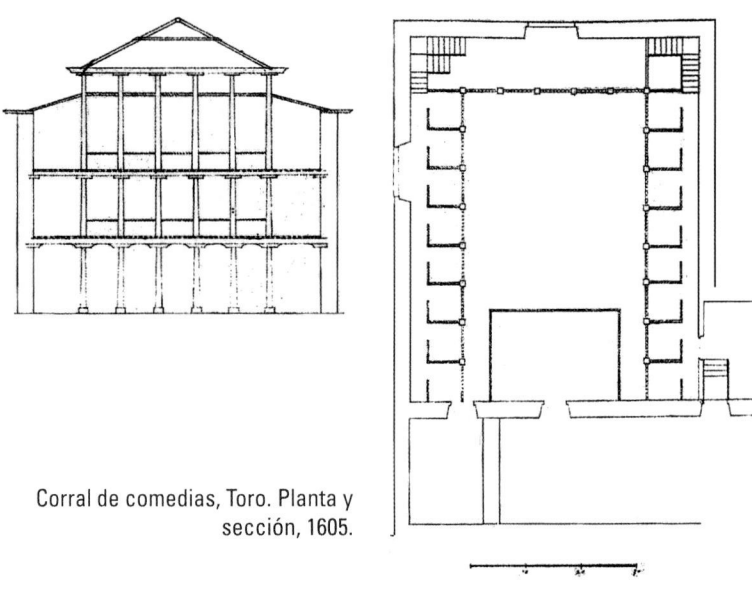

Corral de comedias, Toro. Planta y sección, 1605.

o del Príncipe, sin embargo en el Hospital nos encontramos con una nueva formulación estructural.

En efecto, los teatros coetáneos participaban de una tipología de espacio central abierto rodeado de crujías donde se instalaban los palcos o las gradas de los espectadores y en uno de cuyos lados se ubicaba el escenario. Las edificaciones se formalizaban con estructuras ligeras compuestas por

354 Según Martínez Herranz (1996) existieron los teatros de la calle Alcober y el del Ayuntamiento.

pies derechos que conformaban los soportales en varias alturas. El corral del Príncipe podría resultar un modelo de esta familia de establecimientos, con obras concluidas en 1583. En el esquema de los aposentos dibujado por Armona en 1730 persiste el sistema de distribución en forma de corral, visible en la planta de Pedro de Ribera de 1735. El corral de comedias de Toro, construido en 1605, de mayor tamaño que el anterior, mantenía un formato de distribución y estructura muy semejante, con tres crujías en «U» rodeando un alargado patio en cuyo fondo se establecía el escenario. Verdadero paradigma de la tipología, su estructura ligera de pies derechos con zapatas de madera formando tres pisos de soportales implicaba sus limitaciones como espacio abierto sin cubierta. Se trata de un formato que se sigue manteniendo a lo largo del siglo XVII mientras se va transformando la tipología hacia el espacio cerrado y cávea con planta de herradura, modelo que forma el tipo a la italiana[355] o modelo de teatro barroco. En el primer espacio del teatro de la compañia de los Trufaldrines en los Caños del Peral, observable bajo las trazas del plano de Vigilio Rabaglio[356], es posible comprobar cómo la distribución del modelo de corral abierto se mantiene en el primer tercio del setecientos, si bien como sucedería en la mayoría de los establecimientos que tuvieron continuidad en su actividad teatral, sería objeto de su reconstrucción en un teatro plenamente barroco en 1788. Frente a todos estos ejemplares basados en espacios centrales sin cubierta, el caso zaragozano destaca por su planteamiento innovador.

Las dimensiones facilitadas en el relato permiten calcular el tamaño del cuadrado de la platea. Por las huellas de la planta original que permanecen en la dibujada por Craso y Brieva para el teatro del setecientos así como otros detalles de los documentos, puede ensayarse un ejercicio positivo de reconstrucción de la casa de comedias tal como era en 1600. Derivada de la popular tipología de los corrales de comedias, la principal novedad del edificio de Zaragoza consistía en el diseño perfectamente ordenado de su composición, con un planteamiento de planta centralizada muy en la línea

355 Sobre la formación del modelo en el Renacimiento, ver Mazzucato (2009).
356 Academia de San Fernando, Madrid. Cfr.: Doménech Rico (2005).

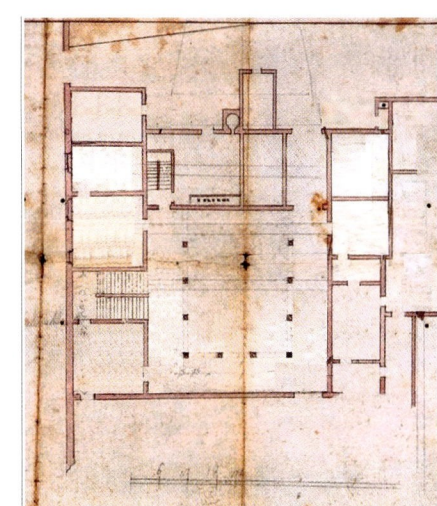

Corral de los Trufaldrines, Caños del Peral, Madrid. Planta, a partir del plano de Vigilio Rabaglio.

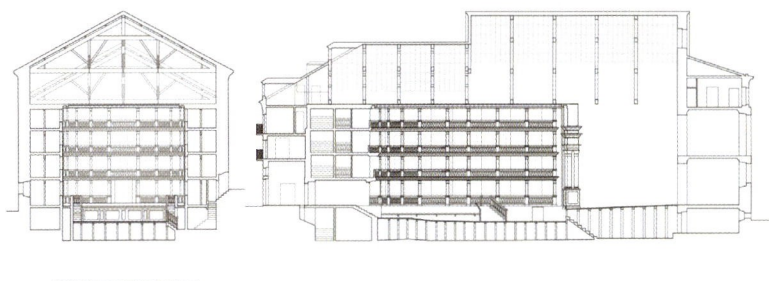

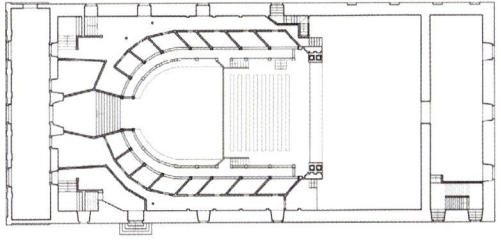

Teatro de los Caños del Peral, Madrid, 1788. Planta y secciones, según Astarloa Araluce.

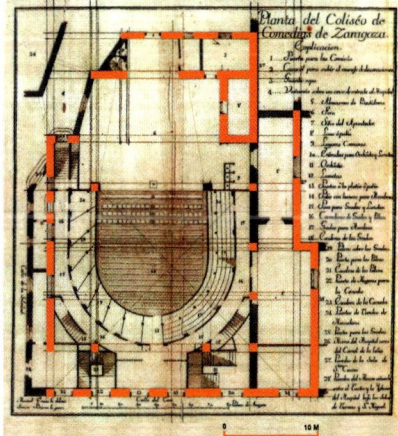

Huellas de la antigua casa de comedias en la planta de Craso y Brieva, h.1769, según R Usón.

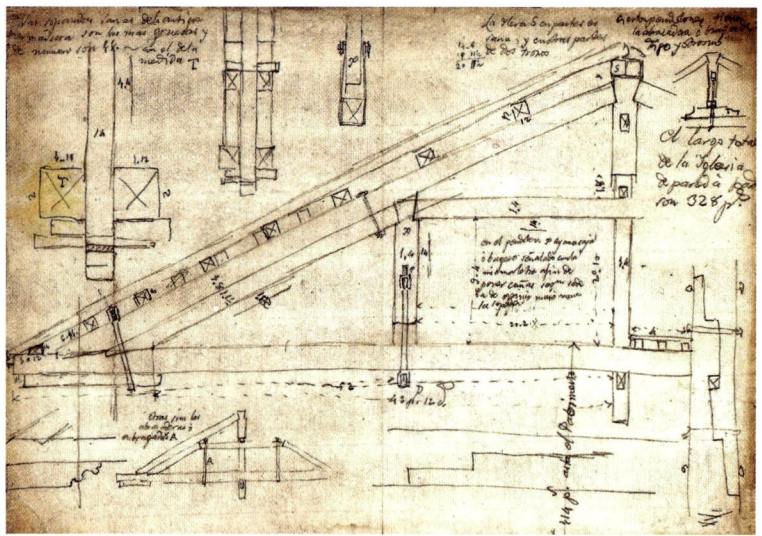

San Pablo, Roma. Croquis de las cerchas de madera, Antonio González Velázquez.

renacentista y donde la verdadera protagonista es la fórmula de cubierta integral que permitía celebrar las actividades en cualquier clase de temporada y climatología.

El principal reto que tuvieron que solventar en la construcción del teatro fue la construcción de una estructura cuyo sistema de cubierta requería salvar una luz de unos dieciséis metros. Las características funcionales del recinto y el objetivo de llevarlo a cabo con el menor coste posible, impedía toda fórmula de cubierta de fábrica y apoyos en contrafuertes, por lo que sólo era ejecutable mediante estructuras de madera. De este modo se organizó una retícula estructural de 3 x 3 módulos (3 x 4 si se cuenta el escenario) con luces de forjado de unos 5,40 m., lo que permitía desarrollar la mayoría de la obra con maderos de 30 palmos de longitud (trentenes). Las cerchas de madera o estructura primaria de la cubierta se ejecutaría mediante ensamblaje de grandes piezas, posiblemente utilizando dobles tirantes para el cordón inferior y tirante intermedio, según alguna de las fórmulas tradicionales latinas o romanas, fórmulas que fueron recuperadas en el Renacimiento y sustituyendo las complejas armaduras góticas. Debieron colocarse tres grandes cerchas, que se apoyarían en los correspondientes pilares de los flancos del teatro. El testero septentrional, al formar parte de una de las crujías del público, disponía de los cuatro

pilares que formaban el pórtico, mientras el meridional era el muro de cierre del escenario. Dada la ligereza de la enorme armadura y el sistema de soportes, sin duda las cerchas contaban adicionalmente con tornapuntas de arriostramiento, de modo que el conjunto conformaba una verdadera malla tridimensional. Este tejado central debía estar algo elevado sobre los de las crujías, lo que permitía disponer de los huecos necesarios para dotar de luz y ventilación al teatro, según describe el propio relato de la Visita.

En cuanto a las plantas del edificio, la estructura se basaba en los grandes muros de cierre –fachadas y medianeras–, los diez grandes pilares centrales y las cajas de escaleras dispuestas en los cuatro ángulos, además de la crujía adicional de la zona de actores. Las crujías del público se dividían en espacios más pequeños en función del tipo de localidades, organizándose pequeños habitáculos llamados camarillas o áreas de graderío. Las primeras se conformaban como aposentos cerrados y privados, con su puerta independiente. Las gradas estaban realizadas mediante elementos de carpintería, con tablones para asiento y para apoyo de los pies dispuestos en varias filas –tres o cuatro, según los casos–. Todas las divisiones y elementos eran muy sencillos y de dimensiones muy ajustadas.

La casa de comedias del Hospital de Zaragoza, en conclusión, era una pieza arquitectónica de importantes dimensiones y verdaderamente interesante. Sin duda de haber estado edificada en la fecha en que Wyngaerde visitó la ciudad la hubiera recogido en su perspectiva urbana. Posiblemente su aspecto externo no tenía nada destacable y sus fachadas eran de composición muy simple, sin embargo el espacio interior debió ser muy notable. La sección que se ha ensayado demuestra que respondía a un formato intermedio entre los corrales de comedias –patios a cielo abierto que se cubrían con lonas para evitar el soleamiento– y los teatros a la italiana, espacios exclusivamente interiores.

6.9. Quadras de las hermanas simples y tiñosos

Las edificaciones donde estaban las enfermas dementes, denominadas «hermanas simples» en la Visita, ocupaban un área muy centrada dentro de la supermanzana del Hospital,

Plantas del recinto de los pabellones de las hermanas locas y los tiñosos en 1600, según R. Usón / Plantas y elementos: SS Nivel semisótano; PB Baja; PF Patio de la puerta falsa / Recinto hermanas dementes: 1 Entrada; 2 Patio; 3 Cantina; 4 Reposte; 5 Dormitorio; 6 Gavias; 7 Guardarropa; 9 Hermanas serviciales; 11 Dormitorio de las cunas; 12 Calefactorio; 13 Corral de las hermanas; 14 Cocina de las coladas; 15 Corral de entrega; 16 Corral de gallinas; 17 Gallineros; 18 Lavanderas / Pabellón de tiñosos: 21 Quadra; 22 Padre de tiñosos; 24 Dormitorio; 26 Guardarropa.

situándose en el sector oriental de ésta, junto a la calle meridiana Coso-Jerusalén, justo donde terminaba el eje WE que, naciendo del vestíbulo atravesaba la panda meridional del claustro principal prolongándose hacia el este tangente al palacio de las enfermerías. De hecho, en algunas ocasiones, este eje se denomina corredor de las hermanas.

Las instalaciones las componían diversas construcciones, corrales y patios, posiblemente realizadas en varias fases y con cometidos funcionales muy diferentes, incluyendo áreas residenciales y de trabajo. Poco después del tiempo de la Visita se firmaría un contrato de obras para ampliar en altura uno de sus pabellones, el cual, por sus características, parece que debía tratarse del edificio principal de las hermanas locas. En base a las dimensiones recogidas en dichas capitulaciones se ha podido reconstruir hipotéticamente el programa descrito en 1600.

La terapia de los enfermos dementes estaba relacionada con la ocupación en las actividades compatibles con el estado de los mismos, de ahí que las hermanas con aptitudes para trabajar lo hicieran en cometidos concretos como, por ejemplo, la lavandería, razón por la cual las edificaciones albergan espacios de trabajo o cuentan con corrales anexos, como los gallineros, etc. Al este del pabellón principal las hermanas disponían de un amplio corral o patio de esparcimiento, al sur del cual existía otro pabellón independiente para los enfermos de tiña, quienes no podían tener con-

tacto ordinario con el resto de los enfermos del establecimiento.

El pabellón principal tenía planta cuadrada y se formaba por sendas crujías rodeando un patio abierto central. En el ala occidental se encontraba el acceso general y la cantina, y haciendo ángulo con ésta, en el ala meridional estaban las zonas de trabajo. Todo el espacio de las alas norte y este se destinaba a los dormitorios. Sobre el primero de ellos se encontraba la zona de las personas de servicio. Adicionalmente el pabellón contaba con una sala provista de calefactorio.

Entrada al pabellón de las hermanas simples [SS/a-b/23]

Quadras y aposentos y patios de las hermanas simples [En el margen] (fol.631) *A 15 de septiembre MDCVIIII el canciller... visitó y vio el apartado, parte y lugar donde están las hermanas simples, siquiere locas, de este Santo Hospital, que está viniendo del patio de dicha casa entrando por un pasadizo al fin de él a mano derecha, apegado y junto al tapial y parte que sale al corral donde se tiene la leña, el cual tiene una puerta de madera con sus balaustres de madera, con su cerraja y llave, el padre de las cuales se llama Jusepe Santiago, y su mujer es la madre de las locas y se llama María de Gracia, los cuales hicieron relación... 125 hermanas locas... dentro del cual apartado, parte y lugar donde están se halló en la forma siguiente:*

Cantina [SS/a-b/22]

Primero, en un aposento que está a mano derecha (fol.631v-) *que a la entrada tiene una puerta de madera de barrotes con una cerraja y llave, y dentro de él un armario de madera encajado en la pared, con su cerraja y llave, y dentro de él había dos cántaros para dar de beber a las hermanas el vino, dos jarros y dos ollas, un cazuelo y cuatro vasos.*

Reposte [SS/a-b/24]

Item otro aposento a mano izquierda con su puerta, cerraja y llave, y dentro de él cinco tablas de manteles destopa grandes y 125 camisas vejales para las hermanas. Item un arca mediana de pino con su cerraja y llave, con pan dentro. Item una mesa pequeña de pino con su pie de tijera. Item de dicho aposento se sale a mano izquierda por una puerta que hay con su cerraja y llave, al conejar de dicho Hospital y palomar donde a juicio de buen varón hicieron los padres relación que había hasta noventa conejos y tantos pares de palomas, que por ser voladoras no se sabe cuántos son.

Dormitorio de las hermanas [SS/f-g/20-24+SS/c-g/25-26]

Item en otro aposento que está entrando por el sobredicho a mano derecha que es el dormitorio de las hermanas tenía a la entrada su puerta de pino con su cerraja y llave, y su cerrojo, y dentro de dicho aposento, siquiere dormitorio, había a mano (fol.632-) *derecha de él cuatro gavias* [SS/f-g/20] *de madera con sus balaustres de pino y cada una de dichas gavias con su cerraja y llave, las cuales sirven para poner cerradas en ellas las hermanas locas cuando están furiosas y les toma la locura. Item vio, visitó y halló dicho Sr. canciller y visitador dento de dicho dormitorio 31 camas para dormir dichas hermanas, que en cada una de ellas había dos bancos y cinco tablas de pino, un jergón, un colchón, dos sábanas, dos mantas blancas y un travesero, y una lámpara, y un cepo.*

Guardarropa de las hermanas [SS/a/25-26]

Item dentro de dicho dormitorio a mano izquierda había otro aposento que es la guarda ropa de las hermanas, que tiene su cerraja y llave, y dentro de él se halló lo siguiente: una ventana con su reja de hierro que sale al pasadizo que viene

al aposento de dichas hermanas. Primeramente 24 cavazos de Yllarca de estopa y cáñamo hilada en ovillo que hay en cada cavazo 20 pares de ovillos. Item un arca de pino con su cerraja y sin llave, y dentro de ella 16 tablas de mantcles, diez grandes y seis pequeños. Item en un canasto grande de mimbre y caña, 14 docenas de servilletas de lino y estopa y tres tablas de manteles de lino delgados... y siete camisas viejas. (fol.632v-) *Item otra arca de pino con su cerraja y llave, y dentro de ella se halló 133 camisas limpias de las hermanas. Item otra arca de pino... 80 sábanas de lino... Item dentro de dicho aposento se halló 25 ropones verdes y pardos para las hermanas cuando van a acompañar los difuntos. Item seis pares de grillos de hierro con sus llaves. Item un freno y un bate de hierro para las hermanas. Item seis pedazos de madera para pies de banderas. Item 36 ruecas... Item otro canasto grande de mimbre y caña con una ropa de una hermana que está loca.* (fol.633-) *Item otro canasto grande amedrado de platillos y escudillas para las pitanzas a las hermanas. Item en una cuerda colgadas cuatro ropas de las hermanas. Item 260 madejas de estopa por curar. Item un rastrillo para rastrillar en su tabla y unas concas para aquietar las hermanas cuando están furiosas. Item dos capacicos de palma colgados en un techo, que en el uno están los tocados y en el otro las gorgueras para las hermanas al día de los Reyes,* [etc.]

Escalera de los aposentos de las hermanas serviciales [SS/b/25-26]

Item saliendo de dicho dormitorio y viniendo hacia la puerta del patio donde se entró de él, a mano izquierda se halló una puerta con su cerrojo por la parte de adentro, y subiendo por unas escaleras arriba

Aposento de las hermanas serviciales [PB/a-e/25-26]

se entró en otro aposento donde se recogen las hermanas serviciales, en el cual hay una puerta a mano derecha, con su cerraja y llave, por la cual bajando por una escalera [PB/b/25-26] se baja a dicho dormitorio de las hermanas, y había una ventana con dos medias que sale al patio y dentro de dicho aposento se halló lo siguiente: Primero dos camas cada una de ellas con dos bancos (fol.633v-) *cinco tablas, tres colcho-*

nes, dos sábanas, dos mantas blancas y un travesero. Item ocho candiles, una lámpara para el paso. Item una olla grande y media docena de ollicas, una aceitera pequeña. Item otra manta blanca colgando. Item un armario de madera encajado en la pared y dentro de él tres cántaros grandes para agua... Item dos sartenes pequeñas y dos asadores pequeños de hierro. Item dos docenas de plata y una de escudillas de tierra comunes y media docena de cazuelas.

Primer aposento auxiliar [PB/f-g/25]

Item otro aposento dentro del dicho, está a mano derecha, tiene su puerta, cerraja y llave, y dentro de él hay tan solamente de dicho Santo Hospital un velador alto de madera y una cama con cinco tablas, dos bancos y dos colchones y una sábana y dos mantas y un travesero.

Segundo aposento auxiliar [PB/f-g/26]

Item en otro aposento está junto continuo y apegado al sobredicho, tenía su puerta de pino, cerraja y llave, y dentro de él había una ventana de madera con su aldabilla...

Calefactorio y cunas de las hermanas [SS/i-j/22-26]

(fol.635-) Item en dicho paso más adelante, a la otra mano había un aposento al suelo del patio, con su cerraja y llave, y dentro de aquel otro con su puerta, cerraja y llave, y dentro de él seis camas y cada una de ellas tenía cinco tablas, dos bancos de pino, un jergón, un colchón, dos sábanas, una manta blanca vieja y un cabezal. Item cinco cunas grandes de pino y cada una de ellas un colchón, dos sábanas, una manta vieja. En el cual dicho aposento había una ventana que sale al corral de las hermanas. Item un rejado grande de barras de hierro que es para hacer fuego a las hermanas en tiempo de invierno y tiene su puerta, cerraja y llave, todo de hierro.

Cocina de coladas [SS/d-e/20-21]

En el ala meridional junto a los corrales donde estaban las gallinas y donde se tendía a secar las coladas debía estar el cuarto de lavandería o cocina de coladas. Según el programa de 1815, esta dependencia comprendía, además de la cocina propiamente dicha, que era «muy grande», un cuartito «para depositar las cenizas y barrillas», además de las zonas separadas para la ropa sucia y la ropa limpia. En el patio anexo debía estar el «lavadero con agua corriente» además del señalado «tendedor de ropa muy soleado y ventilado».

Corral de entrega [SS/a-c/20-21]

Corral donde se entrega [En el margen] *Item salidos de dicha cocina donde las coladas se hacen, yendo a mano derecha se entró en el corral donde se entregan dichas coladas, que está a mano derecha, en el cual había su puerta, cerraja y llave, y dentro de él un cajón fijo en la pared que virve de tener menudillo para las gallinas que había hasta cuatro almudes, el cual tiene su cerraja y llave. (fol.635v-) Item un armario con una puerta... Item había en dicho corral 40 sacos para las dichas hermanas a mudalles (para mudarlas) cuando están tontas o furiosas. Así mismo había en dicho corral tres ventanas sin cerrajas ni llaves, las dos son de barrotes, la una de tablas, y otras cuatro puertas, las tres con cerraja y llave, y la otra sin ella, que las dos sirven para entrar en el corral de las gallinas y la otra hacia las necesarias.*

Aposentos del corral de las gallinas [SS/a-c/17]

Corral de las gallinas y cuatro aposentos [En el margen] *Item salidos de dicho corral se entró por una de dicha puerta al corral llamado de las gallinas, en el cual dicho corral hay cuatro aposentos, los dos con cerraja y llave, y los otros sin ella,*

Aposentos 1º y 2º: *que los dos sirven para dormir las gallinas.*

Aposento 3º: *Item en el otro dicho cuarto había dos docenas de sacos nuevos y un colchoncico para una cuna. Item siete libreas para las hermanas. Item un capazo de palma. Item 40 libreas con sus faldillas para las hermanas...* (fol.636-) [siguen objetos...]

Aposento 4º: *Item en el otro aposento que está sin puerta había luego entrando a mano izquierda un fogaril de cuatro pies. Item una bacía... para dar de comer a las aves... siete libreas...*

Corral de las gallinas [SS/a-g/18-19] *Item salidos de dichos aposentos a dicho corral de las gallinas se hallaron en dicho corral 256 gallos, gallinas y pollos... una puerta rejada de alambre para que cuando llueve coman las gallinas recogidas sin mojarse.*

Aposentos de las lavaderas [SS/V-W/19-20]

(fol.636v-) *Item después de haber salido de dichos corrales se entró en el aposento que llaman de las lavaderas, que está enfrente la puerta de la cocina de las coladas a mano derecha viviendo de la puerta hacia adentro, el cual tiene su cerraja y llave, y dentro de él dos camas cada una de ellas con dos bancos y cinco tablas de pino... objetos, capazos, escudillas...*

Aposentos auxiliares 1° y 2°: (fol.637-) *Item dentro del dicho aposento de las lavaderas hay otros dos aposentos con sus puertas, y el uno con su cerraja y llave, que los dos tienen sendas ventanas que salen al conejar sin llaves.*

Quadra de los Tiñosos [SS/h-i/16-17]

(fol.659-) *Item otro aposento al lado de la carbonera que es la quadra de los tiñosos y tiene su puerta sin cerradura y dentro de él dos ventanas con sus redes de hierro espesas que salen a los corrales de las locas todo cercado de bancos de aljez y dos braseros grandes en tierra de aljez. Item un banco de madera. Item un arca de pino con su cerraja y llave donde están los ungüentos para los tiñosos.*

Aposento del padre de tiñosos [SS/k/16-17]

(fol.659v-) *Item otro aposento dentro del dicho, tiene su puerta, cerraja y llave, y dentro de él hay una puerta cerrada que sale al paso del huerto de la botiga y tiene su ventana con su reja al corral de las locas y había en él una cama de madera con dos pies, seis tablas, dos colchones, dos sábanas, dos mantas blancas y un travesero, en la cual duerme el padre de los tiñosos. Item una manta colgada. Item un banco de pino y algunos palos de leña para calentarse los tiñosos.*

Aposento auxiliar [SS/j/16-17]

Item en otro aposento dentro del sobredicho con su puerta patente sin nada en ella y tenía una ventana, con su celosía de madera, que sale al patio de las hermanas y había en él un banco de madera, dos candiles, un armario encajado en la pared, un capazo, seis escobas de palo. Item una cama

con dos pies, cinco tablas, dos colchones, dos sábanas, dos mantas blancas.

Dormitorio de los tiñosos [SS/d-f/16-17]

Item otro aposento más adentro que el anterior que es la quadra del dormitorio de los tiñosos, tiene su puerta, cerraja y llave, (fol.660-) con dos ventanas con sus puertas de madera y celosías que salen al corral de las gallinas, en el cual dicho aposento había su lámpara de vidrio colgada en el techo y once camas para dormir a dichos tiñosos, que todas ellas eran de una misma manera y con una misma ropa y así cada una de dichas camas tenía y se halló en ella dos bancos, cinco tablas, dos colchones, dos sábanas y dos mantas blancas.

Guarda ropa de los tiñosos [PB/d-g/16-17]

Item saliendo de dicho aposento se sube por una escalera [SS/g/16-17] arriba y al cabo de ella había una puerta, con su cerraja y llave, y en entrando un aposento con una ventana con su celosía al corral de las gallinas, y dentro de dicho aposento otro con su puerta sin cerradura con dos ventanas al corral de las gallinas con sus celosías que es la guarda ropa de los tiñosos que había algunas baratijas viejas de vestidos de aquéllas. Item una cama con dos bancos, cinco tablas, dos colchones, dos sábanas, dos mantas blancas y un travesero. Item un arca con su cerraja y llave con la ropa del padre de los tiñosos. Item otro arca alta a modo de cofre (fol.660v-) de madera, con su cerraja y llave, y dentro de ella 32 sábanas limpias viejas para mudar a los tiñosos. Item dos tablas de manteles grandes y otras tres de pequeños. Item diez enjugamanos viejos.

6.10. Patio de los aljibes y quadras de los hermanos locos

El suministro de agua de boca del Hospital se obtenía principalmente del pozo principal, ubicado en el claustro. También era muy utilizado, sobre todo para el agua que se consumía en la cocina, el pozo del patio del aljibe de la cocina. Pero el Hospital precisaba otras fuentes de suministro de agua para sus grandes necesidades, por ello contaba con varios aljibes ubicados en diferentes lugares. Algunos se alimentaban del

Plantas del patio de los aljibes y quadras de los hermanos locos en 1600, según R. Usón / Plantas y elementos: PB Baja; PP Planta principal; XC6 Corredor de los aljibes; HT Huerto de Tiermas / Recinto patio de los aljibes (PJ): 1 y 2 Aljibes; 3 Entrada depósitos; 4 Pila del agua; 19 Refectorio locas; 27 Refectorio tiñosos; 46 Aposento de las maderas / Pabellón hermanos dementes: 31 Refectorio; 32 Despensa; 33 Sala de columnas; 34 Gavias; 35 Calefactorio y cocina; 36 Escalera; 37 Guardarropa; 39 Padres de los hermanos; 40 Dormitorio; 41 Aposento de los cepos; 42 Calabozo; 44 Paso; 45 Corral de los locos.

agua de pluviales recogida en vasos intermedios. Las grandes cubiertas de las naves de la iglesia, de las enfermerías o de otros edificios, en parte era recogida desde las canales en algunos pequeños patios. Desde ellos se abastecían los aljibes de pluviales, mencionándose varios de ellos: los ubicados en el patio occidental, llamado patio de los aljibes de las bodegas y de la botica, y el ubicado en el patio de la puerta falsa, llamado patio del aljibe de la cocina.

Sin embargo, los más importantes eran dos grandes vasos cubiertos construidos en el llamado por excelencia patio de los aljibes, situado al mediodía del palacio de las enfermerías, que se alimentaban de la acequia que discurría entre las tapias del Hospital y del convento de Jerusalén. Se trataba de una instalación cerrada con tapias y disponía de puerta de seguridad. Cada aljibe disponía de un pequeño quiosco de entrada al registro, así como de una pila exterior de servicio. Se trataba de unas instalaciones que exigían un importante mantenimiento. Así, por ejemplo, consta la obra que hizo Miguel Vedruna, albañil zaragozano, por la que cobró de los regidores, en marzo de 1613, por medio de Miguel Latorre, 2.900 sueldos jaqueses[357].

El recinto rectangular de los aljibes limitaba al norte con el corredor meridional del palacio de las enfermerías, al cual se abrían las ventanas de los refectorios generales –en la zona occidental– o las del reposte –en la oriental–. Al este limitaba con el huerto de Tiermas, separándolos un corredor que comunicaba el palacio de las enfermerías y su corredor central llamado de los clérigos, con la tapia de Jerusalén. Seguramente debía estar aquí, en esta intersección, la derivación de la acequia que permitía la entrada del agua en los vasos. Al sur lindaba con los pabellones que servían de refectorios a los hermanos dementes y a los tiñosos. Estos pabellones, a su vez, contaban con un corredor meridional que se prolongaba hacia el este hasta la calle meridiana Coso-Jerusalén, camino que utilizaban las hermanas simples y los tiñosos para venir a los refectorios desde sus quadras. El lindero occidental eran los pabellones de los hermanos locos, separándolos un corredor que comunicaba el último de los descritos con el primero, cerrando el circuito en torno a las instalaciones de los aljibes.

Aljibes de agua [PB/D-N/7-11]

(fol.682-) *Dicho día 20 del mes de septiembre de MDCVIIII... el dicho Sr. canciller... continuando la visita, fue a visitar y visitó el patio y plaza donde están los aljibes de agua, el cual*

357 Zaragoza, 10 marzo 1613. Not.: Pablo Villanueva, f. 303v. Cfr.: Bruñén, Julve y Velasco (2005-2007) DOC 1- 99 (109).

Lonja de la Casa Consistorial, Sena (Huesca). Columnas y pilares formando el pórtico.

está entrando del patio principal de dicha casa, entrando hacia el aposento de los locos, a mano izquierda, que es muy grande y espacioso, y tiene al entrar de dicho patio o plaza, su puerta con su cerraja y llave, y muchas y diversas ventanas miraderas de los aposentos, así de los clérigos como del reposte, pasadizos, corredores y quadra de cirugía [de mujeres].

Y entrando en dicha puerta se entra a dicho patio, y después por él, con tres gradas de ladrillo, se sube a donde están los aljibes, el suelo de los cuales está de argamasa y enladrillado con ladrillo, alrededor unos antepechos de aljez y ladrillo, y había dos aljibes muy grandes, hondos (fol.682v-) y espaciosos de piedra picada, cubiertos cada uno de ellos con su varal de hierro y alrededor su red de hilo de alambre, y encima en cada uno de dichos aljibes, su banderilla y cruz de hierro, y tiene cada uno de ellos su puerta, con su cerraja y llave, y su pila de piedra labrada para echar el agua.

Que [en] cada uno de dichos aljibes, según hicieron relación personal de dicha casa que han visto henchirlos, cogen más de mil quinientos cubos de agua, y cada cubo trae sesenta y

dos cántaros cada vez. Y en el uno de dichos algibes, que es de donde de parte se saca el agua para el servicio del Hospital, tiene su carrucha de madera con clavazón de hierro, su cuerda y dos pozales para sacar el agua, que son de madera con su hierro. Item un embudo grande de alambre.

Item había más en dicho corral o patio hasta cincuenta cestas viejas para los abejares. Item tres polleras viejas para traer aves, muy viejas. Item cuatro pedazos de escaleras de carros (fol.683-) muy viejos, y una silla vieja con su cubierta [de] encerado viejo para traer los enfermos. Item cuatro maderos redondos, muy viejos y curados. Item tiene tejas nuevas para entejar el tejado. Item nueve tumbas de madera vieja y siete bancos viejos para tener las hachas para las defunciones, y había tres parras plantadas en tierra.

Refitorio de tiñosos [PB/J-M/6]

Item saliendo de dichos aljibes al lado de él, saliendo de ellos, hay un aposento, con su cerraja y llaves, con cuatro ventanas de madera, dos a dichos aljibes, y dos al patio, con sus balaustres, el cual aposento es el refitorio donde comen los tiñosos. Y había cuatro bancos grandes de madera con su pies y dos mesas con sus manteles, y en una de ellas 43 escudillas gruesas de maleza? Item un ventallo de papel con su mango y cuerda en cada lado en latiguillo. Item un capazo lleno de pan... (fol.683v-) [siguen los enseres] Item en dicho aposento un cantarico... un armario... Item saliendo en el patio una escalera grande portátil de madera...

Refitorio de los locos [PB/A-B/4-7]

Salidos del pabellón de los refectorios de tiñosos y hermanas simples, se dirigieron al pabellón de los hermanos dementes. Se trataba de un edificio de dos crujías y dos alturas que formaba la fachada de la calle del Hospital o de Santa Engracia a partir del palacio de las enfermerías, sin solución de continuidad con éste. El pabellón llegaba en su límite meridional hasta las tapias que separaban el Hospital del convento de Jerusalén.

Item se continuó para ir al aposento de los hermanos locos, que está luego contiguo de dicho refitorio de los tiñosos y [había] antes de entrar, junto a la puerta, un púlpito de madera, roto y muy viejo.

Refectorio [PB/A-B/4-6]: *Y luego está la puerta del primer aposento que es grande y anchurosa, de madera balaustreada (fol.684-) con su cerraja y llave, y dicho cuarto tiene tres ventanas grandes a la calle del Hospital que va a Santa Engracia, cada una de ellas cuales tiene dos puertas y sus cerrojos, y dentro de dicho aposento tenía y había en él cuatro mesas grandes de madera, con sus pies encajados en tierra, para comer los hermanos inocentes, y hacia la pared bancos de madera encajados en ella y a la otra parte sus bancos grandes portátiles de madera con sus pies. Item dos mesas de madera con sus pies, la una portátil encajada en la pared, encima de la cual había 50 platillos para pitanzas. Item cuatro cántaros grandes para agua y vino, tres jarros y cinco cucharas para poner agua y vino. Item cinco boteletes, los cuatro de cuerno y el uno de madera. Item un brasero de yeso y madera y otro de yeso y ladrillo para asiento de la olla. Item ocho palos de pino para llevar las portaderas. Item dos banquillos portátiles. (fol.684v-) Item un armario... un arca con quince ropones de librea de los hermanos.*

Despensa [PB/A-B/7]: *Item en otro aposento dentro del sobredicho, que tiene su puerta, cerraja y llave, se halló todo alrededor de tablas encajadas en la pared... [para comida, pan, etc.] Item candiles, manteles, cántaros... sartenes, aceitera, armario...*

Refitorio de las locas [PB/D-I/6]

Salidos del pabellón de los hombres dementes, regresaron al pabellón donde habían estado visitando el refectorio de los tiñosos.

(fol.685-) Item luego en entrando en el primer aposento a mano izquierda, hay otro, con su puerta sin cerradura y cinco ventanas, las cuatro con sus balaustres de madera que salen a los aljibes, y otra grande con sus balaustres que sale al patio, en donde hay dos mesas muy grandes, de más de una vara de ancho, que es el refitorio donde comen las hermanas locas. Y a una parte, desde el principio hasta el fin de dicho refitorio, hay sus bancos de madera con sus pies, encajados en la pared. Item, a la otra parte, para sentarse, cuatro bancos grandes de madera portátiles. Item siete palos de pino para llevar las portaderas, una tabla para llevar las pitanzas.

Completada la visita a los refectorios, regresaron al pabellón de los hombres dementes para inspeccionar el resto de sus instalaciones.

Aposentos y gavias para furiosos [PB/A-D/2-3]

Item en otro aposento que está más adentro de dicho primer aposento, había una puerta para entrar en él, de madera, con su cerrojo, y dentro había dos ventanas cabeorcas? con sus carruchas y sus rejas de hierro, que salen a la dicha calle del Hospital (fol.685v-) Y dicho aposento es muy bueno y espacioso, con un pilar grande en medio de ladrillo y otros dos redondos de piedra labrados, y en él había una mesa grande de madera vieja con dos pies fijos en el suelo, y más había dos armarios encajados en la pared, de madera, con sus cerrajas y llaves, y dentro escobas y hierros viejos y un poco de carbón.

Esta característica de disponer de sendas columnas de piedra convierte a esta sala en una de las más particulares del establecimiento, saliéndose de la fórmula común utilizada en la construcción de las naves centrales, lo que puede deberse a que, posiblemente, fuera de las primeras edificaciones realizadas.

Gavias [PB/A/2-3]: *Item había en dicho aposento un corredor que se subía a él con siete escaleras y hay cuatro aposentos que sirven de gavias para poner a los hermanos cuando están furiosos, con su puertas, las tres con sus cerrajas y llaves, y la otra con un cerrojo. En la una hay un colchón, una sábana, una manta, y las otras vacías.*

Aposento de cepos de prisión [PB/A/12]

Item en otro aposento que está luego en entrando del anterior hay una puerta, con su cerraja y llave, y un cerrojo grande, y tiene dos ventanas, la una grande y la otra pequeña, que salen a la calle del Hospital, y en él había dos cepos con sus agujeros.

Calefactorio y cocina [PB/A-B/8-9]

Una puerta que sale a la cocina, rodeada de bancos de aljez, con un rejado grande de hierro (fol.686) cubierto por encima del mismo hierro, que sirve para hacer fuego de invierno a los hermanos porque no lleguen a quemarse.

Cárcel [PB/A-B/11-12]

Calabozo [PB/B/11]: *Item más adentro de dicho aposento, otro que es la cárcel para los hermanos y otros que cometen delitos en casa, que tiene su puerta muy buena, cerraja y llave, y cerrojo, una ventana pequeña con dos rejas de hierro que salen a dicha calle que va a Santa Engracia, con un tablado encajado en la pared.*

Celda de castigo [PB/A/11]: *Item otro aposento de dicha cárcel que sirve también de cárcel más oscura y estrecha, que tiene dentro otro tablado como el anterior, y tiene su puerta de madera fuerte de prisión, con su cerraja y llave, buen cerrojo.*

El uso del calabozo debía ser únicamente ocasional, dado que las faltas se castigaban por lo general con escarmiento público. Así, según refiere Baquero, «al que robaba algo dentro de la casa, después de azotarlo, lo llevaban esposado por las enfermerías, huertos y oficinas del establecimiento con público pregón delante que decía *Esta es la justicia que mandan hacer los Regidores de esta Santa Casa*, dejándolo por fin expuesto a la vergüenza pública amarrado a una columna del patio principal»[358].

Paso del corral de los locos [PB/E-N/5]

Aposento y corral de los locos [En el margen] Item saliendo de dicho aposento se entra hacia el corral donde están los hermanos para gozar del sol, el cual tiene luego al entrar una puerta, con su cerraja y llave, y luego en entrando en el paso hay otra puerta (fol.686v-) con su cerraja y llave, que sale a la caballeriza y hay otra puerta a la otra mano que está también cerrada

Aposento de las maderas para obras [EP/N/6]

y sale a un aposento que sirve para tener madera en las obras que hace a su cuenta de su dinero Juan de Tiermas, regidor del Santo Hospital,

Corral de los locos [PB/E-N/2-4]

y por dicho pasadizo que es harto largo, grande y espacioso, se entra a dicho corral que es muy grande, espacioso y

358 Baquero (1952) pag. 47.

descubierto para tomar el sol los hermanos locos, y hay un banco grande de madera con sus pies y a una parte de dicho corral a mano derecha están las letrinas.

Escalera del guardarropa y dormitorio de los locos [PP/A/10]

Guarda ropa de los locos [En el margen] Item en habiendo salido de dicho corral se volvió al aposento que está al lado del primer aposento de la cárcel y se subió por unas escaleras arriba, que es en acabando de subir aquéllas, en un rellano, hay una ventana caediza con su rejado de barrotes que sale a la calle de Santa Engracia, y en dicho rellano a mano derecha había una puerta de madera con su cerraja y llave,

Guardarropa de los locos [PP/A-B/11-12]

y dentro de dicho aposento hay dos ventanas con sus rejas de hierro que salen a la calle (fol.687-) de Santa Engracia y otra ventana con su reja de hierro que sale a los aljibes, el cual dicho aposento es harto grande y espacioso y sirve de guarda ropa para los hermanos. Y tiene apostados y atensados unos palos y maderas con sus cuerdas de unas a otras paredes, y había en él lo siguiente: Primero una escalera de madera portátil. Item 40 sayos verdes y pardos de la librea de los hermanos... Item 36 gregüescos pardos... siete ropajes viejos... dos mesas grandes, 46 sacos para poner a los hermanos... Item un escaño para traer los enfermos al Hospital con su colchoncillo, almohada y manta. (fol.687v-) Item cinco cántaros... Item una piedra donde está labrado un león, una docena de escobas de palo... una docena de platos, seis cestas, dos jarros, doce ollas... Item 14 pares de grillos, y abajo hay dos pares más que llevan los hermanos, que son todos de hierro. Item cuatro esposas de hierro... Item un fogaril de yeso forrado de madera y una ratera? (fol.688-) Item dos sombreros... 120 camisas limpias de lienzo... seis sábanas...

Dormitorio de los locos y camas [PP/A-B/2-9]

Item saliendo de dicho guarda ropa en otro aposento que está enfrente que es el dormitorio de los hermanos locos había una puerta para entrar a dicho dormitorio de madera, con su cerraja y llave, y dentro había cinco ventanas, que cada una tiene sus dos medias, con sus rejas de hierro y picaporte de hierro, que todas salen a dicha calle que va a Santa Engracia.

Aposento de la ropa sucia [PP/A/9]: *En el cual dormitorio, a mano izquierda, había un aposento sin ninguna ventana, con su puerta de madera, cerraja y llave, el cual sirve de tener la ropa sucia de los hermanos, y había y se halló en él 50 camisas sucias de los hermanos. Item 48 sábanas de lienzo sucias para las camas de los hermanos.*

Aposento del padre de los hermanos Francisco Sánchez [PP/B/9-10]: (fol.688v) *Item al lado de dicho aposento había otro con su puerta, cerraja y llave, aunque sin ventana, que recibe luz por la puerta, donde duerme Francisco Sánchez, padre de los dichos hermanos, y dentro de él había una cama con dos bancos, cinco tablas, tres colchones, dos sábanas, dos mantas blancas y un travesero, un banco, una silla de madera y dos tablillas encajadas en la pared y dos calzones blancos de paño que llevan los hermanos.*

Sala del dormitorio [PP/A-B/2-8]: *Item en dicho dormitorio que es muy grande y espacioso y tiene seis pilares grandes y recios de ladrillo y aljez cuadrados, que es de largo 48 pasos y de ancho 12 pasos, y dentro de aquél había 23 camas y cinco cunas de madera, que cada una de dichas cunas tiene un colchón, dos mantas blancas, una sábana, las dos de ellas un cabezal, las otras sin ella, y dichas cinco cunas son encajadas de madera. Item todas las dichas camas tienen la ropa siguiente:* (fol.689) *Es a saber, la primera dos bancos, cinco tablas, un colchón doblado, una sábana, una manta blanca y un travesero. Item la segunda cama tiene... 3ª... 4ª... 5ª... 6ª... 7ª...* (fol.689v-) *8ª... 9ª... 10ª... 11ª... 12ª... 13ª... 14ª...* (fol.690-) *15ª... 16ª... 17ª... 18ª... 19ª... [todas tienen un equipo similar] Item las otras tres camas restantes, hasta 23, tiene cada una de dichas camas dos bancos, cinco tablas, dos colchones, dos sábanas, dos mantas blancas y sendos traveseros.* (fol.690v-) *Item una lámpara colgada en el techo en la mitad de dicho dormitorio. Item siete servidores.*

Aposento del padre de los hermanos mosén González [PP/C-D/2]: *Item al fondo del dormitorio hay un aposento con su puerta, cerraja y llave, y una ventana, con dos palos que la atraviesan, que sale al corral de los hermanos, en el cual duerme mosén González, padre de los hermanos, y en él*

había una cama con dos bancos, cinco tablas, etc. Item un servicio con su sitio por tapadera. Item dos bancos pequeños de madera. Item una camisa... una mesa, una silla...

6.11. Horno y oficinas de la puerta falsa

Entrando por la llamada puerta falsa del Hospital, es decir, entre los edificios de la casa de las comedias y la casa del Coso, por donde discurre la calle meridiana Coso-Jerusalén, se llegaba al patio denominado de la puerta falsa. Dicho patio lindaba al norte con el teatro y el mesón, al oeste con la caballeriza y, sobre ella, la carnicería y la quadra del Protonotario; al sur con el palacio de las enfermerías y al este con el recinto de la hermanas simples y con los corrales de la leña –lindante con él– y del horno, un amplio espacio donde estaban las instalaciones y el pabellón del horno, y que contaba con la llamada puerta zaguera del Hospital, posiblemente la entrada adicional desde el Coso que comunicaba con los graneros y que ulteriormente se la conocería como calle de la Soledad.

Corral de la leña [SS/V-g/27-28]

(fol.637) *Item salidos de todos los dichos aposentos y corrales donde las dichas hermanas están, se entró en el corral que llaman de la leña, que está a mano derecha saliendo de dicho paso y apartado de las hermanas, el cual tiene su cerraja y llave, en el cual dicho corral se hallaron: Un peso para pesar dicha leña bueno. Item cuatro montones de leña de pino... tres mil quintales de leña...*

Entrada y cobertizo del corral del horno [SS/V-X/29-30]

El horno [En el margen] *Item salidos de dicho corral de la leña se entró en el horno, que está a mano derecha luego en dicho corral debajo de un cobertizo, el cual tiene su postigo con su cerraja y llave, y dentro de él hay: Primero nueve tinajas para agua, doce cántaros, dos bancos, un peso para pesar...* (fol.637v-) *Item 50 sacos*

Corral del horno [SS/V-g/31-34]

Corral de la leña (sic) [En el margen] *Item en el corral que llaman de la leña que está enfrente de la dicha puerta del horno, luego en entrando con un escalerón que el dicho*

Plantas de las oficinas del patio de la puerta falsa en 1600, según R. Usón / Plantas y elementos: ST Sótano; SS Nivel semisótano; EP Entreplanta; PB Baja; EP Entreplanta; PP Planta principal; PF Patio de la puerta falsa; MC Caballerizas del mesón; BC Carnicería; XD· Salón distribuidor / Cocina mayor: 1 Despensa; 2 Sala de la chimenea; 3 Sala de raciones; 4 Aposento cocinero; 5 mancebos de la cocina; 6 Aposento contadores / Horno: 11 Corral de la leña; 12 Corral del horno; 13 Bodega; 14 Aposentos del panadero; 15 Mancebos del horno; 16 Masadería; 17 Horno; 18 Cernedero; 19 Salvado / Oficinas patio de la puerta falsa: 21 Portería; 22 Zapatero; 23 Trigo; 24 Bodega vinagre; 25 Bodega aceite; 26 Vajilla; 31 Cabelleriza de los machos; 32 Aposento gallineros; AE4 Aposento teniente de cirujanos.

corral tiene otra puerta con su cerraja y llave, que sale a la puerta zaguera de dicho Hospital, en el cual corral había una mesa de tijera con su pie y cadena. Item dos bancos largos de pino, cuatro carretadas de zinesta?, 40 carretadas de ramillas...

Bodega cabe el horno [ST/a-f/29-30]

Item entrando en dicho corral del dicho horno se entró por otra puerta que hay en aquél, con su cerraja y llave, a una bodega de vino en la cual se hallaron las cosas siguientes: Primero once cubas de vino tinto vacías... Otras dos cubas de vinagre llenas que había en cada una quince nietros de vinagre...

Aposentos en el corral del horno [SS/b-g/29-30]

(fol.638-) Item salidos del dicho corral y bodega del dicho horno, entrando en aquél se hallaron tres aposentos, los dos con cerraja y llave, y el otro sin ella, que están todos a mano derecha entrando por la puerta principal del dicho horno,

Aposento del panadero [SS/b/30]: que en el primer aposento habita Juan Lavilla y María Martínez, cónyuges panaderos, los cuales tienen a su cargo el dicho horno, en el cual había lo siguiente: Primero una cama con dos pies y cinco tablas... banco, arca...

Aposento auxiliar del panadero [SS/b/29]: *Así mismo dentro de dicho aposento de los horneros hay otro con su puerta, cerraja y llave, que tiene una ventana que sale al corral de la leña, el cual está vacío.*

Aposento de los mancebos del horno [SS/c/29-30]: *Item en el otro aposento que habitan Juan Lafita, Domingo de Sarles y Pedro Larramendi (fol.638v-) mancebos de dicho horno, en el cual aposento hay... una cama...*

Masadería [SS/e-f/29-30]: *Item en el otro aposento que es el tercero que sirve de masadería, se halló los siguiente: Primero una artesa para masar...*

Aposento del horno [SS/g/29-30]: *Otro aposento cabe el horno: Dentro del cual dicho aposento hay otro aposento donde está el horno, sin cerraja ni llave, en el cual hay un armario para encerrar el pan, con su cerraja y llave (fol.639-) Item cuatro palas...*

Cernedero del horno [PB/e-g/29-30]

Salido de dicho tercer aposento y horno que [hay] dentro de aquél, se subió al cernedor por unas escaleras [SS/d/29-30], el cual tiene tres puertas, las dos sin llaves y la otra con cerraja y llave, el cual cernedor está a la propia mano (fol.639v-) donde están dichos tres aposentos, en el cual dicho cernedor se halló lo siguiente: Primero una rueda de torno con su maroma y cuerdas para subir la harina... la cual está en una ventana muy grande con dos puertas que sale al dicho corral de dicho horno... 16 cedazos... arcas...

Existía –según el programa de 1815– un depósito «de la harina a cargo del hornero» situado «encima del torno de cerner, con una gruenza para que desde ella baje la harina al torno». Además, las dependencias del horno contaban con otro «quarto para depósito de la harina a cargo del molinero hasta que hace la entrega», así como un «quarto para depositar el pan cocido y diferentes algorines para depositar los despojos».

Aposento del salvado [PB/a-c/29-30]

Item salidos del dicho cernedor hay un aposento que llaman del salvado (fol.640-) que está a mano derecha luego en su-

biendo, en el cual había seis cahíces de salvado y más de doce cahíces de menudillo de gallinas. Item una escalera portátil para subir a la falsa cubierta del horno... una cama con dos pies y cinco tablas...

Dos aposentos enfrente el horno para los salvados [SS/g/34+PB/g/34]

Item salidos de dicho horno luego en saliendo se entró en dos aposentos que están enfrente de dicho horno subiendo por una escalera, que llaman (fol.640v-) los aposentos del salvado, en los cuales había en uno de ellos ... cahíces de menudillo... y en el otro otra medida de... y hasta cuatro cahíces de salvado.

Completada la revista a las instalaciones y corrales del horno, el recorrido continuó por los aposentos ubicados en el nivel inferior del ala norte del palacio de las enfermerías, los cuales daban y tenían acceso por el patio de la puerta falsa.

Aposento del zapatero [SS/W/22]

Item después de haber bajado de los dichos aposentos se fue al aposento de Leonardo zapatero que está debajo la escalera que baja del aposento del teniente a dicho apartado de las hermanas, el cual está con su cerraja y llave. Vacío.

Aposento del portero de la puerta falsa [SS/W/23]

Item así mismo se fue al aposento de Martín de Ugarte, portero de la puerta falsa de dicho Hospital, que está luego en saliendo del apartado de las hermanas a mano izquierda. El primer aposento como quien va a la escalera y patio principal de dicho Hospital, en el cual aposento había su puerta, cerraja y llave, y una ventana que sale al paso de las hermanas. Item una cama, dos bancos, cinco tablas...

Aposento del trigo [SS/T-V/22-23]

(fol.641-) Item salidos del dicho aposento se fue a otro que está al lado del sobredicho, el cual tiene su puerta, cerraja y llave, y una ventana encima de la puerta, que llaman el aposento del trigo que se coge en Zaragoza, en el cual había lo siguiente: Primero doce cahíces de trigo. Item 14 de cebada, un fogaril...

Bodeguica del vinagre blanco [SS/N-O/22-23]

(fol.641v-) *Item después de haber salido del dicho aposento se fue a ver y visitar... otro aposento que está al lado del sobredicho, en la propia hilera, que llaman la bodeguica del vinagre blanco, en la cual había su puerta, cerraja y llave, y encima de dicha puerta dos ventanas con sus rejas. En la dicha bodega había lo siguiente: Primero seis tijas de vinagre blanco... tres cubas...*

Aposento [segundo] de la vajilla [SS/M/22-23]

(fol.642-) *Item salidos de la dicha bodeguica se fue a otro aposento que llaman el aposento de la vajilla, el cual tiene a su cargo Felipe de Argueta, repostero, el cual tiene su puerta, cerraja y llave, y una ventana con sus balaustres de palo, en el cual aposento hay los siguiente: Primero 200 ollas... 200 cazuelas...*

Bodeguica del aceite [SS/I-L/22-23]

Y salido del dicho aposento se pasó a visitar otro que está al lado de aquel, que llaman la bodeguica del aceite, que está al propio lado, que tiene su cerraja y llave, una ventana que es un rallo, el cual tiene a su cargo con dicha bodeguica arriba dicha Jusepe Hernández, en el cual hay lo siguiente: (fol.642v-) *Primero cuatro tinajas...*

En otro apartado del relato se recoge la revista a otros aposentos que, por estar ubicados en este mismo emplazamiento y bloque que los anteriores, se refieren seguidamente. El primero es el del teniente de cirujanos, que lógicamente se situaba junto a las quadras de cirugía de la planta baja, en el extremo de la nave septentrional del palacio de las enfermerías, y que era colindante con la escalera que en este ángulo del edificio debía comunicar ambas plantas de las quadras de hombres. Además se la cita como el lugar por donde bajaba la procesión tras la visita a las quadras mayores. La misma escalera debía servir para comunicar con las dependencias de los pasioneros y con los áticos destinados a guardarropa. El segundo es la caballeriza de los machos de carga, que lógicamente se ubicaba junto a la entrada de los vehículos de transporte.

Aposento del teniente de cirujanos [PB/V-W/23]

(fol.715v-) *Continuado la visita el dicho señor visitador vio y visitó un aposento que cae cerca de la puerta de los corredores de la Quadra del Protonotario, el cual tiene Francisco de Zama?, teniente de cirujanos. Tiene su cerraja, puerta y llave. Al cual se baja con tres escaleras y está formado encima del soportal de la leña. Tiene dos ventanas, la una sale al corral y la otra a la delantera del horno; tiene otra puerta con su cerraja y cerrojo, por no tener su llave, la cual está a la bajada de una escalera [PB/W/22] que baja al paso de las locas con otra puerta al paso, y sirve dicha escalera para bajar la gente los días de las procesiones, y dentro de dicho aposento hay lo siguiente: Primero una cama, dos bancos, cuatro tablas. Item tres colchones, dos sábanas, una manta. Item dos almohadas grandes y dos pequeñas. Item una silla de cuero descuadernada y un banco y una mesa con su cajón para tener cosas de los de cirugía. Item dos enjugamanos, una mesa pequeña, encima de la cual tenía dos mantas y dos sábanas para muda. Item dos almohadas grandes y dos pequeñas, una cantarica, un candil y dos tableticas encajadas en la pared en la cual hay una cántara.*

Caballeriza de los machos [SS/P-R/22-23]

Caballeriza de los machos, las yeguas y aposentos dentro de ellas [En el margen] *Continuando el dicho señor visitador vio y visitó una caballeriza la cual sirve para tener los machos que vienen de hacer la carga por el vino, la cual puerta tiene su cerraja y llaves, las cuales las tienen Domingo de Salanueva y Juan de Sola. La cual caballeriza tiene una ventana que tiene sus palotes, en la cual caballeriza había dos machos castaños...* (fol.716-) *y tiene quince pesebres, tres albardas grandes con sus aparejos, con sus polleras para coger las gallinas. Item dos pares de tablas, un capazo de cebada, dos candras? para pasapurgar la paja, dos mantas para los machos y sus cojines para debajo de las albardas.*

Aposento de los gallineros [SS/S/22-23]

Y luego dentro de la caballeriza hay otro aposento con su puerta, cerraja y llave, donde duermen dichos gallineros, en el cual hay lo siguiente: Primero una cama, dos bancos, cinco tablas, dos colchones, dos sábanas, una manta y un travesero, y en una tranca que está colgada en la pared dos mantas blancas que sirven para la cama y otras dos mantas viejas. Item dos alforjas grandes de terliz con sus dos campanillas, con sus collares de cuero para los machos cuando van pidiendo limosna, dos libros para hacer las relaciones, dos sombreros blancos, y hay una tabla colgada a la pared y en la cual hay dos para dar sal para los machos y tres ollas, un candil, un --- y una cantarica y un banquillo. El cual aposento tiene una ventana con su reja por donde recibe luz a dicho aposento que sale al paso, y a la rinconada del aposento hay un hogaril // De las cuales cosas // Mosén Miguel de Villuendas, sacristán mayor de dicho Santo Hospital y Pedro Bardají, escribiente...

Finalmente anotamos aquí las dependencias de la cocina mayor, ubicadas en la zona noroccidental del patio de la puerta falsa y que el libro de la Visita, por desgracia, sólo trata de soslayo.

Visita de la Cocina Mayor [PB/J-M/29+EP/J-M/29+EP/J-K/25-27+PP/J-M/29]

(fol.604-) El dicho Sr. visitador... salido de la dicha guarda ropa fue a visitar y visitó la cocina mayor de dicho Santo Hospital... la cual halló como... fol 349... excepto que de las camas faltaba una...

Conocemos que tales instalaciones se ubicaban en la crujía meridional del bloque mixto mesón-quadras de Santas Cruces. También sabemos que desde el salón distribuidor, junto a la puerta de la quadra del Protonotario había una puerta que lo comunicaba directamente con la cocina a través de un corredor o paso. Al inferirse que las dependencias se ubicaban en dos niveles y disponían de apartamentos de residencia de los cocineros y mancebos, parece claro que había varios aposentos, todos ellos emplazados junto a la escalera que comunicaba las citadas quadras con el patio de la puerta falsa donde estaba el aljibe de la cocina y el pozo. Posiblemente en el nivel inferior, junto a la cocina, estaban las habitaciones, tal vez sobre la zona de la carnicería. En el superior debía estar la otra sala, seguramente donde se preparaban las raciones.

Por lo referido en el programa de 1815 junto a los despachos de distribución debía existir uno o dos aposentos, a disposición, correspondientemente, del «contador de raciones, sin perjuicio del que éste debe tener en la contaduría, por ser segundo oficial de ella, y otro para el contador de enfermos, por que entre ambos llevan la cuenta de los enfermos y del gasto diario, y son los que principalmente deben acudir, con el repostero y el cocinero a dicha distribución».

Con independencia de las diversas cocinas menores con las que contaba el Hospital –algunas situadas en las propias quadras, otras junto a los varios refectorios–, la llamada cocina mayor era la principal del establecimiento, donde se preparaban las raciones para los enfermos, por lo que era imprescindible contar con un punto de suministro de agua muy próximo –pozo o aljibe–. Como pusieron de manifiesto Belli *et al.*, contaría, según era habitual en aquella época, con una gran chimenea, que ocuparía una de las paredes del aposento, «con el caldero de cobre colgando sobre el fuego, a los lados los objetos colocados en orden, en repisas o muebles especiales, el fregadero para lavar, las mesas para preparar la comida en el centro». Debe considerarse la complejidad que constituía el reparto de las raciones, de ahí la existencia del corredor directo que la comunicaba con el Salón de distribución, desde donde se hacía llegar la comida a los enfermos a sus propios lechos. Libres de ayunos, los enfermos eran los únicos que podían consumir los alimentos en la cama, para ello se servían de una especie de bandejas sobre las que se colocaban el cuenco y cazo para el vino. Los pobres y enfermos válidos, disponían en ocasiones de una especie de mesas o trípodes, según figuran en algunas de las representaciones artísticas del siglo XV[359].

6.12. Aposentos del corredor de los cantores

En el sector oriental, al sur del pabellón de los tiñosos, se encontraba un conjunto de pabellones que rodeaban el huerto del boticario. Todos ellos tenían dos pisos. El que formaba el bloque septentrional contenía en la planta baja una serie de

359 Belli, Grassi y Sordini (2004) pp. 41-48.

apartamentos residenciales donde vivían, entre otros, algunos de los músicos de la capilla. En su piso superior estaba instalada la guardarropía general. Este bloque hacía frente al pabellón de tiñosos, separádolos el corredor central en su tramo oriental, prolongación del corredor de los clérigos, que en ocasiones se denomina corredor de los cantores. El bloque occidental del huerto lo constituía un pabellón que en su planta baja albergaba una serie de aposentos destinados a los talleres y apartamentos del personal de oficios, mientras en la superior estaba instalado el almacén de las plantas del boticario. El bloque meridional destinaba sus locales de planta baja a la carbonería y al corte de la carne y despojos, y los superiores al guaradarropa de muertos. Al sur de este bloque existía uno gemelo, separados entre sí por el llamado corredor del cementerio. Este corredor nacía de una especie de plazoleta que existía en el extremo de la calle meridiana Coso-Jerusalén y terminaba en el patio de los carros, explanada de planta triangular que formaba la antesala del cementerio. Finalmente, al este del huerto del boticario estaba el granero y un pequeño huerto independiente vinculado al mismo.

En la primera visita el recorrido de los aposentos de este bloque residencial oriental fue realizado tras visitar los aposentos sitos en el corredor de los clérigos. En la segunda sólo consta la cita de algunos de ellos.

Aposentos del Escribano de Entradas de Enfermos [SS/d-f/13+SS/e-f/14]

(fol.290v-) *Salidos de dichos aposentos del mayordomo, continuaron y entraron en otros que están enfrente de los sobredichos en los cuales vive el licenciado mosén Vijuescas, escribano del libro de entradas de los enfermos, los cuales aposentos son cuatro: En el primero puerta, dos ventanas que salen al huerto del boticario... En el segunto hay puerta, cama, ventana que sale al cuarto aposento. El tercero sin puerta, vacío. Y el cuarto con puerta y una ventana que sale al huerto del boticario.*

Aposentos del contraalto de la Iglesia [SS/g/13-14]

(fol.291-) *A 22 de marzo 1601. Sigue la visita: Aposento que está entrando en un callejón largo cerca del sobredicho apo-sento, el cual tiene mosén Gil de Yarnoz, cantor contraalto, y dentro dos aposentos: El primero con puerta, dos bancos... y en el otro que está más adentro, puerta y una ventana que sale al huerto del boticario.*

Aposentos del organista [SS/h/13-14]

(fol.291v-) [Primera visita] *Et salidos del dicho aposento entraron en otro que está dentro al sobredicho el cual tiene Diego Gascón, organista. Tiene dos aposentos: El primero con puerta, cama... El segundo con puerta y ventana que sale al huerto de los boticarios.*

(fol.714-) [Segunda visita] *Aposentos del organista y corredor de los cantores* [En el margen] *Dicho día veinte y dos del mes de septiembre de M[DCVIIII], en el Santo Hospital, el Sr. canciller canónigo y visi[tador de] dicho Santo Hospital, continuando la visita, vio y [visitó] lo siguiente.*

Primero un aposento que tiene y vive en él Mar[tín] Torrellas, organista de dicho Santo Hospital, que está en un corredor que llaman de los cantores, el cual tiene dos aposentos, con sus cerrajas y llaves. En el primer aposento tiene una ventana pequeña, con su ventana y llave. Item una cama, dos bancos, cinco tablas. Item tres colchones, dos sábanas, tres mantas blancas... ocho almohadas... dos paños de manos. Item un arca vieja, sin cerraja ni llave. Item dos sábanas para mudar. Item un candil, un orinal, un banquillo pequeño. En el segundo aposento hay una ventana grande y una pequeña con sus medias ventanas, cerraja y llave. Item una mesa con sus tijeras y tapete verde. Item una silla con un banquillo. Item otros dos banquillos y en el último hay un cántaro (fol.714v-) [para] tener agua, un librillo y un armario fijado en la pared con tres tablas encajadas. Item encerado para la ventana.

Aposentos del contrabajo [SS/i/13-14]

Otros aposentos [En el margen] (fol.292-) *Salidos de dichos aposentos entraron en otros aposentos que están al lado de los sobredichos, tienen un rótulo encima de la puerta que dice Cristóbal Villalante Año 1596. Primer aposento con puerta y tiene dichos aposentos Johan de Maranillo, contrabajo: ... una cama... Segundo con puerta y una ventana que sale al huerto del boticario.*

Aposentos vacíos [SS/j/13-14]

Salen y entran a otro aposento que está al lado de los sobredichos que no vive nadie en ellos, y hay una puerta.

Aposentos del coadjutor mayor [SS/k-l/13-14]

(fol.292v-) *Luego entraron en otros aposentos que están al lado de los sobredichos, vive mosén Miguel Joan Saura, coadjutor mayor de dicho Hospital. En el primer aposento: puerta y ventana que sale al corral de las gallinas. Segundo aposento: puerta y ventana que sale al fosal. Tercer aposento: puerta y ventana que sale al huerto del boticario.*

Guarda ropa [PB/d-l/13-14]

(fol.301-) Al guardarropero: 22 marzo 1601. Sigue la visita a una quadra o pieza las que están en los corredores de dicho Hospital que caen o miran a los corrales donde están las hermanas locas y llegando a ella antes de entrar hallaron la puerta cerrada en la cual hay un rótulo que dice «Guarda Ropa»... Llaman al guarda ropero y le hacen preguntas.

Aposento del apuntador [PB/d/13]

(fol.714-) [Segunda visita] *Continuando el dicho Sr. visitador, visitó y vio un aposento que lla[ma]n donde tienen los procuradores la ropa que la [ponen] a venta, de los pobres, y la dejan por su alma, el cual tiene su cerraja y llave. El cual tiene cargo el apuntador, que se llama mosén Juan Escolano, y en el cual hay lo siguiente. Primero tiene un armario sin puerta. Item dos cántaros de agua y una jarra de tener miel, un canasto viejo de mimbre.*

6.13. Corredor de los oficios

Llamamos así al tramo de la calle meridiana Coso-Jerusalén que discurre en su tercio meridional, entre el bloque adyacente al huerto del boticario –en su lado este– y el adyacente al huerto de Tiormas –en su lado oeste–. Este tramo finaliza en un quiebro donde se encuentra el ya citado corredor del cementerio, corredor que cuenta a ambos lados con sendos pabellones donde sigue habiendo usos relacionados con los oficios complementarios del Hospital.

La revista de los aposentos de estos bloques se realiza siguiendo un recorrido de idas y vueltas que no sigue un único criterio de continuidad, por lo que la ubicación concreta de aquéllos resulta ciertamente imprecisa en ocasiones, de ahí que la propuesta de reconstrucción debe entenderse como una posibilidad entre las diversas soluciones que podrían presentarse para una recomposición hipotética que contemplara el conjunto de los elementos existentes.

Aposento del Albañil [SS/a-b/12]

Die decimo octavo de dicho mes de septiembre de dicho año de mil seyscientos y nueve en dicha ciudad de Zaragoza y dentro del dicho Santo Hospital el dicho Sr. canciller visitador y comisario sobredicho continuando la dicha su visita presentes el notario y secretario de esta causa (fol.653v-) y testigos abajo nombrados, vio y visitó en el paso que va del patio mayor de dicho Santo Hospital hacia los graneros y cementerio en un aposento que es el primero a mano izquierda en el cual está Pedro Calaf, maestro de hacer casas de dicho Hospital, el cual aposento tiene su puerta con su cerraja y llave, y encima una ventana con su reja de hierro, y dentro de él una cama con dos bancos, cuatro tablas, dos colchones, dos sábanas, dos mantas blancas y un travesro. Item otras dos sábanas para mudar dicha cama. Item una silla vieja antigua. Item un arca de pino vacía.

En el epígrafe 12 de las constituciones establecidas para el gobierno del Santo Hospital de 1683 se recoge que «por ser la casa de esta Hospitalidad tan dilatada, se ofrecerá con el tiempo el haber de hacerle muchos reparos; y así se ordena que haya un carpintero que cuide lo tocante a su empleo y un albañil que se desvele en lo perteneciente a su ocupación, eligiéndose entre los pobres recogidos, y si no los hubiere, se conducirán a jornal». Por su parte, el programa de 1815 señala que junto a la habitación del albañil debían estar algunos almacenes –como seguidamente la Visita recogerá– destinados a «guardar cal, ladrillos, tejas, piedra de cantería» así como «las herramientas deste oficio, las cuerdas y sogas que necesite, espuertas, capazas, bacietas, maderos, tablones y quanto ha de menester para andamios y pueda desempeñar su destino».

Aposento de Juan Villanueva plegador [SS/a-b/11]

Item en otro aposento al lado de aquél que está en él Juan de Villanueva, plegador, tenía y se vio y tenía en él una puer-

ta de madera cerraja y llave y dentro de él una cama con dos bancos, cinco tablas, dos colchones, dos sábanas, tres mantas blancas y un travesero. (fol.654-) *Item otra cama con sus dos bancos, cinco tablas, dos colchones, dos sábanas, una manta blanca y un travesero. Item un algorín grande lleno de ceniza de salobre para las coladas que había más de 30 cahices. Item dos azadas, una albarda. Item dos sillas viejas de cabagaduras, tres frenos y unos tapiales para hacer tapias de madera y dos bancos de pino y una silla de costillas vieja de madera. Item dos canastas y dos capazos viejos.*

Aposento del aljez [SS/a-b/10]

Item otro aposento al lado del dicho que sirve de tener aljez con su puerta cerraja y llave, con una bacía grande para amasar aljez. Item un baluarte de madera y nueve capacicos para cargar aljez y una sotera para inchirlos (sic) y un acriba para porgarlos.

Aposento de los cojedores mayores [SS/a-b/9]

(fol.654v-) *Item en otro aposento más abajo que es el aposento donde se recogen los cogedores mayores el cual tenía su puerta cerraja y llave, con unos balaustres encima y dentro de él un brasero de madera y aljez, dos banquillos, un arca de pino con su cerraja y llave, y dentro de ella cuatro sábanas servidas. Item dos alforjas y dos toballones de lienzo. Item una campanilla con su collar de cuero. Item la manta de la muica de la pliega. Item cuatro ropones, los tres de la librea de los locos, y el uno blanco para los plegadores. Item tres cántaros y cinco jarros. Item una albarda y una talega con cebada para--lica. Item dos camas, cada una de ellas con dos bancos de pino, cinco tablas, dos sábanas, dos colchones, tres mantas blancas, un travesero. Item ocho cestas grandes y pequeñas. Item dos cribas, un capazo para la cebada* // De las cuales cosas // *los dichos Juan Martín de Hernando y Pedro Bardají...* //

Aposento de las escobas [SS/a-b/7-8]

(fol.655-) *Dicho día décimo octavo de dicho mes de septiembre de dicho año de mil seyscientos y nueve en la ciudad de Zaragoza y dentro de dicho Santo Hospital el dicho Sr. canciller visitador y comisario sobredicho continuando dicha visita vio y visitó otro aposento que está en el pasadizo del patio principal de la casa hacia los graneros y cementerio que llaman el aposento de las escobas, el cual es un aposento grande y espacioso y tiene dos ventanas, la una con una lumbrera y la otra con una reja de hierro, y tiene su puerta, cerraja y llave, con sus balagostos [balaustres] encima, y había dentro una escalera de madera portátil. Item 25 piezas de tocino en perniles y espaldares. Item 400 escobas de palo. Item tres tinajas grandes vacías para tener miel. Item tres cuezos. Item cinco tinajas pequeñas y dos panales para miel. Item un roscadero grande de mimbre y dos cestas. Item una carretada de alpargatas viejas.*

Caballeriza grande [SS/U-W/5-8]

Item en dicho pasadizo, a mano derecha, al lado de (fol.655v-) *los aljibes, una caballeriza muy grande y espaciosa con sus pilares de ladrillo, cuatro ventanas con sus rejas a los aljibes, con 28 pesebres. Item dos arconazos grandes, que en ellos hay siete cajones para tener los mozos la cebada. Item tres pares de mulas, las cuatro negras, una rubia y la otra parda cenadas y algunas de ellas muy viejas. Item una mulica negra para hacer calleja para la ciudad. Item la anganilla de la mula. Item tres machos, uno negro y dos castaños, para ir a pedir la limosna de gallinas y otras cosas por el reyno, con sus albardas y polleras. Item un jumentico. Item tres cribas.*

Aposento de la cebada [SS/V-W/9]

Item en otro aposento al lado de dicha caballeriza grande y espacioso que sirve para tener la cebada, tenía su puerta, cerraja y llave, y dos ventanas con sus rejas de hierro que salen al ingenio de la cera y se halló dentro una docena de piezas de suela para zapatos. Item cuatro escobas, doce palas, dos capazos, una (fol.656-) *hanega con su raedera, cuatro talegas, un montón grande de cebada que habrá en él al parecer hasta 40 cahices. Item 20 astas para las palas del horno.*

Aposentos del ingenio de la cera [SS/U-W/10-12]

Aposento del ingeniero [SS/V/12]: *Item otro aposento allí al lado que es donde duerme el ingeniero el cual tiene su* puerta, cerraja y llave, y está el aposento entablado, con una ventana con su reja que sale al ingenio de la cera, y había dentro una cama con sus dos pies, seis tablas, tres colchones, dos sábanas, dos mantas blancas, cuatro almohadas, dos grandes y dos pequeñas. Item dos mesas de pino con sus pies y un candil.

Aposento de entrada [SS/W/12]: *Item en otro aposento al lado del sobredicho por el cual se entra al ingenio de la cera tiene su puerta buena, con su cerraja y llave, y cerrojo, y dentro dos puertas grandes de ventanas viejas. Item un banco de pino con sus pies. Item otro banco pequeño de pino con sus pies. Item dos cántaros, una botega.*

Aposento auxiliar [SS/U/12]: *Item en otro aposento dentro del dicho a mano derecha tiene su puerta sin cerradura y dentro de él un arca de pino vacía.*

Patio [SS/V-W/10-11]: *(fol.656v-) Item continuando el paso de dicho patio hacia el ingenio se halló dos ruedas de molino rompidas. Item un cubo roto viejo y mucho maderaje viejo para quemar en el horno del ingenio de la cera.*

Ingenio de la Cera [SS/U/9-11]: *Item se fue al aposento del yngenio de la cera y se vio y visitó aquél, y dentro se halló una puerta con la cual estaba cerrada, con su cerrojo y llave, y dentro de él había nueve armarios grandes encajados en la pared con sus puertas de madera y cada uno de ellos con su cerraja y llave, que sirven para poner la cera de cada uno que viene a hacer la cera. Item una prensa grande con su rollo de piedra con el maderaje grueso grande y bueno para apretar dicha prensa. Item un tronco y madero muy grueso y grande donde está el cubo que sirve de prensa. Item tres pisones grandes para encima la cera que son de madera. Item un caldero de arambre con sus basas. Item dos cazos de arambre con sus mangos de madera. Item tres paletas de hierro para recoger la cera. (fol.657-) Item una olla de arambre. Item dos calderas de arambre encajadas en un hornillo donde se cuece la cera. Item un cubico de madera con cuatro cercillos de hierro para tener agua. Item un banco grande de pino con sus pies. Item un capazo grande y otro mediano de palma. Item otro cubo grande de madera con tres cercillos gruesos de hierro que es para remojar los moldes. Item 40 moldes de madera grandes y pequeños para*

hacer los panes de cera. Item un pozo para sacr agua para la cera y dos pozales y su carrucha y cuerda y una pila pequeña de piedra con su canilla. Item dos granchos de hierro y una pala con sus mangos de madera.

Aposento para la Calcina [SS/a/14]

Item otro aposento allí al lado con su puerta cerraja y llave para tener la calcina que habrá hasta dos carretadas.

Fustería [SS/a-b/13]

Item otro aposento poco más adelante grande que llaman la fustería donde trabajan las (fol.657v-) cosas de madera para dicho Santo Hospital y dentro de él se halló cinco bancos grandes para trabajar al oficio y dos pequeños donde se ponen las tablas para juntarlas. Item un fogaril de madera, yeso y aljez. Item una cuna pequeña, dos bancos nuevos. Item una ruedecilla de carretón, tres veladores altos con sus pies nuevos y otro viejo. Item quince quayrones de madera para hacer bancos. Item el sobrecielo del monumento. Item un tablón grande y muy grueso. Item diversidad de tablas y puertas y ventanas nuevas y viejas, y dos carruchas para el pozo o aljibes y una escalera portátil.

El programa de 1815 ampliará las necesidades de otros oficios complementarios que se fueron incorporando al Hospital posteriormente al tiempo de la Visita de 1600. Así, además de la habitación del carpintero y su «taller con buenas luces para trabajos de carpintería y donde poder guardar todos los instrumentos de su oficio e igualmente almacenes muy crecidos para guardar toda la madera y puesto donde poderla trabajar», se citan las dependencias del «herrero y cerrajero, y en la misma, fragua, para quanto se necesite trabajar para la albañilería, carpintería, cerrajas y llaves; para la labranza, apuntar las rejas del arado, herrar las caballerías y quanto se necesite en la casa, dándole almacén para el carbón y guardar el hierro y todo quanto necesite para desempeñar su destino».

Desollador y aposentos de su ministerio [SS/d-e/6-7]

Desollador [SS/d/6-7]: *Item allí al lado se entra por una puerta rejada de madera tiene su puerta, cerraja y llave, y se entra al desollador donde se mata la carne, el cual tiene una ventana grande y otra pequeña que sale al callizo del agua* y otra a la huerta, y se halló dos mandiles de cuero para in-char los carneros, dos puñales, tres maderos encajados en la pared con sus estacas para colgar la carne, dos bancos de madera viejos, un cántaro, una olla, una cazuela y un librillo

Aposento del sebo [SS/e/6]: *Y más arriba* (fol.658-) *un aposento para tener el sebo que es del que provee la carne, tiene su puerta cerraja y llave.*

Aposento auxiliar [SS/e/7]: *Item otro aposento con su puerta cerraja y llave y dentro de él dos canastos. Item afuera una albarda y un esportón.*

Carbonera vacía [SS/a-b/6]

Aposentos para carbón y otros ministerios [En el margen] *Item saliendo de dicho desollador hacia el patio a mano derecha hay un aposento con su puerta cerraja y llave, que sirve para tener el carbón aunque no lo había con su ventana con su reja que sale al huerto.*

Aposentos de los mozos y enseres de la caballeriza [SS/V-W/16-18]

Item en un pasadizo que está frontero la dicha caballeriza que va al cementerio a mano izquierda en el primer aposento visitó vio y halló dicho Sr. canciller y visitador que aquel tenía su puerta de madera, cerraja y llave, de medio arriba con sus balaustres y dentro de él una chimenea. Item 24 talegas. Item seis mantas de gergas de las mulas, un paño para traer paja. Item unas alforjas de terliz con un botico. Item cuatro mantas blancas viejas ruines. (fol.658v-) *Item un par de ganchos para el estiércol. Item dos esportones para llevar la comida a las cabalgaduras. Item cuatro capazos de palma y dos canastos de mimbre. Item un librillo grande con escudillas y platos. Item una tabla de madera con un cántaro, dos jarras cazuelas y más arriba tres gobeletes de vidrio, dos sombreros blancos para los mozos. Item dos camas cada una de ellas con cada dos bancos, cinco tablas de madera, dos colchones, dos sábanas y sus mantas que son las puestas arriba y sus traveseros. Item otras cuatro sábanas para mudar. Item una mesa a modo de banco.*

Almacén [SS/V/17-18]: *Item dentro de dicho aposento otro con su puerta cerraja y llave, con dos ventanas que salen al conejar con hasta 50 carretadas de cepas y leña de oliveras.*

Aposento auxiliar [SS/W/18]: *Item otro aposento al lado del dicho* (fol.659-) *con su puerta, cerraja y llave, con unas sogas de cáñamo, dos ruellos para los cubos y un arca de pino vacía.*

Aposentos del carbón y otros [SS/a-c/16]

Carbonera principal [SS/a/16]: *Item otro aposento en dicho paso al lado del sobredicho muy grande y espacioso lleno de carbón y tiene su puerta, cerraja y llave, con unos balaustres de medio arriba.*

Pajar [SS/b/16]: *Item en dicho paso otro aposento que sirve de pajar y tiene su puerta, cerraja y llave, con una ventana que sale al pasadizo del apartado de las locas que había hasta 80 carretadas de paja.*

Carbonera segunda [SS/c/16]: *Item otro aposento al lado de la puerta falsa de las hermanas locas que sirve para tener carbón, el cual tiene su puerta, carraja y llave, y está lleno de carbón.*

Mirador o reposte de los aceites y hierbas de la botica [PB/a-b/6-14]

Como se ha indicado, el bloque que cerraba por el oeste el huerto del boticario y lindaba con la calle meridiana Coso-Jerusalén, disponía en su planta superior la dependencia denominada mirador o reposte de los aceites y hierbas de la botica, a la cual se subía por una escalera a la que se accedía directamente desde el propio huerto. La revista a este mirador tuvo lugar seguidamente a la de la botica, y en ella de descubre el contenido de este reposte.

(fol.385v-) *Acabado de visitar la dicha botica y rebotica, los dichos visitadores continuando aquélla juntamente con los boticarios y personas peritas nombradas, subieron a un mirador largo que está entre la colchonería y el pajar de las márfegas [colchones de paja] que sirve de reposte para diversas cosas y aceites tocantes a la botica;*

Mirador [PB/a-b/8-12]: *el cual mirador tiene su puerta, cerraja y llave, y está a cargo del regente de la botica, y tiene cinco ventanas grandes que salen al huerto de los boticarios. Dentro de dicho aposento se halló lo siguiente: Primero luego entrando, enfrente de la puerta, habían dos tinajas grandes...* [tinajas, jarras, cajones encajados en la pared...] / (fol.386-) *Siguen cajones, una mesa grande con sus bancos...*

Aposento de los tornos [PB/a-b/7]`: *Item en otro aposento que está más adentro del sobredicho corredor, se halló que estaba sin puerta y en [él] había los siguiente: un torno de labrar cera, perolas, ollas, otro torno...*

Aposento de los cántaros [PB/a-b/6]: (fol.386v-) *Item en otro aposento más adentro del sobredicho se halló no tenía puerta, y tiene una ventana que sale al huerto de Joan de Tiermas y está con reja de madera, y en él había lo siguiente: Primero una tinaja...* [tinajas, cántaros, jarras, etc.]

Aposento del cabrero [SS/a-b/2-3]

La calle meridiana terminaba en un pequeño ensanche y un postigo próximo que se abría al corredor que separaba el Hospital del convento de Jerusalén. Al oeste de este tramo final, entre dicho lindero y el corredor de los corrales, se encontraban las instalaciones del cabrero, cuyo límite occidental lo constituía el corral de los locos, como se vio más arriba. Estas instalaciones se componían del aposento donde tenía habitación el cabrero –ubicado donde nacía el corredor del cementerio– y varios corrales, cubiertos y descubiertos.

(fol.691-) *Item en el aposento del cabrero, que está en el paso que va hacia el cementerio, al lado del pajar, tiene su puerta, cerraja y llave, y hay una ventana de madera con una reja que sale al dicho patio y dentro de él se halló que había un brasero de aljez. Item una cama con dos bancos, etc., un arca, otra cama... otro arca, tres bancos largos de madera con sus pies... una mesa... otra mesa...*

Callejón al corral de las cabras [SS/O-W/4]

(fol.691v-) *Y de dicho aposento dicho Sr. canciller... fue a auditar y visitó en dicho Santo Hospital in continenti el callizo que entran hacia el corral de las cabras, el cual tiene una puerta al principio de él muy grande, que son dos medias puertas, de madera, con su cerraja y llave, y de allí se entra por un pasadizo adentro que es muy grande y anchuroso de la una y otra parte con sus tapias de aljez y ladrillo, que las dos corresponden a los huertos de dichas cabras.*

Primer corral [SS/O-V/2-3]: *Al cabo de dicho callejón o pasadizo se halló otra puerta de madera con su postigo que es muy grande, con su cerraja y dos cerrojos, y por ella se entra*

en el corral donde están las cabras, el cual está descubierto parte de él y parte cubierto con su tejado, y tiene su apartado de madera, y al cabo de él hay tres barquillos a modo de armario para tener los cabritos, con sus ventanas y cerraja, y dentro del uno de ellos hay dos cabritos que se crían. Y a la otra parte hay otro cubierto y una puerta de madera vieja sin cerraja ni llave, y dentro de dicho corral hay otra puerta vieja con un cobertizo encima,

Segundo corral [SS/W-X/2-3]: *y de aquél se entra a otro corral cubierto que también tiene otra puerta vieja, y hay en él tres barquillos sin cerrajas ni otra cerradura, descubiertos por la parte de arriba,*

Callejón entre el Hospital y el convento de Jerusalén [SS/A-c/1]

y en medio del primer corral grande hay una puerta de madera con su cerrojo por la cual se sale a un callejón que está entre la casa y huerta las monjas (fol.692-) de Jerusalén y huertos y corrales de dicho Hospital, donde hay una acequia que pasa por ella el agua para regar los huertos de dicho Hospital y otras muchas de allí abajo. En los cuales dichos corrales de noche se recogen y tienen las cabras y demás ganado menudo de dicho Hospital, en donde ahora había 110 cabras y seis boques para padres [machos cabríos]. *Item una jumenta con un pollino.*

6.14. Corredor del cementerio

El corredor del cementerio era el paso entre la calle meridiana Coso-Jerusalén y el patio de los carros, espacio que formaba la antesala del cementerio. Este paso se flanqueaba por dos bloques: el pabellón norte –edificio que cerraba meridionalmente el huerto del boticario– llamado guardarropa mayor de muertos y el pabellón sur, dedicado principalmente a la colchonería.

Guardarropa mayor de muertos

Oficina de las mortajas [SS/f-g/6-7]: (fol.663-) *Dicho diez y octavo día el dicho Sr. canciller visitador y comisario sobredicho continuando la dicha su visita vio y visitó la guardarropa mayor que llaman de muertos la cual tiene su puerta con su*

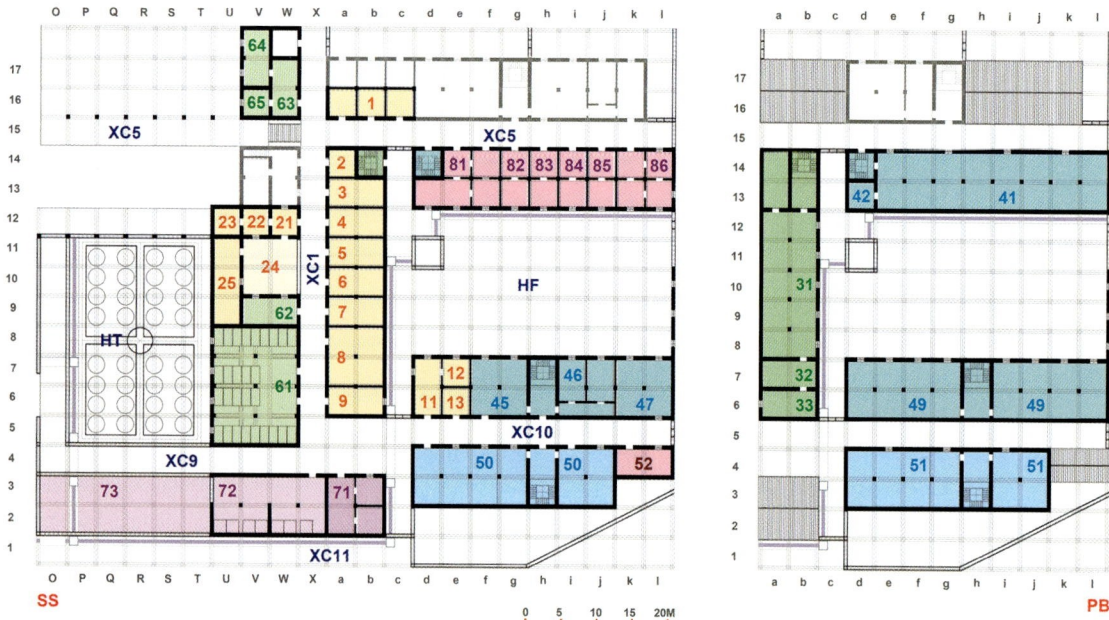

Sector de los corredores de los cantores, oficios y cementerio. Plantas en 1600, según R. Usón / Plantas y elementos: SS Nivel semisótano; PB Nivel planta baja; HT Huerto de Tiermas; HF Huerto del boticario; XC1 Calle meridiana Coso-Jerusalén; XC5 Corredor de los clérigos; XC9 Callejón de las cabras; XC10 Corredor del cementerio; XC11 Callejón Hospital-Jerusalén / Aposentos de los cantores: 81 Escribano entradas enfermos; 82 Contraalto; 83 Organista; 84 Contrabajo; 85 Vacío; 86 Coadjutor / Corredor de los oficios: 1 Carbón; 2 Calcina; 3 Fustería; 4 Albañil; 5 Plegador; 6 Aljez; 7 Cogedores; 8 Escobas; 9 Carbonera vacía; 11 Desollador; 13 Sebo / Ingenio de la cera: 21 Entrada; 22 Ingeniero; 24 Patio; 25 Taller / Botica: 31 Mirador; 32 Aposento de los tornos; 33 Aposento de los cántaros / Guardarropías: 41 General; 42 Apuntador; 45 Oficina de las mortajas; 46 Habitaciones; 47 Aposento de las arcas; 49 Ropa de muertos / Otras oficinas: 50 Colchonería; 51 Pajar de la colchonería; 52 Capilla de los muertos; 61 Caballeriza grande; 62 Cebada; 63 Mozos y enseres de la caballeriza; 71 Aposento del cabrero; 72-73 Corrales de las cabras.

cerraja y llave que es la primera puerta en la cual se halló lo siguiente: *Et primo una campana colgada sobre la puerta. Item dos arcas viejas con sus cerrajas y llaves herradas las cuales llaman fiambreras. Item cinco márfegas viejas. Item un pan de olivas bujo? Item un velador. Item tres mortajas nuevas de esterliz. Item un tablero grande con sus pies y un bancal. Item dos sillas de madera viejas. Item una tabla a modo de armario en la cual había tres libros in folio, el uno intitulado "Libro de los hombres que mueren", el otro intitulado "Libro de las mujeres que mueren". Item el otro libro de mano escrito de las mortajas que dan para enterrar.* (fol.663v-) *Item un tintero con su salvadera de madera. Item dos bancos para tener los cántaros y había en él dos cántaros, dos cantarillas y un librillo mediano. Item un canasto de cañas grande en el cual había un par de mangas de tafetán y otras baratijas de mujeres. Item tres mantos viejos de mujeres. Item una pieza de esterliz para mortajas. Item dos líos* de ropa de muertos muy viejos. *Item unas tijeras de sastre para cortar las mortajas.*

Primera habitación [SS/i/6-7]: *Y luego dicho Sr. canciller entró, vio y visitó otro aposento más adentro de dicha guardarropa, el cual tiene una puerta muy pequeña con su cerraja y llave, en el cual halló lo siguiente: Et primo una manta vieja colorada. Item una cama con dos pies; cinco tablas, dos colchones, dos mantas, dos sábanas, dos almohadas con otras dos sábanas para mudar en dicha cama, todo nuevo. Item un arca vieja sin llave.* (fol.664-) *Item una tabla a modo de aparador con un capacico lleno de rosarios. Item un quadro de la Madre de Dios viejo. Item dos cortinas viejas colgadas alrededor de la cama. Item una banderilla vieja pintada en ella la Virgen de la Anunciación. Item dos candiles con una lámpara.*

Segunda habitación [SS/j/6-7]: *Item en otro aposento más adentro que es de dicha guardarropa el cual tiene su puer-*

ta con cerraja y llave, y en él se halló lo siguiente: Et primo una cama con cinco tablas, dos bancos, tres colchones, dos mantas blancas, dos sábanas dos almohadas y otras dos pequeñas. Item otras dos sábanas para mudar en dicha cama. Item dos arcas viejas la una con cerraja y llave y la otra sencilla. Item cinco cortinas y un guadamacil. Item otra cortina verde de sobrecillo de cama. Item un escabelito pequeño. Item una mesa con un tapete verde y una silla. Item dos bancales viejos alistados con dos banderillas. (fol.664v-) Item tres tablas a modo de aparador y en ellas un manojo de llaves, una pimientera de madera. Item una calderilla de alambre para agua bendita. Item un aparador grande viejo portátil. Item tres cántaros, dos botigas todo de tierra. Item otro aparador fijado en la misma pared con una pala y una aceitera de hojalata. Item cuatro toallones de lienzo.

Aposento de las arcas [SS/k-I/6-7]: Y luego en otro aposento más adentro, que están todos consecutivos, y tiene su puerta llave y cerraja, y en él se halló lo siguiente:

Primero cinco arcas viejas, las dos con su llave y cerraja, y las otras tres sencillas, y se halló en la una de ellas que es el "arca de las mortajas" tres cortinas viejas, tres cortinas de paramento y una toalla y siete sábanas para mortajas. Item una mesa con un sobremesa viejo de cuero. Item unos estribos y una guitarra. Item una daga vieja y tres tablas con cinco ollas y un tajador. [falta fol.665-665v; fol.666- no se escribe nada] (fol.666v-) Item un lío de 16 ovillos de hilo de lino. Item un pavés en él pintados unos tigres.

Item un arca pequeña de pino, con su llave y cerraja, con un rótulo que dice "arca de paramentos y cortinas de rete" en la que se hallaron nueve mantas de mujeres viejas. Item otro arca grande de pino, con su cerraja y llave, con un rótulo que dice "arca de cedazos de lienzo nuevos" y en ella hay lo mismo que el rótulo dice, toda llena. Item otro arca de pino, con su cerraja y llave, con un rótulo que dice "arca de pañales" y en ella hay 14 camisas viejas.

Item otro arca pequeña vieja con las señales de las quadras. Item otro arca, con su cerraja y llave, toda forrada, en ella hay siete capotillos cerrados todos jironados de blanco y leonados que sirven para los locos en la fiesta de los Reyes.

(fol.667-) Item una mesa larga con cuatro bancos y encima de ella seis mantas nuevas y dos viejas. Item ocho sarpilleras de balas de lienzo nuevas.

Item otro arca de pino, con su cerraja y llave, con un rótulo que dice "arca de lienzo nuevo" en la cual se halló 14 camisas nuevas de lino. Item otro arca de pino, con su cerraja y llave, forrada, en ella había 26 sábanas traídas. Item otra arca de pino, con su cerraja y llave, con un rótulo que dice "arca de lienzo nuevo," en ella se halló 84 camisas nuevas con dos mazas de madera sobredoradas. Item un armario con baratijas y camisas y cosas de botiga y tienda. Item unas tijeras de sastre nuevas. Item un bolsón con muchas conchas y bordones de peregrinos.

(fol.667v-) Item otro arca de pino, con su llave y cerraja, con un rótulo que dice "arca de la ropa de los Reyes," y en ella se hallaron unas vestiduras de guadamacil con que los locos hacen la fiesta de los Reyes. Item tres cortinas de lienzo pintadas de diversas figuras para dicha fiesta. Item unos moldes para marcar ropas de casa.

Item otro arca sin llave, con un rótulo que dice "arca de paños para curar," y en ella se halló cinco piezas de angio? de 28 varas cada pieza. Item otro arca de pino, con su llave y cerraja, con un rótulo que dice "arca de paños para curar," y en ella se halló 47 camisas nuevas. Item otro arca sin llave y cerraja, con un rótulo que dice "arca de camisas nuevas," y en ella se halló 78 camisas nuevas de lienzo. Item otro arca, con su llave y cerraja, en ella se halló 45 sábanas nuevas.

(fol.668-) Item otro arca de pino, con cerraja y llave, con un rótulo que dice "arca de coletos y cofias nuevas," en ella se halló cuatro piezas de lienzo de 25 varas cada una. Item otro arca nueva, con su cerraja y llave, en ella se halló 252 paños de mesa traídos, once manteles traídos y cuatro toallones, todo viejo. Item otro arca vieja con doce camisones para los trinchantes de la mesa de los pobres. Item siete cortinas de lienzo nuevas para las camas.

Item otro arca vieja, o cofre pintado, sin llave ni cerraja, y en él se halló 47 camisas de hombre y seis cruces para las banderas de los hermanos y un pedrenal? corto. Item otro *arca, con su cerraja y llave, grande y vieja, y dentro de ella un cajoncito, y halló 51 sábanas nuevas limpias. Item dos cestos grandes llenos de paños para deshilar para los pobres enfermos. (fol.668v-) Item siete canastas grandes de paños muy viejos para deshilar. Item dos mesas grandes con cinco pies, y en ellas 26 sacos grandes y cinco talegas nuevas y viejas. Item 57 sacos para los hermanos, los cuales llevan vestidos, y unas alforjas nuevas y otras viejas.*

Item otro arca vieja y un cofrecico viejo lleno de paños para cirugía. Item dos piezas de terliz para mortajas de 120 varas cada uno. Item una causa grande sin cobertor llena de jarros viejos y doce escudillas de madera, una calabaza, dos diademas y unas cardas, todo viejo. Item al otro cabo de la dicha guardarropa un pavés colgado en la pared y dos sombreros blancos. Item un arca grande, con su cerraja y llave, de tres varas de largo, con un rótulo que dice "arca de sábanas nuevas", y en ella se halló 14 docenas de servilletas, cuatro tablas manteles, todo servido.

Item otro arca vieja, con su cerraja y llave, con un rótulo que está rayado, y en ella se halló 33 manteles, 58 paños de mesa. (fol.669-) Item once camisas, 23 almohadas viejas, tres sábanas viejas, cuatro delante camas, dos jubones, un manto viejo, dos cofias, dos cuellos, todo viejo. Item tres vainas de cuchillos con cada tres cuchillos, dos mazos de hilo azul y un puñal. Item dos espadas sin vaina, tres botas de traer vino pequeñas, dos calabazas. Item una mesa grande de pino con una manta, en lugar de tapete azul, con cuatro pies de pino. Item un banco de madera.

Item un armario fijado en la pared, en el cual se halló lo siguiente. Et primo un libro intitulado "De torica de trapesuntio" Nicolase Peroti "Rudimenta gramatica" propio santo y "Hispanorum Sintaxis" de Torrallos Tejenti? [Vizentio?], un libro de canto, otro libro en cuarto, pliego de artes, "Tratado de música" de Juanus de Espinosa, "Gramatica" de Torrella, otra de Torrella, otro Vizentio, todos viejos, un libro pautado para ensolfa.

Escalera y corredor de la ropa de los muertos [PB/d-l/6-7]: *Y luego subiendo por la escalera de dicha guardarropa al corredor de la ropa de los muertos, el cual sale las ventanas a la*

huerta del regiret de la botiga del dicho Santo Hospital y en el se halló lo siguiente: (fol.669v-) y tiene su puerta y llave, y halló 200 pretinas viejas. Item una carga de camisas viejas de muertos, que habrá 150. Item dos tablas con dos bancos. Item cuatro líos de calzones blancos de pros? cordón en cada lío, hay doce pares en cada uno. Item una ropa de levantar vieja. Item cinco capas viejas blancas. Item un lío de ropas viejas. Item otras alforjas. Item una carpeta. Item dos fardeles de calzones y calzas viejos. Item una capa blanca con un saico. Item cinco mantas coloradas. Item tres mantas blancas viejas. Item una carretada de ropa muy vieja. Item un rosario viejo. Item una mantelina de pilapos? blancos forrada en chamelote. Item tres cajas de zapatos viejos de los pobres. Item cuatro pares de tijeras de zapateros. Item ocho zamarros de pastores viejos. (fol.670-) Item un canasto de calabazas, hasta 24 para vino. Item una carga de sombreros viejos. Item cuatro botas para vino, viejas. Item cien pares de esparteñas, viejas. Item una muleta. Está a cargo de mosén Joan Escola[no], natural de Paracea.

Colchonería [SS/d-j/3-4]

Primer aposento [SS/d-g/3-4]: *Y continuando el Sr. canciller visitador y comisario sobredicho la dicha su visita, subió a la colchonería la cual está al lado de la dicha guardarropa, y en ella halló lo siguiente: Et primo 26 colchones grandes y siete pequeños, quince almohadas, cinco fieltros para las mulas y a un rincón hasta dos cargas trapos viejos y hasta quince arobas de lana para los colchones.*

Segundo aposento [SS/i-j/3-4]: *Y luego en otro aposento más adentro, el cual tiene su puerta, llave y cerraja, se halla lo siguiente: Item 18 colchones deshechos, viejos. Item cinco almohadas. Todo lo cual está a cargo de Pedro de Gurpide, colchonero, natural de Pamplona.*

Pajar [PB/d-j/3-4]

Y continuando la dicha visita subiendo por la escalera [SS/h/3-4] de la dicha colchonería, vio y visitó el dicho Sr. canciller y visitador sobredicho, vio y visitó el aposento (fol.670v-) o pajar, donde tiene la paja, el cual tiene su puerta, cerraja y llave, y en él se halló hasta 1.500 fajos de paja larga para las

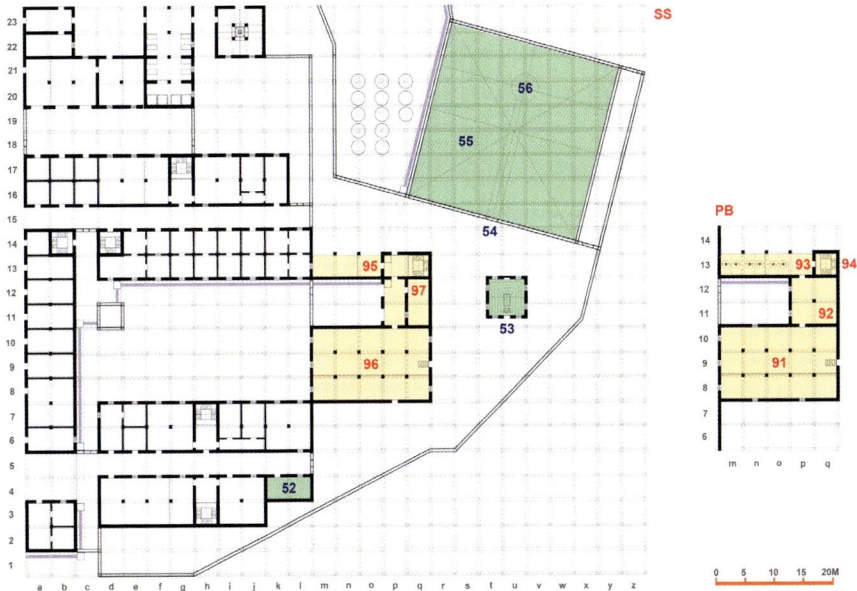

Plantas del cementerio y graneros del Hospital en 1600, según R. Usón / Plantas: SS Nivel semisótano; PB Nivel planta baja / Graneros: 91 Granero alto; 92 Aposento para purgar el grano; 93 Galería; 95 Paso de los sacos; 96 Granero bajo; 97 Habitación / Cementerio: 52 Capilla de los muertos; 53 Anatomía; 54 Puerta del cementerio; 55 Fosal tapiado; 56 Fosa común.

márfegas y una carrucha de madera con su cuerda para subir la paja y cuatro márfegas viejas, el cual aposento está a cargo de mosén Cortés, mayordomo.

En la primera visita se había registrado como mirador donde se almacenaba la paja de los colchones:

(fol.314-) *Salidos de la dicha guarda ropa de los colchones que tiene a su cargo dicho mosén Joan García, los visitadores fueron a visitar un aposento o mirador que está junto al sobredicho con su puerta, en él mucha paja para colchones.*

Según se observa en el programa de 1815, la dotación básica de la colchonería no cambiaría apenas desde la Visita de 1600. En aquél esta dependencia comprendía principalmente «una galería grande y ventilada para que se ventilen los colchones y los xergones que salen de las camas de los enfermos». Disponía, además, de una segunda galería «dividida en dos, la una para los colchones y la otra para los xergones». Se completaba con los cuartos de la lana, uno para almacenarla «antes y después de lavada y otro quarto para variarla». La colchonería albergaba también «un depósito para paja larga para los xergones» y los aposentos correspondientes: «una habitación para el colchonero, con cozina y dos quartos, y un dormitorio para sus sirvientes».

Aposento o capilla de los muertos [SS/k-l/4]

Y luego el dicho Sr. visitador vio y visitó el aposento de los muertos que está al lado de dicho guardarropa, en el cual halló una carrucha de hierro con una soga de esparto con la cual se bajan los muertos. Item una imagen de Ntra. Sra. de alabastro rompida. Item un Cristo y una lámpara para lumbre. // Pedro Bardají y Juan Martín de Herrera, escribientes habitantes en Zaragoza //

Antes de enterrar los cadáveres en el cementerio se depositaban en esta pequeña capilla, donde se rezaba un responso.

6.15. Cementerio y graneros

Como se indicó más arriba, el lado oriental del huerto del boticario se cerraba por las edificaciones que formaban los graneros del Hospital, compuestas principalmente por el pabellón principal de almacén de grano y otras dependencias menores que rodeaban un pequeño huerto anejo al anterior. Todo este bloque se rodeaba en el resto de sus lados –norte, sur y este– por un espacio residual llamado el patio de los carros, el cual disponía de tres accesos: la entrada meridional, desde el corredor del cementerio; la noroccidental, por un corredor que venía desde las casas del Coso –posteriormente llamado calle de la Soledad– pasando por el corral del horno; y la nororiental, por una puerta, llamada puerta del cementerio, que daba al corredor que separaba el recinto del Hospital de las tapias del convento de Santa Catalina. En este patio de los carros estaba el pequeño edificio donde se practicaban las autopsias y disecciones a los cadáveres, llamado Anatomía. Los lindes del patio de los carros en su diagonal meridional eran las tapias de Santa Catalina, mientras en la septentrional lo eran las del cementerio del Hospital, donde estaba la puerta del mismo.

Cuando en la etapa postrera se construya el cementerio de La Cartuja, el traslado de los cádaveres se realizaba saliendo por la puerta del cementerio de Gracia a través del callizo que lo separaba de Santa Catalina, callizo que también estaba cerrado con tapias en el flanco del convento, constando la noticia de que el 5 de octubre de 1613 los jurados de Zaragoza concedían licencia a la abadesa «de levantar la pared de dicho monasterio que cae hacia la puerta del fosal del Hospital de Ntra. Sra. de Gracia»[360].

Patio de los carros

(fol.660v-) *Item saliendo de dichos aposentos de los tiñosos y yendo hacia el cementerio donde se entierran los difuntos, se entró por una puerta muy grande anchurosa y espaciosa que entran carros por ella la cual tiene su puerta, cerraja y llave, y luego en entrando en el patio había dos carros con sus ruedas y escaleras y alrededor con sus esteras y sus encañados de cañas y cubierta de paños de terliz. Item una cruz de madera portátil.*

Cementerio o fosal [SS/q-x/15-22]

Item entrando más adentro hacia el cementerio hay una puerta muy ancha y grande de balaustres de madera, sin cerradura, y más adentro había un corral muy grande y muy espacioso todo cercado y tapiado y dentro, a una parte de él, un Calvario con una Madre de Dios de piedra y encima de él una Cruz con los [lienzos] de la Pasión de Ntro. Sr. Jesucristo (fol.661-) *y a otras partes montones de calaveras y huesos Item un muy grande pozo endon [hondo], siquiere agujero,*

360 AMZ: Actas 16130101-16140630 (1-5-1/0053/0021) Licencia de obras.

con sus tablas en cuenta de canal y su escalera para echar y enterrar allí los difuntos.

Este pozo constituía la fosa común donde se enterraba a los pobres. El régimen para las inhumaciones establecido en el Hospital dependía de la forma de sufragio que había dispuesto el finado: si no tenía recursos o si podía costearse una fosa independiente en el cementerio, o incluso en la iglesia, en la cual había cisternas comunes, pues sólo se enterraban en sepulturas quienes fundaban aniversarios perpetuos. En otro lugar del relato este régimen se describe sucintamente.

Funerales y entierros [En el margen] (fol.335-) ... [una vez traído el cadáver] *de la dicha quadra lo amortajan en esta forma:*

[1] *Si es pobre, con una mortaja de terliz y lo llevan a una capilla que cae junto al fosal y los clérigos van con su cruz después de comer y puesto el uno de los coadjutores con su roquete y una luz, van a dicha capillica y dicen un responso, y lo llevan al fosal y lo entierran en un pozo que hay en medio de él, que es donde se ponen los muy pobres;*

[2] *y a los que se mueren que dejan les dan veinte y seis reales para enterrarlo, le ponen una mortaja de lienzo por cuenta de los clérigos y lo sacan en un escaño cubierto con su paño negro y cruz colorada y lo ponen en la sala principal delante la puerta de la quadra del Protonotario, y todos los clérigos con sobrepellices y el vicario con su capa negra suben de la iglesia por él y lo bajan con cuatro cirios a la iglesia y le dicen un responso, y si es de mañana le dicen su misa cantada, y si es de tarde, al otro día, y luego lo llevan al fosal y lo entierran fuera del pozo aparte.*

[3] *Y si el enfermo que muere deja que lo entierren en la iglesia deja ocho escudos y medio, y si con cantores diez escudos, y al tal le ponen su mortaja de lienzo por cuenta de los clérigos y lo sacan en un escaño puesto con su paño negro delante la puerta de la quadra del Protonotario, y suben los clérigos y el vicario con su capa y lo llevan a la iglesia en donde se le dicen, si es de mañana, tres misas cantadas, y si es de tarde, al otro día, luego dicen las dichas tres misas y*

ponen su túmulo con los cuatro cirios y lo entierran, y en la dicha iglesia hay diversas cisternas para los tales,

[4] y si alguno dejare que lo entierren en la iglesia en sepultura y no en las cisternas comunes el tal o los tales han de fundar un aniversario perpetuo además de lo que dejan para enterrarse como arriba se dice.

Ejemplos de aquella época los encontramos, por ejemplo, en los testamentos del pintor zaragozano Domingo del Camino y su mujer, Beatriz Bueno, quienes en 1615 disponían ser enterrados en la iglesia del Hospital[361]. Otros sencillamente indicaban que su inhumación fuera realizada en éste, es decir, en su cementerio, como Ana de Álvaro Abendaño[362], viuda de Juan de Medina, batidor de oro, en 1624, o Pedro de Urbizu[363], albañil, vecino de Azuara, en 1629. También algunos enfermos decidían enterrarse en el fosal, como fue el caso de Domingo de Espés[364], obrero de villa zaragozano, en 1628.

Aposento de Notomía [Anatomía] [SS/t-u/11-12]

Item a otro lado un aposento que sirve de hacer la notomía los cirujanos y catedráticos de la Universidad y médicos de ella, con su puerta, cerraja y llave, y cuatro ventanas con sus balaustres de madera.

El emplazamiento está documentado, pues, como se indicó más arriba, el plano 4.2.9., que recoge el terreno del antiguo Hospital, elaborado por Yarza y Gironza en 1836, recoge en el área suroriental una zona arbolada que contenía la «Casita del Huerto, la que era Anfiteatro de Anatomía del Hospital».

361 Respectivamente: 30 sept.1615 DOC 1- 1557(1702) Domingo del Camino, pintor, y 12 abril 1615, DOC 1- 1319(1443) Beatriz Bueno, su mujer, ambos domiciliados en Zaragoza, dictan sus testamentos, en los que disponen ser enterrados en la iglesia del Hospital de Nuestra Señora de Gracia. Not.: Francisco Morel, 1615, ff. 1.506v/1.509r. y 615r/619r.

362 Zaragoza, 17 junio 1624 DOC 4-5535(6167) Ana de Álvaro Abendaño hace testamento por el que ordena ser enterrada en el Hospital de Nuestra Señora de Gracia. Not.:Ildefonso Moles, 1624, ff. 20v/25r.

363 Zaragoza, 4 abril 1629 DOC 6- 7968(8805) Pedro de Urbizu hace testamento por el que dispone ser enterrado en el Hospital Real y General de Nuestra Señora de Gracia. Not.: Domingo Montaner, 1629, ff. 511r/514v y minutas.

364 Zaragoza, 12 mayo 1628 DOC 6- 7573(8364) Domingo de Espés hace testamento por el que dispone ser enterrado en el fosal del Hospital de Nuestra Señora, en donde está internado. Not.: Domingo Montaner, 1628, ff. 732r/735r.

Granero alto [PB/m-q/8-10]

Granero [En el margen] *Item saliendo de dicho cementerio entre las dos puertas principales de él en el patio a mano izquierda había una puerta muy grande de madera con su cerraja y llave y aquella abierta se sube con seis gradas al granero, el cual es bueno, grande, anchuroso, aunque algo bajo con sus buenos pilares y maderos muy grandes y buenos travesados y muy bien cubertado y muy espesos los maderos en las vueltas y el suelo de él muy bueno nuevo enladrillado con seis ventanas anchurosas buenas y espaciosas, que las tres de ellas tienen sus retes de hierro y caen al huerto la otra también tiene su red y barras de hierro y cae al paso de dicho cementerio y la otra con sus balaustres de madera que cae (fol.661v-) a una galería de dicho granero y dos puertas grandes abiertas que salen a donde se aderecia el trigo para llevarlo al molino y dentro de dicho granero lo siguiente: Item cuatro palas de madera, una hanega? con su raden?. Item cuatro escobas y un almud. Item a una parte un montón de trigo que estaba aparejado para ir a hacer harina al molino y según la relación que hizo Miguel Palacio que asistía en dicha visita en dicho granero había en dicho montón 18 cahíces de trigo. Item otro montón grande de trigo hecho una sierra que en él según la relación que dicho Miguel Palacios hizo había hasta 100 cahíces de trigo poco más o menos.*

Aposento para purgar el trigo [PB/p-q/11-12]

Item más adentro de dicho granero había un aposento con su puerta cerraja y llave, dentro del cual se purga el trigo y había dos ventanas grandes con sus balaustres de madera y sus redes de hilo de hierro, la una enfrente de la otra que salen a los huertos en donde había un montón de trigo y en él, según hizo relación dicho Miguel Palacios, 18 cahíces de trigo.

Galería del granero [PB/m-p/13]

(fol.662-) *Item de dicho aposento se entra por una puertecica pequeña descubierta que tiene su cerrojo y se entra por allí a la galería del dicho granero en la cual hay en medio una antosta con una puerta con su cerraja y llave y en toda ella*

Planta (nivel de rasantes) de los huertos del Hospital en 1600, según R. Usón / Patios interiores: PP Principal; PF Puerta falsa; PW Occidental; PC Central; PE Oriental; PJ Aljibes; PR Patio de los carros; NF Fosal / Corrales: BH11 Leña; BH12 Horno; DM13 Locas; DM16 Gallinas; DH45 Locos; CC73 Cabras / Huertos: HR Regidores; HG Granero; HF Boticario; HT Tiermas.

tres ventanas abiertas con sus redes de hilo de hierro que salen a la huerta de la botiga y hay seis agujeros para echar por allí a otro [aposento (tachado)] [pasadizo que hay (añadido)] *bajo* [debajo (añadido)] *el trigo para envasar en los sacos cada uno de ellos con su tapador de madera con sus cuerdas que cada uno corresponde a un clavo que están atados a la pared. Item 18 gineas? y espolsadores, si quiere veceras?, para purgar el trigo y un librillo para echar agua y rosarlo.*

Escalera de la galería [SS/p-q/13]

Item en dicha galería hay una puerta que tiene un cerrojo por la puerta de afuera y sale a una escalera de frente la cual puerta en dicha escalera hay una ventana con tres barrotes de madera y su aro y rete de hierro y unos agujeros

Paso de los sacos [SS/m-o/13]

y por dicha escalera (fol.662v-) se baja al pasadizo donde están los sacos que se [llenan des]de dicha galería por dichos agujeros y al cabo de ello una puerta que por la parte de afuera tiene su cerraja y llave y en saliendo de allí se entra en

dicho paso donde encima de un banco grande de aljez y ladrillo hay dos tablones de madera grandes y encima de ellos doce sacos grandes más de medios de trigo que en ellos hay 18 cahíces de trigo para hacer una molinada de harina al molino // De las cuales cosas // los dichos Pedro Bardají y Juan Martín de Herrera //

Granero bajo [SS/m-q/8-10]

Otro granero [En el margen] (fol.692-) *Item debajo del granero grande del trigo hay otro granero muy espacio[so] que antiguamente servía de granero para tener el trigo, que por ser muy húmedo se ha hecho otro encima para tenerlo, y tiene dos medias puertas de madera grandes con su cerraja y llave, y hay dentro tres ventanas, las dos con rejas de hierro y la otra con balaustres de madera, que todas salen al huerto, y otras dos ventanas que salen al paso del cargador, con sus barras de hierro, y dentro de dicho granero se halló y visitó y vio que había lo siguiente: Et primo 23 tableros grandes que sirven para entablar la iglesia en tiempo de invierno.*

Item doce cercillos grandes para uvas. Item 32 tablas de nogal para hacer tajadores. (fol.692v-) *Item dos lavadores para lavar lana, de madera y terliz. Item 38 maderas redondas, viejas. Item tres arcas...*

En el piso bajo, entre el granero y el paso de los sacos debía encontrarse el aposento del maestro de los graneros, junto al llamado huerto pequeño. Por su proximidad al patio de los carros, es posible que existiese también en este punto el aposento de los mozos de carros. Sin embargo también resulta probable que esta última dependencia se hallara en la pardina lindante con el callejón de entrada a los graneros –luego callizo de la Soledad–, próxima al corral del horno, donde posteriormente –ya en el setecientos– debió estar el aposento del sobrestante, con sus cuartos de labranza y aperos. Según el programa de 1815, tales dependencias se completaban con un «un cubierto muy crecido para conservar las galeras, carros, caxas de vendimiar..., bulquetes y todo lo demás que ha de menester la agricultura».

6.16. Huertos

En la visita se registran como huertos los espacios cercados en los que existían plantaciones, soslayándose los terrenos o parcelas disponibles dentro del recinto pero en condición de reserva, los cuales se ubicaban en la banda nororiental, junto al lindero de la calle Zurradores.

Huertos del Santo Hospital [en el margen] *Continuando el dicho Sr. Visitador, vio y visitó los huertos que están dentro del Santo Hospital, que tiene ahora llave el mayordomo y en el hay lo siguiente:*

Huerto de los regidores [SS/l-q/19-31]

Primero tiene una puerta, cerraja y llave, que tiene el mayordomo mosén Miguel Cortés, y es el huerto de los regidores, que está dividido en dos cuadros grandes y enarbolado con su parral... en el cual hay muchas roseras de rosa alejandrina. Item tiene trece naranjos, los cuales están al abrigo del granero, con sus aparejos para cubrirlos de la helada en tiempo de invierno. Y está todo cercado de tapias de argamasa que confronta la mayor parte con el cementerio y un cuarto de él con el callizo que está de Santa Catalina.

Este huerto tenía una forma irregular para adaptarse a los linderos. Al este se ajustaba a las tapias del cementerio del Hospital y de la calle de Zurradores, que denomina callizo de Santa Catalina por ser la vía que comunicaba el Coso con este convento situada junto al recinto hospitalario. No debía ocupar toda la banda de superficie disponible, pues se dice que lindaba un cuartel, de modo que al norte debía existir el área de reserva señalada. Al oeste sus linderos los conformaban los corredores por donde se accedía a los graneros. Según se dice en el relato, tenía dos sectores, probablemente uno de ellos dedicado a los naranjos y árboles frutales, el meridional por emplazarse al abrigo del granero, y el septentrional donde se dispondrían las hortalizas y demás plantas ordinarias.

Huerto del granero [SS/m-o/11-12]

Y al lado de dicho huerto hay otra puerta, con su cerraja y llave, la cual tiene Francisco Sornoza, escribano de raciones, [y es] muy pequeño, en el cual hay un naranjo, dos árboles frutales y unas parras y laureles y en los dos (fol.715-) *no hay ninguna cosa sembrado, por no poderla haber por la falta que tiene de agua de verano, que confronta con el granero.*

Huerto del boticario [SS/c-l/8-12]

Y de allí se salió al huerto del apotecario, agente de la botica el que se llama Sebastián [Díaz], el cual tiene su cerraja y llave, hay dentro de él lo siguiente: Primero hay muchos árboles frutales y un naranjo. Item dos castañeros grandes y hay muchas roseras de Alejandría para beneficio de la botica. Item hay dentro de él un foliador para hacer cera y tiene escalera de madera para subir a él, y está lleno de cera, la cual hizo relación dicho apotecario, que era de Jaime Martín, cerero de casa, el cual está enladrillado con su vertiente y sus cuatro agujeros para despedir el agua y debajo de dicho foliador hay una pila de algez y piedra para retener agua; el cual está cercado de ladrillo y aljez.

Como se indicó más arriba los huertos del boticario y del granero eran colindantes, por eso se podía pasar de uno a otro. Ambos estaban rodeados por distintos pabellones, de modo que siempre se accedía a ellos a través de pasos ubicados en éstos.

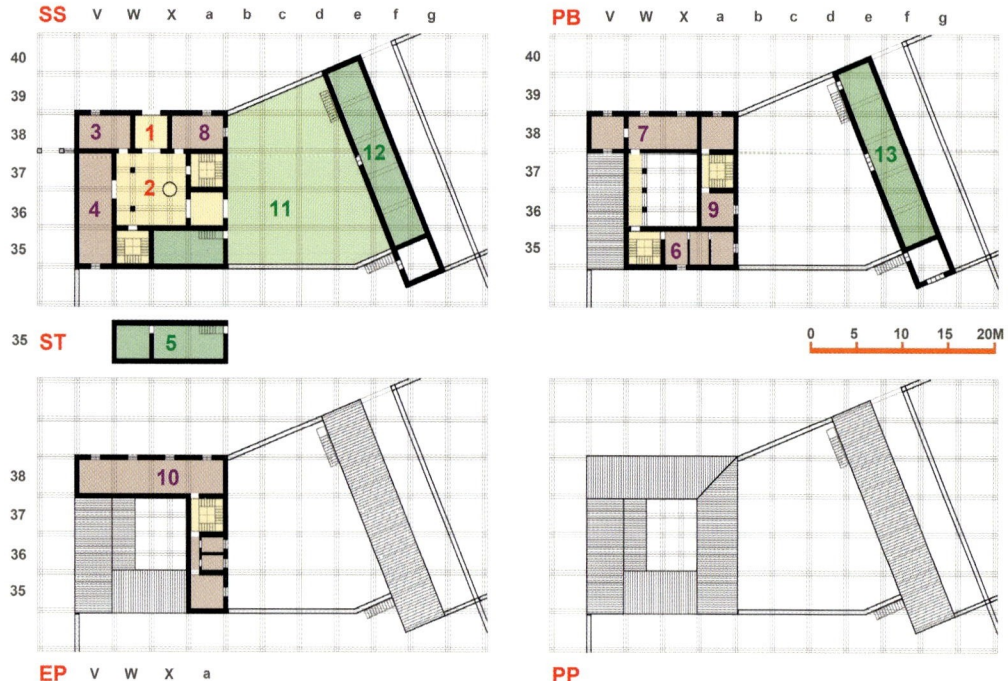

Plantas de la Casa del Coso del Hospital en 1600, según R. Usón // Plantas: ST Sótano; SS Nivel semisótano; PB Baja; EP Entreplanta; PP Planta principal / Casa: 1 Entrada del Coso; 2 Patio y pozo; 3 Estudio; 4 Sala; 5 Bodega; 11 Corral; 12 Caballerizas; 12 Pajar / Aposentos: 6 Meridionales altos; 7 Septentrionales altos; 8 Cocina; 9 Aposentos de la escalera; 10 Miradores.

Huerto de Tiermas [PB/P-T/5-11]

Tras pasar revista al huerto del boticario los visitantes debieron salir al corredor central axial y atravesando la calle meridiana Coso-Jerusalén, frente a la carbonera, cruzaron al tramo de los clérigos por donde accedieron al huerto de Tiermas, sin duda el más cuidado del establecimiento, por ser el más visible de todos, diseñado con formato ajardinado y geométrico.

Saliendo de dicho huerto el dicho Sr. visitador visitó y vio otro huerto que tiene la puerta de frente de la carbonera de frente de los labradores, la cual puerta tiene su cerraja y llave; el cual dicho huerto está dividido en cuatro cuadros, todos cercados de enladrillado, y más de la mitad de él está cercado de parrales, y hay en él muchos arboles frutales y laureles para cogerlos o llevarlos para la botica, y cercado de jazmines, dos naranjos y cuando hay abundancia se hallan flores para adornar los altares. Está todo cercado de pared de ladrillo, confronta con pared de la Sitiada y por la otra parte con el obrador y paso de las cabras. // De las cuales cosas //

6.17. Casa del Coso

La calle meridiana Coso-Jerusalén se iniciaba en la llamada puerta falsa del Hospital, flanqueada por sendas edificaciones: la casa del Coso –hacia oriente– y la casa de comedias –hacia occidente–. La primera era una construcción que el Hospital tenía en arriendo, de forma que en 1609 habitaba en ella el escribano de raciones del establecimiento. Disponía de un patio central rodeado por distintos aposentos distribuidos en varias plantas y un corral complementario.

Puerta del Coso [SS/X/38]: (fol.718v-) *Casa del Santo Hospital...* [en el margen] *Continuando el dicho señor visitador, vio y visitó una casa que está al lado de la puerta falsa del Hospital, en la cual vive Francisco Sornoza, escribano de ración de dicho Hospital, y paga por ella treinta escudos de alquiler, y tiene dicha casa dos medias puertas grandes, con sus cerrajas y llave, y una gavia con su puerta y postigo, con su cerraja y llave,*

Estudio [SS/V-W/38]: *y luego a mano derecha una puerta, con su cerraja y llave, que sirve de estudio con una ventana con una reja que sale a la calle.*

Patio de la casa del Greco, Toledo. Fotografía de A. Byne (1921). Espacio con similitudes con la casa del Coso del Hospital.

Sala [SS/V/35-37]: *Y luego al lado hay otro aposento mayor, con su puerta, cerraja y llave, y dentro de ella una ventana con su reja que sale delante el horno del Hospital.*

Aposentos meridionales del piso superior [PB/W-Y/35]: *Y luego, saliendo de dicho aposento, hay una escalera en el patio que sube a un cuarto donde hay un rellano, con su puerta, cerraja y llave; y más arriba, en un recibidor, hay una puerta que se entra a un aposento que hay una chimenea y ventana; y luego hay una alcoba más adentro; y dentro de la alcoba hay otro aposento, con su puerta y ventana que* (fol.719-) *sale al corral.*

Aposentos septentrionales del piso superior [PB/V-X/38]: *Y saliendo a la mano derecha hay un pasadizo que tiene una ventana que sale al tejado del Hospital. Y más adelante una sala; y más adelante una sala (sic), con su puerta, cerraja y llave, y dos ventanas a la calle; y dentro de dicha sala hay un aposento, con su puerta y una ventana que sale a los tejados.*

Patio y pozo [SS/W-X/36-37]: *Y bajando a dicho patio, pasando adelante, hay una luna con su pozo; y más adelante una puerta con un cerrojo que sale al corral.*

Corral, caballeriza y letrina [SS/B-f/35-39]: *Y dentro de dicho corral una caballeriza, con su puerta. Y dentro de ella hay diez pesebres. Y luego una escalera que se sube a un pajar que cogen hasta cien cargas de paja. Y dentro del corral hay una necesaria.*

Bodega [ST/W-Y/35]: *Y más adelante hay una puerta, con su cerrojo, por la cual se baja a dos aposentos que sirven de bodega.*

Cocina del piso superior [PB/Y/36-38]: *Y volviendo al patio, al lado del pozo hay una escalera que se sube a una cocina con su ventana al corral y su chimenea.*

Aposentos de los miradores [EP/V-Y/38+EP/Y/35-37]: *Y en dicha cocina hay una escalera que se sube a un mirador a la mano izquierda. Y en [un] aposento hay una ventana y después dos aposentos, uno dentro con ventana a la calle y después un mirador que salen dos ventanas al corral con su falsa cubierta.*

Otros aposentos [PB/Y/38+SS/Y/38]: *Y bajando hay dos aposentos el cual tiene una ventana con su reja a la calle. Y el dicho señor visitador continuó (fol.719v-) visitador, comisario y juez sobredicho, fina dicho mesón y de aposento en aposento lo vio y personalmente visitó // De las cuales cosas // Christóbal Gil, cantor del dicho Santo Hospital, y Pedro Bardají, escribiente, habitantes en la ciudad de Zaragoza.*

En los años siguentes a la Visita se constatan distintos arrendatarios en aquel edificio. Así en 1624 los administradores del Hospital alquilaban unas casas situadas en el Coso al carpintero Antón Franco por el plazo de tres años y una renta de 1.240 sueldos anuales[365]. Tres años después consta la disposición de ciertas casas en la calle de la puerta falsa del

365 Agustín de Villanueva y Díez, arcediano de Daroca, Vicencio Blasco de Lanuza, canónigo de La Seo y Alonso de Villalpando, caballero, como administradores del Hospital de Nuestra Señora de Gracia, alquilan a Antonio Franco, carpintero, unas casas situadas en la calle del Coso, por tres años y 1.240 sueldos jaqueses de renta anual, 8 noviembre 1624. Doc.4-5721(6311) Not.: Pedro Lamberto Villanueva, ff.1652v/1654r. En esa misma fecha y notaría consta la comanda que el carpintero tenía de los regidores por importe del total de 3.720 sueldos. Doc. 4-5722(6311 bis) ff. 1654r/1655r.

Hospital por parte del cirujano Francisco de Robres[366]. Posteriormente, como se verá después, aparecen ubicados los locales de juegos en el mismo inmueble o parcela. De toda esta información se desprende que el edificio pudo estar habitado por varias familias diferentes que ocuparían estancias independientes, circunstancia que evolucionó hacia un inmueble de mayor capacidad y con usos complementarios, en los cuales el Hospital buscó una fuente de recursos para la financiación de sus enormes gastos.

366 Raimundo Bedruna, albañil zaragozano, firma capitulación matrimonial con Esperanza de Robres, hija de Francisco de Robres, cirujano y de María Ferrer, 8 agosto 1627. Él aporta todos sus bienes y ella unas casas en la calle de la puerta falsa del Hospital de Nuestra Señora de Gracia. Doc.5-7254(7998) Not.: Miguel Juan Montaner, 1627, ff. 2228v/2235r.

VII. El Hospital de Gracia en los siglos XVII y XVIII

Amaos cordialmente unos a otros;
que cada cual estime a los otros más que a sí mismo...
Que la esperanza os tenga alegres...
practicad la hospitalidad.

Romanos 12, 10-12a-13b

7.1. El Hospital del seiscientos a partir de la Visita de 1609

En los primeros años del siglo XVII, cuando Murillo escribe su descripción, el conjunto arquitectónico del Hospital había alcanzado un grado de desarrollo en el que además de estar completas las grandes piezas del proyecto renacentista –la iglesia, el claustro principal con sus crujías en cuadro y el palacio de las enfermerías–, se habían edificado una extensa serie de pabellones complementarios destinados a quadras especiales, como las de los dementes o tiñosos, o a entidades funcionales de todo orden, desde la casa de comedias hasta los graneros. A pesar de la gran superficie que ocupaban dichas edificaciones, seguía existiendo una buena parte disponible dentro de la supermanzana o parcela hospitalaria.

La historia constructiva del recinto desde aquella fecha propiamente no tuvo nuevos hitos arquitectónicos sino que se ajustó a la conservación de lo existente, la realización de reformas y ampliaciones, la reconstrucción de pabellones obsoletos, la reedificación del teatro, etc. Es decir, siempre se trató de operaciones puntuales –de mayor o menor alcance– sobre elementos anteriores. En general, gran parte de las intervenciones nacieron de la necesidad de ampliar la capacidad de las enfermerías, dado el incremento en el número de pacientes ingresados, una cuestión que se convertía en crítica en los tiempos de las grandes epidemias. La principal novedad consistió en la construcción de un nuevo establecimiento, el Hospital de Convalecientes, fundado por el arzobispo Diego Castrillo en 1683 y abierto al uso algunos años después[367], situado en las proximidades del convento de San Ildefonso. Pues bien esta nueva casa descargaría la ocupación de las instalaciones del Hospital de Gracia, lo que permitió la reordenación de sus enfermerías.

Será ya en la centuria siguiente, tiempo en el que el establecimiento asumió como actividad específica y singular la hospitalización de soldados y oficiales militares, cuando tuvieron lugar ciertas reordenaciones de los espacios con las consiguientes reformas. Todos estos cambios vinieron acompañados de nuevas características en la especialización médica, la organización del personal y la incorporación de cofradías y entidades colaboradoras de carácter benéfico y asistencial, las cuales conllevaron adaptaciones de los numerosos espacios que requerían para sus actividades. También tuvieron lugar nuevas externalizaciones, como la construcción del nuevo cementerio de la Cartuja a finales del setecientos. En los albores del siglo XIX, cuando el Hospital se encontraba en los últimos tiempos de su existencia, el recinto había aumentado su complejidad considerablemente. No obstante, como se verá después, los programas de

367 Ver Ansón Navarro (2007) pp. 315-344.

necesidades elaborados tras su destrucción con la finalidad de reconstruirlo, evidencian que el funcionamiento básico y las entidades constructivas de sus años postreros no eran muy diferentes de las del Renacimiento.

7.1.1. Las obras patrocinadas por Diego Fecet

Las primeras obras de cierta importancia realizadas en el seiscientos se deben a la generosidad y mecenazgo del notario zaragozano Diego Fecet, regidor del Hospital posiblemente desde antes de 1617 hasta su muerte[368] acontecida en 1623. Fundador del convento de carmelitas descalzas de Santa Teresa de Jesús ubicado junto a la puerta de Sancho –llamado popularmente monasterio de las «fecetas» en honor a su nombre–, Fecet favoreció extraordinariamente en sus últimos años de vida al Hospital de Gracia. En su testamento[369], dictado el 13 de mayo de 1617, además de determinar como lugar de enterramiento definitivo «la capilla mayor de las monjas carmelitas descalzas que conforme a lo infrascrito mando instituir y fundar, siempre que aquél estuviere edificado y la capilla mayor con decencia conviniente y necesaria», hace una donación muy significativa al Hospital de Gracia, demostrando que conoce muy bien sus problemas:

[...] Ittem por cuanto he tenido y tengo por cosa convenientísima que los pobres enfermos que hay en el Hospital de Nuestra Señora de Gracia de la presente ciudad estén cada uno de por sí y en su cama a solas, por que estando un enfermo en compañía de otro no puede estar con la limpieza, descanso y buen tratamiento que estando solo, a lo cual he deseado y deseo ayudar y procurar de evitar los inconvenientes que de estar dos juntos se pueden seguir, y algunas vezes he procurado saber la causa por que no se hacía lo sobredicho, pareciéndome que debía de ser falta de camas y de ropa para ellas, y se me ha dicho que no era esta la causa, sino falta de quadras donde los dichos enfermos puedan

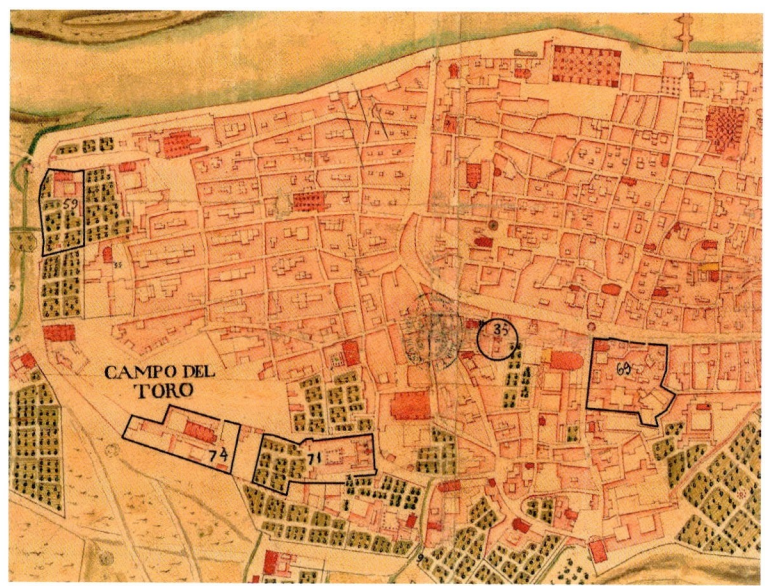

Plano de la Çiudad de Zaragoza, hacia 1723. Detalle: 35 Padres Agonizantes; 59 Fecetas; 69 Hospital de Gracia; 71 Convalecientes; 74 Casa de Misericordia.

estar con espacio y tener sus camas y que para hacerse éstas hay bastantes espacios, y muy competentes patios en el dicho Hospital, y que con gastarse en ello seis o siete mil escudos habría bastantísimo número de quadras y espacio donde los dichos enfermos pudiesen repartirse y estar cada uno en su cama; por tanto, para que lo sobredicho se pueda conseguir, quiero, ordeno y mando, que mis patrones infraescritos tomen de mis bienes... doscientos mil sueldos jaqueses, y aquéllos, o la parte y porción de ellos que fuere menester, la empleen y gasten en el edificio de las dichas quadras; y si sobrare algo de ellos, lo den al dicho Hospital para ayuda de la sustentación y conservación de ellas; con esto empero, y no de otra manera que se haya de hacer la claridad y obligación conveniente, de que de allí adelante los pobres enfermos del dicho Hospital, estarán como arriba digo, solos y cada uno de por sí en su cama, sin compañía en ella de otro enfermo alguno, haciéndose esto en la forma que a los dichos mis patrones pareciere para que lo sobredicho surta su efecto, y si en ello hubiere dificultad, o no se pudiere hacer y conseguir así mi voluntad y deseo, quiero que este legado sea nulo y que tan solamente se den al di-

---

368 Carta pública de muerte de Diego Fecet, 1 agosto 1623. Not.: Juan Moles, mayor, ff. 640v/641r.

369 Testamento del notario Diego Fecet, 13 mayo 1617. DOC 4-5024(5651) Zaragoza. Not.: Juan Moles, nieto, 1623, ff. 628r/640v.

cho Hospital para ayuda de las necesidades de el veinte mil sueldos jaqueses.

Aunque no existen datos específicos sobre la entidad realizada, posiblemente relacionado con este legado pudo estar el contrato de la obra de ampliación de uno de los pabellones complementarios de enfermerías. Por su tamaño y forma es muy probable que se tratara de uno de los bloques del sector correspondiente a las hermanas simples y tiñosos, pues respondía a un edificio de planta baja rectangular con patio central. No obstante, se desconoce si tal obra fue finalmente ejecutada y en su caso la afección funcional sobre dicho sector. El objetivo concreto era construir una planta más sobre la existente, más una tercera en una de las alas que serviría de guardarropa. La actuación consistía en desmontar las cubiertas, recrecer los muros hasta los nuevos rafes, realizar las estructuras de pilares y forjados, las bóvedas de cañas en la planta superior, las nuevas cubiertas, la escalera de comunicación interior y los tabiques, ventanas, acabados, revestimientos, pavimentos, etc. Gracias a las capitulaciones pueden conocerse todos los detalles y pormenores de la ejecución de los trabajos proyectados. Dicho documento[370], fechado en Zaragoza el 17 de agosto de 1618, fue firmado ante el notario Pablo Villanueva, entre Pedro Herrera, canónigo de La Seo, Pedro Jerónimo de Espés y Sola, Juan de Tiermas y el capitán Pedro Jerónimo Villanueva, infanzones y regidores del Hospital Real y General de Nuestra Señora de Gracia, y el albañil zaragozano Juan de Uroz.

La *Capitulación y concordia hecha entre los muy illustres señores regidores del Hospital de Nuestra Señora de Gracia y Juan de Uroz, albañil, acerca de una obra que ha de hacer el dicho Uroz conforme a una traza que está hecha* comprendía las siguientes cláusulas:

Desmontaje de las cubiertas, acopio de materiales aprovechables y reconocimiento de la estructura. *Primeramente Juan de Uroz debe deshacer todos los tejados de los cuatro cuartos de las quadras y asimismo todas las camas y bas-*

370 Zaragoza, 17 agosto 1618 DOC 2-3002(3.479) Not.: Pablo Villanueva, 1618, ff. 677v/679v.

timentos de alrededor de dichas quadras y la cubierta de arriba, poniendo en recaudo toda la madera y teja que saldrá, y se ha de aprovechar Juan de Uroz de toda la que fuere buena y suficiente para dicha obra, y toda la teja y todo lo demás del despojo que saldrá ha de quedar para el servicio del Santo Hospital; y hecho lo anterior se han de reconocer todas las paredes foranas por dentro y fuera, por el pie de abajo y todo aquello que convenga, para poder cargar por la parte de arriba, se ha de recibir con algez y ladrillo, haciendo sus pilares del mismo grueso de la pared, de manera que las paredes foranas queden con seguridad.

Zunchado y recrecido de los muros de carga con tapia valenciana. *Item reconocido que esté lo arriba dicho, se ha de asentar un aro de madera en las cuatro esquinas, muy bien empalmados y enclavados, que hagan razón a una parte y a otra, y asimismo todo alrededor, y asentados que estén dichos aros se han de levantar todos los cuatro cuartos por dentro y fuera, conforme la planta y traza señala, de tapia valenciana, de grueso de dos ladrillos, a la altura de veinte palmos del rafe actual, con sus pilares de algez y ladrillo, de suerte que no haya de separación de uno a otro sino diez palmos, y dichos pilares han de ser de dos ladrillos en cuadro, embebidos en dichas tapias, muy bien trabados y seguros, y en las cuatro esquinas han de ser los pilares de dos ladrillos y medio, que hagan razón a una parte y otra, y si más fuere menester subir para comodidad de dicho edificio, esté obligado el dicho oficial a ello.*

Ejecución de los rafes y colocación de las tijeras con refuerzos angulares de arquitos en chaflán. *Item hechas y levantadas que estén dichas paredes a dicha altura, se ha de hacer un rafe por alrededor de todas las paredes foranas y por la parte de adentro de la luna, de cinco hiladas, con algez y ladrillo, que son tres orlas y dos dentillones, y hecho que esté el rafe por una parte y otra, se ha de enfustar conforme la planta señala, haciendo sus tijeras con buena madera de pino de muy buen cuerpo, y dicha madera ha de ser quarentena para los tirantes, para que de esta manera la trabazón de los mismos esté con mucha seguridad, asentando sus argollas y gafas de hierro en dichos tirantes y tijeras muy bien enclavadas y seguras, y asimismo en las cuatro rinconadas, y asentadas éstas se han de recibir por debajo, en las cuatro esquinas, con maderos cuadrados que vengan a recibir parte de las tijeras, y bajo dichos maderos volver cuatro arcos de algez y ladrillo, que estén muy graciosos, volviendo unas veneras a modo de conchas, que estén graciosas, para que queden con gran seguridad las tijeras de dichos aquilones.*

Estructura del forjado intermedio, bóvedas encamonadas en la planta alta, tabiquería de mamparas y ventanales en dos niveles. *Item hechas y asentadas las tijeras, se ha de enfustar el primer suelo a altura de ventiséis palmos desde el suelo hasta arriba, de manera que el primer cuarto tenga de espacio hasta los tirantes los ventiséis palmos, y el segundo ventitrés, echando sus pies derechos con sus buenas gafas de la manera que la planta señala; y encima de dichos tirantes se ha de enfustar con madera docena, de modo que no haya entre maderos sino dos palmos menos tres dedos, muy bien empalmados y enclavados unos con otros, echando sus vueltas en dichos cuatro cuartos; y asimismo en los cuartos de arriba, con su buen algez y ladrillo, y hechas dichas vueltas, se han de hacer alrededor de las quadras, por la cubierta y techo de arriba, sus bóvedas de cañas muy bien atadas y enclavadas, pasando de mano por la parte baja con algez y espalmadas y raídas; y asimismo se han de cubrir los puentes picoteándolos muy bien y echándoles gran cantidad de marcavises, todos espalmados y raídos, y escafadas las esquinas de manera que dichas bóvedas y puentes de las quadras altas y bajas queden con la seguridad que conviene; comparti[mentan]do en dichas quadras altas y bajas todas las camas que la planta señala, y si más se pudieren hacer que se hagan más, con sus tabiques y pies derechos, y dichos tabiques se han de levantar hasta diez o doce palmos, o lo que más convenga; y asimismo se han de hacer cuatro ventanas bajas en las quadras altas y bajas, con la altura y ancho que convenga; y asimismo se han de hacer en los cuatro cuartos bajos y altos de dichas quadras dos ventanas altas para la iluminación de las mismas y para que tengan más oreo los enfermos.*

Ejecución de las cubiertas sobre las tijeras en las tres alas realizadas. *Item hecho lo arriba dicho, se han de enfustar los tres cuartos de las quadras encima de las tijeras con madera docena, de suerte que no haya de separación de madero a madero sino cuatro palmos escasos, muy bien enclavados y seguros, y encima de dichos maderos asentar su tabla-hoja de madera de Ebro, de grueso de tabla de a ocho, muy bien enclavada y segura, y encima de dichas tablas asentar su lodo y teja con sus caballetes por encima de los tejados, todo alrededor, con tejones grandes y algez para que de esta manera queden los tejados con la seguridad que conviene, haciendo sus ventanas para que pase el aire, para conservación de tijeras y maderaje.*

Recrecido de muros y ejecución de cubierta en el ala norte para desván, con sus ventanas y acabados. *Item hecho y acabado lo arriba dicho, se ha de levantar toda la longitud del cuarto orientado hacia el cierzo todo alrededor de un ladrillo, con sus pilares de veinte a ventidós palmos, a altura del suelo arriba de trece palmos; y encima de dicha altura asentar y compartir cinco tijeras, y si más fueren menester las haya de asentar conforme las bajas, haciendo los pies derechos de las tijeras a la misma altura que está dicha, asentando sus argollas de hierro del tirante alto al pie derecho, y las dos rinconadas; enmaderar con la madera sobrante, y si no la hubiere la haya de poner nueva dicho oficial, y encima de dicho maderaje asentar su tabla-hoja, y en todo lo demás de dicha longitud del tejado enfustar con madera docena, y encima de dichos docenos poner y asentar tabla-hoja, todo muy bien enclavado y seguro, haciendo su rafe por la parte baja alrededor, de la manera que está dicho en lo demás, y encima de dichas tablas asentar su teja y lodo, haciendo en medio su caballete con tejas grandes y algez; y dicho desván ha de servir de guardarropa, y se han de hacer todas las ventanas que convengan, que serán cuatro hacia el cierzo y dos o tres hacia la luna, y otras dos en los frentes de dicho guardaropa; y asimismo se han de espalmar y bruñir todas las paredes alrededor, desde el tejado hasta el suelo, con algez negro, echando el suelo con algez bizcocho muy bien bruñido.*

Ejecución de la escalera interior. *Item hecho todo lo arriba dicho, se han de hacer las escaleras para subir al segundo cuarto y quadras y el cuarto del guardaropa, espalmando y echando suelos en la quadra alta y baja, rayendo todas las paredes alrededor de dichas quadras, de manera que si alguna cosa –haciendo dicha obra– se ofreciere conveniente para la seguridad de la misma, la haya de hacer dicho oficial, haciendo las paredes que convengan para forjar las escaleras y enfustar dichas sobre escalera con sus vueltas y tejados.*

Enlucidos y solados. *Item acabada y enjuta que esté toda la dicha obra, ha de lavar las quadras bajas y altas y bóvedas y tirantes de alto abajo, con los tabiques de los atajos de las camas y las subidas de las escaleras vueltas paredes, todo con algez blanco muy bien bruñido, y si conviniere quitar el suelo de algez que hoy se pisa, lo haya de quitar en los cuatro cuartos, y hacerlo con algez bizcocho muy bien bruñido.*

Las capitulaciones se completaban con el reparto de los costes de materiales y mano de obra entre el albañil y el Hospital, la fórmula de revisión de los trabajos y otros detalles, finalizando *por lo que esta capitulación y capítulo arriba declara le dan los señores regidores al dicho Uroz mil cien libras jaquesas pagaderas así como irá trabajado en dicha obra, y ha de darla acabada toda en la perfección que conviene, conforme el arte requiere y este capítulo anterior lo declara, para el día de Sant Joan Baptista del próximo año de mil seiscientos diecinueve.* Firman como testigos los infanzones mosén Miguel Cortés y Miguel Palacio.

Como se indicó más arriba, todo parece indicar que la referida obra pudo corresponderse con la sufragada a través de los donativos de Fecet, pues consta la realización de una quadra en un documento de 1625, en el que se registra: «Nosotros: don Agustín de Villanueva y Díez, arcediano de Daroca en la Santa Iglesia metropolitana de la Seo de la ciudad de Zaragoza; el doctor Vicencio Blasco de Lanuza, canónigo de dicha Santa Iglesia; Juan del Corral, ciudadano de dicha ciudad; don Alonso de Villalpando, caballero; y Pedro de Villanueva, ciudadano de la dicha ciudad... como regidores... del Hospital... estando juntos en Sitiada; atendientes y considerantes al quondam Diego Fecet, notario público que fue de dicha ciudad y regidor de dicho Santo Hospital, [por] haber hecho en el tiempo que vivía una quadra en dicho Santo Hospital y haber dotado las camas que en ella puso y haber dispuesto en un codicilo que el residuo que quedare de sus bienes y hacienda después de haber hecho el convento de la Santa Madre Teresa de Jesús en la presente ciudad de Zaragoza, haya de servir para los pobres enfermos...»[371]

Juan de Ribargorza, en una breve nota sobre el personaje, facilitaba la noticia de que Fecet, regidor mayor en 1618, disponía la realización de las quadras tantas veces solicitadas por los médicos, pagando de su bolsillo las 6.000 libras jaquesas en diversas pensiones censales –equivalente a 120.000 sueldos– que se consideraron necesarias, una suma importante pero que, a la postre, resultó insuficiente. No obstante, Fecet quiso terminar su obra en el Hospital, por lo que a comienzos de 1619 comparecía ante Francisco Antonio Español, notario del concejo, para hacer una nueva donación de 40.000 sueldos jaqueses para poder concluirla, testificando Matías Vayetola y Lupercio de Peña[372]. Aquellas obras debieron acabarse alrededor de 1621.

Dadas las cuantías que figuran en unos y otros documentos, desconocemos si las actuaciones promovidas tuvieron mayor alcance que las obras efectuadas por Uroz. Da la impresión que la cifra que Fecet recoge en su testamento se corresponde con un proyecto de mayores objetivos, de acuerdo a las necesidades que le transmiten los responsables del establecimiento. Sin embargo lo realmente ejecutado antes de su muerte supone únicamente el desarrollo parcial de tal programa. De hecho, en las últimas semanas de vida, Fecet adoptó, en diversos codicilos, una serie de medidas complementarias para favorecer al Hospital de Gracia.

«Primeramente –testa Fecet el 6 de julio de 1623– dejo de gracia especial al Hospital Real y General de Nuestra Señora de Gracia... de donde soy regidor, de 15.750 sueldos jaqueses censales y de anual pensión, con 315.000 sueldos jaqueses de propiedad y suerte principal, mediante carta de gracia, pagaderos en cada un año en dos soluciones y pagas iguales en los oncenos días de enero y julio... para lo cual el dicho censal procediere lo hayan de emplear los regidores

371 Documento de 8 abril 1625 por el que los regidores del Hospital de Gracia venden a favor del convento de Santa Teresa los 15 s.j. de treudo perpetuo pendiente sobre la casa y huerta que se compró a Gabriel Ripol. Not.: Pedro Lamberto de Villanueva: 1624, ff. 483v/486r. Cfr.: Oliván Jarque (1983).
372 Ribagorza, J. (1923) pág. 3.

de dicho Hospital en cada un año de proveer de toda la ropa necesaria para las camas que hay en las quadras que yo he hecho en aquél... y en cada un año dichos regidores hayan de tomar y tomen 300 bulas para los enfermos que en dichas quadras hubiere, la mitad de vivos y la mitad de difuntos; y que en cada un día del año perpetuamente se hayan de decir y celebrar dos misas rezadas en dichas quadras, como yo dicho Diego Fecet las he hecho celebrar. Y que así mismo perpetuamente haya de haber y haya en dichas quadras de dicho Hospital un capellán para que aquél traiga cuenta con dichas quadras y con la ropa de aquéllas, de que se limpie y se mude conforme fuere necesario...»[373]

En la misma fecha, además, quedando lejos la materialización de su fundación conventual, en una escritura de tributación para la misma, hace reserva de las donaciones para los casos en que los objetivos por él decididos no se cumplieran, de modo que las rentas asignadas se destinaran a sufragar los costes del Hospital. Por ejemplo, ordena: «en caso que... el tal convento se extinguiere... doy qualesquiere bienes que yo les habré dado y mis executores en su caso al Hospital Real y General de Nuestra Señora de Gracia de la presente ciudad para ayuda a las necesidades del sustento de sus pobres...»[374] Fecet había llegado a otorgar como heredero universal al Hospital, quien debía disponer de su legado a partir del quinto aniversario de su fallecimiento, una vez resueltas las condiciones testamentarias. Pero su obra preferente, el convento teresiano, tardaría en completar sus construcciones, de tal modo que todavía en 1629 se firmaba, por los administradores del Hospital y herederos de los bienes de Fecet, el contrato de los trabajos pendientes[375].

De este modo, con los datos disponibles, sigue siendo una incógnita si los regidores pudieron ulteriormente aplicar tal legado a nuevas obras para paliar las necesidades del establecimiento.

En todo caso conocemos la existencia de una serie de comandas suscritas por aquéllos con diversos artífices en esos años y la década siguiente que bien pudieron estar relacionadas con obras de conservación, ampliaciones o reformas de las instalaciones hospitalarias, las cuales, no obstante, no responden sino a actuaciones puntuales de pequeña entidad. Es el caso de la firmada en febrero de 1630 con el tejero zaragozano Pedro de Aguerri[376] por un importe de 1.280 sueldos jaqueses. En septiembre de 1631 consta la del carpintero Pedro Sierra[377] por importe de 186 sueldos. En 1637 las de los zaragozanos Martín Palacios y Juan de Mondragón[378], albañil, que ascendía a 2.850 sueldos y 5 dineros jaqueses, y la del cantero Miguel Estadilla[379], de 1.780 sueldos.

Pero también se firmaron con otro tipo de artistas. En 1626, por ejemplo, debió realizarse un retablo de cierta importancia, pues consta una comanda suscrita en septiembre con el ensamblador Tomás Lagunas[380] por 1.000 sueldos jaqueses y otra posterior, de diciembre, con el pintor Rafael Pertús[381],

373 6º Codicilo de Diego Fecet, 6 julio 1623. Not.: Juan Moles, mayor, 1623, ff. 534r/548r.

374 Escritura de tributación para la fundación del Convento de Santa Teresa de Jesús, de carmelitas descalzas en Zaragoza otorgada por el notario Diego Fecet, 6 julio 1623. DOC 4-5088(5715) Not.: Juan Moles, nieto, 1623, ff. 484v/533v.

375 Agustín de Villanueva y Díez, arcediano de Daroca, Alonso de Villalpando, caballero, Pedro de Villanueva y Miguel Baptista de Lanuza, administradores del Hospital Real y General de Nuestra Señora de Gracia y herederos de los bienes que pertenecieron a Diego Fecet, notario de número de Zaragoza, firman capitulación y concordia acerca de la obra que falta por hacer en el Convento de Santa Teresa de Jesús, 16 enero 1629. DOC 6- 7889(8715) Not.: Pedro Lamberto Villanueva, 1629, ff. 138r/151r.

376 Pedro de Aguerri, tejero de Zaragoza, tiene en comanda de los regidores del Hospital 1.280 sueldos, 8 febrero 1630. DOC 6- 8427(9114) Not.: Pedro Lamberto Villanueva, 1630, ff. 271v/272r.

377 Pedro Sierra, carpintero de Zaragoza, tiene en comanda de los Regidores del Hospital 186 sueldos jaqueses, 27 septiembre 1631. DOC 7-9152(9946) Not.: Nicolás Cascarosa, 1631, ff. 2395v/2396r.

378 Martín Palacios y Juan de Mondragón, albañil, vecinos de Zaragoza, tienen en comanda del Hospital 2.850 sueldos y 5 dineros jaqueses. Martín Palacios y Juan de Mondragón, albañil, vecinos de Zaragoza, tienen en comanda del Hospital 2.850 sueldos y 5 dineros jaqueses, 8 marzo 1637. DOC 9-1351(1383) Not.: Lorenzo Moles, 1637, ff. 793r/794r.

379 Miguel Estadilla, cantero, vecino de Zaragoza, tiene en comanda del Hospital 1.780 sueldos jaqueses, 13 junio 1637. DOC 9-1447(1491) Not.: Lorenzo Moles, 1637, ff. 1676v/1677v.

380 Tomás Lagunas, ensamblador, vecino de Zaragoza, tiene en comanda de los Regidores del Hospital 1.000 sueldos, 9 septiembre 1626. DOC 5-6798(7490) Not.: Pedro Lamberto Villanueva, 1626, ff. 1216r.

381 Rafael Pertús, pintor, vecino de Zaragoza, tiene en comanda de los Regidores del Hospital 800 sueldos, 1 diciembre 1626. DOC 5-6919(7628) Not.: Pedro Lamberto Villanueva, 1626, ff. 1711r/1712r.

de 800 sueldos. El mismo Lagunas[382] vuelve a firmar otro documento similar en 1635 por otros 1.000 sueldos, al que seguiría el del pintor Melchor Cerdán[383], de 500, cancelados en 1641, posiblemente también relacionadas con obras de algún retablo, como la que se firmó en febrero de 1639 con Lupicino Lupicini, mercader, y Francisco Lupicini[384], pintor, vecinos de Zaragoza, por importe de 2.000 sueldos. Finalmente consta una comanda con el maestro de hacer órganos Martín de Sesma[385], por importe de 1.000 sueldos, suscrita en octubre de 1635, claramente relacionada con el instrumento de la iglesia.

De todas estas referencias parece inferirse que la impronta del legado de Diego Fecet fue ciertamente notable, debiéndose a su mecenazgo la realización de una de las ampliaciones de enfermerías más importantes de la primera mitad del seiscientos así como una serie de mejoras no sólo en el equipamiento de las quadras sino en la mismas atenciones a los ingresados, e incluso, muy probablemente, diversas actuaciones en materia de obras de construcción y artísticas.

7.1.2. El proyecto de saneamiento de 1647

Sin duda uno de los proyectos más interesantes de mediados del seiscientos es el correspondiente a la instalación de un colector de saneamiento del Hospital. Se trata de una idea pionera en el campo de las instalaciones urbanas, a pesar de que parezca obvio que aquel enorme recinto, construido sin instalaciones de saneamiento modernas y cuyo régimen de gestión de residuos era el habitual en aquella época, es decir mediante pozos de saneamiento que periódicamente

debían ser regenerados, al haber adquirido unas proporciones tan grandes, buscara un nuevo sistema de evacuación mediante cloacas que pudiera ser utilizado con la aportación de agua desde una acequia de suministro. Sin embargo esta idea, para ser puesta en práctica requería la construcción de un colector de trazado urbano que condujera los residuos desde el área del Hospital de Nuestra Señora de Gracia hasta el río Huerva, atravesando diferentes callizos y parcelas particulares. Los regidores, tras logar la conformidad de los propietarios, pretendieron poner en marcha el proyecto, a lo que se opuso la parroquia de San Miguel de los Navarros. Existe un conjunto documental[386] en el que constan sendos memoriales y diversas opiniones médicas favorables a aquella iniciativa que descubren las características del sistema de gestión utilizado en aquella época y la instalación que se pretendía ejecutar.

En efecto, ante tal proyecto, la Iglesia y Parroquia de San Miguel de los Navarros elevó un memorial a los jurados de la ciudad en el que venía a concluir que la mejora pretendida por los regidores del Hospital «no se consigue con la ejecución de dicho acueducto». Argumentaban, en primer lugar, que «para evacuar tanta inmundicia como [la que] de un hospital tan grande y lleno de enfermos se recoge, siendo materia tan pesada, crasa y pegadiza, era menester un golpe de agua copioso, recio, continuo y pendiente, que con violencia lo arrebatase todo y limpiase el caño y desaguadero para que siempre pudiese correr aquella inmunda avenida. Lo cual no puede haber aquí sino cuando mucho alguna vez, o veces muy pocas, el agua de la acequia que llaman Romareda, que para este efecto es poca y con poca corriente...»

Consideraban, por otra parte, que aun en el «caso que tuviese ese caño y desaguadero fácil despedida, no se conseguiría el intento de quedar el Hospital limpio y sin mal olor, porque la inmundicia que lo causa no es principalmente la que se lleva y recoge en las oficinas necesarias y diputadas para esto, sino la que hay en toda la Casa y especialmente en las quadras de los enfermos, causada de la asquerosidad

382 Tomás Lagunas, mazonero, habitante en Zaragoza, tiene en comanda del Hospital 1.000 sueldos jaqueses, 14 enero 1635. DOC 8- 522(536) Not.: Lorenzo Moles, 1635, ff. 54r/55r.

383 Melchor Cerdán, pintor, tiene en comanda del Hospital Real y General de Nuestra Señora de Gracia de Zaragoza, 500 sueldos jaqueses, 9 noviembre 1636. DOC 8- 1194(1212) Not.: Lorenzo Moles, 1636, ff. 3326r. Se canceló el 10 de octubre de 1641.

384 Lupicino Lupicini, mercader, y Francisco Lupicini, pintor, vecinos de Zaragoza, tienen en comanda de los Regidores del Hospital 2.000 sueldos jaqueses, 16 febrero 1639. DOC 9-2264(2367). Not.: Lorenzo Villanueva, 1639, ff. 206v/207r.

385 Martín de Sesma, maestro de hacer órganos, tiene en comanda del Hospital 1.000 sueldos jaqueses, 8 octubre 1635. DOC 8- 834(848) Not.: Lorenzo Moles, 1635, ff. 2599r/2600r.

386 *Memorial del Santo Hospital* (1647).

de las enfermedades de tantos dolientes, a que no basta su limpieza, un fácil y ordinario cuidado de ministros, sino se añade sumo aseo y vigilancia en los sirvientes del Hospital». Añadían que, más aún, «hecho el caño, crecería la heiondez y el mal olor, porque cuando hará este efecto el callejón y el tránsito que había de ir a la tal oficina, y habiendo de ser mucho más largo... padecería mucho mayor achaque de inmundicia...» Alternativamente, señalaban que «antes, para este caso, se ha de hacer un pasadizo abierto desde los claustros hasta los pozos nuevos para que se ventile el mal olor, y no entre encañado como al presente, por estar encerrado...» Por último aludían que «dicen los artífices más peritos en tales obras que costaría ésta más de catorce mil ducados...»

Los argumentos de defensa del proyecto constan en el *Memorial del Santo Hospital Real y General de Nuestra Señora de Gracia a la Imperial Ciudad de Zaragoza, en respuesta del que dio la Iglesia y Parroquia de San Miguel de los Navarros, con el cual pretende impedir una obra -la fábrica de un caño y desaguadero de las inmundicias de dicho Santo Hospital- que se quiere hacer para beneficio de los enfermos y de toda la Ciudad*, incluso, se dirá después, «para todo el hemisferio, pues en dicho Hospital se reciben y curan los enfermos de todas partes del mundo».

«El Hospital –inicia el escrito– está situado en el lugar más eminente de la Ciudad y el más frecuentado de los naturales y extraños, junto a la Cruz Santa del Coso, a la puerta Ceneja o de las cenizas, como dijo Prudencio... En dicha calle de los Mártires, llamada hoy de Santa Engracia, que mira al Poniente, está la más suntuosa fábrica del dicho Hospital, y bajo ella tres anchos y profundos pozos en que se recogen los excrementos de los enfermos. Y opuesta a dicha fábrica hay otra al Levante con otros tres pozos para el mismo efecto, la limpia de los cuales se hace en cada un año con mucho gasto, haciendo otros en que se echa lo líquido de aquéllos; y se han hecho tantos en el discurso del tiempo que está la Casa minada por todas partes y el mal olor se aumenta de cada día por causa de lo contenido en ellos, que lo que exalan basta a engendrar contagio en la ciudad porque están en la mayor comunicación de ella».

De esta breve descripción se infiere que dentro del recinto hospitalario, junto a los grandes pabellones arquitectónicos del sector occidental o en puntos concretos de las mismas crujías, existían hasta seis pozos de vertido de fecales, tres situados en el bloque que formaba la línea de fachada a la calle de Santa Engracia y otros tres en la línea del bloque oriental del palacio de las enfermerías. Posiblemente los primeros debían corresponder con puntos junto a los patios principal (quadras occidentales de hombres), occidental (quadras occidentales de mujeres) y de los aljibes (hermanos locos), y los segundos a los puntos localizados de la casa de comedias, las grandes letrinas del bloque (enfermerías orientales de hombres y mujeres), junto al patio oriental o del conejar, y los pabellones de tiñosos y hermanas simples. A pesar del saneamiento de los pozos, las continuas operaciones realizadas a lo largo de los años, que llevaban aparejadas nuevas aperturas de pozos, estaban «minando» el subsuelo junto a las cimentaciones de los edificios mayores, con las consiguientes lesiones constructivas, lo que hacía necesario un cambio de sistema, evitando seguir horadando el subsuelo.

«Este año de 1647 –prosigue el memorial– mandaron los ilustres señores regidores reconocer los fundamentos de la Casa y hallaron que por cauda de dichos pozos está en conocido peligro de una gran ruina, para cuya reedificación no serían bastantes las rentas y limosnas del Hospital, y los reparos son fáciles, cegando los pozos, sobre los cuales están fabricados la mayor parte de los edificios, lo cual visto... propusieron hacer nuevos reductos fuera de la habitación, junto a la abundante acequia de la Romareda que riega las huertas del Santo Hospital, para que con aquella agua limpiar los excrementos que estarán en dichos reductos, sacándolos por debajo de tierra por un albañal que para eso se ha de hacer, y pasará por unos callejones que nadie habita, porque su vecindad es de cementerios y huertas, y entrará por la del muy ilustre señor don Pedro Pablo Zapata Fernández de Heredia y Urrea, gobernador de Aragón, que pío y devoto, y bienhechor de los pobres, permite pase por ella, y de allí, dando su consentimiento los padres gerónimos, como se fía de su piedad y hermandad que tienen con el Hospital, pasará por la parte baja de la huerta del Real Convento de Santa Engracia, tan apartado de él como lo está el Hospital o poco menos, y de allí desaguará en el río Huerva, donde las aguas de aquél arrebatarán las del albañal».

En comparación con aquel nuevo sistema, que resolvía el saneamiento general del Hospital a través de una cloaca de nueva construcción que desembocaba en el cauce del Huerva atravesando en primer lugar callejones inhabitados existentes entre huertos y cementerios y después parcelas particulares propiedad del conde de Aranda o los Jerónimos, el funcionamiento que se venía utilizando desde siempre era completamente incómodo e insalubre. La situación de entonces «supone también como fundamento sabido... que para limpiar dichas oficinas se ha sacado siempre lo inmundo de ellas, y puesto en aquella santa calle de Santa Engracia, y por tiempo de dos meses se difunde el mal olor por la ciudad, y de allí la llevan en carretones al río Huerva envuelta en paja o estiércol podrido, inficionando el convento de San Francisco, el de las religiosas de Santa Clara de Jerusalén, la iglesia de las capuchinas, y la de las madres descalzas carmelitas de San José, y la del Real Convento de Santa Engracia; y muy cerquita de él y a un tiro de piedra o menos de dichas iglesias, orilla del río Huerva, dejan aquella inmunda materia en el lugar más frecuentado de la ciudad... al lado de un Vía Crucis y de un apacible camino por donde los ciudadanos salen a gozar del Sol... hasta que la avenida del río la lleva, azotando con ella las paredes y murallas del Real Convento de Santa Engracia, del cementerio de San Miguel de los Navarros y de todos los demás que baña aquella corriente hasta el caudaloso Ebro...»

El relato nos descubre que los restos debían salir del Hospital por el callizo meridional que separaba el establecimiento de las tapias de Jerusalén y eran transportados en carretadas a través de la calle del Hospital hasta la puerta de Santa Engracia, sacados fuera de los muros, y arrojados al cauce del Huerva en un punto de la ribera junto al paseo arbolado que allí había y que servía de asueto a los ciudadanos.

«Caréense los modos de hacer la limpia –concluye el escrito– y júzguese después cuál es más conveniente. Hoy se hace en dos meses, sacando a dicha calle la inmundicia y por ella se lleva en carretones. En lo venidero se limpiará en dos horas por debajo de tierra y con agua. Hoy se pone sólida e inmunda, cerca de un puesto devoto y frecuentado, donde queda represada. En lo venidero saldrá con agua corriente y sin hacer mansion y en un puesto retirado...»

7.1.3. La segunda mitad del siglo XVII

El ecuador del seiscientos viene marcado por la epidemia de peste de 1652. Según Maiso, una vez detectada la enfermedad el concejo[387] trató de que se habilitaran quadras específicas en el Hospital de Gracia, separándose unos enfermos de otros, siguiendo el sistema ideado por Porcell cuando éste se hizo cargo de la atención médica durante la peste de 1564, a lo cual se opuso firmemente el regidor Diego Antonio Francés de Urrigoiti, por lo que fueron habilitados recintos situados en las afueras de la ciudad, primero en el convento de Trinitarios y después también en el de Capuchinos. En todo caso, dado que en su mayoría los enfermos eran diagnosticados en el recinto de Gracia, la epidemia terminó por extenderse dentro del Hospital. En efecto, según se tratara –señala Maiso– eran enviados al hospital de capuchinos, los apestados, o se quedaban en Gracia, el resto. Los primeros, «muy numerosos en un principio, no debieron trasladarse a los capuchinos con suficiente prontitud, y la epidemia comenzó a cebarse en los enfermos del Hospital de Gracia. Su regidor había intentado evitar que el reconocimiento tuviera lugar en el juego de huete (sic), y ahora que se había inficcionado todo ponía más empeño en conseguir que los enfermos se reconociesen fuera de la ciudad; los jurados le recordaron las grandes deudas que el Hospital tenía con la ciudad y dejaron caer algunas amenazas, con lo que después de mucho tira y afloja el regidor tuvo que ceder. El contagio del Hospital debió ser importante, alcanzando sobre todo a la sección de mujeres; y todos los enfermos hubieran acabado contagiados si no se hubieran purificado los puestos, quemado la ropa y separado a los enfermos de peste». De todos estos datos se infiere que los enfermos eran previamente reconocidos en el «juego de suerte», una dependencia anexa al Hospital de la que éste obtenía algunos ingresos y que pervivirá posteriormente, citándose en el setecientos como un

---

387 Fecha de 28 de junio de 1652. Cfr.: Maiso González (1982) pp. 89-90.

espacio que albergaba actividades como el juego de trucos y trinquete[388]. Dado que la misma no aparece en la descripción de Murillo, puede deducirse que fue habilitada entre 1615 y 1652, instalándose en la llamada casa del Coso, que debió ser reformada o reconstruida.

La experiencia resultante de las condiciones del establecimiento en aquel suceso, cuando el número de enfermos y necesitados desbordaba la capacidad de las instalaciones, hizo que fueran tomando forma nuevos proyectos de entidades de asistencia social y otras fórmulas de colaboración, todo lo cual iría concretándose en el último tercio del siglo XVII: por una parte, la ayuda de los padres agonizantes contribuyó a la atención de los enfermos terminales; por otra, la creación de sendas fundaciones sirvió, gracias a sus actividades, para ir desahogando las enfermerías de Nuestra Señora de Gracia.

Al año siguiente de la epidemia de 1652, el regidor Francés de Urrigoiti y su hermano Miguel Antonio, a la sazón archidiácono de Zaragoza, viendo la eficaz labor de los religiosos camilos en el hospital de Madrid, solicitaron de la Orden de los Ministros de los Enfermos la fundación de una casa en Zaragoza para que sus clérigos colaborasen en el Hospital de Gracia. A tal fin se hospedaron en la sede episcopal, residencia de aquéllos, los padres Falcone y Zoagli –viceprovincial y prefecto, respectivamente– quienes, viendo las circunstancias, acogieron positivamente la iniciativa. Poco después, en 1657, acordarían con los Francés la fundación. Según Antonelli *et al.*, éstos dotarían a los padres agonizantes «de una casa y de una iglesia (que antes había sido habitada por los carmelitas descalzos) sobre la que los camilos podrían ejercitar el derecho de patronato, y les concedían una cantidad anual de cuarenta escudos de plata y otros privilegios. Los camilos, a su vez, se comprometían a dotar a la casa de al menos doce religiosos, a realizar su trabajo en el Hospital General dedicado a la Virgen de la Gracia y a responder a toda petición y orden impartida por los superiores (mayordomo, jefe de enfermeros u otro oficial)»[389]. La dificultad en alcanzar el número de ministros hizo que el proyecto se retrasara hasta septiembre de 1660, cuando llegaron a Zaragoza cinco sacerdotes, dos hermanos y cuatro novicios, instalándose en lo que luego se denominaría convento de San Valero, cuyo edificio formaba ángulo entre el Coso y la calle de la Morería –vía por la que tenía acceso la iglesia–, haciendo frente a la placeta de la Mantería y adosándose al arco de San Roque[390]. Muy austeras debieron ser aquellas instalaciones, pues en 1680, en una visita realizada por el padre general, refería que «la única nota dolorosa era la pobreza de la casa, que hacía difícil la supervivencia de los padres, los cuales, a pesar de las dificultades, realizaban regularmente su servicio de asistencia a los enfermos en el Hospital»[391]. En todo caso la prestación de sus servicios y el entendimiento con los responsables del establecimiento fue una realidad como se puso de manifiesto en 1742 cuando tuvo lugar la celebración de la beatificación de Camilo de Lellis –fundador de la Orden–, en cuya descripción figura que «la comunidad de señores eclesiásticos del Hospital General de Nuestra Señora de Gracia, en número de venticuatro –que está hermanada con la Comunidad y por especial concesión y carta de participación goza de todos los privilegios de la Religión–, incorporados éstos con los religiosos, formaron una comunidad muy crecida, y todos, con capas blancas de coro, formaron su procesión con todo el número de convidados...»[392]

La primera de las fundaciones que coadyuvaron a aliviar la sobrecarga de Gracia fue la llamada Casa de la Misericordia[393], donde se atendía a las personas que vagaban por las

---

388 En 1678 las Cortes aprobarían la concesión en exclusiva al Hospital de esta actividad lúdica, de modo que sólo él dispusiera juegos de pelota y mesas de truco públicas, así como billar, para sacar provecho de los ingresos, privilegio que será mantenido por la monarquía en el setecientos hasta los Sitios. Según Fernández Doctor (1987, pág.155) en 1729 la renta de la explotación ascendía a 222 escudos y 10 sueldos y en los años entre 1756 y 1766 a 400 libras anuales.

389 Antonelli, Renzi y Pizzorusso (2015) pp. 37-38.

390 Fernández Doctor (1987, pág.103) informa que, inicialmente, en 1655, debió ser propuesta como sede conventual las casas contiguas de juegos sitas en el Coso. Sin embargo, los padres agonizantes estuvieron en aquella sede de Morería-Coso hasta la supresión de la Orden e incautación de sus bienes con motivo de la desamortización de 1835.

391 Antonelli, Renzi y Pizzorusso (2015) pág. 55.

392 *Relación del solemne aparato...* (1742) pág. 7.

393 Durante la primera fase de su existencia, la que medió entre la fundación en 1669 y la puesta bajo patronazgo real en 1721, el nombre oficial de la insti-

calles de Zaragoza, una iniciativa que había sido lanzada por el Padre de Huérfanos Ignacio Garcés, quien tras su nombramiento en 1666 había dirigido un bando proponiendo la construcción de un edificio en el que pudieran ser alojadas y atendidas. Acogido el proyecto favorablemente, el concejo se puso a disposición de la iniciativa, comenzándose las obras en los terrenos del Campo del Toro en julio de 1668. De este modo, en poco más de un año las instalaciones pioneras pudieron entrar en funcionamiento, redactándose sus Constituciones en 1683.

Pero el proyecto principal vino de la mano de Diego Castrillo, arzobispo de Zaragoza entre 1677 y 1686, quien, en palabras de Gascón de Gotor, además de poner la primera piedra del grandioso templo del Pilar, para el que entregaría cuantiosas sumas, «prodigó socorros a los pobres y enfermos del Hospital de Nuestra Señora de Gracia y fundó otro bajo la advocación de la Virgen de la Piedad para convalecientes»[394]. Efectivamente, Castrillo, viendo las circunstancias de tantos necesitados, tomaría la iniciativa de edificar un nuevo establecimiento, constando tal fundación ante el notario Sánchez del Castellar el 7 de diciembre de 1683. En ella consideraba «ser sumo el desaliento, debilidad y riesgo de los pobres convalecientes que han estado, están y estarán enfermos en el Santo Hospital Real y General de Nuestra Señora de Gracia de la presente ciudad; porque hallándose sin fuerzas y poco restituidos a su salud son sacados de dicho Santo Hospital por causa de no ser bastantes sus rentas y limosnas, para poder consolar y fortalecer, deteniéndolos todo el tiempo que es necesario para recobrar el perdido vigor y fuerzas, de que se origina el quedar algunos muertos por las calles, caminos y otras partes, o en volver a recaer o enfermar, con mayor dispendio y gasto de dicho Santo Hospital de Nuestra Señora de Gracia»[395].

Hospital de Nuestra Señora de la Piedad de pobres convalecientes. Fachada. Fot. Coyne.

Como señaló Ansón, el prelado, para construir y dotar el nuevo establecimiento, donó la suma de 42.642 libras jaquesas, elevada cifra a la que añadiría seguidamente otras 40.000, además de dejarlo como heredero universal. En cuanto al «gobierno y execución del Hospital de Nuestra Señora de la Piedad de Pobres Convalecientes», lo confiaría a Segismundo Monter, Regente del Supremo y luego Justicia de Aragón, a quien se deben sus primeras ordinaciones. Aunque en 1686, poco antes de su muerte, Castrillo dejaba constancia en un documento de que la fábrica ya había comenzado y contratado el suministro de la cantería con Marcos de Asiendegui, las obras se irían retrasando y no se terminarían hasta 1692.

La fachada del edificio original venía presidida por el cuerpo central, el correspondiente a la iglesia, cuya portada recordaba algunos elementos de la de Nuestra Señora de Gracia. El piso inferior repetía el arco central de acceso flanqueado por pilastras, en Convalecientes dos a cada lado. De modo parejo, en el superior eran también sendas pilastras las que flanqueaban el nicho donde se ubicaba la figura de la Virgen de la Piedad. El frontón partido del remate, que en Gracia daba apoyo al escudo con las armas del Hospital, en Convalecientes alojaba al ventanal del coro alto. Aquí las armas de Castrillo se encastran en el liso entablamento intermedio que existe

tución fue el de Hospital de Nuestra Señora de Misericordia. En 1764 sería nombrado miembro de la Sitiada Ramón Pignatelli y Moncayo, ilustre regidor a quien se debió la mayor transformación física y funcional de la institución en toda su historia. Cfr.: Martínez Verón, Navarro y Gay (2008) pp. 23-29.

394 Gascón de Gotor (1890) T.2, pp. 65-66.

395 Cfr.: Ansón Navarro (2007) pág. 320.

Hospital de Nuestra Señora de la Piedad de pobres convalecientes. Interior de la capilla. Fot. Coyne.

entre ambos pisos. Con toda seguridad la composición arquitectónica vino establecida por una analogía entre las portadas de las iglesias de ambos hospitales zaragozanos.

Sin duda, Misericordia y Convalecientes fueron entidades que colaboraron a que el Hospital de Nuestra Señora de Gracia pudiese reajustar sus enfermerías y seguir funcionando dentro de sus instalaciones sin grandes novedades, pues no se tienen noticias en este tiempo de nuevas ampliaciones. Por el contrario, los datos de este período se refieren a otras áreas del establecimiento como la iglesia y la casa de comedias.

De la primera se tiene constancia de la reforma de una capilla como consecuencia de la ejecución testamentaria de Juan Antonio Liñán, caballero del hábito de Santiago, caballerizo del rey y regidor perpetuo del Hospital, quien dispuso, el 15 de septiembre de 1688, que 2.000 libras jaquesas de sus bienes se destinaran para fabricar una capilla dedicada a Nuestra Señora de Gracia en el lugar de la iglesia que ocupaba la de Santa Ana. Tal intervención fue llevada a efecto y concluida en abril de 1691, estando documentado el cobro de 187 libras jaquesas por el mencionado Marcos de Asiendegui, cantero encargado de suministrar la piedra, así como las 346 libras y dos sueldos jaqueses recibidos por el maestro albañil Juan de Elizalde, autor de la obra de la capilla con su cisterna para enterramientos[396]. Según Almería *et al.*, en la decoración de la capilla participaron posteriormente el ensamblador y escultor Antonio de Mesa, que recibiría 475 libras por la elaboración del retablo, el pintor Bartolomé Vicente, que recibiría 250 libras por la pintura del mismo, el dorador Felipe Ortiz, y el buidador Juan Pertusa, quien cobraría 209 libras por el rejado[397].

En cuanto a la casa de las comedias, se tiene constancia de sendas actuaciones con un intervalo de treinta y cinco años. La primera fue consecuencia de la reapertura de aquélla tras varios años de escasa o nula actividad, a causa de la guerra con Cataluña y de las epidemias de peste en los años centrales de la centuria, extendidas por dicho conflicto[398]. En efecto, tras casi una década sin apenas representaciones[399], en octubre de 1653, el concejo dio los permisos para la reanudación de las comedias. La situación del inmueble y

396 Marcos de Asiendegui y Juan de Elizalde cobraron, respectivamente, el 14 y el 17 de abril de 1691, las sumas referidas de los ejecutores testamentarios de Liñán. Cfr.: Almería *et al.* (1983) pp. 101-102.

397 Almería *et al.* (1983) pp. 258, 302 y 352 respectivamente.

398 Alfaro Pérez y Marichalar Vigier (2020) pp. 23-34.

399 Salvo sendas incidencias con comediantes en 1645 y 1649, sólo consta la licencia concedida al Hospital para una representación el 28 de diciembre de 1650. En aquella ocasión los regidores la habían solicitado excepcionalmente por «estar suspendidas a causa de la guerra», habiendo «concertado representantes y traído aquéllos por su cuenta y gasto suyo a esta ciudad». Por parte de los jurados, a pesar de que el Virrey deseaba mantener la susepensión «hasta dar razón a S.M... fue deliberado que sin otras ni más diligencias el día siguiente, que era el 29 de dichos, se representasen comedias por la compañía que habia traído el Santo Hospital». Cfr.: AMZ (1737).

las necesidades funcionales hicieron que sólo cuatro años después se abordara una importante reforma para mejorar, principalmente, las condiciones de los dos pisos reservados a las mujeres, elevando las cubiertas del edificio. Si bien no se trató de una intervención sustancial en el inmueble, sin embargo el contrato de tales obras resulta muy interesante pues contiene ciertos detalles que sirven para confirmar cómo era la arquitectura del teatro original.

Así, el 24 de mayo de 1657, Miguel Antonio Francés de Urritigoiti, arcediano de Zaragoza, Miguel de Urriés y Navarro, prior de Santa Cristina, dignidades en la Santa Iglesia Metropolitana de la Seo, y Martín de Pomar y Cerdán, Sr. de Salillas, regidores del Hospital, firmaban capitulaciones[400], ante el notario Juan Francisco Ibáñez de Aoyz, con el maestro albañil José Felipe Busiñac y Borbón y el carpintero José Pérez de Jaime, para realizar las obras, por las cuales cobrarían un importe de 700 libras jaquesas y que debían estar finalizadas en el mes de septiembre, un plazo realmente ajustado. Siguiendo las cláusulas del contrato, la obra debía comenzar por el desmontaje de los tejados, retirando las tejas, la madera y las tijeras, es decir, las cerchas que conformaban la estructura de la cubierta. Todo el material se almacenaría cuidadosamente para ser aprovechado en la obra que debía volverse a hacer.

Una vez desmontada la cubierta, debía recrecerse la pared existente, que era «de tapia y pilares», mediante fábrica de medio ladrillo, de ocho palmos de alto, «con los pilares en la conformidad que hoy los hay, según el mismo grueso de ellos, dejando las ventanas que más conviniere para la vista y aires, con sus sobreportales, corriendo en alteza de ocho palmos inclusas las soleras para enmaderar los tejados». Esta cláusula nos informa que la caja estructural del edificio original era de tapia reforzada con pilares de ladrillo. En el recrecido iba a utilizarse únicamente la fábrica de ladrillo, prolongando los pilares existentes y trabándolos con la hoja de ladrillo que suplementaba la tapia en los ocho palmos de altura. A lo anterior se añade que si los regidores lo consideraban conveniente, estaba estipulado que «por la parte exterior que cae al Coso se corra su rafe de ladrillo con la correspondencia que corre la quadra de Tiermas». Es decir, la pared, que formaba la fachada del edificio hacia el Coso, debía rematarse con un alero que quedara alineado con el de la colindante casa del mesón, en cuyo nivel superior se había habilitado la llamada quadra de Tiermas. Se justificaba «dicha forma para adorno de la fachada de la pared». De esta indicación, unida a la formación de ventanas, parece desprenderse que el objeto de la reforma consistía en dotar de mayor espacio en altura al menos en la crujía del Coso, es decir, en la cazuela, sin duda un angosto lugar que tras las obras adquiriría el desahogo necesario para la comodidad de las localidades, convirtiéndose en uno similar al de los pisos inferiores y dotado de los ventanales que conviniera, es decir, los que hicieran correspondencia con los demás del alzado. Por ello se deja la posibilidad de que, además, se rematara la fachada con un rafe que hiciera continuidad con el colindante, un detalle que señala la opción de que ambas fachadas quedaran ensambladas.

Pero más allá de la crujía del Coso, la siguiente cláusula extiende la actuación de las cubiertas a las dos laterales en el ámbito de los graderíos y palcos. En efecto, se estipula que «así mismo han de levantar los diez pilares del cuerpo de las dichas Casas de la Comedia, asentando los tirantes y tijeras a la alteza que se sigue con sus dados de madera para que trabajen los pilares, y lavándolos lo que se hiciere de levantamiento, muy bien rematados con el propio hierro que se gastare». Aquí se confirma que la estructura interna del patio o espacio central del teatro de Zaragoza se basaba en diez grandes pilares de fábrica, necesarios para apoyar las cerchas de la cubierta, hecho diferencial con las habituales estructuras de los corrales descubiertos, resueltos con pilares de madera dado que sólo respondían a la carga de las crujías perimetrales. La ampliación sería realizada de fábrica de ladrillo enlucida de yeso, ganando en altura lo correspondiente para volver a instalar las cerchas de madera.

Prosiguen las capitulaciones con las indicaciones relativas al retejado, señalando que «han de volver a enmaderar con las maderas y tablas que hoy hay, menos el que saliere roto o

400 Archivo Notarial de Zaragoza: Juan Francisco Ybáñez de Aoyz, notario, 25 mayo 1657, ff. 692v-698v. Se reproduce íntegramente en Apéndice III.

no fuere de provecho, entejándolos a cerro lleno, corriendo sus cerros y levantando las trompas en la misma forma que hoy están, echando las aguas que le caben a la canal al Coso por importar más al beneficio de la casa haciendo canal para las dichas aguas».

La obra se completaba mejorando los solados de los dos pisos utilizados por las mujeres, el general de palcos y gradas y el gallinero. En el primero, además, debían recrecerse los tabiques de las camarillas hasta la altura donde se había elevado la cubierta, enluciéndolos a ambas caras. Este dato confirma que la actuación se extendía a las tres crujías que rodeaban el espacio central y que la angostura del espacio no sólo afectaba al gallinero sino también a la planta general de mujeres. «En los dos suelos altos y bajos que hoy gozan las mujeres hayan de echar y echen sobresuelos en esta forma: que primero se enrasen y nivelen con cascos de tejas y yeso, y después han de correr el sobresuelo de yeso, rematándolo bien, levantando los tabiques de algunas camarillas que hay hoy, tabicadas a la alteza que se levanta el tejado, lavándolos por las dos partes y pulirlos». Este acabado de enlucido de yeso debía extenderse al recrecido y a la repisa que formaba éste en el arranque del muro de tapia: «Toda la obra que se levantare han de dejar las paredes igualmente y lavarlas puliéndolas, dejando el talud o relieve que hace la tapia por lo interior enladrillado o con su suelo de yeso».

Además se indica la nueva forma de acceso al piso superior, sustituyendo la estrecha escalera angular que subía a la bajocubierta por la prolongación de la escalera general de la cazuela, viable tras la elevación del tejado: «La escalera que se hace para subir al gallinero la han de hacer siguiéndola en la misma conformidad, dejándola muy bien rematada». Así mismo se añade la necesidad de realizar los aleros para remate de las paredes recrecidas: «corriendo su rafe encima de las paredes que hoy hay nuevas». Los trabajos finalizan con la reparación de los daños que la obra pudiera causar en el resto de los tejados: «han de volver a aderezar y retejar los tejados que se maltratasen por ocasión de la obra».

Las capitulaciones de la obra incorporaban las cláusulas generales siguientes. Los trabajos debían ser ejecutados por los propios contratistas «Phelipe Bosiñaque y Borbón y Ju-

sepe Pérez, trabajando todos los días», siendo de su cuenta «todos los oficiales y peones que en ella trabajaren». Por su parte los regidores del Hospital se comprometían a pagar «setecientas libras jaquesas por su trabajo: manos, oficiales y peones que en ella entraren y trabajaren y a más de dicha cantidad ha de correr por cuenta de dichos regidores el darles todo el ladrillo, teja, algez, madera, y demás materiales que fuesen menester para hacer dicha obra». En cuanto a los plazos, estaba «pactado que los dichos Phelipe Bosiñaque y Borbón y Jusepe Pérez han de hacer y dar acabada y rematada toda la dicha obra y la del teatro alto y bajo, y poner todos los bancos necesarios en el corral común de mujeres, gradas de hombres y todo lo demás que fuese necesario, y vista y reconocida a satisfacción de dichos regidores por todo el mes de setiembre del presente año mil seiscientos cincuenta y siete». Como era habitual, fue efectuado un primer pago al comienzo de las obras, el 20 de julio, abonándoles 250 libras jaquesas. Tras la apertura del teatro en diciembre de aquel año de 1657, se liquidaría la cuenta pendiente pagándoles 725 libras el 19 de febrero siguiente[401].

En resumen, de los detalles contractuales se infiere que el objeto de la obra consistía en la sobreelevación de muros y pilares de las tres crujías de espectadores que rodeaban el espacio central de la casa de las comedias, debiéndose para ello desmontar los tejados y sus estructuras de cerchas de madera, y volver a instalarlas nuevamente y reconstruir aquéllos, todo ello de modo que los nuevos aleros quedaban enrasados con el del bloque colindante, el correspondiente al mesón del Hospital, en cuyo piso superior se había dispuesto la pequeña quadra de Nuestra Señora de Gracia o quadra de Tiermas. Este recrecido se debía, sin duda, a la intención de mejorar el espacio del piso general de mujeres y el gallinero, locales de indudable angostura original cuando fueron construidos entre 1590 y 1598. En esta operación se preveía que la mayor parte de los materiales y elementos constructivos fueran recuperados. Sin duda, por ello, corría

401 Apocas inscritas en los ff.1.017-1.018 y 1.769-1.769v. Notario Juan Francisco Ibáñes de Aoyz, 1657. Atchivo Notarial de Zaragoza. Cfr.: González Hernández (1986) pp. 20-21.

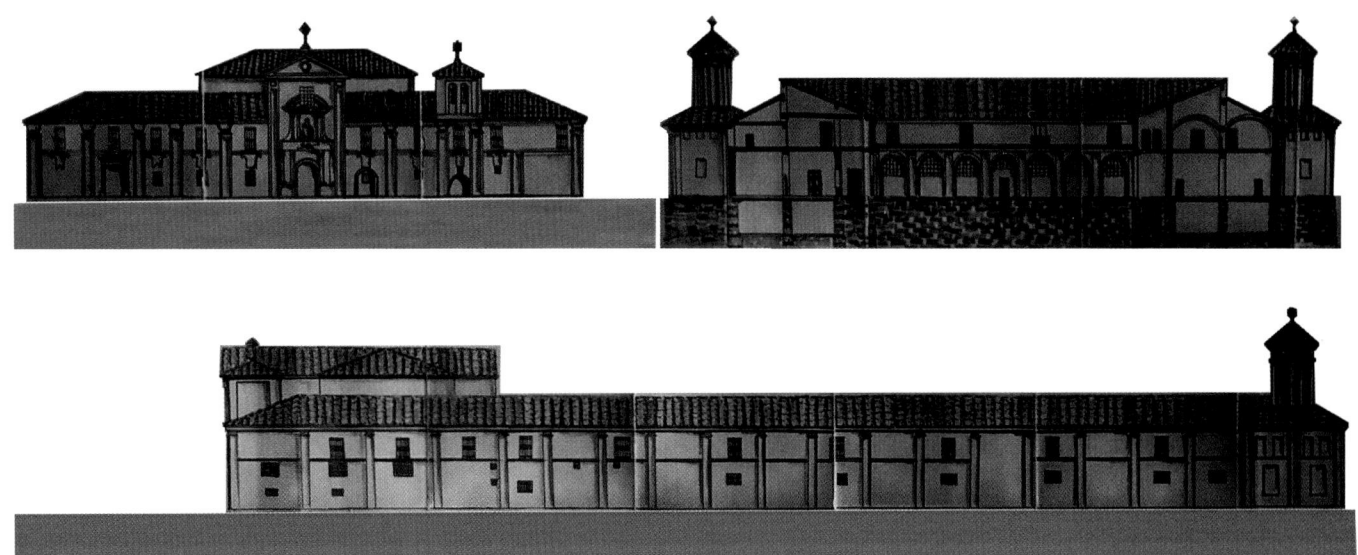

Hospital de Nuestra Señora de la Piedad de pobres convalecientes. Alzado principal, sección transversal por el claustro y alzado lateral (a partir del mural de azulejos del Hospital).

a cuenta del Hospital la aportación de lo que fuera necesario aportar de nuevo. Sin embargo el estado real de los elementos no debió resultar tan bueno como se esperaba. Seguramente se debieron ampliar los plazos y la aportación de materiales, constando la existencia de una comanda[402] de 400 libras jaquesas por valor de una cantidad de madera –muy posiblemente relacionada con la obra– que tenían de los regidores a favor del carpintero Miguel Bautista Jalón, junto con Bernardo y Tomás de Ruesta, que seguía pendiente el 9 de diciembre de 1659.

La corta duración de los trabajos, en todo caso, se confirma en el registro de las actuaciones. Si bien existe constancia de representaciones en todas las anualidades a partir de 1653, efectivamente no las hubo en 1657, año de las obras de la reforma, reanudándose nuevamente la tónica desde esa fecha. La reforma también fue aprovechada por el concejo para tratar de cambiar su reserva de aposentos. Así, el 25 de agosto de 1659 decretaban «que los tres aposentillos de los números 10, 11 y 12 sean y queden a disposición de los Sres. Jurados». Al día siguiente los regidores del Hospi-

tal, ante tal determinación, ofrecieron «no tan solamente los tres aposentillos, sino todos los demás, los quales alargarían siempre que los Sres. Jurados los ofreciesen, y en atención a dicha superioridad revocaron el decreto del día 25 sin perjuicio de los diarios de la ciudad»[403].

Al decir literal de los documentos históricos, más importante debió resultar la obra ejecutada en 1692, ya que respondió a una «reedificación de las casas de comedia» para la que la Ciudad, el 2 de julio de dicho año, ordenaba conceder una limosna de 200 libras jaquesas». Considerando que las actuaciones de 1657 se habían centrado en las cubiertas y plantas superiores, posiblemente el edificio, un siglo después de su construcción, debía necesitar una renovación completa. Aunque desconocemos el alcance del proyecto, en los textos figura «haber derribado dichas casas y theatro de comedias y construídose en otra nueva planta y forma de como antes estaba»[404]. Sin embargo, a tenor de los resultados, todo parece indicar que tal renovación no supuso cambios ni en la tipología arquitectónica ni en las caracte-

402 Cfr.: Bruñen, Calvo y Senac (1987) pág. 209.

403 AMZ (1737).

404 AMZ Ibídem. También: Giménez Soler (1927) pp. 6-7.

rísticas constructivas. Tampoco los plazos parecen indicar que el alcance reconstructivo fuera integral, pues las reformas estaban concluidas a finales de aquel año, constando representaciones con la periodicidad habitual a partir del 20 de enero de 1693[405]. En todo caso, el esfuerzo económico para el Hospital debió ser importante, pues si bien habían aumentado los ingresos en aquella época[406] parece que en el año de las obras se empeñó en 3.000 escudos a causa de ellas[407], de modo que no sorprende que el 15 de abril fuese concedida licencia para el aumento de precio de las entradas, medida que se repetiría el 18 de noviembre.

Poco después de la reapertura, el 4 de julio de 1693, los jurados de la ciudad, que contaban con palcos propios desde la edificación original del teatro, solicitaban cambios en algunas de sus nuevas localidades «con motivo de haberse renovado las casas de las comedias, y variándose su planta, y aposentillos». Este dato pone de manifiesto que la reforma sin duda conllevó cierto reajuste en la disposición de gradas y palcos, aumentándose tal vez el aforo. Los jurados, que desde la reforma de 1659 disponían de tres aposentos particulares, ahora, con motivo de la reedificación, volvieron a reservarse para ellos y sus familias otros tres aposentillos de señoras. Así, reunido el concejo el 14 de agosto de 1693, los jurados recuerdan «tener derecho facultativo de poder elegir en las Casas de las Comedias de los aposentillos de señoras de que se componen tres de ellos para sí y sus familias, aquellos que les ha parecido, y en esta conformidad haberlo ejecutado los Sres. Jurados que lo fueron en el año 1659, eligiendo dichos tres aposentillos que fueron los de los números doce, trece y catorce». Esta elección, según Giménez Soler, la recuerda el acta como precedente para un nuevo señalamiento «por cuanto por haberse derribado dichas casas y teatro y construido en otra nueva planta y

forma de como antes estaba, se han mudado también los aposentillos de señoras y por esta causa haber llegado el caso de hacer elección de aposentillos en lugar de dichos tres» eligieron los números cuatro, cinco y seis[408].

Ciertos datos obrantes en un documento posterior[409], concretamente de 1730, nos proporcionan algunas pistas sobre las reformas contenidas en el proyecto. En primer lugar se indica que para acceder al teatro existían tres puertas: la puerta de las gradas, la del patio y la puerta de las mujeres. De la distribución precedente en el edificio del quinientos, se infiere que en la fachada del Coso, entre las antiguas puertas de hombres y de mujeres, se había abierto una nueva, la que debía conducir directamente al patio o platea. La puerta de gradas, por consiguiente, equivalía a la antigua de hombres, solo que servía de acceso únicamente a los graderíos. La de mujeres mantenía su funcionalidad, conduciendo a una escalera que ascendía al piso superior donde se encontraban tanto los aposentos como los graderíos femeninos. En cuanto a la del patio, su presencia indica que la reforma supuso un reajuste de los niveles inferiores en la crujía de fachada, de foma que desde la calle se podía acceder directamente a la platea y por su paso central, evitando los antiguos recorridos de circunvalación y la necesidad de bajar y subir peldaños para entrar frontal o lateralmente al patio principal. Esta modificación mejoraba sustancialmente las circulaciones y la evacuación del teatro, pero exigía el sacrificio de la grada norte de la planta calle. En los locales configurados entre las puertas laterales y la central debieron de quedar unos espacios destinados al público, los cuales posteriormente serían destinados a botillerías, como se verá después.

Algunos detalles corroboran esta organización circulatoria. Por ejemplo, en el documento se señalan quiénes eran los asistentes que estaban exentos de pagar sus entradas, dis-

---

405 AMZ Ibídem.

406 Es posible que en aquellos años tuvieran lugar algunas obras en el establecimiento. Podría tratarse de las relacionadas con algunas comandas documentadas. Así la correspondiente a 1.000 libras jaquesas que había suscrito el albañil Miguel Ximénez en agosto de 1683, o la que tenía el escultor Pedro Franco en julio de 1690 por valor de 500 libras. Cfr.: Almería *et al.* (1983) pp. 102 y 220, respectivamente.

407 Martínez Calvo (1991) pág. 144.

408 Giménez Soler (1927) pp.6-7. De tal señalamiento tuvieron noticia los regidores del Hospital por Gerónimo Joseph Torrero, uno de ellos, que aceptó dicha elección, y ofreció no sólo los tres sino todos los que había en dichas casas, y que los señores jurados gustasen tomar y elegir. Cfr.: AMZ (1737), AMZ sign. 11-3 y González Hernández (1986) pp. 20-24. Sobre el tema ver también Ximénez de Embún (1901) T. 3, pp. 75-77 y Martínez Herranz (1996 y 2003, T. 1).

409 Fernández Doctor (1987) pp.146-147.

poniendo acceso libre a sus localidades. La condición de los mismos venía determinada en función del estatus de dependencia, de manera que se describen antes y después de la entrada en vigor del decreto de nueva planta para el reino de Aragón, de 1707. Así, si antes por la puerta de las gradas tenían libre acceso hasta seis de los alguaciles del virrey y gobernador, después lo tendría la familia «de escalera arriba» de los señores comandante e intendente. En la puerta del patio sucedía algo parecido: si antes podían entrar sin pagar los lacayos de los jurados y los ministros de la ciudad y el zalmedina –para quienes estaba reservado un banco de la platea–, después estuvieron exentos todos los criados de los regidores de la ciudad, tanto de librea como de «escalera arriba», así como los de librea de los señores comandante e intendente, sargento mayor y ayudantes de la plaza. En cuanto a las mujeres, todo parece indicar que antiguamente ninguna podía entrar sin costearse la entrada, excepto que se tratase de la mujer de algún miembro de la compañía, una cuestión que debió cambiar en el setecientos, tiempo en que pudieron entrar las pertenecientes a las casas del comandante e intendente, siempre que llevaran consigo la correspondiente autorización firmada por los mayordomos.

Según figura en el documento, el teatro disponía de un total de 23 aposentos con inclusión de dos faltriqueras. Si a este número se le añade el aposento independiente de la Sitiada totalizan 26 palcos, el mismo número que existía antes de la reforma. En otro lugar se señala que los aposentos de caballeros eran quince y cuatro faltriqueras. Descontando éstas y el mencionado palco de los regidores del Hospital, restan diez aposentos, los mismos que se disponían en los dos pisos de la crujía oriental en el edificio original. Todo ello quiere decir que aunque en las obras de 1692 se produjeron cambios en las distribuciones, éstos no fueron especialmente significativos. Este extremo se comprueba en las descripciones realizadas respecto de los seis palcos reservados a las autoridades, que estaban incluidos en los de los caballeros.

Si recordamos la disposición de las camarillas descritas en la Visita de 1600, en la crujía del primer piso existían seis palcos, uno de los cuales estaba reservado para el Justicia de Aragón y sus lugartenientes y otro para los consejeros de la Real Audiencia. En el nivel superior se disponían cuatro palcos, uno de los cuales estaba reservado a los diputados del reino y el otro, que era el aposento presidencial, a los jurados de Zaragoza. El resto de los palcos se alquilaban a beneficio del Hospital. Pues bien, en 1730, tras haber tenido lugar la reedificación, la disposición espacial era exactamente la misma. Según se dice, a la izquierda estaba el palco que siempre había ocupado la Sitiada –en la crujía occidental–. El aposento de la derecha –el de presidencia–, que antes estaba reservado al virrey, entonces quedaba a disposición del intendente. El palco anexo, situado a la izquierda del anterior –en el mismo nivel superior–, que antes lo ocupaban los diputados del reino –y cuando se trataba de comedias repetidas su familia–, ahora quedaba libre, al no ocuparse por el intendente –por tener la presidencia en el de la ciudad como corregidor–, por lo que se dejaba a favor de una obra pía. En el nivel inferior, a su vez, debajo de los palcos reservados a la ciudad y al reino, había dos aposentos, en los cuales antes tenían su reserva, respectivamente, la Audiencia y la Corte de Justicia –concurriendo en uno el regente y jueces que la componían y en el otro el Justicia de Aragón con sus tenientes–, mientras después se mantendría en el primero la reserva de la Audiencia, quedando el otro a disposición del regente. También se establecía que en las comedias repetidas, éstos palcos pudiesen ser ocupados por las familias. Por último se indica que detrás de las sillas instaladas en todos estos aposentos existían unos bancos a disposición de los dependientes y criados[410].

Estas precisiones son definitivas para concluir que la reconstrucción apenas modificó la composición del edificio precedente, manteniéndose la fórmula de las plantas y los núcleos de comunicación vertical. Sin duda debió mantenerse el acceso lateral o puerta de los caballeros, sita en la calle de la puerta falsa del Hospital. El cambio más importante debió consistir en disponer un nuevo acceso central en la fachada del Coso que daba entrada directa a la platea. Aunque pudo cambiar la altimetría, posiblemente fue conservada la disposición general de tres niveles principales y, tal

410 Fernández Doctor (1987) pp. 146-147.

vez también, la cazuela o grada alta. Por otra parte, parece razonable que de forma complementaria se mejorasen las estructuras, cubiertas, fachadas, divisiones y paramentos, así como todo lo referente al espacio escénico, pero de todo ello no se dispone ninguna información. Finalmente, también resulta probable que, puesto que ya en la reforma de 1657 se había tratado de unificar el rafe del edifico del teatro con el del colindante mesón del Hospital, en la reconstrucción de 1692 debieron quedar unificadas las composiciones de los huecos de ambas fachadas, de modo que diera la impresión de constituir un único bloque arquitectónico. Este extremo se corrobora en una información posterior –que se describirá más adelante– relativa a una intervención decorativa clasicista de dicha fachada unificada, la cual a la postre sería conservada, tras postreras reformas, hasta el incendio y destrucción definitiva de la casa de comedias, en 1778.

7.2. El Hospital en el siglo XVIII

Tras la apertura en el seiscientos de la Casa de Misericordia y, en especial, del Hospital de Convalecientes, el de Nuestra Señora de Gracia pudo ir reajustando sus espacios de enfermerías y adaptarse a la evolución de la asistencia social y sanitaria. En todo caso, al cumplirse el primer cuarto del siglo XVIII, cuando el establecimiento contaba con trescientos años desde su fundación, mantenía una organización espacial muy similar a la de los tiempos de la descripción de Murillo. Sin embargo, a lo largo del Siglo de las Luces cambiarían las circunstancias de la empresa y con ellas algunas características de sus edificaciones. La guerra de Sucesión trajo consigo que por vez primera fueran atendidos los soldados en el Hospital. Pero fue tras el período en que llegó a funcionar un primer hospital militar de Zaragoza, instalado en Convalecientes entre 1718 y 1742, cuando comenzó un tiempo en el que Nuestra Señora de Gracia suscribió convenios con el Ejército para seguir prestando servicio de sanidad militar, una actividad que condujo a cierta reorganización espacial. A todo ello debe añadirse que el desarrollo de la medicina fue introduciendo nuevas técnicas y nuevas necesidades hospitalarias. En esta centuria tuvo lugar un potente desarrollo de la atención y terapia de los enfermos mentales, lo que requirió la mejora de sus instalaciones. Puede decirse que a lo largo del setecientos la actividad del Hospital fue haciéndose más compleja, exigiendo constantes mejoras y ampliaciones. Uno de los efectos de las nuevas exigencias sanitarias fue la necesidad de contar con un gran cementerio extramuros, una iniciativa a la que contribuyó el hecho de haberse agotado, en la práctica, la capacidad del interno. El Hospital, en fin, fue convirtiéndose en un enorme sistema de organización de actividades cada vez más especializadas. Con todo, las grandes piezas arquitectónicas se conservaron, multiplicándose las construcciones complementarias hasta extenderse por todo el recinto.

7.2.1. La Visita de 1728

Para conocer la situación del Hospital en el primer tercio del siglo XVIII, un primer testimonio lo constituye el *Vecindario de Zaragoza hecho por el Sr. Yntendente don Juan Antonio Diaz de Arce en el año de 1723*, documento indispensable para el conocimiento del estado de la ciudad en aquel tiempo[411]. Elaborado entre el 10 de septiembre y el 5 de noviembre, en él se recogen la totalidad de las plazas, calles y callejas, registrándose y numerándose casas, iglesias, hospitales, hospicios y conventos, anotándose los propietarios y ocupantes. En la calle del Coso y en el sector perteneciente a la parroquia de San Miguel, constan las fincas siguientes: Mesón del Santo Hospital (2998) y en él Ygnacio Romeo, su mesonero y maestro zapatero de nuevo, casado, dos hijos, dos hijas y criada; Cassa del Hospital (2999) y en ella se representan las comedias –se entiende referido el teatro propiamente dicho–; Cassa de dicho Ospital (3000) y en ella Esteban Olibán, tendero, anciano y poca botiga, casado –posiblemente una de las tiendas, locales o botillerías del teatro–; Cassa de dicho Ospital (3001) y en ella Andrés Palomino, farsante, casado, un hijo, criado y criada –posiblemente una dependencia de la zona posterior de la Casa de las Comedias, donde se encontraba la zona de actores–; Cassa de juego de trinquete y juego de trucos del Santo Hospital (3002) –seguramente en el mismo edificio que antes se denominaba Casa del Hospital al Coso, ubicado en

411 Ver Ballestín y Capalvo (2017) pp. 229-230, 241.

la manzana anexa, por entonces ya exenta, rodeada por la calleja de la Puerta Falsa, el callizo que lo separaba del corral de la leña y la de la Soledad cuya prolongación conducía a los graneros del Hospital–; Cassa de don Luis Orera (3003) y en ella Antonio Liñeira, escrivano real, casado y criada –de posición desconocida–; y Cassa de dicho Ospital (3004) y en ella el doctor Agustín Viziende, médico colexial, casado, un hijo, tres hijas y dos criadas –posiblemente instalado en los aposentos superiores del mismo edificio precedente, o tal vez otra casa edificada en la manzana siguiente, antes de la calle de Zurradores.

Esta relación confirma las propiedades del Hospital en la línea del Coso, constatándose la existencia del espacio de juegos, según el privilegio obtenido por acuerdo de las Cortes de 1678. Posiblemente, la instalación de dicho espacio de juegos de trinquete y trucos, tuviera que ver con la formación de la citada manzana exenta –llamada «isla» en ocasiones– una actividad que aconsejó su separación del resto de los recintos interiores de aquél.

Complementariamente, el vecindario registra las «Yglesias y conventos de dicha parroquia de San Miguel», donde constan los siguientes establecimientos: El Santo Hospital Real y General de Nuestra Señora de Gracia (3490) con su yglesia, y en él trescientos enfermos y enfermas, noventa y nueve hermanos dementes, noventa hermanas dementes, ochenta enfermeros, setenta sirvientes en las oficinas, y veinte y tres sacerdotes; el Convento de religiosas franciscanas de Jerusalén de la Orden de Santa Clara (3491), y en él cuarenta y cinco religiosas, tres confesores, sirviente y dos sirvientas; el Real Convento de religiosas franciscanas de Santa Clara, llamado de Santa Cathalina (3492) y en él cinquenta religiosas, tres confesores, un sirviente y tres sirvientas. Ya fuera del entorno del Hospital figuran la Yglesia parroquial de San Miguel de los Navarros (3493), en la que no hay sirviente alguno, y el Convento de San Joseph de carmelitas descalzos (3494) y en él sesenta religiosos, en sacerdotes y de obediencia.

Los datos referidos al Hospital, por consiguiente, recogen un total de 662 personas, con una cifra de enfermos –excep-

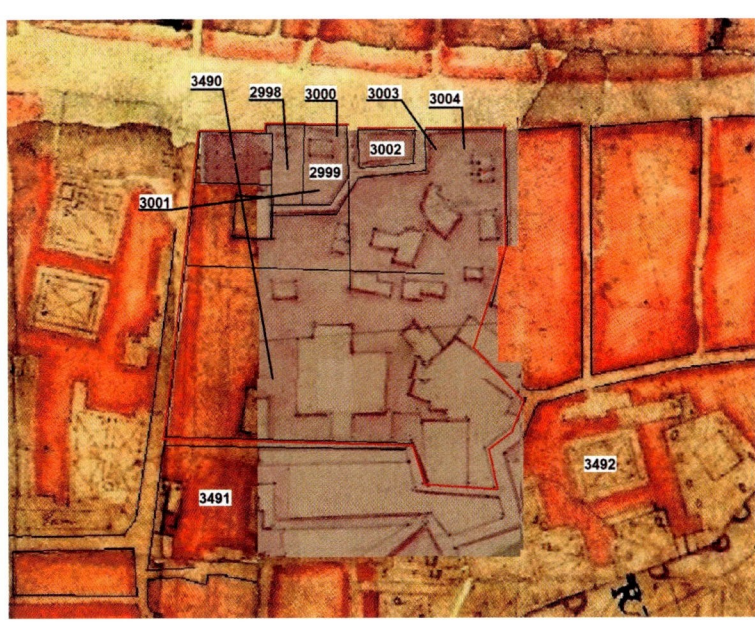

Macla de los planos Ar.F-T.4-C.3-110 (1712) y Z-04-11 (h.1723). Matrículas del vecindario de 1723: Hospital e Yglesia de Nuestra Señora de Gracia (3490); Mesón (2998); Casa de las comedias (2999); Tienda (3000); Casa de actor (3001); Casa de juego de trinquete y juego de trucos (3002); Casa de Luis Orera (3003); Casa del Hospital (3004); Convento de Jerusalén (3491); Convento de Santa Catalina (3492).

tuados los dementes– de 300, un número holgado para las instalaciones del recinto.

La Visita del Hospital de 1728 proporciona una información de excepcional importancia. Se trata de un documento que obra en el Archivo Histórico Nacional (Consejos, 19254, exp. 1) y que permite no sólo conocer el estado del establecimiento en dicha fecha sino realizar un análisis comparativo con los datos de 1600-1609. Si bien no tiene el detalle de este último, el relato de 1728 es un descriptivo que apunta interesantes observaciones. Transcribimos algunos párrafos:

En la ciudad de Zaragoza, a ocho días del mes de enero de mil setecientos veinte y ocho años, el Sr. D. Pasqual Herreros, Visitador, dijo que esta tarde se visite las Quadras que se pudieren del Hospital y está pronto a pasar él personalmente, desde las dos en adelante; que a continuación se ponga lo que resultase de la vista y visita, y lo certifique el presente secretario y lo firme / Francisco Cayetano Nassarre.

Visita de las Quadras del Rey, Arzobispo, Primera de muje-res, Segundas, Cirugía y Convalecientes de mujeres (F18V)

Quadra del Rey. *En la ciudad de Zaragoza, a ocho días del mes de enero de mil setecientos veinte y ocho años, dicho Sr. Visitador, con asistencia de mí, el secretario de los ministros de Visita, y algunos sirvientes de esta Santa Casa, subió desde la Sala de Sitiadas a la Quadra del Rey donde había muchas camas paradas y prevenidas, y sólo había en dicha quadra diez enfermos pobres; y la dicha quadra estaría limpia y con la asistencia necesaria de sirvientes; y les preguntó dicho Sr. Visitador a los enfermos si estaban bien asistidos y si les daban lo que necesitaban y lo que los médicos (F19) ordenaban y si los trataban los sirvientes con caridad y afabilidad, y respondieron todos conforme que sí.*

Quadra del Arzobispo. *Y de allí pasó a la quadra que llaman del arzobispo en donde había diez y ocho enfermos y les hizo las mismas preguntas que respondieron lo mismo.*

Quadra de Primeras de Mujeres. *Y luego pasó a las quadras que llaman Primeras de Mujeres que está en sitio apartado y en ella había treinta y cuatro mujeres pobres enfermas a quienes preguntó dicho Sr. Visitador sobre la asistencia y tratamiento, que respondieron estar bien asistidas y tratadas con piedad; y en esta quadra y las demás de mujeres hay una madre y cuatro criadas enfermeras para asistir y cuidar de las enfermas, con puerta por donde se entra a cada una y un portero anciano para abrirla y cerrarla; y la ropa de las referidas camas, especialmente de las mujeres, se hallaron con bastante prolifidad y limpieza.*

Quadra de Segundas de Mujeres. *Y de allí continuo la Visita a la cuadra que llaman de Segundas de Mujeres, y en ella halló diez y siete pobres mujeres enfermas, con una mujer y cuatro criadas para la asistencia y gobierno.*

Quadra de Cirugía de Mujeres. *Y de allí pasó a visitar la quadra que llaman Cirugía de Mujeres (F19V) y en ella halló otra mujer madre con cuatro criadas y quarenta y siete enfermas pobres. Y respondieron lo mismo que las antecedentes sobre la asistencia y cuidado.*

Quadra de Convalecientes de Mujeres. *Y luego pasó a la quadra de convalecientes de mujeres y en ella halló diez y*

nueve enfermas convalecientes con la misma asistencia que en las otras quadras.

Y se advirtió y reparó que todas las referidas quadras, así de hombres como de mujeres, aunque mueran cualesquiera o hayan convalecido, la madera de las camas las dejan en los mismos puestos donde pasasen las enfermedades los enfermos, arrimadas a la pared. Y también que las tablas en que están notados y señalados los remedios que según la enfermedad y accidente de cada doliente acostumbran recetar los médicos, están maltratadas y borrados algunos números, mandó el Sr. Visitador ponga certificación de estos reparos para su remedio. Como lo ejecuto y para que conste lo firmo / Francisco Cayetano Nassarre.

A dichas salas se añadirían, dos días después, las que faltaban de visitar de hombres enfermos: la de Cirugía Alta, en la que se encontraban 31 pacientes; la de Tiñosos, con 20 muchachos; la de Santas Cruces, con 14 enfermos; la de San Miguel, con 25 enfermos; y la de Tiermas, con sólo 4 pacientes, que estaba reservada a distinguidos[412]. El recorrido de las quadras de completa con las destinadas a los dementes.

Quadra de Mujeres Dementes (F30V) *Y pasando a la estancia y quadra de las mujeres dementes encontró que aunque en número de ochenta y dos, que eran las que allí actualmente están, tienen la bastante comodidad y providencia para cuidar de su sosiego y de que no se hagan daño unas a otras, estando cerradas y al cuidado de una madre que está en la portería de esta quadra, y se dio fin a la visita de este día de que certifico / Francisco Cayetano Nassarre.*

Quadra de Hombres Dementes (F31v) *Continuación de la Visita / 21 de enero 1728 / En la ciudad de Zaragoza, a veinte y un días del mes de enero de mil set. veinte y ocho años, habiendo pasado el Sr. Juez Visitador como lo tiene de costumbre al Santo Hospital de Ntra. Sra. de Gracia y deteniéndose algún competente tiempo en la Sala de la Sitiada, lugar señalado para las audiencias, y no habiendo ocurrido cosa especial digna de nota, pasó acompañado de*

---

412 Esta Sala de Tiermas, según documento de 5 de junio de 1729, se encontraba la mayor parte del año vacía. Cfr.: Fernández Doctor (1987) pp. 212-213.

mí, el secretario, y de los ministros y sirvientes de la casa, a visitar la estancia o quadra de los hermanos dementes que se encontraron estar en ellas hasta setenta y seis y seis que estaban fuera empleados en diferentes oficinas, y que había en diferentes estancias y apartados para los que estaban furiosos con todas las precauciones posibles para evitar el daño y peligro en que los pone el furor. Y que había una cocina cercada de verjas de hierro y cruzadas otras por arriba a modo de jaula y dentro estaba la lumbre de forma que no se podían caer en ella ni andarla con pies ni manos y que servía para calentarse y detenerse en el invierno y de templar el frío que podía haber en las quadras (F32) Y informado el Sr. Visitador de la asistencia que en la comida tenían no le pareció la competente, y la quadra que sirve para dormir los hermanos le pareció de poca comodidad y baja de techos, especialmente para verano que se han de experimentar notable calor perjudicial a la curación de esta enfermedad, y para que conste lo certifico / Francisco Cayetano Nassarre.

La Visita, además, ponde de manifiesto la existencia de los espacios de servicio y algunas consideraciones sobre la gestión de los mismos. Un buen ejemplo es el de la guardarropía.

Guardarropa. *Prosigue la visita, día 24 de enero 1728 / En la ciudad de Zaragoza, a veinte y cuatro de enero de mil setecientos veinte y ocho años, estando el Sr. Juez Visitador en el Hospital de Ntra. Sra. de Gracia y en la sala llamada de Sitiada, mandó llamar al guardarropa de dicha casa y en su compañía y la otros ministros, pasó a la estancia que sirve de guardarropa y habiendo visto en ella que había puesto de manifiesto, como se le había mandado, toda la ropa de lino y lana, alhajas, vestidos y demás cosas que se habían dado de limosna al Santo Hospital en las quaresmas pasadas (F32v), y que algunas de ellas, por habérseles introducido la polilla, estaban ya inútiles y otras, por comenzar a padecer este daño, pasando algún tiempo no se sacaría útil alguno, para evitar este inconveniente y así mismo para que sirviese para el alivio y asistencia de los enfermos el valor de las alhajas, vestidos y ropa que se habían dado de limosna, dijo que debía mandar y mandó que para la visita inmediata, que será*

el miércoles primero viniente, se llame al corredor de dicho Santo Hospital y, precediendo inventario formal con asistencia del secretario de Sitiada, se haga cargo de todas las alhajas y vestidos que no pueden servir al uso de los enfermos ni sirvientes de la casa y los venda en pública almoneda después de hecha tasación y evaluación de ellos. Y respecto de que hay algunas jocalías y cosas del uso frecuente de la iglesia, mandó se separen y entreguen al vicario y sacristán mayor, aumentándoseles al cargo que se les tiene hecho de las que había en dicha iglesia, para que se les pida cuenta siempre que convenga. Y porque entre la ropa blanca hay mucha que puede servir para los enfermos, la mandó separar y poner junta y aparte, para que con la demás del uso de la casa que está a cargo del guardarropa sirva a este fin.

A pesar de que el número de enfermos ingresados en aquella fecha no era muy elevado, la falta de atención y limpieza de algunas quadras se puso de manifiesto en otros momentos de la Visita. Así, en el registro del 10 de junio, según Fernández Doctor, figura que las enfermerías del Rey, Arzobispo, Santas Cruces, Primeras y Cirugía de Mujeres «estaban carentes de ventilación, faltando orinales y servicios», haciéndose constar «una serie de críticas a defectos tales como la carencia de mesillas en las camas de los enfermos para que pueda colocarse en ellas la comida o la falta de fregaderos en las quadras para mantener limpias las vajillas»[413].

La relación de las enfermerías se constata en otros documentos relacionados con la Visita. Así, existe un detallado informe[414], fechado en el mismo inicio de ella, concretamente el 5 de enero de 1728, denominado *Relación individual de los SS. reg-res, ministros llamados de Sitiada, sacerdotes, sirvientes de las salas quadras de los enfermos, de las oficinas, de los empleados en el cultivo de las heredades, y demás que se hallan asistiendo en el Hospital Real y General de Ntra. Sra. de Gracia de la ciudad de Zaragoza, con separación de clases y estados y salarios anuales que gozan*, en el que se confirma la misma organización de las enfermerías:

---

413 Fernández Doctor (1987) pág. 217.
414 Archivo Histórico Nacional, Consejos, 19254, Exp. 1, fol 11. Ver Apéndice IV.

SIRVIENTES DE LAS QUADRAS DEL SANTO HOSPITAL DE NTRA. SRA. DE GRACIA (1728)			
QUADRA	SEXO	SIRVIENTES	TOTAL
Rey	H	2 enfermeros + 4 mancebos	6
Arzobispo	H	2 enfermeros + 5 mancebos	7
Convalecientes	H	2 padres + 3 mancebos	5
Cirugía Alta	H	1 tablajero + 1 cataplasmero + 2 enfermeros + 6 mancebos	10
San Miguel	H	1 tablajero + 1 cataplasmero + 2 enfermeros + 5 mancebos	9
Tiermas	H	1 enfermero + 1 mancebos	2
Santas Cruces	H	2 enfermeros + 4 mancebos	6
Tiñosos	H	1 tablajero + 1 mancebo	2
Primeras	M	1 madre + 3 criadas	4
Segundas	M	1 madre + 4 criadas	5
Convalecientes	M	1 madre + 2 criadas	3
Cirugía	M	1 tablajero + 1 cataplasmero + 1 madre + 2 criadas criadas	5
Amas de expósitos	M	1 madre + 5 amas + 1 lavandera	7

La información de los principales espacios del establecimiento se completa en otro interesante documento[415] que contiene la relación de las *Lámparas que arden de noche en el Hospital de Ntra. Sra. de Gracia*. En el mismo, y en lo relativo a los espacios relacionados con las enfermerías, figura lo siguiente:

a) Sector de las enfermerías de mujeres: Quadra de *Primeras... 1 toda la noche; y en las cunas, si hay enfermas, otra*; Quadra de *Segundas... 1 toda la noche*; Quadra de *Amas... 1 toda la noche*; Quadra de *Convalecientes de Mujeres... 1 toda la noche*; Quadra de *Cirugía de Mujeres, 2 toda la noche; Quadra de Tiñosas, 1 toda la noche; en los pasos de estas quadras, 2 toda la noche.*

b) Sector de las enfermerías de hombres: Quadra del *Rey... 2 toda la noche*; Quadra del *Arzobispo... 2 toda la noche*; Quadra de *Convalecientes de Hombres... 1 toda la noche; Capilla de los difuntos, 1 toda la noche; en el Salón, 1 toda la noche; en el paso de las Privadas, 1 toda la noche; en la Cozina, 1 arde 3 horas de verano y 4 de invierno*; Quadra de

Santas Cruces, 2 toda la noche; Quadra de *San Miguel, 1 toda la noche*; Quadra de *Tiermas, 1 toda la noche*; Quadra de *Cirugía Alta, 2 toda la noche; Quadra de Tiñosos, 1 toda la noche; en el paso de estas quadras, 1 toda la noche. Son 25 las que arden toda la noche = 25.*

Como puede observarse en el sector de mujeres, además de las enfermerías registradas en la relación de sirvientes, figura una «quadra de tiñosas». Por el orden de la lista se deduce que las lámparas de «los pasos» debían corresponderse con los dos pasillos de las plantas principal y entreplanta del bloque central. En cuanto al sector de hombres, el orden de las lámparas establece dos grupos de enfermerías separadados por espacios comunes. El primero de ellos lo componen las quadras del Rey, Arzobispo y Convalecientes, y debe corresponder a las ubicadas en el palacio de las enfermerías. El segundo las de Santas Cruces, San Miguel, Tiermas, Cirugía Alta y Tiñosos, es decir, las quadras que debían situarse en el área del claustro principal, en cuyo paso estaba una de las lámparas. Entre ambos grupos figuran la capilla de los difuntos, el salón, la cocina y el paso de las privadas, posiblemente el corredor lateral de las llamadas quadras mayores.

415 Archivo Histórico Nacional, Consejos, 19254, Exp. 1, f. 76. Aunque en el documento no figura la fecha, según Fernández Doctor puede fecharse antes de junio de 1728 por el orden del archivo.

Algunos meses después, la relación de las quadras y su capacidad se recoge en otro informe[416] fechado el 3 de junio: (F91v) [En el margen] *Presenta el enfermero mayor la Memoria y número de las quadras, y enfermos que caben en ellas.* En este documento, sin embargo, se presentan dos enfermerías no citadas anteriormente: las quadras de San Diego y de Santa Teresa. Se trata de dos espacios que debieron ser habilitados en aquel período, sin duda reformando antiguas salas de las zonas de hombres y mujeres. El relato informa lo siguiente:

En la ciudad de Zaragoza, a tres días del mes de junio de mil set. veinte y ocho, ante el Señor Visitador pareció Mos. Martín Trayd, enfermero mayor del Santo Hospital y dijo que en virtud de la orden verbal de Su Señoría presentaba la memoria de las quadras del Santo Hospital y camas que cabe cada una / certifico Francisco Cayetano Nassarre

(F92) *Quadras del Hospital y camas que hace cada una, inclusos los sirvientes / Memoria de los Puestos que hay para camas de los enfermos en las Quadras de este Santo Hospital Real y General de Ntra. Sra. de Gracia , a los lados y enmedio / Quadra del Rey: a los lados 40 y en medio 15 [nota al margen posterior: esto en un tiempo de más enfermos y rara vez es menester] / Quadra del Arzobispo: a los lados 42 y en medio 15 / Quadra de Convalecientes de hombres: 25 y en medio 8 / Quadra de Cirugía Alta: a los lados 31 y en medio 10 / Quadra de San Miguel: a los lados 25 y en medio 8 / Quadra de Tiermas: a los lados 9 y en medio, que estrecha, nada / Quadra de Santas Cruces: a los lados 35 y en medio 12 / Quadra de Primeras afuera: a los lados 30 y en medio 11 / Quadra de Primeras adentro: a los lados 24 y en medio 8 / Quadra de Segundas afuera: a los lados 22 y en medio 10 / Quadra de Segundas adentro: a los lados 35 y en medio 12 / Quadra de Convalecientes de mujeres: a los lados 22 y en medio 9 / Quadra de Cirugía de mujeres: a los lados 42 y en medio 12 / Quadra de Santa Teresa: a los lados 44 y en medio 19 / Quadra de San Diego: a los lados 42 y en medio 19 / [suma de las tres últimas] 178 / Josep Perez*

de Albiach, mayordomo del Santo Hospital / Mosen Martín Traid, enfermero mayor.

PUESTOS PARA CAMAS DE ENFERMOS DEL SANTO HOSPITAL DE NTRA. SRA. DE GRACIA (1728)				
NOMBRE DE LA QUADRA	SEXO	CAMAS A LOS LADOS	CAMAS EN MEDIO	TOTAL
Rey	H	40	15	55
Arzobispo	H	42	15	57
Convalecientes	H	25	8	33
Cirugía Alta	H	31	10	41
San Miguel	H	25	8	33
Tiermas	H	9	0	9
Santas Cruces	H	35	12	47
San Diego	H	42	19	61
Primeras Afuera	M	30	11	41
Primeras Adentro	M	24	8	32
Segundas Afuera	M	22	10	32
Segundas Adentro	M	35	12	47
Convalecientes	M	22	9	31
Cirugía	M	42	12	54
Santa Teresa	M	44	19	63
SUMA				636

Efectivamente, poco tiempo después en el mismo registro de la Visita[417] se descubren aquellas nuevas actuaciones: (F417) *En la ciudad de Zaragoza, a diez y nueve de febrero de mil set. y treinta; el Sr. Juez y Visitador pasó al Santo Hospital entre nueve y diez de la mañana para fin de visitar los enfermos e informar del estado de las providencias y su práctica, y acompañado de mí, el infrascrito secretario, y demás ministros de la Sitiada, subió a la cozina a la hora de distribuirse la comida a los enfermos, y reconociendo las ollas y sazón que tenían éstas, se comenzó la distribución; a que asistió el regidor de semana, el arcediano de Belchite, y haciéndose éstas con el orden y método establecido, sin haber cosa particular que advertir, pasó dicho Sr. (F417v) Juez*

416 Archivo Histórico Nacional, Consejos, 19254, Exp. 1.

417 Archivo Histórico Nacional, Consejos, 19254, Exp. 1 (1730 febrero 19. ff. 417 y ss.).

Visitador, con el regidor de semana y con los demás ministros referidos, a visitar las quadras y reconociendo las listas de cada una, e informándose de los enfermos de cómo se los trataba, y asistía, no hubo cosa grave que reprender, y se encargó nuevamente por dicho Sr. Juez Visitador el mayor cui[dado] para el consuelo de los enfermos y cumplimiento de las providencias dadas.

Y continuando [la] visita de las quadras ordinarias, se le di[jo] al Sr. Visitador faltaba una quadra extraordinaria que en la habitación alta se había formado en la que llaman de San Diego, con lo que el dicho Sr. Juez Visitador subió también a visitar dicha quadra, y en ella se hallaron hasta veinte y seis enfermos de hombres. El arcediano de Belchite expresó a dicho Sr. Visitador que esta providencia (F418) se había tomado por el mucho número de enfermos que acudían, y no se podían poner en otras quadras, nombrando para ésta *médico y sirvientes.*

Como se ha visto, la Quadra de San Diego debía haberse habilitado muy poco tiempo antes, reformando espacios ya existentes de la planta alta o planta principal. Seguidamente el relato nos proporciona un dato adicional para su localización, inscrito en un pasaje por cuyo interés anecdótico reproducimos. *Queja de los chicos tiñosos por la mala ropa y casquetas* [en el margen]: *Así mismo, al salir de dicha quadra que está enfrente de la de los Tiñosos, se quejaron algunos de éstos al Sr. Juez Visitador de que para vestirlos se les daba la peor ropa que quedaba de los pobres difuntos, y lo mismo para los casquetes, por lo que rompiéndose muchos pedazos al tiempo de curarlos les hacían mucho mal, por lo que se llamó al mancebo que los cura y cuida de ellos y diciendo que era justa la queja de los chicos se le reprendió porque no había avisado antes, a lo que dijo que pocos días ha había participado al regidor de semana arcediano de Daroca; y bajando dicho Juez en compañía de los arriba dichos a la sala de Sitiada, y mandó llamar al guardarropa mayor, y haciéndole (F418v) cargo de la queja de los niños tiñosos, y que se les daba tan mala ropa para vestir y casquetes, respondió éste que el estilo del Hospital era, y había sido, que de la ropa que quedara cada mes de los pobres difuntos se venda... que la mejor se quede a beneficio del Hospital y*

que de la restante que quedaba se repartiría para los chicos tiñosos y otros de la casa, y que este es el motivo de ser mala, y en vista de ello se le mandó a dicho guardarropa que en adelante de la ropa de los difuntos, se escoja la mejor y más tratable para los tiñosos y demás de... y la restante se venda como se pudiese, si no se aproveche de la mejor forma porque la principal calidad del Hospital era el asistir bien a los enfermos, sin andar en ahorros que cedían en su perjuicio, y que los casquetes se corten con todo cuidado en el mismo guardarropa por el tablajero y sastre; y se mandó a dicho guardarropa mayor se les haga saber a éstos para que lo cumplan pena de ser castigados.

De todos los datos consignados pueden inferirse, con cierta aproximación, los cambios habidos en la organización espacial de las enfermerías durante el período transcurrido entre el primer cuarto del seiscientos y 1730. Las posibilidades de reorganización estuvieron, como se señaló más arriba, no tanto en la construcción de más edificios sino en la reducción del número de personas asistidas como consecuencia de la apertura de nuevos centros asistenciales: la Casa de Misericordia y el Hospital de Convalecientes. De este modo se consiguió en Nuestra Señora de Gracia una cierta holgura en los tiempos ordinarios, sólo rebasada durante las epidemias, cuando el número de enfermos aumentaba repentinamente.

Aliviadas las quadras que antes se destinaban a convalecientes, las modificaciones surgieron por causas básicamente funcionales. Un primer cambio debió surgir con la posibilidad de subir la quadra de San Miguel, instalada en la planta baja y dedicada a cirugía, a la planta principal, junto a la llamada quadra alta de Cirugía, de modo que ambas enfermerías pudieran estar muy próximas, cuestión que facilitaba la atención médica especializada. Así, las nuevas quadras de San Miguel fueron instaladas en la zona de las salas gemelas situadas en el ala oriental del claustro principal, sobre las de Santas Cruces.

Otro cambio debió ser el traslado de la quadra del Protonotario, destinada enfermos distinguidos, al lugar que ocupaba la llamada quadra de Santa María, que pasó a denominarse de Nuestra Señora de Gracia o de Tiermas, posiblemente por haberse desplazado allí el altar de dicha advocación. De este

EQUIVALENCIA DE LAS SALAS DEL HOSPITAL DE NUESTRA SEÑORA DE GRACIA 1728 /1600				
QUADRA 1728	SEXO	CAMAS	QUADRA 1600	CAMAS
Rey	H	40 (55)	Rey + Caballerías	> 14
Arzobispo	H	42 (57)	Arzobispo + San Sebastián	> 34
Convalecientes	H	25 (33)	San Miguel / N Sra de Gracia	28+15
Cirugía Alta	H	31 (41)	Cirugía Alta	41
San Miguel	H	25 (33)	Convalecientes	33
Tiermas	H	9	Santa María	11
Santas Cruces	H	35 (47)	Santa Cruz 1ª + 2ª	31
San Diego	H	42 (61)	Bubas	55
Capilla de los difuntos			Protonotario	7
Primeras Afuera	M	30 (41)	Primeras	
Primeras Adentro	M	24 (32)	Primeras	
Segundas Afuera	M	22 (32)	Segundas	
Segundas Adentro	M	35 (47)	Segundas	
Convalecientes	M	22 (31)	Convalecientes	14
Cirugía	M	42 (54)	Cirugía	43
Santa Teresa	M	44 (63)	Bubas	36

modo se ganó en espacio, pues el nuevo era algo mayor, y en discreción, pues el emplazamiento, al final del «corredor del Coso», era más reservado. También se mejoró en comodidad, contándose con dos salas, las cuales, según los datos del programa de 1815, debían corresponderse con diversos espacios para la separación de los enfermos según su patología: calenturas, cirugía y sarna. La mayor tenía fachada al Coso y debió contar con «alcobilla de lumbre, fregadera, armario para guardar la ropa de mesa y vaxilla, guarda ropa, guardar la de las camas y en el mismo un armario crecido para guardar con toda seguridad y curiosidad todos los vestidos y alaxas de los citados enfermos distinguidos». Por su parte, la pequeña sala del Protonotario, en cuya puerta se instalaba desde antiguo el velatorio de los enfermos que fallecían, debió transformarse en la capilla de los difuntos, asumiendo dicha función en su interior, sin afectar a la funcionalidad del salón central de las enfermerías.

Los datos parecen dejar claro que las quadras de los tiñosos, ubicadas con anterioridad en el sector de las hermanas

dementes, posiblemente por estar en lugar muy apartado del resto, pasaron a ocupar sendas salas de las destinadas a enfermos de bubas, una para cada sexo. Además, como se ha visto más arriba, tanto las dos salas restantes de hombres como de mujeres fueron transformadas en quadras de calenturas ordinarias con los nombres de San Diego y Santa Teresa, respectivamente[418]. En todo caso, permanecieron sendas quadras de hombres y mujeres destinadas a los enfermos convalecientes, la primera en la planta baja y la segunda en la principal. Realizadas las reformas de 1730, desde entonces las quadras del establecimiento no sufrieron nuevos cambios de importancia.

Además de las salas de enfermería, que por ser los espacios más destacables del establecimiento son los más sencillos de rastrear, la Visita de 1728, así como los documentos adicionales, también hacen referencia al resto de las dependencias. En la citada relación de las *Lámparas que arden de noche en el Hospital de Ntra. Sra. de Gracia* encontramos, a continuación de las 26 unidades descritas para los dos sectores de las quadras, un segundo bloque que recoge los principales elementos del Hospital *del Salón abajo*, es decir, en las dependencias, corredores y demás espacios de planta baja:

c) Sector del palacio de las enfermerías. *Reposte, 1* [lámpara] *arde 3 horas de verano y 4 de invierno*: como aposento esencial para la funcionalidad disponía iluminación durante las primeras horas de la noche. *Lámpara del paso y frente del reposte, 1 toda la noche*: se trata del corredor que nacía en el claustro principal –como prolongación del corredor del Coso– y llegaba hasta el patio de los aljibes. *En los pasos del claustro de los eclesiásticos, 2 toda la noche*: se trata del corredor de los clérigos en ambos niveles –plan-

418 Dato confirmado por Fernández Doctor (1987 pág. 213), quien señala que la nueva cuadra de San Diego se justificó en que había días en que llegaban a ingresar hasta 40 enfermos. El arcediano de Daroca, regidor de semana, decidió que se abriese nueva cuadra de calenturas de hombres en la que llamaba «de bubas de hombres».

ta baja y entreplanta–, que flanqueaban el patio llamado en ocasiones del conejar y otras claustro de los eclesiásticos. *Lámpara del Predicador, 1 arde 2 meses al año y 4 horas por noche*: como señal de deferencia, en el tiempo de cuaresma, cuando el predicador invitado se alojaba en el Hospital, también se disponía iluminación durante las primeras horas de la noche.

d) Puerta, patio y escalera principal. *Lámpara de la Virgen a la puerta de la calle, 1 toda la noche*: la figura de María de Gracia estaba en la puerta del Hospital siempre iluminada. *Lámpara en el patio, 1 de dos mecheros, de invierno 4 horas, de verano 3; se da una libra de azeite*: se trata del vestíbulo o patio de entrada, que estaba provisto de una lámpara grande de dos mecheros. *En la escala principal, 1 toda la noche, de 4 mecheros arde de invierno 4 horas y de verano 3 horas, se dan dos libras de azeite*: como punto esencial en las circulaciones del establecimiento, la escalera disponía, además de la lámpara ordinaria nocturna, un gran aparato de cuatro mecheros para la iluminación de las primeras horas de la noche. Era además, el lugar donde se colocaban bandos e instrucciones, un detalle que se comprueba en la misma Visita: *Doy fe el abajo firmado que el presente día de hoy, ocho de enero de mil set. veinte y ocho años, se puso y fijó el edicto cuya copia está al final de estos actos en el Santo Hospital de Ntra. Sra. de Gracia enfrente de la escalera principal como puesto más público y otra copia en el paño de él; y para que conste... Fran-co Cay-no Nassarre*[419].

e) Corredores y dependencias periféricas. *Lámpara al paso de las hermanas, 1 arde 2 horas de invierno y no de verano porque sirve quando se representan comedias*: el corredor de las hermanas (eje WE) flanqueaba el patio del aljibe de la cocina, espacios ambos que hacían frente por el sur al edificio del teatro[420], de modo que la luz de sus ventanas, durante las funciones de verano, lo alumbraban. *Lámpara en el horno, 1 arde toda la noche*: se trata del corral del horno,

419 Archivo Histórico Nacional, Consejos, 19254, Exp. 1.
420 Gimenéz Soler (1927, pág. 6) define este espacio como la plaza llamada cuadro de la Soledad. Es posible que, erróneamente, considerara que se trata del ensanche donde desembocaba la calle de la Soledad, cuaando era la de la puerta falsa.

ubicado junto a la puerta falsa. *Lámpara en el dormitorio de las hermanas, 1 arde toda la noche*: dentro de las dependencias de las enfermas dementes. *En la bodega, 1 arde toda la noche*: en la entrada o en la primera sala desde la que se accedía a las demás. *En el paso de las caballerizas, 1 arde 4 horas de invierno y 3 de verano*: se trata de la calle meridiana Coso-Jerusalén –prolongación hacia el mediodía de la calle de la puerta falsa–, que se iluminaba las primeras horas de la noche. *En la caballeriza, 1 toda la noche*: dentro de las caballerizas generales, en el extremo de la calle anterior. *En la habitación de los hermanos, 1 toda la noche y otra 4 horas de invierno y 3 de verano*: iluminación reforzada por tratarse de los enfermos dementes.

f) Iglesia y teatro. *En la iglesia, 7 lámparas de día y noche y en la capilla alta de la reserva 4 arden día y noche*: se trata de un interesante dato, puesto que pone de manifiesto que el retablo mayor disponía de reserva del Santísimo Sacramento según la costumbre de los altares de Aragón, provistos de óculo superior en los que la hostia central se iluminaba por cuatro lámparas formando una cruz. *En las Casas de la Comedia 13 lámparas, 6 en hombres y 7 en mujeres arden hora y media*: tiempo que posiblemente se corresponda con la salida de las representaciones teatrales durante las primeras horas de la noche.

El informe sobre las *Lámparas que arden de noche en el Hospital* termina señalando el cómputo de las unidades. Anota que para el bloque de enfermerías *son 25 las que arden toda la noche = 25*. Cifra a la que debe añadirse *la lámpara de la cozina arde 3 horas de verano y 4 de invierno = 1*. Totaliza este bloque *= 26*. Incorporando las unidades del segundo bloque –*del Salón abajo*-, anota que *son todas las lámparas que arden toda la noche = 62*. Además están *las que arden día y noche = 11*. Anota, por último, que *las que arden por horas son 21, con distinción que una es de quatro mecheros que es en la Botica (sic) y otra de dos mecheros en el patio = 21*. La suma de las unidades asciende a un total *= 94*. Complementariamente informa: *Candiles son 38 y se gastan 5 tt de azeite, y en esto no se cuentan los candiles de unciones y sangrías por ser extraordinarios*.

Como puede comprobarse, de los datos anteriores se infiere que los espacios básicos del Hospital mantienen la misma disposición original. Sin duda siguieron existiendo constantes reformas en los diferentes sectores, pero la organización básica no fue modificada. En la Visita se relatan algunos aspectos que ilustran esta idea de mejoras continuas. Sirva de ejemplo una obra que fue ordenada realizar en el reposte, anotándose en el margen: *Obra en la oficina del reposte para la limpieza y separación de abastos y que al primer día concurra el maestro de obras*. Así, el 23 de marzo de 1729, el (F220v) *Sr. Juez Visitador dijo que respecto de que la oficina del reposte se ha considerado mucho tiempo era preciso hacer una obra y división de piezas donde separadamente se pongan los abastos que estén con la debida custodia de manera que el repostero pueda responder y dar cuentas de ellos y no se vea con la confusión y poca limpieza que hasta aquí por lo que mandó que para el primer día se llame al maestro de obras del hospital y que entretanto, con el receptor y mayordomo, vea y reconozca los vagos por donde puede dilatarse y dividirse dicha oficina para que se ejecute lo más conveniente y de menos gasto para el Hospital, y en estas providencias y tomar razón de otras se pasó la tarde de que certifico / Fran-co Cay-no Nassarre.*

Seguidamente se consigna en el margen: (F222) *Visita y confirma como en los antecedentes se reconoce con el Mº de Obras el reposte y se manda trabajar luego en él según la idea*. Queda acreditado en el acta que el mismo día *el Sr. Juez Visitador habiendo... encontrado al maestro de obras después de haber reconocido los vagos contiguos al reposte y que había capacidad bastante para establecer con poco coste las oficinas que faltaban para la mayor claridad y limpieza, pasó a reconocerlas por sí preguntando al maestro de obras y quedó resuelto hacerlas como lo tenía ideado, y mandó al mayordomo y receptor que sin perder tiempo se ejecutase la obra, y que al theniente de cirujano cuyo quarto se tomaba para estas oficinas, se le diese otro en la casa correspondiente.*

Este espacio probablemente correspondía al identificado en la Visita de 1600 como el *cuarto del médico licenciado Miguel Sarriá* [EP/M–N/14+EP/M/13], el cual era colindante

con el reposte alto. Poco después queda constancia en el margen de la *Visita al reposte y su obra*, relatándose que el (F280) *Juez Visitador salió con los arriba nombrados a reconocer el Reposte y ver si en el modo conveniente estaban prietos los repartimientos, divisiones y alacenas que para la guardia, conservación y custodia de los bastos se necesita; y habiendo encontrado que todo se iba poniendo en buen modo y orden lo aprobó y mandó que en las alacenas (F280v) que están en la segunda línea de las de la tirantez de la curva se pongan llaves, así porque estén más guardados los géneros que allí se deban poner, como porque son los más manuales y expuestos... y para que estando en esa forma cerrados pueda tener el repostero más seguridad para poder darse puntual cuenta como tiene obligación.*

Muchos detalles del Juez Visitador ponen de manifiesto la escasez crónica de recursos debido a los enormes gastos del establecimiento. El Hospital siempre estaba necesitado de limosnas y fue siempre objeto de donaciones. Un buen ejemplo lo fue la del arzobispo zaragozano Manuel Pérez de Araciel y Rada, responsable de la mitra entre 1714 y 1726, quien, según Gascón de Gotor, «donó mil escudos; en casos de necesidad dos mil con las limosnas que él mismo recogía, y antes de su fallecimiento toda la plata, que pesaba novecientas onzas, la silla de manos para conducir los enfermos, y los utensilios destinados a su servicio y al de su familia»[421]. Hubo muchos personajes ilustres que ayudaron a la empresa y algunos bienhechores como Pedro Coleta[422], fallecido en 1725, dieron nombre a alguna de sus salas. Otros ingresos provenían de la casa de las comedias, corridas de toros[423], etc. Como se ha apuntado, en la Visita de aquellos años afloraron muchas carencias, desde la vestimenta de los enfermos tiñosos a las mejoras en la alimentación. Esta situación llevó a la creación, en 1731, de la Congregación de Seglares Siervos de los Pobres Enfermos del

---

421 Gascón de Gotor (1890) T.2 pp. 68-69.

422 Gimeno Riera (1908) pág. 89.

423 Consta, por ejemplo, cómo el 31 de octubre de 1731, la cofradía de Nuestra Señora del Portillo solicitaba realizar una tercera corrida de toros por estar carentes de medios para la construcción de la iglesia, una vez se realizase la del Hospital de Nuestra Señora de Gracia. Cfr.: ES/AHPZ - J/001888/0014.

Mateo González: *Copia del retablo e imágenes que se veneran en el oratorio de la Hermandad de Humildes Siervas de las Pobres Enfermas del Hospital General de Nuestra Señora de Gracia*, 1801.

Altar del Oratorio de la V. Congreg. de Siervos Seglar. de los Pobres Enfermos dl S. Hospital de N. S. de Gracia de Zaragoza. Año 1780, Anónimo.

Santo Hospital Real y General de Zaragoza, con la finalidad de atender a sus pobres y enfermos. Como señaló Royo García, esta organización, compuesta mayoritariamente por laicos y que posteriormente contó con una rama femenina, ayudaba a los enfermos con cuidados personales y atenciones espirituales, incluso en forma económica, poniendo en marcha el Monte de Piedad en 1738, y asumiendo, a partir de 1779, «la obligación de repartir diariamente el desayuno, consistente en una sopa de aceite, hecho que dio a la institución el nombre popular que hoy tiene (Hermandad de la Sopa)»[424].

424 Royo García (2013).

7.2.2. El Hospital en los años centrales del setecientos

En el ecuador del siglo XVIII quedó instituída la contrata de asistencia hospitalaria a los soldados enfermos, una cuestión importante para el establecimiento ya que garantizaba el cobro de unos servicios para los que disponía de los medios necesarios. Como señaló Arcarazo, el primer hospital militar zaragozano quedó instalado en el de Convalecientes entre 1718 y 1742. De hecho fue en ese momento cuando éste por primera vez «funcionó como un auténtico hospital, ya que los primeros hospitales modernos de la Monarquía Hispánica fueron precisamente los militares, creados por la dinastía borbónica para dedicarse exclusivamente a la asistencia médica, disponiendo de personal profesional, medios adecuados y financiación, mientras que la mayoría de los hospitales civiles eran meros alojamientos para caminantes, peregrinos o pobres». Tras la clausura del servicio en aquel centro hospitalario, muy gravoso para las arcas del ejército de Fernando VI, se trató de montar una «enfermería regimental» en el vecino cuartel de Convalecientes –después llamado de Sangenís–, «pero la asistencia prestada era bastante deficiente, por lo que en 1746 el Hospital Real y General de Nuestra Señora de Gracia ofreció de nuevo sus instalaciones para tratar a los militares, oferta que fue aceptada, volviendo a tener salas para soldados y una guardia para controlarlos»[425].

Para ello, el 15 de febrero de aquel año la Sitiada solicitaba que el Hospital de Gracia pudiese encargarse de la actividad en las mismas condiciones que se ofrecía al asiento de hospitales particulares. El 12 de diciembre siguiente los intendentes de Aragón comunicaban a los regidores una resolución real para se continuase con el servicio de asistencia a los soldados, tal como se había providenciado. Dos años después, el 29 de octubre de 1748, se aprobaba la *Contrata del Hospital de Zaragoza* con el fin de que en él fueran admitidos «para su curación todos los soldados que acudieren enfermos». En las estipulaciones figuraba que debían ponerse «las camas correspondientes al número de enfermos, una para cada un soldado, y oficial, compuesta por un colchón de peso 24 libras de lana, un jergón con paja o esparto, dos sábanas, un travesero con 6 libras de lana, una manta de lana, sobre tablas, y bancos sueltos, de 9 cuartas de largo, y 5 de ancho, poco más o menos, todo peso y medidas de Castilla, y también se obligan a suministrar camisa y virrete de lienzo»[426]. También figura que por los posibles excesos que pudieran cometer los soldados se pondría un cuerpo de guardia en el Hospital.

Sin duda estas circunstancias obligaron a la Sitiada a mejorar las instalaciones y tal vez ampliar ciertos espacios de servicio y la dotación de personal. Así parece deducirse de un escrito redactado poco tiempo después, el 21 de octubre del año siguiente, en el que aquélla elevaba un memorial donde pedía seguir con la asistencia a los enfermos militares, ya que «habían tenido noticias de que se pretendía un asiento de hospitalidades para los soldados de aquel regimiento, hecho que perjudicaba al Hospital por el crecido gasto de construcción y personal que ya tenían realizado».

En cuanto a las posibles actuaciones realizadas entonces, por corresponder también al mismo contexto cronológico, sin duda debe relacionarse la noticia publicada por Fernández Doctor de que al amenazar ruina las quadras de Cirugía Alta y de San Miguel, se decidió, además de repararlas, ponerles nichos nuevos y ampliar esta última «agregándole todo el espacio que antes servía de corredor o balcón al Coso». Se les pusieron cielos rasos y pavimentos de baldosas, ventanas y vidrieras que mejoraron la ventilación, fregaderas de limpieza de la vajilla de los enfermos, brasero encarcelado con su chimenea en cada sala, y un altar para celebar misa. En la documentación figura que estas salas «corresponden la una debajo de la otra a la nave de la iglesia, llamada de Santa Ana»[427].

En efecto, se trataba de habilitar la falsa existente sobre la nave del evangelio, cuyas cubiertas se habían reformado cuando tuvo lugar la construcción de la bóveda de cañón con lunetos en la nave central. Ahora, a mediados del setecientos, tanto la falsa como la galería o mirador del Coso se convertían en enfermerías para ampliar la superficie de las quadras de hombres, accediéndose desde el corredor axial, quedando en la misma área que las de San Miguel, frente a las nuevas salas, o que la de Cirugía Alta, nave paralela ellas ubicada en la panda septentrional del claustro.

Sabemos que hasta esos años la galería seguía abierta, pues era objeto de decoración cuando tenían lugar determinados acontecimientos sociales. Un ejemplo de ello lo fue cuando el Hospital, en 1716, hizo «hazimiento de gracias» al rey Felipe V por la generosa limosma con la que hizo gala de caridad el monarca[428]. La Sitiada ordenaría entonces «que el domingo trece de setiembre, en que se celebrará la fiesta del Santísimo Nombre de María, se cante en la iglesia del

425 Arcarazo (2023).
426 Albi Romero y García del Carrizo (1991).
427 Hacia 1750 Cfr.: Fernández Doctor (1987).
428 Regidores de la Sitiada (1716).

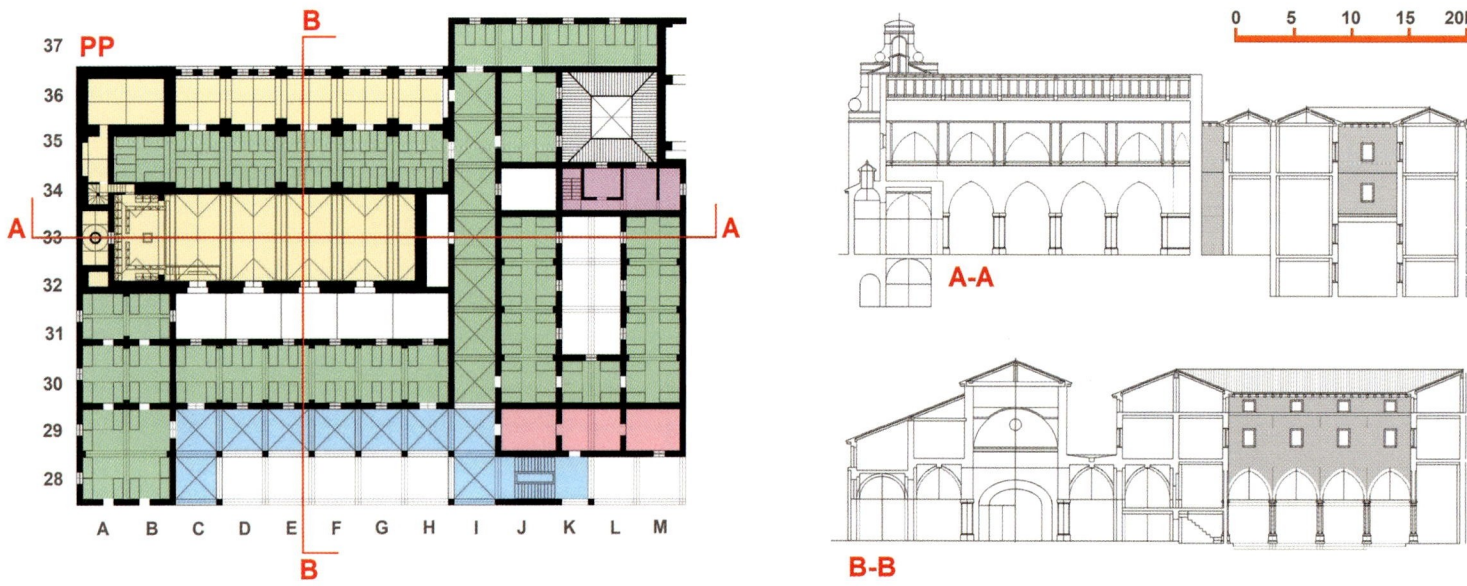

Iglesia de Nuestra Señora de Gracia y zonas colindantes hacia 1750. Planta y secciones, según R. Usón // PP Planta principal; A-A Sección longitudinal; B-B Sección transversal.

Santo Hospital el Te Deum... Que el día doce por la noche se repiquen las campanas del Hospital, se disparen cohetes, se iluminen con faroles el corredor del Coso y la torre... Que a la puerta de la iglesia, debajo de un dosel, se ponga el retrato de Su Magestad... Que en la frente de la sala de Sitiada se ponga el retrato de Su Magestad...» Así llegó aquel día y «a la puerta de la iglesia se vio colocado el retrato de S.M. debajo de un rico dosel de terciopelo...» Esta descripción descubre cómo para engalanar el edificio hacia el Coso, el espacio público de mejor visibilidad, se colocaban faroles en los huecos del mirador y en el campanario.

Distinto carácter tuvieron los adornos durante las exequias del rey un 20 de septiembre de 1746, levantándose un túmulo en el centro del templo y llenándose de letras los puntos más significativos del Hospital. Según rezan las descripciones de la época al traspasar el pórtico de la iglesia los fieles tropezaban con vivos recuerdos. «Traspuso la curiosidad los dinteles de el templo y apenas se dilató por aquel sagrado, espacioso, melancólico teatro... Cubriéronse de bayetas el pavimento y columnas de la nave principal, y aun las bóvedas también, porque el condensado vapor de los fanales teñía de negro luto la techumbre. Por todas partes ardían macilentas antorchas... Levantose en medio de la principal nave de la iglesia el real capelante, mausoleo o túmulo... Envaneciéronle sus cuatro espaciosas frentes con los escudos de las armas de España... Quisiera el Hospital que en seguimiento de su difunto rey subiese el cenotafio hasta la celeste región y satisfizo en parte a sus ardientes ansias, porque llegó a rozarle con el cielo de su iglesia». Seguidamente se describe el túmulo funerario instalado: «Formose en cuadro este «Gerión» inanimado que se componía de tres formidables cuerpos. El primero se levantaba de tierra ocho palmos y medio, tenía en cuadro veinte y cuatro. El segundo ocho de alto y en cuadro diez y seis. El tercero seis de alto, ocho de ancho y once de largo. A los cuatro ángulos del primer cuerpo se formaron cuatro torreones que en pirámide subían hasta el tercer cuerpo. A este oprimía una especie de obra piramidal, aunque remataba en llano, y sobre ella se puso la tumba real...»[429]

Numerosas cartelas con inscripciones fueron dispuestas: un lema sobre la puerta de la iglesia que mira al Coso, un labe-

429 Exequias de Felipe V el 20 de septiembre de 1746.

rinto en el atrio del templo enfrente del cual había otro cuyas letras formaban tres cruces, obras latinas y castellanas adornaban las columnas y el presbiterio y dísticos sueltos las naves. Otro lema coronaba una pintura en la que estaban representadas las armas del Hospital –la jarra con azucenas–. Similar decoración fue dispuesta en el claustro o patio principal, colocándose diversas poesías latinas y castellanas y un lema en la puerta interior de la iglesia. También fueron instaladas letras en las entradas de las quadras y el vestíbulo principal del Hospital fue adornado con cartelas pintadas primorosamente, con variadas y hermosas inscripciones, todas ellas simétricamente dispuestas.

Nueve días después se celebraba la coronación de Fernando VI, festejos en los que toda la ciudad se esmeró en engalanar sus edificios y donde fue de «admirar el Hospital Real y General de Nuestra Señora de Gracia, cuya espaciosa fachada que comprende toda la largueza de la iglesia y las de las casas de comedias, se hallaba guarnecida de los más finos tapices flamencos»[430].

Existe, por otra parte, un interesante documento gráfico también relacionado con las necesidades de ampliación de las enfermerías que bien pudiera haber sido elaborado como consecuencia de la contrata para la prestación de servicio sanitario a los soldados enfermos. Se trata de la *Planta de dos cuadras que seidan azer en el Hospital de Nuestra Señora de Grazia*, dibujo obrante en el Archivo de Simancas, ya citado al reseñar la planimetría disponible. No está fechado, aunque se ha datado hacia 1752 por el legajo al que pertenece, como luego se verá. Se corresponde con un diseño de planta y sección trazado sobre papel, de 36 x 51 cm. La primera evidencia una construcción de crujía única en forma de L que alberga sendas enfermerías, una en cada ala. La segunda presenta una edificación de dos plantas alzadas y un ático bajo la cubierta. La representación contiene una escala gráfica en palmos de Aragón y una breve leyenda. De esta última y de las características arquitectónicas del inmueble, se desprende que se proyectaba edificar un blo-

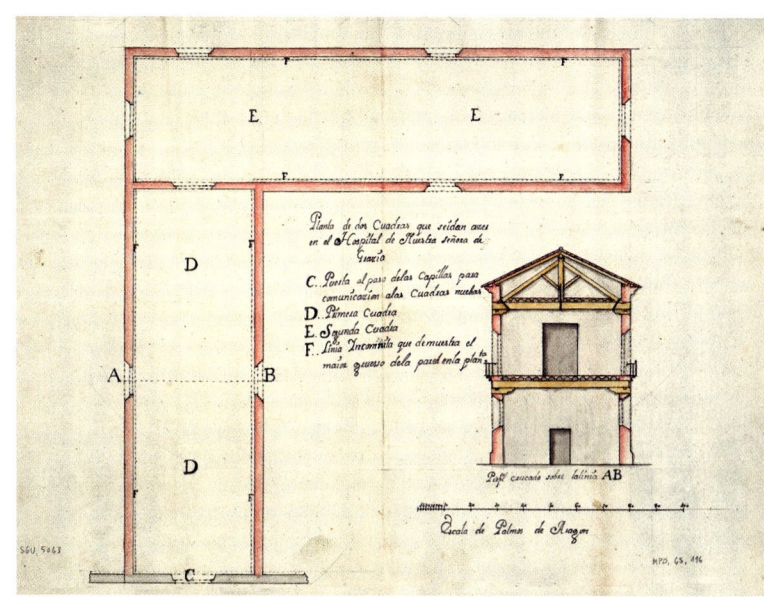

Planta de dos cuadras que seidan azer en el Hospital de Nuestra Señora de Grazia (hacia 1752). Archivo General de Simancas.

que de nueva planta en forma de L, uno de cuyos extremos se adosaba a una construcción existente. Concretamente el hueco de conexión se define como la «puerta al paso de las capillas para comunicación a las cuadras nuevas». La circuntancia de no disponer de escalera propia pone de manifiesto que se configuraba como un bloque que debía ensamblarse a otro semejante en lo referente a sus distintos niveles.

Las dimensiones señalan un tamaño significtivo para el bloque proyectado, con una crujía de unos 9 metros de luz y unos 36 de longitud de lado. Tales cifras vienen a equivaler a los módulos de las salas mayores que conformaban el palacio de las enfermerías. Excluídas las posibilidades de que se tratara de una L para reconstruir parcialmente éste o los bloques conformantes del patio o claustro principal, el proyecto sólo podía referirse a una ampliación de las enfermerías centrales. Una vez ensayados los posibles sectores que podían ser objeto de aquél, debe concluirse que se trataba de ampliar el palacio hacia el mediodía, ocupando en todo o en parte el espacio libre existente, donde se encontraban el patio de los aljibes y el huerto de Tiermas. De hecho, parece lógico que ya en el primario

430 Cfr.: Gimeno Riera (1908) pág. 16.

trazado del hospital renacentista se previera una ulterior posibilidad de ampliación mediante la adición de bloques y patios gemelos al propio palacio de las enfermerías, duplicando su capacidad. Soslayar esta posibilidad conduciría a otorgar el carácter de mera coincidencia a las dimensiones previstas en el trazado, cuestión poco probable dadas sus características específicas.

Sin embargo se desconoce si realmente fue ejecutada aquella contrucción. Como se ha indicado, el dibujo consta en el legajo 05063 de la Secretaría de Guerra, rotulado «Desde 1752 hasta 1764: Fechos sobre aprehensión y destino de Gitanos», y concretamente pertenece a la carpeta denominada «Año de 1752. Expediente de los Hospitales de Gracia, y Misericordia de la ciudad de Zaragoza, sobre extensión, para el alojamiento de Jitanos, y su curación y la de los Jitanos». Según figura en la ficha del archivo, ésta incluye también una carta del Marqués de la Fresneda al Marqués de la Ensenada, fechada en Zaragoza el 17 de octubre de 1752, y se acompaña un tanteo de su coste. Como se ve, estas condiciones contextuales difieren del programa específico que había originado la contrata de 1748 y parecen no corresponder a las actuaciones realizadas por el Hospital inmediatamente después, como atestiguaría éste al año siguiente. Por todo ello, aunque el trazado es compatible con las obras documentadas en la segunda mitad del setecientos que se verán seguidamente, no parece probable que tan enorme edificación se llevara a cabo.

En todo caso, el proyecto informa de una posibilidad real y concreta. Lo más probable es que la conexión con el palacio de las enfermerías se hubiera ideado para ensamblarla en el paso central del ala meridional, de forma que la L rodeara el patio de los aljibes sin afectar a éstos. En relación a las edificaciones de 1600 únicamente hubiera quedado afectado el pabellón de refectorios de locas y tiñosos, una entidad menor que en todo caso fue alterada en aquel mismo período, pues, como se tendrá ocasión de comprobar después, tanto las instalaciones de los tiñosos como ambos cuartos de los dementes serían trasladados, reformados o reconstruidos, respectivamente. Pero además, y tal vez sea el enorme valor del proyecto respecto de la reconstrucción ideal diacrónica

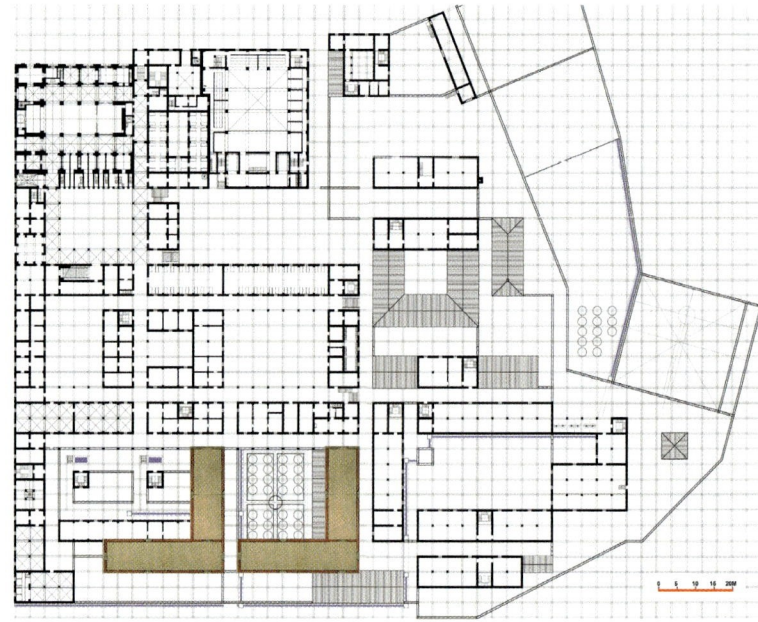

Hospital de Gracia, planta general. Hipótesis de implantación del proyecto de ampliación de quadras de 1752, según R. Usón.

del Hospital que constituye el principal objetivo del presente trabajo, la fórmula arquitectónica del diseño verifica la tipología de las salas o enfermerías en sus dimensiones físicas, corroborando que el planteamiento general al que ha conducido la exploración de los documentos es coherente con el modelo constructivo.

En cuanto al régimen de funcionamiento del Hospital en aquellas fechas, todo parece señalar a que la organización espacial seguía siendo la misma, aunque los protocolos que afectaban a los aspectos de salud y de limpieza habían ido mejorando. Buena prueba de ello son las Ordinaciones Económicas de 1755, en las cuales se observan numerosos detalles de interés. Así se establece que el teniente debía de estar en el patio de entrada, «por la mañana hasta las diez y por la tarde hasta las seis, para admitir los enfermos que vienen con casos de cirugía si tuviesen necesidad», debiendo, además, «subir a la cura por la noche, alternando de quadras...»[431]

431 Ordinaciones económicas (1755).

Otra mejora se había instituído en la gestión de las camas en las quadras. Era obligación de los mancebos atender las condiciones de los enfermos que llegasen a su enfermería en el día correspondiente. Debían bajar los colchones limpios y cabezales de la colchonería, los jergones de la jergonería, las tablas y bancos de su guardarropa de la quadra, así como también las sábanas y mantas. Y viceversa, debían desmontar las camas de los que se iban ya curados y de los que fallecían en sus quadras, subiendo los colchones usados a la colchonería, los jergones a la jergonería, y las tablas y bancos, con la ropa usada o sucia, a su guardarropa. En todo caso, era responsabilidad de los enfermeros de guardia, ayudados por los mancebos, sacar a los difuntos de su quadra al tiempo correspondiente y llevarlos en las andas a las capillas, así como bajarlos a la iglesia en el féretro, «y de allí al cementerio, si en él se enterrasen, y volver el féretro a su lugar…»

También la gestión referente a los refectorios había evolucionado. Era el llamado «padre del refectorio» el encargado de cuidar de la ropa de las mesas de ambos refectorios. Debía estar presente a las once y a las siete en el refectorio de los enfermeros para darles la comida y cena a los mozos de labor, a los colchoneros, albañiles, carpinteros, cajeteros, etc., y a las horas que comiere y cenare el mayordomo… Los días de ayuno debía poner «una redomita con un poco de aceite y otra con vinagre en la mesa de los sacerdotes, y otras en las mesas de los enfermeros…»

Los trabajos auxiliares correspondían principalmente al «chico del refectorio», quien debía ocuparse de subir el agua del aljibe para los sacerdotes o bajar el puchero del pasionero de guardia, como también el del procurador de muertos. Otras funciones eran traer la nieve para ambos refectorios o bajar la comida al capellán de la Virgen, regente del libro, sacristán menor y limosnero, si fuere a la hora a comer y también la ensalada de la cocina, cuando la daba la casa. Además, a los sacerdotes que tenían su vivienda abajo, debía hacerles las camas, mientras correspondía al chico de unciones hacerlo para «los del claustro de arriba» –detalle que corrobora la disposición de esta zona residencial en dos niveles–. Otras tareas auxiliares las realizaba el «criado del vehedor», quien

debía subir por la comida para alguno de los tablajeros o enfermeros que habían llegado tarde al refectorio, salvo que ya se hubiera «dado gracias en el de los sacerdotes, que si se hubieren dado, no deberá subir por ella, ni el cocinero entregarla, si no es con licencia del vehedor; y si esta no se diere, irá a la contaduría a descontarla». Otras obligaciones a su cargo eran «escobar el refectorio de los enfermeros todos los días o cuando hubiere necesidad», encender «al toque de oraciones las lámparas del claustro» y limpiarlas todos los sábados. Por descontado, también debía prestar asistencia a la mesa del mayordomo vehedor, en la comida y cena, hacer las sopas, bajar la comida, limpiar los vasos y hacer lo que el vehedor le mandare en su cuarto.

7.2.3. El Hospital en la segunda mitad del siglo XVIII

Todos los datos parecen señalar cómo fue aumentando el número de personas asistidas a lo largo de la segunda mitad del setecientos, dándose puntas de ocupación durante las epidemias que asolaron la ciudad. El recinto del Hospital sufría un desgaste continuo de sus instalaciones, siendo precisas constantes obras de conservación y mejora. De las noticias proporcionadas por Fernández Doctor pueden destacarse algunas actuaciones en los edificios del Hospital, que seguidamente se relacionan.

Constan obras de remozamiento de varios espacios, como la escalera principal, que se rehizo nueva en 1755, toda de madera, entendiéndose que se realizarían de carpintería los peldañeados y antepechos, con sus balaustradas. O la colocación de cantería para guardar las columnas del patio principal, cuya actuación se concluía el 17 de junio de 1767. En ese mismo año, el 6 de abril, fueron terminados los aljibes de uso exclusivo para la toma de agua de la cocina principal, y a mediados de diciembre se terminaban las obras realizadas en las bodegas. En un documento[432] del 6 de junio del año siguiente consta que se había construido un almacén para depositar la harina de las molinadas del Hospital. Además, lógicamente, se hicieron numerosas actuaciones en

432 AHN Consejos leg 19256 n.º 12 fols 220-222.

las quadras. «En todo este movimiento de modernización de las dependencias del Hospital –señala Fernández Doctor– se van a ir incluyendo otras salas, como las del Arzobispo, la del Rey, la de Calenturas de Primeras, de Segundas, y en fin, las salas de Cirugía. En ellas se colocan solerías, se enlucen a arreglan las paredes y se ponen cielos rasos. Estos últimos trabajos ya terminados se comunicaron en la Sitiada del 31 de agosto de 1769».

También fueron mejoradas algunas zonas residenciales, y así, según consta en el acta de la Sitiada de 5 de junio de 1759, fueron construidos nuevos cuartos de habitación de los clérigos. En 1768 fueron remodelados los refectorios, actuación que consta en la Sitiada del 23 de julio. Así, se rehizo el llamado refectorio de los eclesiásticos, mejorando sus condiciones, colocándose solados y cielo raso nuevos, mesas nuevas y ventanas abiertas al mediodía. Además, dadas las incomodidades derivadas de no disponer cocina propia, quejándose los eclesiásticos de «la poca atención que se tenía en la cocina general de la casa con sus gustos y sensibilidades culinarias», se habilitó una cocina particular –que diponía una pequeña ventana de comunicación– tomando el espacio del refectorio «de los practicantes cirujanos, pasando éstos a otro refectorio separado de allí».

Pero las obras más importantes de aquel período debieron ser las destinadas a los enfermos dementes, cuyas instalaciones debían estar obsoletas, sin la comodidad y seguridad necesarias para la época. Siguiendo con las mismas fuentes, en la Sitiada que tuvo lugar el 21 de agosto de 1762 fue registrada la finalización de las obras de construcción de unas nuevas salas para los hermanos locos. Aunque desconocemos los detalles, parece ser que se trataba de un pabellón de nueva planta con capacidad para 100 o 120 enfermos, probablemente edificado reconstruyendo en todo o en parte las antiguas instalaciones y ampliándolas en el área libre disponible junto a ellas. Si bien en el programa apenas existían novedades, sí parece que los espacios contaron con más desahogo. Las nuevas dependencias comprendían una sala bien ventilada destinada a dormitorio y otra sala cubierta de recreo, «para espaciarse», añadiéndose dos corrales más para este menester. Además de es-

tas salas, las instalaciones contaban con un «calefactorio», provisto de su jaula de hierro, para evitar que los dementes pudieran quemarse, con bancos alrededor, y con las correspondientes letrinas. También disponían de «gavias» para recluir a los llamados enfermos «furiosos». Por último el edificio contaba con habitaciones independientes para enfermos distinguidos y con los correspondientes espacios de servicio, como el guardarropa, el refectorio o la cocina, además de los aposentos de los padres que cuidaban de los dementes. Aquella obra, «sin contar los materiales y trabajo que los empleados de la casa hicieron, había costado 1.192 libras, 8 sueldos y 5 dineros»[433]. Del mismo modo debió suceder con las dependencias que disponían las hermanas dementes, reedificándose con las mismas condiciones que las de los hombres, con capacidad para 120 o 140 mujeres, las cuales entraron en servicio el 21 de julio de 1764, habiendo costado a las arcas del Hospital 1.317 libras, 7 sueldos y 12 dineros.

Algunos de los detalles de aquellas quadras de los hermanos locos se recogen en un documento de 1784 denominado *Noticia y razón del cómo se tienen, asisten y tratan los dementes de ambos sexos en el Hospital de Zaragoza*, publicado por Gimeno Riera y que reproducimos a continuación:

Hay dos departamentos bastante separados, el uno para hombres y el otro para mujeres; ambos están sobre tierra firme procurando evitar la humedad. Para los furiosos hay número de gavias, unas de madera y otras de yeso y ladrillo; éstas arrojan más hedor, pero son más frías y por eso convienen más para el verano. Se hallan contiguas y en línea recta, según la disposición del terreno. Su altura es la que basta para que no se puedan llegar a la cubierta con las manos, esto es, unos doce palmos; y su anchura, en cuadro, seis palmos, arrimado a la pared por la espalda. Están alzadas del suelo, sobre sus listones, tres o cuatro palmos, y a esta distancia tienen el pavimento entablado de tablones gruesos con una puerta bien doble, con cerradura de hierro

433 Fernández Doctor (1987).

por fuera. En dicho tablado, que se extiende ante la puerta y próximo a ella, hay un agujero redondo, como de privada para hacer sus necesidades. Encima de la puerta o en ella hay una ventanita con una reja de hierro de un palmo, poco más o menos, para la ventilación correspondiente y algo de luz. A un lado de la gavia, y por debajo, hay un agujero proporcionado para poder entrar una cazuela para la comida y bebida. Se tiene el cuidado de que el tablado esté limpio, mullido con paja larga que se les remueve frecuentemente, para que puedan dormir con limpieza. Los dementes que no hacen daño pero que no sufren ropa por hacerla pedazos están con sus sacos de terliz en corral espacioso con paredes altas y lavadas para que no puedan subir por ellas, y allí toman el sol en el invierno y la sombra en verano; pero si llueve o hace mal tiempo se retiran a salones espaciosos que hay para eso.*

Cada departamento tiene su calefacción para tiempo de invierno: en medio de la pieza hay un hogar circunvalado con sus rejas de hierro en cuadro, que asemejan a una gavia con su puerta para echar leña y con el intervalo de dos palmos tiene otro rejado, también de hierro para que no puedan alcanzar el fuego cuando se calienten alrededor... El dormitorio para estos dementes es un salón sobre techo, está todo entarimado con tablas comunes, algo separadas entre sí, por si se orinan, y colocadas sobre pies de medio palmo de alto y a lo largo y ancho, en disposición de que un hombre los pueda levantar para barrer el piso por debajo. Encima de la tarima se pone la porción de paja larga que basta para que puedan dormir con comodidad. Para los dementes más dóciles y que se acomodan a ir vestidos se tiene para dormitorio un salón con sus filas de camas, compuesta cada cama de dos bancos de hierro o madera con sus tablas, un jergón de paja, un colchón de lana, dos sábanas de lino, un cabezal, y una o dos mantas, según el frío del sujeto...

Los dementes estaban atendidos por personal médico propio y se habían mejorado las instalaciones con una zona de baños: *El Hospital tiene dos médicos principales con ración y salario, además de dos velantes: Aquellos tienen la obligacion de visitar, uno en el departamento de mujeres y otro en el de hombres... en tiempo de verano, a los tiempos y*

Francisco de Goya: *Corral de locos*, 1794.

sujetos a cada médico, se les hace bañar en aljibe que hay para eso, estando siempre a la vista el que los cuida. A estos efectos se detalla que el personal de vigilancia se compone de un padre vigilante mayor y varios padres menores; y un eclesiástico destinado para velar que los locos sean asistidos con puntualidad. Las locas tienen un padre mayor y la mujer de éste que sirve de madre principal y dos madres inferiores.[434]

434 Gimeno Riera (1907) pp. 21-24; Fernández Doctor (1987) pp. 270-271.

La disposición espacial de las dependencias todavía se define mejor en el llamado informe Iberti. Este médico francés elaboró, a solicitud del Comité de Mendicidad de la Asamblea Constituyente, un breve texto titulado *Détails sur l'hôpital de Zaragoza en Espagne, destiné au traitement des fous ou maniaques*, que después, en 1791, se publicaría en París en *La médecine éclairée*[435]. En dicho escrito, una vez expuestos ·los objetivos generales del establecimiento zaragozano, en el que se atendían a cualquier clase de enfermos, se indica que también son atendidos los dementes, los cuales, en número de unos trescientos, están instalados en sendos departamentos de hombres y mujeres, completamente separados del resto.

El local –señala el informe Iberti– *está cerrado por un pórtico que abarca todo el departamento, cuya puerta está siempre cerrada y guardada por uno o dos porteros. Por ella se entra a dos grandes salas; una sirve de refectorio y otra de paseo o galería. Se pasa después a un gran patio donde se puede disfrutar del sol y respirar aire. De otro lado, se encuentra una sala circundada de setenta jaulas, de las que cada una es suficiente para una cama. Las paredes y techos son sólidos y las puertas y las cerraduras hechas de manera que resistan a la furia de los locos. Los suelos de esta jaula están elevados un pie y medio, habiéndose practicado un agujero para servir a sus necesidades diarias. En la puerta existe una pequeña ventana, por la cual se les da de comer. No cuentan con otra cama que un lecho de paja o peladuras de habichuelas. Las jaulas se limpian por debajo y por dentro todos los días. Cada loco tiene dos jaulas para hacerle pasar de una a otra mientras se las limpia.*

Hay también una gran sala con una chimenea en medio, cercada con verjas a fin de que los locos puedan calentarse sin exponerse a quemarse. En este lugar, hay una sala donde duermen todos aquellos que están desnudos. El tubo de esta chimenea forma una especie de estufa que calienta el dormitorio general del segundo piso, donde se hace dormir a todos los que están tranquilos. Cada uno tiene su cama que está formada por dos bancos, tres tablas, un jergón, las sábanas de cáñamo, dos cubiertas y una almohada. Por encima de este segundo piso hay un tercero, dividido en pequeñas habitaciones, suficientemente grandes para tener una cama, cuatro sillas y una mesa. Es en estas habitaciones donde se alojan las personas de distinción, las cuales pueden tener con ellos un doméstico; a menudo hay uno para cada dos o tres locos... Tienen cada uno su chimenea y se pasean de cuatro en cuatro...[436]

Todo parece indicar que las ampliaciones consistieron en la elevación de una planta adicional en el bloque principal y en la edificación de un pabellón para enfermos furiosos donde estaban instaladas las setenta gavias –«jaulas cuadradas de madera, suspendidas a lo largo de los muros» y «muy pequeñas», como narrará Lejeune[437]–. El resto de los espacios, aunque fueran reconstruidos, no dejaban de ser similares a los ya existentes con anterioridad. De este modo, el manicomio de hombres comprendía un sector central donde se encontraba la portería y puesto de control, desde el que se accedía a las dos salas de estancia, una de ellas que se utilizaba también como refectorio y otra de esparcimiento en forma de galería cubierta. Junto a ellas estaba un gran patio al aire libre y más allá del mismo el pabellón de las gavias. Por otro lado estaba el pabellón de dormitorios, dispuesto en tres alturas. En la planta baja estaba la gran sala con su chimenea enjaulada donde dormían los desnudos, en la intermedia el dormitorio de los tranquilos, con sus correspondientes camas, y en la planta alta la residencia de enfermos distinguidos con las habitaciones para los criados. A este programa deben añadirse los espacios auxiliares de cocina, guardarropa, letrinas, etc., así como los aposentos de los padres y personal de atención a los dementes.

La terapia básica comprendía la actividad laboral de los enfermos como fórmula de integración y sanación, de modo que el informe «detalla los trabajos en los que se emplea a los locos: limpiar la casa, llevar el agua, el carbón, la leña, la botica, cosechar, trillar, vendimiar, arrancar las malas hier-

---

435 Cfr.: Sanjurjo y Paz (2013) pp. 83 y ss.; Diéguez (2001) pág. 133; Fernández Doctor (1987) pp. 271-272.

436 Iberti (1791) pp. 315-318.

437 Lejeune (2009) pp. 38-39.

bas, transportar a los enfermos y heridos»[438]. A este respecto Fernandez Doctor ha analizado las tareas que, a lo largo de esta centuria, les fueron encargadas con asiduidad. Por ejemplo, en la época de la Visita de 1728-1730 se encontraban en los siguientes puestos para hombres: dos en la cocina; uno en el refectorio; dos en el horno; tres ayudaban al albañil; dos molían y cernían el yeso, seis trabajaban en el abejar y tres en la Torre. En cuanto a las mujeres dementes, había una hilando en la «pelagria», una en el abejar, dos en la Torre y otra cuidaba gusanos de seda en la misma Torre. Además de estos puestos era habitual que los dementes se hicieran cargo de tareas domésticas como la impieza del Hospital o recoger flores para la botica.

Así mismo en los años sesenta se constata que se mantiene la misma clase de trabajos. «Muy de mañana eran ellos los que barrían la luna y los claustros del Hospital. También en el reposte había un demente encargado de la limpieza y subir agua... Además, los locos menos furiosos eran los encargados de limpiar los vasos y lo demás necesario en las quadras de los hombres enfermos a primera hora de la mañana, mientras que en las quadras de las mujeres lo hacían las criadas... En 1767 y 1768 también otros trabajos eran desempeñados por dementes: dos dementes hombres asistían con continuidad al horno... también dos hombres dementes y dos mujeres asistían a la cocina... una o dos dementes ayudaban a la madre en el gallinero...»[439]

Como señaló López-Ibor, el planteamiento terapéutico del hospital zaragozano tuvo una enorme difusión en Europa gracias a la valoración de algunos psiquiatras como Philippe Pinel, quien en su *Tratado de la Manía*, de 1809, refería que «tenemos que envidiar a una nación vecina un establecimiento que no sabré alabar debidamente, y que es superior a todos los de Inglaterra y Alemania. En efecto, España tiene abierto en Zaragoza un asilo para todos los enfermos, y especialmente para los locos de todos los países, de todos los gobiernos y de todos los cultos, con esta sencilla inscripción: *Urbi et orbis*. El trabajo mecánico no ha sido el solo objeto de la atención de los fundadores del establecimiento, sino que han buscado además una especie de contrapeso a los extravíos del alma, en el deleite que inspira el cultivar los campos, valiéndose del instinto natural que induce al hombre a hacer fecunda la tierra y a socorrer de este modo sus necesidades con los frutos de su industria. Desde por la mañana se ve que unos desempeñan los oficios serviles de la casa, otros van a sus respectivos talleres y el mayor número, repartidos en cuadrillas bajo la dirección de capataces inteligentes e instruidos, se distribuyen alegres por varias partes de un vasto recinto anejo al Hospital. La jornada transcurre en una actividad continua, interrumpida solamente por intervalos de descanso, y la fatiga procura el sueño y la calma en la noche. Nada es más frecuente que las curaciones que tienen lugar por esta vida activa. La experiencia más constante ha enseñado en este hospital que éstos son los más seguros y eficaces medios para curar un loco...»[440]

A las actividades señaladas debe añadirse la participación de los dementes en las obras de construcción o reforma de los edificios. Gimeno Riera[441], al tratar el tema de la fórmula terapéutica puso de manifiesto la existencia de un documento poco posterior que estaba relacionado con estas prácticas. En la *Instancia manuscrita de los regidores del Hospital dirigida a S.M. en súplica de que se suspenda toda diligencia relativa a la venta o enajenación de las fincas que posee el mencionado Hospital, en el año 1805*, se recoge, por una parte, la disponiblidad de cierta superficie de terreno con la que había ido contando el establecimiento tanto para construir nuevas edificaciones destinadas a incrementar sus rentas como para la ampliación de sus propias instalaciones. Así, refiere que «el Hospital posee casas en su inmediación, no solo para el objeto de la renta que producen, sino para tener siempre a la mano la proporción de dilatar su edificio y formar nuevas salas para los enfermos, como se ha verificado en estos últimos años», una cuestión en la que, muy posiblemente, se estuviese aludiendo a las modernas dependencias de las hermanas dementes. Pero además indi-

438 Sanjurjo y Paz (2013) pp. 83 y ss.
439 Fernández Doctor (1987) pp. 288-291: Trabajo de los dementes.
440 López-Ibor (2008) pp. 7-8.
441 La procedencia del documento la adscribe Gimeno Riera (1908, pp. 32-33) a la biblioteca de Álvaro de San Pío.

Francisco de Goya: *Casa de locos*, 1814-1816.

ca, con carácter general, lo que servía para justificar aquella petición, que «desde el tiempo más antiguo se halla adoptada la costumbre de destinar a los dementes, cuya situación lo permite, unos a las tareas del campo, otros en las obras de los edificios, otros en las faenas interiores de la Casa, graduando la prudencia de los directores el estado y fuerzas de cada uno.... La experiencia en siglos enteros ha enseñado al Hospital que los dementes destinados a estos objetos logra volver en su razón...»

Exceptuando los furiosos, que siempre estaban en las gavias, los enfermos que no podían prestar servicios solían permanecer, mientras el tiempo lo permitía, en los corrales abiertos, edificados con «paredes altas y lavadas para que no puedan subir por ellas». Allí los dementes, vestidos con sus sacos de terliz, tomaban el sol en el invierno. Una imagen de aquel espacio nos la proporciona el célebre cuadro de Francisco de Goya *Corral de locos* que a través de una cita puede identificarse con el manicomio de Nuestra Señora de Gracia: *Tengo igual satisfacción* –escribe Goya a

Bernardo de Yriarte el 7 de enero de 1794– *de que queden los cuadros en casa de VSI todo el tiempo que guste y de concluir el que tengo empezado que representa un corral de locos y dos que están luchando desnudos con el que los cuida cascándoles, y otros con los sacos (es asunto que he presenciado en Zaragoza)...*[442]

Efectivamente, Goya debía conocer de primera mano aquellas instalaciones, en las que debió estar en alguna ocasión al parecer para realizar alguna visita a cierto pariente. En la pintura están dos personajes desnudos en plena lucha mientras el vigilante les corrige con una vara. Entre los demás personajes, en su mayor parte tocados con el saco de terliz, se distingue, de espaldas, un loco vestido con la librea verde y marrón, el atuendo con que se les uniformaba a los enfermos más dóciles. La expresión de los rostros expone la fórmula ya romántica de la pintura que Goya realiza en sus cuadros de temática libre. No será la última vez que recurra

442 Fernández Doctor y Seva Díaz (1997) pág. 81.

a la temática de los poseídos por la locura, pintando una *Casa de locos* en los años siguientes a la Guerra de la Independencia, plasmando un desdibujado interior con arcos, tal vez en un ambiente que le recordaba alguna de las salas de Zaragoza, en el que nuevamente los dementes, muchos de ellos desnudos, hacen muecas y presentan los gestos y rostos del delirio.

Una vez concluídas las nuevas dependencias de los enfermos dementes, el estado del Hospital de Gracia consta en un documento que obra en el Archivo de la Diputación Provincial de Zaragoza, fechado el 18 de junio de 1768: *Noticia de la fundación del Hospital en preguntas y respuestas; y de todos los demás hospitales de Zaragoza*[443]. Se trata de un informe en el que se atienden diez aspectos generales del Hospital, certificado por el secretario de la Casa, Juan Francisco Calvo y Cavero, y conformado por los sres. regidores en la junta celebrada en esa fecha, por tanto un descriptor interesante del que entresacanos algunos párrafos que nos ayudan a dibujar un panorama general del mismo.

En el apartado *Fundación y estado del Hospital de Gracia* se señalan algunas carencias cuyo origen se achacan al emplazamiento, pues había quedado rodeado por la ciudad en su crecimiento: *La situación es con poca diferencia al centro de la ciudad, a causa de que aunque en lo antiguo estaba al extremo de ella por la parte de mediodía, después se ha ampliado la ciudad, y por esta razón no tiene el exceso de ventilación que sería muy importante, pero se procura corregir esta falta por todos los medios posibles, y tiene fuera de la ciudad un fosar para exonerar a sus tiempos las cisternas de la iglesia y cementerio, y se ha pensado para cuando haya caudales ver el modo de traer agua corriente para mudar los puestos comunes y procurar la mayor purificación y limpieza de la casa.*

Al tratar el tema del Patronato refiere que *el patrón, como se lleva dicho, es el Rey n.º Sr. y dice sujección inmediata a la Cámara de Castilla y a la sede apostólica y por bula de la Santidad de Pablo IV confirmatoria de igual exemción del*

Santísimo Pontífice Clemente VII fueron nombrados conservadores el Ilmo. Sr. Arzobispo de Zaragoza, el Auditor de Cámara o su teniente, y el tesorero de la Iglesia metropolitana de dicha ciudad. En cuanto al Gobierno, se señala que *en lo espiritual y temporal está cometido a los sres. regidores que nombra S.M., que son dos clérigos, el primero dignidad, el segundo dignidad también o canónigo de esta Metropolitana, y cuatro seculares de la primera nobleza de la ciudad, que actualmente lo son los sres. don Josef Garcés de Marcilla, arcipreste de Santa María, don Juan de Benito, arcipreste de Daroca e Inquisidor de este Reino, el conde de Plasencia, el de Sástago, el Barón de Purroy y el conde de Sobradiel. A ello se añade que los sres. conde de Fuentes y marqués de Campo Franco, ausentes, se hallan con la calidad de regidores y pueden ejercerla siempre que vinieran a Zaragoza, no obstante haberse nombrado otros en su ausencia. El nombramiento en caso de vacante lo hace S.M. a consulta de la Cámara, precedido informe secreto del Sr. Arzobispo y el Real Acuerdo.*

Seguidamente se aborda el tema de la siempre deficitaria Renta del Hospital, informándose que *el gasto cursado, según quinquenio desde 1762 hasta 1766 inclusive, ascendió al importe de 41.289 escudos de plata anuales, de los que se deben bajar 7.300 escudos que se ha hecho cómputo gastaron los soldados enfermos que se admiten en dicho Hospital y en el caudal lo recibió de la Real Hacienda, con que resulta que el gasto que líquidamente gastaron los pobres enfermos, dementes, niños expósitos, y dependientes en cada uno de dichos años fue 33.989,18 escudos de plata. La Renta fija del Hospital es 23.187 escudos de plata (sus cargos ordinarios son algo más de 2.000 escudos) de cuya cantidad, hasta el cumplimiento de los referidos 33.989,18 del gasto, en que también se incluye el pago de los cargos, rentan 10.802,10 que se compone, a saber: 5.344 de renta contingentes de dicho Hospital y cobranza de débitos atrasados y las 5.457 restantes procedidas de limosnas, píos legados e industria de la Casa. Por manera que aun en estos años de moderado gasto por haber sido limitado el número de enfermos, ha necesitado el Hospital que viniese puramente por medio de la Providencia Divina casi la sexta parte de lo necesario para su*

443 Archivo DPZ, Caja 46, Carpeta n.º 1. Ver Apéndice V.

gasto. Y lo que comúnmente se computa que le falta a este Hospital para poder conllevar los gastos, un año con otro, es de ocho a diez mil escudos de renta y esta es la causa por que frecuentemente se acude al Rey n.º Sr. pidiendo socorros y arbitrios y aun licencia para vender los bienes del Hospital, como sucedió el año de 1754 por estar la hospitalidad abrumada de deudas y empeños, y sin caudal para mantener abiertas sus puertas al común consuelo.

En relación a las personas ingresadas y atendidas en el establecimiento, se indica que el Hospital *admite a todos los enfermos de ambos sexos sin excluir nación ni enfermedad alguna. Así, los enfermos que entran en años regulares son de seis a ocho mil y en los años de epidemia o enfermedad notable pasan de doce mil.* Precisa que *en el día que se da esta noticia existen 603 enfermos, con inclusión de 223 dementes, los 100 hombres y las 123 mujeres, sin comprender los soldados.* Cuestión aparte son los niños expósitos, informando que los *que servían en Zaragoza y lugares del Reino por cuenta del Hospital General (que se admiten también de todas partes sin distinción alguna) son regularmente de 800 a 1.000, y el Hospital paga sus alimentos hasta que tienen la edad de cinco años y después se los quedan sin premio los propios que han corrido con su crianza, según se observa comúnmente, pero tienen siempre libertad para volverlos, y el Hospital los admite y mantiene hasta que haya quien los lleve de nuevo, pagando si no hubieran cumpido los cinco años, y si los hubiera cumplido ha de ser de caridad, o se pasan al Hospital de Misericordia, quien los destina a oficio.*

En relación a la alimentación de los enfermos se dice que se da *por la mañana, para desayuno, lo que disponen los médicos, que regularmente es caldo o bizcochos en vivo, a las siete en verano y a las ocho en invierno; a la comida, los enfermos de calenturas de ambos sexos, caldo de buen carnero y gallina, cinco onzas de carne y caso de no poderla comer un par de huevos, o lo que los médicos disponen, cuatro onzas de pan, o en su caso, un par de bizcochos, cuatro onzas de vino y media de garbanzos; y lo mismo a la cena... tiempos a las seis de la tarde, y la comida a las diez. A los enfermos de cirugía se les da lo mismo, a diferencia del pan que es cuatro onzas más. A los adinerados se les da*

dos pares de bizcochos, ocho onzas de vino y caldo. A los locos se da a la comida caldo, cuatro onzas de carne, doce onzas de vino y doce onzas de pan y unos pocos garbanzos o judías, y a la cena lo mismo, a diferencia del vivo que es cuatro onzas menos. A las locas se da la comida caldo, cuatro onzas de carne y ocho onzas de vino y doce onzas de pan, y a la cena lo mismo.

Seguidamente da relación de las quadras o enfermerías, haciendo mención de las recientemente construidas: *Las salas de enfermos, a más de las dos habitaciones nuevas que se han hecho de planta para locos y locas, son 17: las 4 de soldados y las 13 de paisanos.* De éstas últimas, las quadras de hombres son *la sala alta para enfermos de cirugía; San Miguel para cirugía; Santas Cruces para cirugía; la del Rey para calenturas; la del Sr. Arzobispo para calenturas; la de Tiermas para enfermos de distinción; la de Tiña para hombres.* Añade que *además de estas salas hay departamento para la curación del morbo gálico.* En cuanto a las quadras de mujeres, son *la de Cirugía; la de Primeras para calenturas; la de Tiñosas; la de Preñadas próximas al parto, Convalecientes; la de Amas y niños expósitos.* Indica, además, que *hay también una separación para poner las enfermas de la Casa de la Galera.*

Considerando que están identificadas las quadras de paisanos hombres, puede deducirse que las cuatro enfermerías de soldados debían corresponder a las dos salas existentes en la planta baja –bajo el salón y la quadra del Rey– más otras dos ubicadas en la planta principal y que debían ocupar la mayor parte de las alas occidental y septentrional.

En cuanto a la capacidad de las enfermerías, el informe señala que *estas cuadras son bastantes para los enfermos que llegan, pero si vienen con exceso se pone crujía o líneas de camas por medio de ellas. Y por disposición de la Cámara, a instancia de los Sres. Comisionados de Visita del Real y General Hospital (en que actualmente se entiende), se tiene ya ideada la formación de las salas para separar los éticos de ambos sexos que hasta ahora se han tenido en las salas de calenturas, aunque con nichos separados.*

Una vez descritas las salas, el informe se ocupa del personal con que contaba el Hospital de Gracia, comenzando por los

22 eclesiásticos. Había ocho pasioneros o penitenciarios –cinco de lengua castellana, y tres que hablaban la francesa, la italiana y la vascongada, respectivamente–, los cuales debían *tener licencia de decir misa y confesar del Ilmo. Sr. Arzobispo, y se admiten por examen de oposición en concurso que se hace en presencia de la Sitiada por dos examinadores sinodales, y sirven para estar siempre día y noche dos de ellos de guardia, para acudir a la asistencia y consuelo espiritual de los enfermos; especialmente para auxuliarlos a la hora de la muerte y aplicarles la Santa Unción.* Otro cargo era el del vicario, el cual, además *de las obligaciones de la iglesia y cuidado del clero, cumple con la de ministrar el viático a todos los enfermos, alternando por semanas con su coadjutor, y tiene el cuidar de confesar muchos enfermos, contestarlos y preguntarles la doctrina cristiana, bautizar los expósitos, etc.* Además había un confesor de nuevos entrantes, el cual tenía *la obligación de oir las confesiones de todos los enfermos que entran en el Hospital, luego que visten, disponerlos para ellas y hacer algunas pláticas en las salas y si entran en número excesivo se le asigna ayudante.* Todos estos cargos –vicario, coadjutor y confesor– se admitían por oposición. El resto de los clérigos estaban *destinados para el servicio de otros ministerios y culto divino en la iglesia, donde hay dos sochantres y se celebra a manera de colegial, aunque su sacristía está bastante necesitada de ornamentos y jocalías por la pobreza del Hospital.*

La práctica señalaba que *todos los lunes del año hacen confesión y comulgan los enfermos de una sala por su orden. Para esto concurren a ayudar la [de] los locos de la casa algunos PP. Dominicos, que regularmente son cuatro voluntariamente, y por caridad, y de la misma suerte, tres o cuatro padres sacerdotes del Seminario de esta ciudad, los cuales también exhortan a los pobres enfermos y les hacen pláticas; y no solo usan de esta caridad los lunes destinados para este fin, sino que es que unos y otros divididos acostumbran venir diariamente a consolar y visitar los enfermos. También concurren un rato diariamente un Padre Agonizante para ayudar a bien morir, y aplicar la indugencia. A las horas de cenar los enfermos vienen algunos Sres. sacerdotes seculares a animarlos y suministrarles el alimento.*

Seguidamente se informa de los llamados asistentes, indicando en primer lugar los que vivían fuera del Hospital, que tenían salario pero no se les daba ración: *ocho médicos maestros colegiales... y cuatro maestros colegiales cirujanos.* Los demás vivían dentro de la casa: *dos médicos velantes, cincuenta y dos practicantes de cirugía destinados para el cuidado y servicio de los enfermos inmediatamente, trece hombres con título de asistentes para la limpieza y ejercicios más bajos de las salas, diecisiete madres y criadas para el servicio y cuidado para las salas de mujeres, once amas de niños expósitos, un maestro regente de la botica y ocho practicantes de ella.*

Todo el personal de oficios y servicios, los llamados dependientes, era el más numeroso. *En suma, en las porterías, asistencia de locos y locas, empleo de lavar la ropa, obras, carpintería, gallinería, despensa, colchonería, horno, bodega, refectorio, cocina, labranza y cuidado de ganado, y otros servicios semejantes, se emplea el resto de criados que el Hospital necesita y tiene con salarios muy limitados, y la comida y el número de todos los sirvientes de dentro de la casa, en el día que se da esta relación es 203, que todos se consideran precisos.*

Finalmente se anotan los cargos directivos, indicando que *para la dirección de las oficinas principales hay un contador mayor y un secretario de la Sitiada que los nombra S.M., un tesorero general, dos oficiales de la contaduría, un agente de pleytos aquí, y otro en la Corte, y un administrador de los graneros que los nombra la Sitiada, todos con salarios limitados a excepción del contador mayor, que sirve sin salario como los Sres. regidores y viven fuera de la casa sin ración alguna.*

7.2.4. Reconstrucción y ruina de la casa de comedias

Como se describió más arriba, el edificio del teatro del Hospital había sido objeto de una «reedificación» en 1692 en la que, aun habiéndose reconstruido importantes sectores y diferentes elementos, se respetó la composición general precedente, conservándose buena parte de las estructuras primarias. Una de las principales novedades fue la incorporación de una puerta central, entre las dos existentes en el

Coso, por la que se accedía directamente a la platea. Sin embargo, como decimos, siguió manteniéndose la organización básica de las plantas, reservándose los palcos de autoridades sin apenas alteración respecto del reparto tradicional observado durante la centuria anterior.

En el funcionamiento del teatro, por consiguiente, apenas hubo cambios. El protocolo en aquellas fechas fue relatado por el secretario del concejo, Lamberto Vidal, en sus *Políticas ceremonias de la Imperial Ciudad de Zaragoza*, de 1717, donde escribe: «Siempre que se han de representar en Zaragoza comedias se pide a su Ayuntamiento licencia por el Santo Hospital de Gracia, por ser suyos los patios donde se representan; y concedida que es, se nombra un caballero regidor para que las reconozca y registre, y con su aprobación se representen. Repártense las puertas de dichas casas entre los mazeros y porteros, a fin de que con su asistencia se eviten inquietudes y en el patio haya silencio. Señálase por la Ciudad la hora en que se han de representar, y a esa misma concurren en el aposentillo suyo el Sr. corregidor y tres caballeros regidores que van alternando por semanas y por antigüedad, o como a la Ciudad le parece. Y en estando retirados en dicho aposentillo, en apareciendo hay concurso competente, se avisa por un ministro se dé principio a la comedia; y en saliendo los instrumentos al tablado, sale la Ciudad, como a vista del pueblo, y se sienta en unas sillas; tiénese brasero para el invierno, el que para encenderse corre de cuenta del mimistro que cuida la puerta, quien concluida la función, si es de noche, baja alumbrando a la Ciudad con su hacha, hasta que toma sus coches»[444].

Siguiendo la misma tendencia que en el precedente, en el setecientos se fueron sucediendo distintas intervenciones en la casa de comedias hasta una segunda y definitiva reconstrucción. Un primer ajuste tuvo lugar en 1729, cuando se dispuso la instalación de un banco en la platea, delante del escenario, destinado a personas de distinción. La colocación de este banco para «la honestidad religiosa» –señala Fernández Doctor–, conllevó que se circundara el tablado «con un cercadillo de alto de una tercia»[445]. Pero la primera obra de cierta entidad fue la habilitación de sendos locales de servicio en la crujía de la fachada del Coso, reforma realizada por los arquitectos Francisco Velasco y Julián de Yarza y Ceballos[446], y que obedecía a la licencia para abrir una botillería concedida el 30 de julio de 1745. Poco tiempo después, el Hospital decidiría hacer más atractiva y moderna la fachada de la casa de comedias, impulsando unas obras de reforma y embellecimiento de la austera edificación renovada en 1692, cuyo alzado –como se indicó más arriba– respondía a la unificación exterior de los bloques del teatro y el mesón. Así, en 1753 sería remozada dicha fachada pintándose toda ella al fresco, decorándose en la coronación de su cuerpo central por tres estatuas de mármol que representaban las emblemáticas figuras de Augusto, Alfonso I y Alfonso V[447]. Según Martínez Herranz, con la evocación de los respectivos impulsores «de la creación de la ciudad, de su conquista en el siglo XII y de la fundación del Hospital en el siglo XV... se dotaba de una categoría simbólica a la entrada del coliseo que, de este modo, reforzaba su valor como edificio representativo dentro del marco urbano»[448].

Este sentido escenográfico tan propio del urbanismo barroco fue objeto de una nueva propuesta presentada sólo cuatro años después por la que se pretendía extender la unificación del tratamiento de fachada a la llamada Casa del Coso. Así, el 8 de agosto de 1757, el marqués de Camporreal, comisionado por la Sitiada, solicitaba al Ayuntamiento «formar otra fachada igual a la de las casa de comedias en las que el Hospital posee en la isla que habita D. Joaquín Navarro, para cuyo fin se hace preciso atraerlas a la igualdad de una línea proporcional con las de las comedias y volar un arco desde éstas a aquéllas salvando la calleja que media,

444 González Hernández (1986) pp. 24.

445 Fernández Doctor (1987) pp. 146-147.

446 Martínez Herranz (1996). Ver también Laborda (1989, pág. 84). Según este autor, el cliente particular más importante de estos arquitectos resulta ser el Hospital de Nuestra Señora de Gracia. Por encargo de éste construyen las tiendas de la planta baja de la casa de comedias en la propia calle del Hospital (sic); constuyen dos casas en la calle de la Victoria y, finalmente, edifican catorce casas a partir de las salas del propio Hospital.

447 Solano y Armillas (1976) pág. 354.

448 Martínez Herranz (1996).

todo a mayor hermosura del Coso y con la debida simetría». El concejo –según Giménez Soler[449]– delegó el asunto en un regidor, el cual elevó el siguiente informe: «El Hospital levantará la pared en línea recta desde la esquina de la casa de comedias hasta la esquina que hace frente a la calle de San Andrés; quedará más hermosa la calle del Coso por quitarse la rinconada que hoy la afea y más construyendo el frontis de dicha fábrica uniforme al que construyó en la casa de comedias». Se prescibía además «la condición de que los dos arcos que ha de construir en la entrada y salida de la calle que hay detrás de dicha fábrica o isla de casas quede a la misma anchura que hoy tiene y que los arcos sean de la elevación de altura correspondiente a no embarazar la entrada de un estandarte, y el fondo de ellos no exceda de doce varas para no impedir la luz de la entrada de los aposentos de la casa de comedias».

Aunque se desconocen las consecuencias de la propuesta, la información disponible –el cuadrito del *Incendio del Teatro* y la cartografía– parece indicar que la fachada quedó alineada con la de la casa de comedias, si bien los arcos no debieron realizarse. En todo caso, nada de todo aquello afectó al teatro, que, cerrado durante aquellos años no obtuvo licencia real para reanudar las funciones hasta fines de 1759. En aquel momento –prosigue Giménez Soler– tras una clausura de casi diez años, durante la cual la falta de ingresos no permitía ni la conservación, fue necesario restaurarlo; y en efecto... fue «acabado de reedificar en el año 1763, después de haber expendido una suma muy considerable así para lograr el objeto de que fuese de los más cómodos y vistosos de Europa como por haberlo proveído de muy costosas decoraciones y de guardarropía surtidísima»[450]. No obstante, a semejanza con lo sucedido en la centuria anterior con la reedificación de nueva planta, tras aquellas mejoras no dejaba de resultar la edificación obsoleta para su tiempo, de manera que inmediatamente volvió a plantearse una reedificación *ex novo*.

Finalmente, por tanto, el Hospital de Gracia acordó la edificación de un nuevo y moderno teatro, obra del mismo Julián de Yarza y Ceballos[451], en el cual debieron iniciarse las representaciones el 7 de octubre de 1769[452]. Tal vez pesara en el ánimo decidido de los regidores la intención de disponer un edificio más acorde con los teatros de la época, que fuera más atractivo considerando que se trataba de una importante fuente de ingresos, todo ello en el ambiente optimista y de progreso que contagiaba la estela de las empresas iniciadas por Ramón Pignatelli como regidor de la Sitiada del Hospital de la Misericordia. Así, tras su nombramiento por Carlos III, impulsaría nuevos talleres y escuelas, culminando aquella gigantesca obra con la reconstrucción completa de aquella casa, levantando un edificio que puede considerarse paradigma de la arquitectura ilustrada de Zaragoza y una nueva plaza de toros –llamada Coso de la Misericordia–, la cual celebraría su primera corrida el 8 de septiembre de 1764, empresa que pudo ser ejemplo para la casa de comedias, cuyo proyecto también corrió a cargo del mismo arquitecto[453].

Según Sebastián y Latre, cronista del incendio que arruinaría el flamante teatro por completo sólo nueve años después, el «magnífico coliseo de esta ciudad era reputado por uno de los mejores de España por la situación, comodidad de entradas y salidas, capacidad para 1.300 personas y buena distribución como demuestra su planta, a que se juntaba su adorno interior de columnas y pintura que lo hacían sumamente vistoso»[454]. Por fortuna contamos con la *Planta del Coliseo de Comedias de Zaragoza* –ya referenciada más arriba–, dibujada por Manuel Craso y grabada por Simón Brieva, lo que nos permite analizar las características de aquel edificio.

449 Giménez Soler (1927) pp. 7-8.

450 AHN Legajo de 1772-73.

451 Con Francisco de Velasco hasta 1764, debió ser el arquitecto habitual de la obras del Hospital desde la década de los cuarenta. La confirmación documental de la intervención de Yarza Ceballos en la obra del teatro de 1769 figura en el informe de costes de la Sitiada de 16 de febrero de 1771 (AMZ Serie facticia, Sig. 67-1), corroborando las hipótesis de Martínez Herranz (1996) y Martínez Molina (2023), para quienes era, respectivamente, el maestro de obras vinculado al Hospital durante las décadas de 1750 y 1760 y el arquitecto zaragozano más prestigioso y mano derecha de Pignatelli en cuestiones arquitectónicas.

452 Según permiso y licencia del Ayuntamiento a la compañía cómica de Carlos Vallés.Cfr.: AMZ Serie facticia Sig. 11-4.

453 Ver: Ansón Navarro (1981).

454 Sebastián y Latre (1779) pág. 1.

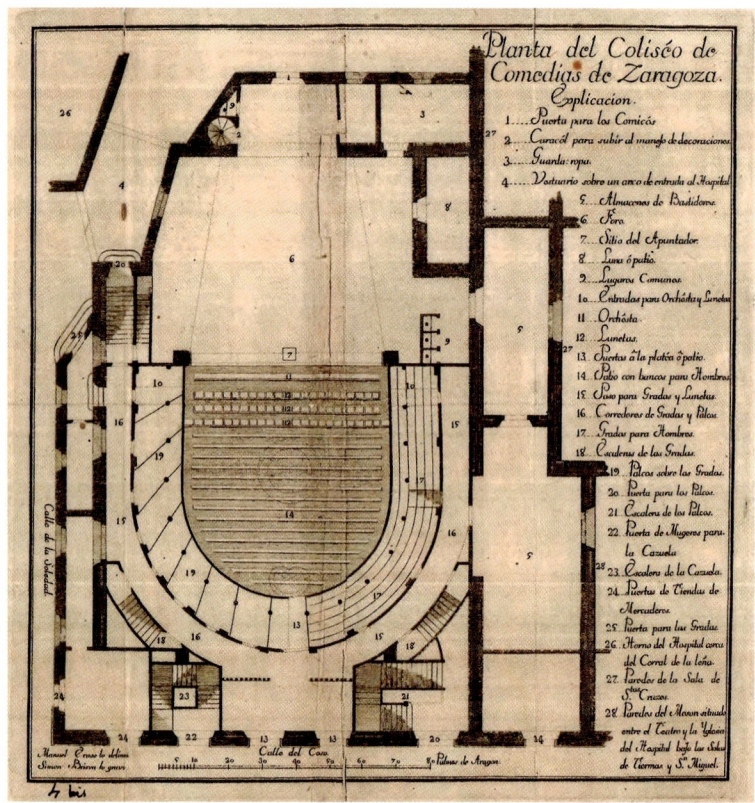

Manuel Craso y Simón Brieva: *Planta del Coliseo de Comedias de Zaragoza*, hacia 1769.

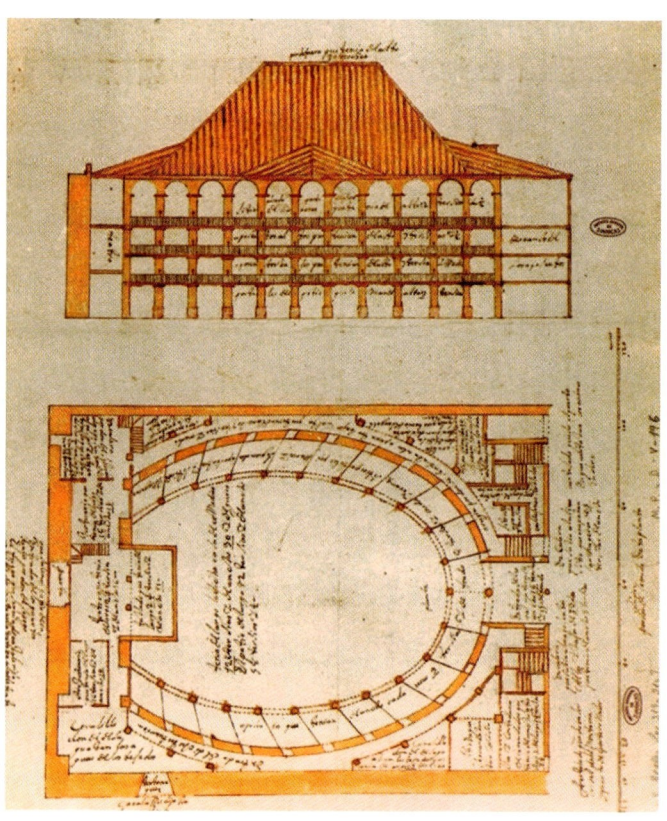

Corral de la Montería, Sevilla. Planos para su reconstrucción, 1691.

Ocupando el mismo solar que la casa de comedias precedente, la primera impresión que transmite la planta nos indica que nos encontramos con un edificio de distinta tipología[455]. Si hasta ahora en las sucesivas reformas no se había abandonado el modelo de patio cuadrado central rodeado en «U» por la crujía de palcos y gradas, cuya equivalente estructura formada por diez pilares se culminaba en la cubierta superior, y en la que el espacio escénico –la pieza que cerraba el cuadrilátero– quedaba integrado entre las mismas crujías laterales, prolongadas en ambos flancos, conformando un compacto y unitario conjunto, muy en la línea de la centralización espacial de la arquitectura renacentista, en la nueva planta el modelo era absolutamente diferente. Ahora, siguiendo el formato de teatro a la italiana, la planta quedaba absolutamente partida en dos áreas independientes: el escenario y la cávea o zona del público, cuya crujía de palcos y gradas se curvaba, envolviendo la platea, formando en planta una herradura.

Uno de los casos pioneros para la novedosa disposición oval de la planta había sido el sevillano corral de la Montería, edificado en el interior de los Reales Alcázares, que funcionó entre 1626 y 1679, cuya idealización[456] se ha llevado a efecto por Bolaños y Ruesga a partir del plano elaborado para su reconstrucción en 1691 por orden de Carlos II. Se trata de una estructura de caja exterior rectangular en la que aparece una interior de planta oval, la cual da origen a la crujía de palcos y gradas en herradura. Hasta entonces, como se indicó más arriba, las estructuras ordinarias existentes en los corrales

---

455 Ver, por ejemplo: García Melero (1994).

456 Bolaños, Palacios, Reyes y Ruesga (2012).

españoles era la de patio interior abierto, cuyo paradigma entre los conservados es el teatro de Almagro (Ciudad Real), edificado en 1628. En su mayoría, como sucedió en el de Zaragoza, fueron transformados en el siglo XVIII. Resulta ejemplar en su evolución el caso de Alcalá de Henares, cuyas formas finales no dejan de evidenciar los ecos de su metamorfosis arquitectónica. Nacido con el seiscientos como espacio abierto, se transformaría en el siglo XVIII en un espacio de tipo clasicista, cubriéndose mediante una estructura de madera. Por último, ya en el siglo XIX se reformaría con la construcción de un falso techo decorado, edificándose las dos plantas de palcos en herradura.

A pesar del cambio tipológico, el teatro del Hospital de Gracia mantenía en parte algunas características de los precedentes, como la organización de las circulaciones y ciertas estructuras. En la planta baja, la crujía de fachada hacia el Coso disponía de seis puertas. A las de los dos extremos se abrían sendas tiendas de mercaderes, es decir, dos pequeños locales comerciales. Las dos centrales accedían a un vestíbulo axial desde el que se pasaba al corredor que circunvalaba la herradura de las gradas de la planta baja y que en el centro disponía el paso a la platea. Las dos intermedias accedían a sendas escaleras. Entrando por la puerta de los palcos, situada a la derecha, se subía a la planta principal, donde se encontraban éstos. Por la puerta de las mujeres, situada a la izquierda, se ascendía hasta la cazuela, en el piso alto.

La platea estaba formada por 19 filas de asientos. La primera, junto al escenario, estaba reservada a la orquesta. Las tres siguientes, compuestas por 22 butacas cada una, formaban la luneta, un espacio separado del resto con destino a plazas de preferencia. Las restantes, reservadas para hombres, correspondían a bancos corridos de acceso lateral, cuya capacidad cambiaba en función de su ajuste a la forma semicircular de la planta, estimándose para este conjunto unas 294 localidades, lo que viene a adjudicar a la platea un total[457] de unas 360.

Las gradas de la crujía que constituía la herradura se disponían en bancos corridos que formaban las diferentes filas, ascendiendo escalonadamente, de modo que desde el corredor existían cuatro pasos en cada una de las alas, los cuales debían ·funcionar como vomitorios. En los dos riñones que se formaban en planta entre el corredor y los muros de la caja estructural de la cávea, existían sendas escaleras que servían para subir al corredor del segundo nivel o entreplanta, en la cual debía repetirse la misma disposición de gradas. De modo similar debían estar dispuestas las gradas de la cazuela, a las que se accedía directamente desde la calle por la escalera de mujeres. Entre las anteriores, finalmente, se encontraba la planta de palcos, que disponía un total de 17 aposentos o camarillas que ocupaban al completo la corona o crujía de la herradura, cuyas puertas daban al corredor de la planta principal, al cual, a su vez, se subía desde el Coso por la escalera correspondiente.

Considerando que la planta de palcos tenía una capacidad de unas 170 localidades –adjudicando unas diez plazas por aposento–, las de los graderíos debían totalizar unas 770 para alcanzar el aforo señalado por Sebastián y Latre, un dato que puede plantear varias hipótesis relativas a la distribución y número de plantas. Se trata de un tema en el que, para poder avanzar, es preciso analizar la fórmula constructiva y estructural del edificio. Pero antes de proseguir en el estudio de la planta interesa descubrir la información que nos proporciona el cuadrito o boceto atribuido a Goya –ya mencionado más arriba– y denominado *Incendio del Teatro de Zaragoza*, en el cual queda representado el alzado del conjunto desde el Coso.

Si en el primer plano de la pintura se apuntan diversos grupos de personas en los que se están atendiendo a los heridos de la tragedia, el verdadero protagonista es el edificio en llamas. Responde a un inmueble de fachada clásica que presenta tres plantas o niveles. La planta baja, de mayor altura, está compuesta por una puerta principal central y cuatro vanos a cada lado. La central se corresponde con una portada decorada arquitectónicamente, flanqueada por columnas y cubierta por arquitrabe, friso y cornisa, sobre el que se dispone un frontón curvo partido, donde se apoya un ventanal

457 Las tres filas de la luneta comprendían 66 asientos. Los nueve primeros bancos 198 plazas, los dos siguientes 42, el resto disponían, aproximada y respectivamente, 18, 15, 12 y 9 plazas.

Reconstrucción de la fachada del edificio del teatro a partir de la pintura Incendio del Teatro de Zaragoza, según R. Usón.

terminado en arco rebajado, una composición que recuerda la de la puerta de la iglesia del mismo Hospital de Gracia, ubicada a pocos metros de ella, en la misma línea de la calle del Coso. En la planta principal o primer piso, a ambos lados del ventanal, se sitúan cuatro grandes balcones a cada lado, en correspondencia con los huecos inferiores. La composición de la planta superior es diferente. De menor altura que las otras, dispone, en el sector central, sobre la portada, una elevación del plano de fachada formando un piñón, bajo el cual se ubican sendas puertas que salen a un balcón corrido que ocupa toda la dimensión del cuerpo axial, dejando entre ellas un espacio vacío, tal vez destinado a la colocación de un reloj u otro elemento decorativo. El resto de la fachada en esta planta es ciego hasta ambos extremos, donde vuelven a aparecer dos balconcillos, uno en cada lado. Por último, rematando el conjunto de la fachada, sobre el piñón, se alzan tres efigies, las cuales no pueden sino corresponder a las colocadas dieciséis años antes, en la reforma de 1753.

Esta composición nos informa, en primer lugar, que la fachada no fue reedificada en la obra de reconstrucción del teatro de 1769, sino sólamente reformada, por lo que debieron mantenerse los niveles principales en las mismas cotas que los preexistentes. En segundo lugar corrobora que la fábrica ya unificaba con anterioridad las dos edificaciones adosadas:

el teatro y el mesón del Hospital, lo que viene a confirmar, a su vez, que la citada obra de enriquecimiento y decoración de 1753 no fue sino un remozamiento de la de 1692. Por último, la presencia del fuego en el sector del teatro se refleja en el cuadrito, observándose que las llamas surjen de los vanos correspondientes a las escaleras de palcos y mujeres y los situados entre ellos, extendiéndose el fuego a los tejados de la mitad izquierda y al cuerpo central del alzado, signo evidente de que toda la estructura que cubría el espacio del patio –platea y cávea– estaba afectada por el incendio. Por el contrario, no parece estarlo, en ese momento, el bloque derecho, es decir, el sector del mesón.

Esta pintura, además, nos ofrece algunos detalles complementarios. A la izquierda del edificio es perfectamente visible la calle de la puerta falsa del Hospital, flanqueada por el edificio del teatro y por la casa del Coso, que muestra un bosquejo del alzado de esta última, en el que se descubre que la altura de los rafes de ambas casas era coincidente, lo que significa que en la obra de reforma de 1757 sí se habían alineado los aleros. A la derecha del mesón se vislumbra parte del bloque de la iglesia. Retranqueado el plano de la fachada lateral del evangelio respecto de la del mesón, parece que la altura de los edificios era similar. Curiosamente, en la esquina donde se cambiaba el plano de las alineaciones, existía una banderola donde figuraba el nombre del establecimiento. Del alzado de la iglesia son visibles, en planta baja, tres vanos en arco de medio punto que corresponden a las dos crujías que ocupaba la sacristía mayor y a la de la capilla anexa, la dedicada a la Virgen de las Angustias. También se observa cómo el piso superior, otrora formante del mirador o espacio bajo cubierta, había sustituido los huecos seriados visibles en la Vista de Wyngaerde por ventanales rectangulares ordinarios, refoma que fue realizada cuando dicho espacio fue anexado a las salas de enfermería colindantes. Por último, la perspectiva elegida para el dibujo permite vislumbrar, tras las cubiertas de la iglesia –en primer plano–, lo que parece responder a alargada forma del palacio de las enfermerías, el cual se extiende a las espaldas de todos ellos –teatro, mesón e iglesia–, poniendo al descubierto la existencia de una pequeña torrecilla o campanario, la cual, a modo de espadaña, debía situarse en una de las fachadas del claustro. Sin duda se trata de la campana de las horas hospitalarias, distinta de las del torreón de la iglesia, la cual marcaba los tiempos de la jornada del establecimiento, y que debía hallarse próxima al ángulo donde se situaba la cocina mayor.

Regresando a la planta de Craso y Brieva, ahora sí, nos interesa analizar la presencia de estructuras de pilares y muros de carga de mayor grosor, los cuales provienen del edificio precedente[458]. En primer lugar, es indudable que la composición de las crujías del nuevo teatro en la parte que forman la envolvente del espacio del patio de la platea se apoyaba en la geometría de ordenación de la estructura anterior. La planta deja perfectamente definida la traza de las crujías que formaban el cuadrilátero de la estructura renacentista, observándose cómo se llega a mantener, en 1769, la mayor parte de los muros estructurales que formaban el perímetro y caja del precedente. La principal variación, por lógica, fue realizada en la estructura del espacio interior, es decir, los diez pilares principales que jalonaban los tres lados donde se ubicaban las gradas y palcos del público. La obra del nuevo

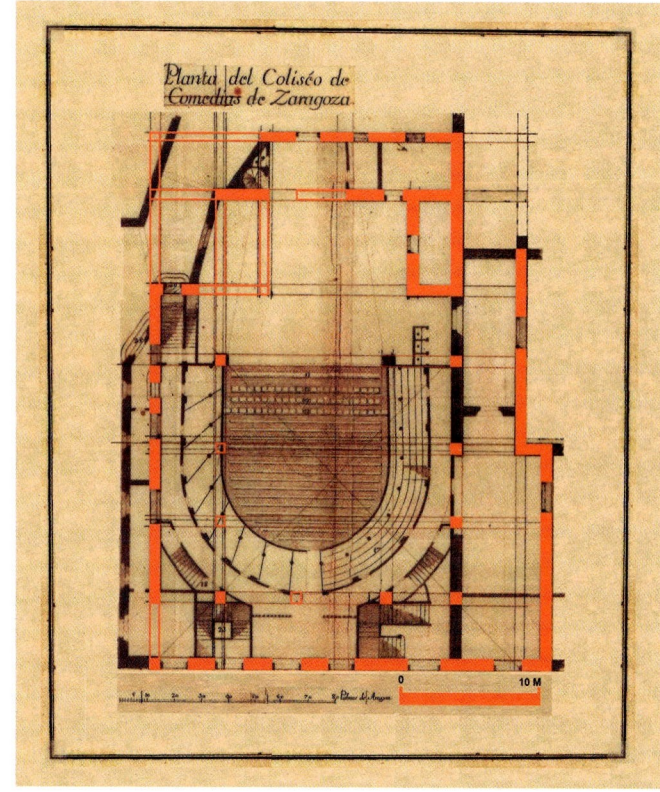

Reconstrucción de la estructura del teatro renacentista a partir de la Planta del Coliseo de Comedias de Zaragoza de Craso y Brieva, según R. Usón.

teatro opta por reducir la luz del patio en un módulo –equivalente a una crujía–, pasando de una planta cuadrada de 3 x 3 a otra rectangular de 2 x 3 módulos. De esta forma la nueva pared mayor que cierra la caja estructural al oeste de la cávea se construye sobre el mismo pórtico donde se encontraban los cuatro grandes pilares occidentales, los cuales son aprovechados y forman parte de la nueva fábrica. Las otras paredes mayores, la septentrional y la oriental, son conservadas. La primera conforma la fachada del Coso, sólo alterada por la distribución de los huecos. La segunda permanece en el interior de una estrecha crujía que se adosa al edificio ocupando una banda de la calle de la puerta falsa del Hospital. Se trata de un añadido efectuado, probablemente, para cubrir la necesidad de contar con espacios auxiliares para los espectadores. En el dibujo figura una salida adicional al corredor de las gradas de planta baja así como un paso desde la botillería al mismo corredor, pero además, en las

458 Este extremo se verifica en el informe de costes de la obra, que se verá seguidamente, donde figura el concepto de «aprovechamientos de la casa antigua».

otras plantas debieron ubicarse las secretas y algunos reservados. Siguiendo la información que ofrece el grabado, parece que del pórtico interior de la crujía de fachada del Coso fueron conservados dos de los tres pilares mayores, una cuestión razonable ya que el restante quedaba situado en el eje axial de la nueva planta, es decir, en el centro del paso a la platea en la planta baja o a las gradas en las superiores. Finalmente, del pórtico oriental sólo permanecieron los pilares mayores de los extremos, puesto que dicho pórtico coincidía con el interior de la nueva crujía de planta de herradura, realizada con una estructura interior exenta e independiente.

En efecto, la configuración de varios pisos de gradas y palcos con planta en forma de herradura implicaba la construcción de una crujía interior cuya estructura quedaba aislada de las grandes paredes de la caja. Dicha estructura estaba formada por una pared reforzada por pilastras que, siguiendo el trazado de la herradura, conformaba el cierre de la cávea hacia el corredor de acceso perimetral a las gradas y palcos. Por consiguiente dicha pared, horadada sólo por las puertas de entrada, adquiría una gran inercia como entidad estructural. El pórtico interior era una ligera estructura formada por 18 columnitas de madera que en cada piso soportaban la carga de la crujía. Estas columnitas quedaban ligeramente retranqueadas del límite de la planta de la herradura, formando un vuelo de los forjados y sus antepechos cuya visión continua y envolvente caracteriza esta clase de teatros. Entre la pared de cierre y las columnitas se desarrollaban las estructuras de madera compuestas por piezas horizontales y tijeras que daban forma a los graderíos. El complejo armazón así formado adquiría también una gran solvencia estructural sin perder un ápice de su ligereza, un bello diseño que, según las citadas palabras de Sebastián y Latre, provisto del «adorno interior de columnas y pintura... lo hacían sumamente vistoso». Esta crujía se levantaba sin llegar hasta la estructura de cubierta, la cual se resolvía de forma independiente, mediante cerchas que apoyaban directamente en los pilares y muros perimetrales de la caja.

Esta fórmula permitía que el graderío de la cazuela ascendiera por encima de los corredores del ático, incrementando

el número de filas de la corona y disponiendo de un número mayor de localidades en este nivel. En la corona dibujada en el plano de planta de Craso y Brieva se representan tres filas de espectadores que suponen unas 160 plazas[459] por piso. La cazuela, con una segunda corona de dos filas adicionales aumentaría su capacidad en 130 plazas[460], alcanzando un total de 290. Considerando que hasta las 770 que sumaban los graderíos eran necesarias 480 más, ello implica que existían tres pisos de gradas.

De este modo podría proponerse una distribución de cinco niveles interiores. Los dos primeros eran las gradas de hombres y formaban la planta baja y su entreplanta superior, a la que se accedía desde las escaleras de los riñones. En altura, ambas plantas equivalían al nivel inferior de la fachada, de forma que al vestíbulo del teatro se asomaban los huecos de los dos corredores de aquéllas. El tercer nivel de la cávea era el destinado a los palcos y se correspondía con la planta principal de fachada. A este nivel se accedía principalmente a través de la escalera de los palcos, la cual posiblemente desembarcaba en la sala central, ubicada sobre el vestíbulo inferior, desde la que se pasaba al corredor al que daban las puertas de aquéllos. Pero también existía un acceso adicional mediante una escalera lineal situada en el extremo suroriental del corredor, donde había una puerta que heredaba sus funciones de la antigua «puerta de los caballeros» de los edificios precedentes, por la que salía o entraba directamente desde la calle de la puerta falsa del Hospital. Junto a esta escalera, en paralelo a ella, existía una segunda que servía para comunicar el corredor de los palcos con el escenario, de forma que las autoridades o invitados pudieran bajar a saludar a los actores. El cuarto nivel admite varias hipótesis, pues tanto podría corresponder a una segunda planta de palcos –a la que se accedería desde la principal por las escaleras de los riñones– como a una de gradas. Según el caso,

459 Se ha considerado, descontando cuatro pasos entre gradas, un promedio de 27 plazas en cada fila, lo que sumaría unas 81 en cada ala. Se ha tomado como cifra total por planta la de 160 plazas.

460 Se han considerado, descontando cuatro pasos a modo de vomitorios, 32 plazas en cada fila, lo que sumaría unas 64 en cada ala, tomándose como valor total de la ampliación unas 130 plazas.

por otra parte, bien podría tratarse de graderíos de hombres –a los que se subiría por las escaleras de los riñones desde la entreplanta– o de mujeres. De todas ellas, la solución más coherente con el proyecto es esta última, pues el acceso al corredor de este cuarto nivel se efectuaría desde la sala central superior, a la que se subía por la escalera de mujeres, de manera que al quinto y último nivel, el correspondiente a la cazuela, que con toda seguridad lo ocupaban éstas, se accedería por las escaleras de los riñones altas.

En cuanto al sector del escenario, la planta de Craso y Brieva dibuja un espacio que va estrechándose hacia el fondo, ajustándose a un quiebro que presenta la calle de la puerta falsa del Hospital, que forma una especie de chaflán respecto de la planta de la antigua casa de comedias, mientras en el lado opuesto se acomoda a las paredes preexistentes. La embocadura se flanqueaba por dos grandes pilares estructurales, de los cuales el oriental formaba parte de las estructuras anteriores conservadas. Sobre ellos, además de apoyar la cercha o arco del proscenio, apoyaban las cerchas de arriostramiento de la cubierta. El espacio del escenario lo formaban las dos crujías siguientes a la embocadura, destinándose la última, donde estaba la entrada de los cómicos, a usos auxiliares como la guardarropía. Al haberse perdido el ángulo suroriental para el teatro –tal vez por haberse arruinado esta parte del edificio en algún momento anterior, lo que debió ser aprovechado para ampliar el horno del Hospital–, la distribución funcional de la zona de actores resultaba asimétrica en planta. En ese mismo ángulo se construyó, formando un arco sobre la achaflanada calle, un altillo donde se ubicaba uno de los vestuarios de los actores, al que se accedía por una escalera de caracol situada en un rincón junto al vestíbulo de entrada de los cómicos. En cuanto a los espacios de almacenes de bastidores se situaban en la crujía lateral del teatro que lindaba con el bloque del mesón del Hospital.

Complementariamente, la leyenda del dibujo proporciona una información muy interesante sobre los espacios de los edificios adosados. La primera mitad de la medianería, la más próxima al Coso, la forman «las paredes del Mesón situado entre el Teatro y la Yglesia del Hospital bajo las Salas de Tiermas y San Miguel». En dicha pared aparece un ventanal

por el que se iluminaba el almacén de bastidores desde el patio de columnas del mesón. Este dato corrobora que la planta superior del inmueble estaba ocupada por dichas enfermerías. El resto de las medianerías lo constituían las «paredes de la Sala de Santas Cruces». En esta mitad existen dos tramos, el central, que debía corresponder a las primeras naves construidas para estas quadras, y el que penetra en la crujía occidental de la primera casa de comedias, la edificada en el siglo XVI, el cual posiblemente fue ocupado desde la zona hospitalaria antes de la última reconstrucción del teatro.

Finalmente, conocemos los gastos invertidos en aquella obra, así como otros datos de los maestros participantes –como el arquitecto Julián de Yarza o el carpintero Joseph Gabas–, en el informe *Gasto de la construcción del teatro según Sitiada de 16 febrero de 1771*, en el que el contador mayor del Hospital presentaba la liquidación de aquéllos en base a las cuentas presentadas por el veedor Joseph Jiménez a cuyo cargo y cuidado habían corrido. En los resultados totales de la adquisición de materiales y coste de la mano de obra se deducían algunos importes por los «materiales vendidos» o «por el producto de las corridas de toros, que el Excmo. Sr. conde de Aranda concedió con este destino». Se indicaba, además, que en las cantidades señaladas no se habían considerado «los aprovechamientos de la casa antigua, los arbitrios del Hospital, ni alguna porción de madera de la que tenía la Casa, y también algunos lienzos que se han suministrado de los guardarropa que se deberán abonar a su administrador cuando presente su cuenta; ni tampoco se han considerado las consistencias del maestro albañil del Hospital, peonías de Hermanos; refuerzos dados por las oficinas; ni otras menudencias de que no se ha llevado cuenta, en atención a que todo ha redundado en la costrucción de un fundo propio de los pobres»[461]. Las cifras descritas se corresponden con la tabla adjunta.

Si en octubre de 1769 abría de nuevo sus puertas la casa de las comedias del Hospital[462], coliseo «reputado por uno

461 AMZ Serie facticia, Sig. 67-1.

462 Giménez Soler (1927, pág. 8) señala como fecha de apertura del teatro la del informe de costes de febrero de 1771.

de los mejores de España», nadie podía presagiar que no sobreviviría ni diez años, arruinado por un pavoroso incendio en 1778 que se llevó decenas de vidas por delante y cercenó la vida cultural de la ciudad durante mucho tiempo. Poco antes, cuando el conde de Sástago, en nombre de la Sitiada, firmaba el 8 de septiembre de 1777 el contrato de arrendamiento con Joseph Croce, «empresario para formación de compañía italiana de operistas y bailarines», la tragedia era inimaginable.

GASTO DE LA CONSTRUCCIÓN DEL TEATRO		L	S	D
CAPÍTULOS	Madera	1152	0	?
	Serradores	221	3	?
	Carpinteros y escultores	1430	1	?
	Cal	82	10	?
	Peña (piedra) para yeso	57	15	?
	Leña para dicho yeso que se coció en Casa	132	19	?
	Loqueros de carro pata traer la peña	95	13	?
	Loqueros para sacar tierra	41	4	?
	Bastidores y telones	534	5	?
	Pintores	1238	15	?
	Ladrillo	734	12	?
	Loqueros de conducirlo (el ladrillo)	86	2	?
	Albañiles y peones	1072	15	?
	Herrero y cerrajero	964	6	?
	Vidriero	61	8	?
	Gastos menudos y extras	117	2	?
GRATIFICACIONES	Joseph Gabas (Maestro carpintero)	16	0	0
	Julián Yarza (La entrega como limosna)	80	0	0
	Joseph Heredia (Tramoyista y oficial carpintero)	16	0	0
	Joseph Gabas (aumento)	32	0	0
	Fernando Martínez (Oficial albañil)	18	0	0
SUMA		8375	15	3
DEDUCCIONES	Materiales entregados al veedor	35	5	12
	Corrida de toros concedida por el conde de Aranda	595	19	15
COSTE EFECTIVO	Importe pagado por el Hospital	7744	9	8

Croce tomaba el teatro para «trabajar en él con óperas y bailes desde el segundo día de la Pasqua de Resurrección [de 1778] hasta la víspera del Corpus; y desde el día dos o quatro de octubre hasta el martes de Carnestolendas [de 1779], quedando a su arbitrio el uso del teatro en la temporada intermedia». La compañía debía estar compuesta por un mínimo de ocho cantantes de ópera y otros tantos bailarines, y la orquesta como la de aquella temporada, es decir, «seis violines, viola, oboe, clave, contrabajo y trompas, pudiendo el empresario aumentar a su arbitrio, así en operistas y bailarines como en músicos». Croce debía «dejar la quinta parte de los que produjese el teatro como pitanza para el Hospital, ínterin y hasta tanto que satisfaga las mil y quinientas libras de arrendamiento». Aquel año de 1778 se mantendrían los mismos precios que tenían entonces las entradas: «Palcos de primera línea quince reales de vn.; de segunda línea diez reales; luneta con entrada quince reales; gradas tres reales; y la entrada general en todas puertas dos reales»[463].

El 13 de abril de aquel año funesto, Croce comunicaba que tenía lista la compañía para iniciar la actividad contratada. Sólo siete meses más tarde, el 12 de noviembre de 1778 tenía lugar el terrible incendio que causó la muerte de 77 personas, dejando 52 heridas, destruyó el edificio por completo y causó graves daños a los colindantes. Como ya se indicó más arriba, la crónica de aquel suceso fue escrita por Sebastián y Latre y publicada poco tiempo después. Se trata de una interesante lectura que nos pone en la pista de algunos detalles sobre ambas edificaciones.

«Representábase –comienza el relato– *La Real Jura de Artajerjes* y concluido el segundo acto, cerca de las seis y cuarto, se preparaba aceleradamente una decoración de jardín que había de servir para el bayle de *Las estatuas animadas*, cuando por imprudencia o descuido de los mozos que manejaban los bastidores se inclinó alguna vela hacia una fuente que estaba en medio del jardín, y prendió en ella fuego...» Una vez iniciado el incendio saltó la alarma en el personal del teatro, actores y espectadores, abordándose el problema de la evacuación

463 AMZ (1777).

Incendio del Teatro de Zaragoza, posterior a 1778. Escuela de
Francisco de Goya.

del edificio. «En pocos instantes –prosigue– y sin grave daño
se despoblaron lunetas, gradas y patio a beneficio de las muchas salidas que tenían próximas a la calle. No las hallaron tan
prontas y fáciles las personas que había en los palcos... pero
aun llegaron a ser mayores para las mujeres que se hallaban
en el gallinero o cazuela, que era el sitio más alto de la casa...
Mutuamente se atropellaban y se impedían la fuga las gentes
que bajaban de los aposentos; y los actores... corrían por los
tránsitos buscando la escalera principal...»

La virulencia del incendio y el estado de alarma comenzó
a ser sentido en las instalaciones hospitalarias colindantes.
«Entre tanto que por esta parte se presentaba una escena
tan trágica... se extendían igualmente los socorros y las providencias al Santo Hospital, a donde se había comenzado a
comunicar el fuego. Amenazaba éste al horno de cocer el
pan; pero donde prendían las llamas con bastante fuerza era
en las salas de Tiermas, Santas Cruces y San Miguel que estaban inmediatas al mismo teatro, y si se hubieran encendi-
do era forzoso reducirse a cenizas la mejor porción del Hospital. Pero D. Joseph Ximénez, presbítero, su mayordomo,
habiendo conocido desde el principio el grande riesgo que
amenazaba... empezó a apartar las materias combustibles
más inmediatas al fuego, como eran las que estaban en los

almacenes de bastidores: lo que se continuó... porque el Sr.
D. Lorenzo Jorge y Galván, arcediano de Belchite... y regidor
del Hospital... juntó gente que acabara de desocupar los almacenes y atajara el fuego que iba ganando terreno hacia el
horno y corral de la leña...»

Para el Hospital, sin duda, la mayor preocupación era que el
incendio afectara a las personas instaladas en sus dependencias, «pero muy especialmente a los pobres enfermos, a
quienes su imposibilidad aumentaba el horror; y justamente
porque las salas de Tiermas, Santas Cruces y San Miguel
eran a las que combatían las llamas con más fuerza; por lo
que unos, tapados con la manta, huían... y aquellos a quienes su dolencia no les permitía el poderse mover, clamaban
y pedían socorro...» La situación fue agravándose rápidamente, por lo que «el Sr. D. Silvestre Lario, deán de esta
santa iglesia que era regidor de semana... mandó que se
pasaran al convento de San Francisco...»

Iniciada la evacuación, el relato describe escenas de salvamento. Así, «cuando se comenzaba a poner en práctica,
llegó el Sr. marqués de Ayerbe... y subiendo al punto a las
salas de cirugía altas, encontró a muchos enfermos que no
pudiendo moverse de la cama pedían socorro, porque el

resplandor del fuego, el hedor del humo, la gritería del Coso y el continuo toque de las campanas del Hospital les persuadía que no tenían remedio; de cuya aflicción procuró serenarlos tomando las más activas disposiciones para sacarlos de allí, y lo mismo practicó con los de la sala de cirugía de San Miguel: de suerte que era el primero que los tomaba sobre sus hombros, cuyo heroico ejemplo empeñaba a los eclesiásticos de la casa, a los sirvientes y a otras personas piadosas, a que arrebatando a los pobrecitos de las manos de este celoso regidor los condujeran a salas más retiradas: y con efecto se les llevaba a las del Rey y del Arzobispo, persuadiéndoles que en ellas estarían con seguridad».

La evolución de las llamas avisaba que podían ser alcanzadas otras zonas y que debían salvaguardarse algunos bienes. «Pero como el fuego se iba extendiendo... por el vestuario amenazaba cada vez más daño al horno y corral de la leña, por los almacenes de bastidores peligraban otras principales oficinas; sobre todo habiéndose incendiado rápidamente el Mesón que estaba debajo de las quadras de Tiermas y Santas Cruces, y junto a la Sacristía e Iglesia y demás salas de cirugía del mismo Hospital, era tan grande y complicado el riesgo que hacía muy dificultoso decidir a donde convenía acudir primero... Mas fuese casualidad o Providencia, obraron en esta ocasión los señores regidores y dependientes con acierto... El arcediano de Belchite aceleraba la conducción de leña al cementerio, que era el sitio más capaz y distante. El deán, ayudado de algunos monjes de Santa Engracia, trasladaba los ornamentos al convento de San Francisco. El marqués de Ayerbe, acompañado de albañiles y carpinteros, discurría por los tejados y parajes de mayor riesgo... haciendo desmontar los tejados, cortar las maderas y arrojar diluvios de agua, sin olvidarse de hacer desocupar las salas de bancos, jergones, etc.»[464]

Según Gimeno Riera, para atajar el fuego se llegó a utilizar el agua del río Huerva, «que desde el principio se mandó sabiamente conducir por la acequia de la Romareda, y roto el acueducto subterráneo cerca del convento de Jerusalén,

corría abundantemente por delante del Hospital, de la Iglesia, del Mesón y del teatro». Señala también cómo otros regidores de la Sitiada no pudieron estar en la acción de salvamento por haberles afectado directamente el incendio. Así, el conde de Sobradiel, que se hallaba en el teatro con su esposa, resultó herido al igual que ella, quien además perdió a su camarera, María Esteban. También el barón de Purroy sufrió las consecuencias de la catástrofe, falleciendo en ella su hija primogénita. Aquella tragedia dejaría conmocionada a toda la ciudad. Entre los 77 fallecidos figuraban el capitán general D. Antonio Manso, el conde de Argillo D. Manuel Larrea, contador del ejército y del reino, o D. Mariano Asín, secretario del Ayuntamiento de Zaragoza[465].

Unos días después tendrían lugar los actos oficiales de condolencia en la iglesia del Hospital. «El día 19 por la tarde se la anunció el toque de campanas acompañado de diferentes preparativos, que el 20 hicieron aparecer la Casa, no ya como de dolor y pobreza, sino como de gozo y abundancia. El atrio de la iglesia que está en el Coso se colgó con una tapicería de Flandes y a la derecha bajo un dosel se colocó el retrato de S. Magestad... La iglesia se iluminó y se hermoseó... y desde su puerta interior de comunicación con el Hospital se vistió la parte cubierta del patio con paños y colgaduras de seda, formando un gran arco de murtas y laureles en la escalera principal, y adornando con espejos y luces el altar que está en su primer descanso. A las diez se formó la Ciudad en la sala de Juntas del Hospital, y desde allí fue conducida por la Sitiada, como es costumbre, al presbiterio; y a los señores jefes que concurrieron se les cumplimentó por un Sr. regidor del Hospital y el secretario, que los acompañaban a la tribuna de Sitiada dispuesta a este fin... y de esta forma asistieron todos al *Te Deum* que cantaron las dos capillas, de la Seo y del Pilar, a exponer el Santísimo Sacramento, a la misa que dijo el Sr. D. Diego Ximénez, arcediano de Daroca en esta Santa Iglesia, y al sermón que predicó el orador (M. R. P. Fr. Francisco Abadía, Orden de San Francisco de la regular observancia)... La [función] concluyó con una salve a María Santísima de Gracia, cuya advocación tiene la Casa,

464 Sebastián y Latre (1779) pp. 2-6 y 23-30 respectivamente.

465 Gimeno Riera (1908) pp. 19-20.

asistiendo en el presbiterio la Sitiada con sus dependientes y el clero con capas pluviales y velas encendidas hasta que se reservó al Señor. El concurso de todas clases fue de los más numerosos que se ha visto en aquella iglesia, y aunque es muy capaz y tiene muchas tribunas en que acomodarse gente de distinción, nada era bastante...»[466]

En marzo del año siguiente los regidores de la Sitiada dirigían una carta[467] a la Corte en la que mostraban su agradecimiento por habérseles compensado la renta anual de 28.668 reales que le producía el coliseo de comedias con una misma pensión sobre la mitra de Zaragoza y 28.180 reales por una vez para reparar los estragos ocasionados en las salas de enfermos con motivo del incendio del teatro. Veinte años después, el 25 de agosto de 1799, Casamayor recogía con nostalgia la esperada noticia: «Se abrió el nuevo teatro de comedias construido en el sitio llamado de los graneros de la ciudad... Sobrepuja muy bastante al que se quemó el 12 de noviembre de 1778, cuya hermosura jamás podra tener éste, al paso que su memoria será siempre triste para Zaragoza»[468].

7.2.5. Los últimos años del setecientos

El Hospital, como gran motor de la acción social en la ciudad, era la sede de varias agrupaciones. Según el *Estado General de las Cofradías, Hermandades, Colegios y Gremios de la Ciudad de Zaragoza Capital del Reyno de Aragón*[469], de 1771, en el Hospital estaban comprendidas la cofradía de San Roque, la de Aguadores, la de Cocheros, la de Abejeros, la de Nuestra Señora de los Dolores, las congregaciones de las Siervas y de los Siervos de los Pobres y el Colegio de Médicos y Cirujanos. Todas ellas trasladaban mucha parte de su actividad al establecimiento, convertido también en

receptor de recursos y ayudas. Una de las más activas era la hermandad de Nuestra Señora de los Dolores, fundada en la iglesia del Hospital, en cuyo libro cabreo[470] consta que ya en septiembre de 1746 los regidores autorizaron la celebración de sus juntas en la sala de la Sitiada, donde tenía un armario propio para su archivo, en el cual constaba la bula de erección así como la aprobación episcopal y la concesión de varias indulgencias. Las fiestas de Nuestra Señora de los Dolores comenzarían en el tercer domingo de aquel mes.

La disposición espacial del sector de las enfermerías del Hospital debió mantenerse según lo descrito con anterioridad, si bien desconocemos el alcance de afección del incendio del teatro a las quadras próximas, aunque parece seguro que quedaron fuera de servicio las salas de Santas Cruces, San Miguel y Tiermas, circunstancia que dio lugar a una reducción de la capacidad del establecimiento, cuestión sin duda relacionada con la insuficiencia de medios que se puso de manifiesto cuando una de las epidemias de tercianas castigó a la población de la ciudad en aquellos años, haciendo necesaria una ampliación de las enfermerías. En efecto, fue en 1785, al quedar completamente abarrotadas las quadras a causa del elevado número de enfermos, cuando el arzobispo de Zaragoza, Agustín de Lezo y Palomeque, promovió y costeó una nueva sala de grandes dimensiones, la cual abriría sus puertas coincidiendo con el Viernes de Dolores del año siguiente, la fecha en la que el Hospital tenía su jornada principal anual, y en la que se realizaba la procesión recorriendo las dependencias, llevando «una imagen de plata de San Cosme sobre una peana por todas las salas del mencionado establecimiento, en cuyas escaleras se colocaban los predicadores de la Cuaresma y los regidores del mismo pidiendo limosna a todos los asistentes»[471].

Señala Casamayor que Agustín de Lezo y Palomeque fue uno de los grandes benefactores[472] del Hospital, visitando

466 Sebastián y Latre (1779) pp. 77-79.

467 13 de marzo de 1779. Cfr.: Albi Romero y García del Carrizo (1991).

468 San Vicente (1991) *Años...* Ep. 141, pág.123.

469 *Razón general de los Gremios y Cofradias que existen en las Parroquias, Monasterios, Colegios, Combentos, y Hospitales de la Ciudad de Zaragoza, que con sus rentas Fiestas, Sufragios, gastos de Yglesia de exterior profusión, y aprobaciones es como se sigue».* Cfr.: AHN Consejos, 7105, Exp. 64, N. 1, ff. 40 y ss.

470 Archivo DPZ: Libro cabreo Hermandad de Nuestra Señora de los Dolores.

471 Casamayor: *Años políticos e históricos*, 1786. Cfr.: López González (1997) pág. 238.

472 López González (1997, pág. 240) destaca también a Pedro Cortés, que donó al Hospital, el 24 de junio de 1786, mil pesos duros, y en 1787 el comerciante Jose Torner, 1000 escudos, y Martín de Vargas toda su hacienda.

Las casas de blanco edificadas por el Hospital en el solar donde estuvo el mesón y el teatro, en el primer término de la vista de la calle del Coso (Apunte a lápiz de Fernando Brambila, 1808).

frecuentemente a los enfermos a los que confortaba y hacía donativos. Durante aquella epidemia realizó dos visitas, «una en el mes de febrero, entregando a cada uno de los enfermos hospitalizados una o media peseta, y al conde de Sástago, regidor de esta casa, mil doblones[473] para que construyera una nueva sala...; la segunda la llevó a cabo en el mes de octubre, cuando el Hospital contaba con más de mil cien enfermos, y como no cabían más, mandó que llevaran unos cuantos a su palacio. En esta ocasión repartió diez reales de vellón a cada uno de los enfermos y regaló al Hospital veinte mil reales»[474].

La nueva sala, que contaba con capacidad para cien enfermos, fue puesta bajo la advocación de san Agustín. También fue amueblada y dotada de todos los servicios, colocándose las armas del promotor sobre las puertas y colocándose en su interior su retrato en ademán de estar dando limosna con la siguiente inscripción: «El Ilmo. Sr. D. Agustín de Lezo / y Palomeque, Arzpo. de Zaragoza / Afectuosísimo Bienhechor de este Sto. / Hospital, edificó esta sala, a la que / puso su nombre, moblándola de cien / camas completas y de todo lo necesario / se abrió / en la festividad de Dolores a / 7 de abril de 1786»[475].

Se desconoce cómo fue realizada aquella obra, si bien parece poco probable que se tratara de un nuevo edificio exento, ya que hubiese tenido que construirse en alguna de las zonas muy alejadas de los servicios centrales. Por el contrario, la rápida puesta en funcionamiento parece señalar, bien hacia la rehabilitación de las salas afectadas por el incendio del teatro, bien hacia una obra de ampliación de los bloques ya existentes. Ambas hipótesis son, en principio, posibles,

---

473 Gimeno Riera (1908) pág.89. Según Gascón de Gotor (1890, T. 2, pp. 78-79), Lezo y Palomeque dio 30.000 pesetas al Hospital de Gracia para la construcción de una sala capaz de cien camas, a la que puso su nombre, inaugurándose el 7 de abril de 1786; también dio 5.000 y cien camas al de Convalecientes; y consiguió del rey que le mandase cuatro arrobas de quina para los enfermos epidemiados.

474 Casamayor: *Años ...* 1785. Cfr.: López González (1997) pág. 240.

475 López González (1997) pág. 238.

y ciertamente la primera parece lógica, pero existen dos aspectos que la ponen en entredicho. Por una parte la propia exposición de la noticia de la nueva sala de San Agustín parece no encajar con una actuación que hubiera tenido como resultado varios espacios diversificados en diferentes plantas del inmueble. Pero además, conocemos que en el solar del coliseo fueron levantadas por el Hospital «las casas dadas de blanco»[476], una edificación que debió incorporar también el arruinado mesón y las enfermerías superiores, y que responde de modo muy preciso a la tipología de la fachada dibujada por Brambila en sus dibujos y láminas correspondientes a la *Vista del Coso*, donde claramente se aprecia que este nuevo edificio llegaba hasta la misma iglesia.

En relación a la segunda hipótesis, los principales argumentos a su favor lo constituyen tanto la facilidad de los accesos como, ante todo, el hecho de que en las vistas de Brambila los bloques conformantes del claustro aparecen dibujados con una planta adicional a la principal, pareciendo razonable que se habilitaran las falsas existentes sobre las crujías de las enfermerías, seguramente sobreelevando las cubiertas y abriendo los correspondientes huecos, tal como se observan en los grabados de *Las ruinas*. De este modo, soslayando el palacio de las enfermerías, es decir, en las restantes alas que rodeaban el claustro –las crujías occidental, septentrional y oriental–, se contaba con espacios aptos para una ampliación con capacidad para cien camas. Próxima al servicio de la cocina central y perfectamente comunicada con el resto de las quadras de hombres, la nueva sala de San Agustín hubiera encajado hipotéticamente en el sector del patio principal sin afectar a las demás instalaciones.

La realización de esta ampliación ponía de manifiesto, en todo caso, que el recinto del Hospital estaba prácticamente colapsado a finales del siglo. Se ha estimado que el establecimiento contaba, excluyendo las de los hermanos demontes y los niños expósitos, con quinientas camas para enfermos, llegándose a la extraordinaria cifra de 17.186 enfermos

Vista de la entrada del cementerio de la Cartuja, situado en las afueras de Zaragoza.

asistidos[477] en aquel año de 1786. Esta saturación dio lugar a que fueran en aumento los servicios realizados fuera de la casa central, contando para ello con las dependencias externas ya existentes y constuyendo otras nuevas. A este respecto debe recordarse que, además de las instalaciones centrales, el Hospital contaba con otras propiedades. Por ejemplo, en 1766, consta la propiedad sobre treinta casas alquiladas, de las cuales once estaban en el Coso y dos en la calle de la Soledad, de donde se infiere que la mayoría eran externas al área principal. Pero también se citan en la misma fecha las obras realizadas en las eras de trillar –que fueron empedradas– o en el molino de aceite, edificado de nueva planta en el llamado «corral de la zapatería», parcela que el Hospital tenía fuera de la ciudad[478].

También aquella situación propició que se impulsara la construcción de un nuevo cementerio en las afueras de Zaragoza. Como consecuencia de las medidas higienistas que en el tema de los cementerios fueron adoptadas por la administración de Carlos III y, principalmente, la Real Cédula de 3 de abril de 1787, que pretendía sustituir la extendida costumbre de las inhumaciones en los templos por espacios ventilados que contribuyeran a la salubridad de las ciudades[479], el Hospital, de acuerdo a la voluntad expresada por el mundo

476 San Vicente (1991) *Años...* pág. 161.

477 Fernández Doctor y Martínez Vidal (1985-86) pág. 143.

478 Fernández Doctor (1987) pág. 167.

479 Saguar Quer, C. (1988), pág. 247 y ss.

científico y la jerarquía de la Iglesia española, decidió poner en marcha aquel proyecto, para el cual se estudiaron varios emplazamientos. El más inmediato era el llamado «vago de las Tenerías», pero sería desestimado tanto por causar perjuicio a Martín Goicoechea como por la oposición del convento de San Agustín. La ubicación aprobada fue el terreno ofrecido por Pignatelli[480] en el camino de la Cartuja Baja. En efecto, en la Sitiada de 7 de marzo de 1790 se acordó que «el mayordomo y veedor, acompañado de Pablo Benedí y de los demás sujetos, que tengan por conveniente, tomen informe seguro del paraje que cita otro papel; y los límites a que debe reducirse, pasando a examinarlo ocularmente tomando las dimensiones, y demás noticias.., para resolver con acierto la Sitiada»[481].

Reunida ésta el 2 de junio siguiente, «al leer el voto del marqués de Ayerbe por escrito adhiriéndose al [emplazamiento] de las Tenerías, a espaldas del convento de Agustinos Calzados, y leído otro escrito del conde de Sástago a favor del terreno que da al Canal, ante el perjuicio grave que va a sufrir Juan Martín Goicoechea y la oposición que hará el convento de San Agustín, el tesorero Sr. Lorieri pidió votación, juzgando más acertado el terreno ofrecido por el Juez del Proyecto en camino de la Cartuja Baja, al que se adhirieron los Sres. barón de Purroy y conde de Argillo, pese al marqués de Ayerbe que se ratificó en su voto escrito; con pluralidad se acordó que dicho Sr. Tesorero participe a Fco. Xavier de Larriba, Juez del Proyecto, que la Sitiada queda agradecida a la referida asignación el terreno, y lo acepta».

El nuevo Campo Santo fue edificado según el diseño simplista de los cementerios ilustrados, cuyo proyecto pionero había sido el realizado en 1783 por Ventura Rodríguez para Villarramiel de Campos (Palencia), consistente en un recinto tapiado de planta cuadrada o rectangular en el que axialmente disponía el acceso y el altar o capilla funeraria y que sería complementado en el ochocientos. Sería precisamente el regidor Manuel Lorieri una de las primeras personas inhumadas en la Cartuja, a petición propia. Fallecido el 14 de abril de 1799 –refiere Casamayor–, «al día siguiente estuvo de cuerpo presente en su casa, y a la noche fue conducido a la Yglesia del referido Sto. Hospital, donde se le hizo el entierro más pobre que se acostumbra, puesto en el suelo sobre una bayeta y solas dos luces, en la capilla del Santísimo Cristo, sin asistencia de ninguno, y concluida la misa lo metieron en el carro mortuorio, y conducido al Campo Santo, donde se llevan a todos los pobres que mueren en el Hospital, camino de la Cartuja, que así lo dejó dispuesto en su testamento, con 3.000 reales si así lo ejecutaban, para quitar el horror que las gentes tienen de ver que los llevan en carro después de muertos cerca de una hora de camino, ya que fue el autor y promovedor de dicho Cimenterio, y del fosal de la Casa, y de hacer entablar todo el pavimento de la Yglesia evitando por este medio la continuación de sepulturas, que todos los días estaban abriendo»[482].

A pesar de las disposiciones oficiales, hubo una gran resistencia, tanto por parte de la aristocracia como del pueblo llano, a seguir aquellas medidas y enterrarse en las afueras de las ciudades. Era difícil cambiar las costumbres de la inhumación en las cisternas de las capillas de los templos. Por ello, además de abordar la obra del nuevo cementerio de la Cartuja, dentro del fosal existente en el recinto del Hospital de Gracia se hizo «una nueva capilla con cisternas de la Cofradía de San Cosme y San Damián, para que cesaran los médicos y cirujanos en su posición de seguir enterrando dentro de la iglesia en sus cisternas». En la festividad de San Valero de 1791 se procedió a la bendición de la nueva capilla en el Hospital y el nuevo cementerio de la Cartuja Baja.

Aquella no fue la única de las nuevas instalaciones con que los médicos y cirujanos contaban en el Hospital, muy vinculado al ejercicio profesional desde la misma creación de su institución colegial, la cual, por ejemplo, se había opuesto recientemente, en enero de 1775, a la orden de reducción de los siete facultativos que atendían el establecimiento cur-

---

480 Pignatelli había recomendado previamente desestimar la ubicación en el terreno de la paridera que el Hospital tenía en el monte de Torrero por su proximidad al Canal Imperial y los paseos públicos. Cfr.: Betrán (2015) pág. 118.

481 Archivo DPZ, Ligamen 32, 1; N. S. de Gracia, 1789-1805. Cfr.: Martínez Calvo (1991) pág. 150.

482 San Vicente (1991) *Años...* Ep. 135, pág. 119.

Francisco de Goya: *Carretadas al cementerio*, 1812-1814.

sada por la Cámara de Consejo el año anterior, por la que pretendía sustituirlos por dos médicos residentes[483]. En los años finales del setecientos los médicos contaban con una sala de estudios donde se celebraban todos los jueves del año consultas a las que debían asistir los colegiados. Según Fernández Doctor, en dicha sala «solo se trataba de un enfermo de enfermedad extraña y remitente, la cual se anunciaba desde el lunes anterior en un cartel que se fijaba en el patio del Hospital, expresando en él el nombre del enfermo, su oficio, su enfermedad, la sala y número de cama en que se hallaba colocado para que todo facultativo pudiese visitarlo, examinarlo y dar su dictamen por escrito sobre su método curativo en la consulta pública del jueves immediato, en la que se admitía a todo profesor de fuera del Hospital y oyentes que quisiesen asistir, y todo se escribía en un Libro de Consultas»[484].

En las postrimerías de la centuria el Hospital perdería la contrata de asistencia a los soldados, cuya vigencia caducaba el 8 de mayo de 1792. Los regidores habían ofrecido previamente la renovación, pero consta su comunicación al Intendente de Aragón –en un oficio del 30 de marzo– de haber iniciado las disposiciones para el cese de la actividad en el plazo señalado.

En 1799 serían trasladadas a la iglesia del Hospital los enseres y rentas de todas las cofradías existentes en San Antón, una vez cerrado su templo por orden real, instalándose, según relata Casamayor[485], «cada una donde más acomodó a los cofrades, y siendo una de ellas la de Nuestra Señora de la Cabeza, que tenía su altar, imagen y capilla muy compuesta... pidió su Junta dichos enseres a la Sitiada... y habiéndoles respondido que no los darían sino era para trasladarlos a su Yglesia, la cofradía se opuso... y no habiéndolo podido

483 Albi Romero y García del Carrizo (1991) pág. 412, doc. 18.
484 Fernández Doctor y Martínez Vidal (1985-86) pág. 153.

485 San Vicente (1991) *Años...* Ep. 136, pág. 119.

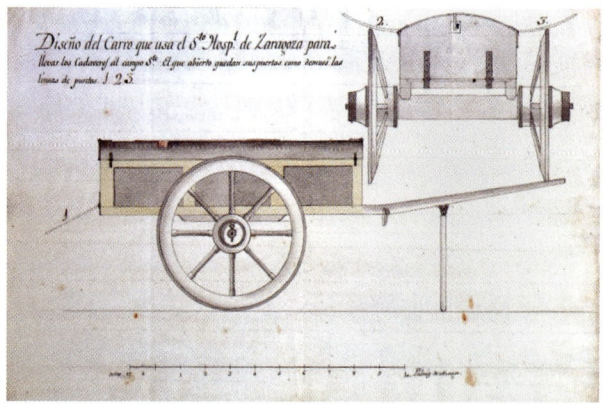

Diseño del carro que usa el Santo Hospital de Zaragoza para llevar los cadáveres al Campo Santo. Dibujo anónimo.

conseguir, determinó hacer otra nueva [imagen]... fue conducida a la iglesia de los padres de San Cayetano».

Concluye el siglo XVIII con el cierre del callizo existente entre el Hospital y los conventos de Jerusalén y Santa Catalina, acordado por la Audiencia el 9 de julio de 1800. Se trataba de clausurar el paso a su través, que discurría desde el fosal del Hospital hasta la calle de Santa Engracia. Según figura en el expediente municipal, era un «callejón cercado de tapias por ambos costados y de una longitud muy considerable», lo que daba lugar a que «las personas que entran por cualquiera de los dos extremos van expuestas a acabar en manos de malechores que pueden ocultarse... por falta de casas y habitaciones...» También se refiere que había habido una muerte. De ahí el acuerdo, considerando que «el terreno que está a los dos lados de dicho callejón pertenece al Hospital y a las huertas propias de dos conventos de monjas franciscanas, y de un mayorazgo que posee la condesa de Faura», a lo que debía añadirse el hecho de que «ninguno de los cuatro propietarios va a construir casas». En todo caso, se prescribía que tanto el Hospital como la condesa debían reconstruir una parte de sus tapias.

En relación al expediente[486], el Hospital había alegado que saliendo a la callejuela que llaman de Santa Catalina, en el extremo oriental del callizo, tenía «una puerta por la cual salen los carros que conducen los cadáveres al cementerio y también los fiemos y basuras de la casa, y por la misma se introducen el yeso y demás materiales para las obras y todas las ropas de las coladas, lo que facilita al Hospital estas operaciones sin incomodidad al vecindario». Por ello, la clausura del callejón dejaba anulada aquella puerta, viéndose entonces «en la necesidad de que los carros con los cadáveres, inmundicias y demás insinuado, hayan de salir por la puerta principal, causando al vecindario y a las gentes que transitan por las calles principales del Coso y Santa Engracia una incomodidad». La patética imagen de los cadáveres trasladados en el carro sería recogida por Goya algunos años después en uno de los dibujos preparatorios para *Los desastres de la Guerra*, concretamente en la sanguina *Carretadas al cementerio*[487], donde los cuerpos estaban a la vista de los viandantes. Para dignificar aquella actividad el Hospital fabricó un carro especial con forma de féretro, del que se conserva el diseño, vehículo mortuorio que sería imitado por otros hospitales[488].

En cuanto al problema del callizo, los regidores propondrían «que la tapia para cerrar dicha callejuela se coloque a la parte superior de la puerta del corral del Hospital que dista muy poco de la embocadura de la misma callejuela». De modo complementario, el convento de Santa Catalina pediría permiso para cerrar con una tapia su clausura junto a la puerta de carros del Hospital. El asunto siguió con solicitudes de tapias por ambos conventos y, a continuación, tras el acuerdo del cierre salvando la puerta del Hospital, la cesión del callizo. No obstante, a la postre se propondría el cierre con puerta en la parte inferior.

486 AMZ, 9 julio 1800. Tapia de Santa Catalina.

487 Dibujo 17x21 cm. Museo nacional del Prado. Preparatorio del «Desastre» del mismo nombre, n.º 64.

488 «Diseño del carro que usa el Santo Hospital de Zaragoza para llevar los cadáveres al Campo Santo», dibujo existente en el hospital de Valencia.

VIII. Destrucción del Hospital de Gracia

... acercándose, vendó sus heridas, echándoles aceite y vino,
y montándole sobre su cabalgadura, le llevó a una posada, y cuidó de él.
Al día siguiente sacó dos denarios y se los dio al posadero, y le dijo:
Cuida de él, y si gastas algo más, cuando vuelva te lo pagaré.

Lucas 10, 34-35

8.1. El Hospital antes de los Sitios

A principios del siglo XIX, con el fin de mejorar la atención a los enfermos, entraron al servicio del Hospital los Hermanos de la Caridad, dirigidos por el padre Juan Bonal. Llegado de Barcelona, en septiembre de 1804 fue alojado durante unos días en los aposentos que se reservaban para los predicadores de la Cuaresma. Tras tomar contacto con la institución y una vez conocido el funcionamiento del Hospital, acordó con la Sitiada la admisión de un grupo de hermanos y hermanas para ayudar en el servicio de los enfermos.

Poco tiempo después, el 28 de diciembre de aquel mismo año, hicieron entrada en la ciudad Bonal y los primeros hermanos: «Al cerrar la noche en la ciudad –relata Tellechea– todos fueron a visitar a Nuestra Señora del Pilar y dar gracias... luego se dirigieron al Hospital, y en el atrio de la puerta principal de la iglesia les recibió toda la Sitiada, hicieron un rato de oración, luego fueron conducidos a las habitaciones que de antemano se les había prevenido»[489]. Según Casamayor llegaron doce hombres y otras doce mujeres, comenzando su actividad en primero del año siguiente. Iniciaban la jornada con la confesión y comunión en el oratorio que disponía la Hermandad de la Sopa, tras lo cual se dedicaban a lavar a los enfermos y asear las salas, permaneciendo en la asistencia de los mismos día y noche.

Señala este autor que la llegada de ambas hermandades dio lugar a ciertas tensiones con quienes ya se ocupaban de los servicios, de forma que numerosos mancebos tuvieron que ser despedidos. Este conflicto no fue llevado del mismo modo por aquéllas, de manera que si bien las hermanas atendían con celo sus cometidos, no sucedía lo mismo con los hermanos, quienes dejaron el servicio en 1808. La madre Rafols, responsable de las primeras, desarrollaría su obra de caridad en el Hospital convirtiendo el grupo en la Congregación de las Hermanas de la Caridad de Santa Ana[490].

En aquel mismo año de 1804 Casamayor recoge la noticia de la escisión en dos del colegio de médicos y cirujanos[491], quienes acordaron mantener de forma común las salas y demás dependencias que disponían en el Hospital de Gracia con todo su contenido material y de archivo, estableciendo un régimen de uso compartido.

El Hospital apenas había tenido cambios desde los descritos anteriormente, salvo en la línea del Coso, donde tras el incendio del teatro en 1778 acometió diversas actuaciones. La primera de las novedades consistió en la construcción

489 Tellechea (1968) T. 1, pp. 10-11.

490 Tellechea (1984) T. 3, pág. 12. También: Solano y Armillas (1976) pág. 337.

491 Tuvo lugar el 16 de noviembre de 1804. Cfr.: Fernández Doctor (1997) *Documentos...*

de un edificio en los solares de los arruinados –la casa de comedias y el mesón–, denominado las casas blancas del Coso, que debían seguir manteniendo la misma alineación anterior. Con posterioridad, en 1806, se reedificó el siguiente bloque alineado en dicha vía, donde había estado la casa del Coso, según su denominación durante la Visita de 1600. Refiere el relato de Casamayor que aquel año se hicieron bastantes obras en la ciudad «y hermoseado con ellas la vista y adorno de sus calles, especialmente con las casas que ahora llamamos amarillas en el Coso, que antes ocupaban el juego de trucos del Santo Hospital, por cuya espalda había antes una calle que salía a la que ahora llamamos casa de Ximeno, que entonces se decía calle de la Soledad, que pereció con todas las casas que en ella había víctima del fuego del ejército francés, haciendo línea con las otras casas dadas de blanco que después del incendio del teatro de comedias levantó el Santo Hospital»[492].

En esta noticia se confirma que el local del juego de trucos se ubicó, en primera instancia, en la llamada casa del Hospital, ya citada en la Visita de 1600, donde fue habilitado el juego de suertes antes de 1652 y que en 1757 habitaba Joaquín Navarro, edificio cuya fachada quiso el marqués de Camporreal que quedara unificada con la de la casa de comedias. Para aquella fecha, y posiblemente con anterioridad, la parcela ya se había independizado del conjunto del recinto, formando la aludida «isla», flanqueada por las calles de la Soledad –al este– y de la puerta falsa –al oeste–, ambas salientes al Coso. En dicha ubicación se construyeron, por tanto, las casas amarillas, en 1806.

Otra obra de importancia, construida a grandes expensas y conocida por un memorial de 1814, había sido «un teatro anatómico exactamente ovalado, con la ventilación y luces necesarias, con la capacidad y comodidad de graderías, donde poder colocar los practicantes de ambas facultades y aun los curiosos espectadores»[493]. Es posible que este espacio estuviera ya construido a finales del setecientos, pues

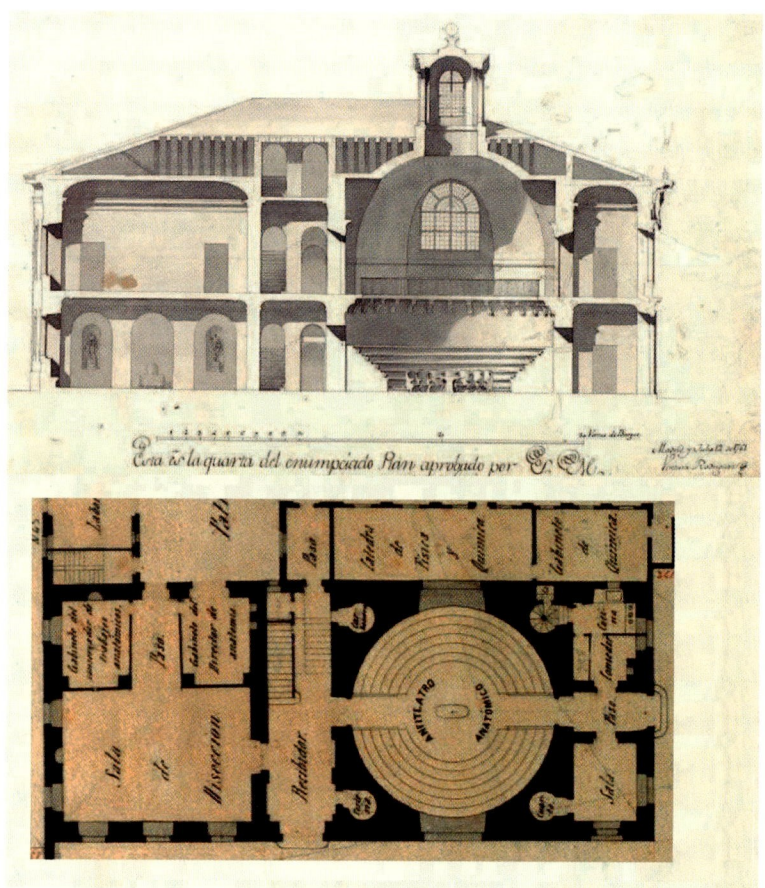

Colegio de Cirugía de Barcelona, Hospital de Santa Creu. Sección del proyecto de Ventura Rodríguez de 1761 y planta de Garriga i Roca de 1858.

cuando el colegio de cirujanos pretendió poner en marcha una escuela de cirugía, lo incluía como una de las principales ventajas. En una carta fechada el 17 de agosto de 1779, se decía que «en ningún reino ni ciudad de España se puede proporcionar un colegio de enseñanza y aprovechamiento como en Zaragoza, a vista de un Hospital Real y General tan concurrido de enfermos de toda clase, en donde la continuada práctica y manejo en éstos instruyen para el mejor acierto, y en donde se halla un teatro anatómico que por la ocasión pueden disecar cadáveres dos, tres o más veces a la semana...»[494] La fórmula de anfiteatro oval era un formato

492 Citado por Casamayor, 31 diciembre 1806. Cfr.: San Vicente (1991) *Años*, Ep.191, pág. 161.

493 Tellechea (1968) T. 1, pp. 66-69. Memorial de la Sitiada al rey y al Congreso.

494 Carta del Colegio rogando la intercesión favorable a la creación de una Escuela de Cirugía en Zaragoza. Cfr.: Fernández Doctor (1997) *Documentos...* Doc. 61, pág. 284.

habitual en este tipo de espacios. Resulta paradigmático el proyectado por Ventura Rodríguez para el edificio del Colegio de Cirugía de Barcelona construido entre 1761 y 1764 en el extremo del Hospital de Santa Cruz, cuyo graderío forma un círculo perfecto. También fue corriente el modelo con planta semicircular, como se realizaría a la postre tanto en el anatómico del Hospital Provincial de Zaragoza, del siglo XIX, como en el anexo a la Facultad de Medicina, diseñado por Ricardo Magdalena a principios del XX siguiendo una distribución similar al anterior, disponiendo una planta con dos salas principales, la capilla rectangular y el teatro semicircular. En todo caso, parece que el de Nuestra Señora de Gracia se quedó en una pequeña edificación circular, según se señala en el plano de parcelación municipal de 1836.

Las demás noticias sólo apuntan a obras de mantenimiento, conservación y pequeñas mejoras. Una de ellas fue la sustitución del reloj de horas y cuartos por uno nuevo, el cual debía colocarse donde estaba el antiguo, una realización que debió ser llevada a cabo en 1803. Efectivamente, en el expediente que obra en el Archivo de la Diputación Provincial, existen sendos presupuestos presentados por los relojeros Andrés Ester y Manuel Oteo, así como un informe que favorecía al primero de ellos. Pero además, resulta interesante la presencia adicional de un croquis del remate de una torreta que no corresponde al campanario que remata la fachada de la portada de la iglesia, sino a otro campanario menor, el que tocaba a las horas hospitalarias, cuya silueta parece muy similar a la torrecilla reflejada en la pintura *Incendio del teatro de Zaragoza*, descrita más arriba, donde indicábamos dicha presencia, aludiendo a la probabilidad de que se ubicase en una de las fachadas del claustro y próxima al ángulo donde se encontraba la cocina mayor. Tal vez este croquis formase parte de una propuesta para reformar tal campanario, pues dibuja sendos huecos en correspondencia con las dos campanas proyectadas, en lugar del hueco único que figura en el cuadrito del incendio.

En el mismo archivo existe otro documento de indudable interés pues recoge una extensa relación de las actuaciones que hizo el herrero del Hospital, desde 1808 hasta 1811, a través de las cuales pueden rastrearse buena parte de las

Torre campanario de las horas hospitalarias. Croquis.

diferentes dependencias de las que disponía el establecimiento. En la llamada *Cuenta de lo he trabajado de cerrajería para el Santo Hospital de Nuestra Señora de Gracia desde el año 1808 hasta que se desalojaron de la Casa de la Misericordia*,[495] y en referencia a las actuaciones realizadas antes de iniciarse la contienda, se citan los siguientes lugares de intervención:

a) Puertas: *Puerta falsa del fosal*, que indica la existencia de una puerta secundaria en el mismo; *cerraja* [de la] *cadena* [de la] *puerta principal*; *puerta de los callizos*, posible postigo de entrada desde el callejón que separaba el Hospital de los conventos meridionales;

b) Iglesia: *tribuna del balcón de la iglesia*, posiblemente el coro alto y balcón del órgano; *capilla de San Antón*, tal vez la

495 Archivo DPZ, Leg. 673, Obras.

receptora de las imágenes del retablo mayor del templo de los antonianos, clausurado en 1799; *capilla de Nuestra Señora de los Dolores*, también llamada de la Quinta Angustia; *colocación de un San Juan de Dios en una columna de la iglesia; iglesia; coro; puerta de la iglesia;*

c) Enfermerías: *guardarropa de mujeres*, posiblemente el ubicado en las falsas de las quadras de mujeres; *distrito de convalecientes*, posiblemente referido a la sala de estos enfermos; *chimenea de la cocina de las convalecientas*, es decir, la salita anexa a la quadra de mujeres convalecientes que se utilizaba como cocina; *sala de primeras*, una de las quadras de mujeres; *sala de* [enfermería de] *soldados; cocinillas de la sala de calenturas*, posiblemente en aposentos anexos; *casa del Rey*, referido seguramente a la llamada quadra del Rey; *distrito de las tiñosas*, aposento o zona de enfermería; *sala de segundas*, otra de las quadras de mujeres;

d) Salón central: *ventano para el farol del salón*, hueco donde se colocaba la lámpara para iluminar el salón principal; *puerta del cuarto del salón*, posiblemente la puerta que daba a la escalera principal; *carrucha del farol del salón*, polea para subir y bajar la lámpara; *quarto del regidor de semana de al lado del salón*, posiblemente un aposento anexo, tal vez entre el salón y la cocina;

e) Dependencias centrales: *cuarto del predicador*, aposento de los invitados a pronunciar los sermones de la Cuaresma; *chimenea para la botica; cocina de los clérigos*, es decir, el aposento anexo al refectorio de los clérigos utilizado como cocina; *refectorio hermanos de la caridad*, que indica que disponían de uno propio, del que ignoramos su emplazamiento dentro del conjunto; *puerta del oratorio de las hermanas de la caridad*, un espacio de ubicación desconocida que debía ser de pequeñas dimensiones; *tabernilla*, aposento donde se preparaba el vino, situado bajo la escalera principal y junto a la entrada a las bodegas; *armario de los estandartes de Nuestra Señora de los Dolores*, tal vez en la sala de la Sitiada; *cocina del sustento*, tal vez la cocina central;

f) Dependencias periféricas: *horno; guardarropa mayor*, referido al pabellón principal de guardarropía; *puerta de una carbonera*, ya que había más de un local para este fin; *cuarto de la cebada*, junto a las caballerizas; *cuarto de las herramientas de los albañiles*, el taller y almacén de materiales; *colchonería*, referido al pabellón principal de la colchonería; *ventana del quarto de un tal López*, tal vez un aposento residencial; *cerraja para el pajar de la colchonería; cabrería; lahona*, obrador de panadería.

g) Dependencias de los dementes: *dormitorio de los hermanos del saco*, espacio sin camas donde dormían sobre tarimas los dementes desnudos que vestían con saco; *cerraja para una gavia para los hermanos dementes*; [aljibe o pila] *donde se bañan los hermanos dementes; refectorio de los hermanos dementes;*

h) Lugares fuera del recinto: *molino de azeyte*, situado extramuros del recinto urbano; *puertas para el abejar*, situado extramuros del recinto urbano; *diversas casas de fuera del Hospital*, referidas a las propiedades urbanas del mismo.

Finalmente, gracias a una serie de facturas fechadas en los meses de marzo y abril de 1808 se conoce la realización de ciertas actuaciones de saneamiento. Concretamente, según Arcarazo, se blanquearon las enfermerías de primeras, de segundas, de tiñosas y de cirugía de mujeres, dos salas de expósitos, dos salas de calenturas y una de cirugía de hombres, una de presidiarios, dos salas de enfermos dementes y tres aposentos de dementes distinguidos. También fueron encaladas la sala de los enfermeros, su refectorio y el de las hermanas, los accesos «a las mencionadas salas, la escalera principal y la habitación del carpintero, todo lo cual ascendió a la suma de 725 Rv». Por último, a finales de julio, ya en plena contienda, se siguió con el blanqueo, actuándose en «la sala del Rosario, otra que había dentro de ella y ocho cuartos de dementes distinguidos, aunque sólo con una mano, con un gasto de 90 Rv»[496].

El momento inmediatamente anterior al primer Sitio fue descrito por el doctor Félix Cerrada en la *Revista Aragonesa* en las vísperas del primer centenario de aquellos históricos acontecimientos que llevaron a la ruina total del Hospital de Nuestra Señora de Gracia. Además de relacionar los diver-

---

496 Arcarazo García (2007) pp. 72 y ss.

sos servicios e instalaciones con los que contaba el establecimiento ya conocidos, señala que «de la inspección de las cuentas en la referida época, se desprende que... tenía horno de yeso y de ladrillo y tejar», argumentando este dato a partir de los documentos de diversos suministros realizados. En cuanto a las enfermerías indica que «había salas de calenturas, de hombres y de mujeres, cirugía de uno y otro sexo. Salas del Arzobispo, de Santa Teresa, Tiermas, Perdón de Dios, Cirugía alta, del Rey, de San Miguel, de bubas o salas de soldados y algunas otras acerca de las cuales no se han encontrado datos concretos; de departamentos de dementes de ambos sexos. Inclusa y sala de parturientas y departamento de tiñosos. Todas estas dependencias estaban dotadas de camas, ropas y utensilios suficientes para proporcionar una asistencia decorosa y eficaz a los enfermos y acogidos; por eso no es extraño que el Hospital de Zaragoza adquiriese universal renombre y que su fama atrayese dementes de toda la nación y enfermos de todas partes, hasta el punto de que en 1808 los enfermos y acogidos eran en número de 2.111».

Entre los responsables señala que «en 1808 formaban parte de la Sitiada el señor barón de Purroy que se distinguió durante los Sitios por su celo extraordinario en el cuidado de los enfermos y en la buena administración de la casa, adoptando en aquellos días calamitosos, cuantas disposiciones fueron necesarias para el mejor funcionamiento del Hospital, el chantre D. Vicente Novalla, el conde de Sástago, a la sazón en Granada, el marqués de Montemuzo, que se hallaba en Huesca. El general Palafox nombró en 23 de Diciembre de 1808 regidores a D. Manuel Zapata, de Calatayud, y a tres personas cuyos nombres no aparecen pero que consta que murieron durante los Sitios...» Entonces era «a la sazón superiora de las Hermanas de la Caridad de Santa Ana, encargadas de la asistencia de los enfermos, la heroica madre María Rafols, y ejercía el cargo de hermana mayor de la Santa y Real Hermandad de la Sopa la Sra. Dª Josefa Amar y Borbón, de ilustre prosapia y de grande energía moral, cuya conducta en aquellas dificilísimas circunstancias, es motivo de admiración por su celo extraordinario y por la caridad verdaderamente evangélica en que se inspiró».

«En tal grado de esplendor –escribe Cerrada– y en tales bases descansaba la máquina del Santo Hospital, cuando sobrevino el bombardeo que destruyó su hermosa y amplia fábrica, siendo los enfermos trasladados a la Lonja y al palacio de la Real Audiencia, hoy Seminario Conciliar y los expósitos a la Casa Misericordia, no sin que algunos pereciera entre los escombros. La traslación se verificó en circunstancias que pusieron á prueba el heroísmo, la abnegación y espíritu de caridad de los zaragozanos, puesto que además de los empleados y sirvientes de la casa, los militares, algunos religiosos y muchos vecinos de la ciudad, coadyuvaron a la traslación de los enfermos, camas, ropas y utensilios que pudieron salvarse».

«La destrucción del Hospital fué tan completa –concluye– que no pudo pensarse en su reconstrucción, antes bien, el incendio y la ruina produjeron la pérdida de ropas, utensilios, documentos, medicamentos, vino, aceite, trigo, ganado, etc., siendo evaluadas las pérdidas sufridas en 25 millones de reales»[497].

8.2. Destrucción del Hospital durante los Sitios

El 15 de junio de 1808 hicieron aparición a las puertas de Zaragoza las tropas del ejército imperial francés comandadas por Lefebvre. La resistencia de los defensores a los primeros ataques fue extraordinaria y el combate comenzaría a tomar la forma de un asedio. Diez días después llegaba con refuerzos el general Verdier, iniciando bombardeos sistemáticos de gran intensidad. A lo largo del mes de julio, los franceses se hicieron con los arrabales y casi todas las posiciones situadas fuera de las defensas, dejando la ciudad cercada. Desde principios de agosto el ataque cobró una gran dureza.

Casamayor describió los acontecimientos en forma de diario. Siendo testigo de los mismos, la frescura del relato es incomparable, por lo que principalmente seguiremos a su pluma en la narración de lo sucedido en el Hospital. También recurriremos a las noticias proporcionadas por Alcalde Ibieca

497 Cerrada y Martin (1907) pp. 222, 310 y 324-326 respectivamente.

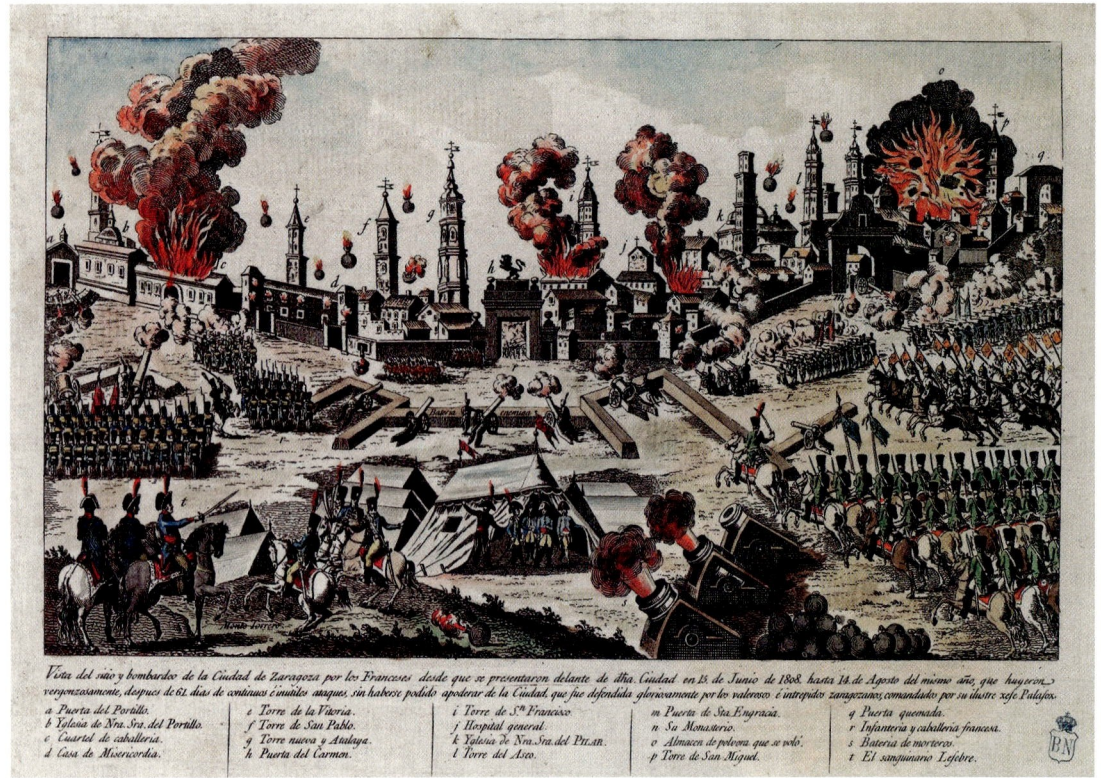

Vista del sitio y bombardeo de la Ciudad de Zaragoza por los franceses desde que se presentaron delante de dha Ciudad en 15 de Junio de 1808 hasta 14 de Agosto del mismo año, que huyeron vergonzosamente, después de 61 días de continuos e inútiles ataques, sin haberse podido apoderar de la Ciudad, que fue defendida gloriosamente por los valerosos e intrépidos zaragozanos comandados por su ilustre xefe Palafox, (atribuido a Mariano Latasa). Aguafuerte, hacia 1808.

y a las descripciones de Lejeune, quien en su escrito sobre los Sitios de Zaragoza volcó la magia de sus pinceles para crear un vivo retrato de aquellas hazañas. Todo comenzaría una mañana de agosto.

«El día 3 de agosto –señala Lejeune– todas las baterías estaban ya montadas, pero el general Verdier, antes de hacer uso de ellas, quiso por vez última intentar la paz. El parlamentario que envió fue despedido. Entonces, a una señal dada, cuarenta y tres bocas de fuego tronaron simultáneamente, esparciendo el terror en toda la ciudad. Las bombas se dirigieron al principio sobre las casas vecinas a los puntos atacados, después sobre el convento de San Francisco y por último sobre el gran Hospital de Nuestra Señora de Gracia, en el cual estaban recogidos los niños expósitos, los dementes y los enfermos de todas clases... En pocas horas fueron recogidos casi todos [los enfermos] en lugar seguro y evacuado el Hospital»[498].

«Desde las cuatro de la mañana –relata Casamayor–, sin cesar en todo el día, nos estuvieron tirando bombas y granadas desde las baterías... Donde fue mayor el estrago fue en el Santo Hospital Real y General de Nuestra Señora de Gracia, donde estuvieron cayendo casi continuamente, habiendo causado algunos muertos... e igualmente tanto daño en las salas de los enfermos que antes del mediodía fue preciso tomar providencia de sacarlos...»[499].

Alcaide Ibieca describió aquel cuadro trágico: «Viendo que parecía ser el blanco del enemigo, principiaron a remover los pobres enfermos, dementes y demás imposibilitados, para evitar fuesen víctimas de las explosiones... Había en aquel entonces quinientos enfermos y bastantes heridos: por el pronto los trasladaron a la iglesia, poniendo las camas por las capillas, entre tanto cargaban carros con jergones y aquellos efectos más precisos. Los que tal cual podían caminar salieron envueltos en sus mantas y otros sin cubrir su

498 Lejeune (2009) pp. 17-18.

499 San Vicente (1991) *Años...* Ep. 209, pág. 169; Rincón García (2008) pág. 56.

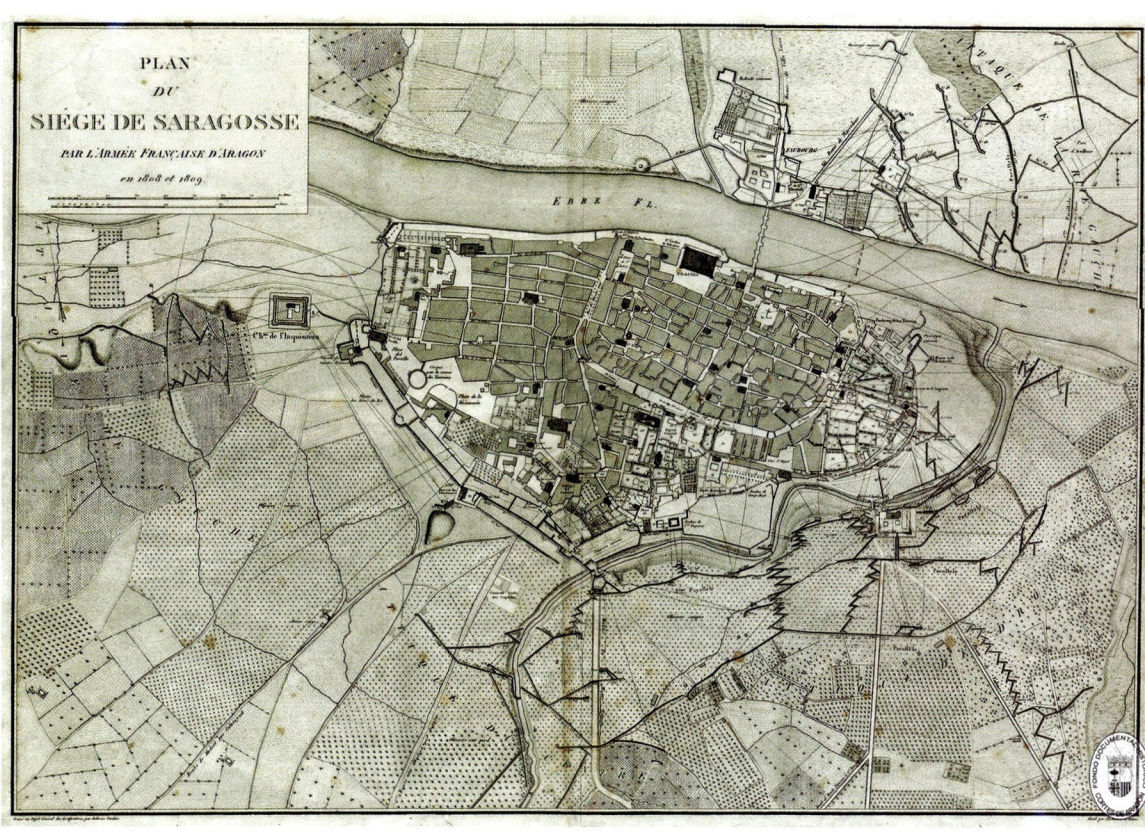

Plan du Siége de Saragosse par l'Armée Française d'Aragón en 1808 et 1809. Grabado Dépòt Général des Fortifications: Ambroise Tardieu; ecrit: Richomme et Adam. Atlas Jacques-Vital Belmas por Chez Firmin Didot Frères et Cie, París, 1836.

desnudez, palpitantes, escuálidos, con paso trémulo, viéndose aguijados de las bombas que reventaban por aquellas inmediaciones. A otros los conducían en camillas. Algunos perecieron, quedando sus miembros mutilados por los cascos de las granadas que caían como de llovido»[500].

El intendente Calvo, el regidor José Dara Sanz y Cortés –barón de Purroy–, José Obispo, los dependientes de la casa, algunos franciscanos y numerosos vecinos honrados contribuyeron a ayudar a aquellos desgraciados. «Se destinó –prosigue Casamayor– [para su traslado] la Real Audiencia, a donde fueron llevados por algunos religiosos en brazos y por varios paisanos en carros y parihuelas... colocando los enfermos de calenturas en el corredor alto, a los militares en la sala de San Jorge, a los de cirugía en el corredor de abajo, y a las mujeres en la Lonja de la ciudad».

Al parecer, la parte menos afectada por las bombas fueron los pabellones de los hermanos locos, situados más próximos al convento de Jerusalén. Por tal motivo estos enfermos permanecieron en sus quadras en compañía de sus cuidadores, velando también por el granero y otras dependencias casi intactas, con excepción –según Gimeno Riera– de los dementes distinguidos, que habitaban el piso alto, los cuales fueron trasladados con el resto de los hospitalizados[501].

No obstante, en la jornada siguiente las tropas francesas penetraron por la ciudad y alcanzaron el recinto del Hospital, por lo que casi todos los que allí quedaban huyeron. «El enemigo –relata Casamayor– empezó su ataque general por todos los puntos con un tesón el más furioso, acometido por todas las baterías, haciedo los nuestros prodigos de valor; pero a pesar de la defensa tan bárbara, antes de las doce, entraron como unos diez por la brecha que hicieron por el

500 Alcaide Ibieca (1830) T. 1, pág. 198.

501 Gimeno Riera (1908) pág. 38.

Jardín Botánico[502], los que fueron muertos inmediatamente. Más a poco rato entraron muchísimos, los que se encaminaron a los callizos de Santa Catalina y franqueando las puertas del fosal del Hospital General se introdujeron en él, haciendo mil estragos y matando a cuantos encontraban, por donde salieron al Coso...».

Así pues, tras atravesar el recinto de las religiosas, accedieron desde el callizo que separaba el convento del Hospital a la puerta del cementerio, y una vez cruzada ésta se dirigieron hacia la calle meridiana que desembocaba en el Coso, desde la que se repartieron por los edificios que hacían frente a esta vía, donde tomaron posiciones desde la que podían hacer fuego sobre los defensores, apostándose en las ventanas de las casas blancas y en las quadras y altillos de la iglesia. Otro tanto hicieron al poder ocupar el vecino monasterio de los menores. Este episodio lo refiere Casamayor diciendo que los franceses «quedaron dueños [del convento de] San Francisco y del Hospital, en el que habiendo cometido cuanto de malo pueda imaginarse, nos hicieron desde estos dos puntos tanto fuego que apenas se podía respirar, pues apoderados de la torre y vistillas de San Francisco, cuadras e iglesia del Hospital donde formaron viseras, no dejaban pasar a persona alguna sin tirarle».

Continúa el relato informando que el 5 de agosto, «nada más que amaneció prosiguió el bombardeo y los robos y asesinatos en los barrios ocupados por ellos con el mayor furor, destrozando el Santo Hospital, quemando el granero y matando a los hermanos dementes que lo guardaban». Al día siguiente, «a partir del mediodía comenzó la llegada de refuerzos, consiguiéndose avanzar en distintas posiciones y hacer retroceder a los franceses... haciéndoles abandonar también unas casas que habían tomado en las inmediaciones del Hospital, antes ocupadas por el teatro de comedias [las llamadas «casas blancas», edificadas en el mismo emplazamiento]... Al amanecer del día 7 fue incendiado el centro del Hospital de Nuestra Señora de Gracia y algunas casas inmediatas de la calle de Santa Engracia»[503]. Lo que quedó en pie se prendería fuego días después por orden de Palafox, con objeto de que las ruinas no pudieran servir a los franceses como lugar desde donde hacer fuego sobre los defensores, de modo que los edificios quedaron prácticamente destruidos.

Al caer la noche del 13 de agosto el ejército invasor abandonaba la ciudad tras volar el monasterio de Santa Engracia y quemar el de San Francisco. Llegó el silencio junto a un desolador panorama. Alcalde Ibieca describe aquel terrible escenario: «El Hospital, aquel asilo de humanidad desvalida, que antes ofrecía un aspecto consolador viendo la distribución de sus oficinas, las salas de los enfermos, según la clase de sus indisposiciones, y todo cuanto podía contribuir al alivio de los infelices, en la mañana del día 14 aumentaba más y más el desconsuelo: paredes, techos, escaleras, todo asolado, todo destruido. En las iglesias, los altares por tierra, consumidos los retablos, pues las maderas sirvieron para hacer los ranchos...»[504] Allí quedaría enterrado el tesoro de la Virgen de Gracia.

Sin posible recuperación la de aquel conjunto arruinado, dos días después Palafox decidiría que los enfermos fueran trasladados a una nueva sede central: «Hecho cargo de lo incomodados que están todos los enfermos en los hospitales que provisionalmente se dispusieron, por ruina del General, he determinado que se trasladen todos con sus oficinas correspondientes a la Real Casa de Misericordia»[505], establecimiento que pronto se demostraría completamente insuficiente para atender a tantos heridos y enfermos, por lo que el 26 de octubre siguiente se determinaría reservarlo para los soldados, mudando a los paisanos al Hospital de Convalecientes.

En la citada *Cuenta de lo he trabajado de cerrajería...* figura un segundo grupo de acciones: *Lo que se ha trabajado des-*

---

502 El Jardín Botánico se situaba en la calle de San Miguel, junto al convento de Santa Catalina, dentro de los terrenos de su propiedad. Formado por la Sociedad Económica Aragonesa de Amigos del País en 1786, la propiedad pasaría al Estado con la desamortización de 1835, haciéndose cargo la Universidad en 1843. Desapareció con la urbanización de la exhuerta de Santa Engracia en 1908.

503 San Vicente (1991) *Años...* y Rincón García (2008) pp. 58 y 62-64.
504 Alcaide Ibieca (1830) y Rincón García (2008) pág. 68.
505 Tellechea (1968) T. 1, pág. 4.

Francisco de Goya: *Escapan entre las llamas* (Desastres de la Guerra, aguafuerte), 1810-1814.

pués de la guerra del primer bombeo en la Santa Casa[506]. En la relación ya no aparece ninguna en los sectores de la iglesia, las enfermerías o las dependencias centrales –todas destruidas–, sino únicamente algunos espacios no alcanzados por la artillería por estar situados en las zonas periféricas o fuera del recinto:

a) Puertas: *puerta falsa de la calle de la Soledad*; *puerta de la calle del Juego de Trucos de la calle de la Soledad*, probablemente referida a la calle secundaria que se había formado para independizar las casas del Coso del recinto general.

b) Dependencias periféricas: *zapatería*, ubicada probablemente en el corredor de las hermanas, junto a la calle de los oficios; *habitaciones de albañil y carpintero para las casas donde vivieron los médicos que tenían puertas que comunicaban con el Hospital*, posiblemente las casas antiguas del

Coso, junto al horno; *casas nuevas donde se ponen las oficinas*, tal vez en las llamadas casas blancas; *cuarto donde guardan las herramientas los albañiles en el Hospital*, en la calle de los oficios o calle meridiana Coso-Jerusalén.

c) Dependencias de los dementes: *Habitación del padre de las hermanas dementes, guardarropa de los dementes, distrito de los dementes, cocina de los hermanos dementes, habitación del ama de las hermanas dementes, gavias de dementes, distrito de hermanso dementes.*

d) Lugares fuera del recinto: *Juego de la Verónica, molino del yeso, paridera, casa de la subida de la Albardería, casa de la Escopetería, casa del Coso donde estaba el cafe de Rubert, bodega de la torre del Gállego, molino del Pilar.*

La relación concluye con *lo que se ha trabajado para la Misericordia*, una vez centralizados allí los enfermos desde el 16 de agosto: *Cuarto enfermero mayor, colchonería, comisaría de entradas, mayordomía, cataplasmería, rastro, cuar-*

506 Archivo DPZ, Leg. 673, Obras.

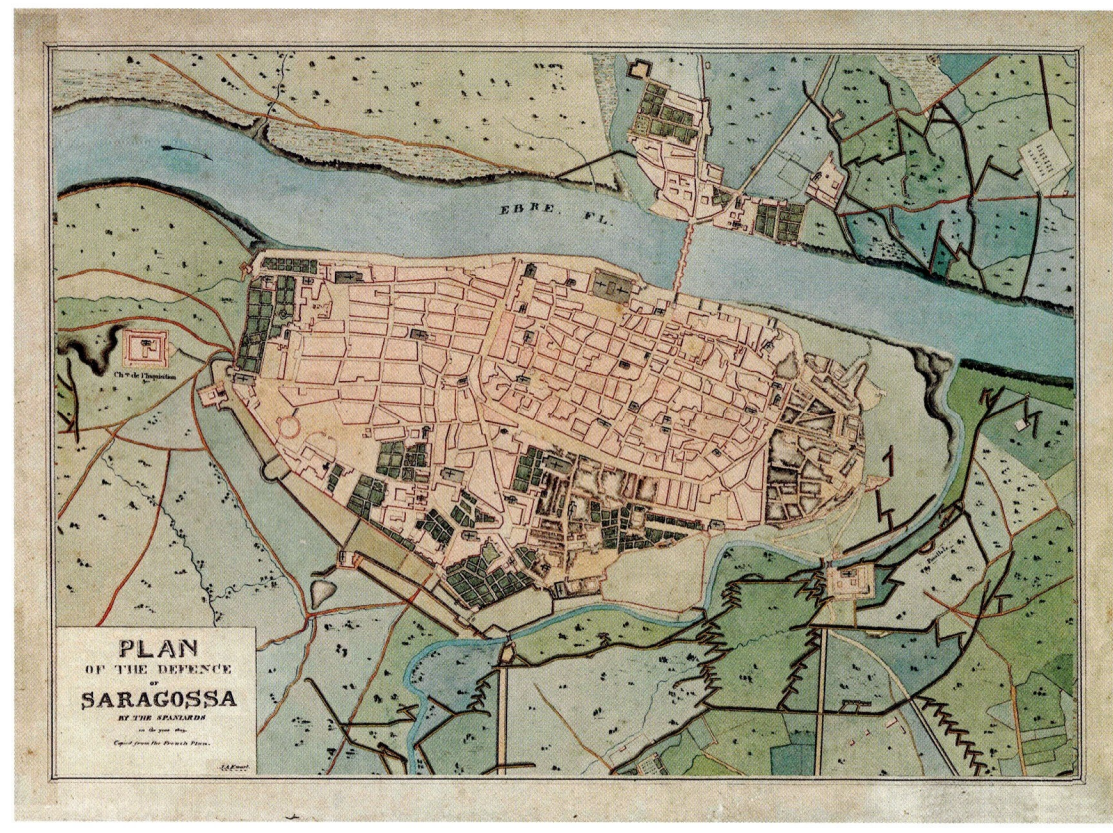

Plan of the Defence of Saragossa by the spaniards in the year 1809, J. A. Ewart (Área reducida).

to de la carne, plaza de toros, puerta que entran los carros, cocina.

La acción militar en el Hospital de Gracia en aquel verano de 1808 había dejado una huella inolvidable en los combatientes franceses. Lejeune, que recogió sus testimonios para elaborar su relato, lo refirió así: «Nuestros soldados no hablaban más que de los recuerdos que les habían dejado los lugares y acontecimientos de que habían sido testigos en el primer sitio». Prosigue describiendo aquella experiencia y el asombro que causó en ellos las instalaciones de los pabellones de los hermanos dementes, inéditas e impactantes: «Apenas podían comprender cómo, junto al magnífico hospital que lleva la generosa inscripción Urbi et Orbi, de la ciudad y del mundo, se podía encontrar otro hospital destinado a los locos, en el cual se encadenaba a ciertos alienados en jaulas cuadradas de madera, suspendidas a lo largo de los muros. Estas jaulas se hacían expresamente muy pequeñas para que estos desgraciados no pudieran exten-

derse ni mantenerse en pie. No es posible describir la triste impresión de piedad que había producido en el corazón de nuestros soldados la vista de estos dementes de uno y otro sexo, a quienes el asalto de su hospital había arrancado de sus celdas y esparcido en libertad por nuestro campo»[507].

Aquel año, apunta Casamayor, no pudo celebrarse por el Colegio de Médicos, como cada 28 de septiembre, la fiesta de San Cosme y San Damián, «cuya imagen de plata se llevaron los franceses... por no tener Yglesia y haber perdido la capilla que tenían en la del Santo Hospital»[508]. Las ruinas de los edificios sirvieron para otros cometidos más prosaicos. El 23 de noviembre, con el fin de reforzar las defensas de la ciudad ante un nuevo ataque francés, Sangenis cursaba a la Sitiada que «siendo precisa la enrona y derribo de la Casa Hospital que fue de Nuestra Señora de Gracia, para rellenar

507 Lejeune (2009) pp. 38-39.
508 San Vicente (1991) *Años...* Ep. 218, pág. 173.

y macizar los parapetos de la línea de defensas de esta capital, espero... se servirá conceder su beneplácito». Corriendo el riesgo de que el tesoro de la iglesia fuera removido, en la respuesta, los regidores –señala Gimeno Riera– hicieron incapié en que se pusiera a cargo de la operación a una «persona celosa que cuide no se distraigan las alhajas que quizá se hallen entre las ruinas».

El 21 de diciembre comenzaría el segundo sitio. El ejército francés, al mando del mariscal Lannes, contaba con una formidable fuerza de 35.000 infantes y 2.000 soldados de caballería. La defensa también estaba organizada y contaba con recursos militares parejos. Las operaciones fueron durísimas desde el primer momento. Señala este autor que el Hospital de la Misericordia, convertido en central de los combatientes, resultó completamente insuficiente para atender al elevadísimo número enfermos y heridos, «que aumentaba diariamente y que llegó a 3.000». También se desbordó la capacidad del Hospital de Convalecientes, que tuvo que habilitar espacios auxiliares en «locales contiguos pertenecientes al convento de la Encarnación». Ante dicha situación fue imprescindible transformar el cercano convento de San Ildefonso en hospital de sangre. Incluso «en el convento de Jerusalén, convertido en cuartel del regimiento llamado Reunión de Aragón, había en diciembre de 1808, 123 enfermos sin camas ni aun jergones, sin alimentos y sin asistencia»[509].

Con el transcurso de los días la situación se iría agravando. Tellechea recoge los escalofriantes datos: El 29 de diciembre ingresaban más de ciento veinte heridos en la Misericordia y a últimos de mes «se arracimaban en el mal improvisado hospital más de seis mil enfermos». El Colegio de Médicos, ante la insuficencia de espacio, acordaba el 7 de enero utilizar como hospitales algunas casas particulares cuyos vecinos estuvieran ausentes. «El 16 de enero –añade– no había pan ni carne para los enfermos; se aprecia el comienzo de una epidemia; faltan ropas y alimentos; se instalan camas en el Pilar... El hospital ofrece un cuadro dantesco en fe-

Plan du Siége de Saragosse par l'Armée Française d'Aragón en 1808 et 1809. Grabado de Ambroise Tardieu. Atlas Jacques-Vital Belmas, París 1836. Detalle de las minas.

brero. Miles de heridos y enfermos, en quienes se cebaba la miseria, el hambre y la peste... El 14, en el límite sobrehumano del agotamiento, no hay nada que dar de comer a nadie, mueren diariamente a cientos...»[510]

El recinto del Hospital de Gracia había sido objeto de acciones militares desde principios del mes. El relato de Lejeune, entonces testigo directo de las operaciones, recoge agunos de los espacios de aquél, los escasos bloques que todavía tenían alguna crujía en pie y las ruinas del resto, bajo las cuales todavía se podía acceder, en todo o en parte, a las bodegas. El 6 de febrero, «así que nos hubimos establecido en el

509 Gimeno Riera (1908) Nota i y pp. 50-51, respectivamente.

510 Tellechea (1984) T. 3, pág. 155.

convento de las monjas de Jerusalén –dice Lejeune–, dirigió Breuille sus minadores hacia dos edificios inmensos, el convento de San Francisco y el hospital de locos... Los hornillos que Breuille preparó debajo del Hospital y del convento de San Francisco debían ser los de más consideración que hasta entonces se habían hecho... La [mina] de San Francisco no hizo en el muro de este vasto edificio más que una brecha impracticable por la cual no se pudo librar el asalto. Las minas colocadas bajo el Hospital General nos abrieron aquella construcción, la cual, desde el primer sitio, no era ya más que un montón de ruinas. No pudimos ocupar más que las dos terceras partes y fue imposible llegar hasta el Coso»[511].

Esta información coincide con el relato de Casamayor, quien de aquella jornada refiere que «al anochecer, volaron un trozo de casas inmediatas al Santo Hospital de Gracia, y enseguida se dio principio a un grande tiroteo desde dichas ruinas»[512]. También es equivalente a las etapas grafiadas en la planimetría militar de la batalla, que recogen el avance francés en varias jornadas. Pero Lejeune se centra en las acciones realizadas desde el Hospital con la vista puesta en la toma del monasterio de los menores: «Nuestros minadores descendieron inmediatamente, el 6 de febrero, a las cuevas del Hospital General para abrir tres galerías y llegar, a través de la calle de Santa Engracia, hasta debajo del convento de San Francisco».

En las jornadas que siguieron la evolución de los imperiales fue muy lenta. «En el ataque del centro –dice Lejeune– las casas adyacentes al Hospital General eran, hacía algunos días, teatro de los más encarnizados combates...» El día 9, mientras éstos seguían teniendo lugar arriba, entre las ruinas, «Breuillle había encontrado medio de conducir bajo tierra, partiendo de los sótanos del Hospital General, una galería hasta el pie de los cimientos de San Francisco...» Efectivamente, debió excavarla a partir de las bodegas que existían en el Hospital bajo las crujías del bloque cuya fachada daba a la calle de Santa Engracia y hacía frente con el ábside

de la iglesia de los menores. «El día 10 de febrero –prosigue Lejeune–, el bravo coronel Dupeyroux, con su regimiento, y Valazé, jefe del batallón de ingenieros, con sus zapadores, se emboscaron en las ruinas del Hospital esperando la señal. A las tres de la tarde, en el momento convenido, Breuille dio fuego y la terrible explosión lanzó a inmensa altura una gran parte del convento y del claustro, pero el campanario, que esperábamos que se desplomase, quedó en pie...» Este detalle indica que el objetivo de los minadores franceses era alcanzar la base occidental de la torre, de forma que ésta se desplomase hacia la nave de la iglesia, sin embargo dada la envergadura de su cimentación –en consideración a la gran altura del campanario– la carga resultó insuficiente para ella, mientras fueron destruidos otros sectores del convento.

En previsión de iniciar un avance de la infantería inmediatamente después de la voladura, el propio Lejeune se había apostado en la puerta del Hospital, donde le sorprendió la caída de los cascotes originada por aquélla. Así lo narra: «A fin de estar en disposición de dirigir aquel rudo ataque del 10 de febrero, Prost y yo nos habíamos situado a cubierto, junto a la tropa y bajo una puerta abovedada del muro del Hospital. Estuvimos, sin embargo, expuestos a perecer bajo los plastones, los maderos y las piedras que caían sobre el asilo, demasiado angosto, que habíamos elegido»[513]. Se trata de un interesante detalle que nos informa que gran parte del muro de fachada todavía estaba en pie.

8.3. Derribo de las ruinas, idea de un nuevo Hospital y programa de 1815

El 21 de febrero la ciudad capituló ante el cuartel general de Lannes. Apunta Casamayor que aquel año, el viernes de Dolores –el 24 de marzo– no habría «ninguna función por estar derruido el Santo Hospital y el convento del Carmen»[514]. Entre las primeras diposiciones tomadas por el mando francés estaría la ampliación del Hospital de Convalecientes mediante la anexión del convento de la Encarnación, incluyendo su huerta, donde serían instalados los enfermos dementes de

511 Lejeune (2009) pp. 98-99.
512 San Vicente (1991) *Años...* y Rincón García (2008) pág. 89.
513 Lejeune (2009) pp. 103-104, 10 y 111-113, respectivamente.
514 San Vicente (1991) *Años...* Ep. 226, pág. 179.

ambos sexos. Simultáneamente se ordenaría el derribo de las ruinas del Hospital. Además, señala Tellechea, fue cargada a sus bienes una pesada contribución extraordinaria: «Las deudas alcanzaron cotas elevadísimas»[515].

Así, en junio de 1810 el general Suchet decretó el derribo de las ruinas del Hospital, pero esta orden no llegaría a materializarse en ese momento por no disponer la Sitiada de fondos. A pesar de esta situación de penuria –añade este autor– y en virtud del decreto gubernativo de Suchet del 1 de junio, el corregidor de Zaragoza pidió al Hospital la relación de bienes y rentas adquiridos antes de 1737 con el fin de proceder al cargo extraordinario de tres millones de reales[516]. En todo caso las demoliciones no se hicieron esperar demasiado tiempo. Relata Casamayor que el último día de agosto, «a las once dadas de la mañana, volaron de orden de la policía el pórtico y campanario de la Yglesia del Santo Hospital Real y General de Nuestra Señora de Gracia, donde se leía aquel epígrafe tan lacónico como expresivo de *Vrbis et Orbis Domus Infirmorum*, y las figuras de piedra de la Anunciacion de Nuestra Señora con dos hermanos de frente hechados todos de piedra, haciendo un ruido y estrépito espantoso y cuyos trozos llegaron hasta las paredes de las casas de enfrente»[517].

Durante las semanas siguientes debió seguir procediéndose con los restos constructivos del recinto, consignándose poco después que en el mes de octubre fue «mucho el destrozo y derribo que de orden del gobierno se han hecho en los edificios ruinosos o que amenazaban ruina, y más especialmente en el suntuoso del Santo Hospital Real y General de Nuestra Señora de Gracia»[518].

8.3.1. Los nuevos espacios urbanos

Una de las consecuencias de los derribos fue la configuración de nuevos espacios urbanos. En primer lugar se aprovecharon los sectores del Hospital de Gracia y del convento de San Francisco que formaban los dos ángulos o esquinas donde nacía la calle de Santa Engracia, también llamada calle del Hospital, para crear una plaza anexa al Coso, la actual plaza de España. Del primero pasaron a formar parte de dicho espacio urbano, concretamente, las áreas que ocupaban la iglesia y las crujías de los lados septentrional y occidental del claustro o patio principal. Del segundo la nave y la estructura de contrafuertes y capillas del lado del evangelio así como todo el área septentrional anexa. En segundo lugar, a partir de esta plaza unida al Coso, y aproximadamente en línea con el antiguo trazado de la calle de Santa Engracia, se formó un nuevo paseo, denominado actualmente de la Independencia, anexando a la vía existente la banda colindante del convento de los menores, cuya ocupación alcanzaba el área de las crujías orientales de ambos claustros y la cabecera del templo con su campanario.

Todas estas obras de derribos, nivelaciones y urbanización transcurrieron a lo largo de 1811 y del año siguiente[519]. El 31 de marzo de 1812, Casamayor describía así su estado: «En la obra de la calle antigua del Hospital ha quedado todo derruido hasta el llamado callizo del Riego, habiéndose allanado todo el terreno que ocupaba la calle llamada de Santa Engracia, e igualándose con el nuevo paseo que se ha construido en la misma calle del Hospital, y parte del convento de San Francisco, donde se han formado cuatro líneas de árboles, las dos dentro del recinto que antes era refectorio, sacristía, claustros y enfermería, y las otras dos en la misma calle de Santa Engracia».

A finales de abril la misma crónica rezaba: «Este mes se prosiguió el arreglo del nuevo paseo desde el Coso hasta la puerta de Santa Engracia... Se han echado a tierra las únicas paredes que habían quedado del Santo Hospital Real y General de Nuestra Señora de Gracia, porque amenazaban ruina, en las cuales estaban las armas del Excmo. Sr. Arzobispo don Fernando de Aragón, nieto del Rey Católico,

---

515 Tellechea (1986) T. 4, pág. 31
516 Sitiada 12-VI-VII. Cfr.: Tellechea (1968) T. 1, pág. 8.
517 San Vicente (1991) *Años...* Ep. 254, pág. 187.
518 San Vicente (1991) *Años...* Ep. 258, pág. 189.

519 Formaban parte de un plan de reformas urbanísticas impulsado por Suchet y dirigido por el arquitecto municipal Joaquín Asensio. Sobre el tema ver, entre otros: Latas (2012) pág. 360.

Plano de Zaragoza, hacia 1810. Detalle del nuevo paseo de Santa Engracia (Antonio Asensio).

Albert-Louis Bacler d'Albe (dibujo) y Godofroy Engelmann (grabado): *Place du Cosso á Sarragosse après le Siége*. Litografía, hacia 1824. Formación de la actual plaza de España..

fundador de la cuadra llamada del Arzobispo». En esta referencia se descubre que los últimos restos de los bloques del Hospital en desaparecer fueron los que formaban la fachada con la antigua calle del Hospital, la cual constituía el cierre occidental de las naves edificadas por Hernando de Aragón a mediados del quinientos y penúltima fase de la edificación del que hemos ido llamando palacio de las enfermerías. Allí, en la fachada del bloque, permanecía el escudo labrado en piedra con las armas del arzobispo, el cual cayó con el conjunto del edificio, dejándose únicamente la parte inferior de la pared haciendo las veces de tapia o cerramiento del solar.

A finales de julio concluyó la parte central de las obras relativa al nuevo paseo, «donde se colocaron faroles». Así mismo «quedó desenronada del todo al iglesia de San Francisco, en cuyas paredes se pusieron también faroles». En el mes siguiente se abordaron los trabajos de los extremos «del paseo nuevo de San Francisco, concluyendo el asiento de arriba a abajo, y desenronando la Yglesia y el Patio del Santo Hospital Real y General de Nuestra Señora de Gracia, para sacar igual la línea con la de San Francisco, quedando una plaza muy hermosa y capaz»[520]. De este modo las alineaciones de ésta las formaban: a oriente, los restos derruidos de la crujía del Hospital que formaba el corredor lindante con las cuadras de Santas Cruces y constituía la panda oriental del patio principal; al mediodía, los correspondientes a la panda meridional del mismo patio y la fachada interior del lado de la epístola del templo de los menores; y a occidente, la fachada del arco del coro de los pies de esta misma iglesia.

520 San Vicente (1991) *Años...* Ep. 266, pág. 193 y Ep.270, pág. 195, respectivamente.

Plaza de la Constitución, actual plaza de España, y paseo de Santa Engracia, actual paseo de la Independencia. Fotografía, J. Laurent y Cía., hacia 1875.

8.3.2. El plan para un nuevo Hospital

Tras la retirada del ejército invasor de Zaragoza en 1813 la situación financiera de la entidad hospitalaria era de total bancarrota. Por tal motivo la Sitiada elevaría un memorial[521] al Rey y al Congreso el 17 de febrero del año siguiente en el que tras exponer sucintamente todo lo sucedido en los últimos años solicitaba medidas urgentes para aliviar el problema económico. En aquella instancia, que a la postre no tuvo efectos, se recogían algunos aspectos descriptivos del Hospital que había sido ejemplo de establecimiento sanitario y asistencial. Destacamos algunos párrafos de indudable interés para nuestro estudio:

El Hospital de Zaragoza es Hospital General, con toda expresión de la palabra. En él, en todo tiempo, se han medicinado y asistido los individuos de todas las provincias, de todas las naciones y afectados de cualquier dolencia. Este Hospital es de expósitos, de dementes, de parturientas secretas, de mal venéreo, de enfermedades contagiosas, y en fin, albergue de toda la humanidad entera.

En el año de 1808 todavía se notaban los estragos de la guerra de Sucesión y los efectos de alguna conmoción interior

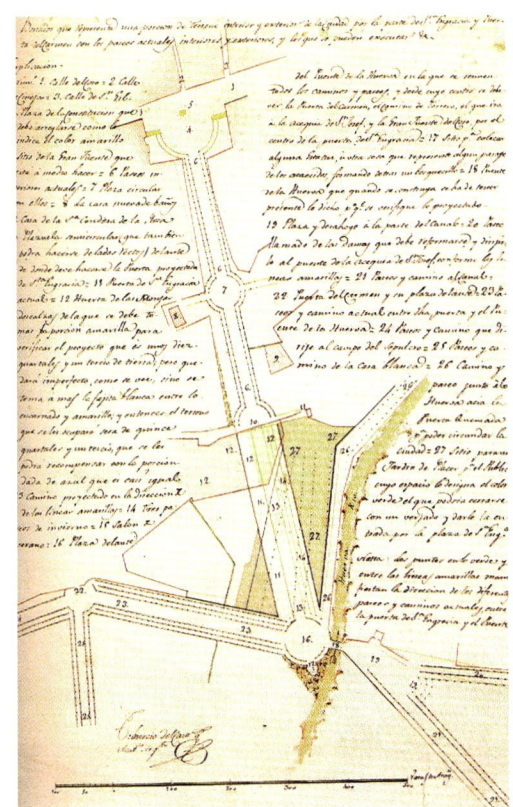

Tiburcio del Caso: *Borrador que representa una porción de terreno interior y exterior de la ciudad por la parte de Santa Engracia y puerta del Carmen con los paseos actuales interiores y exteriores y los que se pueden ejecutar*, hacia 1833.

de la Capital. Sin embargo, cuál era el auge y esplendor de nuestro establecimeinto, no podemos recordarlo sin lágrimas de dolor. No sólo tenían entonces los enfermos sus distritos anchurosos, independientes, adaptados a la clase de la dolencia, combinada la seguridad y la comodidad; no sólo tenían competente número de Ministros de la religión, hermanas y hermanos de la Caridad, Médicos y Cirujanos, todos bien dotados, practicantes de medicina, cirugía, y farmacia, criados y criadas de todos órdenes; no sólo había multitud de aspirantes a todos los destinos, sino que la totalidad y cada una de las oficinas para la asistencia general de los enfermos presentaba un modelo de ellos, en su mayor perfección posible. Los dementes de ambos sexos tenían en sus departamentos cocinas con verjas, para librarse de la intemperie sin riesgo de dañarse. No había estancia, que no tuviera sus hogares y con ellos el pronto consuelo del

521 Memorial de la Sitiada al Rey y al Congreso. Cfr.: Tellechea (1968) T. 1, pp. 66-69.

paciente y la separación tan precisa para conservar el orden económico, político y moral.

¡A qué punto de perfección había llegado la cataplasmería con estatua, o modelo de piezas de torno, para ensayar los vendajes de todas las articulaciones!... La botica competía con la de nuestros Soberanos... Acababa de construirse a grandes expensas, un teatro anatómico exactamente ovalado, con la ventilación y luces necesarias, con la capacidad y comodidad de graderías, donde poder colocar los practicantes de ambas facultades y aun los curiosos espectadores que asistían a instruirse en este ramo principal de la Ciencia Médica en las operaciones que dirigía el catedrático...

Sin duda, Señor, se hallarán en este Soberano Congreso personas que hayan visto la situación de nuestro Hospital y otras muchas que hayan oído los elogios que le tributan los viajeros a la par curiosos e ilustrados. Triste recuerdo, Señor, porque todo ha desaparecido, y va a desaparecer el mismo Hospital, si V.M. no despliega los oficios de su real y benéfica protección.

En el día 3 de agosto del año 1808 se albergaban en nuestro Hospital dos mil ciento once enfermos de todas clases; vivían en la Casa ocupados para su asistencia espiritual, curación, servicios, artefactos y administración, doscientos cuarenta individuos; todos con cama y alimentos, sin que faltase jamás ropa para el aseo. Llueven en aquel horroroso día bombas sobre el edificio con tal continuación y estragos, que apenas dan lugar a salvar los Pobres de Jesucristo. ¡Qué espectaculo, Señor, tan horrendo y tan tierno a un mismo tiempo, presentaban sirvientes y profesores, que todavía tenemos a la vista, abandonando sus ropas, sus libros, y sus efectos, por acudir a trasladar los míseros enfermos, auxiliados de los heroicos y caritativos vecinos de esta ciudad! Corramos el velo a tan lúgubre escena, y diremos en resolución: Que el día 4, memorable y de triste recuerdo para el Hospital, cayó todo su edificio en poder del enemigo, quien, habiéndolo conservado hasta el catorce del mismo mes, lo incendió y lo arruinó con la mayor inhumanidad, pereciendo de este modo los preciosos abundantes efectos de

botica, vasos, cajones y laboratorios, los utensilios de todas las cocinas, los de las oficinas de curación, las sábanas, almohadas, los pertrechos de la labranza, agricultura, sastrería, y demás artes, los acopios dc granos, vino, aceite, y un numeroso rebaño, y que quedamos con los enfermos sin medios algunos para asistirles...

Además de la inmediata cuestión financiera y económica, el principal problema a futuro era la necesidad de un nuevo y capaz edificio hospitalario, planteándose ya en aquel momento la idea de no reconstruir en el emplazamiento histórico sino en el área resultante de la unión de las parcelas del Hospital de Convalecientes y el convento de la Encarnación hasta la Casa de la Misericordia. Así, en junio de 1815 elaboraría un informe Tiburcio del Caso, como arquitecto del Hospital de Gracia, reconociendo que el edificio llamado de Convalecientes tenía su fábrica sólida y suficiente para contener un segundo piso y era apto para su ampliación en sus ángulos y huerta del convento de la Encarnacion, para formar distritos de dementes separados, baños, lavaderos, inclusa, etc. Seguidamente, el 11 de agosto suscribía Pedro María Ric un memorial, que consta en el expediente de la Real Orden para el restablecimiento del Hospital[522], en el que se exponen las ideas sobre tales cuestiones.

Refiere Ric que *la guerra que tan gloriosamente ha sostenido Zaragoza produjo todos los resultados consiguientes a ella, pero de una manera que acaso tendrá pocos ejemplares. V.M. ha visto arruinada como una cuarta parte de esta capital; V.M. ha visto talados los preciosos olivares que formaban las delicias y el sustento de estos heroicos habitantes; arrancadas las hermosas arboledas que adornaban todos los paseos y caminos; reducidos a polvo casi todos los conventos extramuros; cortados todos los puentes; reducidos, en fin, a escombros muchos de sus principales templos y edificios; pero le falta a V.M. que vea la total ruina de la Ciudad que está amenazando y puede ser transcendental al resto de la Monarquía. Lo padecido nos vino de manos de nuestros enemigos y nos lo hizo llevadero el objeto de hacer*

522 Expte. R. O. de Fernando VII para restablecimiento del Hospital. Archivo DPZ, Caja 34, Carpeta 14.

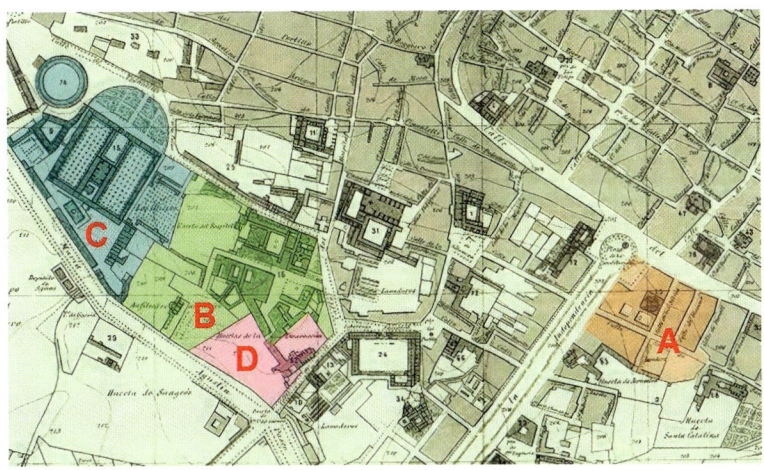

Plano de Zaragoza, 1880, D. Casañal. Detalle: A Área del antiguo Hospital de Gracia; B Hospital Provincial, antiguo de Convalecientes, y área anexa, emplazamiento que se preveía en 1815 para construir el nuevo Hospital general; C Área de la Casa de Misericordia; D Convento de la Encarnación.

a V.M. aquel debido servicio; pero lo que está por venir dimanará de nuestra desidia, de nuestra falta de previsión y de resolución... Hablo Sr., de la infección que necesariamente ha de causar los mayores estragos... estamos sin Hospital precisamente cuando más abundan los pobres...

El Hospital de Zaragoza era uno de los monumentos más magníficos de piedad y grandeza de Vuestros Predecesores. La guerra acabó con él, y con todo cuanto contenía. El Hospital General de Zaragoza, que era tan célebre en toda España y fuera de ella, es ahora aquel cúmulo de escombros y ruinas que caen delante de la habitación que ocupaba en esta ciudad el Sermo. Sr. Infante Don Carlos; aquellas ruinas que arrancaron a V.M. copiosas lágrimas... Este era un Hospital en que se admitían enfermos de todas clases, enfermedades y dolencias, sin exclusión de provincia, ni de nación alguna. Había un departamento para tiñosos, otro para expósitos, otro para mujeres embarazadas de ilegítimo concepto, y sobre todo el departamento de los dementes mereció los elogios de los sabios extranjeros, dándole preferencia sobre todos los de Europa en su clase. Este asilo de la humanidad doliente es de Vtro. Real Patronato, está bajo Vtra. inmediata protección, se gobierna por una Junta llamada Sitiada, compuesta de dignidades y canónigos de esta metropolitana, y de personas de la primera jerarquía de la ciudad. Hay una

especie de capítulo eclesiástico, una congregación de mujeres y otra de hombres para el servicio de los enfermos, médicos, cirujanos, boticarios, en fin, cuanto mereciera un establecimiento tan grande...

Con todo este ligero bosquejo comprenderá V.M. que para restablecer el Hospital se necesita un terreno muy espacioso y fondos de mucha consideración. Como en Zaragoza hay tantos pobres y en años de epidemia acuden de todo el Reyno, me parece que sería un desacierto no hacer un Hospital tan capaz que puedan colocarse en él seis mil camas sin crujías. El edificio que se ha derruido era muy grande, y sin embargo he visto yo tales apuros que se trató en el Acuerdo de agregarle los conventos de Jerusalén y Santa Catalina. Sería un desacierto restablecer el Hospital en el sitio que antes ocupaba, porque no tiene la extensión que necesita y además está en el centro de la población y concurrencia, y menos ventilado de lo que conviene. Todo el terreno que media entre la puerta del Carmen hasta el cuartel de Caballería es el más propio para estos establecimientos de caridad...

La necesidad precisó establecer el Hospital General de Nuestra Señora de Gracia en el de Convalecientes y en el convento de la Encarnación, que es de religiosas carmelitas calzadas. Entre ambos edificios, sus huertas, patios y corrales, componen una extensión de terreno suficiente para construir el Hospital General de la capacidad que queda insinuada y con todos los departamentos que exige una casa de esta naturaleza, como en parte aparece en la relación núm.1 que he pedido a D. Tiburcio del Caso, arquitecto del Hospital y persona de confianza por su honradez y conocimientos.

Continúa Ric hablando del Hospicio de la Misericordia, ocupado como hospital militar, la necesidad de su vuelta a los pobres y de un hospital militar, los arbitrios para los fondos para la construcción del nuevo Hospital aplicando el recinto de la Castellanía de Amposta en San Juan de los Panetes y otros arbitrios de rifas, etc. Seguidamente, tras señalar, entre otras cosas, que el Hospital está gravado con la celebración de cinco mil doscientas misas cantadas y rezadas en cada año, y habiéndose perdido los cabreos, es probable que no se perciban las rentas de muchas fundaciones... en lo que nos interesa al estudio, concluye:

Ya dije que el Hospital quedó reducido a escombros a causa de la guerra y que aquel sitio no es conveniente para nuevamente establecimiento; y siendo preciso disponer de aquel terreno, lo que urge para que entre las ruinas se cometen mil excesos a pesar de la vigilancia de la Justicia, parece que podría repartirse en suertes proporcionadas para casas que deberían construirse bajo un Plan uniforme y conveniente...

Como consecuencia de una orden de 7 de octubre de 1815, se aprobaría una instrucción para la formación de un plan para la construcción de un nuevo hospital, según consta en un expediente[523] que obra en el Archivo de la Diputación Provincial. De este modo sería elaborado el llamado *Plan del Hospital Real y General de Nuestra Señora de Gracia de la Ciudad de Zaragoza*, documento fechado el 14 de diciembre siguiente y que sería elevado por el Regente de la Audiencia de Aragón al Rey Fernando VII y su Ministro de Estado[524]. Como quiera que existe otra versión en otro documento titulado *Edificio que se necesita*, que obra en el mismo legajo, de características más reducidas, pero incorporando algunos cambios respecto del anterior, hemos elaborado un programa de necesidades integrado que comprende la totalidad de las características que se pretendía tuviera el hospital nuevo de Zaragoza.

Se trata de un programa configurado principalmente a partir de la relación de los espacios funcionales de todo orden que disponía el antiguo Hospital de Gracia, relación que se reestructura según una organización ideal de departamentos y se complementa con nuevos elementos. No resulta difícil, a la luz de lo analizado para la situación del establecimiento en los siglos precedentes –y que se deriva del hospital-matriz descrito en la Visita de 1600–, descubrir qué entidades funcionales se corresponden con el edificio histórico y cuáles son propuestas de futuro. El enorme interés del programa, por consiguiente, es que es un instrumento que, una vez interpretado según este criterio, define la funcionalidad

diacrónica del Hospital de Gracia, la cual ha sido fuente y guía para la recreación arquitectónica positiva a partir de los documentos notariales. Incluído el texto original en el Apéndice VI, seguidamente se relaciona el programa integrado.

PLAN DEL HOSPITAL REAL Y GENERAL DE NUESTRA SEÑORA DE GRACIA DE LA CIUDAD DE ZARAGOZA

Extensión: El Hospital es un refugio de la humanidad doliente. Su glorioso epíteto de Hospital General *Urbis et Orbis*, al paso que proporciona a la ciudad de Zaragoza la gloria de su caridad sin límites, la obliga al recogimiento de todos los hombres de cualquier nación y de toda especie de enfermedad. Es por ello indispensable darle toda la extensión posible.

El expresado Hospital de Nuestra Señora de Gracia debe dividirse en dos departamentos con total separación e independencia.

PRIMER DEPARTAMENTO: ENFERMERÍAS GENERALES

Compuesto por cuatro distritos: hospital de paisanos, hospital de mujeres, hospital de soldados y oratorios, oficinas y algunas habitaciones inmediatas a las enfermerías.

DISTRITO 1.2: HOSPITAL DE PAISANOS

- *Entrada al Hospital de Paisanos*: Debe haber dos armarios cerrados, el uno para la Extrema Unción, con todo lo necesario, el otro para un lavatorio y lavamanos.

- *Salas de distinguidos*: En el hospital de paysanos debe haber dos salas (no de alta numeración):

  - *Sala de Tiermas* (30 camas) [primera sala de distinguidos, llamada de Tiermas o del Protonotario, ya fundada en el antiguo Hospital], donde eran recibidos por el mayordomo todos los enfermos distinguidos, pagasen o no, y eclesiásticos pobres. Debía dividirse en dos partes: la primera para enfermos de calentura, la segunda para enfermos de cirugía. Además debía de haber algunos cuartos para los enfermos de la mayor distinción. Así, debía de haber alcobilla de lumbre, fregadera, armario para guardar la ropa de mesa y vajilla, guardarropa (para guardar la de las camas) y en el mismo un armario grande para guardar con seguridad los vestidos y alajas de los enfermos distinguidos.

523 Instrucción para la formación de un plan para la construcción de un nuevo hospital, formada a consecuencia de una orden de 7 de octubre de 1815, sobre la que hay formada un expediente particular. Archivo DPZ, Beneficencia, Caja 34, Carpeta 13. Este Plan figura íntegramente en el Apéndice VI.

524 Navarro Bometón (2015) pág. 56.

- *Segunda sala de distinguidos* (30 camas) [sala en la que podrían ser recibidos todos: distinguidos pobres y contribuyentes, los que pagan alimentos] debe ser en los mismos términos que se han expresado para la primera y dividirse en tres partes: enfermos distinguidos de calenturas, cirugía y de sarna (cuyos enfermos no podían recibirse en la de Tiermas por su fundación, pero en lo demás ambas salas deben ser semejantes y uniformes).

- 8 *Salas de enfermería* (60 camas cada una). Cada cama tiene 7 quartas de ancho y 11 de largo; debe tener de una a otra la distancia de 9 quartas; y por los pies debe haber un espacio libre de 20 quartas para que con desahogo pasen cinco personas a la par. Estas 8 salas pueden reducirse a 4 quadras o estancias cuadradas a dos en cada una, dividiendo por la mitad con un tabique de la altura de un estado. Las salas deben disponer cocinillas de lumbre, fregadera, armarios, guardarropa, etc. También 1 cuarto para los tablajeros, que además de los practicantes duermen en las mismas salas de los enfermos. En cada una debe haber 8 camas para los practicantes y asistentes + 1 cocinilla ó chimenea para sobreasar raciones, calentar las medicinas y templar la sala + 1 altar en un ángulo para que vean misa los enfermos. Las salas deben tener guardarropa (un cuarto para custodia de la ropa de cama) y todo lo demás que necesiten separadamente.

  - 2/3 *Salas de calenturas* (de alta numeración)
  - *Sala de tísicos* (pequeña, 12/16 pax algo separados)
  - 2/3 *Salas de enfermos de cirugía* (de alta numeración).
  - *Sala para dementes* (26 camas), separada, con una division para cinquenta
  - *Sala para tomar el remedio mayor* (80 camas)

- *Sala de enfermos de sarna* (20 camas) Debe tener guardarropa y todo lo demás que necesiten separadamente / *Sala de enfermos contagiosos* (16 camas)

- *Sala de seguridad* (con única puerta para entrar y salir, bajo llave) para presos enfermos, dividida en tres partes: calenturas, cirugía y sarna / *Sala de corrección* (16 camas), para castigar los enfermos que cometan desórdenes, dividida para cirugía y calenturas.

- *Sala de enfermos delirantes e incómodos* (20 camas) [ubicada en una zona alejada para no molestar al resto de enfermos]. En ella deben instalarse en toda su circunferencia, fijos en la pared, unos cepos, cuyos agujeros deben acolcharse y revestirse de algo suave, con el fin de que los furiosos delirantes no puedan dañarse, colocándose separados unos de otros. Para que no puedan ofenderse se les proporcionará jergones, colchones, berales, sábanas y mantas. En la misma sala de delirantes incómodos deben construirse 10/12 cuartos para enfermos que puedan ofender gravemente (V.G. los que vienen con picaduras de animales venenosos, los de mordeduras de perros rabiosos, gatos, etc.), en cuyas puertas deben hacerse unas ventanillas muy pequeñas para el suministro del alimento.

- *Cuarto del tablajero*, con alcoba y escritorio.

- *Cuarto-depósito de cadáveres*, para conducirlos por escaleras cruzadas a las estancias que hay junto al teatro anatómico. En la parte más retirada y ventilada del hospital de paisanos debe habilitarse un cuarto para depósito de los difuntos, el cual dispondrá de una abertura para bajarlos, mediante una máquina, a una capilla subterránea, donde podrán permanecer con la decencia debida hasta disponer los entierros, y desde la cual serán transportados a la Iglesia o a la losa anatómica.

- *Trampilla de vertido de basuras*: En la parte más foral y retirada del hospital de paisanos debe haber una trampa o embudo para arrojar por ella toda la basura que resulte del barrido y limpieza. En el exterior de la pared debe construirse un receptáculo o algorín grande para recibirla, de donde podrán cargar los carros para estercolar los labradores los campos.

- *Lugar común* muy grande (letrinas): En zona retirada y ventilada, donde menos incomode.

- 2 *Aljibes* muy grandes, ubicados en la luna que forman las salas de los enfermos paisanos, para sacar el agua con grifo por su parte baja. No se podrá acceder a ellos sino por una escalera que principiará en la parte más retirada del hospital de paisanos (porque solo para éstos es el agua de estos aljibes), por lo que estará cerrada toda la circunferencia de la luna.

- *Depósito de guardarropa*: salón muy grande y ventilado para depósito de la ropa original de los enfermos que se devuelve cuando salen, en colgadores separados de 3/4 entre sí.

- 4 *Baños de enfermos*, reservando 2 para clase distinguida.

DISTRITO 1.1: HOSPITAL DE MUJERES

Se divide en varias salas. En cada una debe haber 1 cuarto para la ropa de cama.

- 8 *Salas de enfermería*, de igual capacidad que las de paisanos, con su cocinilla y altar cada una.
- *Sala de dementas enfermas* (30 camas), separada, dividida en calenturas y cirugías.
- *Sala de sarnosas* (30 camas)
- *Sala de enfermas contagiosas* (16 camas)
- *Sala de enfermas delirantes* (20 camas)
- *Sala de corrección* (10 camas) para las que cometen desórdenes, dividida en cirugía y calenturas.
- *Sala del remedio mayor* (100 camas)
- *Sala de distinguidas pobres* (12 camas), subdividida en calenturas, cirugía y sarna.
- *Sala de distinguidas contributivas* (20 camas), subdividida en calenturas, cirugía y sarna.
- *Sala de custodia*, para las que se conducen para la Justicia (20 camas)
- *Depósito de guardarropa*: Salón muy grande y ventilado para custodia de la ropa de las enfermas, de la misma capacidad del de paisanos.
- 4 *Baños*, reservando uno para clase distinguida.
- *Cuarto del tablajero*, con alcoba y escritorio.
- *Cuarto-depósito de cadáveres*, para conducirlos por escaleras cruzadas a las estancias que hay junto al teatro anatómico

DISTRITO 1.3: HOSPITAL DE SOLDADOS

- *Entrada* de este Hospital: Debe haber 2 armarios juntos, uno para la Extrema Unción, otro con lavatorio y lavamanos. Además debe haber estos cuartos:
  - *Cuarto para el cuerpo de guardia*
  - *Cuarto para el Oficial*
  - *Cuarto para el Sargento de plantón.*
- *Sala de oficiales distinguidos*, dividida en tres partes: enfermos de calenturas, de cirugía y de sarna u otro mal contagioso. En ella debe haber algunos cuartos

para los oficiales de mayor graduación, uno de los cuales para que puedan comer los convalecientes. La sala debe contar con alcobilla de lumbre, fregadera, armario para guardar la ropa de mesa, vajilla, etc. También con guardarropa (para las camas) y armarios para uniformes, vestidos y armas, etc.

- 2 *Salas de cirugía* (de alta numeración). Deben contar con cocinillas de lumbre, fregaderas, armarios para guardar la vajilla, guardarropas, etc.
- 2 *Salas de calenturas* (de alta numeración: 32 camas + practicantes y asistentes en las mismas salas). Deben contar con cocinillas de lumbre, fregaderas, armarios para guardar la vajilla, guardarropas, etc.
- *Sala de enfermos de sarna*
- *Sala de unciones* (capaz, para su administración).
- *Sala separada* para 12/16 pax (inmediata a las de calenturas), para ciertos enfermos señalados por los médicos / *Sala para tomar el remedio mayor*
- *Sala-calabozo* de mayor seguridad, de único acceso, dividida en tres partes: presos enfermos de calenturas, de cirugía y presos con sarna.
- *Sala de enfermos incómodos*, separada del resto, con cuartos reducidos para los que pueden dañar gravemente.
- *Sala de presos* (80 camas), para presidiarios del Canal, del Castillo y de la Cárcel Pública
- *Cuarto del tablajero*, con alcoba y escritorio.
- *Cuarto-depósito de cadáveres*, para conducirlos por escaleras cruzadas a las estancias que hay junto al teatro anatómico

DISTRITO 1.4: ORATORIOS Y OFICINAS

Deben estar inmediatas a las enfermerias y habitaciones de algunos individuos y dependientes que por su mismo deber están próximos. Debe haber 4 cuartos:

- *Habitaciones de los sanitarios*:
  - Cuarto y dormitorio del cataplasmero mayor, encargado de esta oficina y de la llanería.
  - Dormitorio de cataplasmeros y llaneros (8 ó más)
- Cataplasmería
  - Cuarto de hacer cataplasmas, con mesas alrededor y cocina alta con hornillos
  - Armario de instrumentos de esta oficina

- Cuarto para curar enfermos de corta consideración que solo van a curarse
- Llanería
- Cuarto-depósito de apósitos y vendajes para enfermos de cirugía y aparatos con estantes y separaciones. El cataplasmero mayor, jefe de los 4 llaneros, deben tener prevenido sillas, compresas, vendajes y demás que necesiten para las curas ordinarias y extraordinarias para cuyo afecto alternan diariamente las guardias en el citado cuarto de apósitos y vendajes
- Cuarto de la ropa de desgarro, para hacer y cortar vendajes, ligaduras, paños, etc.
- Armario con el esqueleto

- *Cuarto de las medicinas*: Depósito avanzado de la botica (más cercano a las enfermerías) para las medicinas que necesitan los heridos fracturados, dislocados, contusionados, con flujo de sangre, etc. El cataplasmero mayor, jefe de los 4 cataplasmeros menores, son los que diariamente, a las diez de la mañana, deben subir de la botica la medicina que necesiten y que se halla recetada por los maestros cirujanos que deben depositarse en la cataplasmería o llanera, depósito avanzado para las curas ordinarias y extraordinarias. Dicha medicina debe trabajarse en la botica por el cataplasmero mayor y los 4 menores, pero bajo la dirección del regente de la botica, a quienes estarán subordinados. No obstante, en la cataplasmería debe haber unos hornillos para hacer algunos cocimientos e igualmente unos aparadores y armarios para guardar dicha medicina. Así mismo, en el depósito de vendajes o llanería, debe haber una mesa alta para su corte, disponiéndose unos apartadores para guardar separación.

SEGUNDO DEPARTAMENTO: ENFERMERÍAS ESPECIALES

Dividido en dos partes, mujeres y hombres, con entradas separadas y sin ninguna comunicación.

PARTE 2.1: ENFERMERIAS ESPECIALES DE MUJERES

Subdividida en cuatro distritos con entera separación: mujeres dementes, amas y expósitos, parturientas y tiñosas.

DISTRITO 2.1.1: MUJERES DEMENTES

- *Sala-dormitorio de cuerdas* (100 camas), para dormitorio de las más cuerdas.
- *Dormitorio bajo de las del saco* (mayor que el de los dementes y como el de ellos)
- *Cocina central con rejas* como la de los dementes.
- *Refectorio de cuerdas*, como el de los dementes.
- *Cuarto bajo de gavias* (30 jaulas)
- *Corral de las del saco*, de mucha extensión y muy alto de paredes, para que se ventilen.
- *Cubierto para el verano.*
- 20 *Cuartos de dementas distinguidas.*
- *Corredor de paseo*, grande para pasear y ventilarse.
- *Sala de coser y hablar*, para las dementas más cuerdas.
- *Habitación y cocina del matrimonio encargado.*
- *Cocina de las sirvientas.*
- *Dormitorio de las sirvientas* (6 camas)
- 6 *Baños* o pilas con agua corriente.
- *Lugar común*, como el de los locos.

DISTRITO 2.1.2: AMAS Y EXPÓSITOS (INCLUSA)

- *Sala-dormitorio para niños de teta*, con las cunas y camas para 40 nodrizas.
- *Sala de día* (inmediata a la anterior) para estancia mientras se ventila el dormitorio.
- *Salita de destetados.*
- *Salita de sarnosos.*
- *Sala de enfermería.*
- *Cocina* para guisar la ración de las nodrizas y calentar la ropa de los niños.
- *Cuarto de la madre* encargada.

DISTRITO 2.1.3: PARTURIENTAS

Por medio de un torno se comunicará con la inclusa para entregar niños recién nacidos. Entre este distrito y el de las amas y expósitos puede haber alguna comunicación, pero siempre debe ser con puerta cerrada.

- *Sala de parturientas* (60 camas) con tabiques divisorios de privacidad + 1 altar.
- *Sala de recreo* para hacer ejercicio + 1 corral grande y ventilado para el propio objeto.

- *Sala de distinguidas*, con cuartos separados, y otros para las que pagan alimento.
- 2 *Salas de enfermería* (12 camas cada una): cirugía y calenturas.
- *Cocina* para fuego y guisar lo que les apetezca.
- *Cuarto de la madre* que cuida de ellas y dos criadas.
- *Cuarto de la partera* o comadre.

DISTRITO 2.1.4: TIÑOSAS

- *Sala de tiñosas* (100 camas)
- *Calefactorio*: cocina para calentarse en invierno.
- *Cuarto de costura* e hilado.
- *Cuarto de la madre* que los cuida.

PARTE 2.2: ENFERMERIAS ESPECIALES DE HOMBRES

Compuesta por dos distritos, dementes y tiñosos, entrando y saliendo de ellos por una sola puerta y subdivididos con total separación para cerrarse y salir a ellos por una puerta cada uno.

DISTRITO 2.2.1: HOMBRES DEMENTES

- *Sala-dormitorio de cuerdos* (80 camas), para los dementes más cuerdos.
- *Dormitorio bajo para los del saco*, con bancos y tablado alrededor.
- *Cocina central con reja* de hierro y contra-reja, a modo de jaula, para calentarse sin riesgo.
- *Refectorio de cuerdos*, con sus mesas largas y bancos, para comer y cenar los primeros.
- *Cuarto bajo de gavias*, con 30 jaulas para furiosos.
- *Corral para los del saco*, grande y muy alto de paredes, para que se ventilen.
- *Lugar común* al raso (6 palmos en guardia) con su reja y contra-reja.
- *Cubierto para el verano*.
- 20 *Cuartos de dementes distinguidos*.
- *Corredor de paseo*, grande para pasear y ventilarse.
- 6 *Baños* o pilas con agua corriente.
- *Cocina de distinguidos*, para guisar la comida a ellos.
- *Cocina de los sirvientes*.
- *Dormitorio de sirvientes* (8 camas)

DISTRITO 2.2.2: TIÑOSOS

- *Sala de tiñosos* (100 camas)
- *Cuarto de enfermería* para curas.
- *Calefactorio*: cocina para calentarse en invierno.
- *Cuarto del padre* que los cuida.
- *Cuarto del curador*.
- *Sala de trabajos manuales*.

ÁREA DE RECEPCIÓN, IGLESIA Y OFICINAS CENTRALES
COMISARÍA DE ENTRADAS (SPITALET)

- *Oficina* que debe estar junto a la puerta principal. Debe contener asientos y camas para los enfermos que entren; también dos armarios: uno para la Extrema Unción y el otro para un lavatorio y lavamanos. Corresponde a los porteros custodiar sus llaves, cuidar su limpieza y disponer las provisiones.
- *Habitación del comisario* + cuartos de los cuatro porteros (o más), con ventana a la calle (ambas en la comisaría de entradas).
- *Torno* de recepción de expósitos: en la comisaría de entradas y al nivel del pavimento de la calle.
- *Cuartos de reconocimiento* previo de enfermos: Junto a la comisaría debe haber 2 cuartos retirados, con buena iluminación. En cada uno debe haber un armario con aparadores para guardar compresas, vendajes y las medicinas necesarias para curar algunos enfermos leves que no precisen ingreso. También debe haber un fogón alto para calentar ciertas medicinas. Allí el teniente atiende las enfermedades de cirugía y el velante las de medicina.
- *Cuarto para guardar* sillas de transporte y camillas, precisas para conducir al Hospital los enfermos que no puedan venir por su pie. Esta operación la hacían antiguamente dos dementes, los más esforzados, dirigidos por uno de los padres, vestidos con un sayo de espalda y manga verde, y apoyando la citada camilla y silla con dos correones, y llevando el padre en la mano un bastón alto, y en su parte superior una crucecica de bronce, por un lado Nuestra Señora de Gracia, y por el otro las armas de la Casa.

ESCALERA PRINCIPAL

- *Escalera principal*: «Volviendo a la escalera principal, la que debe ser muy cómoda y ancha, después de haber subido por ella al Salón, que debe ser la antesala de los cuatro distritos del primer departamento en que esta dividido el presente Hospital, según este escrito digo que, en la barandilla de la primera escalera de junto al patio había en el antiguo Hospital, sobre un pedestal y sobre éste una Ymagen de bulto de piedra de Nuestra Señora de Gracia con la acción de recibir a los pobres enfermos».

- *Capilla de oración*: Así mismo, en el primer rellano de la misma escalera y junto al tabanque de la botica había una capilla con su pabellón en la que estaba colocado un Santo Cristo de bulto de bastante magnitud y bien construida y fomada su efigie, con una lámpara.

SALÓN DISTRIBUIDOR

- *Salón distribuidor*: Salón muy grande en donde se han de distribuir, para cada sala de enfermos, las raciones de comida y cena a sus horas, en presencia del regidor de semana y con intervención de la contaduría. En él debe haber puertas separadas que se dirijan a los departamentos de paisanos, mujeres y militares (los enfermos deben tomar sus raciones calientes y con mucha prontitud). Debe haber en él:

  - *Alcobilla del personal de guardia* (cuarto con chimenea, con puerta en el salón o entrada por el mismo, para las personas que por la noche están de guardia y en vela para la asistencia espiritual y corporal): de lumbre muy cómoda, para 6/8 personas sentadas.

  - *Cuartos de descanso para los capellanes* internos: 2 cuartos con puerta donde puedan descansar algún rato, rezar y comer (allí les llevará el muchacho de su refectorio el desayuno, la comida y cena, para que no tengan necesidad abandonar la asistencia espiritual a los enfermos por todas las salas de enfermería).

  - *Cuarto del regidor de semana*, con puerta en el mismo salón, para atender las quejas y acordar las providencias económicas o llamar a él secretamente a algún individuo del Hospital.

  - *Armarios* (los porteros guardan sus llaves) para la ropa de mesas, carbón de la alcobilla de lumbre, etc., o cuarto con 2 divisiones: para la Extrema Unción y para la ropa de mesa.

  - *Bancos* cómodos en toda su circunferencia, y una mesa capaz para la distribución de la comida y cena de los enfermos y, en su cabecera, un sillón para el regidor de semana.

  - *Cuarto para laboratorio.*

- En virtud de que en el mencionado Salón se hace la distribución diaria de comida y cena, deben estar inmediatos a él las oficinas de cocina, reposte, y dos cuartos:

  - *Cuarto del contador de raciones* (sin perjuicio del que éste debe tener en la contaduría, por ser segundo oficial de ella)

  - *Cuarto del contador de enfermos* (ambos contadores llevan la cuenta de los enfermos y del gasto diario, y son los que deben acudir, con el repostero y el cocinero a la distribución).

- Salón distribuidor: Puertas de entrada a los distritos

  - Primera puerta: Única entrada y salida al distrito del hospital de mujeres.

  - Segunda puerta: Única entrada y salida al distrito del hospital de paisanos

  - Tercera puerta: Única entrada y salida al distrito del hospital de soldados

  - Cuarta puerta: Única entrada y salida al distrito de oratorios y oficinas que deben estar inmediatas a las enfermerías y para habitaciones de algunos individuos y dependientes, que por sus destinos deben estar próximos, y también para escuela de la academia, medicina y cirugía, etc.

OFICINAS DE DIRECCION Y ADMINISTRACION

Oficinas de la Sitiada (a ubicar en los entresuelos o frontis de la obra):

- *Sala de Juntas* de la Sitiada, magnífica, para el manejo y gobierno del Hospital (en la parte más decente y proporcionada del frontis de la obra), con su antesala-cancel para que el portero no oiga los asuntos que en ella se ventilan, con zonas de verano e invierno, y ésta con alcobilla de lumbre, cada una con su gabinete, donde los regidores puedan retirarse a tratar algunos casos de mucho secreto.

- *Cuarto del portero* de Sitiada, contiguo, con depósito de esteras.

- *Oficina de la secretaría* (contigua a la Sala de Sitiada), con un pequeño cuarto anexo para papeles reservados.

- *Oficina de la contaduría*, con 4 divisiones, para las oficinas siguientes:

  -Contador de raciones

  -Primer oficial de la contaduría

  -Contador principal

  -Archivo, con armarios alrededor para custodiar las concesiones reales y pontificias y todos los documentos relativos a las propiedades del Hospital, tanto en lo temporal como en lo espiritual. Debe estar próximo a la contaduría por estar el archivo a cargo del contador según las ordenanzas reales.

- *Oficina de la receptoría*: despacho de la receptoría con un cuarto interno para custodia de seguridad de los caudales.

- *Habitación del portero* de Sitiada (dentro del recinto del Hospital) con 3 cuartos: cocina, recocina y reposte.

● *Mayordomía* o cuarto del mayordomo, compuesto de antesala con alcoba, escritorio, chimenea, dos cuartos sobrantes para diferentes objetos y un cuarto para el criado

● *Vehedoría* o cuarto del veedor, con antesala, sala con alcoba, escritorio, cuarto para el criado y otro sobrantecon todo cuanto ésta necesite.

HABITACIONES DEL SECTOR CENTRAL

● *Habitación del predicador*: cuarto con estudio, chimenea, oratorio, cocina, reposte, puesto común y cuarto para el compañero.

● *Cuarto del vicario*

● *Cuartos de los capellanes externos* a las enfermerías: limosnero, organista, capiscoles, sacristán mayor, capellán de la Virgen (a ubicar en el mismo entresuelo)

BODEGAS Y TABERNILLA

● *Bodegas*: En el mismo patio debe estar la puerta para entrar y bajar a las bodegas de vino, aceite, aguardiente, vinagre, etc.

- Bodegas de vino para 1.500 nietros de vino tinto [1 nietro = 158,56 litros]

- Cuarto subterráneo para el vino blanco en toneles

- Cuarto subterráneo para el vinagre

- Bodega de aceite para 2.000 arrobas

● *Tabernica* para distribución diaria de la bodega (también en el citado patio).

- Tabernilla para la distribución de vino y aceyte para el consumo diario con cocina

- Habitación para 3 individuos.

ALMACENES Y REPOSTE

● *Almacén de limosnas* (muebles, camas, lienzo y ropas, granos, legumbres, etc.). La llave debe tenerla el confesor de entradas (limosnero mayor), quien dará cuenta (a las diez y a las seis de la tarde) al regidor de semana para que éste determine la pronta ordenación, en especial las cosas que puedan perderse y sin utilidad.

● *Reposte* (a ubicar también en el entresuelo): para abastos y toda clase de vajilla y vidrios.

- Estancia grande con 4 cuartos o salas para la custodia de los artículos que debe conservar para la manutención de enfermos y sirvientes

- Habitaciones (4 individuos)

● *Cuartos de las cofradías*: En el patio o en el entresuelo, las cofradías de Nuestra Señora del Rio, del Ángel, etc., tenían en el antiguo Hospital unos cuartos donde guardaban sus enseres.

● *Cuartos varios*

- Depósito de ropas de contagiados, hasta que se queman fuera de la ciudad

- Depósito ventilado de ropas de los pobres que mueren y se venden a beneficio del Hospital

- Cuarto para ventas

- Cárcel para castigar excesos de sirvientes

BOTICA

En el antiguo Hospital era la segunda oficina que había, pues que se subía en el primer tramo de la escalera, frente a la puerta del Salón. Se iluminaba desde la calle por una ventana con una gran reja. La botica era magnífica y, además de ella, tenía rebotica, droguería, barrilería, despensa (guarda) de hierbas, simientes, raíces, flores, etc., y laboratorio químico. Separadamente había un huerto o jardín botánico.

● *Sala de la botica*, grande, en sus estanterías están colocados los potes y vasos con las medicinas para el despacho general diario.

- *Despensa*: sala menor para custodiar el por mayor de ellas
- *Cuarto de las hierbas*, para depositar y conservar flores y raíces
- *Cuarto de los jarabes*, aguardientes aceites y otros
- *Laboratorio químico*, con cocina y hornillos
- *Habitación del maestro boticario*, en la misma botica, compuesta de cocina, trascocina, cuarto para estudio y 3 más para dormitorios para su familia.
- *Habitación de los practicantes*: dormitorio, refectorio y cocina de los mancebos boticarios (8/10) y el herbolario.
- *Sala de estudio* de los practicantes y cuarto para poner los cocimientos
- *Aljibes* de la botica: Junto a ella, en su luna, para su consumo debe haber 2 aljibes, para sacar agua con grifo por la parte inferior, uno para tener agua reposada y clara para la elaboración de medicinas.
- *Carbonera* de la botica: para guardar carbón, para el fuego lento para las raciones químicas y poder fabricar con arte todas las medicinas.

PUERTA DE CARROS

- *Puerta principal*: única entrada y salida del Hospital, debe de ser de gran magnitud, dividida en dos alas (con un postigo en cada una), para que por ella puedan entrar coches, carros cargados de hornillas, leña para el horno del yeso, carretadas de paja, cabras y ganado.
- *Patio*: debe ser muy grande, con amplia calzada pavimentada (en proporción a la puerta) por la que han de desfilar los carros de grandes carretadas, cabras y ganados al segundo departamento.

IGLESIA

Debe estar en el patio, con puerta en él y a la calle o plaza. Dicha puerta debe ser magnífica y de gran magnitud, por los grandes concursos que se han observado en estos tiempos, especialmente en los sermones de Cuaresma, misiones, viernes de Dolores y los días festivos y de clase.

HERMANDAD DE LA SOPA

- *Oficinas de los seglares* (hombres)
  - Oratorio con altar. Alrededor se deben colocar arrodillados 300 hermanos

  - Sacristía para custodiar los ornamentos y comuniones
  - Sala de juntas ordinarias donde se reúnen 20 personas
  - Cuarto para cortar el pan en sopa en el que se deben colocar 2 mesas de 48 palmos de largo y 10 de ancho
  - Cuarto para custodiar las ollas, aceyte, azafrán y otros sitios (como los faroles de la Misión)
  - Cuarto o granero para el trigo que compra la congregación
- *Oficinas de las seglares* (mujeres)
  - Vestuario para 160 hermanas, donde se visten con la ropa de servicio
  - Oratorio con altar para las 160 hermanas
  - Sacristía
  - 2 Piezas para custodiar los utensilios con que sirven [a los en]fermos
  - Lavatorio
  - Cuarto pequeño para las juntas particulares y para custodiar sus papeles

ÁREA DE SERVICIOS AUXILIARES

En las cercanías del segundo departamento y dentro del recinto del Hospital

CEMENTERIO

- *Cementerio* espacioso, con cisternas, y en él una capilla u oratorio donde celebrar misas.

HUERTOS

- Huertos del Hospital de bastante extensión:
  - H.1: *Huertos de verdura* del consumo de la casa (2 cahíces de tierra)
  - H.2: *Jardín botánico*, y en él: Laboratorio, Cathedra y Escuela de Química.
- *Pozo de nieve*, para cerrar nieve o hielo en la parte interior de la pared del citado departamento. Junto a él debe haber un Molino de Yeso
- *Almacén de la leña*, para guardar la leña llamada hormilla: Corral muy grande para depósito de leña recia para el consumo del Hospital con entrada muy franca para los carros y a la entrada un cuarto para el peso.

HABITACIONES Y TALLERES DE MANTENIMIENTO DE LAS CONSTRUCCIONES

- *Habitación del albañil* + Almacén de herramientas: cuerdas y sogas, espuertas, capazas, bacietas, maderos, tablones y quanto ha de menester para andamios
  - Habitación para un matrimonio.
  - Cuarto para depósito de tablones, herramientas y utensilios de albañilería
- *Almacén de materiales* de construcción: cal, ladrillos, tejas, piedra de cantería (cerca y á las vista de la habitación del albañil)
- *Habitación del carpintero* + Taller
  - Taller luminoso para trabajar los carpinteros y tener las maderas
  - Cuarto para las herramientas
  - Habitación para 3 individuos
- *Almacén para guardar la madera* y puesto donde poderla trabajar.
- *Habitación herrero y cerrajero* + Fragua (para quanto se necesite trabajar para la albañilería, carpintería, cerrajas y llaves; para la labranza apuntar las rejas del arado, herrar las caballerías y quanto se necesite en la casa.
- *Almacén de la herrería*: para el carbón, guardar el hierro, etc.

CORRALES DEL GANADO, CABALLERIZAS Y GRANEROS

- *Habitación del sobrestante*
- *Cuadras* para 30 caballerías, y en ellas: pageras, cebaderas, cerradas
- *Almacén de labranza*, para guardar todos los instrumentos, pajazas
- *Almacén de hierba* para las caballerias en tiempo de invierno para que no les falte
- *Cubierto de carros*, para conservar las galeras, carros, cajas de vendimiar (aunque estas estarían mejor en parte húmeda como en una bodega), volquetes demás aperos de agricultura (todo cerca y a la vista de la habitación del sobrestante)
- *Cuartos para los mozos* de labor, 2 carreteros, 1 aljibero , 1 herbolario y 1 fosero, con cocina y dormitorio
- *Habitación del cortante* + matacía, carnicería, almacén del sebo, fábrica de velas.

- *Fábrica de velas* de sebo
  - Cuarto para depositar el sebo de las reses
  - Cuarto para picarlo y derretirlo
  - Cuarto para la fabricación de velas y depósito de ellas
- *Cabrería*
  - Habitación del Cabrero
  - Habitación de los ayudantes (4 sirvientes)
  - Cuarto para el despacho de la leche
  - Corral de las cabras (con cubiertos alrededor, zona de ordeñar, zona de estancia para los cabritos cuando las cabras salen a pastar) + Almacén para guardar la hierba
- *Corrales de ovejas y carneros* + cubiertos (zona de contar, marcar y esquilar)
- *Naves*: almacén para guardar la lana + almacén para guardar la hierba + comederos y bebederos (pilas o bacías largas).
- *Habitación del pelayre* y sus oficiales
- *Fábrica de pelayría* (para hacer las mantas y vestidos de los dementes (utilizándose la lana de la cabaña de la casa y la que se recogía de limosma, comprando lo que falte).
- *Habitación del tejedor* de lienzos
- *Taller de telares* para tejer lienzos para sabanas, colchas, camisas para el consumo de la casa (también pueden estar en la colchonería)
- *Graneros* para trigo, cebada, garbanzos, judías, arroz, habas, panizo, etc. (para abasto de más de un año)
  - Granero para 1.500 cahíces de trigo
  - Granero para 500 cahíces de cebada
  - Cuarto para escritorio en los mismos
  - Fuera de los graneros: sitio para porgar el trigo
- *Molinos* de harina y aceyte (cerca del harinero), para deshacer la oliva con 4 vigas
- *Corrales de cerdos y gallinas*, junto a los graneros, molino y horno:
  - Corral de mil gallinas (huevos, gallinas para los enfermos, pollos para caldos)
  - Corral para 24 cerdos (tocino abasto todo el año y rifas de San Antonio Abad).

HORNO

- *Horno* de 4 bocas, una enfrente de otra, para cocer en una cuando se descomponga la otra
- *Aljibe* de 50.000 arrobas de agua
- *Cuarto del torno* de cerner
- *Cuarto de masadería*
- *Cuarto-depósito de harina, a cargo del hornero* (situado sobre el del torno de cerner) con una gruenza para que desde ella baje la harina al torno
- *Cuarto-depósito de harina, a cargo del molinero* hasta que hace la entrega
- *Cuarto del pan*, para depositar el pan cocido
- *Algorines*, para depositar los despojos
- *Corral y cubierto para la leña* de esta oficina
- *Habitación* para 1 matrimonio y 7 sirvientes
- *Tahona*, para cuando los molinos no muelen
- 2 *Calefactorios* o cuartos para socorrer ahogados y helados

CARNICERÍA

- *Rastro* largo, ventilado y con agua corriente
- *Cuarto de colgar la carne*, grande y ventilado, después de degollada hasta pasarla a la carnicería
- *Obrador* o cuarto para deshacer la carne y distribuir las raciones
- *Habitación* para 1 matrimonio y 3 sirvientes

ÁREA DE SERVICIOS GENERALES

COCINA MAYOR

- *Sala de la cocina*: muy grande y espaciosa, con fogón en medio. Se guisa la comida y cena de enfermos y sirvientes.
- *Aljibe* de la cocina, en la misma, para 40.000 arrobas de agua.
- *Cuarto de la carne*, con mucha ventilación y para depositar la carne hasta hacerla raciones y ponerla en la olla.
- *Cuarto de artículos* o despensa.
- *Cubierto para leña*, fornilla y carbón.
- *Cocina de dietas*, para sustentos o adietados
- *Oficio* o cuarto para custodiar las raciones de las dietas
- *Cuarto del carbón*.

- *Habitación de los sirvientes*, para 4 cocineros.
- *Dormitorio de las empleadas* en esta operación.
- *Cocina de caldos*, cerca del departamento de enfermos para hacer caldos de dieta.

ALJIBES: 2 grandes (500.000 arrobas de agua/Ud.), para consumo de enfermos y sirvientes

COLCHONERÍA

La colchonería debe estar en las falsas o último piso del distrito 1.4; y debajo de sus ventanas, a la parte de afuera del distrito, podría establecerse la oficina de coladas, lavadero, tendedero y algunos almacenes para guardar la ropa; con esta proporción podría el guardarropa mayor cuidar de todas las oficinas que están a su cargo.

- *Galería de aireación*, grande y ventilada para ventilación de colchones y jergones
- *Colchonería* o galería de preparación, dividida en dos: colchones y jergones
- *Depósito de objetos* después de parados y corrientes
- *Cuarto de la lana*, antes y después del lavado
- *Cuarto de varear* la lana
- *Depósito de paja* larga para los jergones
- *Habitación del colchonero*, con cocina y 2 cuartos
- *Dormitorio de los sirvientes*

LAVANDERÍA

- *Lavadero* con agua corriente para las coladas
- *Tendedor* de ropa, muy soleado y ventilado, para secar la ropa en invierno (en las azoteas)
- *Cocina de coladas*, muy grande
- *Cuarto de las cenizas*, para depositar las cenizas y barrillas
- *Cuarto de la ropa sucia*
- *Cuarto de la ropa limpia*
- *Habitación de la encargada*

GUARDARROPA MAYOR

- *Almacén de ropa nueva*, muy grande, organizada por divisiones y clases
- Almacén de utensilios
- *Almacén de ropa sucia*
- *Habitación del encargado*, con chimenea, estudio o escritorio, cuarto con alcoba y cuarto de desahogo

CASA DE BAÑOS. Instalaciones decentes de pago para personas de distinción: zona de baños, aposento, cuartos de convalecencia y medicina con baños minerales, acidulas, termales, etc.

ÁREA RESIDENCIAL Y DE ESTUDIOS. En uno o dos claustros

RESIDENCIA DE LOS ECLESIÁSTICOS

- 28 *Cuartos de los eclesiásticos*, con antesala, sala con alcoba y escritorio
- *Cocina de los eclesiásticos*
- Cocina para los eclesiásticos
  - Refectorio cuadrado con comunicación a la cocina para servir las raciones
  - Cuarto-dormitorio de la cocinera
  - Cuarto de las asistentas
  - Despensa o cuarto para la custodia de la carne en crudo y verduras
  - Cuarto del carbón y leña

RESIDENCIA DE MÉDICOS Y CIRUJANOS

Casas para los médicos y cirujanos principales.

- *Cuarto del teniente médico*
- 3 *Cuartos de médicos veladores*
- *Habitaciones de los practicantes* de cirugía
  - 1 Refectorio para los enfermeros, con 1 cuarto para la vajilla
  - 1 Refectorio para los mancebos, con 1 cuarto para la vajilla
  - 1 Cuarto del enfermero: antesala, alcoba, escritorio y chimenea, cerca del salón de distribución

COLEGIO Y ESTUDIOS

- Casa de Estudios
  - 1 Salón de estudio de los practicantes de cirugía, con 4/6 cuartos para los repasos
  - 1 Cuarto para conferencias y consultas
  - 1 Sala o aula para los cursantes
  - Sala para gabinete y librería de la Facultad
- *Sala del Colegio*: Sala de juntas del Colegio de Médicos y Cirujanos, llamada de San Cosme y San Damián (fundada en el antiguo Hospital).
- *Teatro anatómico*
  - Teatro anatómico muy capaz y magnífico

- 2 Depósitos de cadáveres para hombres y mujeres, hasta enterrarlos

EMPLEADOS Y SIRVIENTES

Eclesiásticos para la asistencia de los enfermos y para el culto divino:	22
Médicos colegiales (viven fuera del hospital):	3
Cirujanos colegiales (viven fuera del hospital):	4
Médicos velantes:	3
Teniente:	1
Tablajeros:	3
Enfermero mayor:	1
Practicantes de cirugía para asistencia de los enfermos:	52
Asistentes para la limpieza:	16
Hermanas de la Caridad para asistencia de las enfermas:	21
Criadas a cargo de las hermanas:	11
Maestro de la botica	1
Practicantes de la botica	8
En las porterías, asistencia de locos y locas, empleados en la labranza, obras, carpintería, despensa, cuidado del ganado, sastrería, colchonería, horno, carnicería, bodegas de vino y aceyte, cocina y otros ministerios:	113
TOTAL	**259**

La confirmación de que el programa se basa en la organización y disposición del antiguo edificio hospitalario se encuentra en un informe elaborado por la Sitiada dos años después relativo al manicomio. Redactado el 23 de octubre de 1817, responde al título: *Noticia que da la Sitiada o Junta de Gobierno del Real y General Hospital de Nuestra Señora de Gracia de Zaragoza, Capital del Reyno de Aragón, a la Real Academia Médica de Madrid, sobre el estado de los departamentos de dementes, o locos, que existen en el mismo*[525].

En su introducción se señalaban las circunstancias acontecidas durante los Sitios y las consecuencias que habían dado lugar a la situación de aquellos tiempos, indicándose, a continuación, expresamente, la existencia del referido Plan de 1815, basado en el antiguo Hospital, a partir del cual se contestaban las cuestiones planteadas por la academia madrileña unos meses antes y que constituían la causa del informe.

---

525 Diéguez (2001) pp. 140 y ss.; Navarro Bometón (2015) pág. 56.

Por el trastorno general –dice la Sitiada– *que padeció el Hospital en el incendio ocurrido el 4 de agosto de 1808, con motivo del bombardeo que sufrió esta ciudad, en que desapareció el magnífico edificio quedando reducido, como hoy se ve, en un monton de escombros, fue preciso salvar los enfermos y dementes de aquel horroroso riesgo, y colocarlos en muchos hospitales provisionales al cuidado todos de la Sitiada hasta que el Gobierno proporcionó interinamente el edificio que ocupa en el día, que era antes para los convalecientes, en el cual se hallan los dementes con la estrechez que es consiguiente a una casa que en su origen se construyó con muy diferente objeto, y que la falta de recursos en que desde aquella época se ve el Hospital, no ha podido proporcionar a esta clase de dolientes los ensanches y comodidades que tenían en el antiguo; pero que en el plan propuesto a S.M. para la construcción de nuevo edificio se han marcado las estancias o salas y oficinas con arreglo a las que contenía el destruído, y deben tener de necesidad, para su mejor asistencia, ventilación, extravíos de manías, y curación: mediante este supuesto contesta la Sitiada al oficio de la Real Academia Médica de 12 de Marzo último, por el orden de sus mismas preguntas.*

El programa se recoge en el apartado octavo, en el cual se indica que *la distribución general del edificio correspondiente al Departamento de Locos es la siguiente:*

- Una sala con 80 camas para dormir los dementes más cuerdos o menos furiosos.
- Un dormitorio en tierra firme, entarimado para los del saco, o sayo, o menos cuerdos, con un tablado alto de quatro quartas para dormir.
- Una cocina u hogar en medio, con su reja de hierro, y contrarreja desde el suelo al techo, quadrada o redonda, a manera de jaula, para que se puedan calentar sin riesgo los furiosos.
- Un refectorio con sus mesas largas y bancos, para comer y cenar los menos furiosos.
- Un quarto en tierra firme con 30 gavias o jaulas para los más furiosos.
- Un corral grande, muy alto de paredes, para que se ventilen los del saco, que son los furiosos, con un cubierto grande para que en el verano se libren del calor.

- Una letrina o lugar común, al raso en el corral, de seis palmos en quadro, y tres de alto, con su reja y contrarreja para que ninguno pueda precipitarse por ella.
- Veinte quartos para dementes distinguidos.
- Un corredor grande para que puedan pasear y ventilarse.
- Seis pilas o baños, con agua corriente, para que se bañen a su tiempo.
- Una cocina para guisar la comida a los distinguidos, porque la de los demás se guisa en la cocina mayor.
- Otra para los sirvientes del distrito.
- Un dormitorio próximo a los furiosos y gavias para ocho sirvientes.

Para las enfermas locas se prrescribían *los mismos departamentos, siendo su localidad a proporción de su número, y además:*

- Una sala para que puedan hilar y coser las más cuerdas.
- Una habitación y cocina para un matrimonio, encargado del cuidado y dirección del distrito.
- Otra [habitación] para seis sirvientas.
- Un dormitorio para éstas.

Esta relación, por consiguiente, es la que correspondía al Plan de 1815, y por tanto era equivalente a la existente en el Hospital antiguo. Por otra parte, dentro de las respuestas contenidas también se recogen otros interesantes datos, comenzando por el número de estos enfermos. Así en el apartado cuarto se indica que *los existentes en el Hospital son 50 locos, 82 locas, que al todo son 132, pero antes de la ruina del Hospital era mucho mayor su número.* En cuanto a las características de los locales, en el apartado noveno figura que *las puertas de este departamento son de madera, construídas con firmeza y con cerraduras de fierro, suficientes a la seguridad. Las ventanas de un diámetro regular, con verjas de fierro en lo exterior.* Y en el siguiente que *los pisos que están sobre vueltas, no están entarimados; sólo lo está el dormitorio y calefactorio de los furiosos.* Las características de las gavias o jaulas se recogen en el duodécimo, donde se dice que *son de madera, el suelo y las paredes están sostenidas por quatro o seis pies sobre tierra firme, con la elevación de dos palmos; tiene su puerta y ventanilla suficiente para recibir el alimento, y alguna luz y ventilación; y para evitar la humedad y podredumbre se les pone una porción de paja donde duermen o descansan teniendo cuidado de renovarla con mucha frequencia; el suelo está construído con el declive correspondiente y conducto suficiente a que puedan tener salida las deposiciones, que por subterráneos van a parar a los pozos comunes.*

Más adelante, en el vigésimo noveno apartado, y por último, se informa que *habiéndose observado que los dementes en las jaulas o gavias contraían indisposiciones de difícil remedio, en razón de que en este edificio no han podido arreglarse con la comodidad que las había en el antiguo, se ha adaptado el poner en dos grandes salones unas cadenitas de a cinco quartas, en distancias separadas de a cinco varas, con las quales se sujeta a los dementes mediante un grillete a los pies; y han surtido tan buen efecto, que sobre ventilarse, poderse pasear y no ofenderse, se han evitado los malos olores, la contracción de nervios y otras indisposiciones consiguientes al encerramiento perenne.*

8.3.3. El proyecto de Atilano Sanz y Pérez de 1821

Si bien el plan para edificar un nuevo Hospital no se llevaría a efecto como proyecto integral de nueva planta sino que se desarrollaría a partir de las instalaciones existentes en el de Convalecientes y sus ampliaciones, existió un ejercicio de proyecto arquitectónico elaborado teniendo en consideración el programa de 1815. Se trata del realizado por Atilano Sanz y Pérez en 1821 dentro de su carrera académica. Nacido en Zaragoza hacia 1790, Atilano Sanz cursó su aprendizaje en la Academia de San Luis de Zaragoza, presentándose en 1819 para las pruebas de maestro de obras de la de San Fernando, de Madrid, donde obtendría la titulación[526].

Conocedor del plan de construcción de un nuevo Hospital para Zaragoza, Sanz y Pérez elaboró un proyecto con dicho programa para la prueba de pensado, necesaria para conseguir la maestría en Arquitectura en San Fernando, la cual no obtendría hasta septiembre de 1826 por su demora en realizar la de repente, tiempo en el que ejerció su profesión en el ámbito aragonés. Posteriormente, en 1829, mientras se encontraba ejerciendo las funciones de director de la academia zaragozana, superaría las pruebas para el grado de académico de mérito de San Fernando, obtenido en marzo de 1830. Tras diversos cargos académicos y docentes en distintos lugares de España, fallecería en Murcia en 1868. Como señaló Martínez Molina, con Antonio Vicente, Juan Mendoza y José Yarza Miñana formó parte de la generación de arquitectos que se encargó «durante el reinado de Fernando VII y la regencia de Mª Cristina de convertir definitivamente el neoclasicismo en el lenguaje arquitectónico indiscutible y oficial de Aragón al desterrar las últimas pervivencias del barroco académico, primer estadio de la renovación clasicista, aunque renunciando por el camino a la profunda carga intelectual de renovación que portaba el neoclasicismo de la preguerra, más ambicioso y utópico»[527].

El proyecto, fechado el 5 de febrero de 1821, se ajustaba muy bien al programa del nuevo establecimiento de Nuestra Señora de Gracia, si bien pretendía, en su acepción académica, mostrar un ejercicio válido con carácter universal, de ahí que se denominara *Hospital General para la ciudad de Zaragoza o para otra grande población*. Comprende tres láminas, –la correspondiente a las tres plantas del edificio, la que recoge el alzado principal y la sección transversal, y la relativa a la longitudinal y el alzado lateral–[528], además de una memoria constructiva[529]. Sin duda, desde el punto de vista del proyecto arquitectónico, el ejercicio de Atilano Sanz plantea una composición cuya planta contiene importantes semejanzas con la de la casa de Misericordia, recurriendo a dos áreas geométricas simples unidas entre sí: un cuadrado y un semicírculo. La pieza principal, la cuadrada, además, se

526 El ejercicio para la prueba de pensado fue una casa de campo cerca de Zaragoza, desarrollando el pórtico de una iglesia en el de repente. La maestría le fue concedida el 15 de agosto de 1819. Cfr.: Arabiza Blanco-Soler, RAH, Biografías.

527 Martínez Molina (2016) pág. 334.

528 Academia de San Fernando, Madrid. N.º Inventario: A-2451, A-2452 y A-2453, respectivamente.

529 *Informe práctico facultativo de un Hospital Real y General considerado para la ciudad de Zaragoza o para otra grande población*, 7 de abril de 1821. Academia de San Fernando, Madrid, 2-4-1. Cfr.: Navarro Bometón (2015) Doc. 3.

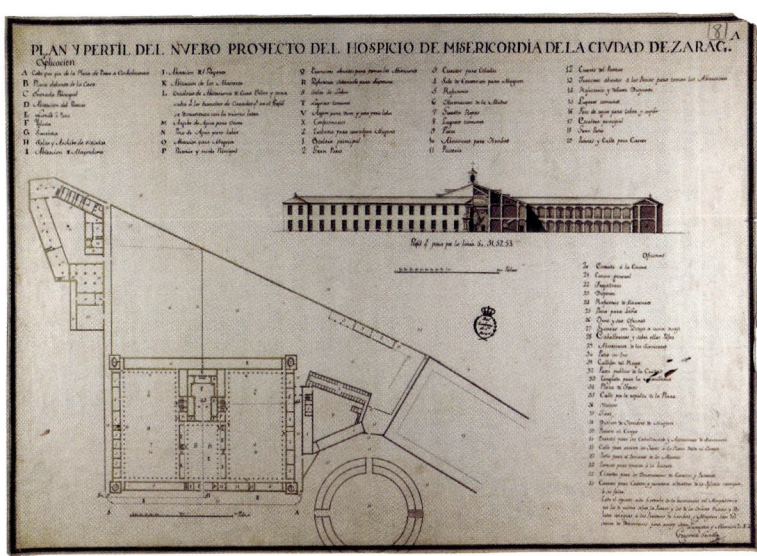

Plan y perfil del nuevo proyecto del Hospicio de Misericordia de la Ciudad de Zaragoza, 20 marzo 1773. Gregorio Sevilla.

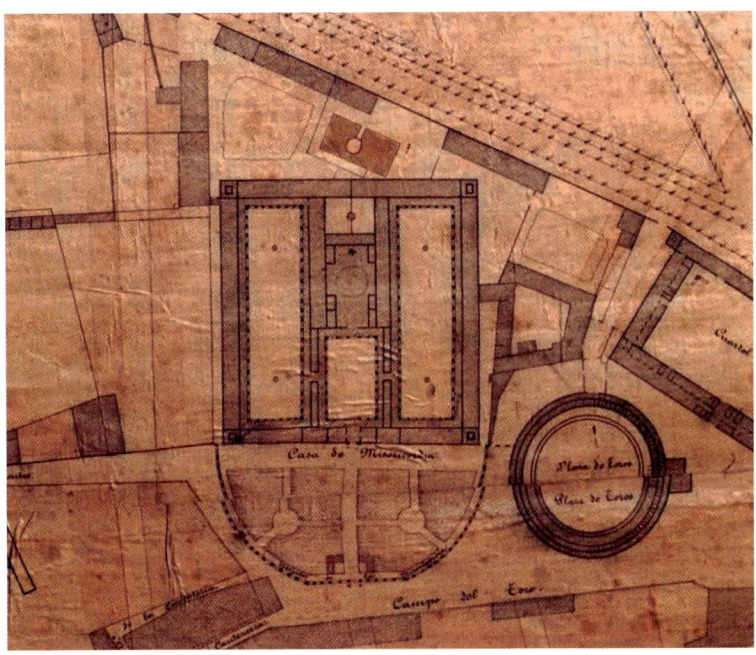

Plano de Zaragoza, julio 1863. José de Yarza. Detalle. Edificios de la Casa de la Misericordia.

establece con idénticas dimensiones, de unos 132 metros de lado, y los mismos tres pisos o niveles.

Existe un plano de Gregorio Sevilla, fechado el 20 de marzo de 1773, titulado *Plan y perfil del nuevo proyecto del Hospicio de Misericordia de la Ciudad de Zaragoza*[530] que corresponde al primer diseño para la edificación ilustrada de este establecimiento, impulsada por Pignatelli. Su planta rectangular se divide en tres sectores, los laterales formando sendos patios alargados y el central subdividido en dos áreas, de las cuales la más próxima al acceso conforma el patio que sirve de vestíbulo a la iglesia, asentada en la segunda. Dilatada la construcción de la nueva Misericordia durante décadas, sus elementos fueron entrando en servicio por fases. En todo caso, aunque Atilano Sanz no pudo contemplar aquélla al completo, pues entonces sólo su mitad oriental estaba acabada, sí tuvo constancia del proyecto definitivo, en el que la planta de Sevilla había sido ampliada hasta el cuadrado, creciendo los patios laterales y creándose un patio adicional tras la iglesia, y en altura se había pasado de dos a tres pisos. Así la había formalizado el académico Ambrosio Lanzaco en

un plano del área occidental de la ciudad y sus defensas[531], fechado en septiembre de 1813. También existía desde que se levantó la primera crujía, la que formaba la fachada principal, orientada al noreste, la exedra de planta semicircular de los jardines que anteceden a la casa. La formalización definitiva de la Misericordia puede ser apreciada en el Plano de Zaragoza de 1863 elaborado por José de Yarza.

Inspirándose en este trazado final, Atilano Sanz planteó un proyecto de corte académico que se apoyaba en una rigurosa organización geométrica. Desarrollando el mismo esquema, organizó la planta en 3 x 3 sectores, configurando mediante crujías lineales ocho patios que rodean el cuadro central, destinado todo él a la iglesia. Los patios del eje principal, de planta cuadrada, son los mayores, mientras los seis laterales, iguales entre sí, tienen plantas rectangulares menores. A este edificio principal, de tres niveles o pisos, se

530 Academia de San Fernando, Madrid. N.º Inventario: A-2664.

531 *Plano que manifiesta una porción de la Ciudad de Zaragoza, Río Ebro, Castillo, Acequias contiguas, Caminos, Campos, Olivares, Paseos y demás que en él se expresa. Dispuesto y ejecutado por el Académico de Mérito Ambrosio Lanzaco. Zaragoza y Septiembre a 7 de 1813*. Archivo Real y General de Navarra.

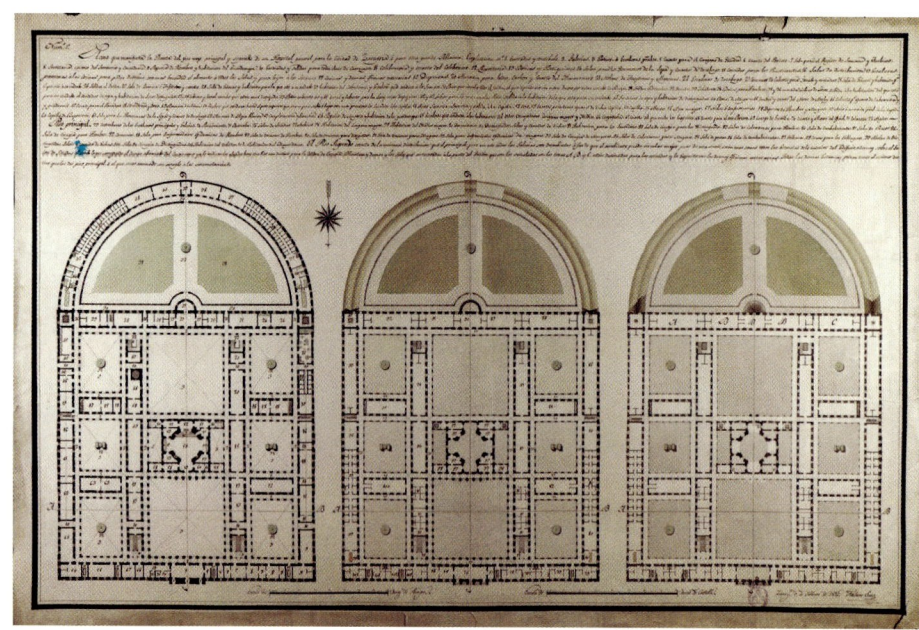

Hospital General para Zaragoza u otra gran población, 1821. Atilano Sanz y Pérez. Plantas baja, principal y segunda.

adosa una crujía que, prolongando y uniendo las laterales, forma en planta una semicircunferencia, edificada exclusivamente en planta baja, cuyo trazado conforma un gran patio semicircular destinado a jardín botánico. Esta crujía, por su localización e independencia, se destinaba a albergar los enfermos dementes.

La disposición funcional del programa asignaba a la planta baja las oficinas de los servicios de todo orden, reservando a la planta principal y a la superior –con idénticas reservas espaciales una y otra– las enfermerías, organizadas en dos sectores simétricos destinados a hombres y mujeres respectivamente. Mejorando la disposición del antiguo Hospital de Gracia, establecía sendas escaleras principales y diversas secundarias gemelas, de forma que los ejes de recorridos se articulaban perfectamente. Esta doble disposición, no obstante, le obligaba a duplicar también algunos elementos, como las cocinas. El eco del edificio histórico precedente hizo que, como señaló Fernández Mérida, «pese a lo avanzado de la fecha se mezclaban funciones propias del hospital y el hospicio»[532].

Además de la organización básica descrita, el proyecto comprendía desarrollos espaciales complementarios: sótanos en algunas crujías destinados a bodegas, altillos en el edificio de los dementes donde se ubicaban las residencias de los cuidadores o un cuarto piso en la crujía del bloque de acceso destinado a la enseñanza médica. Del análisis funcional del proyecto puede inferirse que la solución arquitectónica daba respuesta al programa de 1815 soslayando el área hospitalaria tercera o sector de soldados enfermos, e integrando la diversificación de los servicios y entidades auxiliares.

En la planta baja, como se ha indicado, se encontraban las oficinas de servicios. Centrado en la crujía de fachada se hallaba el vestíbulo general que daba paso a los claustros enlazados por corredores por los que se podía acceder a todos los espacios. Al vestíbulo, en el ala derecha, daba el cuarto del cirujano de guardia, mientras a la izquierda se ubicaba el cuerpo de guardia, el cuarto y alcoba del oficial, y un pequeño calabozo. Las oficinas que seguían en el ala derecha eran el cuarto del portero, la sala para el regidor de semana y su archivo, y la secretaría, que incluía el cuarto del secretario y la contaduría. En el ala opuesta se ubicaban el cuarto para el otro portero, el del que recibe los expósitos y la carpintería. En ambos tramos de la crujía existían repartidas cuatro es-

532 Fernández Mérida (2003) pp. 195-197.

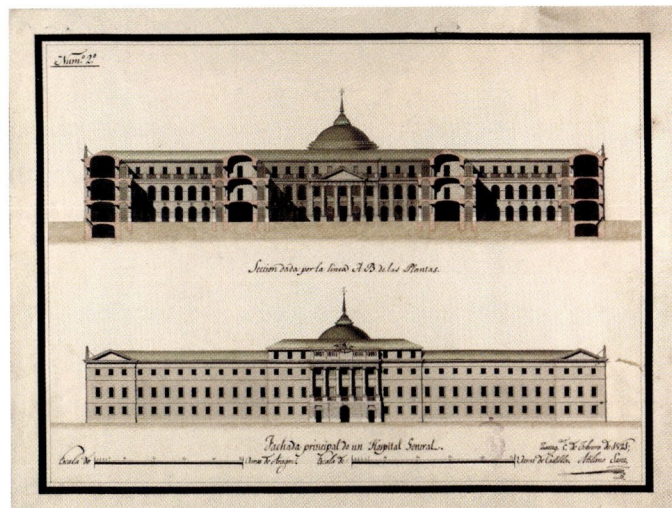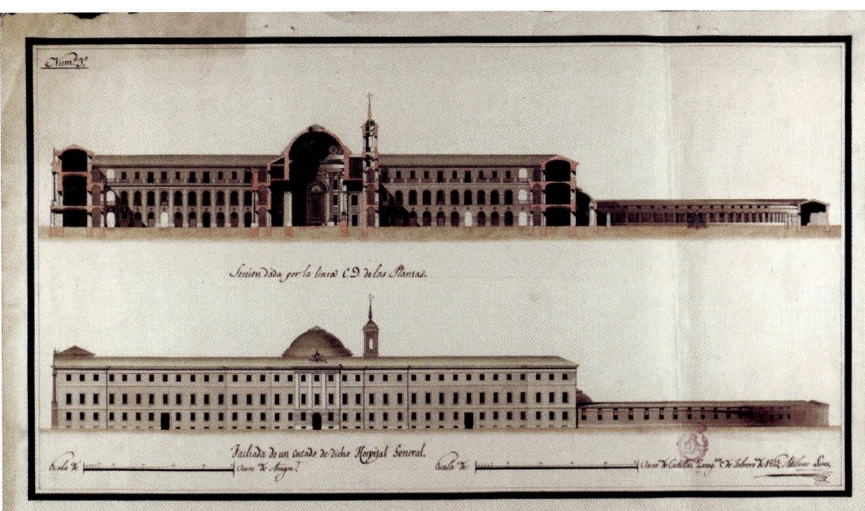

Hospital General para Zaragoza u otra gran población, 1821. Atilano Sanz y Pérez. Izda. Alzado de la fachada principal y sección transversal. Dcha. Alzado de la fachada lateral y sección longitudinal.

caleras secundarias por las que se subía a la planta principal directamente a las habitaciones del veedor, mayordomo, cirujano mayor y médico, como se verá después.

En los ángulos que formaba la crujía frontal con las laterales se ubicaban las roperías, la de hombres en el ala derecha y la de mujeres en la izquierda, y junto a ellas las habitaciones de los guardarropas. En el sector derecho, bien en la propia crujía lateral bien en el primer bloque transversal que dividían los dos primeros patios, seguían las dependencias de la colchonería y cuarto del colchonero, la repostería y el salón para los hermanos de la Sopa y cuartos de desahogo. Simétricamente, en el izquierdo se disponían los espacios para las hermanas y los almacenes de ropa blanca. En ambas crujías interiores de los primeros patios, tras las escaleras principales se encontraban las boticas y botiquines y, junto a ellas, el comedor para los practicantes –en el sector derecho– o la cataplasmería y llanería –en el izquierdo–.

En las transversales siguientes, dividiendo los segundos y terceros patios, a ambos lados, se encontraban las dos cocinas, para hombres y mujeres respectivamente, y junto a ellas las salas de distribución y las despensas, así como sendas escaleras por las que se subían los alimentos con rapidez a las salas de enfermería y por las que se podía bajar,

en su caso, a los sótanos. También próximas se disponían otras dependencias. En el sector derecho, flanqueando el tercer patio, se encontraban el almacén para leña, carbón y cuarto del almacenero, y el molino de aceituna y algorines. En la crujía interior del izquierdo se encontraba el cuarto para el panadero, la masadería y horno, y el almacén de harina. En la lateral, por el contrario se disponía la cuadra y cuarto del mozo de mulas, y el cubierto para ajuares de labranza y guadarnés.

Ambas crujías interiores terminaban en sendas escaleras generales de desahogo, mientras las laterales lo hacían en sendos cuartos de letrinas o comunes. Entre estas últimas se disponía la crujía meridional que limitaba con el jardín botánico. En el centro de la misma se encontraba la sala de química o anfiteatro con sus retretes auxiliares. A ambos lados las salas de los tiñosos, enfermos y enfermas, con las habitaciones de los cuidadores. Completaban la crujía el cubierto para ganado y matadero, a la derecha, y la habitación del sobrestante y la escalera que conducía a los graneros, a la izquierda.

El jardín estaba cerrado con verjas y podía circunvalarse desde la crujía curva donde se encontraban las dependencias de los enfermos dementes con sus espacios dispuestos de modo simétrico como en el resto del hospital. A cada lado, tras los lavaderos y los baños, se hallaban las entradas a los respectivos manicomios. Desde ellas se accedía a las salas de gavias y se subía a los altillos donde estaban la habitación de los cuidadores, el tendedero de ropa y la habitación de dementes distinguidos. En el extremo axial se disponía un espacio de cubierto y ambos corrales para los dementes más despejados.

En el centro de la edificación estaba la capilla del hospital. Respondía a un espacio centralizado de planta circular cubierto por una cúpula provisto de cuatro pequeños brazos a modo de naves-capilla radiales que le confieren una disposición de cruz griega, en los cuales se situaban el coro-presbiterio, el atrio y sendos altares laterales. En los niveles superiores, en el espacio disponible entre ellos quedaba configurado un conjunto de tribunas repartido en los cuatro chaflanes. La formalización de la planta como un cuadrado hacía que la iglesia dispusiera de dos pequeños patios laterales. A ambos lados del coro se ubicaban la antesacristía, la sacristía y la salida a la capilla, y en sus extremos sendas escaleras que comunicaban con el piso superior «para subir o bajar con más prontitud los sacerdotes a la capilla». Junto al atrio se disponía el baptisterio y diversos cuartos de enseres. La torre campanario se construía sobre el tramo central del corredor que flanqueaba la capilla junto al coro.

Los cuatro patios angulares tenían fuentes centrales, mientras los dos intermedios laterales albergaban los aljibes. Los cuatro primeros, además, disponían de puerta de entrada de carruajes desde el exterior del edificio, entre las cuales, transversalmente, se formaban pasos que atravesaban los claustros intercomunicando entre sí tanto los tres patios situados tras la crujía principal como los tres que antecedían al jardín botánico.

La planta principal albergaba las residencias de los responsables, ubicadas en la crujía de fachada y en los dos primeros tramos de las crujías interiores, y las enfermerías, dispuestas en el resto de la planta simétricamente, en el sector derecho las de los hombres y el izquierdo las de las mujeres. Al centro de la fachada correspondía el salón de las Sitiadas, el espacio de mayor rango, complementado por un recibidor, una antesala y un archivo. En el ala derecha estaban las habitaciones del cirujano mayor y del médico mayor, mientras las de la izquierda correspondían al veedor y al mayordomo. Las de los sacerdotes, cuatro a cada lado, se ubicaban en los tramos interiores siguientes a las escaleras principales.

En torno a los primeros patios laterales se disponían las dependencias de los enfermos distinguidos, que comprendían los dormitorios, salón y comedor, y una sala de cirugía en cada sector. En los tramos restantes de las crujías laterales e interiores se ubicaban, siguiendo la simetría general, las salas de calenturas, de convalecientes, de presos y de cirugía para hombres, reservando la crujía que daba al jardín a los pacientes de enfermedades epidémicas y las salas de unciones. Las letrinas se instalaban en los ángulos, sobre las de la planta baja. En el centro de la planta, además de las tribunas de la iglesia existían sendos cuartos para los tablajeros.

En la leyenda del plano figura que «el piso segundo consta de la misma distribución que el principal, pero en éste todas las galerías son descubiertas a fin de que el ambiente pueda circular mejor pues de esta suerte serán más sanas todas las estancias del interior del edificio». Se indica, además, que «sobre el salón de Sitiadas, que es sobre lo que corresponde al cuerpo avanzado del centro como ya lo indican los alzados, hay otro piso con destino para la cátedra de cirugía, biblioteca y demás». Por último se señala que las salas ubicadas en la crujía que daba al jardín se destinaban a «las retiradas y los expósitos con las demás oficinas necesarias». El resto de las dependencias de este nivel podían «tener el mismo destino que las del piso principal o el que más acomode con arreglo a las circunstancias».

8.4. Parcelación del recinto de Nuestra Señora de Gracia

Con la idea de reconstruir el Hospital en un nuevo emplazamiento devino la de dar salida a los terrenos del antiguo establecimiento de forma que tal activo sirviera para la financiación de la empresa. Apenas eran aprovechables las escasas edificaciones que todavía estaban en pie, como las casas amarillas, afectadas por los combates del segundo Sitio pero sólo arruinadas parcialmente. En aquella parte, una vez los franceses se hicieron cargo del gobierno de la ciudad, fue levantada una tapia en la que se colocó una puerta, cerrando la entrada de la antigua calle de la Soledad, hasta que pudiera rehacerse ésta, «pues con motivo de la destrucción de las casas existentes en ella durante los Sitios en la pasada guerra se hallaba cerrada en el estado de no poder introducir en la casa contigua a la citada calle los enseres e instrumentos de labranza y frutos de su cosecha sino por la embocadura o terreno mencionado». Efectivamente, la parcela que seguía en la línea del Coso, que estaba arrendada o había sido enajenada a un tal Antonio Ximeno, sólo disponía de dicho acceso, conociéndose que en 1819, frente a la decisión de quitar la puerta –situada entre su finca y «las casas pajizas»–, éste recurriría tal acuerdo, solicitud que le sería concedida[533] el 23 de agosto con la condición de mantener la salubridad necesaria en su actividad para no molestar al vecindario.

Pero el estado de las casas amarillas debía ser lamentable. El 15 de diciembre de 1823, Tiburcio del Caso informaba a la Sitiada no sólo de la necesidad de apuntalar sino de reconstruir la fachada que daba a la calle de la Soledad, así como de la primera tramada de la parte del mediodía, al menos hasta el segundo piso, para asegurar el edificio, recomendando sacar la fachada desde los cimientos. Cuando le fue solicitada una valoración de las obras propuestas, redactaría un nuevo informe, fechado el 28 de enero siguiente, en el que el arquitecto indicaba que coste de la reconstrucción parcial era de 30.000 reales, ascendiendo a 133.000 la suma necesaria para dejar las casas enteramente concluidas.

Según se desprende de la documentación obrante en el archivo de la Diputación Provincial, la Sitiada debió nombrar un comisionado para la búsqueda de la financiación correspondiente, pero al no obtenerla se abriría una licitación, cuya publicación en el Diario de Zaragoza del 8 de febrero de 1824 se encabezaba así: «Haciéndose necesaria la reedificación de la parte derruida de la manzana de casas amarillas en el Coso, propias del Santo Hospital Real y General de Nuestra Señora de Gracia, para hacerla productiva y más principalmente para asegurar la otra parte habitable, y hallándose dicho establecimiento sin fondos…» A través de aquel anuncio la Sitiada ofrecía la posibilidad de que pudiera presentarse cualquier persona interesada, pero no resultaría muy exitoso. Sólo dos semanas después, reiteraba el ofrecimiento la Sitiada en el mismo diario, informando que ya se había presentado una persona para hacerse cargo de la reedificación de la última de las casas, que era la más ruinosa, invitando a presentarse a las otras casas, en las cuales únicamente estaba arruinada la parte posterior. La última de las ofertas sería reiterada en el diario del 7 de mayo.

En paralelo se habían estudiado otras fórmulas. Así, fechada el 19 de diciembre de 1823, consta una «Lista de fincas propias del Santo Hospital que se proponen de orden de la Ilma. Sitiada del mismo para que puedan enajenarse si la Real Cámara lo hallase conveniente». Entre ellas figuraba la siguiente: «Un sitio cerrado con tapias donde estuvo el Hospital que fue destruido por el ejército de Napoleón en el año de 1808, sito en la calle de Santa Engracia, confrontante con la plaza real de Fernando VII, y edificio de juegos y billar, y de pelota, dentro del cual se hallan las cuatro casas derruídas que el Hospital tenía en la calle de la Soledad, de las cuales sacan a 216 palmos de largo y 106 palmos de ancho, de terreno, para proporcionar con este medio un desahogo a las cinco casas amarillas del Coso…» La licencia para la enajenación de fincas sería obtenida en 1825.

En todo caso, el proyecto de parcelación integral del antiguo recinto del Hospital iría tomando forma y evolucionando en los años siguientes hasta que, finalmente, el 11 de enero de 1836, la Sitiada acordaría elevar al Ayuntamiento la solicitud para parcelar y vender los solares. La conformidad del concejo no se hizo esperar y a tal fin fue elaborado un proyecto por los arquitectos Yarza y Gironza, en cuyo trazado figuran una serie de detalles cartográficos de enorme interés, el cual, a la postre, ha posibilitado disponer de una planta definitiva sobre la que desarrollar buena parte de los análisis, estudios y propuestas del presente trabajo. El plano, obrante en el Archivo Municipal, está fechado el 27 de febrero siguiente, y se titula *Plano formado por disposición del Excmo*

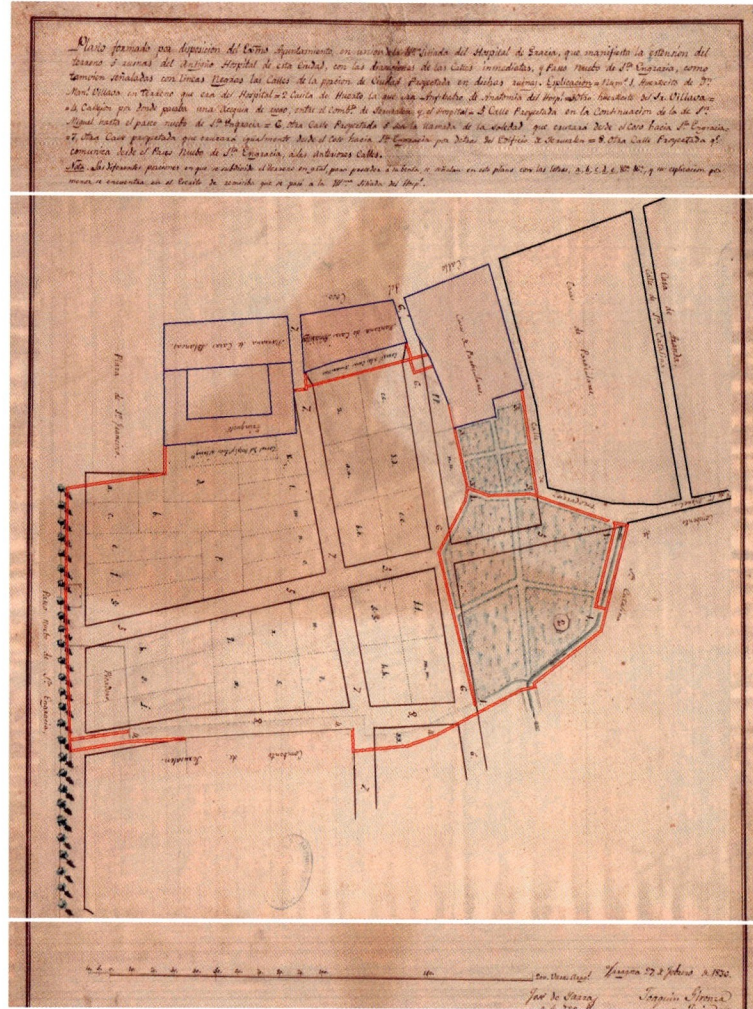

José de Yarza y Joaquín Gironza: *Plano formado por disposición del Excmo. Ayuntamiento en unión de la Ilma. Sitiada del Hospital de Gracia, que manifiesta la extensión del terreno o ruinas del Antiguo Hospital de esta Ciudad, con las direcciones de las calles inmediatas y Paseo Nuevo de Santa Engracia, como también señaladas con líneas negras las calles de la porción de la Ciudad Proyectada en dichas ruinas, 1836.*

Ayuntamiento, en unión de la Ilma. Sitiada del Hospital de Gracia, que manifiesta la extensión del terreno o ruinas del antiguo Hospital de esta ciudad, con las direcciones de las calles inmediatas, y paseo nuevo de Santa Engracia, como también señaladas con líneas negras las calles de la porción de Ciudad Proyectada en dichas ruinas.

En la correspondiente «Explicación» se enumeran los distintos epígrafes que van conformando la descripción del estado de los polígonos y fincas existentes y las determinaciones del nuevo trazado.

- *Núm. 1. Huertecito de Dn. Man. Villalva en terreno que era del Hospital* = Polígono formado en el extremo suroriental del recinto que englobaba el área ocupada por el cementerio, huerto de los naranjos, graneros y patio de los carros. Lindaba al norte con la calle de Zurradores y en sus flancos este y sur con el convento de Santa Catalina. Los otros lindes eran interiores al Hospital. El occidental la línea que separaba el granero del huerto del boticario y el septentrional el andador que separaba el naranjal del resto del huerto de los árboles frutales. Esta parcela se había traspasado a Villalba, posiblemente, en 1825.

- *2. Casita del Huerto la que era Anfiteatro de Anatomía del Hospital* = En el citado patio de los carros, antesala del cementerio, estaba la llamada antiguamente Casa de Anatomía, edificada primeramente por Andrés de Capraneda en 1586, y reconstruida en planta oval algunos años antes de los Sitios.

- *3. Otro huertecito del Sr. Villalva* = Polígono adosado al n.º1, se trataba de la zona septentrional del huerto de los árboles frutales. Lindaba al norte con la última de las parcelas de casas particulares de los terrenos del Hospital alineados al Coso, flanqueada por las calles de la Soledad y Zurradores.

- *4. Callejón por donde pasaba una acequia de riego, entre el Convento de Jerusalén y el Hospital* = El plano dibuja el inicio de este callejón en la calle del Hospital o de Santa Engracia, formado por dos tapias paralelas, entre las que discurría la acequia. Así mismo se traza la tapia en su extremo oriental, la cual continuaba con el lindero del patio de los carros.

- *5. Calle Proyectada en la continuación de la de San Miguel hasta el paseo nuevo de Santa Engracia* = Trazado de la nueva vía que, aproximadamente paralela al Coso, dividía el antiguo recinto según una directriz que comenzaba en el encuentro de la calle Zurradores con la de San Miguel y, siguiendo la alineación de ésta, lo atravesaba hasta llegar a los tramos centrales del pabellón de los hermanos dementes, los cuales daban a la calle del Hospital o de Santa Engracia.

- *6. Otra calle proyectada o sea la llamada de la Soledad que cruzará desde el Coso hacia Santa Engracia*

= Trazado de la nueva vía que rectificaba el antiguo paso que, partiendo desde el Coso, servía para acceder a los graneros por la zona oriental del horno y el corral de la leña. Esta calle de la Soledad flanqueaba por el este las casas amarillas del Coso. En la actualidad equivale aproximadamente a la calle Jerónimo Blancas.

- *7. Otra calle proyectada que cruzará igualmente desde el Coso hacia Santa Engracia por detrás del edificio de Jerusalén* = Trazado de la nueva vía que rectificaba la antigua calle de la Puerta Falsa del Hospital, es decir, la calle meridiana que nacía en el Coso y atravesaba de norte a sur todo el recinto, desembocando en el callejón que separaba aquél del convento de Jerusalén. En el tramo junto al Coso, esta calle se flanqueaba al oeste por la casa de las comedias –después por las casas blancas– y al este por la llamada casa del Coso –después las casas amarillas–. En la actualidad equivale aproximadamente a la calle Josefa Amar y Borbón.

- *8. Otra calle proyectada que comunica desde el paseo nuevo de Santa Engracia, a las anteriores calles.* Se trataba de una nueva vía que rectificaba el trazado del callejón existente entre el Hospital y el convento de Jerusalén, antes citado en el epígrafe 4, vía que sería suprimida de los proyectos urbanísticos en mayo de 1839.

- *Nota: Las diferentes porciones en que se subdivide el terreno en general, para proceder a su venta, se señalan en este plano con las letras a, b, c, d, e, etc., etc., y su explicación por menor se encuentra en el escrito de remitida que se pasó a la Ilma Sitiada del Hospital.* Principalmente, la parcelación definía los solares resultantes de las cuatro grandes áreas que se habían formado entre las edificaciones de la línea del Coso, el nuevo paseo de Santa Engracia, la calle 8 –sobre la frontera entre el Hospital y Jerusalén– y los huertos orientales enajenados a Villalba.

En el plano resulta sigificativa la definición geométrica de las parcelas lindantes con el Coso, ya edificadas. Las casas blancas se habían levantado sobre el solar ocupado por las antiguas construcciones del teatro y el mesón. Se trataba de un bloque residencial alineado con dicha vía que disponía en el interior de la manzana –hasta la línea de ocupación del teatro– un edificio auxiliar con planta en «U» que formaba con él un patio rectangular. En este segundo edificio se rotulaba «trinquete», por lo que era donde se había instalado con él la casa de juegos y trucos tras los Sitios. Toda la edificación seguiría perteneciendo a Nuestra Señora de Gracia, pues consta que tiempo después, el 12 de febrero de 1843, la Junta Municipal de Beneficencia arrendaba «el edificio de los juegos de billar y pelota en la plaza de la Constitución y las dos casas de la manzana blanca del Coso, números 138 y 139, propios del Hospital»[534], para instalar allí un establecimiento de diligencias y hospedaje de viajeros, con la condición para el arrendatario de hacer a sus expensas todas las obras interiores y exteriores necesarias. Estas casas blancas, al desaparecer el bloque de la iglesia e incorporarse su solar a la nueva plaza real de Fernando VII –en el plano denominada de San Francisco–, habían cobrado un nuevo protagonismo urbano, pues su antigua medianera con aquélla pasaba a conformar la principal fachada de la plaza. Así, algunos años después, en 1858, la finca sería vendida por el Estado como procedente del Hospital a Gaudencio Zoppeti por 981.000 reales[535], quien edificaría la llamada Fonda de Europa. En la actualidad el bloque que forma esta esquina es el edificio del Banco de España.

El bloque siguiente eran las casas amarillas, el cual se separaba del resto de la manzana meridional anexa por el callejón que había formado la «isla» al menos desde mediados del setecientos y que en el plano se rotula como «corral de las casas amarillas». Se trataría del frente que forma la actual manzana flanqueada por las calles Josefa Amar y Borbón y Jerónimo Blancas. Finalmente, la tercera parcela, tan amplia como la primera, figura como «casas de particulares», situándose entre las calles entonces denominadas de la Soledad y de Zurradores, las actuales Jerónimo Blancas y Juan Porcell, respectivamente.

Por otra parte, en el plano se destaca cómo la línea del nuevo paseo de Santa Engracia quedaba retranqueada respecto

---

534 Archivo DPZ. Arriendo casa diligencias y colindantes del Coso.
535 Blasco Ijazo (1950) pág. 247.

de la que había sido la fachada del Hospital, un detalle que indica cómo la urbanización tenía pendiente la ocupación definitiva, de modo que la fila de los árboles plantados se situaba casi tangente a las tapias de aquél. Este punto, así como la realización de los nuevos viarios, se iría resolviendo poco a poco, dando lugar a ciertas modificaciones.

En marzo de 1836, se pusieron a la venta los 32 solares resultantes. Como señaló Betrán[536], fue la primera promoción urbanística residencial moderna que se acometió en Zaragoza, afectando a una superficie neta total de 10.342 m2. En el Archivo Municipal se encuentra el expediente con la documentación de la subasta y adjudicación de los solares del antiguo Hospital, donde figuran distintas actuaciones en 1836, concretamente en las fechas del 16 de mayo, 23 de junio, 4 de agosto y 24 de octubre. De los años siguientes constan las del 5 de julio de 1837 y 27 de abril de 1838, en el que debió concluir la operación.

En el mismo archivo existe, además, un interesante croquis elaborado poco después –anejo a un escrito de Yarza y Gironza de 25 de mayo de 1840–, en el que aparece el área correspondiente a lo que fue el sector oriental del recinto del Hospital. Resulta de interés resaltar algunos detalles. En primer lugar, de la proyectada calle Jerusalén se indica que había sido suprimida por el Ayuntamiento, siendo el terreno propiedad de Patricio Serrano. Los huertos de Villalba los atravesaba centralmente la prolongación de la calle de San Miguel y también eran afectados en sus alineaciones por la calle de la Soledad y su prolongación hacia el mediodía a partir de la vía anterior. A la postre, este último trazado no sería mantenido, de modo que todavía hoy puede observarse dicha línea en la abortada calle de la prolongación de Jerónimo Blancas, con su edificio formando la esquina de las fachadas en ángulo achaflanado y el espacio de la vía que no llegaría a ser, ocupado desde hace años por el mercadillo de San Miguel. La parcela situada entre el Coso y los huertos de Villalba pertenecía a Ascaso y Ximeno, propietarios a quienes fueron adjudicadas las parcelas anexas para alcan-

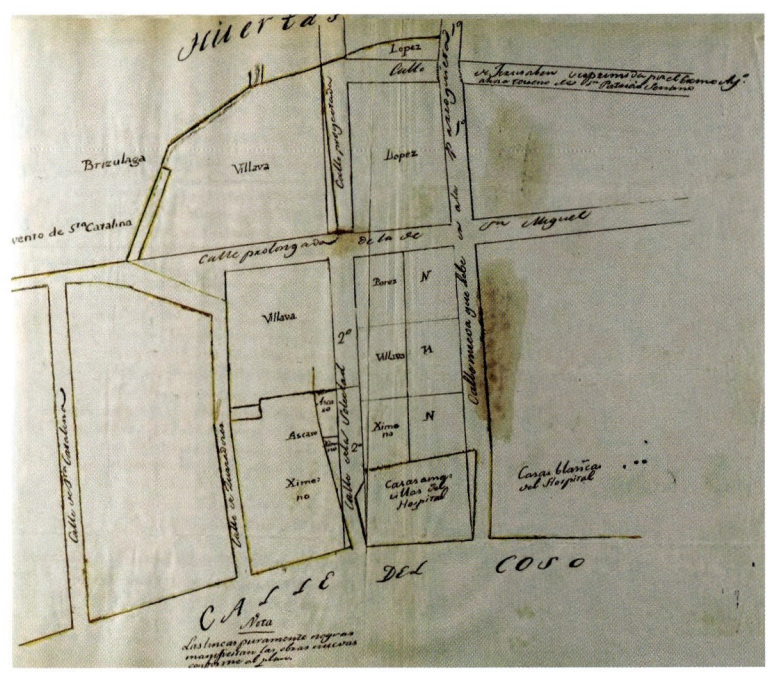

Croquis de la parcelación de los terrenos del antiguo Hospital de Gracia, 1840.

zar la alineación de la nueva vía de la Soledad. Finalmente la formada entre las casas blancas y amarillas, la antigua calle de la Puerta Falsa del Hospital, se rotula como «calle nueva que debe ir a la parroquieta», indicando la intención del trazado de unirla con la calle de Ballestar y proseguir hasta la iglesia de Santa Engracia, una idea que sería modificada por los trazados posteriores. El tramo más cercano al Coso fue denominado calle de los Sitios y su prolongación, Isaac Peral, una vía[537] que hasta 1914 sólo llegaba hasta las tapias del renovado convento de Jerusalén.

En 1838, como se ha indicado, debieron completarse las adjudicaciones. A finales de ese año, el propietario del solar que formaba el ángulo entre la plaza de la Constitución y el paseo de Santa Engracia, había acometido la construcción correspondiente, por lo que tuvo que incoar el derribo de la

536 Betrán Abadía y Serrano Pardo (2014).

537 Allí, en la parcela adquirida a la Sitiada por Margarita Franquini, donde se instalaron primero unas cuadras y después un salón de baile, se construiría el Teatro Goya en 1882, obra de Félix Navarro. Cinco años después, en otro de los solares, donde inicialmente hubo unos lavaderos, se edificaría el Teatro Circo, de Ricardo Magdalena.

Plaza de la Constitución, actual plaza de España. Fotografía, 1861. Mariano Júdez. En el centro, la Fonda Europa, cuya finca se había vendido a Gaudencio Zoppeti en 1858.

Plaza de la Constitución, actual plaza de España. Gran Hotel Europa. Fotografía postal, 1926.

pared del antiguo Hospital que en aquel momento quedaba situada fuera de línea, todo ello con el fin de regularizar el espacio urbano y para poder acceder a los nuevos edificios. El 24 de noviembre, Yarza y Gironza informaban que «hallándose D. José Marraco muy próximo a poner en uso las casas que cita hermoseando esta parte de la ciudad, no podrá verificarlo si no se derriban los trozos de pared del antiguo Hospital que se hallan delante y en las confrontaciones de las referidas casas, presentando el paseo con toda la extensión que debe tener, cuya pared se dejó únicamente para facilitar que por los dueños de los solares reedificasen, y creemos que el Excmo. Ayuntamiento hace tiempo hizo saber a los dueños de los solares confrontantes al paseo que si por todo el presente año no reedificaban o cerraban sus terrenos por la línea demarcada, se procedería al derribo de la mencionada pared...»[538]

Así fue como el Ayuntamiento, cuatro días después, requirió a la Junta de Beneficencia tal derribo, solicitando además la lista de los propietarios que habían adquirido los solares,

538 Archivo DPZ. Derribo pared del Hospital hacia Pº Santa Engracia (1838-1839).

la cual sería remitida el 5 de diciembre. El 24 de enero siguiente lo haría con la lista de los correspondientes a la zona posterior del antiguo Hospital, la de la calle de la Soledad y aledaños, que sería la facilitada por la Junta el 6 de febrero. El Ayuntamiento, no obstante, tuvo que realizar un nuevo requerimiento de derribo el 19 de abril, ordenándose por la Junta dar comienzo a las demoliciones tres días después. El 24 de junio, considerando que todavía quedaban algunas partes en pie, fue necesario un tercer requerimiento municipal por el que se establecía un definitivo plazo de ocho días, transcurrido el cual desaparecieron los últimos restos arquitectónicos del Hospital de Nuestra Señora de Gracia.

8.5. Pervivencias urbanas del trazado de Nuestra Señora de Gracia

En la actualidad nada parece recordar la presencia del conjunto arquitectónico hospitalario. Y, en efecto, no resulta sencillo encontrar las escasas huellas de aquella entidad del pasado. La única evidencia constatable tiene que ver con los límites históricos del recinto. En el Coso las alineaciones siguen manteniendo, de modo aproximado, las correspondientes a la frontera de Nuestra Señora de Gracia. El segmento de la fachada norte del edificio del Banco de España viene a ser equivalente al del sector que fue el embrión

Linderos del recinto del Hospital de Nuestra Señora de Gracia sobre fotografía aérea del sector en la actualidad, según R. Usón.

del establecimiento en el siglo XV y posterior bloque donde se integraron el mesón y las quadras de Santas Cruces. El siguiente segmento, hasta la calle Josefa Amar y Borbón, vendría a corresponderse con el sector del teatro de comedias, de forma que dicha vía nació a partir del callejón de la Puerta Falsa. El siguiente sector, el de la llamada Casa del Coso del Hospital, se corresponde con el segmento entre aquélla y la calle Jerónimo Blancas, vía que partió del trazado del callejón de la Soledad. El siguiente y último segmento, hasta la calle Juan Porcell, se corresponde con la banda de los huertos orientales. Esta vía –la antigua calle Zurradores–, frontera oriental de Nuestra Señora de Gracia, ha mantenido la alineación histórica en la mayor parte de su trazado, y sólo fue alterada en su extremo meridional, que antes doblaba en ángulo hacia Santa Catalina y en las reformas urbanas del siglo XIX fue rectificado, prolongando el septentrional hasta la calle San MIguel.

El resto de los lindes no son tan evidentes. El límite suroriental y meridional del recinto hospitalario solo puede apreciarse desde una vista aérea o analizando los planos parcelarios. Los lindes interiores de las parcelas que forman la manzana –prácticamente rectangular– flanqueada por las calles de San Miguel, Isaac Peral, Jerónimo Zurita y arquitecto Magdalena, dibujan un irregular trazado que mantiene la alineación histórica de las tapias de Nuestra Señora de

Gracia. Este trazado se mantiene en línea recta en dirección a poniente en tanto que constituía la tapia del convento de Jerusalén, dividiendo el interior de la manzana ubicada en el ángulo suroccidental, de planta trapezoidal, flanqueada por las calles de San Miguel, Isaac Peral, Jerónimo Zurita y el paseo de la Independencia. En esta percepción puede constatarse que el volumen que conformó el Coliseo Equitativa, inscrito en el interior de dicha manzana, forma parte limítrofe de la superficie que tuvo el monasterio de las franciscanas.

La alineación de la antigua calle del Hospital era aproximadamente paralela a la del actual paseo de la Independencia. Se trata de un dato verificado por la arqueología, ya que, por fortuna, una serie de catas realizadas en 1997 mostraron la presencia de estructuras que no son sino los muros de la fachada occidental del Hospital de Gracia. En efecto, entre los días 28 de julio y 26 de agosto se acometieron por la Sección Municipal de Arqueología 22 catas, 11 en cada uno de los proyectados ramales de acceso a los aparcamientos de los edificios del «Tubo», los cuales, iniciándose en ambos flancos de las calzadas laterales del paseo y atravesando el subsuelo de la plaza de España, a la postre se construyeron de otro modo.

En síntesis, el informe de resultados –redactado por Francisco Escudero– venía a concluir: «Se han hallado tres grupos de niveles: el primero de época moderna, representado por grandes aglomeraciones de escombros que rellenan sótanos y bodegas hundidos; el segundo de época medieval, donde predominan los niveles musulmanes de la etapa de las taifas; y el tercero de la época romana, representado por niveles de momentos diferentes. Los niveles de época moderna son fundamentalmente rellenos de escombro que ocupaban las bodegas y dependencias existentes bajo el nivel del suelo del Monasterio de San Francisco (lado oeste de la plaza de España) y del Hospital de Gracia (lado este de la plaza de España). Estos edificios quedaron semiderruidos tras el segundo sitio que soportó Zaragoza durante la Guerra de la Independencia (1809) y de ella son testimonio los restos de bombas de hierro huecas y los abundantes enterramientos precipitados hallados entre los escombros, resultado de la guerra o de las explanaciones posteriores».[539]

«Son muy numerosos –prosigue el informe– los restos de estructuras modernas halladas: muros de bodegas, caños y galerías. Son de destacar el encuentro de una cripta de enterramiento rellena de escombro, en la que se hallaron cuatro nichos superpuestos (cata XIV), que debió pertenecer al Convento de San Francisco, y una galería, intacta, perteneciente al Hospital de Ntra. Sra. de Gracia (cata V), a la que no se pudo acceder al interior. Esta galería ha sido cubierta con arena para su conservación y exploración futura. Todas estas estructuras modernas son de ladrillo, cal y canto, de cantos trabados con yeso o de tapial de yeso».

Frente a los números 3 y 5 de Independencia las tres catas efectuadas en aquel flanco se encontraron con los restos estructurales de la fachada del Hospital de Gracia. En la primera afloraron «restos de estructura de ladrillos de una bodega de época moderna, posiblemente de muro o pilar, tiene restos de revoques». En cuanto al contenido del primer nivel pertenencía «a un relleno de bodega moderna». Sobre las aparecidas en la segunda, la correspondiente ficha señala que «sale a partir de 1,8 m un muro moderno de ladrillo (¿bodega, fachada?) en el lado este de la cata y en sentido N-S». A este dato se añade que el contenido del primer nivel responde a «tierra oscura con escombro, cantos grandes y nódulos de yeso. Debe corresponder a la caja oeste del muro, o a un relleno de bodega». Finalmente las estructuras exhumadas en la tercera respondían a un «muro de bodega o fachada, que suponemos que es el mismo que el de la cata anterior, discurre en sentido N-S por el lado este de la cata, pero no pegado al corte». Si se totaliza la dimensión de los tres cortes y la separación entre ellos se infiere que está constatada una estructura de al menos 16,25 m. Queda identificado, por tanto, el muro del sótano que formaban las dos grandes bodegas lineales ubicadas bajo el bloque del Hospital que hacía fachada a la calle de su nombre que conducía hasta Santa Engracia.

Superposición del Plano de catas arqueológicas en la plaza de España y paseo de la Independencia (Agosto 1997, Sección de Arqueología, Ayuntamiento de Zaragoza) a la planta hipotética del Hospital histórico (según R. Usón).

La siguiente cata fue realizada nada más superar hacia el norte la línea de ocupación del número 1 de Independencia. Por desgracia en ella apareció, concretamente en «la esquina SW», «una gran conducción moderna de hormigón no registrada». Como era de esperar, en el primer nivel el relleno respondía a material contemporáneo, por lo que nada informa de nuestro interés. Variando ligeramente la alineación de las anteriores y a la altura del número 7 de la plaza de España, la cata V exhumó «una galería abovedada» de 1.40 m de ancho cuya directriz es casi normal a los muros precedentes. Su dorso, cuya cota se situaba a 1.60 m, «es de argamasa y las paredes de cal y canto con hiladas de doble ladrillo cada 0.60 m de pared. La obra fue encontrada intacta, sin abertura por la que se pudiera entrar al interior. La altura exacta se desconoce al no poderse limpiar su parte inferior por el escaso espacio en que trabaja la pala por su costado sur, único en el que se desciende. A este costado se encuentra el nivel b, que debe entenderse como la caja

539 Escudero (1997).

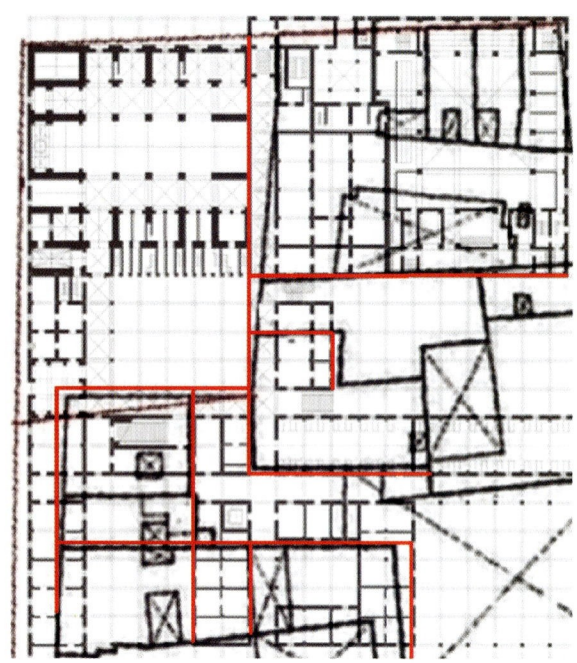

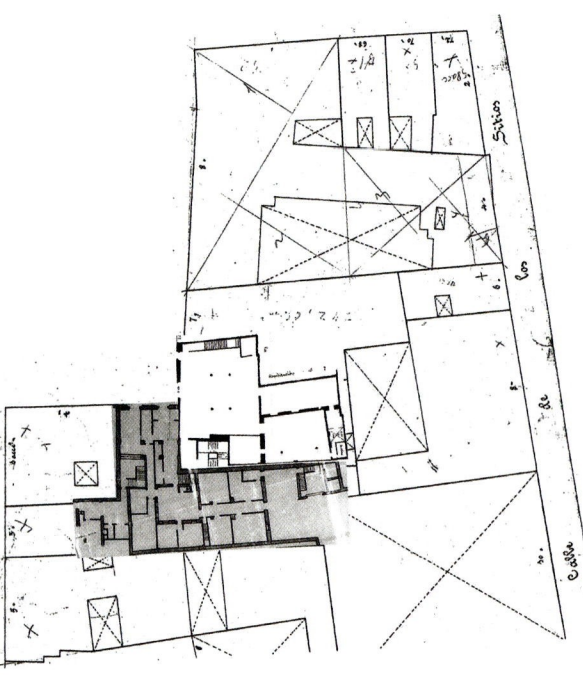

Pervivencia del trazado histórico del Hospital de Gracia en los parcelarios de Casañal y superposición con la planta hipotética de reconstrucción (según R. Usón).

de la construcción y por tanto el nivel que la fecha. La cronología es moderna». Lamentablemente la cata no alcanzó la alineación de la fachada del Hospital, por lo que únicamente informa de la presencia de dicha galería, dato que, en todo caso, constata que se encontraba en el sector de la portería, donde no llegaban las dos grandes bodegas antes aludidas.

Las tres catas restantes de este flanco se situan frente a la fachada occidental del Banco de España. En la VI aparecieron «dos grupos de estructuras, ambas modernas, y a cotas diferentes una de la otra», las cuales «aparentemente no tienen conexión entre sí». El informe señala que «el grupo superior estaba formado por dos muros paralelos de ladrillos que discurrían en sentido N-S... y dos arranques de muros transversales a éstos». Siguiendo esta misma directriz y «40 cm por debajo del asiento de estos muros, se encontraba una bóveda, posiblernente de una galeria, de factura poco cuidada, de ladrillo y yeso, y muy rebajada. La dirección de esta galería era E-W y solo se encontró intacta bajo el muro este de la estructura superior, en el resto del espacio abierto estaba hundida. El hecho de que se hallara entre ambas estructuras un nivel romano y, a una cota correspondiente a media bóveda la grava natural, deducimos que no se hizo

mediante zanja sino excavándose por debajo de las tierras existentes encima. No se llegó a comprobar la luz de esta bóveda por rebasar uno de los arranques el límite de la cata, ni tampoco la cota de su apoyo ya que, alcanzados los 5,45 m la estructura continuaba». Esta extraña disposición de los restos puede tener sentido a la luz de la reconstrucción ideal de la arquitectura hospitalaria. En efecto, según la correlación planimétrica realizada, el área del registro se correspondería con la zona de la capilla de los Contaminas, inmediata a la estructura de la iglesia. El muro superior occidental sigue la línea de la fachada del Hospital, mientras los otros debían obedecer a algún elemento de aquélla, tal vez pertenecientes a la cisterna, pues consta la presencia de enterramientos. Por el contrario la bóveda excavada solo puede responder a alguno de los espacios adicionales de las profundas bodegas de la iglesia, ubicadas en las crujías lindantes con este flanco.

La excavación VII ofrece estructuras de mayor entidad. El informe refiere que «en el lado este y oeste de la cata se han encontrado sendos muros paralelos y con dirección norte-sur. Desde la cota de 2 m del muro oeste arrancaba una bóveda de cuarto de cañón que iba a descansar al muro opuesto, a una cota de 0.90 m. La bóveda sólo era visible completa en el extremo sur, mientras que en la parte norte sólo permanecía el arranque. En el centro de la cata esta bóveda se encontraba hundida y todo el recinto interior relleno de escombro, hasta la grava. El muro oeste, a partir del arranque de la bóveda, estaba recrecido con una orientación algo diferente, pero sin que por ello dejara de parecer el conjunto una misma unidad. Toda la parte vista de esta estructura era de ladrillo y yeso». La ubicación de esta cata según la planta reconstruida del templo se correspondería con la crujía externa de la capilla de Nuestra Señora de Gracia, perteneciente a la serie de capillas de los pies de la iglesia y bajo las cuales se encontraban las bodegas. La correlación de este emplazamiento con las estructuras exhumadas viene a concluir que bajo la crujía occidental discurría una galería longitudinal que comunicaba la serie de espacios subterráneos construidos bajo las crujías principales de las capillas. Finalmente, si bien las catas V, VI y VII se desplazaban ligeramente hacia el este respecto de las anteriores, la última (VIII) fue realizada en la misma alineación que aquéllas, por lo que no sorprende que volviera a aparecer en el corte oriental el muro de frontera del templo del Hospital.

De todo ello puede inferirse que la serie de cortes evidencian la posición de la línea de la fachada occidental del conjunto hospitalario de Nuestra Señora de Gracia, cuyo trazado era prácticamente recto. En las catas meridionales se descubrió la presencia de las grandes bodegas ubicadas bajo el vestíbulo, el «spitalet» y la cocina de los refectorios. En las septentrionales, pertenecientes al área del templo, apareció la bóveda longitudinal que comunicaba las bodegas de la iglesia. En las centrales afloraron galerías que comunicaban ambos sectores y otras transversales. Estas últimas volvieron a hacer acto de presencia durante las excavaciones realizadas en 2002 con motivo de la reforma de los espacios urbanos de las plazas de Aragón y España y el paseo de la Independencia. Entonces fueron objeto de seguimiento arqueológico sendas zanjas efectuadas para el tendido de instalaciones de servicios urbanos trazadas en ambos flancos. Por encontrarse totalmente alteradas por las infraestructuras contemporáneas, en el ámbito del Hospital solo

fue detectada una galería ubicada en un punto próximo a la cata V de 1997. Los únicos datos que figuran en el informe de Fidias-Trade es que «está realizada con ladrillos trabados con yeso reforzados al exterior por hilada doble de cantos trabados con el mismo material»[540].

Si bien las fronteras del recinto hospitalario han dejado suficientes huellas del pasado, no sucede lo mismo con las estructuras interiores. Como ya indicamos más arriba, la ausencia de datos arqueológicos en este ámbito es prácticamente total. Sin embargo tanto en la formación del espacio de la plaza de España como en la parcelación urbanística –nacida en 1836– del área del Hospital de Gracia puden ser percibidas ciertas huellas de sus entidades arquitectónicas. En efecto, la plaza surge de los derribos de ciertos bloques pertenecientes al convento de San Francisco y el Hospital de Gracia, concretamente los más próximos a la Cruz del Coso. En la litografía de 1824, sobre un dibujo de Albert-Louis Bacler d'Albe, se observa por primera vez el nuevo espacio surgido de las demoliciones. El ángulo suroccidental lo conforma el alzado interior del lado de la epístola de la nave de la iglesia conventual y el arco del coro de los pies, pero la perspectiva esconde el ángulo suroriental, oculto tras las casas blancas del Coso.

Sólo la superposición cartográfica de los planos de Casañal sobre la reconstrucción ideal del recinto hospitalario permite confirmar que, efectivamente, algunas de las líneas de las parcelas se apoyaron en las entidades derribadas, de forma que el reparto, al menos en la primera y principal de las manzanas, fuera acorde a ciertas preexistencias que suponían alguna frontera física. Así, la primera de las evidencias es que bajo la plaza quedó la planta sepultada del bloque integral de la iglesia del Hospital, cuyo límite oriental entonces eran las casas blancas. Estas casas, a su vez, quedaban englobadas en la superficie conjunta formada por el área del antiguo teatro de comedias y la macla del antiguo mesón y quadras de Santa Cruces. Dicha parcela conjunta tiene su reflejo actual, hacia la plaza, en el bloque del Banco de España.

540 Fidias-Trade (2002).

Pero bajo la plaza también quedó sepultada la planta del claustro o patio principal del Hospital, de modo que el ángulo suroriental de éste no es sino el de la misma plaza. Así, el estudio de las plantas de las edificaciones que forman este ángulo confirma que existe una convergencia de las directrices que determinan sus estructuras. En ambas, además, la pervivencia se halla en la misma posición de los linderos. El n.º 6 de la plaza de España responde a una parcela en forma de L. Partiendo de las plantas de Casañal (la general y la de manzanas y casas) y superponiendo la reconstrucción, puede inferirse que la parcela se ajustó al bloque oriental del claustro –en su brazo N-S– y al bloque principal de las enfermerías mayores –en su brazo E-W–. El rastreo por las edificaciones que se sucedieron desde la enajenación de la finca apenas ofrece datos de referencia. La planimetría del proyecto del Café Salduba[541], de 1930, o su reforma[542] de 1939, ambos de Regino Borobio, apenas señala sino las líneas de los pórticos estructurales. En las intervenciones de los últimos años[543] se refleja la presencia adicional en el sótano de un caño que desemboca en una sala destinada a depósito de agua, tal vez una localización próxima a uno de los aljibes. En la parcela del n.º 5 se repite la forma de L, de modo que queda acoplada a la anterior. En este caso parece que los linderos se ajustan al límite del bloque de la escalera principal y a las crujías interiores donde estuvieron las oficinas del archivo del Hospital, con directrices semejantes a los pórticos estructurales de las mismas alineaciones. En el extremo oriental la parcela cambia de dimensión al alcanzar la alineación del patio del conejar, ajustándose a éste (formando un solar diferente con fachada a la calle Amar y Borbón). Aquí también el rastreo de las edificaciones no aporta nada más. La sección del inmueble contenida en el proyecto de reforma del Café Rojo[544], de 1935, modificado[545] en 1942, presenta unos bloques estructurales en los sótanos con

soluciones en bóveda que pueden seguirse hasta las recientes intervenciones de los últimos años[546], siendo incluso visibles en parte de los locales hasta la actualidad.

541 AMZ (1930), Expte. 3714, Caja 2997: Plaza de la Constitución n.º 6.

542 AMZ (1939), Expte. 2109, Caja 3178: Plaza de la Constitución n.º 6.

543 AMZ (2015), Expte. 801756, Plaza de España n.º 6.

544 AMZ (1935), Expte. 1293, Caja 3099; Plaza de la Constitución n.º 5.

545 AMZ (1942), Expte. 2656, Caja 200121; Plaza de la Constitución n.º 5.

546 V.G.: AMZ (2007), Expte. 145209; Plaza de España n.º 5.

IX. Cronología

1425 feb 27	Los jurados de Zaragoza, reunidos en la Casa de la Puent, oyeron de fray Felipe Berbejal, persona de confianza de Alonso V, «que el rey, querient proveir a los pobres enfermos, había feito comprar unas casas de Simón de Güeso, situadas cerca del monasterio de San Francisco, que costaban 500 florines; e habia nombrado en Regidores, Ministradores e Obreros del dicho Spital por la Ciudat a D. Ramón Casladáguila e a D. Nicolao de Biota, e por la Iglesia a los religiosos maestre Juan Civet y Lope Sixón».
1425 mar 5	El rey establece las normas u ordinaciones a las que había de ajustarse el régimen y gobierno de la nueva institución, dotándola, como protector, con mil florines de oro.
1425 nov 17	El rey da licencia para pedir limosna en cualesquiera iglesias y partes de reino
1428 oct 11	Muere Nicolás de Biota. En la capilla de San Sebastián de la iglesia figuraban sus armas y la leyenda: «Armas del honorable Beltrán de Biota, regidor y administrador de aqueste Hospital de Nuestra Señora de Gracia, el cual dejó el lugar suyo de Albalatillo, Ribera de Alcanadre, al Hospital. Murió el 11 de octubre de 1428. Rogad a Dios por su alma».
1429	García Maluendo, vicario general de la diócesis, autorizó al sacerdote del Hospital para que, con asentimiento del rector de San Miguel, administrase los sacramentos a los enfermos. Así mismo dio licencia para preparar en él tres altares, uno en la parte superior de la casa, otro en la inferior y el tercero en la plaza que había ante dicho Hospital. Este último solo cuando alguna solemnidad lo requiriese.
1430 dic 23	El papa Eugenio IV, mediante bula dada en Roma, comisionó al abad de Santa Fe para que hiciera en el Hosptal iglesia, altares y cementerio. Concedió permiso para celebrar en aquélla la misa y el oficio divino y conservar los santos óleos y ordenó que para su servicio hubiera un sacerdote suficientemente dotado.
1440	En una carta dirigida desde Zaragoza a las autoridades de la ciudad y comunidad de aldeas de Albarracín, la reina María se expresaba en estos términos: «Como el spital por el Senyor Rey e por nos fundado en esta Ciudat dius inuocacion de Sancta Maria de Gracia haya menester reparacion, la qual non puede fazer sin fusta, muy affectuosament vos rogamos que pora la dita reparacion e obra querades fazer servicio a Nuestro Senyor Dios e assu Madre bendita Sancta Maria de Gracia e plazer a nos de XXX en XXXX fuestes de XXXV palmos de luengo».
1444 abr 30	El papa Eugenio IV, mediante bula dada en Roma, autorizó la fundación de una cofradía bajo la invocación de Santa María de Gracia en el Hospital de Zaragoza
1453 mar 9	El papa Nicolás V, mediante bula dada en Roma, permite que el nuevo templo tenga Reservado.
1453	Los regidores del Hospital acuerdan con el rector de San Miguel que en el primero no haya Santísimo Sacramento, sirviéndose desde San Miguel.

1454	Fue previsto que en la capilla del Hospital se tuviese permanentemente el Santísimo Sacramento a fin de atender a enfermos y ministros de la casa, pues hasta entonces se traía desde la iglesia de San Miguel por callejas sucias pobladas de judíos que podían hacer mofa del Viático.
1455 mar 7	El futuro Juan II, a la sazón lugarteniente general del reino, aprueba las ordenazas para la cofradía de cirujanos y barberos de Zaragoza, dedicada a san Cosme, san Damián y san Valentín. En ellas se aprecia su vinculacion con el Hospital de Gracia, de modo que dos cirujanos tenían que atender a los heridos casi gratuitamente. En 1466 los médicos redactaron unas ordenanzas comprometiéndose a un servicio similar.
1459	Juan II mandó que la cofradía de Nuestra Señora de Gracia tuviera un colector de limosnas en cada lugar de Aragón, conforme a lo dispuesto en los estatutos.
1460 ago 19	En la *Carta publica de la visita de las torres, patios, caxnicerias e otros bienes pertenecientes al común de la ciudat de Çaragoça,* en el apartado *Torres e Patios apres la Puerta Cineja enta la Valentia,* figura: El Hospital de Santa María de Gracia tiene los dichos primero y segundo compás siguientes a la Puerta, que lindan con la dicha primera torre de Johan d'Araguas y con el corral de los Pelliceros, donde han hecho su fossar, del cual hace de treudo al dicho común doce dineros jaqueses, pagaderos anualmente *ut supra.*
1465	Primer pregón del Concejo de Zaragoza del que queda constancia relativo a la procesión al Hospital del primer martes de Pascua de Resurrección, relacionada con el nombramiento de los cargos mayores y menores de la institución al día siguiente.
1466 ago 19	El Colegio de Médicos y Cirujanos se juntó en la iglesia del Temple de Zaragoza a fin de rescindir cierto ajuste que tenía con el Hospital.
1468	Por razones de higiene los jurados derrocaron el fosal del Hospital contiguo al muro de piedra, cerca de la Puerta Cineja
1471 nov 25	Los jurados y el prior de la Seo, observaron durante una inspección las pésimas condiciones en que se hallaba el Hospital, acordándose una ayuda de la ciudad de 4.000 sueldos y otra del capítulo eclesiástico de 3.000 sueldos.
1486 ene 7	Pregón del concejo: «Oyt que vos fazen a saber de part de los senyores jurados de la ciudat de Caragoca: como sea deliberado manyana domingo fazzer procession general al spital de Senyora Sancta Maria de Gracia de la dita ciudat la qual cada un anyo se acostumbra fazer al dicho spital por la festividat de los Innocentes».
1486 sep 7	Testamento de Juan de Coscón. Mandaba terminar las dos cámaras que tenía comenzadas de obrar en el Hospital de Gracia. Entregaba, además, ropa, una cama, un colchón de paja, etc. Ordenaba que en la cocina de las cámaras se pusieran «las azinas necesarias... y así mismo en la saleta, su mesa de comedor, cadieras y bancos...» Las cámaras se destinarían a su parentela y casa, o a personas de honor.
1488 ene 28	Privilegio concedido por Fernando el Católico al Colegio de Médicos y Cirujanos de Zaragoza para que sus miembros pudieran «abrir y anatomizar algún cuerpo muerto».
1489	Concesión de la ciudad de una limosna de 4.000 sueldos
1496 H	Ordinaciones del Hospital de Santa María de Gracia de Zaragoza.
1500 abr 9	Albarán de los patronos de la capellanía instituida por Sancho de Paternoy en el Hospital de 375 sueldos jaqueses por el pago anual de un censal. Posteriormente constarán: 1503-07-12, 375 y 500 s.; 1504-02-15, 200 s.; 1506-05-07, 375 s.; 1507-10-15, 375 s.; 1510-07-01, 375 s.
1501	La Diputación del Reino de Aragón concedió al Hospital una limosna anual de 5.000 s.
1503	Estatutos del rey, que está en Zaragoza, para el Hospital de Gracia.

1503 may 19	Donación al Hospital de un horno, un bacín de alambre y otros utensilios de la cocina de la reina y princesa «mi hija que gloria haya» y autorización a dicho Hospital para que pida limosna en todos los reinos. Una de las cédulas iba dirigida a Juan de Ibia, cocinero de la reina.
1505 abr 5	Martín Bernat, pintor de retablos, dejó en su testamento 100 s. a los pobres del Hospital de Gracia con cargo al dinero que éste le debía por una pintura que había realizado en 1504 por encargo de sus representantes.
1507 nov 19	Capitulación sobre el reloj que el maestro Jaime Ferrer debía hacer y asentar en el Hospital de Gracia. Debía ser cuadrado, de cuatro palmos de alto y dos y medio de ancho. Debían tañer y sonar dos campanas, menor y mayor. Precio: 500 s. en dos tandas
1508	Ordinaciones de Alfonso de Aragón
1511 feb 10	Capitulación entre Anthon Ferriol y el maestro Johan de Salas. Éste debía hacer un retablo de fusta para la capilla que Ferriol tenía en la iglesia del Hospital, de 22 palmos de alto y 18 de ancho. Debía tener en el centro una «Piedat de bulto, con su cruzero y sus rosas», y estar terminado en junio. Precio: 440 sueldos en tres tandas
1512 jul 31	Capitulación entre Anthon Ferriol y el maestro Enrique Dorchens. Éste debía pintar el retablo de la capilla de Ferriol en la iglesia del Hospital. Tenía en medio una *Quinta Angustia*, entallada de bulto, y en los costados dos compartimientos que debían ser pintados de pincel, etc. Debía terminarse para la fiesta de Pascua de Resurrección. Precio: 1.500 sueldos en tres tandas. La obra sería pagada el 22 de octubre.
1512	En las Cortes se incrementó la cantidad destinada al Hospital a 1.000 florines al año.
1519	Gabriel Joli habría hecho una figura, tal vez de San Miguel, para el Hospital. Una cláusula del contrato de éste con el monasterio de Roda para hacer un retablo bajo la invocacion de San Vicente refería que los trabajos debía hacerlos perfectos, según los tenía realizados «en San Miguel de los Navarros, en el Espital y en N. Sra. del Portillo».
1521	Visita de Carlos V y creación de la Hermandad del Hospital, disponiendo su inscripción: *Dominus Noster Carolus, Hispaniarum Rex, ac Romanorum Imperator, primus ac principalis confrater*.
1525	El papa Clemente VII, mediante bula dada en Roma, aprueba para el Hospital la exención eclesiástica de la jurisdicción arzobispal de Zaragoza.
1536 feb 1	Los imagineros y mazoneros Juan Moreto, Miguel de Peñaranda y Pedro de Lastanosa, conciertan colaboración y reparto de una serie de obras importantes pendientes de encargo, entre ellas el retablo que tenían que hacer los médicos del Hospital de Zaragoza.
1536 abr 10	Pedro Serena, Joan Isert y Francisco Carenas, doctores en medicina, encargan al mazonero Joan de Moreto un retablo de madera para la capilla de San Cosme y San Damián del Hospital de Gracia. En el banco habría tres historias: la *Quinta Angustia* en el centro y sendos milagros de curaciones de Cristo a los lados. En el cuerpo del retablo, la pieza central sería la de San Lucas y en las calles laterales, separadas por columnas, San Cosme y San Damián, y sobre éstos las figuras de San Valentín y San Pantaleón. En el remate habría un redondo entero con el Crucifijo, María y San Juan. El precio: 1.400 sueldos. Cobró la liquidación el 30 de noviembre de aquel año.
1538 oct 10	Capitulación con los maestros Anthon de Plazencia (pintor) y Miguel de Peniaranda (imaginero). Éstos debían realizar un retablo mandado hacer por los regidores del Hospital y Hieronimo Valentín, «hecho y acabado ansi de fusta como de dorar y hazer las llaves». Advocación «de la Madalena». En el extremo se debía hacer una O «que responda con la lumbrera que está en la dicha capilla». La obra debía terminarse para el día del Corpus de 1539. Precio: 2.000 sueldos.

1539 abr 18	Los regidores Diego Diest, Agustín Pérez de Oliván, Joan Paternoy y Ferrando de la Caballería capitulan con Martín de Córdoba la fabricación de un órgano para la iglesia. Precio: 3.700 sueldos y el órgano vejo. Plazo: un año del día de Pentecostés primero veniente del año presente de 1539 en adelante. Cuatro días después el organero recibe del receptor Joan Cantabilla 700 sueldos jaqueses a cuenta.
1539-1575	Hernando de Aragón construyó dos salas de enfermería, colocando sus armas en la pared de la calle (Latassa)
1540	Llegada de la Compañía de Jesús a Zaragoza. Como emplazamiento para su sede, entre otros, se vio el lugar situado entre el Hospital y el convento de Santa Catalina, pero las monjas no se mostraron conformes y los jesuítas lo desestimaron.
1541 feb 19	Joan Baren de la Fiera, Miguel Baren, Joan Moreno ninyo y Pedro Cahadon el mayoral, vecinos de Quarte, capitularon con Tomás Cornel, entregar 200 almudís de aljez para una obra en el Hospital de Gracia: 100 en marzo y 100 en abril. Precio: 8 sueldos/almodí. Pago a cuenta: 400 sueldos (50 almodís).
1541 feb 28	Miguel Martínez, rejolero, capituló con Tomás Cornel entregar el día de Pascua de Resurrección 30.000 rejolas «para la obra de la cozina y enfermería que en el Hospital de Gracia está empezada». Precio: 34 sueldos/millar. Pago a cuenta: 600 sueldos.
1542	Viaje del sacerdote portugués Gaspar de Barreiros de Badajoz a Roma. Escribiría: *Corografía de algunos lugares que están en el camino* (Coimbra, 1559)
1542	Los estatutos de Zaragoza dispusieron que los niños huérfanos, de hasta quince años, debían ser atendidos en el Hospital de la Magdalena. Salvador de San Juan, rico mercader de Zaragoza, había dejado en su testamento 20.000 sueldos para que se habilitase en Nuestra Señora de Gracia una sala para recoger a niños huérfanos en sus primeros años de vida, pero se derivarían a los hospitales de San Gil y la Magdalena.
1545 abr	Martín de Embún encomendó a Martín de Azpeitia la realización de un rejado de hierro que tomara toda la frontera de la capilla que el mercader poseía en la iglesia del Hospital de Gracia, la cual había sido labrada nueva por el maestro Santa Cruz
1545 jun 22	La viuda y el nieto de Juan Lucas Botero el Viejo cobraban del Hospital de Gracia una comanda a su nombre por valor de 3.000 sueldos.
1560 jul 30	Se capitula con el imaginero Jacques Rigalt la obra de una capilla e imagen de Cristo en la Cruz que debía hacerse en la iglesia de Santiago, bajo la arcada del coro, «con una cubierta redonda conforme a la del Hospital de Gracia en la cual está el Crucifijo... Detrás del Crucifijo ha de forrar la trasera de la capilla y los lados debajo de la cubierta redonda todo de fusta y pintarlo conforme a lo del Hospital...»
1560 dic 19	Procesión por la paz de los cristianos convocada por el arzobispo Hernando de Aragón: «Salió de la Seo la procesión general con todo su clero y religiosos a las nueve horas y fueron a Nuestra Señora de Gracia; entraron por la puerta del Hospital, que está en la calle de Santa Engracia, y pasaron por la iglesia sin detenerse más que a hacer una conmemoración, y salían por la puerta principal de la iglesia y por la puerta Ceneja. Y quando llegaron al cabo de la calle, cosa de gran admiración que habiendo ido la procesión por la calle Mayor y al mercado y por el Coso al Hospital, hubo que volver por la calle Mayor hacia los Señales, porque venía llena la calle de la Cuchilleria como si entonces comenzara a salir...»
1563	Vista de Zaragoza, Anton van der Wyngaerde
1564	El médico Joan Thomas Porcell Sardo estuvo tratando a los enfermos de peste en el Hospital de Gracia desde primeros de mayo hasta diciembre. Tal experiencia daría pie a su obra *Información y curación de la peste de Zaragoza y preservación contra la peste en general*, imprimida en Zaragoza en 1565.
1575 ene	A solicitud de los regidores del Hospital, el vicario diosesano da autorización para la creación de una Cofradía de Mujeres honestas que trabajen en el Hospital de Gracia.

1578-1585	Andrés Santos, arzobispo de Zaragoza, promovió y costeó una sala de enfermería para mujeres en el Hospital de Gracia
1584	El papa Gregorio XIII, mediante bula dada en Roma, confirió indulgencia plenaria a cuantos, confesados y comulgados, visitasen la capilla del Cristo, desde las vísperas hasta el sol puesto del primero de diciembre de cada año. Y a los 16 sacerdotes del Hospital otorgó el privilegio de sacar ánima del Purgatorio siempre que celebrasen misa de difuntos en la mencionada capilla.
1585	Viaje a España del holandés Enrique Cock, quien escribiría su manuscrito *Relación del viaje hecho por Felipe II en 1585 a Zaragoza, Barcelona y Valencia*
1586 mar 27	El Concejo de Zaragoza contrata al maestro de obras Andrés de Capraneda, para construir, junto al cementerio del Hospital de Gracia, una sala de anatomía de 30 palmos en cuadro. Debía estar acabada en mayo. Precio: 172 libras.
1587	Felipe II visitó el Hospital y modificó sus ordinaciones
1588 oct 19	Los regidores del Hospital solicitaron a la Ciudad que les arrendara la casa que ésta tenía donde se representaban las farsas o les diese licencia para hacer un teatro con prohibición de que se pudiesen representar en otra parte. Esta petición fue denegada.
1589 nov 21	Los regidores del Hospital solicitaron de nuevo a la Ciudad que les diese facultad para que las farsas se representasen en un teatro que haría el mismo Hospital en el Coso con la seguridad y comodidades que conviniese, haciendo los apartimientos necesarios para hombres y mujeres, quedando reservado a la Ciudad el dominio y gobierno de las representaciones, petición que les sería concedida por los jurados ocho días después.
1590	Debía estar en curso la edificación del teatro ya que una certificación ulterior del contador del Hospital afirmaría que «para la formación, renovación, mejoras y reparos de la casa de comedias propia de dicho Hospital, se habían gastado 92.274 reales y 16 dineros de plata antigua, desde el año 1590 hasta el presente» (1734)
1591 feb 7	La Ciudad arrendaba las casas donde se representaban las farsas a Pedro de Heredia.
1599 ene 21	A instancia del Sr Virrey, los jurados dieron licencia para representar comedias, haciendo primero la muestra de ellas en las casas de la Ciudad, como era costumbre de tiempo inmemorial. Fue la primera licencia después de haberse construido el teatro por el Santo Hospital.
1603-1604	Viaje a España del francés Bartolomé Joly, acompañando al abad general del Cister. La memoria se conserva en la Biblioteca Nacional de París.
1613 mar 10	Miguel Vedruna, albañil de Zaragoza, recibe de los regidores 2.900 sueldos jaqueses por la obra realizada en los aljibes de dicho hospital.
1613 oct 5	Los jurados dan licencia a la abadesa del convento de Santa Catalina de levantar la pared de dicho monasterio que cae hacia la puerta del fosal del Hospital de Gracia.
1614 may 12	Martín Español, jurado, informó que en los años pasados mandó S. M. visitar el Hospital de Gracia, nombrando a los doctores Gabriel Sora, canónigo de la Seo, y Francisco Santa Cruz y Morales, su abogado fiscal en el Reyno. Comenzaron por la botica. Habiendo nombrado los visitadores algunos médicos y boticarios para ver las medicinas, hallaron algunas hechas con coloquintida. Al haber diversidad de opiniones entre ellos sobre su preparación, decidieron consultar con S. M. y que en la ciudad se ejecute según consejo de los boticarios de su Real Cámara...
1614 oct 21	Consta que un aposentillo existente en el patio del Hospital de Gracia para oir los sermones pertenecía a la Casa de Sástago: Iurisfirma de Francisca Martínez de Luna, viuda de Lorenzo Artal de Alagón, conde de Sástago, y testimonio de 1743 de la Sitiada de 21 mayo 1574 en la que se alude a dicha camarilla.

1615 feb 9	Descripción del Hospital: Murillo, Fr Diego, OFM: *Fundación Milagrosa de la Capilla Angélica y Apostólica de la madre de Dios del Pilar y excelencias de la imperial ciudad de Zaragoza...* (Barcelona, 1616) «Haciendo la cuenta un año con otro, contando los enfermos que hay y más de 140 personas que los sirven, vienen a ser los que de ordinario hay en el Hospital y se sustentan en él cada día, cerca de 1.000 personas, no comprendiendo en éstos los 400 niños que hacen criar en Zaragoza y en otros lugares circunvecinos... Todos los años para sustentar esta machina, gasta a lo menos 40.000 ducados y algunos hay que pasan de 45.000 por ser mayor el número de enfermos».
1617	Proceso a instancia del Colegio de Médicos y Cirujanos de Zaragoza, contra Isidoro Domingo Cortés, médico, por haber descerrajado la puerta de un aposento que dicho Colegio tiene dentro de la iglesia del Hospital de Gracia, sacando de él diversos bienes
1617 may 13	Diego Fecet, notario, hace testamento. Por considerar conveniente que los pobres enfermos del Hospital de Gracia estuvieran cada uno en su cama, por que estando en compañía de otro no podían tener buen tratamiento, le pareció que había escasez de camas, sin embargo se le indicó que la causa era la falta de quadras, y que había espacios en el Hospital para hacerlas y que costarían unos seis o siete mil escudos. Así, ordenó tomar de sus bienes 200.000 sueldos jaqueses para gastar en el edificio de las dichas quadras, y si sobrare algo de ellos, lo destinaran para su conservación.
1617 may 30	El Colegio de Médicos y Cirujanos de Zaragoza aprueba nuevas Ordinaciones.
1617 jun 8	Esteban de Leturia, albañil de Zaragoza, hace testamento nombrando herederos universales a los regidores del Hospital de Gracia.
1618 ago 17	Capitulacion entre los regidores del Hospital y Juan de Uroz, albañil, acerca de una obra que había de hacer conforme a la traza realizada, desmontando los tejados de los cuatro cuartos de unas quadras existentes y recreciendo el edificio superiormente. Precio: 1.100 libras jaquesas. Plazo: día de San Joan Baptista de 1619
1620 mar 28	Inventario de los bienes muebles del difunto Juan de Tiermas hallados en una sala del Hospital de Gracia.
1624 nov 8	Agustín de Villanueva y Díez, arcediano de Daroca, Vicencio Blasco de Lanuza, canónigo de La Seo y Alonso de Villalpando, caballero, administradores del Hospital de Gracia, alquilan a Antonio Franco, carpintero, unas casas situadas en la calle del Coso, por tres años y 1.240 sueldos jaqueses de renta anual.
1624 nov 8	Antón Franco, carpintero de Zaragoza, tiene en comanda de los regidores del Hospital de Gracia, 3.720 sueldos jaqueses.
1625 dic 19	Los jurados dieron licencia a Olmedo, autor de comedias, para que él con su compañía pudiera representar en el teatro edificado en el Hospital. Siempre que los jurados lo ordenaran, debía representar previamente en las casas de la ciudad, o pagar al colegio de las Hermanas Recogidas la limosna que se le indicara, como siempre la Ciudad había hecho, condiciones que fueron aceptadas por el dicho Olmedo y se obligó a cumplirlas.
1626 sep 9	Tomás Lagunas, ensamblador de Zaragoza, tiene en comanda de los regidores del Hospital de Gracia, 1.000 sueldos jaqueses.
1626 dic 1	Rafael Pertús, pintor de Zaragoza, tiene en comanda de los regidores del Hospital de Gracia, 800 sueldos jaqueses.
1627 ago 8	Raimundo Vedruna, albañil de Zaragoza, firma capitulación matrimonial con Esperanza de Robres, hija de Francisco de Robres, cirujano. El aporta todos sus bienes y ella unas casas en la calle de la Puerta falsa del Hospital de Gracia.
1627 dic 20	Francisca de Ales, viuda de Zaragoza, hace testamento, donando al Hospital de Gracia un cuadro de la Virgen y San José, una hechura de Cristo, una imagen de la Virgen con sus manticos y un par de candeleros de azofar.

1630 feb 8	Pedro de Aguerri, tejero de Zaragoza, tiene en comanda de los regidores del Hospital de Gracia, 1.280 sueldos jaqueses.
1631 sep 27	Pedro Sierra, carpintero de Zaragoza, tiene en comanda de los regidores del Hospital de Gracia, 186 sueldos jaqueses.
1632 may 3	Petronila Lacaldes, mujer de Juan de Bal, bordador, hace testamento dejando 1.000 sueldos jaqueses para que se alumbre a la Virgen de los Escolanos, en la iglesia del Hospital de Gracia, situada detrás del altar mayor y por medio de dos ángeles.
1635 ene 14	Tomás Lagunas, mazonero de Zaragoza, tiene en comanda del Hospital de Gracia 1.000 sueldos jaqueses.
1635 oct 8	Martín de Sesma, maestro de hacer órganos, tiene en comanda del Hospital de Gracia, 1.000 sueldos jaqueses.
1636 nov 9	Melchor Cerdán, pintor, tiene en comanda del Hospital de Gracia, 500 sueldos jaqueses. Se canceló el 10 de octubre de 1641.
1637 mar 8	Martín Palacios y Juan de Mondragón, albañiles de Zaragoza, tienen en comanda del Hospital de Gracia, 2.850 sueldos y 5 dineros jaqueses.
1637 jun 13	Miguel Estadilla, cantero de Zaragoza, tiene en comanda del Hospital de Gracia, 1.780 sueldos jaqueses.
1639 feb 16	Lupicino Lupicini, mercader, y Francisco Lupicini, pintor, vecinos de Zaragoza, tienen en comanda de los Regidores del Hospital de Gracia, 2.000 sueldos jaqueses.
1640	Pedro Apaolaza Ramírez, arzobispo de Zaragoza, pronunció sentencia declarando ser milagrosa la restitución de la pierna derecha que le fue amputada en el Hospital de Gracia a Miguel Juan Pellicero, de Calanda, por intercesión de la Virgen María del Pilar
1647 feb	Memorial del Santo Hospital Real y General de Nuestra Señora de Gracia a la Imperial Ciudad de Zaragoza, en respuesta del que dio la Iglesia y Parroquia de San Miguel de los Navarros, con el cual pretende impedir una obra que el Hospital quiere hacer para beneficio de los enfermos y de toda la Ciudad
1650 dic 28	Los regidores del Hospital solicitan a la Ciudad licencia para representar comedias, las cuales se hallaban suspendidas a causa de la guerra, obteniendo al dia siguiente el permiso de los jurados para que actuara la compañia traída por el Hospital.
1652 jun 28	Los jurados habilitaron el convento de Trinitarios como hospital de apestados. Después se habilitaría también el de capuchinos. Inicialmente el concejo pretendía habilitar una parte del Hospital de Gracia para apestados, pero se opuso el regidor Diego Antonio Francés de Urritigoiti. No obstante, como la mayoría de los enfermos se diagnosticaban en Gracia, terminaría extendiéndose la epidemia en el Hospital.
1655 feb 10	Visita obispo de Lérida comisionado por Felipe IV. Ordinaciones
1657 may 25	Jose Felipe Busiñac y Borbón, albañil, y José Pérez de Jaime, carpintero, firman capitulación con los regidores para llevar a cabo diversas reformas. Debían desmontar los tejados de las casas de la comedia, para su montaje posterior. Recrecer en 8 palmos con pared de ladrillo el muro de tapia y pilares, corriendo el rafe por la parte del Coso con correspondencia a la quadra de Tiermas. Levantar los diez pilares del cuerpo de las casas de la comedia, asentando tirantes y tijeras. Montar de nuevo el tejado. Sobresolar los dos suelos altos y bajos de la zona de mujeres y levantar los tabiques de algunas camarillas. Hacer una escalera para subir al gallinero. Rematar toda la obra y poner bancos, gradas y lo necesario. Los materiales serían por cuenta de los regidores. La mano de obra era a cargo de los albañiles, que cobrarían 700 libras jaquesas. Cobraron la 1ª apoca de 250 libras el 20 de julio de 1657, la 2ª de 725 libras el 19 de febrero de 1658.
1659 ago 25	Los jurados decretan que los tres aposentillos de los números 10, 11 y 12 queden a su disposición, ofreciendo el Hospital, al día siguiente, la disposición de todos los demás, por lo que aquél fue revocado.

1659 dic 9	El escultor, ensamblador y carpintero Miguel Bautista Jalón, junto con Bernardo de Ruesta y Tomás de Ruesta, tienen en comanda de los regidores del Hospital de Gracia 400 libras jaquesas por valor de una cantidad de madera.
1660 may 29	Según una sentencia arbitral, los regidores del Hospital entregaron al Colegio de Médicos una capilla dedicada a san Cosme y san Damián, que confrontaba con la de la Virgen de los Dolores, donada por Martín de Pomar y Cerdán el 10 de marzo de 1670, que a su vez limitaba con la sacristía mayor.
1669	La ciudad labró a expensas de su patrimonio la Casa de Hospitalidad con invocación de Nuestra Señora de la Misericordia, donde se recogían y sustentaban los mendigos. Las Constituciones para su gobierno son de 1683.
1683 ago 14	El albañil Miguel Ximénez figura en una comanda de 1.000 libras obligado a los regidores del Hospital
1686	Fundado por Diego de Castrillo, arzobispo de Zaragoza, se inician las obras del Hospital de la Virgen de la Piedad para Convalecientes, que finalizarán en 1692. Se confió el gobierno a Segismundo Monter, caballero de Alcántara, Regente del Supremo, y luego Justicia de Aragón, que hizo las primeras ordinaciones
1688 sep 15	Hace testamento Juan Antonio de Liñán, caballero de Santiago y regidor perpetuo del Hospital, legando de sus bienes 2.000 libras jaquesas para fabricar, en la iglesia, una capilla dedicada a Nuestra Señora de Gracia en el lugar que ocupaba la de Santa Ana.
1690 jul 23	El escultor Pedro Franco figura en una comanda de 500 libras obligado a los regidores del Hospital
1691	Ejecución del testamento de Liñán: Marcos de Asiendegui, cantero, suministró la piedra, cobrando 187 libras j. (14 abril); Juan de Elizalde, maestro albañil, por fabricar la capilla y una cisterna de enterramiento, 346 libras y 2 sueldos (17 abril); Antonio de Mesa, ensamblador, por tallar el retablo, 475 libras; Bartolomé Vicente, por pintar el retablo, 250 libras; Felipe Ortiz, dorador; Juan Pertusa, por la reja de la capilla, 209 libras.
1692 jul 2	Se ordena por los jurados la entrega de 200 libras jaquesas de limosna al Hospital para la reedificación de las casas de comedia. Las obras se realizaron con rapidez ya que consta una licencia para representación el 20 de enero siguiente.
1693 ago 14	Los jurados, que en 1659 habían elegido los aposentillos de señoras n.º 12, 13 y 14 en las casas de la comedia, realizaron un nuevo señalamiento, los n.º 4, 5 y 6, «por cuanto por haber derribado dichas casas y theatro de comedias y construidose en otra nueva planta y forma de como antes estaba, se han mudado también los aposentillos»
1714-1726	Manuel Pérez de Araciel y Rada, arzobispo de Zaragoza, donó 1.000 escudos al Hospital de Gracia; 2.000 en casos de necesidad con las limosnas que él mismo recogía, y antes de su fallecimiento toda la plata, 900 onzas, la silla de manos para conducir los enfermos y los utensilios destinados a su servicio
1716	Agradecimiento del Hospital por la generosa limosna de Felipe V: «Que el domingo 13 de setiembre, en que se celebrará la Fiesta del Santísimo Nombre de María, se cante en la Iglesia... el Te Deum... Que el día 12 por la noche se repiquen las campanas del Hospital, se disparen cohetes, se iluminen con faroles el corredor del Coso y la torre... Que a la puerta de la Iglesia debajo de un dosel se ponga el retrato de S. M...»
1723	Vecindario Calle del Coso: 2998 Mesón del Santo Hospital * 2999 Cassa del Hospital, y en ella se representan las comedias * 3000 Cassa de dicho Ospital * 3001 Cassa de dicho Ospital * 3002 Cassa de juego de trinquete y juego de trucos del Santo Hospital * 3004 Cassa de dicho Ospital * 3490 El Santo Hospital Real y General de N. Sra. de Gracia, con su yglesia, y en él 300 enfermos y enfermas, 99 hermanos dementes, 90 hermanas dementes, 80 enfermeros, 70 sirvientes en las oficinas y 23 sacerdotes.
1728 ene 8	Visita del Hospital: Quadra del Rey, 10 enfermos; Q. del Arzpo, 18 e.; Q. de Primeras de mujeres, 34 e.; Q. Cirugía m., 47 e.; Q. Segundas m., 17 e.; Q. Convalecientes m., 19 e. * 10 de enero = Q. Cirugía alta, 31 e.; Q. Tiñosos, 20 muchachos; Q. Santas Cruces, 14 e.; Q. San Miguel, 25 e.; Q. Tiermas, 4 pacientes...

1730 feb 19	Visita del Hospital. Se le dijo al Visitador que faltaba una quadra extraordinaria que se había formado en la habitación alta, la llamada de San Diego, y en ella hallaron 26 hombres enfermos.
1731	Se crea la Congregación de seglares Siervos de los Pobres Enfermos del Santo Hospital de Zaragoza. Posteriormente se crearía la rama femenina. Ayudaba a los enfermos en sus prácticas religiosas, cuidados personales y económicamente. Desde 1779 asumió la obligación de repartir el desayuno, consistente en una sopa de aceite, de donde le viene el nombre de Hermandad de la Sopa.
1745	Ese año hubo cambios en el reparto de los aposentos del teatro, acordándose el 20 de marzo reducir los de mujeres al estado antiguo. Por otra parte, el 30 de julio se dio licencia para poner una botellería en la Casa de Comedias, obras que fueron realizadas por los arquitectos Fco. Velasco y Julián Yarza y Ceballos
1746 feb 15	Los regidores solicitan que el Hospital se encargue de la asistencia de los militares enfermos con las condiciones que ofrece los asientos de hospitales particulares. El 12 de diciembre se recibe la resolución real
1746 sep	Se autoriza a la Hermandad de Ntra. Sra. de los Dolores, fundada en la iglesia del Hospital, a celebrar sus juntas en la sala de la Sitiada.
1748 oct 29	Contrata del Hospital de Zaragoza para admisión de todos los soldados que acudieren enfermos, para su curación.
1749 oct 21	Los regidores presentan un memorial solicitando continuar con la asistencia de los enfermos militares. Se había tenido noticia de que se pretendía un asiento de hospitalidades para los soldados de aquel regimiento, lo que perjudicaba al Hospital por el crecido gasto de construcción y personal que ya tenían realizado.
1750 h	Al amenazar ruina, se reparan las salas de Cirugía alta y San Miguel, agregándole a ésta todo el espacio que antes servía de corredor o balcón al Coso. Se les pusieron cielos rasos y pavimentos de baldosas, ventanas y vidrieras, fregaderas, brasero con chimenea en cada sala, y un altar. Las salas «corresponden la una debajo de la otra a la nave de la iglesia, llamada de santa Ana».
1753	Renovación de la fachada del teatro, pintándose al fresco y coronándose por tres estatuas de mármol que representaban a Augusto, Alfonso I y Alfonso V.
1755	Ordinaciones económicas
1755	Se hizo la escalera principal nueva, toda de madera.
1757 ago 8	En la sesión del concejo, el marqués de Camporreal fue comisionado por la Sitiada para las obras de formación de otra fachada igual a la de la casa de comedias, en las que el Hospital poseía en la isla que habitaba Joaquín Navarro, alineándolas, y volando un arco para salvar la calleja intermedia, a mayor hermosura del Coso. Se acordó que Hospital levantara la pared en línea recta desde la esquina de la casa de comedias hasta la esquina que hace frente a la calle de San Andrés; el frontis uniforme al de la casa de comedias...
1759 jun 2	En la Sitiada se comunica la construcción de nuevas habitaciones de sacerdotes.
1762 ago 21	En la Sitiada se comunica la conclusión de las obras de construcción de las nuevas salas de dementes, mandadas hacer de nueva planta, capaces para entre 100 y 120 hombres. Constaban de una sala para dormitorio y otra cubierta «para espaciarse» con dos corrales adicionales. Poseían un calefactor con jaula de hierro y bancos para calentarse en invierno. Además tenían letrinas. Los furiosos se instalaban en «gavias» o jaulas. En el mismo complejo había cuartos separados para eclesiásticos y personas de distinción. Contaban igualmente con guardarropa, refectorio, cocina y cuartos para los cuidadores. Sin contar los materiales y el trabajo de los empleados de la casa, había costado 1.192 libras, 8 sueldos y 5 dineros.
1763	Cerrado desde 1751 el teatro volvió a abrir sus puertas en diciembre de 1759. Dado su estado de conservación, se hicieron obras para restaurarlo «después de haber expedido una suma muy considerable para lograr el objeto de que fuese de los más cómodos y vistosos de Europa».

1764 jul 21	Realización de nuevas instalaciones para las mujeres dementes. Allí podían acogerse entre 120 y 140 personas y disponían de las mismas comodidades que los dementes hombres. Costaron 1.317 libras, 7 sueldos y 12 dineros.
1767 abr 6	En la Sitiada se comunica la conclusión de los aljibos de donde se tomaba el agua de la cocina principal de enfermos y sirvientes,.
1767 jun 17	Se terminó de poner la cantería para guardar las columnas del patio principal.
1767 dic 19	Se comunicaba la terminación de las obras de la bodega del Hospital
1768 jun 6	Se había construido un almacén para colocar la harina de las molinadas del Hospital
1768 jul 23	En la Sitiada se comunica la construcción de un refectorio y una cocina para los eclesiásticos. Se hizo la cocina donde estaba el refectorio de los practicantes cirujanos, pasando éstos a otro refectorio separado. En el refectorio antiguo de los eclesiásticos se hizo el nuevo, mejorando sus condiciones, desde solería a cielo raso, mesas nuevas y ventanas al mediodía. Una ventanita lo comunicaba con la cocina contigua.
1769 may 26	Reconstrucción del teatro, ampliando su aforo y remozando toda la decoración. El 7 de octubre siguiente volvió a abrir sus puertas para la temporada teatral. Tomás Sebastian y Latre, cronista de la ciudad, escribió que «era reputado por uno de los mejores de España, por su situación, comodidad de entrada y salidas, capacidad para 1.300 personas y buena distribución, como demuestra su planta, a que se juntaba su adorno interior de columnas y pintura, que lo hacían sumamente vistoso».
1769 ago 31	En la Sitiada se comunican las obras de solerías, enlucidos y cielos rasos en las salas del Arzobispo, del Rey, de Primeras, de Segundas y de Cirugía.
1769 oct 7	Primera representación cómica en el nuevo coliseo, construido siguiendo el modelo de teatro a la italiana. Costó al Hospital 7.744 libras jaquesas.
1771 feb 16	Informe de costes del teatro del Hospital, cuya suma alcanzó la cifra de 7.744 libras jaquesas.
1773 ago 30	Donación al conde de Sástago, Vicente Fernández de Córdoba y Glimes de Brabante, regidor de dicho Hospital, y de sus sucesores, de la capilla de San Francisco de Asís, existente en la iglesia del Hospital, detrás del altar mayor.
1778 nov 12	Acabada la representación de la ópera *La real jura de Artajerjes*, la imprudencia de un tramoyista produjo un incendio en el teatro. Los asilados del Hospital fueron trasladados al monasterio de San Francisco. Durante toda la noche y parte de la mañana, el fuego amenazó con propagarse a las contiguas enfermerías, trabajándose sin descanso para evitar la destrucción del Hospital. El mismo día murieron 60 personas; 17 más lo hicieron en días posteriores; otros 52 individuos se contaron entre los heridos.
1779 mar 13	Los regidores agradecieron la concesión real compensándoles la renta anual de 28.668 reales que producía el Coliseo de Comedias
1786 abr 7	Como en el año anterior el Hospital resultó insuficiente para acoger a todos los enfermos debido a la epidemia de tercianas, se abrió una nueva sala de 100 camas de capacidad, bajo la advocación de San Agustín, construida y amueblada a expensas del arzobispo Agustín de Lezo y Palomeque, poniéndose el escudo del prelado sobre la puerta.
1790 jun 9	En la Sitiada decidió construir un nuevo cementerio en camino de la Cartuja Baja. Dentro del fosal que ya tenía, se constuyó una capilla con cisternas de la cofradía de San Cosme y San Damián para que los médicos y cirujanos no siguieran enterrándose dentro de la iglesia. En la Sitiada de 29 de enero de 1791 se informaba de la bendición de la capilla en el Hospital y el nuevo cementerio.
1792 mar 30	Los regidores, tras el ofrecimiento realizado el 6 de noviembre de 1791 para reanudar la contrata de asistencia a los militares -que finalizaba el 8 de mayo de 1792-, comunicaron al Intendente de Aragón el inicio de las disposiciones para el cese.

1794 ene 7	Francisco de Goya, en una carta que dirige a Bernardo de Iriarte, menciona que tenía que concluir un cuadro «que tengo empezado, que representa un Corral de locos, y dos que están luchando desnudos con el que los cuida cascándoles, y otros con los sacos. Es asunto que he presenciado en Zaragoza...»
1799 abr 14	Fallece el regidor Manuel Lorieri. Había dejado ordenado el entierro más sencillo. Al día siguiente tras la misa en la iglesia del Hospital, lo trasladaron en el carro mortuorio al Campo Santo donde se llevan a todos los pobres, en el camino de la Cartuja. Así lo había dispuesto en su testamento, con 3.000 reales si así se hacía, «para quitar el horror que las gentes tienen de ver que los llevan en carro después de muertos cerca de una hora de camino». Lorieri había sido el promotor de dicho Cementerio, haciendo entablar el pavimento de la iglesia para evitar que siguieran realizándose sepulturas en ella.
1799 abr 25	Decretado por S. M. el cierre de la iglesia de San Antón y el traslado de sus enseres y rentas a la del Hospital de Gracia, y con ellas las cofradías, por la de Nuestra Señora de la Cabeza -que tenía su altar, imagen y capilla muy compuesta- fueron solicitados los enseres a la Sitiada, y respondiéndose por ésta que no lo harían sino para trasladarlos a su iglesia, la cofradía determinó hacer una nueva imagen que instalaría en San Cayetano.
1800 jul 9	Se acuerda por la Audiencia el cierre del callejón que, partiendo desde el fosal del Hospital de Gracia llegaba hasta la calle de Santa Engracia. La razón era que las personas que entraban por cualquiera de sus extremos estaban expuestas a caer en manos de malechores que podían ocultarse por falta de casas y habitaciones, habiendo habido una muerte. El terreno que lo flanqueaba pertenecía al Hospital, a las huertas de los dos conventos de franciscanas, y a un mayorazgo de la condesa de Faura.
1803	Los relojeros Andrés Ester y Manuel Oteo, presentaban presupuestos para hacer un reloj nuevo, de horas y quartos, para el Hospital, que debía instalarse donde estaba el antiguo. Consta informe favorable para Ester y un croquis del remate de la torrecita.
1804 sep	Llegó de Cataluña al Hospital el presbítero Juan Bonal, hospedándose en la habitación reservada al padre predicador de Cuaresma, permaneciendo varios días. Enterado del gobierno y circunstancias de aquél, acordó con la Sitiada la admisión de algunos hermanos y hermanas de la caridad para el servicio de los enfermos.
1804 dic 28	Llegados Juan Bonal y los miembros de la hermandad a la ciudad, y tras visitar a la Virgen del Pilar fueron recibidos por la Sitiada en el atrio de la puerta de la iglesia del Hospital. Entre las doce mujeres procedentes de Barcelona estaba la madre María Rafols, quien fundaría en Zaragoza su congregación.
1806 dic 31	Aquel año se habían realizado bastantes obras en la ciudad, hermoseado sus calles, entre ellas las casas que después serían conocidas como las «casas amarillas del Coso», donde antes estaba el «Juego de Trucos» del Hospital, cuya espalda era travesada por un callejón que salía a la llamada calle de la Soledad, y que se alineaban con las «casas de blanco» levantadas tras el incendio del teatro.
1808 mar	Gracias a varias facturas se conoce que algunas salas del Hospital fueron blanqueadas: las de 1ª y 2ª, cirugía y sarna de mujeres; dos de expósitos; y una de presidiarios, dos de dementes y tres cuartos de dementes distinguidos, de hombres. Además se encalaron la sala de los enfermeros, su refectorio y el de las hermanas, los accesos a dichas salas, la escalera principal y la habitación del carpintero. Costó 725 Rv. Posteriormente, a finales de julio, siguieron blanqueando, a pesar de estar la ciudad sumida en los combates más duros, gastando 90 Rv. más.
1808 ago 3	Despedido el parlamentario enviado por el general Verdier, 43 bocas de fuego de las baterías francesas tronaron simultáneamente, esparciendo el terror en toda la ciudad. Las bombas se dirigieron al principio sobre las casas vecinas a los puntos atacados, después sobre el convento de San Francisco y por último sobre el Hospital de Gracia, donde hubo gran estrago y algunos muertos. Aquel día se albergaban 2.111 enfermos de todas clases y vivían en la casa 240 personas de servicio. Antes del mediodía fue precisa su evacuación, trasladándose a los pacientes a la Real Audiencia y a la Lonja. Sólo permanecieron en su pabellón intacto los dementes sus padres cuidadores.

1808 ago 4	Los franceses empezaron su ataque general por todos los puntos. A través de una brecha realizada en el Jardín Botánico, entraron numerosos efectivos por el callizo de Santa Catalina y, franqueando las puertas del fosal del Hospital, se introdujeron en él, haciendo mil estragos y matando a cuantos encontraban, entre ellos algunos dementes que todavía no habían salido del recinto. Finalmente alcanzaron el Coso.
1808 ago 5	Nada más amanecer prosiguió el bombardeo, quemando el granero del Hospital donde murieron los hermanos dementes que lo guardaban.
1808 ago 6	A partir del mediodía llegaron refuerzos. Los franceses retrocedieron, abandonando las casas ubicadas donde antes estuvo el teatro de comedias.
1808 ago 7	Al amanecer fue incendiado el centro del Hospital y parte de las edificaciones que lindaban con calle de Santa Engracia.
1808 ago 12	Siguió el incendio del interior del Hospital donde quedaron tan solo algunos franceses.
1808 ago 14	En la mañana de aquel día, el Hospital ofrecía el mayor desconsuelo: paredes, techos, escaleras... todo destruido. En la iglesia, los altares por tierra y consumidos los retablos. Allí perecieron los magníficos efectos de botica, vasos, cajones y laboratorio, los utensilios de todas las cocinas, los de curación, las ropas, los pertrechos de labranza, de sastrería, y los acopios de granos, vinos y aceite, más un numeroso rebaño. También quedaron sepultadas las alhajas que constituían el tesoro de la Virgen de Gracia.
1808 ago 16	Ante la total ruina del Hospital de Gracia, Palafox, para resolver la incomodidad en la que estaban todos los enfermos en lugares provisionales, ordenó su traslado a la Casa de Misericordia. El 26 de octubre, al resultar ésta completamente insuficiente, se reservaría a los militares, pasándose a los paisanos al Hospital de Convalecientes.
1808 nov 23	Sangenis solicitaba a la Sitiada poder utilizar la enrona y derribo de los edificios del Hospital de Gracia para rellenar y macizar los parapetos de la línea de defensas de la ciudad. En la autorización, los regidores rogaban que se pusiera una «persona celosa que cuide no se distraigan las alhajas que quizá se hallen entre las ruinas».
1808 dic	El Hospital de la Misericordia resultaba insuficiente para el elevado número de enfermos y heridos, albergando a finales de mes más de seis mil. También estaba desbordado el de Convalecientes, que fue ampliado con algunos locales contiguos del convento de la Encarnación. A pesar de haberse habilitado un tercer asilo en el convento de San Ildefonso, no hubo espacio suficiente para atender a tantos desgraciados.
1809 ene 7	El Colegio de Médicos acordaba transformar en hospitales provisionales las casas de vecinos ausentes. El 16 no había pan ni carne para los enfermos y se apreciaba el comienzo de una epidemia. Faltaban ropas y alimentos. Se instalaron camas en el Pilar.
1809 feb 6	Al anochecer los franceses volaron un trozo de casas inmediatas al Hospital de Gracia, y tuvo lugar un gran tiroteo desde las ruinas. Una vez que éstos se establecieron en el convento de Jerusalén, dirigió Breuille sus minadores hacia el hospital de locos y San Francisco.
1809 feb 9	Las casas adyacentes al Hospital seguían siendo el teatro de los más encarnizados combates. Desde las bodegas de éste se abrieron tres galerías bajo la calle de Santa Engracia.
1809 feb 10	El coronel Dupeyroux, con su regimiento, y Valazé, jefe del batallón de ingenieros, con sus zapadores, se emboscaron en las ruinas del Hospital esperando la señal. A las tres de la tarde Breuille dio fuego y la terrible explosión lanzó a inmensa altura una gran parte del convento de los menores, pero el campanario quedó en pie. Prost y Lejeune, situados bajo una puerta del muro del Hospital, casi perecen bajo los restos que cayeron.

1809 feb 21	Capitulación. Las tropas francesas entran en Zaragoza. La ciudad y los hospitales ofrecen un cuadro dantesco. Miles de heridos y enfermos, en quienes se cebaba la miseria, el hambre y la peste. En el límite sobrehumano del agotamiento, no había nada que dar de comer a nadie y morían diariamente a centenares.
1810 jun 1	Suchet decretó el derribo de las ruinas del Hospital de Gracia, sin embargo la Sitiada no pudo cumplir por falta de fondos. A pesar de ello, el corregidor pidió al Hospital la relación de bienes y rentas adquiridos antes de 1737 para de cargarles la contribución extraordinaria de tres millones de reales decretada por aquél.
1810 ago 31	A las 11 de la mañana fueron volados el pórtico y campanario de la iglesia del Hospital de Gracia, donde se leía el epígrafe *Vrbis et Orbis Domus Infirmorum*, y las figuras de piedra de la Anunciación de la Virgen. Hubo un estrépito espantoso, llegando los trozos hasta las casas de enfrente.
1812 mar	En la obra de la antigua calle del Hospital había quedado todo derruido hasta el callizo del Riego, allanándose todo el terreno que ocupaba e igualándose con el nuevo paseo que se había construido en ella misma y tomando parte del convento de San Francisco. El paseo se formaba por cuatro líneas de árboles, dos sobre la calle y dos sobre el área del refectorio, sacristía, claustros y enfermería de los menores.
1812 abr	Siguiendo la obra del paseo se derribaron las últimas paredes del Hospital de Gracia, en las cuales estaban las armas del arzobispo Hernando de Aragón.
1812 jul	Se terminaron las obras del nuevo paseo y quedó desenronada la zona demolida de la iglesia de San Francisco -la cabecera y nave del templo y el sector septentrional- unificándose con el Coso para formar una plaza.
1812 ago	Se desenronó el área de la iglesia y el patio del Hospital, alineándose con la de San Francisco y completándose el espacio de la nueva plaza.
1815 jun	Tiburcio del Caso reconoce el edificio llamado de Convalecientes e informa que puede levantarse un segundo piso y ser ampliado en la huerta del convento de la Encarnación para formar distritos de dementes separados, baños, lavaderos, Inclusa, etc.
1815 ago 11	Memorial (Expte. Real Orden de Fernando VII para el restablecimiento del Hospital)
1815 dic 15	Plan del Hospital Real y General de Nuestra Señora de Gracia de Zaragoza
1817 oct 23	La Sitiada da noticia a la Real Academia Médica de Madrid sobre el estado de los departamentos de dementes.
1819 ago 23	Habiéndose cerrado por el gobierno francés la entrada de la calle de la Soledad hasta que fuera renovada, pues sus casas estaban destruidas, se autorizó a Antonio Ximeno, propietario de un terreno y una de las casas pajizas, a quitar la puerta para acceder a su finca con la condición de mantener la salubridad necesaria.
1823 dic 15	Tiburcio del Caso informaba a la Sitiada de la necesidad de reconstruir la fachada de las casas amarillas a la calle de la Soledad así como la primera crujía meridional, para asegurar el edificio. El 28 de enero siguiente valoraba la reconstrucción parcial en 30.000 rs, ascendiendo a 133.000 dejar las casas enteramente concluidas.
1823 dic 19	La Sitiada elabora la lista de las fincas del Hospital que se proponen enajenar si la Real Cámara lo hallase conveniente.
1824 feb 8	En el Diario de Zaragoza la Sitiada anunciaba a los posibles interesados la voluntad de reedificar la parte derruida de la manzana de casas amarillas en el Coso. Presentada una oferta para la última de las casas, en el Diario del 22 se publicaba el anuncio sobre las restantes, el cual se reiteraría hasta el 7 de mayo.

1836 ene 11	La Sitiada acuerda parcelar y vender los solares del antiguo Hospital, solicitándolo al Ayuntamiento. Tuvieron lugar las subastas en las fechas del 16 de mayo, 23 de junio, 4 de agosto y 24 de octubre de 1836, 5 de julio de 1837 y 27 de abril de 1838.
1836 feb 27	Yarza y Gironza, por disposición del Ayuntamiento y la Sitiada, elaboran el plano que manifiesta la extensión del terreno o ruinas del antiguo Hospital con las calles inmediatas y el paseo de Santa Engracia, señalándose las nuevas calles proyectadas.
1836 mar	La Sitiada pone a la venta los 32 solares resultantes
1838 nov 24	Yarza y Gironza informan que hallándose José Marraco (propietario del solar angular a la plaza de la Constitución y al paseo de Santa Engracia) muy próximo a terminar su edificación, no podrá ponerla en uso si no se derriban los restos de pared del antiguo Hospital que se hallaban frente a ella, lo que fue requerido a la Junta de Beneficencia.
1839 jun 24	El Ayuntamiento, que había requerido nuevamente el derribo el 19 de abril, iniciándose por la Junta tres días después, reitera su orden para la demolición de las partes que aun subsistían, dando un plazo de ocho días. Fue entonces cuando desaparecieron los últimos restos del Hospital de Gracia.

X. Fuentes y blibiografía

AMZ: Archivo Municipal de Zaragoza.
AZ: Ayuntamiento de Zaragoza.
DGA: Diputación General de Aragón.

DPZ: Diputación Provincial de Zaragoza.
IFC: Institución Fernando el Católico (Zaragoza).
UZ: Universidad de Zaragoza.

FUENTES DOCUMENTALES

Archivo Diocesano de Zaragoza

(1600): *Libro de la Visita del Hospital. Año de 1600 en adelante,* sig. 46.

(1810-1817): *Hospital de Ntra. Sra. de Gracia 1811-1815 y 1810-1817,* [legajo con varios cuadernos, documentos, visitas e informes], sig. 235-1.

Archivo de la Diputación Provincial de Zaragoza

(1746): *Libro cabreo de los papeles y escrituras pertenecientes a la Hermandad y Congregación de Ntra. Sra. de los Dolores que hoy existe fundada en la Iglesia de el Hospital real y General de Nª Sª de Gracia de la presente ciudad de zaragoza,* Libro 2182.

(1768): *Estado del Hospital en 1768. Noticia de la fundación del Hospital en preguntas y respuestas; y de todos los demás hospitales de Zaragoza,* Caja 46, Carpeta n.º 1 y 2.

(1803-1871): *Hospital: Obras, reparaciones y cuentas de las mismas. Año de 1803 a 1871,* Caja 673, Carpeta n.º 1.

(1815): *Real Orden de S M el Sor. Dn. Fernando 7º por la cual se ha servido aprobar un proyecto para el restablecimiento de este Hospital y que se forme en esta ciudad una Junta de Beneficencia pública para que trate de realizarlo. Año 1815,* Caja 34, Carpeta n.º 14.

(1815): *Instrucción para la formación de un Plan para la construcción de un nuevo Hospital formado a consecuencia de una Real Orden de 7 de Octubre de 1815. Año 1815,* Caja 34, Carpeta n.º 13.

(1819): *Providencia del Real Acuerdo de 23 de agosto de 1819 por el que se mandó sustituir la puerta de la antigua calle de la Soledad,* Caja 46, Carpeta n.º 28.

(1024): *Sobre la reedificación de las casas amarillas en el Coso propias del Sto Hospital. Año 1824,* Caja 9, Carpeta n.º 16.

(1825): *Real Licencia para la enagenación de fincas del santo Hospital Real y Gneral de N. Señora de Gracia . Año de 1825,* Caja 46, Carpeta n.º 6.

(1838): *Expediente sobre el derribo de la pared o cerca del área del antiguo Hospital que confronta al paseo de Santa Engracia. Años 1838 a 1839,* Caja 707, Carpeta n.º 7.

(1843): *Escrituras de arriendo de la fonda de diligencias y juego de pelota en el Coso, de la casa y juegos de billar y pelota en la calle de la Verónica. Año de 1843,* Caja 42, Carpeta n.º 18.

Archivo Histórico Nacional

(1500-1510): Albaranes de 9 de abril de 1500, 12 de julio de 1503, 7 de mayo de 1506, 15 de octubre de 1507 y 1 de enero de 1510, de los patronos de la capellanía instituida por Sancho de Paternoy, vecino zaragozano, en el Hospital de Santa María de Gracia de Zaragoza, de 375 sueldos jaqueses por el pago anual de un censal. AHN: Diversos-comunidades, Car.102, N.5; Car.123, N.27; Car.123, N.43; Car.117, N.15; y Car.91, N.19.

(1728) *Relacion individual de los SS Regres. Ministros llamados de Sitiada, sacerdotes, sirvientes de las salas o quadras de los enfermos, de las oficinas, de los empleados en el cultivo de las heredades, y demas que se hallan asistiendo en el Hospl. Rl. y Genral. de Na. Sra. de Gracia de la Ciud. de Zaragoza...* AHN Consejos leg 19254 n.º 1 ff. 11-17.

(1728) Visita al Hospital de Ntra. Sra. de Gracia AHN Consejos 19254 Exp.1 ff. 18-19 + ff. 30-32.

(1728) *Lamparas que arden de noche en el Hospital de N Sra de Gracia* AHN Consejos 19254 Exp.1 f. 76.

(1728) *Memoria de los puestos que hay para cama de los enfermos en las quadras de este Sto. Hospl. Rl. y Genral. de N. Sra. de Gracia...* AHN Consejos leg 19254 Exp.1 ff. 91-92.

(1729) Visita al Hospital de Ntra. Sra. de Gracia AHN Consejos 19254 Exp.1 ff. 220-280.

(1730) Visita al Hospital de Ntra. Sra. de Gracia AHN Consejos 19254 Exp.1 ff. 417-418.

(1768) AHN Consejos leg 19256 n.º 12 ff. 220-222.

(1771) *Razón general de los Gremios y Cofradias que existen en las Parroquias, Monasterios, Colegios, Combentos, y Hospitales de la Ciudad de Zaragoza, que con sus rentas Fiestas, Sufragios, gastos de Yglesia de exterior profusión, y aprobaciones es como se sigue.* AHN Consejos 7105, Exp.64, N.1, ff. 40 y ss. (*Estado General de las Cofradías, Hermandades, Colegios y Gremios de la Ciudad de Zaragoza Capital del Reyno de Aragón, de 1771*).

Archivo Municipal de Zaragoza

(1614): *Libros de Actas del Consejo de la Ciudad de Zaragoza*: AMZ ES. 50297. AM 01.05.01 Libro L. A. 00054.

(1683): *Constituciones establecidas para el gobierno del Santo Hospital...*, AMZ Serie fac. sig. 75-1.

(1737): *Noticias sobre el origen de las farsas y diferentes deliberaciones sobre diferencias que han ocurrido con la Sitiada del Sto. Hospital de N. Sra. de Gracia y comediantes desde el año de 1588 hasta 1737*: AMZ Serie fac. sig. 11-1.

(1769): *Expediente a instancia del Hospital de Ntra Sra de Gracia, a quien se debe dar aposento franco en la nueva casa de comedias*: AMZ Serie fac. sig. 11-4.

(1777): *Oficio del Sr Conde de Sástago como comisario de comedias del Hospital de Ntra Sra de Gracia con motivo de finalizar el arriendo del teatro*: AMZ Serie fac. sig. 12-3.

(1790): *Orden del Real Acuerdo para que se le informe sobre (la orden) del Supremo Consejo en cuanto a la construcción del Teatro de Comedias*: AMZ Serie fac. sig. 67-1.

(1800): *Diferencias entre el Convento de sta catalina y el hospital de Gracia sobre levantar una tapia*, AMZ 29-22 s.fac.

(1829-1847): *Documentos sobre el terreno que ocupaba el antiguo Convento de San Francisco*, AMZ 130-10 serie fac.

(1838-1840): *Construcción de edificios en el solar del antiguo Hospital de Gracia. Demarcación del terreno que ocupaba la cale de Santa Engracia y arreglo de los paseos inmediatos*, AMZ Fondos antiguos; caja 176; sig. 7-7-3.

Escudero Escudero, F. (1997): *Informe de las catas arqueológicas realizadas en el paseo de la Independencia y plaza de España (22/VII/97-28/VIII/97)*, Sección Municipal de Arqueología, 1 septiembre 1997. AZ.

Fidias-Trade (2002): *Informe mensual de los trabajos de seguimiento y control arqueológicode las obras de remodelación de la plaza de España, paseo de la Independencia y plaza de Aragón (marzo 2002)*, Delgado Ceamanos, J. y del Real Izquierdo, B., arqu., AZ.

REFERENCIAS HISTÓRICAS

Alcaide Ibieca, A. (1830): *Historia de los dos sitios que pusieron a Zaragoza en los años de 1808 y 1809 las tropas de Napoleón*. Madrid, [s.n.] Impr. de D.M. de Burgos.

Asso, Ignacio de (1798): *Historia de la Economía Política de Aragón*, Impr. Fco. Magallón, Zaragoza.

Aynsa e Iriarte, D. (1619): *Fundación, excelencias, grandezas y cosas memorables de la antiquíssima ciudad de Huesca*, Pedro Cabarte, Huesca.

Borau de Latrás, M. (1806): *Guía instructiva de la ciudad de Zaragoza para litigantes y pretendientes...*, Lic. Oficina de Miedes.

Casamayor, Faustino (1811): *Zaragoza, 1810-1811*, Estudio introd. Herminio Lafoz, IFC, Comuniter ed., Zaragoza (Trans. 2008).

Contrata del Hospital de Zaragoza (1748) Impreso, Zaragoza..

Copia literal y auténtica del proceso y sentencia de calificación sobre Milagro obrado por la intercesión de Nuestra Señora del Pilar en la Villa de Calanda del arzobispado de Zaragoza la noche del 29 de marzo de 1640, restituyendo a Miguel Juan Pellicero, natural de la misma villa, una pierna, después de 2 años y 5 meses que se le había cortado en el Hospital de Zaragoza, Imprenta de Francisco Magallón, Zaragoza, 1829

Diago, fr. Francisco, OP (1599): *Historia de la Provincia de Aragón de la Orden de Predicadores...*, Impr. Salvador de Cornellas, Barcelona.

Escuder, J. F. (1724): *Relación histórica y panegírica de las fiestas que la ciudad de Zaragoza dispuso con motivo del Decreto que Inocencio III concedió Oficio de la Aparición de Nuestra Señora del Pilar en la dedicación de los santos templos del Salvador y del Pilar...*, Zaragoza, Impr. Pasqual Bueno.

Espes, Diego de (1575): *Historia eclesiástica de la Ciudad de Zaragoza... compuesta y recopilada por el Racionero y Maestro Diego de Espés, archivero de la Santa Iglesia Metropolitana de la Seo de dicha ciudad.*

Faci, Fr, Roque (1739): *Aragón Reino de Cristo y Dote de María Santísima...*, Zaragoza.

Francisco Andrés, I. (1746): *Gemidos de la Lealtad, triunfos de la Gratitud: sucinta relación de las solemnes reales exequias... que celebró el Santo hospital real y general de Nuestra Señora de Gracia de Zaragoza por la católica Magestad difunta de nuestro Rey y señor Don Felipe Quinto...*, Impr. Francisco Moreno, Zaragoza.

Gracia, fr. Diego (1706): *Narración histórica de la milagrosa venida de María santísima a defender a Zaragoza y de su prodigiosa imagen, que con la invocación de el Portillo se venera en sus muros...*, Imprenta Manuel Román, Zaragoza.

Iberti, M.: «Détails sur l'hôpital de Saragosse en Espagne, destiné sur-tout au traitement des fous ou maniaques, par M. Iberti, docteur en Médecine», en *La Médecine éclairée par les Sciences Physiques*... Rédigé par M. Fourcroy, Paris, 1791, pp. 315-318.

Indulgentiae et Privilegia concessa Hospitali Regio Sanctae Mariae de Gratia a S. D. N. Clemente Papa VII et a multis aliis Sanctae Ecclesiae pontificibus, Caesaraugustae, In eodem Hospitalis Virgini Mariae de Gratia, Anno MDCXLIV (1644).

Lejeune, Général Baron (1840): *Siéges de Saragosse. Histoire et peinture des événements qui ont eu lieu dans cette ville ouverte pendant les deux siéges qu'elle a soutenus en 1808 et 1809. Les matériaux de cette description ont été recueillis sur les lieux pendant le second siége; les récits des espagnols ont été vérifiés, et ce travail a été complété au moyen des pièces officielles réunies dans l'ouvrage de J. Belmas*. Paris, librairie de F. Didot frères. Op. Trad.: *Los Sitios de Zaragoza. Historia y pintura de los acontecimientos que tuvieron lugar en esta ciudad abierta durante los dos sitios que sostuvo en 1808 y 1809*, Ed. Pedro Rújula, IFC, Zaragoza (2009).

Madoz Ibáñez, P. (1845): *Diccionario Geográfico-Estadístico-Histórico de España, Madrid, 1845-1850*, T. XVI, «Zaragoza» (Ed. fac. Ambito, DGA, Zaragoza, 1985).

Martón, fr. León Benito (1737): *Origen y antigüedades del subterráneo y celebérrimo Santuario de las Santas masas y Real Monasterio de Santa Engracia de Zaragoza*, Zaragoza, AMZ.

Memorial del Sto Hospital Real y General de Ntra Sra de Gracia a la Imperial Ciudad de Zaragoza, en respuesta del que dio la Iglesia y Parroquia de S Miguel de los Navarros, con el cual pretende impedir una obra que el Hospital quiere hacer para beneficio de los enfermos y de toda la Ciudad (1647). Dep. digital. Univ. Navarra, FA.Foll 001.243_2.pdf.

Morc, Thomas (1515): *Utopia. De optimo reipublicae statu*, Silvio Berluconi Editore, Milan, 1991.

Murillo, Fr Diego, OFM (1616): *Fundación Milagrosa de la Capilla... de la madre de Dios del Pilar y excelencias de la imperial ciudad de Zaragoza...* Tratado.2: *De las excelencias de la Insigne y nobilisima Ciudad de Zaragoza*, Barcelona.

Nierenberg, J. E. (1643): *Partida a la eternidad y preparación para la muerte*, Zaragoza, Pedro Verges.

Ordinaciones del Collegio de Médicos y cirujanos de la ciudad de Çaragoça. Imr. Juan de Lanaja. 1619. (Fac. L.General, 1986).

Ordinaciones económicas del Santo Hospital Real y General de Ntra. Sra. de Gracia. Año 1755, Imr. Francisco Moreno.

*Ordinaciones del Hospital Real y General de Ntra. Sra. de Gracia de la Ciudad de Zaragoza hechas en la Visita que con autoridad y comisión de a Magestad del rey N S Felipe IV hizo el Obispo de Lérida, de su Consejo, incoada en 10 de febrero de 1655: Y también las que con autoridad Real hizo el Obispo de Albarracín, del Consejo de S M en la Visita que hizo en 26 de Junio de año 1684.*Reimpr. 1836.

Porcell , J. Thomás (1564): *Información y curación de la peste en Zaragoza, y preservación de la peste en general*, Casa de la viuda de Bartolomé de Nájera, Zaragoza.

Regidores de la Sitiada (1716): *Relación del hazimiento de gracias que celebró en su Iglesia el Sto Hospital,* Imp. Bueno, Zaragoza.

Reglas y Constituciones que han de observar y cumplir las Hermanas de la Caridad del Santo Hospital Real y General de N. Sra. de Gracia de la Ciudad de Zaragoza (1824), Impr. Hospital.

Relación del solemne aparato y magnífica sumptuosidad con que la Comunidad de los Padres Clérigos Reglares Ministros de los Enfermos-Agonizantes de la Ciudad de Zaragoza, celebró el Te Deum en hacimiento de gracias por la célebre, cuanto deseada, noticia de la beatificación de su glorioso padre y patriarca el Bº Camilo de Lellis, el día seis de mayo de 1742.

Sebastián y Latre, T. (1779): *Relación histórica de los sucesos ocurridos en Zaragoza con motivo del incendio de su Coliseo en la noche del doce de noviembre de 1778*; Impr. Fco. Moreno, Zaragoza.

Verdadera relación de los grandes y excesivos gastos que el Sto Hospital R. y G. de Ntra Sra de Gracia de la Ciudad de Zaragoza, hace en el sustento de los innumerables pobres enfermos que a él acuden (1766), Imp. Fco. Moreno, Zaragoza

Viollet-le-Duc, Eugène (1854-1868): *Dictionnaire raisonné de l'architecture française du XIe au XVIe siècle*, Édition Bance-Morel (fr.wikisource.org)

Zurita, Jerónimo (1562): *Anales de Aragón.* Ed. A. Canellas. Ed. electrónica: J. J. Iso (coord.), M. I. Yagüe y P. Rivero. IFC, 2003.

BIBLIOGRAFÍA CONTEMPORÁNEA

Abbad Ríos, F. (1957): *Catálogo Monumental de España. Zaragoza*, CSIC, Madrid.

Abella Samitier, J. (2005): «Una familia de mudéjares aragoneses en el tránsito de la Edad Media a la Moderna: los Xama de Zaragoza», *En la España Medieval*, 28, pp. 197-212.

Abizanda y Broto, M. (1915 y 1932): *Documentos para la Historia Artística y Literaria de Aragón procedentes del Archivo de Protocolos de Zaragoza. Siglo XVI*, 3 Vols., Tip. La Editorial, Zaragoza.

Agostini, Ilaria (2017): «Povertà urbane e tradizione civica dell'accoglienza. Urban Poverty and Civic Tradition of Acceptance», *Ricerche e progetti per il territorio, la città e l'architettura,* 12, Universidad Bolonia, pp. 6-21.

Agustín, L., Vallespín, A. y Santonja, R. (2014): *Un alma común: la arquitectura sículo-aragonesa*, UZ.

Al Ansari, M. (2013): **Bīmāristāns** *and Waqf in islam. Case Studies of Hospital endowments during 9th-13th Century ce in the Muslim World*, Tesis, Department of Arabic and Islamic Studies, Faculty of Arts and Social Sciences, Univ. of Sydney.

Albi Romero, G. y García del Carrizo, M. G.: «Documentos del s. XVIII sobre el Hospital de Nuestra Señora de Gracia de Zaragoza en el Archivo de Simancas», *Actas del IX Congreso Nacional de Historia de la Medicina,* UZ y AZ, 1991, pp. 403-418.

Alfaro Pérez, F. J. (2019): *Zaragoza 1564 el año de la peste*, IFC, Zaragoza.

Alfaro Pérez, F. J. y Marichalar Vigier, J. (2020): «La peste en España a mediados del siglo XVII (1647-1654)», *Investigaciones de Historia Económica*, 16, pp. 23-34.

Alfaro Pérez, F. J. y Salas Auséns, J. A. (2001): «Inserción social de los expósitos del Hospital de Gracia de Zaragoza en el siglo XVIII», *Obradoiro de Historia Moderna*. 10, pp. 11-27.

Aliaga Ugencio, S (2020): «Estrategias de financiación y poder reginal en la Baja Edad Media: María de Castilla y el monasterio de la Santísima Trinidad de Valencia», *Cuadernos Jerónimo Zurita,* 96, pp. 181-201.

Alier, R. (1996): «El incendio del teatro de Zaragoza en 1778», *Anuario musical,* 51, pp. 1-8.

Almagro Gorbea, A.

(1991): «Arquitectura mudejar de Teruel», en *Teruel mudejar: patrimonio de la humanidad.* Borrás Gualis, coord., pp. 157-200.

(2011): «Una visión virtual de la arquitectura de Al-Andalus. Quince años de investigación en la Escuela de Estudios Árabes», *Virtual Archaeology Review*, Vol.2, N.° 4, Mayo.

Almarza y Laguna de Rins, F. (1983): *El incendio del teatro de comedias de Zaragoza en 1778,* La Cadiera, 329, Zaragoza

Almería, J. A., Arroyo, J., Díez, M. P., Ferrández, M. G., Rincón, W., Romero, A. y Tovar, R. M. (1983): *Las Artes en Zaragoza en el último tercio del siglo XVII (1676-1696) Estudio documental,* IFC, Zaragoza.

Alvaro Zamora, M. I., Criado Mainar, J., Ibáñez Fernández, J., y Mendoza Maeztu, N. (2010): *El plano más antiguo de Zaragoza. Descripciones literarias e imágenes dibujadas de la capital aragonesa en la Edad Moderna (1495-1614)*, IFC, Zaragoza.

Andrés Arribas, I.

(1991): *La Botica del Hospital Real y General de Nuestra Señora de Gracia de Zaragoza (1425-1808)*, Tesis Doctoral, Facultad de Farmacia, Universidad Complutense de Madrid.

(2015): *El Museo de la Farmacia en Aragón. Lugares en el tiempo*, Academia de Farmacia, Zaragoza.

Andrés Arribas, I., Andrés Turrión, M. L. y Abad Sazatornil, R. (1991): «Las Ordinaciones de Fernando el Católico del Hospital de Nuestra Señora de Gracia de Zaragoza: el oficio de speciero o boticario», *Actas IX Congreso Nacional de Historia de la medicina*, UZ y AZ, pp. 427- 432.

Ansón Navarro, A.

(1981): «Aportaciones para un estudio de la familia de los Yarza, arquitectos zaragozanos, en el siglo XVIII», *Seminario de Arte Aragonés*, XXXIII, pp. 35-52.

(2007): *El entorno del Convento del Carmen de Zaragoza. Una reconstrucción histórica y artística: siglos XIII al XIX*, Ed. Elazar, Zaragoza.

Antonelli, R., De Renzi, I. y Pizzorusso, G. (2015): *Historia de la Orden de San Camilo. La Provincia Española*, Provincia española de la Orden de Ministros de los Enfermos Religiosos Camilos, Bilbao.

Arcarazo García, L. A.

(2007): *La asistencia sanitaria en Zaragoza durante la Guerra de la Independencia Española (1808-1814)*, Asociación «Los Sitios de Zaragoza» e IFC, Zaragoza.

(2023): «El Real Hospital Militar de Zaragoza (1719-1742)», *Armas y cuerpos*, n.° 153, pp. 79 y contraportada.

Arco, Ricardo del (1920): «Casas Consistoriales de Aragón», *Arquitectura* n.° 31, Madrid, pp. 301-304.

Arnau Amo, J. (1988): *La Teoría de la Arquitectura en los tratados. Filarete, Serlio, Di Giorgio, Paladio*, Tebar Flores, Madrid.

Arrizabalaga, J. (2006): «Hospitals, historia i medicina: l'Hospital de la Santa Creu de Barcelona», *Actas de la VIII trobada d'historia de la Ciencia i de la Tecnica*, SCHCT, Barcelona, pp. 203-209.

Astarloa Araluce, M. (2019): *Teatros para la ópera en el Madrid del siglo XVIII*, TFG, Escuela de Arquitectura de Madrid.

Aurrecoechea-Fernández, J. y Casabona, J. F. (2017): «Broche anular con extensión procedente del limes danubiano encontrado en una sepultura romana de Caesaraugusta (c/ San Miguel, n.° 7, Zaragoza)», *Sautuola*, XXII, Santander, pp. 151-164.

Aznar Recuenco, M. (2016): *La figura y patrocinio artístico del Inquisidor y Arzobispo de Zaragoza Andrés Santos (1529-1585): vínculos y conexiones culturales en los territorios peninsulares en el siglo XVI*, Tesis, Dep. Historia del Arte, UZ.

Balestracci, D. (2011): «Il mondo degli ultimi. Esigenze sociali e risposte assistenziali a Siena dal Medioevo al XIX secolo: un profilo di ricerca», *l'anello debole. Marginalità, povertà, disagio sociale. Esigenze e risposte a Siena dal Medioevo al XXI secolo*, M. Martellucci, Monteriggioni, Il Leccio, pp. 3-44.

Ballestín Miguel, J. M. y Capalvo, A. (2017): *Zaragoza según el plano de 1712 y su vecindario de 1723,* IFC, Zaragoza.

Baquero, Aurelio (1952): *Bosquejo histórico del Hospital Real y General de Nuestra Señora de Gracia de Zaragoza*, IFC, Zaragoza.

Barceló Prats, J. (2015): «El proceso de fusión hospitalaria en la ciudad de Tarragona (1464)», *Medicina e Historia,* n.º 1, pp. 4-19.

Bardati, Flaminia (2006): «La salle du légat de l'Hôtel-Dieu de Paris. Une architecture oubliée de la Renaissance française», *Livraisons d'histoire de l'architecture*, 11, 1er sem., pp. 119-148.

Barrios Flores, L. F. (2002): «El internamiento psiquiátrico en España: de Valencia a Zaragoza (1409-1808)», *Rev. cubana Salud Pública,* v.28, n.2, jul.-dic., La Habana.

Bayón, Damián (1991): *Mecenazgo y arquitectura en el dominio castellano (1475-1621).* Diputación de Granada.

Belli, M., Grassi, F. y Sordini, B. (2004): *La cucina di un ospedale del trecento. Gli spazi, gli oggetti, il cibo nel Santa Maria della Scala di Siena*, Pacini Editore, Pisa.

Beltrán Martínez, A. (1971): *Goya en Zaragoza*, AZ.

Bérchez, J. y Jarque, F. (1994): *Arquitectura renacentista valenciana (1500-1570)*, Bancaixa, Valencia.

Betrán Abadía, R.: (2015): *La ciudad y los muertos. La formación del Cementerio de Torrero*, AZ.

Betrán Abadía, R. y Serrano Pardo, L.: (2014): *La Zaragoza de 1908 y el plano de Dionisio Casañal. La construcción de una ciudad burguesa*, IFC, Zaragoza.

Blasco Gil, R. M. (2000): «El Hospital de San Nicolás de Bari de Alcañiz: creación y función social de una institución centenaria», *Teruel*, 88-89 [II], pp. 139-168.

Blasco Ijazo, J.

(1948): «Don Juan Tomás Porcell», ¡Aquí...Zaragoza! Cuarenta reportajes, Tomo I, Ed. facsímil: Caja de Ahorros y Monte de Piedad de Zaragoza, Aragón y Rioja, 1988, pp. 39-45.

(1950): «La vieja plaza de San Francisco es hoy la plaza de España», ¡Aquí...Zaragoza! Treinta y un reportajes, Tomo II, Ed. facsímil: Caja de Ahorros y Monte de Piedad de Zaragoza, Aragón y Rioja, 1988, pp. 287-256.

(1953): «La calle de San Miguel data de la más remota antigüedad», ¡Aquí...Zaragoza! Treinta y seis reportajes, Tomo IV, Ed. facsímil: Caja de Ahorros y Monte de Piedad de Zaragoza, Aragón y Rioja, 1988, pp. 245-260.

(1960): «Hospital de Nuestra señora de Gracia», ¡Aquí...Zaragoza! Venticinco reportajes, Tomo VI, Ed. facsímil: Caja de Ahorros y Monte de Piedad de Zaragoza, Aragón y Rioja, 1988, pp. 153-178.

Blasco Solana, M.

(1995): «María Rafols, enfermera», *Cuadernos de Aragón*, 23, pp. 33-39.

(2017): «Los hospitales rurales de Aragón en el último tercio del s. XVIII», *Aragonia Sacra*, XXIV, Zaragoza, pp. 43-88.

Blasco y Val, Cosme (1890): *Memorias de Zaragoza*, Imprenta Casañal, Ed. facsímil: Zaragoza, 1995.

Bolaños, P., Palacios, V., Reyes, M. y Ruesga, J. (2012): «El corral de la Montería de Sevilla: metodología y resultados en su reconstrucción virtual», *Teatro de Palabras. Revista sobre teatro áureo,* n.º 6, pp. 221-248.

Boloqui Larraya, B. (2005): «Los caminos de Santiago en Aragón: las rutas por el valle del Ebro. El camino jacobeo del Ebro», *Los caminos de Santiago. Arte, Historia y Literatura*, Zaragoza, pp. 87-128.

Borrás Gualis, G. (1985): *Arte mudéjar aragonés*, Colegio Oficial Arquitectos Técnicos y Aparejadores, Zaragoza. 2 Vols.

Borrás, G. y Fatás, G. (1974): *Zaragoza 1563*, Zaragoza.

Braunfelds, Wolfgang (1975): *Arquitectura monacal en Occidente*, Barral Editores, Barcelona.

Bruñén Ibáñez, A. I., Calvo Comín, M. L. y Senac Rubio, M. B. (1987): *Las Artes en Zaragoza en el tercer cuarto del siglo XVII (1655-1675). Estudio documental*, IFC, Zaragoza.

Bruñén Ibáñez, A. I., Julve Larraz, L. y Velasco de la Peña, E. (2005-2007): *Las Artes en Aragón en el siglo XVII según el archivo de protocolos notariales de Zaragoza. De 1613 a 1696,* IFC, 9 tomos.

Calahorra, P. (2006): «El órgano del Hospital general y Real de Nuestra Señora de Gracia de Zaragoza del año 1539», *Nassarre. Revista aragonesa de musicología,* XXII, Zaragoza, pp. 69-76.

Campos Sánchez-Bordona, M. (1992): «La escalera en la arquitectura leonesa del Renacimiento», *El arte español en épocas de transición. Actas,* Universidad de León, Vol. 1, pp. 187-198.

Canellas López, A. (1976): «Zaragoza medieval (1162-1479)», en Beltrán, A., Lacarra, J.M. y Canellas, A.: *Historia de Zaragoza I. Edades Antigua y Media*, AZ, Zaragoza.

Capitel, A. (2005): *La arquitectura del patio*, Gustavo Gili, Barcelona.

Carbonell Buades, M. (2008): «De Marc Safont a Antoni Carbonell: la pervivencia de la arquitectura gótica en Cataluña», *Artigrama*, 23, pp. 123-124.

Carbonell, E. y Cirici, A. (1977): *Grands monuments romànics i gòtics. De Sant Pere de Rodes a la catedral de Mallorca*, Ediciones 62, Barcelona.

Casa de locos de Zaragoza y la inauguración de las obras del nuevo manicomio en 25 de enero de 1878, La (1878): Imprenta del Hospicio Provincial, Zaragoza.

Cassanyes Roig, A. (2018): «Los primeros cincuenta años del Hospital General de Mallorca: desde la fundación hasta la promulgación de las Ordinaciones (1456-1514)». *España Medieval,* 41, pp. 133-153.

Castejón Domenech, N. (2007): *Aproximació a l'estudi de l'hospital de la Santa Creu de Barcelona. Repertori documental del segle XV*, Fundació Noguera, Barcelona.

Castro Molina, J. *et al.* (2012): «Arquitectura hospitalaria y cuidados durante los s.XV al XIX». *Cultura de los cuidados,* 32, 38-46.

Cerrada y Martin, F. (1907): «Algunos apuntes acerca del Hospital de Nuestra Señora de Gracia en 1808», *Revista Aragonesa*, 4-7, http://hemerotecadigital.bne.es.

Cheminade, Christian (1993): «Architecture et médecine à la fin du XVIIIe siècle: la ventilation des hôpitaux, de l'Encyclopédie au débat sur l'Hôtel-Dieu de Paris», *Recherches sur Diderot et sur l'Encyclopédie*, 14, pp. 85-109.

Cheymol, J. (1973): «Le passé de la pharmacie hospitalière à Paris», *Revue d'histoire de la pharmacie*, 218, pp. 471-491.

Cheymol, J. y Cesar, R.-J. (1977): «Hotel-Dieu de Paris: Treize siècles d'histoire... panégyrique ou réquisitoire», *Historie des Sciences Medicales*, 11(4), pp. 263-283.

Cía Blasco, J., y Blasco Solana, M.

(2001): «Los hospitales de Zaragoza dedicados al cuidado de peregrinos durante los siglos XIII al XV», *Cuadernos de Aragón*, n.º 27, pp. 191-206.

(2005): «El Hospital de Nuestra Señora de Gracia en el siglo XVI: institución de la Cofradía de las Honestas Mujeres (27-I-1575)». *Actas del III Congreso Internacional y VIII Nacional de Historia de la Enfermería*, pp. 207-211.

Cía, J., Blasco, M., Rodrigo, C. y Monzón, P. (2001): «El Camino de Santiago y los hospitales de Zaragoza en los s. XIII al XV», *Híades. Revista de Historia de la Enfermería,* 8, oct., pp. 291-297.

Conejo da Pena, A.

(2000): «Noves aportacions a l'evolució aquitectonica del 'hospital de la Santa Creu de Barcelona: segles XVI-XVII», *El mon urbá a la Corona d'Arago del 1137 als decrets de nova planta*, XVII Congrés d'historia de la Corona d'Arago.

(2002): *Assistencia i hospitalitat a l'edat mitjana. L'arquitectura dels hospitals catalans: del gotic al primer renaixement,* Tesis, Departamento de Historia del Arte, Universidad de Barcelona.

(2003): «L'antic hospital de la Santa Magdalena de Montblanc», *Locus Amoenus*, 6, pp. 129-143.

(2011): ««Volta de rajola», «volta de maó pla» o «volta catalana»: reflexiones en torno a las bóvedas tabicadas en Catalu- ña durante los siglos del gótico», *Construyendo bóvedas tabicadas. Actas del Simposio Internacional sobre Bóvedas Tabicadas, Valencia 26, 27 y 28 de mayo de 2011*, Universidad Politécnica de Valencia, pp. 101-118.

(2014): «Domus Sancte Crucis. L'hospital per a indigents de Barcelona a l'edat mitjana», *Recinte modernista de Sant Pau*, Fundació Hospital de la Santa Creu i Sant Pau, pp. 8-19.

(2014): «Lum, noblesa, ornament, laor, glòria e amplitud': los hospitales y la renovada imagen de la ciudad bajomedie- val», *Ciudad y hospital en el Occidente europeo: 1300-1700*. Ed. Huguet, Verdés, Arrizabalaga & Sánchez, Lleida, Milenio, pp. 415-445..

(2017): «En la present ciutat hun devot e solempne spital. Un estudi a quatre bandes sobre l'esplendor artística i arqui- tectònica dels hospitals baixmedievals», *L'assistència a l'edat mitjana*, VV.AA., Pagés Eds., pp. 99-138.

(2018): «El orgullo y la vanidad han construido más hospitales que todas las virtudes juntas. Patronazgo artístico y patri- monio hospitalario en la Corona de Aragón (siglos XIV-XV)», *Revista de la CECEL*, n 18, pp. 69-112.

Contento Márquez, R. (2010): *Las Ruinas de Zaragoza de Gálvez y Brambila: Una epopeya calcográfica*; Coord. Álvaro Ca- palvo, Real Academia de BB AA de San Fernando, IFC, Zaragoza.

Contreras Mas, A.

(1992): «La formación profesional de los cirujanos en Mallorca durante los s.XIV-XV», *Medicina e h^a*, 43, pp. 1-16.

(2008): «Asistencia hospitalaria en Mallorca bajomedieval siglos XIII-XV», *Medicina Balear*, pp. 14-21.

(2012): «Enfermos del Hospital General de Mallorca a fines del s. XV», *Medicina Balear*, 27, pp. 48-57.

Coz, Raymond Le (1998): «La naissance de l'hôpital», *Histoire des Sciences Médicales*, Tome XXXII, 2, pp. 139-145.

Criado Mainar, J.

(1992): «Tradición y renovación en los usos profesionales de los talleres pictóricos zaragozanos del pleno Renacimiento», *Boletín del Museo e Instituto Camón Aznar*, L, Zaragoza.

(1997): «Juan Lucas Botero el Viejo y el cimborrio de la catedral de Tarazona», *Turiaso* XIV, pp. 107-132.

(2002): «Singularidad del arte mudéjar de Tarazona», en *Arte mudejar aragonés, patrimonio de la humanidad (Actas X Coloquio de Arte Aragon)* pp. 85-146.

(2004): «Técnica y estética. Los tratados de arquitectura», en *Técnica e ingeniería en España*, Silva Suárez, coord. Vol.1, pp. 203-238.

Criado Mainar, J. e Ibáñez Fdez., J. (2002): «Francisco Santa Cruz (1526-1571), mazonero de aljez», *Artigrama*, 17, pp. 222-273.

Danon Bretos, J. (1967): *El Hospital general de Santa Cruz de Barcelona, año 1401*, Tesis, Facultad de Medicina, Barcelona.

Diana, E. (2010): «Non solo carità. L'ospedale di Santa Maria Nuova di Firenze: un risultato imprenditoriale (1285-1427)», *Ricerche Storiche*, XL, 1, pp. 5-37.

Diana, E. y Ghidetti, E. (2006): *La bellezza come terapia. Arte e assistenza nell'ospedale di Sta Mª Nuova a Firenze*, Ed. Polistampa.

Diéguez, A. (2001): «Mitificación de lo siniestro: sobre la casa de Locos de Zaragoza», *Frenia*, I, 1, pp. 129-157.

Díez del Corral Garnica (1987): *Arquitectura y mecenazgo. La imagen de Toledo en el Renacimiento*, Alianza Editorial, Madrid.

Dolset Chumilla, J. (1955-1956): «El Hospital de Nuestra Señora de Gracia», Rev. *Zaragoza* DPZ, vol1-1955, vol2-1956.

Doménech Rico, F. (2005): *La Compañía de los Trufadines y el primer teatro de los Caños del Peral*, TD, U. Complutense Madrid.

Domenge Mesquida, J. (2008): «La arquitectura en el reino de Mallorca 1450-1550. Impresiones desde un mirador privile- giado», *Artigrama*, 23, pp. 185-239.

Durán Gudiol, A. (1986): *El Hospital de Somport entre Aragón y Bearn (siglos XII y XIII)*, Guara Editorial, Zaragoza.

Español, F. (2014): «La tutela espiritual de los enfermos y su marco arquitectónico. Advocaciones y escenarios cultuales en los hospitales de la Corona de Aragón en la Edad Media», *Ciudad y hospital en el Occ. europeo, 1300-1700*, pp. 365-400.

Faci Lacasta, M. P., Serrano Martínez, A. y Sierra Alfranca, M. P. (1991): «Colección diplomática de la Parroquia de San Gil Abad de Zaragoza (1302-1368)», *Aragonia Sacra*, n.º 6, pp. 208-212.

Falcón Pérez, I.

(1980): «Sanidad y beneficencia en Zaragoza en el siglo XV», *Aragón en la Edad Media*, 3, pp. 183-226.

(1981): Zaragoza en el siglo XV. Morfología urbana, huertas y término municipal, Reed.: IFC, 2011.

(1998): *Historia de Zaragoza. Zaragoza en la baja Edad Media: Siglos XIV y XV*, AZ.

(1998): *Ordenanzas y otros documentos complementarios relativos a las Corporaciones de oficio en el reino de Aragón en la Edad Media*. «Fuentes Históricas Aragonesas». IFC.

Falcón Pérez, I. y García Herrero, M. C. (2007): «La muerte y los rituales funerarios según los testamentos bajomedievales aragoneses», *La morte e i suoi riti in Italia tra Medioevo e prima Età moderna*, Firenze University Press.

Falcón, Ledesma, Orcástegui, y Sarasa (1985): «La construction à Saragosse à la fin du Moyen-Age: conditions de travail, matériaux, prix et salaires», *Cahiers Méditerranée, La construction dans la péninsule ibérique (XIe-XVIe)*, 31, pp. 73-93.

Félez Lubelza, C. (2014): *El Hospital Real*, Universidad de Granada.

Fernández Doctor, A.

(1987): *El Hospital Real y General de Ntra Sra de Gracia de Zaragoza en el siglo XVIII*, IFC, Zaragoza.

(1995): «La sanidad en Aragón a finales del siglo XVIII», *Cuadernos de Aragón*, 23, pp. 49-55.

(1997): *Documentos para la historia de las profesiones sanitarias: el Colegio de Médicos y Cirujanos de Zaragoza (Siglos XV-XVIII)*, Colegio Oficial de Médicos de Zaragoza.

(1997): «Médicos y cirujanos de Zaragoza en la Edad Moderna» *DYNAMIS Acta Hisp.Med.Sci.Hist.Illus.* 17, pp. 141-164

(1999): *La medicina del siglo XVII en Aragón*, CAI, Zaragoza.

Fernández Doctor, A. y Martínez Vidal, A. (1985-86): «El médico en el Hospital de Nuestra Señora de Gracia de Zaragoza en el siglo XVIII». *DYNAMIS. Acta Hisp. Med. Sci. Hist. Illus.* 5-6, pp. 143-157.

Fernández Doctor, A. y Seva Díaz, A.

(1997): «La familia de Goya y la locura». Cuadernos de Aragón, 24, IFC, pp. 73-92.

(2000): *Goya y la locura*, Zaragoza.

Fernández González, A. (2015): «Balbino Marrón y la arquitectura hospitalaria: su prueba de pensado en la Real Academia de Bellas Artes de San Fernando», *De Arte*, 14, pp. 138-152.

Fernández Mérida, M. D.

(2003): «Aproximación a la Historia de la Arquitectura Hospitalaria a través de los fondos de la Real Academia de Bellas Artes de San Fernando», *Boletín de Arte* n.º 24, Universidad de Málaga, pp. 179-207.

(2006): «Aproximación a la Historia de la Arquitectura Hospitalaria». *Cuadernos de Arte e Iconografía*, Madrid, Tomo XV, n.º 29, 1er semestre. Monografía.

Frankl, Paul (1981): *Principios fundamentales de la Historia de la Arquitectura. El desarrollo de la arquitectura europea: 1420-1900*, Gustavo Gili, Barcelona.

Gadea Solascasas, S. (2006): *El Hospital Tavera de Alonso de Covarrubias* (Academia.edu), Facultad de Historia del Arte, UCM.

Gálvez, J. y Brambila, F. (1905): Álbum de los Sitios de Zaragoza. Prólogo de Mario de la Sala Valdés. Librería Gasca, Zaragoza.

Gallent Marco, M.

(2010-2011): «En el interior de los hospitales. Personas, espacios y enseres», *Saitabi: revista de la Facultat de Geografia i Història*, N.º 60-61, pp. 81-104.

(2014): «Los hospitales de la Santa Creu de Barcelona y Nuestra Señora de Gracia de Zaragoza, dos modelos asistenciales para el Hospital General de Valencia», *Aragón en la Edad Media*, 25, pp. 41-60.

García del Carrizo San Millán, M. G. (1990): «Hospital Real y General de Ntra. Sra. de Gracia de Zaragoza», *Todo hospital*, n.º 69. Barcelona, Ed. Puntex, pp. 75-79.

García Herrero, M. C. (2012): «Aragón y el monasterio de la Trinidad de Valencia: la renuencia a financiar el proyecto de la reina María», *Homenaje al Profesor José Ángel García de Cortázar y Ruiz de Aguirre, Univ. Cantabria*, pp. 1365-1377.

García Melero, J. E. (1994): «Los modelos de la tipología del teatro a finales de la Ilustración en España», *Espacio, Tiempo y Forma*, serie VII, Hª del Arte, 7, pp. 213-246.

Gascón de Gotor, A. y P. (1890): *Zaragoza artística, monumental e histórica*, 2 vols., Zaragoza, Imprenta Ariño.

Gay Molins, M. P. (1983): *Catálogo documental del archivo histórico de la iglesia de San Gil Abad. Años de 1300 a 1600*, Dirección Provincial del Ministerio de Cultura en Zaragoza.

Gijón Jiménez, V. (2017): «Los viajeros extranjeros y los hospitales españoles de la última década del siglo XV hasta la revolución francesa», *CIECAL* Rv. Vectores Investigación. Journal of comparative studies of latin America, Vol.12-13, pp. 259-308.

Gil Tort, R. M. (2018): «El hospital de Santa Caterina de Girona, un modelo asistencial y profesional del antiguo régimen», *Redes hospitalarias: hª, economía y sociología de la sanidad*, Eds.:Villanueva, Conejo y Villagrasa-Elías, IFC, pp. 223-234.

Giménez Soler, A. (1927): *El teatro en Zaragoza antes del siglo XIX*, Universidad, Revista de cultura y vida universitaria, Zaragoza.

Gimeno Riera. J. (1908): *La casa de locos de Zaragoza y el Hospital de Nuestra Señora de Gracia: apuntes históricos 1425-1808*, Libreria Cecilio Gasca, Zaragoza.

Gómez Salvo, V. *et al.* (1932): *Anales del Hospital Provincial de Zaragoza. Homenaje a las Jornadas Médicas aragonesas*, Impr. Berdejo Casañal, Zaragoza.

Gómez-Ferrer Lozano, M.

(1995): *Arquitectura y arquitectos en la Valencia del siglo XVI: el Hospital General y sus artífices*, Tesis, Univ.Valencia.

(1998): *Arquitectura en la Valencia del siglo XVI: el Hospital General y sus artífices*, Albatros, Valencia.

(2012): «Las arquitecturas del Hospital General de Valencia», *Hospital General 1512-2012, Cinco siglos de vanguardia sanitaria*, Fundació Hospital Reial i General de València, pp. 242-253.

(2012): «La manzana del antiguo Hospital General. Desde la demolición hasta su traslado al emplazamiento actual», *Hospital General 1512-2012, Cinco siglos de vanguardia sanitaria*, Fun. Hospital R. i General de València, pp. 256-273.

Gómez Urdáñez, C. (1987): *Arquitectura Civil en zaragoza en el siglo XVI*, 2 vols. AZ.

Gómez Valenzuela, M. (1976): *Algunos aspectos de la economía Aragonesa en los siglos XI y XII*, Cuadernos de Zaragoza, 9, AZ.

González Hernández, V.

(1979): *Noticias y documentos para la historia del teatro en Zaragoza. Siglo XVII*, Cuadernos de Zaragoza, 41, AZ.

(1986): *Zaragoza en la vida teatral hispana del siglo XVII*, IFC, Zaragoza

Grande Nieto, V (2016): «Métrica y arquitectura del hospital de los Reyes Católicos en Santiago de Compostela», *Cuadernos de Estudios Gallegos*, LXIII, n. 129, pp. 287-342.

Granjel, L.:

(1971): *El ejercicio de la medicina en la sociedad española del siglo XVII*, Discurso pronunciado en la solemne apertura del Curso Académico 1971-1972, Universidad de Salamanca.

(1971) «La medicina española en la época de los Reyes Católicos», *Medicina e historia,* n.º 1, abril.

Guitart Aparicio, C. (1988): *Castillos de Aragón* III, Mira editores, Zaragoza.

Gutiérrez Lasanta, F. (1971): *Historia de la Virgen del Pilar*, Zaragoza, T. I, 1971; T. III, 1973.

Hernandez Nieves, R. (2019): «Portada principal de la catedral de Badajoz», *Apuntes para la h ͣ de Badajoz*, T.XIV, pp. 175-190.

Horn, W. y Born, E. (1979): *The Plan of St. Gall: a study of the architecture & economy of life in a paradigmatic Carolingian monastery*, University of California Press, Berkeley, California.

Horner, S. y J. (1873): *Walks in Florence*, Strahan & Company, 2 Vols.

Ibáñez Fernández, J.

(2005): *Arquitectura aragonesa del siglo XVI. Propuestas de renovación en tiempos de Hernando de Aragón (1539-1575)*, IFC, Zaragoza.

(2006): «Martín de Córdoba (doc.1532-1541,+1541): nuevos datos biográficos y profesionales», *Nassarre. Revista aragonesa de musicología*, XXII, Zaragoza, pp. 311-349.

Ibáñez Pérez, A. y Payo Hernanz, R. (2008): «Reyes, mecenas y artistas en el Hospital del Rey de Burgos», *Rv.CECEL* 8, pp. 57-92.

Ibargüen Soler, J. (2016): «La casa palacio de los Luna de Daroca», *Paneles del Partal* n.° 8, pp. 105-123.

Istituto degli Innocenti (2001): *Progetto di recupero e riqualificazione dei locali posti in Via dei Fibbiai, nuova sede Unicef*, Firenze.

Juan Casademont, I. (2016): «La construcció del antic hospital de Santa Caterina: un palau al servei dels més necessitats», *Antic Hospital de Santa Caterina. 350 anys de esperit de servei*, Diputacio de Girona.

Juan Simón, J. M. (1998): «El Hospital Real y General de Nuestra Sra. de Gracia durante la Guerra de la Independencia (1808-1814)», *III Premio Los Sitios de Zaragoza*, AZ, pp. 81-130.

Jori, Gerard (2012): *Salud pública e higiene urbana en España durante el siglo XVIII. Una perspectiva geográfica*, Tesis, Universidad de Barcelona.

Keyvanian, C. (2015): *Hospitals and Urbanism in Rome, 1200-1500*, Brill, Boston.

Laborda Yneva, J. (1989): *Maestros de obras y arquitectos del período ilustrado en Zaragoza: crónica de una ilusión*, DGA, Departamento de Cultura y Educación, Zaragoza.

Lafuente García, J. P. (2016): *Fuentes para el estudio del Cirujano Menor en Zaragoza (1750-1850)*, TFM, Fac. Ciencias Salud, UZ.

Latas Fuertes, J. (2012): *La ocupación francesa de Zaragoza (1809-1813)*, Asociación Cultural «Los Sitios de Zaragoza».

Lauwers , M. (2014): «Circuitus et figura. Exégè, images et structuration des complexes monastiques dans l'Occident médiéval (IXe-XIIe Siècle)», *Monastères et espace social*. Brepols, pp. 43-109.

Leistikow, Dankwart (1967): *Edificios hospitalarios en Europa durante diez siglos. Historia de la arquitectura hospitalaria*, C. H. Boehringer Sohn, Ingelheim am Rhein.

Lobelle-Caluwé, Hilde (2001): «Sint-Janshospitaal in Brugge», *OKV*, jaargang, 2 (M. Peeters coord.).

Lomba Serrano, C. (1989): *La casa consistorial en Aragón. Siglos XVI y XVII*, DGA, Dep. Cultura y Educación, Zaragoza.

Lop Otín, P. (2009): «La conclusión de los porches de Independencia tras el derribo del convento de Jerusalén», *La ciudad de Zaragoza de 1908 a 2008*, Coord. García Guatas, pp. 583-592.

López Cenamor, L. (2020): *Los hospitales cruciformes españoles de los siglos XV y XVI. Tutela, transformación, reuso desde 1836 hasta la actualidad*, Tesis, Universidad Castilla La Mancha y Politecnico di Milano

López González, J. (1997): *La ciudad de Zaragoza a finales del s. XVIII (1782-1792)*, IFC, Zaragoza.

López Piñero, J. M. y Terrada Ferrandis, M. L. (1967): «La obra de Juan Tomás Porcell (1565) y los orígenes de la anatomía patológica moderna», *Medicina e historia*, fascículo XXXIV, junio.

López Terrada, M. L. (1996): «El hospital como objeto histórico: Los acercamientos a la historia hospitalaria», *Revista d'historia medieval*, pp. 192-204.

López Terrada, M. L. y Lanuza Navarro, T. (2007): *Los estudios históricos sobre el Hospital General de Valencia*, Fundació Hospital Reial i General, Valencia.

López-Ibor, J. J. (2008): «La fundación en Valencia del primer hospital psiquiátrico del mundo», *Actas Españolas de Psiquiatría,* 36 (1), pp. 1-9.

Lorén, Santiago (1979): *Historia de la medicina aragonesa*, Ed. Librería General, Zaragoza.

Maiso González, J.

(1978): «Aspectos del Hospital de Gracia y Aragón bajo los Austrias», *Estudios*, Dep. Historia Moderna y Contemporánea, UZ, pp. 267-321.

(1982): *La peste aragonesa de 1648 a 1654*, Col. Estudios n.º 80, Dep. Historia Moderna y Contemporánea, UZ.

Martí Aris, C. (2014): *Las variaciones de la identidad. Ensayo sobre el tipo en arquitectura*. Fundación Arquia. Escuela de Arquitectura de Barcelona.

Martín Ferrero, M. A. (2008): «El Corral de Comedias de Toro (siglos XVII-XVIII)», *Revista Proculto,* 4.

Martínez Bedmar, A. (2018): *La fundación del hospital de la Santa Creu de Barcelona: el Manual Primero del notario Joan Torró*, TFG, Universidad de Barcelona.

Martínez Calvo, P.

(1984): *Zaragoza heroica e inmortal. Fosales y necrópolis. Recuerdos del pasado*, IFC, Zaragoza.

(1991): «Zaragoza cristiana», *Las necrópolis de Zaragoza*, AZ, Zaragoza, pp. 99-160.

Martínez Herranz, A.

(1996): «La Casa de Farsas del Hospital de Nuestra Señora de Gracia en Zaragoza (1590-1778). De corral de comedias a teatro a la italiana», *Artigrama*, 12, pp. 193-215.

(2003): *La arquitectura teatral en Zaragoza: de la Restauración borbónica a la Guerra Civil (1875-1939)*, IFC.

Martínez Molina, J.

(2016): «La Ilustración, una edad de oro de la arquitectura aragonesa (1750-1808)», *Pasión por la libertad. La Zaragoza de los Pignatelli*, Ibercaja,Zaragoza, pp. 314-355.

(2023): «La Zaragoza de Goya (1746-1775). Una destacada ciudad española en el sistema urbano de la Ilustración», *Dieciocho XVIII* Hispanic enlightenment, University Virginia, Vol.46.2, pp. 281-325.

Martínez Montero, J. (2013): «Las escaleras claustrales en la arquitectura nobiliaria del Renacimiento español», *Actas VIII Congreso Nacional Hª de la Construcción*, Vol. 2, Madrid, pp. 631-639.

Martínez Millana, E. y Cánovas Alcaraz, A. (2017): «Transformaciones de la percepción: hacia el inconsciente óptico. El hospital Hôtel-Dieu de Paris en el siglo XIX," *I Congreso Internacional en Comunicación Arquitectónica*, UP Madrid, pp. 54-59.

Martínez Verón, J., Navarro, A., y Gay, J. (2008): *Historia y vida cotidiana del Hogar Pignatelli 1666-1971*, Los Fueros, Zaragoza.

Martínez Verón, J. y Rivas Gimeno, J. L. (1985): «Arquitectura y pintura en en la iglesia de San Felipe y Santiago el Menor de Zaragoza», *Boletín del Museo e Instituto Camón Aznar*, XIX, Zaragoza, pp. 93-133.

Mazzucato, T. (2009): «Idea del espacio escénico y lugares para la representación teatral entre los siglos XV y XVI. Modelos de teatro a la manera de Italia», *Studia Aurea*, 3, pp. 139-172.

Melón Juncosa, I. (2017): «Procesiones y religión cívica en Zaragoza. Los pregones del concejo entre 1450 y 1500», *Aragón en la Edad Media*, 28, pp. 91-140.

Ministero per i Beni Culturale e Ambientali (1986): «Siena. La fabrica del'Santa Maria della Scala», *Bollettino d'Arte*, Volume Speciale, Istituto Poligrafico e Zecca dello Stato.

Miralles Sangró, M. T. y Durán Escribano, M. (2009): «Incendio de un hospital en el siglo XVIII. Análisis del acontecimiento descrito por Francisco José de Goya y Lucientes», *Index Enferm* [online], vol.18, n.4, Granada, octubre-diciembre.

Miralles Sangró, M. T., Gigante Pérez, C. y Miranda Camarero, M. V. (2004): «La Gran Sala del Hospital del Santo Espíritu de Roma», *Index Enferm* [online], vol.13, n.47, pp. 66-68.

Moneva, J. (1949): «Los Sitios de Zaragoza», *Revista nacional de Arquitectura*, 95, pp. 473-480.

Montanel Marcuello, M. A. (2018): «Marginalidad y asistencia social. Huérfanos en la Zaragoza moderna», *Nuevas perspectivas de investigación en Historia Moderna: Economía, Sociedad, Política y Cultura en el Mundo Hispánico*, Pérez Samper y Betrán Moya (eds.), Universidad Autónoma de Barcelona, pp. 446-455.

Monterde Albiac, C. (2008): «Las Ordinaciones del Hospital de Nuestra Señora de Gracia establecidas por don Alfonso de Aragón, arzobispo de Zaragoza y lugarteniente general del reino», *Aragón en la Edad Media*, XX, pp. 505-528.

Navarro Bometón, M. J. (2015): *De hospitales para el alma a dispositivos de poder: arquitectura en las instituciones psiquiátricas aragonesas (1809-1939),* Tesis, Dep. Hª del Arte, UNED.

Navascues Palacio, P. (1997): «La arquitectura gótica: de iglesia a palacio», en Navascués *et al.*: *El patio de la casa Gralla. Una reconstrucción*, Prosegur, Madrid.

Nicolás-Minué Sánchez, A. J. (2018): *Familias Nobles de Aragón. Linages de Nobles e Infanzones del Reyno de Aragon y sus descendencias escritos por Juan Mathias Estevan*, IFC, Zaragoza.

Nogales Espert, A. (2001): «La atención a los peregrinos en el Camino de Santiago: su importancia para la enfermedad medieval y de principios de la Edad Moderna», *Híades*. Revista de Historia de la Enfermería, 8, octubre, pp. 120-129.

Nogueras Langa, V. (2018): «Un retablo de San Lucas de Bardallur: una joya del Renacimiento», *ADOR Patrimonio escondido de Valdejalón II*, n.º 25, Centro de Estudios Almunienses, pp. 183-189.

Nogales Espert, A. (2001): «La atención a los peregrinos en el Camino de Santiago: su importancia para la enfermedad medieval y de principios de la Edad Moderna», *Híades*. Revista de Historia de la Enfermería, 8, octubre, pp. 120-129.

Nuere Matauco, E. (2010): *Dibujo, geometría y carpinteros en la arquitectura*. Discurso en la Real Academia de BB.AA. de San Fernando, 17 enero 2010.

O'Byrne, M. C. (2011): *El Proyecto para el Hospital de Venecia de Le Corbusier.* Tesis Doctoral, 5 vols. Barcelona. UPC-ETSAB.

Oliván Jarque, I. (1983): *El convento de las Fecetas de zaragoza. Estudio histórico-artístico,* Caja Ahorros de Zaragoza.

Ollaquindia Aguirre, R. (1999): «La Orden hospitalaria de San Antonio en Navarra», *Cuadernos de etnología y etnografía de Navarra*, Año 31, N.º 74, pp. 593-610.

Ona González, J. L. (1997): *Goya y su familia en Zaragoza*, IFC, Zaragoza.

Ortiz Valero, N. (2013): *Martín Bernat, pintor de retablos, documentado en Zaragoza entre 1450 y 1505,* IFC, Zaragoza.

Padrós, E. (1965): «Cristianismo y Hospital», *Medicina e Historia*, Fasc.10, abril.

Palacín Zueras, M. C. (2002): *Vida del gran San Antonio Abad, San Antón. Casas antonianas en Huesca, Zaragoza, Madrid, Barcelona, Segovia, Albacete, Mallorca, Fortaleny (Valencia)... Ermitas, devociones y fiestas al santo*, Huesca.

Palos, C., Carmona, A. M. y Andrés, I. (2018): «La Farmacia del Hospital de Nuestra Señora de Gracia de Zaragoza: la importancia histórica de un legado», *Medicina e Historia*, 38, pp. 22-38.

Park, K. y Henderson, J. (1991): «The first Hospital among Christians: The Ospedale di Santa Maria Nuova in early sixteenth-century Florence», *Medical History*, 35, pp. 164-188.

Parrilla Hermida, M. (1972): «Un hospital militar en 1716», *Medicina e Historia*, 15, julio, pp. 2-26.

Pasqual de Quinto y de los Ríos, J. I. (1985): Álbum gráfico de Zaragoza, Zaragoza.

Pérez Domínguez, J. (2018): *Acercamiento a las arquitecturas de la salud en el continente africano,* TFG, ETS Arq. Valladolid

Pérez Galán, C. (2013): «Los grandes hospitales urbanos en Aragón en el siglo XV: Ntra Sra de la Esperanza en Huesca y Ntra Sra de Gracia en Zaragoza», *Assistenza e Solidarietà in Europa (secc. XIII-XVIII)*, Firenze University Press, pp. 291-306.

Pérez Pérez, N. (2004): «El Hospital General de Santa Creu frente al Real Colegio de Cirugía de Barcelona», *Medicina e Hª*, 1, 1-15.

Perria, R. (2013): *El hospital cruciforme: formación y transformación. Estudios tipológicos para la reconversión patrimonial,* Tesis, Escuela de Arquitectura, Universidad de Granada.

Pevsner, N. (1979): *Historia de las tipologías arquitectónicas,* Ed. Gustavo Gili, Barcelona

Piccini, G.

(2013): «Documenti per una storia dell'Ospedale di Santa Maria della Scala di Siena», *Summa*, 2, pp. 1-29.

(2016): «I modelli ospedalieri e la loro circolaziones dall'Italia all'Europa alla fine del Medioevo», *Civitas bendita: encrucijada de las relaciones sociales y de poder en la ciudad medieval* (coord. Cavero G.), Univ. León, pp. 9-26.

Pieltain, A. (2000): «El hospital. Doscientos años de proyectos», *Hospitales: la arquitectura del Insalud, 1986-2000*, Instituto Nacional de la Salud, Madrid, pp. 7-115.

Rábanos Faci, C. (1973): «San Lucas de Bardallur: Un retablo aragonés de la época del Renacimiento», *Francisco Abbad Ríos, a su memoria*, Departamento Historia del Arte, UZ, pp. 183-189.

Ragab, Ahmed (2015): *The Medieval Islamic Hospital. Medicine, Religion, and Charity*, Cambridge University Press, New York.

Reig Ferrer, A.; Chilet Llácer, B. y Cerdá Ballester, J. (2011): «L'Hospital General de Valencia segons un planol del segle XIX», *Archivo de Arte Valenciano*, XCII, pp. 215-222.

Ribagorza, J. (1923): «Figuras históricas de Aragón. Don Diego Fecet», *El Noticiero*, 1-XII.

Riera, Juan (1975): *Planos de hospitales españoles del siglo XVIII existentes en el Archivo General de Simancas: inventario primero*, Acta Histórico-Médica Vallisoletana, Valladolid.

Rincón García, W. (2008): *La Zaragoza de los Sitios*, Fundación 2008, Zaragoza.

Rincón González de Agüero, A. (2021): «Un dibujo y estampa de la serie «Ruinas de Zaragoza», *Aragón turístico y monumental*, 390, mayo, pp. 65-67.

Rivas Gonzalo, M. y Martínez Giménez, J. C. (2016): *La colección de estampas grabadas antiguas de la EEAD-CSIC de la serie "Ruinas de Zaragoza" (1812-1813) de Fernando Brambila y Juan Gálvez*, Biblioteca virtual CSIC.

Roca Cabau, G. (2018): «La unión de los hospitales ilerdenses: el expediente de 1447», *Revista de la CECEL*, 18, pp. 31-54.

Roca Casas, J. e Ylla-Catalá, M. (2016): «L'Hospital de la Santa Creu de Vic: Fidelitat a un ideari», *Gimbernat*, 65, pp. 43-54.

Rosario Messina, P. (2003): «Historia de los hospitales católicos», *La identidad de las instituciones católicas de la salud (Actas Conferencia Internacional), Dolentium Hominum*, 52, pp. 80-85.

Rosario Torrejón, C. (2020): «La reina María de Castilla y el patronazgo espiritual en Aragón bajo las directrices de la observancia», *Aragón en la Edad Media*, 31, pp. 227-254.

Royo García, J. R.

(1992): «Los arzobispos de Zaragoza a fines del s.XVI. Aportaciones a sus biografías». *Jerónimo Zurita*, 65-66, pp. 53-66.

(2016): «La diócesis de Zaragoza en el s.XVIII», *Pasión por la libertad. La Zaragoza de los Pignatelli*, Ibercaja, 362-382.

Saguar Quer, C. (1988): «Carlos III y el restablecimiento de los cementerios fuera del poblado», *Fragmentos* n.º 12-13-14, Ministerio de Cultura, pp. 241-259.

Sala Valdés, M. (1933): *Estudios históricos y artísticos de Zaragoza*, Real Academia BB AA de San Luis de Zaragoza.

Salmerón, Steven S. (2005): «El Hospital del canonge Colom: el embrión de Santa Creu», *desantacreu asantpau blogspot*.

San Vicente Pino, A.

(1965) *El oficio de Padre de Huérfanos en Zaragoza*, Talleres Gráficos La Editorial, Zaragoza.

(1972): «El teatro en Zaragoza en tiempos de Lope de Vega», *Homenaje a Francisco Yndurain*, Lib. General, pp. 267-361.

(1981): *Monumentos diplomáticos sobre los edificios fundacionales de la Universidad de Zaragoza y sus constructores*, IFC, Zaragoza (1986): «Algunos documentos para la historia del teatro en Zaragoza en el siglo XVII», *Criticón*, 34.

(1991): *Años Artísticos de Zaragoza, 1782-1833, sacados de los Años Políticos e Históricos que escribía Faustino Casamayor, alguacil de la misma ciudad,* Ibercaja, Zaragoza.

(1991): *Lucidario de Bellas Artes en Zaragoza: 1545-1599*, Real Soc. Económica Aragonesa Amigos del País, Zaragoza.

Sanchez Lecha, A. (2020): *Madres e hijos. Historia de la Maternidad e Inclusa Provincial de zaragoza. Siglos XIX y XX*, IFC.

Sanchez-Robles Beltrán, C. (1995): «El impacto de la modernidad en los procesos de formalización espacial post-medievales: los hospitales de los Reyes católicos», *Boletín Académico. Escola Técnica Superior de Arquitectura da Coruña*, 19, pp. 55-61.

Sanjurjo Castelao, G. y Paz Ranz, S. (2013): «Acerca de Pinel, el Hospital de Zaragoza y la terapia ocupacional», *Rev. Asoc. Esp. Neuropsiq.*, 33 (117), pp. 81-94.

Savage-Smith, E. (2013): «Medicine in Medieval Islam», *The Cambridge History of Science*, Cambridge Univ. Press, pp. 139-167.

Serrano Martínez, A. y Arnal Berniz, M. R. (2002): «Ntra Sra del Portillo. Historia y fe de un santuario urbano en Zaragoza», *Ntra Sra del Portillo. Historia y fe de un santuario urbano en Zaragoza, Parroq. Ntra. Sra. del Portillo*, Zaragoza, pp. 25-113.

Solano, F. y Armillas, J. A. (1976): *Historia de Zaragoza II: Edad Moderna*; AZ.

Stone, P. J. (1965): «Elements of the Hospital: 1300-1900», *Architectural Rewiew,* 26 june, pp. 413-416.

Suárez Quevedo, D. (2012): «La Sombra del Quattrocento en las postrimerías del siglo XV hispano: Ideas, ideales, modelos», *Anales de Historia del Arte,* Vol.22, pp. 197-224.

Taddia, E.

(2007): «La vita appesa a un filo: medicina e bambini esposti nella ruota a Pammatone (XV-XIX secolo)», *L'antico ospedale di Pammatone e il suo archivio dimenticato: XV- XX s.,* Actas, (coord. Regesta y Taddia), Genova, pp. 41-59.

(2011): «Sculture e perdoni. Carità e munificenza a Genova nell'antico ospedale di Pammatone», *L'iconografia della solidarietà. la mediazione delle immagini (s. XIII-XVIII),* (coord. Carboni y Muzzarelli) Venezia, Marsilio, pp. 251-263.

Tarifa Castilla, M. J.

(2005): «El maestro de obras Martín de Gaztelu en tierras navarras», *Artigrama*, 20, pp. 255-277.

(2012): «Las grandes empresas arquitectónicas de la primera mitad delsiglo XVI en el contexto de la conquista e incorporación de Navarra a la Corona de Castilla», *Príncipe de Viana,* 256, mayo-agosto, pp. 473-514.

Tellechea Idígoras, J. I.

(1968): *Las hermanas de la Caridad de Santa Ana y el Hospital de Nuestra Señora de Gracia de Zaragoza. Documentos históricos I: Extractos de los libros de Sitiadas (1807-1858)*, Zaragoza.

(1976): *Las hermanas de la Caridad de Santa Ana y el Hospital de Nuestra Señora de Gracia de Zaragoza. Documentos históricos II: Constituciones primitivas*, Vitoria.

(1984): *Las hermanas de la Caridad de Santa Ana y el Hospital de Nuestra Señora de Gracia de Zaragoza. Documentos históricos III: El primer decenio (1804-1814)*, Vitoria.

(1986): *Las hermanas de la Caridad de Santa Ana y el Hospital de Nuestra Señora de Gracia de Zaragoza. Documentos históricos IV: El segundo decenio (1814-1824)*, Vitoria.

Teresa Morales, C. y Garcia Berrocal, F. J.

(2013): «Hôtel-Dieu de París; orígenes y aparición de las primeras enfermeras religiosas de la historia». *Cultura de los Cuidados* (Edición digital) 17, 35 (http://dx.doi.org/10.7184/cuid.2013.35.04).

(2013): «Hôtel-Dieu de París; reformas materiales, estructurales y funcionales entre los siglos XII y XVIII». *Cultura de los Cuidados* (Edición digital) 17, 36 (http://dx.doi.org/10.7184/cuid.2013.36.04).

Torres Aured, M. L. (2009) *Los Sitios de Zaragoza: Alimentación, enfermedad, salud y propaganda*, IFC.

Torres Balbás, L.

(1944): «El hospital del Rey, en Burgos», *Al-Ándalus,* IX, pp. 300-310.

(1953) «La iglesia de Santa María de Mediavilla, catedral de Teruel», *Archivo Español de Arte*, 102.

Traín Urrea, J. (1983): *Arquitectura Civil de Zaragoza*, AZ, Zaragoza.

Ubieto Arteta, A. (1983): «Pobres y marginados en el primitivo Aragón», *Aragón en la Edad Media*, 53, pp. 7-22.

Usón García, R.

(2003) *La arquitectura del convento de Santo Domingo de Zaragoza (1217-2002)*, IFC, Zaragoza.

(2005) «Arquitectura prístina y metamorfosis del templo parroquial de San Gil en Zaragoza», *Parroquia San Gil*, pp. 4-11.

(2011) «El hospitalico de Sta Fe y la reforma urbana del Bº antiguo de S Gil en el XVIII», *Aragonia Sacra*, 21, 249-272.

(2020) «El Pilar, promotor de las artes. Arquitectura e historia del templo de Santa María del Pilar de Zaragoza», *Diócesis de Zaragoza. El mecenazgo de los obispos en el arte aragonés*, Papeles del MUDIZ, 7. Alma Mater Museum, 183-226.

(2019) «Topografía medieval y moderna en el entorno del templo parroquial de San Gil Abad», *Parroquia de San Gil Abad*, pp. 9-23. También: *Aragonia Sacra*, 25, pp. 189-214.

(2022) «El santuario de Santa María la mayor o del Pilar en 1118, año de la reconquista de Zaragoza», *Pasión por Zaragoza*, E. Serrano coord., UZ, pp. 487-494.

(2022) «La arquitectura del antiguo convento de San José de carmelitas descalzas de Zaragoza en el centro administrativo municipal Casa Jiménez», *Aragonia Sacra*, 26, pp. 173-198.

(2023) *La arquitectura medieval cristiana de Zaragoza. Orígenes y particularidades de la arquitectura gótica regional*, IFC.

Vázquez Álvarez, D. (2010): *Memoria de la intervenció arqueologica al carrer de l'hospital 56-58. Jardins de Rubió i Lluch*, Vol.I, Codex Arqueologia i Patrimoni.

Velluzzi, N. (2016): *Santa Maria Nuova a Firenze tra rilievo e disegno di progetto*, Tesis, Dipartimento di Architettura, Università degli Studi di Firenze.

Viamonte Lucientes, E. (2013): «El Coliseo de Comedas de Zaragoza en llamas. Óleo de Goya y signo de su tiempo», *Goya y su contexto*, Actas, pp. 93-111.

Victoir, G. (2013): «La polychromie de l'ancienne infirmerie d'Ourscamp (Oise)». *Gentse Bijdragen tot de Interieurgeschiedenis*, 38, pp. 29-49.

Villagrasa Elías, R.

(2014): «Aproximación a los hospitales a través de los registros de actos comunes de la archidiócesis de Zaragoza (1400-1411)», *Aragón en la Edad Media*, 25, pp. 323-358.

(2016): «Política hospitalaria en los concejos aragoneses del cuatrocientos», *Identidades urbanas Corona de Aragón - Italia. Redes económicas, estructuras institucionales, funciones políticas (siglos XIV-XV)*, Prensas UZ, pp. 163-176.

(2016): La red de hospitales en el Aragón medieval (ss. XII-XV), IFC, Zaragoza.

(2020): Escrituras monumentales y arquitecturas hospitalarias en la península ibérica (ss.XV-XVI), *ArtisOn* 10, p.16 - 33.

Villanueva Morte, Conejo da Pena y Villagrasa-Elías, eds. (2018): *Redes hospitalarias: historia, economía y sociología de la sanidad,* IFC, Zaragoza.

Wilkinson, C. (1977): *The Hospital of Cardinal Tavera in Toledo*, New York.

Ximénez de Embún y Val, Tomás.

(1901): *Descripción histórica de la antigua Zaragoza y de sus términos municipales*, Librería Cecilio Gasca, Ed. Facsímil: El Día, 2 Vols. Zaragoza, 1986.

(1951): *Edificios destruidos durante los Sitios*, Publicaciones la Cadiera, 43, Zaragoza.

Zaragoza Catalán, A. (2016): «Las nuevas máquinas de la memoria», *Tecniche costruttive nel Mediterraneo dalla stereotomia ai criteri antisismici*, Edizioni Caracol, Palermo, pp. 2-8.

Zaragoza Catalán, A.; Marín Sánchez, R. y Navarro Camallonga, P. (2019): «Escaleras con bóveda de piedra en Valencia durante la Edad Moderna (ss.XV-XVIII)», *Historia de la ciutat de Valencia*, T.VIII, Relar urbá, Ay.Valencia, CTAV, pp. 100-118.

Zoitou, S. (2021): *Staging Holiness: The Case of Hospitaller Rhodes (ca. 1309-1522)*, Swiss National Science Foundation.

Zubiri Vidal, F. (1966): «Ordinaciones del Hospital Real de Ntra. Sra. de Gracia de Zaragoza», DPZ, pp. 93-122.

Apéndices

Apéndice I

Entidades espaciales y plantas generales del Hospital en 1600

X PUERTAS Y CORREDORES

XP PUERTAS DEL RECINTO

1   PUERTA PRINCIPAL

2   PUERTA DE LA IGLESIA

3   PUERTA FALSA

4   PUERTA DEL CEMENTERIO

5   POSTIGO DEL GRANERO (SOLEDAD)

6   POSTIGO DE JERUSALÉN

XC CORREDORES PRINCIPALES

1   CALLE MERIDIANA COSO-JERUSALÉN

2   EJE W-E CORREDOR DE LAS HERMANAS

3   EJE N-S CORREDOR DEL COSO

4   CORREDOR SEPTENTRIONAL O DEL ARCHIU

5   CORREDOR CENTRAL O DE LOS CLÉRIGOS

6   CORREDOR MERIDIONAL O DE LOS ALJIBES

7   CORREDOR DE LOS HERMANOS LOCOS

8   CALLEJÓN DEL CORRAL DE LOS LOCOS

9   CALLEJÓN DEL CORRAL DE LAS CABRAS

10 CORREDOR DEL CEMENTERIO

11 CALLEJÓN ENTRE EL HOSPITAL Y JERUSALÉN

12 CALLE DE LA SOLEDAD O CALLEJÓN ORIENTAL

XD DISTRIBUIDORES

1   VESTÍBULO GENERAL

2   ESCALERA PRINCIPAL

3   SALÓN DISTRIBUIDOR

P PATIOS

PP PATIO PRINCIPAL (CLAUSTRO)

PF PATIO DE LA PUERTA FALSA (ALJIBE DE LA COCINA)

PW PATIO OCCIDENTAL (ALJIBES BODEGA Y BOTICA)

PC PATIO CENTRAL

PE PATIO ORIENTAL (CONEJAR)

PJ PATIO DE LOS ALJIBES

PR PATIO DE LOS CARROS

H HUERTOS

HR HUERTO DE LOS REGIDORES

HG HUERTO DEL GRANERO

HF HUERTO DEL BOTICARIO

HT HUERTO DE TIERMAS

Y IGLESIA

E ELEMENTOS

1   PUERTA PRINCIPAL

2   PATIO DE ENTRADA

3   PATIO CORTAVIENTOS

4   FUSTERÍA

5   PUERTA DEL CLAUSTRO O PATIO PRINCIPAL

6   PÚLPITO

7   CLAUSTRO TRAS EL ALTAR MAYOR

8   PATIO Y SECRETAS DE LA SACRISTÍA MAYOR

9   ENSERES DE LA IGLESIA

10 APOSENTO COLEGIO DE MÉDICOS

11   ENSERES DE LA SACRISTÍA

12   HABITACIÓN DEL SACRISTÁN

13   HABITACIÓN MONAGUILLOS

14   ESCALERA CORO Y CAMPANARIO

15   CORO

16   ÓRGANO

17   CAMPANARIO

C CAPILLAS

18   MAYOR O DE NTRA. SRA. DE LA ESPERANZA

19   SANTA ANA-FERRIZES

20   QUINTA ANGUSTIA

21   SAN LUCAS, SAN COSME Y SAN DAMIÁN

22   PILA DE BAUTIZAR

23   SAN SEBASTIÁN

24   SAN GREGORIO

25   NUESTRA SEÑORA DE GRACIA

26   ABAJAMIENTO DE LA CRUZ-CONTAMINAS

27   CRUCIFIJO-CLEMENTES

S SACRISTÍAS

28   MAYOR

29   MENOR

30   NUESTRA SEÑORA DE GRACIA

31   CONTAMINAS

T TRIBUNAS O CAMARILLAS

32   PROTONOTARIO BAJA

33   BAYLE BAJA

34   SÁSTAGO BAJA

35   COLOMA BAJA

36   CAMARILLA DEL PÚLPITO

37   ZAPORTA BAJA

38   VILLALPANDO BAJA

39   GILBERTES

40   CASTELAR ALTA

41   PROTONOTARIO ALTA

42   BAYLE ALTA

43   LANUZA ALTA

44   HÍJAR ALTA

45   REYNO ALTA

46   HOSPITAL ALTA

47   AUDIENCIA ALTA

48   CONTAMINAS

Q QUADRAS

QH QUADRAS DE HOMBRES

R   REY

Z   ARZOBISPO

C   CABALLERÍAS

S   SAN SEBASTIÁN

M   SANTA MARÍA

B   BUBAS

C   CIRUGÍA ALTA

V   CONVALECIENTES

P   PROTONOTARIO

T   TIERMAS

G   SAN MIGUEL

Q   SANTAS CRUCES

1   CUARTO DE GUARDIA DE VELA

2   CUARTO DEL REGIDOR DE SEMANA

QM QUADRAS DE MUJERES

P   PRIMERAS

S   SEGUNDAS

D   DISTINGUIDAS

B   BUBAS

I   INCLUSA O AMAS

V   CONVALECIENTES

C   CIRUGÍA

D DEMENTES Y TIÑOSOS

DM DEMENTES MUJERES

1   ENTRADA

2   PATIO

3   CANTINA

HOSPITAL DE NUESTRA SEÑORA DE GRACIA DE ZARAGOZA (1600-1609)
PLANTA GENERAL PB - PLANTA BAJA
NIVEL +0,00M CALLE DEL HOSPITAL [1,A] +2,50M CALLE DEL COSO [39,Y] COTA~207,30

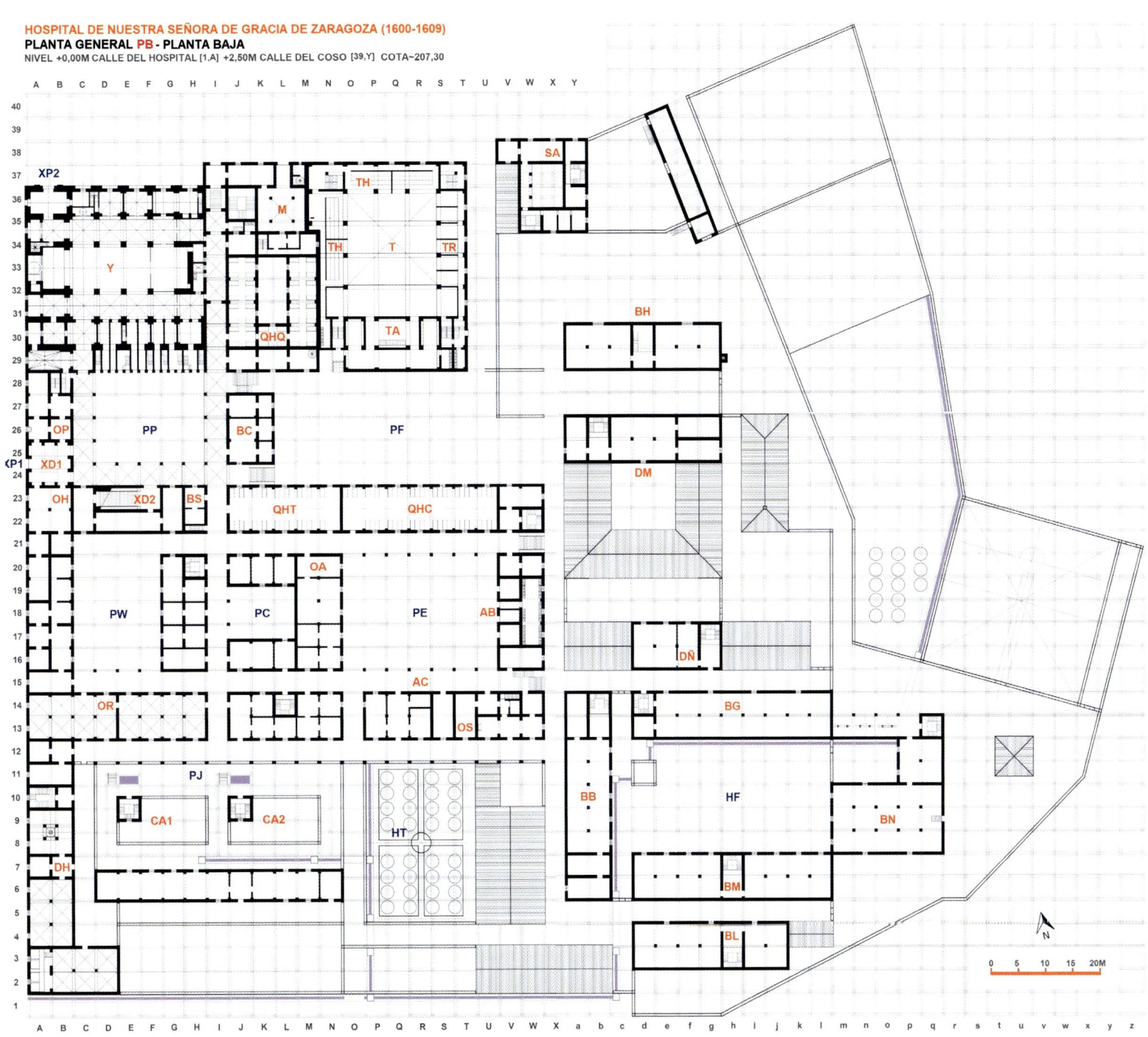

4   REPOSTE

5   DORMITORIO

6   GAVIAS

7   GUARDARROPA

8   ESCALERA HERMANAS SERVICIALES

9   APOSENTO HERMANAS SERVICIALES

10   APOSENTOS AUXILIARES

11   DORMITORIO DE LAS CUNAS

12   CALEFACTORIO

13   CORRAL DE LAS HERMANAS

14   COCINA DE LAS COLADAS

15   CORRAL DE ENTREGA

16   CORRAL DE GALLINAS

17   GALLINEROS Y ALMACENES

18   APOSENTOS LAVANDERAS

19   REFECTORIO (EN EL PATIO DE LOS ALJIBES)

DÑ TIÑOSOS

21   QUADRA TIÑOSOS

22   PADRE DE TIÑOSOS

23   APOSENTO AUXILIAR

24   DORMITORIO

25   ESCALERA

26   GUARDARROPA

27   REFECTORIO (EN EL PATIO DE LOS ALJIBES)

DH DEMENTES HOMBRES

31   REFECTORIO

32   DESPENSA

33   SALA DE LAS COLUMNAS

34   GAVIAS

35   CALEFACTORIO Y COCINA

36   ESCALERA GUARDARROPA Y DORMITORIO

37   GUARDARROPA

38   APOSENTO ROPA SUCIA

39   APOSENTOS PADRES DE LOS HERMANOS

40   DORMITORIO

41   APOSENTO DE LOS CEPOS

42   CALABOZO

43   CELDA DE CASTIGO

44   PASO DEL CORRAL DE LOS LOCOS

45   CORRAL DE LOS LOCOS

46   APOSENTO DE LAS MADERAS

O OFICINAS CENTRALES

OP PORTERÍA PRINCIPAL

1   PORTERÍA

2   APOSENTO 2º

3   APOSENTO DEL TORNO

4   APOSENTO ALTO

5   BODEGA PORTERÍA

OH SPITALET

1   SALA PRINCIPAL

2   SALA SANITARIA HOMBRES

3   SALA SANITARIA MUJERES

4   SALA AUXILIAR Y DE CAMILLAS

OB BODEGAS DE VINO

1   CANTINA

2   APOSENTO DE LA BODEGA DEL VINO

3   APOSENTO DEL BODEGUERO 1º

4   APOSENTO ENSERES

5   APOSENTO DEL BODEGUERO 2º

6   BODEGA 1ª

7   BODEGA 2ª

8   BODEGA DE LA IGLESIA

OF FARMACIA O BOTICA

1   BOTICA

2   REBOTICA

3   APOSENTO DEL REGENTE DE LA BOTICA

4   APOSENTOS DE LOS CRIADOS DE LA BOTICA

5   LABORATORIO

OA ARCHIVO-REPOSTE

1   ARCHIVO DE ESCRITURAS

HOSPITAL DE NUESTRA SEÑORA DE GRACIA DE ZARAGOZA (1600-1609)
PLANTA GENERAL EP - ENTREPLANTA
NIVEL +3,50M CALLE DEL HOSPITAL [1,A] +6,00M CALLE DEL COSO [39,Y] COTA~210,80

2   ARCHIVO DEL RACIONAL

3   APOSENTO ESCRIBANO DE RACIONES

4   APOSENTO DE LAS DROGAS

5   APOSENTO DEL RECEPTOR

6   REPOSTE

7   APOSENTO DEL REPOSTERO

8   APOSENTO MOZOS DEL REPOSTE

9   REPOSTES ALTOS

10   REPOSTE DE AFUERA

11   APOSENTO DEL PAN

12   ALMACEN DE LAS LIMOSNAS

13   CUARTOS DE LAS COFRADÍAS

OR REFECTORIOS

1   REFECTORIO DE LOS CLÉRIGOS

2   REFECTORIO DE LOS OFICIALES

3   APOSENTO DE LA FREGADERA

4   COCINA DE LOS REFECTORIOS

5   APOSENTO DE LOS COGEDORES

6   APOSENTO DEL REFITOLERO

7   APOSENTOS DE LOS MOZOS DEL REFECTORIO

OS SITIADA

1   ANTESALA

2   SALA SITIADA

A APOSENTOS RESIDENCIALES

AC CENTRALES CLÉRIGOS SUR

1   PREDICADOR

2   CAPILLA VIEJA DEL PREDICADOR

3   VEEDOR

4   GUARDARROPERO JUAN ESCOLANO

5   MAYORDOMO MIGUEL CORTÉS

AB CENTRALES CONEJAR BAJO

6   APOSENTO DE LA VAJILLA

7   COGEDOR PEDRO LÓPEZ

8   PRIVADAS

9   DESPENSERO

10   APOSENTO DE LOS CÁNTAROS

11   ABEJERO JERÓNIMO HERNANDO

12   GUARDADAMAS

AS CENTRALES ENTREPLANTA SUR

1   CUARTO DEL CONEJAR

2   MÉDICO LICENCIADO MIGUEL SARRIÁ

3   COADJUTOR PEDRO SALVO

4   VICARIO

5   MOSÉN ANTONIO LACAMBRA

6   CANTOR CRISTÓBAL GIL

7   DEVOTO MIGUEL CARRASCO

8   LLAMADOR CRISTÓBAL GALVEZ

9   CANTOR ANDRÉS PALACIOS

AE CENTRALES ENTREPLANTA ESTE

10   MOSÉN JUAN CASTRO

11   MAESTRO CAPILLA ONOFRE FERRAGUT

12   CONTRABAJO MOSÉN FRANCISCO SÁNCHEZ

13   APOSENTO CANTORES

AP APOSENTOS DE LOS PASIONEROS

1   JUAN BENASQUE

2   MARTÍN LUCAS

3   BARTOLOMÉ GAYÁN

4   DOMINGO BOTAYA

5   MOSÉN CORTÉS

AE APOSENTOS DE LOS ENFERMEROS

1   ENFERMERO MAYOR

2   MADRE DE LOS CLÉRIGOS

3   MADRE DE FATIGADOS

4   TENIENTE DE CIRUJANOS

AN APOSENTOS DE LOS CANTORES

81   ESCRIBANO ENTRADAS ENFERMOS

82   CONTRAALTO IGLESIA

83   ORGANISTA

84   CONTRABAJO

85   APOSENTO VACIO

HOSPITAL DE NUESTRA SEÑORA DE GRACIA DE ZARAGOZA (1600-1609)
PLANTA GENERAL PP - PLANTA PRINCIPAL
NIVEL +7,00M CALLE DEL HOSPITAL [1,A] +9,50M CALLE DEL COSO [39,Y] COTA~214,30

86   COADJUTOR MAYOR

B OBRADORES TALLERES Y ALMACENES

BS SASTRERÍA

1   TALLER DE LA SASTRERÍA

2   APOSENTO AUXILIAR

BC CARNICERÍA

1   OBRADOR DE LA CARNICERÍA

2   APOSENTO DEL CARNICERO

BK COCINA MAYOR

1   DESPENSA

2   SALA DE LA CHIMENEA

3   SALA DE LAS RACIONES

4   APOSENTO DEL COCINERO

5   APOSENTOS MANCEBOS DE LA COCINA

6   APOSENTO DE LOS CONTADORES

BH HORNO

11   CORRAL DE LA LEÑA

12   CORRAL DEL HORNO

13   BODEGA DEL HORNO

14   APOSENTOS DEL PANADERO

15   APOSENTO MANCEBOS DEL HORNO

16   MASADERÍA

17   HORNO

18   CERNEDERO DEL HORNO

19   APOSENTOS DEL SALVADO

BF OFICINAS DE LA PUERTA FALSA

21   APOSENTO PORTERO DE LA PUERTA FALSA

22   APOSENTO DEL ZAPATERO

23   APOSENTO DEL TRIGO

24   BODEGUICA DEL VINAGRE BLANCO

25   BODEGUICA DEL ACEITE

26   APOSENTO SEGUNDO DE LA VAJILLA

BN GRANEROS

91   GRANERO ALTO

92   APOSENTO PARA PUGAR EL TRIGO

93   GALERÍA DEL GRANERO

94   ESCALERA DE LA GALERÍA

95   PASO DE LOS SACOS

96   GRANERO BAJO

97   HABITACIÓN

BO OFICIOS

1   APOSENTOS DEL CARBÓN

2   APOSENTO DE LA CALCINA

3   FUSTERÍA

4   APOSENTO DEL ALBAÑIL

5   APOSENTO DEL PLEGADOR

6   APOSENTO DEL ALJEZ

7   APOSENTOS DE LOS COGEDORES

8   APOSENTO DE LAS ESCOBAS

9   CARBONERA VACÍA

BD DESOLLADOR

11   DESOLLADOR

12   APOSENTO AUXILIAR

13   APOSENTO DEL SEBO

BI INGENIO DE LA CERA

21   APOSENTO DE ENTRADA

22   APOSENTO DEL INGENIERO

23   APOSENTO AUXILIAR

24   PATIO

25   INGENIO DE LA CERA

BB MIRADOR DE LA BOTICA

31   MIRADOR REPOSTE DE LA BOTICA

32   APOSENTO DE LOS TORNOS

33   APOSENTO DE LOS CÁNTAROS

BG GUARDARROPA GENERAL

41   GUARDARROPA

42   APOSENTO DEL APUNTADOR

BM GUARDARROPA DE MUERTOS

45   OFICINA DE LAS MORTAJAS

46   HABITACIONES

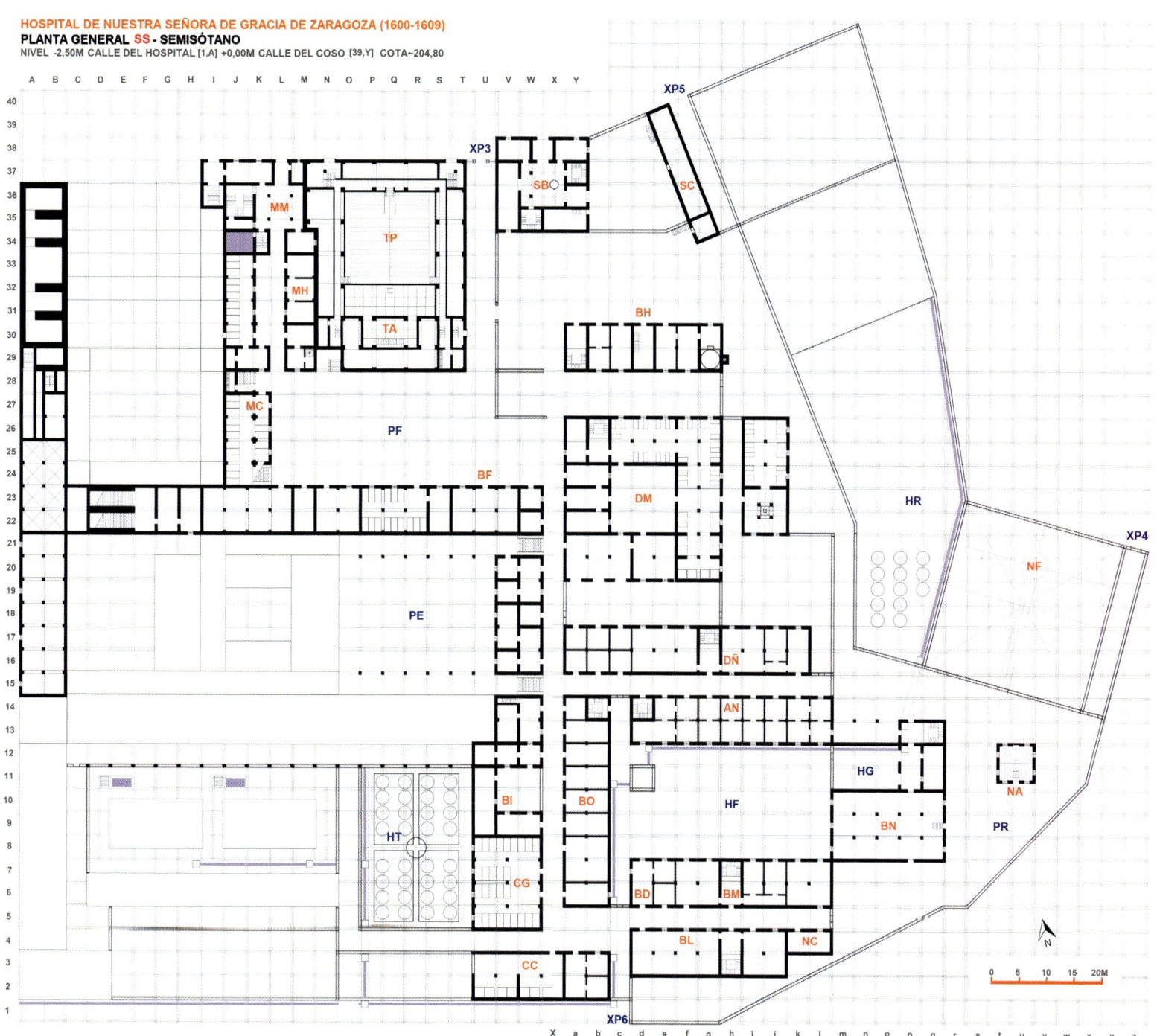

HOSPITAL DE NUESTRA SEÑORA DE GRACIA DE ZARAGOZA (1600-1609)
PLANTA GENERAL SS - SEMISÓTANO
NIVEL -2,50M CALLE DEL HOSPITAL [1,A] +0,00M CALLE DEL COSO [39,Y] COTA~204,80

47   APOSENTO DE LAS ARCAS

48   ESCALERA

49   CORREDOR DE LA ROPA DE MUERTOS

BL COLCHONERÍA

50   COLCHONERÍA

51   PAJAR DE LA COLCHONERÍA

C ENTIDADES COMPLEMENTARIAS

CA ALJIBES

1   ALJIBE MAYOR 1º

2   ALJIBE MAYOR 2º

3   ENTRADAS DEPÓSITOS MAYORES

4   PILAS DE AGUA MAYORES

5   ALJIBE DE LA BODEGA

6   ALJIBE DE LA BOTICA

7   ALJIBE DE LA COCINA

CM CABALLERIZAS DE LOS MACHOS

31   CABALLERIZAS DE LOS MACHOS (PUERTA FALSA)

32   APOSENTOS DE LOS GALLINEROS

CG CABALLERIZA GRANDE

61   CABALLERIZA GRANDE

62   APOSENTO DE LA CEBADA

63   APOSENTO MOZOS Y ENSERES CABALLERIZA

64   ALMACÉN

65   APOSENTO AUXILIAR

CC CABRERÍA

71   APOSENTO CABRERO

72   CORRALES CUBIERTOS DE LAS CABRAS

73   CORRAL DE LAS CABRAS

T TEATRO DE COMEDIAS

TR CAMARILLAS RESERVA

11   PUERTA CABALLEROS

12   ESCALERA CABALLEROS

13   SECRETA CABALLEROS

14   CAMARILLAS PISO 1

15   CAMARILLAS PISO 2

16   CAMARILLA ALTA

17   CAMARILLA REGIDORES

TH GRADAS HOMBRES

21   PUERTA HOMBRES

22   ESCALERA HOMBRES

23   GRADAS OCCIDENTALES PISO 1

24   GRADAS OCCIDENTALES PISO 2

25   GRADAS SEPTENTRIONALES PISO 1

26   GRADAS SEPTENTRIONALES PISO 2

TP PLATEA

31   PASADIZO CIRCUNVALACIÓN

32   PLATEA

TM GRADAS Y CAMARILLAS MUJERES

41   PUERTA MUJERES

42   ESCALERA MUJERES

43   CAMARILLAS SEPTENTRIONALES PISO 3

44   GRADAS ORIENTALES PISO 3

45   ESCALERA DE LAS GRADAS ALTAS

46   GRADAS ALTAS SEPTENTRIONALES PISO 4

47   CAMARILLAS OCCIDENTALES PISO 3

48   LETRINAS

49   CAMARILLAS APARTE PISO 3

TA ESCENARIO Y ACTORES

51   PUERTA ACTORES

52   ESCALERA SW

53   VESTUARIO ACTORES

54   RETRETE MUJERES

55   ROPERO ACTORES

56   TRASERA ESCENARIO

57   TRASERA ALTA

58   FOSO

59   PROSCENIO

M MESÓN

MM MESÓN Y PATIO

1   ENTRADA

HOSPITAL DE NUESTRA SEÑORA DE GRACIA DE ZARAGOZA (1600-1609)
PLANTA GENERAL ST - SÓTANO
NIVEL -5,00M CALLE DEL HOSPITAL [1,A] -2,50M CALLE DEL COSO [39,Y] COTA~202,30

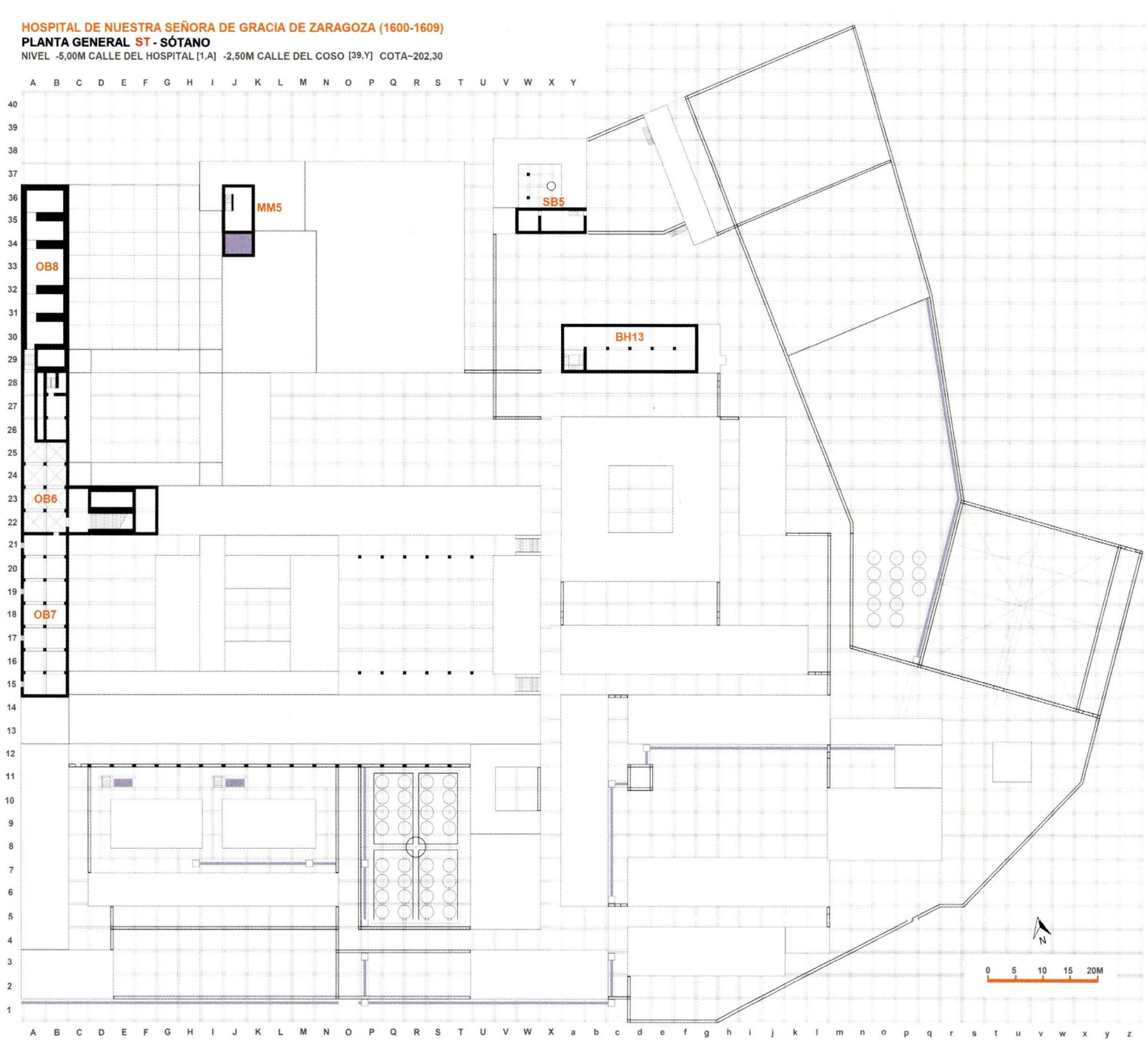

2   MESÓN

3   PATIO

4   ESCALERA PRINCIPAL

5   BODEGA

MP APOSENTOS PATIO DE COLUMNAS

6   APOSENTO COSO-1

7   APOSENTO COSO-2

8   APOSENTO COSO-3

9   APOSENTO COSO-4

10   APOSENTO PATIO-5

11   APOSENTO PATIO-6

MI APOSENTOS INTERIORES

12   ESCALERA SEGUNDA

13   APOSENTO I-1

14   APOSENTO I-2

15   APOSENTO I-3

16   APOSENTO I-4

MH APOSENTOS COMUNES

17   APOSENTO H-1

18   APOSENTO H-2

19   APOSENTO H-3 CHIMENEA

20   SALA BAJA-COCINA

21   SALA ALTA

MC CABALLERIZAS

22   APOSENTO DE LA CEBADA

23   APOSENTO BAJO LA COCINA

24   APOSENTO DE LA PAJA

25   NECESARIAS

26   CABALLERIZAS

27   SUBIDA A SANTAS CRUCES

S CASA DEL COSO

SB APOSENTOS DEL PATIO

1   ENTRADA DEL COSO

2   PATIO Y POZO

2   ESTUDIO

2   SALA

5   BODEGA

SA APOSENTOS ALTOS

6   APOSENTOS MERIDIONALES

7   APOSENTOS SEPTENTRIONALES

8   APOSENTOS DE LA ESCALERA

9   COCINA

10   MIRADORES

SC CORRAL Y CABALLERIZA

11   CORRAL

12   CABALLERIZA

13   PAJAR

14   LETRINA

N CEMENTERIO

NC CAPILLA DE LOS MUERTOS

52   APOSENTO O CAPILLA DE LOS MUERTOS

NA ANATOMÍA

53   APOSENTO DE ANATOMÍA

NF FOSAL

54   PUERTA DEL FOSAL

55   FOSAL TAPIADO

56   FOSA COMÚN

HOSPITAL DE NUESTRA SEÑORA DE GRACIA DE ZARAGOZA (1600-1609)
PLANTA GENERAL   PC - PLANTA DE CUBIERTAS

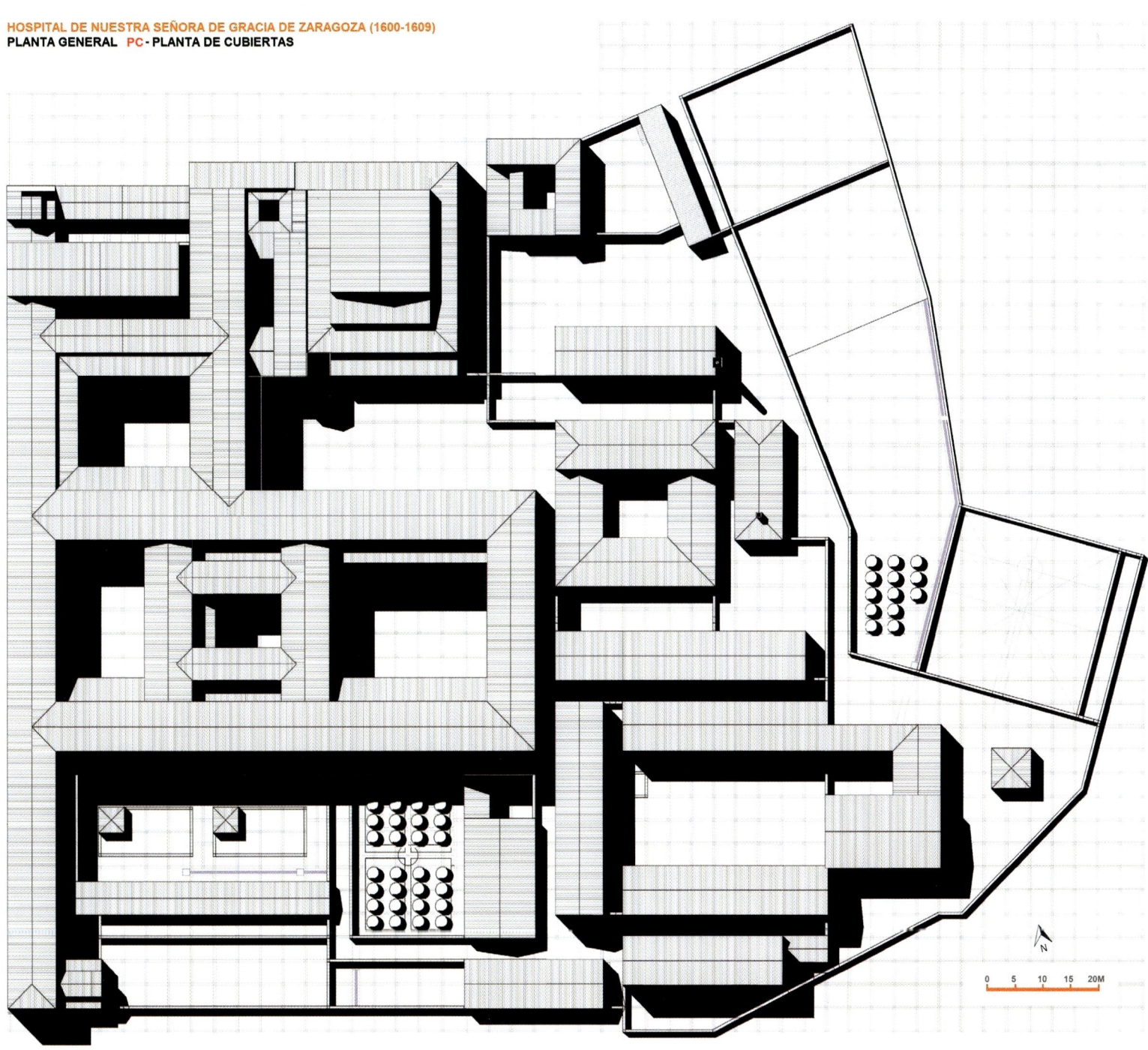

0   5   10   15   20M

Apéndice II

Libro de la Visita de 1600

Archivo Diocesano de Zaragoza (1600): *Libro de la Visita del Hospital. Año de 1600 en adelante* (Selección de textos)

Nota sobre la transcripción: Figuran entre corchetes las denominaciones implícitas que no figuran en el texto original pero que se ha considerado conveniente incluir para mejorar la comprensión del relato. Por la misma razón, en la mayoría del texto se ha tratado de transcribir con la ortografía actual, manteniendo la original excepcionalmente. Entre paréntesis figura la numeración de los folios.

[*Aposento del Archiu o Archivo del Hospital*] [Privilegios] (fol.13-) Privilegio del rey don Alonso al Hospital: 17 nov 1425 / (fol.14-) Privilegio Real: 21 jun 1429 / (fol.16-) Privilegio Real: 12 mar 1459 / (fol.23-) Privilegio rey don Hernando: 23 mar 1504 [Calaje 2º] (fol.30-) A los dos días del mes de marzo del año mil y seiscientos, en el dicho Hospital de Zaragoza los dichos Sres. Visitadores [Miguel Palacios y Francisco Ximénez] con mí el notario y secretario de esta causa continuando la dicha visita en el segundo cajón... (siguen privilegios y letras) [Calaje 3º] (fol.51-) Visura... calaje tercero... Privilegio rey don Felipe II: 14 nov 1547 / (siguen privilegios) Grabadito en frontispicio de Ntra. Sra. de Gracia (Anunciación): confirmación de privilegios; en cuarto; con las armas de Felipe II en el envés. / Cajón de privilegios apostólicos [Nota] (fol.67v-): Bula concedida por Eugenio IV por la cual dio comisión al abad de Santa Fe para que haga iglesia y altares en el Hospital, dada en Roma, Décimo Calendas Januarii 1431 / (fol.68-) Breve del Papa Nicolao para que el Hospital pueda tener Sagrario, dado en Roma, Uno Calendas martii 1453 / (fol.68-) Concordia entre el Hospital y San Miguel de los Navarros, 22... 1433, en Zaragoza, arzobispo Dalmau / (fol.69-) Visura calaje tercero... [Calaje 5º] (fol.72-) A 4 días de marzo 1600 en Zaragoza... los dichos comisarios fueron al Hospital y habiendo entrado en dicho Archivo continuando la visita hicieron visura del quinto cajón... / Arzobispos y vicarios generales... escrituras... / Licencia... para erigir Cofradía de las Sras. que sirvan a los pobres y hacer estatutos, 27 janero 1575 / Licencia para erigir dos altares en la iglesia del Hospital, el uno en la parte de arriba y el otro en la parte de abajo, para que puedan oir misa los enfermos y servidores, dada por García de Maluendo, vicario general del arzobispo don Alonso, en Zaragoza, a 15 de marzo de 1429 / (fol.74v-) Quinto cajón: escrituras... / (fol.75-) Entran al Archivo... (armarios, escrituras...) [Calaje 6º] (fol.85-) Sexto calaje: escrituras... / [Censales] (fol.124-) A seis de abril 1600. Siguen visita... (censales...) [Armario 2º] (fol.167-) A 3 de enero 1601. Siguen Visita: Segundo armario del Archivo... / (fol.182-) Abril... (armario, escrituras...) [Cajón de los treudos del Archivo] (fol.190-) A 20 de enero 1601... Cajón de los treudos del Archivo... [Armario 4º] (fol.202-) Finalizan los calajes del tercer armario del Archivo y siguen con otros doce calajes: treudos y heredades... / (fol.259v-) A 3 de febrero 1601. Cuarto armario... escrituras...(se cita aposento del Archivo o Archiu) [Armario del Unicornio] (fol.262v-) Armario del Unicornio (hay un cuerno del Unicornio)

[*Aposento del Archivo del Racional*] (fol.263-) Item en otro aposento más afuera del aposento del Archivo que le llaman Archivo del Racional, hallan otras cosas: libros, cajas... / (fol.263v-) ...en el estante alto de madera encajado en la pared de la mano izquierda entrando en dicho aposento hallan varios libros...

[*Aposento del Escribano de Raciones*] (fols.265-265v-) Marzo de 1601. Continuan la visita... aposento del Escribano de Raciones, donde hay libros... El cual aposento es para el oficio del escribano de raciones del Hospital, [que] de presente lo es Francisco Sornoza a cuyo gargo está la llave y la custodia de los papeles del dicho aposento.

[*Aposento de las Drogas*] Salen del aposento y entran en el aposento de al lado llamado aposento de las Drogas, a cargo del Racional del Hospital, que de presente lo es Juan de Tiermas [Faltan hojas]

[*Aposentos del Padre Predicador*] (fol.289-) Item se entró en otro aposento que está dentro del sobredicho, que tiene su puerta con cerraja y llave, en el cual duerme el padre predicador y en él había otra puerta... que sale al corredor de los aposentos de los clérigos, y en él hay lo siguiente: cama, arca, mesa, etc. De allí se volvió a salir a otro aposento que está al lado de la capilla, el cual sirve para tener el padre predicador su estudio en el cual se entró y hubieron relativo a que los libros que hay no son del Hospital sino del padre predicador... / (fol.287v-) Item cinco esteras para dicho aposento de estudio. Y en dicho aposento hay dos ventanas, la una sale al Ingenio de la Cera, que tiene su encerado, y la otra a la fustería. Et los dichos aposentos y ropa de ellos tiene a su cargo ahora María Martínez, mujer que sirve al padre predicador de esta cuaresma, y en lo demás del año lo tiene a su cargo mosén Juan García, guardarropero mayor.

[*Callejón de los aposentos de los clérigos*] Y salidos de dichos aposentos del padre predicador continuaron y volvieron por el mismo callejón de los aposentos de los clérigos, y luego a la misma mano a una rinconada hallaron una reja grande con sus medias ventanas, que sale al huerto de Joan de Tiermas, y luego al lado hay otra ventana con reja que sale al mismo huerto, y entre las dos ventanas una lámpara con su cuerda para dar luz a la entrada de dichos aposentos. [Faltan hojas]

[*Aposentos del Mayordomo*] (fol.290-) ...delantecamas, cortinas, orinal, arca, fundas de almohada y detrás de la cama hay otra ventanica pequeña que sale al claustro y otra ventana que sale al corredor. Item en el segundo aposento que sirve para dormir en el ... de dicho mayordomo, se halló... (muebles) Item otro aposento que es el tercero con su puerta y dentro de él había una mesa, bufete, cajones, ... tres cuadros, dos cortinas... y hay una ventana con sus encerados que sale al huerto que tiene Juan de Tiermas. Item en el cuarto aposento que sirve de alcoba había su puerta y una ventana con encerado que sale al huerto sobredicho, en el cual hay una chimenea... horquillas, canalillo para asar... (fol.290v-) Item en el quinto aposento que sirve de corredor hay su puerta... que sale al huerto de Joan de Tiermas. Item tres mesas, con pie las dos y la otra muy vieja y sin pie, dos bancos de madera encajados en la pared, un armario encajado en la pared con su puerta rejada de hilo de hierro y el vidrio que en él había era de dicho mayordomo; tres cántaros, una cama de cinco tablas, dos bancos, una puerta con reja que sale al mismo claustro de los conejos.

Aposentos del Escribano de Entradas de Enfermos / Salidos de dichos aposentos del Mayordomo, continuaron y entraron en otros que están enfrente de los sobredichos en los cuales vive el licenciado mosén Vijuescas, escribano del libro de entradas de los enfermos, los cuales aposentos son cuatro: En el primero puerta, dos ventanas que salen al huerto del boticario... En el segunto hay puerta, cama, ventana que sale al cuarto aposento. El tercero sin puerta, vacío. Y el cuarto con puerta y una ventana que sale al huerto del boticario.

Aposentos del contraalto de la Iglesia / (fol.291-) A 22 de marzo 1601. Sigue la visita: Aposento que está entrando en un callejón largo cerca del sobredicho aposento, el cual tiene mosén Gil de Yarnoz, cantor contraalto, y dentro dos aposentos: El primero con puerta, dos bancos... y en el otro que está más adentro, puerta y una ventana que sale al huerto del boticario.

Aposentos del organista / (fol.291v-) Et salidos del dicho aposento entraron en otro que está dentro al sobredicho el cual tiene Diego Gascón, organista. Tiene dos aposentos: El primero con puerta, cama. El segundo con puerta y ventana que sale al huerto de los boticarios.

Otros aposentos [*Aposentos del contrabajo*] (fol.292-) Salidos de dichoa aposentos entraron en otros aposentos que están al lado de los sobredichos, tienen un rótulo encima de la puerta que dice Cristóbal Villalante Año 1596. Primer aposento con puerta y tiene dichos aposentos Johan de Maranillo, contrabajo: una cama... Segundo con puerta y una ventana que sale al huerto del boticario.

[Otros aposentos vacíos] Salen y entran a otro aposento que está al lado de los sobredichos que no vive nadie en ellos, y hay una puerta.

Aposentos del coadjutor mayor / (fol.292v-) Luego entraron en otros aposentos que están al lado de los sobredichos, vive mosén Miguel Joan Saura, coadjutor mayor de dicho Hospital. En el primer aposento: puerta y ventana que sale al corral de las gallinas; Segundo aposento: puerta y ventana que sale al fosal; Tercer aposento: puerta y ventana que sale al huerto del boticario.

[Aposentos] de mosén Cortés, pasionero / Salidos de dichos aposentos volvieron a salir por dicho callejón al tercero passo del claustro del conejar y luego a mano izquierda en frente una ventana había una puerta la cual tiene mosén Cortés pasionero, y dentro había cuatro aposentos. En los dos primeros vestidos viejos; El tercero vacío; y en el cuarto una mesa... [Faltan hojas]

Refitorio de los clérigos / (fol.295-) Acabado que estuvieron de visitar el reposte y el aposento del pan, los visitadores salieron de él y luego fueron a ver y visitar el refitorio de los clérigos, el cual está saliendo del dicho reposte a la mano izquierda hacia el rincón que hay una ventana que sale al patio de los algibes, el cual dicho refitorio tiene dos puertas, una de madera labrada con su puerta y cerraja y llave, y la otra con sus aros de madera y lienzo grueso, con su picaporte y su contrapeso detrás, y entrando en dicho refitorio hallaron las cosas siguientes: Primero una tabla que está colgada en un pilar de dicho refitorio... [se refiere a las ordinaciones relativas al refitorio] (fol.297-) Item una fuente de arambre con su pila de piedra para lavarse las manos los sacerdotes. Item dos encerados grandes para dos ventanas. Item un fogaril grande. Item una campanilla...

[Refectorio de los oficiales] Sigue visita en refitorio de los clérigos y oficiales de dicha casa. Salen del refitorio de clérigos y entran por dentro de él al de oficiales y serviciales ordinarios, que tiene puerta y al lado una ventana con su puerta por la cual se da la comida al refitorio de clérigos. Tiene cinco mesas: mesa de boticarios y horneros, mesa de labradores y carreteros, otra enfermeros, otra pequeña para el refitolero y bodeguero... Tiene un fogaril grande para tener la olla de cobre donde bajan la comida a los del refitorio.

Aposento de la fregadera / (fol.297v-) Salidos del refitorio entraron en el aposento que está en medio de dicho refitorio que llaman el aposento de la fregadera, con su puerta y ventana por donde se dan los platos, y ventana con encerado que sale a la calle de dicho Hospital.

Cocina de dichos refitorios / (fol.298-) Salidos del dicho aposento de la fregadera entraron en una cocina que está detrás de la puerta de la fregadera a mano izquierda, con armario, tiene dos ventanas que salen a los algibes.

Aposento de los cogedores / Más adentro de la dicha fregadera hay tres aposentos, uno más adentro que otro, que sirven para los plegadores que andan con las cajitas por la ciudad, y cada uno tiene sus puertas, y la primera con su cerraja y llave, y cada uno tiene su ventana que cae a los patios de los aljibes, En el primero de los cuales había una cama... Item en el segundo aposento de los segundos cogedores halló una cama... (fol.298v-) Tercero aposento de cojedores: una cama... armarios...

Aposento del refitolero / (fol.299-) Salidos del dicho aposento [cogedores] entraron en otro que llaman del refitolero, el cual tiene... con puerta y una ventana corrediza que sale a la calle de Santa Engracia. En él, a la mano izquierda entrando una mesa de pino, canastos... cama... arca...

Aposentos de los mozos del refitorio / (fol.299v-) Salieron de dicho aposento (refitolero) entraron en otro que está más adentro con su puerta y sirve para dormir en él los mozos del refitorio.

Guardarropa / (fol.301-) Al guardarropero: 22 marzo 1601. Sigue la visita a una quadra o pieza las que están en los corredores de dicho Hospital que caen o miran a los corrales donde están las hermanas locas y llegando a ella antes de entrar hallaron la puerta cerrada en la cual hay un rótulo que dice "Guarda Ropa".. Llaman al guarda ropero y le hacen preguntas.

[Guardarropa de los colchones][Aposento de la paja de los colchones] (fol.314-) Salidos de la dicha guarda ropa de los colchones que tiene a su cargo dicho mosén Joan García, los visitadores fueron a visitar un aposento o mirador que está junto al sobredicho con su puerta, en él mucha paja para colchones.

Quadras mayores / Visita quadras mayores. Bajados de dicho aposento [de la paja de los colchones] fueron los visitadores y volvieron a la sala que está luego en subiendo por la escalera principal y entraron en las enfermerías de las quadras mayores, que la puerta principal de ellas sale a la dicha sala que está junto a la puerta que va a las quadras de las mujeres y al otro lado está la puerta de las quadras del Protonotario, la cual puerta de las dichas enfermerías grandes es redonda, muy grande, sobre ella tiene un escudo de armas del Rey Ntro. Sr. Tiene su puerta y su postigo.

Quadra del Rey / Visita de la Quadra del Rey: Los dichos Sres. visitaron y preguntaron quienes eran los enfermeros de la Quadra llamada del Rey, que está luego en entrando y respondieron que se llamaban Guillén de Yrurita [Zurita] y Joannes de Obanos, los cuales fueron llamados los dichos enfermeros... los dos tienen a su cargo las camas y ropa de la dicha enfermería del Rey. Dentro de la cual se halló lo siguiente: una campanilla, una cama grande con su entablado de madera labrada con Nº1 y en ella las armas del obispo Cunchillos y un rótulo que dice Reverendísimo Sr. Don Jayme Cunchillos Obispo de Lérida, la cual cama tiene cinco tablas de pino... dos colchones... en la cual dicen duerme uno de los dichos enfermeros. / (fol.314v-) Item otra cama a su lado con su entablado de madera con Nº2, un título que dice que estas dos camas, con renta perpetua para ellas, dio el Ilmo. Don Jayme Cunchillos... en la cual dijeron dormía M. de Arán, sacristán de las quadras. Item un armario grande... Item una ventana con reja que sale al conejar. Item un arca grande... en la cual tienen los enfermos sus ropas y una tabla para la orden de los médicos. Item una mesica pequeña con una mantica colorada para tener las... y escudillas de sangrar. Item una cama Nº3 y unas armas que tienen tres barras coloradas con blancas, dos alas en dos partes, cinco conchas en dos partes y un rótulo ... sábanas, etc... y en ella no había enfermo alguno. Item cama Nº4 con las armas sobredichas y en ella... [Faltan hojas]

Funerales y entierros / (fol.335-) ... de la dicha quadra lo amortajan en esta forma: (1) Si es pobre, con una mortaja de terliz y lo llevan a una capilla que cae junto al fosal y los clérigos van con su cruz después de comer y puesto el uno de los coadjutores con su roquete y una luz, van a dicha capillica y dicen un responso, y lo llevan al fosal y lo entierran en un pozo que hay en medio de él, que es donde se ponen los muy pobres; (2) y a los que se mueren que dejan les dan veinte y seis reales para enterrarlo, le ponen una mortaja de lienzo por cuenta de los clérigos y lo sacan en un escaño cubierto con su paño negro y cruz colorada y lo ponen en la sala principal delante la puerta de la quadra del Protonotario, y todos los clérigos con sobrepellices y el vicario con su capa negra suben de la iglesia por él y lo bajan con cuatro cirios a la iglesia y le dicen un responso, y si es de mañana le dicen su misa cantada, y si es de tarde, al otro día, y luego lo llevan al fosal y lo entierran fuera del pozo aparte. (3) Y si el enfermo que muere deja que lo entierren en la iglesia deja ocho escudos y medio, y si con cantores diez escudos, y al tal le ponen su mortaja de lienzo por cuenta de los clérigos y lo sacan en un escaño puesto con su paño negro delante la puerta de la quadra del Protonotario, y suben los clérigos y el vicario con su capa y lo llevan a la iglesia en donde se le dicen, si es de mañana, tres misas cantadas, y si es de tarde, al otro día, luego dicen las dichas tres misas y ponen su túmulo con los cuatro cirios y lo entierran, y en la dicha iglesia hay diversas cisternas para los tales, y si alguno dejare que lo entierren en la iglesia en sepultura y no en las cisternas comunes el tal o los tales han de fundar un aniversario perpetuo además de lo que dejan para enterrarse como arriba se dice. / A la catorce pregunta respondió y dijo... (misas de testamentos...) / (fol.336v-) Preguntas a un pasionero... / (fols.337 y ss.) Siguen preguntas / (fols.344 y ss.-) Preguntas a otros pasioneros...

Enfermería de Juan de Tiermas [o Quadra de Ntra. Sra. de Gracia] (fol.351-) Et hecha la dicha visita de dichas quadras de bubas... se volvieron a bajar dichos Sres. visitadores continuando la dicha visita y al cabo bajo de dicha escalera entraron a una quadra nueva que está con dos puertas grandes, la una que sale al corredor grande del Coso y la otra al dicho paso de las quadras, la cual dicha quadra la ha hecho Joan de Tiermas, racional del dicho Santo Hospital, la cual quadra tiene una puerta muy grande con las dos medias puertas, cerraja y llave, y un picapuerta, y dentro de ella se halló lo siguiente: quince camas de tablas, catorce terlices... treinta colchones... sábanas... un altar... / (fol.351v-) ...la cual dicha quadra de Ntra. Sra. de Gracia la tiene a su cargo Esteban Martel, enfermero...

[Puertas del Hospital] (fol.352-) Visita de la puerta principal e interrogación del portero: ... A 3 de abril 1601... continuando... visita... mandaron llamar a Miguel Martínez, portero que es de la puerta principal del dicho Santo Hospital que sale a la calle que va hacia Santa Engracia, enfrente de San Francisco...

[El portero] ha nueve años sirve al Hospital, a saber, es: en demandar limosna en la cajeta en la puerta principal de la escalera, dos años; y después sirvió por tiempo de un año en la Segunda Quadra de Santa Cruz; y después sirvió de ayudante de enfermero de la Quadra de Convalecientes, un año; y después todo el restante tiempo ha servido en dicho oficio de portero de dicha puerta [Informa que suele haber dos porteros...] (fol.352v-) [Las llaves] ...de la otra puerta que sale hacia el teatro de comedias... no las tiene a su cargo porque hay para ella otro portero... [El respondiente (el portero principal) suele tener las llaves también del granero... y de una puerta que hay en el horno por donde entran los molineros con las bestias cargadas de harina para subir los sacos a los algorines que hay en el horno] Y también tiene la llave de la puerta que se entra en el fosal y las de la puerta principal de la iglesia que salen al Coso las cuales le entrega el sacristán cada noche... [Informa que] al amanecer sube al aposento del mayordomo y cobra las llaves y abre las puertas, que son: de la puerta de que van a las comedias, las entrega al portero que hay para ella; y así mismo al sacristán las de las puertas principales de la iglesia; y la del fosal la entrega a los enfermeros siempre que se ofrece entrar para hacer alguna sepultura; y las de los graneros y de la puerta que hay para entrar a descargar la harina las guarda entre día... Las llaves de las puertas de la iglesia que salen al patio del Hospital principal no las tiene el respondiente a su cargo, sino el sacristán de la iglesia que es el que las abre y cierra. [Informa que] los días de ayuno acude al refitorio y el despensero le da... pescado... escudilla... el respondiente no come en el refitorio sino que se baja con lo que le dan de comer a su aposento y a servir en la portería, y entretanto como suele encomendar a otro le guarde las puertas.

[Aposentos de los porteros de la puerta principal] (fol.354-) Preguntado dónde duerme, [el portero] respondió que acostumbra dormir y tiene su cama en uno de dos aposentos que hay uno sobre otro que están entrando por dicha puerta principal a mano izquierda. [Faltan hojas]

[Botica] (fol.372 y ss.) [Lista de redomas y productos de la Botica] / (fol.377-) ... y después, a XXIII días del mes de abril y año MDCI... continuando la visita en la dicha botica de medicinas del rellano de la escalera, en presencia de los dichos físicos y boticarios arriba nombrados, hicieron ocular inspección ante notario... [Lista de jarras con productos] [Faltan hojas]

Rebotica / (fol.381-) Visita e inventario de la Rebotica: Et después, a XXVI días de abril y año 1601... continuando... entraron en la rebotica de la dicha botica, que es un aposento al mismo suelo de la botica, con su puerta, cerraja y llave, y es un aposento y tiene su chimenea grande, y dos medias ventanas con su reja alta que sale a la calle del Hospital que sale a calle que va a Santa Engracia / (fol.382v-) dentro de la cual se halló lo siguiente: en seis entablados dos estantes encajados en la pared... [barrales numerosos...]

Aposento del Regente de la Botica / (fol.385-) Item en un aposento que está encima de la sobredicha rebotica, que para él se sube por una escalera que está luego en entrando por detrás de la puerta principal que se entra a la botica; tiene su puerta, cerraja y llave, y sirve el aposento para dormir en él el regente de la botica. En dicho aposento se halló lo que sigue [un armario, redomas, ollas...]

Mirador o reposte de los aceites y hierbas de la botica / (fol.385v-) Acabado de visitar la dicha botica y rebotica, los dichos visitadores continuando aquélla juntamente con los boticarios y personas peritas nombradas, subieron a un mirador largo que está entre la colchonería y el pajar de las mar[tegas?] que sirve de reposte para diversas cosas y aceites tocantes a la botica; el cual mirador tiene su puerta, cerraja y llave, y está a cargo del regente de la botica, y tiene cinco ventanas grandes que salen al huerto de los boticarios. Dentro de dicho aposento se halló lo siguiente: Primero luego entrando, enfrente de la puerta, habían dos tinajas grandes... [tinajas, jarras, cajones encajados en la pared...] / (fol.386-) Siguen cajones, una mesa grande con sus bancos... Item en otro aposento que está más adentro del sobredicho corredor, se halló que estaba sin puerta y en [él] había los siguiente: un torno de labrar cera, perolas, ollas, otro torno... (fol.386v-) Item en otro aposento más adentro del sobredicho se halló no tenía puerta, y tiene una ventana que sale al huerto de Joan de Tiermas y está con reja de madera, y en él había lo siguiente: Primero una tinaja... [tinajas, cántaros, jarras, etc.] [Faltan hojas]

[Funcionamiento de la Botica] (fols.394-395-) [Preguntas a los boticarios sobre funcionamiento y organización en la preparación de medicinas para los enfermos, etc.]

[Aposentos de los criados de la botica] (fol.395v-) [El boticario] tiene en la botica cuatro criados... Comen siempre en el refitorio donde comen los criados, otros de casa, y duermen dentro de los aposentos que hay en dicha botica...

[Faltan hojas] / (fol.397-) [Preguntas a los peritos...] / [Faltan hojas] / (fol.404-) Ocupación de pastas y otras cosas de la botica [Instrucciones sobre la botica...] / (fol.405-) Nombramiento de contadores: [Visitan las cuentas...] [Faltan hojas]

[Condiciones de seguimiento de la Visita al Hospital] (fol.450-) 1608: A 6 de septiembre de año de mil seiscientos ocho, de Zaragoza, los dichos Sres. Doctor Gabriel Sora, canónigo de la Seo de Çaragoça y canciller de las competencias del Reyno de Aragón, y doctor Francisco de Santa Cruz y Morales, abogado fiscal y patrimonial de S. Mag. en dicho Reyno de Aragón, visitadores del Santo Hospital etc. [Hablan del período de suspensión de la visita...] (fol.451-) Comienza el interrogatorio del Vehedor / [Faltan hojas] / (fol.555-) Canciller / (fol.556-) Carta de S. Mag. para la visita / (fol.556v-) Nombramiento de peritos para la visita de la botica

Archivo del racional / (fol.558v-) Visita archivo del racional [lo que se ha añadido desde la visita del período anterior]

Aposento del escribano de raciones / (fol.559-) Continuando la dicha visita fue al aposento que llaman del escribano de raciones, que está entre el aposento de las drogas y el dicho aposento del archivo del racional... [tiene libros de entradas de enfermos... se remite al fol.265]

Aposento del Receptor / (fol.559v-) A 10 de septiembre de 1609... visitan... el aposento que llaman de la receptoría, el cual tiene su puerta con dos cerrajas y dos llaves; tiene una ventana con su reja que sale al corredor de los aposentos de los clérigos... que está en el presente proceso asentado debajo del dicho fol. 268... en el cual se halló... libros, cajones, etc. / (fol.560-) [...algunas cosas no estaban, etc.]

Aposento de la escalera / (fol.560v-) Siguió inspección ocular de los aposentos pequeños que están debajo de la escalera principal de dicho Santo Hospital, de la cual se hace mención en parte de arriba en [fol.] 268... En los cuales se hallaron... alpargatas... en el primer aposento en una mesa de pino...y en el segundo tres capazos...

Aposento de las drogas / (fol.561-) [Cita fol.267...] lo tiene a su cargo el racional del Santo Hospital... [se hallan jarabes, etc.] / (fols.561v-563-) En dicho aposento más adentro... [siguen los productos y objetos]

Aposento del repostero / (fol.564-) [Cita fol.280...] [Se hallan 400 docenas de huevos, etc.]

[Aposento de los mozos del reposte] Después entró en otro aposento que está al lado de aquél, que es de los criados del reposte... y halló dos camas para dichos criados con sus bancos, tablas, colchones, etc.

[Aposento de los repostes altos] (fol.564v-) Salidos de dicho aposento de los mozos se subió a los repostes altos, los cuales están encima del viejo, grandes aposentos dichos, por una escalera, en la cual se hallaron una docena de abrascales de cáñamo para las mulas... cuerdas... para aderezar los carros, y subido a dicho reposte alto, que está más adentro que el primer aposento de dicho reposte, entrando a mano izquierda, halló que la puerta estaba rota, sin cerraja ni llave, y había... [objetos varios]

[Corredor o repostes de afuera] (fol.565-) En saliendo de dicho aposento donde está el vidrio, al corredor o resposte de afuera, se visitó... se halló que tenía su puerta con su cerraja y llave, lleno de ventanas hacia el patio de los aljibes, en el cual corredor se halló 36 resmas de papel... cuencos, pesas asederas para los enfermos...

Aposento del Pan / (fol.565v-) Aposento que está saliendo del reposte a mano derecha, el cual se llama aposento del pan, el cual tiene puerta, cerraja y llave, una ventana que sale hacia el paso del archiu y está a cargo de dicho Félix de Argueta... Se halló... en dos rincones hasta dos cahíces de pan cocido en panecillos... / (fol.566-) [Cambia a visita de botica, peritos...]

Sala Grande / (fol.566v-) A 11 de septiembre MDCVIIII en la ciudad de Çaragoça... continúa la visita... a la Sala que está luego subiendo por la escalera principal; y entró en las enfermerías de las quadras mayores, que la puerta a prin[cipio] de ellas sale a la dicha Sala y está junto a la puerta que va a las quadras de las mujeres, y al otro lado está la puerta de las quadras del Protonotario // Quadra del Protonotario [al margen] //

[Quadra del Rey] La cual puerta de las dichas enfermerías grandes es redonda, muy grande, sobre ella tiene un escudo de armas del Rey Ntro. Sr., y tiene su puerta, cerraja y llave, y su postigo, y así dicho canciller visitador... visitó y ocularmente vio dicha quadra y todo lo que en ella había y se halló y vio ... [remite a visita anterior proceso fols.314 y ss.] [Describe las diferencias, citando las camas nº 2, 5, 7, 7, 12 (en la que hay dos enfermos), 14...]

Quadra del Arzobispo / (fol.567-) Continuando la visita... visitó la quadra que llaman del Arzobispo, que está junta y contigua a la sobredicha, dentro de la cual... [remite a visita anterior proceso fols.317 hasta 321] [Describe las diferencias, citando las camas nº 1, 3, 4, 6, 7, 8,...11, 12, 13, 14, 15, 16, 17, 18, 19...] [Faltan hojas]

Quadra de San Sebastián / (fol.569-) In continenti... fue a la quadra que vulgarmente llaman de San Sebastián, la cual quadra está al lado de la quadra de los Caballerías, y vio y visitó dicha quadra, camas, ropa... ... [remite a visita anterior proceso fols.327] [Describe las diferencias, citando las camas nº 2, 3, 4, 7 hasta 15...]

Aposentos de los clérigos pasioneros / (fol.569v-) In continenti... de dicha Quadra de los Caballerías fue a ver y visitar unos aposentos que están en medio de dicha Quadra de los Caballerías que sirven para los clérigos que son pasioneros y el enfermero mayor, y en el primer suelo hay cuatro aposentos, los cuales dichos cuatro aposentos visitó en la manera siguiente: (fol.570-) Primero entrando a mano izquierda hay un aposento con el rótulo encima que dice "para el enfermero mayor", y dentro de él se vio... una mesa, un banquillo... Visitó otro aposento que está al lado de aquél, que está mosén Joan Benasque, pasionero, y en él se halló una cama... arca, mesa, candil... también había una ventana con sus dos medias puertas que sale al corral de los conejos.

Aposentos de mosén Martín Lucas y mosén Bartolomé Gayán [pasioneros] [Aposentos 3º y 4º] (fol.570v-) Y asímismo continuando vio y visitó dos aposentos de pasioneros enfrente de los sobredichos, que en el uno de ellos estaba mosén Martín Lucas y en otro dijeron estaba mosén Bartolomé Gayán, que era uno de los de abajo de dichos aposentos, y en cada uno de dichos aposentos se halló que había para servicio de cada uno de dichos pasioneros todo lo que está puesto arriba antes...

Relación de los médicos y boticarios / (fols.571 y ss.) [Inventario de la botica] / (fol.592v-) [Sigue con la rebotica] [Faltan hojas 594-604]

Visita de la Cocina Mayor / (fol.604-) El dicho Sr. visitador... salido de la dicha Guarda Ropa fue a visitar y visitó la cocina mayor de dicho Santo Hospital... la cual halló como... fol 349... excepto que de las camas faltaba una...

Quadra de Santa María / Acabada la visita a la cocina mayor... pasó el Sr. canciller... visitar la quadra llamada de Santa María, la cual fue antes visitada como de parte de arriba fols. 349-350... Se halló que las camas no son más que once y cada una tiene cinco tablas y dos bancos y para todas ellas hay 30 colchones, 54 sábanas, 36 mantas blancas, 80 camisas para los enfermos, 32 manteles, una lámpara colgada, 20 delante camas, 20 almohadas...

Enfermería de Bubas de Hombres / (fol.604v-) Acabada la visita de la Quadra de Santa María, el canciller visitó la quadra llamada de Sirvientes de Hombres, de la cual antes... fol. 350... en la cual hay tres aposentos o piezas divididas, que la una la llaman Infierno, la otra Purgatorio, la otra Paraíso y en la que llaman Infierno hay siete camas y tres cunas, las camas tienen cada una dos bancos y cinco tablas... [etc.], y las cunas con su colchón, dos sábanas... En la que llaman Purgatorio hay 22 camas y en la que llaman Paraíso hay 23 camas, y cada una de dichas camas tiene / (fol.605-) cinco tablas, dos bancos, dos colchones, etc... y en cada una de dichas camas hay dos enfermos...

Visita de la Torre [del Hospital en Movera] A 13 de septiembre de MDCVIIII... En el término del Gállego... en la parroquia de Movera... visitaron las Torre del Hospital... que confronta con torre y tierras del monasterio de Santa Engracia de la Orden de los Gerónimos de Zaragoza / (fol.605v-) y con torres de Villalpando, y torre y tierras de los frailes de San Lázaro de Zaragoza, y torre y tierras que llaman de Alberuela... / (fol.606-) Capilla de la Torre... [Sigue hasta 611]

Quadra [Primera] de Santas Cruces / (fol.611v-) A 14 de septiembre MDCVIIII... continuando... fue a la quadra primera que llaman de Santas Cruces, la cual tiene su puerta principal que sale al corredor del Coso, sobre la puerta de la cual hay un escudo de armas que tiene cuatro castillos, cuatro flores de lises, cuatro cruces y cuatro pájaros, de la cual guardan sus enfermeros Nicolás de Orio y Martín de Goycoechea, y en ella hallaron... Et primo 16 camas encajadas de madera, cada una tiene cinco tablas, dos bancos, dos colchones... Item un retablo que tiene un Cristo Crucificado con la María, San Juan y la Magdalena, manteles, delante altar, dos cruces, atril, etc. Item un arca, etc... sábanas...

Quadra Segunda de Santas Cruces / (fol.612-) Y luego... continuando... pasó a la otra quadra que llaman de Santas Cruces, a la cual se entra desde la dicha primera Quadra de las Santas Cruces, y en ella se hallaron quince camas... etc. Item un altar que tiene un retablo de Cristo Crucificado con San Juan, Ntra. Sra. y la Magdalena, manteles... armario...

Quadra de Hombres [convalecientes] de Juan de Tiermas / (fol.612v-) En acabada de visitar la Quadra de Santas Cruces se pasó a la Quadra de los Hombres Convalecientes que ha hecho Juan de Tiermas, regidor.... la cual es nueva y tiene sus dos puertas grandes, que la una sale al corredor grande del Coso y la otra al paso de las quadras. Dicha quadra tiene una puerta muy grande con sus dos medias puertas, cerraja y llave y picaporte. Et dentro de dicha quadra se halló lo siguiente... quince camas... cortinas para las quince camas... etc. (fol.613-) Item un altar con un retablo nuevo de pincel de la Anunciación de Ntra. Sra.,... cortina, manteles, delantealtar, lámpara... Item una imagen de la Madre de Dios sobre la puerta que sale al corredor del Coso... Item tres lienzos bien guarnecidos, el uno del Juicio Final, otro del Ecce Homo y el otro de San Juan. Item cáliz, atril, candeleros, casullas varias,... (fol.613v-) albas, manteles, misal, portapaz... Item un aposentillo que se está labrando para sacristía de dicha capilla.

Quadra Baja de Cirugía [o de San Miguel] Y salido el dicho canciller... de la dicha Quadra de Juan de Tiermas dentró en la quadra que llaman de San Miguel que es de cirugía de hombres y de sarnosos, y la llaman Quadra Baja de Cirugía, que está al lado del corredor del Coso (fol.614-) de la cual son enfermeros Miguel de Urdán? y Mateo Pallaranio?, y habiéndola visitado... se halló: Primero, en la primera sala o aposento 17 camas todas con cada una cinco tablas, dos bancos, etc... Item en la segunda pieza o aposento se hallaron ocho camas... (fol.614v-) Item en otro aposento más adentro de dichas dos quadras se halló: Primero tres camas... un arca, más arcas, camisas, ropa... etc. Item un altar que tiene un retablo viejo de pincel con la figura de Santo Tomás y una imagen de bulto de Ntra. Sra. con tres manticos, etc. [Faltan hojas]

Quadra de Mujeres de Bubas / (fol.621-) A quince días... septiembre MDCVIII... el dicho Sr. Gabriel Sora canónigo canciller... continuando... se confirmó personalmente a la quadra del dicho Hospital que llaman de mujeres del Mal de Simente en la cual están las mujeres enfermas de bubas, y se entra a ella por el recibidor de dicho Hospital por la puerta de las quadras de mujeres, y dicha quadra tiene su puerta grande de pino con su llave y cerraja, y sobre la dicha puerta un escudo de armas del arzobispo D. Andrés Santos, el cual hizo dicha quadra, y es harto grande y espaciosa, y en ella se hallaron: Primero un altar con un cuadro de una imagen de Ntra. Sra. en una tabla de pincel harto bueno y unos manteles... dos lámparas colgadas... Item 18 camas con cinco tablas, dos bancos... arcas... (fol.621v-) armario encajado en la pared... Item un escudo de armas fijado en la pared (es del arzobispo Santos). Esta primera Quadra de Bubas, que todas son tres, la llaman el Paraíso, la segunda el Purgatorio y la tercera el Infierno, y todas las tres quadras o aposentos los tiene a su cargo María de Velasco... y tiene dos mozas o criadas... Y luego se entró a la otra pieza o quadra que llaman Purgatorio, en la cual hallaron doce camas... Y hecho esto se entró en la tercera pieza o aposento que llaman Infierno, y en ella había seis camas, cada una con sus cinco tablas, dos bancos, etc... En la guarda ropa de dichas quadras de bubas que está dentrando en la primera a mano izquierda, y también de las enfermas de calenturas, se hallaron 80 líos de ropas colgados con sus rótulos... (fol.622-) Item en una cocinica de dichas quadras de bubas se hallaron... En la guarda ropa de dichas quadras de bubas que está en los desvanes o miradores de ellas, se hallaron 16 cántaros... tablas, camisas, mantas... etc.

Quadra de Amas / (fol.622v-) Y hecha dicha visita de las dichas quadras y guarda ropa de las quadras de mujeres de bubas, el dicho Sr. visitador... continuando... bajó a las quadras de las amas de los niños expósitos, que son cuatro aposentos y su cocinica, y esta cae a un corredor que cae a los aljibes. Y la madre que tiene a su cargo dichas quadras de las amas se llama María Burgos. En la primera pieza o aposento se halló un armario grande... tres arcas de pino... para pañales de los niños... (fol.623-) Item seis cunas grandes para los niños... En otra pieza más adentro en la cual hay una figura de Ntra. Sra. de los Desamparados pintada en la pared. Item once camas, cada una con sus cinco tablas, etc... sábanas, un brasero grande...

Quadra de Mujeres Convalecientes / (fol.623v-) Y habiendo acabado de visitar las dichas quadras de las amas, pasó el dicho visitador por el dicho corredor de las amas a la quadra que llaman de mujeres convalecientes, que la hizo el arzobispo don Hernando de Aragón, y en dentrando en dicha quadra hay en una pared a mano izquierda un escudo de armas muy grande del dicho arzobispo don Fernando y otro en otra pared frontero del primer escudo, de la cual dicha quadra es madre y la tiene a su cargo Gracia de Alfaro... y en dicha quadra hallaron nueve camas... un arca... Item un altar con su retablo de cómo enclavaban a Cristo en la cruz, manteles... y una imagen de Ntra. Sra. del Pilar de bulto en un tabernáculo. Item cinco camas... siete cabezales... once cortinas... un armario... una imagen de bulto de Santa Ana. (fol.624-) Item en la cocina o refitorio de dicha quadra... una mesa larga con sus dos bancos... sartén, ollas... Item en el guarda ropa de dicha quadra once mantas... etc.

Quadra de Cirugía de Mujeres / Et luego el dicho canciller... acabada de visitar la dicha Quadra de Mujeres Convalecientes, continuando pasó a la Quadra de Cirugía de Mujeres por una puerta que está en la Quadra de Convalecientes, y entró a la de cirugía, la cual dicha Quadra de Cirugía de Mujeres tiene tres piezas, que las dos son grandes, espaciosas y muy buenas, y la otra no tan grande como las otras. Y la hizo dicha quadra el arzobispo de Zaragoza don Fernando de Aragón. Sobre las puertas de la cual hay dos escudos grandes de armas de dicho arzobispo, y la tiene a su cargo María de Ainzón... y tiene dos criadas... Y en la primera pieza de dicha quadra hallaron 18 camas, diez de las cuales están encajadas de madera con sus cortinas por delante y por los lados, y todas las dichas camas tienen cada una cinco tablas, dos bancos, un jergón... (fol.624v-) un colchón, dos sábanas, dos mantas, etc. Item un altar con su retablo de San Jorge, tres manteles... delante altar y su rejado de balaustres. Item mesa, armario... En la otra pieza mayor de la dicha Quadra de Mujeres Convalecientes (sic) se hallaron quince camas, cada una con sus cinco tablas... etc. Item un altar con su retablo de Ntra. Sra. de la Concepción, manteles... rejado de balaustres... En la pieza menor de dicha Quadra de Mujeres de Cirugía que llaman la cocineta, se hallaron seis camas... etc... Item cuatro cunas... con sus colchoncillos... tres arcas... (fol.625-) que todas sirven para tener paños, ungüentos y otras medicinas... Item un fogaril. En la cocina de dicha cuadra se hallaron ocho cántaros... bancos, ollas, arcas con ropa... etc. (fol.625v-) Item en la guarda ropa de dicha Quadra de Cirugía de Mujeres... 94 mantas... etc... ropa de mujeres enfermas con sus rótulos... Adviértase que es una guarda ropa muy vasta y espaciosa y conviene darle luz y levantarla porque está muy ahogada.

Aposento de la madre de los clérigos / Item pasó el dicho visitador de la segunda pieza de la dicha Quadra de Cirugía de Mujeres, al aposento que llaman de la madre de los clérigos, que al presente lo es la dicha madre de la Quadra de Cirugía de Mujeres, en la cual se halló... tres mantas, seis sábanas, una cama con cinco tablas y dos bancos... / (fol.626-) ... // Pedro Bardají y Felipe Segura... //

Aposento de la madre de los fatigados / Et hecho lo sobredicho... visitó el aposento que llaman de la madre de los fatigados, llamada María de Estíbaliz, el cual está en el corredor que llaman de cirugía de mujeres, en el cual se halló... Primero dos camas con cinco tablas, etc... // qui supra proxime nominati//

Quadras y aposentos y patios de las hermanas simples / (fol.631-) A 15 de septiembre MDCVIIII el canciller... visitó y vio el apartado, parte y lugar donde están las hermanas simples, siquiere locas, de este Santo Hospital, que está viniendo del patio de dicha casa entrando por un pasadizo al fin de él a mano derecha, apegado y junto al tapial y parte que sale al corral donde se tiene la leña, el cual tiene una puerta de madera con sus balaustres de madera, con su cerraja y llave, el padre de las cuales se llama Jusepe Santiago, y su mujer es la madre de las locas y se llama María de Gracia, los cuales hicieron relación... 125

hermanas locas... dentro del cual apartado, parte y lugar donde están se halló en la forma siguiente: Primero, en un aposento que está a mano derecha (fol.631v-) que a la entrada tiene una puerta de madera de barrotes con una cerraja y llave, y dentro de él un armario de madera encajado en la pared, con su cerraja y llave, y dentro de él había dos cántaros para dar de beber a las hermanas el vino, dos jarros y dos ollas, un cazuelo y cuatro vasos. Item otro aposento a mano izquierda con su puerta, cerraja y llave, y dentro de él cinco tablas de manteles destopa grandes y 125 camisas vejales para las hermanas. Item un arca mediana de pino con su cerraja y llave, con pan dentro. Item una mesa pequeña de pino con su pie de tijera. Item de dicho aposento se sale a mano izquierda por una puerta que hay con su cerraja y llave, al conejar de dicho hospital y palomar donde a juicio? de buen varón hicieron los padres relación que había hasta noventa conejos y hartos? pares de palomas, que por ser voladoras no se sabe cuántos son.

[Dormitorio de las hermanas] Item en otro aposento que está entrando por el sobredicho a mano derecha que es el dormitorio de las hermanas tenía a la entrada su puerta de pino con su cerraja y llave, y su cerrojo, y dentro de dicho aposento, siquiere dormitorio, había a mano (fol.632-) derecha de él cuatro gavias de madera con sus balaustres de pino y cada una de dichas gavias con su cerraja y llave, las cuales sirven para poner cerradas en ellas las hermanas locas cuando están furiosas y les toma la locura. Item vio, visitó y halló dicho Sr. canciller y visitador dento de dicho dormitorio 31 camas para dormir dichas hermanas, que en cada una de ellas había dos bancos y cinco tablas de pino, un jergón, un colchón, dos sábanas, dos mantas blancas y un travesero, y una lámpara, y un cepo.

[Guarda ropa de las hermanas] Item dentro de dicho dormitorio a mano izquierda había otro aposento que es la guarda ropa de las hermanas, que tiene su cerraja y llave, y dentro de él se halló lo siguiente: una ventana con su reja de hierro que sale al pasadizo que viene al aposento de dichas hermanas. Primeramente 24 cavazos de Yllarca de estopa y cáñamo hilada en ovillo que hay en cada cavazo 20 pares de ovillos. Item un arca de pino con su cerraja y sin llave, y dentro de ella 16 tablas de manteles, diez grandes y seis pequeños. Item en un canasto grande de mimbre y caña, 14 docenas de servilletas de lino y estopa y tres tablas de manteles de lino delgados... y siete camisas viejas. (fol.632v-) Item otra arca de pino con su cerraja y llave, y dentro de ella se halló 133 camisas limpias de las hermanas. Item otra arca de pino... 80 sábanas de lino... Item dentro de dicho aposento se halló 25 ropones verdes y pardos para las hermanas cuando van a acompañar los difuntos. Item seis pares de grillos de hierro con sus llaves. Item un freno y un bate de hierro para las hermanas. Item seis pedazos de madera para pies de banderas. Item 36 ruecas... Item otro canasto grande de mimbre y caña con una ropa de una hermana que está loca. (fol.633-) Item otro canasto grande amedrado de platillos y escudillas para las pitanzas a las hermanas. Item en una cuerda colgadas cuatro ropas de las hermanas. Item 260 madejas de estopa por curar. Item un rastrillo para rastrillar en su tabla y unas concas para aquietar las hermanas cuando están furiosas. Item dos capacicos de palma colgados en un techo, que en el uno están los tocados y en el otro las gorgueras para las hermanas al día de los Reyes, etc.

[Aposento de las hermanas serviciales] Item saliendo de dicho dormitorio y viniendo hacia la puerta del patio donde se entró de él, a mano izquierda se halló una puerta con su cerrojo por la parte de adentro, y subiendo por unas escaleras arriba se entró en otro aposento donde se recogen las hermanas serviciales, en el cual hay una puerta a mano derecha, con su cerraja y llave, por la cual bajando por una escalera se baja a dicho dormitorio de las hermanas, y había una ventana con dos medias que sale al patio y dentro de dicho aposento se halló lo siguiente: Primero dos camas cada una de ellas con dos bancos (fol.633v-) cinco tablas, tres colchones, dos sábanas, dos mantas blancas y un travesero. Item ocho candiles, una lámpara para el paso. Item una olla grande y media docena de ollicas, una aceitera pequeña. Item otra manta blanca colgando. Item un armario de madera encajado en la pared y dentro de él tres cántaros grandes para agua... Item dos sartenes pequeñas y dos asadores pequeños de hierro. Item dos docenas de plata y una de escudillas de tierra comunes y media docena de cazuelas. [Aposento auxiliar 1º] Item otro aposento dentro del dicho, está a mano derecha, tiene su puerta, cerraja y llave, y dentro de él hay tan solamente de dicho Santo Hospital un velador alto de madera y una cama con cinco tablas, dos bancos y dos colchones y una sábana y dos mantas y un travesero. Item en otro aposento está junto continuo y apegado al sobredicho, tenía su puerta de pino, cerraja y llave, y dentro de él había una ventana de madera con su aldabilla [falta fol.634-634v]

[Sala de las hermanas] (fol.635-) Item en dicho paso más adelante, a la otra mano había un aposento al suelo del patio, con su cerraja y llave, y dentro de aquel otro con su puerta, cerraja y llave, y dentro de él seis camas y cada una de ellas tenía cinco tablas, dos bancos de pino, un jergón, un colchón, dos sábanas, una manta blanca vieja y un cabezal. Item cinco cunas grandes de pino y cada una de ellas un colchón, dos sábanas, una manta vieja. En el cual dicho aposento había una ventana que sale al corral de las hermanas. Item un rejado grande de barras de hierro que es para hacer fuego a las hermanas en tiempo de invierno y tiene su puerta, cerraja y llave, todo de hierro.

Corral donde se entrega / Item salidos de dicha cocina donde las coladas se hacen, yendo a mano derecha se entró en el corral donde se entregan dichas coladas, que está a mano derecha, en el cual había su puerta, cerraja y llave, y dentro de él un cajón fijo en la pared que virve de tener menudillo para las gallinas que había hasta cuatro almudes, el cual tiene su cerraja y llave. (fol.635v-) Item un armario con una puerta... Item había en dicho corral 40 sacos para las dichas hermanas a mudalles (para mudarlas) cuando están tontas o furiosas. Así mismo había en dicho corral tres ventanas sin cerrajas ni llaves, las dos son de barrotes, la una de tablas, y otras cuatro puertas, las tres con cerraja y llave, y la otra sin ella, que las dos sirven para entrar en el corral de las gallinas y la otra hacia las necesarias.

Corral de las gallinas y cuatro aposentos / Item salidos de dicho corral se entró por una de dicha puerta al corral llamado de las gallinas, en el cual dicho corral hay cuatro aposentos, los dos con cerraja y llave, y los otros sin ella, que los dos sirven para dormir las gallinas. Item en el otro dicho cuarto había dos docenas de sacos nuevos y un colchoncico para una cuna. Item siete libreas para las hermanas. Item un capazo de palma. Item 40 libreas con sus faldillas para las hermanas... (fol.636-) (siguen objetos...) Item en el otro aposento que está sin puerta había luego entrando a mano izquierda un fogaril de cuatro pies. Item una bacía... para dar de comer a las aves... etc... siete libreas... Item salidos de dichos aposentos a dicho corral de las gallinas se hallaron en dicho corral 256 gallos, gallinas y pollos... una puerta rejada de alambre para que cuando llueve coman las gallinas recogidas sin mojarse.

Aposentos de las lavaderas / (fol.636v-) Item después de haber salido de dichos corrales se entró en el aposento que llaman de las lavaderas, que está enfrente la puerta de la cocina de las coladas a mano derecha viviendo de la puerta hacia adentro, el cual tiene su cerraja y llave, y dentro de él dos camas cada una de ellas con dos bancos y cinco tablas de pino... objetos, capazos, escudillas... (fol.637-) Item dentro del dicho aposento de las lavaderas hay otros dos aposentos con sus puertas, y el uno con su cerraja y llave, que los dos tienen sendas ventanas que salen al conejar sin llaves.

Corral de la leña / Item salidos de todos los dichos aposentos y corrales donde las dichas hermanas están, se entró en el corral que llaman de la leña, que está a mano derecha saliendo de dicho paso y apartado de las hermanas, el cual tiene su cerraja y llave, en el cual dicho corral se hallaron: Un peso para pesar dicha leña bueno. Item cuatro montones de leña de pino... tres mil quintales de leña...

El horno / Item salidos de dicho corral de la leña se entró en el horno, que está a mano derecha luego en dicho corral debajo de un cobertizo, el cual tiene su postigo con su cerraja y llave, y dentro de él hay: Primero nueve tinajas para agua, doce cántaros, dos bancos, un peso para pesar... (fol.637v-) Item 50 sacos

Corral de la leña / Item en el corral que llaman de la leña que está enfrente de la dicha puerta del horno, luego en entrando con un escalerón que el dicho corral tiene otra puerta con su cerraja y llave, que sale a la puerta zaguera de dicho hospital, en el cual corral había una mesa de tijera con su pie y cadena. Item dos bancos largos de pino, cuatro carretadas de zinesta?, 40 carretadas de ramillas...

Bodega cabe el horno / Item entrando en dicho corral del dicho horno se entró por otra puerta que hay en aquél, con su cerraja y llave, a una bodega de vino en la cual se hallaron las cosas siguientes: Primero once cubas de vino tinto vacías... Otras dos cubas de vinagre llenas que había en cada una quince nietros de vinagre...

Aposentos en el corral del horno / (fol.638-) Item salidos del dicho corral y bodega del dicho horno, entrando en aquél se hallaron tres aposentos, los dos con cerraja y llave, y el otro sin ella, que están todos a mano derecha entrando por la puerta principal del dicho horno, que en el primer aposento habita Juan Lavilla y María Martínez, cónyuges panaderos, los cuales tienen a su cargo el dicho horno, en el cual había lo siguiente: Primero una cama con dos pies y cinco tablas... banco, arca... Así mismo dentro de dicho aposento de los horneros hay otro con su puerta, cerraja y llave, que tiene una ventana que sale al corral de la leña, el cual está vacío. Item en el otro aposento que habitan Juan Lafita, Domingo de Sarles y Pedro Larramendi (fol.638v-) mancebos de dicho horno, en el cual aposento hay... una cama... Item en el otro aposento que es el tercero que sirve de masadería, se halló los siguiente: Primero una artesa para masar... Otro aposento cabe el horno: Dentro del cual dicho aposento hay otro aposento donde está el horno, sin cerraja ni llave, en el cual hay un armario para encerrar el pan, con su cerraja y llave (fol.639-) Item cuatro palas...

Cernedero del horno / Salido de dicho tercer aposento y horno que [hay] dentro de aquél, se subió al cernedor por unas escaleras, el cual tiene tres puertas, las dos sin llaves y la otra con cerraja y llave, el cual cernedor está a la propia mano (fol.639v-) donde están dichos tres aposentos, en el cual dicho cernedor se halló lo siguiente: Primero una rueda de torno con su maroma y cuerdas para subir la harina... la cual está en una ventana muy grande con dos puertas que sale al dicho corral de dicho horno... 16 cedazos... arcas... Item salidos del dicho cernedor hay un aposento que llaman del salvado (fol.640-) que está a mano derecha luego en subiendo, en el cual había seis cahíces de salvado y más de doce cahíces de menudillo de gallinas. Item una escalera portátil para subir a la falsa cubierta del horno... una cama con dos pies y cinco tablas...

Dos aposentos enfrente el horno para los salvados / Item salidos de dicho horno luego en saliendo se entró en dos aposentos que están enfrente de dicho horno subiendo por una escalera, que llaman (fol.640v-) los aposentos del salvado, en los cuales había en uno de ellos ... cahíces de menudillo... y en el otro otra medida de... y hasta cuatro cahíces de salvado.

Aposento del zapatero / Item después de haber bajado de los dichos aposentos se fue al aposento de Leonardo zapatero que está debajo la escalera que baja del aposento del teniente a dicho apartado de las hermanas, el cual está con su cerraja y llave. Vacío.

Aposento del portero de la puerta falsa / Item así mismo se fue al aposento de Martín de Ugarte, portero de la puerta falsa de dicho Hospital, que está luego en saliendo del apartado de las hermanas a mano izquierda. El primer aposento como quien va a la escalera y patio principal de dicho Hospital, en el cual aposento había su puerta, cerraja y llave, y una ventana que sale al paso de las hermanas. Item una cama, dos bancos, cinco tablas...

Aposento del trigo / (fol.641-) Item salidos del dicho aposento se fue a otro que está al lado del sobredicho, el cual tiene su puerta, cerraja y llave, y una ventana encima de la puerta, que llaman el aposento del trigo que se coge en Zaragoza, en el cual había lo siguiente: Primero doce cahíces de trigo. Item 14 de cebada, un fogaril...

Bodeguica del vinagre blanco / (fol.641v-) Item después de haber salido del dicho aposento se fue a ver y visitar... otro aposento que está al lado del sobredicho, en la propia hilera, que llaman la bodeguica del vinagre blanco, en la cual había su puerta, cerraja y llave, y encima de dicha puerta dos ventanas con sus rejas. En la dicha bodega había lo siguiente: Primero seis tijas de vinagre blanco... tres cubas...

Aposento de la vajilla / (fol.642-) Item salidos de la dicha bodeguica se fue a otro aposento que llaman el aposento de la vajilla, el cual tiene a su cargo Felipe de Argueta, repostero, el cual tiene su puerta, cerraja y llave, y una ventana con sus balaustres de palo, en el cual aposento hay los siguiente: Primero 200 ollas... 200 cazuelas...

Bodeguica del aceite /Y salido del dicho aposento se pasó a visitar otro que está al lado de aquel, que llaman la bodeguica del aceite, que está al propio lado, que tiene su cerraja y llave, una ventana que es un rallo, el cual tiene a su cargo con dicha bodeguica arriba dicha Jusepe Hernández, en el cual hay lo siguiente: (fol.642v-) Primero cuatro tinajas...

Aposento de la sastrería / Item más arriba en la misma acera y lado donde están los sobredichos aposentos hay otro que llaman la sastrería, donde se hacen las cosas necesarias para dicho hospital en materia de de ropa ordinaria, el cual tiene a su cargo Lupercio Ladrón, sastre, y tiene su puerta, cerraja y llave, y una ventana de madera con sus cerrajas por dentro, que sale al patio de dicho Santo Hospital, dentro del cual aposento se halló lo siguiente: Primero un tablero grande de madera con sus pies, un banco... arcas... (fol.643-) Item otro aposento dentro del sobredicho, con su puerta, cerraja y llave, y dentro de él se halló tres pares de tijeras... (fol.643v-) // Pedro Bardají y Juan Martín de Herrera... //

Carnicería / A 17 de septiembre MDCVIIII en Zaragoza... dicho canciller... (fol.644-) visitó en el patio de dicha casa el aposento que llaman la carnicería, el cual tenía su puerta, cerraja y llave, y hacia arriba unos balaustres de madera con una red de hierro puesta en ellos, y dentro había dos ventanas, la una sin puerta con su red de dicho hierro espeso y la otra con tres barras de hierro y red espesa, y con su puerta de madera, las cuales salen al corralico que está delante el aljibe de la cocina. Item tiene una ventana grande que se cierra con su cerraja y llave, y sale al paso de las hermanas. Item un banco pequeño... (fol.644v-) Item 34 cuartos de carne... Item en el patio de dicha casa cinco docenas de tablas... para camas. Item 17 quayrones... de madera para bancos...

Aposento del carnicero / Item en el aposento del carnicero que está junto a la dicha carnicería, se halló su puerta, cerraja y llave, y dentro de él una ventana portátil, y había dentro del aposento una cama con cinco tablas y dos bancos...

Camarillas de sermones que tienen sus puertas al patio y abajo fol. 816: (fol.645-) ... Item una camarilla para oir los sermones del señor del Castellar, con puerta al patio con su cerraja y llave, una ventana con su celosía a la iglesia, con dos rejas que salen a la luna del patio para recibir luz. Item otra camarilla para lo dicho que es del Protonotario, con su puerta, cerraja y llave al patio, con dos ventanas y celosía que salen al Cristo de dicha iglesia. Item otra camarilla que posee el Baile de Aragón, que también tiene su puerta, cerraja y llave al patio, y su ventana y celosía a la iglesia. Item otra camarilla que es de [...] y tiene su puerta, cerraja y llave al patio, y su ventana y celosía a la iglesia. Item otra camarilla del conde de Sástago que tiene su puerta, cerraja y llave, y su ventana y celosía a la iglesia. Lo que hay en el patio de la casa: Item en el patio de la casa un cubico de madera para remojar ladrillos para las obras con sus anillas de hierro. Item una pila grande de piedra arrimada al pozo para echar agua de él en ella, guarnecido el suelo y los cantos de hierro. (fol.645v-) Item es un pozo grande, ancho y bueno, que tiene 14 brazadas, muy caudaloso y de muy buena agua, que se saca el agua cada día para todas las cosas necesarias para el servicio de la casa de dicho Hospital. Item dos pozales... Item otra camarilla en dicho patio con su puerta, cerraja y llave, que es de Pedro Coloma, con su ventana y celosía a la iglesia. Item otra camarilla encima de la anterior, que es del duque de Híjar, con su puerta, cerraja y llave, con su ventana al patio y con otra ventana celosía a la iglesia. Item otro aposentillo, con su cerraja y llave, que dentro de él está el púlpito, y antes de llegar a él un aposento con bancos alrededor para sentarse, que cogerán ocho personas, que tiene su cerraja y llave. Item otra puerta con su cerraja y llave, que suben por unas escaleras a dos aposentillos, que el uno es de los diputados del Reyno y el otro de los regidores del Hospital, y cada uno de ellos tiene su celosía y ventana a la iglesia. (fol.646-) Item en dicho patio un rejado de madera, y dentro de él un cajón grande de madera y unas tablas a las espaldas encajadas en la pared, con dos libros grandes con sus rúbricas en él, uno de los cuales están inscritos los enfermos que vinieron al dicho Santo Hospital el año pasado de 1608, y el otro donde se apuntan los de delante en él. Item otra camarilla para oir los sermones que es de don Alonso Villalpando, que tiene su puerta, cerraja y llave, y su ventana, reja y celosía a la iglesia, con otra pequeña. Item otra camarilla que es de los jueces de la Audiencia Real, que se sube a él por una escalera y tiene su puerta, cerraja y llave, y una ventana con su celosía. Item en dicho patio una puerta de madera labrada con su cerraja y llave, y por ella se entra a la capilla de los Contaminas, y por una escalera se sube a un corredorcillo que tiene una ventana grande con su celosía al patio y otra de madera al lado y sus balaustres en dicho pasadizo, y tiene su puerta, cerraja y llave, y dentro su aposento del todo de miras? con su celosía a la iglesia.

Aposento de la Portería (fol.646v-) Item en un aposento que hay en dicho patio que llaman de la Portería tenía su puerta, cerraja y llave, de la cual son porteros Juan Barrera y Domingo Cabueñas. Y luego en entrando a mano derecha en dicho aposento hay una puerta, cerraja y llave, que se baja por unas escaleras a una bodega decente, en la cual había lo siguiente: Primero catorce tinajas grandes, que cada una de ellas será de cabida de 20 arrobas de aceite, las tres llenas de aceite y las once vacías, todas con tapadores. Item tres tinajas pequeñas vacías. Item una arroba de arambre. Item una cantarica de tierra y un sacador de arambre... etc. Item entrando a dicho aposento una mesa de pino con su pie, encima un bancal de raz viejo... Item colgadas en clavos diversas llaves de diversas puertas del Hospital. (fol.647-) Item una cadena de hierro gruesa de la puerta. Item tres balaustres de madera. Item más adentro entrando por otra puerta sin nada abierta a dicho aposento se halló dentro dos cántaros para agua, uno grande y otro pequeño, un librillo grande y otro pequeño de tierra. Item un armario de madera con sus puertas portátil sin nada, y encima de él una redoma de vidrio redonda, dos jarros y una cantarica. Item una mesa de tijera con su pie. Item dos sillas de respaldo de cuero, viejas. Item tres bancos de pino portátiles. Item una cama con dos bancos y cinco tablas de pino, dos colchones, dos sábanas, dos mantas blancas y un travesero... (fol.647v-) un arca de pino con su cerraja y llave, vacía. Item en otro aposento más adentro del dicho, que tiene su puerta cerraja y llave, se halló una tabla con unas --- pequeñas y escudillas... Item una esquila? y una campanilla de azófar, tres capazos con carbón. Item un torno con su ventanilla que sale a la calle del Hospital que es de madera, donde ponen los bordes y criaturas que traen a dicho Santo Hospital. Item diversas llaves de las puertas de la comedia. Item un armario pequeño fijo en la pared y dentro de él las tablillas de las camarillas de los hombres y mujeres de la comedia con unas llaves. Item se sube de dicho aposento por unas escaleras a otro aposento (fol.648-) más arriba que tiene su puerta, cerraja y llave, y una ventana con su reja a la calle y otra ventana al patio de dicho Santo Hospital, y en él había una copa de arambre para sacar lumbre a los pobres. Item una mesa redonda de nogal. Item dos arcas de pino, la una [grande] y la otra pequeña, que la grande tiene cerraja y llave y la otra no tiene llave, que dentro la grande hay cinco tablas de manteles y tres enjugamanos. Item una cama con dos pies y cinco tablas, dos colchones, dos sábanas, dos mantas blancas, un travesero, un rodapié llano. Item ropa forrada de pelejos, vieja...

[Escalera principal y cantina] Item junto a la escalera principal de dicho Santo Hospital del patio un cubo mediano de madera con cinco cercillos de hierro de cabida de 50 cántaros, que en él se amera? [amaña] el vino para los enfermos, con su canilla y llave y dos bancos que lo sustentan. Item una vacía para poner debajo de dicho cubo. Item un cubico mediano con tres cercillos de hierro (fol.648v-) donde se recibe el vino que traen para el Hospital. Item un armario allí junto y contiguo que está fijo en la pared debajo de la dicha escalera con su ventana de madera, cerraja y llave, y dentro de él nueve cántaros grandes y medianos llenos de aceite, que de allí es de donde cada día se da aceite para las lumbres de todo el dicho Hospital. Item un jarrico vacío, con su embudo y sus medidas de libra y media libra y dinerales de aceite. Item otro armario en la pared del lado del dicho, con su puerta, cerraja y llave, y dentro de él dos tablas encajadas en la pared y dentro de él doce cántaros grandes pata traer agua para amerar el vino en dicho cubo para los pobres.

[Bodega del vino] Item allí junto y al lado del dicho armario otro aposento que llaman la bodega del vino, que antes de entrar había su puerta con su cerraja y llave, unos balaustres en ella y luego en entrando un medidor de vino con sus embudos de arambre, dos cántaros, una mesura para recibir dicho vino. Item tres varales y en ellos ocho cántaros para vino, dos redomas de vidrio y otras tres mayores que son cinco. (fol.649-) Item dos cántaros y dos cantarillas de tierra para aceite y una cantarilla de arambre con su embudo de lo mismo. Item una bacía de de madera para servicio de dicho aposento. Item 16 cueros de aceite y seis cántaros de cabida, llenos de vino. Item un armario encajado en la pared con dos tablas de vidrio. Item una romana grande de hierro con una pesa grande para recibir el carbón.

[Aposento del bodeguero 1°*]* Item bajando por dos escaleras de dicho aposento para bajar a otro, había una barra de madera en la pared con siete candiles. Item en un aposento más adentro a mano derecha había lo siguiente: Primero un banco de pino grande, una banqueta, un cajón de pino sin cerraja ni llave. Item un arca con cerraja sin llave de pino y dentro de ella cuatro sábanas y cuatro tablas de manteles por delante las más. (fol.649v-) Item una cama de cuerdas con unas esteras, dos colchones, dos mantas blancas, dos sábanas, un travesero. Unas imágenes, un orinal con su caja y un servicio. Item un embudo de arambre. Item otra manta blanca. El cual dicho aposento tiene dos ventanas, la una con reja que sale al patio de los aljibes y la otra al patio principal de dicho Santo Hospital.

Aposentos bajando a la bodega Item bajan por las escaleras a la bodega, a un apartado de ellas, a mano su izquierda, dos cestas con una poca vajilla, dos librillos grandes, un cántaro dos de ellos grandes, una mediana y tres pequeñas, una cazuelica, dos man[g]os de mortero de madera, un tajador, una escalera portátil de madera arrimada a la pared. Y a mano derecha allí enfrente en otro aposento que está sin puerta y a él se baja con tres escaleras se halló lo siguiente: primeramente doce orejeras de hierro de pozal, dos grandes de pozal de hierro, un cercillo de hierro viejo de pozal y otro cercillo de lo mismo. (fol.650-) Item unas cuerdas para el cobertor. Item dos carruchas de madera con sus ancas y guarnición de hierro para los aljibes. Item una cántara, un orinal con su caja, un cajón grande viejo de pino con ocho redomas de vidrio nuevas, seis sacos para los bodegueros, una cesta. Item unos sacos viejos y una cesta mediana con canillas y otros aderezos para las cubas. Item dos tinajas para vinagre que, aunque lo tienen, es poco. Item dos cántaros... un banco y dos ollas sin nada. Item saliendo de dicho aposento y entrando en otro allí al lado tiene una puerta sin cerraja y en ella una manta blanca y dentro una cama con cinco tablas, dos pies, unos esportones, dos colchones, dos sábanas, tres mantas blancas y un travesero, y 18 canillas para las cubas. Item allí de frente a la otra mano hay una ventana con su reja que sale al dicho patio de los aljibes, y debajo había su cajón (fol.650v-) viejo de madera y un arca vieja, vacía. Item una manta blanca vieja. Item dos capazos de palma con carbón para el servicio de la bodega. Item una pala de hierro, un fogaril en el suelo.

Bodegas [subterráneas] de vino Item continuando la dicha visita dicho señor canciller y visitador, bajando por dicha escalera a la bodega del vino de dicho Santo Hospital, se llegó al suelo de ella, la cual es muy buena, grande, muy alta, toda de bóvedas de ladrillo con sus muy buenos arcos y pilares, en la cual hallaron, vieron y visitaron las cosas siguientes: Primero una cuba buena y bien cercillada, de cabida de 16 nietros, llena de vinagre blanco. Item otra cuba muy buena y bien cercillada, de 20 nietros de cabida, que está llena de vinagre tinto, con su canilla y su bacía debajo. Item otra cuba pequeña vieja sin nada. Item otra cuba grande y muy buena, muy bien cercillada, de cabida de 60 nietros, de vino, vacía. (fol.651-) Item otra cuba de cabida de siete nietros de vino, llena de vinagre tinto. Item un tonelico mediano lleno de vinagre tinto. Item doce portaderas de cubas con cercillos de hierro. Item dos docenas y media de pozales para sacar agua de los aljibes y pozos de dicho Santo Hospital. Item un banco y una canal y hasta dos docenas de cercillos viejos de pozales. Item una canasta con hierros viejos, un pedazo de madera. Item una tablas encajadas en la pared donde están dos pozales. Item se entró en dicha bodega por un paso que está a mano su izquierda a otra bodega, la cual tiene cuatro ventanas con sus rejas a la calle y es también una bodega alta y muy buena con sus arcos de ladrillo, y el techo de arriba cobertado con maderos, ladrillo y yeso, en la cual se hallaron las cubas siguientes: Primeramente una cuba muy grande, buena, (fol.651v-) muy bien cercillada con tres travesaños y hierros de la una y otra parte, de cabida de 65 nietros, llena de vino tinto. Item otra cuba también muy grande, buena, muy bien cercillada con diez cercillos, y en una y otra parte tres traveseros, de 60 nietros de cabida, llena de vino tinto. Item otra cuba muy grande, bella y buena, famosamente cercillada, con sus travesaños de madera y hierro en la una y otra parte, de 70 nietros de cabida, llena de vino tinto. Item otra cuba de la propia cabida y la misma manera que la anterior, vacía. Item un arca, si quiere cofre, con su cerraja y llave, y dentro de ella algunos ungüentos de la botica porque estén frescos. Item dos bacías grandes para poner debajo las cubas y dos tablicas de madera y una escalera de madera portátil. Item un trujal muy grande de ladrillo para echar uvas, que cogerá según los bodegueros hicieron relación, más de 300 cargas de uvas, aunque ha mostrado que no se sirven de él en el Hospital.

Otra bodega [o bodega de la iglesia] (fol.652-) Item se salió de dicha bodega a la primera bodega y de ella pasando por un pasadizo que es una bóveda hecha de ladrillo y aljez con sus muy buenas y fuertes paredes se llegó a unas escaleras y bajando por ellas a otra bodega que está debajo de la iglesia de dicho Santo Hospital que es muy alta y buena de bóveda de ladrillo y yeso y en ella se hallaron las cubas aparejos y cosas siguientes: Primero una cuba buena y bien cercillada con ocho cercillos con su puerta y sus travesaños de una y otra parte, de 25 nietros de cabida, vacía. Item otra cuba muy buena y bien cercillada con diez cercillos y sus maderos a las dos partes de arriba abajo con su puerta, de cabida de 20 nietros, vacía. Item otra cuba buena con ocho cercillos buenos y nuevos con su puerta y travesaños de arriba abajo a los lados, de cabida de diez nietros, vacía. Item otra cuba muy buena con ocho cercillos bien cercillada con su puerta y travesaños, de cabida de 20 nietros, vacía. (fol.652v-) Item otra cuba de cabida de 35 nietros, vacía, con diez cercillos su puerta y travesaños como las otras. Item otra cuba muy buena y bien cercillada con ocho cercillos y sus travesaños y puerta, de cabida de 20 nietros, vacía. Item otra cuba bien cercillada, con diez cercillos y sus travesaños y puerta, de cabida de 20 nietros, vacía. Item otra cuba vieja sin vino con seis cercillos su puerta abierta, de cabida de diez nietros. Item otra cuba buena y bien cercillada con siete cercillos y su puerta, llena de vinagre blanco, de cabida de hasta diez nietros. Item una bacía para debajo las cubas. (fol.653-) Item dicha bodega tiene una ventana a la sacristía de la capilla de Ntra. Sra. de Gracia, que está al lado de la capilla de los Contaminas. Todas las cuales dichas cubas y cada una de ellas tiene sus asientos abajo muy buenos y de maderos muy gruesos y grandes para tenerlas y sustentarlas con sus puertas. Las cuales dichas bodegas tienen a su cargo Jusepe Hernández, bodeguero mayor, y Miguel Francés y Domingo Palomar, sus ayudantes. // Escribanos los dichos Pedro bardají y Juan Martín de Herrera.../

Aposento del Albañil / Die decimo octavo de dicho mes de septiembre de dicho año de mil seyscientos y nueve en dicha ciudad de Zaragoza y dentro del dicho Santo Hospital el dicho Sr. canciller visitador y comisario sobredicho continuando la dicha su visita presentes el notario y secretario de esta causa (fol.653v-) y testigos abajo nombrados, vio y visitó en el paso que va del patio mayor de dicho Santo Hospital hacia los graneros y cementerio en un aposento que es el primero a mano izquierda en el cual está Pedro Calaf, maestro de hacer casas de dicho Hospital, el cual aposento tiene su puerta con su cerraja y llave, y encima una ventana con su reja de hierro, y dentro de él una cama con dos bancos, cuatro tablas, dos colchones, dos sábanas, dos mantas blancas y un travesro. Item otras dos sábanas para mudar dicha cama. Item una silla vieja antigua. Item un arca de pino vacía.

Aposento de Juan Villanueva plegador / Item en otro aposento al lado de aquél que está en él Juan de Villanueva, plegador, tenía y se vio y tenía en él una puerta de madera cerraja y llave y dentro de él una cama con dos bancos, cinco tablas, dos colchones, dos sábanas, tres mantas blancas y un travesero. (fol.654-) Item otra cama con sus dos bancos, cinco tablas, dos colchones, dos sábanas, una manta blanca y un travesero. Item un algorín grande lleno de ceniza de salobre para las coladas que había más de 30 cahices. Item dos azadas, una albarda. Item dos sillas viejas de cabagaduras, tres frenos y unos tapiales para hacer tapias de madera y dos bancos de pino y una silla de costillas vieja de madera. Item dos canastas y dos capazos viejos. Item otro aposento al lado del dicho que sirve de tener aljez con su puerta cerraja y llave, con una bacía grande para amasar aljez. Item un baluarte de madera y nueve capacicos para cargar aljez y una satera? para inchirlos [incarlos] y un algriba? para porsarlos?.

Aposento de los cojedores mayores / (fol.654v-) Item en otro aposento más abajo que es el aposento donde se recogen los cogedores mayores el cual tenía su puerta cerraja y llave, con unos balaustres encima y dentro de él un brasero de madera y aljez, dos banquillos, un arca de pino con su cerraja y llave, y dentro de ella cuatro sábanas servidas. Item dos alforjas y dos tobazones de lienzo. Item una campanilla con su collar de cuero. Item la manta de la muica de la pliega. Item cuatro ropones, los tres de la librea de los locos, y el uno blanco para los plegadores. Item tres cántaros y cinco jarros. Item una albarda y una talega con cebada para--lica. Item dos camas, cada una de ellas con dos bancos de pino, cinco tablas, dos sábanas, dos colchones, tres mantas blancas, un travesero. Item ocho cestas grandes y pequeñas. Item dos gribas, un capazo para la cebada // De las cuales cosas // los dichos Juan Martín de Hernando y Pedro Bardají... //

Aposento de las escobas / (fol.655-) Dicho día décimo octavo de dicho mes de septiembre de dicho año de mil seyscientos y nueve en la ciudad de Zaragoza y dentro de dicho Santo Hospital el dicho Sr. canciller visitador y comisario sobredicho continuando dicha visita vio y visitó otro aposento que está en el pasadizo del patio principal de la casa hacia los graneros y cementerio que llaman el aposento de las escobas, el cual es un aposento grande y espacioso y tiene dos ventanas, la una con una lumbrera y la otra con una reja de hierro, y tiene su puerta, cerraja y llave, con sus balagostos [balaustres] encima, y había dentro una escalera de madera portátil. Item 25 piezas de tocino en perniles y espaldares. Item 400 escobas de palo. Item tres tinajas grandes vacías para tener miel. Item tres cuezos. Item cinco tinajas pequeñas y dos panales para miel. Item un roscadero grande de mimbre y dos cestas. Item una carretada de alpargatas viejas.

Caballeriza grande / Item en dicho pasadizo a mano derecha al lado de (fol.655v-) los aljibes una caballeriza muy grande y espaciosa con sus pilares de ladrillo, cuatro ventanas con sus rejas a los aljibes, con 28 pesebres. Item dos arconazos grandes, que en ellos hay siete cajones para tener los mozos la cebada. Item tres pares de mulas, las cuatro negras, una rubia y la otra parda cenadas y algunas de ellas muy viejas. Item una mulica negra para hacer calleja para la ciudad. Item la anganilla de la mula. Item tres machos, uno negro y dos castaños, para ir a pedir la limosna de gallinas y otras cosas por el reyno, con sus albardas y polleras. Item un jumentico. Item tres grivas?

Aposento de la cebada / Item en otro aposento al lado de dicha caballeriza grande y espacioso que sirve para tener la cebada, tenía su puerta, cerraja y llave, y dos ventanas con sus rejas de hierro que salen al ingenio de la cera y se halló dentro una docena de piezas de suela para zapatos. Item cuatro escobas, doce palas, dos capazos, una (fol.656-) hanega con su raedera, cuatro talegas, un montón grande de cebada que habrá en él al parecer hasta 40 cahices. Item 20 astas para las palas del horno.

Aposentos del ingenio de la cera / Item otro aposento allí al lado que es donde duerme el ingeniero el cual tiene su puerta, cerraja y llave, y está el aposento entablado, con una ventana con su reja que sale al ingenio de la cera, y había dentro una cama con sus dos pies, seis tablas, tres colchones, dos sábanas, dos mantas blancas, cuatro almohadas, dos grandes y dos pequeñas. Item dos mesas de pino con sus pies y un candil. Item en otro aposento al lado del sobredicho por el cual se entra al ingenio de la cera tiene su puerta buena, con su cerraja y llave, y cerrojo, y dentro dos puertas grandes de ventanas viejas. Item un banco de pino con sus pies. Item otro banco pequeño de pino con sus pies. Item dos cántaros, una botega. Item en otro aposento dentro del dicho a mano derecha tiene su puerta sin cerradura y dentro de él un arca de pino vacía. (fol.656v-) Item continuando el paso de dicho patio hacia el ingenio se halló dos ruedas de molino rompidas. Item un cubo roto viejo y mucho maderaje viejo para quemar en el horno del ingenio de la cera.

Ingenio de la Cera / Item se fue al aposento del yngenio de la cera y se vio y visitó aquél, y dentro se halló una puerta con la cual estaba cerrada, con su cerrojo y llave, y dentro de él había nueve armarios grandes encajados en la pared con sus puertas de madera y cada uno de ellos con su cerraja y llave, que sirven para poner la cera de cada uno que viene a hacer la cera. Item una prensa grande con su rollo de piedra con el maderaje grueso grande y bueno para apretar dicha prensa. Item un tronco y madero muy grueso y grande donde está el cubo que sirve de prensa. Item tres pisones grandes para encima la cera que son de madera. Item un caldero de arambre con sus basas. Item dos cazos de arambre con sus mangos de madera. Item tres paletas de hierro para recoger la cera. (fol.657-) Item una olla de arambre. Item dos calderas de arambre encajadas en un hornillo donde se cuece la cera. Item un cubico de madera con cuatro cercillos de hierro para tener agua. Item un banco grande de pino con sus pies. Item un capazo grande y otro mediano de palma. Item otro cubo grande de madera con tres cercillos gruesos de hierro que es para remojar los moldes. Item 40 moldes de madera grandes y pequeños para hacer los panes de cera. Item un pozo para sacr agua para la cera y dos pozales y su carrucha y cuerda y una pila pequeña de piedra con su canilla. Item dos granchos de hierro y una pala con sus mangos de madera.

Aposento para la Calcina / Item otro aposento allí al lado con su puerta cerraja y llave para tener la calcina que habrá hasta dos carretadas.

Fustería / Item otro aposento poco más adelante grande que llaman la fustería donde trabajan las (fol.657v-) cosas de madera para dicho Santo Hospital y dentro de él se halló cinco bancos grandes para trabajar al oficio y dos pequeños donde se ponen las tablas para juntarlas. Item un fogaril de madera, yeso y aljez. Item una cuna pequeña, dos bancos nuevos. Item una ruedecilla de carretón, tres veladores altos con sus pies nuevos y otro viejo. Item quince quayrones de madera para hacer bancos. Item el sobrecielo del monumento. Item un tablón grande y muy grueso. Item diversidad de tablas y puertas y ventanas nuevas y viejas, y dos carruchas para el pozo o aljibes y una escalera portátil.

Desollador y aposentos de su ministerio / Item allí al lado se entra por una puerta rejada de madera tiene su puerta, cerraja y llave, y se entra al desollador donde se mata la carne, el cual tiene una ventana grande y otra pequeña que sale al callizo del agua y otra a la huerta, y se halló dos mandias? de cuero para [p]inchar los carneros, dos puñales, tres maderos encajados en la pared con sus estacas para colgar la carne, dos bancos de madera viejos, un cántaro, una olla, una cazuela y un librillo. Y más arriba (fol.658-) un aposento para tener el sebo que es del que provee la carne, tiene su puerta cerraja y llave. Item otro aposento con su puerta cerraja y llave y dentro de él dos canastos. Item afuera una albarda y un esportón.

Aposentos para carbón y otros ministerios Item saliendo de dicho desollador hacia el patio a mano derecha hay un aposento con su puerta cerraja y llave, que sirve para tener el carbón aunque no lo había con su ventana con su reja que sale al huerto. Item en un pasadizo que está frontero la dicha caballeriza que va al cementerio a mano izquierda en el primer aposento visitó vio y halló dicho Sr. canciller y visitador que aquel tenía su puerta de madera, cerraja y llave, de medio arriba con sus balaustres y dentro de él una chimenea. Item 24 talegas. Item seis mantas de gergas de las mulas, un paño para traer paja. Item unas alforjas de terliz con un botico. Item cuatro mantas blancas viejas ruines. (fol.658v-) Item un par de ganchos para el estiércol. Item dos esportones para llevar la comida a las cabalgaduras. Item cuatro capazos de palma y dos canastos de mimbre. Item un librillo grande con escudillas y platos. Item una tabla de madera con un cántaro, dos jarras cazuelas y más arriba tres gobeletes de vidrio, dos sombreros blancos para los mozos. Item dos camas cada una de ellas con cada dos bancos, cinco tablas de madera, dos colchones, dos sábanas y sus mantas que son las puestas arriba y sus traveseros. Item otras cuatro sábanas para mudar. Item una mesa a modo de banco. Item dentro de dicho aposento otro con su puerta cerraja y llave, con dos ventanas que salen al conejar con hasta 50 carretadas de cepas y leña de oliveras. Item otro aposento al lado del dicho (fol.659-) con su puerta, cerraja y llave, con unas sogas de cáñamo, dos ruellos para los cubos y un arca de pino vacía.

Aposentos del carbón y otros Item otro aposento en dicho paso al lado del sobredicho muy grande y espacioso lleno de carbón y tiene su puerta, cerraja y llave, con unos balaustres de medio arriba. Item en dicho paso otro aposento que sirve de pajar y tiene su puerta, cerraja y llave, con una ventana que sale al pasadizo del apartado de las locas que había hasta 80 carretadas de paja. Item otro aposento al lado de la puerta falsa de las hermanas locas que sirve para tener carbón, el cual tiene su puerta, carraja y llave, y está lleno de carbón.

[Quadra de los Tiñosos] Item otro aposento al lado de la carbonera que es la Quadra de los Tiñosos y tiene su puerta sin cerradura y dentro de él dos ventanas con sus redes de hierro espesas que salen a los corrales de las locas todo cercado de bancos de aljez y dos braseros grandes en tierra de aljez. Item un banco de madera. Item un arca de pino con su cerraja y llave donde están los ungüentos para los tiñosos. (fol.659v-) Item otro aposento dentro del dicho, tiene su puerta, cerraja y llave, y dentro de él hay una puerta cerrada que sale al paso del huerto de la botiga y tiene su ventana con su reja al corral de las locas y había en él una cama de madera con dos pies, seis tablas, dos colchones, dos sábanas, dos mantas blancas y un travesero, en la cual duerme el padre de los tiñosos. Item una manta colgada. Item un banco de pino y algunos palos de leña para calentarse los tiñosos. Item en otro aposento dentro del sobredicho con su puerta patente sin nada en ella y tenía una ventana, con su celosía de madera, que sale al patio de las hermanas y había en él un banco de madera, dos candiles, un armario encajado en la pared, un capazo, seis escobas de palo. Item una cama con dos pies, cinco tablas, dos colchones, dos sábanas, dos mantas blancas.

Dormitorio de los tiñosos / Item otro aposento más adentro que el anterior que es la quadra del dormitorio de los tiñosos, tiene su puerta, cerraja y llave, (fol.660-) con dos ventanas con sus puertas de madera y celosías que salen al corral de las gallinas, en el cual dicho aposento había su lámpara de vidrio colgada en el techo y once camas para dormir a dichos tiñosos, que todas ellas eran de una misma manera y con una misma ropa y así cada una de dichas camas tenía y se halló en ella dos bancos, cinco tablas, dos colchones, dos sábanas y dos mantas blancas.

Guarda ropa de los tiñosos / Item saliendo de dicho aposento se sube por una escalera arriba y al cabo de ella había una puerta, con su cerraja y llave, y en entrando un aposento con una ventana con su celosía al corral de las gallinas, y dentro de dicho aposento otro con su puerta sin cerradura con dos ventanas al corral de las gallinas con sus celosías que es la guarda ropa de los tiñosos que había algunas baratijas viejas de vestidos de aquéllas. Item una cama con dos bancos, cinco tablas, dos colchones, dos sábanas, dos mantas blancas y un travesero. Item un arca con su cerraja y llave con la ropa del padre de los tiñosos. Item otro arca alta a modo de cofre (fol.660v-) de madera, con su cerraja y llave, y dentro de ella 32 sábanas limpias viejas para mudar a los tiñosos. Item dos tablas de manteles grandes y otras tres de pequeños. Item diez enjugamanos viejos.

[Patio de los carros] Item saliendo de dichos aposentos de los tiñosos y yendo hacia el cementerio donde se entierran los difuntos, se entró por una puerta muy grande anchurosa y espaciosa que entran carros por ella la cual tiene su puerta, cerraja y llave, y luego en entrando en el patio había dos carros con sus ruedas y escaleras y alrededor con sus esteras y sus encañados de cañas y cubierta de paños de terliz. Item una cruz de madera portátil.

Cementerio o fosal / Item entrando más adentro hacia el cementerio hay una puerta muy ancha y grande de balaustres de madera, sin cerradura, y más adentro había un corral muy grande y muy espacioso todo cercado y tapiado y dentro, a una parte de él, un Calvario con una Madre de Dios de piedra y encima de él una Cruz con los justos? de la Pasión de Ntro. Sr. Jesucristo (fol.661-) y a otras partes montones de calaveras y huesos. Item un muy grande pozo endon [hondo], siquiere agujero, con sus tablas en cuenta de canal y su escalera para echar y enterrar allí los difuntos.

Aposento de Notomía Item a otro lado un aposento que sirve de hacer la notomía los cirujanos y catedráticos de la Universidad y médicos de ella, con su puerta, cerraja y llave, y cuatro ventanas con sus balaustres de madera.

Granero / Item saliendo de dicho cementerio entre las dos puertas principales de él en el patio a mano izquierda había una puerta muy grande de madera con su cerraja y llave y aquella abierta se sube con seis gradas al granero, el cual es bueno, grande, anchuroso, aunque algo bajo con sus buenos pilares y maderos muy grandes y buenos travesados y muy bien cubertado y muy espesos los maderos en las vueltas y el suelo de él muy bueno nuevo enladrillado con seis ventanas anchurosas buenas y espaciosas, que las tres de ellas tienen sus retes de hierro y caen al huerto la otra también tiene su red y barras de hierro y cae al paso de dicho cementerio y la otra con sus balaustres de madera que cae (fol.661v-) a una galería de dicho granero y dos puertas grandes abiertas que salen a donde se aderza el trigo para llevarlo al molino y dentro de dicho granero lo siguiente: Item cuatro palas de madera, una hanega? con su raden?. Item cuatro escobas y un almud. Item a una parte un montón de trigo que estaba aparejado para ir a hacer harina al molino y según la relación que hizo Miguel Palacio que asistía en dicha visita en dicho granero había en dicho montón 18 cahíces de trigo. Item otro montón grande de trigo hecho una sierra que en él según la relación que dicho Miguel Palacios hizo había hasta 100 cahíces de trigo poco más o menos.

Aposento para purgar el trigo / Item más adentro de dicho granero había un aposento con su puerta cerraja y llave, dentro del cual se purga el trigo y había dos ventanas grandes con sus balaustres de madera y sus redes de hilo de hierro, la una enfrente de la otra que salen a los huertos en donde había un montón de trigo y en él, según hizo relación dicho Miguel Palacios, 18 cahíces de trigo.

Galería del granero / (fol.662-) Item de dicho aposento se entra por una puertecica pequeña descubierta que tiene su cerrojo y se entra por allí a la galería del dicho granero en la cual hay en medio una antosta con una puerta con su cerraja y llave y en toda ella tres ventanas abiertas con sus redes de hilo de hierro que salen a la huerta de la botiga y hay seis agujeros para echar por allí a otro [aposento (tachado)] [pasadizo que hay (añadido)] bajo [debajo (añadido)] el trigo para envasar en los sacos cada uno de ellos con su tapador de madera con sus cuerdas que cada uno corresponde a un clavo que están atados a la pared. Item 18 gineas? y espolsadores, si quiere veceras?, para purgar el trigo y un librillo para echar agua y rosarlo. Item en dicha galería hay una puerta que tiene un cerrojo por la puerta de afuera y sale a una escalera de frente la cual puerta en dicha escalera hay una ventana con tres barrotes de madera y su aro y rete de hierro y unos agujeros y por dicha escalera (fol.662v-) se baja al pasadizo donde están los sacos que se --- de dicha galería por dichos agujeros y al cabo de ello una puerta que por la parte de afuera tiene su cerraja y llave y en saliendo de allí se entra en dicho paso donde encima de un banco grande de aljez y ladrillo hay dos tablones de madera grandes y encima de ellos doce sacos grandes más de medios de trigo que en ellos hay 18 cahíces de trigo para hacer una molinada de harina al molino // De las cuales cosas // los dichos Pedro Bardají y Juan Martín de Herrera //

Guardarropa mayor de muertos (fol.663-) Dicho diez y octavo día el dicho Sr. canciller visitador y comisario sobredicho continuando la dicha su visita vio y visitó la guardarropa mayor que llaman de muertos la cual tiene su puerta con su cerraja y llave que es la primera puerta en la cual se halló lo siguiente: Et primo una campana colgada sobre la puerta. Item dos arcas viejas con sus cerrajas y llaves herradas las cuales llaman fiambreras. Item cinco márfegas viejas. Item un pan de olivas bujo? Item un velador. Item tres mortajas nuevas de esterliz. Item un tablero grande con sus pies y un bancal. Item dos sillas de madera viejas. Item una tabla a modo de armario en la cual había tres libros in folio, el uno intitulado "Libro de los hombres que mueren", el otro intitulado "Libro de las mujeres que mueren". Item el otro libro de mano escrito de las mortajas que dan para enterrar. (fol.663v-) Item un tintero con su salvadera de madera. Item dos bancos para tener los cántaros y había en él dos cántaros, dos cantarillas y un librillo mediano. Item un canasto de cañas grande en el cual había un par de mangas de tafetán y otras baratijas de mujeres. Item tres mantos viejos de mujeres. Item una pieza de esterliz para mortajas. Item dos líos de ropa de muertos muy viejos. Item unas tijeras de sastre para cortar las mortajas. Y luego dicho Sr. canciller entró, vio y visitó otro aposento más adentro de dicha guardarropa, el cual tiene una puerta muy pequeña con su cerraja y llave, en el cual halló lo siguiente: Et primo una manta vieja colorada. Item una cama con dos pies, cinco tablas, dos colchones, dos mantas, dos sábanas, dos almohadas con otras dos sábanas para mudar en dicha cama, todo nuevo. Item un arca vieja sin llave. (fol.664-) Item una tabla a modo de aparador con un capacico lleno de rosarios. Item un quadro de la Madre de Dios viejo. Item dos cortinas viejas colgadas alrededor de la cama. Item una banderilla vieja pintada en ella la Virgen de la Anunciación. Item dos candiles con una lámpara. Item en otro aposento más adentro que es de dicha guardarropa el cual tiene su puerta con cerraja y llave, y en él se halló lo siguiente: Et primo una cama con cinco tablas, dos bancos, tres colchones, dos mantas blancas, dos sábanas dos almohadas y otras dos pequeñas. Item otras dos sábanas para mudar en dicha cama. Item dos arcas viejas la una con cerraja y llave y la otra sencilla. Item cinco cortinas y un guadamacil. Item otra cortina verde de sobrecillo de cama. Item un escabelito pequeño. Item una mesa con un tapete verde y una silla. Item dos bancales viejos alistados con dos banderillas. (fol.664v-) Item tres tablas a modo de aparador y en ellas un manojo de llaves, una pimientera de madera. Item una calderilla de alambre para agua bendita. Item un aparador grande viejo portátil. Item tres cántaros, dos botigas todo de tierra. Item otro aparador fijado en la misma pared con una pala y una aceitera de hojalata. Item cuatro toallones de lienzo. Y luego en otro aposento más adentro, que están todos consecutivos, y tiene su puerta llave y cerraja, y en él se halló lo siguiente: Primero cinco arcas viejas, las dos con su llave y cerraja, y las otras tres sencillas, y se halló en la una de ellas que es el "arca de las mortajas" tres cortinas viejas, tres cortinas de paramento y una toalla y siete sábanas para mortajas. Item una mesa con un sobremesa viejo de cuero. Item unos estribos y una guitarra. Item una daga vieja y tres tablas con cinco ollas y un tajador. [falta fol.665-665v; fol.666- no se escribe nada] (fol.666v-) Item un lío de 16 ovillos de hilo de lino. Item un pavés en él pintados unos tigres. Item un arca pequeña de pino, con su llave y cerraja, con un rótulo que dice "arca de paramentos y cortinas de rete" en la que se hallaron nueve mantas de mujeres viejas. Item otro arca grande de pino, con su cerraja y llave, con un rótulo que dice "arca de cedazos de lienzo nuevos" y en ella hay lo mismo que el rótulo dice, toda llena. Item otro arca de pino, con su cerraja y llave, con un rótulo que dice "arca de pañales" y en ella hay 14 camisas viejas. Item otro arca pequeña vieja con las señales de las quadras. Item otro arca, con su cerraja y llave, toda forrada, en ella hay siete capotillos cerrados todos jironados de blanco y leonados que sirven para los locos en la fiesta de los Reyes (fol.667) Item una mesa larga con cuatro bancos y encima de ella seis mantas nuevas y dos viejas. Item ocho sarpilleras de balas de lienzo nuevas. Item otro arca de pino, con su cerraja y llave, con un rótulo que dice "arca de lienzo nuevo" en la cual se halló 14 camisas nuevas de lino. Item otro arca de pino, con su cerraja y llave, forrada, en ella había 26 sábanas traídas. Item otra arca de pino, con su cerraja y llave, con un rótulo que dice "arca de lienzo nuevo", en ella se halló 84 camisas nuevas con dos mazas de madera sobredoradas. Item un armario con baratijas y camisas y cosas de botiga y tienda. Item unas tijeras de sastre nuevas. Item un bolsón con muchas conchas y bordones de peregrinos. (fol.667v-) Item otro arca de pino, con su llave y cerraja, con un rótulo que dice "arca de la ropa de los Reyes", y en ella se hallaron unas vestiduras de guadamacil con que los locos hacen la fiesta de los Reyes. Item tres cortinas de lienzo pintadas de diversas figuras para dicha fiesta. Item unos moldes para marcar ropas de casa. Item otro arca sin llave, con un rótulo que dice "arca de paños para curar", y en ella se halló cinco piezas de angio? de 28 varas cada pieza. Item otro arca de pino, con su llave y cerraja, con un rótulo que dice "arca de paños para curar", y en ella se halló 47 camisas nuevas. Item otro arca sin llave y cerraja, con un rótulo que dice "arca de camisas nuevas", y en ella se halló 78 camisas nuevas de lienzo. Item otro arca, con su llave y cerraja, en ella se halló 45 sábanas nuevas. (fol.668-) Item otro arca de pino, con cerraja y llave, con un rótulo que dice "arca de coletos y cofias nuevas", en ella se halló cuatro piezas de lienzo de 25 varas cada una. Item otro arca nueva, con su cerraja y llave, en ella se halló 252 paños de mesa traídos, once mantelles traídos y cuatro toallones, todo viejo. Item otro arca vieja con doce camisones para los trinchantes de la mesa de los pobres. Item siete cortinas de lienzo nuevas para las camas. Item otro arca vieja, o cofre pintado, sin llave ni cerraja, y en él se halló 47 camisas de hombre y seis cruces para las banderas de los hermanos y un pedrenal? corto. Item otro arca, con su cerraja y llave, grande y vieja, y dentro de ella un cajoncito, y halló 51 sábanas nuevas limpias. Item dos cestos grandes llenos de paños para deshilar para los pobres enfermos. (fol.668v-) Item siete canastas grandes de paños muy viejos para deshilar. Item dos mesas grandes con cinco pies, y en ellas 26 sacos grandes y cinco talegas nuevas y viejas. Item 57 sacos para los hermanos, los cuales llevan vestidos, y unas alforjas nuevas y otras viejas. Item otro arca vieja y un cofrecico viejo lleno de paños para cirugía. Item dos piezas de terliz para mortajas de 120 varas cada uno. Item una causa grande sin cobertor llena de jarros viejos y doce escudillas de madera, una calabaza, dos diademas y unas cardas, todo viejo. Item al otro cabo de la dicha guardarropa un pavés colgado en la pared y dos sombreros blancos. Item un arca grande, con su cerraja y llave, de tres varas de largo, con un rótulo que dice "arca de sábanas nuevas", y en ella se halló 14 docenas de servilletas, cuatro tablas manteles, todo servido. Item otro arca vieja, con su cerraja y llave, con un rótulo que está rayado, y en ella se halló 33 manteles, 58 paños de mesa. (fol.669-) Item once camisas, 23 almohadas viejas, tres sábanas viejas, cuatro delante camas, dos jubones, un manto viejo, dos cofias, dos cuellos, todo viejo. Item tres vainas de cuchillos con cada tres cuchillos, dos mazos de hilo azul y un puñal. Item dos espadas sin vaina, tres botas de traer vino pequeñas, dos calabazas. Item una mesa grande de pino con una manta, en lugar de tapete azul, con cuatro pies de pino. Item un banco de madera. Item un armario fijado en la pared, en el cual se halló lo siguiente. Et primo un libro intitulado "De torica de trapesuntio" Nicolase Peroti "Rudimenta gramatica" propio santo y "Hispanorum Sintaxis" de Torrallos Tejenti? [Vizentio?], un libro de canto, otro libro en cuarto, pliego de artes, "Tratado de música" de Juanus de Espinosa, "Gramatica" de Torrella, otra de Torrella, otro Vizentio, todos viejos, un libro pautado para ensolfa. [Escalera y corredor de la ropa de los muertos] Y luego subiendo por la escalera de dicha guardarropa al corredor de la ropa de los muertos, el cual sale las ventanas a la huerta del regiret? de la botiga del dicho Santo Hospital y en el se halló lo siguiente: (fol.669v-) y tiene su puerta y llave, y halló 200 pretinas viejas. Item una carga de camisas viejas de muertos, que habrá 150. Item dos tablas con dos bancos. Item cuatro líos de calzones blancos de pros? cordón en cada lío, hay doce pares en cada uno. Item una ropa de levantar vieja. Item cinco capas viejas blancas. Item un lío de ropas viejas. Item otras alforjas. Item una carpeta. Item dos fardeles de calzones y calzas viejos. Item una capa blanca con un saico. Item cinco mantas coloradas. Item tres mantas blancas viejas. Item una carretada de ropa muy vieja. Item un rosario viejo. Item una mantelina de pilapos? blancos forrada en chamelote. Item tres cajas de zapatos viejos de los pobres. Item cuatro pares de tijeras de zapateros. Item ocho zamarros de pastores viejos. (fol.670-) Item un canasto de calabazas, hasta 24 para vino. Item una carga de sombreros viejos. Item cuatro botas para vino, viejas. Item cien pares de esparteñas, viejas. Item una muleta. Está a cargo de mosén Icvº Escolar, natural de Paracea.

Colchonería Y continuando el Sr. canciller visitador y comisario sobredicho la dicha su visita, subió a la colchonería la cual está al lado de la dicha guardarropa, y en ella halló lo siguiente: Et primo 26 colchones grandes y siete pequeños, quince almohadas, cinco fieltros para las mulas y a un rincón hasta dos cargas trapos viejos y hasta quince arobas de lana para los colchones. Y luego en otro aposento más adentro, el cual tiene su puerta, llave y cerraja, se halla lo siguiente: Item 18 colchones deshechos, viejos. Item cinco almohadas. Todo lo cual está a cargo de Pedro de Gurpide, colchonero, natural de Pamplona.

Pajar / Y continuando la dicha visita subiendo por la escalera de la dicha colchonería, vio y visitó el dicho Sr canciller y visitador sobredicho, vio y visitó el aposento (fol.670v-) o pajar, donde tiene la paja, el cual tiene su puerta, cerraja y llave, y en él se halló hasta 1.500 fajos de paja larga para las márfegas y una carrucha de madera con su cuerda para subir la paja y cuatro márfegas viejas, el cual aposento está a cargo de mosén Cortés, mayordomo .

[Aposento de los muertos] Y luego el dicho Sr. visitador vio y visitó el aposento de los muertos que está al lado de dicho guardarropa, en el cual halló una carrucha de hierro con una soga de esparto con la cual se bajan los muertos. Item una imagen

de Ntra. Sra. de alabastro rompida. Item un Cristo y una lámpara para lumbre. // Pedro Bardají y Juan Martín de Herrera, escribientes habitantes en Zaragoza //

Cuarto del Conejar y aposentos de él / A veinte días del dicho mes de septiembre del dicho año de mil seyscientos y nueve el dicho [salta al fol. 672-] señor don Gabriel Sora, canónigo de dicha Santa Iglesia de la Seo de dicha ciudad de Zaragoza y canciller, juez y comisario, y visitador sobredicho, continuando la dicha su visita de dicho Santo Hospital de Ntra. Señora de Gracia, vio y visitó en aquél un quarto el cual se llama el Quarto del Conejar y en él halló lo siguiente: Et primo en primer aposento todo lo que en él había era de María Estíbaliz el cual cuarto está a su cargo. En otro aposento más adentro, el cual tiene su puerta cerraja y llave, y halló dos bancos de pino y dos fogariles medianos donde hacen los bizcochos. Item una mesa con sus pies encima de ella tres lebrillos. Item una bacía de masar los bizcochos y su cernedor con dos batidores. Item tres capacicos de palma. Item una mesa redonda de pino con un pie y un cedazo. Item otro cedazo grande y un cántaro.

Otro quarto al lado del conejar [del médico licenciado Miguel Sarriá] (fol.672v-) Y luego al lado de dicho quarto, otro cuarto con otros dos aposentos, con sus puertas llaves y cerrajas, con una ventana que sale al aljibe y en él se halló lo siguiente: Et primo en el primer aposento una cama de cuerdas con tres colchones, tres mantas, dos sábanas, dos almohadas grandes y dos pequeñas, una colcha vieja. Item una mesa con su pie y en ella dos redomas y una taza. Item un arca con su cerraja y llave, dentro de ella no se halló nada. Item dos sábanas limpias para mudar en la cama. Item dos enjugamanos, un velador y un candil. Item una silla vieja. En el segundo aposento de dicho quarto se halló lo siguiente: Et primo una mesa con su pie y un tapete verde de paño. Item una silla y un banco viejo. Item dos cántaros y un encerado. El cual quarto y aposentos los tiene el licenciado Miguel Sarriá, médico ordinario de la casa, natural de la villa de Luna.

Otro quarto allí mismo [del coadjutor Pedro Salvo] (fol.673-) Y luego más adelante en dicho corredor en otro quarto con dos aposentos con sus puertas, llaves y cerrajas, con una reja que sale al paso de los mismos aposentos que llaman paso de la Sitiada y en él se halló lo siguiente. Et primo una cama con cinco tablas, dos bancos, con tres colchones, dos mantas, dos sábanas, quatro almohadas, dos grandes y dos pequeñas, con su rodapiés todo nuevo. Item otro rodapiés. Item otras dos sábanas para mudar en dicha cama. Item una mesa con su pie y un tapete verde. Item una sila de madera vieja. En el segundo aposento de dicho quarto se halló lo siguiente: Et primo un arca grande con su cerraja y llave, y dentro de ella nada. Item dos paños de manos y un candil. Item un banco viejo con un orinal. El cual quarto o dos aposentos están a cargo, y habita en ellos, mosén Pedro Salvo, natural de la Hoz de la Vieja, coadjutor del dicho Santo Hospital.

Aposentos del vicario (fol.673v-) Y luego más adelante en el circuito de dicho corredor o paso al lado de dicho patio el dicho Sr. canciller y visitador vio y visitó el quarto, siquiere aposentos, del vicario, que son cuatro aposentos cada uno de por si con sus puertas y llaves, en los cuales y cada uno de ellos se halló lo siguiente: Et primo en el primer aposento que tiene una ventana con su reja al aljibe y no había nada. En el segundo aposento halló una mesa redonda de pino. Item un armario con una reja de alambre y en él dos redomas de vidrio. Item dos encerados. Item un aparador fijado en la pared en el cual hay tres cántaros de agua, ocho platos, cuatro ollas. Item en el tercer aposento el cual tiene su ventana al aljibe y halló una cama con cinco tablas, dos bancos. Item tres colchones, tres mantas, dos sábanas y otras dos para mudar en dicha cama. Item ocho enfundias [fundas] con cuatro almohadas. Item dos rodapiés. Item cuatro cortinas y una gotera. Item una banaba. Item un arca grande vacía, con su llave y cerraja. (fol.674-) Item una mesa con su pie y un tapete verde de paño. Item dos bancos de pino. Item dos sillas. Item dos enjugamanos. Item un lienzo y en él pintado un escudo de armas. Item un velador con un candil. Item una cortina de lienzo pintada en ella "La Cena". Item dos cántaros y un librillo. Item en el cuarto aposento dos tablas en la pared y un arca vieja.

Aposento de mosén Antonio Lacambra / Y luego continuando dicho Sr. canciller y visitador sobredicho, vio y visitó otro quarto al lado del dicho en el cual vive y está a cargo de mosén Antonio Lacambra, el cual tiene su puerta, llave y cerraja, y una ventana que sale al aljibe en el cual se halló lo siguiente: Et primo una cama con dos bancos y cinco tablas, tres colchones, tres mantas, dos sábanas, una banoba, cuatro almohadas grandes y pequeñas, y otras cuatro para mudar, dos rodapies, dos toallas para las manos, todo nuevo. Item un arca con su cerraja y llave, vacía. (fol.674v-) Item una cortina para delante, un armario. Item dos mesas con un tapete verde en la una. Item una silla vieja y un banquillo. Item un cajón a modo de estante. Item un candil con su bilador. Item un libro manual y el quinqz? libro donde se escriben los bautizados. Iten dos cántaros y un librillo.

[Aposento] de mosén Cristóbal Gil [cantor] Y luego fue vio y visitó el dicho Sr. canciller y visitador un aposento al lado del sobredicho, el cual es de Cristóbal Gil, cantor de la Iglesia del dicho Santo Hospital, el cual tiene su puerta, llave y cerraja, y una ventana que sale al aljibe, que todos los dichos aposentos rodean el aljibe, y en él halló lo siguiente: Et primo una cama con cinco tablas, dos bancos. Item tres colchones y dos sábanas y tres mantas, dos almohadas grandes y dos pequeñas. Item un rodapies de lienzo todo nuevo. Item tres enjugamanos. Item dos sábanas para mudar en la cama. Item cuatro enfundias. Item una silla vieja, un banquillo. [Faltan páginas aunque parece que sigue la descripción?] (fol.678-) Item una mesa con su pie con un tapete de paño verde. Item un candil y un estante para libros. Item un armario fijado en la pared y en él cuatro cántaros, un librillo. Item dos cortinas.

[Aposento de Miguel Carrasco, devoto] Y luego volviendo por dicho corredor o paso de la Sitiada a mano derecha vio y visitó el dicho Sr. canciller y visitador sobredicho un aposento, el cual tiene su puerta, llave y cerraja, y una ventana con su reja que sale al ingenio de la cera, en el cual halló lo siguiente: Et primo una cama con dos bancos, cinco tablas, tres colchones, tres mantas, cuatro sábanas, las dos para mudar en dicha cama, dos almohadas, la una grande y la otra pequeña. Item un delante cama. Item una mesa redonda. Item un candil, un enjugamanos y un orinal. El cual aposento está a cargo y vive en él Miguel Carrasco, devoto de dicho Santo Hospital.

[Aposento] de Cristóbal Gálvez [llamador] Y luego al lado de dicho aposento vio y visitó dicho Sr. canciller y visitador sobredicho el aposento de (fol.678v-) que está al lado del sobredicho, en el cual vive y está a cargo de Cristóbal Gálvez, llamador de los Sres. regidores, el cual tiene su puerta con cerraja y llave, y una ventana que sale con su reja al sicho ingenio de la cera, y se halló lo siguiente: Et primo una cama con dos bancos, cinco tablas, tres colchones, tres mantas, dos sábanas, dos almohadas grandes y dos pequeñas, y un rodapies. Item otras dos sábanas con otras dos almohadas para mudar en dicha cama. Item otro delante cama. Item dos enjugamanos. Item una silla vieja. Item una mesa con su tapete de paño verde. Item un candil. Item un banquillo. Item un arca mediana con su cerraja y llave, vacía. Item un banco grande. Item un cántaro y una cantarica. Item un librillo. Item una manta colorada colgada en la pared.

[Aposento] de Andrés Palacios [cantor] Y luego en otro aposento al lado del dicho vio y visitó el dicho Sr. canciller y visitador sobredicho el aposento de Andrés Palacios, cantor de dicho Santo Hospital, (fol.679-) el cual aposento tiene su puerta, llave y cerraja, y una ventana con su reja que sale al dicho ingenio de la cera, y en él se halló lo siguiente: Et primo una cama con dos bancos. Item cinco tablas. Item tres colchones. Item tres mantas y cuatro sábanas. Item cuatro almohadas, dos grandes y dos pequeñas, con ocho enfundias. Item una mesa grande con un cajón con su cerraja y llave, y un tapete de paño verde. Item dos enjugamanos. Item dos rodapiés llanos. Item un banquillo pequeño. Item un cántaro y una cantarica.

[Aposento de las Sitiadas] Y luego más adelante fue el dicho Sr. canciller y visitador al aposento que llaman de Sitiadas, en el cual hay su puerta, llave y cerraja, y luego de entrado se divide a dos partes con un canar [cancel]

Aposentos del Predicador / que a la una parte se va al [aposento, tachado] Quarto del Predicador y tiene cuatro aposentos con una capilla en la cual hay (fol.679v-) un altar que sirve de cajón y altar, con sus llaves y cerrajas, y unos guardamaciles [cuero decorado] colgados en la pared muy buenos. Item dos reposteros con una lápida y unas esteras. Item en otro aposento al lado de dicha capilla, un estante y seis sillas de respaldo muy buenas. Item una mesa grande para tener libros. Item una cama de campo de nogal con sus pelares? grandes. Item tres esteras y un banquillo. Item una mesa de pino. Item en otro aposento con sus ventanas y puertas, cerrajas y llaves, el cual está frontero de la capilla, con su chimenea en él, una coteras viejas. Item al lado otro aposento con su puerta, cerraja y llave, en el cual se halló un arca de pino muy buena, con su cerraja y llave, dentro de ella doce sábanas de lino usadas. Item dos colchas. Item otro arca de pino, con su cerraja y llave, con un cajón, dentro de ella 19 tablas de manteles de grano de ordio. Item 38 paños de mesa usados alemanicos. Item seis toallas de manos. Item otras diez toallas con sus randas?. (fol.680-) Item 42 almohadas con sus enfundias, 20 pequeñas y 20 grandes. Item otro arca de pino, con su cerraja y llave, y dentro de ella ocho sábanas usadas. Item cuatro tablas de manteles de grano de ordio. Item cinco cortinas de paño verde guarnecidas con sus franjas verdes, que son del paramento de la cama del predicador, con su sobrecielo forrado en lienzo. Item un rodapiés de paño verde con su franja. Item dos carpetas de paño verde. Item dos morillos del fuego, de azófar, con su aderezo para el fuego. Item una plancha de hierro para el fuego. Item cinco tablas, dos bancos. Item dos mesas, la una de nogal, con sus pies. Item otro arca, con su cerraja y llave, y dentro de ella nueve sábanas buenas. Item en un corredor con sus balagostres y ventanas que salen hacia la huerta que dicen de Juan de Tiermas, y en él se halló un almario en la pared, con su llave y cerraja, y dentro de él dos cuchilleras, con tres cuchillos en la una y en la otra tres, y los demás aparejos. (fol.680v-) Item dos platos con sus vinajeras. Item un librillo. Y luego bajando por una escalera que tiene ocho escalones y al cabo de ella su puerta, con su llave y cerraja, por la cual se baja a la cocina y bodega de dicho cuarto, con su puerta que sale a la fustería, en el cual hay se halló lo siguiente: Et primo seis tinajas de agua con sus tapadores. Item un colgador de carne con su carrucha. Item un estante. Item un arca vieja sin cerraja. Item en la dicha cocina, la cual tiene su puerta, llave y cerraja, y dentro de ella un banco. Item un arca vieja sin cerraja. Item una mesa. Item una pala del fuego. Item un escalfador. Item una cuchara y una brumadera. Item tres asadores, dos grandes y uno pequeño. Item un rallo y una taza de alambre. Item un mortero de piedra con su mango. Item un banco con dos tablas para cortar carne. Item un aparador y en él ocho escudillas y ocho platos, dos redomas. Item dos candiles, dos librillos y tres candeleros, uno de arrite? y dos de azófar, debe las dos raseras y una sartén. (fol.681-) Item un almirez de cobre con su mango. Item unas grayllas de hierro. Item cinco cántaros con un banco de tener agua. Item cuatro ollas de tierra. Item un brasero grande de tierra. Item tres capazos de palma grandes. Item una fregadera de aljez y ladrillo. El cual dicho cuarto es del padre predicador y está a cargo de mosén Juan Escolano, guardarropero de la guardarropa de los pobres enfermos del dicho Santo Hospital.

Aposento de las Sitiadas / Y luego dicho Sr. visitador fue al aposento llamado de las Sitiadas, el cual tiene su puerta con su cerraja y llave, con un cancel muy grande de pino, el cual aposento tiene una ventana con una reja muy grande la cual sale a la huerta de Juan de Tiermas, en el cual se halló lo siguiente: Et primo una mesa grande de pino, con sus pies de lo mismo, con un tapete de paño verde traído, y en dicha mesa un cajón con cuatro líos o atados de cartas misivas, el cual tiene su llave y cerraja, muy buena. Item un banco escaño de nogal con sus pies de lo mismo. (fol.681v-) Item en otro cajón que en dicho aposento había se halló muchos papeles y cartas viejas. Item otro banco de pino con sus pies, viejo. Item seis guadamaciles colgados en las paredes del dicho aposento, los cuales son buenos, pintados de oro y carmesí. Item una chimenea encajada en la pared y tiene dos medias puertas con su cerraja y llave. Item dos morillos en dicha chimenea, los cuales son de azófar. Item una plancha de hierro para la dicha chimenea. Item una silla vieja. Item un badil, unas tenazas, un atizador y unas horquillas. Item dos encerados para la dicha ventana. Todo lo sobredicho está a cargo del dicho mosén Juan Escolano, guardarropero sobredicho. // De las cuales cosas // Juan Martín Herrera y Pedro bardají, escribientes habitantes en Zaragoza //

Aljibes de agua / (fol.682-) Dicho día 20 del mes de septiembre de MDCVIIII... el dicho Sr. canciller... continuando la visita, fue a visitar y visitó el patio y plaza donde están los aljibes de agua, el cual está entrando del patio principal de dicha casa, entrando hacia el aposento de los locos, a mano izquierda, que es muy grande y espacioso, y tiene al entrar de dicho patio o plaza, su puerta con su cerraja y llave, y muchas y diversas ventanas miraderas de los aposentos, así de los clérigos como del reposte, pasadizos, corredores y quadra de cirugía. Y entrando en dicha puerta se entra a dicho patio, y después por él, con tres gradas de ladrillo, se sube a donde están los aljibes, el suelo de los cuales está de argamasa y enladrillado con ladrillo, alrededor unos antepechos de aljez y ladrillo, y había dos aljibes muy grandes, hondos (fol.682v-) y espaciosos de piedra picada, cubiertos cada uno de ellos con su varal de hierro y alrededor su red de hilo de alambre, y encima en cada uno de dichos aljibes, su banderilla y cruz de hierro, y tiene cada uno de ellos su puerta, con su cerraja y llave, y su pila de piedra labrada para echar el agua. Que [en] cada uno de dichos aljibes, según hicieron relación personal de dicha casa que han visto henchirlos, cogen más de mil quinientos cubos de agua, y cada cubo trae sesenta y dos cántaros cada vez. Y en el uno de dichos algibes, que es de donde de parte se saca el agua para el servicio del Hospital, tiene su carrucha de madera con clavazón de hierro, su cuerda y dos pozales para sacar el agua, que son de madera con su hierro. Item un embudo grande de alambre. Item había más en dicho corral o patio hasta cincuenta cestas viejas para los abejares. Item tres polleras viejas para traer aves, muy viejas. Item cuatro pedazos de escaleras de carros (fol.683-) muy viejos, y una silla vieja con su cubierta [de] encerado viejo para traer los enfermos. Item cuatro maderos redondos, muy viejos y curados. Item tiene tejas nuevas para entejar el tejado. Item nueve tumbas de madera vieja y siete bancos viejos para tener las hachas para las defunciones, y había tres parras plantadas en tierra.

Refitorio de tiñosos / Item saliendo de dichos aljibes al lado de él, saliendo de ellos, hay un aposento, con su cerraja y llaves, con cuatro ventanas de madera, dos a dichos aljibes, y dos al patio, con sus balaustres, el cual aposento es el refitorio donde comen los tiñosos. Y había cuatro bancos grandes de madera con su pies y dos mesas con sus manteles, y en una de ellas 43 escudillas gruesas de maleza? Item un ventallo de papel con su mango y cuerda en cada lado en latiguillo. Item un capazo lleno de pan... (fol.683v-) [siguen los enseres] Item en dicho aposento un cantarico... un armario... Item saliendo en el patio una escalera grande portátil de madera...

Refitorio de los locos / Item se continuó para ir al aposento de los hermanos locos, que está luego contiguo de dicho refitorio de los tiñosos y [había] antes de entrar, junto a la puerta, un púlpito de madera, roto y muy viejo. Y luego está la puerta del primer aposento que es grande y anchurosa, de madera balaustreada (fol.684-) con su cerraja y llave, y dicho cuarto tiene tres ventanas grandes a la calle del Hospital que va a Santa Engracia, cada una de ellas cuales tiene dos puertas y sus cerrojos, y dentro de dicho aposento tenía y había en él cuatro mesas grandes de madera, con sus pies encajados en tierra, para comer los hermanos inocentes, y hacia la pared bancos de madera encajados en ella y a la otra parte sus bancos grandes portátiles de madera con sus pies. Item dos mesas de madera con sus pies, la una portátil encajada en la pared, encima de la cual había 50 platillos para pitanzas. Item cuatro cántaros grandes para agua y vino, tres jarros y cinco cucharas para poner agua y vino. Item cinco boteletes, los cuatro de cuerno y el uno de madera. Item un brasero de yeso y madera y otro de yeso y ladrillo para asiento de la olla. Item ocho palos de pino para llevar las portaderas. Item dos banquillos portátiles. (fol.684v-) Item un armario... un arca con quince ropones de librea de los hermanos. Item en otro aposento dentro del sobredicho, que tiene su puerta, cerraja y llave, se halló todo alrededor de tablas encajadas en la pared... [para comida, pan, etc.] Item candiles, manteles, cántaros... sartenes, aceitera, armario...

Refitorio de las locas / (fol.685-) Item luego en entrando en el primer aposento a mano izquierda, hay otro, con su puerta sin cerradura y cinco ventanas, las cuatro con sus balaustres de madera que salen a los aljibes, y otra grande con sus balaustres que sale al patio, en donde hay dos mesas muy grandes, de más de una vara de ancho, que es el refitorio donde comen las hermanas locas. Y a una parte, desde el principio hasta el fin de dicho refitorio, hay sus bancos de madera con sus pies, encajados en la pared. Item, a la otra parte, para sentarse, cuatro bancos grandes de madera portátiles. Item siete palos de pino para llevar las portaderas, una tabla para llevar las pitanzas.

Aposentos y gavias para furiosos / Item en otro aposento que está más adentro de dicho primer aposento, había una puerta para entrar en él, de madera, con su cerrojo, y dentro había dos ventanas cabeorcas? con sus carruchas y sus rejas de hierro, que salen a la dicha calle del Hospital (fol.685v-) Y dicho aposento es muy bueno y espacioso, con un pilar grande en medio de ladrillo y otros dos redondos de piedra labrados, y en él había una mesa grande de madera vieja con dos pies fijos en el suelo, y más había dos armarios encajados en la pared, de madera, con sus cerrajas y llaves, y dentro escobas y hierros viejos y un poco de carbón. Item había en dicho aposento un corredor que se subía a él con siete escaleras y hay cuatro aposentos que sirven de gavias para poner a los hermanos cuando están furiosos, con su puertas, las tres con sus cerrajas y llaves, y la otra con un cerrojo. En la una hay un colchón, una sábana, una manta, y las otras vacías.

Aposento de cepos de prisión / Item en otro aposento que está luego en entrando del anterior hay una puerta, con su cerraja y llave, y un cerrojo grande, y tiene dos ventanas, la una grande y la otra pequeña, que salen a la calle del Hospital, y en él había dos cepos con sus agujeros.

[Calefactorio] Una puerta que sale a la cocina, rodeada de bancos de aljez, con un rejado grande de hierro (fol.686) cubierto por encima del mismo hierro, que sirve para hacer fuego de invierno a los hermanos porque no lleguen a quemarse.

Cárcel. Item más adentro de dicho aposento, otro que es la cárcel para los hermanos y otros que cometen delitos en casa, que tiene su puerta muy buena, cerraja y llave, y cerrojo, una ventana pequeña con dos rejas de hierro que salen a dicha calle que va a Santa Engracia, con un tablado encajado en la pared. [Aposento 2°: celda de castigo] Item otro aposento de dicha cárcel que sirve también de cárcel más oscura y estrecha, que tiene dentro otro tablado como el anterior, y tiene su puerta de madera fuerte de prisión, con su cerraja y llave, buen cerrojo.

Aposento y corral de los locos Item saliendo de dicho aposento se entra hacia el corral donde están los hermanos para gozar del sol, el cual tiene luego al entrar una puerta, con su cerraja y llave, y luego en entrando en el paso hay otra puerta (fol.686v-) con su cerraja y llave, que sale a la caballeriza y hay otra puerta a la otra mano que está también cerrada y sale a un aposento que sirve para tener madera en las obras que hace a su cuenta de su dinero Juan de Tiermas, regidor del Santo Hospital, y por dicho pasadizo que es harto largo, grande y espacioso, se entra a dicho corral que es muy grande, espacioso y descubierto para tomar el sol los hermanos locos, y hay un banco grande de madera con sus pies y a una parte de dicho corral a mano derecha están las letrinas.

Guarda ropa de los locos Item en habiendo salido de dicho corral se volvió al aposento que está al lado del primer aposento de la cárcel y se subió por unas escaleras arriba, que es en acabando de subir aquéllas, en un rellano, hay una ventana caediza con su rejado de barrotes que sale a la calle de Santa Engracia, y en dicho rellano a mano derecha había una puerta de madera con su cerraja y llave, y dentro de dicho aposento hay dos ventanas con sus rejas de hierro que salen a la calle (fol.687-) de Santa Engracia y otra ventana con su reja de hierro que sale a los aljibes, el cual dicho aposento es harto grande y espacioso y sirve de guarda ropa para los hermanos. Y tiene apostados? y atensados? unos palos y maderos con sus cuerdas de unas a otras paredes, y había en él lo siguiente: Primero una escalera de madera portátil. Item 40 sayos verdes y pardos de la librea de los hermanos... Item 36 gregüescos pardos... siete ropajes viejos... dos mesas grandes, 46 sacos para poner a los hermanos... Item un escaño para traer los enfermos al hospital con su colchoncillo, almohada y manta. (fol.687v-) Item cinco cántaros... Item una piedra donde está labrado un león, una docena de escobas de palo... una docena de platos, seis cestas, dos jarros, doce ollas... Item 14 pares de grillos, y abajo hay dos pares más que llevan los hermanos, que son todos de hierro. Item cuatro esposas de hierro... Item un fogaril de yeso forrado de madera y una ratera? (fol.688-) Item dos sombreros... 120 camisas limpias de lienzo... seis sábanas...

Dormitorio de los locos y camas Item saliendo de dicho guarda ropa en otro aposento que está enfrente que es el dormitorio de los hermanos locos había una puerta para entrar a dicho dormitorio de madera, con su cerraja y llave, y dentro había cinco ventanas, que cada una tiene sus dos medias, con sus rejas de hierro y picaporte de hierro, que todas salen a dicha calle que va a Santa Engracia. En el cual dormitorio, a mano izquierda, había un aposento sin ninguna ventana, con su puerta de madera, cerraja y llave, el cual sirve de tener la ropa sucia de los hermanos, y había y se halló en él 50 camisas sucias de los hermanos. Item 48 sábanas de lienzo sucias para las camas de los hermanos. (fol.688v-) Item al lado de dicho aposento había otro con su puerta, cerraja y llave, aunque sin ventana, que recibe luz por la puerta, donde duerme Francisco Sánchez, padre de los dichos hermanos, y dentro de él había una cama con dos bancos, cinco tablas, tres colchones, dos sábanas, dos mantas blancas y un travesero, un banco, una silla de madera y dos tablillas encajadas en la pared y dos calzones blancos de paño que llevan los hermanos. Item en dicho dormitorio que es muy grande y espacioso y tiene seis pilares grandes y recios de ladrillo y aljez cuadrados, que es de largo 48 pasos y de ancho 12 pasos, y dentro de aquél había 23 camas y cinco cunas de madera, que cada una de dichas cunas tiene un colchón, dos mantas blancas, una sábana, las dos de ellas un cabezal, las otras sin ella, y dichas cinco cunas son encajadas de madera. Item todas las dichas camas tienen la ropa siguiente: (fol.689) Es a saber, la primera dos bancos, cinco tablas, un colchón doblado, una sábana, una manta blanca y un travesero. Item la segunda cama tiene... 3ª... 4ª... 5ª... 6ª... 7ª... (fol.689v-) 8ª... 9ª... 10ª... 11ª... 12ª... 13ª... 14ª... (fol.690-) 15ª... 16ª... 17ª... 18ª... 19ª... [todas tienen un equipo similar] Item las otras tres camas restantes, hasta 23, tiene cada una de dichas camas dos bancos, cinco tablas, dos colchones, dos sábanas, dos mantas blancas y sendos traveseros. (fol.690v-) Item una lámpara colgada en el techo en la mitad de dicho dormitorio. Item siete servidores. Item al fondo del dormitorio hay un aposento con su puerta, cerraja y llave, y una ventana, con dos palos que la atraviesan, que sale al corral de los hermanos, en el cual duerme mosén González, padre de los hermanos, y en él había una cama con dos bancos, cinco tablas, etc. Item un servicio con su sitio por tapadera. Item dos bancos pequeños de madera. Item una camisa... una mesa, una silla...

Aposento del cabrero / (fol.691-) [Otra letra] Item en el aposento del cabrero, que está en el paso que va hacia el cementerio, al lado del pajar, tiene su puerta, cerraja y llave, y hay una ventana de madera con una reja que sale al dicho patio y dentro de él se halló que había un brasero de aljez. Item una cama con dos bancos, etc., un arca, otra cama... otro arca, tres bancos largos de madera con sus pies... una mesa... otra mesa...

Callejón al corral de las cabras / (fol.691v-) Y de dicho aposento dicho Sr. canciller... fue a auditar y visitó en dicho Santo Hospital in continenti el callizo que entran hacia el corral de las cabras, el cual tiene una puerta al principio de él muy grande, que son dos medias puertas, de madera, con su cerraja y llave, y de allí se entra por un pasadizo adentro que es muy grande y anchuroso de la una y otra parte con sus tapias de aljez y ladrillo, que las dos corresponden a los huertos de dichas cabras. Al cabo de dicho callejón o pasadizo se halló otra puerta de madera con su postigo que es muy grande, con su cerraja y dos cerrojos, y por ella se entra en el corral donde están las cabras, el cual está descubierto parte de él y parte cubierto con su tejado, y tiene su apartado de madera, y al cabo de él hay tres barquillos? a modo de armario para tener los cabritos, con sus ventanas y cerraja, y dentro del uno de ellos hay dos cabritos que se crían. Y a la otra parte hay otro cubierto y una puerta de madera vieja sin cerraja ni llave, y dentro de dicho corral hay otra puerta vieja con un cobertizo encima, y de aquél se entra a otro corral cubierto que también tiene otra puerta vieja, y hay en él tres barquillos? sin cerrajas ni otra cerradura, descubiertos por la parte de arriba, y en medio del primer corral grande hay una puerta de madera con su cerrojo por la cual se sale a un callejón que está entre la casa y huerta las monjas de (fol.692-) Jerusalén y huertos y corrales de dicho Hospital, donde hay una acequia que pasa por ella el agua para regar los huertos de dicho Hospital y otras muchas de allí abajo. En los cuales dichos corrales de noche se recogen y tienen las cabras y demás ganado menudo de dicho hospital, en donde ahora había 110 cabras y seis boques? para padres. Item una jumenta con un pollino.

Otro granero / (fol.692-) Item debajo del granero grande del trigo hay otro granero muy espacio (sic) que antiguamente servía de granero para tener el trigo, que por ser muy húmedo se ha hecho otro encima para tenerlo, y tiene dos medias puertas de madera grandes con su cerraja y llave, y hay dentro tres ventanas, las dos con rejas de hierro y la otra con balaustres de madera, que todas salen al huerto, y otras dos ventanas que salen al paso del cargador, con sus barras de hierro, y dentro de dicho granero se halló y visitó y vio que había lo siguiente: Et primo 23 tableros grandes que sirven para entablar la iglesia en tiempo de invierno. Item doce cercillos grandes para uvas. Item 32 tablas de nogal para hacer tajadores. (fol.692v-) Item dos lavadores para lavar lana, de madera y terliz. Item 38 maderas redondas, viejas. Item tres arcas...

Refitorio de clérigos, mayordomo y oficiales y otros / Item dicho Sr. canciller... visitó los refitorios de mayordomo, clérigos y los demás oficiales mayores y menores y serviciales de dicha casa, al cual se entra por una puerta que está enfrente del reposte, y tiene su cerraja y llave, y luego hay otra correspondiente a ella otra con un encerado y consecutivamente un cancel por donde se entra al refitorio donde comen dichos mayordomo, clérigos y otros oficiales preeminentes de dicha casa, en el cual hay tres ventanas, las dos grandes y una pequeña, con dos medias ventanas cada una, que todas ellas salen a donde están los aljibes, y otras seis ventanas para recibir luz por ellas al paso que pasan al refitorio donde comen los serviciales, en el cual dicho refitorio había siete mesas grandes (fol.693-) con 25 cajones para tener cada uno en él las cosas necesarias para el servivio de la comida, aunque en cada uno de ellos no había de dicho Santo Hospital sino una servilleta, y dichas mesas son muy gruesas, anchurosas y buenas, con sus pies labrados de madera fijos en tierra, y todas ellas tienen los manteles puestos y en cada una de dichas mesas había sus escudillas con sus cantarillas de alambre... Item un púlpito de madera... una campanilla, un fogaril. Item tres ventanos grandes con sus pedazos de guadamacil abajo con sus mangos de madera puestos en los tejillos para hacer aire. (fol.693v-) Item dos enjugamanos. Item una imagen de Ntra. Sra. del Bierzo con enjugamanos alrededor. Item una fuente de alambre, con su cobertor y cadena donde está pendiente, para lavarse cuando entran a comer con una pila de piedra donde cae el agua y allí discurre al patio de los aljibes. Item cuatro encerados grandes para las ventanas y siete candeleros de azófar para alumbrar... El cual refitorio está todo enfustado alrededor para respaldos y tiene sus bancos para sentarse encajados en la pared y debajo unos entablados para poner los pies. Item de dicho refitorio se entra al otro donde los serviciales y demás gente de casa come, que lo divide una antosta con una ventana grande de madera y una puerta de madera con su cerraja y llave, y dentro de dicho refitorio había cuatro mesas grandes, las cuales tenían cinco cajones en los cuales había sus servilletas, y dichas mesas (fol.694-) tenían sus pies grandes portátiles y sus manteles puestos con sus escudillas de sal. Item una tabla grande para cortar la carne. Item nueve docenas y media de platillos. Item otra mesica pequeña... otra mesa con sus bancos de madera portátil para poner los cántaros... El cual refitorio tenía seis candiles y dos ventanas cada una con dos medias que salen al dicho patio de los aljibes y otras dos con sus barras de hierro que salen a la calle del Hospital que va a Santa Engracia y dos enjugamanos para toda la gente.

Aposentos dentro de los refitorios (fol.694v-) Item otro aposento dentro de dicho refitorio que sirve para lavar la vajilla. Tiene una puerta muy vieja y rota, sin cerradura, y dentro una mesa de madera con sus pies. Item un mortero de madera... cántaros, tinajas... Item de dicho aposento se entra por una puerta a otro que no tiene cerradura y dentro de él había dos bancos grandes de madera portátiles, una chimenea... un armario encajado en la pared... (fol.695-) un banco pequeño... El cual dicho aposento tiene dos ventanas con cada dos medias que salen a los aljibes. Item otro aposento dentro del sobredicho a mano derecha, en el cual está Juan, maestro refitolero. Tiene su puerta con su cerraja y llave, y una ventana caediza que sale a la calle del Hospital y un armario viejo con una mesa de cuerdas con su tabla y tijera encima. Item una cama con dos bancos, cinco tablas, etc., un banco, 14 manteles sucios, un arca... (fol.695v-) Item un arca... otra arca con 119 servilletas... Item otro aposento dentro del sobredicho que tiene su puerta de madera sin cerradura, una ventana caediza que sale a la calle de Santa Engracia y dentro de él había dos camas con cada dos bancos, cinco tablas, etc. Item una mesa grande de madera. (fol.696-) Item al otro lado hay otro aposento con su puerta, cerraja y llave, con una ventana pequeña que sale a los aljibes, en el cual duerme Diego de Martín de la Roseda, plegador, y en él hay un velador, una tabla... Item otro aposento dentro del sobredicho que tenía su puerta sin cerradura y una ventana a los dichos aljibes, y dentro una tabla encajada en la pared, dos jarros... Item una cama... (fol.696v-) En el cual aposento duerme y está Pedro Garau, cogedor, y había en dicho aposento también dos candiles... Item otro aposento dentro del sobredicho que tiene puerta sin cerradura y una ventana que sale hacia los aljibes, y en él duerme Joannes de Iribarren, cogedor de Ntra. Sra. del Pilar, y dentro había un banco... una cama, etc. // Pedro Bardají, etc //

Aposento de la capilla vieja / (fol.697-) Y luego dicho día 20, continuando la dicha visita el dicho canciller... visitó un aposento llamado aposento de la capilla vieja del predicador, el cual está en dicho corredor, y tiene su puerta, cerraja y llave, con un cancel de pino, el cual tiene una ventana grande que sale a la dicha huerta de Tiermas, y dentro de él no se halló nada.

Cuarto del agua y aposento del vehedor / Y luego al lado de dicho aposento, vio y visitó un cuarto con cuatro aposentos, los cuales tienen sus puertas, llaves y cerrajas, y todos se mandan unos con otros, y en el uno de ellos hay dos ventanas grandes con sus rejas que salen a la dicha huerta de Tiermas, y en ellos se halló lo siguiente: Primero, en el primer aposento un armario... Item en el segundo aposento a mano derecha un banco de pino, un armario... una chimenea, un banco, dos encerados... Item en el tercer aposento se halló una mesa con su pie... ocho almohadas, tres colchones... (fol.697v-) Item dos mantas, una mesa... Item en el cuarto aposento entrando a mano izquierda, con su puerta, cerraja y llave, y dos ventanas pequeñas con sus cerrojos y picaporte, se halló... dos mesas, dos capazos... Al cual dicho cuarto llaman del vehedor y está a cargo del mayordomo de dicho Santo Hospital.

Cuarto de mosén Juan Escolano, guardarropero / Y luego, continuando el dicho Sr. canciller, saliendo del corredor y patio de la Sitiada, y volviendo al corredor del conejar, luego al lado, o a las espaldas del dicho cuarto del vehedor, fue, vio y visitó un cuarto con cuatro aposentos, en el cual vive y está a cargo de mosén Juan Escolano, guardarropero de dicho Hospital, y en él se halló lo siguiente: En el primer aposento su puerta, cerraja y llave, con un cancel de pino y una entosta de aljez. Item una cama [completa], un armario... (fol.698-) Item un banquillo y una escalera de madera. Item luego enfrente, en el tercer (sic) aposento, se halló: una mesa... un cajón... para tener dineros del pósito, en el cual se halló 25 escudos... libros... dos cuadros de pino, un Cristo y una Verónica... una arca, una cortina, un enjugamanos... Item en el tercer aposento un cuadro de madera, pintado en él el vehedor de la casa, antiguo. Item tres lienzos de historia, una mesa, dos sillas viejas, (fol.698v-) el cual aposento tiene dos ventanas con sus rejas que salen a la huerta de la casa. Item en el cuarto aposento, el cual tiene su puerta, cerraja y llave, y una ventana que sale al aposento de enfrente, y en él se halló una cama [etc.], dos arcas, una mesa, una chimenea, un cuadro de la Madre de Dios de los Dolores.

Cuarto de mosén Miguel Cortés, mayordomo / Y luego más adelante en dicho corredor, al lado de dicho cuarto, fue el dicho visitador al cuarto de mosén Miguel Cortés, mayordomo del dicho Santo Hospital, el cual cuarto tiene cuatro aposentos, un corredor con sus balaustres que salen a la huerta de dicha casa, y en él hay un armario fijado a la pared con sus dos medias puertas, con una rete de hierro, lleno de vidrios y platos de Talavera, todo muy bueno, y luego dicho Sr. canciller (fol.699-) y visitador sobredicho, vio y visitó dicho quarto, siquiere aposentos, los cuales tienen sus llaves y cerrajas. Y el primer aposento tiene su cancer [cancel] de madera y en él se halló lo siguiente: Et primo un bufete de nogal con su tapete verde y encima de él cinco libros en pliego grande, los tres de las despensas de la casa y los dos de los pagamentos de obras. Item una silla vieja. Item sobre el cancel cuatro mantas blancas, tres cortinas coloradas para entoldar el aposento. Item un arca con su cerraja y llave, y dentro de ella seis sábanas limpias, seis almohadas grandes y pequeñas, dos enjugamanos. Item una tabla de manteles. Item cuatro servilletas. Item dos rodapiés. Item una mesica se pino redonda. Item en el mismo aposento una alcoba la cual se cierra con una cortina de cordellate colorado con su barra de hierro y en dicha alcoba una ventana que sale al corredor del conejar con su reja y dentro de ella una cama con dos pies, cinco tablas, tres colchones. Item una manta blanca, una colcha. Item un rodapiés de red. Item dos sábanas y cuatro almohadas grandes y pequeñas. (fol.699v-) Item un destrado de madera al pie de la cama. Item en el segundo aposento, que es el del criado del dicho mayordomo, se halló lo siguiente: Et primo una cama con dos bancos, cinco tablas. Item tres colchones. Item tres mantas, dos sábanas y dos almohadas. Item un banquillo. Item una mesica de madera con su pie con un guadamacil, dos candiles. Item en el tercer aposento, que sirve de estudio, el cual tiene una ventana grande que sale al huerto de la casa, y en él se halló lo siguiente: Et primo una mesa larga de pino con un estante para los libros. Item un cajón, encima de él un tapete verde, el cual tiene su llave y cerraja. Item dos banquillos, dos cortinas de colorado y pajicas?. Item en el cuarto aposento que sirve de cocina, la cual tiene una ventana grande con su reja de hierro que sale a la huerta, y en él se halló lo siguiente: Et primo una chimenea para el fuego de invierno. Item unos morillos con sus hierros paa el fuego. Item un bufete con un tapete verde, encima de él cuatro libros: el primero es para la cuenta de la carne que cada día se gasta, el segundo es de las aves que se gastan y traen, (fol.700-) y el tercer libro es de los gastos del carbón y leña que se gasta, y el cuarto es de la cuenta del gasto y provecho que se saca de los cabritos y cabras. Item otro libro de los jornales de los obreros. Item un banco escaño. Item otro banco largo de pino. Item dos armarios grandes con sus llaves y cerrajas. Item una mesa y su cajón. Item un escalfador de cama. Item un enjugador. Item tres sillas y un banquillo.

Quarto de mosén Juan Castro / Y luego pasando el dicho Sr. canciller y visitador sobredicho por un patio muy grande al dormitorio de los cantores, fue, vio y visitó el quarto de mosén Juan Castro, regente de los libros de las entradas de los enfermos, el cual tiene dos aposentos y una alcoba, con sus puertas, llaves y cerrajas, y dos ventanas con sus rejas de hierro que salen a la huerta de la casa, y en ellos se halló lo siguiente: Et primo una cama con dos bancos, cinco tablas, tres colchones, dos sábanas, tres mantas, una colcha. Item cuatro almohadas. Item dos sábanas para mudar. Item dos rodapiés, una silla y un banco. Item una cortina de azul con una barra de hierro. (fol.700v-) Item dos enjugamanos. Item tres cánataros y dos lebrillos. Item dos tablas en la pared con dos cortinas que las cubren. Item en el segundo aposento una mesa con su pie y un tapete verde. Item un arca nueva de pino con su cerraja y llave.

Aposento de mosén Onofre Ferragut, maestro de capilla / Y luego fue y visitó el dicho señor canciller y visitador el quarto, siquiere dos aposentos, el uno dentro del otro, los cuales tienen sus puertas, llave y cerraja, una ventana que sale a la huerta de dicho Santo Hospital, y el cual es de mosén Onofre Ferragut, maestro de capilla, y en él se halló lo siguiente: Et primo en el primer aposento una cama con dos bancos, cinco tablas, tres colchones. Item tres mantas, dos sábanas, cuatro almohadas grandes y pequeñas, un rodapies. Item otras dos sábanas. Item un banco y una silla vieja. Item en el segundo aposento una mesa con su pie. Item un tapete verde. Item una silla buena. Item un banquillo, una tabla con un cántaro, dos cantarillas, un candil, dos tablas en la pared con una manta blanca con un libro de canto y un juego de moletes?

Aposento de mosén Francisco Sánchez / (fol.701-) Y luego el dicho Sr. visitador vio y visitó el quarto, si quiere dos aposentos, de mosén Francisco Sánchez, contrabajo de la capilla, los cuales tienen sus puertas, llaves y cerrajas, y una ventana que sale a la huerta de dicho Santo Hospital, y en él halló lo siguiente: Et primo una cama con dos bancos, cinco tablas. Item tres colchones, tres mantas, dos sábanas. Item otras dos sábanas para mudar. Item un travesero. Item un delante cama en la cama y otro para mudar. Item dos enjugamanos. Item en el segundo aposento se halló lo siguiente: Et primo una mesa con un tapete de paño verde. Item un aparador encajado en la pared con un cántaro, una cantarina, un librillo, un banco, una silla vieja y un arca sin llave.

[Otro aposento junto al paso del dormitorio de cantores] Item al lado del corredor o paso del dormitorio, vio y visitó el dicho Sr. visitador un aposento y en él se halló una cama con dos bancos, cinco tablas, un cajón con dos tirantes, y en el dicho aposento hay una ventana grande con unas barras de madera que sale a las hermanas locas.

[Aposentos de la vajilla] Y luego saliendo del dormitorio de los cantores y volviendo al corredor del conejar, a mano izquierda, vio y visitó dicho Sr. visitador un quarto con dos aposentos que se llaman aposentos de la vajilla, tienen sus puertas, llaves y cerrajas, una ventana que sale a las locas con su reja de hierro (fol.701v-) y en él se halló cántaros, cantarillas, librillo, ollas, servicios, que había hasta ocho carretadas. Item 40 servicios grandes. Item 40 bacinillas de cama. Item 100 parras para tener miel. Item 60 ollas grandes de cabida de cántaro y cántaro y medio. Item librillos grandes 80. Item pequeños 30. Item 200 jarros. Item 400 encuilos? de un asa. Item 100 cazuelicas pequeñas.

Aposento de Pedro López, cojedor / Item en otro aposento al lado de los dichos fue y visitó dicho señor el aposento de Pedro López, cojedor, y en el halló una cama con dos bancos, cuatro tablas, dos colchones, cuatro sábanas y dos mantas, un travesero y un enjugamanos, dos tablas de manteles.

Aposento del Despensero [y privadas] Y luego en otro aposento al lado del dicho que es del despensero Juan Guarena, que lo divide el paso de las privadas, las cuales fueron visitadas y se hallaron muy bien aseadas, y en ellas 29 asientos, y luego se visitó dicho aposento y en él se halló lo siguiente: una cama de cuerdas con dos colchones, cuatro sábanas, dos para mudar, dos mantas, dos almohadas, un candil, una mesa redonda, un enjugamanos y un cántaro.

Aposento de los Cántaros / (fol.702-) Y luego al lado del dicho aposento fue y visitó el dicho Sr. canciller y visitador sobredicho el aposento de los cántaros, en el cual se halló 200 cántaros, 150 ollas grandes. Item 20 cazuelas grandes y una tinaja vacía y un capazo de palma viejo.

[Aposento] del abejero / Y luego dicho señor canciller y visitador sobredicho vio y visitó el aposento de Jerónimo Hernando, abejero, y en él halló una cama con dos bancos, cinco tablas, dos colchones, dos sábanas, las dos para mudar , dos mantas, dos almohadas, y dos cantaricos y una cantarica.

[Aposento] del guarda damas / Y luego, en fin y romate del dicho corredor del conejar, vio y visitó el aposento de quarda damas, que en él está Juan de Auzate que está en dicho corredor al lado del aposento de la receptoría, el cual tiene su puerta, cerraja y llave, y todos los dichos, y en él se halló lo siguiente: Una cama con dos bancos, cinco tablas, tres colchones, dos mantas, cuatro sábanas y las dos para mudar, un travesero, un arca con cerraja y llave, y una silla vieja y un banquillo, un cántaro y una cantarica pequeña // Exquites ut ... qui supra proxime nominatur

Quadra del Protonotario [o de los vergonzantes] (fol.702v-) Et después de lo sobredicho, otro día que se contaba a veintiuno de dicho mes de septiembre de dicho año de MDCVIIII, dentro de dicho Santo Hospital el dicho Sr. canciller, comisario y visitador sobredicho, continuando dicha visita, llegó a un aposento que está dentro de la Sala mayor de dicha casa, enfrente la puerta que está a la subida de la escalera principal para entrar en dicha sala, la puerta del cual aposento tiene una puerta de madera grande con su postigo y una recuela de hierro con un escudo de armas del Protonotario don Miguel Climente, y llegado a dicha puerta y habiendo entrado en dicha quadra dicho Sr. canciller visitador, continuando dicha su visita, inventarió, vio y visitó las cosas siguientes: Et primo cinco cámaras, con sus puertas y llaves, y en cada cámara y aposento su cama y ropa con sus cortinas encima de las puertas de lienzo y sus barras de hierro, y en cada cámara su celosía para oir misa desde dentro, y encima la puerta de la primera cámara se halló un rótulo que dice "prima sacerdotum", la segunda otro rótulo que dice "secunda nobilium", la tercera tiene otro rótulo que dice "tertia militum ut infantionum", la cuarta tiene otro rótulo que dice "quarta civium", la quinta tiene otro rótulo que dice "quinta aliorum". Las camas son sin paramento con cada cinco tablas y dos bancos, dos colchones, dos sábanas, dos mantas blancas nuevas y una colcha de ajuar y cuatro almohadas, dos grandes y dos (fol.703-) pequeñas, y un rodapiés de lienzo con su franja y su guadamanil a la cabecera con sus armas y sus pantuflas para los enfermos, y un Crucifijo de bulto con un cielo azul y alrededor lleno de estrellas, y dos candeleros de hierro al lado de dicho altar, una calderilla de alambre para el agua bendita, un platillo de azófar delante de dicho altar, y debajo de dicho altar hay dos cajones de madera con dos tablas que hacen tres cajones cada uno, con su cerraja y llave, y en las puertecillas las llagas. Y dentro del uno de dichos armarios había lo siguiente: Primero dos albas de ruan?, la una llana y la otra con faldones y bocamangas de telilla amarilla, que es a modo de brocatellillo guarnecida de terciopelo verde con sus cíngulos y ámbitos. Item un misal romano con su facistol de madera en que están las armas de dicho don Miguel Clemente. Item una casulla de damasco verde con las armas del protonotario con cenefa colorada con su estola y manípulo. Item otra casulla... Item otra casulla... (fol.703v-) Item otra casulla... Item otra casulla de terciopelo negro... Item un delante altar de pelfa colorada con sus tiras de raso amarillo y por medio de ella una tira negra y franja de seda colorada y amarilla. Item otro delante altar de damasco negro labrado con listas amarillas con una cruz en medio. Item otro delante altar... Item otro delante altar de raso... Item un cáliz de plata blanca con su patena que pesa 16 onzas y tiene las armas de dicho protonotario. Item en una cazuela de madera hay tres pares de corporales, el uno de ruan labrado... Item tres purificadores del mismo lienzo. Item dos toallas de lienzo... (fol.704-) Item tres tablas de manteles de Ruan, los unos labrados... Item dos almohadillas para el misal... dos candeleros de azófar para poner las velas. Item una tabla con sus sacras. Item en el otro armario no se halló nada de dicho Santo Hospital. Item una lámpara de azófar con su lámpara de vidrio. Item una campanilla para tañer a misa. Item junto al mismo altar una tabla de madera en la cual está escrito el orden que ha de tener el sacerdote que tiene a cargo dicha enfermería que es del tenor siguiente:

Orden que ha de guardar el que tiene a cargo dicha quadra / El orden que ha de tener el sacerdote que tiene cargo de esta enfermería de los vergonzantes: Primero es obligado a decir, o hacer decir dando él la caridad, todos los días de fiesta mandados guardar por la Iglesia para número de cien misas cada año en este altar de la dicha enfermería a la hora que pareciere más conveniente para los enfermos o enfermos convalecientes o convalecientes que en ella hubiere. Y han de ser del tenor siguiente: Que diga la misa un poco en tono que se oiga bien de lo que aquel día de fiesta rezare la Iglesia, y después de la oración de la misa diga la oración "Omnipotens sempiterne Deus salus eterna credentium etc.", y mientras se quita los ornamentos diga el salmo "Miserere mei Deus secundum magnam (fol.704v-) etc.", y después se arrodille delante del Crucifijo de dicho altar y diga la oración "Respice quesumus domine super ave familiam eam pro qua etc.", todo al mismo tono que la misa y en los aposentos. Que [si] en la dicha enfermería de los vergonzantes no hubiere algunos enfermos o enfermos convalecientes o convalecientes, en tal caso es obligado el dicho sacerdote a decir o hacer decir todo lo sobredicho en la enfermería mayor del presente hospital de Ntra. Señora de Gracia. Item un banco grande escaño de pino... Item en dicho paso y enfrente de la quinta quadra arrimado a la pared hay un armario para servicio de dicha enfermería el cual es de madera con su cerraja y llave, con cinco estantes, cuatro puertas, y dentro de él tres cántaros para el agua, una botella y una cantarilla, y una redoma y una cesta para ir por pan, y junto a la quinta cámara hay una lamparilla con una cuerda que llega a la puerta principal, y de dicha cuerda cuelgan cinco cuerdas que cada una sale a la cama de dichos aposentos para poder llamar los enfermos. Item un cuadro grande del retrato del fundador de dicha quadra, que fue don Miguel Clemente, protonotario que fue de Aragón. Item otro cuadro pequeño del retrato del propio. Item pasados dichos aposentos junto al último se hallaron otras dos cámaras que son dos aposentos, uno dentro de otro, (fol.705-) con sendas camas, en la primera dijeron que dormía un criado de dicha quadra llamado Pedro Miguel Torralba y en la otra mosén Antonio Barrau, capellán de dicha quadra, las cuales dichas camas tienen la del criado dos bancos y cinco tablas, dos colchones, dos sábanas, dos mantas blancas y cuatro almohadas, y la otra cama de dicho capellán tiene dos bancos, cinco tablas, tres colchones, dos sábanas, dos mantas blancas y cuatro almohadas, dos grandes y dos pequeñas, y un rodapiés.

Cocina, aposentos y corredor de dicha quadra / Item dicho Sr. canciller y visitador, subiendo por una escalera que está dentro del primer aposento, en medio de dicha escalera halló y vio una cocina y más arriba un solanar en el cual había dos aposentos, el uno de los cuales dijeron servía para guarda ropa y el otro para estudio al capellán, y en dicha cocina y miradores había: una bacía de alambre grande de cabida de dos cántaros, un calderico de alambre pequeño, una copa para brasa de lambre, tres sartenes, las dos medianas y la otra pequeña, un cacico para hacer huevos, dos rallos, tres candiles, un calentador de alambre de calentar la cama... cuatro ollas de tierra quebradas, un librillo, un banco de pino, dos cazuelas y un estante de libros en un aposento más adentro del corredor y otros donde están las eriebas? (fol.705v-) Item vio que dicha quadra tiene cuatro ventanas por donde recibe lumbre dicha quadra, las cuales salen al corredor de los aljibes de la cocina. Item otra ventana patente que sale al rellano de la escalera que recibe luz del corredor. Item hay otra puerta que sale al dicho corredor de los aljibes de la cocina, con su postigo, cerraja y llave, para pasar las procesiones. Item hay tres escudos de armas en la pared de dicha enfermería que son de los Climentes, fundador de dicha quadra. Item en el último aposento más adentro del aposento donde están las letrinas que le llaman guarda ropa se vio que había dos tinajas de aceite, la una vacía y la otra tenía hasta arroba y media de aceite. Item una mesa larga de pino don dos pies grandes. Item cuatro mesicas de cama para comer los enfermos. Item seis tablas de cama. Item cinco orinales con sus cajas. Item un candil. Item cinco servicios. Item se halló en la cocina un almirez de roble con su mango de lo mismo, y un candelero de azófar de aceite. Item en dicha quadra un hossantor? viejo y un libro blanco donde se asientan la entrada y salida y nombre de (fol.706-) los enfermos, que se intitula "Libro de la enfermería de los vergonzantes en el Hospital de Ntra. Señora de Gracia, año 1606". Item en la quadra "Prima sacerdotum" había también un arca larga de pino con dos cajones, cada uno de ellos con su cerraja y llave, y dentro de ellos se vio y halló doce mantelicos de grano de ordio? común, servidos. Item 17 servilletas de grano... siete babadores... seis manteles medianos... doce toallas ...dos pares de almohadas de ruan nuevas... cuatro pares de almohadas pequeñas y grandes de lienzo... diez cortinas... Item en el aposento cuarto que se intitula "Civium" se halló un arca de nogal con su cerraja y llave, y dentro de ella se halló lo siguiente: Es a saber 20 sábanas de anjeo? nuevas. Item cinco sábanas usadas del mismo lienzo. Item cuatro camisas nuevas de lienzo casero. Item un rodapiés de lienzo. Item en cada cama media mantilla para debajo de los colchones. (fol.706v-) Item un facistol de pie, una escalera de madera portátil. Item cinco sillas muy viejas de respaldo a lo antiguo y otro de lo propio a lo moderno. Item de las mantas que arriba se hace mención hay nueve nuevas que nunca han servido y cinco servidas. Item en cada uno de dichos aposentos su banco grande que están en el corredor y los demás aposentos. Item una copia de la sustitución de dicha enfermería sin principio.

Teatro de las Comedias y Camarillas Item dicho Sr. Canciller y visitador sobredicho, continuando la dicha visita, vino por dentro de dicho Santo Hospital al teatro de las comedias, al cual entró por una puerta que está dentro de dicho hospital y la llaman de los caballeros, la cual puerta tiene su cerraja y llave, y se entra a unas escaleras donde luego entrando a mano izquierda hay una puertecilla pequeña y dentro un aposento pequeño donde hay una secreta, y subiendo por dichas escaleras se entra a un pasadizo el cual tiene cuatro ventanas con sus barrotes de madera que salen a la calle, y hay seis camarillas, cada una de ellas con su puerta, cerraja y llave, y dentro una ventana con sus barrotes que sale a dicho paso, y cada una de ellas tiene tres bancos de madera (fol.707-) y las tres tienen dos medias celosías cada una y la otra media celosía, y al cabo de dicho pasadizo hay una escalera por la cual se sube a otro pasadizo que tiene otras cuatro ventanas que salen a la calle con cuatro camarillas o aposentos, cada uno de ellos con su puerta cerraja y llave, y sendas ventanas a dicho pasadizo, con cada tres bancos y seis medias celosías. Y saliendo de dicho pasadizo a mano derecha hay una puerta y luego en pasando aquella, hay una escalera por donde se sube a un aposentillo que tiene su puerta, cerraja y llave, y su ventana a dicho pasadizo, con tres bancos de madera y dos medias celosías. Y hay otra camarilla que se manda y entra a ella por el Hospital, con su pasadizo aparte, la cual es de los regidores del dicho hospital, la cual tiene cuatro sillas viejas de respaldo y dos bancos y sendos celosías. Todas las cuales dichas camarillas son de hombres, y en el pasadizo primero de las seis camarillas, la una de ellas es para el Justicia de Aragón y sus lugartenientes y la otra de para los consejos de la Real Audiencia. Y las cuatro de arriba hay otras dos camarillas: (fol.707v-) son la una de los diputados del Reyno y la otra para los Jurados de Zaragoza, y las demás las alquila dicho Hospital para su utilidad.

Continuase la visita del teatro Item en subiendo dichas escaleras por donde se entra al teatro por la puerta dicha, en subiendo aquellas a mano izquierda se entra por una puerta a otro pasadizo que tiene cuatro ventanas altas con sus barrotes de madera y tiene sus antostas de aljez y maderos que dividen a un corredor y por medio está partido, y se entra a dicho corredor que se divide en dos partes, y en cada una de ellas hay encajados en la pared y en tierra hay cuatro bancos a modo de gradas, que el último tiene su respaldo, y cada uno de ellos tiene abajo su tablón para poner los pies. Y al lado de dicho corredor con un pilar grande y ancho de ladrillo que lo divide hay otro corredorcillo con una tabla con sus pies, que sirve de banco para sentarse, con sus antepechos y ventanas que salen al teatro para oir las comedias. Lo mismo: Item de dicho corredorcillo se sube por una escalera a otro encima de aquel y tiene las mismas ventanas y antostas y corredores que el de abajo, y en dos partes partido cuplado? que los bancos donde se asientan no son sino tres. (fol.708-) Y bajando por dichas escaleras se baja al primer pasadizo y de allí por otras escaleras a la puerta de frente del vestuario y en llegando al rellano se baja a mano derecha a otro pasadizo donde se entra a un corralillo a mano derecha tiene una puerta sin cerradura y se entra a un corral descubierto donde hay un pozo seco con sus barrotes con sortijas para atar los botijos y a otra parte hay otro aposento donde están las letrinas y en saliendo de allí se baja por otras escaleras que salen a pasadizo que redondea el teatro donde hay una escalera encajada en tierra de tablas grande con sus escalones de barrotes donde se sube a dicho vestuario y tiene su puerta de madera sin cerradura y dentro un banco nuevo de pino grande con sus pies. Y en otro aposento dentro de aquél a mano derecha hay un retrete para vestirse las mujeres. Y hay otro aposento a la otra mano con su puerta, cerraja y llave, que sirve de tener la ropa los actores de comedias. Y de dicho primer aposento se sale por dos puertas grandes al teatro donde se representa, en medio de las cuales hay una ventanilla para apuntarles, y por entre dichas dos puertas hay una escalerilla por la cual se baja al hueco del tablado para hacer invenciones, y en él hay dos ventanillas y otras tres mayores para las invenciones que suelen hacer. Y luego otra escalerilla por donde se sube a otro aposento encima de dicho vestuario donde hay dos balcones de madera con sus ventanas (fol.708v-) al teatro y tres ventanas en medio de dichos balcones que salen a dicho teatro. Y una escalera de madera portátil con la cual se sube a otro aposento encima de aquél para hacer invenciones. Y luego bajando por la dicha escalera del dicho vestuario a dicho pasadizo que se divide con unos balaustres de madera muy espinos? encajados en el suelo y al cabo de dicho pasadizo hay una escalera a donde se sube a los corredores de los hombres que caen al Coso, en la cual escalera hay una ventana grande con su reja por donde se tiene lumbre, que sale al Coso. Y subiendo por dicha escalera dentro del primer corredor de hombres que tiene su pasadizo de aljez, ladrillos y balaustres con tres ventanas que salen al Coso, el cual se divide en dos partes, y hay en cada parte cuatro bancos largos encajados en tierra y el último de ellos con respaldo, y sus tablones para tener los pies, y otro corredorcillo al lado de dicho corredor con un banco y su antepecho, que lo divide un pilar grande de ladrillo, y al lado de dicho teatro, y subiendo por otra escalera que hay una ventana con su reja que da luz al vestuario, se entra por otro corredor el cual está sobre el primero, el cual recibe luz de las mismas tres ventanas que salen a Coso, el cual se divide en dos partes y está como el sobredicho aceptado que no tiene sino tres bancos y el último con su respaldo, y al lado de dicho corredor otro corredorcillo como en el de arriba se dice, con sus balaustres y bajando por dichas escaleras de dichos corredores se sale por una puerta de balaustres con su cerraja y llave, que es por donde se dividen los pasadizos de los corredores y el patio y se sale a la puerta principal del Coso por donde entran los hombres a la comedia, la cual tiene dos cerrajas y llaves y su postigo, y halló en el patio [de entrada] dos bancos para sentarse los que cobran y luego volviendo a mano derecha se entra al pasadizo por donde se va al patio, el cual (fol.709-) está dividido con los balaustres y de la manera que arriba se dice, y al medio del pasadizo a mano izquierda hay una puerta con su escalera de ladrillos y aljez que es por donde se sube al patio a ver dicha comedia, en el cual dicho patio hay catorce bancos que cogen todo el patio y cada uno de los dichos bancos tiene de largo cincuenta y ocho pies y a los dos lados de dicho teatro hay cada cinco bancos de cada once pies de largo cada uno, en el cual patio hay tres puertas con sus escaleras por donde suben y bajan a la comedia y bajando a mano izquierda por otra puerta de las dichas tres que están en dicho patio se baja a dicho pasadizo se adentra a otro pasadizo frontero del dicho, el cual rodea dicho teatro y patio y tiene cuatro ventanas que salen al patio por los cuales recibe luz, y de allí sube a un corralillo donde hay un aposento de las letrinas, y saliendo de dichos pasadizos y patio se sale por la dicha puerta principal al Coso y luego salido al Coso a mano derecha a diez pasos hay otra puerta principal por donde entran las mujeres a ver las comedias, la cual dicha puerta sale al Coso y tiene su postigo con cerraja y llave, bien clavada y ferrada, y luego entrando un patio [de entrada] con dos bancos, el uno portátil y el otro fijado en la pared, que tienen para los que cobran, y un pilar de piedra en medio el patio, y luego una escalera grande por donde se sube a las camarillas y corredores de las mujeres, y en medio de dicha escalera hay dos ventanas con sus barrotes, que la una sale a la puerta falsa del dicho Santo Hospital y la otra al Coso, por las cuales recibe lumbre la escalera. Y luego subiendo por dicha escalera hay un pasadizo el cual tiene cinco ventanas con sus barrotes que salen al Coso, en el cual pasadizo hay seis camarillas, las cuales están por su abecedario, y en cada una de ellas su puerta, cerraja y llave, y una ventana con sus barrotes que sale al dicho pasadizo, y en cada una de ellas hay cuatro banquillos y sus celosías muy espesas todas cerradas y luego al lado del otro pasadizo se entra en otro donde hay dos camarillas grandes y las divide de aposentos del vestuario y teatro (fol.709v-) y en medio de dicho pasadizo hay una escalera por donde se sube a un corredor que está encima de dichas seis camarillas, que tiene dos ventanas grandes que salen al Coso, y tiene dos bancos grandes fijos, el uno en la pared y el otro en tierra, a modo de gradas, con sus celosías, y bajando de dicho corredor al dicho pasadizo más adelante hay una ventana que sale sobre la escalera del vestuario o al patio de aquella, y más adelante hay un aposentillo con dos ventanas y su puerta en el cual están las letrinas para las mujeres, y luego saliendo de aquel hay otro pasadizo que tiene cuatro ventanas que salen a los tejados y patios del mesón de dicho Santo Hospital, y hay seis camarillas prosiguiendo el abecedario con sus puertas, cerrajas, llaves y ventanas con sus barrotes, banquillos y celosías, y de la forma y manera que las otras seis dichas, las cuales están frontero las unas de las otras, y están sobre los corredores de los hombres, y luego hay otro pasadizo que está dividido con tablas en el cual hay seis ventanas con sus barrotes que salen a la puerta falsa del dicho Santo Hospital, y está dividido en tres partes, que cada una de ellas tiene seis bancos largos a modo de gradas, con sus tablones para los pies, y el último de ellos con su respaldo, que es el corredor común de las mujeres, y tiene todo él sus celosías bien cerradas. El cual dicho teatro de las comedias es muy grande, bueno, anchuroso, muy bien hecho en cuadro y por arriba todo muy bien cubierto y enmaderado y encima sus tejados con diversas ventanas por donde entra la luz y pasan los aires, y tan cubierto, guardado y bueno que aunque en tiempos de invierno y tempestuoso llueva no por ello se deja de representar por que de ninguna manera se mojan ni reciben daño los que están oyendo (fol.710-) dicha comedia en cualquier parte de dicho teatro que estén oyéndola.

Aposento de mosén Domingo Botaya, pasionero / Y luego in continenti, el dicho Sr. visitador fue, vio y visitó el aposento de mosén Domingo Botaya, pasionero de dicho Santo Hospital, el cual aposento está en la Quadra de Caballerías, donde los demás aposentos de los demás pasioneros están, al cual se baja por una escalera de tablas, y luego en él halló lo siguiente: Et primo dos bancos de cama, cinco tablas, tres colchones, cuatro sábanas, las dos para mudar en dicha cama, tres mantas blancas nuevas, ocho almohadas grandes y pequeñas, dos rodapiés, dos toallones y un tapete verde: El cual aposento tiene su puerta, cerraja y llave, con una ventana grande que sale al conejar, y el dicho aposento está a cargo de dicho mosén Domingo López de Botaya, pasionero // De las cuales cosas, etc. // Miguel Palacios ministro del Santo Hospital y Pedro Bardají, escribiente, habitantes en dicha ciudad de Zaragoza //

Campanario y su subida / A veintidós días del mes de septiembre del año MDCVIII, en Zaragoza, y dentro las casas del dicho Santo Hospital, el dicho Sr. canciller visitador y comisario sobredicho, continuando dicha su visita, subió por una escalera que está en la iglesia en medio de los altares de San Sebastián y San Gregorio, antes de entrar en la cual hay su puerta, cerraja y llave, y subiendo por dichas escaleras, que son muchas, se sube a un campanal de dicha iglesia, en el cual se halló que había sus ventanas miraderas al Coso y a la calle que va a Santa Engracia, y había en dicho campanario dos campanas de metal de buena mano con sus badajos de hierro, que tienen sus títulos, en la una parte de él dice María y la otra dice (fol.710v-) Ntra. Sra. de Gratia. Y más arriba, encima del tejado, hay otra campanilla pequeña para hacer señal para decir misa. Item había unas esteras de esparto para el coro y sacristía en tiempo de invierno. Item un banco y un facistol viejo de madera. Item una chimenea con dos pedazos de maderos con otra leña en ella. Item un cántaro y dos escaleras de madera portátiles.

El coro de la iglesia y sus libros / Y bajando de dicho campanario por dichas escaleras, se bajó al coro de dicha iglesia donde el dicho Sr. canciller y visitador sobredicho halló y vio y se inventariaron las cosas siguientes: Et primo al entrar una puerta de madera nueva, con su cerraja y llave. Item un facistol grande de madera con su armario donde están los libros del coro. Item dos cuerpos de libros que son el "Salterio de David" en pergamino. Item el "Salterio dominical" del arzobispado, en pergamino... Item un "Propium millarum de santis", en pergamino. Item un "Antifonario" grande, en pergamino, de letra mediana... Item otro libro grande que es "Santoral... Item tres libros grandes que se intitulan "Dominical... (fol.711-) Item otro libro de pergamino, muy viejo... [siguen los libros] (fol.711v-) Item otro facistol pequeño. Item encima del facistol grande, un hierro con un cepo. Item una campanilla pequeña para hacer señal a las horas del coro... Item alrededor de dicho coro hay sus bancos de madera labrados con sus pies encajados en la pared y una silla de madera de nogal muy buena labrada donde se sienta el vicario. Item hay un armario, con su llave y cerraja, dos medias puertas, encajado en la pared y dentro de él... libros... cuadernos... (fol.712-) Item otro juego de libros de diversas cosas de mano. El cual dicho coro tiene dos ventanas grandes con sus puertas caidicas, que están frontero la portería de San Francisco, que salen a la calle que va a Santa Engracia.

[Órgano] Del cual coro, por una puertecilla que hay con su cerraja y llave, y por una escalera, se baja adonde está el órgano. El cual tiene sus dos puertas, que por la parte de fuera hay, en la una, que está a mano derecha, pintada "La salutación de Ntra. Señora", y con la otra, de mano izquierda, que es la que está más cercana al altar mayor, está pintado "El ángel cuando vino a dar la embajada a Ntra. Señora". Y por la parte de adentro y más cercana al coro, está pintada "La coronación de Ntro. Señor", y en la otras Ntra. Señora con sus títulos "Civitas die" y otros. Y otras dos puertas pequeñas en las dulzainas, con su cerraja y llave, que por la parte de afuera no están pintadas y por (fol.712v-) la parte de adentro están pintados San Pedro y San Pablo. El cual órgano es harto grande, muy bueno y labrado, que es de pino y tiene siete órdenes de flautas de hoja de lata, la del medio grande, las de los lados medianas y las otras cuatro pequeñas, que allí por lo que se parece como las que hay dentro son muchas y diversas flautas y con sus misturas y contrafuelles para tañer dicho órgano.

Visita de la Iglesia y cosas de ella / Y luego in continenti el dicho Sr. visitador y canciller, continuando la dicha su visita, procedió a visitar y ver, vio y visitó dicha Iglesia de dicho Hospital, la cual tiene una puerta grande que se divide en dos partes, de madera, con sus balaustes labrados, con su cerraja y llave, que está frontero a la Cruz del Coso, y entrando por dicha puerta al primer patio antes de entrar a la Yglesia, a mano derecha, hay otra puerta grande de madera, con su cerraja y llave, y por la parte de afuera con sus balaustes, la cual corresponde a las espaldas de la casa que era de Marco de Espinal, cirujano, que ahora es de Juan de Aranón, que está junta y contigua con el monasterio de San Francisco. Y en pasando dicho primer patio hay otra puerta de madera grande, con su postigo, cerraja y llave, por la parte de adentro con muy buenos hierros y clavos muy grandes a modo de medias parejas. Y a su lado del dicho patio, que es a mano izquierda entrando por el Coso, hay otra puerta de madera muy grande (fol.713-) con cinco alguaras? grandes, con su cerraja y llave, que es y llaman la fustería, dentro de la cual vio que había y estaban todas las cosas de madera, lienzo y otras necesarias y que son menester para [pre]parar y adornar el dicho Santo Hospital el Monumento para el Jueves Santo, que, aunque no se sabe su valor, de los asistentes que allí se hallaron juzgaron que valdría trescientos ducados poco más o menos. Item estaba una peana para llevar en las procesiones la cabeza del Sr. San Cosme, que es de madera toda labrada, de mazonería, con muchas y diversas figuras de pobres enfermos, toda dorada y matizada de diversos colores, con sus brazos de madera y palos para sustentarse y con su caparazón de madera y sus campanillas de cobre para hacer armoníaY en habiendo entrado en dicha Iglesia por la puerta del Coso, a mano derecha luego entrando había y vio una capilla grande muy buena, de madera muy bien labrada, toda ella de mazonería, con figuras de bulto doradas, de la invocación del Sr. San Sebastián, y tiene su altar lápida muy buena y un candelero de hierro fijo labrado para tener en él una vela, y a la otra parte otro pedazo de candelero y una cortina de tela azul y en medio un Ecce Homo. (fol.713v-) Y hay una lámpara de azófar redonda con una lámpara de vidrio que ardía, y allí junto, pegada a la pared, encima de una piedra, una pila de agua bendita de cobre. Y luego, consecutivamente, hay una puerta de madera, con su cerraja y llave, por la cual con sus escaleras se sube al coro, encima de la cual hay una tabla de alabastro con unas armas encima, que son tres campos negros: en el primero, tres hierros; en el segundo y en el tercero, uno; y abajo un letrero que dice: "Aquestas armas son del honorable don Beltrán de Biota, regidor y administrador que fue de aquel Hospital de Santa María de Gracia, el cual dejó el lugar suyo de Albalatillo, ribera de Alcanadre, a dicho Hospital y murió a once de octubre, anno a nativitate domini de mil cuatrocientos y veinte y ocho, y hago rogar a Dios por su alma". Y hay una figura de San Sebastián pequeña de madera donde dice "Estación al Sr. Sebastián". Y, consecutivamente, hay una puerta de madera labrada en dos partes para detener el viento cuando dicen las misas en las capillas siguientes [y luego consecutivamente (tachado)] // Todas las cuales cosas // [firman] Mosén Miguel Villuendas, sacristán mayor de dicho Santo Hospital, y Pedro Bardají, escribiente, habitantes en Zaragoza.

Aposentos del organista y corredor de los cantores / (fol.714-) Dicho día veinte y dos del mes de septiembre de M[DC--], en el Santo Hospital, el Sr. canciller canónigo y visi[tador de] dicho Santo Hospital, continuando la visita, vio y [visitó] lo siguiente. Primero un aposento que tiene y vive en él Mar[tín] Torrellas, organista de dicho Santo Hospital, que está en un corredor que llaman de los cantores, el cual tiene dos aposentos, con sus cerrajas y llaves. En el primer aposento tiene una ventana pequeña, con su ventana y llave. Item una cama, dos bancos, cinco tablas. Item tres colchones, dos sábanas, tres mantas blancas... ocho almohadas... dos paños de manos. Item un arca vieja, sin cerraja ni llave. Item dos sábanas para mudar. Item un candil, un orinal, un banquillo pequeño. En el segundo aposento hay una ventana grande y una pequeña con sus medias ventanas, cerraja y llave. Item una mesa con sus tijeras y tapete verde. Item una silla con un banquillo. Item otros dos banquillos y en el último hay un cántaro (fol.714v-) [para] tener agua, un librillo y un armario fijado en la pared con tres tablas encajadas. Item encerado para la ventana.

Aposento del apuntador / Continuando el dicho Sr. visitador, visitó y vio un aposento que lla[ma]n donde tienen los procuradores la ropa que los [ponen] a venta, de los pobres, y lo dejan por su alma, el cual tiene su cerraja y llave. El cual tiene cargo el apuntador, que se llama mosén Juan Escolano, y en el cual hay lo siguente. Primero tiene un armario sin puerta. Item dos cántaros de agua y una jarra de tener miel, un canasto viejo de mimbre.

Huertos del Santo Hospital / Continuando el dicho Sr. Visitador, vio y visitó los huertos que están dentro del Santo Hospital, que tiene ahora llave el mayordomo y en el hay lo siguiente: Primero tiene una puerta, cerraja y llave, que tiene el mayordomo mosén Miguel Cortés, y es el huerto de los regidores, que está dividido en dos cuadros grandes y enarbolado con su parral... en el cual hay muchas roseras de rosa alejandrina. Item tiene trece naranjos, los cuales están al abrigo del granero, con sus aparejos para cubrirlos de la helada en tiempo de invierno. Y está todo cercado de tapias de argamasa que confronta la mayor parte con el cementerio y un cuartel de él con el callizo que está de Santa Catalina. Y al lado de dicho huerto hay otra puerta, con su cerraja y llave, la cual tiene Francisco Sornoza, escribano de raciones, [y es] muy pequeño, en el cual hay un naranjo, dos árboles frutales y unas parras y laureles y en los dos (fol.715-) no hay ninguna cosa sembrado, por no poderla haber por la falta que tiene de agua de verano, que confronta con el granero. Y de allí se salió al huerto del apotecario, agente de la botica el que se llama Sebastián ---, el cual tiene su cerraja y llave, hay dentro de él lo siguiente: Primero hay muchos arboles frutales y un naranjo. Item dos cataneros? grandes y hay muchas roseras de alejandría para beneficio de la botica. Item hay dentro de él un foliador para hacer cera y tiene escalera de madera para subir a él, y está lleno de cera, la cual hizo relación dicho apotecario, que era de Jaime Martín cercar? de casa, el cual está enladrillado con su vertiente y sus cuatro agujeros para despedir el agua y debajo de dicho foliador hay una pila de algez y piedra para retener agua; el cual está cercado de ladrillo y aljez. Saliendo de dicho huerto el dicho Sr. visitador visitó y vio otro huerto que tiene la puerta de frente de la carbonera de frente de los labradores, la cual puerta tiene su cerraja y llave; el cual dicho huerto está dividido en cuatro cuadros, todos cercados de enlaricado, y más de la mitad de él está cercado de parrales, y hay en él muchos arboles frutales y laureles para cogerlos o llevarlos para la botica, y cercado de jazmines, dos naranjos y cuando hay abundancia se hallan flores para adornar los altares. Está todo cercado de pared de ladrillo, confrenta con pared de la Sitiada y por la otra parte con el obrador y paso de las cabras. // De las cuales cosas //

Aposento del teniente de cirujanos / (fol.715v-) Continuado la visita el dicho señor visitador vio y visitó un aposento que cae cerca de la puerta de los corredores de la Quadra del Protonotario, el cual tiene Francisco de Zama?, teniente de cirujanos. Tiene su cerraja, puerta y llave. Al cual se baja con tres escaleras y está formado encima del soportal de la leña. Tiene dos ventanas, la una sale al corral y la otra a la delantera del horno; tiene otra puerta con su cerraja y cerrojo, por no tener su llave, la cual está a la bajada de una escalera que baja al paso de las locas con otra puerta al paso, y sirve dicha escalera para bajar la gente los días de las procesiones, y dentro de dicho aposento hay lo siguiente: Primero una cama, dos bancos, cuatro tablas. Item tres colchones, dos sábanas, una manta. Item dos almohadas grandes y dos pequeñas. Item una silla de cuero descuadernada y un banco y una mesa con su cajón para tener cosas de los de cirugía. Item dos enjugamanos, una mesa pequeña, encima de la cual tenía dos mantas y dos sábanas para muda. Item dos almohadas grandes y dos pequeñas, una cantarica, un candil y dos tableticas encajadas en la pared en la cual hay una cántara.

Caballeriza de los machos, las yeguas y aposentos dentro de ellas / Continuando el dicho señor visitador vio y visitó una caballeriza la cual sirve para tener los machos que vienen de hacer la carga por el vino, la cual puerta tiene su cerraja y llaves, las cuales las tienen Domingo de Salanueva y Juan de Sola. La cual caballeriza tiene una ventana que tiene sus palotes, en la cual caballeriza había dos machos castaños... (fol.716-) y tiene quince pesebres, tres albardas grandes con sus aparejos, con sus polleras para coger las gallinas. Item dos pares de tablas, un capazo de cebada, dos candras? para pasapurgar la paja, dos mantas para los machos y sus cojines para debajo de las albardas. Y luego dentro de la caballeriza hay otro aposento con su puerta, cerraja y llave, donde duermen dichos gallineros, en el cual hay lo siguiente: Primero una cama, dos bancos, cinco tablas, dos colchones, dos sábanas, una manta y un travesero, y en una tranca que está colgada en la pared dos mantas blancas que sirven para la cama y otras dos mantas viejas. Item dos alforjas grandes de terliz con sus dos campanillas, con sus collares de cuero para los machos cuando van pidiendo limosna, dos libros para hacer las relaciones, dos sombreros blancos, y hay una tabla colgada a la pared y en la cual hay dos para dar sal para los machos y tres ollas, un candil, un --- y una cantarica y un banquillo. El cual aposento tiene una ventana con su reja por donde recibe luz a dicho aposento que sale al paso, y a la rinconada del aposento hay un hogaril // De las cuales cosas // Mosén Miguel de Villuendas, sacristán mayor de dicho Santo Hospital y Pedro Bardají, escribiente...

Mesón del Santo Hospital (fol.716v-) A veinte y tres días del mes de septiembre de MDCVIIII, el señor don Gabriel Sora, canónigo y canciller de las competencias, visitador del Santo Hospital de Ntra. Señora de Gracia de la ciudad de Zaragoza, continuando su visita, vio y visitó una casa que es del dicho Hospital que ahora sirve de mesón, que en ella vive uno llamado Juan Fernando Martín y paga de dicho mesón de arrendamiento, para todo este año [de] mil seiscientos y nueve, doscientos escudos, y de los seis años primero vinientes a doscientos y diez en cada un año; el cual está situado en el Coso y delante dicho Santo Hospital, y sale la puerta principal al lado de las ventanas de donde recibe luz la sacristía de dicho Santo Hospital. Y en la esquina de dicho mesón hay una insignia donde cuelga una tablilla donde está pintada una jarra, que son las armas de dicho Santo Hospital; la cual puerta es de dos medias puertas grandes, con sus cerrajas y llave. Y luego entrando, a mano izquierda, tiene un aposento pequeño, con su cerraja y llave, y tiene una ventana donde recibe luz; y luego, volviendo a mano derecha, hay una puerta de postigo, con sus cerrajas y llaves. Y luego entran[do] en el patio frontero hay un aposento, con su puerta, cerraja y llave, y al lado de dicho aposento hay una escalera por donde se sube a un aposento, con su puerta, cerraja y llave, el cual tiene una ventana que sale a la luna de dicho mesón. Y debajo de dicha escalera hay otra puerta de barrotes de madera por donde se baja a la bodega, la cual bodega es espaciosa y está debajo de dicho patio y tiene una ventana por donde recibe luz y sale al corral de dicho mesón. Y pasado más adelante, a la mano derecha, hay una puerta, con su cerraja (fol.717-) y llave, que es un aposento muy espacioso, que sirve para tener cebada para dicho mesón. Y luego al lado hay dos medias puertas, con sus cerrajas y llaves, las cuales salen a una luna donde están las caballerizas y pajares. Y luego hay un aposento que no sirve de nada; y luego hay otra puerta, sin llave, por la cual entran a un aposento que cae debajo de la cocina de dicho Santo Hospital, el cual tiene una ventana con una reja de hierro, que sale a los algibes de dicho Hospital: Y más adentro hay un aposento, sin cerraja y llave, que sirve de tener paja. Y luego hay otro aposento donde hay unas necesarias. Y luego debajo de dicha escalera se entra a una caballeriza muy grande y tiene tres ventanas que sirven de dar luz que caen a los algibes de dicho Hospital y tiene tres pilares muy grandes en medio de ladrillo y algez, y tiene veinte y nueve pesebres. Y luego hay una luna grande que sirve de dar luz a los unos y a los otros; y luego hay un pasadizo que sirve de escalera para las Quadras de Santas Cruces; y hay un pozo con una pila de piedra; y pasando más adelante hay una puerta donde se sale a una lunica y tiene su puerta, sin cerraja y llave. Y luego hay un aposento que sirve de pajar, el cual es muy grande, y coge más de [tres]cientas cargas de paja; y luego, debajo de dicho pajar, hay una caballeriza muy grande y tiene treinta pesebres. Y luego entrando al mismo patio, a mano derecha, hay una ventana de madera y hay una reja donde recibe luz, y de frente hay una escalera donde se sube a unos aposentos: El primer aposento tiene su cerraja y llave, el cual tiene una ventana que recibe luz, y hay una chimenea, y dentro de dicho aposento hay otro aposento, (fol.717v-) que tiene su puerta, cerraja y llave, y dentro de él hay una ventana pequeña. Item al lado hay otro aposento, con su puerta, cerraja y llave, el cual tiene una ventana con su reja que sale a los corredores de la Comedia. Y luego subiendo hay otro aposento, con su puerta, cerraja y llave, el cual es muy espacioso y tiene una ventana grande que sale al patio de dicha casa. Y en medio de dicho recibidor hay una sala grande, y tiene su puerta, cerraja y llave, y dentro de ella hay una ventana grande por donde recibe luz, con su buena cerradura, y dentro de dicha sala hay un aposento con su puerta, cerraja y llave, y dentro de ella hay una chimenea y tiene una ventana con su reja de hierro, la cual sale a una lunica de la Comedia. Y luego debajo de dicha escalera hay un armario sirve para tener paja para dichos huéspedes, y pasando más adelante hay una puerta, con su cerraja y llave, y dentro de él hay una ventana donde recibe luz. Y luego más dentro hay otra puerta con su cerraja y llave, y tiene ventana que sale al corralico de la misma casa; y luego más adelante hay otra puerta, cerraja y llave, y hay dentro de él hay su chimenea muy espaciosa la cual sirve de dejar en él secando para los huéspedes, y tiene una fregadera, y hay dos medias ventanas con sus rejas de hierro. Y dentro de dicha luna hay otro aposento, con su puerta, cerraja y llave con una bala. Y dentro de dicho aposento hay otro aposento con su puerta y tiene una ventanica pequeña y dentro de dicha cocina hay una puerta por donde se sube por un caracol y tiene puerta, (fol.718-) cerraja y llave. Y arriba de dicha escalera hay aposento muy grande y espacioso, con una ventana que sale a la luna. Item saliendo de dicha cocina hay una puerta con su cerrojo y encima de ella tiene una ventana, por la cual puerta se sale a una luna muy grande que está delante de dicha casa. Y luego se sube una escalera donde se sube a unos aposentos; y tiene dicha escalera su puerta, cerraja y llave; y al cabo de dicha escalera tiene un corredorcillo que cerca toda la luna, y luego hay una puerta a mano izquierda, con su cerraja y llave, que tiene una ventana con sus medias ventanas que salen al Coso. Y dentro de dicho aposento hay otro aposento, con su puerta, cerraja y llave, y dentro de él hay una ventana que sale a la luna. Item luego hay otro aposento, a la dicha mano, con su puerta, cerraja y llave, y dentro de él hay una ventana al Coso. Y luego de frente hay otra puerta, con su cerraja y llave, y tiene su ventana que sale también al Coso. Item hay otro más adelante con su puerta, cerraja y llave, y tiene su ventana al Coso. Item hay otro aposento muy espacioso con su puerta, cerraja y llave, y tiene una ventana que sale a la luna. Item hay otro aposento grande y espacioso con su ventana, puerta, cerraja y llave, y este está al fin del corredorcillo que cerca dicha luna, con sus balaustres de madera muy buenos labrados. (fol.718v-) Y entrando a dicho mesón hay una puerta grande por donde entran los carros a dicha luna, y está cerca de dicha luna, con cuatro pilares de piedra muy grandes donde sustentan todos los aposentos sobredichos y la Quadra de Ntra. Sra. de Gracia, y luego entrando en dicha luna hay un armario que sirve de tener la paja para dichos huéspedes.

Casa del Santo Hospital... Continuando el dicho señor visitador, vio y visitó una casa que está al lado de la puerta falsa del Hospital, en la cual vive Francisco Sornoza, escribano de ración de dicho Hospital, y paga por ella treinta escudos de alquiler, y tiene dicha casa dos medias puertas grandes, con sus cerrajas y llave, y una gavar? con su puerta y postigo, con su cerraja y llave, y luego a mano derecha una puerta, con su cerraja y llave, que sirve de estudio? con una ventana con una reja que sale a la calle. Y luego al lado hay otro aposento mayor, con su puerta, cerraja y llave, y dentro de ella una ventana con su reja que sale delante el horno? del Hospital. Y luego, saliendo de dicho aposento, hay una escalera en el patio que sube a un cuarto donde hay un rellano, con su puerta, cerraja y llave; y más arriba, en un recibidor, hay una puerta que se entra a un aposento que hay una chimenea y ventana; y luego hay una alcoba más adentro; y dentro de la alcoba hay otro aposento, con su puerta y ventana que (fol.719-) sale al corral. Y saliendo a la mano derecha hay un pasadizo que tiene una ventana que sale al tejado del Hospital. Y más adelante una sala; y más adelante una sala (sic), con su puerta, cerraja y llave, y dos ventanas a la calle; y dentro de dicha sala hay un aposento, con su puerta y una ventana que sale a los tejados. Y bajando a dicho patio, pasando adelante, hay una luna con su pozo; y más adelante una puerta con un cerrojo que sale al corral. Y dentro de dicho corral una caballeriza, con su puerta. Y dentro de ella hay diez pesebres. Y luego una escalera que se sube a un pajar que cogen hasta cien cargas de paja. Y dentro del corral hay una necesaria. Y más adelante hay una puerta, con su cerrojo, por la cual se baja a dos aposentos que sirven de bodega. Y volviendo al patio, al lado del pozo hay una escalera que se sube a una cocina con su ventana al corral y su chimenea. Y en dicha cocina hay una escalera que se sube a un mirador a la mano izquierda. Y en [un] aposento hay una ventana y después dos aposentos, uno dentro con ventana a la calle y después un mirador que salen dos ventanas al corral con su falsa cubierta. Y bajando hay dos aposentos el cual tiene una ventana con su reja a la calle. Y el dicho señor visitador continuó (fol.719v-) visitador, comisario y juez sobredicho, fina dicho mesón y de aposento en aposento lo vio y personalmente visitó // De las cuales cosas // Christóbal Gil, cantor del dicho Santo Hospital, y Pedro Bardají, escribiente, habitantes en la ciudad de Zaragoza.

Continuase la visita de la Iglesia y capillas de ella, jocalías y ornamentos

 (fol.720-) Dicho día veinte y tres del dicho mes de septiembre del año de MDCIIII, el dicho señor canciller y visitador sobredicho, continuando la dicha visita, vio y visitó una capilla grande de San Gregorio con su cimborrio muy bueno, el cual tiene tres ventanas con sus vidrieras guarnecidas y por la parte de afuera con su rete de hilo de hierro, y en medio de dicho cimborrio una rosa de mazonería dorada con un escudo de armas de los Serras, con un campo azul y en él un casal con una cruz blanca, y al pie de la cruz un pelícano con sus polluelos, con un rótulo que dice "Pietad", y un retablo del Sr. San Gregorio de pincel y en todo él pintado al huevo, con dos columnas a los lados de mazonería doradas y al cabo de ellas dos figuras de bulto pequeñas encarnas con sendos escudos de las armas de los Serras, con un altar de pino a modo de cajón, con dos medias puertas, con su cerraja y llave, y en las medias puertas los mismos escudos de armas de los Serras, y encima de dicho altar unos manteles de juar muy buenos, labrados con hilo pajizo, con su guarnición de lo mismo y blanco, con su guardapolvo de guadamacil. Y a los lados de dicha capilla hay dos altares pequeños muy buenos. Entrando a dicha capilla, a mano derecha, un altar de San Martín y San Sebastián, amarrado a un tronco de un árbol y saeteado, con dos figuras de infieles, y el San Martín con su caballo blanco muy bien hecho, con el pobre con quien partió la capa, y delante el altar un rejadillo verde de madera con sus balaustrillos, y debajo de él un armario con dos medias puertas que sirve de altar, jaspeado de verde y carmesí, con su llave y cerraja, con dos escudos en campo azul, en el uno una saeta y en el otro una espada, con una pilica de alabastro para agua bendita. Y a mano izquierda un altar con el Abajamiento (fol.720v-) de la Cruz, con tres figuras o imágenes de alabastro al pie de la Cruz. La de en medio, la Madre de Dios con su Sacratísimo Hijo en los brazos, y a la mano derecha San Juan y a la izquierda la Magdalena. Son muy buenas, matizadas y sobredoradas, con un rejado y armario semejante al de enfrente [sien]do los escudos que son las Llagas de San Francisco. Y en dichas capillas pequeñas hay sus cortinillas de tela verde con sus barras de hierro. Y en la capilla mayor un rejado de hierro muy bueno, con su cerraja y llave.

Y saliendo de dicha capilla, luego consecutivamente, hay al lado de aquella otra, so la invocación de Ntra. Sra. de Gracia, que es un retablo mediano labrado de mazonería, con diversas figuras grandes y pequeñas, todo dorado, en medio de él "La Anunciación", y más abajo la figura de la Madre de Dios de Gracia. El cual tiene su altar grande, muy bueno, con su lápida asentada en él muy buena, que está aforrado en lienzo, tiene sus manteles, sus sacras, en una tabla de madera. Y Ntra. Sra. tiene un rosario de cristal, otro de coral con una estampa de metal sobredorado, otro rosario de vidrio mediano, y otro de lo propio más grande, y otro de ébano con una cadena de plata y cuatro "agnus dei" de piel de búfalo con sus partes dentro, grandes y pequeños, y un mantico de terciopelo carmesí con sus fajas de guarnición de oro alrededor, y una pierna y una muleta de cera. Item una tabla donde están escritos los aniversarios que se celebran en dicha capilla por los meses del año. La cual (fol.721-) tiene su rejado de madera con sus balaustres y una campanilla de azófar encajada en la pared y un aro de madera labrada para hacer señal cuando sale la misa, y una barra de hierro encima de ella con una cortina de tela para delante del retablo. Y tiene a los lados dos lumbreras con sus cortinillas de tela azul que salen a la portería de San Francisco. En la cual capilla se dice continuamente misa todos los sacerdotes, así de dicho Hospital como de otras partes, y se les paga la caridad acostumbrada de las misas que hay fundadas en dicho Hospital.

Y por dicha capilla, por una puerta de madera labrada, la cual tiene su cerraja y llave y picaporte, y se entra a la sacristía de dicha capilla, la cual tiene una ventana con su reja con encerado, con su picaporte. Y también había un retablo pequeño al óleo de la Santísima Trinidad en tabla, con su guarnición dorada, y otra estampa allí al lado, guarnecida de guadamacil alrededor, de "La Muerte del Justo". Item una ropa de paño azul y un roquete viejo del que ayuda a decir las misas de dicha capilla, y un papel de un mandato del Sr. arzobispo acerca de la disposición de las misas y celebración de ellas. Item una tablilla donde escriben los sacerdotes de los que dicen las misas. (fol.721v-) Item un papel puesto en una tablilla donde están las preparaciones para los que han de decir misa. Item un banco de madera con sus pies labrados. Item una tablilla encajada en la pared y en ella una cestilla con dos vinajeras y un hostiero de madera. Item dos candeleros de pie alto de azófar y encima de cada uno de ellos dos cubetas de estamarello? y en medio un facistol de madera son su misal romano impreso en Venecia, año 1576. Item un platillo pequeño de estaño para pedir por las ánimas. Item un cajón de madera mediano con dos calajes que sirven de vestuario, cada uno de ellos con su cerraja y llave, con dos aldabillos de hierro... [casullas, etc] Y en el suelo hay una ventana con su reja de hierro, y cae sobre una bodega. El rejado de la cual capilla tiene su cerraja y llave, y tiene su lámpara encendida (fol.722-) que arde continuamente.

Y de dicha sacristía, por otra puerta de madera labrada que tiene dos cerrajas que se abren con una llave y tiene su aldabilla, se sale a dicha iglesia, y en ella luego consecutivamente, y al lado de ella, hay otra capilla, que dicen es de los Contaminas, del Abajamiento de la Cruz, y a los lados dos imágenes pequeñas, el cual retablo es de yeso pintado al óleo y abajo un Cristo portátil mediano de madera, en una cruz de madera, con su pie de lo mismo. Tiene su altar grande con su lápida muy buena encajada en medio y sus manteles de lienzo labrados de raz con puntas y encima cubierta de guadamacil y su delante altar dorado, y en medio su figura de San Ildefonso, la cual está azulejada, y encima de los azulejos un rótulo de letras doradas que dice "Dixit dominus etc." Y a los lados, pintados con figuras grandes y pequeñas, un lienzo al óleo. Y la bóveda de dicha capilla está muy bien adornada y labrada, esculturada de yeso y dorada, con diversas figuras y muchas rosas de mazonería doradas, y los extremos los cuatro evangelistas de yeso dorados, y un rejado balaustrado de hierro con su pedestal de piedra negra, con su cerraja y llave, y su rótulo que comienza, etc. Item dentro de dicha capilla una lámpara, con su plato de azófar, encendida, y a un lado hay un hueco con una pilita mediana para agua bendita. Item una campanilla de misas para hacer señal cuando sale la misa, puesta en un aro de madera dorado. (fol.722v-) Item hay un cancel de madera, con su cerraja y llave, y por él se sale a un rellano que hay dos puertas de madera labradas, con sus cerrajas y llaves, que por la una se sale al patio de dicho Hospital y por la otra a unas escaleras por las cuales se sube a la camarilla de dichos Contaminas, que ya arriba están mencionadas y puestas, y en dicho rellano hay una estera delgada de esparto. Y en dicha capilla, junto a dicho altar, hay su cisterna con su piedra que la cubre. Y hay una ventana con dos medias labradas, con sus encerados, que sale a la calle del Hospital que va a Santa Engracia.

Item dentro de dicha capilla, a mano derecha, hay una puerta de madera muy labrada, con su cerraja y llave, por la cual se entra en la sacristía de dicha capilla, y en ella se halló lo siguiente: Et primo dos ventanillas pequeñas con sus rejillas de hierro, por las cuales recibe luz dicha sacristía, y salen a la calle del Hospital que va a Santa Engracia. Y había un armario pequeño encajado en la pared, con su cerraja y llave, y dentro de él un cáliz grande y muy bueno ---, de plata sobredorado, con su patena, dentro de una caja forrada en badana colorada por dentro y por fuera con badana negra, con sus correas. Item un platillo pequeño de estaño con sus vinajeras de vidrio. Item un hostiero redondo pequeño de madera pintado de verde. Item un facistol de nogal torneado y labrado con sus cuatro bolillos de lo mismo. (fol.723-) Item un misal romano impreso en Venecia en el año 1594, con sus cubiertas de madera y badana. Item dos candeleros de azófar con sus velas de cera amarillas. Item, fuera de dicho armario, un cuadro de pincel, dorado, en madera, con la hechura del Ecce Homo y a los lados la Madre de Dios y San Juan, con sus puertecillas. Item un cajón grande de madera, encajado en la pared, que sirve de vestuario, en el cual hay cinco calajes labrados, cada uno de ellos con su cerraja y llave, y cada dos aldabillos, y había en el lo siguiente: Et primo, en el primer calaje, una alba llana... Item una bolsa de corporales de tafetán blanco... Item un delante altar de tafetán blanco... Item una casulla de tafetán blanco... Item, en el segundo cajón, se halló un delante altar de tafetán colorado con atoques de tafetán verde, con dos escudos de armas de los Contaminas, y en medio una Cruz sobre raso amarillo con cordoncillo... (fol.723v-) Item una bolsa de corporales... Item un sobrecáliz de tafetán... Item otra casulla de tafetán colorado con las armas de los Contaminas... Item otra casulla... Item había en el tercer calaje un delante altar de tafetán verde con atoques de tafetán colorado con las armas de los Contaminas a los lados... Item una casulla... (fol.724-) Item otra casulla... con las armas de los Contaminas... Item, en el cuarto calaje, había lo siguiente: Et primo una bolsa de tafetán morado... Item un delante altar de tafetán... Item una casulla... con las armas de los Contaminas... Item otra casulla... (fol.724v-) Item, en el quinto calaje, no había nada, que por ser muy barrido no se ponía en él ornamentos. Item otro cajón a la otra parte, enfrente del sobredicho, de madera labrada, encajado en la pared, el cual tiene un calaje y dos armarios pequeños, que tienen sus cerrajas y llaves todos y sus aldabillas de hierro, y dentro del primer calaje se inventarió lo siguiente: Et primo una bolsa de tafetán negro de tener corporales... Item una alba... Item una toallica llana, de grano de vidrio, con unos corporales... Item un delante altar de tafetán negro... con las armas de los Contaminas... (fol.725-) Item una casulla de tafetán negro... Item otra casulla... [etc] Item los dichos cajones tienen por guardapolvos sus cueros de badana. Item un banco de madera guarnecido con sus pies. // Christobal Gil, cantor de dicho Santo Hospital, y Pedro Bardají, escribiente, habitantes en Zaragoza.

Continuase la visita de la Yglesia

A veinte y cuatro días del mes de septiembre del anno MDCVIIII en la ciudad de Çaragoça (fol.725v-) y en el dicho Santo Hospital, el dicho Sr. canciller, visitador y comisario sobredicho, continuando dicha su visita, vio y visitó e inventarió lo siguiente: Luego, al lado de dicha capilla, en dicha iglesia, hay una puerta grande con sus medias de pino labradas de mazonería con sus medias puertas y las armas del Protonotario, y en cada una de ellas un rótulo que dice "Vince in bono malum", con sus llaves y cerrajas, la cual puerta sale de dicha iglesia al patio de dicho Santo Hospital, y tiene sus dos cerrojos por la parte de dentro, y tiene una aldaba de hierro grande para seguridad de dicha puerta. Y a la mano derecha, saliendo de dicha capilla, hay una pila de piedra con su pie para tener agua bendita, que está con un cerrillo de hierro arrimada a un pilar, y sobre ella hay una imagen de alabastro de Ntra. Señora. Y, en pasando dicha puerta, hay, a la otra mano, otra pila para tener agua bendita de alabastro. Y en medio de dicha puerta hay otra de madera con dos postigos y sus cerrajas, la cual sale a la iglesia, y sirve de dividir el paso en la Cuaresma.

Y luego, consecutivamente, hay diversas rejas y ventanas con sus celosías que salen y corresponden a dicha iglesia, las cuales cosas de las camarillas y aposentos que de parte de arriba (fol.726-) están puestas, asentadas, especificadas y continuadas en dicha visita e inventario que se hizo en el patio principal y luna de dicho Santo Hospital, en medio de las cuales está el púlpito al cual se entra por el patio. Item en el suelo, pasado dicho púlpito hasta la capilla del Cristo, hay un banco de madera encajado en la pared con sus pies. Item cuatro bancos largos portátiles de madera, en cada ocho pies. Item un banco escaño con su respaldo y seis pies de madera.

Item más adelante está la capilla del Santísimo Crucifijo, que es de los Clementes y cofrades del Protonotario de Aragón, la cual es capilla privilegiada perpetua para las ánimas del Purgatorio. La cual tiene un Cristo grande de bulto de muy devoto, encarnado, clavado en una cruz, y todo estrellado el retablo con estrellas doradas. Tiene su altar al pie con su buena lápida, sus manteles, y encima un guardapolvo de badanas. Y tiene su rejado bajo y alto de madera, con sus barrotes, y encima de ellos la camarilla con sus aposentos y divisiones que todas salen a la iglesia de donde oyen el sermón. Y tiene una tabla (fol.726v-) de madera y puesta a su lado de dicho altar y escrito en ella "Altar privilegiado perpetuo", y a los dos lados de dicha pila dos escudos de armas de la casa de dicho Protonotario, con tres rótulos que atraviesan de una parte a otra la capilla, el uno de ellos es "Crucifixus et iam pro nobis", el otro "Vince in bono malum", y el tercero "Misere mei Deus", y debajo del cual hay una puerta cerrada, con su cerraja y llave, por la cual se entra a dicha capilla, y tiene su lámpara de azófar [latón] encendida y es perpetua. Item al lado de dicha capilla hay un cepo de madera, puesto en tierra, labrado, y encima una caja de hierro con dos llaves, en donde echan la limosma los que visitan dicha capilla, que está asida a un pilar de piedra, sobre la cual hay una tabla con un rótulo que dice "Los que visitasen esta capilla del Crucifijo que es subrogada en lugar de la capilla de San Salvador de Roma en cualquiere tiempo que fuera de ella ganan indulgencia plenaria y remisión de todos los pecados", concedida por la sede apostólica dando alguna limosna para los pobres del Santo Hospital.

Item luego, siguientemente, se sigue la camarilla de los Gilbertes, con su puerta, cerraja y llave, y sus celosías, y encima de ella una ventana con su reja de hierro por donde entra la luz al claustro detrás del altar mayor.

Item luego después hay, encajada en la pared, en madera, de pincel, un cuadro del mismo Jesús. (fol.727-) Item una tablica con "La --dad del pre-- de Ntra. Sra. del Clavo y de la Cruz de Ntro. Señor". Item enfrente de dicho retablo hay una imagen de bulto de Ntra. Señora, muy devota, sobre la cual hay un dosel de tafetán amarillo y azul. La Madre detrás tiene un manto de tafetán blanco, labrado con cenefas de cortadura de terciopelo blanco, con tres rosarios de cuentas de azabache y otros dijes, y debajo de ella una piedra en donde están estampadas "Las cinco llagas" y una cruz en medio, y debajo un cajón de madera, a modo de altar, y pintadas las paredes alrededor de los profetas. Item un facistol de madera y dos bancos para tener las hachas en los difuntos. Item una tumba de madera para las defunciones, cubierta con un paño de luto viejo. Item, a la otra mano, un retablo de pincel sobredorado, con la invocación de Sr. San Cristóbal, al lado de San Antón y al otro lado Santo Domingo, sin lápida y con su lámpara de azófar, y no ardía, que dicen solo arde los días festivos. Item luego hay una puerta de madera, con su cerraja y llave, por donde se entra a las secretas de la sacristía mayor. Item luego, consecutivamente, hay una escalera de madera portátil.

Item un retablo de la invocación de la gloriosa Santa (fol.727v-) Ana, que es de madera, todo labrado de mazonería y dorado y blanco, con diversas figuras de bulto grandes y pequeñas, que es de los Ferrizes, con su altar de madera, y está su lápida, y a los pies tiene un pedestal de madera que sirve de gradas. Y tiene su lámpara perpetua con su plato de azófar encendida, y tiene su delante altar de guadamezil. Y allí al lado hay un banco encajado en la pared, de madera, con sus pies.

Y luego después está la puerta principal de la sacristía mayor, la cual se dejó para inventariar inventariando lo de dicha iglesia.

Y luego consecutivamente, hay un rejado de madera pintado de verde, grande, con su puerta, por la cual se entra a una capilla, que es de madera y está pintada "La Quinta Angustia" con otras figuras de pincel, doradas, y en los cuatro tableros de abajo está pintada "La Pasión de Ntro. Señor Jesucristo" al óleo, con su altar, sin lápida, hay una cubierta de badana vieja. Y a un lado tiene un cajón grande de madera, a modo de arca, sobre dos pies de madera, que sirve para tener los libros del coro, en el verano. Item un banco de madera portátil, largo, con sus pies, y otro banco alrededor de la capilla, de madera, encajado en la pared. Item un sepulcro de alabastro grande con dos escudos de armas a los lados, que son tres guías? y una flor de lis, y encima de él (fol.728-) hay una figura de bulto de alabastro, y en medio de dicho sepulcro un rótulo que dice "Aquí yace la magnífica señora doña Aldonza Ybarra que fue mujer del magnífico señor mosén Antón Ferriol trinchante del rey don Fernando de Castilla la cual finó a cinco de abril de 1013". Item un facistol grande de madera en medio la capilla donde se canta en verano. Y tiene dicha capilla una ventana grande, con reja y encerado, y ventana de madera de madera labrada que sale al Coso. Item un armario pequeño de madera, con su cerraja y llave.

Item luego más adelante, consecutivamente, hay allí al lado un rejado de madera con sus balaustres, pintado y jaspeado, con sus medias puertas, cerraja y llave, y con un rótulo dorado que dice "Altissim creavit de terram decinam etc." Y dentro de él hay una capilla de madera, toda de mazonería dorada, so la invocación de San Lucas y a los dos lados San Cosme y San Damián, con otras diferentes figuras, con su altar y su buena lápida sacra para decir misa, sus manteles y guardapolvo de badana, nuevo, con su delante altar de guadamezil y su cubierta para Cuaresma de tela azul. Item, a la derecha de dicha capilla, un banco grande de madera, guarnecido y encajado en la pared. Item tiene su lámpara de azófar y dentro otra de vidrio encendida, y dos vidrieras por donde recibe la luz hacia el Coso, con diversas ofertas de enfermos [que] dejan muletas y otras cosas. (fol.728v-) Item hay luego después un banco grande encajado en la pared, con su respaldo de madera, y luego después una puerta de madera, con su cerraja y llave, por donde se sube a un aposento donde el Colegio de los Médicos y Cirujanos tienen sus ajuntamientos.

Y luego después está la pila de bautizar, que es de piedra grande, azulejadas las paredes a la redonda, y cubierta encima con una badana por guardapolvo, y dentro hay los aparejos necesarios para bautizar y encima tiene un dosel de madera, labrado muy bien de mazonería, donde se bautizan todas las criaturas que nacen en dicho Santo Hospital y traen a él si no están bautizados.

Item más adelante hay otro banco largo de madera encajado en la pared, guarnecido, con sus cajones, y allí enfrente y junto a una mesica de madera con sus pies asentados en tierra y tapete de paño verde y encima una cajuela de madera, con su cerraja y llave enrasada, con su candado dentro de dicha mesa, de donde nadie puede quitarla, para echar la limosna los que quieren darla. Item hay un cepillo de madera encajado en la pared donde se echa la limosna de los votos y conmutaciones. Item, a la otra mano, está la pila del agua bendita y sobre ella hay un tablero grande a donde está una figura (fol.729-) de bulto de Cristo Crucificado, con unas estrellas doradas a los lados, y en dicho pilar hay tres tablas, la una que señala la indulgencia dicha del cepo, la otra para señalar los días que se saca ánima de Purgatorio y la otra para las restituciones no sabiendo a quién, y debajo de dicha tabla hay dos arcas, la una de madera forrada en hojalata, encima de un escalón grande de piedra, asida a una cadena a un pilar, con su cerraja y dos llaves, que tienen los regidores, y la otra de madera, con su cerraja y dos llaves, con sus agujeros encima para echar la limosna. Y en dicho pilar hay un tablero que es pincel de la imagen de Ntra. Señora del Rosario. Item dos bancos escaños largos de madera, con cada uno sus pies y sus respaldos. Item un banco largo con sus pies de madera portátil. Item otro banco como el sobredicho.

Item en la nave mayor de dicha iglesia, un rejado grande de madera que es el de la capilla mayor, y está todo balaustreado y pintado de verde y colorado, con dos puertas grandes en medio del rejado, con su cerraja y llave, y otra pequeña, también con cerraja y llave, que está enfrente la sacristía mayor. Y hay en dicha capilla cinco bancos (fol.729v-) de madera escaños, con sus pies y respaldos, y dos de ellos forrados de paño verde. Item otro banco de respaldo de nogal, al lado del altar, donde se asientan los ministros que dicen las misas, y tiene en el asiento un paño de brotes y un banquilico de madera debajo. Item otro banco de madera largo portátil. Item una mesilla con sus manteles y delante altar donde se pone lo necesario para decir la misa. Item un retablo muy grande con la imagen de bulto muy devota de Ntra. Sª de Esperanza en medio con su Hijo ---, y debajo de ella el sagrario donde está el Santísimo Sacramento, con dos medias puertas, con su cerraja y llave, y sus tableros de pincel dorados, dentro del cual está el arca del Santísimo Sacramento, y tiene su cerraja y llave, y una figura encima de la Resurrección, y dentro de ella está una venera de plata sobredorada con su doselico de raso carmesí con guarniciones de oro donde están las formas del Santísimo Sacramento, y debajo de ella una lápida muy buena, aunque pequeña, con sus corporales y las demás cosas necesarias para el adorno de semejante lugar. Y encima de dicha imagen un dosel de madera de mazonería dorada y a los lados de dicha imagen las armas reales con dos figuras de bulto de (fol.730-) San Cosme y San Damián. Y tiene dicha imagen por ornato una corona o diadema grande de metal sobredorada con sus rayos y estrellas a la redonda doradas, y un manto de raso carmesí con tres franjas de oro y plata falsa a la redonda. Y el manto del niño Jesús es de lo mismo con su ramo que tiene en la mano de flores de mano y un agnus de plata, y con unos rosarios de cristal y otras cosas. Y sobre el dicho dosel de madera hay una figura de bulto de un Cristo Crucificado con otras dos figuras de bulto a los lados de San Juan y la Magdalena doradas. Y está compuesto en diez y ocho cuadros todos al óleo de muy buena mano y figuras grandes y pequeñas en las cuales está toda la Vida y Pasión de Ntro. Señor y de su bendita Madre. Y tiene debajo de dicho sagrario su altar con su lápida muy buena forrada en lienzo con sus dos manteles y guarnición a los extremos con un cantillo de guarnición de oro con sus lagrimillas. Item un delante altar de chamelote verde con atoques y caídas de chamelote colorado con franja de esfoladiz azul y naranjado. Y tiene tres gradas grandes azulejadas con sus barrotes de madera para subir a dicho altar que pasan hasta el mismo vistuario?. Item una campanilla de cobre para hacer señal a las misas, asida en un yugo de madera encajado en la pared. (fol.730v-) Item dos medias cortinas grandes para cubrir dicho altar la Cuaresma, con su barra de hierro, de tela azul. Item tres platos de azófar con sus lamparas de vidrio ardiendo.

Item de dicha capilla mayor se entra por una puerta de madera guarnecida, que tiene su cerraja y llave y su picaporte con su aldabilla de hierro, a la sacristía menor, dentro de la cual hay dos ventanas con sus hierros que salen al claustro tras el altar mayor. Item una escoba en una caña para limpiar los altares. Item una calderilla de arambre para llevar agua bendita, y es mediana. Item una puerta de madera, con su cerraja y llave y picaporte, que sale al dicho claustro para el tiempo de Cuaresma poder ir a decir misa a la capilla del Cristo. Item unos hierros que sirven de facistol, en el altar mayor, para los días festivos, al diácono y subdiácono. Item un hisopo de madera y una lintera grande de hojalata. Item cuatro ropas de paño morado servidas para los escolanos. Item una cruz de latón para los entierros comunes. Item dos facistoles de madera con sus cuatro bolas por pies en cada uno. (fol.731-) Item un banco de madera portátil con sus pies. Item un armario de madera encajado en la pared con seis tablas dentro que sirven de apartamientos, a donde se ponen los cálices, misales y otras cosas necesarias para dicha sacristía, todos los cuales están ahora en la sacristía mayor, y tiene dos cerrajas y dos llaves dicho armario. Item un cuadro largo de lienzo viejo al óleo del Abajamiento de la Cruz. Item una tabla donde hay un papel de imprenta con las preparaciones para decir misa. Item seis candeleros de azófar con sus pies altos para tener velas. Item un armario grande de madera que sirve de vestuario con cinco cajones, y todos con una cerraja y llave y un hierro que atraviesa dichos cajones, dentro de los cuales había lo siguiente: Es, a saber, en el primero, cinco albas de lienzo sobrestriado para decir misa con su ambitos y cordones de esfiladiz blanco. Item dos casullas de chamelote negro con cenefas de chamelote colorado con franja alrededor de esfiladiz blanco y colorado, forradas en tela morada con su estola y manípulos. Item otra casulla de chamelote negro con cenefa... (fol.731v-) Item dos casullas... Item, en el segundo calaje, un terno de chamelote negro con faldones de raso... Item una ropa de raso prensado negro con cenefa de raso culebrino prensado, forrada en tela negra, la cual sirve para los muertos. Item un gremal de chamelote negro... Item un delante altar de chamelote... Item, en el tercer cajón, un delante altar de chamelote... Item otro delante altar... (fol.732-) Item, en el cuarto calaje, un delante altar... Item otro delante altar... Item otro delante altar... Item, en el quinto calaje, un paño de terciopelo... Item un librico intitulado "Oficio de difuntos". Item dos bordones de madera para llevar la Cruz...

Item dicho señor canciller, visitador y comisario sobredicho, continuando la dicha visita, fue a la sacristía mayor de dicha iglesia que está en aquella entre las capillas de la gloriosa Santa Anna y la Quinta Angustia, de la cual es sacristán mosén Miguel Villuendas, capellán y beneficiado de dicha iglesia, la cual tiene antes de entrar en ella su puerta de madera grande, labrada toda de mazonería de diferentes labores, muy bien guarnecida por afuera con su buena cerraja y llave, y picaporte y cerrojo (fol.732v-) para seguridad de dicha sacristía, el patio de la cual y frente de ella está todo azulejado con azulejos de blanco y verde y está en cuadro en muy buena proporción, y toda alrededor las paredes de ella donde no hay cajones es toda azulejada hasta llegar a los cuadros que después aquéllos llegan hasta las tiguillas de azulejos contrahechos a los de Talavera. Y más y tiene diversos armarios y cajones de madera, todos con sus puertas, cerrajas y llaves, y aldabillas de hierro para sacarles, con sus alguazas muy buenas, y todos labrados muy bien guarnecidos con guarnición espesa y tan curiosa y pulida, bien puesta y adornada, que sin ninguna duda es la de más adorno y compostura que hay en Zaragoza. Y tiene un armario grande, largo del suelo al techo, para con más comodidad y policía tener como tiene custodiados y guardados todos los bordones de las cruces y palas, cetros, bordones y ornamentos, y otras cosas necesarias para el culto divino. Y tiene sus vueltas de aljez blanco con sus maderos labrados y pintados de colorado oscuro. Y luego en entrando, a mano derecha, hay una escalera por donde se sube al aposento donde está dicho sacristán para custodia de dicha iglesia y sacristía con los demás monaguillos. Y allí al lado hay una puerta de madera guarnecida, con sus balaustres de la parte de arriba, muy bien labrada, con un picaporte ,y dentro de ella hay un retrete donde hay una fuente de arambre con su cadena pendiente para lavarse las manos y un paño de mano para enjugárselas, y el suelo azulejado como lo demás de dicha sacristía. Y allí al lado, (fol.733-) consecutivamente al propio suelo, una puerta partida por medio, guarnecida con sus balaustres de la parte de arriba, con su cerraja y llave, manilla y fallebas, dentro de la cual hay un aposentillo donde hay un calaje sobre dos pies de madera. Y alrededor de dicha sacristía, junto al techo de ella, once cuadros de lienzo al óleo, guarnecidos de madera dorada, que dicen los hizo hacer mosén Miguel Villuendas, sacristán que es de dicha sacristía, a su costa, que contienen las figuras siguientes: el primero es la Institución del Santísimo Sacramento, el segundo cuando David fue a pedir sustento al sacerdote Melquisedech, el tercero cuando el Ángel trajo sustento al famoso Elías en el monte; el cuarto cuando Abraham ofreció sacrificio al sacerdote de pan y vino por la virtud que sabe de vencer los cuatro reyes cuando iban contra [el]los; el quinto los panes de la proposición con los sumos sacerdotes; el sexto el maná; el séptimo quando el profeta Eliseo echó harina en la olla dando de comer a mucha gente; el octavo cuando ofrecían a la iglesia en espigas décimas y primicicias; el nono cuando Jacob quitó la bendición a su hermano Esaú; el décimo la cena del Cordero; (fol.733v-) el undécimo la Quinta Angustia. // De las cuales cosas // [comienza el tachado] y dentro de los sobredichos y arriba puestos, calajes, armarios y las demás cosas en ellas, uno en parte de otro, se halló la plata, jocalías, ornamentos, aderezos, bienes y cosas para servicio de la iglesia, adorno de ella y culto divino infrascriptas, siguientes: el primo [fina el tachado] // Miguel Palacios y Pedro Bardají, escribiente, habitantes en dicha ciudad de Zaragoza.

Sacristía mayor [continuación] A veinte y uno día del mes de septiembre de dicho año de MDCVIIII y en dicha ciudad de Zaragoza, y dentro de dicho Santo Hospital y en la iglesia de aquél, dicho señor canciller, comisario y visitador... continuando visitó e inventarió la dicha sacristía mayor de dicha iglesia arriba especificada, y dentro de los sobredichos y arriba puestos y especificados armarios y calajes, y las cosas sobredichas en ellas, uno en parte de otro, halló, visitó e inventariar mandó, y por el secretario de esta causa anterior los tengo infrascriptos, se inventarió la plata, jocalías, ornamentos, aderezos, bienes y cosas para servicio de la iglesia, adorno de ella y culto divino, infrascriptas siguientes: (fol.734-) Et primo un terno de terciopelo carmesí garchofado con faldones y bocas mangas y collares de terciopelo carchofado verde con sus estolas manípulos y cordones ...Y otro con tres camisas y sus faldones, diéronle los Contaminas con dos escudos de sus armas, y son dos dalmáticas y una casulla, sus capas y frontal. Item otro terno de mano blanco con faldones, bocamangas y collares de terciopelo carmesí, y bordados detalles de oro, y cordoncillos con sus estolas y manípulos y cordones de seda blanca, colorada y azul, y la redecilla con tela de hilo de oro, con delante altar y toalla del facistol y capa de lo mismo, diolo Santa Cruz con dos escudos de sus armas y tienen tres camisas con faldones. Item otro terno de damasco blanco... está escrito el nombre de San Luis, con cuatro querubines, hízolos Juan de Tiermas. Los cuerpos de las dalmáticas y delante altar nuevos por estar hecho pedazos el dicho terno. Item otro terno de terciopelo pardo... [las copias saltan a] (fol.745v-) Item por no haber en dicha sacristía comodidad para esas, la plata infrascripta se sacó de ella y se llevó a pesar al reposte de dicho Santo Hospital en el cual se pesó la plata infrascripta: Primo la cabeza de el señor San Cosme que tiene el cuerpo de plata blanca labrada... y pesa toda ella doscientas sesenta y seis onzas. Item dos cetros de plata... pesan ciento y cincuenta y seis onzas con la madera que hay dentro de ellas. Item seis candeleras de plata blanca labrada... pesan ciento y ochenta y una onzas. (fol.746-) Toda la cual dicha plata fue pesada por Joan Bocal, platero, vecino de Zaragoza... Miguel de Mirando, notario real, y Pedro Bardají, escribiente, habitantes en dicha ciudad de Zaragoza.

Continuase la visita de la Sacristía Mayor / A veinte y seis días del mes de septiembre del año de MDCVIIII y en dicha ciudad de Zaragoza, y dentro de dicho Santo Hospital, el dicho Sr. canciller, comisario y visitador sobredicho, continuando la dicha visita en dicha sacristía mayor, a más de lo visitado de la parte de arriba, visitó e inventarió dentro de dicha sacristía mayor las cosas abajo escriptas y después de leer lo que abajo se especifica en las partes abajo declaradas: Et primo un pie de latón sobredorado del Lignum Crucis... Item un cofrecillo pintado de verde. Item un cajón...Y continuando la dicha su visita, el dicho Sr. canciller y visitador sobredicho, subiendo por la dicha escalera que está a mano izquierda (fol.746v-) entrando por dicha sacristía mayor, subiendo por ella a un cuarto el cual tiene tres aposentos que sirven para el sacristán de dicha sacristía, y antes de entrar en ellos, hay en dicha escalera una ventanilla con su celosía que sale a la iglesia, y acabado de subir la escalera, al cabo de ella, había en un rellano, a mano izquierda, un par de brandanes de madera labrados y plateados para poner dos hachas las festividades. Y luego, entrando por dicho cuarto, se halló en el primer aposento y en él se visitó y se inventarió lo siguiente: Et primo un algiño con ocho paños... Item otros ocho purificadores. Item tres buquetes. Item tres sobrepellices. Item nueve albas de decir misa. Item seis manteles. Item dos enjugamanos... Item, en el mismo aposento, un colchón. Item dos mantas blancas. Item una cortina... [etc] (fol.747-) Item un cuadro de lienzo... El cual aposento es el primero y tiene una puerta, con su cerraja y llave, y una ventana que sale al Coso y tiene su reja. Y más adentro, en un aposento, se halló lo siguiente: Et primo una cama con cinco tablas, dos bancos. Item tres colchones, dos mantas, cuatro almohadas. Item un tapete verde viejo. Item un cuadro de lienzo de un Cristo crucificado. El cual aposento tiene su puerta, llave y cerraja, con una ventana que sale al Coso, con su reja y su encerado. Item un altarcico de madera con un delante altar bajo con unos manteles encima.

Aposentos del sacristán Y luego in continenti vio y visitó el dicho Sr. visitador el tercer aposento de dicho cuarto, el cual tiene su puerta, llave y cerraja, y una ventana que sale al mesón, con su reja, y en él se halló lo siguiente: Et primo una cama de tablas con dos bancos y cinco tablas, dos colchones, dos sábanas y una manta, dos almohadas viejas. Item otra cama con dos bancos y cinco tablas, dos (fol.747v-) colchones, dos sábanas, dos mantas, dos almohadas viejas. Item otra cama con dos bancos, cinco tablas, con un colchón, dos sábanas y dos mantas, un paño de raz viejo. Item tres mantas viejas blancas. Item tres sábanas sucias. Item un arcón viejo, con su cerraja y llave. Item otra arca de nogal, con su cerraja y llave, y dentro de ella dos "belum templi..." Item seis cortinas de red. Item seis sudarios. Item ocho cubiertas de cálices de lienzo. Item, más adentro de dicho tercer aposento hay una escalera por la cual se baja a un aposento, el cual tiene una puerta que sale a la iglesia, y tiene su llave y cerraja, y en él se halló, encima de una arca, un paño de raz viejo, y una escalera de madera portátil. Item un arca grande, con su cerraja y llave, y dentro de ella se halló un paño... [etc] Item otra arca... (fol.748-) y todas las cortinas de lienzo del monumento con sus oes de pergamino, que todos son aderezos del monumento. Item otra arca muy grande, con su cerraja y llave... Item otra arca... Item otra arca... Item cuarenta albas... Item un banco de pino labrado. Item una silla y un plato de azófar grande. Y más adentro de dicho aposento, saliendo por una puerta, la cual tiene cerraja y llave, con una ventanilla en la misma puerta, que sale a un patio en el cual hay y están las secretas, y en el suelo dos bancos y una --- de sillas viejas, una cesta, una escalera portátil. Item una copa de alambre. La cual dicha sacristía mayor de dicha iglesia de (fol.748v-) de dicho Santo Hospital tiene dos ventanas que salen al Coso, cada una de ellas con dos rejas de hierro, la una delante la otra, con sus aros y ventanas de madera labradas, con sus encerados picaportes y fallebas.

Reposteros en la iglesia Item en la iglesia y dentro del rejado de la capilla mayor, hallaron colgados diez reposteros de paño colorado todos ellos y bordados de paño de colores, y en cada uno de ellos, en medio, dentro de una guirnalda de flores, un escudo de armas, a la mano derecha todo el medio escudo, abajo las armas de Navarra y encima las barras de Aragón, y a la otra media atravesadas bandas de colorado y blanco y una águila encima que lo abraza. Item, en tierra, en las gradas del altar, sus alfombras viejas. Item en el cuerpo de dicha iglesia, en los dos pilares primeros saliendo de dicha capilla mayor, hay otros dos reposteros de la misma manera y de las mismas armas que los dichos. (fol.749-) Item, en el otro pilar a mano derecha, hay otro paño de raz de cuatro alnas?, de caída razonable, de diferentes figuras y buena estofa. Item en otro pilar frontero aquél, otro paño de raz mediano que rodea dicho pilar de cuatro alnas?, de caída de brotes y figuras grandes y de buena estofa.

Item otros dos paños de raz puestos a los lados de la capilla de San Gregorio, de cuatro alnas de caída cada uno de ellos, buenos y de buena estofa, de brotes y figuras. // De las cuales cosas // Miguel de Miranda, notario, y Pedro Bardají, escribiente.

Visita de Archiu de Scrituras del Santo Hospital / A veinte y ocho dias de los dichos mes de septiembre y año MDCVIII en Zaragoza y en el dicho Santo Hospital, el dicho señor doctor Gabriel Sora, canciller y visitador sobredicho, continuando la dicha su visita y para efecto de ver y reconocer si en el archivo del dicho Santo Hospital (en el cual fue ya visitado por el dicho Sr. visitador juntamente con el Sr. abogado fiscal de su Mag., su convisitador, como consta de parte de arriba desde la tercera hasta esta hoja 263) faltan algunas escrituras, o se han aumentado, vio, pero no escribió, y de nuevo...

Continuase la visita de las camarillas de los sermones - arriba fol.645: (fol.816-) Dicho día arriba propiamente calendado en dicho Santo Hospital, el dicho Sr. canciller y visitador sobredicho, continuando la dicha su visita en las camarillas de los sermones de parte de arriba principiada, y acabando y concluyendo aquélla, la hizo de las camarillas de los sermones de dicha iglesia que faltaban por visitar que son las infraescriptas siguientes: Una camarilla que tiene su puerta al patio de dicho Hospital entre el púlpito y la camarilla del Virrey y Consejo Real, que se baja con tres escaloncillos y tiene su reja grande con su celosía que sale a la iglesia, rodeada de bancos encajados y sus vueltas de aljez y maderos, que dicen es de los herederos de Zaporta. Item otra camarilla que dicen es del duque de Híjar, a la cual se sube con tres escalones desde el patio por una puerta al lado del rejado donde se escribe la entrada de los pobres, tiene ventana grande con su celosía al lado del púlpito, toda rodeada de bancos encajados y ventanica con celosía al patio de casa y su cubierta de maderado labrado. Item otra camarilla bajo de la dicha del duque de Híjar, a la cual se entra desde el patio por una puerta con tres escalones y tiene su ventana grande con su celosía que cae a la iglesia y sus bancos encajados a las dos bandas y el suelo entablado. Dicen es de los herederos de don Pedro de Aragón, que es de doña María Buen? de Aragón, mujer de don Pedro Coloma. (fol.816v-) Item otra camarilla que tiene su puerta al patio al lado de la pila del pozo y está a pie llano del patio, tiene ventana grande con celosía a la iglesia al claustro del Cristo. Está entablada toda por los lados y el suelo, y un banco portátil. Y dicen es del conde de Sástago. Item otra camarilla que tiene su puerta en el patio y se sube por ella con once escalones, y subiendo a mano izquierda tiene una ventana al patio con piedra de alabastro. En la propia camarilla hay su ventana grande y celosía que cae al claustro del Cristo y un banco portátil. Dicen es de don Pedro Lanuza. Item otra camarilla que tiene su puerta al patio al lado de la dicha, por la cual se sube con seis escalones que hacen dos rellanos. Y en el primero hay una ventana pequeña con su celosía que cae a la iglesia y su banquillo portátil. En el otro rellano está la camarilla con su ventana muy grande y su celosía que cae a la iglesia al claustro del Cristo y tiene un banco encajado y sus cortinas de verde y azul en la celosía, y una ventanilla al patio que recibe luz la dicha camarilla. Item otra camarilla muy grande y espaciosa con dos puertas, la una al patio del Hospital al rincón o esquina de cabo el pozo y la otra a la iglesia al lado de la capilla del Cristo. Está toda entablada por los lados y tiene dos altos, uno sobre otro, con sus celosías y ventanas a la iglesia, que el uno sirve para hombres y una para mujeres, en los cuales puede coger mucha gente y es del protonotario don Miguel Climente. (fol.817-) Item otra camarilla que tiene su puerta al patio bajo el cubierto de la carnicería, y en entrando por ella hay un aposento harto grande con una ventana al patio, luego se sube por seis escalones de aljez y hay una camarilla grande y espaciosa con su ventana muy grande y su celosía clara que cae cabe la capilla del lado del Cristo al lado sobre la entrada de la camarilla del protonotario por el patio y tiene mas su ventana y reja al patio por donde recibe luz. Dicen es de don Baltasar de Luarca, señor del Castellar. Item una otra camarilla que está al lado de la capilla del Cristo, tiene la puerta por la iglesia con unos balaustres al lado de ella y allí hay un patio de poco ámbito y se sale por una escalera de aljez harto angosta y al cabo de ella hay una camarilla con su ventana muy grande con su celosía que cae a la iglesia al lado de la capilla del Cristo y su ventanilla y reja a una luna por donde recibe luz. Dicen era esta camarilla de Gilberte, ciudadano de Zaragoza, y que ahora es de Juan Bautista López, ciudadano de dicha ciudad. // Miguel Palacios y Sebastián Díez, habitantes en la ciudad de Zaragoza //

Interrogatorio o preguntas para los regidores (fol.817-) A seis días de los dichos mes de octubre y año MDCVIIII en Zaragoza y en el dicho Santo Hospital, el dicho Sr. doctor Gabriel Sora, canónigo, canciller y visitador sobredicho, para efecto de continuar su visita sin intermisión, debía alguno y preguntar e (fol.817v-) interrogar a los regidores de este Santo Hospital, y a cada uno de ellos mandó inferir y poner en este proceso una cédula de interrogatorio y preguntas hechas por artículos cuyo tenor es el que se sigue.

[Preguntas] (fol.818-) Interrogación para los regidores: 1. Primero quién los nombra por regidores, por cuántos años, en qué año y día, por muerte de quién, si prestaron juramento... 2. Qué ordinaciones tienen y han visto para el gobierno... 3. Qué es el oficio y cargo de regidor. 4. Si es a cargo de los regidores poner y remover todos los oficiales y ministros del Santo Hospital... 5. Digan el orden que tienen dado al maestro racional, receptor general, escribano de raciones, notario, mayordomo, vehedor, enfermero mayor, repostero, despensero, bodeguero, carnicero, hornero, ministro de los graneros, sobrestante de la torre y de la labor, cocinero, padre de locos y madre de las locas, porteros, gallineros, plegadores de ciudad, médicos, cirujanos, licenciados, teniente, (fol.818v-) regente de la botica, tablagero, procurador de trehudos, sastre, llamador, madre de las amas, madre de fatigados, madre de clérigos y refitolera, guardarroperos. Al vicario, coadjutor y pasioneros, maestro de capilla, cantores y otros oficiales, digo capellanes, y servidores de la iglesia y Hospital para que hagan sus oficios y en ausencia, enfermedad u otro impedimento, a quién encomiendan sus cargos y quién les da licencia para ausentarse. 6. Si es a su cargo nombrar personas para hacer la demanda ordinaria por Zaragoza y por las iglesias... 7. Cuántas arcas y cepos hay... 8. Digan si hay puestos racioneros en todos los lugares del Reyno... 9. Si es a su cargo nombrar cogedores o procuradores para hacer la plega del Santo Hospital... 10. A quién tiene dado cargo de coger los treudos, censales... (fol.819-) 11. Quién tiene cargo de recoger los frutos de la torre... 12. Qué orden tiene dado para coger los emolumentos y bienes de los lugares... 13. Qué orden hay para coger la limosna de la cofradía del Hospital... 14. Qué orden hay para coger los dineros de las misas... 15. Dónde se ponen las pecunias del Hospital... 16. Si han recibido alguna donación... 17. Las cuentas del Hospital si se han pasado cada año... (fol.819v-) 18. Quién toma las cuentas a los oficiales y despenseros... 19. Si saben hay algunos treudos, censales o deudas perdidas... 20. Si se han vendido censales o treudos... 21. Si se han hecho ventas de algunas propiedades sin intervención de los regidores... 22. En qué días tienen Sitiadas quién entra en ellas... 23. Si se han visitado cada año las propiedades... 24. La botica del Hospital cuánto ha que no se ha visitado. 25. Qué orden tienen dado para la cura y tratamiento de los pobres... (fol.820-) 26. Qué orden tienen en hacer criar los niños... 27. Qué cuidado tiene de los capellanes y oficiales de la casa que enfermaren. 28. Qué cargos ordinarios está obligado a pagar el Hospital... 29. Las obligaciones de misa... si se han hecho... 30. Si se han vendido o hecho derecho de alguna cámara para oir los sermones en la iglesia de la casa, a quién... 31. El colegio de los médicos porqué orden tiene la capilla y aposento en la iglesia y quién tasa el derecho de sepulturas y las concede dentro de la iglesia del Hospital, y lo mismo de las capillas que están en la iglesia. 32. Qué se ha hecho de los luismos de las heredades tributarias... 33. Si saben algunas culpas y faltas de los ministros... 34. Diga si hay algunas cosas que se tenga necesidad de reparo para... [sigue el cuestionario y respuestas]

[Respuestas] (fol.824v-) ... A la 7ª pregunta dijo que en la iglesia del Hospital hay una caja grande con una cadena y dos pequeñas y un cepo para echar limosnas en ellas, y que la grande está entrando por la puerta principal arrimada a una columna asida con una cadena entrando por la puerta del Coso cabe la pila del agua bendita, y la segunda está luego en entrando por la dicha puerta sobre una mesa a mano izquierda, y la tercera arca está saliendo de la iglesia al patio de la casa del Hospital (fol.825-) a mano izquierda tras la puerta, y el cepo está cabe el altar del Cristo a la parte del Evangelio. Mas hay otro cepo subiendo la escalera de la casa del Hospital a mano izquierda. La dicha arca grande tiene dos llaves que de ordinario están en la receptoría, en un clavo o en un cajón, y se abre cuando hay necesidad de dineros... (fol.825v-) A la pregunta 9... a la pregunta 10... (fol.826-) A la pregunta 11... a la pregunta 12... a la pregunta 13... [siguen las respuestas] (fol.895v-) (diversas cuentas)

Médicos, oficiales, criados y ministros del Hospital: (fol.896-) Los que sirven, sin salario y con él, en el Santo Hospital Real y General de Ntra. Señora de Gracia. == *Regidores sin salario*: 1- El doctor Jayme de Arroyo, canónigo del Aseo / 2- falta un regidor eclesiástico / 3- Domingo Ximeno / 4- Pedro Gerónimo de Espés y Sola, ciudadano / 5- Joan de Tiermas, ciudadano == *Racional y notario sin salario*: 6- Martín Gay Lou, racional / 7- Miguel de Villanueva, notario == *Receptor y escribano de raciones*, y no viven en casa: 8- Diego Latorre, receptor / 9- Francisco Cornoza, escribano de raciones == (fol.896v-) *Clérigos con salario*: 10- Vicario de presente no lo hay / 11- mosén Joan Cambra / 12- mosén Pedro Salvo / 13- mosén Miguel Villuendas, sacristán / 14- mosén Joan Escolano, guardarropero / 15- mosén Joan Castro, escribano del libro de los enfermos / 16- mosén Miguel Lucas, pasionero / 17- mosén Joan de Benasque, pasionero / 18- mosén Bartolomé Gayán, pasionero / 19- mosén Domingo López, pasionero / 20- mosén Domingo Meléndez, vicario de Bárboles / 21- mosén Antón Toy, vicario de Albalate / (fol.897-) 22- mosén Onofre Ferragut, ministro de capilla / 23- mosén Joan de Bielsa, contralto / 24- Francisco Sánchez, contrabajo lego / 25- ( ) tenor lego / 26- tiple, no hay / 27- dertaburio?, y si es lego / 28- Martín Torrellas, organista lego –– *Escolanos de la iglesia*: 29- Joan, escolano mayor / 34- cinco escolanos pequeños / 35- Andres Palacios, ayudante del contrabajo == *Mayordomo y escuderos*: 36- mosén Miguel Cortés, mayordomo / 37- vehedor de presente, no lo hay / 38- Martínez está en la quadra del protonotario y sirve de enfermero mayor / 39- Pascual Galve, llamador / (fol.897v-) 40- Pedro Lancís, pesador de la leña y otros servicios / 41- un criado del mayordomo, de presente no lo tiene / 42- Felipe de Argueta, repostero / 43- Pedro Rodríguez, mozo del reposte / 45- hay dos mozos más / 46- Domingo Ximeno, ayudante del guardarropa / 47- Joan Gorrena, despensero / 48- Miguel, ganareo en varias ocupaciones / 49- Gaspar Ximénez de Baylo, solicitador / 50- Miguel Palacios, ministro de granero / 51- Joan de Mur, cobrador de treudos / 52-Jaime Martínez, sirve de cerero == (fol.898-) *Boticarios*: 53- Pascual Sisón, mayordomo, no lleva salario / 54- Sebastián Díaz, regente / 55- Génova, criado / 56- Martínez Valladolid, criado / 57- Joan de Huerva, 58- se levanda a dar los jarabes por la noche / 59- Francisco

Serra, criado / 62- hay dos muchachos que sirven de barrer, sin salario == *Bodegueros y gallineros*: 63- Josepe Hernández, bodeguero / 64- Miguel Francés, mozo / 65- Domingo Palomar, mozo / 66- Candial, sirve sin salario / 67- Domingo Casanueva, gallinero / 68- Juan de Sola, gallinero == *Madres de abajo y lavaderas*: 69- Gracia de Haro, madre de tiñosos no vive en casa / (fol.898v-) 70- María de Gracia, madre de locas / 71- Catalina de la Abadía, acompaña las locas / 72- Catalina Miranda, lavadera mayor / 73- dos mozas == *Refitoleros*: 74- Juan, maestro / 77- tres mozos == *Porteros y padres de locos*: 78- Juan Barrera, portero de la puerta principal / 79- Domingo Cabueñas, compañero del portero principal / 80- Martín de Ugarte, portero del corral / 81- Adrián Pérez, portero de las mujeres / 82- Juan de la Hera, compañero del anterior / 83- Gerónimo Hernández, bajero / 84- Pedro López, portero de la escalera / 85- Juan Logroño, padre de tiñosos / 86- Josepe, padre de las hermanas / Martín González, padre de locos / (fol.899-) 87- Francisco Sánchez, padre de locos / 88- Juan de Alzate, guardadamas == *Mozos de los carros*: 89- Juan Barramón / 90- Gaspar de la Cueva / 91- Pedro Labadía == *Casero de la torre*: 92- Martín de Ascaso, casero / 97- mujer y dos mozas == *Llegadores*: 98- Juan de Arlegui / 99- Francisco de Aguerri / 100- Diego Martín / 101- Pedro de Bartolomé / 102- Gerónimo Salas / 103- Josepe Tizner / 104- Pedro Garao / 105- Juan de Villanueva == (fol.899v-) *Cocineros*: 107- Hernando Lacasa, cocinero / 108- Juan, mozo / 109- Beltrán, mozo / 11- dos mozos fregadores, sin salario == *Horneros*: 112- Juan de Arrieta / 113- Simón de Arbullo, mozo / 114- Domingo Escobedo / 115- Juan de la Fita / 116- Pedro de Arremendi / 117- Arnau, aprendiz == *Sastre, carnicero y cabreros*: 118- Juan de Marianeta, carnicero / 119- Domingo Caseta, cabrero / 120- Guillén, mozo del cabrero / 121- Juan de Estadilla, mozo del carnicero / 122- Juan de Estabat, mozo de sastrería / 123- Juan Rodríguez, mozo de sastrería / 124- Lupercio, sastre == *Médicos fuera de casa*: 125- doctor Salas / 126- doctor Alloza / 127- doctor Hernández / (fol.900-) 128- doctor Valderrama / 129- doctor Grisóstomo / 130- licenciado Sarriá, vive en casa sin salario == *Cirujanos fuera de casa*: 131- Pedro López, cirujano de mujeres / 132- Jaime Fanegas, cirujano de hombres / 133- Zárate, cirujano de bubas de hombres / 134- Esteban Martel, tablajero de mujeres / 135-Pedro de Ibarguen, tablajero de bubas / 136- Juan Muñoz, tablajero de hombres / 137-Miguel de Ibarra, teniente de cirujanos, vive en casa == *Enfermeros de quadras mayores*: * *En el Rey*: 138- Juan de Ávila / 139- Juan Pérez / 140- dos muchachos sin salario * *En Arzobispo*: 141- Sebastián de Nuevevillas / 142- Pedro Marco / 143- dos muchachos sin salario * *Caballería*: 144- Miguel Mondragón / (fol.900v-) 145- Joan Miguel Cormanos / 147- dos muchachos sin salario * *San Sebastián*: 148- Francisco Rubio / 149- Juan Esteban / 151- dos muchachos sin salario * *Santa Cruz primera*: 152- Martín Goicoechea / 153- Nicolas de Ocia / 155- dos muchachos sin salario * *Santa Cruz segunda*: 156- Juan de Pedraza / 157- Juan Ramón / 159- dos muchachos sin salario * *Nuestra Señora de Gracia, hecha por Juan de Tiermas*: 160- Juan Catalán / 162- dos muchachos sin salario * *San Miguel*: 163- Mateo Pallaranco / 164- Miguel de Yacurre / 166- dos muchachos sin salario * *Cirugía*: 167- Vicente García / (fol.901-) 168- Juan Gutiérrez / 170- tres muchachos sin salario * *Santa María*: 171- Martín de Arriñenca / 172- Juan de Lanuza / 174- dos muchachos sin salario * *Bubas de hombres*: 175- Pedro de Rozas / 176- Miguel García / 178- tres muchachos sin salario * *Convalecientes de hombres*: 179- Martín López / 181- dos muchachos sin salario * *Primera quadra de mujeres*: 182- Gracia Esteban, madre / 183- Juana del Puy, moza / 184- Ana de Alfambra, moza * *Segunda quadra*: 185- Catalina Lizaga, madre / 186- Pascuala, moza / 188- Lucía Arquer, moza * *Bubas de mujeres*: 189- María de Velasco, madre / 190- Francisca, lavadera / (fol.901v-) 191- Catalina Segura, moza / 192- María Duarte, moza * *Convalecientes de mujeres*: 193- Lucía Hernández, madre / 194- una moza * *Cirugía de mujeres*: 195- María de Ainzón, madre / 196- Magdalena Mendoza, moza / 197- Catalina Romerales, moza / 198- Paloma Gil, tablajera / 199- María del Brazo, madre de fatigados de bubas de hombres / 200- Gracia de Alfaro, madre de clérigos / 201- una moza / 202- María de Estíbaliz, madre de fatigadas de calenturas / 203- una moza / 204- María Alonso, comadre, no vive en casa * *Amas con salario y en casa*: 205- María de Burgos, madre / 206- Juana, lavadera / 219- de presente hay trece amas == [Otro personal] (fol.902-) *6 predicadores, 6 procuradores con 6 mozos, 15 procuradores generales, 500 amas externas, 1300 bacineros* == (fol.902v-) Levantamiento... (todas las sumas alcanzan 1.398.789)

Apéndice III

Contrato de obras. Teatro del Hospital, 1657

Archivo Notarial: Juan Francisco Ybáñez de Aoyz, notario, 25 mayo 1657, fols 692v-698v

(692v) Capitulación y concordia

Eadem die et loco. Ante mí Juan Francisco Ybáñez de Aoyz, notario de número de la ciudad de Zaragoza, presentes los testigos infrascriptos, parecieron don Miguel Antonio Francés de Urritigoiti, arcediano de Zaragoza, don Miguel de Urriés y Navarro, prior de Santa Cristina, dignidades en la Santa Iglesia Metropolitana de la Seo de dicha ciudad, don Martín de Pomar y Cerdán, señor de Salillas, ciudadano y domiciliado en dicha ciudad de Zaragoza, como regidores que somos del Santo Hospital Real y General de Nuestra Señora de Gracia de dicha ciudad de Zaragoza, y de la otra Phelipe Bosiñaque y Borbón, (693) albañil, y Jusepe Pérez, carpintero, vecinos de dicha ciudad, las cuales dichas partes dijeron que acerca las cosas infrascriptas hacían y otorgaban según que hicieron y otorgaron su capitulación y concordia en la forma y manera siguiente.

Primeramente es pactado y concordado entre dichas partes que los dichos Phelipe Bosiñaque y Borbón y Jusepe Pérez habían de deshacer los tejados que hoy hay hechos en las Casas de la Comedia de la presente ciudad, quitando las tejas y madera de aquéllos, y (693v) tijeras y lo demás que conviniera deshacer, y que aquéllos hayan de poner la teja y madera, así menuda como gruesa y tijera, en la parte que menos tenga riesgo de romperse, procurando arrancar los clavos de manera que se puedan aprovechar para la obra que se ha de volver a hacer, y esto con todo el cuidado necesario.

Ittem es pactado que encima de la obra vieja que hay de tapia y pilares en las dichas Casas de la Comedia, los dichos Phelipe Bosiñaque y Borbón y Jusepe Pérez hayan de levantar y hacer (694) una pared de ocho palmos de alto de medio ladrillo con los pilares en la conformidad que hoy los hay, según el mismo grueso de ellos, dejando las ventanas que más conviniere para la vista y aires, con sus sobreportales corriendo en alteza de ocho palmos inclusas las soleras para enmaderar los tejados, y si pareciere a dichos regidores de dicho hospital que por la parte exterior que cae al Coso se corra su rafe de ladrillo con la correspondencia (694v) que corre la quadra de Tiermas lo hayan de hacer, quedando a elección de dichos regidores si se ha de hacer dicho rafe en dicha forma para adorno de la fachada de la pared.

Y así mismo han de levantar los diez pilares del cuerpo de las dichas Casas de la Comedia, asentando los tirantes y tijeras a la alteza que se sigue con sus dados de madera para que trabajen los pilares, porque lavándolos lo que se hiciere (695) de levantamiento muy bien rematados con el propio hierro que se gastare.

Y así mismo han de volver a enmaderar con las maderas y tablas que hoy hay, menos el que saliere roto o no fuere de provecho, entejándolos a cerro lleno, corriendo sus cerros y levantando las trompas en la misma forma que hoy están, echando las aguas que le caben a la canal al Coso por importar más al beneficio de la casa haciendo canal para las dichas aguas. Y que en los dos suelos (695v) altos y bajos que hoy gozan las mujeres hayan de echar y echen sobresuelos en esta forma: que primero se enrasen y nivelen con cascos de tejas y yeso, y después han de correr el sobresuelo de yeso, rematándolo bien, levantando los tabiques de algunas camarillas que hay hoy, tabicadas a la alteza que se levanta el tejado, lavándolos por las dos partes y pulirlos.

Y así mismo, toda la obra que se levantare han de dejar las paredes igualmente y lavarlas puliéndolas, dejando el talud o relieve que hace la tapia por lo interior enladrillado o con (696) su suelo de yeso.

Y así mismo, los dichos Phelipe Bosiñaque y Borbón y Jusepe Pérez, la escalera que se hace para subir al gallinero la han de hacer siguiéndola en la misma conformidad, dejándola muy bien rematada, corriendo su rafe encima de las paredes que hoy hay nuevas y han de volver a aderezar y retejar los tejados que se maltratasen por ocasión de la obra.

Ittem es condición que toda la dicha obra la han de hacer los dichos Phelipe Bosiñaque y Borbón y Jusepe Pérez trabajando (696v) todos los días en ella por sus mismas personas sin faltar día.

Ittem es condición que los dichos Phelipe Bosiñaque y Borbón y Jusepe Pérez han de hacer toda la dicha obra y pagar por su cuenta todos los oficiales y peones que en ella trabajaren y dichos regidores de dicho hospital por ello les habrían de dar setecientas libras jaquesas por su trabajo: manos, oficiales y peones que en ella entraren y trabajaren (697) y a más de dicha cantidad ha de correr por cuenta de dichos regidores el darles todo el ladrillo, teja, algez, madera, y demás materiales que fuesen menester para hacer dicha obra.

Ittem es pactado que los dichos Phelipe Bosiñaque y Borbón y Jusepe Pérez han de hacer y dar acabada y rematada toda la dicha obra y la del teatro alto y bajo, y poner todos los bancos necesarios en el corral común de mujeres, gradas de hombres y todo lo demás que fuese necesario, y vista (697v) y reconocida a satisfacción de dichos regidores por todo el mes de setiembre del presente año mil seiscientos cincuenta y siete. Y en caso que no la dieren acabada y hecha por todo el dicho mes de setiembre del presente año y no cumplieren lo que conforme a esta capitulación tienen obligación de cumplir, los dichos Phelipe Bosiñaque y Borbón y Jusepe Pérez hayan de pagar a dichos regidores de dicho hospital y satisfacerles todo el daño que tuviere el dicho hospital por no haber acabado dicha obra y hecho y cumplido (698) lo que tienen obligación conforme a la presente capitulación, estando como han de estar a la declaración que dichos regidores hicieren del daño que dicho hospital habrá sostenido y la cantidad que por ello se les ha de dar y pagar a cuya declaración hayan de estar y pasar sin recurso alguno, jurídico ni foral, y con esto prometieron dichas partes tener y cumplir lo que a cada una toca conforme el tenor de la presente capitulación y concordia y al cumplimiento de todo lo (698v) sobredicho obligaron a la una parte a la otra et viceversa, a saber: los dichos regidores de dicho Santo Hospital todos los bienes y rentas de aquellos muebles como sitios y los dichos Phelipe Bosiñaque y Borbón y Jusepe Pérez ... et insolidum sus personas y todos sus bienes, así muebles como sitios y de los cuales y quisieron que la presente obligación fuese especial y con cláusulas de precario, constituto, aprehensión, inventario, emparamiento y ejecución y renunciaron y sumitiéronse y quisieron fuese variado juicio, etc.

Apéndice IV

Relación personal y salarios, 1728

Relación individual de los SS.Reg-res, Ministros llamados de Sitiada, Sacerdotes, sirvientes de las salas Quadras de los Enfermos, de las Oficinas, de los Empleados en el cultivo de las heredades, y demás que se hallan asistiendo en el Hospital Real y General de Ntra Sra de Gracia de la Ciudad de Zaragoza, que con separación de clases y estados y salarios anuales que gozan, son a saber:

1728 Archivo Histórico Nacional, Consejos, 19254, Exp.1, F11

Regidores y Ministros de Sitiada: Los seis SS. Reg-res nombrados por S.M.: * D. Domingo Fombuena, arz-no de Daroca; * D. Antonio González Piqueras, arz-no de Belchite; *el marques de Lazán, D. Benito de Urriés, *el conde de Aranda, *marqués de Torres y *el conde de Guara, sirven sin salario ni gratificación alguna.

D. Pedro Serrada y González, contador mayor, sirve sin salario ni gratificación alguna * D. Bartholomé Sodeto y Avio, Presbítero Tesorero o Receptor 3200 reales de plata * D. Pedro Josep Bernardo, escribano de raciones y secretario de la Sitiada 2000 * Juan de Dolarea, Ayudante de contador mayor 2080 * Francisco Tomé, solicitador de pleytos en propiedad 800 * Pedro Segundo Tejero, segundo solicitador de pleytos nombrado interinamente por el tiempo que el primero compone todos los papeles del Archivo y al presente se halla en Roma a solicitar las pretensiones de este Hospital de orden de S.M.: 800 * D. Domingo Cayetano Calbo que asiste para seguir los expedientes y pleytos de esta Real casa por el tiempo que se halle empleado Pedro Segundo Tejero en las dependencias de Roma y aunque no tiene señalado salario es preciso darle alguna gratificación - * Juan de Orós, administrador Graneros 1000 * Josep Aguilar, Portero de la Sitiada 300

Médicos: Dr. D. Félix Pérez, médico de la Sala llamada del Rey 500 * Dr. D. Josep Sánchez, médico de la sala llamada del Arzobispo 500 * Dr. D. Miguel Rolandegui, médico de la sala o quadra llamada de Primeras 500 * Dr. D. Agustín Viciende, médico de las quadras llamadas de Santas Cruces 500 * Dr. D. Clemente Alpuente, médico de las salas llamadas de Convalecientes y Tiña y extraordinario de la quadra llamada de Segundas 500 * Dr. D. Josep Anadón, médico de las quadras de Cirugías 500

Cirujanos: Juan de Roda, maestro cirujano de las quadras de Cirugías de Mugeres 700 * Josep Morón maestro cirujano de las quadras de Cirugía Alta 500 * (F12) Bernardo Sanz, maestro cirujano de la quadra llamada de San Miguel 500 * Licenciado Bernardo La Cruz, maestro hernista del Hospital jubilado y con la mitad del salario correspondiente a este empleo 250 * Sebastián Navascués, maestro hernista y algebrista, sirve por la otra mitad del salario 250 / Nota: Perviénese que ninguno de los sobredichos habita dentro del dicho Real y General Hospital.

Sirvientes de todas clases que asienten y habitan dentro de dicho Hospital, a quienes dase la comida además de los salarios que se expresan:

Médicos bachilleres: Lorenzo Benedid, médico bachiller que reside dentro del Hospital para recibir los que vienen enfermos y recetar a los que experimentan alguna novedad después que los han visitado los médicos colegiales 150 * Miguel Bosque, médico bachiller destinado para el mismo fin 150

Sacerdotes: Licenciado D, Francisco Rubio y Loriente, Cura 1° 300 * Licenciado D. Miguel Blasco de la Nuza, Cura 2° 200 * Licenciado D. Josep Abad, Confesor de la Lengua Vascongada 250 * Licenciado D. Pedro Lacaseta, Confesor de la lengua francesa 346 (316?) * Licenciado D. Vicente Javierre, Pasionero y confesor de la lengua castellana 250 * Licenciado D. Andrés Mora, pasionero y confesor de la misma lengua 250 * Licenciado D. Josep González, pasionero y confesor de la misma lengua 250 * Licenciado D. Dionisio Larruy Puy, cantor pasionero substituto de la lengua castellana por no hallarse quien lo sea de la italiana vacante 250 * Licenciado D. Pedro Ferrer, pasionero jubilado de la lengua castellana sin salario alguno - * Licenciado D. Josep Pérez de Albiach, Mayordomo 400 * Licenciado D. Lorenzo Peyro, vehedor 300 * Licenciado D. Josep Bartos, enfermero mayor 200 * Licenciado D. Martín Traid, Guardarropa mayor 150 * Licenciado D. Juan Llovet, sacristán mayor 150 * Licenciado D. Diego Urieta, sacristán menor 120 * Licenciado D. Gregorio de Xto., sacristán de la capilla de Ntra. Sra. de Gracia 250 * Dr. D. Mathias Aguilera, Regente del libro de las entradas de enfermos, dementes expósitos y tiñosos 300 * Licenciado D. Miguel Oliete, sorchantre que sirve sin salario y por la gratificación que le corresponde de la celebración votiva y perpetua - * Licenciado D. Andrés Urbieta, sorchantre que sirve como el de arriba - * Licenciado D. Juan Pasqual Bervieta, organista 100 * Licenciado D. Josep Abad, nombrado arriba por pasionero de la lengua vascongada que por (F13) serlo el más antiguo dice diariamente los actos de contrición a los enfermos 250

Sirvientes de la Iglesia: Pedro Magallón, campanero 50 * Josep Pérez, infantillo 50 * Ramón Urieta, infantillo 50 * Antonio Ablitas, sepulturero sirve sin salario -

Botica: Licenciado D. Lucas Amburcea, Presbítero regente 500 * Manuel Gárate, sirviente o mancebo 1° 108 * Josep Ibáñez, 2° 108 * Miguel Bober, 3° 108 * Juan de la Cruz, 4° 108 * Pedro de Val, aprendiz 1° 60 * Josep Ramón López de Porras, Aprendiz 2° 60 * Juan Antonio Guiral, aprendiz supernumerario sin salario - * Josep Andrés, herbolario para recoger y traer las hierbas precisas para la botica 60

Dispensa: Josep Cancer, repostero mayor 150 * Ignacio de Xto., ayudante 120 * Sebastián Nogueras, criado 1° de dicha dispensa 60 * Juan Antonio de Nápoles, criado 2° de dicha dispensa 60

Bodegas de Vino y aceite: Domingo Thomas, Bodeguero mayor 150 * Roque de Gracia, criado de las bodegas 120 * Gregorio Berné, 2° criado de las dichas bodegas sirve sin salario dejándolo de limosna el de 120 reales que tiene este empleo -

Gallineros: Salvador Aynoza, que cuida del nuevo gallinero que se ha hecho 120 * Juana Aguilar, que corre con el cuidado de un corral de gallinas 60

Padre y Madres de las dementes: Pablo Benedi, padre de las hermanas dementes 200 * María Soro, muger del dicho Pablo Benedí y madre de dichas hermanas dementes 60 * Ana Pedrajas, madre menor de dichas hermanas dementes 60

Lavanderas: Isabel Juan, Lavandera mayor 120 * Antonia Villafranca, Lavandera menor 100 * Antonia Murillo, criada de la lavandera mayor 84

Porteros: Juan Angulo, Portero de las Puertas de arriba 60 * Manuel García, Portero de dichas puertas 60 * Domingo del Campo, portero de las puertas de abajo 60 * Josep Galindo, portero de dichas puertas 60 * Antonio Cenarro, portero de los pasos del cementerio 60

Padres: Ambrosio Ambieta, padre mayor de los hermanos 120 * (F14) Isidoro Misbar, padre menor de los sobredichos 120 * Domingo Pérez, padre de los Tiñosos 120

Sobrestantes y Criados para los Carros: Francisco Falces, sobrestante 250 * Domingo Casado, mozo de carros 240 * Juan Blasco, Mozo de carro 240 * Domingo Benedi, mozo de carro 240 * Josep Brabo, Moso de la Galera 240 * Alejandro Castillo, Mozo de carro 240 * Martín Pinillos, Mozo de carro 240 * Custodio Benedí, Mozo del carretón 140

Sirvientes de la Torre: Manuel de la O, Torrero 360 * Isabel Duarte, su muger 120 * Pedro Mon, mozo del carro de dicha Torre 240 * Josep Forgueras, Mozo de sotera 200 * Valero Vidal, sirve por la comida y sin salario - * Manuel Joven, en la misma forma -

Sirvientes en la Viñas del Abejar: Pedro Rocal, sobrestante 240 * María Quel, su Muger 120

Albañiles: Domingo Cerdán, maestro de Obras 312 * Francisco Raymundo, Mancebo de dicho maestro 120

Carpintería: Sebastián Pérez, maestro carpintero 240 * Miguel Camón, Mancebo de dicho maestro 80 * Pasqual Riglos, aprendiz sirve por la comida sin salario -

Colchonería: Antonio Marco, Maestro colchonero 180 * Juan Miguel Camín, Aprendiz sirve sin salario - * Gregorio Sierra, en la misma forma - * Manuel Sotés, en la misma forma -

Guardarropa: Miguel Blasco, ayudante del guardarropa mayor 150 * Bernardo Sanz, mancebo cirujano sirve sin salario - * Francisco del Río, mancebo cirujano que sirve sin salario -

Alpargatería: Andrés Villaplana, Maestro alpargatero y soguero 120 * Margarita Briau, su Muger 60 * Francisco Ruiz, Aprendiz que sirve sin salario - * Clemente Yral, sirve en la misma forma - * Francisco Marco, Aprendiz sirve como los de arriba - * Josep Atarés, Aprendiz de la misma forma -

Pastores: Ambrosio Guillén, mayoral de las cabras sirve de limosna - * Antonio Lardies, Mayoral de los carneros 240 * Juan Ambrosio Acín, Rabadán de los carneros 160 * Vicente Revilla, Mayoral de las Ovejas 240 * Josep Camón, rabadán de las Ovejas 180 * Lucas Garrido, Mayoral del rezago 170

Cortantes: Agustín de Liso, cortante principal 100 * (F15) Josep Atilla, Ayudante del sobredicho cortante 60 * Josep Pérez, aprendiz de la carnicería sirve sin salario - * Josep Gutiérrez, Corambrero 120

Cocina: Juan Forniés, Cocinero 240 * Isabel Alguacil, muger del sobredicho 120 * Pedro Tallan, Ayudante de la Cocina 120 * Juan Cetau, ayudante sirve de limosna - * Andrés Ferrer, mozo de la Fregadera 60

Horno: Miguel Gascón, maestro hornero 300 * Antonia Sospedra, muger del sobredicho 180 * Domingo Glera, Mozo 1º del horno 228 * Juan Gurallo, Mozo 2º 216

Refectorio: Lucas Ramón, padre del refectorio 120 * Josep Castellero, criado del refectorio 60 * Pedro Perez, Criado del mismo Refectorio 60

Plegadores o cageteros: Francisco Barraqued, de la parroquia del Pilar 60 * Domingo Moreno, de la parroquia de la Seo 60 * Josep San Juan, de la Parroquia de San Pablo 60 * Diego Martínez, Cagetero de la Parroquia de San Phelipe 60 * Gabriel Ruiz, que pide de limosna para las Animas 60

Sastres: Juan Francisco Marquez, maestro sastre 150 * Antonio Muro, mancebo sastre 60

Sirvientes en las Salas de los Enfermos

Sala de Primeras de Mugeres: Ana Aguarete, Madre de dicha Sala 60 * María Lorente, Criada 1ª 36 * María Perpetua, criada 2ª 36 * María de Gracia, Criada 3ª 36

Sala de Mugeres llamada de segundas: Theresa Larroca, madre de dicha sala 60 * Cathalina Buena, Criada 1ª 36 * María Torren, criada 2ª 36 * María Tudela, Criada 3ª 36 * María Pardinilla, Criada 4ª 36

Sala de Cirugia de Mugeres: Manuela Lafuente, Madre de dicha sala 60 * Pabla San Martín, criada 1ª 36 * Margarita Bañalas, criada 2ª 36

Sala de Convalecientes de Mugeres: Manuela Guillén, madre de dicha sala y maestra de alumbramientos 250 * Theresa de Heras, Criada 1ª 60 * Mariana Palacín, criada 2ª 36

Sala de las Amas de los expósitos: Ana Ximénez, madre de dicha Sala 120 * Ignacia López, Ama 1ª 120 * (F16) María Berché, Ama 2ª 120 * Raymunda Grave, Ama 3ª 120 * Antonia Ponz, Ama 4ª 120 * María Auton, Ama 5ª 120 * María Hernández, Lavandera de la ropa de los expósitos 96

Sirvientes para los enfermos fatigados que no pueden comer y necesitan de especial alimento: María , Madre de fatigados 60 * María Galindo, criada de dicha madre 36

Theniente de maestro cirujano, tablajeros, enfermeros, cathaplasmeros, mancebos, cirujanos que sirven en el Hospital con separación de salas: Roque Pérez, Theniente de maestro cirujano 84

Sala llamada del Rey: Francisco Gil, enfermero 1º 60 * Andres Teres, Enfermero 2º 60 * Jayme Gonvalbo, mancebo 1º sin salario - * Juan Antonio Laborda, Mancebo 2º - * Miguel Fortún, Mancebo 3º - * Phelipe del Rey, mancebo 4º -

Sala llamada del arzobispo: Martín Llebot, Enfermero 1º 60 * Pedro Segura, Enfermero 2º 60 * Josep Retavir, Mancebo 1º sin salario * Diego Pérez, mancebo 2º - * Anacleto Xavier, Mancebo 3º - * Juan Antonio Parrale, mancebo 4º - * Josep Peroste, mancebo 5º -

Salas llamadas de Santas Cruces: Esteban Aguirri, Enfermero 1º 60 * Pedro Alonso, enfermero 2º 60 * Thomas López, mancebo 1 sin salario - * Pedro Roldán, Mancebo 2º - * Miguel Lisa, mancebo 3º - * Juan Martín de Arregui, mancebo 4º -

Sala llamada de Tiermas: Silvestre García, enfermero de dicha sala 120 * Josep Raro, mancebo sin salario -

Sala de Cirugía alta: Mames Arpio, Tablagero de dicha sala 60 * Pedro Hernández, enfermero 1º 60 * Sebastian Pérez, enfermero 2º sin salario - * Fermin de Liriasoayn, cathaplasmero - * Christobal Legorburu mancebo 1º - * Francisco Aramburu, mancebo 2º - * Ignacio Pecurul, mancebo 3º - * Pedro Lasaga, mancebo 4º - * Pedro de Cheve, mancebo 5º - * Jacinto Rillo, mancebo 6º -

Sala de Cirugía llamada de San Miguel: Antonio Bureta, Tablagero 60 * (F17) Josep Urquia, enfermero 1º 60 * Nicolas Carreras, enfermero 2º sin salario - * Babil Garate, Cathaplasmero - * Mathias Olloqui, mancebo 1º - * Lorenzo Nadal, mancebo 2º - * Andres López, mancebo 3º - * Francisco Mochales, mancebo 4º - * Juan Pasqual Blázquez, mancebo 5º -

Sala de Hombres Convalecientes: Lorenzo Garagalza, padre de dicha sala 90 * Josep Colon, mancebo de dicha sala sin salario - * Juan Antonio Yrizarri, padre de unciones 60 * Josep Huarte, Ayudante del padre de Unciones por hallarse empleado en el Archivo dicho padre, sin salario - * Fabian Miguel, Muchacho de Unciones -

Sala de los Tiñosos: Miguel García, Tablagero de dicha sala 60 * Miguel Andrés, mancebo de dicha sala sin salario -

Salas de Cirugía de Mugeres: Diego Martin Villarroya, tablagero de dicha sala 60 * Josep Villagrasa, cathaplasmero de dicha sala 60

Pelayría: Gregorio Boneo, Maestro 200 * Josepha Pocino, madre que cuida de las hermanas que hilan 80 * Previenese que para la asistencia de esta oficina hay otros diferentes empleados que sirven segun los ajustes particulares hechos con ellos como consta de las cuentas y Libro de la administración de dicha Pelayría

D. Pedro Josep Bernardo Olim Bernad, secretario por S.M. del Santo Hospital Real y General de Nuestra Señora de Gracia de la Ciudad de Zaragoza del Reyno de Aragón

Certifico que hoy día de la fecha se hallan empleados en el servicio y asistencia de los pobres enfermos y de las oficinas de dicha Real casa los SS regidores Ministros llamados de Sitiada, Médicos, Cirujanos, sacerdotes, sirvientes de las salas de los enfermos, de las oficinas, del cultivo de las heredades, y los demás que con separación de clases, estados, salarios anuales que gozan, explica la razón individual escrita en este pliego, y en los tres antecedentes, de la cual resulta que son ciento sesenta y dos los que gozan salarios, y que estos importan treynta y quatro mil quatrocientos noveynta Reales y seis dineros de plata antigua, segun parece en los Libros que paran en mi oficio. Y para que conste donde convenga y sea necesario, doy esta Certificación firmada de mi mano y sellada con el sello de dicho general Hospital en la ciudad de Zaragoza a cinco días del mes de Henero de mil setecientos veynte y ocho años. (Firmado Pedro Josep Bernardo)

Apéndice V
Estado del Hospital en 1768

Estado del Hospital en 1768. Noticia de la fundación del Hospital en preguntas y respuestas; y de todos los demás hospitales de Zaragoza,

Archivo de la Diputación Provincial de Zaragoza , Caja 46, Carpeta n.º 1

1 Fundación y estado del Hospital de Gracia

El Sr. Rey Don Alonso el Quinto de Aragón en el año de 1425 fundó el Hospital Real y General de Nuestra Señora de Gracia de Zaragoza, y en 1431, por comisión especial y directa de la Santidad de Eugenio 4º, el abad de Santa Fe hizo su erección apostólica, y dicho Sr. Rey Don Alonso le hizo la merced de que quedase bajo su protección y real patronado con el cual han continuado todos sus ínclitos sucesores hasta el presente.

La Casa es de bastante capacidad, pero como desde su fundación se ha ido aumentando con fondos que se le han agregado para disponer no sólo las salas para enfermos, sino es la mucha variedad de oficinas que son precisas para los respectivos ministerios, se puede decir que no hay nada sobrante en su buque, y se hace preciso cuando concurren muchos enfermos, poner crujías en las salas, y aunque éstas son espaciosas y de la correspondiente comodidad, como no se formó de planta el Hospital hay unas bajas y otras altas con alguna desigualdad y falta de simetría, según que la necesidad ha obligado a construirlas, y pudiera enmendarse mucho si el Hospital tuviera caudales para aplicarlos a esta prolijidad que suele ser la más reparable en los que vienen a visitar el Hospital, porque como es lo primero que se presenta a la vista causa alguna deformidad, bien que los pobres enfermos se hallan con la comodidad y abrigo conveniente.

La situación es con poca diferencia al centro de la Ciudad, a causa de que aunque en lo antiguo estaba al extrremo de ella por la parte de mediodía, después se ha ampliado la Ciudad, y por esta razón no tiene el exceso de ventilación que sería muy importante, pero se procura corregir esta falta por todos los medios posibles, y tiene fuera de la Ciudad un fosar para exonerar a sus tiempos las cisternas de la iglesia y cementerio, y se ha pensado para cuando haya caudales ver el modo de traer agua corriente para mudar los puestos comunes y procurar la mayor purificación y limpieza de la Casa.

2 Patronato

El patrón como se lleva dicho es el Rey Nº Sr. y dice sujección inmediata a la Cámara de Castilla y a la sede apostólica y por Bula de la santidad de Pablo IV confirmatoria de igual exemción del Santísimo Pontífice Clemente VII fueron nombrados conservadores el Ilmo. Sr. Arzobispo de Zaragoza, el Auditor de Cámara o su teniente, y el tesorero de la Iglesia metropolitana de dicha Ciudad.

3 Gobierno

El gobierno en lo espiritual y temporal está cometido a los Sres. regidores que nombra S. M. que son dos clérigos, el primero dignidad, el segundo dignidad también o canónigo de esta Metropolitana, y cuatro seculares de la primera nobleza de la Ciudad que actualmente lo son los Sres. Don Josef Garcés de Marcilla, arcipreste de Santa María, Don Juan de Benito, arcipreste de Daroca e inquisidor de este Reino, el conde de Plasencia, el de Sástago, el barón de Purroy y el conde de Sobradiel.

Los Sres. conde de Fuentes y marqués de Campo Franco ausentes se hallan con la calidad de regidores y pueden ejercerla siempre que vinieran a Zaragoza, no obstante haberse nombrado otros en su ausencia. El nombramiento en caso de vacante lo hace S. M. a consulta de la Cámara, precedido informe secreto del Sr. Arzobispo y el Real Acuerdo.

4 Renta

El gasto cursado en el Hospital, según quinquenio desde 1762 hasta 1766 inclusive, ascendió al importe de 41.289 escudos de plata anuales, de los que se deben bajar 7.300 escudos que se ha hecho cómputo, gastaron los soldados enfermos que se admiten en dicho Hospital, y en el caudal lo recibió de la Real Hacienda, con que resulta que el gasto que líquidamente gastaron los pobres enfermos, dementes, niños expósitos, y dependientes en cada uno de dichos años fue 33.989,18 escudos de plata. la Renta fija del Hospital es 23.187 escudos de plata (sus cargos ordinarios son algo más de 2.000 escudos) de cuya cantidad hasta el cumplimiento de los referidos 33.989,18 del gasto, en que también se incluye el pago de los cargos, rentan 10.802,10 que se compone, a saber 5.344 de renta contingentes de dicho Hospital y cobranza de débitos atrasados y las 5.457 restantes procedidas de limosnas, píos legados e industria de la casa. Por manera que aun en estos años de moderado gasto por haber sido limitado el número de enfermos ha necesitado el Hospital que viniese puramente por medio de la Providencia Divina casi la sexta parte de lo necesario para su gasto. Y lo que comúnmente se computa que le falta y esta es la causa porque frecuentemente se acude al rey N. Sr. pidiendo socorros y arbitrios a este Hospital para poder conllevar los gastos un año con otro es de 8 a 10 mil escudos de renta y aun licencia para vender los bienes del Hospital, como sucedió el año de 1754 por estar la hospitalidad abrumada de deudas y empeños, y sin caudal para mantener abiertas sus puertas al común consuelo.

5 Enfermos

Admite a todos los enfermos de ambos sexos sin excluir nación ni enfermedad alguna: los enfermos que entran en años regulares son de 6 a 8 mil y en los años de epidemia, o enfermedad notable, pasan de 12 mil.

En el día que se da esta noticia existen 603 enfermos con inclusión de 223 dementes, los 100 hombres y las 123 mujeres sin comprender los soldados.

Los niños expósitos que servían en Zaragoza y lugares del reino por cuenta del Hospital General (que se admiten también de todas partes sin distinción alguna) son regularmente de 800 a 1.000, y el Hospital paga sus alimentos hasta que tienen la edad de 5 años y después se los quedan sin premio los propios que han corrido con su crianza, según se observa comúnmente, pero tienen siempre libertad para volverlos, y el Hospital los admite y mantiene hasta que haya quien los lleve de nuevo, pagando si no hubieran cumplido los cinco años, y si los hubiera cumplido ha de ser de caridad, o se pasan al Hospital de Misericordia, quien los destina a oficio.

6 Alimentos

El alimento es por la mañana para desayuno lo que disponen los médicos que regularmente es caldo, o bizcochos en vino, a las siete en verano, y a las ocho en invierno; a la comida los enfermos de calenturas de ambos sexos caldo de buen carnero y gallina, cinco onzas de carne y caso de no poderla comer un par de huevos, o lo que los médicos disponen, cuatro onzas de pan, o en su caso, un par de bizcochos, cuatro onzas de vino y media de garbanzos; y lo mismo a la cena... tiempos a las seis de la tarde, y la comida a las diez. A los enfermos de cirugía se les da lo mismo, a diferencia del pan que es cuatro onzas más. A los alienados se les da dos pares de bizcochos, ocho onzas de vino y caldo. A los locos se da a la comida caldo, cuatro onzas de carne, doce onzas de vino y doce onzas de pan y unos pocos garbanzos o judías, y a la cena lo mismo, a diferencia del vino que es cuatro onzas menos.

A las locas se da la comida caldo, cuatro onzas de carne y ocho onzas de vino y doce onzas de pan, y a la cena lo mismo.

7 Enfermerías

Las Salas de Enfermos, a más de las dos habitaciones nuevas que se han hecho de planta para locos y locas, son 17: las 4 de soldados y las 13 de paisanos, y éstas son:

Para Hombres: La Sala alta para enfermos de Cirugía; San Miguel para Cirugía; Santas Cruces para Cirugía; la del Rey para Calenturas; la del Sr. Arzobispo para Calenturas; la de Tiermas para enfermos de distinción; la de Tiña para hombres. A más de estas Salas hay departamento para la curación del morbo gálico.

Para mujeres: La de Cirugías; la de Primeras para Calenturas; la de Tiñosas; la de Preñadas próximas al parto convalecientes; la de Amas y niños expósitos. Hay también una separación para poner las enfermas de la Casa de la Galera.

Estas cuadras son bastantes para los enfermos que llegan, pero si vienen con exceso se pone crujía o líneas de camas por medio de ellas. Y por disposición de la Cámara a instancia de los Sres. Comisionados de Visita del Real y General Hospital (en que actualmente se entiende) se tiene ya ideada la formación de las Salas para separar los ethicos de ambos sexos que hasta ahora se han tenido en las salas de calenturas, aunque con nichos separados.

8 Eclesiásticos

Los Eclesiásticos que el dicho Hospital tiene son 22 a saber: cinco pasioneros o penitenciarios de lengua castellana; otro para la lengua francesa; otro para la italiana; otros para la vascongada.

Estos ocho han de tener licencias de decir misa y confesar del Ilmo. Sr. Arzobispo, y se admiten por examen de oposición en concurso que se hace en presencia de la Sitiada por dos examinadores sinodales, y sirven para estar siempre día y noche dos de ellos de guardia, para acudir a la asistencia y consuelo espiritual de los enfermos; especialmente para auxuliarlos a la hora de la muerte y aplicarles la Santa Unción.

Un vicario que a más de las obligaciones de la Iglesia y cuidado del clero, cumple con la de ministrar el viático a todos los enfermos, alternando por semanas con su coadjutor y tiene el cuidar de confesar muchos enfermos, contestarlos y preguntarles la Doctrina Cristiana, bautizar los expósitos, etc. Se admite por oposición. Un coadjutor del vicario que hace lo mismo que éste en su semana: se admite por oposición.

Un confesor de nuevos entrantes el que se admite por oposición y tiene la obligación de oir las confesiones de todos los enfermos que entran en el Hospital, luego que visten, disponerlos para ellas y hacer algunas pláticas en las salas y si entran en número excesivo se le asigna ayudante.

Todos los lunes del año hacen confesión y comulgan los enfermos de una Sala por su orden, para esto concurren a ayudar a los locos de la casa algunos PP. Dominicos que regularmente son cuatro voluntariamente, y por caridad, y de la misma suerte tres o cuatro Padres Sacerdotes del Seminario de esta ciudad, los cuales también exhortan a los pobres enfermos y les hacen pláticas; y no sólo usan de esta caridad los lunes destinados para este fin, sino que es que unos y otros divididos acostumbran venir diariamente a consolar y visitar los enfermos. También concurren un rato diariamente un P. Agonizante para ayudar a bien morir, y aplicar la indugencia . A las horas de cenar los enfermos vienen algunos Sres. sacerdotes seculares a animarlos y suministrarles el alimento.

Los demás clérigos de la casa están destinados para el servicio de otros ministerios y culto divino en la iglesia, donde hay dos sochantres y se celebra a manera de Colegial, aunque su sacristía está bastante necesitada de ornamentos y jocalías por la pobreza del Hospital.

9 Asistentes

Hay ocho médicos maestros colegiales que viven fuera de la casa con salario, pero no se les da ración alguna. Quatro maestros colegiales cirujanos que viven también fuera de la casa con salario sin ración.

Dos médicos velantes, que viven dentro de la casa como los siguientes: Cincuenta y dos practicantes de cirugía destinados para el cuidado y servicio de los enfermos inmediatamente; Trece hombres con título de Asistentes para la limpieza y ejercicios más bajos de las salas; Diecisiete Madres y criadas para el servicio y cuidado para las salas de Mujeres; Once amas de niños expósitos; Un maestro regente de la Botica; Ocho practicantes de ella.

10 Dependientes

En suma en las Porterías, asistencia de locos y locas, empleo de lavar la ropa, obras, carpintería, gallinería, despensa, colchonería, horno, bodega, refectorio, cocina, labranza y cuidado de ganado, y otros servicios semejantes, se emplea el resto de criados que el Hospital necesita y tiene con salarios muy limitados, y la comida y el número de todos los sirvientes de dentro de la Casa, en el día que se da esta relación es 203, que todos se consideran precisos.

Para la dirección de las oficinas principales hay un contador mayor y un secretario de la Sitiada que los nombra S. M., un tesorero general , dos oficiales de la Contaduría, un agente de pleytos aquí, y otro en la Corte, y un administrador de los graneros que los nombra la Sitiada, todos con salarios limitados a excepción del contador mayor, que sirve sin salario como los Sres. regidores y viven fuera de la casa sin ración alguna.

Como secretario por S. M. del Real y General Hospital, certifico que las enunciadas respuestas concernientes a las diez preguntas por estar al principio son deducidas de lo resultivo de los libros y papeles que se hallan en el oficio de mi cargo, y que habiéndoles visto los Sres. regidores en la Junta celebrada en este día las aprobaron y acordaron expedida la presente certificaron como lo hago en Zaragoza a 18 de junio de 1768 = Juan Francisco Calvo y Cavero.

Apéndice VI

Instrucción Plan Nuevo Hospital de 1815

Instrucción para la formación de un plan para la construcción de un nuevo hospital, formada a consecuencia de una orden de 7 de octubre de 1815, sobre la que hay formada un expediente particular. Zaragoza, 1815, 14 de diciembre

Archivo DPZ, Beneficencia Caja 34/Carpeta 13

Plan por escrito del Hospital Real y General de Nuestra Señora de Gracia de la Ciudad de Zaragoza.

El expresado hospital de Nuestra Sra. de Gracia debe dividirse en dos departamentos con total separación e independencia.

El primero debe subdividirse en quatro distritos, uno para hospital de Mujeres, otro para hospital de Paisanos y, el tercero para hospital de Soldados, y el quarto para algunos Oratorios y oficinas que deben estar inmediatas á las enfermerias y para habitaciones de algunos individuos y dependientes que por su mismo deber están próximos.

El segundo departamento debe dividirse en dos partes y con dos entradas y puertas separadas, y sin ninguna comunicación.

La primera parte de dicho segundo departamento se debe subdividir en quatro distritos con entera separación. El primero para las Dementes, el segundo para las Amas y expósitos y el tercero para las Parturientas y aunque entre este y el de las Amas y expósitos haya alguna comunicación que puede combernir pero siempre debe ser con puerta cerrada. Y el quarto para las Tiñosas.

La segunda parte del segundo departamento debe subdividirse en dos distritos, entrando y saliendo de ellos por una sola puerta y después subdivididos con total separación para cerrarse y salir a ellos por una puerta cada uno. El primero para los Dementes. Y el segundo para los Tiñosos.

En las cercanías del segundo departamento y dentro del recinto del hospital debe haber un Cementerio espaciosos, con algunas cisternas, y en el mismo una Capilla u oratorio donde puedan celebrarsen (sic) misas.

En las mismas cercanías también debe haber dos huertos de bastante extensión, el uno para verdura del consumo de la Casas y otro para hacer un Jardín botánico, y en el mismo Laboratorio, Cathedra y esquela de Quimica.

En la citada cercanía debe haber un pozo muy crecido para cerrar nieve o hielo en la parte interior de la pared del citado departamento. Junto a este debe haber un Molino de Hieso, Almacen para guardar la leña llamada hormilla.

Asi mismo debe haber algunos Almacenes para guardar cal, ladrillos, tejas, piedra de canteria y si esto está en las cercanías y á las Vistas de la habitación del Albañil, tanto mejor; inmediato a la habitación de este debe haber también un Almacen para guardar las herramientas deste Oficio, las cuerdas y sogas qie necesite, espuertas, capazas, bacietas, maderos, tablones y quanto ha de menester para andamios y pueda desempeñar su destino.

Asi mismo debe haber en las cercanías del mismo departamento donde poder hacer habitación al Carpintero y junto a ella el taller con buenas luces para trabajos de Carpinteria y donde poder guardar todos los instrumentos de su oficio, é igualmente Almacenes muy crecidos para guardar toda la madera y puesto donde poderla trabajar.

Tambien debe haber inmediato al Carpintero sitio para hacer habitación al Herrero y Cerrajero y en la misma Fragua, para quanto se necesite trabajar para la Albañileria, Carpinteria, cerrajas y llaves; para la labranza apuntar las rejas del arado, herrar las Caballerías y quanto se necesite en la casa, dándole almacen para el carbon y guardar el hierro y todo quanto necesite para desempeñar su destino.

Asi mismo debe haber sitio para la habitación del Sobrestante y junto á ella quadras crecidas para las caballerias, y en las mismas pageras, cebaderas, cerradas, Almacen para guardar todos los instrumentos de la labranza, pajazas y almacenes crecidos de hierba para las caballerias en tiempo de invierno para que no les falte y un cubierto muy crecido para conservar las galeras, carros, Caxas de Vendimiar, aunque estas estarían mejor en parte humeda como en una bodega, bulquetes y todo lo de mas que ha de menester la Agricultura, pero todo en las cercanías y Vistas de la habitación del Sobrestante.

Tambien debe haber sitio para la habitación del Cortante y junto a ella la Matacía, Carniceria, Almacen para guardar el sebo, fabrica para hacer las Velas, esto es Reboleria.

Igualmente debe haber sitio para habitación del Cabrero y sus Ayudantes, Corral grande para las cabras, disposición en el para ordeñarlas, criar cabritos, Almacen muy crecido para guardar hierva para las mismas en caso de un mal temporal.

Asi mismo debe haber junto al corral de la Cabrería, otros corrales muy crecidos para los carneros, ovejas, y otros ganados con algunos cubiertos con una disposición para contarlos, marcarlos y esquilarlos dentro de la Casa, con Almacen para guardar la lana y otros almacenes para guardar la hierba, y dar de comer, pilas o bacias largas para darles de beber y con esto se evitan los grandes gastos que se han ocasionado en otros tiempos con los esquilos en las parideras distantes de la Casa.

Tambien debe haber un sitio proporcionado para la habitación del Pelayre y sus oficiales, inmediato a ella sitio para la fabrica de Pelayria que podría fabricar en ella todas las mantas que se necesitaran para los enfermos y todos los individuos y dependientes de la Casa, igualmente paños para vestir a los Dementes de ambos sexos. Asi como antiguamente se hacia con la lana de la cabaña De la Casa y la que se recogía de limosma, y si esto no alcanzaba para lo que hera menester trabajar se compraba la que faltaba.

Asi mismo debe haber en el mismo o cercano del segundo departamento, sitio proporcionado para la habitación del Texedor de lienzos, y en la misma suficiente sitio para acomodar los telares que podrían tejer con abundancia lienzos para sabanas, colchas, camisas para el consumo de la Casa; no obstante, el Texedor y el Pelayre no incomodases á las enfermeras podrían colocarse en la Colchonera o inmediato a ella, cuya colchonería según este escrito debe establecerse en las falsas ó ultimo piso del quarto distrito del primer departamento; y debajo de sus ventanas, a la parte de afuera del distrito, podría establecerse la oficina de coladas, labadero, tendedero y algunos almacenes para guardar la ropa; con esta proporcion podría con facilidad el guardarropa mayor cuidar de todas las oficinas que están á su cargo.

En las cercanías del segundo departamento debe haber un sitio capaz para establecerse crecidos graneros para almacenar en ellos el trigo, la cebada, los Garbanzos, Judias, Arroz, Abas, Panizo, etcétera quando menos para el abasto de mas de un año que se necesite para casa. Fuera de dichos graneros debe haber un sitio bueno para porgar el trigo que se necesitase, y si posible fuese establecer junto á ellos un Molino arinero, y junto á este un Horno de cocer pan, no queda ninguna duda que se haorraria mucho solo en portes; y se le proporcionaba al Administrador de dichos graneros mucha comodidad para cumplir con sus deberes y fidelidad que exige dicha Administracion.

Por la utilidad que podría traer a la Casa un molino de Aceyte combendria establecerse uno en estas cercanías del arinero.

Entre dichos graneros, molino y horno combendria establecer se dos corrales con toda la comodidad posible que cada uno necesitase, el uno capaz de mantenerse en el mil gallinas, el otro para criar dos docenas de cerdos, que podrían mantenerse y criarse buenos con solo con los despojos y desperdicios de los indicados graneros, molinos, horno de carne ¿ y pan y otros que resultarían de los demás sitritos de la casa y huertas, que cuidados y governados dichas gallinas y cerdos con la correspondiente fidelidad no queda duda resultaría el no tener que comprar huevos, gallinas para los enfermos pollos para caldos a los mismos, tocino para el abasto de la Casa para todo el año y tambien no se tendrían que comprar los cerdos que todos los años se necesitan para las rifas de san Antonio Avad, elixiendo para el efecto, de los veinte y cuatro, los dos mejores.

Asi mismo podría establecerse en las mismas cercanias una casa para tomar baños, y en la misma y el mismo efecto, alguna separación decente con toda comodidad, y que pudieran hacer lo mismo algunas personas de distinción y que pagasen.

En la misma Casa podría establecerse un aposento decente, y construir en ella unos quartos para algunas personas de la misma distinción y que pagasen, con la parte de comodidad para colocar en ellos á otras personas de distinción para combalecer y medicinarsen con baños minerales, acidulas, termales, etcétera.

Con el fin de que el Arquitecto pueda segurarse con acierto para señalar y detallar el sitio y extensión que necesite para un edificio tan basto en el que se han de colocar personas de diferentes sexos, edades, estados, clases, destinos, y enfermedades tan diferentes, que todo exige separación, me he acelarado en este escrito en sus primeras ojas a manifestar lo que en otro lugar correspondía, que todo a sido con el fin de que el citado Arquitecto no se quede corto en la demarcación y señalamiento del sitio y terreno, y aun mas si posible fuera señalar para lo que pueda ocurrir en otros proyectos para beneficio del Hospital.

No deberá parecer, Ilmo. Sr., extremada la exposición que se hace, por lo que toca a la extensión del hospital, el es un refugio de la humanidad doliente, y el glorioso epíteto General, de hospital Urbis et Orbis, al paso que proporciona á la ciudad de Zaragoza la gloria de su caridad y composición (sic) sin limites, la obliga al recogimiento de todos los hombres de qualquiera nación y que sean como igual mismo á la de toda especie de enfermedades, sean ellas quales fuesen. Bajo este supuesto se hace indispensable el darle toda la extensión posible para los acidentes que pueden ocurrir y que no pueden estar bajo el calculo que ofrecen los lances ordinarios.

Pero antes de tratar con mas extensión de los dos departamentos que según este escrito queda dividido el Hospital, ni de los correspondientes distritos en que queda subdividido ni tampoco de las oficinas que junto á cada uno de ellos, para mas comodidad corresponde establecer y fijar; parece preciso hablar antes de la puerta principal, única entrada y salida que solo debe haber para todo el Hospital.

La puerta debe de ser de grande magnitud dividida en dos alas, y en ambas un postigo en cada una, para que por ella puedan entrar coches, carros cargados de hornillas, leña que se gasta para cocer el horno del Hieso, carretadas de paja, las cabras y de mas ganado; igualmente debe ser muy crecido el patio, y el transito ó paso de su mismo pavimento debe ser á proporción de la puerta de bastante magnitud por que por el han de desfilar salvando la escala los carros de grandes carretadas, cabras y ganados al segundo departamento del Hospital.

La Iglesia que debe estar en el patio, con puerta en este y a la calle o plaza debe ser magnifica y de grande magnitud, por los grandes concursos que se han observado en estos tiempos, especialmente en los Sermones de quaresma, misiones, viernes de Dolores y todos los días mas festivos y de Clase.

Junto á la puerta principal, la oficina que debe estar mas inmediata, es la Comisaria de entradas, en la que debe tener habitación su Comisario, igualmente los quatro ó mas porteros deben tener sus quartos con ventana a la calle para ver y oir todos ellos quien es el que llama.

En la comisaria de entradas y al pabimento de la calle debe haber un torno para recibir por el á todos, ha los expósitos y además de que en la misma debe haber quanto necesite el Comisario de entradas para su oficio; asientos y camas para los enfermos que se han de recibir; también debe haber en la citada Comisaria dos Armarios, el uno para la Estrema Unción y el lotro para un labatorio y enjuga manos cuyas llaves como también de su limpieza y curiosidad y de tener en ellos lo necesario al efecto, corresponde a los porteros. Junto a la citada Comisaria debe haber dos quartos retirados, con buenas luces para reconocer ciertos enfermos y enfermas y poder saber con certeza si deben ser recibidos.

En los mismos quartos debe haber un armario en cada uno paradores para guardar en ellos las compresas, vendajes y las medicinas que sean necesarias para curar algunos enfermos de males lijeros que no deben recibirse en los mismos quartos Quedarse, en los mismos quartos debe haver un fogón alto en donde pueda ponerse un poco de fuego para calentar dichas medicinas. Junto a los citados quartos o en el mismo patio debe haber un quarto capaz de guardar la Silla, Camilla y demás que se necesite para conducir al Hospital los enfermos y enfermas que no puedan venir por su pie, cuya operación la hacían antiguamente dos dementes, los mas esforzados, dirigidos por uno de los Padres, vestidos con un sayo de espalda y manga verde, y apoyando la citada camilla y silla con dos correones, y llevando el padre en la mano un baston alto, y en su parte superior una crucetica de bronce, por un lado Nuestra Señora de Gracia, y por el otro, las armas de la Casa.

En el mismo patio y no en ninguna otra parte, debe estar la puerta, ó puertas, para entrar y bajar a las bodegas de vino blanco y tinto, aceyte, aguardiante, vinagre, etcétera. En el citado patio debe estar la tabernica para la diaria distribución de lo que á esta corresponde.

En el mismo patio debe haber un almacen capaz para recoger todo lo que traigan de limosna, sea en muebles, camas, lienzo y ropas de toda clase, granos, legumbres y todo quanto tragesen á la Casa, la llave de este Almacen deberá tenerla en su poder el confesor de entradas con el titulo de limosnero mayor, de modo que nadie podrá recibir la limosma sino el dicho limosnero. El expresado limosnero tendrá obligaccion de dar cuenta a las diez y á las seis de la tarde al Sr Regidor de Semana para que dicho Sr. determine la pronta ordenación especialmente en cosas que puedan perderse y sin ninguna utilidad.

En el expresado patio o en el entresuelo, las Cofradias de Nuestra Señora del Rio, del Angel, etcétera, tenían en el Antiguo hospital unos quartos donde guardaban los enseres de las mismas.

Por si se olbida alguna cosa seria muy del caso conservar sitio en las cercanías del patio o entresuelo en donde poderla acomodar.

La Segunda Oficina que en el Antiguo Hospital había pues que se subia en el primer tramo de la escala hera la Botica frente á la puerta del Salón, recibia por una ventana que había reja crecida luces de la Calle, la citada Botica era magnifica y á mas de esta había Rebotica, Drogueria, Barraleria?, guarda hierva, simientes, rayces, floras, etcétera, Laboratorio Quimico y separadamente de ella había un huerto que lo decían Jardin Botanico.

Junto a la misma Botica, y en su luna, debe haber dos argibes, de los que se deberá sacar agua con Grifo por la parte mas baja de ellos para el consumo de la expresada Botica.

En la misma Botica debe haver una carbonera para guardar carbón del fuerte, con el que se hace fuego lento para las raciones Quimicas y poder fabricar con Arte todas las medicinas.

En la misma Botica debe haber prensas y otros instrumentos que cuando llegue el caso si gusta el Arquitecto puede informarse del regente de la misma, ó del que tienen nombrado los Señores Regidores, para las ausencias y enfermedades de aquel, o de algún Quimico y Botanico científico poder conseguir acierto en la obra.

En la Botica debe construirse habitación decente para su gente. Igualmente debe hacerse dormitorio y refectorio para los ocho o diez Mancebos Boticarios o los que sean y para el hierbas, y si los mismos se han de guisar, también cocina.

En los entresuelos o frontis de la obra, deben establecerse un quarto para el portero de Sitiada, la Contaduria y en ella quatro dibisiones, en la primera, la Oficina para el Contador de raciones, en la segunda para el Primer Oficial de la Contaduria, en la tercera para el Contador principal, en la quarta para el Archivo.

Además un quarto muy decente para su retrete muy seguro para guardar el dinero, para la oficina de la Receptoria. Otro quarto con igual decencia, y con una separación en el para guardar papeles y libros, que sera para la Secretaria.

En la parte mas decente y proporcionada del frontis de la obra podrían colocarse las dos salas de la Sitiada, de verano e invierno, y en esta con alcobilla de lumbre, en ambas salas debería haber dos gabinetes, por si ocurriese el retirarse á ellos los señores regidores, para tratar algunos casos de mucho secreto.

Siguiendo en el entresuelo debería acomodarse en el Reposte, con toda la extensión que necesite para abastos y toda clase de baxilla y vidrios que debe haber en el. La Mayordomia con todo cuanto esta necesite. La Vehedoria y quanto esta por su oficio necesite. La habitación para los Predicadores de quaresma y Misioneros y quanta extensión necesite. Quartos en el mismo entresuelo para algunos Capellanes que no tienen que asistir a los enfermos como Limosnero Organista, capiscoles, Sacristan Mayor, Capellan de la Virgen y algunos otros etcétera. Casas para los Medicos principales y Cirujanos de la misma clase, sala del Colegio para los mismos, que la tenían fundada en el antiguo Hospital llamada de ́San Cosme y San Damian. Si algo se olvidase selo que debe haver en el dicho entresuelo y por lo que puede ocurrir, puede conservarse en el alguna extensión para que se pueda abilitar.

Bolbiendo a la escala principal, la que debe ser muy comoda y ancha, después de haber subido por ella al Salón que debe ser la antesala de los quatro distritos del primer departamento en que esta dividido el presente Hospital según este escrito digo que, en la barandilla de la primera escala de junto al patio había en el Antiguo Hospital sobre un pedestal y sobre este una Ymagen de bulto de piedra de nuestra señora de Gracia con la acción de recibir á los pobres enfermos.

Asi mismo en el primer rellano de la misma escala y junto al tabanque dela Botica había una Capilla con su pabellon en la que estaba colocado un Santo Cristo de bulto de bastante magnitud y bien construida y fomada su efigie con una lámpara. Bolbiendo al Salón debe haber en el una alcobilla de lumbre muy comoda, capaz de sentarse en ella seis a ocho personas (que los que hacen guardia de Vela en todos tiempos que en invierno necesitan calentarse.) En el citado Salón debe haber dos cuartos con puerta en este en donde puedan descansar algun rato, rezar y comer á donde les llevara el muchacho de su refectorio el desayuno, la comida, y cena, para que de esta manera no tengan necesidad de ir a parte ninguna, sino á su obligación que es la de asistir a los enfermos espiritualmente por todas las salas de los mismos.

El otro quarto es para el Sr. Regidor de Semana, por llamar á el secretamente algun individuo del Hospital. En eñ expresado salón debe haber unos armarios donde los Porteros guardan llaves, ropa de mesas, y quanto este a su cargo, y también el carbón señalado por racion para la citada alcobilla de lumbre, quienes tienen oblligacion de encenderlo a hora proporcionada.

En el mencionado salón debe haber bancos comodos en toda su circunferencia, y una mesa capaz para la distribución de la comida y cena de los enfermos y á su cabezera, una silla cerrada de la principal clase para sentarse el Sr Regidor de semana, mientras la distribución. Y en virtud de que en el mencionado Salón se hace la distribución diariamente de comida y cena, deben estar inmediatos á el las oficinas de Cocina, Reposte, y dos Quartos, uno para el contador de Raciones, sin perjuicio del qie este debe tener en la Contaduria, por ser seguno Oficial de ella y otro para el contador de enfermos por que entre ambos llevan la cuenta de los enfermos y del gasto diario, y son los que principalmente deben acudir, con el repostero y el cocinero a dicha distribución.

Distrito para el Hospital de Mugeres

La primera puerta en el salón del expresado distrito. Única entrada y salida del Hospital de Mujeres, debe dividirse en varias salas, y entre ellas debe haber, dos para enfermas Distinguidas; la una para enfermas Distinguidas pobres y la otra para Distinguidas contributivas; y cada una de estas dos salas deben subdividirse en tres partes: la una parte para enfermas de calenturas, la otra para las de Cirugia, y la otra para las que padecen sarna, ni la una ni la otra de estas dos salas será de mucha numeración.

Distrito para algunos Oratorios y oficinas

que deben estar inmediatas a los enfermerías y para abitaciones de algunos individuos y dependientes, que por sus destinos deben estar próximos, y también para escuela y enseñanza de la Academia, Medicina y Cirugia etcétera. * La quarta puerta en el salón única entrada y salida del expresado distrito, en donde deben colocarse los citados oratorios, oficinas, abitaciones de dependientes y otros que deben estar próximos a los tres Hospitales.

Distrito para el Hospital de paysanos

[Pliego 1.º] La segunda puerta en el Salón del expresado distrito debe ser la única entrada y salida del Hospital de Paysanos.

A la entrada de este debe haber dos armarios cerrados, el uno para la extrema Uncion, con todo lo necesario para administrarlo, el otro para un labatorio y enjuga manos.

A la misma entrada debe haber quatro quartos, el primero para el Cataplasmero Mayor; el segunso para dormitorio para ocho o mas Cataplasmeros y Llaneros; el tercero para un deposito de apósitos y vendajes para los enfermos de Cirugia y el quarto para un deposito avanzado de la Botica mas cercano á las enfermerías para depositar em él las medicinas que necesitan los heridos fracturados, dislocados, contusis, con fluxo de sangre, etcétera y también ciertas medicinas para accidentes repentinos, El Cataplasmero mayor gefe de los quatro llaneros, son los que deben tener prevenido sillas, compresas, vendajes y demás que necesiten para lass curas ordinarias y extraordinarias para cuyo afecto alternan diariamente las guardias en el citado quarto de apósitos y vendajes.

El cataplasmero mayor jefe también de los quatro cataplasmeros menores son los que diariamente á las diez de la mañana deben subir de la Botica la medicina que necesiten y que se halla recetada por los Maestros Cirujanos que deben depositarse en la Cataplasmeria o llanera deposito avanzado para las curas ordinarias y extraordinarias. Dicha Medicina debe trabajarse en la Botica por el Cataplasmero mayor y los quatro menores, pero bajo la dirección del Regente de la Botica á quienes estarán sigetos y subordinados para su elaboración los citados cataplasmeros, no obstante esto en la cataplasmeria debe haber unos hornillos para hacer algunos cocimientos y algunas otras cosas ligeras que no causan ruido, igualmente debe haber en la misma unos aparadores y armarios para guardar dicha medicina, y asi mismo en el deposito de vendajes o llanería debe haber una mesa crecida para cortarlos y disponerlos y unos apartadores para guardar separación.

En el citado Hospital de Paysanos debe haber dos salas de distinguidos, la una ya estaba fundada en el Antiguuo Hospital con el nombre de la sala de Tiermas ó del Protonotario, eran recibidos emm ella por el Mayordomo todos los enfermos Distinguidos, pagasen, o no. Excepto los que pacecian cierto males y enfermedades qie qor su fundcion no podían ser admitidos, y por lo mismo debe haber otra sala de Distinguidos pobres y contribuyentes en la que podrían ser todos recibidos.

La primera sala de Distinguidos ó llamada de Tiermas, o Protonotario debe dividirse en dos partes, la primera para enfermos de Calentura, la segunda para enfermos de Cirugia, y á mas debe haber algunos quartos para los enfermos dela mayor distinción. Asi debe haber en la misma alcobilla de lumbre, fregadera, armario para guardar la ropa de mesa y vaxilla, guarda ropa, guardar la de las camas y en el mismo un Armario crecido para guardar con toda seguridad y curiosidad todos lo s vestidos y alaxas de los citados enfermos Distinguidos.

La segunda sala de Distinguidos debe ser en los mismos términos que se han expresado para la primera, solo con la diferencia que en esta debe dividirse en tres partes, la primera para enfermos distinguidos de calenturas, la segunda para los de Cirugia y la tercera oara los qie padezcan sarna, cuyos enfermos no podían recibirse en la de Tiermas por su fundación pero en lo demás ambas salas deben ser semejantes y uniformes en todo.. Las dichas dos salas de Distinguidos no deben ser de alta numeración.

En el expresado hospital de paysanos debe haber dos o tres salas de calenturas de alta numeración y junto a estas una sala pequeña de doce a diez y seis números algo separados para colocar em ella los enfermos Thisicos que los Medicos dectaren para tales: en las dichas salas de haber cocinillas de lumbre en cada una fregadera, armarios, guardarropa, etcétera. * [Al margen. Á mas un quarto en cada uno para los tablajeros… que de demás practicantes duermen en las mismas salas de los enfermos].

En el citado Hospital de Paysanos con la debida separación, debe haber dos o tres salas de alta numeración para los enfermos de Cirugia é inmediato a ellas otra sala para enfermos que padezcan sarna, cuyas salas deben tener guardarropa y todo lo demás que necesiten separadamente.

Asi mismo en el mencionado hospital de Paysanos debe jaber una sala de mucha seguridad con sola una puerta para entrar y salir para colocar en ella los presos enfermos cuya sala debe dividirse en tres partes, la primera para presos, la segunda para los de cirugia y la tercera para los presos que padezcan sarna toda esta clase de enfermos debe colocarse para la mayor seguridad aunque en tres partes dibididas fuera vajo una llave muy segura de manera que aun quando no hubiese guardia, no puedan jamás verificar fugas.

En el mismo Hospital de Paysanos en su parte mas …tizada, con el fin de no incomodar a los enfermos de todas demás salas, debe abilitarse otra sala para colocar en ella los enfermos delirantes e incomodos de todas las otras.

En la citada sala deben ponerse en toda su circunferencia fixos en la pared unos cepos, cuyos haugeros deben acolcharse y vestirse de una cosa suave con el fin de que los que en ellos se pongan que serán los furiosos delirantes no puedan dañarse ni ofenderse colocando a los tales separados unos de otros y con toda comodidad posible y à mas de [lac.] cercanías todo cuerpo posible para que no puedan ofender, se les proporcionara con gergones, colchones, berales, sabanas. Y mantas la indicada comodidad.

En la misma sala de delirantes incomodos deben construirse diez o doce quartos muy lucidos para colocar en ellos los enfermos que á su… incomodan ofenden ó pueden ofender gravemente solamente a los demás enfermos, sino también a los que les asisten, como V.G, los enfermos que vienen con picaduras de animales venenosos, los de mordeduras de perros rabiosos, gatos, etcétera, mayormente cuando la hiel … ha llegado al frado sumo, que los tales están …nados a morder y para precaver que no lo verifiquen deben colocarse en los citados quartos, en cuyas puertas [Al margen: Pliego 2º Distrito del hospital de Paysanos] deben hacerse unas ventanillas muy pequeñas para poderles suministrar aquel alimento que tengan dispuesto o buenamente puedan o quieran tomar.

En la parte mas retirada y ventilada del dicho Hospital de paisanos debe habilitarse un quarto capaz para depositar en el todos los difuntos del mismo, en cuyo quarto debe haber una abertura para poder bajar por ella, mediante una maquina, ña los mismos á una capilla frente del dicho quarto en el pabimento subterráneo, donde podrán permanecer con la decencia debida, hasta disponer los entierros, de cuya Capilla deberán llevarlos a la Iglesia ó á la losa Anatomica.

En la parte mas foral y mas retirada del expresado hosptal de Paysanos debe haber en la misma uuna trampa o embudo para arrojar por ella toda la basura que resulte del barrido del mismo Hospital de Paysanos á la parte de afuera de dicha pared debe construirse un receptáculo ó algorín grande para recibirla, de donde podrán cargar los carros para estercolar los labradores los campos.

En el mismo Hospital de Paysanos debe haber un lugar común muy grande, en la parte mas retirada y ventilada y donde menos pueda incomodar.

En la luna que forman las salas de los enfermos Paysanos, deben hacerse dos argibes muy frandes de los que deberá sacarse la agua, con grifo, y por su parte mas baja, no podrán entrar a dichos argibes por otra parte sino por una escala que principiara en la parte mas retirada del dicho Hospital de Paysanos porque solo para estos es el agua de los mencionados argibes para quanto estará cerrada toda la circunferencia de la luna expresada y no habrá otra entrada que la que preste la mencionada escala.

Distrito para el Hospital de Soldados.

La tercera puerta en el salón del indicado distrito es la única entrada y salida para el Hospital de Soldados que debe dividirse en tantas partes quantas se necesiten. Lo primeri que debe de haber en la entrada de este Hospital es un quarto para el cuerpo de guardia, otro quarto decente para el Oficial y otro para el Sargento de planton. En la entrada de este Hospital debe haber dos armarios el uno para la Extremaunción, el otro con laboratorio y enjuga manos, ambos armarios deben estar juntos.

En el expresado Hospital debe haber una sala bastante capaz de Distinguidos para los oficiales, que debe dibidirse en tres partes, la primera para oficiales enfermos de Calenturas, la segunda para enfermos de Cirugia de la misma clase, y la tercera para los de la misma que padezcan sarna, u otro mal contagioso.

En la citada sala de Distinguidos debe haber algunos quartos para colocar en ellos los Oficiales de la mayor graduación, y en alguno de dichos quartos para que puedan retirarse a comer los que comienzan a lebantarse y combalecer. En la citada sala debe haber alcobilla de lumbre, fregadera, armario para guardar la ropa de mesa, vaxilla y quanto se necesite.

En la misma sala de oficiales Distinguidos debe haber un guarda ropa, la necesaria para las camas y unos armarios con sus dibisiones y asicaros? Para sus uniformes, bestidos y armas, etcétera.

En el citado Hospital de Soldados debe haber dos otras salas de Cirugia, y dos otras de Calenturas de alta numeración, y en todas ellas debe haber cocinillas de lumbre, fregaderas, armarios para guardar la vaxilla y quanto se necesite, guardarropas, lo que se necesite para las camas, uniformes y armas y todo esto con la mayor seguridad. Ademas debe haber una sala bastante capaz para los enfermos que parezcan sarna y otra sala también capaz para administrar las Unciones.

Inmediato a las salas de calenturas de Soldados, debe haber una salica separada para los enfermos y colocar en ella aquellos enfermos que los Medicos declaren por tales, dicha sala debe ser de doce ó dieciséis números.

Asi mismo debe haber otra sala en el mismo hospital de Soldados con el titulo de Calabozo que debe dibidirse en tres partes, todas ellas con la mayor seguridad para que no se fuguen, porque deben entrar las tres salas por una sola puerta, y que sea cerrada suficiente para qie no lo verifiquen aun quando no haya guardia; la primera parte de esa sala para presos de calenturas, la segunda para presos de Cirugía, y la tercera para presos que padezcan sarna, las ropas y uniformes de estos deben labarse y guardarse con separación de las de los demás.

También debe haber en dicho Hospital de soldados una sala muy separada de las demás para colocar en ella los enfermos militares que incomoden como delincuentesy en esta misma deben abilitarse unos quartis reducidos para colocar en ellos à ciertos enfermos que à mas de incomodar dañan o pueden dañar gravemente no solo à los demás enfermos, sino también a los que les asisten.

La contaduría presenta a V.S.I. la Razon de las Salas por Departamentos, Oficinas y demás Estancias que se enecesitan en el nuevo Hospital que se ha de construir para los enfermos que abajo se expresan, y para los Empleados y Sirvientes de los mismos y sus diversas administraciones para el mejor gobierno de los bienes y Rentas de los Pobres según lo acordado por la Sitiada el 6 de Noviembre ultimo en virtud a un oficio de la Junta Real de Beneficencia publica de 3 del mismo. A saber Enfermos de ambos sexos 1400...Dementes 130...Dementas 180...Tiñosos 100...Tiñosas 100... Militares 500...Expositos 100...Total 2510...Nota: Fuera del Hospital se suelen Lactar y criar por cuenta del mismo de 500 á 600 expositos

Razón de las salas, oficinas y demás estancias que son necesarias para la construcción de un nuevo Hospital; formada en 1815

Vease si se ha hecho merito en la Iglesia que en necesidad debe haber en este Santo Hospital en la presente relación. * Está notada al fin de las oficinas, el Hospital y antes que las de la Hermandad de la Sopa.

Departamento o Edificio para Paisanos Enfermos: 8 Salas de á 60 camas cada una para enfermos; cada cama tiene siete quartas de ancho y onze de larfo; deve tener de una a otra la distancia de nueve quartas; y por los pies debe haver un espacio libre de 20 quartas para que con desahogo pasen cinco personas a la par. * En cada una debe haver además 8 camas para los Practicantes y Asistentes * Una cocinilla ó chimenea para sobreasar raciones y calentar las Medicinas y templar la Sala * Un Altar en un Ángulo para que vean misa los Enfermos. * Nota: Estas 8 salas pueden reducirse a cuatro quadras ó estancias quadradas a dos en cada una, dividiendo por la mitad con un tabique de la altura de un Estado. * 1 Sala separada, con 26 camas para Dementes con una division para cinquenta * 1 sala con 20 camas para Sarnosos * 1 Idem con 16 camas para enfermedades contagiosas * 1 Idem con 16 camas que será sala de Correccion para castigar los enfermos que cometan desordenes, dividida para Cirugia y Calenturas * 1 Idem de 80 Camas par tomar el remedio mayor * 1 Idem de 30 camas, llamada de Tiermas para la clasr de Distinguidos y Eclesiasticos pobres dividida para Cirugia y Calenturas * 1 Idem de 30 camas para los que pagan alimentos * 1 Idem de 20 camas para enfermos delirantes * Un salón muy grande y ventilado para depositar colgada la ropa que traen los enfermos paysanos de todas las salas y devolverlas quando salen, con las correspondientes estacas o colgadores alrededor de tres à tres quartas de distancia de una à otra. * En cada sala de enfermos debe haber una Saña para custodiar las ropas de cama de su dotación que por Inventario esta à cargo de los Practicantes primeros * Quatro Baños para enfermos, reservando dos para clase distinguida

Departamento para Mugeres Enfermas: 8 salas de igual cavida que las de Paysanos con su Cocinilla y Altar cada una * 1 Idem separada con 30 camas para Dementas enfermas divididas en dos para Calenturas y Cirujias * 1 Idem con 30 camas para sarnosas * 1 Idem con 16 camas para enfermedades contagiosas * 1 Idem con 20 camas para enfermas delirantes * 1 Idem con 10 camas que será de corrección para las que cometen desordenes dividida para Cirugia y Calenturas * 1 Idem de 100 camas paa tomar el remedio mayor * 1 Idem de 12 camas para emfermas de clase distinguidas pobres * 1 Idem de 20 camas para las que pagan alimentos * 1 Idem de 20 camas para custodiar las qie se conducen para la Justicia * Un Salón muy grande y ventilado para custodiar colgada la ropa de las enfermas de todas las salas de la capacidad del de Paysanos. * En cada sala de enfermeras un quarto para custodiar la ropa de camas correspondiente a su dotación * Quatro baños, reservando uno para clase distinguida.

Parturientas: Una sala capaz de 60 camas con la división de un tabique de una a otra para que estando en la cama no se vean de unas a otras y un Altar para la misma * Una sala de recreo para que puedan hacer exercicios y trabajar en los destinos mas analgos de su dolencia y un Corral grande y ventilado para el propio objeto * Una sala y en ella algunos quartos separados para cierta clase de distinguidas, y otros para las que pagan alimento * Dos salas con 12 camas cada una para enfermería dentro del mismo distrito una para cirugía y otra para calenturas. Este departamento por medio de un torno tendra comunicacion con la Inclusa para entregar Niños recién nacidos * Una buena cocina para fuego y guisar lo que les apetezca * Quarto para la Madre que cuida de ellas y para dos criadas * Quarto para la Comadre o Partera

Inclusa: Una sala grande para los Niños de teta en la qual, además de las Cunas se deben colocar las camas de 40 Nodrizas * Otra inmediata y con comunicación a las antedcedentes para trasladar a ella todos los días en donde permanecerán de dia para que se ventile la Sala que es dormitorio * Otra sala menor para los Destetados * Otra Idem para los Sarnosos * Otra Sala para Enfermería * Una cocina para guisar la ración de las Nodrizas y calentar la ropa de los Niños * Un quarto para la Madre encargada del cuidado y de este

Departamento Dementes: Una sala con 80 camas para dormir los dementes mas cuerdos * Un Dormitorio bajo para los del saco con bancos y tablado alrededor * Una Cocina en medio con su reja de Yerro y contra reja a manera de Jaula para que se puedan calentar sin riesgo * Un refectorio con sus mesas largas y bancos para comer y cenar los primeros * Un quarto bajo con 30 jaulas o Gabias para los furiosos * Un Corral grande y muy alto de paredes para que se ventilen los del saco * Un puesto o lugar común al raso de 6 palmos en guardiacon su reja y contra reja * Un cubierto para que en el verano se libren del calor * 20 quartos para dementes distinguidos * Un Corredor grande para que puedan pasear y ventilarse * Seis Pilas ó Baños con agua corriente para que se bañen a su tiempo * Una cocina para guisar la comida a los Distinguidos * Otra para los sirvientes de todos los Dementes * Dormitorio para 8 sirvientes.

Dementas: Una sala ó quadra con 100 camas para dormir las mas cuerdas * Un Dormitorio bajo para las del saco mayor que el de los Dementes y como el de estos * Una Cocina en medio con rejas como la de los Dementes * Un Refectorio como el que se dice para los Dementes * Un quarto bajo con 30 Jaulas o Gabias * Un corral de mucha extensión y muy alto de paredes para que se ventilen las del saco * Un Cubierto para que en verano se libren del calor * 20 Quartos para Dementas distinguidas * Un Corredor grande para que puedan pasear y ventilarse * Una sala para que puedan hablar y coser las Dementas más cuerdas * Una Cocina y habitación para un Matrimonio encargado del cuidado del Distrito * Otra para seis sirvientas * Un Dormitorio para octas * Seis pilas o Baños con agua corriente para que se bañen a su tiempo las Dementas * Un lugar común como el de los locos

Tiñosos: (1) Una salas para cien camas para los tiñosos * (2) Un quarto para curarlos * (6) Una Cocina para que se calienten en invierno * (4) Un quarto para el Padre que los cuida * (5) Otro quarto para el curador * (3) Una sala grande en donde se empleen en algunos trabajos útiles

Tiñosas: (1) una Sala para cien camas * (4) una cocina para que se calienten en invierno * (2) Un quarto para que hilen * (3) un quarto para la Madre que las cuida

Departamento para militares: Dos salas para cirugía * Dos Salas para Calenturas [añadido en un corchete] y para 32 camas para practicantes y asistentes en las mismas salas * Una sala para Sarna * Una sala para Unciones * Otra para tomar el remedio mayor * Otra para calabozo * [a la derecha del texto:] un lavatorio. Un quarto para … la extrema unción, otro para diferentes utensilios * Un cuerpo de guardia * Una sala de 80 camas para presidiarios del Canal y del Castillo y para los de la Cárcel pública

Junto a los 3 departamentos, tres quartos con alcova y Escritorio para los tres tablajeros de mujeres, soldados y paysanos. * [al margen] En cada Departamento habrá un quarto para depositar los muertos para conducirlos por escaleras cruzadas a las estancias que hai junto al teatro anatomico

Salón de Distribución: Un Salón muy grande en donde se han de distribuir para cada sala de enfermos llas raciones de comida y cena a las horas establecidas en presencia del señor regidor desemana con intervencion de la Contaduría. * En el debe haver puertas con separación que se dirijan al Departamento de Paisanos, Mugeres y Militares, y por lo mismo dentro de estos para que reciban los enfermos sus raciones calientes y con mucha prontitud. * Un quarto con puerta en el mismo salón para que en él el señor Regidor de Semana oyga las quexas y acuerde las providencias económicas que ocurran. * Un quarto con chimenea con puerta en el salón o entrada por el mismp para las personas que por la noche están de Guardia y en vela para la asistencia espiritual y corporal. * Un quarto para Laboratorio. * Un quarto con dos divisiones para la extrema unción y otro para la ropa de mesa y otros a cargo del portero del salón.

Cocina Mayor: Una cocina muy grande y espaciosa con el fogón en medio en donde han de guisar la comida y cena de los enfermos y sirvientes. * Un Argive en la misma para cuarenta mil arrobas de Agua. * Un quarto con mucha ventilación y para depositar la carne hasta hacerla raciones y ponerla en la olla. * Otro Idem (quarto) para diferentes artículos * Una havitacion para quatro sirvientes cozineros * Un cuvierto para leña, fornilla y carvon. * Cocina para Sustentos o adietados * La cocina cerca del Departamento de Enfermos para hacer caldos de Dieta. * Un quarto para custodiar las Raciones de las dietas * Un dormitorio para Mugeres empleadas en esta operación. * Un quarto para el carbon.

Botica: Una sala grande en donde en estantes están colocados los potes y vasos con las Medicinas para el despacho general diario * Otra menor para custodiar el por mayor de ellas * Un quarto para depositar y conservar las Flores y raíces * Otra para jarabes aguardientes Azeytes y otros * Una cozina y hornillos para el elavoratorio químico * Un jardín botánico al cuidado del Maestro * Un argive para tener agua reposada y clara para la elaboración de medicinas * Una Havitacion para el Maestro en la misma botica compuesta de Cozina, trascocina, quarto para estudio y tres mas para dormitorios para su familia * Un dormitorio con ocho camas para los practicantes * Una sala para estudiar los mismos * Un quarto para poner los cocimientos

Argives: Dos Argives grandes de Quinientas mil arrovas de agua cada uno, para el consumo general de Enfermos y Sirvientes

Colchonería: Una galería grande y ventilada para que se ventilen los colchones y xergones que salen de las camas de los enfermos * Otra dividida en dos, la una para los colchones y la otra para los xergones * Un deposito para los objetos después de parados y corrientes * Un quarto para tener la lana antes y después de lavada * Otro quarto para variarla * Un deposito para paja larga para los xergones * Una habitación para el colchonero con cozina y dos quartos * Un dormitorio para sus sirvientes

Guardarropa mayor: Un Almacen muy grande en donde depositar toda la ropa nueva del Hospital por divisiones y clases * Otro para utensilios * Otro para ropa sucia * Un quarto para la habitación del encargado con chimenea, estudio o escritorio, quarto con alcova y otro mas para desahogo

Lavadero. Un lavadero con agua corriente para hacer las coladas dentro del Hospital * Un tendedor de ropa muy soleado y ventilado para secar la ropa en invierno que será en la azoteas del Hospital * Una Cozina muy grande para las coladas * Un quarto para depositar las cenizas y barrillas * Un quarto para la ropa sucia * Un quarto para la ropa limpia * Un quarto para habitar la encargada

Almacen de leña: Un corral muy grande para deposito de leña recia para el consumo del Hospital con entrada muy franca para los carros y a la entrada un quarto para el peso.

Cocina para eclesiásticos: Una cocina para los eclesiásticos * Un refectorio quadrado con comunicación a la cocina para servir las raciones * Un quarto dormitorio para la cozinera * Otro para las asistentas * Otro para la custodia de la carne en crudo y verduras * Otro para el carbon y leña

Havitaciones para eclesiásticos: En uno o dos claustros * Quarto para el Mayordomo compuesto de Antesala con Alcova, Escritorio, Chimenea, dos Quartos sobrantes para diferentes objetos y un quarto para el Criado * Otro para el Veedor con antesala, sala con Alcova, Escritorio, Quarto para el criado y otro sobrante * Otro para el Vicario * 28 para Eclesiásticos con antesala, sala con alcova y escritorio * 3 idem para médicos Veladores * Uno idem para el teniente * [Al margen] mas una habitación para el predicador o quarto con Estudio, chimenea oratorio, cozina, reposte, puesto común y quarto para el compañero * Un almacen á cargo del Mayordomo para tener muchos utensilios y objetos y distribuirlos a medida que sean menester * Un quarto para recivir las limosnas de ropas de quaresma y misión * [Tachado] Cocina y refectorio

Practicantes de Cirujia: Un refectorio para los enfermeros con un quarto para la baxilla otro para los Mancevos, con otro quarto para dicho objeto * Un quarto con antesala, Alcova Escritorio y Chimenea para el enfermero cerca del salón de distribución

Estudios: Un salón para los estudios de los practicantes de Cirujia * En el mismo salón, quarto o seis quartos para tener los repasos * Un quarto para tener las conferencias y consultas * Una sala o aula para los cursantes * Otra para Gabinete y librería de la Facultad

Sala del Colegio: Una sala grande para que en ella tengan sus juntas el Colegio de Meddicos y Cirujanos de la ciudad

Teatro: Un teatro Anatómico mui capaz y magnifico * Dos estancias separadas para depositar los cadáveres de hombres y mujeres hasta enterrarlos

Cataplasmeria: Un quarto con mesas alrededor, cozina alta con hornillos para hacer diariamente las cataplasmas * Un Almario para instrumentos de esta oficina * Un quarto para curar enfermos de corta consideración que solo van a curarse

Llanería: Un quarto deposito de todos los vendajes y aparatos con estantes y separaciones * Otro quarto para la ropa del desgarro y hacer y cortar los bendajes, ligaduras, paños, etc. * en el mismo quarto un armario con el esqueleto un quarto y dormitorio para el cataplasmero mayor encargado de esta oficina y de la llanería y otro dormitorio para llaneros y cataplasmeros

Oficinas sueltas: Comisaria de entradas de Paysanos muy grande para recibir los enfermos cerca de la puerta principal * Quarto contiguo para que el teniente reconozca las enfermedades de cirujia y el Velante las de Medicina * Otro quarto para que el Medico velante y Teniente de guardia estén con decencia las horas de guardia. * Otro para el carvon para el brasero dee la comisaria. * Otro para curar enfermos que no quedan en el Hospital. * Comisaria de militares junto a la antecente (sic) para que los mismos físicos atiendan a las dos. * Cuerpo de guardaia Militar con quarto y Alcova para el oficial

Administraciones

Reposte: Una estancia grande con quatro quartos o salas para la custodia de los muchos y diferentes artículos que debe conservar para la manutención de enfermos y sirvientes * Havitaciones para quatro individuos

Tabernilla: Una tabernilla para la distribución de vino y azeyte para el concumo diario con cozina y habitación para tres individuos.

Horno: Horno con quatro bocas una enfrente de otra para cocer en la una quando se descomponga la otra * Un argive de cinquenta mil arrobas de agua * Un quarto para el torno de cerner * Uno para masadería * Otro para deposito de la harina a cargo del hornero, encima del de el torno de cerner con una gruenza para que desde ella baje la harina al torno * Otro quarto para deposito de la harina a cargo del molinero hasta que hace la entrega * Un quarto para depositar el pan cocido * Diferentes algorines para depositar los despojos * Un corral y cubierto para la leña de esta oficina * Havitacion para un

Matrimonio y 7 sirvientes * Una tahona para quando los Molinos no muelen * Dos calefactorios o quartos para socorrer ahogados y helados (añadido posterior a la redacción)

Graneros: Un granero para 1500 cahizes de trigo * Otro para 500 de cevada * Un quarto para escritorio en los mismos

Carnizería: Un rastro largo ventilado y con agua corriente * Un quarto grande y ventilado para colgar la carne después de degollada hasta pasarla ala carnizeria * Otro quarto para deshacerla y distribuir las raciones * Havitacion para un matrimonio y tres sirvientes

Cabreria: Un corral muy crecido para las cabras con cubiertos alrededor * Una estancia para los cabritos quando las cabras salen a pasturar * Un quarto para el despacho de la leche * Havitacion para quatro sirvientes

Sastreria: Un quarto para sastrería * Havitacion para dos individuos

Carpinteria: Una estancia crecida para trabajar los carpinteros y tener las maderas * Un quarto para las herramientas * Havitacion para tres individuos

Fabrica de velas de sevo: Quarto para depositar el sevo de las reses * Otro para picarlo y derretirlo * Otro para la fabricación de velas y deposito de ellas

Albañil: Un quarto muy crecido para deposito de tablones, herramientas y utensilios de albañilería * Havitacion para un matrimonio.

Otras: Un quarto para depositar las ropas de los que mueren contagiados hasta que se sacan a quemar fuera de la ciudad * Otro quarto grande y ventilado para depositar las ropas de los pobres qie mueren y se venden al beneficio del hospital * Otro para hacer otras ventas * Quartos para 4 porteros, 2 carreteros, y argivero y un yerbero, un fosero

Una **Huerta** de dos cahices de tierra para verduras

Bodegas vinarias para 1.500 nietros de vino tinto * Un quarto subterráneo para el vino blanco en toneles * Otro.... Idem para el vinagre * Bodega de aceyte para 2.000 arrovas

Un **Molino** para deshacer la oliva con cuatro vigas

Caballerizas para 30 cavallerias

Cocina para los mozos de lavor * Quarto dormitorio para los mismos * Quarto para el sobrestante * Quarto para los utensilios de lavor a cargo del sobrestante

Un pozo para cerrar nieve o yelo * **Pajares** para paja * Pajares para yerva * [Tachado] Molino de azeyte cob 4 prensas

Una **Cárcel** para castigar excesos de sirvientes

La **Iglesia** grande y capaz de desempeñar las muchas funciones fundadas y la quaresma * Un quarto para el sacristan

Hermandad llamada de la sopa: (A) Para los seglares: Un oratorio con su altar y al derredor se deven colocar arrodillos trescientos hermanos * Una sacristía para custodiar los ornamentos y comuniones * Un quarto para celebrar las junras ordinarias em qe se ereunen veinte personas * Un quarto para cortar el pan en sopa en el que se deven colocar dos mesas de 48 palmos de largas y 10 de anchas * Otro quarto para custodiar las ollas, azeyte, azafran y otros sitios, como los faroles de la Mision * Un quarto ó granero para el trigo que compra la congregación. **(B) Para las seglares:** Una pieza para que en ella coloquen 160 hermanas las ropas que usan en el servicio de las enfermas y en ellas puedan vestirse comoda y decentemente * Un pratorio con su Alarar para las 160 hermanas * Una sacristía * Dos piezas para custodiar los utensilios con que sirven [a los en]fermos * Un lavatorio * Un quarto pequeño para ñas juntas particulares y para custodiar sus papeles

Real Sala de Sitiada y Oficinas de cuenta y Razón: Una sala magnifica en donde los regidores tengan sus juntas, el manejo y el Gobierno del Hospital, con su antesala cancel para que el portero no oyga los asuntos que se ventilan * Un quarto contiguo para el Portero y para depósito de Esteras

Secretaría: Una Pieza contigua a la Sala de Sitiada con un quarto pequeño para los papeles reservados

Contaduría: Dos piezas para dicha oficina con sus estantes * Un quarto separado para el contador de Raciones oficial de la Contaduría

Archivo: Una pieza con armarios al derredor para custodiar las concesiones reales y pontificias y todos los documentos relativos a las propiedades del Hospital tanto en lo temporal como en lo espiritual. Cuya pieza debe estar próxima a la Contaduria por hallarse el Archivo a cargo del Contador según las ordenanzas Reales

Receptoria: Una pieza para el despacho de esta oficina * Un quarto dentro de ella para custodiar con toda seguridad los caudales que entren en Receptoria * Una Antesala que sirva de tal para estas oficinas desde la sala de Sitiada * Dentro del recinto del hospital una havitacion con tres quartos, cocina, recocina y reposte para el portero de Sitiada

Empleados y sirvientes: Eclesiasticos eran 22 para la asistencia de los enfermos y para el culto divino = 22 * Medicos colegiales 3 Cirujanos colegiales 4 (viven fuera del hospital) = 7 * Medicos velantes 3, teniente 1, tablageros 3 enfermero mayor 1 [suman] = 8 * Practicantes de cirugía para la asistencia de los enfermos = 52 * Asistentes para la limpieza = 16 * Hermanas de la caridad para asistencia de las enfermas = 21 * Criadas a cargo de las hermanas = 11 * Total 136 [126 ?] * Un maestro regente de la Botica y 8 practicantes = 9 * En las porterías, asistencia de locos y locas, empleados en la labranza, Obras, carpintería, Dispensa, cuidado del ganado, sastrería, colchonería, horno, carniceria, bodegas de vino y azeyte, cozina y otros ministerios = 113 * Son 259

Para la dirección de los oficios principales hay, un secretario con un Escriviente, un contable mayor, un contador y dos oficiales. Un receptor, Tesorero, Un agente de Pleytos [tachado y corregido al seguido] en esta ciudad y otro en M adrid y Administrador de Graneros. * [Tachado lo que sigue] A cargo del Mayordomo están las Haciendas, obras de Carpintería, Albañilería, Bodegas de Vino y azeyte, Molino de Aceyte, administración de Carniceria * A cargo del Veedor, la Panaderiaa y Cabaña de ovejas, Cabreria, Horno, Cozinas, dirección del rastro [Zaragoza y diciembre 14 de 1815 [tachado hasta aquí]

Adiccion: Si es posible hacer conductos para agua corriente pegantes a los Cimientos de las Salas de los tres departamentos de Paysanos, mujeres y Militares para que casda dos camas tuviesen un puesto común que cayese el agua, seria uno de los mayores ahorros del hospital [tachado ilegible] y ademas del aseo y libre del mal olor que exalan los proveedores. * No siendo facil este proyecto es preciso hacer Los puestos comunes en lo mas retirado de cada sala o Departamento, procurando que cuando menos, estos tengan agua corriente para echarla por las noches y sin incomodar al publico, sagan al Huerva.

Zaragoza y Diciembre 15 de 1815 [Rubicado]

[En papel suelto: Havitacion para Hermanas de la caridad * 1 Oratorio * 1 sala para sus ejercicios espirituales * 1 cocina * Refectorio * 28 cuartos con alcoba]

Este libro se imprimió en agosto de 2024,
en vísperas del VI centenario de la fundación del
Hospital Real y General de Nuestra Señora de Gracia,
216 años después de su destrucción durante
el primer sitio de Zaragoza por
las tropas napoleónicas